2013 煤炭技术与装备发展论坛优秀论文集

中国矿业大学出版社

内容提要

本书收录了2013煤炭技术与装备发展论坛评选出的100篇优秀论文，内容涉及煤炭地质资源保障、煤矿开采、煤矿安全与数字矿山建设以及煤炭清洁高效转化等煤炭开发和加工利用过程，是近几年来广大煤炭行业科技工作者的最新研究成果，也代表了未来一段时期煤炭科技的发展方向。

本书共包括四大专业领域：煤矿地质、煤矿开采、煤矿安全与数字矿山、煤炭清洁转化与伴生资源综合利用。

本书可供从事煤炭生产与加工利用的高校、科研院所、煤炭管理部门和煤炭生产企业的科研、工程技术人员使用参考，也可供矿业类高校学生阅读。

图书在版编目(CIP)数据

2013煤炭技术与装备发展论坛优秀论文集/汤家轩主编.—徐州：中国矿业大学出版社，2014.1

ISBN 978-7-5646-2223-7

Ⅰ.①2… Ⅱ.①汤… Ⅲ.①煤炭开采—工业发展—中国—文集 Ⅳ.①F426.21-53

中国版本图书馆CIP数据核字(2014)第013555号

书　　名 2013煤炭技术与装备发展论坛优秀论文集
主　　编 汤家轩
责任编辑 章　毅　付继娟　张　岩
出版发行 中国矿业大学出版社有限责任公司
(江苏省徐州市解放南路　邮编221008)
营销热线 (0516)83885307　83884995
出版服务 (0516)83885767　83884920
网　　址 http://www.cumtp.com　**E-mail**:cumtpvip@cumtp.com
印　　刷 徐州中矿大印发科技有限公司
开　　本 889×1194　1/16　**印张** 39.75　**字数** 1200千字
版次印次 2014年1月第1版　2014年1月第1次印刷
定　　价 120.00元

编 委 会

前　言

新中国煤炭工业经过60多年的开发建设，特别是改革开放30多年来的发展，为发展能源工业、保障国民经济发展作出了巨大贡献。进入新世纪以来，在经济迅速发展的带动下，我国原煤产量快速增长，由2000年的10.80亿t上升到2012年的36.6亿t，年均每年增长2.15亿t。由于我国经济发展对煤炭有着极大的依赖性，稳定的煤炭供应已成为保障我国国民经济安全运行的基石。

在煤炭产量快速增长的同时，煤炭科技进步步伐加快，一系列安全、高效、绿色开采关键技术与成套装备及示范工程建设取得了重大成果，形成了较为科学的开采理念，矿工安全健康的工作环境初步形成，煤炭行业健康发展的趋势初步确立。

但客观地讲，我国的煤炭科技装备与国际先进水平还存在较大差距。主要表现为：在技术方面，深部开采技术瓶颈日益凸显；煤与瓦斯突出、冲击地压、热害等灾害防治技术未从根本上得到解决；西部生态环境脆弱地区煤炭资源开发与环境保护关键技术亟待突破；煤炭转化和洁净利用新技术的研究和开发与国外差距较大；以可视化远程遥控技术和智能化工况监控为代表特征的煤矿自动化、信息化技术研发刚起步。

在装备研发方面，煤矿大型机械化、自动化装备的可靠性和材料性能研究薄弱，成套装备可靠性低，与国外有明显差距；关键部件仍依赖进口；综采、综掘成套装备技术性能和可靠性不能满足煤炭安全、高效、绿色开发的要求。

我国煤炭资源赋存条件多种多样，采用与资源条件相适应的工艺和装备，提高开采技术水平，减少资源浪费和降低带来的环境灾害势在必行。

为推动煤炭行业科技进步，中国煤炭工业协会于2013年10月在北京举办了2013煤炭技术与装备发展论坛，此次论坛由中国煤炭工业协会煤炭工业技术委员会承办。作为论坛活动的重要组成部分，煤炭工业技术委员会专门面向全国煤炭行业开展了优秀论文征集活动，共涉及煤炭地质资源保障等9大专业领域、52项技术与装备的研究方向，全面反映了煤炭行业重大技术研发展情况和已经取得的成果。煤炭行业广大科技工作者积极投稿，特别是兖州矿业集团、河南能源化工集团等煤炭生产企业对此次论文征集活动高度重视，专门组织技术人员撰写论文。最终共征集论文520篇，其中煤炭一线生产企业投稿的论文占到论文总数的79.8%。经过专家评审，最终评选出100篇优秀论文，其中，作者来自煤炭生产一线的有74篇，占优秀论文总数的74%，充分反映了煤炭生产企业广大技术人员的水平。煤炭生产一线广大工程技术人员直接参与煤炭生产、加工、利用的全过程，对遇到的科技问题有着更深刻的体会，实践经验丰富，测量、观察、总结出来的技术数据相对更加真实、准确、可靠，这些经验总结和技术积累将为广大高校、科研院所工作者进行理论分析和继续深化研究提供宝贵资料。

由于本次论文征集时间紧，论文整体质量有待于进一步提高。在以后的活动中，欢迎广大煤炭科技工作者积极参与，及时宣传自己的科技成果，一起为煤炭行业的科技创新工作贡献出自己的一份力量。

编委会

2014年1月于北京

目　录

煤矿地质

煤矿开采

煤矿安全与数字矿山

煤炭清洁转化与伴生资源综合利用

煤矿地质

邯邢矿区岩溶地下水水环境保护煤矿开采技术

赵庆彪

（冀中能源集团有限责任公司　河北邢台　054000）

摘　要　文章总结了河北邯邢矿区10多年来在煤系基底奥陶系石灰岩强含水层水环境保护开采方面的技术经验，通过不断地深入研究，在地质及水文地质预测、超前探查、井田分区评价、煤层底板改造、快速建造“阻水墙”、建造陷落柱“堵水塞”和充填开采技术等方面取得了很大的技术进步和成效，积累了较为丰富的实践经验，取得了良好的环境、安全和社会济效益，为华北型煤田水环境保护开采提供了有益的技术借鉴。

关键词　煤系基底；岩溶地下水；强含水层；水环境；保护开采技术

河北省是水资源极度匮乏的省份，人均水资源保有量只有302 m^3/人，是全国人均保有量的13.8%，缺水已严重影响到了工农业生产和人民生活。而煤矿开采不可避免地对矿井乃至矿区的地下水环境产生扰动或者一定的损害，据统计，全国煤矿每采一吨煤，平均要扰动影响2.54 m^3 地下水资源。因此，研究如何减小煤矿开采对地下水环境的影响，特别是对主要含水层或强含水层予以保护性开采是非常必要的，具有十分重要的现实意义。邯邢煤田是典型的华北型煤田，下组煤开采方面已有30年的开采实践，近几年坚持“超前主动、区域治理、全部改造、带压开采”，在岩溶地下水水环境保护开采方面积累了一整套技术经验，取得了很好的环境和社会效益。

1　邯邢矿区地质及水文地质条件

1.1　煤层赋存特征

邯邢煤田含煤地层均为石炭系、二叠系含煤地层。5#煤（包括1#～5#煤层）以上为上组煤，以下（包括6#～10#煤层）是下组煤。其中主采煤层2#、9#煤层为全区可采煤层，2#煤位于山西组地层下部，厚度2.42～9.46 m；9#煤位于太原组地层下部，厚度3.12～10.16 m，9#煤下距奥灰顶界29.0～39.70 m。

1.2　地质及水文地质条件

煤田范围内主要有八个含水层，煤层开采对水环境影响比较大含水层有：

(1) 大青灰岩含水层（Ⅵ）。该层为8#煤层的直接顶板，厚度一般在2.14～10.52 m；局部富水性强，为岩溶裂隙水，可疏干。

(2) 本溪灰岩含水层（Ⅶ）。厚度为1.5～8.21 m，埋藏深度在200～600 m。本层为局部富水溶洞裂隙水，属承压含水层，水面标高基本与奥灰水标高相同。

(3) 奥陶系灰岩含水层（Ⅷ）。厚度600～800 m，多以溶蚀裂隙、溶孔和小型溶洞为主。富水性极强。根据岩性与含水性划分为三组八段，四、五、六、七段为主要富水段。因此，在开采下组煤时，易受基底奥陶系岩溶灰岩水威胁，特别是导（含）水陷落柱、断层突水等，对水环境影响最大。

作者简介：赵庆彪（1957—），男，辽宁海城人，教授级高工，博士，冀中能源集团有限责任公司总工程师。通讯地址：河北省邢台市中兴西大街191号，冀中能源集团有限责任公司综合办。E-mail：qingbiaozh@163.com。

2 超前预探技术及评价方法

2.1 区域预测方法

陷落柱突水具有隐蔽性、突发性强的特点，开展煤田岩溶陷落柱成因机理，发育、分布规律的定性宏观预测研究具有重要的理论意义和实用价值。通过对邯邢煤田陷落柱发育条件的全面分析，提出了岩溶陷落柱宏观预测指标体系，根据人工神经网络和模糊评判基本原理，建立了地下水渗流三维有限差分数值分析模型。结合放水试验动态分析等方法，进行了岩溶陷落柱分布的宏观定性预测。采用专家评议和层次分析法，对每一单元进行陷落柱发育量化评价，以地理信息系统为平台，建立矿井地质构造基础数据库，开发矿井开采地质条件定量评价系统。岩溶陷落柱分布规律预测属宏观预测，还要通过三维地震资料精细解释以及电法、重力、电磁、地震法等物探手段，圈定陷落柱异常，为钻探定位提供依据。

通过上述综合分析预测，在邢台矿区其中6个矿井发育有陷落柱，共发现102个陷落柱，如葛泉井田陷落柱发育区8个，发现陷落柱有78个，大多数成群沿向斜、断层呈条带密集发育。

2.2 超前探测技术应用研究

地质及水文地质勘探分物探、化探和钻探等。对于井下物探，如电法、瑞利波、地质雷达、TSP等探测技术，在井下超前探测方面都取得了较好效果。近几年发展起来的井下瞬变电磁测技术，其测距可达300 m，在保护水资源环境和杜绝恶性突水事故方面发挥了较重要作用。该项技术首次提出巷道多角度、多切面电磁探测方法，具有定向性好，对水敏感，控制范围大，且简便简便，预测较准确，丰富了我国井下物探技术。

通过加大供电电流，降低发射频率，优化探测参数，多参数对比解释等改进措施，减少了井下干扰因素，形成了一套实用的现场施工及室内资料分析方法。

2.3 煤层底板脆弱性评价方法

目前提出的几种突水判据和理论包括：突水系数法、突水临界指数法、“下三带”理论、原位张裂和零位破坏理论、板模型理论、关键层理论、突变理论、突水优势面理论等。煤层底板突水脆弱性是指煤层底板突水的风险性，它利用地理信息系统(GIS)和人工神经网络(ANN)耦合技术来对矿井奥灰突水进行脆弱性评价。合理地选取影响底板突水的主控因素，对预测神经网络模型和评价结果的准确性起关键作用。经研究一般选取以下8个因素作为煤层底板突水预测的主控因数：① 奥灰强含水层水压；② 奥灰强含水层富水性；③ 奥灰含水层顶部古风化壳厚度；④ 本溪灰岩厚度；⑤ 区域内构造密度(褶皱和断层)；⑥ 断层断距(落差大于1.0 m)；⑦ 有效隔水层厚度；⑧ 矿压破坏带以下脆弱岩层的厚度。

以上8项主控因素根据BP神经网络模拟，确定影响底板突水的各主控因素的权重系数。底板突水脆弱性指数(FC)可用下面公式表示：

$$FC = \sum S_i \times I_i$$

式中 FC——底板突水脆弱性指数；

S_i——第i个主控因子的相对权重；

I_i——第i个主控因素量化值归一化后的值。

脆弱性指数愈大，煤层底板突水的可能性也就愈大。根据网络模型计算出的脆弱性指数进行统计分析确定分为四个等级，即安全区、过渡区、较脆弱区、脆弱区。当然，还需对底板突水脆弱性分区进行检验，当预测区域实际与分区拟合率未达到90%以上，则需修订评价模型。并且引入参数灵敏度分析方法，结果各主控因素敏感度分析与所定的各主控因素对底板突水影响的定性和定量分析是相符的。通过在章村矿三井应用研究，经对比分析，预测基本符合实际情况，为下组煤开采防止底板突水，保护奥陶系水环境提供了比较可靠的参考依据。

3 下组煤带压开采底板注浆改造加固技术

邯邢地区煤田基底奥灰水极为丰富，水位难以疏降，多利用有一定厚度底板有效隔水岩层实施带压开采。邢台矿区下组煤(9#煤)与奥陶系灰岩顶面距离一般在30.0～35.0 m，其岩性组成为铝土、砂岩、煤、泥岩等岩性，具有一定的阻水抗压能力。深部大青灰岩水一般以疏为主，奥灰水以预防为主。对于本溪灰岩，若富水性强，则采用注浆改造变含水层为弱含水层或隔水“关键”层。当底板隔水层有效保护厚度的阻隔水能力小于实际水头值时，就要采取煤层底板注浆改造，消减或消除承压水导升裂隙，减少煤层底板采动破坏深度等措施，甚至可利用奥灰顶部(八段)风化充填特征，增加底板承压保护层有效厚度。

由于水资源环境保护与安全开采是统一体，全面改造9#煤底板，既基本保护了煤系基底奥陶系水资源环境，又实现了下组煤的安全带压开采。

利用岩溶富水平面分区，垂直分带规律，先易后难选择开采顺序，在区域和开采水平摆布上，尽可能避开强迳流区和富水带以及地质水文地质异常区域。总体技术路线如下：

(1) 采用物、钻探等手段探清隔水层薄弱、富水区段和潜在的导水通道，如陷落柱、断层等，并进行全面注浆改造，提高隔水层有效厚度和完整性，增强阻水性能。

(2) 利用钻探工程，进行水量、水压、水温“三量”测试，计算隔水层带压系数，定量评价阻水性能。

(3) 采用多手段测试采动底板岩层破坏深度试验，分析与采煤工作面参数间的关系。

(4) 利用原位应力测试技术，对突水可能性进行预测。

(5) 在保水开采过程中，利用监测系统进行突水监测和预报。

现邯邢矿区有5个矿井开采下组煤，开采规模已达到300万t/a以上，承压水头达到2.0～2.8 MPa。由于采用煤层底板全部注浆改造措施，取得了较好的技术经济和环境效果。在煤巷掘进中，对底板探测钻孔采取“见水必注”的措施，实现了掘进面前方底板加固，保障掘进安全。

4 综合注浆法快速建造“阻水墙”技术

2003年4月12日，位于东庞矿南翼二水平(－480 m)的2903工作面下巷掘进中，突遇隐伏的导水陷落柱而突水(高峰值$Q>74\ 451\ m^3/h$)致矿井被淹。为尽早恢复矿井，治理工程分两期，一期为封堵过水巷道，建造“阻水墙”工程，先恢复生产，同时进行陷落柱探查；二期为封堵陷落柱治理工程，以根治水患。经科学施工，仅用125天取得堵水成功，225天全面恢复了矿井生产。该项工程在煤矿堵水史上封堵巷道埋深最深(580 m)，奥灰水压最高(5.0 MPa)。在煤巷中封堵巷宽4.5 m，巷高3.5 m，2号煤硬度仅为0.188 MPa的条件下，建造长约105 m，抗压5.0 MPa以上的“阻水墙”，在我国煤炭系统尚属首次。

沿2903工作面下巷轴线方向，在突水点外5～110 m从地面往井下巷道施工注浆钻孔8个，突水口外5 m为G_1孔，以外每15 m布置一个钻孔，钻孔深度581 m(以进入巷底2 m为准)，终孔孔径不小于110 mm。布置的钻孔用于骨料充填和注浆封堵，在巷内至少形成105 m长的“堵水墙”封堵过水巷道。如图1所示。

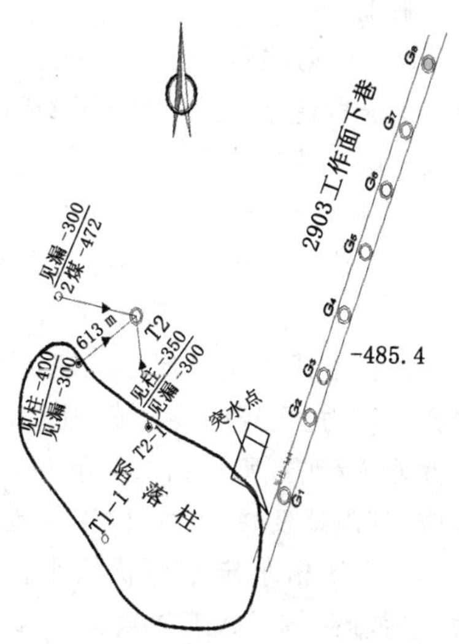

图1 “阻水墙”设计示意图

建造分为四个阶段：

第一阶段首先选择3个钻孔进行旋喷注浆施工，通过注入高压水泥浆液，强行切割周围骨料，使水泥浆液与骨料充分混合，形成3个相对孤立的截断过水断面混凝土结石体。

第二阶段在旋喷注浆孔之间进行充填注浆，将旋喷结石体之间的空隙充填，形成一连续的阻水墙。

第三阶段为升压注浆阶段，主要对阻水墙与巷道周边围岩的接触面，以及岩石裂隙进行注浆加固，一方面增强阻水墙与围岩黏接力，提高抗挤出与抗水流冲刷能力。另一方面，注浆封堵了顶底板裂隙，可以防止突水绕流。

第四阶段为引流注浆阶段，阻水墙基本形成情况下，井下基本为静水状态。为了检验堵水效果，封堵残留小的过水通道，在矿井试验排水期间，利用 G_2 孔进行注浆，对出水口附近进行注浆封堵。

建造"阻水墙"封堵工程采用先进的定向钻进技术，共施工 28 个钻孔，全部命中巷道。不同的注浆工艺相对于不同的注浆阶段，实现不同的工程目标，四种注浆工艺的有序排列组合形成了完整的"阻水墙"建造技术。

在综合注浆建造"阻水墙"技术中施喷注浆是其关键核心技术，这也是在埋深 580 m，断面达 15.75 m^2 煤巷中首先应用该项技术获得了成功。

5 突水陷落柱"堵水塞"建造技术

东庞矿 2903 工作面特大型突水陷落柱"堵水塞"治理工程经历了陷落柱探查、治理工程施工和质量与堵水效果检验三个阶段后获得了成功，保护了东庞井田基底水环境。

与以往大型奥灰陷落柱透水治理工程相比，该陷落柱规模较大，2 号煤以下堵水塞段的陷落柱截面积达 3 546 m^2（含裂隙带）。在松散破碎的陷落柱中建造堵水塞，首先要研究出一套适合复杂地层的定向分支钻（造）孔工艺，制定科学合理的注浆工艺。矿井恢复后，如何定量评价封堵效果是以往类似工程尚未解决的问题。"阻水塞"封堵设计如图 2 所示。

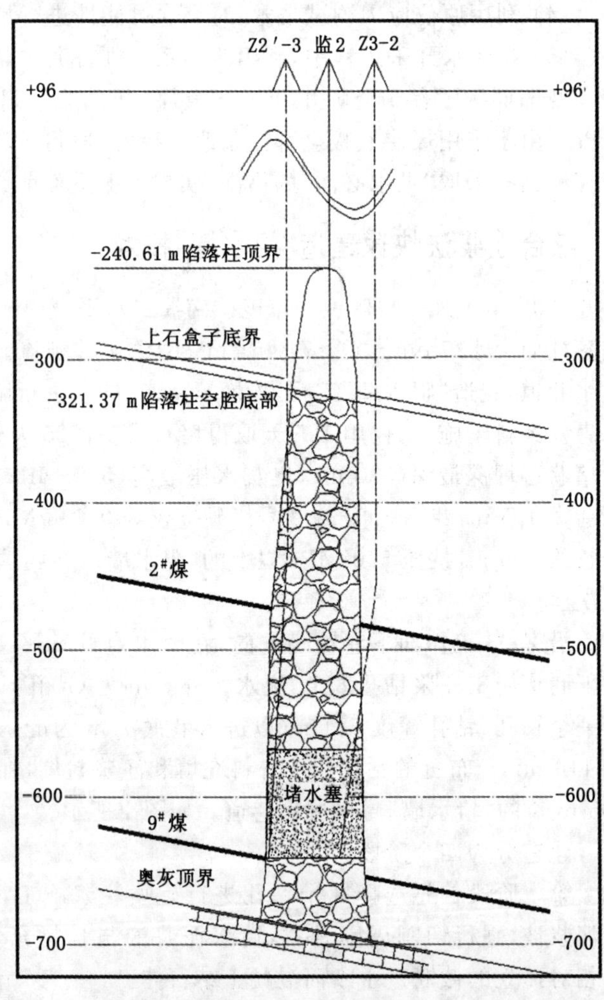

图 2 陷落柱"堵水塞"设计剖面图

通过结合井上、下钻探，物探及抽放水试验综合立体勘探技术，在定向钻探、注浆工艺控制、单孔结束标准和堵水效果评价等方面进行了大胆创新，取得了新的技术突破。

(1) 大量采用分支造孔技术。由于采用先进的螺杆钻具定向、随钻测斜与防斜纠偏钻探工艺，使钻进方向始终处于受控状态，确保钻机按设计参数施工。

(2) 根据陷落柱空间特征及工程地质条件，确立了分段注浆工艺，提出了旋喷充填、升压、引流及加固注浆四个阶段，不同阶段给出了相应的注浆控制标准，使得注浆过程科学有序。

(3) 首次提出了钻孔注浆吸水率结束标准。建立了注浆钻孔分序分段注浆的吸水率结束标准。该标准优点是考虑了受注层段的水压力、压水孔口压力、受注层段长度等因素，其结果不受浆液性能的影响，所测结果能够与岩面的透水性相对应，直观地反映了钻孔的注浆效果。

(4) 提出了定量评价堵水塞注浆效果的方法。通过在井下施工放水钻孔、疏放堵水塞上的陷落柱残留水，计算补给量，定量评价堵水效果。

这在国内陷落柱治理工程堵水效果检测中是首次应用，为陷落柱堵水效果评价提供了一种可靠的办法。

6 综合机械化充填采煤技术

综合机械化充填采煤技术是一种全新的采煤方法，其原理是在采煤的同时，将不同的充填材料密实充填到采空区支撑顶板，减小矿压显现和底板破坏深度，增加底板隔水层有效厚度，阻止矿井水涌出，从而保护煤系基底强含水层水环境不受大的扰动。按充填材料有矸石固（散）体、高水、矸石膏体等，这里以固体充填材料作简要介绍。

6.1 综合机械化固体充填采煤主要装备

6.1.1 核心装备充填液压支架

支架顶梁中部设计铰接点，形成前后顶梁结构。支架前部是一个典型的四连杆结构，后部是一个反四连杆结构，由于整个顶梁对顶板的主动支撑，支架空间大，为充填工作提供了充足的空间，如图3所示。支架后部悬挂充刮板输送机，该输送机每隔一个中部槽有一液压控制的卸料孔，可将输送的充填材料自动卸入采空区，输送机能力达250 t/h，可为高效充填提供足够充填材料。

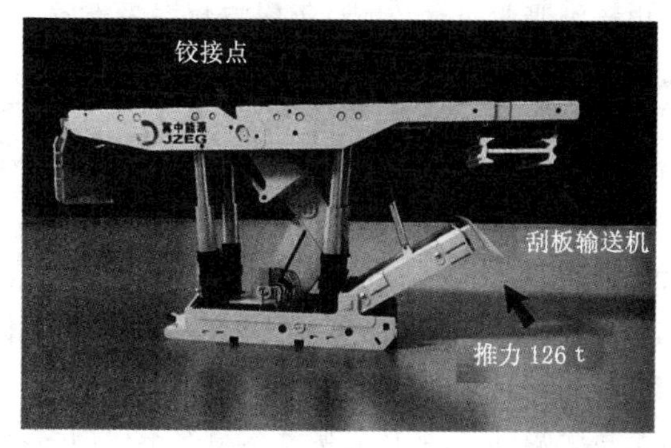

图3 充填采煤液压支架结构示意图

6.1.2 密实推压装置

支架的底部安装密实推压装置，该装置可上下、前后摆动，推力达126 kN，能快速将落入采空区的充填材料推压密实支撑顶板。

6.2 高效投料系统

为解决大量充填材料从地面回入井下，依据气、固两相流理论，并通过大量试验，得到大垂深固体（散体）充填材料在输送管路中的运移参数，研发了大垂深固（散）体投料系统，解决了350～800 m垂深条件下，固体充填料投放对储存设施的冲击及破坏问题。

6.3 充填工艺

采煤机割一刀后，充填材料在地面自动混合，经大垂深投料系统，运到支架后部的充填刮板输送机，打开卸料孔，从机尾向机头方向依次充填，推压密实装置使充填料密实接顶后，关闭所有卸料孔，停止充填工作，依次循环。

充填采煤一体化工艺实现了两种工艺在空间上分开，时间上平行，使综合机械化充填采煤技术达到了规模化生产。

6.4 技术经济效果

郭二庄矿二坑是开采下组煤矿井，2911充填工作面位于一采区，开采9#煤，煤厚平均3.8 m。工作面倾斜长度80 m，走向长度1 050 m。9#煤到奥灰的平均间距为33.5 m。采用充填开采下组煤取得了较好的技术经济效果。

(1) 采空区充填后，初次来压和周期来压强度大大降低，矿压显现明显减小。

(2) 在工作面进行了底板破坏深度探测，破坏深度降低了20%～50%，相对增加了底板隔水层厚度，底板阻水能力得到加强。

(3) 采空区经密实充填后，封堵了出水通道，有利于防止采空区滞后出水。

7 结语

邯邢矿区近10多年来，在保护煤系基底奥陶系石灰岩水环境方面形成了一整套比较成熟的保护开采技术，既安全开采了宝贵的煤炭资源，又保护了煤田基底强含水层水环境不受大的扰动，环境、社会效益十分显著。特别是充填采煤技术进展与推广以及处理后矿井水回灌技术等，对水环境保护开采创造了很有利的条件，走出了一条煤炭工业可持续发展的新路。笔者认为，今后在水资源保护开采技术方面需着重以下几方面研究。

(1) 我国大、中型矿井开采深度以每年 8～12 m 速度向深部延伸，亟须开展高承压水头条件下水资源环境保护及安全开采研究。

(2) 深入开展定向钻进应用技术研究，实施“超前主动、区域治理、全部改造带压开采”技术指导原则，以保护水资源环境。

(3) 加强超前探测方法研究，提高超前探测准确可靠程度，尤其是井下巷道狭窄，金属支护和设备对电磁波吸收、导引、屏蔽等影响数据采集质量。

参考文献

[1] 虎维岳. 矿山水害防治理论与方法[M]. 北京：煤炭工业出版社，2005.

[2] 刘建功，尹尚先. 煤田隐伏岩溶陷落柱探查与综合治理技术[M]. 北京：煤炭工业出版社，2010.

[3] 刘建功，赵庆彪. 煤矿充填法采煤[M]. 北京：煤炭工业出版社，2011.

[4] 武强，张志龙，张生元，等. 煤层底板突水评价的新型实用方法Ⅱ：脆弱性指数法[J]. 煤炭学报，2007，32(11)：1121－1126.

[5] 赵庆彪. 邢台矿区煤矿开采新技术应用与发展[M]. 北京：煤炭工业出版社，2000.

[6] 中国煤炭工业协会. 2010 中国煤炭工业发展研究报告[M]. 北京：中国经济出版社，2010.

纵向电导在直流电测深资料解释中的应用

刘金涛　周万勇　姜　杰

（湖北煤炭地质勘查院　湖北武汉　430200）

摘　要　直流电测深法是一种常规的物探方法，在煤炭资源勘探中得到了广泛应用。电测深资料的解释处理，目前虽已开展一、二维反演，但由于电磁场的复杂性，其定量解释结果有时难以达到满意的结果。本文在经验法的基础上，利用纵向电导折线法进行电测深资料的定量解释，达到了较好的应用效果，在电测深勘探中具有一定的应用价值。

关键词　纵向电导；直流电测深；资料解释

山西汾西新阳煤业为了加强矿井地质工作，做到安全生产，保证煤炭资源的合理开发与利用，适应煤炭生产发展的需要，决定对矿区开展直流电阻率测深法勘探工作。

电测深法勘探的工作目的：查明矿区第三系第四系松散层岩类孔隙含水层的相对富水性；划分基岩与新生界松散层界面，为采区井下生产提供可供参考的地质资料，以指导安全生产。

直流电测深法是一种常规的物探方法，它是在同一测点上逐渐增加供电电极距，使勘探深度由小逐渐加深，于是可观测到测点处沿深度方向的视电阻率变化规律。资料解释以定性解释为主，定量解释主要有理论量板法、图解法、经验公式法，随着计算机技术的发展，先后研制了各种电测深曲线的数字处理软件，从而使电测深曲线的定量解释由“量板法”过渡到计算机数字解释，实际应用中，有时难以达到满意的结果。本文在经验法的基础上，利用纵向电导值折线法解释主要目的层，经对比，解释结果达到了较好的效果。

1　勘探区地质概况与地球物理特征

1.1　勘探区地质概况

测区位于黄土高原中部的山西省吕梁山东麓，地表绝大多数被第三系沉积物所掩盖，第四系地层零星分布在沟谷及黄土梁上。基岩仅在西部、南部河谷中所出露，地层由老至新有：奥陶系中统峰峰组（O_2f）、石炭系中统本溪组（C_2b）和上统太原组（C_3t）、二叠系（P）山西组和上、下石盒子组。

奥陶系中统峰峰组（O_2f），为煤系地层之基底，岩性为浅灰色及深灰色致密厚层状海相石灰岩，厚度162.25 m。

石炭系中统本溪组（C_2b）平均厚24.3 m，由灰白色黏土质泥岩、砂岩、石灰岩组成，偶夹薄煤层，底部为铝土岩。石炭系上统太原组（C_3t）由灰、灰黑色泥岩、砂岩、粉砂岩、石灰岩及煤层组成，含煤5～7层。主要可采煤层为7#、9－10－11#，平均厚98 m。

二叠系（P）下统山西组（P_1s）出露于井田西南部，平均厚46 m，为主要含煤地层之一，由灰色、黑色砂质泥岩，灰黑、黑色泥岩，深灰、灰白色细、中砂岩及煤层组成。有1#、2#、3#煤层，其中2#煤层为全

作者简介：刘金涛，男，1966年出生，1989年毕业于中国地质大学（武汉）地球物理勘查专业，同年分配至湖北煤炭地质物探测量队，一直从事物探工作。现任湖北煤炭地质勘查院物探副总工程师、湖北煤炭地质勘查院江夏分院副院长、总工程师。环境与地球物理工程博士学位，物探教授级高级工程师，发表专业论文18篇。

区稳定可采煤层，3# 煤层局部可采。二叠系（P）下统下石盒子组（P_1x）出露于井田西部一带，平均厚 80.5 m，岩性为中粗砂岩、泥岩、细砂岩。二叠系（P）上统上石盒子组（P_2s）出露于井田西南部，下部以黄绿、杏黄色砂岩，灰绿色中粗长石石英砂岩为主，上部以黄、绿、灰白及紫色细中粒长石石英砂岩及灰紫、暗紫、黄绿色泥岩为主，并夹灰黄色及灰色铝土泥岩，岩性变化较大。

第三系上新统（N_2）：分布于低山丘陵半坡及冲沟两壁，厚度为 2～30 m，主要由半胶结之砂砾层，棕黄、浅棕红色亚黏土，土黄色亚黏土，钙质土等组成。砾石成分以石灰岩为主，砂岩及泥岩次之，分选差，滚圆度中等，砂石大小不一，本统沉积于各不同时代的基岩上，呈明显之角度不整合接触。

第四系（Q）：下更新统（Q_3）——在本区广泛出露，为土黄、灰白色粉砂土，松散，具孔隙和孔洞，钙质结构零星分布，且具垂直节理，孔状结构发育，厚度不一，最厚约 30 m，与下统地层为不整合接触。中、上更新统（Q_{1+2}）——以深红、浅红色亚黏土为主，深红色砂土及粉砂土次之，广布整个井田，厚 6～55 m，底部偶见未经胶结的砂砾层。其砾石成分为石灰岩、砂岩，分选不好，滚圆度中等。全新统（Q_4）——主要分布在现代河床及一级阶地之上，以现代河流的冲积物和洪积物、砂及泥砂、砂砾为主，厚 10～20 m。

勘探区位于山西台背斜沁水拗陷的西缘，吕梁隆起的东翼，汾孝凹陷的东北部，其构造方向与吕梁、霍山方向大体一致。井田构造基本为一残破的盆状构造，地层倾角 5°～10°，局部为 15°左右，东西构造差异很大，西部为单斜构造区，断层多，落差小，东部为断裂构造区，断层落差大，短轴褶曲较发育。井田内未发现岩浆活动。

测区内发育较大的褶曲有：① 神安背斜：位于神安村东及东北，轴向北西～北东，两翼倾角 5°～9°，轴长 2 500 m，由高—12、1—9 钻孔控制；② 高阳向斜：基本控制井田东部构造形态，为高—11、22—9 两孔所控制，轴向由北东经高阳镇后转向正南，南北延伸 3 300 m；③ 临水背斜：穿过临水村，轴向北东～北西，两翼倾角 8°，轴长 2 800 m，由高—4、高—10、101、1—11 钻孔控制；④ 西辛壁向斜：位于西辛壁南，轴向北东，两翼倾角 5°～9°，轴长 1 170 m，由高—1、高—3 钻孔控制。

测区内发育较大的断层有：① F_{14}：位于高—13 东 50 m，逆断层，走向 NE，倾向 NE，H=5 m∠30°；② F_4：位于西辛壁村，逆断层，走向 NE，倾向 NW，H=18 m∠35°；③ F_3：位于韩家滩，逆断层，走向 N～NE，倾向 W～NW，H=80～150 m∠30°。

井田内陷落柱比较发育，从野外勘探到井下采掘共发现 177 个（其中勘探阶段、小窑、井筒、钻孔探明 6 处，地面所见 8 处，共计 14 处），测区内发现的陷落柱有近 30 个。柱体内一般无水，说明陷落柱导水性差。

勘探区水文地质条件，通过现有资料分析，第四系冲积层孔隙含水层主要分布于汾河等河谷中，富水性较强；石炭二叠系的砂岩及薄层灰岩含水层，富水性较弱，补给来源少；奥陶系石灰岩只在东部沟谷处有出露，富水性强，但分布不均匀。

1.2 勘探区地球物理特征

由实测视电阻率曲线分析，第三系第四系地层视电阻率变化较大，其视电阻率在 20～150 Ω·m 之间，砂砾石段电阻率较高，而基岩界面附近视电阻率在 35 Ω·m 左右。石炭二叠系煤系地层段视电阻率在 40～80 Ω·m 左右。奥陶系地层为测区内最高电性层，视电阻率大于 80 Ω·m，甚至可达数百欧·米。可见区内地层之间存在明显的电性差异，具备地球物理勘探的前提条件。

新生界地层与基岩分界面是区内较明显的电性标志层之一，基岩分界面以上的高阻地层段，也即电测深曲线的 K 型段（或有细分层），为新生界地层砂岩或砂砾石层含水地层。因此，从物性及方法技术上，电测深法能够完成所规定的地质任务。

2 野外工作

电测深法采用垂向对称四极装置。最大供电电极距 $AB/2$ 为 1 000 m，测量电极距 $MN/2$ 为 $AB/2$ 的十分之一活动电极系列。电极距采用模数为 6.25 的 8 点式系列，即一个模数格内均匀分布 8 个极距。供电电极距 $AB/2$=10 m，13 m，18 m，24 m，32 m，42 m，56 m，75 m，100 m，130 m，180 m，240 m，

320 m,420 m,560 m,750 m,1 000 m;测量电极距 $MN/2$=1 m,1.3 m,1.8 m,2.4 m,3.2 m,4.2 m,5.6 m,7.5 m,10 m,13 m,18 m,24 m,32 m,42 m,56 m,75 m,100 m。

电法观测仪器采用法国产 SYSACL-R_{2E} 型直流电法数字仪。该仪器采用多级滤波及信号增强技术,具抗干扰能力强、灵敏度高、测量精度高、数字直接显示、同步检测背景干扰等优点。最大供电电压为 700 V,最大供电电流为 3 A,供电脉冲宽度为 1~60 s,占空比为 1∶1。供电电源采用多箱可连续充电直流电源,单箱电源最高电源为 120 V。

测网布置为 150 m×80 m,即线距 150 m,点距 80 m,在地表不能按规则网度施工地段(如居民区及矿区范围内),据现场实地情况作适当的移动,共施工测线 21 条,坐标点 456 个,检测点 14 个,试验物理点 3 个,合计为 473 个物理点,控制剖面长度=34 800 m。

测量定点仪器采用动态 GPS 测量系统和一台全站仪。

3 资料处理解释

电测深法的主要地质任务是查明开采煤层上覆第三系第四系松散岩类孔隙含水层的相对富水性及划分基岩与新生界松散层界面,因此,主要电性标志层是解释基岩与新生界松散层的界面位置。通常情况下,新生界地层在地表不均时呈中高阻反映,当黏土或黄土层较厚及含水地层富水性较强时呈低阻反映,而基岩由于沉积年代的不同及岩层压实程度较高,其视电阻率往往与新生界地层的视电阻率之间存在明显的电性差异。因此,基岩界面也正是物探工作的最主要的电性标志层。为了说明方法的有效性,先从分析孔旁测深解释结果与钻孔揭露情况进行对比,由对比结果判断方法是否有效。

区内在有已知钻孔的情况下,利用孔旁测深曲线求取基岩与新生界松散层的界面深度。具体做法是采用微分变换法对测深曲线进行分段求解,得到纵向电导 S 值曲线,根据 S 值曲线特征,利用折线法求得交点位置,折线交点垂线与对应的横坐标 $AB/2$ 位置即为推断解释的界面深度位置,但其结果通常与实际情况会存在误差,需要借助由已知到未知的原则,通过已知钻孔揭露情况,选择合适的改正系数进行标定,其标定系数为 C,C 的取值范围,不同的测区会有所不同,据理论及结合经验分析,C 值一般等于 0.7~0.75。S 值的计算公式为:$S(i)=AB/2(i)/\rho_s(i)$,其中 $AB/2(i)$ 为各观测极距,$\rho_s(i)$ 为与观测极距相对应的观测视电阻率值。

图 1 为 L2500-1200 测点视电阻率曲线图,曲线类型为 HA 型,曲线首枝为新生界地层反映,H 型部位

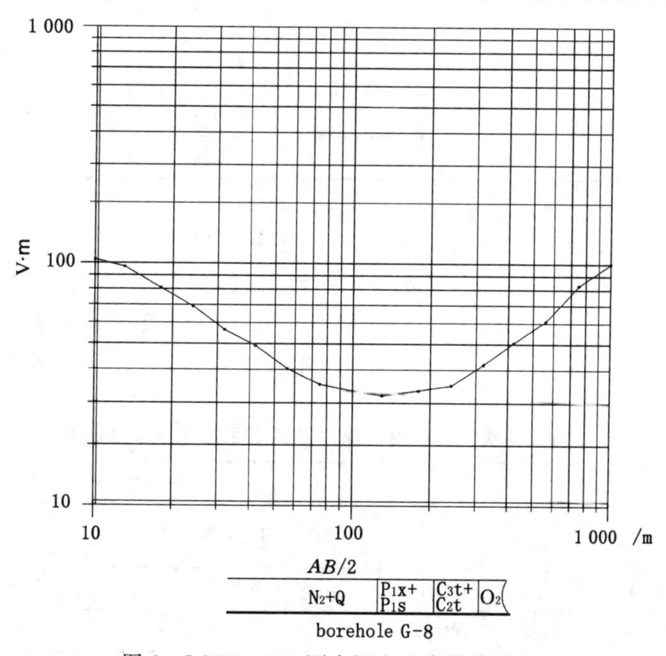

图 1 L2500-1200 测点视电阻率曲线图

为煤系地层反映，曲线尾枝为奥陶系灰岩地层反映。高—8 钻孔位于 L2500-1200 测点东南约 31.8 m。

图 2 为 L2500-1200 测点 S 值曲线图，图中的折线交点垂线与横轴 $AB/2$ 的交点 $A2$ 位置值为 190 m，钻孔高—8 第三系第四系与基岩的分界深度为 132.97 m。用标定系数 C 对 S 值折线交点解释值进行修正，$C=132.97/190=0.7$。

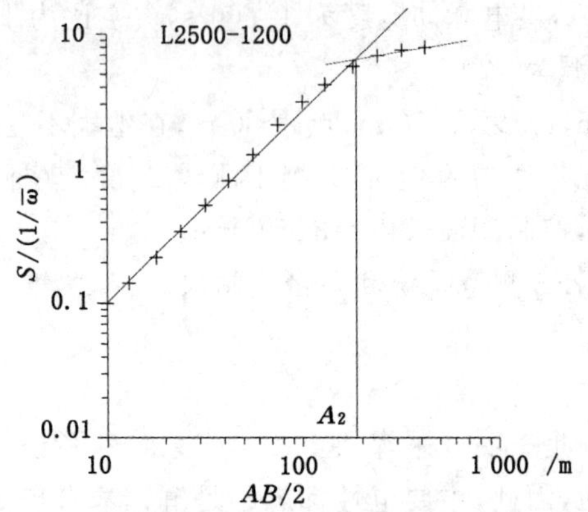

图 2 L2500-1200 测点 S 值曲线图

依此，对测区内收集到的已知钻孔 1—7、高—8、高—12、高—3、1—9、高—11、3—10、1—11 等进行同样的分析处理，结果见表 1。

表 1 钻孔柱状与孔旁电测深法 S 折线法解释结果对比标定系数表

序号	钻孔		孔旁测深点		标定系数值 C
	钻孔名称	揭露新生界厚度 /m	测点名称	新生界厚度折线结果 /m	
1	1—7	82.01	L2950-560	120	0.683
2	高—8	132.97	L2500-1200	190	0.7
3	高—12	131.12	L2200-560	185	0.709
4	高—3	162.26	L2050-2000	220	0.737
5	1—9	129.9	L1750-960	190	0.684
6	高—11	108.7	L1300-1200	160	0.675
7	3—10	58.62	L400-80	80	0.733
8	1—11	49.43	L250-1520	72	0.691

对表 1 中的标定系数 C 求平均，得到测区平均标定系数 $C=0.7$。

利用测区平均标定系数 $C=0.7$，反过来对 S 折线法求出的各孔旁电测深点界面深度进行标定计算，其计算结果如表 2 所列。表 2 为测区内钻孔柱状与孔旁电测深新生界地层厚度标定后解释结果对比表，最大相对误差为 5.09%，最小为 0.02%，平均相对误差为 2.57%，标准方差为 1.63。

表 2 钻孔柱状与孔旁电测深法经标正后解释结果对比表

序号	钻孔		孔旁测深点		标定系数值 C
	钻孔名称	揭露新生界厚度 /m	测点名称	新生界厚度折线结果 /m	
1	1—7	82.01	L2950-560	84	2.42
2	高—8	132.97	L2500-1200	133	0.02

续表 2

序号	钻孔		孔旁测深点		标定系数值 C
	钻孔名称	揭露新生界厚度/m	测点名称	新生界厚度折线结果/m	
3	高—12	131.12	L2200-560	129.5	1.25
4	高—3	162.26	L2050-2000	154	5.09
5	1—9	129.9	L1750-960	133	2.38
6	高—11	108.7	L1300-1200	112	3.03
7	3—10	58.62	L400-80	56	4.46
8	1—11	49.43	L250-1520	50.4	1.96

因此，通过钻孔柱状与孔旁电测深法单点曲线的解释对比分析，得到了基本适应全测区的目的层解释标定系数，标定系数 $C=0.7$。其解释方法是否有效，通过钻孔所在电测深法剖面图电性特征，由点到线进行分析。具体做法是将各测点的 $AB/2$ 乘以改正系数 C，C 取值 0.7，然后据各测点的实地地表标高值换算为实际成图解释的深度值，绘制各测线的剖面图，据各测线的剖面特征进行解释分析。

图 3 为 L2500 测线视电阻率剖面图。从图中可以看出，基岩界面反映清楚，低阻异常明显，剖面图中部的相对低阻中心位置即为新生界松散层与基岩的分界面。

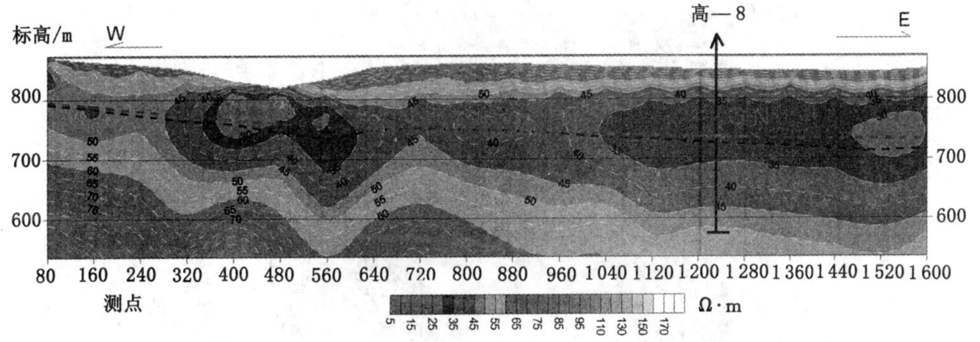

图 3　L2500 测线视电阻率剖面图

整个资料解释流程(图 4)为：通过钻孔揭露情况与孔旁电测深法解释结果的对比分析，得到测区内目的层深度解释的标定系数，由单点曲线规律，再分析钻孔所在剖面的电性规律，遵循由已知到未知、由点到线、由线到面的解释规律。

4　工程成果

测区内电测深曲线类型主要为 KHA、HA 型，第四系松散层含水层在物性上表现为高阻性质，第三系上新统砂砾层含水层在物性上表现为低阻性质，位于基岩面附近。第四系松散层含水层是否存在的标志是看测深曲线是否存在 K 型或有细分层。第三系第四系松散层含水层的底界面由测深曲线首枝极小值的平均值来推断解释，此平均值所处部位相当于曲线拐点部位，本测区曲线首枝极值平均值在 50～60 Ω·m 左右，拐点所在位置即为第三系第四系松散层含水层的底界面。

图 5 为基岩顶界等高线图。基岩顶界高程最大值为 850.7 m，最小值为 686.4 m，平均值为 774.95 m。测区的北部及东部基岩界面埋深相对略深，在测区的西部及南部基岩顶界埋藏相对较浅，总体上呈西高东低。

图 6 为第三系第四系松散岩孔隙含水层分布范围及富水区分布图。图 6 中视电阻率值最大为 80

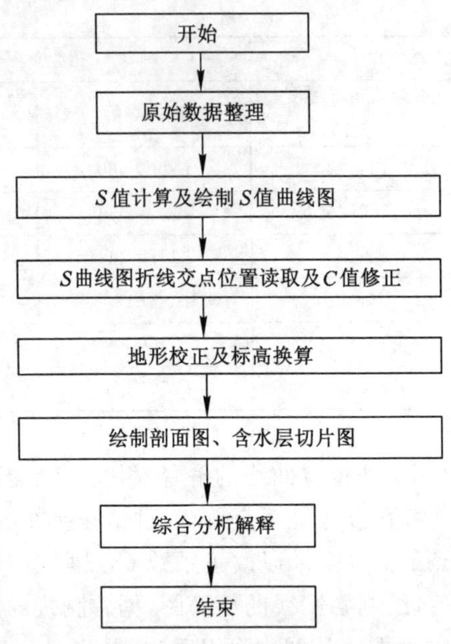

图 4 资料处理解释流程

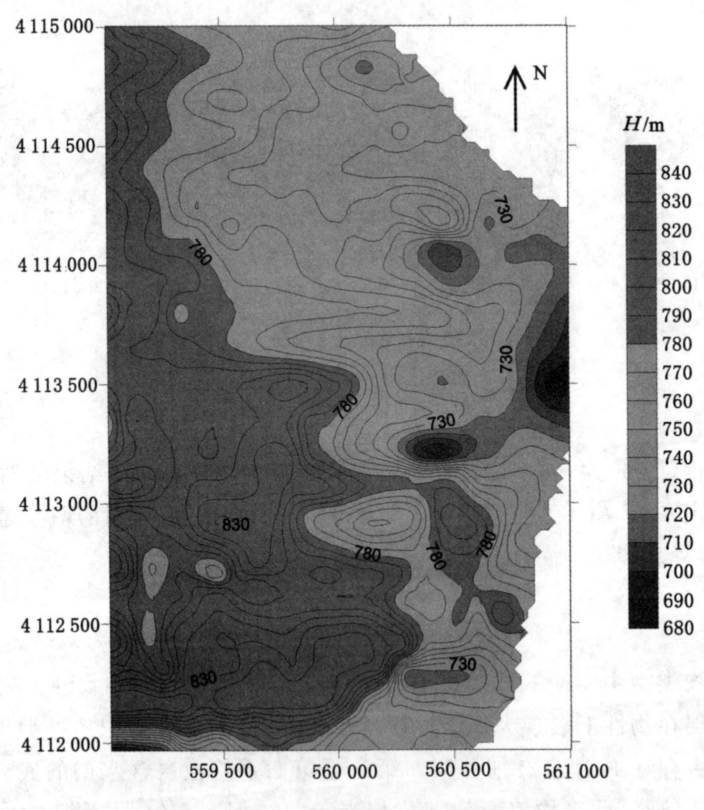

图 5 基岩顶界等高线图

Ω· m,最小为为 18 Ω·m,平均值为 39.35 Ω·m,标准方差为 10.53 Ω·m。以三倍方差视电阻率值定为异常,即以小于 30 Ω·m 视电阻率等值线范围定为强富水区,30～40 Ω·m 视电阻率等值线范围定为弱富水区。富水区域主要分布在测区北部、东北部及测区南部,划分为五个富水区条带:第一富水区位于测区的北部,条带近东西向;第二富水区位于测区的神安背斜与 F_{14} 断层的交汇处,富水区条带近东西向分布;

第三富水区位于测区东南角西辛壁向斜附近；第四富水区位于测区西南角高阳向斜轴的拐弯处；第五富水区位于测区的东南角高阳河床、临水背斜、F_3 断层三者交汇处。测区中部富水性相对不强。

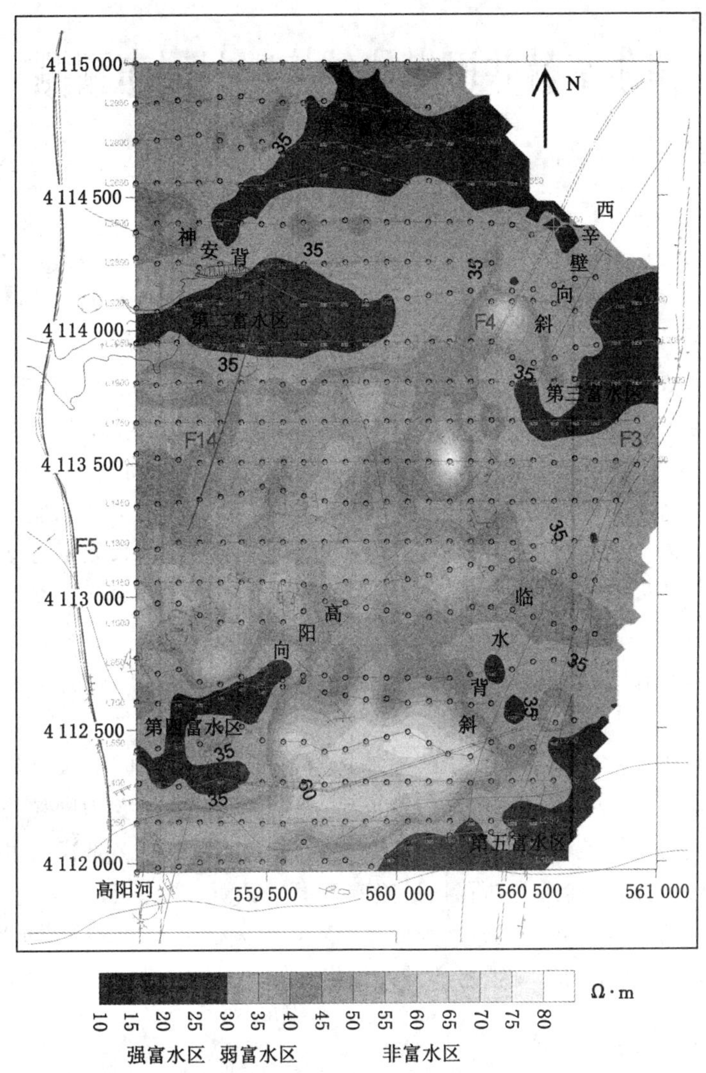

图 6 第三系第四系松散岩孔隙含水层分布范围及富水区分布图

5 结论

直流电深法在煤炭资源勘探中，是一种常规有效的物探方法，它在我国早期的找煤勘探及现今的煤矿水文地质勘探中均发挥了较重要的作用。但电测深资料的定量解释一直是困扰地球物理工作者的难题之一。本文利用纵向电导 S 值折线法进行电测深资料的定量解释，较好地解释分析了新阳矿开采煤层上覆第三系第四系松散岩类孔隙含水层的相对富水性，划分了基岩与新生界松散层界面。纵向电导 S 值折线法在电测深资料的定量解释中具有一定的应用价值，在煤炭资源勘探中具有一定的借鉴意义。

参考文献

[1] 刘金涛.直流电测深法在探测煤矿导水陷落柱中的应用[J].湖北地矿，2003，17(4)：35-37.

[2] 陈仲候，王兴泰，杜世汉.工程与环境物探教程[M].北京：地质出版社，2012.

霍尔辛赫井田煤体结构空间展布预测

张跃铮[1]　韩　颖[1]　申秀颀[2]　张军鹏[2]　王　鹏[1]　范　超[1]

(1. 河南理工大学能源科学与工程学院　河南焦作　454000；
2. 山西霍尔辛赫煤业有限责任公司　山西长治　046600)

摘　要　煤体结构直接影响煤层突出危险性,同时与煤层气井产能紧密相关,对其空间展布进行预测可以为瓦斯灾害防治和煤层气井布井提供指导。文章以岩体力学和分形几何学理论为指导,引入强度因子和分形维数两个指标,结合地质构造对霍尔辛赫井田煤体结构的空间展布进行预测。研究表明:在强度因子和分形维数高值区,煤体发生脆性变形,以断层发育为主,软煤不发育,煤体结构较好;在强度因子和分形维数低值区,煤体以韧性变形为主,主要形成褶曲,软煤发育,煤体结构破坏严重。以此为基础对井田软煤发育情况进行了划分,与井田软煤探测结果相吻合。

关键词　煤体结构;空间展布;强度因子;分形维数

成煤作用后期不同期次构造运动对煤层的破坏作用最终形成了不同的煤体结构类型,由此导致煤体结构的非均质性较强,通常在几米、几十米范围内可从原生结构煤突变为糜棱煤。因此,煤体结构的空间展布规律和预测成为人们关注的焦点。以往对于煤体结构的判识多是通过井下煤壁、煤心观测或测井技术来实现,但这需要施工巷道或钻孔且只能实现局部预测,此外,目前的理论分析和探测技术也都难以准确预测煤体结构的空间展布规律。为此,文章基于岩体力学和分形几何学理论,引入强度因子和分形维数两个指标,结合地质构造对霍尔辛赫井田煤体结构的空间展布进行了预测。

1　霍尔辛赫的井田概况

霍尔辛赫井田位于山西省长治市西侧、长子县东侧,太(原)—焦(作)铁路、长治到太原、晋城二级公路从井田东部穿过,中部有县级公路,同时各乡镇公路四通八达且可与干线公路相接。井田位于晋霍褶断带的西侧,由于受燕山期多次构造运动的影响,井田内褶皱构造较发育,断裂构造发育相对较差。地层总体走向近 SN—NNE 向,东高西低,发育有近 SN、NNE 向两组宽缓褶曲,沿走向及倾向伴有落差大小不一的 6 条断层,其中正断层 3 条,逆断层 3 条,井田构造复杂程度为简单类(图 1)。井田内煤层主要分布在二叠系下统山西组和石炭系上统太原组,其中山西组下部的 3 号煤层为井田首采煤层且全井田可采,煤层底板标高 250～500 m,煤层倾角 2°～12°,煤厚 4.49～7.17 m,平均厚度 5.65 m,厚度变化不大,结构简单,属稳定性煤层。

2　煤体结构空间展布预测方法

2.1　强度因子

岩体强度因子反映了统计层段内复合岩体的综合强度,是煤体抗变形能力的定量表征,其计算公

作者简介:张跃铮(1988—),男,山西晋城人,硕士研究生。E-mail:sxjczyz@163.com.

式为：

$$Q = \sum h_i \times k / m_i \tag{1}$$

式中 Q——统计层段内岩体的强度因子；

h_i——统计层段内单个岩层的厚度，m；

m_i——岩层中点距离煤层中点的距离，m；

k——某一岩层岩体强度的调整系数；反映了统计层段内岩层的相对强度，不同岩性的岩层取值各不相同。

对于公式(1)的计算，除了岩体强度调整系数，还要确定统计层段的厚度。结合已有的研究来看，统计层段厚度的选取因情况而异。本文以煤层上下各 50 m 作为统计层段，对井田内 36 个见煤钻孔处的强度因子进行了计算。

2.2 分形维数

含煤岩系岩层厚度的复杂性和无规律性使得用常规的研究方法难以描述，而分形维数的引入恰恰可以使这一问题简单化。分形维数可以定量表征统计层段内岩体结构的复杂程度，同时与煤岩体变形紧密相关，其计算公式为：

$$N = \frac{C}{r^D} \quad 即 \quad D = \frac{\ln C - \ln N}{\ln r} \tag{2}$$

式中 r——分形尺度，m，一般取统计层段内所有岩层厚度的平均值；

N——大于或等于分形尺度的层数；

D——分形维数；

C——常数，一般取分形尺度的 5～10 倍。

通过对井田内 36 个见煤钻孔统计层段内不同岩性岩层厚度的统计分析，取分形尺度 r 为 4.5 m，C 值取 45，结合公式(2)计算了各钻孔处的分形维数。

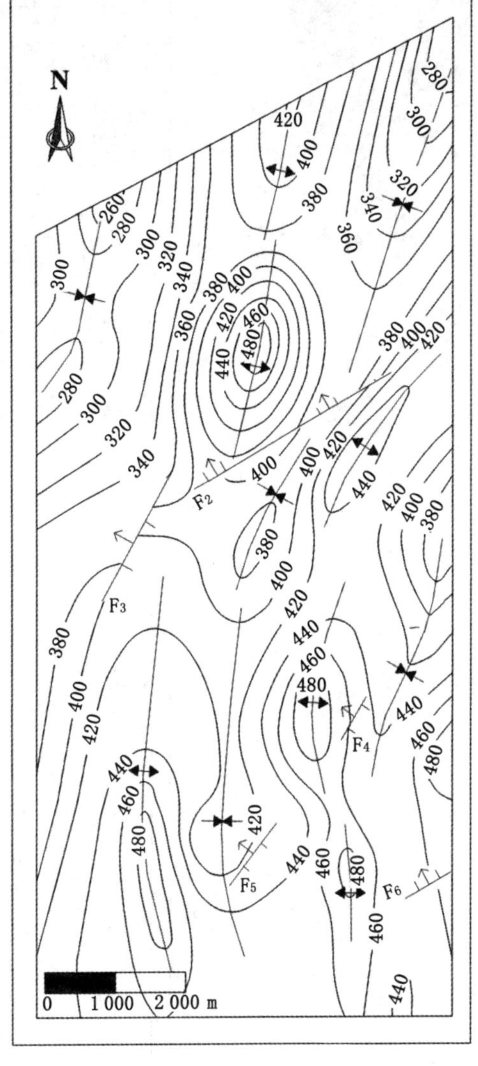

图 1 煤层底板等高线图

3 计算结果与分析

3.1 软煤厚度

采用视电阻率来判识软煤厚度已经得到了广泛应用。本文以视电阻率曲线为主，并参考密度和自然伽马曲线，对霍尔辛赫井田内见煤钻孔软煤厚度进行了统计。

3.2 强度因子与煤体结构的关系

通过井田内 36 个见煤钻孔处强度因子的计算结果，绘制了井田强度因子等值线图(图 2)。为探讨强度因子和软煤厚度的关系，依据计算结果绘制了两参数的关系图(图 3)。由图 4 可知，强度因子与软煤厚度成负相关，即在强度因子高值区，软煤厚度较小，结合图 1、图 2 可以看出，该区域煤体主要发生脆性变形，以形成断层来吸收构造应力；在强度因子低值区，软煤厚度较大，同时该区域以韧性变形为主，形成褶曲甚至是顺层剪切来吸收构造应力。

3.3 分形维数与煤体结构的关系

依据各钻孔处分形维数的计算结果，绘制了分形维数等值线图(图 4)。结合分形维数和软煤厚度

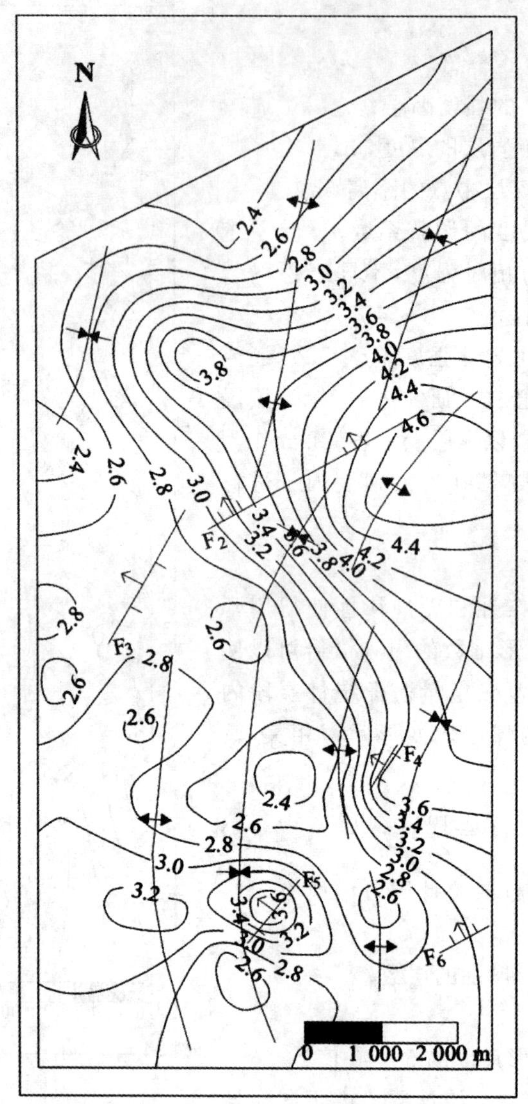

图 2 强度因子等值线图

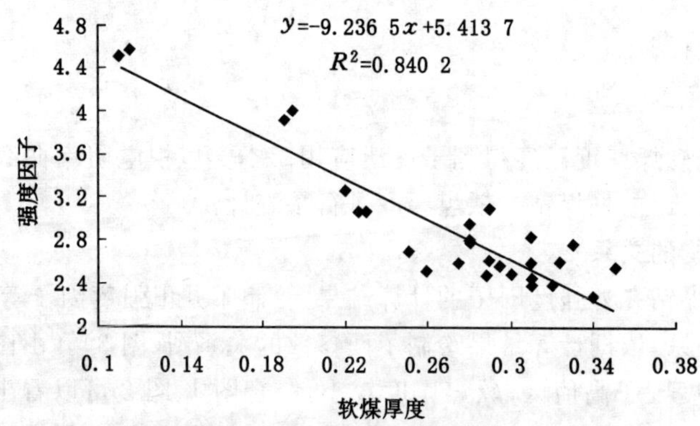

图 3 强度因子与软煤厚度的关系

的计算结果，绘制两参数的关系图(图 5)。由图 5 可知，分形维数与软煤厚度同样呈负相关，即在分形

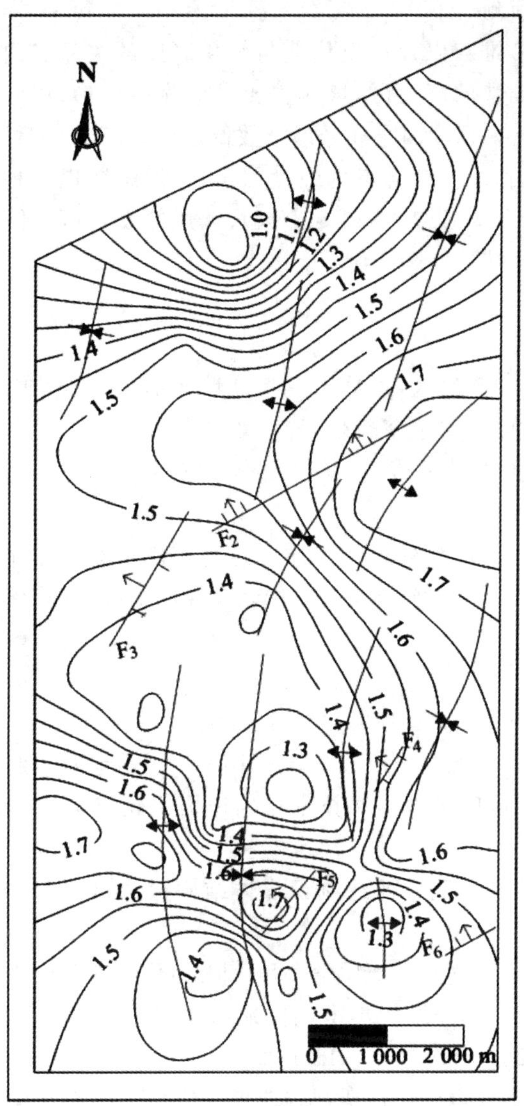

图 4　分形维数等值线图

维数高值区软煤厚度较小，结合图 1、图 3 可知，该区域同时以脆性变形为主，以断层发育为特征；而分形维数低值区软煤厚度较大，同时该区域发生韧性变形，形成褶皱来抵消构造应力。

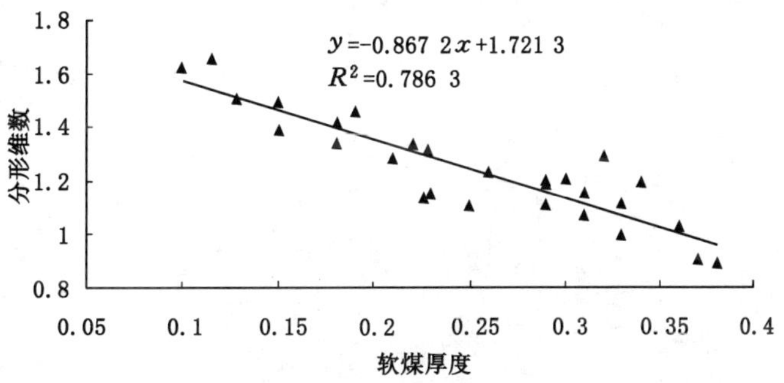

图 5　分形维数与软煤厚度的关系

3.4 煤体结构空间展布特征预测

以上探讨了强度因子、分形维数以及地质构造与软煤厚度的关系。由此可以看出，在强度因子和分形维数的高值区，煤体主要发生脆性变形，以断层发育为特征，软煤不发育；相反，在强度因子和分形维数低值区，煤体以韧性变形为主，形成褶皱，同时软煤发育。在综合考虑强度因子、分形维数以及地质构造的基础上将霍尔辛赫井田分为软煤发育区（Ⅰ区）、软煤较发育区（Ⅱ区）以及软煤不发育区（Ⅲ区），划分结果如图 6 所示。

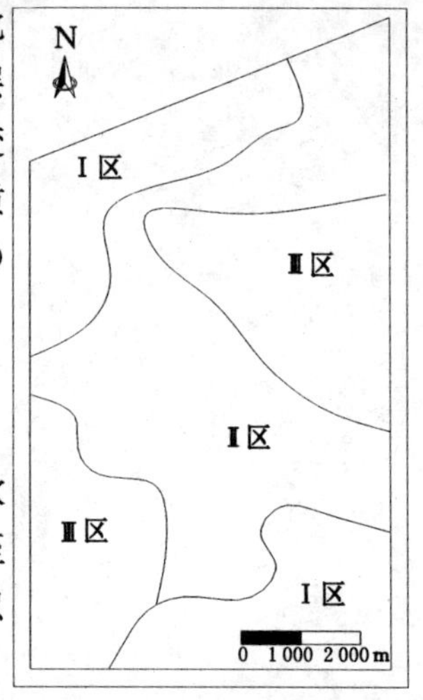

图 6　煤体结构空间展布划分示意图

4　结论

（1）在强度因子和分形维数低值区，煤体易发生韧性变形，形成褶皱，软煤发育，同时突出危险性较高，储层渗透率较低，导致煤层气井产能很低甚至不产气；相反则以形成断层为主，软煤不发育，突出危险性较小，这些区域可以通过储层改造来提高煤层气井的产能。

（2）在综合考虑强度因子、分形维数以及地质构造的基础上对霍尔辛赫井田软煤发育状况进行了划分，这一划分结果与井田软煤探测情况相吻合。

参考文献

[1] 陈颙，陈凌. 分形几何学[M]. 北京：地震出版社，2005.

[2] 李增学. 矿井构造的构造——地层分析法及其应用[J]. 煤田地质与勘探，1994，22(1)：25-30.

[3] 刘明举，刘毅，刘彦伟，等. 地球物理测井技术在判识构造软煤中的应用[J]. 煤炭工程，2005(5)：35-37.

[4] 龙王寅，朱文伟，徐静，等. 利用测井曲线判识煤体结构探讨[J]. 中国煤田地质，1999，11(3)：64-66，69.

[5] 倪小明，苏现波，张小东. 煤层气开发地质学[M]. 北京：化学工业出版社，2009.

[6] 彭苏萍，杜文凤，苑春芳，等. 不同结构类型煤体地球物理特征差异分析和纵横波联合识别与预测方法研究[J]. 地质学报，2008，82(10)：1311-1322.

[7] 汤友谊，陈江峰，彭立世. 无线电波坑道透视构造煤的研究[J]. 煤炭学报，2002，27(3)：254-258.

[8] 王恩营. 煤层断层形成的岩性结构分析[J]. 煤炭学报，2005，30(3)：319-321.

[9] 王恩营，吕春枝. 多煤层开采矿井中小断层的研究[J]. 矿业安全与环保，1999(4)：26-27.

[10] 王建国，汤友谊，刘建宝. 钻孔测井曲线判识构造软煤的研究[J]. 山东煤炭科技，2008(3)：59-61.

[11] 王生全. 煤系变形介质条件研究在煤层小断层预测中的应用——以下峪口矿 2 号煤层为例[J]. 西安工程学院学报，2001，23(1)：16-19.

[12] 张许良，单菊萍，彭苏萍. 地质测井技术划分煤体结构探析[J]. 煤炭科学技术，2009，37(12)：88-92.

演马庄煤矿突水微震监测预警技术的应用

赵麦来　王　飞　王　尧

（河南能源化工集团焦煤公司演马庄煤矿　河南焦作　454000）

摘　要　结合演马庄煤矿的水文地质情况，在27111工作面布置测点，利用高精度的BMS微地震监测技术进行突水危险监测，共监测到52个有效微震事件，分析煤层顶底板破裂规律及岩体裂隙场分布规律，对其造成的突水危险性进行实时预测预报，是突水监测预警重要的发展方向。

关键词　矿井；顶底板；微震；突水监测；煤矿安全

1　项目背景

焦作矿区北部为太行山区，裸露的寒武、奥陶系灰岩岩溶裂隙发育，降水及地表水沿岩溶裂隙及断层破碎带向下渗透，成为矿区水的补给水源。矿区主要可采煤层为二$_1$煤，赋存于山西组底部，演马庄煤矿水文地质条件极复杂，矿井主要含水层有第三、第四系冲积层含水层，二叠系砂岩含水层，L_8、L_2和O_2灰岩含水层，其中L_8、L_2、O_2灰岩含水层富水性强，是矿井水的主要水源。L_8灰岩含水层厚8～10 m，岩溶裂隙发育，富水性强，上距二$_1$煤底板平均约18.56 m，为二$_1$煤主要充水水源，在工作面回采时，危害较大。L_2灰岩含水层，平均厚11 m左右，上距二$_1$煤层底板70～80 m左右，下距O_2灰岩平均约20 m，L_2灰岩除具有L_8灰岩的岩溶发育规律外，还有在断裂破碎带内常形成蜂窝状溶孔及较大溶洞的特点，L_2灰岩水位比O_2灰岩水位略低，局部在＋70 m左右，对工作面开采影响较小。O_2灰岩含水层厚度约400 m，上距二$_1$煤层底板100 m左右，岩溶裂隙发育，富水性强，具高压水头，上部含水段厚约220 m，下部含水段厚70～80 m，两段之间的隔水岩性为灰色角砾状泥灰岩，厚50～60 m，O_2灰岩在井田内具有统一水位，枯水期水位保持在＋81 m左右，是二$_1$煤最重要的含水层。矿井正常涌水量75 m^3/min，最大涌水量90 m^3/min。

演马庄煤矿自建井以来共发生突水79次，1.0 m^3/min以上的突水60余次，最大突水量达320 m^3/min，出现过两次淹地区、两次淹井事故。1979年3月9日，－200 m水平东大巷二一轨道下车场突水，L_2、O_2灰岩水通过断裂破碎带直接溃入巷道，最大涌水量240.9 m^3/min，水压25.8～28.2 MPa，造成矿井被淹。1985年8月17日，矿井在恢复追排水过程中，老突水点复活，矿井再次被淹，最大涌水量320 m^3/min，水压28 MPa。

演马庄煤矿是典型的煤与瓦斯突出和突水矿井，突水已经严重威胁煤矿的安全生产。为防治突水事故，演马庄煤矿采用微震监测预警技术对突水危险性进行实时预测监控。

2　工作面概况

本次微震监测选择在演马庄煤矿27111工作面实施（图1、图2）。

作者简介：赵麦来，男（1977—），河南焦作，1997年6月毕业于焦作煤炭工业学校采煤专业，现任演马庄矿防突科长，长期从事煤矿安全工作。

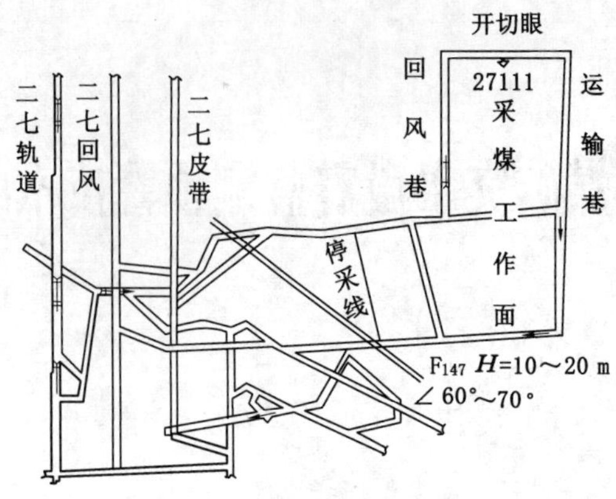

图1 27111工作面位置图

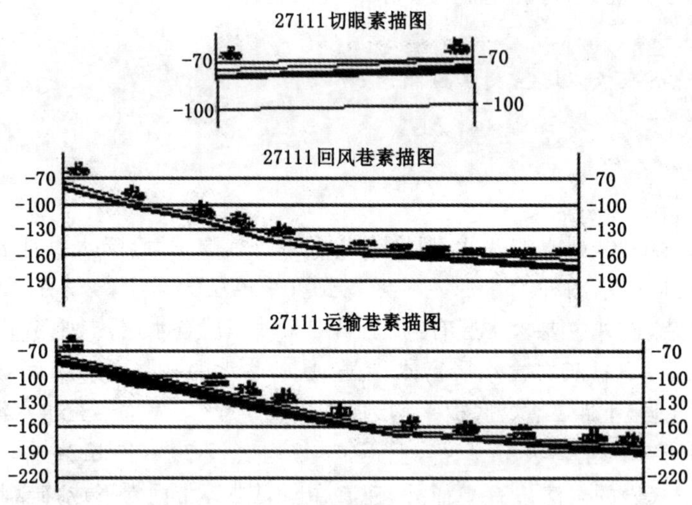

图2 27111工作面素描图

27111工作面二$_1$煤层平均厚度为5 m,其煤层顶底板情况见表1。该工作面煤层以粉煤为主,中下部夹有块炭,局部含有薄层夹矸及碳质泥岩伪顶(图3)。

表1 煤层顶底板情况表

顶底板名称	岩石名称	厚度/m	岩性特征
基本顶	大块砂岩	10.98	灰色,中细粒,以石英长石为主
直接顶	砂质泥岩	6.20	灰黑色,含植物化石及云母
伪顶	碳质泥岩		局部发育
直接底	泥岩	8.84	灰黑色,富含植物化石碎片
基本底	石灰岩(L_9)	0.40	深灰色,致密,富含鲢科化石

工作面地层产状较平缓,构造以断层为主,褶曲不明显,无岩浆岩发育。工作面左面为F_{147}断层,走向N69°E～N79°E,倾向南,落差10～20 m;右面为F_{204-1}断层,走向N104°E,倾向北,落差0～10 m。两断层均为正断层,对回采影响较大。工作面内有F_{236}断层,走向近东西,倾向南,落差0.8 m;F_{253}断层,走向近东西,倾向北,落差0.5 m。均为正断层,对回采影响较大。

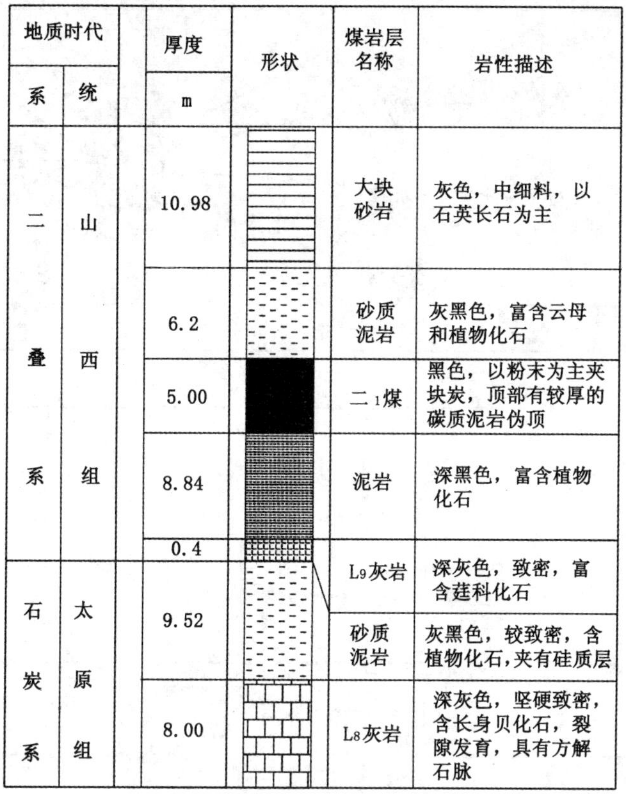

地质时代 系	地质时代 统	厚度 m	形状	煤岩层名称	岩性描述
二叠系	山西组	10.98		大块砂岩	灰色，中细料，以石英长石为主
		6.2		砂质泥岩	灰黑色，富含云母和植物化石
		5.00		二$_1$煤	黑色，以粉末为主夹块炭，顶部有较厚的碳质泥岩伪顶
		8.84		泥岩	深黑色，富含植物化石
石炭系	太原组	0.4		L_9灰岩	深灰色，致密，富含莛科化石
		9.52		砂质泥岩	灰黑色，较致密，含植物化石，夹有硅质层
		8.00		L_8灰岩	深灰色，坚硬致密，含长身贝化石，裂隙发育，具有方解石脉

图 3　工作面地层综合柱状图

工作面主要充水水源为基本顶大块砂岩水和底板 L_8 灰岩水。基本顶大块砂岩在该区富水性差，预计该工作面在回采时最大淋水量为 0.2 m^3/min。根据电法资料，27111 工作面回采时，运输巷往里 0～60 m 段、450～610 m 段和 865～915 m 附近容易发生底板突水，90～135 m 段不排除发生少量底板突水的可能性，其他区域正常情况下不会发生底板突水。27111 工作面有煤与瓦斯突出危险；煤尘无爆炸性；煤层不自燃；地温正常；地压不大。

3　微震监测

3.1　微震监测的基本原理

微震监测技术的基本原理是：岩石在应力作用下发生破坏，并产生微震和声波。在破裂区周围的空间内布置多组检波器实时采集微震数据，经过数据处理后，应用震动定位原理，可确定破裂发生的位置，并在三维空间上显示出来(图 4)。

3.2　微震监测系统简介

北京科技大学研发的 BMS 高精度微地震监测系统，适用于煤矿、金属矿的矿震、冲击地压(岩爆)、煤与瓦斯突出、底板突水、顶板溃水、煤(矿)柱破裂等矿山灾害的监测和预警。BMS 微地震监测系统可以采用集中式和分布式两种布置方案，分别用于单个采场和整个矿井区域的监测。BMS 微地震监测系统的检波器选用高灵敏度、宽频带、三分量的震动传感器，可以监测包含低频、中频、高频的各种岩层震动信号，进行由小至大的各种岩石信号的采集。在信号传输方面，BMS 微地震监测系统采用了光纤传输技术，最大可以传输 60 km 的距离，满足大型矿井的信号传输要求，监测范围也大大增加。此外，井下震动信号实时传输到地面监控主机后，经过定位、平面和剖面展示，可以清楚地了解井下微地震事件的位置、能量等信息，再由具有多功能的微地震事件后处理软件展示和解释后，为工程技术人员提供可靠有用的信息(图 5)。

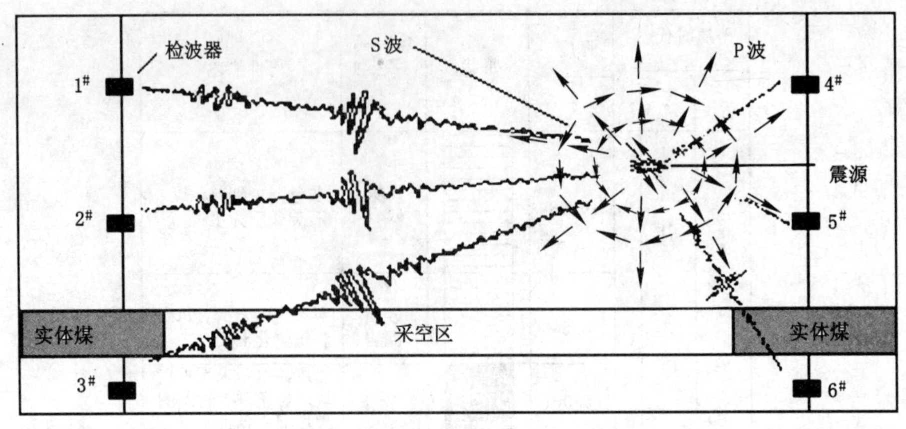

图4 微震监测岩体破裂示意图

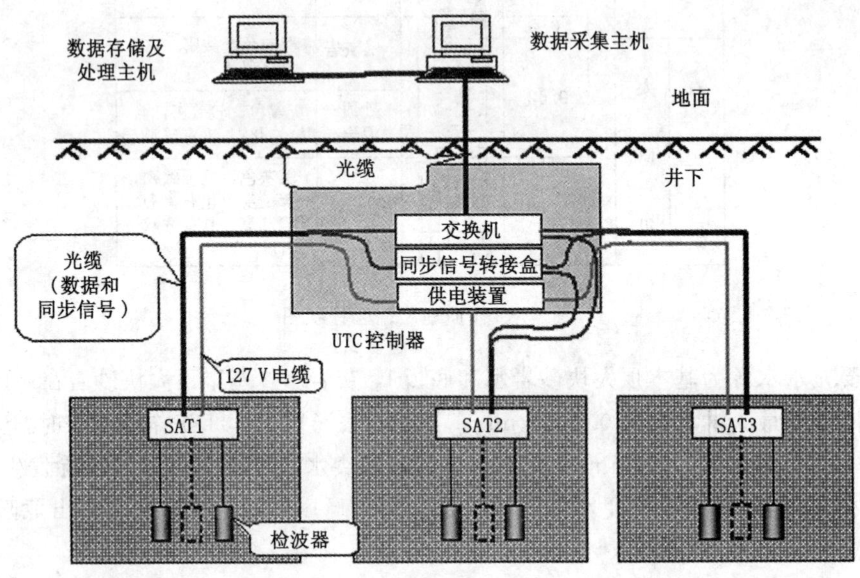

图5 BMS微地震监测系统结构及工作原理

3.3 沿倾向推进阶段微震监测系统测区布置

测区布置12个监测钻孔、12个备用监测钻孔，共24个钻孔；12个顶板钻孔（含6个备用钻孔），12个底板钻孔（含6个备用钻孔）；孔口均位于运输巷、回风巷的巷道壁上，空间平面距离均为50 m，其中在距切眼100 m处开始布置第一组监测钻孔；井下分站位置位于运输巷与联络巷的交汇处。图6、图7是钻孔设计剖面图和平面图。

3.4 日常监测到的微震事件分析

截止到2009年11月26日，本阶段整个监测过程中，BMS微震监测系统共监测到52个有效微震事件，各有效微震事件的具体分析见表2、表3。

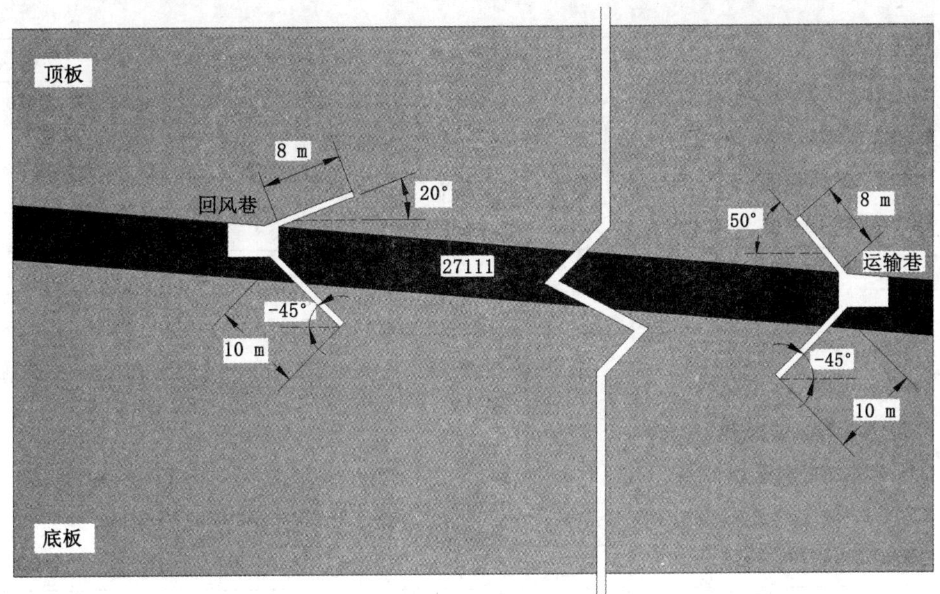

图 6　钻孔设计剖面图

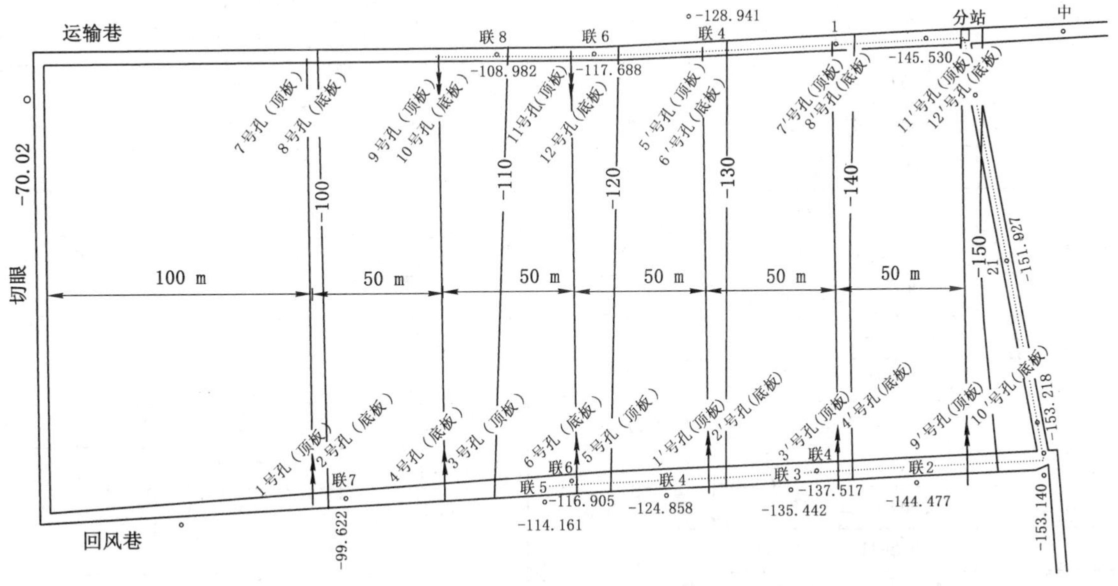

图 7　钻孔设计平面图

表 2　　工作面顶板破裂事件统计

序号	事件时间	事件能量/J	垂直位置	水平位置	
			煤层上方/m	回风巷内/m	运输巷内/m
1	2009-8-28 15:46:04	781	27.29	—	−5.86
2	2009-8-29 10:24:01	378	15.06	—	64.08
3	2009-9-2 0:01:44	106	17.9	15.5	—
4	2009-9-2 0:14:58	887	27.15	3.73	—
5	2009-9-2 9:17:55	1 192	46.31	47.7	—
6	2009-9-3 15:26:33	336	23.25	14.64	—

续表 2

序号	事件时间	事件能量/J	垂直位置	水平位置	
			煤层上方/m	回风巷内/m	运输巷内/m
7	2009-9-11 0:03:00	342	12.89	−9.45	—
8	2009-9-14 16:37:19	510	23.68	−35.72	—
9	2009-9-15 0:41:32	674	45.89	−27.97	—
10	2009-9-23 9:12:18	849	21.68	4.35	—
11	2009-9-25 0:15:27	528	10	—	22.3
12	2009-9-25 6:21:44	230	30.83	9.32	—
13	2009-9-25 8:27:01	277	18.69	5.14	—
14	2009-9-26 15:34:31	1 192	34.45	—	−24.03
15	2009-9-27 15:00:45	326	21.77	—	−12.77
16	2009-9-28 2:31:52	450	22.16	2.76	—
17	2009-9-28 8:53:20	441	25.52	4.33	—
18	2009-9-29 9:22:43	333	13.77	—	−35.9
19	2009-10-1 9:59:35	339	40.79	36.26	—
20	2009-10-1 11:38:31	430	48.05	42.7	—
21	2009-10-5 18:24:04	629	21.76	−15.53	—
22	2009-10-5 23:52:06	767	11.94	0.35	—
23	2009-10-9 21:37:15	557	35.04	3.16	—
24	2009-10-10 1:01:01	349	6.15	5.65	—
25	2009-10-13 12:49:01	149	7.89	−38.36	—
26	2009-10-15 23:17:52	92	28.5	7.65	—
27	2009-10-16 13:24:37	406	5.88	—	11.14
28	2009-10-18 18:35:02	37	6.46	—	5.91
29	2009-10-20 9:50:54	1 380	8.66	−76.15	—
30	2009-10-24 3:05:57	338	15.25	−42.01	—
31	2009-10-27 17:12:00	713	18.54	−37.43	—
32	2009-10-31 4:15:53	973	6.29	—	41.32
33	2009-11-2 2:53:49	159	13.17	1.5	—
34	2009-11-5 0:30:18	178	14.2	−65.44	—
35	2009-11-8 21:40:08	31	3.29	3.15	—
36	2009-11-9 16:12:46	678	14.11	−22.04	—
37	2009-11-11 20:49:14	49	18.24	1.28	—
38	2009-11-16 6:46:34	32	19.82	55.45	—
39	2009-11-20 5:15:58	372	3.54	—	11.06
40	2009-11-21 8:16:28	160	8.64	—	—
41	2009-11-23 18:34:12	140	18.16	—	18.23
42	2009-11-24 18:48:52	26	27.24	28.32	—

表 3　　工作面底板破裂事件统计

序号	事件时间	事件能量/J	垂直位置	水平位置	
			煤层下方/m	回风巷内/m	运输巷内/m
1	2009-9-22 6:11:12	480	27.78	39.6	—
2	2009-9-23 1:07:06	183	12.7	—	32.07
3	2009-10-1 9:03:22	205	15.89	67.83	—
4	2009-10-2 11:21:57	817	15.5	—	10.52
5	2009-10-6 0:34:53	653	11.24	7.78	—
6	2009-10-16 20:48:33	1 037	5.42	—	−94.41
7	2009-11-6 1:43:15	156	14.11	53.87	—
8	2009-11-10 4:21:11	95	7.19	—	−39.06
9	2009-11-18 9:04:54	68	13.64	−33.46	—
10	2009-11-21 7:21:25	355	13.46	—	−21.31

3.5　基于微震监测的煤层顶底板破裂规律分析

图 8 是顶底板破裂沿倾斜方向的“固定”工作面投影图，圆点表示微震事件的震中位置，圆圈分别为顶、底板破裂高度的圈定范围。

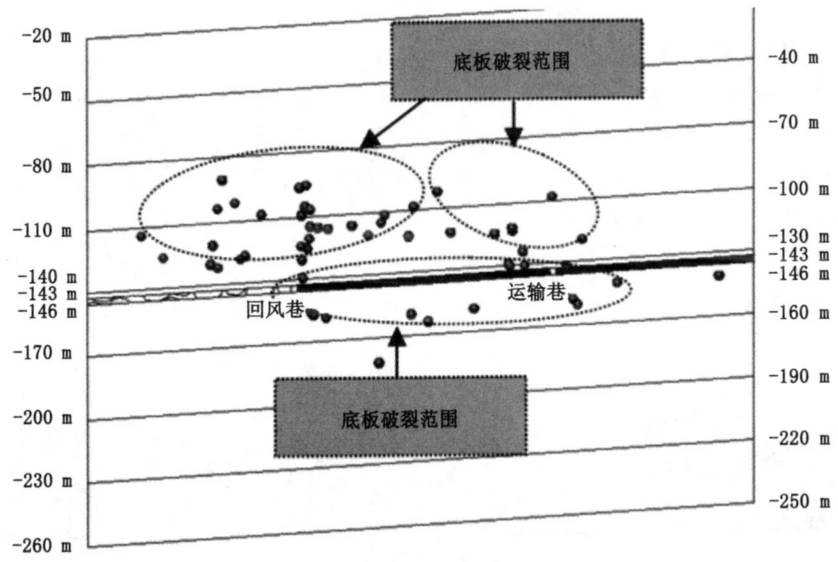

图 8　2009-08-27～2009-11-26“固定”工作面微震事件累计投影图

3.5.1　基于微震监测的煤层顶板破裂规律分析

如图 8 所示，在已监测到的 52 个有效事件中，有 41 个发生在顶板中，且大部分在煤层上方 15～35 m 的位置，其中最大破裂高度为 48.05 m，小于 35 m 的破裂事件有 37 个，占 90.2%。总体而言，正常采动影响下顶板破裂高度在 35 m 以内。

微震监测的结果也证实了顶板破裂的最大高度要比理论计算值偏小的事实(在地层进入充分采动前，上覆岩层的最大破裂高度一般为采空区短边倾斜长度的一半，在 27111 工作面，顶板最大破裂的理论高度应该为 55 m 左右)。

27111 工作面直接顶属于随采随冒型顶板，液压支架推过后，冒落碎石即刻充满采空区，充满采空区的矸石继续承载着一部分压力，基本顶下沉量小，基本处于缓慢下沉状态，进而使得支承压力的峰值位置至工作面前方较远的实体内,显现极不明显。

3.5.2 基于微震监测的煤层底板破裂规律分析

如图8所示,在已监测到的52个有效事件中,有10个微震事件发生在煤层底板中,最大破裂深度为27.78 m,其余9个点破裂深度在11～16 m之间,占90%,如图9所示。

总体而言,正常采动影响下,工作面底板破裂深度在16 m以内,即破裂点位于L_8灰岩承压水保护层带之上,而且在回采过程中没有出现大能量事件,证明没有形成危险的突水通道。

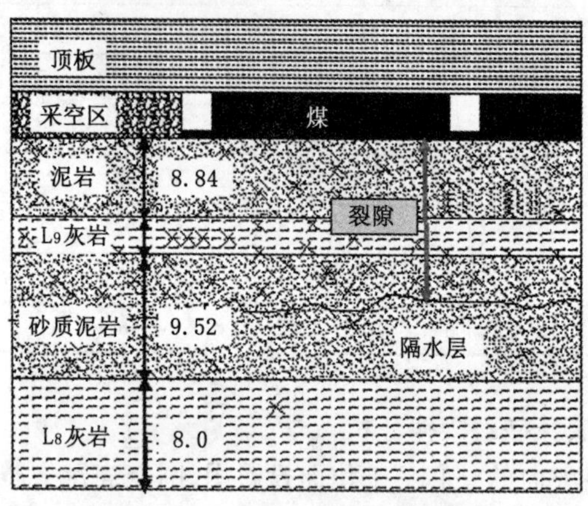

图9 微震监测底板破裂深度示意图

3.6 基于微震监测的岩体裂隙场分布规律分析

岩层破裂发生在应力差大的区域,因此,岩层破裂区总是与高应力差区域相重合,并与高应力场区域相接近。由此可见,只要监测到了岩层破裂区域,即可找到高应力场区域和高应力差区域。

工作面推进过程中,其走向支承压力曲线的高峰位置总是位于煤(岩)体塑性区前方,即煤(岩)体的破裂区滞后于支承压力高峰位置。此外,微震事件是岩体破裂的直接表现形式,二者之间有着对应关系,即微震事件的集中分布区域与岩体破裂场重合。图10中,A为应力高峰点与破裂集中区之间的距离,B为煤壁到破裂集中区之间的距离,由此可以得到微震事件分布场与应力场之间的关系,如图11所示。

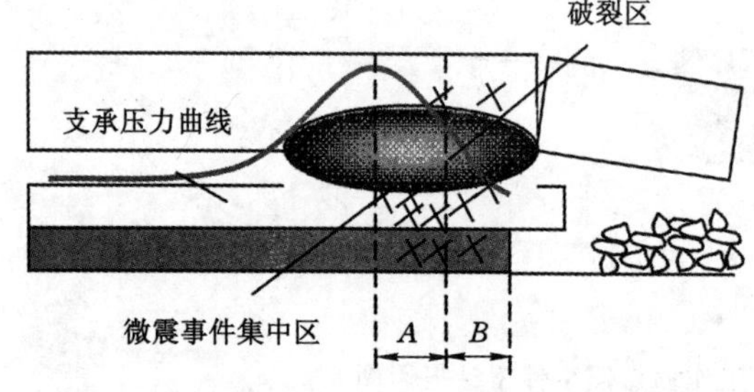

图10 岩石"应力—应变"关系及其与采场附近岩层"破裂—高应力"的对应关系

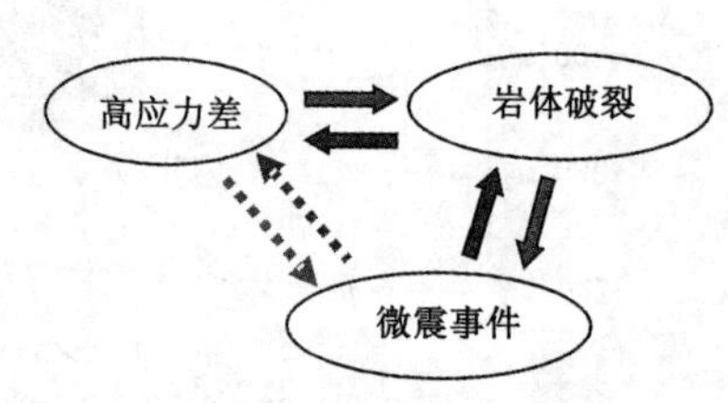

图11 基于微震事件、岩体破裂与应力场的关系

基于微震监测分析岩体应力场的原理如下:高应力差导致岩体破裂,产生微震事件;反之,根据微震事件的分布特征可以描述岩体裂隙场,进而可以分析岩体应力场分布特征。

图12是岩体破裂空间分布的平、剖面对比图,图13是"固定"工作面的微震事件投影图,可以看出:

(1) 微震事件大部分都集中在工作面回风巷一侧,运输巷一侧只监测到少数几个微震事件,且大部分事件为顶板破裂,可以认为该工作面的防治水工作应以下平巷为中心展开。

(2) 微震事件的最大破裂高度为48 m,大部分顶板破裂事件(约占整个顶板破裂事件的90.2%)破裂高度为15～35 m;在已监测到的5个底板破裂事件中,最大破裂深度为28 m,其余4个(占整个底板

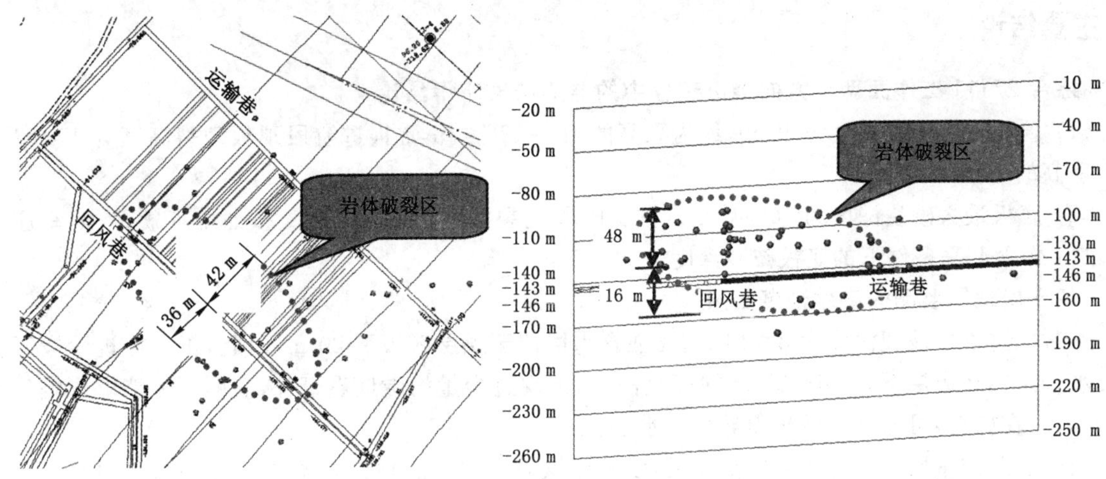

图 12　逐日累计显示的微震事件破裂平、剖面示意图

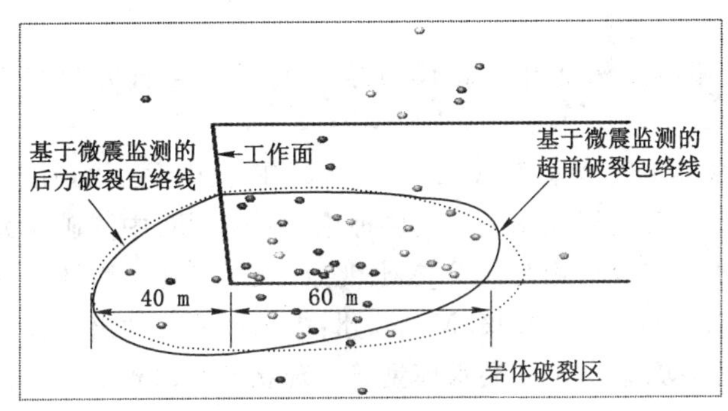

图 13　“固定”工作面显示的微震事件投影示意图

破裂事件的 90%)破裂深度为 11～16 m,破裂点位于 L_8 灰岩上部岩层,正常开采条件下底板破裂深度小于 16 m,不会导致底板突水。

(3) 从微震事件在回风巷两侧的分布情况看,事件主要集中于回风巷内侧(即工作面内),且回风巷内侧的岩层破裂点与回风巷之间的最大距离为 42 m,回风巷外侧的岩层破裂点与回风巷之间的最大距离为 36 m。

(4) 另外,相对于“固定工作面位置”,微震事件大多集中在工作面前方 60 m 内的范围,即工作面超前支承压力的影响距离为 60 m,工作面后方的影响范围为 30～40 m,如图 14 所示。

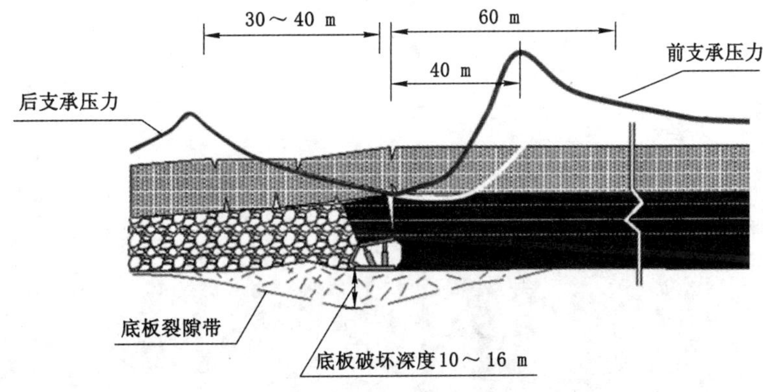

图 14　工作面超前支承压力分布示意图

4 主要结论

4.1 综合27111工作面两个方向推进过程中的监测结果所得结论

(1) 顶板最大破裂高度为40 m,约为采高的10～13倍,正常推进阶段顶板破裂高度为15～25 m,约为采高的5～8倍。

(2) 底板最大破裂深度为16 m,正常推进阶段破裂深度为8～14 m。按照统计规律,演马庄煤矿27111工作面开采条件下的底板破裂深度为8～15 m。

4.2 基于微地震监测的突水预警结果

正常推进阶段破裂深度为8～14 m,而强含水层位于煤层底板下20 m,因此,正常推进阶段不会发生突水;但是,在煤层下方16～27 m深度范围内,出现过少量的微地震事件,表明开采能够影响到该深度,如果存在构造,可能产生活化而导通含水层。

微震监测技术已在煤矿得到广泛应用,演马庄煤矿突水监测预警系统明显地提高了顶底板突水的精确度和可靠性,获得了良好效果,研究结果对煤矿设计与安全生产都具有重要参考价值。

参考文献

[1] 何满潮,谢和平,彭素萍,等.深部开采岩体力学研究[J].岩石力学与工程学报,2005,24(16):2803-2813.

[2] 彭素萍,王金安.承压水体上安全采煤[M].北京:煤炭工业出版社,2001.

[3] 钱明高,缪协兴,徐家林,等.岩层控制的关键层理论[M].徐州:中国矿业大学出版社,2000.

[4] 赵阳升,胡耀青.承压水上采煤理论与技术[M].北京:煤炭工业出版社,2001.

[5] 施龙青,韩进.底板突水机制及预测预报[M].徐州:中国矿业大学出版社,2004.

[6] 杨天鸿,唐春安,谭志宏,等.岩石破坏突水模型研究现状及突水预测预报研究发展趋势[J].岩石力学与工程学报,2007,26(2):268-277.

兴隆庄煤矿暗斜井开拓水害防治

岳尊彩　李士强　赵连涛　张光明

（兖矿集团兴隆庄煤矿　山东兖州　272102）

摘　要　文章以底板突水理和底板水害防治方法为下组煤开拓过程中的技术指导，通过分析影响暗斜井施工的多项水害因素，利用物探、钻探等探查手段，对暗斜井开拓过程中可能突水的位置进行预测，并对涌水量进行预计，指导暗斜井防治水工程的开展。根据暗斜井开拓进度，现场跟踪观测、调查暗斜井开拓过程中水文地质条件变化，及时提供水害短期预报。

行人、轨道、胶带暗斜井针对穿越多个含水层、断层等复杂水文地质条件进行了大量的防治水工作，保证了多条暗斜井安全掘进，杜绝了水害事故发生，为下组煤回风暗斜井开拓掘进提供了翔实的地质及水文地质资料。

关键词　水害防治；涌水量预计；短期预报；安全性评价

行人暗斜井位于轨道暗斜井北侧、胶带暗斜井的南侧，与轨道暗斜井平行布置，两斜井间距 35 m。行人暗斜井净宽 3.2 m，净断面 9.78 m^2，倾角 −12°，斜巷段长 476 m，采用锚网喷支护。

下组煤 3 条暗斜井掘至 −445 m 水平，施工期间将揭露多层灰岩含水层及断层，地质条件复杂，防治水难度较大。根据“预测预报、有疑必探、先探后掘、先治后采”的防治水原则，暗斜井施工期间利用物探、钻探等查探技术手段，提出水害短期预报，即对揭露多层灰岩含水层进行涌水量预计及对断层含（导）水性进行判断，进而对多层灰岩含水层及断层进行安全性评价，提出防治水防治技术并对其进行治理，保证安全掘进。

1　概况

1.1　含水层

首采区三条暗斜井开门层位为三灰（已疏干）顶板位置，直接充水含水层主要为十$_{下}$灰，间接充水含水层为十四灰、奥灰。

（1）十$_{下}$灰含水层，深灰色，含有较多的蜓类化石，并含燧石结核，厚度约 4.8～6.0 m，该含水层为静储量，富水性不均一，属于弱富水性含水层，为岩溶裂隙承压水，是第 16$_{上}$ 煤的直接顶板，也是下组煤开采的直接含水充水层。

（2）十四灰含水层，乳白色至浅灰色石灰岩，质纯，易被溶蚀，下部含有紫色铁质泥岩和铝质泥岩，厚约 2～3 m，最大水量为 9.76 $m^3 h^{-1}$，富水性较弱，补给条件差，以静储量为主，具有可疏干性。

本区域十四灰水文地质参数见表 1。

作者简介：李士强，男，兖矿集团兴隆庄煤矿。邮编：272102。E-mail：xlklsq@126.com

表1 **十四灰水文地质参数表**

参数 / 含水层	平均厚度 /m	缺失率 /%	单位涌水量 /L·(s·m)$^{-1}$	水位标高 /m	水压 /MPa	水质类型	渗透系数 K/m·d^{-1}
十四灰	3.39	20	0.000 2～0.022	−70～−115	0.3～4.0	HCO_3—Na	0.002 2～0.178 0

由于十四灰与奥灰间距较小，为 2.18～11.22 m，因此与奥灰因断层、裂隙构造等因素易发生水力联系，在下组煤首采区开拓工程中要重点防治。

(3) 奥灰高承压含水层

奥灰高承压含水层灰白色至青灰色石灰岩，块状、致密、质纯、性脆，厚度约 450 m～470 m，顶部夹灰绿色铝质泥岩薄层，溶洞比较发育，属裂隙溶洞承压水。奥灰水位标高 26.8～27.4 m，单位涌水 q=0.003 4～1.025 L/(s·m)，渗透系数 K=0.004 3～2.668 m/d，平均水温为 26 ℃。富水性中等，局部较强，不均一性明显，受断层、裂隙构造控制的特征明显。在下组煤首采区开拓工程中，由于铺子支二断层构造的导水性事关整个开拓工程的安全性级别，而奥灰含水层作为断层、裂隙构造导水的主要涌(突)水源，是下组煤开拓工程中主要防治对象。下组煤主要地层层位及间距关系如图 1 所示。

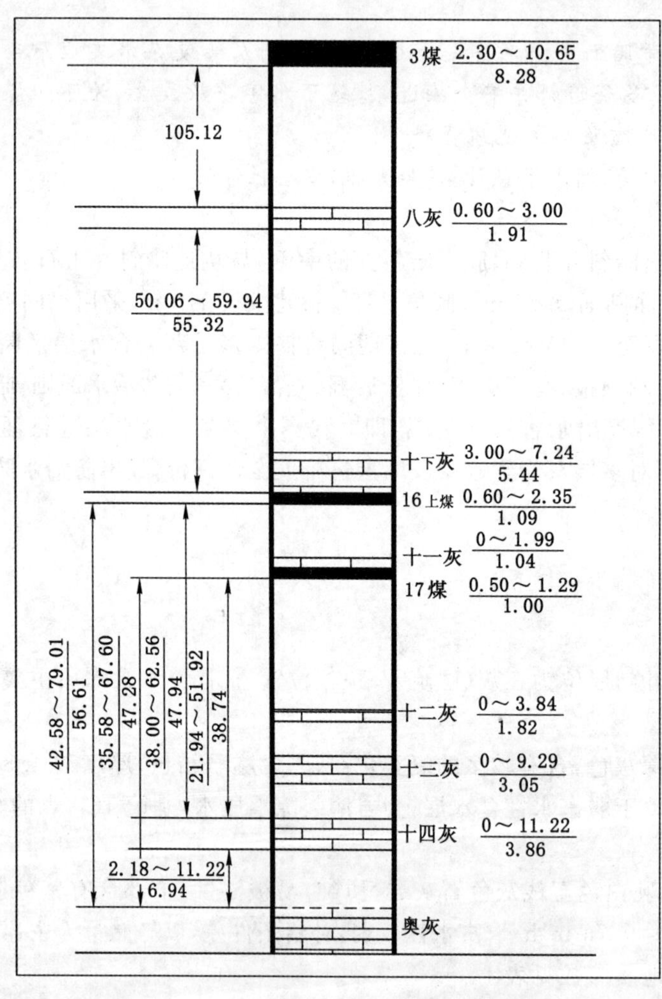

图 1 下组煤主要地层层位及间距关系简图

奥灰含水层水文地质参数见表 2。

表 2

含水层 \ 参数	平均厚度 m	单位涌水量 /L·(s·m)$^{-1}$	水位标高 /m	水压 /MPa	水质类型	渗透系数 K/m·d^{-1}
奥灰	460	0.003 4～1.025	+26.8～+27.4	5.47	HCO_3～Na	0.004 3～2.668

1.2 隔水层

下组煤开拓中主要隔水层组有 17 煤至十四灰间的隔水层组、十四灰至奥灰间的隔水层组。

(1) 17 煤至十四灰间的隔水层组

厚度 26.10～41.20 m，平均 35.94 m，岩性以铝质泥岩及粉砂岩为主，正常情况下，对 17 煤开采可起到良好的隔水作用，但在间距较小处及断裂构造发育部位，其强度大大减弱，应引起足够的重视。

(2) 十四灰至奥灰间的隔水层组

厚度 7.91～9.10 m，平均为 8.70 m，岩性以铁质泥岩和铝土岩为主，为良好的隔水层组。正常情况下，该隔水岩组可以有效地阻隔奥灰与十四灰间的水力联系。由于两者间距较小，遇到断裂构造较为发育地段，可能导致隔水层组隔水性能大大降低。

1.3 构造及导水性

区内以单斜构造为主，地层走向北东，向南东倾斜。区内地层平缓，北部多为 3°～5°，南部为 5°～10°；次级褶曲主要呈近东西走向，主要有巨王林背斜、大施村向斜和大庙背斜。断层主要有近东西向和近南北向两组，成组分布在本区北部和西部。

根据下组煤补充勘探上、下盘钻孔抽、放水资料，十四灰和奥灰在铺子支二断层附近联系较弱。

各暗斜井均穿过铺子支二断层，已有钻探和物探结果表明，铺子之二断层属于中等富水断层局部强富水，其断层性质见表 3。

表 3　　铺子之二断层突水危险性评价表

断层名称	位置	断层性质	落差/m	含水性	导水性	有无突水危险性
铺子支二断层	采区内部	正断层	0～28	富水中等～强	局部导水	有

1.4 岩样工程测试

下组煤补充勘探中岩样测试共进行过 2 次，主要测试成果见表 4。

表 4　　工程地质主要岩组岩体力学性质参数指标

编号	测试段综合柱状及岩组划分	厚度/m	岩体单轴抗压强度/MPa	岩体单轴抗拉强度/MPa
1	灰岩组(十$_上$)	0～1.60	5.84	0.52
2	灰岩组(十$_下$)	4.36～5.99	14.13	1.27
3	灰岩组(十一灰)	0～1.60	87.60	7.85
4	灰岩组(十二灰)	0～2.45	16.68	1.50
5	灰岩组(十三灰)	0.83～7.30	10.30	0.92
6	灰岩组(十四灰)	0～2.90	2.01	0.03
7	灰岩组(奥灰)	顶部 50 m 段	7.72	0.69

1.5 底板突水理论

(1)“下三带”理论。该理论认为开采煤层底板也类似采动覆岩破坏移动存在着“三带”，即底板采动导水破坏带、完整岩层带、承压水导升带。该方法从宏观上去分析底板隔水层的特性，但对隔水层裂隙延展的力学动态机理缺少研究。

(2) 薄板结构理论。该理论认为底板岩层由采动导水裂隙带和底板隔水带组成，并运用弹性力学、塑性力学理论和相似材料模拟实验来研究底板突水机制，采用半无限体一定长度上受均布竖向荷载的弹性解、结合 Coulomb—Moore 强度理论和 Griffith 强度理论求得底板采动的最大破坏深度。

(3)"关键层"(KS)理论。该理论认为煤层底板隔水层中存在一层承载能力最高的岩层，称为"关键层"。在采动条件下，将关键层作为四边固支的矩形薄板，然后按弹性理论和塑性理论分别求得底板关键层在水压等作用下的极限破断跨距，并分析了关键层破断后岩块的平衡条件，建立了无断层条件下采场底板的突水准则和断层突水的突水准则，即关键层理论。

(4)"强渗通道"说。该理论重视地质构造(包括断层和节理)这一薄弱面对突水的作用，若底板水文地质结构存在与水源勾通的固有突水通道，即原生通道突水，当其被采掘工程揭穿时，将导致突水事故。若底板不存在这种固有的突水通道，但在工程应力、地壳应力以及地下水共同作用下底板岩体结构和水文地质结构中原有薄弱环节发生形变、蜕变与破坏，形成新的贯穿性强渗通道而诱发突水，即再生或次生通道突水。

(5)"岩水应力关系"说。该理论认为底板突水是岩、水、应力共同作用的结果，突水系数—单位涌水量法，简称 Ts—q 法。该方法具有简单实用、利于推广等特点，是对突水系数法进一步的发展，尤其在深部煤层开采中有极其重要的意义。

2 暗斜井开拓巷道突水点位置及涌水量预计

2.1 巷道突水点位置预计

2.1.1 巷道突水影响因素及类型

巷道施工过程中受到不同程度的破坏，导致底板破碎，底板高压水突破围岩隔水层的阻隔，通过裂隙或者断层破碎带发生突水。巷道突水是多种因素综合作用表现的水文地质现象。

下组煤 3 条暗斜井穿越多个不同含水层及断层破碎带，巷道突水类型划分为 2 类:断层导水型巷道突水和底板致裂型巷道突水。

2.1.2 突水点位置预计

巷道在断层、裂隙构造较发育区段及薄层灰岩段掘进时由于裂隙发育易形成导水通道，其涌水量也将增大。

从下组煤行人暗斜井地质预想剖面及资料分析来看，巷道揭露铺子支二断层破碎带及八灰、十$_{上}$灰、十$_{下}$灰等含水层之前易发生底板出水。如铺子支二断层导水，则可能导致十四灰或奥灰突水。

2.2 涌水量预计

2.2.1 十$_{下}$灰涌水量预计

根据 C_{14}—1 及 $L_{10下}$—3 号孔十$_{下}$灰抽水资料，利用"大井法"分别计算三条暗斜井揭露十下灰时的正常涌水量。

该两孔水文资料如表 5。

表 5

孔号	含水层厚度 /m	平均最大降深 S/m	涌水量 Q/L·s^{-1}	单位涌水量 q/L·(s·m)$^{-1}$	渗透系数 K/m·d^{-1}	影响半径 R/m	水位 /m
C_{14}—1	4.78	372.45	2.172	0.076	1.946	397.5	−72.55
$L_{10下}$—3	3.95		0.171	0.004 539	0.122 377	131.74	

① 利用 C_{14}—1 孔抽水资料，选择承压—无压完整稳定迳流公式:

$$Q = 1.366\frac{(2SM - M^2 - H_w^2)}{\lg\frac{R}{r_w}}$$

经计算 Q 值为 113.12 m^3/h。

② 利用 $L_{10下}$—3 孔抽水资料，选择承压—无压完整稳定迳流公式：

$$Q = 1.366\frac{K(2SM - M^2 - H_w^2)}{\lg\frac{R}{r_w}}$$

经计算 Q 值为 7.12 m^3/h。

又根据邻矿杨村煤矿建井初期掘进巷道揭露十$_下$灰最大涌水量为 97.8 m^3/h，结合我矿实际，行人暗斜井掘进揭露十$_下$灰时涌水量取两次计算平均值较为合适，即正常涌水量为 65 m^3/h 是比较符合实际的。

预计揭露十$_下$灰时正常涌水量为 65 m^3/h，最大涌水量为 98 m^3/h。

2.2.2 十四灰涌水量预计

考虑到铺子支二断层在此处的微弱导水，巷道揭露铺子支二断层时预计十四灰可能出水，根据 O_2—10及 L_{14}—16 号孔十四灰抽水资料，利用“大井法”分别计算暗斜井揭露铺子支二断层时十四灰的正常涌水量。

该两孔水文资料如表 6。

表 6

孔号	含水层厚度 /m	平均最大降深 S/m	涌水量 $Q/L\cdot s^{-1}$	单位涌水量 $q/L\cdot(s\cdot m)^{-1}$	渗透系数 $K/m\cdot d^{-1}$	影响半径 R/m	水位 /m
O_2—10	10.85	366.93	0.112 61	0.003 32	0.029 14	57.88	−59.72
L_{14}—16	8.54		0.009 7	0.000 25	0.002 24	18.58	

利用 O_2—10 、L_{14}—16 孔抽水资料，选择承压—无压完整稳定迳流公式：

$$Q = 1.366\frac{K(2SM - M^2 - H_w^2)}{\lg\frac{R}{r_w}}$$

经计算 Q 值分别为 5.110 m^3/h、0.396 m^3/h。

结合补勘资料，FL_{14}—2 号孔最大涌水量为 9.76 m^3/h，其余钻孔水量均小于 5.0 m^3/h，预计揭露铺子支二断层时，十四灰正常涌水量为 5 m^3/h，最大涌水量为 25 m^3/h。

2.3 奥灰涌水量预计

根据奥灰含水层涌(突)水特点，其正常涌水为孔隙流，最大突(涌)水为管道流，计算公式分别为：

对于孔隙流阶段涌(突)水量计算，其公式如下：

$$Q = \frac{a^2 b^2 \gamma m^2 P_w}{8\pi\mu L}$$

对于管道流阶段突(涌)水量计算，一般采用 Darcy—Weisbach 公式：

$$Q \approx \frac{3g^{\frac{5}{9}} J^{\frac{5}{9}} d^{\frac{8}{3}} \rho^{\frac{1}{9}}}{\mu^{\frac{1}{9}}} = 19.05\frac{g^{\frac{5}{9}} P_w^{\frac{5}{9}} (abn)^{\frac{4}{3}} \rho^{\frac{1}{9}}}{\mu^{\frac{1}{9}} L^{\frac{5}{9}} \pi^{\frac{4}{3}}}$$

通过计算，暗斜井过导水断层铺子支二断层奥灰初始突（涌）水量预计为 394.5 m^3/h，最大突（涌）水量为 893.2 m^3/h。

3 水害防治方法及措施

3.1 物探先行、钻探验证

开拓巷道在揭露含水层及断层前，进行超前探测，利用物探手段，查明巷道前方富水性及断层导水性，指导防治水工作开展。

根据物探分析资料，对巷道前方进行探放，验证巷道前方含水层及断层破碎带的导水性，有针对性地开展防治水工作。

3.2 完善排水系统

根据预计巷道最大涌水量及现场实际情况，合理配备排水设施，保证双回路供电。保证排水系统正常运行。

3.3 地质构造及赋水性探测孔

下组煤暗斜井开拓工程的三条暗斜井中，行人暗斜井开拓最快，在行人暗斜井开拓过程中，顺着巷道平行方位施工水文地质检查孔，探测巷道前方地质构造及含水层赋水性，以取得详细的地质和水文地质资料，为巷道施工或防治水工程的开展提供可靠的数据支持。

如果钻孔施工过程中揭露含水层或断层孔内出水，水量大于 30 m^3/h，则对底板或断层带进行注浆加固；若出水量小于 30 m^3/h，则以疏放为主，巷道可直接穿过。

3.4 断层防隔水岩柱留设

该巷道掘进过程中主要受铺子支二断层和奥灰水影响，为断裂构造水和岩溶裂隙承压水。根据奥灰水放水试验，十四灰与奥灰存在一定水力联系，说明铺子支二断层具有导水性。

铺子支二断层附近 FO_2-1b 钻孔奥灰水压为 3.51 MPa(2010 年 10 月)，根据巷道掘进至该断层时所承受的奥灰水头压力和《煤矿防治水规定》附录三含水或导水断层防隔水煤(岩)柱的留设经验公式计算：

$$L = 0.5KM\sqrt{\frac{3P}{K_P}}$$

式中 L——岩柱的留设宽度，m；

K——安全系数，一般取 2～5，取 3；

M——巷高，胶带取 3.3 m、行人取 3.6 m、轨道取 3.6 m；

P——水头压力，MPa；

K_P——岩石的平均抗拉强度，为 0.17 MPa。

经计算，得出三条暗斜井铺子支二断层防隔水岩柱尺寸，见表 7。

表 7 铺子支二断层防隔水岩柱留设

施工地点	巷道揭露断层下盘处水压值 P/MPa	水平防隔水岩柱尺寸 L/m	安全掘进距离及警戒线标高 /m
行人暗斜井	4.10	45.9	318 m，−411.7 m
轨道暗斜井	4.22	46.6	381 m，−424.3 m
胶带暗斜井	4.35	43.4	626 m，−439.0 m

3.5 主要安全技术措施

(1) 严格执行“预测预报，有疑必探，先探后掘，先治后采”的探放水方针。

(2) 编制水害应急预案及现场水害处置方案并组织学习。施工中时刻注意出水征兆及变化，如发现水量突然加大、变浑等异常现象时，及时汇报矿调度室，以便采取相应措施。

(3) 加强对排水设施、设备的维护,保证设备、设施始终处于完好状态。

(4) 井下作业人员掌握各避灾路线。

(5) 地测部门及机电部门加强排水设施的检查,发现问题通知区队及时整改;地测部门要加强工作面迎头跟踪管理,特别是揭露含水层前后,要及时进行地质编录及涌水量观测。如出水异常,要采取措施防滞后突水。

4 水害短期预报与治理

下组煤首采区暗斜井开拓过程中,坚持"预测预报,有疑必探,先探后掘"的探放水原则,现场跟踪调查暗斜井开拓过程中水文地质条件变化,便于果断调整相应的防治水措施,重新进行巷道水害短期预报。

4.1 王楼二号断层的防治措施

为进一步查明王楼二号断层的位置及含水性,在变坡点以下 231 m 处施工探测王楼二号断层钻孔。工程量 38 m,钻孔出水量 $Q=0.2\ m^3/h$,对生产影响较小,可以安全掘进。在距上变坡点 255 m 位置处实际揭露王楼二号断层落差 2.5 m,倾角 70°,倾向 255°,断层破碎带水平宽度 9.54 m,无出水现象。

4.2 铺子支二断层富水性探测及加固工程

利用瞬变电磁法探测铺子支二断层及十$_下$灰含水层富水情况,根据资料分析,表明在铺子支二断层与十$_下$灰结合部位含水性明显增强,为尽快取得十$_下$灰及断层带含水性,施工检钻孔,孔口标高−409.0 m,该孔倾角−35°,方位 238°,孔深 70 m。孔深 66.0 m 出水,出水量 $82.0\ m^3/h$,水压 3.6 MPa,水质类型为 HCO_3—Na 型;根据地面 $L_{10下}$—3 号孔十$_下$灰水位下降情况(由−74.09 m 降至−154.47 m)证明出水层位为十$_下$灰。

铺子支二断层加固工程,共施工 4 个钻孔,钻孔总工程量 284.80 m(图 2)。固管注浆 10 次,加固注浆 7 次,注浆加固共注水泥 2.35 t。

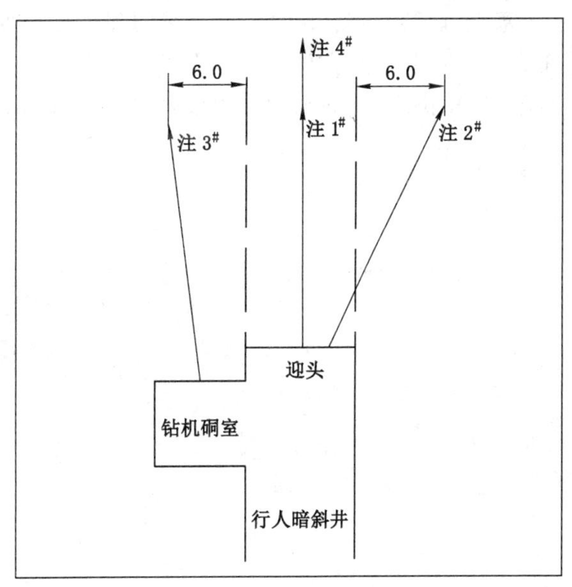

图 2 行人暗斜井注浆加固工程钻孔平面布置图

经过对铺子支二断层断层带的注浆加固,有效封堵了底板高压水的导水通道,保证巷道安全掘进,不受底板十$_下$灰、十四灰及奥灰高承压水威胁。

距上变坡点 460 m,巷道第三次停头,左帮钻机硐室施工十$_下$灰探放水钻孔。$FX_{10下}$—3′钻孔,钻孔倾角−26°,方位 255°,孔深 47.5 m 终孔,钻孔出水量 $21\ m^3/h$,稳定出水量 $25\ m^3/h$。一月后降为 $10\ m^3/h$,暗斜井施工至底车场揭露十$_下$灰后,该孔不再出水。

$FX_{10下}$—4 孔,倾角−21°,终孔孔深 65 m,终孔层位为铺子支二断层下盘 $16_上$ 煤,钻孔出水量 $1.0\ m^3/h$。

4.3 十$_上$灰含水层的防治措施

行人暗斜井迎头揭露铺子支二断层前底板揭露下盘十$_上$灰。十$_上$灰有多处出水点。断层破碎带宽度 0.8 m,充填灰黑色泥岩,破碎带不含水。迎头过断层 9 m 后,断层带底板滞后突水,突水量约 $5\ m^3/h$。根据资料分析,判断为铺子支二断层上盘十上灰沿断层面导水,对出水点进行跟踪观测,之后断层带位置出水点水量明显减小,出水量约 $3\ m^3/h$。

结论

在行人暗斜井开始开拓掘进期间，八灰、王楼二号断层、十$_{上}$灰、铺子支二断层对生产影响较小，十$_{下}$灰影响较大，并进行了大量的探放水工作，保证了巷道安全掘进。

下组煤行人暗斜井开拓进度最快，开展的防治水工程最多。该暗斜井开拓期间停头 3 次，重点是对铺子支二断层进行探查及注浆加固、施工十$_{下}$灰探水孔对底板十$_{下}$灰进行探放，暗斜井施工期间共疏放十$_{下}$灰水 13.6 万 m^3，有效保证了暗斜井顺利安全开拓掘进。为轨道、胶带暗斜井安全掘进，杜绝水害事故发生，为下组煤回风暗斜井开拓掘进提供了翔实的地质及水文地质资料，具有重要的现实意义。

参考文献

[1] 黎良杰，钱鸣高，殷有泉. 采场底板突水相似材料模拟研究[J]. 煤田地质与勘探，1997，25(4).
[2] 黎良杰. 采场底板突水机理的研究[D]. 徐州：中国矿业大学，1995.
[3] 李加祥. 煤层底板岩体在厚煤层重复采动条件下的破坏规律[J]. 矿井地质，1992，(1)：25-28.
[4] 李加样. 用模糊数学预测煤层底板的突水[J]. 山东矿业学院学报，1990，(1)：65-68.
[5] 李术才. 加锚断续节理岩体断裂损伤模型及其应用[D]. 武汉：中国科学院武汉岩土力学研究所，1996.
[6] 齐广新. 带压开采煤层底板突水的预防[J]. 煤炭工程师，1995(4).
[7] 乔伟，李文平. 煤矿底板突水评价突水系数——单位涌水量法[J]. 岩石力学与工程学报，2009，(12) 15-20.
[8] 乔伟. 矿井深部裂隙岩溶富水规律及底板突水危险性评价研究[D]. 徐州：中国矿业大学，2011.
[9] 沈光寒，李白英，吴戈. 矿井特殊开采的理论与实践[M]. 北京：煤炭工业出版社，1992.
[10] 王以芬. 应用水化学方法防治矿井突水[J]. 山东矿业学院学报，1990，(1)：120-123.
[11] 许学汉，王杰. 煤矿突水预测预报研究[M]. 北京：地质出版社，1992.

黄陵矿区红石岩煤矿充水因素分析及矿井水害防治

王 英[1] 牟来艳[1] 高 午[2] 方 刚[1]

(1. 西安科技大学地质与环境学院 陕西西安 710054;
2. 陕西省红石岩煤矿 陕西黄陵 727307)

摘 要 红石岩煤矿位于黄陵矿区中东部,自1968年10月建设生产以来,曾发生5次突水淹井事故,给煤矿生产造成了严重危害,也给煤矿安全带来了威胁。研究矿井充水条件,分析矿井充水因素,对矿井的主要水害隐患提出针对性的防治措施,对矿井的安全生产具有重要的现实意义。本文根据红石岩煤矿水文地质长期观测资料的综合分析和煤层开采导水裂隙带的高度计算结果以及现场调研,得出了矿井主要充水水源是煤层顶板砂岩孔隙裂隙水和老空区积水;主要充水通道为导水裂隙带和老窑废弃巷道等结论,并对此提出了有针对性的矿井防治水措施。

关键词 充水水源;充水通道;矿井水害;防治水

0 引言

红石岩煤矿位于黄陇侏罗纪煤田黄陵矿区中东部。东北与阿党镇北川煤矿、双龙乡第二煤矿、集贤村二矿相接,东南与秋林子村办煤矿、康崖底南川二号煤矿、曹家峪石牛沟矿和车村一号矿相连,西南与车村二号矿毗邻。含煤地层为侏罗系中统延安组,主采煤层为2号煤层。1968年10月以小煤窑形式开始进行建井生产,生产能力0.10 Mt/a;1984年经国家经委批准改扩建为0.60 Mt/a的中型矿井,1992年元月投产,1997年达产;2007年技术改造完成,2009年初通过竣工验收,至今矿井生产能力为1.20 Mt/a。目前矿井采用斜井、平硐联合开拓方式,采用长壁综合机械化采煤法,全部垮落法管理顶板。由于矿井逐年开采,采空区面积不断扩大,煤层底板裂隙带导通上覆含水层区域不断扩大,矿井平均涌水量呈逐年增大(由2006年的50 m^3/h增大到2011年的90 m^3/h)趋势,加之井田周边小窑长期开采形成大量采空区,导致煤矿发生过多次突水并淹井事故(1994年4月突水量230 m^3/h;1996年6月突水量9 000 m^3/h;2003年8月突水,排水量833.3 m^3/h;2010年5月突水,最大排水量900 m^3/h),不仅给红石岩煤矿造成了重大经济损失,而且带来了安全威胁。研究其矿井水文地质条件、分析矿井突水和涌水量不断增大的原因、查明矿井充水水源和充水通道,对于红石岩煤矿制定合理的矿井防治水措施、有效防止矿井水患、保护水资源(保水采煤)具有重要的实际意义。

1 矿井水文地质条件

1.1 矿区水文地质特征

黄陵矿区地处陕北黄土高原南部的低山丘陵地带,区内山峦起伏,沟壑纵横,地形复杂。黄陵矿区北侧为洛河水系二级支流葫芦河,南侧为泾河水系二级支流三水河,洛河二级支流沮河横穿矿区中部。

作者简介:王英(1958—),男,陕西蒲城人,教授,主要从事矿井地质、煤地质教学与科研工作。

根据地下水补、径、排条件以沮河为界可划分为店(头)北水文地质单元和店(头)南水文地质单元两个水文地质单元，进而根据地表水和潜水的补、径、排特征，可进一步将店南水文地质单元划分为上店子和南川两个次级水文地质单元。红石岩煤矿地处南川次级水文地质单元的北部(图 1)，主要为该水文地质单元的径流区域，仅在局部地形切割较深地段，成为上游补给区地表水的径流区和地下水的小范围、小强度排泄区，而且以下降泉为其主要的排泄形式。

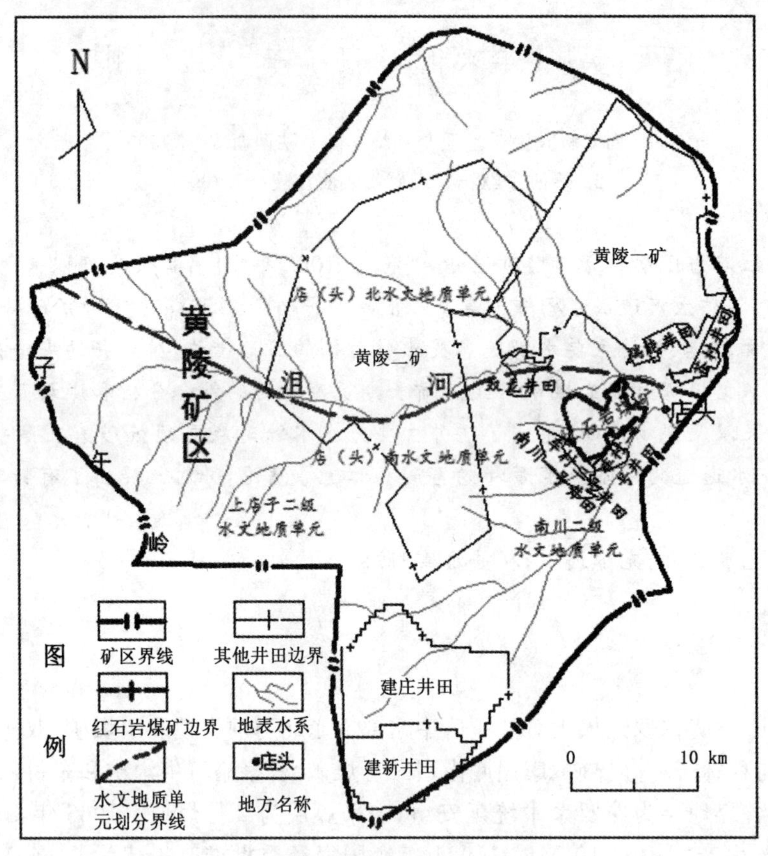

图 1　黄陵矿区水文地质单元划分示意图

1.2　矿井含(隔)水层

井田内对矿井生产可能造成影响的含水层共 5 层：第四系孔隙潜水含水层，涌水量为 0.14～2 L/s，富水性弱；下白垩统洛河组砂岩裂隙含水层，流量为 0.01～0.3 L/s，富水性弱；侏罗系中统直罗组下段砂岩裂隙含水层，单位涌水量平均为 0.027 97 L/(s・m)，渗透系数平均值 0.060 6 m/d，富水性弱；侏罗系中统延安组砂岩裂隙含水层，钻孔涌水量 0.08 L/s，单位涌水量 0.045 L/(s・m)，富水性弱；三叠系上统永坪组砂岩裂隙含水层。隔水层 4 层：侏罗系中统安定组相对隔水层；侏罗系中统直罗组上段相对隔水层；侏罗系中统延安组上部相对隔水层；侏罗系中统延安组下部相对隔水层。

2　井田构造

红石岩煤矿所在的黄陵矿区位于华北板块区鄂尔多斯断陷盆地的东南缘，地处鄂尔多斯盆地次级构造单元之陕北斜坡与渭北隆起的过渡地带，地跨彬黄坳褶带、庆阳单斜、延安单斜等三个更次级构造单元。红石岩井田基本构造形态为走向北东、倾向北西的平缓单斜构造(图 2)，地层倾角 1°～5°。井田内发育一系列北东和北西向褶曲构造，目前尚未发现断裂构造存在。北东向褶曲规模较大，密度较小，两翼宽缓，多表现为井田一级褶曲，控制着井田的基本走向；北西向褶曲规模较小，密度较大，多表现为次级褶曲。从平面分布情况看，井田东南部褶北西向褶曲密集、幅度较大；井田西北部褶皱稀少。

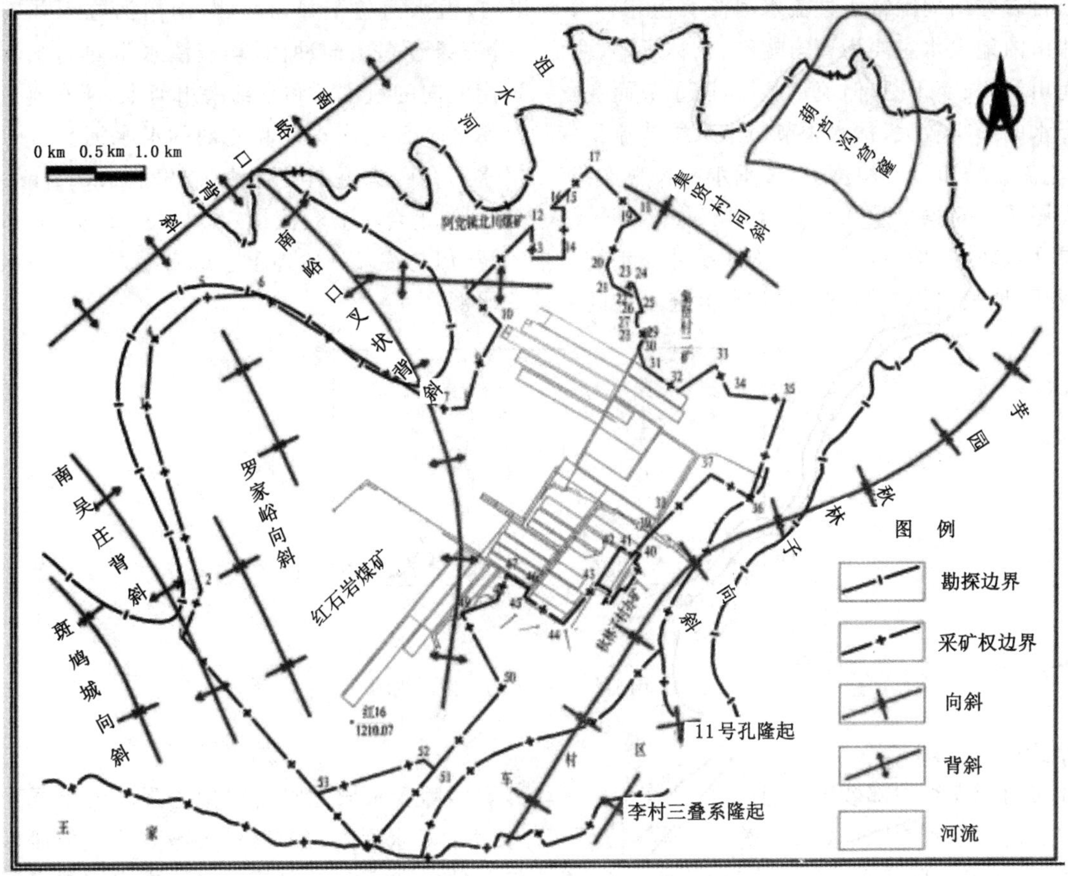

图 2　红石岩井田构造纲要示意图

3　充水水源

3.1　大气降水

大气降水是地表水及地下水的补给来源，因此，矿床充水都直接或间接与大气降水有关。据气象资料，区内年平均降水量 690.2 mm，最大降雨量 1 037.2 mm，且多集中在 7～9 月份，以 2008 年的大气降水资料为例计算，雨季降水量占全年降水的 53.9%。矿井涌水量随季节变化而变化(一般滞后半天至一天时间)，另外根据近几年黄陵地区大气降水和红石岩煤矿涌水量资料(图 3)分析可知，矿井涌水量的变化受大气降水的影响较小。因此，大气降水是红石岩煤矿矿井充水的间接补给水源。

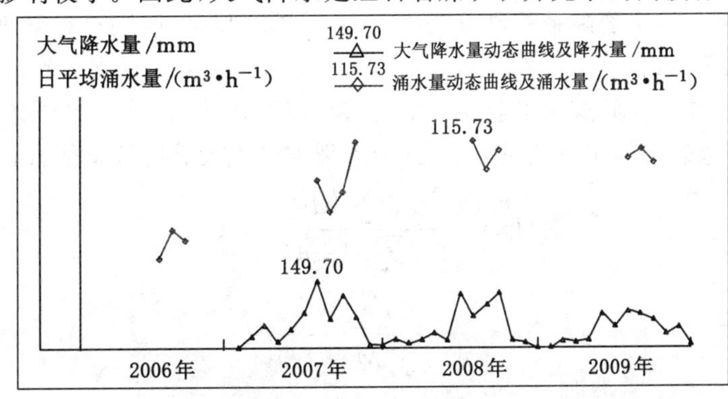

图 3　矿井涌水量与降水量相关曲线图

3.2 地表水

红石岩井田周围常年性流水河流有沮水河和南川河，沮水河位于井田北侧，南川河位于井田东南侧。井田内地表水主要为曹家峪沟、秋林子沟、西房沟等三条近东西向冲沟，均有溪水由西向东流出并注入南川河，长年不断，但流量甚微，随季节而变化。近南北向的沮水河和南部南川河水，河水流量受季节性降水的影响较大，枯水季节与丰水季节流量变化悬殊。南部的南川河和北部的沮水河具有一定流量，河流流量季节变化幅度大，根据水文长观点统计，沮水河在店头镇观察流量 0.192～6.814 m^3/s，南川河在厚子坪观察流量 0.058～6.437 m^3/s(图 4)，上述两河汇合后观察流量 0.524～13.994 m^3/s。由于煤层埋藏较深，地表水体不能构成矿井充水的直接水源，但是往往补给地下水或者沿老窑采空区涌入矿井，从而地表水构成红石岩煤矿矿井充水的间接补给水源。

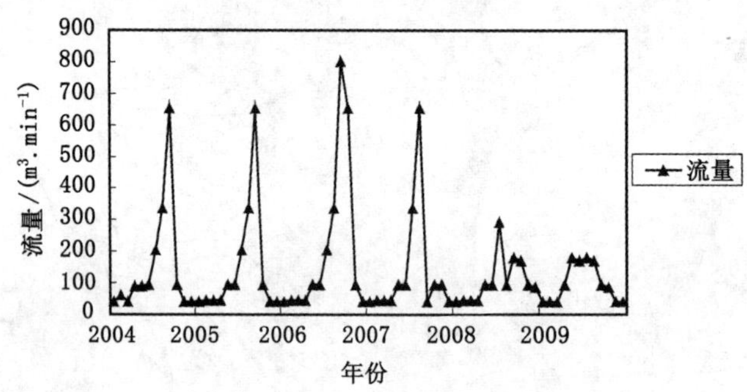

图 4　南川河流量动态变化曲线图

3.3 地下水

井田内延安组中部砂岩裂隙含水层、直罗组下段砂岩裂隙含水层和洛河组砂岩裂隙含水层为主要含水层。通过导水裂隙带高度计算，2 号煤层开采后，采动的导水裂隙带高度可突破直罗组下段砂岩裂隙含水层，而未突破洛河砂岩含水层，从此意义上讲，直罗砂岩和延安组中部含水层成为矿井煤层开采的直接充水水源。

3.4 老空区积水

红石岩煤矿由于开采时间较长，周围小煤窑分布较多(图 5)，老空区面积较大，长期以来老空区可能已经大量积水，采掘活动倘若揭露老空区，老空区积水将成为矿井的直接充水水源，还可能诱发突水事故的发生，威胁矿井的安全。

4 充水通道

4.1 采动导水裂隙带

矿井主采 2 号煤层，矿井采用长壁综合机械化采煤法，全部垮落法管理顶板，使顶板导水裂隙带成为矿井充水的主要途径。导水裂隙带的高度与井下煤层开采厚度、煤层顶板管理方法、岩性等直接相关。可采厚度 0.7～5.77 m，平均 2.53 m，为中厚煤层，其厚度变化大致为向斜部分厚，背斜部分薄，厚度总体呈南厚北薄的规律。据原煤炭工业部颁发的《建筑物、水体、铁路及主要井巷煤柱留设与压煤开采规程》及本区煤层顶板岩层的工程地质特征，其导水裂隙带最大高度按坚硬岩石的公式计算，即：

$$H_m = \frac{100\sum M}{2.1\sum M + 16} \pm 2.5$$

公式一：

$$H_{li} = \frac{100\sum M}{1.2\sum M + 2.0} \pm 8.9$$

公式二：

$$H_{li} = 30\sqrt{\sum M} + 10$$

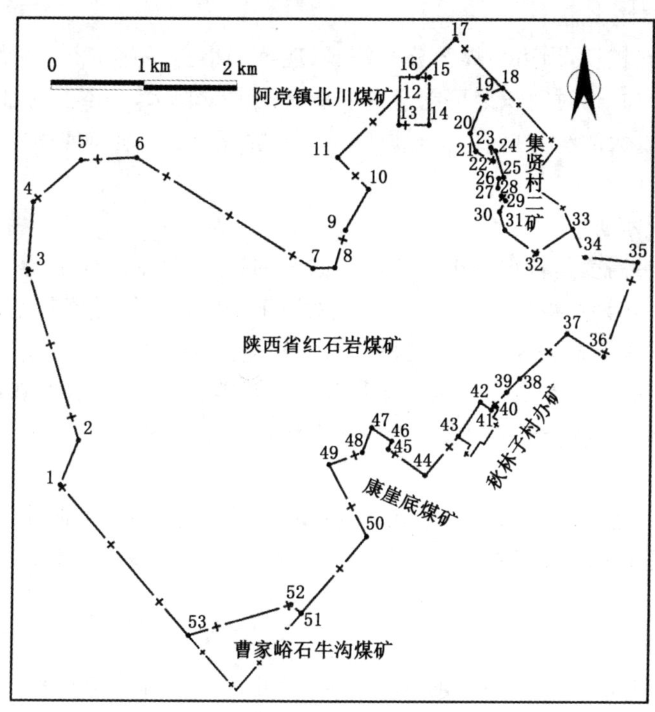

图 5　小窑分布示意图

式中　H_m——垮落带高度，m；

H_{li}——导水裂隙带最大高度，m；

$\sum M$——累计采厚，m。

根据计算统计表，导水裂隙带最大高度为 84.64 m(红 20)。除 34 和红 7 钻孔通到地表外，其他所有钻孔导水裂隙带均位于直罗组内，均未与洛河砂岩含水层及地表水沟通，而延安组中部和直罗组含水层属富水性弱含水层，对矿井生产威胁较小。

4.2　含水层孔隙裂隙

各含水层中均不同程度地发育有孔隙和裂隙，他们是保持含水层内水力联系的通道，当采矿揭穿含水层时，这些孔隙和裂隙也必然成为含水层地下水向矿坑充水的直接通道。

4.3　废弃老窑巷道

井田及其周边地区有较多的老窑开采，从白石至车村沿露头均有小煤窑分布，经调查存在小窑 35 个，现生产小窑 3 个。由于老空区及其废弃巷道的存在，可能导致部分老空区积水或者地表水沿老窑废弃巷道涌入矿井，使得废弃老窑巷道成为矿井的直接充水通道。

4.4　封闭不良钻孔

本区历经数期勘探，红 4、红 5、红 8、红 16 钻孔用黄泥封闭，红 7、红 12、红 13、红 15 钻孔用水泥封闭，但以上 8 个孔的封闭材料均由孔口倒入，估计未封到适当层位。红 3、红 6、红 18、红 19 因无煤层未封。大数钻孔未经检查，不排除个别钻孔存在封闭不良的情况成为矿井充水通道。因此，在生产过程中对可能揭露的钻孔应提前做好封闭情况调查，防止钻孔导通含水层或地表水造成事故。

5　矿井水害及防治对策

5.1　矿井水害

通过以上分析，红石岩煤矿主要存在以下三个方面的水害隐患：

（1）地表水害及老空区水害

红石岩煤矿开采时间较长，周边小煤窑分布较多，现生产小窑仍有3个。后续矿井和小窑不断地开采，老空区面积会继续增加，长时间积聚可能会造成老空区大量积水，如不及时抽排，将威胁后续的采掘工程。以往发生的4次重大的淹井事故，主要原因是由老窑采空区导通地表水和第四系潜水，造成突水事故的发生。

（2）2号煤层的顶板水害

前述采动导水裂隙带高度是根据原煤炭工业部颁发的《建筑物、水体、铁路及主要井巷煤柱留设与压煤开采规程》中经验公式计算得出的，这些参数值来源于全国抽样统计资料。而红石岩煤矿目前采用的是综采机械化采煤法（采高最大3.5 m），这种采煤方法采煤强度大，速度快，与前述计算采动裂隙带高度计算边界条件存在一定差异，实际导水裂隙带高度很可能大于计算高度，在某些地段有可能突破洛河砂岩底界，从而导通洛河砂岩含水层水，对矿井安全生产带来威胁。

（3）封闭不良钻孔导水

本区在以往的普、详查过程中，大多数钻孔的封孔质量未经过透孔验证，封孔质量可靠性差。矿井在生产过程中，若遇封孔质量较差钻孔可能直接导通含水层水及地表水而引起矿井突水。

5.2 矿井水害防治

（1）地面防治水措施

做好保护煤柱的留设工作，确保足够的煤柱尺寸，防止因煤层开采造成地表水（主要是南川河和井田内的曹家峪沟、秋林子沟、西房沟、集贤沟）的下渗与涌水问题；要做好对地表塌陷裂缝的夯填处理和沉降土地的复垦工作；对南川河进行堵截，开挖新河道，将河水引开，采用黄土充填陷坑、爆破封闭坑口、黄土覆盖表层等措施，疏通河道，加固河床，杜绝河水、水库水涌入井下；加紧地面河床的探查，分别对“四沟一河”和小煤窑进行探查，摸清涌水水源，以便采取相应措施。

（2）井下防治水措施

目前矿井水主要来源为煤层顶板以上各含水层中地下水，为了解决水害对采掘工作的影响，可采取多种技术方案，如修筑泄水巷、拉水沟、修建挡水墙、导管排水引流、打钻泄放采空积水等，这些方案根据采掘生产地质条件灵活运用；完善井下防治水的各项工程，对于那些有突水危险而又不易防治，或虽采取了防治措施，但仍未能确切排除突水的可能性的采区，为了防止意外，可在通向该采区的巷道的出入口处选择有利位置，设置防水闸门，一旦发生突水，就立即撤退人员，关闭闸门以防止水患的扩大；井下主干巷道设计有排水水沟，井下涌水将通过排水水沟汇入中央及中部水仓，局部低洼地段不能实现自排时，由小水泵接力排水。

6 结论

（1）红石岩煤矿矿井充水水源有大气降水、地表水、地下水和老空区积水，其中大气降水和地表水为矿井的间接充水水源，地下水和老空区积水为矿井的直接充水水源。

（2）矿井充水通道有采动导水裂隙带、含水层孔隙裂隙、废弃老窑巷道和封闭不良钻孔等形式，其中以采动导水裂隙带和废弃老窑巷道为主要充水通道。

（3）对矿井水害应采取井上下综合防治方法，重点是切断地表水与老空区的水力联系。

参考文献

[1] 岳拥军，白云来，贾安立，等. 复杂水害威胁矿井充水因素分析及防治[J]. 矿业安全与环保，2011，38(2)：63-65.

[2] 范立民. 论保水采煤问题[J]. 煤田地质与勘探，2005，33(5)：50-53.

[3] 王英，范立民. 1：500 000 陕西省煤矿瓦斯地质图说明书[M]. 北京：煤炭工业出版社，2012.

[4] 范立民,蒋泽泉.厚煤层综采区冒落(裂)带高度的确定[J].中国煤田地质,2000,12(3):31-33.
[5] 黄阳,刘宁,王智华.彬长矿区导水裂隙带高度的确定方法[J].陕西煤炭,2010(6):40-43.
[6] 虎维岳.矿山水害防治与方法[M].北京:煤炭工业出版社,2005.
[7] 钟压平.开滦煤矿防治水综合技术研究[M].北京:煤炭工业出版社,2001.
[8] 王英,樊永贤,罗一夫.崔家沟煤矿矿井充水因素分析[J].西安科技大学学报,2012,32(6):722-725,742.
[9] 樊怀仁,习小华,陈广斌.焦坪矿区矿井水文地质条件分析[J].陕西煤炭,2002(3):12-14.

极复杂水文矿井岩巷过断层的水害治理经验

黄建飞

（洛阳龙门煤业常村煤矿　河南洛阳　471933）

摘　要　永华龙门公司常村煤矿属于水文地质极复杂型矿井，主采煤层为二$_1$煤层，其底板主要含水层为寒武系岩溶裂隙承压含水层及石炭系太原组灰岩岩溶裂隙承压含水层，在－310 m开采水平寒武系灰岩水水压高达4.6 MPa，太原组（L_{1+4}）灰岩水水压2.4 MPa，遇断层后多层灰岩含水层连通并形成突水通道，严重威胁矿井安全生产，常村煤矿自建井以来多次出现涌水量达200 m^3/h以上突水情况，防治水工作难度大，水害已严重制约了矿井的安全高效生产。

关键词　极复杂；断层；水害治理；经验

常村煤矿－310西翼运输巷位于11采区下部西翼，主要满足矿井西翼各采区通风及煤炭回采时的运输。巷道设计布置于L_7灰岩层位，实际掘进过程中所揭露的构造发育复杂，断层落差大，寒武系灰岩溶隙含水层富水性强、水压高等，这些因素严重威胁着矿井的安全生产。正确预测巷道穿过寒武系灰岩复杂地质构造时所遇到的水害威胁程度，并组织实施有效的水害防治工程，保证巷道安全穿过寒武系灰岩是煤矿生产过程中急需解决的关键问题。

1　工作面水文地质概况

1.1　主要含水层

（1）寒武系灰岩含水层

寒武系中、上统为白云质灰岩及细晶鲕状灰岩，厚度311～799 m，为岩溶裂隙承压含水层，单位涌水量0.009 76～0.974 L/s·m，渗透系数0.012～3.711 m/d，水位标高＋155.9 m。

（2）太原组下段石灰岩含水层

太原组下段石灰岩沉积有四层灰岩，由L_{1+4}灰岩组成，厚度约20.1 m，含岩溶裂隙承压水，单位涌水量0.008 22～0.233 L/s·m，渗透系数0.022 2～0.696 m/d。该含水层岩溶裂隙发育，富水性及导水性不均一。

（3）太原组上段石灰岩含水层

由L_7～L_8石灰岩组成，厚度约8.5 m，含岩溶裂隙承压水，单位涌水量0.008～0.964 L/s·m，渗透系数0.017～5.825 m/d。

1.2　隔水层

本溪组隔水层，主要由铝质岩和铝土质泥岩组成，平均厚度2.5 m，层位稳定，岩性致密，隔水性能较好，正常情况下具有一定的阻隔$\in_2$灰岩水能力。但遇断层破碎带或薄弱带，将失去隔水作用，导致$\in_2$灰岩水与C_2t下段灰岩水发生水力联系。

作者简介：黄建飞（1984—），男，本科，工程师，永煤集团洛阳龙门煤业有限公司常村煤矿生产科。

2 构造预测分析工作

通过分析周边巷道的实揭地质构造发育情况，针对西翼胶带运输巷Ⅰ段120～200m的基础地质工作，列出如下工作框架(图1)：

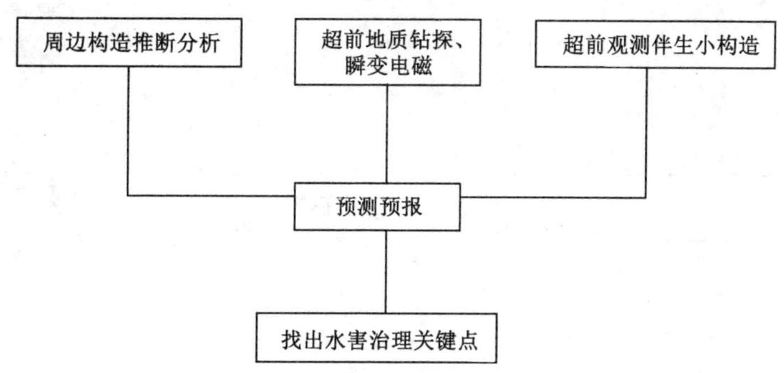

图1 预测分析工作结构框架

2.1 断层位置分析

通过分析主石门与－310西翼轨道运输大巷交叉口处所揭露的FX—001断层性质、参数，绘制断寒武系灰岩交线，计算断层面上与西翼胶带运输巷Ⅰ段相同标高走向线与巷道的交点，推断到西翼胶带运输巷Ⅰ段可能揭露的断层的位置。地形分析图如图2所示：

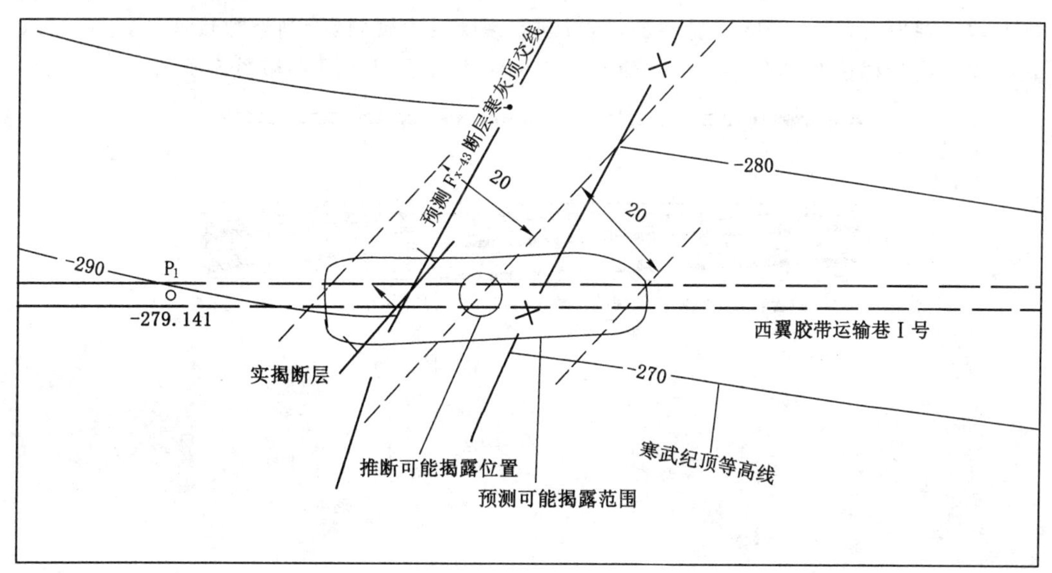

图2 地形分析图

分析步骤：

① 通过分析煤层底板等高线和综合地质柱状图，绘制寒武系灰岩顶预想等高线。

② 通过FX－001断层参数计算绘制断层与寒武系灰岩顶预想等高线交线。

③ 因为巷道掘进标高基本为－280 m，所以绘制断层面－280 m水平的走向线与巷道的交点，该交点可推断可能揭露断层位置。

④ 结合我矿的断层发育规律，一般情况下通过平距150～300 m外实揭断层来推断断层发育情况，实揭位置较推断位置有约20 m的摆动。因此此次预测位置为140～185 m，重点为通尺160 m附近。

2.2 超前地质钻探

主要在每循环超前预注浆工程中一并进行，可以预防超前地质钻探孔揭露断层或者直接进入寒武系灰岩，出现较大涌水，每次循环超前预注浆工程第一个钻孔（地质孔）设计为沿巷道掘进方位和坡度施工，工程施工过程中具备注浆保障支持。循环超前预注浆工程示意图如图 3 所示：

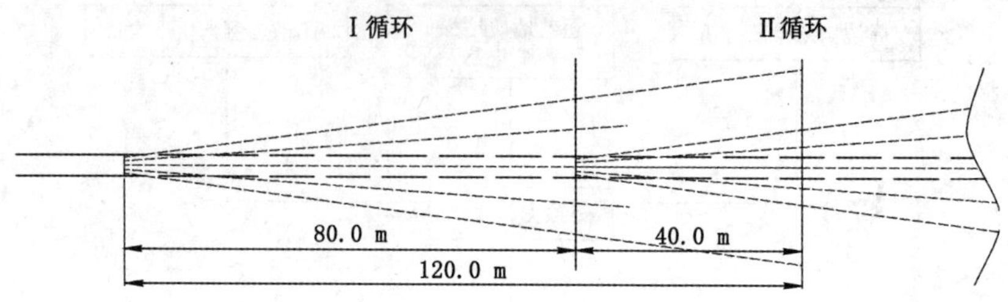

图 3　循环超前预注浆工程示意图

30 m 处钻场内施工的超前预注浆工程的地质孔通过超前钻探岩石碎屑判断：30～85 m 为 L_7 灰岩，85～135 m 为一$_7$ 煤～一$_5$ 煤穿层，135～150 m 为砂岩，其中 140～150 m 段无涌水，钻孔内返水有水锈色。预测分析 150 m 后岩层可能受断层影响，为后期重点探放水工程提供重要参考依据。

2.3 伴生小构造

根据超前钻探资料的结果，地质人员从 30 m 后开始加强地质素描观录，加密观测点，重点关注岩层产状变化和可能受断层影响伴生发育的小构造。通过现场资料分析，从 112 m 开始，太原组砂岩岩层内出现节理裂隙发育，发育密度明显增加，通过观录裂隙发育资料，绘制裂隙玫瑰图，为后期水害治理的钻孔方位优化设计提供基础资料。节理简易素描和裂隙玫瑰图如图 4 和图 5 所示：

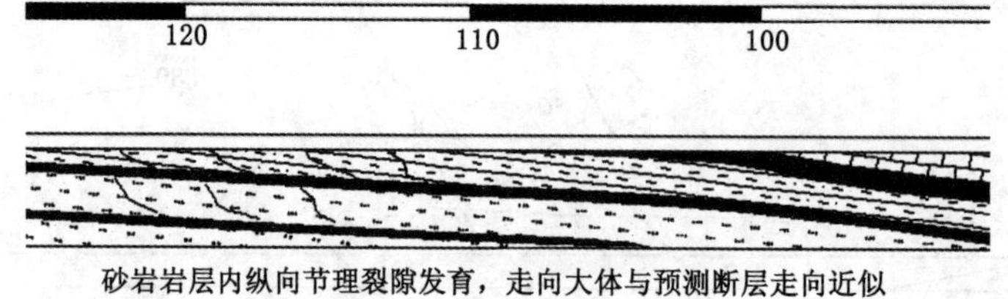

图 4　节理简易素描图

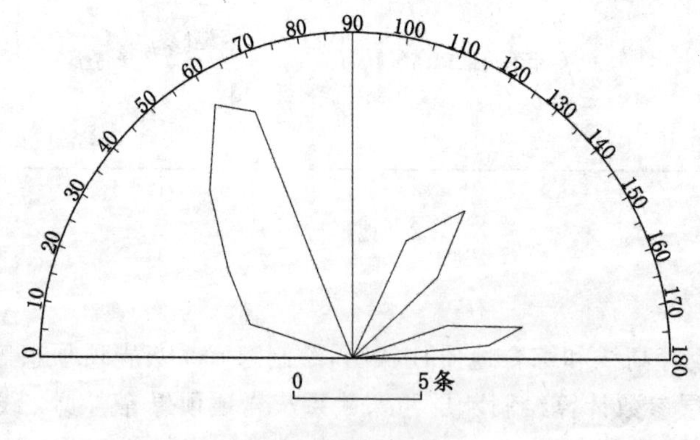

图 5　裂隙玫瑰图

3　水害治理设计

根据前期多手段多层面的水文地质情况分析，针对西翼胶带运输巷Ⅰ段 140～185 m 范围内进行重点水害治理工作，为掘进穿越寒武系灰岩提供安全保障。

3.1 治理方案思路

（1）施工位置选择

通过钻探资料、地质编录资料、寒武系水位、下设孔口管长度和掘进区队的施工进度综合分析，选择在通尺 95 m 处施工超前预注浆工作，选择此处的优点是：能保证距离预测最近点 140 m 处有下设超过 20 m 长度的孔口管距离；距离预测最远点 185 m 处有较适宜的钻孔深度，有利于钻孔施工准度，钻孔偏斜较少，同时可以有利于解决断层附近岩石破碎可能引起的卡钻、埋钻等问题。

（2）治理重点

治理重点为设计巷道穿过断层下盘寒武系灰岩溶隙含水层可能出现的涌水。采取的措施主要有：加固张性断层形成的断层破碎面及伴生节理裂隙，使岩石与水泥胶结为完整岩石块段；把巷道可能揭露的寒武系灰岩顶部溶隙空间所含的水置换为水泥充填。

3.2 设备选型

钻机选用 ZDY1900S(MKD—5S)型，井下注浆泵选用 2TGZ—60/210 型，地面注浆泵选用 NBB—260/10 型泥浆泵，BQW70 潜水泵一台，2 英寸(1 英寸 2.54 厘米)注浆管路一趟。

3.3 钻孔设计

① 布置钻孔的方位尽可能与断层走向成较大角度交叉，使其与断层、总体裂隙走向斜交或垂直，填充涌水通道。

② 钻孔从平面上和剖面上长短、上下结合，立体式包围覆盖整个预测可能揭露断层的范围，使包围圈内的岩石形成一个独立的封闭的水文单元，如图 6、图 7 所示。

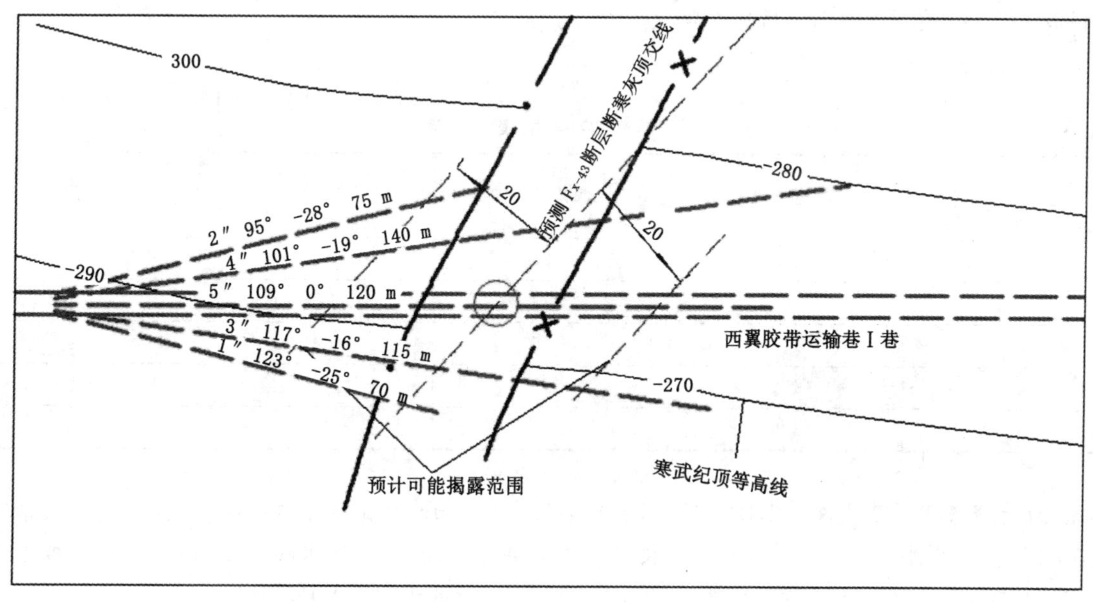

图 6 钻孔布置平面图

③ 钻孔控制巷道左右各 20 m 范围，控制断层下盘 30 m，预注浆底板下 20 m 范围，根据计算公式：

$$t=\frac{L(\sqrt{\gamma^2L^2+8K_pp}-\gamma L)}{4K_p}$$

其中 t——安全隔水层厚度，m；

L——巷道底板宽度，m；

γ——底板隔水层的平均重度，MN/m^3；

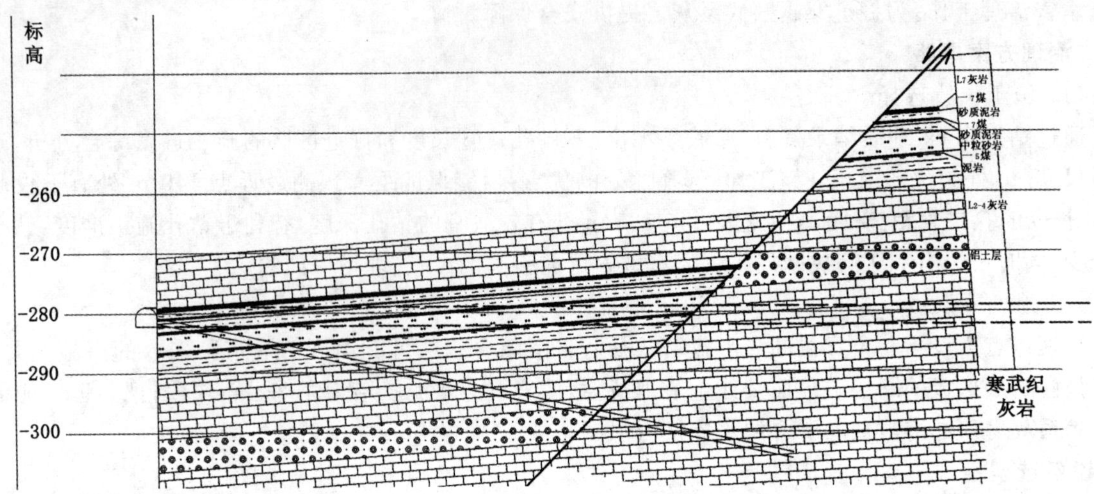

图7　钻孔剖面示意图

K_p——底板隔水层的平均抗拉强度,MPa;

p——底板隔水层承受的水头压力,MPa。

我矿岩石力学实验中,石灰岩重度取 0.026 MN/m^3,抗拉强度取 1.38 MPa;砂岩重度取 0.015 MN/m^3,抗拉强度取 0.96 MPa。巷道宽度 3.4 m,巷道标高－280 m,寒武系水压 4.2 MPa。

计算结果为 4.2 m 厚度石灰岩可以安全承压 4.2 MPa,5.1 m 厚度砂岩可以安全承压 4.2 MPa。设计底板下 20 m 范围的改造深度完全满足安全生产需要。

设计图表如下:

表1　　**钻孔参数表**

孔号＼参数	方位/(°)	倾角/(°)	孔深/m	终孔层位
1	123	－25	70	$\in_2$
2	95	－28	75	$\in_2$
3	117	－16	115	$\in_2$
4	101	－19	140	$\in_2$
5	109	0	120	C_2t

④ 为治理寒武系灰岩深部溶隙水通过断层、溶隙向上导升,在钻孔钻进期间,加强钻孔水文情况观测,若出现漏水、涌水超过 10 m^3/h 时,采取井下注浆泵注浆,若出现涌水超过 20 m^3/h 时,采取地面注浆的封堵措施,各注浆压力必须达到水压的 2～3 倍,但不得低于 8.5 MPa。

3.4　钻孔结构

① 钻孔结构:开孔直径 133 mm,孔口管直径 108 mm,终孔直径不小于 75 mm。

② 根据终孔层位水压,孔口管长度根据单孔设计的要求施工,落底$\in_2$的钻孔孔口管长度不低于 20 m,岩层特别破碎时下入二级套管或加长孔口管的长度。

3.5　注浆工艺

① 井下注浆工艺流程(图8):

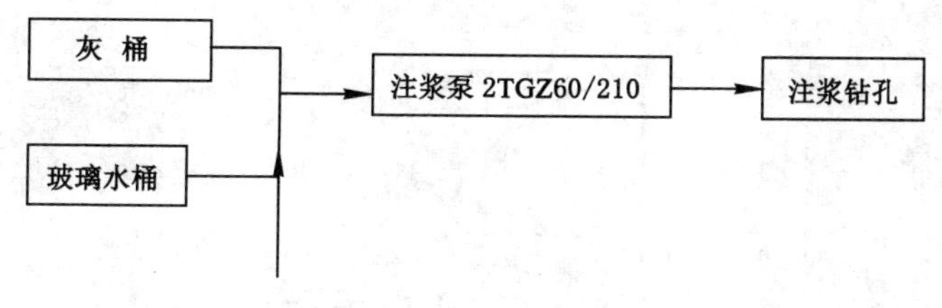

图 8　井下注浆工艺流程图

② 地面注浆工艺流程：

水泥罐→自动控制→ 水泥搅拌池→ 吸浆池→泥浆泵→下料孔→注浆管→钻孔→水源→储水池→清水泵→ 压力水。

4　防治水工程施工情况

4.1　单孔施工总结

1# 孔：埋管、试压后钻进至 65.5 m 出水 20 m^3/h，钻孔内返水略有水锈色，65.5 m 前钻孔内返水量正常，地面注浆 92 t，注浆时，孔口压力逐渐上升至设计压力，钻进至设计孔深，无涌水，注浆封孔。

2# 孔：埋管、试压后钻进至 70 m 出水 50 m^3/h，钻孔内返水略有水锈色，地面注浆 45.7 t，直接钻进至设计孔深，钻孔内涌水无增加，注浆封孔。1# 钻孔及耙矸机上部跑浆，加入少量骨料，1# 孔跑浆停止跑浆，耙矸机上部有少许，注浆压力逐步上升至设计压力。67.5 m 出水 50 m^3/h，地面注浆 47 t，未出现跑浆；100 m 出水 10 m^3/h，地面注浆 50 t，未出现跑浆。总注浆量：142.7 t，分层注浆压力均达到 6.5 MPa。

3# 孔：埋管、试压后钻进至 65 m 开始有水锈色，钻进 71 m，出水 200 m^3/h，孔口水压 4.1 MPa，注浆用水泥 4 958 t，注浆终压 8.5 MPa，钻进至 126 m，出水 1 m^3/h，注浆用水泥 4 t，封孔注浆压力 8.5 MPa。

5# 孔：埋管、试压后钻进过程中均未发现明显涌水。为了验证注浆效果，补孔检验钻孔，沿巷道设计方位，以−15°倾角，施工 120 m，检验孔内无涌水。

4.2　加固后瞬变电磁探测资料解释

图 9 为在西胶带巷运输巷 95 m 处掘进迎头探测超前 130 m(26×5＝130)范围的视电阻率等值线图。图中(a)为沿垂直底板方向探测的视电阻率等值线图；图中(b)为左侧底板 30°方向探测的视电阻率等值线图；图中(c)为右侧底板 30°方向探测的视电阻率等值线图。图中两侧纵坐标为沿探测方向的探测深度(m)，横坐标上部为对应巷道内的测点标号。

从图中可知，在探测范围内底板下 50 m 以内对应的视电阻率值相对较高，说明底板下 50 m 范围以内岩石胶结程度较好，无明显裂隙发育或赋含水构造存在。在 50 m 以下存在裂隙局部发育。

5　实揭地质构造及水文情况

西翼胶带运输巷Ⅰ段 0～70 m 范围内，巷道全断面位于 L_7 灰岩层位；70～154 m 范围内，巷道穿层掘进，由 L_7 灰岩底逐渐进入一$_5$ 煤线，岩石主要为中粒砂岩；154 m 处揭露 FXY—02 断层，张性正断层，倾向 323°，倾角 60°，落差 25 m；154～181 m 范围内，巷道穿过寒武系灰岩，揭露石炭纪与寒武系假整合风氧化带；181 m 之后，巷道由本溪组逐渐穿层掘进至太原组 L_7 灰岩。154 m 处所揭露的断层素描如图 10 所示。

西翼胶带运输巷Ⅰ段加固工程施工期间 3 号孔涌水 200 m^3/h，孔口水压 4.1 MPa，但通过此次水害治理，成功地将设计需要穿过的寒武系灰岩部分改造为独立水文单元。巷道安全掘进通过寒武系灰岩段，掘进期间仅出现局部残存的静储量水，水量小于 2 m^3/h，后逐渐疏干。

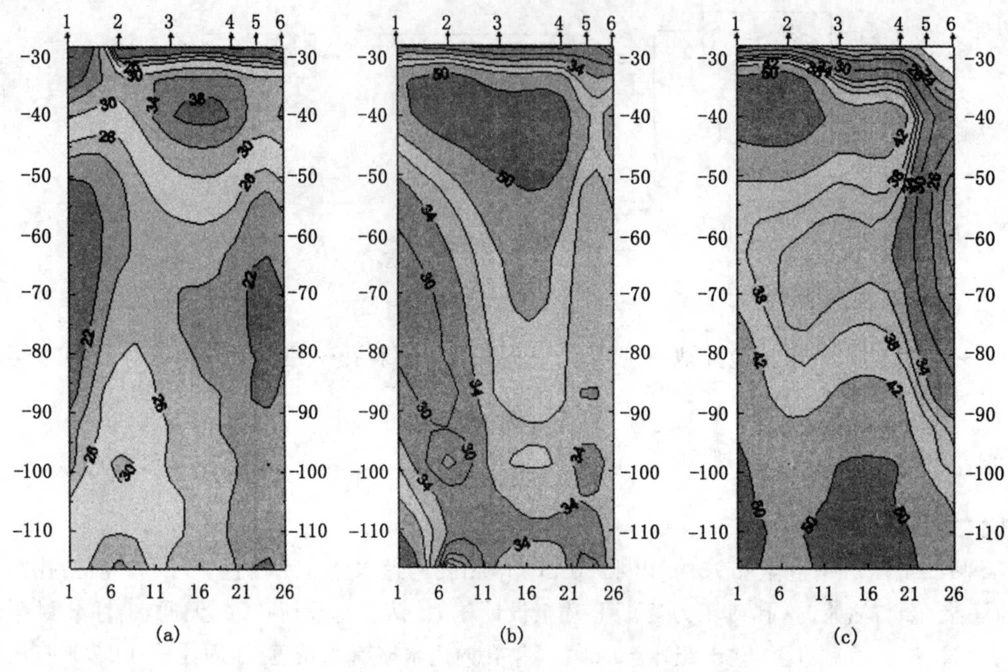

图 9　视电阻率等值线图

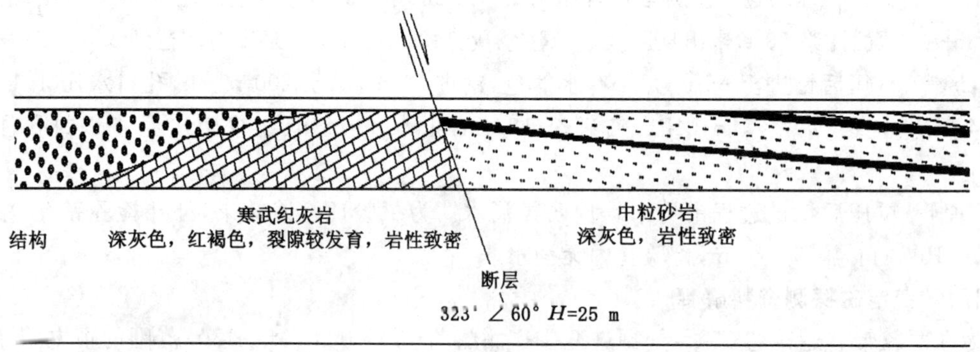

图 10　实揭断层素描图

6　水害治理经验

通过周边已知构造参数推断可能揭露范围和加密观录伴生构造，以及通过超前地质钻孔的钻探资料分析结果，综合预测断层可能发育的范围，对比实揭断层发育位置，可以看出超前预分析的结果是构造位置基本推断发育在通尺约 160 m 处，处于预测 140～195 m 范围内，与实揭通尺 154 m 处断层相符，准确度高，误差较小。

通过对 3 号孔及检查孔的出水情况、注浆量情况分析，3 号、4 号、5 号和检验钻孔均揭露导水断层，通过 3 号钻孔注浆后，注浆量接近 5 000 t，注浆效果理想，完全封堵导水构造和充填寒武系灰岩顶部溶隙储水空间，复钻后，3 号钻孔无涌水。结合瞬变电磁探测结果以及 4 号、5 号和检查孔施工情况，可以得知 3 号孔注浆效果良好，导水通道已经加固完毕。

结合底板岩石不同岩性的原始安全承压性参数，采用立体式全包围形成独立水文单元的加固方法，可以更好地应对复杂构造发育情况下的巷道超前加固工作，最大程度上保证封闭空间的岩体被改造为胶结完整的岩体结构。

小煤矿特大隐蔽突水通道探测技术与应用效果

王社荣　卫兆祥　李云英　同新立

（韩城矿业有限公司　陕西韩城　715400）

摘　要　小煤矿特大突水造成桑树坪煤矿斜井被淹，针对其突水点及过水通道不明，组织了专题调查与分析，采取了地面瞬变电磁与井下直流电法、瞬变电磁、示踪剂测试及地质钻探等综合探查方法，初步获得隐蔽特大突水点或过水通道的位置，为封堵工程方案科学制定与实施快速封堵提供了依据，发挥了决策指导作用。

关键词　探测技术；突水通道；瞬变电磁；水资源保护；煤矿突水

1　概述

韩城矿区桑树坪煤矿1977年12月投产，井田面积49.145 8 km^2。矿井分为斜井和平硐两个井口，矿井核定生产能力为165万t/a，井田地层为单斜构造，煤层倾角1°～6°，可采煤层3层，其中3$^{\#}$、11$^{\#}$煤层为主采煤层，层间距50～60 m，2$^{\#}$煤层局部可采，均为条带布置仰斜开采。矿井水文地质类型为复杂型。矿井原正常涌水量532 m^3/h、历史最大涌水量800 m^3/h，现正常涌水量580 m^3/h，奥灰水约占全矿总涌水量的80%，其中原7$^{\#}$突水点涌水量300 m^3/h，北二车场绕道挡水墙泄水管涌水量48 m^3/h，奥灰水位＋376.0 m。在矿井周边小煤矿有禹昌矿、昌兴矿、昌顺矿、黄河二矿等16个，现有生产小煤矿4个，其与矿井边界线长度达到17.2 km。其中2008年黄河二矿发生突水，同时造成大池念矿淹井停产。

2011年8月7日零时5分许，桑树坪矿安全员巡视中发现并报告了北二车场绕道闭墙处有涌水，涌水量越来越大，随之冲垮密闭墙，矿紧急安排撤人，1 h时间人员全部安全撤离。突水进入＋280 m运输系统大巷，19 h淹没＋280 m生产系统，之后水位持续上涨＋334 m，斜井整体淹没，突水量最大1.32万m^3/h，稳定为6 580 m^3/h，从禹昌矿突水到桑矿斜井＋280 m系统淹没突水量约20万m^3。

2　突水点及过水通道调查与分析

2.1　现场观测调查

事故发生后，公司立即组成抢险救灾指挥部，下设技术资料组，进行地测资料调查与井下巷道涌水观测。一组是通过韩城市煤炭局与安监局协调，由桑树坪矿对周边禹昌煤矿、昌顺煤矿、昌兴煤矿井下巷道进行了位置测量与涌水量、水位、流动方向的观测，同时在矿区及小煤矿井下突水范围取五组水样送检化验，取得了现场重要资料。二组是由省、市煤炭局、安监局、矿业公司等领导对小煤矿生产技术与管理人员展开查询。该禹昌矿地测资料十分缺乏，无正规的巷道测量观测数据记录与图纸资料。调查期间，各级部门领导不断对小煤矿生产、技术、管理等人员进行事故危害性与救灾迫切性的认知教育，敦促其提供真实资料。该矿主要人员通过回忆方式，口头叙述了主要井巷罗盘方位和徒步距离与突水点之间的关系，由于是反复数次进行的，每次每人提供的巷道参数变化大，即同一条巷道绘制在图纸上位

作者简介：王社荣（1964—），男，陕西洋县人，高级工程师，现任韩城矿业有限公司地测部副部长，从事矿井地质与防治水技术工作。

置不能重合一致,突水点或巷道位置相差 30～300 m 不等,巷道关系错综复杂,因而突水点及过水通道具体地点查找确定非常困难,成为矿井救灾堵水治理整体方案决策的最大障碍。

2.2 水文地质分析结果

联合调查组成员在反复协商、调查、询问后分析认为:2011 年 8 月 6 日 14 时许,禹昌矿 11# 煤层采掘工作面底板发生突水,突水沿其相邻小煤矿采空区再进入桑矿废弃巷道,即禹昌煤矿突水后的涌水沿煤层巷道及采空区进入昌顺、昌兴两个边界煤柱相互导通的煤矿采空区,而昌顺或昌兴煤矿与桑矿北二车场绕道废旧巷道某处已经贯通,由于小煤矿采空区连通性好且已形成了大范围积水区,水量大、水压高,8 月 7 日零时 5 分冲垮了＋280 m 绕道车场绕道封闭墙迅速进入大巷,造成斜井淹没。

禹昌煤矿为韩城市地方个体小煤矿,初期技术管理人员仅提供本矿井开采范围以内的采掘工程图,所反映真实情况的准确度极差。禹昌煤矿 11# 煤层采掘区域范围大体可以分为西南与西北两个块段,其中西南超界区域锁定为突水区,其突水后涌水一部分通过下部联通巷道或采空区直接流入该矿井西北部采掘区段,另一部分则逆流而上再通过矿井及采区主要巷道顺流进入西北部采掘巷道(图 1)。

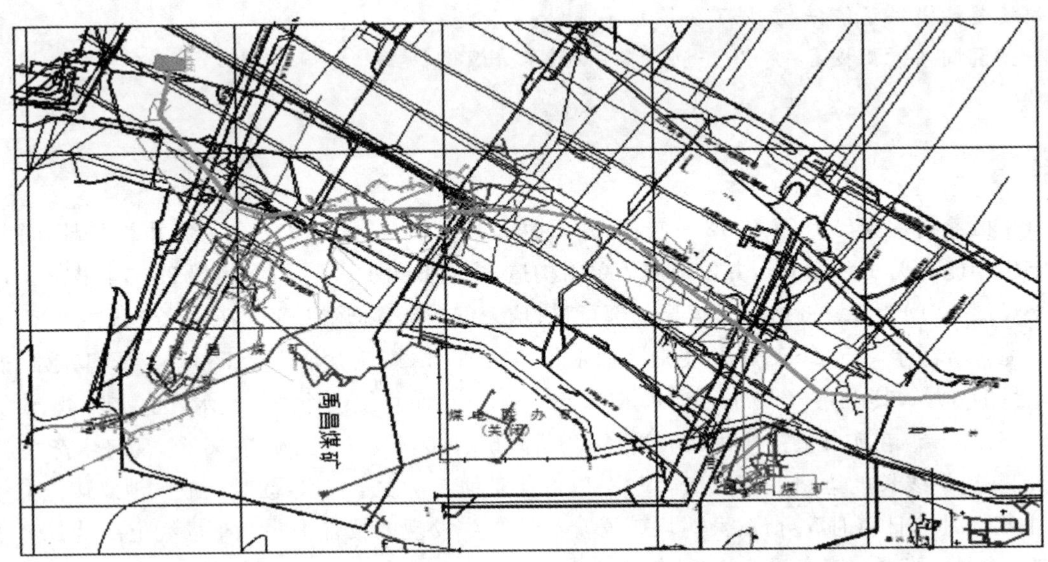

图 1　桑树坪煤矿与小煤矿井下突水流向关系示意图

3 综合物探与钻孔探查

根据初步调查情况,韩城矿业公司决定由中煤科工集团西安研究院负责突水点与过水通道探查方案的制定与实施。8 月 19～21 日在北一 365 中巷进行了直流电法探测;8 月 22～25 日又在该巷进行了瞬变电磁探测;8 月 19～25 日对其地面进行了直流电法和瞬变电磁探测;8 月 26 日开始进行井下钻孔验证施工;9 月 19 日又通过示踪剂检验。与此同时进行探测资料数据处理解释及成果提交,初步获得井下突水区域及过水通道位置。

3.1 井下综合电法与地面瞬变电磁探测点布置

井下电法测点布置:在 365 中巷西巷,以联巷口为 0 号点,测点间距 5 m,共布置测点 66 个,编号 －6# ～60#;365 中巷东巷,以西巷 30# 测点为起点,向南以 5 m 间距布置测点,测点编号为－10# ～30# (图 2)。

地面瞬变电磁布置:在 360 m×120 m 的区域内,以 20 m×20 m 的网度布置测点,共布置 7 条测线,每条测线上有 19 个测点,测点共计 133 个(图 3)。

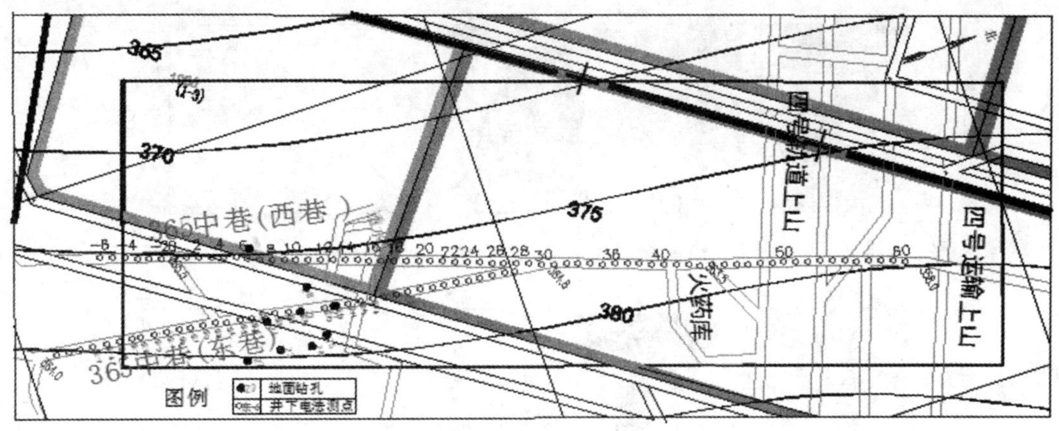

图 2　桑树坪煤矿 365 中巷电法、钻探孔位部署示意图

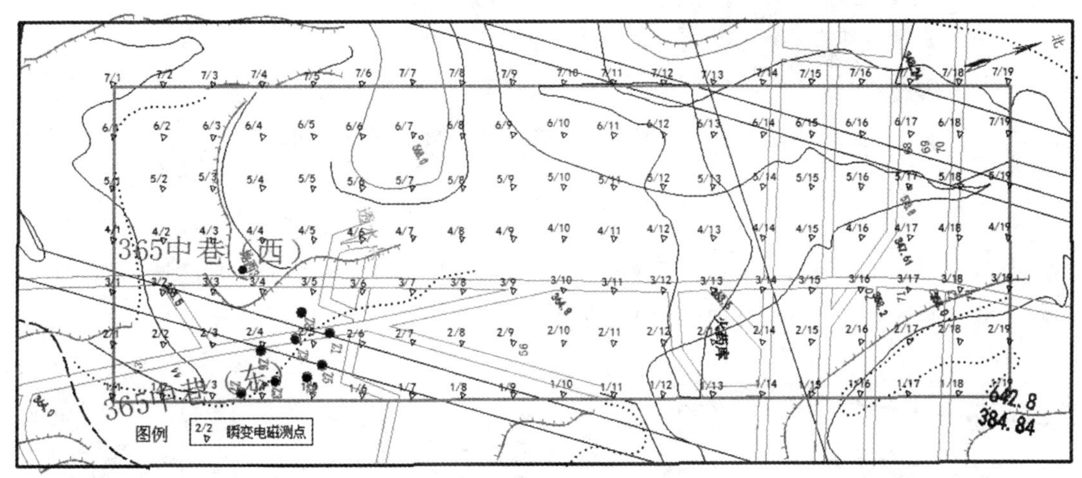

图 3　地面瞬变电磁探查测点布置示意图

3.2　综合探测结果分析

3.2.1　北一＋365 m 中巷直流电法探测

通过电法数据采集与资料处理，获得视电阻率等值线和低阻异常剖面图(图 4)。直流电法及高密度探测结果显示：＋365 m 中巷西巷异常区为两处，一处位于 1#～－5# 电测点附近，第二处位于 23#～－28# 电测点之间；＋365 m 中巷东巷异常区也为两处，一处位于－6#～－2# 电测点附近，宽度约 20 m，第二处位于 4# 探测点附近。

对 365 中巷西巷、东巷电法探测异常对比分析如下：＋365 m 中巷东巷第二处异常性质与西巷直流电法探测资料的第一处异常性质相似，疑似由井下巷道充水后引起；西巷第二处异常的范围相对较大，但该区段巷道底板积水、岩石破碎、泥岩层风化成软泥，疑似非采空引起的异常。另外在东巷对应区段探测时，仅在底板深剖区段存在较弱的异常，也说明西巷第二处异常是由巷道底板局部地质体异常引起的；东巷的第一处异常中心位于井下－4# 测点，异常的强度较大，疑似由底板灰岩水向上导升而引起。因井下巷道条件十分复杂，电阻率异常可能有其他因素影响，应通过钻探验证排除。

3.2.2　地面瞬变电磁法探测

瞬变电磁法探测深度高程为＋310 m 及＋260 m 水平，由瞬变电磁探测的视电阻率高程＋310 m 水平分布图可知，测区南部为电阻率低阻异常区、北部为高阻区，推断异常由 11 煤层附近及深部灰岩含水

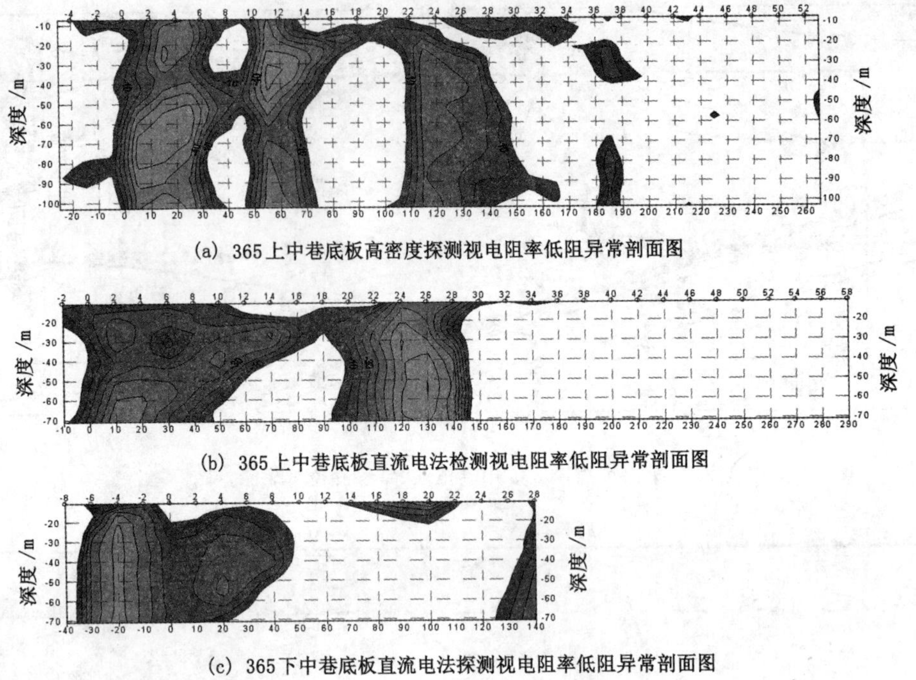

(a) 365上中巷底板高密度探测视电阻率低阻异常剖面图

(b) 365上中巷底板直流电法检测视电阻率低阻异常剖面图

(c) 365下中巷底板直流电法探测视电阻率低阻异常剖面图

图4　365中巷底板井下电法低阻异常剖面图

引起。在深度约＋260 m水平，处于奥岩顶面30 m附近，其与＋310 m水平异常区域相似。电测成果低值区域，主要分布在＋365 m中巷南部一带，即为疑似突水区(图5)。

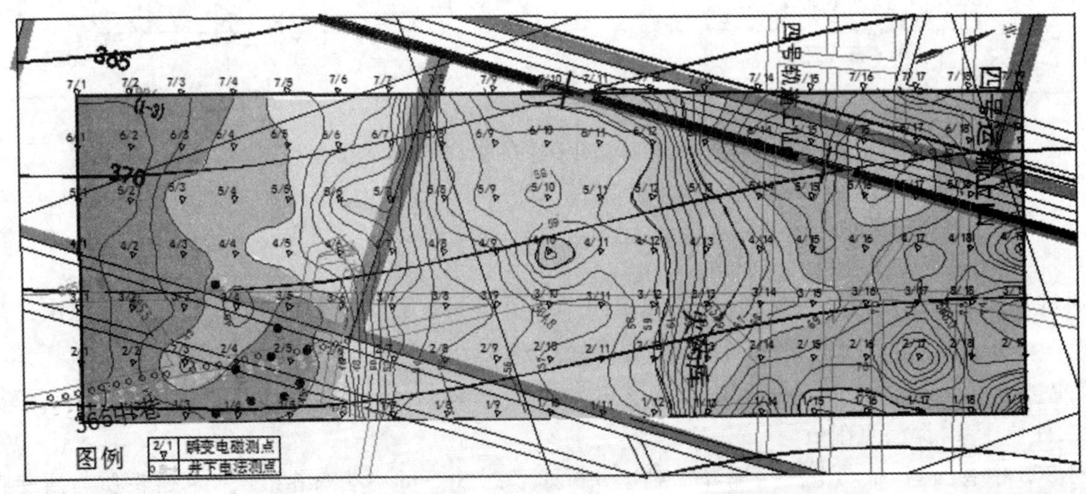

图5　小煤矿疑似突水点地面瞬变电磁视电阻率示意图

3.3　钻探设计与验证

根据物探资料成果，结合禹昌矿巷道布置及突水点水流流向，认为钻探验证设计孔应以＋365 m中巷(东巷)为探查重点。孔号采用电探点编号，标注西、东巷钻孔。前期在西巷仅4[#]电探点布置一个钻孔，其余钻孔均布置在东巷，钻孔共34个，东巷见水钻孔为7[#]～12[#]，共6个电探点位置，开孔下套管，未见异常的钻孔全部封堵。

3.4 示踪剂检测

为了确认钻孔落空段与禹昌煤矿排水点之关系，进行了示踪剂测试。工艺为每5 kg示踪剂与1 m^3水充分混合，然后通过钻机灌注到孔底，在禹昌矿排抽水处观测，用以检测水流方向、时间，推测水流速度。9月15日，12#钻孔出现掉钻，高度2.4 m，冲洗液全部漏失，在该孔投放了示踪剂，约45 min以后检测到示踪剂成分；9月19日，9#孔出现掉钻，高度3 m，进行示踪测试，42 min以后在排水点检测到其成分。根据其他钻孔资料，此通道两边均为实煤体，且暂未发现其他过水通道。据此，表明此段小煤矿巷道在水流的持续冲刷作用下，通道连通性良好，局部宽度已达到25 m左右，流速为0.2～0.5 m/s。结合井下水流速度，分析此落空段即为主要过水通道。

4 结论

韩城市禹昌矿在采掘中发生了11#煤层底板奥灰岩重大突水灾害。在其突水点与通道位置询查不详的情况下，在反复全面进行水文地质调查的基础上，通过综合物探技术、钻探探查验证、示踪剂测试等手段，初步确定了疑似突水点的区域和主要过水通道，其位于桑树坪矿北一＋365 m中巷下部南端，此次采用的综合物探探查方法所获得的异常区域范围与对禹昌煤矿最终水文地质调查的情况基本一致，为制定矿井堵水总体方案和指导科学施工提供了技术支持和重要依据。

参考文献

[1] 彭苏萍，凌标灿，郑高升，等. 采场弯曲下沉带内部巷道变形与岩层移动规律研究[J]. 煤炭学报，2002，27(1)：21-25.

[2] 范立民. 论保水采煤问题[J]. 煤田地质与勘探，2005，33(5)：50-53.

[3] 单智勇. 煤矿突水点井下注浆封堵技术与应用[J]. 煤矿安全，2009(5)：34-36.

[4] 吴杨云. 资源整合矿区水害探测及防治技术可行性研究[J]. 中国安全生产科学技术，2012(S1)：19-23.

翟镇井田西翼奥灰含水层突水危险性评价

王　迎　徐学芹

（新汶矿业集团翟镇煤矿　山东新泰　271204）

摘　要　利用高密度电法、瞬变电磁法及井下钻探相结合的方法，根据物探成果及井下奥灰水文孔获取的水文地质资料，对井田西翼奥灰含水层进行突水性评价，为后组 13 煤、15 煤安全开采提供依据。

关键词　奥灰；勘探；突水性；评价

1　地质概况

1.1　地质构造

翟镇井田处在新汶向斜中段轴部，四周断层环绕，内部断层与褶曲并存。整个井田为一背、一盆、一鞍部、一平缓组成的复式较宽缓的褶皱构造，即羊村次背斜、大港向斜、李家庄鞍部构造、羊村以东平缓地带。

井田西翼为羊村次背斜，西起 F10 断层，东至 F5 断层，为次一级褶曲，背斜轴向近东西，宽 1.5 km，长 3 km，其背斜顶部东西两端分别为 F5 及 F10 断层切割，北翼西翼被 F2 断层切割，破坏了背斜的整体性，背斜的南部倾角一般 11°～12°，轴部比较平缓 6°～10°，北翼靠近 F2 断层区段，倾角达 20°～30°，形成一较为平缓的背斜构造，南部因 F4 断层切割关系，岩层形似波浪状，形成一似与背斜轴平行的向斜构造。

1.2　水文地质

煤系之上为数百米第三系红色黏土质粉砂岩所覆盖，并为丘陵地形，地表径流条件好，煤系内各主要含水层无地表水补给或补给微弱，富水性中等，下伏之徐、草灰无地面出露，奥灰仅有零星露头，接受大气降水成第四系潜水补给较差，地下水以静储量为主。

本井田有 55 孔穿过断层带，54 个没有发现漏水现象，1 个（55 号孔）因未见断层之先，即于第三系砾岩中发现漏水，一直穿过断层带至奥灰，始终漏水，经混合抽水试验，$q=0.335\sim0.386$ L/h，主要是奥灰水，说明断层带导水性及含水性不强。由 F10、F5 圈定的井田西翼为相对独立的水文地质单元。

2　井田西翼补充勘探成果及奥灰富水性分析

井田西翼主要采区为：后组五采区（上组煤风化）、后组三采区西翼工作面、后组一采区及扩大区。井田后组煤开采受底板奥灰承压含水层威胁。矿井对奥灰水文地质条件进行了大量的物探工作，物探资料表明奥灰含水层的富水性存在不均一性。

2.1　物探及钻探成果

瞬变电磁法探测的工作面共有 3 个，测定异常区 10 处，高密度电法探测的工作面有 17 个，测定异常区 36 处。施工水文钻孔 21 个，工程量 3 910.5 m。其中井田西翼施工井下奥灰水文地质孔 21 个，井田中部施工水文观测孔 3 个，各水文钻孔揭露奥灰情况见表 1。

作者简介：王迎（1976— ），男，山东新泰人，工程师，现任新汶矿业集团翟镇煤矿地质测量部主任。新汶矿业集团公司翟镇煤矿、地质测量部主任。电子邮箱：13792120768@163.com。邮编：271204。

表 1　　奥灰水文钻孔统计

编号	位置	孔口标高	孔底深度	观测目的层	钻孔揭露奥灰厚度	稳定水位/m	稳定涌水量/$m^3 \cdot h^{-1}$	备注
奥灰 1	−400 后组西大巷	−396.6	167.45	奥灰	95.35	−206.6	51.5	中部
奥灰 2	−400 后组西大巷	−396.6	198.2	奥灰	125.3	−206.6	13	中部
奥灰 3	南石门	−397.2	191.5	奥灰	110.8	−206.6	176	中部
奥灰 4	后组回风下车场	−393.7	199.1	奥灰	114.51	−313.7	2.5	
奥灰 5	后组三采轨道下山	−400.7	198.5	奥灰	96.68	−250.7	8	
奥灰 6	31102W 工作面	−363.9	180.83	奥灰	68.48	−213.9	3	
奥灰 7	31104W 工作面	−391.2	200.54	奥灰	90.89	−151.2	1	
奥灰 8	后组五采轨道 Z27 点以东 10 米处	−640	206.07	奥灰	107.18	−160	0.25	
奥灰 9	31101W 工作面	−360.1	188.14	奥灰	76.27	−178.1	1.5	
奥灰 10	后五北翼运输下山	−721.5	210.4	奥灰	125.5	−211.5	1.33	
奥灰 11	31105W 运输巷	−387	189.11	奥灰	69.59	−137	0.5	
奥灰 12	31105E 运输巷	−399.8	191	奥灰	72.85	−139.8	1.4	
奥灰 13	51103 轨道巷	−588.5	195.52	奥灰	92.55	−108.5	0.9	
奥灰 14	11103E 工作面	−368.7	206.7	奥灰	47.45	−188.7	6.9	
奥灰 15	51104 工作面	−603	180.85	奥灰	75.6	−223	0.25	
奥灰 16	后一下部轨道下车场	−549.7	200.05	奥灰	63.1	−199.7	2.6	
奥灰 17	11105W 运输巷	−508.9	178	奥灰	57	−158.9	3.1	
奥灰 18	11105E 运输巷	−509.6	207.1	奥灰	84.4	−189.6	0.83	
奥灰 19	51105 轨道巷	−614.1	200.7	奥灰	80.2	−264.1	0.26	
奥灰 20	11106E 轨道巷	−540.3	240	奥灰	72.25	−200.3	5.4	
奥灰 21	11106W 轨道巷	−528.2	202	奥灰	67.2	−288.2	2.3	
奥灰 22	51106 运输巷	−743.5	201	奥灰	80.5	−383.5	0.27	
奥灰 23	后五北翼东辅运	−675.7	170.6	奥灰	77.5	−255.7	0.53	
奥灰 24	51301E 运煤通道 H 点以南 8m	−636.5	162.3	奥灰	90.78	−396.5	2.37	

2.2　奥灰富水性分析

井下钻孔在揭露奥灰时均出现涌水现象，但涌水量均较小。孔口水压为 0.8～5.1 MPa，变化范围较大。涌水的位置从奥灰顶部至奥灰顶面以下 78.55 m，只有两个钻孔在进入奥灰时就出现涌水，分别为 1 m^3/h 和 2～3 m^3/h，表明奥灰顶面局部富水，但富水性较弱。其余钻孔均在奥灰顶面下 16.15～78.55 m 时出现涌水，表明井下施工钻孔的范围内大部分顶面以下 15 m 左右的范围是不含水的。井下涌水表明奥灰整体富水性较强，但平面上存在较大的不均匀性，垂向上相对来说顶部较弱，在揭露深度范围内深部较强。

上述资料表明，奥灰在井田西翼属于弱富水至中等富水含水层，其补给途径除北翼少量露头接受大气降水外，也受南翼奥灰的渗透补给，由于 F10 断层影响及渗透路途较远，其补给是不畅通的。因此，动水补给条件较差，主要形式表现为高承压岩溶裂隙静水，但由于厚度大，面积广，其静储量是不可忽视的，是矿井威胁最严重的含水层。

3 奥灰含水层突水危险性评价

3.1 突水影响因素

通常煤层底板下的承压含水层的存在是底板突水的先决条件；含水量是突水的物质基础；矿压是底板突水的诱导因素；水压是底板突水的力源；隔水层是底板突水的抑制条件。其阻水能力取决于隔水层厚度、强度以及岩性组合关系。构造的发育程度是影响突水的重要因素。奥灰含水层富水性分区示意图如图 1 所示。

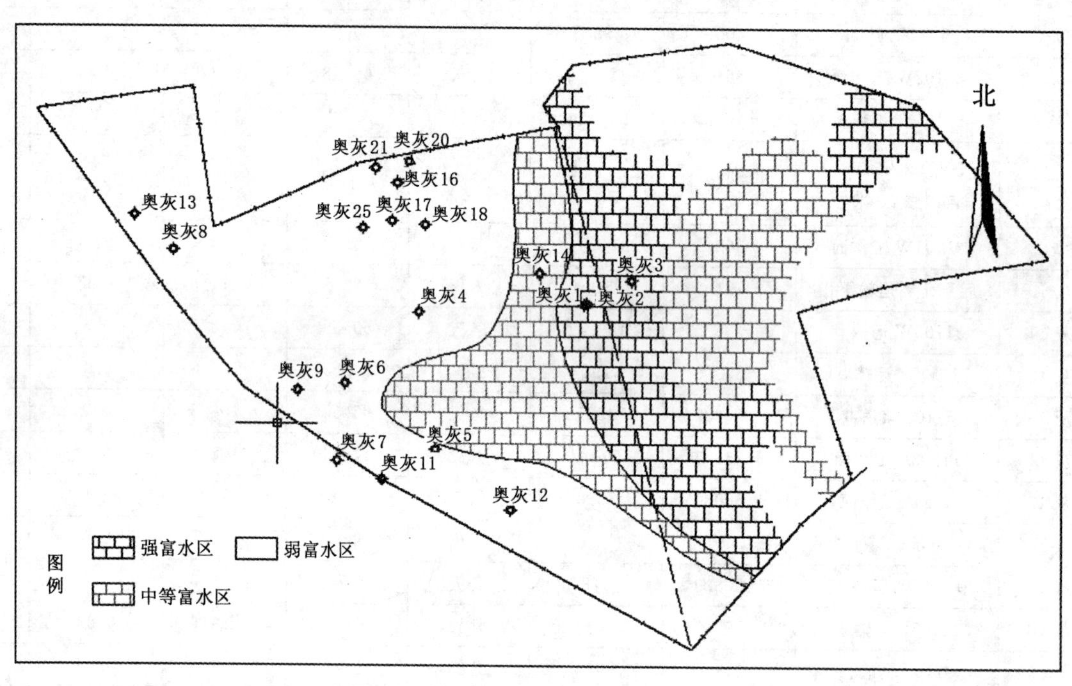

图 1 奥灰含水层富水性分区图

3.1.1 *岩溶含水层富水性是底板突水的基础因素*

奥陶系石灰岩为含水丰富的承压含水层，其富水性是决定底板突水量大小和突水点是否能持久涌水的基本条件，也是发生奥灰突水的前提条件。表征含水层富水性强弱的主要指标是抽水试验获得的水文地质参数，一般用含水层单位涌水量来表示。当抽水资料较少时，利用现代物理勘探测试技术来探查，区分富水的强弱区。本矿井奥灰的富水性主要考虑的是井下钻孔的涌水量以及以往的物探成果。本井田西翼井下钻孔涌水量为 0.25～8.0 m^3/h。

3.1.2 *地质构造对煤层底板突水起着控制作用*

大量统计资料表明，底板突水事故 80%以上发生在断裂构造附近。断裂构造的性质、规模和演化决定了井田水文地质、工程地质条件的复杂程度。断裂的性质、规模、发育层位等是影响断裂富水性与导水性的重要方面。一般来说，张性断层较压性和扭性断层富水和导水性好，规模大的断裂比规模小的断裂更易形成富水和导水断层。

断层的复杂程度利用断层的分维值来定量评价。全井田内构造的分维值在 0.10～0.33，矿井西北部和东南部构造较复杂，分维值在 0.26～0.33。矿井中南部构造简单，分维值小于 0.20。构造复杂地段的突水可能性就大。

3.1.3 *水压力是煤层底板突水的动力条件*

水压的主要作用是与矿压共同造成煤层底板隔水层的破坏，导致部分隔水层失去阻水作用，承压水在水压的作用下涌入矿井而形成突水。足够的水头压力是引起突水的一个重要条件,承压水压越高,越容易突水。

本次计算主要考虑含水层的静水压力,计算时利用水位标高换算成水头压力,据水文长期观测资料,取目前最新观测水位作为计算值,水位标高取最高值-6.6 m,奥灰顶界面标高介于-430～-860 m,奥灰水压介于4.2～8.5 MPa。

3.1.4 隔水岩层厚度及其特征对煤层底板突水起着制约作用

隔水层阻水能力与厚度、岩性及其组合关系有关。在正常的地质条件下,隔水层厚度越大的地段,突水的可能性越小;反之,突水的几率越大。根据不同厚度、岩性,换算成能真正起阻隔作用的有效阻水厚度,将隔水层有效阻水厚度累加,得到隔水层的隔水能力。

下组煤与奥灰之间发育厚度不等的泥质岩、粉砂岩、细砂岩,具有较好的隔水性能,不仅对奥灰含水层之间的水力联系起到阻隔作用,而且构成了下组煤开采的天然屏障。井田西翼11煤大部分已安全回采完毕。据井田西翼奥灰水文孔揭露13煤—奥灰隔水层厚度变化较大,为61.08～84.59 m,平均73.80 m。15煤—奥灰隔水层厚度变化较大,为47.51～72.09 m,平均60.92 m。

3.1.5 采动矿压对煤层底板突水产生触发和诱导作用

矿压对煤层底板的变形破坏主要是隔水层上部形成矿压破坏带,从而直接影响隔水层的有效厚度,为突水的发生创造条件。

3.2 下组煤的奥灰突水系数

本次计算根据井田西翼井下水文钻孔资料,分别计算了13煤、15煤奥灰突水系数(11煤大部分已安全回采),并绘制了奥灰突水系数等值线图。

在计算突水系数 T_s 时,式中水压值 P 和隔水层厚度 M 根据钻孔水压和钻孔隔水层厚度计算。计算钻孔的水压值 P 时,由于奥灰水位有波动,各孔水位不一,采用2013年8月份观测水压值。计算钻孔隔水层厚度 M 时,取各煤层底板与奥灰顶面的距离。

3.2.1 下组煤开采奥灰突水系数

突水系数的计算,引用《煤矿防治水规定》中的计算公式:

$$T_s = \frac{P}{M}$$

式中 T_s——突水系数,MPa/m;

P——隔水层承受的水压,MPa;

M——底板隔水层厚度,m。

利用突水系数值划分突水的危险程度,根据新汶矿区的经验,突水系数小于0.06 MPa/m,认为是安全区,0.06～0.1 MPa/m为较危险区,0.1～0.15 MPa/m为危险区,而大于0.15 MPa/m的则认为是极危险区。

3.2.2 13煤的奥灰突水系数

13煤的奥灰突水系数值为0.01～0.12 MPa/m(图2),变化较大,最大值在井田的西部附近,最小值位于井田一采区。突水系数小于0.06 MPa/m区域位于井田中、南部,属于安全区;大于0.10 MPa/m的区域位于井田西部一较小的区域,属于危险区;介于0.06～0.10 MPa/m的区域位于井田西部、东南部和东部区域。总体来看,奥灰水对13煤开采有一定的影响,特别要注意奥灰富水及构造复杂地段。

3.2.3 15煤的奥灰突水系数

15煤的奥灰突水系数值为0.01～0.18 MPa/m(图3),变化较大,最大值在井田的西部附近,最小值位于井田一采区。突水系数小于0.06 MPa/m区域位于井田中西部,属于安全区;介于0.06～0.10 MPa/m的区域位于井田西部、东南部和东部区域,属于较危险区;介于0.10～0.15 MPa/m的区域位于井田西部和东南部一较小的区域,属于危险区;大于0.15 MPa/m的区域位于井田最西部一较小的区域,属于极危

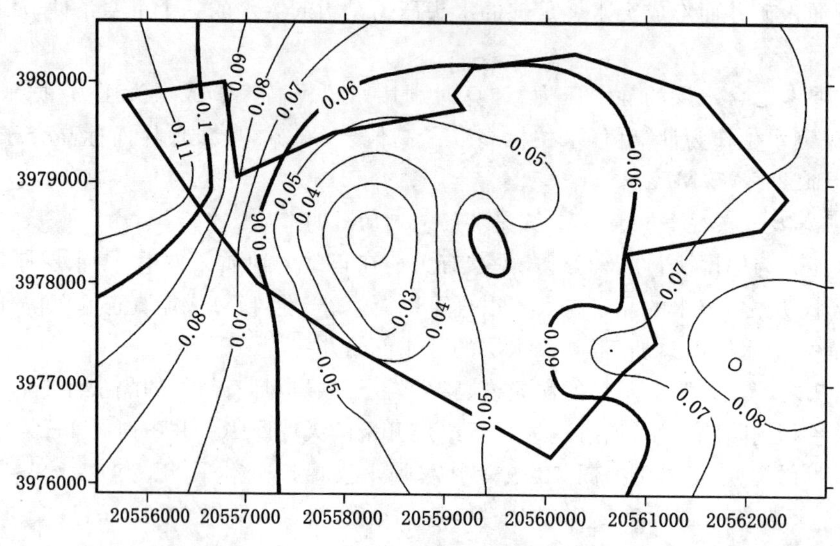

图 2　13 煤奥灰突水系数等值线

险区。总体来看，奥灰水对 15 煤开采影响较大，尤其要注意西部和中东部构造复杂地段及富水区域。

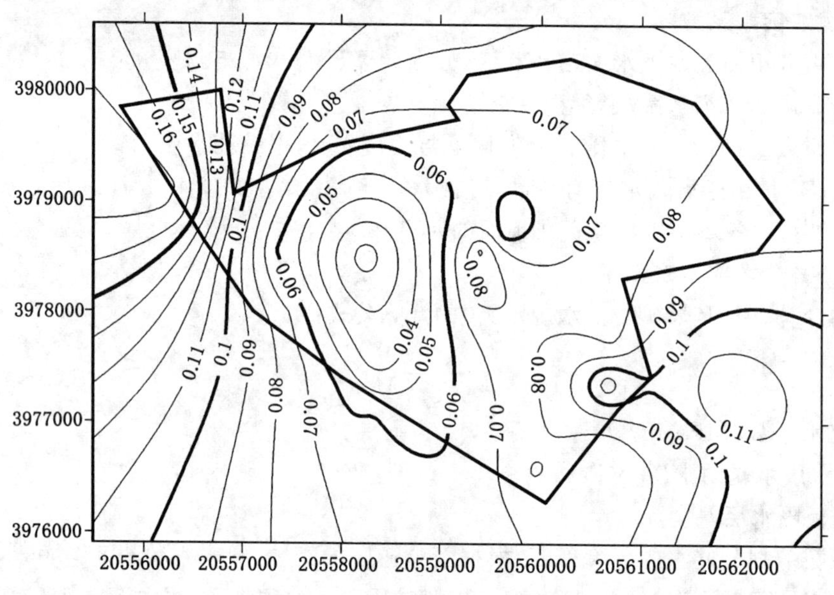

图 3　15 煤奥灰突水系数等值线

4　结论及建议

(1) 利用井下高密度电法、井下瞬变电磁法等技术，对工作面底板奥灰含水层的富水异常区进行采前探测，在富水区域有目的地进行疏放工作。

(2) 进行底板采动破坏规律探测工作。随着开采深度的增加，矿山压力将随之增加，煤层底板采动破坏深度的发育规律应引起重视。可采用现场实测、物探等手段，测定开采条件下底板应力重分布特征，确定煤层底板的破坏深度，为底板防治水提供数据。

(3) 13 煤距奥灰隔水层厚度平均为 73.80 m，因此奥灰水头压力需降至 3.3 MPa 以下。

15 煤距奥灰隔水层厚度平均为 60.92 m，因此奥灰水头压力需降至 2.5 MPa 以下。

水文动态监测技术在防治相邻矿井老空水害中的应用

高树磊　翟所宏

（兖州煤业股份有限公司北宿煤矿　山东邹城　273516）

摘　要　落陵煤矿为北宿煤矿南部相邻矿井，根据落陵煤矿闭坑后资料显示该矿存在积水区，但是该积水区积水范围、积水量以及积水标高资料模糊，为了确切掌握积水区积水有关参数，制定可行的防范措施，在落陵煤矿采空区积水区施工地面水位长观孔，并研究应用了水文动态监测技术，对采空区积水水位变化进行观测，实现了对该积水区水位、水温、水压、水量及其变化规律的实时监测，保障了矿井安全生产不受水害威胁。

关键词　老空水；动态监测；预警系统；安全生产

1　两矿水文地质条件分析

北宿煤矿与落陵煤矿同处于兖州煤田，位于兖州向斜南翼的浅部，兖州向斜为一轴向北东、向北东倾伏的不对称的向斜构造，东部被峄山断层切割而不完整。由于受鲁西旋卷构造控制，峄山断层左行南移，致使兖州向斜东南翼向南牵引，走向近东西、向北倾；西北翼地层走向北北东，倾向南东。兖州向斜地层产状平缓，倾角一般为 2°～15°，次一级褶皱较发育。兖州向斜是一个多期次的叠加褶皱构造，近南北向褶皱叠加在北东向褶皱之上，同时还有北西向褶皱构造的复合，所以北宿煤矿与落陵煤矿地层总体为走向近东西倾向北的阶梯式的单斜构造，发育宽缓褶曲。而北宿煤矿位于落陵煤矿北部，所以落陵煤矿闭坑后，其积水区发展情况对北宿煤矿安全生产有影响。

2　观测钻孔施工情况

为了查明落陵矿采空区底板界面位置，控制采空区积水标高，以便于北宿煤矿采取合理的安全措施，进一步确定落陵矿采空区积水对北宿煤矿突水威胁程度，北宿煤矿在落陵煤矿预测积水区地面位置施工钻孔，共完成钻探进尺 207.47 m，终孔于石炭系太原组石灰岩（十一）底板以下 5.87 m。

2.1　终孔成孔结构

0～82.30 m，孔径 220 mm，下入 ϕ195 mm 反丝护壁止水套管，套管底端外环状间隙用水泥浆固管；82.30～182.42 m，孔径 152 mm，下入 ϕ146 mm 反丝护壁止水套管，套管底端外环状间隙用水泥浆固管；182.42～207.47 m，孔径 113 mm，其中 181.69～207.47 m 为甩入 ϕ89 mm 花管。

2.2　观测钻孔施工情况

（1）根据钻孔性质和施工技术要求，钻进过程中可采用泥浆钻进。下入护壁套管前，冲洗液消耗量在 0.1～0.3 m^3/h 之间波动，为正常消耗。为防止塌孔，需不断向孔内注入泥浆，孔内泥浆液面始终保持与孔口齐平。

（2）在下入护壁套管后，87.67～124.44 m，该段为石炭系太原组层段。冲洗液消耗量总体在

作者简介：高树磊，男，37 岁，中国矿业大学采矿工程专业，工程师，注册安全工程师，主要从事薄煤层矿井地质工作的研究及矿井水害防治方面的研究及应用，1966gsl@163.com。

0～0.15 m^3/h 之间波动，为正常消耗。为防止塌孔，需不断向孔内注入泥浆，孔内泥浆液面始终保持与孔口齐平。

(3) 自 124.44 m 至终孔 207.47 m 层段，该段冲洗液消耗为全漏失，水位波动范围为 75.25～193.40 m。自 182.60 m 处水位突然下降了 60.00 m，该段为石炭系太原组十下灰层段，分析原因：可能是下部为 16 上煤和 17 煤采空区，182.60 m 处发育导水裂隙，水从导水裂隙进入下部采空区造成孔内水位突然下降。

3 水文动态监测技术的研究及应用

3.1 水文动态监测技术概述

水文动态监测技术利用计算机技术、通讯技术和传感器技术解决矿井水害防治问题，是多学科领域与水文科学相结合的产物，能够满足对于地下水动态监测的需求，能直观地反映积水区水位等参数的变化。系统集水文数据的采集、处理、网络共享和水害预警及辅助决策于一体，采用现代化监测手段，能及时掌握水文动态，达到对水害事故的早发现、早预报、早防治，对保障煤矿的安全、正常生产具有重要意义。

3.2 主要设备及技术指标

该系统由硬件系统和软件系统组成。系统的硬件部分研究内容主要有：传感器、遥测分站、传输系统（无线或有线方式）和水文监测主机等，系统可以通过传感器和遥测分站将地面采集到的水文实时数据，使用 GSM 网或工业控制网，按照设计的通信协议，传输、处理并存储到水文信息数据库中。系统的软件部分研究内容主要有：水文数据的实时采集、组织与数据库建立、水文数据分析处理、数据发布以及智能预测预警功能的实现。

3.2.1 系统主站

水文动态监测技术包括监测系统主控站、数据存储备份服务器、地面遥测系统分站。系统主控站组成及技术指标见表 1。

表 1　系统主控站组成及技术指标

主要设备名称	技术指标
数据存储服务器	(1) 数据传输方式：GSM－SMS 双向控制；
数据上传控制机	(2) 网络传输协议：TCP/IP，NETBUI，SPX/IPX；
传输接口	(3) 数据库：SQL SERVER 2000/2005；
电源避雷器	(4) 可对地面遥测分站实现双向控制；
信号避雷器	(5) 平台软件：WINDOWS2000/XP；
数据处理软件系统	(6) 应用软件：C/S 模式实时数据处理系统，B/S 模式动态浏览；
网络数据发布软件	(7) 通讯接口：RS-232/485，速率 200～9 600 b/s

3.2.2 地面长观孔水文遥测分站

地面水文长观孔的水位、水温监测，由水文分站（图 1）采集水位和水温数据，通过 GSM 网络将数据传送到监测系统主控站，进行数据处理，上传至数据存储备份服务器。

地面水文分站组成及技术指标见表 2。

图 1　水文分站图

表 2　　地面水文分站组成及技术指标

设 备 名 称	主要技术指标
KJ402－FA 水文分站 数据通讯模块(内置) 锂离子电池组 充电器 水位温度一体化传感器 传感器专用电缆 防盗保护罩	(1) 数据传输方式:通过 GPRS 或 GSM。 (2) 测量间隔:1 min～99 h。 (3) 分站暂存容量:60 000 组数据。 (4) 分站操作方式:中文菜单式。 (5) 仪器工作温度:－40～80 ℃。 (6) 供电方式:① 锂离子电池组,一次充电工作时间可达 12 个月;② 太阳能电池供电。 (7) 水位测量范围:0～1 000 m,精度 0.05%F.S,分辨率 0.1 cm;温度测量范围:0～100 ℃,精度 0.1 ℃,分辨率 0.01 ℃。 (8) 传感器电缆:4 芯含通气孔及抗拉伸专用屏蔽电缆。 (9) 通讯距离:无线 GSM 方式,不受距离限制

3.2.3　系统软件介绍

数据处理软件主要功能是水文孔基本资料的输入、多参数水文数据的采集、水文数据的查询、水文数据的可视化、水位趋势分析以及异常情况报警等,系统以矿井水文信息的查询和分析为核心,提供了输入编辑、查询、分析、输出等实用而丰富的管理功能。核心任务是为进行切实可行的矿井水害预测预报提供可靠的数据来源与趋势分析。

3.2.4　水文动态监测技术在应用过程中的主要功能

(1) 根据安全生产需要,设置观测间隔时间,利用软件自复位和硬件看门狗技术,在无人值守情况下能够自动、可靠地运行。

(2) 监测数据可通过通讯网络自动传输到控制主机,显示在主站上,便于技术人员能够随时掌握老空水变化情况。

(3) 根据系统要求及技术要求,采用多种方法以表格、曲线(图 2)、报表、图形等方式实现数字的动态显示和可视化输出,并可以进行相应的编辑、打印等操作。

(4) 利用动态网页技术实现了水文数据的网络发布,实现了水文数据的实时共享,方便了各相关部门用户的数据查询。

4　根据观测资料对落陵煤矿积水区补给水源进行综合分析

(1) 利用落陵煤矿闭坑提供的数据资料,分析落陵煤矿煤层起伏变换情况,绘制该矿井煤层底板

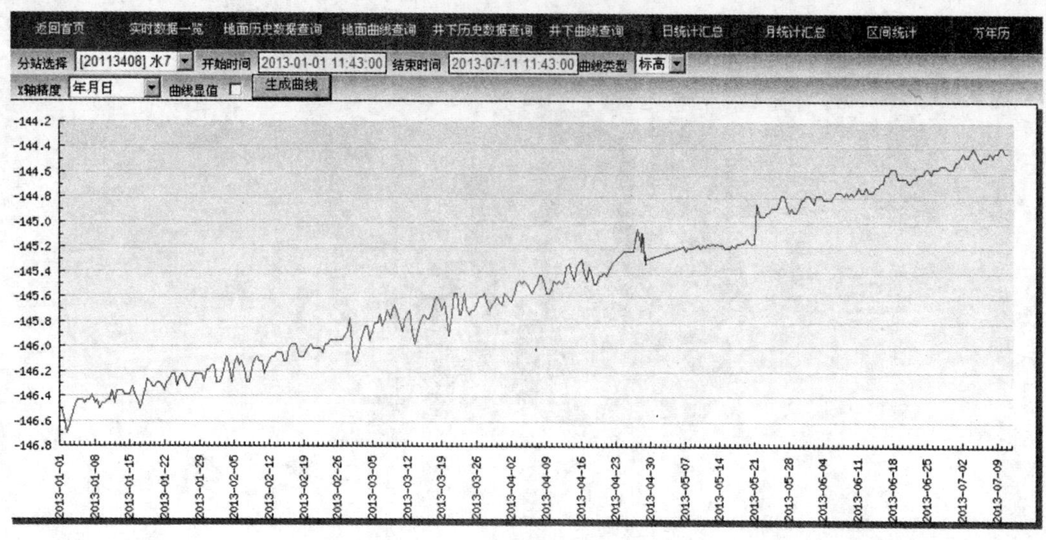

图2 实现的动态曲线图

等高线。

(2) 根据矿井底板等高线，综合分析落陵煤矿采空区积水形成的地形条件及环境。

(3) 根据水文动态监测技术观测的积水水位标高时间段内的变化情况，分析积水区积水面积变化情况。

(4) 由于岩石具有碎胀性，即煤层顶板岩石破碎后，体积将会增加，碎胀系数一般为1.20～1.40，因此，煤层采出后，充水体积达不到上述理论计算的大小，实际体积将会比理论计算有所减小，实际体积与理论计算体积的比值称为折减系数，取0.28。因此，计算充水量时以理论体积计算值与折减系数之积，计算积水量变化，计算积水区补充水源补给量。

(5) 结合落陵煤矿水文地质条件及矿井水可能补给水源，综合分析确定补给水源、补给量的变化及积水区积水水质变化，分析积水区积水对煤柱侵蚀情况。

5 井田边界煤柱承受积水区最低静水水柱高度的确定

边界煤柱的阻水性能，其顶底板受力情况类似于两端固定、荷载均布的梁，如图3所示。

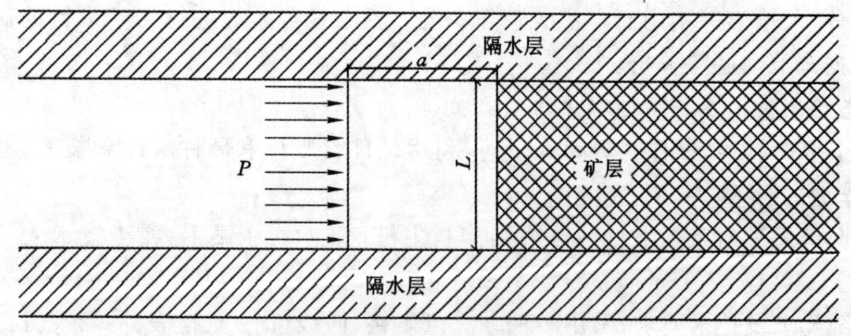

图3 隔水煤岩柱受水头压力示意图

按梁和强度理论，可以导出煤柱能承受的最大理论安全静水压力(MPa)：

$$P_{理安} = \frac{4}{3} K_{p} \frac{a^{2}}{L^{2}}$$

式中 K_p——隔水煤柱的抗张强度；

a——隔水煤柱的宽度；

L——巷道积水高度。

由于采动破坏的影响，整个破裂带在积水后全部充水，因此不能只简单地计算煤柱的阻水性能，应评价整个边界岩柱的阻水性能。

计算煤层顶板各岩性的阻水性能，顶板有灰岩、泥岩、粉砂岩、细砂岩，其中以泥岩的抗拉强度为低，因此，以泥岩为例计算其阻水性能，a 取 22 m，L 取 50 m，泥岩的抗张强度取 4.1 MPa，计算得泥岩 $P_{理安}$，比较各岩性(煤层)所能承受的水柱高度，以最低水柱高度作为边界煤柱所能承受的最低水柱高度 $h_{安}$。

6 利用水文动态监测技术观测数据对老空水威胁性进行综合评价

(1) 通过边界煤柱承受的最低水柱高度 $h_{安}$ 及矿井边界段最低标高，计算矿井留设的边界煤柱所能承受的积水最高水位。

(2) 根据计算矿井留设的边界煤柱所能承受的积水最高水位标高，在落陵煤矿图纸上绘制出最大积水区，计算出积水面积、积水量及积水上下限标高。

(3) 通过水文动态监测技术观察的积水区水位标高比较边界煤柱所能承受的积水最高水位，以确定目前相邻矿井积水对边界煤柱的威胁程度。

(4) 根据观测的积水区水位计算积水量与推测的最大积水区的积水量的差，结合计算的老空水补给量，计算出煤层边界煤柱受威胁所需要的时间。

(5) 根据水文动态监测技术观测的积水区水位变化水位差，结合计算的边界煤柱所能承受的最低水柱高度 $h_{安}$，计算出煤层边界煤柱受威胁所需要的时间。

(6) 对计算出的两个时间，取最短时间作为煤层边界煤柱受威胁的时间，为矿井采取有效措施提供理论依据。

参考文献

[1] 煤炭科学研究总院西安分院. 兖矿集团有限公司唐村煤矿闭坑水文地质评价与措施报告[R]. 2002, 12.

[2] 闫立宏，吴基文，刘小红. 水对煤的力学性质影响试验研究[J]. 建井技术，2002，23(3)：30-32.

[3] 徐建国，朱振雷. 多参数水文动态监测智能预警系统的综合应用[J]. 煤矿现代化，2011(4)：41-42.

二级套管技术在陈四楼煤矿防治水工程中的应用

沈 冰 张安康 马振海

（河南龙宇能源陈四楼煤矿探防队 河南永城 476600）

摘 要 随着我国煤矿开采深度的不断增加，开采水平的不断延伸，回采过程中受底板承压水威胁越来越严重，底板注浆改造技术得到广泛的使用；但由于底板裂隙发育等原因，有时出现巷道少量涌水。文章对煤矿常用的底板注浆改造技术进行了介绍，结合孔内事故类型对常用的二级套管技术进行了分析。

关键词 底板注浆改造技术；底板裂隙；二级套管

0 引言

陈四楼煤矿位于豫、皖两省交界的河南省永城市北部，为城厢、陈集、顺和乡所辖，石炭、二叠系地层为该井田的含煤地层，其中二煤组中的二$_2$煤层及三煤组中的三$_1$、三$_2$、三$_4$、三$_5$煤层为可采煤层，二$_2$煤层为主采煤层。根据含水层和隔水层在垂向的沉积层序和岩性，井田自上而下划分为四个含水组，该矿普遍采用底板注浆工程对承压含水层进行加固，以达到增加隔水层有效厚度的目的。

1 底板注浆改造技术

1.1 底板注浆改造技术简介

底板注浆改造技术是一项采用井下钻探并揭露含水层后进行分层注浆的底板加固技术，以达到探测煤层底板导水构造，注浆封堵导水裂隙；注浆充填含水层，加固煤层底板，增加有效隔水层厚度及煤层底板抗压强度；切断太原组中、上段灰岩含水层与煤层之间的水力联系的目的。

1.2 底板注浆改造施工工艺

陈四楼煤矿底板注浆改造采用 ZDY1900S 型全液压钻机，钻头为 PDC 钻头，开孔钻头直径为 133 mm，正常钻进的钻头直径为 78 mm，钻杆直径为 63.5 mm；施工过程中共有钻孔布置、开孔、下入套管、注浆加固套管、透孔试压、预注浆、揭露含水层、钻进、注浆、封孔等十个工艺流程，详见图 1。

1.3 底板注浆改造施工中常见的孔内事故

在水文地质条件复杂的区域，构造的发育、岩层间接触关系的复杂性、岩石性质不稳定等地质因素，导致在底板注浆改造工程施工钻孔钻进过程中遇到断层破碎带、节理发育岩层、软岩层等情况时常常出现塌孔事故。下入孔口管进行加固后，因透孔试压时施工人员未按照标定的方位、倾角进行施工，透孔期间打设压柱固定钻机进行透孔等原因，有时会出现孔口管扫破事故。预注浆后透孔试压，试验压力达不到设计要求即进行钻进，会导致钻孔揭露含水层后灰岩水通过底板浅层裂隙导升至巷道内。

1.4 孔内事故的处理方法

处理钻孔塌孔时常采用加大压力水循环，反复扫孔并冲洗钻孔，合理选择钻杆规格，如采用三棱钻

作者简介：沈冰（1988—），男，2011 年毕业于中国矿业大学，现在永煤公司陈四楼煤矿从事防治水工作。通信地址：河南省永城市永煤公司陈四楼煤矿探防队。邮编 476000，邮箱 shenbing2013@163.com。

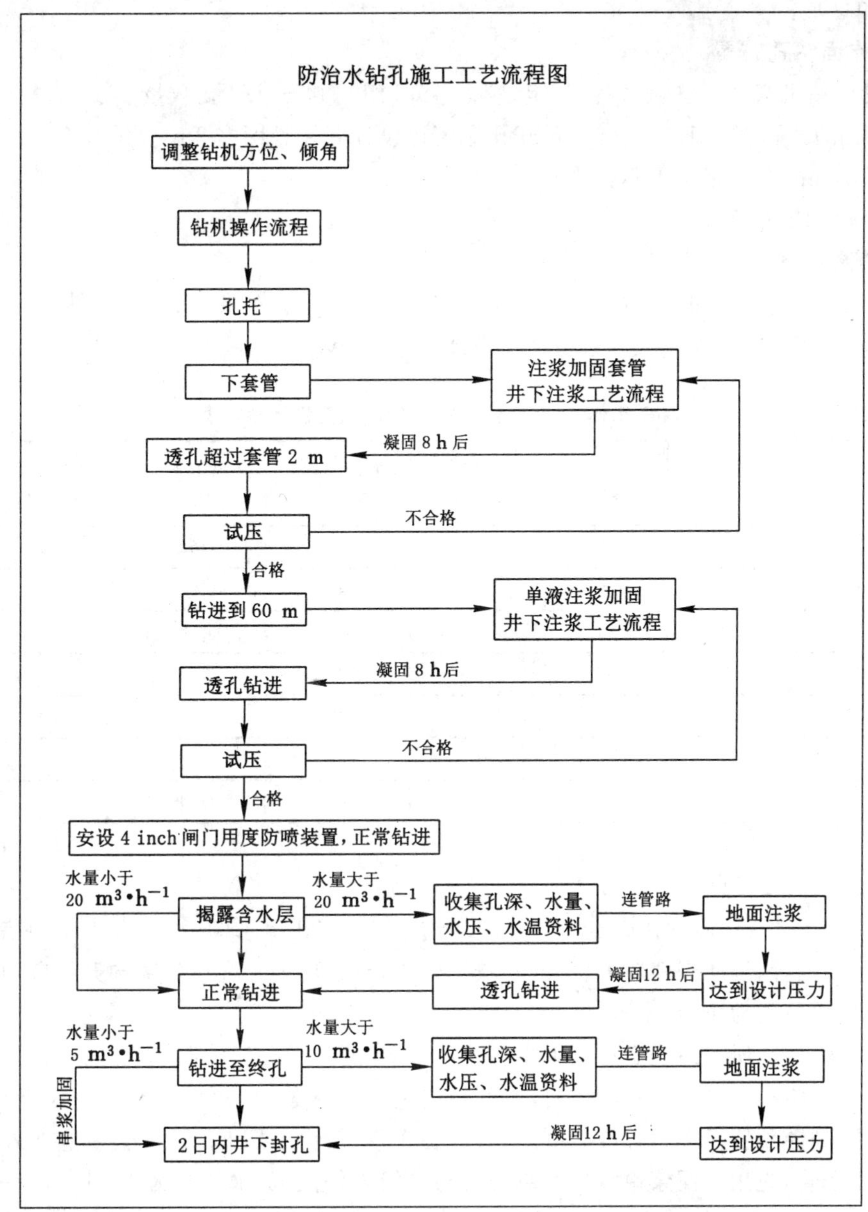

图 1 防治水钻孔施工工艺流程图

杆替代圆钻杆处理塌孔，可以有效地保证及时冲洗岩粉，提高塌孔处理的成功率。处理孔口管扫破及浅层裂隙导水事故时常采用下入二级套管技术。

2 陈四楼21401工作面底板注浆改造工程

2.1 21401工作面概况

21401工作面位于十四采区，工作面标高为－393～－613 m，对应地面标高＋35.47 m，21401工作面水文地质条件简单，工作面直接充水水源为煤层顶、底板砂岩裂隙水，太原组上段灰岩岩溶裂隙承压水是二$_2$煤层间接充水含水层，21401工作面二$_2$煤下距太原组L_{11}灰岩48.7 m、距L_{10}灰岩55.6 m、距L_9灰岩69.2 m、距L_8灰岩80 m。L_{11}灰岩平均厚2.3 m，L_{10}灰岩平均厚4 m，L_9灰岩平均厚3.9 m，L_8灰岩平均厚7.1 m。根据F18断层以北水文长观孔资料，太原组上段灰岩岩溶、裂隙发育程度较差，属于水文地质简单区域。

2.2 21401 工作面钻孔布置

21401 共设计钻机窝 25 组(轨道巷 13 组,胶带巷 12 组),共设计钻孔数量 101 个(轨道巷 50 个,胶带巷 51 个),钻孔的开孔直径 133 mm,钻孔开孔深度比设计套管长度多 2 m。孔口管直径 108 mm。钻孔终孔直径为 78 mm,全孔采用无芯钻进。

2.3 21401 工作面 P5 钻场

2.3.1 P5 钻场底板注浆钻孔设计

21401 工作面 P5 钻场共设计钻孔 7 个,其中补 1 钻孔为注浆效果检验钻孔,钻孔终孔层位 L_{10} 灰岩,详见 21401 工作面胶带运输巷 P5 钻场钻孔设计参数表(表 1)。

表 1　　21401 工作面胶带运输巷 P5 钻场钻孔设计参数表

钻孔编号	方位/(°)	倾角/(°)	套管长度/m	预注浆深度/m	揭露 L_{11} 灰孔深/m	设计深度/m	与巷道夹角/(°)	施工顺序
P5—1	195	−39	20	60	125	150	16	1
P5—2	231	−18	28	60	160	192	52	4
P5—3	267	−16	28	60	132	158	88	2
P5—4	302	−20	26	60	95	114	57	5
P5—5	321	−11	28	60	127	152	38	3
P5—6	16	−20	30	60	94	113	17	6
P5 补 1	10	−19	40	60	103	114	11	7

2.3.2 P5—6 孔施工过程中存在的问题

21401 工作面 P5—6 孔设计孔深 113 m,施工至 114 m,钻孔出水 20 $m^3 \cdot h^{-1}$,出水层位 L_{10} 灰岩,连管路地面注浆期间,因浅层裂隙较发育,岩层较为破碎,导致压力水通过裂隙导升至巷道底板,产生少量涌水,巷道内用水量约为 15 $m^3 \cdot h^{-1}$。

为解决该工程问题,研究后决定采用下入直径 73 mm 的二级孔口管,进行加固后再行地面注浆,二级套管加固时,首先将孔口管下入孔内,短接之间缠生料带并拧紧,套管下入长度应大于孔壁内导水裂隙的位置,因导水裂隙位置难以进行准确判断,因此在条件满足的情况下尽可能多地下入二级套管,然后使用双液加固套管,先用水泥浆单液把一级套管与二级内外注满,水灰比为 1∶1.5,待一级套管孔内返出浓度较大的水泥浆时再加入水玻璃双液封固,水玻璃采用 40°Be,水泥浆与水玻璃体积比 1∶0.5,凝固 8 h 后进行透孔试压。详见 21401 工作面 P5—6 孔二级套管处理巷道涌水示意图(图 2)。

先期施工过程中下入二级套管后,对直径 108 mm 与直径 73 mm 的套管之间的空隙进行双液加固,因钻孔内灰岩水沿直径 73 mm 套管外壁底板裂隙跑水,双液水泥浆无法从直径 73 mm 套管内返出,先期加固套管未取得成功。

为解决该问题,探防区队经研究后决定采用黄豆、刨花、锯末相结合的堵水材料,在孔口处采用注浆泵注入 10 kg 黄豆经直径 73 mm 套管孔内进入钻孔,受灰岩水水压作用,黄豆沿直径 73 mm 外壁充填进底板裂隙,巷道内涌水处少量黄豆被冲出,黄豆经水泡膨胀后将底板裂隙充填,巷道涌水明显减小,继续入刨花、锯末后,巷道内不再涌水,连管路进行地面注浆后对该孔进行了封孔,堵水工程取得成功。

3 工程总结

通过对 21401 工作面 P5—6 孔二级套管处理巷道涌水施工过程进行总结可知,底板注浆改造作为常用的防治水技术被广泛应用于深部采区煤矿,因局部地区水文地质条件较为复杂,浅层裂隙较发育导

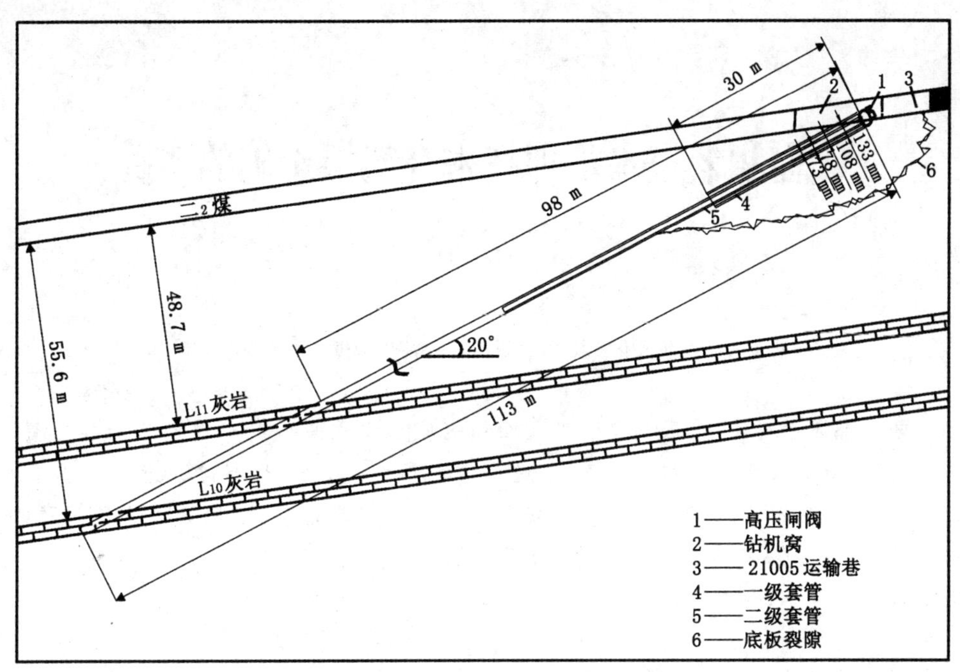

图 2　21401 工作面 P5—6 孔二级套管处理巷道涌水示意图

致的工程质量问题也日益增多,下入二级套管甚至多级套管被广泛应用于处理该类问题,在处理过程只有结合工程问题实际合理组织施工工序,适当调整施工工艺、合理选择防治水材料,才能取得最佳的处理效果。

参考文献

[1] 杨朝维."三软"厚煤层工作面底板注浆防治水技术与应用[J].煤炭工程,2008,8:42-44.

大面积老空水治理技术在鹤煤十矿的实践

冯科技

（河南能源化工集团鹤煤十矿　河南鹤壁　458000）

摘　要　鹤煤十矿 13 采区南翼浅部大面积老空积水严重威胁矿井整体开拓布置。在综合分析 13 采区地质及水文地质条件下，经过论证采取物探先行——钻探疏放——巷探验证的治理技术方案，彻底消除老空积水对矿井安全的威胁。实践证明，治理效果达到了预期目标，经济效益显著，为类似矿井老空水治理积累了经验。

关键词　大面积；老空水；治理；实践

矿井水害是威胁矿井安全生产的五大灾害之一，老空水透水是矿井水害中的一个主要方面。据不完全统计，我国煤矿发生的老空水透水事故约占煤矿水害事故的 30%。老空水来势凶猛，短时间内溃水量大，极易造成工作面停产和人员伤亡。鹤煤十矿 13 采区南翼浅部大面积采空区积水严重威胁矿井的安全，十矿通过研究、论证，采取物探先行——钻探疏放——巷探验证等综合治理技术，成功消除了老空积水对矿井安全的威胁，为集团公司类似矿井老空水治理积累了经验。

1　工程概况

鹤煤十矿是新建矿井，矿井设计生产能力 60 万 t/a，所采煤层为二叠系山西组二$_1$ 煤层；矿区周边小煤矿较多，其中历史上鹤壁许沟煤矿存在越界开采，造成十矿 13 采区南翼浅部大面积采空区并存有积水。十矿 13 采区位于矿井南翼，为新开拓区，地质资料较少，开拓巷道层位均布置在太原群 C_3L_8 灰岩附近，距离二$_1$ 煤层平均 33 m，浅部老空水严重制约矿井整体开拓布置。经研究、论证，采取物探先行——钻探疏放——巷探验证等综合治理技术，以消除老空积水对矿井安全的威胁，通过近两个月的组织实施，彻底消除了水患，达到了预期治理效果。

2　治理技术方案选择

2.1　地球物理勘探

为准确探明鹤壁许沟煤矿越界采空区边界范围，十矿利用三维地震勘探技术对采空区进行了探查，应用该项技术目的旨在可靠预测采空区边界老巷位置，经勘探，圈定采空区越界范围在－350 m 煤层底板等高线以浅。2012 年，十矿与北京中矿天安科技发展有限公司合作利用 TVLF—煤矿探水雷达技术对采空区越界范围进一步勘探，应用该设备能定量探明地下距地表 600 m 深的充水巷道的存在及其所在位置，勘探结果证实采空区越界范围为－340 m 煤层底板等高线以浅。经综合分析，基本确定采空区边界范围在－340 m 煤层底板等高线以浅。

作者简介：冯科技（1985—），男，河南鹿邑人，助理工程师，2008 年毕业于河南工程学院矿山地质专业，现从事矿井地质、防治水技术工作。

2.2 钻探疏放水

2.2.1 积水量估算

据调查资料结合物探结果，采空区积水标高为－270 m煤层底板等高线，积水下部边界为－340 m煤层底板等高线，平均煤厚7.5 m，煤层倾角25°，平面积613 76 m^2。

积水计算公式：

$$Q_{积} = K \times M \times F/\cos\alpha \ (m^3)$$

式中 $Q_{积}$——采空区积水量；

K——采空区的充水系数，一般采用0.25～0.5，取0.3；

M——采空区的平均采高或煤厚，取7.5 m；

F——采空积水区的水平投影面积，计算为61 376 m^2；

α——煤层倾角，取25°。

代入公式得：$Q_{积}$＝152 372 m^3。

2.2.2 巷道选择及工程量

疏放水工程选择13采区南翼－375 m回风巷，巷道布置在二$_1$煤层底板岩巷中，距离煤层的铅垂距离为50 m，采用锚网喷支护，规格4.2 m×3.5 m，巷道全长400 m。疏放水工程布置20个钻场，施工20个钻孔，即在－375 m回风巷间隔20 m为一个钻场，施工1个钻孔，进行钻探疏放水；钻场位置距离采空区较远，上部采空区积水标高为－270 m煤层底板等高线，－375 m回风巷钻场底板标高为－378 m，水头高度为108 m，水压值理论计算为1.08 MPa（图1）。

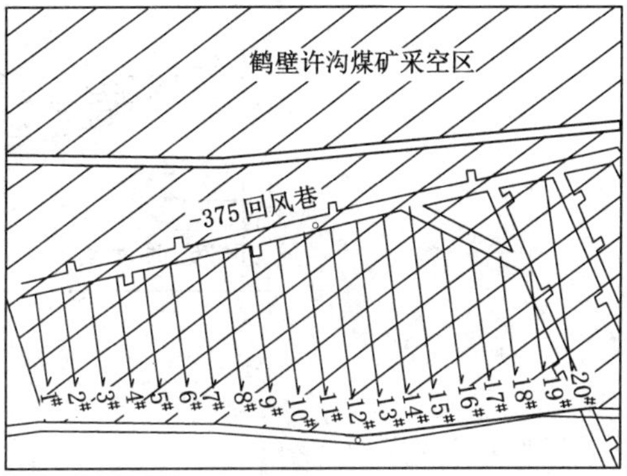

图1 疏放水钻孔布置示意图

2.2.3 工程实施

按疏放水设计要求，考虑到泄水及人员避险，首先施工18#孔，倾角52°，钻探58.5 m透采空区，最大出水量约70 m^3/h，实测水压0.8 MPa，与设计水压1.08 MPa相差0.28 MPa，鉴于此情况，原设计进行了优化，确定积水标高为－298 m煤层底板等高线，积水平面积为40 250 m^2，积水量估算为99 924 m^3。继续施工17#孔，倾角47°，钻探54 m透采空区，最大出水量约50 m^3/h，水压无变化，水质清澈透明，有异味。考虑到实际水压比设计水压小，间隔一个钻场施工15#孔，倾角39°，钻探61.5 m透采空区，最大出水量约55 m^3/h，最小出水量约1.5 m^3/h（原因是17#、18#孔水量达到最大后15#孔水量减小，分析采空区积水联通性较好）。20#孔倾角37°，钻探66 m透采空区，初始最大出水量60 m^3/h，逐渐减小，水压0.5 MPa；已疏放水量近50 000 m^3；水压基本降至积水下限，考虑到与预计积水量相差较大，对设计中采空区充水系数进行了推算，设计中充水系数选取0.3，估算积水量99 924 m^3；由实际放水量推算充水系数为0.26，估算积水量为86 601 m^3。继续施工2#孔，倾角39°，钻探58.5 m透采空区，出水量稳定在1.5 m^3/h。6#孔倾角37°，钻探54.5 m透采空区，最大出水量8.5 m^3/h，水压0.4 MPa。10#孔倾角35°，钻探64 m透采空区，初期出水量较大，逐渐衰减至1 m^3/h。12#孔倾角31°，钻探64 m透采空区，出水量不足1 m^3/h。验证钻孔5#，倾角32°，钻探57 m透采空区，未见出水。15#孔倾角42°，钻探57 m透采空区，未见出水。

2.2.4 效果评价

疏放水工程共施工10个钻孔，总放水量约70 000 m^3。单日最大出水量约2 447 m^3；单班出水量最大约948 m^3；单孔最大出水量约70 m^3/h。疏放水初期，单班出水量、日出水量不断增加，但由于放水孔易堵孔且施工钻机数量有限，钻孔堵孔疏通不及时，所以出现放水量减小的情况。放水后期出水量逐渐较弱，单班放水量、日放水量也逐渐衰减，且2#、8#、15#钻孔出现负压吸风现象。实际放出水量与预计水量相差 16 601 m^3，其原因是采空区充水系数选取偏差以及采空区冒落充填情况判断不准确等造成计算误差。经验证，上部老空积水已经基本疏放完毕。

2.3 巷探验证

2.3.1 巷道名称及工程量

为彻底消除采空区积水对矿井安全的威胁，进一步验证采空区积水疏放效果，经研究，由－375 m 回风巷掘进1306上平巷回风联络巷与采空区沟通，沟通位置为鹤壁许沟煤矿越界采空区边界老巷；掘进巷道采用锚网喷联合支护，规格 3.6 m×3.6 m，总工程量为 98.7 m(图 2)。

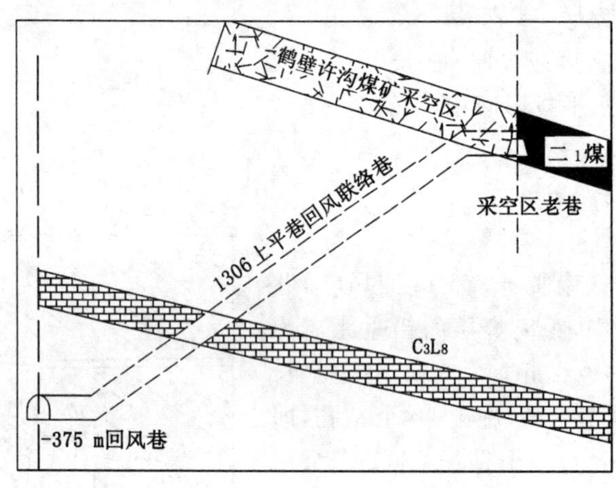

图 2　掘进巷道剖面示意图

2.3.2 安全技术措施

(1) 地测部门负责超前探测及水文地质预测预报工作，及时下发允许掘进通知书，施工单位严格按允许掘进距离掘进。

(2) 遇地质构造或断层期间，施工中严格执行“探三掘一”探眼(不得作为炮眼)与炮眼长度之比为 3∶1，小班进尺控制在 1 m 以内，并放松动炮。

(3) 每次爆破都应待炮烟吹散，经检查确认掘进头安全无问题后，方可继续施工。

(4) 坚持爆破后找顶及时喷浆护顶封闭岩面、挂护顶网打护顶锚杆等支护措施，坚持使用超前支护，用好临时支护，防止由于冒顶片帮等造成误透老空老巷，确保围岩的稳定性。

(5) 掘进过程中严格执行交接班，交代清楚允许掘进的剩余距离。

3 经济效益分析

(1) 通过近两个月的实施，上部老空积水已基本放净，总放水量约 70 000 m^3，彻底消除了老空积水对矿井整体开拓布置的威胁，为矿井接替奠定了基础。

(2) 消除老空积水对矿井的威胁后，解放防水煤柱资源储量约 90 万 t，按目前市场吨煤价格 600 元计算，折合资金约 5.4 亿元。

(3) 充水系数 0.26 可作为十矿在今后计算老空水水量时的经验系数。

(4) 老空水治理技术在鹤煤十矿的成功实践，为类似条件下老空水防治起到了一定的借鉴作用。

永夏矿区二$_2$煤层底板含水层注浆改造设计实践

陈旺明

（河南能源化工集团永煤公司安监局　河南永城　476600）

摘　要　文章简要介绍了永夏矿区二$_2$煤层底板含水层注浆改造设计的经验和方法。

关键词　二$_2$煤层；底板；太原组上段灰岩；含水层；注浆；注浆材料

永夏矿区位于河南省永城市境内，南北长55 km，东西宽25 km，勘探面积1 150 km^2。其中－1 000 m水平以上含煤面积572 km^2，探明煤炭储量25.6亿t，大部分为优质无烟煤。

矿区共规划九对矿井，总生产能力1 045万t/年。其中国有矿井（属永煤集团）五对，设计生产能力840万t/年；国有地方矿井（属神火集团）四对，设计产量205万t。

矿区内开采的二$_2$煤层，下距太原组顶层灰岩平均约50 m。永夏矿区二$_2$煤层及太原组上段灰岩柱状图如图1所示。太原组上段灰岩含水层水头压力在1.5～6.0 MPa，所开采的工作面均受高承压水害威胁。

永城矿区最早投产的是神火集团的葛店煤矿，该矿回采的二$_2$煤层工作面于1999年第一次发生突水事故以来，整个矿区历次采煤工作面突水情况见表1。

表1　永夏矿区二$_2$煤层工作面历年底板灰岩突水情况表

煤矿名称	突水时间	突水通道	突水量/$m^3\cdot h^{-1}$	突水地点	突水位置m 上下巷/平均	突水压力/MPa	采面参数 采高/采长	突水常数 *lg	备注
新庄煤矿	1999.11	裂隙	180	21101炮采	104～108/105	3.63	2.4/88	4.35	炮采工作面（下同）
陈四楼矿	1997.11	裂隙	120	2002综采	77～79/78	3.81	2.5/101	4.29	综采工作面（下同）
陈四楼矿	1999.09	裂隙	350	2301炮面	80～82/81	3.66	2.4/73	4.43	
陈四楼矿	2003.03	裂隙	850	2301综采	98～100/99.5	3.74	2.4/145	4.51	
车集煤矿	1999.09	裂隙	300	2201综采	47	4.13	2.8、150	4.30	
车集煤矿	2000.07	裂隙	855	2107综采	60～72/66	5.02	2.7/216	4.59	
车集煤矿	2001.02	裂隙	100	2111炮采	68～72/70	4.83	2.3/80	4.11	
车集煤矿	2001.09	裂隙	130	2401采面	65～57/61	6.0	2.7/140	4.38	
车集煤矿	2001.09	裂隙	625	2401采面	70～60/65.4	5.9	2.7/140	4.42	
车集煤矿	2002.07	裂隙	200	2106炮采	114～120/117	4.0	2.4/73	4.36	
车集煤矿	2004.08	裂隙	450	2104炮采	156～162/160	3.1	2.2/68	4.38	

*注：突水常数是永煤公司技术人员陈旺明所提出，是描述工作面初采期间底板灰岩承压水害的一个物理量，即初采工作面采空体积达到一定数值后，将发生底板灰岩突水。

另外，城郊煤矿在掘进施工期间发生过4次突水，陈四楼矿、葛店煤矿均发生过断层突水，新桥矿在投产时的首采工作面也发生了300 m^3/h的老塘滞后突水，在此不一一赘述。

为了提高对煤矿突水水害的认识，解决煤矿生产过程中的突水灾害，永煤公司于2002年前后组织

作者简介：陈旺明，男，安徽宿松县人，高工，学士，1987年毕业于淮南矿业学院煤田地质勘查专业，现在永煤集团安监局从事安全、防治水管理工作。邮箱：jjdck2781@126.com。

地层及其厚度/m		柱状图(1:200)	名称
山西组	0.00～14.17 / 4.76		砂质泥岩
	1.40～3.13 / 2.8		二$_2$煤层
	1.17～19.10 / 5.0		砂质泥岩
	4.78～25.50 / 15.0		中、细砂岩
	4.55～8.20 / 6.5		泥岩
	2.41～22.35 / 8.5		中砂岩
	13.10～16.16 / 15.5		砂质泥岩
太原组	1.80～1.90 / 1.85		L12灰岩
	1.90～9.94 / 5.92		中砂岩
	0.60～3.66 / 2.20		L11灰岩
	5.50～7.65 / 6.57		砂质泥岩
	4.70～5.12 / 5.10		L10灰岩
	2.50～10.20 / 6.35		砂质泥岩
	12.42～13.81 / 13.11		L9灰岩
	109.5～116.24 / 110.5		L1-L8灰岩及碎屑岩

图1 永夏矿区二$_2$煤层及太原组上段灰岩柱状图

召开过多次"水文地质专家研讨会",专家们针对永夏矿区所属典型的"华北型沉积煤田",具有高水压、厚隔水层、复杂的裂隙突水机理等地质及水文地质特征,提出了"立足采面,探查先行;以堵为主,疏堵结合;分类治理,综合防治"防治水方针。从此,二$_2$煤层底板注浆改造实践在永城矿区进行实验。

煤层底板注浆改造工作在全国大水矿区均有开展,但各地设计因地质、水文地质条件的差异而不同。

1 永夏矿区地质、水文地质条件概述

1.1 矿区地质条件

1.1.1 地层

本区属华北晚古生代聚煤区。区内揭露的地层自下而上为寒武系、奥陶系、石炭系、二叠系、三叠系、第三系、第四系。含煤地层为石炭系和二叠系。

1.1.2 构造

永城煤田位于华北陆台冀鲁断块之次级构造单元——鲁西块隆南部,永(城)涡(阳)弧形构造之中部。区内的主要构造线方向为NNE,其次为NWW和NW,北北东断层与永城复式背斜共同构成本区基本构架。

永城复背斜是永夏煤田的主体构造,它南起涡阳县,北至夏邑县,长约60 km,宽40 km左右,其构造线方向由南而北呈NNE—SN—NNW—NW向展布,弧顶位于铁佛寺——百善附近向东突出。区内高角度正断层发育,其中以纵向断层为主,斜向断层次之,横向断层稀疏,但大多切割纵向断层,其结构面以压性为主、张性次之。

1.2 矿区水文地质条件

根据含水层的岩性、空隙性质及埋藏条件，矿区含水层可以划分为4个含水岩组，9个含水层段。

1.2.1 新生界松散层孔隙含水层组

自上而下由第四系全新统和上第三系5个含水砂层组成，埋藏深度分别为0～35 m，35～100 m，100～150 m，150～300 m及300 m以下。第四系全新统和上第三系下部第一段砂层富水性较强，单位涌水量0.004 1～6.71 L/s・m。底部砂层孔隙水在局部天窗部位对浅部露头附近的煤层有一定充水作用。

1.2.2 二叠系砂岩裂隙承压含水层组

由二叠系石盒子组、山西组中细粒砂岩组成。砂岩裂隙发育极不均一，富水性差异甚大。上石盒子组K_6中粗粒砂岩及K_5砂岩裂隙相对发育，单位涌水量0.121～1.627 L/s・m。下石盒子组三煤组及山西组二$_2$煤层顶板砂岩裂隙一般不发育，单位涌水量小于0.1 L/s・m，属贫水型，径流滞缓，以静储量为主。

1.2.3 太原组灰岩岩溶裂隙承压水含水组

太原组总厚140～160 m，含灰岩11～12层(L_1～L_{12})，分为上段(L_7～L_{12})和下段(L_1～L_6)，其中L_8、L_2两层灰岩沉积厚度稳定，L_8灰平均岩厚12 m，L_2灰岩平均厚度6 m。两层灰岩岩溶较发育，富水性强，静水压力传递快，单位涌水量最大为2.87 L/s・m。上段灰岩初始水位27.32～28.70 m，年变幅0.70～0.95 m，水质为SO_4・Na—Ca型，矿化度2～3 g/L。其中，太灰上段承压含水层组是二$_2$煤层的直接充水水源。

1.2.4 奥陶系灰岩岩溶裂隙承压水含水组

奥陶系灰岩含水层上距二$_2$煤底板200 m左右，由石灰岩、白云质灰岩、白云质大理岩、大理岩组成，含丰富的岩溶裂隙水。区外灰岩裸露地区，富水性极强，单位涌水量5～20 L/s・m，矿化度小于0.5 g/L，水质属HCO_3—CaMg型。隐伏区单位涌水量0.704～3.15 L/s・m。矿化度达1～3 g/L，水质SO_4—Na型为主，富水性变化较大。矿区存在奥灰水越流补给太原组现象。

2 永夏矿区二$_2$煤层底板太灰上段含水层注浆改造设计原则

永夏矿区二$_2$煤层底板注浆改造工作最先在车集煤矿开始实施并积累了丰富的经验。

2.1 二$_2$煤层底板太灰含水层注浆改造设计的依据

(1) 依据相关法规及技术文件，如《煤矿防治水规程》、《煤矿安全规程》、《永煤集团防治水工作实施细则(试行)》等技术文件。

(2) 设计前必须对待设计的工作面进行水文地质条件勘探。一般均进行井下工作面的瞬变电磁物探。

(3) 底板改造设计在经过修改过的1∶1 000的设计或在准备工作面图纸上各个钻场中进行。各个底板改造施工钻场在工作面的最初设计中已给出具体位置，一般在机、风巷每隔150 m左右交叉布置。

2.2 二$_2$煤层底板太灰含水层注浆改造的目的和意义

注浆改造的对象为二$_2$煤层底板下太灰上段灰岩含水层。通过对此灰岩含水层段的注浆改造，期望达到以下目的：

(1) 能够改造底板薄层灰岩，变含水层为隔水层。

(2) 对底板导水裂隙进行充填、闭合，使之不导水。

(3) 以浆液替代承压水体，即使突水，因无水源而不能突出水。

(4) 切断下伏的奥灰、太灰上下段与上覆煤岩层的水力联系。

(5) 切断东西向的灰岩径流补给方向上的水力联系。

(6) 有限度地增加底板的整体强度。

2.3 二$_2$煤层底板太灰含水层注浆改造设计的内容

2.3.1 设计的注浆目的层

根据专家意见，注浆终孔层位必须确定在L_8灰岩。由于L_8灰岩层内发育有1 m厚燧石结核，硬度非常大,影响钻进速度。而L_{10}灰岩厚度在5 m左右,且所有揭露L_{10}灰岩的钻孔均出水,从施工经验及注浆效果来看,L_{10}灰岩完全可以作为注浆改造的目的层。既达到了注浆改造的目的,又减少了钻探工程量。

2.3.2 注浆前、后突水系数的计算

以综采为例,一个采长$L=150$ m的工作面,注浆改造前的水头压力为$P=5$ MPa时:

$T_{s前}$=P/M=50/50=1,突水概率大;

$T_{s后}$=P/M=50/75=0.67,降低了突水概率,充分注浆后,可保证不发生突水事故。

通过计算注浆前、后的突水系数,注浆的目的和意义非常明确。

2.3.3 孔口管长度的设计

根据《煤矿安全规程》的要求,当水头压力超过3 MPa时,孔口管长度必须大于15 m。永夏矿区目前设计的孔口管长度为16～20 m,以满足规程的要求。施工期间,根据具体的水文地质条件,可适当加长和下双层或多层孔口管。

2.3.4 注浆终止压力的设计

根据《煤矿安全规程》要求,结束注浆的压力应为水头压力的2～3倍,即:设计注浆终压$P=(2\sim3)\times H/100$(MPa)。H为工作面的水头值(单位:m)。考虑到浆液注入后最好集中在主要透水岩溶裂隙的周围凝固,一般确定的注浆终压为承压水压的2.5倍。

2.3.5 浆液扩散半径的预计

在岩溶裂隙内注浆时,根据施工经验,注浆钻孔的布置密度一般取30 m左右。在理论上终孔后的浆液扩散半径,可以根据注浆量的大小进行计算,公式如下:$Q=\pi h r^2 \eta\beta$(Q为单孔注浆量;h为注浆段高度;r为扩散半径;η为有效裂隙率,一般取1～5%,通常1.5%;β为浆液充填系数,一般取0.33),一般通过计算的数据与实际相差较大,指导意义不大,在实际注浆过程中每个孔的扩散半径是不相同的,在顺裂隙的方向上浆液扩散得很远。

2.3.6 注浆方式的选择

采用下行式注浆方式,即钻孔钻探至哪里出水,就停止钻进,开始在出水处进行注浆,然后复钻,直到设计的终孔位置。实际施工过程中,一般规定钻孔揭露含水层后的涌水量小于5 m^3/h时,将继续钻进,当水量大于5 m^3/h时,才停止钻进,进行注浆作业。

2.3.7 底板改造钻孔的布孔设计

(1) 在正常区域,以均匀布置钻孔进行布孔,每30 m设计确定1个钻孔的位置。

(2) 在采煤工作面初采期间一定范围内加密底板改造钻孔设计。一般在距开切眼60至160 m范围内的地段(表1),加密底板注浆改造钻孔设计,以确保工作面在突水常数范围内不发生底板突水事故。

(3) 在物探异常区域,布置检查孔和加密钻注孔设计。

(4) 设计的底板改造钻孔在平面上尽量与区域构造主要迹线NNE向垂直或接近垂直的方向布置钻孔,杜绝NNE向平行的钻孔布置。该设计是使钻孔尽可能多过穿越主要的裂隙,以实现裂隙注浆封堵可能的突水通道。

(5) 在剖面上钻孔长短结合,在平面上及本巷道和机巷与风巷之间进行交叉布置钻孔。该设计是使钻孔尽可能多过穿越煤层底板以下的裂隙。

(6) 在钻注施工期间,发现局部地段水文地质条件较复杂时,必须随时加密钻孔的设计。

(7) 布孔时,一般不设计钻注孔倾角在60°以上和小于20°以下的钻孔。钻探距离一般小于180 m的钻孔,以免因设计而给施工造成不便。

2.3.8 注浆材料的确定

底板改造初期,均使用单一水泥浆液,一般要求的水灰比(水与水泥体积比)为1:0.5～1左右,要求的浆液密度在1.2～1.4 g/dm^3以下。为了降低注浆成本,永煤公司委托河南理工大学力学实验室进

行了“粉煤灰—水泥”混合浆液的测试。对粉煤灰的粒经、不同配比和不同水灰比条件下的初凝时间、终凝时间、不同配比和不同水灰比条件下的单向抗压强度等项目进行了测试，结果见表 2 至表 4。

表 2 **初凝时间**

粉煤灰掺入量 水灰比	10%	20%	30%	50%
1∶0.75	12 小时 50 分钟	15 小时 45 分钟	18 小时 32 分钟	23 小时 52 分钟
1∶ 0.5	14 小时 02 分钟	16 小时 37 分钟	19 小时 5 分钟	24 小时 43 分钟

表 3 **粉煤灰试件抗压试验结果**

粉煤灰掺入量 水灰比	10%	20%	30%	50%
1∶0.75	37%	40%	41%	43%
1∶0.5	52%	55%	57%	59%

表 4 **析水率(2h)**

水灰比	配合比（粉煤灰/水泥）	试件编号	试件尺寸/cm			破坏荷载/kN	抗压强度/MPa		弹性模量/GPa		变形模量/GPa		龄期/天
			长	宽	高		单值	均值	单值	均值	单值	均值	
		Ⅰ—10—1	70	70	70	82.78	16.89		2.47		0.74		
	10%	Ⅰ—10—2	70	65	70	81.25	17.86	17.57	1.66	1.92	0.85	0.82	
		Ⅰ—10—3	70	70	70	88.00	17.96		1.64		0.87		
		Ⅰ—20—1	70	70	70	74.93	15.29		2.08		1.61		
	20%	Ⅰ—20—2	70	70	70	82.85	16.91	16.72	2.37	2.03	1.61	1.36	
0.5		Ⅰ—20—3	70	70	70	88.0	17.96		1.64		0.87		
		Ⅰ—30—1	70	70	70	55.80	11.34		1.91		1.29		
	30%	Ⅰ—30—2	70	70	70	58.40	11.92	11.50	1.92	1.62	1.40	1.22	
		Ⅰ—30—3	70	70	70	55.13	11.25		1.05		0.98		
	50%	Ⅰ—50—2	70	70	70	31.08	6.34	7.83	1.02	1.43	0.99	1.14	
		Ⅰ—50—3	70	70	70	45.68	9.32		1.84		1.29		
		Ⅱ—10—1	70	51	70	27.00	7.56		0.65		0.58		7
	10%	Ⅱ—10—2	70	50	70	25.55	7.30	7.43	1.58	1.28	1.39	1.10	
		Ⅱ—10—3	70	52	70	27.00	7.42		1.60		1.33		
		Ⅱ—20—1	70	51	70	23.10	6.47		1.56		1.55		
	20%	Ⅱ—20—2	70	52	70	18.83	5.17	5.70	1.11	1.33	1.00	1.27	
1.0		Ⅱ—20—3	70	51	70	19.53	5.47		1.31		1.25		
		Ⅱ—30—1	70	50	70	17.58	5.02		1.47		1.50		
	30%	Ⅱ—30—2	70	50	70	17.38	4.96	4.89	1.44	1.38	1.39	1.39	
		Ⅱ—30—3	70	49	70	16.10	4.69		1.22		1.29		
		Ⅱ—50—1	70	53	70	10.50	2.83		0.26		0.38		
	50%	Ⅱ—50—2	70	53	70	9.00	2.43	2.46	0.22	0.30	0.33	0.37	
		Ⅱ—50—3	70	52	70	7.73	2.11		0.41		0.40		

经过多年注浆实践，总结出如下经验：当钻孔的出水量大于50 m^3/h时，可使用20%～30%“粉煤灰—水泥”混合浆液注浆，其抗压强度、初凝时间等参数，均不影响注浆效果。

2.3.9 注浆结束标准设计

注浆压力达到设计的注浆终压后，待注浆稳定时间超过30 min、最终吸入量小于40～50 L/min，可以结束注浆。

3 打钻注浆工艺流程

目前的钻探、注浆工作按流程操作，且已实现了精细化管理，在此不赘述。具体的操作过程见图2。

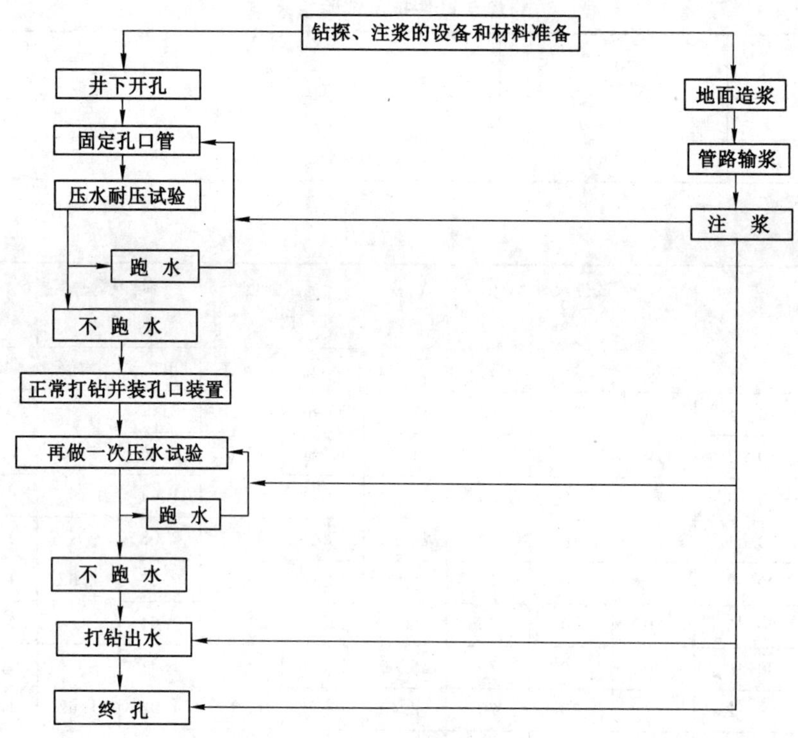

图2 钻探、注浆施工工艺流程图

4 结束语

永夏矿区二$_2$煤层底板太原段灰岩含水层的注浆改造工作已进行了12年。据统计，吨煤注浆成本在2～3元之间，占原煤生产成本的2.5%左右。各矿消除了二$_2$煤层的承压水害，积累了丰富的底板注浆改造经验，解放了受承压水害威胁的煤炭资源，取得了较好的经济效益和社会效益。

兴隆庄矿综放工作面地表沉陷规律实测研究

岳尊彩　于德亮　高明章　康　方

（兖州煤业股份有限公司兴隆庄煤矿地测中心　山东兖州　272102）

摘　要　兖州兴隆庄矿在1307综放工作面上方设立了3条地表移动变形观测线，以获得不同表土厚度或采深条件下地表移动参数，为今后合理留设铁路及建筑物保护煤柱提供依据。通过对实测资料的总结分析，得到了该区综放开采条件下的地表移动变形规律、各种角值参数和预计参数，并对边界角、移动角进行了相关分析研究，研究成果为今后类似条件下各类建（构）筑物下采煤提供了科学依据。

关键词　综采放顶煤；地表沉陷；移动变形；边界角；预计参数

兖州兴隆庄矿近年来建筑物下、铁路下及高速公路下缩小保护煤柱开采实践经验表明，矿区按原设计留设的保护煤柱偏大。为了准确研究开采对各类建筑物的影响，经济合理地留设保护煤柱，兴隆庄矿与中国矿业大学合作，专门在1307工作面上方设立了3条地表移动变形观测线，以获得不同表土厚度或采深条件下地表移动参数，为今后合理留设保护煤柱提供依据。本文通过对实测资料的总结分析，获得了该区综放开采条件下的地表移动变形规律、各种角值参数和预计参数，并对边界角、移动角相关分析研究，研究成果为今后类似条件下各类建（构）筑物下采煤提供了科学依据。

1　地质采矿条件

1307综放工作面位于兴隆庄矿工业广场东北方向，程家庄火车站东、官庄村附近。该区地面平坦，主要为农田，地面标高为＋46.7～＋48.5 m，表土层厚度平均为200 m左右。1307工作面标高为－315.5～－465.02 m，采深363～512 m，平均437.5 m。工作面走向长2 814 m，倾向长209 m，所采煤层为下二叠统山西组底部3煤，煤层厚度平均8.72 m。工作面煤层平缓，倾角为2°～10°，平均6°。1307工作面由东南向西北方向沿伪倾斜方向采用仰斜推进，工作面于2005年1月12日开始回采，2007年2月8日回采结束，实际采出率88%，采出煤量6.09 Mt。

2　地表移动观测站情况

根据该区井上下的实际情况，经过综合对比分析，决定本区采用剖面线状观测站，设置3条倾向观测线，1条为全倾向观测线、2条为半倾向观测线。全倾向观测线A线布置在切眼一侧，2条半倾向观测线B和C线布置在工作面走向中央、靠近上山一侧。

观测站的工作测点及控制点采用预制的测点埋设。观测站全面观测和日常观测的观测次数和精度要求按《煤矿测量规程》中的有关规定执行。从2005年5月13日首次观测，截止到2008年10月11日，1307工作面观测站A线共观测19次高程和3次平面、B线共观测10次高程和3次平面、C线共观测3次高程和2次平面。后来由于测点破坏和淹没，大部分测点无法观测，停止观测。2008年10月11

作者简介：岳尊彩（1971—），男，山东淄博人，高级工程师，山东科技大学本科毕业，兖州煤业股份有限公司兴隆庄煤矿地测中心从事矿山测量工作。E-mail：zuncaiy@126.com。

日又对上山一侧的剩余部分测点进行了最终观测，此时 1307 工作面伪下山一侧的 1308 综放工作面已经回采结束，1308 工作面地质采矿条件与 1307 面基本相同，1308 工作面开采时间为 2006 年 11 月～2008 年 8 月，故 1307 面观测站获得的最终上山方向移动角和边界角可以作为本区充分采动情况的移动角值。

3 地表移动变形动态规律

3.1 下沉动态变化规律

图 1 给出了 A 测线走向方向不同时刻下沉变化曲线图。从图中可以看出，随着工作面的推进，地表下沉逐渐增大，符合开采沉陷一般规律。

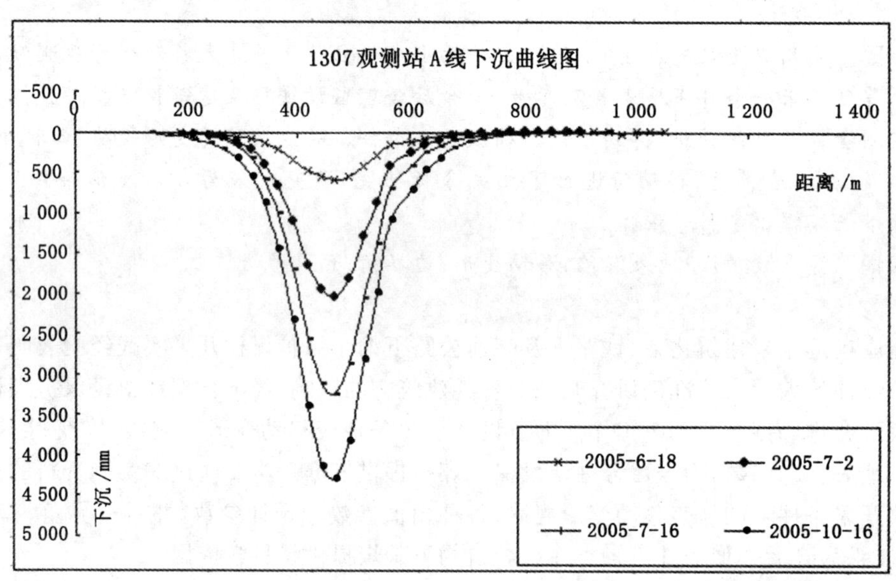

图 1　1307 观测站 A 线下沉动态变化

3.2 倾斜变形动态变化规律

图 2 给出了 A 测线走向方向不同时刻倾斜变形变化曲线图。从图中可以看出，随着工作面的推

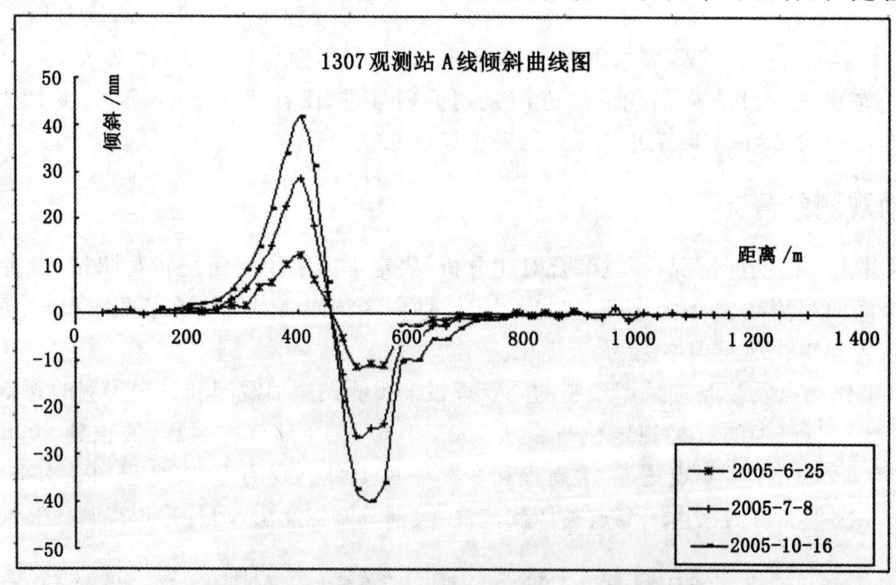

图 2　1307 观测站 A 线倾斜变形动态变化

进，倾斜变形曲线逐渐增大，上山方向地表向下山方向倾斜，下山方向地表向上山方向倾斜，与开采沉陷动态变化规律吻合。

3.3 曲率变形动态变化规律

图 3 给出了 A 测线走向方向不同时刻曲率变化曲线图。从图中可以看出，随着工作面的推进，曲率变形曲线逐渐增大。工作面边界上方地表曲率为正、地表上凸，工作面中央上方地表曲率为负、地表下凹；最大负曲率值约为最大正曲率值的 2 倍，这是由于 1307 工作面未达到充分采动的缘故。

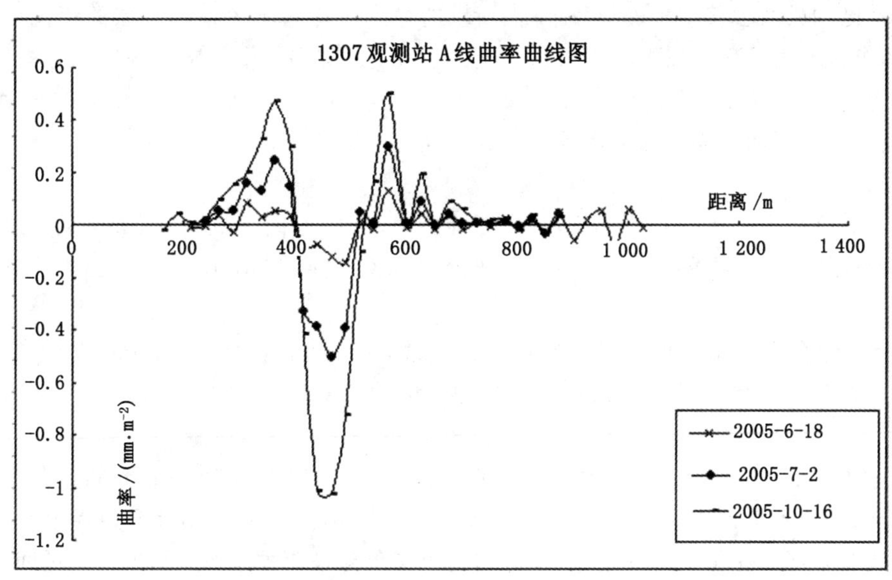

图 3　1307 观测站 A 线曲率变形动态变化

3.4 地表移动变形动态参数

地表移动持续时间是指在充分采动或接近充分采动的情况下，地表最大下沉点从开始移动到移动稳定所持续的时间，分为开始阶段、活跃阶段、衰退阶段等 3 个阶段。移动持续时间应该根据地表最大下沉点求定，因为在移动盆地内各地表点中，地表最大下沉点的下沉量最大、下沉的持续时间最长。选择最大下沉点 A 线 29 号点进行地表移动动态研究。根据 A 线 29 号点各观测时间的下沉值，通过计算绘制出其下沉速度曲线图，见图 4。

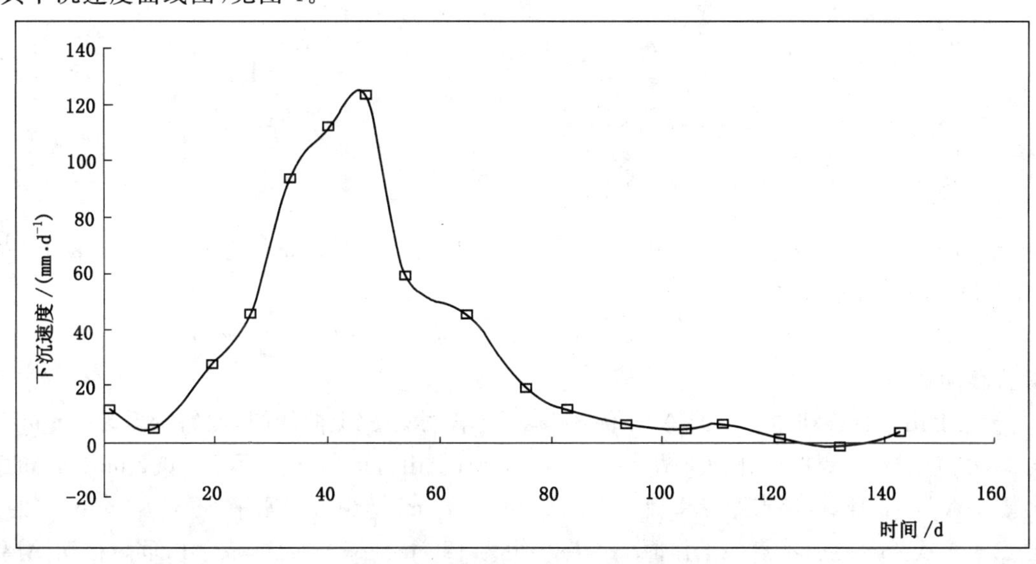

图 4　A 线 29 号点下沉速度曲线

计算和绘图可以得到：A 线 29 号点开始移动后，很快进入活跃阶段，几乎没有开始阶段，活跃期为 121 d。衰退阶段由于观测时间及邻近 1308 工作面的开采，不能得出衰退期。A 线 29 号点的最大下沉速度为 122.8 mm/d，最大下沉速度滞后角为 70.9°。此外，根据计算得到 1307 工作面最大下沉角为 86.78°。

4 地表移动角值参数

由于没有本区的松散层移动角资料，故下面所求的边界角均为不考虑松散层的情况下的综合边界角。根据规定，求取的边界角均以下沉 10 mm 的点来确定。1307 工作面属沿伪仰斜方向推进，B、C 线一侧属上山和走向方向，获得边界角和移动角兼有上山和走向的性质，而通常上山方向移动角值和走向方向移动角值相等，故下面均表示为上山综合边界角和上山综合移动角。

4.1 综合边界角

(1) A 线上山综合边界角。根据 A 线最终下沉曲线，上山方向下沉为 10 mm 的点在 A 线 47 号点附近，该点距工作面上边界平距为 334 m，A 线处采深约为 492 m，则 A 线上山综合边界角 $\gamma_{0综}=55.8°$。

(2) B 线上山综合边界角。根据 B 线最终下沉曲线，上山方向下沉为 10 mm 的点在 B 线 1 号点附近，该点距工作面上边界平距为 332 m，B 线处采深约为 458 m，则 B 线上山综合边界角 $\gamma_{0综}=54.1°$。

(3) C 线上山综合边界角。根据 C 线最终下沉曲线，上山方向下沉为 10 mm 的点在 C 线 3 号点附近，该点距工作面上边界平距为 305 m，C 线处采深约为 410 m，则 C 线上山综合边界角 $\gamma_{0综}=53.4°$。

根据各测线处采深和获得的边界角，可以绘制出边界角与采深关系图，见图 5，通过回归分析，可以获得边界角 $\gamma_{0综}$ 与采深 H 之间的关系式：

$$\gamma_{0综}=41.604+0.0283H \tag{1}$$

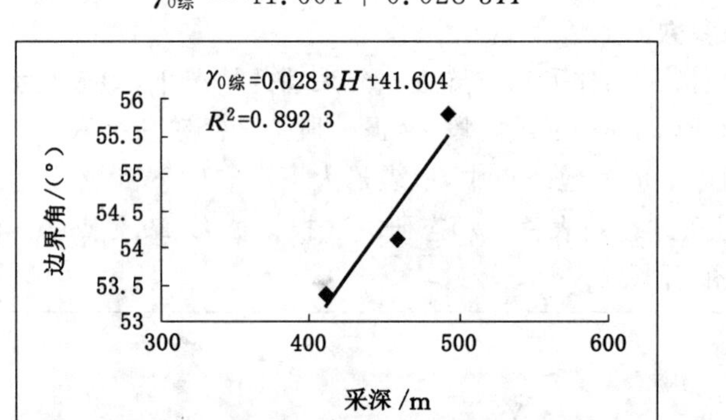

图 5 边界角与采深关系

图 6 给出了边界角与表土基岩厚度比关系图，通过回归分析，可以获得边界角 $\gamma_{0综}$ 与表土基岩厚度比 $h/(H-h)$ 之间的关系式：

$$\gamma_{0综}=60.416-6.7093h/(H-h) \tag{2}$$

4.2 综合移动角

(1) A 线上山综合移动角。根据 A 线最终倾斜、曲率、水平变形曲线图，倾斜变形为 3 mm/m 的点在 A 线 39 号点附近，该点距工作面上边界平距为 125 m；上山方向曲率变形等于 0.2 mm/m^2 的点在 A 线 39 号点～A 线 40 号点，该点距工作面上边界平距为 135 m；上山方向水平变形为 2 mm/m 的点在 A 线 40 号点～A 线 41 号点，该点距工作面上边界平距为 156 m。综上所述，取上山危险移动距离为 156 m，A 线处采深为 492 m，则 A 线上山综合移动角 $\gamma_{综}=72.4°$。

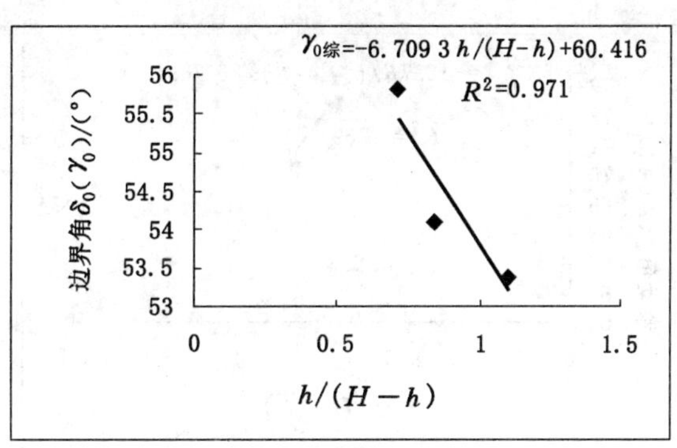

图 6 边界角与表土基岩厚度比关系

(2) B 线上山综合移动角。根据 B 线最终倾斜、曲率、水平变形曲线图，倾斜变形为 3 mm/m 的点在 B 线 11 号点附近，该点距工作面上边界平距为 82 m；上山方向曲率变形等于 0.2 mm/m² 的点在 B 线 11 号点～B 线 12 号点，该点距工作面上边界平距为 75 m；上山方向水平变形为 2 mm/m 的点在 B 线 8 号点附近，该点距工作面上边界平距为 160 m。综上所述，取上山危险移动距离为 160 m，B 线处采深为 458 m，则 B 线上山综合移动角 $\gamma_{综}$ = 70.7°。

(3) C 线上山综合移动角。根据 C 线最终倾斜、曲率、水平变形曲线图，倾斜变形为 3 mm/m 的点在 C 线 7 号点附近，该点距工作面上边界平距为 168 m；上山方向曲率变形等于 0.2 mm/m² 的点在 C 线 8 号点～C 线 9 号点，该点距工作面上边界平距为 130 m；上山方向水平变形为 2 mm/m 的点在 C 线 6 号点～C 线 7 号点，该点距工作面上边界平距为 180 m。综上所述，取上山危险移动距离为 180 m，C 线处采深为 410 m，则 C 线上山综合移动角 $\gamma_{综}$ = 66.3°。

根据各测线处采深和获得的移动角，可以绘制出移动角与采深关系图，见图 7，通过回归分析，可以获得移动角 $\gamma_{综}$ 与采深 H 之间的关系式：

$$\gamma_{综} = 35.56 + 0.0755H \tag{3}$$

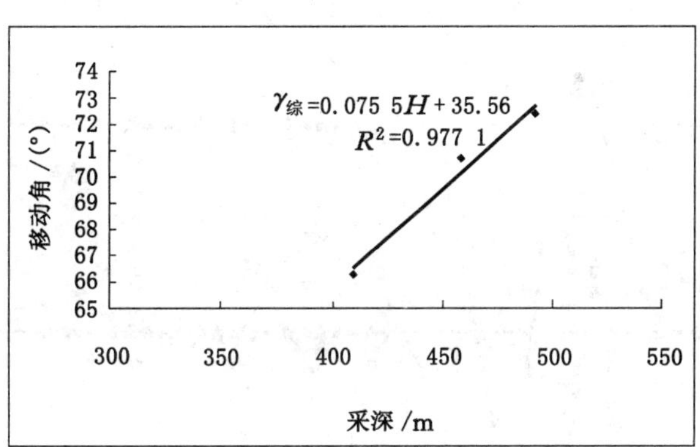

图 7 移动角与采深关系

图 8 给出了移动角与表土基岩厚度比关系图，通过回归分析，可以获得移动角 $\gamma_{综}$ 与表土基岩厚度比 $h/(H-h)$ 之间的关系式：

$$\gamma_{综} = 80.789 - 12.7h/(H-h) \tag{4}$$

4.3 移动变形最大值

根据观测数据获得的地表移动变形最大值为：下沉 4 844 mm，倾斜变形 45 mm/m，曲率变形为 −1.0～+0.8 mm/m²，水平移动 855 mm，水平变形 −22.4～+9.7 mm/m。由于最终采空区中心测点淹没，未能测出最终下沉最大值。

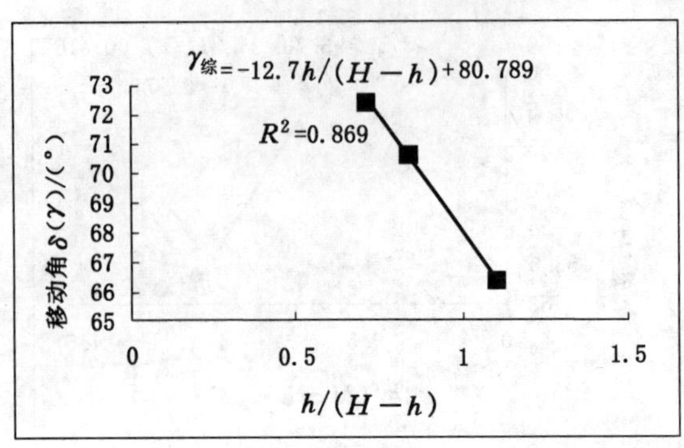

图8 移动角与表土基岩厚度比关系

5 概率积分法预计参数

本次求参采用中国矿业大学开采损害及防护研究所研制开发的“矿区沉陷预测预报系统”软件包，由于最终2008年10月11日观测数据受邻近1308工作面开采的影响，且许多测点淹没和丢失，无法进行稳态求参，故这里采用动态求参的方法，对A线观测数据按2005年7月9日观测数据进行求参。图9给出了2005年7月9日按下沉、水平移动联合动态求参图。从图中可以看出：拟合效果好。拟合差平方和为：[VV]＝60 300；拟合中误差87.9 mm，为实测最大下沉值2 772 mm的3.2%，为实测最大水平移动值855 mm的10.3%，说明此次求得的参数比较可靠。

求得的参数为：下沉系数$q=0.83$，水平移动系数$b=0.27$，开采影响传播角$\theta=87°$，主要影响角正切$\tan\beta=2.2$，上山拐点偏移距$s=0.080H$，下山拐点偏移距$s=0.068H$，拐点偏移距平均为$s=0.074H$。

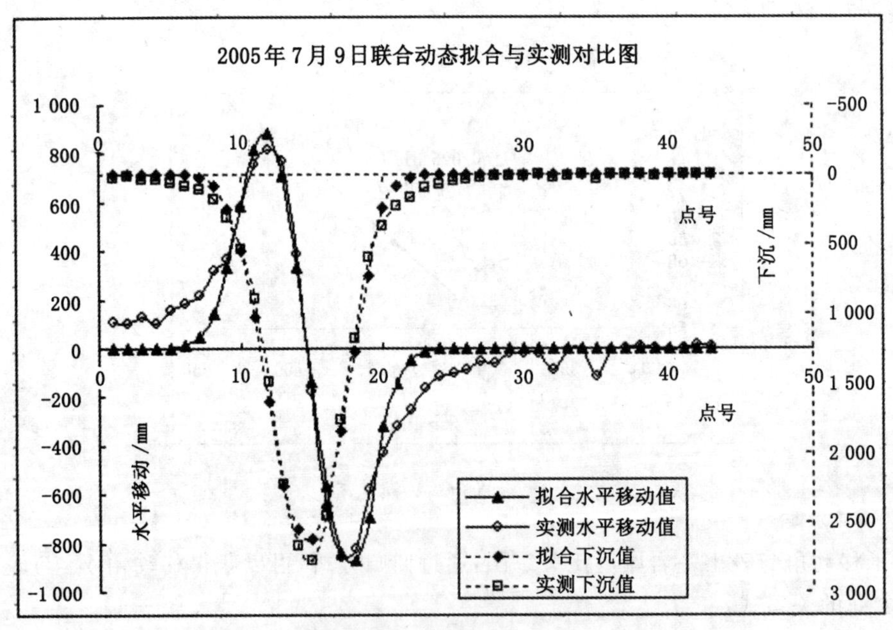

图9 2005年7月9日联合动态求参下沉与水平移动拟合效果

6 结论

通过对1307工作面地表移动观测站实测资料的整理、计算和分析，获得如下主要结论：

(1) 1307 工作面地表移动观测站设置了 3 条倾向观测线，并进行了 20 多次观测，获得了大量的实测数据，为本区岩层移动研究积累了丰富的资料；从实测地表移动曲线动态变化规律和最终分布形态看，符合开采沉陷一般规律，说明取得的成果是可靠的。

(2) 1307 工作面实测最大下沉速度为 122.8 mm/d，最大下沉速度滞后角为 70.9°；最大下沉角为 86.78°。

(3) 1307 工作面地表移动变形最大值为：下沉 4 844 mm，倾斜变形 45 mm/m，曲率变形为 −1.0～+0.8 mm/m^2，水平移动 855 mm，水平变形 −22.4～+9.7 mm/m。由于最终采空区中心测点淹没，未能测出最终下沉最大值。

(4) 获得了边界角、移动角与采深、表土基岩厚度比之间关系的系列公式，为本区及类似条件下建筑物保护煤柱的合理留设提供了科学依据。

(5) 1307 工作面观测站数据处理求参结果为：下沉系数 $q=0.83$，水平移动系数 $b=0.27$，开采影响传播角 $\theta=87°$，主要影响角正切 $\tan\beta=2.2$，拐点偏移距平均为 $s=0.074H$。

参考文献

[1] 谭志祥，邓喀中. 建筑物下采煤理论与实践[M]. 徐州：中国矿业大学出版社，2007.

[2] 邹友峰，邓喀中，马伟民. 矿山开采沉陷工程[M]. 徐州：中国矿业大学出版社，2003.

[3] 何国清，杨伦，凌庚娣，等. 矿山开采沉陷学[M]. 徐州：中国矿业大学出版社，1991.

[4] 国家煤炭工业局. 建筑物、水体、铁路及主要井巷煤柱留设与压煤开采规程[M]. 北京：煤炭工业出版社，2000.

[5] 吴侃，周鸣. 矿区沉陷预测预报系统[M]. 徐州：中国矿业大学出版社，1999.

$3_上$ 703 工作面出水机理与防治研究

苗传靠　郜普涛　吴瑞叶　谢瑞斌

（枣庄矿业集团高庄煤业有限公司　山东微山　277605）

摘　要　高煤公司 $3_上$ 703 工作面受刘仙庄断层、f59 逆断层和隐伏陷落柱影响，裂隙带发育超高，波及本矿及刘仙庄断层对盘侏罗系砾岩含水层出水，给矿井安全生产带来较大威胁。由于全矿上下高度重视，通过科学研究，认真分析，综合采用矿井震波探测、井下钻探、矿井瞬变电磁探测、水质化验、地面钻探等方法技术，查明了陷落柱发育范围、发育高度、内部富水性、工作面出水水源、出水原因、导水通道等，明确了出水机理，采用完善排水系统、加大排水力度、不放顶快速推进、工作面煤炭上运、注浆堵水等措施，取得了良好的效果，实现了安全生产。

关键词　防治水；断层；陷落柱

枣矿集团高庄煤公司 $3_上$ 703 工作面位于井田西七采区，回采 $3_上$ 煤层，为矿井辅采工作面。该面南部为 $3_上$ 1107 工作面采空区，西部为 $3_上$ 701 工作面采空区，北部为未开拓区域，东部为刘仙庄断层，留设断层煤柱 50 m。工作面于 2011 年 2 月 10 日开始试采，面内发育 f59 逆断层，2 月 22 日至 25 逆断层消失，2 月 26 日揭露陷落柱，初揭露时陷落柱位于 61# ～62# 架，后扩大至 61# ～68# 架，充填物多为大块岩石，胶结致密、无水。3 月 2 日早班工作面推采 56 m（包括切眼共计 62 m），退采面积 10 416 m^2，工作面初次来压，初次垮落，顶板出现淋水，工作面后部采空区涌水量迅速增加至 220 $m^3 \cdot h^{-1}$。由于工作面受断层和隐伏陷落柱影响，水文地质情况复杂，为了弄清出水水源，查明出水机理，高煤公司综合采用井下物探、水质化验、井下钻探、地面钻探、周边煤矿陷落柱特征类比、现场跟班监测等多种方法进行了大量分析研究，查明了突水水源，预计了最大涌水量，并制定了周密的防治水措施，最终实现了安全生产。

1　工作面地质概况

该面走向长度 380 m～454 m，平均 417 m，倾斜长度 186 m，工作面标高－275.5 m～－359.2 m。该面总体为一单斜构造，煤层倾角 4°～17°，平均 10°。煤层产状稳定，煤层厚度最小 3.7 m，最大为 6.71 m，平均 5.0 m。

2　工作面水文地质情况

工作面回采 $3_上$ 煤层，从顶板开始向上的含水层依次为山西组 3 煤顶板砂岩含水层、侏罗系砾岩含水层、第四系砂层含水层。3 煤顶板砂岩含水层岩性为粉砂岩、细砂岩、中砂岩、泥岩互层，厚度共计 168～260 m，是我矿采掘过程中主要充水含水层，富水性中等，其中下石盒子组的底界粗砂岩空隙较大，富水性较强。侏罗系砾岩含水层，厚度 100 m，富水性强，因 $3_上$ 煤层顶板距侏罗系砂砾岩 168～260 m，高庄煤矿两带发育高度未达到该含水层，一般情况下对矿井不构成充水。第四系砂层含水层为砂层、黏土层，厚度 85 m，分上下两组，上组富水性强，在上组底部有一层黏土层平均厚度 4 m，厚度比较均匀，可

作者简介：苗传靠（1966—），男，山东临沂人，现任高煤公司总工程师。通信地址：山东省微山县付村镇枣庄矿业集团高庄煤业有限公司。邮编：277605。电子邮箱：china0087@126.com。

塑性强，有效地阻断了上下组之间的水力联系，也起到了隔断矿井与地表水体的联系的作用。

$3_上$ 煤底板以下含水层在主要为三灰含水层和奥陶系灰岩含水层，其中奥陶系灰岩含水层以厚度大、富水性强著称。$3_上$ 煤底板下距三层灰岩顶板 51 m，距离奥灰 220 m。

工作面东部刘仙庄断层落差 265 m，断层倾角 68°～74°，富水性较强。工作面内部发育有 f59 逆断层，落差 0～5 m，断层倾角 35°～65°，经掘进揭露，该断层受挤压，岩石严重，但不含水，也不导水。

3 工作面涌水机理分析

3.1 矿井瞬变电磁探测

电阻率等值线拟断面图如图 1 所示。图 1 中横坐标为布置在工作面内测点坐标，坐标 0 距离运输巷口 1 m 左右，坐标 170 m 到 180 m 之间实际距离为 5 m。纵坐标为探测方向距离。图 1 中上图为向煤层顶板探测结果，纵坐标探测方向与煤层顶板呈 45°向上，计算煤层顶板上垂直距离：纵坐标数值乘以系数 0.6～0.7。中间图为顺煤层探测结果，纵坐标为顺煤层远离工作面距。图 1 中下图为向煤层底板探测结果，纵坐标探测方向与煤层底板呈 30°左右向下，计算煤层底板下垂直距离：纵坐标数值乘以系数 0.75～0.85。

图中红色虚线为导水裂隙发育位置，红色虚线为陷落发育边界。对比三图中视电阻率等值线数值大小和变化规律可以得出以上认识：

(1) 等值线数值从顶板到煤层，再到底板逐渐增大，说明赋水裂隙发育于煤层顶板上。

(2) 上图中等值线数值小于 1.5 Ω·m 范围最大，上图赋水区位置分析，煤层顶板上 60 m 左右范围内无明显赋水裂隙发育，赋水区垂直距离煤层顶板在 75 m 左右以上范围，对比钻孔柱状，75 m 为厚度顶板砂岩，属顶板含水层。

(3) 下图向底板探测结果中等值线 2 Ω·m 数值范围很小，底板无明显强赋水裂隙发育。说明工作面涌水主要来自顶板水。可能的水源为顶板砂岩含水层和侏罗系砾岩含水层。

(4) 煤壁一侧无赋水区，表明陷落柱原生不导水。

3.2 水质化验分析

根据瞬变电磁法探测结果，初步判断为顶板水源。具体是顶板砂岩水，还是侏罗系砾岩水，还需进一步判断。

为此于 2011 年 3 月 3 日在井下取水样，进行了水质化验分析，结果见表 1。

表 1 水质化验特征（简化）

样品或含水层	Ca /mg·L^{-1}	K /mg·L^{-1}	Mg /mg·L^{-1}	Na /mg·L^{-1}	HCO_3 /mg·L^{-1}	Cl /mg·L^{-1}	SO_4^{-2} /mg·L^{-1}	pH 值
水样 1(3 月 4 日)	11.5	12.1	6.2	212				
水样 2(3 月 4 日)	11.7	12.2	6.2	222	6.67	29.03	196	7.88
水样 3(3 月 4 日)	15.26	8.09	10.23	100.40	406.87	29.03	196.87	7.88
水样 4(3 月 7 日)	35.05	8.78	22.18	99.05	448.35	28.92	161	7.68
水文孔 1,J3	55.2	4.5	28.98	135	274.35	67.51	174.48	8.4
水文孔 1,J3	41	0	23	149	219	73	166	8.4
水文孔 2,J3	64.88	2.8	31	88	349	35	146	8.3
水文孔 2,J3	63.84	3.5	26	87	236.9	78	143	8.4
F12—16,C3	295.37	0	103.68	571.41	226.20	316.45	1705.26	7.9
傅付 $3_上$ 401，顶砂	6.65	/	8.58	337	368.93	121.64	241.20	8.5
傅付十二区回风巷，顶砂	213.24	/	71.26	984	159.08	402.57	2145.26	8.3

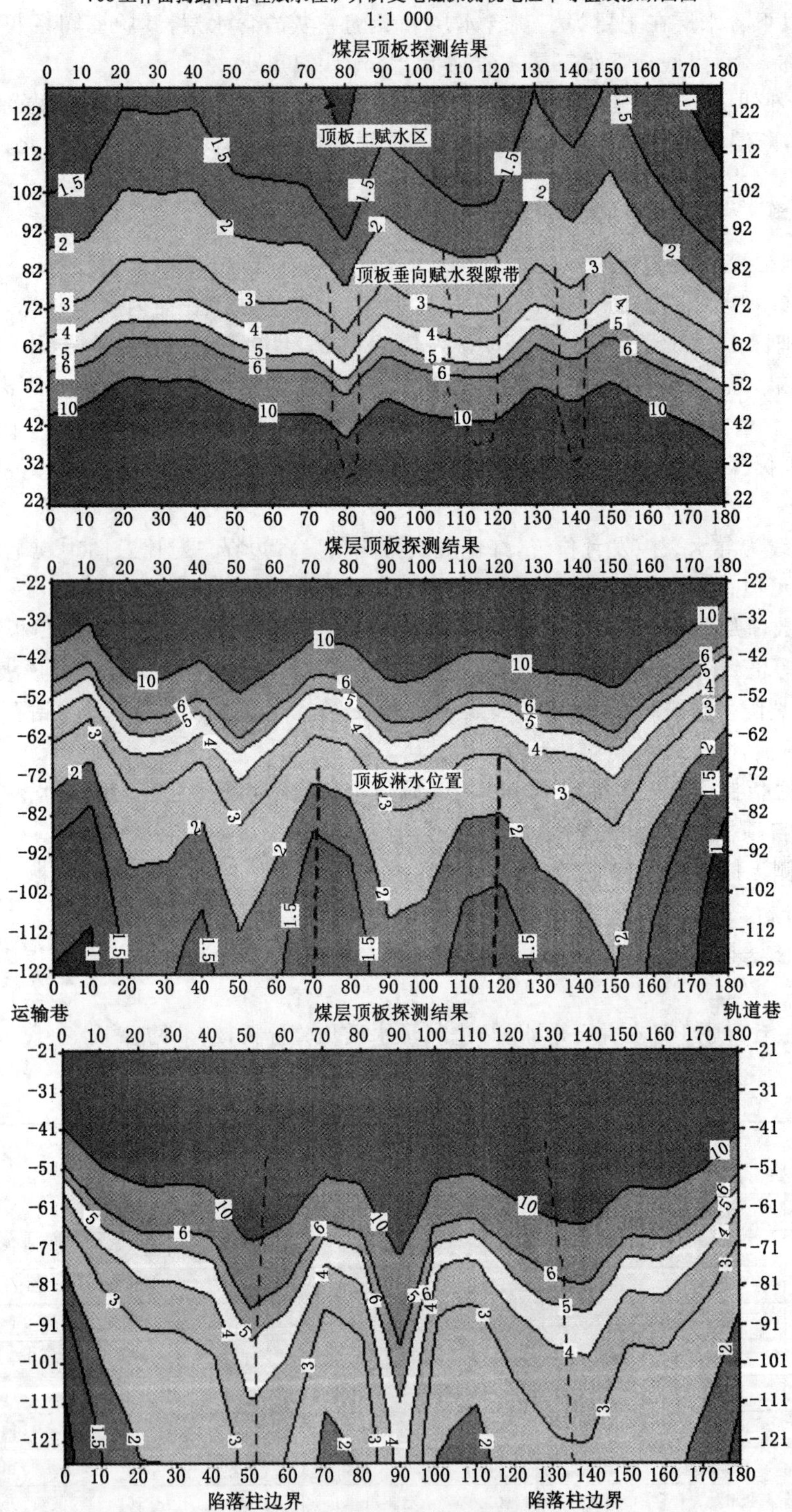

图1　电阻率等值线拟断面图

(1) 水样1和水样2阳离子含量十分接近，表明两个水样属同一含水层。水样3和水样4阳离子Ca、Mg离子浓度升高，而Na离子浓度明显降低。同时阴离子HCO_3离子浓度大幅度升高，SO_4离子小幅下降，表明水源出现了变化。

(2) 侏罗系含水层(J3)4 个水样水质特征接近，阳离子 Na 和 Ca 离子浓度较高；阴离子 HCO_3 离子浓度高。

(3) 对比工作面水样与侏罗系含水层(J3)可见，水样 1 和水样 2 与 J3 水质差异大主要表现在 Na 离子高，Ca、K 离子含量低。阴离子 HCO_3 含量低。另 pH 值较低。因此判断工作面水样 1 和水样 2 不属侏罗系含水层。水样 4 与 J3 水质特征一致，其中水样 4 与水文孔 1 类型相同。表明水样 4 为侏罗系含水层(J3)水源。

(4) 工作面水样与底板三灰含水层(C3)有明显差异，无论阴阳离子均无相类似的情况。因此判断工作面水源不属底板三灰含水层。

(5) 参考相邻傅村矿水质分析报告，高庄矿水样 1 和水样 2 与傅付矿 $3_{上}$ 401 工作面的顶板砂岩含水层的阳离子类型一致，同属于 Na 离子高，Ca、K 离子低。但阴离子差异较大。判断为顶板砂岩含水层。

(6) 因此判断工作面水源为初期为顶板砂岩含水层，随着顶板砂岩水的疏降侏罗系含水层进行补充，表明导水通道已经达到侏罗系含水层。

3.3 井下地震探测及井下钻探

为进一步探明陷落柱发育规模、富水性和导水性，我们做了一系列地震物探和钻探工作。利用我矿地震勘探仪器对陷落柱上下 180 m 范围内进行了探测，根据探测结果，初步圈定了陷落柱发育范围。

由预计的陷落柱范围，制定了井下钻探方案，实施钻孔探测。共施工钻孔 19 个，总进尺 457 m，如图 2 所示。

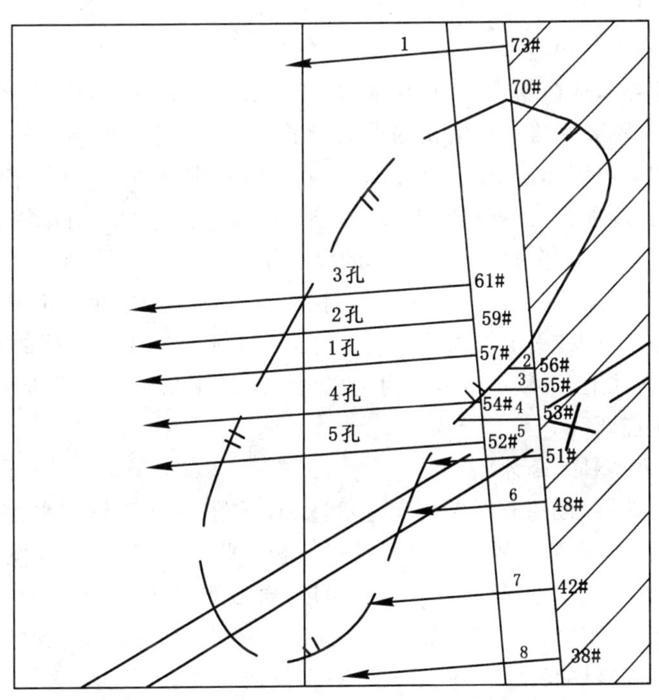

图 2　井下钻孔布置平面图

图中，履形虚线为矿井地震探测陷落柱边界，1～5 号孔箭线为探测陷落柱内部钻孔，其余箭线为煤层内探测钻孔，两条黑色竖直线为工作面，黑色斜线为采空区。通过矿井地震和井下钻探探明了陷落柱发育规模，短轴 37 m，长轴 81 m，发育面积 1 659 m^2，明确了陷落柱分布状态，探明了陷落柱内部堆积体胶结良好，固结致密，不含水。

3.4 地面钻探

为了对侏罗系水位进行实时动态监测，共施工地面水文孔 2 个，分别是 2011—1、2011—2，分别位于工作面东侧的刘仙庄断层上盘，陷落柱正上方，施工总进尺 459.97 m。

根据地面钻孔 2011—2 与 2011—1、F9—8 钻孔等对比和井下陷落柱内部结构分析，陷落柱发育高度在侏罗系地层中部，没有发育至侏罗系顶部，对第四系地层不构成影响，不受第四系及地表水威胁。排除了第四系冲击层水和地表水对工作面充水的可能性。

3.5 工作面涌水机理

3.5.1 顶板来压基本顶初次垮落影响

由矿山压力及其控制理论得知，工作面基本顶初次来压前，采煤工作面煤壁上所承受的支承压力将随基本顶的跨度的加大而增加，此时由于煤壁前方强大的支承压力，可能导致直接顶在煤壁前方形成剪切破坏，从而形成预生裂隙。

当基本顶达到极限跨距时，基本顶断裂形成三铰拱式的平衡，同时发生已破断的岩块回转失稳，有可能伴随局部的滑落失稳，从而导致工作面顶板的急剧下沉。此时，工作面导水裂缝带发育较高，垮落带基本达到最高。这时导水裂缝带波及含水层，则工作面出现涌水，当基本顶初次垮落后，主要裂缝出现在开切眼和工作面侧，因此出现采空区出水和工作面顶板淋水。正常情况下，由于工作面有支架支承，因此工作面煤壁淋水较小。以往高庄矿多个工作面出现涌水的情况，大多数发生在工作面初次来压、基本顶垮落期间，从而导致顶板砂岩含水层进入工作面。$3_{上}$ 703 工作面出现涌水时，工作面推进距离 60 m，工作面同样出现了初次来压。

3.5.2 陷落柱对工作面出水的影响分析

陷落柱，俗称“无炭柱”，是煤田地质因下伏的石灰岩岩层岩溶发育，在重力的作用下，上覆岩层(包括煤系地层)呈柱状或圆锥状塌陷形成的地质体的总称。

陷落柱可以分为不导水或微弱导水型、导水型、强导水型陷落柱。不导水陷落柱可以向导水陷落柱转化，其中采动影响是对不导水陷落柱活化的重要因素之一。工作面的回采使应力重新分布，在工作面的前方形成了应力集中。当工作面初次来压或同期来压时基本顶断裂，由于陷落柱是岩体中的强度弱面，就易在陷落柱边界出现顶板岩体破裂，形成导水通道，这是构造的牵引作用。

分析认为高庄矿 $3_{上}$ 703 工作面由于陷落柱的牵引作用，使基本顶沿工作面煤壁附近的陷落柱界面垮断，形成较集中的导水通道，因此工作面煤壁一侧淋水较以往增大，并且主要集中在陷落柱与煤壁交界面一带。由于补给水量较大，而工作面顶板裂缝向下的泄水量小于含水层的补给量，导致部分水沿水平裂缝扩散，表现在陷落柱上、下侧一定范围内也出现淋水。预测初次来压步距为 48 m，实际为 60 m，就是陷落柱牵引作用的佐证。

3.5.3 断层对工作面出水影响分析

工作面东为刘仙庄断层，勘探查明断层落差 265 m，倾角 68°～74°，富水性较强，受此影响，工作面回采的 3 上煤层与断层对盘侏罗系砾岩含水层对口接触。此外，工作面内部发育有 f59 逆断层，落差 0～5 m，断层倾角 35°～65°，经掘进揭露，该断层受挤压，岩石严重，但不含水，也不导水。

从图 3 和图 4 图上可以看出，工作面东受刘仙庄断层影响，面内受 f59 逆断层和陷落柱影响，且 f59 逆断层把刘仙庄断层和陷落柱联系在一起形成了一个复杂的构造系统。

从工作面出水组成分析，工作面出水量分为两部分：一部分来自于顶板淋水，另一部则从采空区后部沿着工作面最下部流出，为远离工作面的采空区出水，后者约为前者的 3～4 倍，且水质化验结果为侏罗系砾岩水，和刘仙庄对盘的付村煤矿侏罗系砾岩水质接近，因此，可以认为此一部分水量为刘仙庄对盘侏罗系砾岩含水层水。

至此，综合以上分析，本次出水水源为出水初期为 3 煤顶板砂岩水，中后期为侏罗系砾岩含水层水，出水原因是受陷落柱和 f59 逆断层影响，工作面裂隙带发育，波及本矿井 3 煤顶板砂岩水和刘仙庄对盘

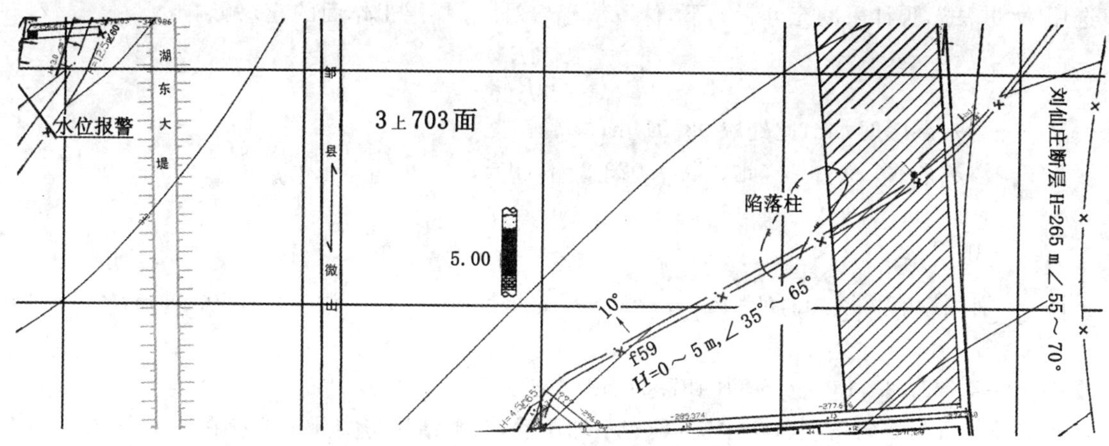

图 3　$3_上$ 703 工作面平面图

侏罗系砾岩含水层，形成出水。

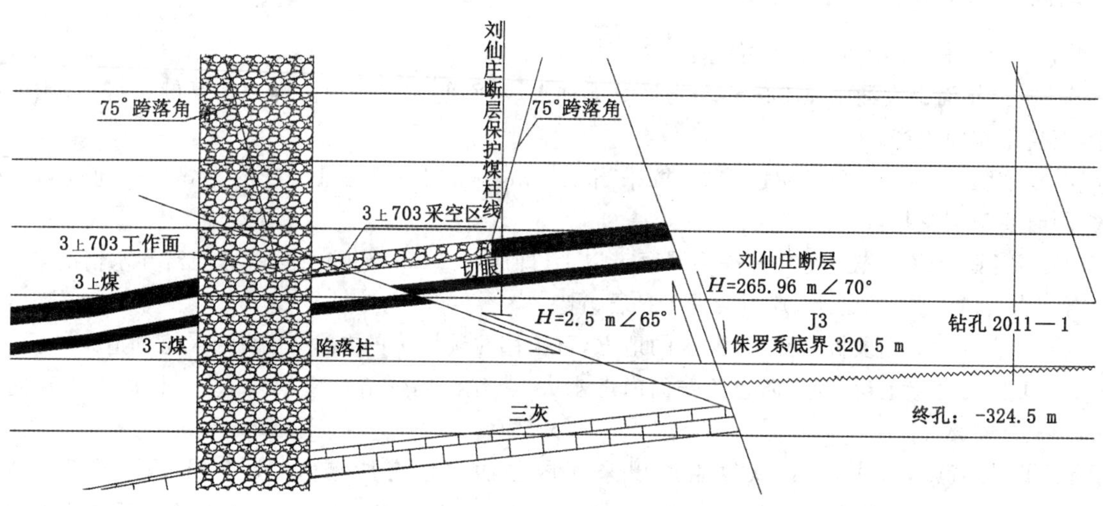

图 4　$3_上$ 703 工作面剖面图

4　工作面涌水量预测

4.1　3 煤顶板砂岩水涌水量预测

根据矿井水文地质资料得知：以往工作面回采中主要补充水源为上覆 $3_上$ 煤顶板砂岩含水层，$3_上$ 煤层顶板砂岩含水层富水性不均一，具有在断层附近裂隙发育处富水性较强的特点，所以在揭露断层附近由于裂隙发育顶板会出现涌水现象。

主要出水案例为：2008～2009 年 $3_上$ 702 最大涌水量 80 $m^3 \cdot h^{-1}$；2005～2006 年 $3_上$ 701 最大涌水量 60 $m^3 \cdot h^{-1}$；矿井西翼 $3_上$ 510 最大涌水量 130 $m^3 \cdot h^{-1}$，$3_上$ 505 最大涌水量 110 $m^3 \cdot h^{-1}$。取以往涌水量最大的 130 $m^3 \cdot h^{-1}$ 为顶板砂岩的涌水量。

4.2　侏罗系砾岩含水层水涌水量预测

据钻孔资料表明，$3_上$ 703 工作面周围附近侏罗统砾岩厚度 98.91 m。由于高庄井田缺少侏罗系砾岩含水层抽水试验数据，新安矿与高庄矿相距很近，岩性相差不大，因此类比得出高庄矿顶板的渗透系数 $K=0.0238\ m \cdot d^{-1}$，考虑波及刘仙庄断层，取引用半径 $r=365.64$ m。

选用“大井法”，预计采动充分影响下，侏罗统砾岩对 $3_上$ 煤层工作面的充水影响：

$$Q=\frac{2.73KMS}{\lg R/r}$$

式中 M——含水层厚度，m，此处取 98.91 m；

K——渗透系数，$m\cdot d^{-1}$，此处取 0.023 8 $m\cdot d^{-1}$；

S——降深，m，此处取 184.47 m；

r——引用半径，m；

R——引用影响半径，m，$R=R_0+r=10S\sqrt{K}+r=284.59+365.64=650.23$ m，R_0——影响半径，m。

求得：$Q=4\ 741.836\ m^3\cdot d^{-1}$，为 197.57 $m^3\cdot h^{-1}$

由于侏罗统砾岩属岩溶裂隙含水层，具有不均质性，预测结果与实际可能存在一定误差。

综上所述，参考矿井西翼 $3_上$ 510 最大涌水量 130 $m^3\cdot h^{-1}$ 的事例，预计本工作面最大涌水量为砂岩含水层 130 $m^3\cdot h^{-1}$，侏罗系含水层涌水量 198 $m^3\cdot h^{-1}$，合计为 328 $m^3\cdot h^{-1}$。

5 工作面防治措施及治理结果

根据以上分析，采取以下治理措施：

(1) 按工作面最大涌水量 328 $m^3\cdot h^{-1}$ 安排排水，从而使工作面内的涌水可及时地排出，积极创造条件，恢复工作面生产。

(2) 采用工作面不放顶煤快速推进，按采高 3.0 m，只采不放，三班生产的方式快速通过陷落柱影响区，同时要上网支护，确保不漏顶。

(3) 在开始推采前先进行打钻探测冒落带以上(即超过 20 m)范围内陷落柱的富导水情况，在 20 m 范围内若岩石胶结致密、无水，则不会发生抽冒现象。

(4) 对陷落柱下侧顶板破碎、有淋水的地方，可采用注浆堵水的办法，以便为采煤创造条件。

(5) 工作面煤炭上运，为了防止工作面内淋水大，工作面内煤炭运输困难，改工作面为煤炭向上巷运输，提高运输效率。

通过以上措施，4 月 28 日恢复生产以来面内总涌水量有所增大，至 5 月上旬增至最大 240 $m^3\cdot h^{-1}$，至 5 月 23 日面内总涌水量呈稳中下降趋势，涌水量为 220 $m^3\cdot h^{-1}$，6 月 1 日凌晨工作面总涌水量明显减小，6 月 2 日早班实测涌水量降为 65 $m^3\cdot h^{-1}$。6 月 2 日陷落柱范围内淋水消失，6 月 15 日早班 11：00 面内陷落柱全部安全推过，面内涌水量稳定在 30 $m^3\cdot h^{-1}$。

自初揭露陷落柱至 15 日全部推过累计推过进尺 60.8 m，实际推采面积 1 959 m^2，实际揭露陷落柱短轴 30 m，长轴 93.4 m。自 3 月 2 日出水至 6 月 2 日累计疏放水量 430 080 m^3。

6 总结

$3_上$ 703 工作面受刘仙庄断层、f59 逆断层和隐伏陷落柱影响，裂隙带发育超高，波及本矿及刘仙庄断层对盘侏罗系砾岩含水层，导致出水，给矿井安全生产构成较大威胁。由于全矿上下高度重视，通过科学研究，认真分析，综合采用矿井震波探测、井下钻探、矿井瞬变电磁探测、水质化验、地面钻探等方法技术，查明了陷落柱发育范围、发育高度、内部富水性、工作面出水水源、出水原因、导水通道等，明确了出水机理，制定并执行了完善排水系统、加大排水力度、不放顶快速推进、工作面煤炭上运、注浆堵水等措施，取得了良好的效果，实现了安全生产。

河南偃龙矿区二$_1$煤层底板巷道滞后突水防治方法及实践

任金武　王锐涛

（永煤集团河南永华能源有限公司　河南偃师　471923）

摘　要　偃龙矿区地处河南省西部，开采二$_1$煤层受奥陶、寒武系强含水层岩溶裂隙水威胁，底板岩巷掘进后易发生滞后突水，由于延时性突水，对掘进面人员安全构成巨大威胁，同时造成动水难以注浆封堵，对安全生产造成很大影响。本文简要阐述了巷道滞后突水机理，分析了突水原因并提出防治方法，并以矿井－236 m大巷滞后突水为例，在井下巷道多、构造复杂情况下，通过优化钻孔布置形式，采取井下高压动水注浆封堵成功封堵中等突水点。

关键词　滞后突水；突水机理；动水注浆；钻孔布置；水害防治

1　突水机理分析

突水因素分析是制定防治水措施的基本依据。煤层底板突水受到多种因素的制约。除水文地质特征中水源（含水层和水压）外，主要影响突水的因素有地质构造、隔水层强度、采矿活动等。

偃龙矿区二$_1$煤层为“三软煤层”，煤层顶、底板较破碎，地压大，煤巷支护问题难以解决，另外高瓦斯矿井多采用煤层底板抽放巷对煤层抽放瓦斯，矿井考虑支护、瓦斯治理等需要，多布置煤层底板巷道。但是布置煤层底板巷道减少了有效隔水层厚度，增加了煤矿开采的防治水难度。

地质构造（主要指断裂构造）是突水的主要原因及控制因素。大量统计资料表明，80%以上的突水与断裂构造有关。岩巷在掘进前进行了超前探放水工作，掘进揭露断层构造也无涌水现象，成巷一段时间后，发生底鼓变形，发生滞后突水。滞后突水即巷道掘进后，在矿压作用影响下，地层原岩应力被改变，围绕巷道岩石应力重新分布，底鼓，帮顶变形而引起构造带突水。巷道揭露断层构造部位更会发生重新活动，也叫断层构造带的活化现象。断裂的重新活动使断裂带及其附近岩体中的裂隙发生再扩展作用，致使其渗透性发生改变。在高压水的作用下，含水裂隙进一步导升，原来的非导水断裂可能转变为导水断裂而引发突水。断裂面（带）的重新活动会使断裂的导水性发生变化，断裂面带附近伴生裂隙的性状改变。隔水层承压能力逐步变弱，有效隔水层厚度低于临界值，引发突水现象。巷道变形后围岩应力重新分布，裂隙扩展承压水导入和构造带渗透性改变等因素共同作用是滞后突水的主要原因。

2　突水原因及防治方法

2.1　突水原因

① 对于以往超前探钻孔多是沿掘进方向掘进坡度布置，对底板含水层布置钻孔较少或是改造深度

作者简介：任金武（1983—），男，内蒙古阿荣旗人，工程师，2006年毕业于中国矿业大学，从事矿井地测防治水技术管理工作，现任永华公司郭村煤矿副总工程师。

不足，即断层构造区巷道下部未进行探测、注浆或注浆效果差。

② 巷道支护强度低，未进行围岩加固，巷道围岩受矿压影响易变形。采掘活动产生的矿压是诱导和触发突水的因素，矿压破坏对隔水层厚度的影响主要取决于矿压破坏深度。破坏深度愈大，隔水层有效厚度减小，诱发底板突水的可能性越大。

③ 对承压水危害分析不足，隔水层偏薄，断层区安全隔水层厚度计算不合理。根据突水系数法作为底板突水危险性预测依据，底板受构造破坏块段突水系数 $T_s=0.06$ MPa/m，正常块段 $T_s=0.1$ MPa/m。偃龙矿区断层构造影响煤层较少，但是煤层底板揭露断层较多，以往煤田勘探多是以分析煤层构造为主，煤层下部巷道底板隐伏断层构造很难准确预测。在掘进底板巷道时，往往按照正常块段系数法评价方式来开展相应的超前探、注浆等防治水工作，这样无法满足底板构造区域的防治水要求。

2.2 防治方法

(1) 超前防治

防治水方针中"有疑必探"改为"有掘必探"，提高超前防范能力。采取有掘必探，对构造区采用物探与钻探相结合，并调整布孔方法，设计大倾角钻孔对含水构造及底板主要含水层实施"超前钻探注浆"，对导水构造及底板含水层进行注浆加固改造。

(2) 采用钻孔动水注浆堵水技术

① 巷道加固。采用 U36 型钢棚加底拱梁或马蹄形钢棚支护，另外对突水点附近打点柱加强支护，防止注浆期间底鼓、支架变形。

② 喷浆后实施浅孔围岩注浆，充填围岩裂隙，提高围岩整体抗压强度。

③ 施工疏水降压孔或泄水压孔，对出水点封堵加固后注浆封孔，具体视情况而定。

④ 远距离布置钻孔至构造带深部补给水源，围绕出水点多点注浆，视情况加入骨料，注浆封堵出水点。

⑤ 施工注浆检查钻孔，检查注浆效果，对异常区域进行复注。

采用井下钻孔动水注浆，对生产系统影响较小，但是对于水高压、中等以上突水点，注浆跑浆严重，治理难度大，对注浆技术、工艺要求较高。

(3) 建水闸墙注浆堵水法

在断层构造带突水点前后稳定围岩区建水闸墙，充填后注浆，再对突水深部水源布置钻孔注浆。该方法直接有效，但是若突水点周围巷道复杂，不宜采用水闸墙注浆堵水。

3 滞后突水治理实践

3.1 巷道及突水情况

郭村煤矿位于河南省西部伏牛山脉北麓，偃龙煤田中部。井田面积 16.667 km^2，生产规模 0.6 Mt/a，设计服务年限为 31 a，主要开采二叠系下统山西组二$_1$ 煤层。−236 m 大巷为矿井阶段水平煤层底板大巷，2010 年 6 月～11 月施工的 0～110 m 段设计层位为二$_1$ 煤层底板石炭系太原组上段 L_7 石灰岩，但是该区域地质条件相对复杂，L_7 石灰岩相变缺失，在掘进至 50 m 处遇一正断层 F_{215} ($0°\angle 35°$ $H=3.5$ m)。−236 m大巷突水受 F_{215} 断层直接影响。揭露断层前为泥岩，砂质泥岩夹薄层炭煤，断层面附近上下盘岩石破碎，且该层垂向节理裂隙发育，泥岩极为松软。支护形式为 U36 型钢马蹄形棚。施工结束三个月后，巷道南帮底板位置涌水，约 30 m^3/h，水色时黄时黑，之后涌水量增大至 110 m^3/h，稳定在 90 m^3/h 左右。冲出物为大量泥岩与炭煤，据统计达 20 t。随着导水裂隙不断通畅，突水点涌水量极有可能进一步增大，后果非常严重，有淹井的可能。

3.2 巷道水文地质条件

3.2.1 主要含、隔水层

① 太原组上段石灰岩含水层。该层为岩溶裂隙承压水含水层，岩溶裂隙不太发育，富水性弱，易疏排。上距二$_1$煤层平均10 m，属二$_1$煤层底板直接充水含水层。由于巷道直接布置于L_7灰岩内，故其为掘进巷道直接充水含水层。

② 太原组下段石灰岩含水层。由L_1～L_4灰岩组成，厚约12 m，含岩溶裂隙承压水。据附近4902孔抽水资料，单位涌水量0.748 L/(s·m)，渗透系数2.876 m/d，水位标高＋168.12～＋195.10 m，4902孔于孔深405～406 m穿见溶洞。该含水层岩溶裂隙发育，富水性及导水性不均一，为巷道底板间接充水含水层。与巷道设计施工层位层间距约12 m。

③ 奥陶、寒武系石灰岩含水层。寒武系凤山组中岩性为中厚层状～巨厚层状白云质灰岩，夹黄色薄层状泥岩，灰岩厚311～799 m。奥陶系马家沟组中岩性为厚层状泥晶灰岩，该含水层厚度60 m左右，为岩溶裂隙承压水含水层，该含水层岩溶裂隙发育，富水性和导水性不均一，该层含岩溶裂隙承压水，富水性强。上距二$_1$煤层距离39.65～61.95 m，平均54.60 m，单位涌水量0.009 76～1.074 L/(s·m)，渗透系数0.012～3.711 m/d，矿区南部广泛出露，直接受大气降雨补给。该层与掘进巷道设计施工层位层间距31 m。

④ 隔水层为本溪组隔水层，由铝土质泥岩和铝质泥岩组成，岩石致密，节理裂隙不发育，厚2～11 m，平均5.3 m，岩性致密，隔水性较好。

3.2.2 补给、径流和排泄

主要含水层奥陶、寒武系石灰岩含水层受大气降水和地表水体影响明显，通过矿井浅部及岩层露头补给。矿井深部地下水径流主要以含水层层内由东向西水平运动为主。巷道掘进层位太原组上段含水层富水性弱，径流条件差。正常情况下，本溪组土质泥岩可阻隔上部太原组下段含水层和下部寒武系、奥陶系含水层的水力联系。但是在遇断层构造可能出现含水层联通，补给太原组下段含水层。井田附近无天然排泄点。

3.3 突水水源及导水通道

分析巷道掘进层位邻近含水层，巷道底板主要含水层为L_1～L_4灰岩岩溶裂隙含水层，距巷道底板为12 m。与L_1～L_4之间隔水层主要以泥岩、砂质泥岩与薄层炭煤为主，岩石力学强度较低，受构造及人为扰动影响，隔水效果较差；奥陶系灰岩上覆岩层为石炭系本溪组铝质泥岩，层厚5 m，致密坚硬，隔水效果好。

突水后，采集水样并进行化验，经分析确定其突水水源为太原组下段与奥陶系灰岩岩溶裂隙水，受奥陶系灰岩水补给较强，水色时黄时黑，根据以往井下揭露奥陶系灰岩钻孔涌水初期涌水大多为灰黄～深黄色，也可以判定有奥陶系灰岩水参与。

L_1～L_4灰岩及奥灰岩溶裂隙含水层岩溶裂隙发育，富水性较强，－236 m大巷揭露F_{215}断层，太原组中段、本溪组隔水层被破坏，导水通道为F_{215}断层及附近裂隙带，形成太原组下段灰岩及奥灰岩溶裂隙水向上导高带。

3.4 治理方案选择

由于突水点周围巷道多，北侧为－236 m水仓、泵房变电所及其联络巷道，巷道揭露断层走向与巷道方向基本一致(巷道揭露长度近40 m)。若采用封堵巷道施工水闸墙注浆堵水，需要突水点东西各施工一道水闸墙，在水压较高的情况下，水闸墙工程量较大且很可能在以后试压、注浆期间沿巷道揭露断层面突水点发生移动。另外，施工水闸墙对－236 m防排水系统产生很大不利影响。最后决定采用钻孔动水注浆封堵突水点，但是由于突水点位于－236 m巷道南侧，周围巷道多，钻孔布置困难，多次优化钻孔布置。

3.5 治理方案设计

首先确定要切断突水点的岩溶裂隙水源补给通道。－236 m大巷内布置钻孔，由于断层走向与巷道方向大致相同，可能出现提前揭露断层水，给施工带来麻烦，且附近巷道密布，最后决定在北侧水仓内设置钻场，前期设计2个钻孔。

前期1[#]钻孔落于突水点下方15 m，与出水点裂隙导通，但是由于钻孔与突水点间距较小，且钻孔穿过－236 m大巷，在突水点冲出大量煤岩的情况下，巷道底板浅部导水通道通畅，高压水的作用下，注入浆液(双液浆或加骨料)无法停留凝固，且巷道极易发生底鼓现象。

施工1#钻孔后调整方案：

① 围绕出水点采用与－236 m大巷小夹角斜交布置钻孔。

② 增加钻孔在原岩内穿行长度，增加钻孔与－236 m大巷间距，调整后间距达到30 m，防止后期注浆出水点巷道底鼓。

③ 钻孔倾角不大于40°，便于施工，也避免了大倾角钻孔提前揭露含水层而采取下入双层止水套管的复杂工序。

④ 在突水点及左右各15 m处布置三个钻孔对突水点南侧深部奥灰地层(断层下盘附近)注浆，进入奥灰地层20～30 m，封堵深部补给水源。具体钻孔布置形式如图1所示。－236 m大巷堵水钻孔剖面图见图2。

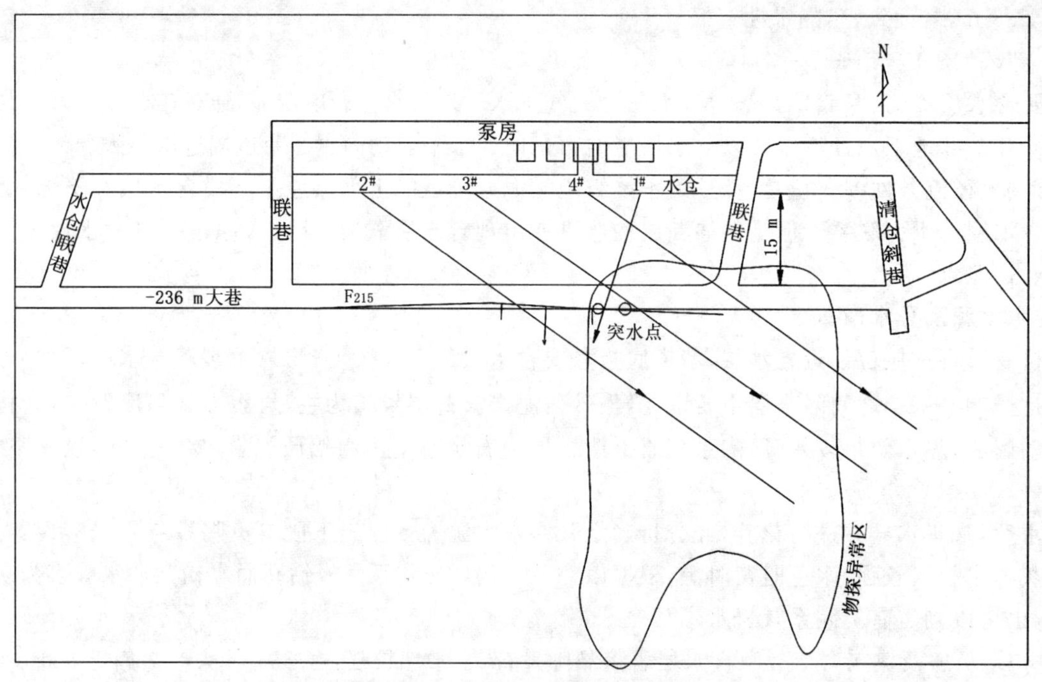

图1 －236 m大巷堵水钻孔平面布置图

3.6 施工过程

3.6.1 主要设备与技术参数

① 注浆设备。地面注浆站注浆泵为NBB-260/7型泥浆泵，井下注浆泵为2TGZ-120/105型。

② 注浆材料及配比：水泥选用P. O32.5R普通硅酸盐水泥，采用单液浆时水灰质量比应为1∶(1～1.5)，水泥浆与骨料(锯末)体积比为1∶0.1。使用CS双液浆，水泥浆与水玻璃(体积)比为1∶(0.4～0.6)。

③ 终压设计。该突水水源静水压力为4.0 MPa，考虑到若按常规水压2.0～2.5倍，达到8～10

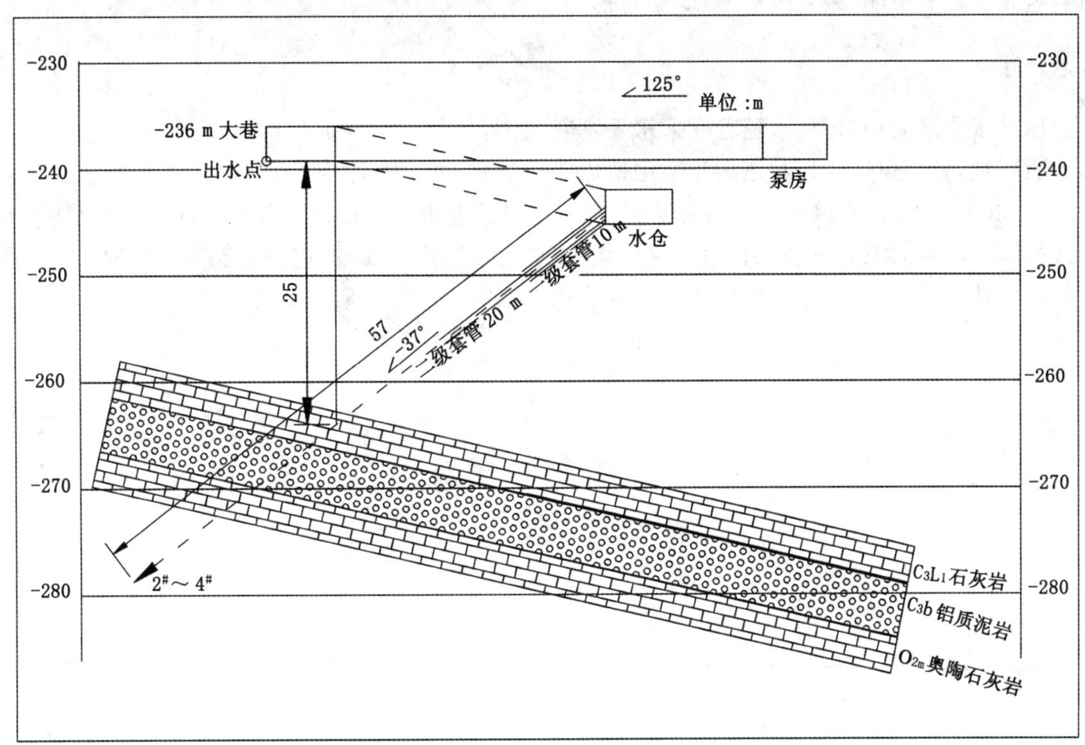

图 2 －236 m 大巷堵水钻孔剖面图

MPa，巷道易发生底鼓现象，注浆封堵裂隙被压开，不利于堵水，取注浆压力为 6.5 MPa，剩余压力达到 2.5 MPa 可以满足注浆堵水要求。

3.6.2 注浆施工

此次注浆在突水点北侧水仓内设置钻场，采取注浆泵压入水泥浆进入导水裂隙固结，从而封堵水源补给通道。采取单液浆注浆；发现巷道突水点处跑浆，添加骨料（锯末），调整单液浆比例至水灰比 1∶1.5（浓浆），直至涌水点不再跑浆；将单液浆比例调至水灰比 1∶1，直至注浆达到设计压力。尽量减少治理动水补给情况下造成的巷道跑浆、稀释浆液的问题，有效封堵导水裂隙。

注浆要点：

① 钻孔施工孔内涌水量大于 10 m^3/h 即注浆，坚持“逢水必注”下行注浆原则。凝固 24 h 后复钻，对钻孔进一步延伸，对深部奥灰含水层注浆。

② 由于采用深布孔，注浆时均大于水压（4.0 MPa）后才出现跑浆，说明钻孔揭露导水裂隙与突水点间接连通。出现跑浆，加入骨料（锯末）由少到多，由细到粗，切忌大量加入，注浆压力快速升高。采用地面注浆站大流量注入浓水泥浆加锯末。

③ 出现少量跑浆，注浆压力仍有上升的情况时，不宜加入骨料，有利于扩大浆液扩散半径，防止加入锯末堵塞注浆裂隙通道。

④ 对突水点东侧交岔点，未架设马蹄棚支架处打两排点柱加固巷道。

3.7 注浆效果

注浆过程中，3#、4# 钻孔注浆量较大且与出水点导通跑浆，多次调整加骨料粒度，采用地面注浆站大流量注入浓水泥浆加锯末。采取封堵浅部与出水点导通裂隙，向深部不断延伸，对出水点深部补给水源注浆，共计钻进 306 m，复钻 1 200 m，注水泥 565 t，锯末 800 kg，其中仅 4# 孔注浆达到 412 t，出水点水量由原来最大近 110 m^3/ h 降至 2 m^3/h，堵水率达到 98%，成功封堵突水点。由于采用深布孔，高压注浆对巷道几乎没有影响，未发生底鼓、支架变形等现象。

4 结语

偃龙矿区水文地质相对复杂，随着开采水平不断加深，矿井发生突水的可能性加大，笔者结合本矿区水文地质特征，针对煤层底板巷道揭露断层造成滞后突水，对突水原因进行分析，并总结了主要的防治方法。－236 m 大巷在巷道长距离揭露断层、突水点周围巷道多等极为复杂的情况下，优化注浆钻孔布置，对深部奥陶、寒武系岩溶裂隙补给水源进行注浆，有效避免了底鼓、跑浆等现象。采取井下高压动水注浆技术成功封堵中等以上突水点，为以后的巷道突水防治工作积累了宝贵的经验。

陈家山煤矿延安组砂岩含水层对煤层开采的影响

刘新利

(陕西陕煤铜川矿业公司　陕西铜川　727000)

摘　要　针对陈家山煤矿4—2煤层顶板涌水给陈家山矿安全生产造成的危害，重点对4—2煤层上部各含水层含水情况进行了分析研究，总结出基本顶砂岩为矿井主要含水层位和危害矿井安全生产的主要水文因素，预测出该砂岩在井田的积水区域、含水量以及与地质构造、煤层厚度、埋藏深度的相互关系。

关键词　基本顶含水特征；地质构造；煤层赋存；防治水；保水采煤

0　前言

陈家山矿从1979年6月投产至今，在开采侏罗系延安组4—2煤层过程中，随着开采深度的增加，涌水量在逐年增大。目前已严重影响矿井的正常生产。为此，我们通过长期现场观测和有限资料收集。已初步归纳出，影响安全生产的主要含水层位为4—2煤层基本顶砂岩。现将该砂岩的含水特征及对4—2煤层开采的主要影响方式简介如下：

1　基本顶砂岩及空(裂)隙发育

基本顶砂岩(俗称小街砂岩)：属浅灰～灰白色中、粗粒长石、石英砂岩，钙泥质胶结，颗粒滚圆度好，以层状结构为主，其中薄层状占整个井田面积的三分之一左右，中厚层状占整个井田面积的三分之二左右，层状结构中以缓波状斜层理最为发育，上部倾角25°～30°，下部倾角15°左右。并在底部呈收敛状。岩层厚度1.5～42 m，平均13.8 m。在纵向和横向上均呈由东向西逐渐变薄的趋势。

煤系地层形成后，曾受到来自地壳NW～SE方向为主，NE～SW方向为次的水平挤压力作用。导致该地层形成了一系列轴向呈NNW向或NNE向的倾状向、背斜构造。随着水平挤压力作用的逐渐消失，岩体松弛，引张作用力产生，致使基本顶砂岩在已形成的底板构造形态的基础上，伴生或派生出大量的裂隙和一系列断开基本顶与4—2煤层之间的断裂。例如在该矿井田边缘部分开采的诸多小煤矿均有上述现象产生。我们通过对一采区边缘的贾家沟煤矿、二采区边缘的前进煤矿、四采区边缘的衣食村煤矿等的长期观测、取样和统计，综合归纳计算得出如下结论：

小街砂岩的线裂隙率平均为7.8%，面裂隙率平均为5.9%。所揭露的断裂构造，基本上为落差1～3 m的张性正断层，由于4—2煤层与小街砂岩在此区域内间距较小为10 m以下，大部分断裂断开了4—2煤层与基本顶，而成为连接基本顶与下部4—2煤层的通道。现场取样测定小街砂岩的孔隙为0.3～0.5 mm，孔隙度为40%，透水性好持水性差。直接顶底板多为厚度1.5～9 m的砂质泥岩和泥岩，即隔水层。

综上各条足以说明，小街砂岩具有储存孔隙水，裂隙水的良好空间。

作者简介：刘新利(1961—)，男，陕西西安人，工程师，1981年毕业于陕西煤炭工业学校矿井地质专业，从事矿井地质、水文地质、储量管理等工作。

2 小街砂岩的含水特征

由陈家山矿开采至今现场涌水资料得知，小街砂岩自然涌水量 0～15 m^3/h，最大 50 m^3/h。但在许多工作面推采过程中，周期来压后，基本顶垮落，采空区未发现有淋水、涌水现象。对此我们通过取样和长期观测发现：小街砂岩在该区域内并未含水，故而得出：小街砂岩的含水仅限于局部区域，其特征为无压层间或局部承压水，即该砂岩中的裂隙水、孔隙水在重力作用下，自高向低产生静压力，导致比较低凹的向斜核部成为孔隙水，裂隙水理想的赋存区域。

以此原理，我们根据该砂岩的底板构造形态在全井田范围内圈定出 A、B、C 三大赋水区域（图 1）。因小街砂岩中裂隙，断裂的延展长度、宽度无法准确测定。为计算方便我们仅用如下参数公式，粗略计算上述三大赋水区域的孔隙水、裂隙水含量。

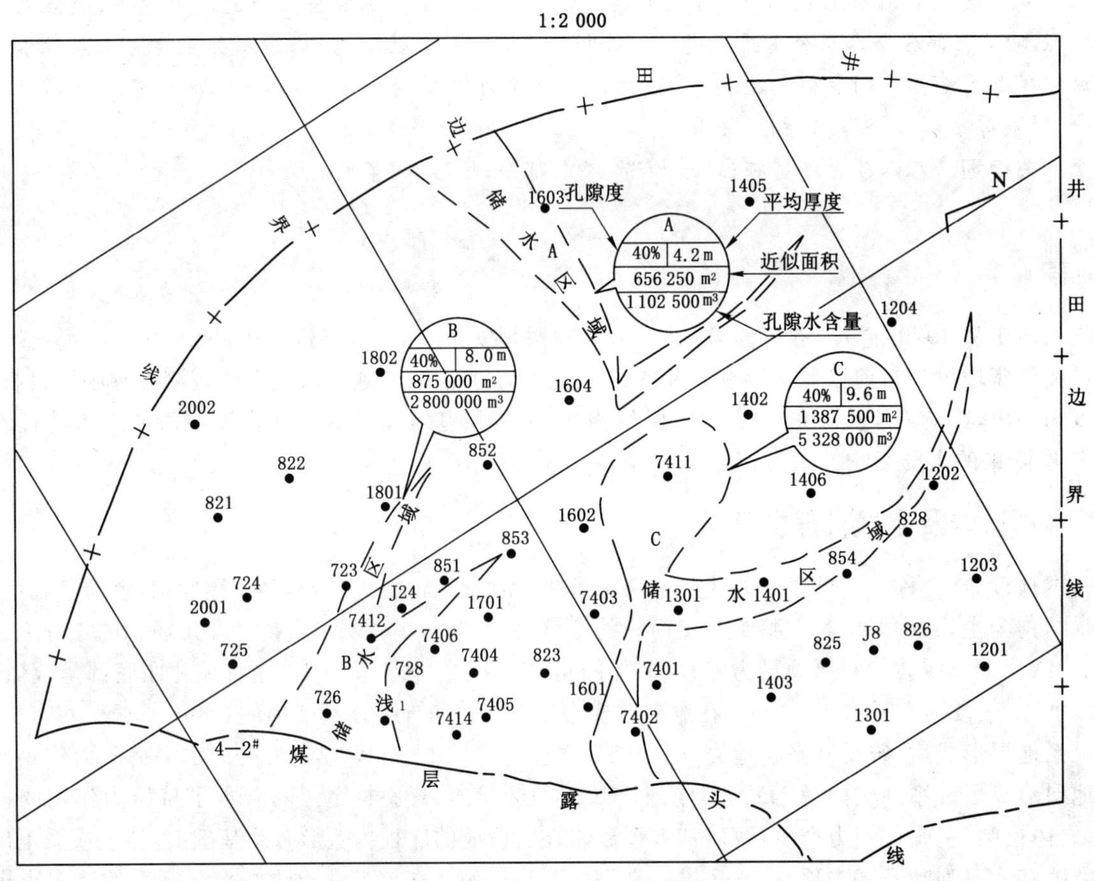

图 1 富水区域分布及含水量计算图

小街砂岩的孔隙度为 40%，被圈定赋水区域的岩层体积，按照

孔隙水＋裂隙水含量＝被圈定赋水区域的岩层体积×小街砂岩孔隙度

进行计算：

(1) A 区域岩层的平均厚度＝(1.8＋1.5＋5＋6.7＋6.6)/5＝4.32 m

(2) A 区域岩层的近似面积＝1 750×375＝656 250 m^2

孔隙水含量：Q_A＝4.32×656 250×0.4＝1 102 500 m^3

用上述 A 区域孔隙水含量计算过程。以此类推分别计算出 B 区域孔隙水含量 Q_B＝280 000 m^3，C 区域孔隙水含量 Q_C＝532 800 m^3。

3 小街砂岩水对 4—2 煤层开采的影响

由上可知,小街砂岩中赋存孔隙水、裂隙水的区域,均属该砂岩底板局部呈凹陷的向斜核部和裂隙发育地带。在此区域下部开采 4—2 煤层时,其主要影响方式可归纳为以下两个方面:

(1) 当 4—2 煤层与基本顶小街砂岩间距较小,在 1.5～10 m 范围内时(图 2),掘进或回采到此区域下部的 4—2 煤层,如遇落差 1.3 m,最大不超过 5 m 的断裂存在,就可能断开 4—2 煤层与基本顶小街砂岩形成良好的透水通道。加之小街砂岩本身透水性好,致使小街砂岩中孔隙、裂隙水在重力作用下,进入煤层,导致涌水或透水现象发生。如该矿的 2011 工作面、103 工作面就有上述现象发生。

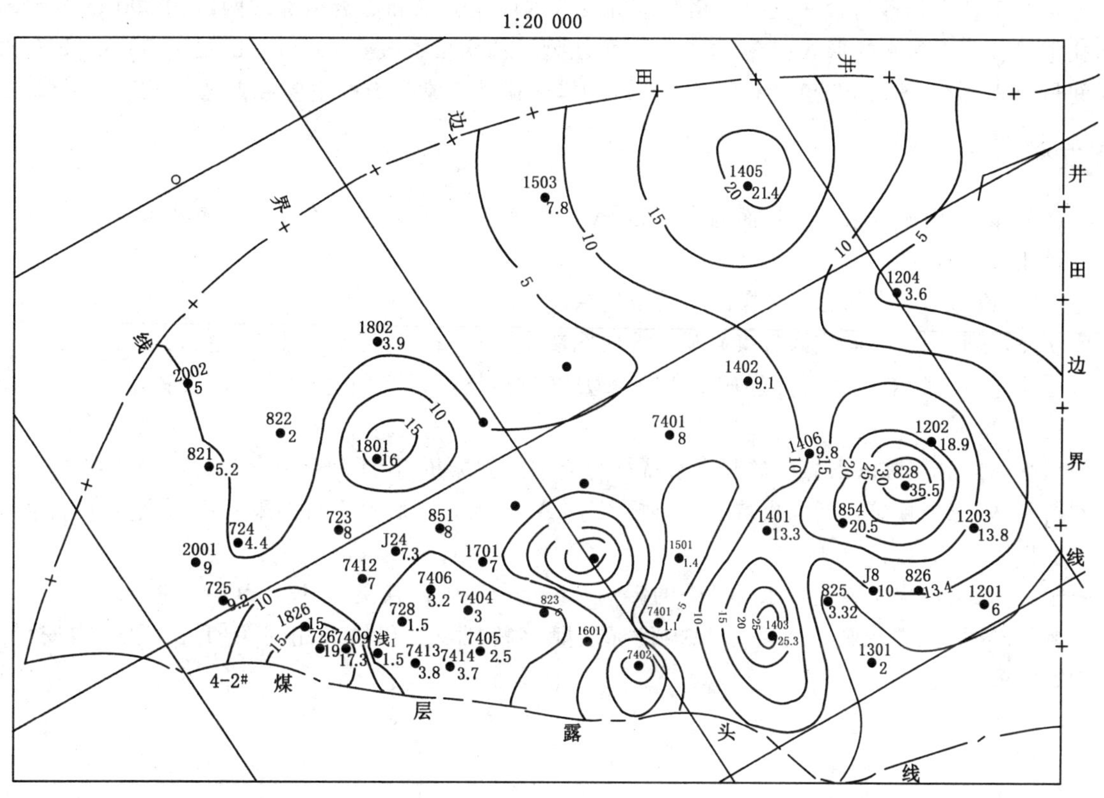

图 2 小街砂岩距 4—2 煤层距离等值线图

2011 工作面回风巷道在掘进过程中,遇到一条落差 1.8 m 的张性正断层后,从断层切割巷道顶板的部位,发生了涌水现象,涌水量经测定 35～50 m^3/h,致使该掘进头因水害造成局部积水,深 0.2～1.2 m,长度达 136 m,被迫停产 10 天。为查清水源我们组织地质人员从地面到井下作了详细调查,先后查阅了井上下对照图和该巷附近所有钻孔资料,在排除地面无任何水体后,绘制了小街砂岩底板等高线图、厚度等值线图、4—2 煤层间距等值线图等,综合归纳出该断层断开了基本顶和下部 4—2 煤层。断开基本顶的部位,正是基本顶厚度较大平均 6.7 m。与 4—2 煤层间距较小平均 9.2 m,致使孔隙水、裂隙水在重力作用下,沿断层进入煤层,发生了上述的涌水现象。

(2) 当 4—2 煤层与基本顶小街砂岩层间距较大即超过 10 m 以上时,一般落差 1.3 m 最大不超过 5 m 的断裂在该部位存在,但又不易断开基本顶与 4—2 煤层时,采煤工作面局部也会发生涌出现象。

如 4031 工作面、4041 工作面、4051 工作面等都有上述现象发生,尤其是 4031 工作面在回采过程中,距运输巷道 35 m 处的煤壁上,揭露了一条落差 4.5 m 的张性正断层,但断层两侧约 15 m 范围内的破碎带内确未见有淋渗水出现。相反在距煤壁 10 m 以外的老空区确发生了局部较大的涌水现象,涌水量经测定最大为 48 m^3/小时。加之工作面推采由高向低，致使整个机头部分均遭水淹。据以上资料可以得出，该采面上部为一较大的向斜构造形态，属上述 C 赋水区域的一部分，之所以在断裂带内未发现涌水现象，主要是 4—2 煤层与基本顶小街砂岩层间距较大，为 10.2～21 m，平均 13 m，而落差为 4.5 m 的断层未能断开基本顶与 4—2 煤层。

老空涌水的原因是采煤工作面周期来压后，基本顶垮落形成导水系统，致使赋存在向斜核部的裂隙水、孔隙水在重力作用下进入回采工作面而造成上述涌水。

4 结论

陈家山矿基本顶砂岩含水仅限于相对位置较低的向斜核部和靠近核部的两翼约 500 m 范围内，以层间孔隙、裂隙、断裂水的形式存在，局部显示承压型。涌水量一般 5～30 m^3/h，最大 50 m^3/h 左右；持续时间最短 15 天，最长达 3 年以上。涌水已成为影响矿井正常生产的主要灾害之一。

参考文献

[1] 陈北平．陈家山矿四采区工作面涌水来源[A]//高产高效煤矿建设的地质保障技术[C]．北京：地质出版社，2009：220-224．

[2] 范立民．论保水采煤问题[J]．煤田地质与勘探，2005，33(5)：50-53．

[3] 范立民，张晓团，王英．陕西省煤矿瓦斯地质图图集[M]．北京：煤炭工业出版社，2013．

[4] 靳德武，刘英锋，刘再斌，等．煤矿重大突水灾害防治技术研究新进展[J]．煤炭科学技术，2013，41(1)：25-29．

[5] 刘东平，孙相斌．陈家山煤矿矿井充水特征与充水规律分析[J]．陕西煤炭，2012，31(3)：4-6．

[6] 刘新利．陈家山煤矿瓦斯涌出特征及影响因素[A]//煤矿瓦斯地质与抽采利用研究[C]．北京：煤炭工业出版社，2013：111-116．

[7] 张永红．采场覆岩层离层积水对开采的影响及防治[J]．陕西煤炭，2013，32(2)：46-48．

[8] 赵艳红．陕西主要煤矿区地下水保护目标层赋存特征及其保护利用对策[D]．西安：西安科技大学，2009．

瞬变电磁法在矿井防治水中的应用

杨国勇　高树林　冯　波　刘　林

（枣庄矿业集团新安煤业有限公司　山东微山　277642）

摘　要　矿井瞬变电磁法是井下探测含水异常体的有效技术手段。通过井下瞬变电磁法探测成果与水文地质条件的综合分析，确定了含水异常区划分的标准，结合水文地质资料划分了含水异常区，分析了 $12_{下}$ 煤开采的充水条件。探测成果用于井下放水孔设计与施工，实现了工作面的安全回采。

关键词　瞬变电磁法；视电阻率；含水异常区；探放水

水文地质钻探是查明地下水的埋藏条件、运动规律、水质、水量等水文地质条件的一种主要技术手段，贯穿于勘探与生产的各个阶段。由于含水层的非均质性，同时受钻探与试验成本的影响，钻孔密度一般满足不了采煤工作面水害预测的要求，而矿井的突水预测、预报工作需要对工作面地层、构造等进行精细化分析，因此，引入地球物理技术可以弥补水文地质钻探资料不足的问题。矿井突水预测地球物理技术有矿井电阻率成像技术、矿井瞬变电磁法、无线电波透视技术、音频电透视技术等。矿井瞬变电磁勘探技术具有效率高、体积效应小、指向性强、不受高阻层屏蔽等优点，近几年被广泛应用于煤矿工作面顶底板赋水情况预测预报中，并且取得了较好的效果。矿井物探是矿井地质工作的重要手段，它相对于常规的矿井地质手段而言，具有更准确、更快捷、更方便等特点，已成为我国煤矿现代化安全生产中必备的探测技术手段，具有广阔的发展前景。

新安煤业公司 12218 工作面开采石炭系太原组 $12_{下}$ 煤，工作面三条巷道共揭露断层 11 条，$12_{下}$ 煤以上含水层富水性及工作面内断层导水性不清，严重影响着工作面防治水工作。

借助矿井瞬变电磁勘探技术与水文地质资料综合分析，划分出三灰、七灰含水层的富水异常区，指导并完成井下探放水工作，实现了工作面安全回采。

1　12218 工作面概况

12218 工作面开采石炭系太原组 $12_{下}$ 煤，材料巷长 1 359 m，运输巷长 1 034 m，倾斜长 218 m，煤层平均厚度 1.48 m。工作面总体呈单斜构造，材料巷一侧为落差 22 m 的胡楼支断层，受该断层影响，工作面内小断层发育，巷道实际揭露断层 11 条，落差 0.9～4.5 m，造成局部巷道略有起伏，构造条件比较复杂。

$12_{下}$ 煤开采受三灰、五灰和七灰含水层影响，其中三灰为强含水层，距 $12_{下}$ 煤 46.5 m；五灰和七灰含水层富水性弱。

12218 工作面在胡楼支断层的上盘开采，受采动影响该断层可能将三灰水导入工作面，使三灰水成为开采 $12_{下}$ 煤的主要充水水源。

作者简介：杨国勇(1966—)，男，山东荣成人，1986 年毕业于复旦大学，硕士，副教授，硕士生导师，中国矿业大学资源与地球科学学院水资源与矿山水害防治研究所副所长。

2 矿井瞬变电磁法探测

2.1 矿井瞬变电磁法装置形式及技术参数

矿井瞬变电磁法在井下巷道中采用多匝数小回线测量装置，参数选择是否合理直接影响测量结果。本次勘探使用澳大利亚产 TERRATEM 型仪器。该仪器具有采样自动化程度高、压制干扰能力强、实时监控等特点，数据采集由微机控制，自动记录和存储，可实现数据回放。采用多匝 2 m×2 m 矩形回线，发射线框 40 匝，接收线框 60 匝。采样时窗为 1～34，叠加次数 128，时间采用标准时间序列。

2.2 探测方向与测点布置

探测方向与煤层呈一定夹角斜向(图 1)，发射线框和接收线框为匝数不等且完全分离的两个独立线框，以便与地下(前方)异常体产生最佳偶合响应。

探测测点布置于 12218 工作面运输巷、材料巷及切眼内，根据探测任务设计测点点距 10 m。

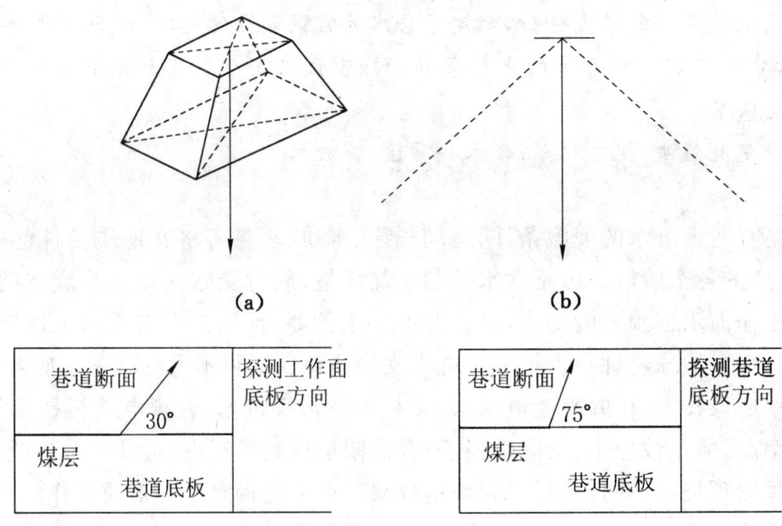

图 1 探测方向示意图

2.3 井下干扰

12218 工作面各条巷道中的 U 型钢支护以及铁轨在巷道中铺设均一，测量时已注意避让，对测量结果影响较小。局部 U 型钢支护不均一时在成果解释时根据井下记录对其进行校正。个别测点受不可移动金属堆积物、矿车及大型供电机组等影响，致使数据受到严重干扰，经过校正后需在成果图上予以标注。

2.4 资料解释与划分富水异常区的依据

视电阻率值的影响因素主要有勘探体积范围内岩石的电阻率、探测系统与异常体的相对位置及周围人文设施的干扰等。而岩石电阻率的大小主要与岩石性质及其含水性有关，相同岩石在含水情况下其电阻率可减小数倍。考虑到工作面小范围内岩性横向变化较小且排除了人文设施影响，视电阻率值的大小及横向变化可认为是岩层含水性的合理反映。

利用相关计算公式及采区的基本资料计算视电阻率、视深度等一些基本参数，根据资料的实际情况应进行滤波、一维反演处理，直至获得合适的解释数据。根据视电阻率等值线断面图的横向对比分析及以往探测工作经验，确定 12218 工作面顶、底板及断层探测均以视电阻率小于 12 Ω·m 的区域作为富水异常区。

2.5 探测结果

以 12218 工作面运输巷为例。图 2 为运输巷顶板、底板 90°探测方向视电阻率等值线断面图。

图 2(a)反映了煤层顶板上方的电性变化。沿探测方向上 30～40 m，视电阻率等值线平缓，横向变

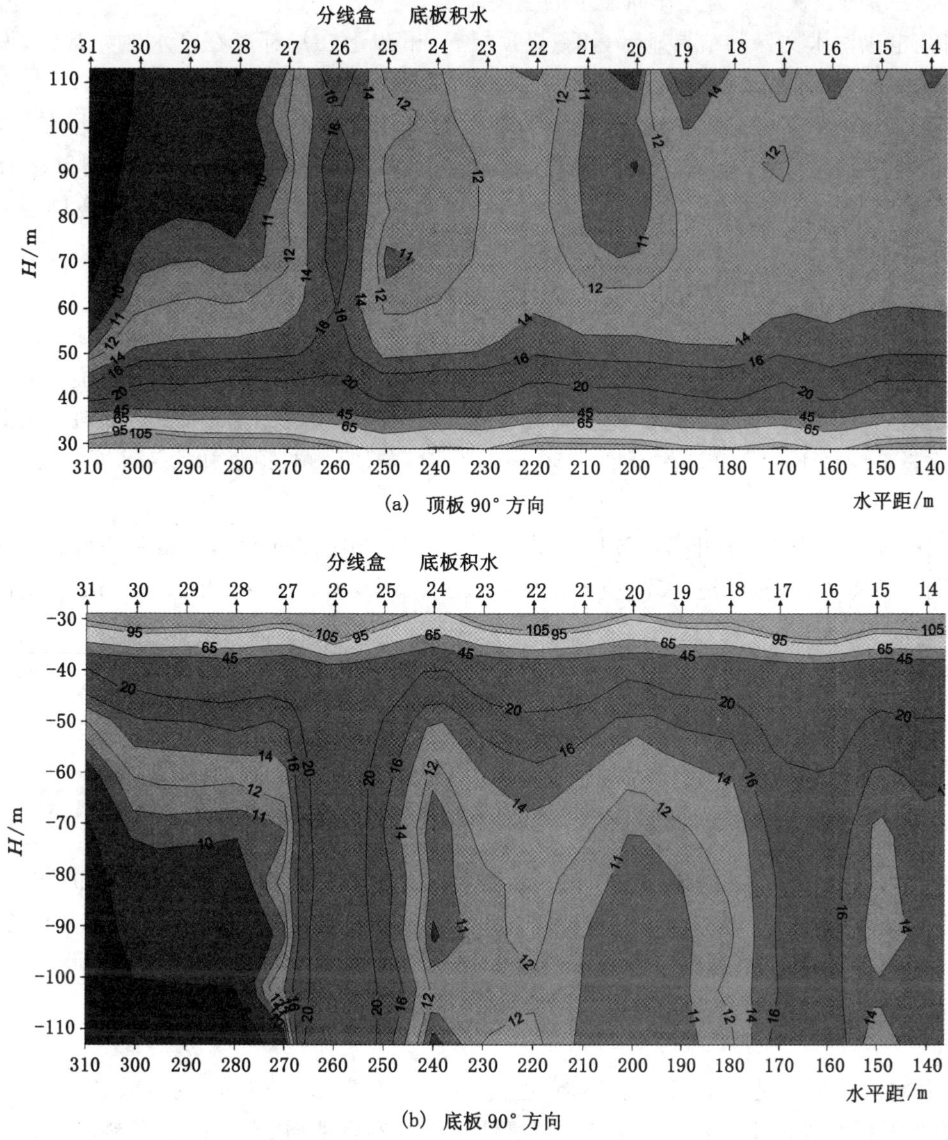

(a) 顶板 90°方向

(b) 底板 90°方向

图 2 运输巷顶板、底板 90°探测方向视电阻率等值线断面图

化不大，视电阻率值高于 25 Ω·m，主要是受近区场和关断效应的影响；在 40～110 m 段，局部视电阻率值低于 25 Ω·m，视电阻率横向变化较剧烈。视电阻率值小于 25 Ω·m 的低阻区域主要集中在七灰及三灰两个含水层之间；视电阻率值小于 12 Ω·m 的范围推测为含水异常区。

图 2(b)反映了煤层底板下方的电性变化。沿探测方向上 30～40 m，视电阻率等值线平缓，横向变化不大，视电阻率值高于 25 Ω·m，主要是受近区场和关断效应的影响；在 40～110 m 段，视电阻率值局部低于 25 Ω·m，视电阻率横向变化较剧烈。视电阻率值低于 12 Ω·m 的范围推测为含水异常区。

结合含水层水文地质条件分析，探放水的重点为含水异常区。

3 工作面充水条件分析

3.1 含水层

三灰为 $12_{下}$ 煤层上覆富水性较强的含水层。根据已有资料统计，三灰距 $12_{下}$ 煤层顶板平均间距 46.5 m。$12_{下}$ 煤层平均厚度 1.39 m，工作面内落差 4～5 m 的断层致使导水裂缝带升高达到三灰含水层，12 煤顶板垮落时三灰水成为工作面涌水的主要来源。

矿井瞬变电磁法水文探测结果显示，$12_下$ 煤顶板 50 m 以上在局部存在富水性异常区，说明三灰富水性具有不均一性，局部富水性较强。

12218 面周边规模较大的断层为胡楼断层与胡楼支断层，其他已揭露的断层落差均在 4.5 m 以下。

12218 材料巷靠近胡楼支断层，最近距离只有 20 m。矿井瞬变电磁法水文探测结果显示，沿 12218 材料巷顶、底板及外侧(靠近断层)富水性异常区对应性非常之强，据此分析认为胡楼支断层局部导水。

3.2 工作面涌水量

针对 $12_下$ 煤层的安全开采，在井下对三灰含水层做过多次水文探测工作。

122 采区－530 m 水平三灰放水孔最大水量为 20 m^3/h；－300 m 水平车场穿过 F_6 断层 8 m 后滞后突水，最大水量 92 m^3/h，水源为三灰水；－300 m 水平轨道大巷三灰放水孔最大涌水量 115 m^3/h；12201 工作面受 F_{15} 断层影响顶板初次来水涌水量 80 m^3/h，水源为三灰水；－360 m 轨道大巷揭露三灰突水，最大水量 50 m^3/h；12209 工作面推进 50 m 时受 F_{15} 断层影响，顶板初次来水最大水量 70 m^3/h，后稳定在 15 m^3/h。

为了保证 $12_下$ 煤层的安全开采，12218 工作面材料巷掘进施工完成后，根据矿井瞬变电磁法的探测成果，在该面最低点处(底板标高－579.0 m)打钻疏放三灰水，其中 3 号孔揭露三灰最大水量 20 m^3/h，水压 2.0 MPa。

三灰含水层富水性不均一，涌水初期水量较大，且随涌水时间延长，水量逐渐减小，初期以静储量为主，后期以补给量为主。

采用类比法类比 12217 工作面，预计 12218 面开采时顶板水的正常涌水量 40 m^3/h 左右，最大涌水量 70 m^3/h 左右。

3.3 工作面实际开采情况

根据《煤矿防治水规定》相关要求，按“预测预报、有疑必探、先探后掘、先治后采”的防治水方针，根据矿井瞬变电磁探测成果与水文地质资料的综合分析，制定了工作面防治水设计。3 号孔在工作面回采期间一直打开，形成一定的降压作用，确保了 12218 工作面安全开采。

4 结论

(1) 矿井瞬变电磁法是井下探测含水体(包括含水层、构造、集水区等)的有效技术手段，合理确定探测装置的技术参数能有效提高探测成果的可靠性。结合实际地质、水文地质资料确定含水异常区划分标准为其关键。

(2) 矿井瞬变电磁法探测成果与水文地质资料进行对比综合分析，可以加深对含水层非均质性的认识，为正确分析生产中的矿井涌水规律提供基础依据。根据矿井瞬变电磁法探测成果与各勘探时期地质与水文地质资料，能够确定防治水工作的重点，采取有针对性的防治水对策。

(3) 由于物探资料存在多解性，且影响视电阻率大小的因素较多，因此异常区的富水性原则上还是一种相对定量评价指标。煤矿防治水工作是煤矿安全生产的重要工作，在工作面开采之前必须完成必要的探放水工作。

参考文献

[1] 刘志新，岳建华，刘仰光. 矿井物探技术在突水预测中的应用[J]. 工程地球物理学报，2007(1)：9-14.

[2] 于景邨，胡兵，刘振庆，等. 矿井瞬变电磁探测技术的应用[J]. 物探与化探，2011(4)：532-535.

[3] 韩德品，赵镨，李丹. 矿井物探技术应用现状与发展展望[J]. 地球物理学进展，2009(5)：1839-1849.

焦坪矿区玉华煤矿矿井充水因素分析

王 英[1] 方 刚[1] 范立民[2] 牟来艳[1]

(1. 西安科技大学 地质与环境学院 陕西西安 710054
2. 陕西省地质调查院 陕西西安 710054)

摘 要 玉华煤矿自1991年建矿以来,矿井涌水量呈逐年增大趋势。2010年12月矿井发生第一次突水,其后又次发生4次突水事故,均造成了淹巷、淹面的后果,给煤矿生产带来了严重影响,也危及矿井安全。文章通过对玉华煤矿地质勘探和生产揭露的水文地质资料以及煤层开采导水裂隙带高度计算结果的综合分析,认为矿井直接充水水源主要是直罗—延安组砂岩含水层水、洛河组砂岩裂隙含水层水和老空区积水,大气降水、地表水以及第四系潜水含水层等上部含水层水为其间接充水水源;主要的充水通道为采动冒落带和导水裂隙带,其次为封闭不良钻孔;形成矿井突水水害的主要原因是采动导水裂隙带导通了厚度较大、富水性较好且分布不均的洛河组砂岩含水层。

关键词 充水水源;充水通道;含水层;导水裂隙带

0 引言

玉华煤矿位于陕西省黄陇侏罗系煤田焦坪矿区北部。西北部以无煤区为自然边界,东南部与铜川市郊区煤矿、宜君县南塔煤矿、前河露天煤矿(已在本矿投产前报废)露天采坑、焦坪煤矿永红斜井(2002年报废)等井田毗邻,西南与崔家沟煤矿相接,北及北东与柴沟煤矿、马坊煤矿为邻。含煤地层为侏罗系中统延安组,主采煤层为4—2号煤层。矿井于1991年12月开始兴建,矿井初步设计生产能力为1.5 Mt/a;2005年,矿井核定生产能力为2.0 Mt/a;2004年6月开始进行改扩建工程,现原煤产量基本稳定在2.2～2.67 Mt/a。矿井采用立井开拓方式,走向长壁综采放顶煤垮落法回采工艺和全部垮落法管理顶板。近年来,随着开采范围和开采前度的加大,矿井涌水量呈逐年增大趋势(由2007年的108.0 m^3/h增大到2012年的208.9 m^3/h左右)。尤其是1412工作面于2010年12月8日(突水10 000 m^3,最大涌水量1 000 m^3/h)、2011年5月5日(突水16 000 m^3,最大涌水量2 000 m^3/h)和2011年7月9日(突水30 000 m^3,最大涌水量1 400 m^3/h),1418工作面于2012年3月31日(突水5 000 m^3,最大涌水量600 m^3/h)和2012年5月26日(突水5 500 m^3,最大涌水量590 m^3/h)发生了顶板突水事故,给矿井正常生产带来了严重影响,也给矿井安全造成了一定威胁。研究矿井水文地质条件、分析矿井突水和涌水量不断增大的原因、查明矿井充水水源和充水通道,是矿井目前亟待解决的重要现实问题。

1 矿井水文地质条件

1.1 矿区水文地质特征

焦坪矿区地处以凤凰山至长蛇岭为分水岭的渭河与洛河上游冲蚀地段,区内地形复杂,山峦起伏,

作者简介:王英(1958—),男,陕西蒲城人,西安科技大学教授,主要从事矿井地质、煤炭地质的教学与科研工作。

沟壑纵横，梁、川遍布，坡陡谷深。以凤凰山至长蛇岭为界可划分为玉华水文地质单元和崔(家沟)—陈(家山)水文地质单元 2 个水文地质单元。玉华井田地跨两个水文地质单元(图 1)，其主体位于玉华水文地质单元内，西南边部位于崔陈水文地质单元，主要是两个水文地质单元的补给区域，仅在东北部地形切割较深地段，成为上游补给区地表水的径流区和地下水的小范围和小强度的排泄区，而且以下降泉为其主要的排泄形式。

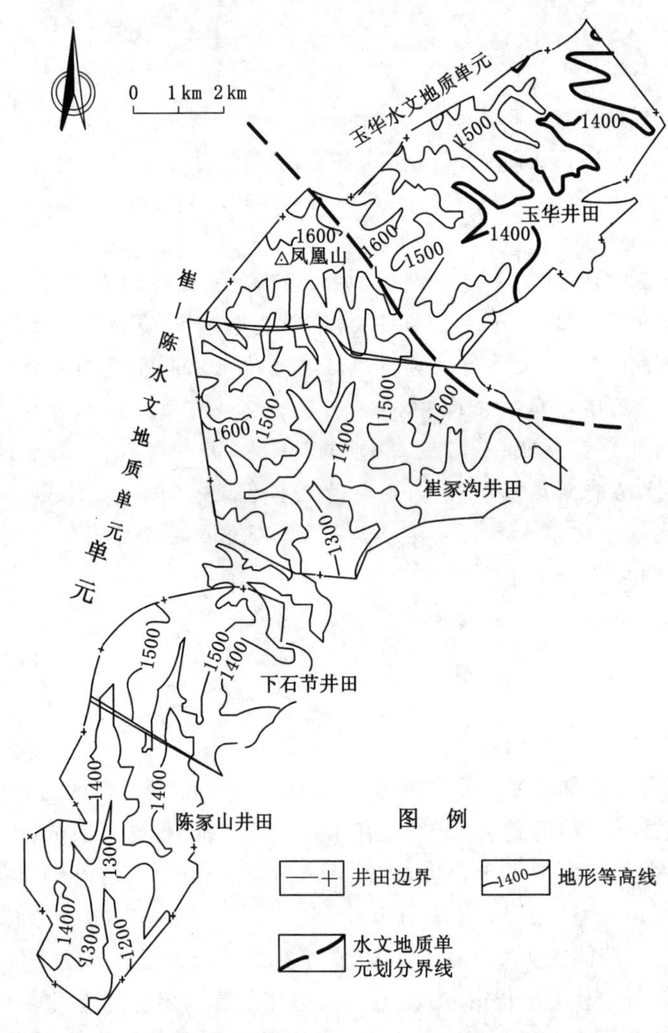

图 1 焦坪矿区水文地质单元划分示意图

1.2 矿井含(隔)水层

井田内对矿井生产可能造成影响的含水层共 6 层：三叠系上统延长组砂岩裂隙含水层；侏罗系中统直罗延安组含水层，单位涌水量为 0.001 7 L/s・m，属弱富水性含水层；白垩系下统洛河组下段砂岩裂隙含水层，单位涌水量为 0.063 6 L/s・m，属弱富水性含水层；白垩系下统洛河组上段砂岩裂隙含水层，单位涌水量为 0.016 2 L/s・m，属弱富水性含水层；白垩系下统华池环河组砂岩裂隙潜水含水层，单位涌水量为 0.0 187 L/s・m，属弱富水性含水层；第四系含泥质砂卵石潜水含水层，单位涌水量为 4.366 L/s・m，属强富水性含水层。隔水层共 2 层：4—2 号煤以下根土岩、砂质泥岩、泥岩及花斑泥岩隔水层；4—2 号煤层直接顶板砂质泥岩或粉砂岩夹泥岩相对隔水层。

2 井田构造

玉华井田位于华北板块区鄂尔多斯断陷盆地的东南缘，地处鄂尔多斯盆地次级构造单元之渭北隆起的彬黄坳褶带内。井田主体构造为一倾向北西的单斜，在单斜背景上又发育了一系列以北东向为主，并叠加有北西向的褶皱构造。在矿井建设与生产过程中共揭露断层46条，其中有参数记载的共40条，以小、中型为主，总体上井田构造简单。

3 充水水源

3.1 大气降水

大气降水是地表水及地下水的补给来源，因此，矿井充水直接或间接都与大气降水有关。根据近几年矿区大气降水和玉华煤矿矿井的涌水量资料分析结果，矿井涌水量的变化与大气降水量有一定关系(图2)，一般在大气降水增大后，矿井涌水量滞后1～2个月后也随之增大。因此，大气降水应是玉华矿井充水的直接补给水源之一。

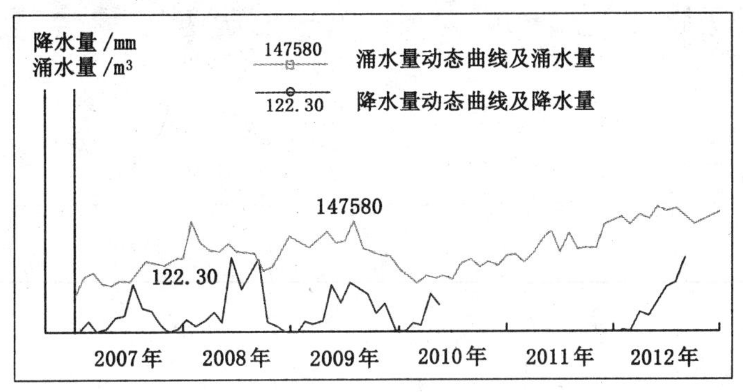

图2 矿井涌水量与降水量相关曲线

3.2 地表水

玉华煤矿地表无较大的河流。主要河流为前河和玉华川。前河流量不大，经北坑水库流入玉华川，据2009年1～10月观测前河平均流量353.5 m^3/h，最大流量645.4 m^3/h；据1964～1966年观测玉华川流量32.4～7 416 m^3/h，一般为2 000 m^3/h，现在基本为季节性河流，旱季上游可干涸。矿井开采4—2煤层位于当地侵蚀基准面下，上覆基岩厚度(125.99～679.47 m，平均为449.02 m)远大于采煤后形成的导水裂隙带高度(16.93～111.09 m，平均为69.30 m)，不会直接导通地表水体。庙沟水库蓄水量不大，也受季节性影响。玉华煤矿尚处于开采初期，地表尚未发现采动沉降裂隙。因此，这些地表水体不构成矿井充水的直接水源，而可能通过受采掘影响的含水层侧向渗流构成矿井充水的间接水源。

3.3 地下水

井田内的主要含水层为侏罗系中统直罗组和延安组含水层，其次为洛河组下部砂岩裂隙含水层。通过导水裂隙带高度计算，矿井采掘破坏暂未能影响到洛河组砂岩裂隙含水层，但却可以导通至侏罗系中统直罗组和延安组含水层，该含水层富水性弱，使得直罗—延安组砂岩地下水成为矿井主要的直接充水水源。

3.4 采空区积水

玉华煤矿已形成大面积采空区，且周边小煤窑分布较多，多集中于井田东南部(图3)。煤矿现开采一盘区基本回采完毕，目前巷道掘进已经进入二盘区，工作面尚未完全形成。一盘区的1410、1415、1420工作面采空区和1411与1410工作面采空区附近的井田边缘区域形成了9个积水区域，二盘区离东南部的小煤窑较远，但后期开采的三盘区和五盘区距井田东南部的老空区较近，老空水可能通过裂隙通道涌入矿井，从而构成矿井充水的直接水源之一。

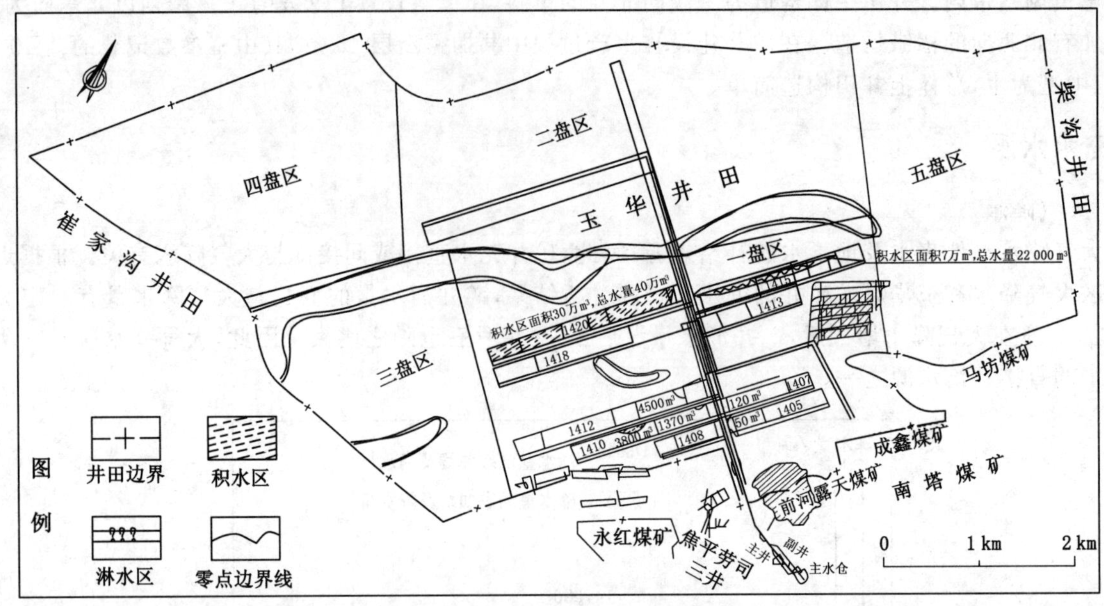

图3 采空区积水和小煤窑分布示意图

4 充水通道

4.1 采动冒裂带

矿井主采4—2号煤层，采用走向长壁综采放顶煤垮落法回采工艺，全部垮落法管理顶板，使顶板冒落带和导水裂隙带成为矿井充水的主要途径。冒落带和导水裂隙带的高度与井下煤层开采厚度、煤层顶板管理方法、岩性等直接相关。井田内4—2号煤层厚度0～31.53 m，一般10 m，根据《煤矿防治水规定》中的中硬岩冒落带、导水裂隙带高度经验公式：

$$H_m = \frac{100\sum M}{4.7\sum M + 19} \pm 2.2$$

$$H_{li} = \frac{100\sum M}{1.6\sum M + 3.6} \pm 5.6 \text{ 或 } H_{li} = 20\sqrt{\sum M} + 10\text{，两者取大值}$$

式中 H_m——冒落带最大高度，m；

H_{li}——导水裂隙带最大高度，m；

$\sum M$——累计采厚，m。

根据井田内64个钻孔的计算结果，冒落带高度在2.81～20.57 m之间(导水裂隙带高度计算公式二的计算结果较大，本次采用公式二计算数据)，矿井主采的4—2号煤层导水裂隙带发育高度为16.93～111.09 m，平均为69.3 m，而煤层顶板距洛河组底面高度为44.324～333.7 m，平均为154.03 m，井田内无钻孔突破洛河组砂岩含水层，导水裂隙带高度发育至侏罗系中统直罗—延安组砂岩及4—2号煤层顶板裂隙水含水层。但是受采煤工艺和采煤方法的影响，实际煤层开采过程中导水裂隙带的发育高度往往大于计算高度，使得井田内局部范围内导水裂隙带可能会沟通至洛河组砂岩含水层。矿井自2010年12月以来发生过多次矿井突水事故，根据井田冒裂带顶面至洛组含水层底面厚度等值线及突水位置图可以看出(图4)，井田所发生突水事故的位置主要分布在冒裂带顶面至洛河组底面厚度较薄(80～120 m)的区域。因此，采动冒裂带和洛河组砂岩含水层是矿井突水水害形成的两大主要充水因素。

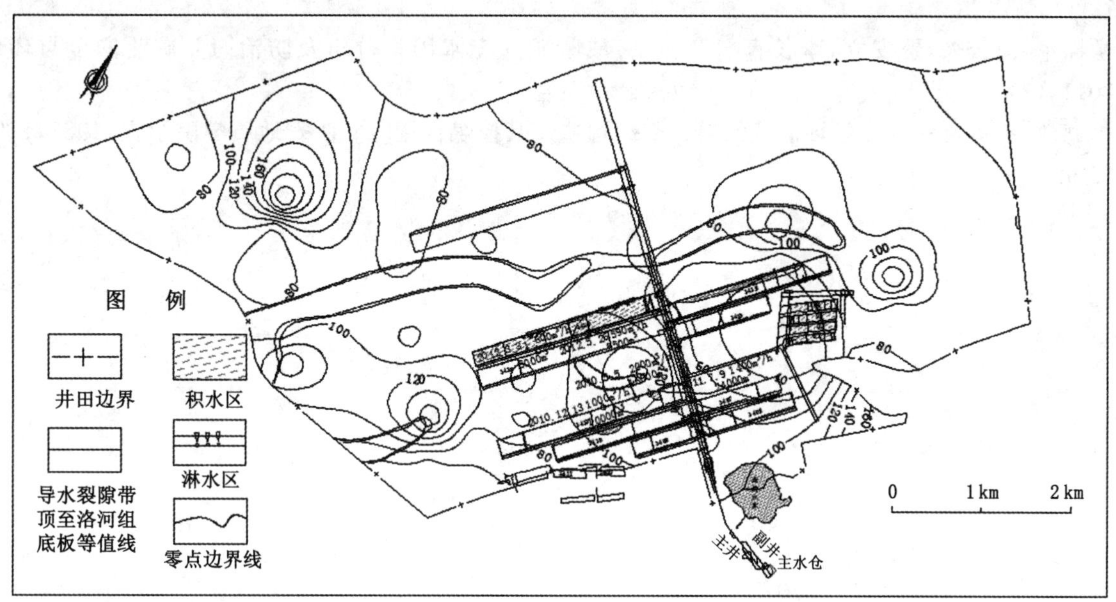

图 4　4—2 号煤层冒裂带顶面至洛河组含水层底面间距等值线及突水位置图

4.2　封闭不良钻孔

玉华井田范围的勘探钻孔终孔后，一般均用水泥封闭。一般要求煤层顶底板各封 5 m 以上。多煤层间以木桩相隔离，通过对井田精查(补充)勘探所打钻孔的检查，发现部分钻孔封孔中存在问题：对上部次要可采煤层不够重视，未进行封孔；水泥用量不够，主采煤层顶板封闭不足；孔内事故主采煤层或局部可采煤层未予封闭；木桩质量不好起不到隔离作用，上部煤层封闭质量不可靠。由于井田水文地质条件简单，开采中因钻孔造成大量涌水现象尚未发生，但在生产过程中，对于上述封孔中存在问题的钻孔仍需采取必要的安全措施，以杜绝水患。

5　结论

(1) 玉华煤矿矿井充水水源有大气降水、地表水、地下水和老空区积水等 4 类。大气降水、地表水和第四系潜水含水层等上部含水层水为矿井的间接充水水源，下部的直罗—延安组砂岩含水层水、洛河组砂岩裂隙含水层水和老空区积水为矿井的直接充水水源。其中洛河组砂岩裂隙含水层水为矿井突水的主要水源。

(2) 矿井充水通道有采动冒、裂带和封闭不良钻孔等形式，其中以采动冒、裂带为主要充水通道。

(3) 造成矿井突水的主要原因是采动导水裂隙带导通了厚度较大、富水性较好且分布不均的洛河砂岩含水层。

参考文献

[1] 樊怀仁，习小华，陈广斌. 焦坪矿区矿井水文地质条件分析[J]. 陕西煤炭，2002，(3)：12-14.

[2] 范立民. 论保水采煤问题[J]. 煤田地质与勘探，2005，33(5)：50-53.

[3] 范立民，蒋泽泉. 厚煤层综采区冒落(裂)带高度的确定[J]. 中国煤田地质，2000，12(3)：31-33.

[4] 范立民，张晓团，王英. 陕西省煤矿瓦斯地质图图集[M]. 北京：煤炭工业出版社，2012：166-187.

[5] 靳德武，刘其声，王琳，等. 煤矿(床)水文地质学的研究现状和展望[J]. 煤田地质与勘探，2009，37(5)：28-31.

[6] 王英，樊永贤，罗一夫. 崔家沟煤矿矿井充水因素分析[J]. 西安科技大学学报，2012，32(6)：722-725，742.

[7] 岳拥军，白云来，贾安立，李长青. 复杂水害威胁矿井充水因素分析及防治[J]. 矿业安全与环保，2011，(2)：63-65.

[8] 赵德政，王英，信一心. 焦坪矿区的斜向交织构造及其控煤作用[J]. 西安地质学院学报，1987，1(9)：79-92.

山西复杂条件下的三维地震勘探技术的应用

赵禄顺

（中煤科工集团西安研究院　陕西西安　710077）

摘　要　本文以山西某矿区为例，介绍了三维地震勘探在复杂条件下的三维地震勘探流程：第一是采用适合该区域的地震野外数据采集方法；第二选取适合该区域地质条件下的地震处理方法；第三选用正确的地震解释方法，从而最终取得良好的地质成果。

关键词　三维地震勘探；流程；野外数据采集

为了查明山西某矿区的地质构造格局、煤层赋存状态，为矿井设计提供可靠的地质依据，为煤矿安全生产提供地质保障，在该矿区进行了三维地震勘探。

1　勘探区地质概况

勘探区位于山西省境内，黄土冲沟发育，地表高差达 200 m，地形十分复杂，给地震施工带来不便。

地层由老至新分别为奥陶系中统峰峰组（O_2f），石炭系中统本溪组（C_2b）、上统太原组（C_3t），二叠系下统山西组（P_1s）、下石盒子组（P_1x）、上统上石盒子组（P_2s）及上第三系（N_2）、第四系（Q）。石炭系上统太原组（C_3t）为该区主要含煤地层，共有 6、10 煤两层，煤厚 1～7 m，埋深 450～860 m。根据已知钻孔得知煤层顶、底板岩性为砂岩，与煤层的物性差异较大，有利于得到较好的反射波，是完成地震勘探任务的良好条件。

2　野外数据采集

在野外施工之前，首先在勘探区的典型地貌上进行了一条二维地震勘探试验线，无论是单炮记录还是试验剖面都可见明显的煤层反射波（图 1、图 2）。通过试验选取了适合该区域的激发参数，在厚黄土区域井深设定为 12 m，红土区域井深设定为 3 m。

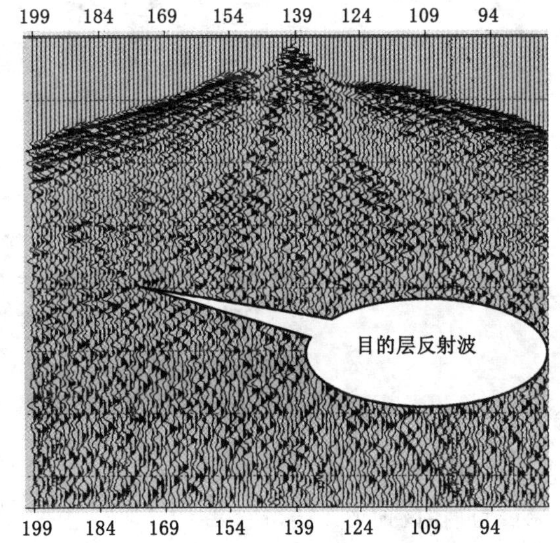

图 1　井深 12 m、药量 3 kg 单炮记录

根据试验情况、勘探区的地形和煤层的埋深确定了 8 线 10 炮的束状观测系统（图 3），观测系统主要参数为：接收道距 10 m，接收线距 40 m，炮排距为 80 m，覆盖次数 24 次。

本次三维地震勘探区村庄较多，针对这一特点进行了特殊观测系统的设计，保证了村庄下面的覆盖次数达到了原设计要求。同时在施工过程中在保证设计要求的前提下，尽可能将黄土区域的炮点挪到

作者简介：赵禄顺（1981— ），男，辽宁省丹东人，工程师，2004 年毕业于辽宁工程技术大学，现于中煤科工集团西安研究院从事煤田地质勘探，E-mail：zhaolushun@cctegxian.com。

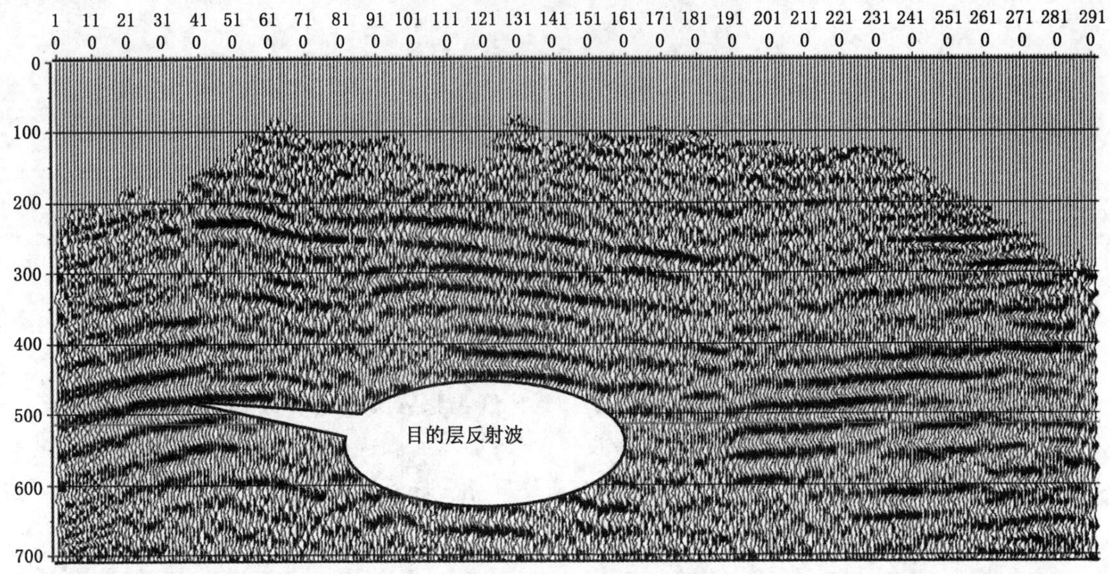

图 2　试验线时间剖面

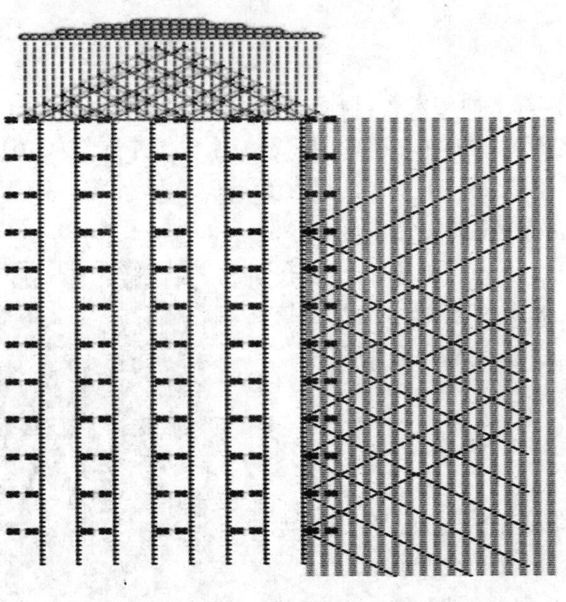

图 3　8 线 10 炮观测系统示意图

激发条件好的红土区域进行激发。

针对勘探区地形复杂，地表多为黄土、红土区域的特点采用了轻便、效率高的人工洛阳铲的成孔方式。

3　地震资料处理

本次资料处理针对原始资料的主要特征和地质任务，通过对一束地震数据的试验处理，来选用相对应的处理模块，并对处理中所选用的各个模块均进行了充分的参数测试，最终选取了适合本区资料的最佳处理流程。以下就几个重要流程作一介绍。

勘探区为典型的梁、卯状黄土丘陵地貌，地表切割剧烈，沟谷多呈“V”字形，高程变化剧烈。初至折射静校正工作成为该区资料处理的重点环节,在正式处理之前进行了多次折射静校正试验,最终选择了最佳的静校正参数,取得了很好的结果。

通过对该区单炮分析发现炮集记录中线性噪声能量较强,严重干扰到浅层反射,需要在炮集上对线性干扰进行压制,采用了叠前大倾角规则噪声压制的方式有效地压制了噪声干扰。

本次处理偏移方法选择有限差分偏移方法。有限差分偏移的效果主要决定于偏移速度,我们选用叠加速度经过转换建立偏移速度模型,并进行了反复测试和调整,用人工剔除奇异值,采用机器自身平滑,对速度的百分比进行偏移试验。经对比,我们认为 90% 偏移效果较好,偏移后断点清晰,绕射波归位准确(图 4)。

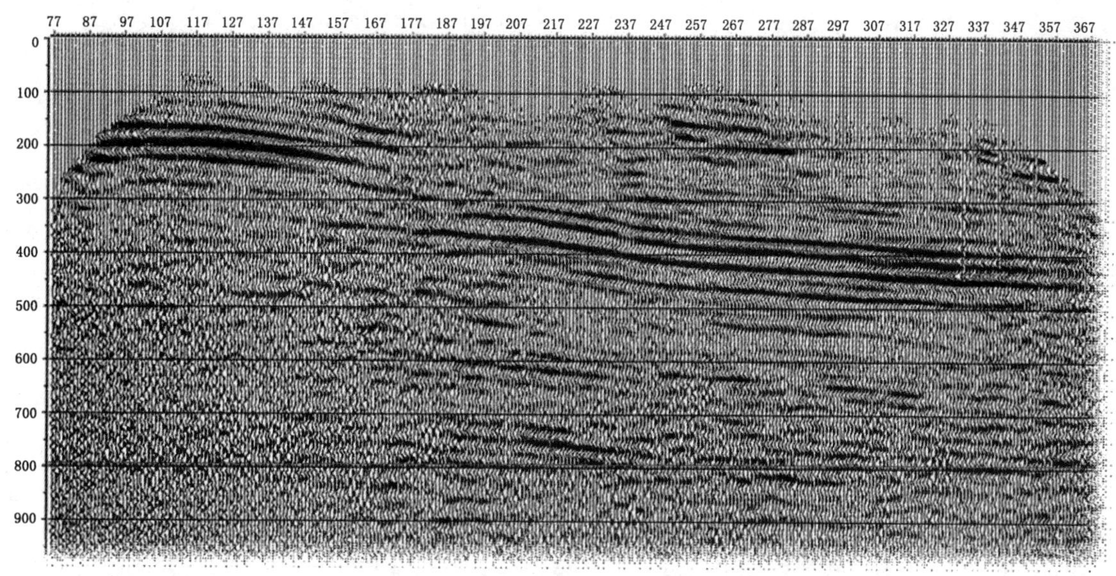

(a) 偏移前时间剖面

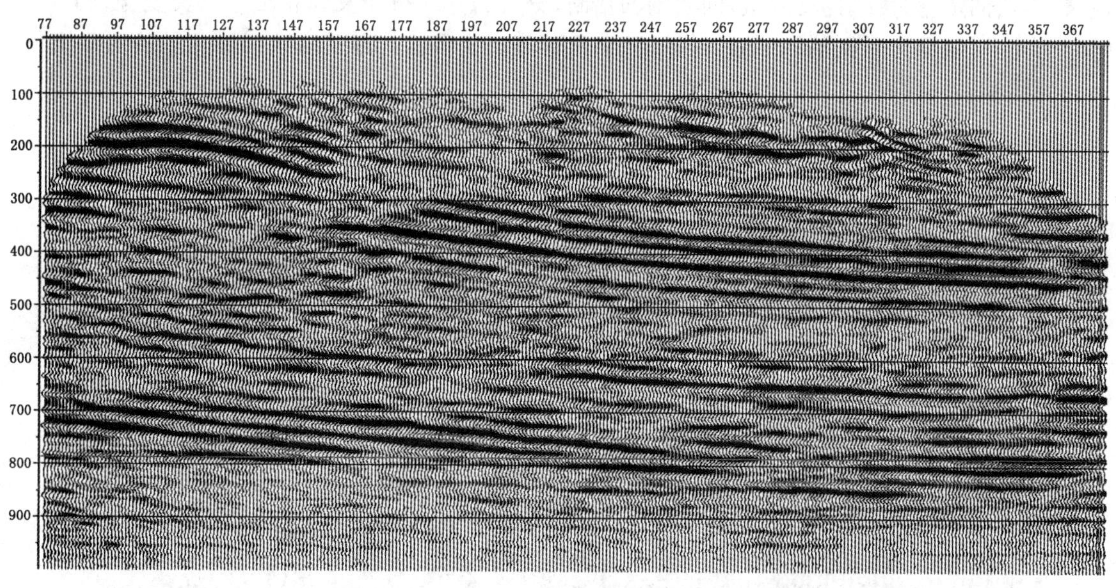

(b) 偏移后时间剖面

图 4 偏移前后时间剖面对比

4 资料解释措施

本次地震勘探使用美国斯仑贝谢公司的 Geoframe4.5 三维解释系统，对高分辨率偏移数据体进行解释。解释之前利用已知钻孔声波测井资料制作人工合成地震记录，与井旁实际地震资料进行对比，将地震波与地下地质目的层联系起来，在整个三维数据体中进行追踪解释(图 5)。解释过程中采用工作站解释和人工解释相结合，时间剖面、水平切片、面块切片解释相结合的思路和流程。在资料解释过程中物探解释人员与矿方地质人员密切配合、相互沟通，使地质成果符合矿井构造规律。

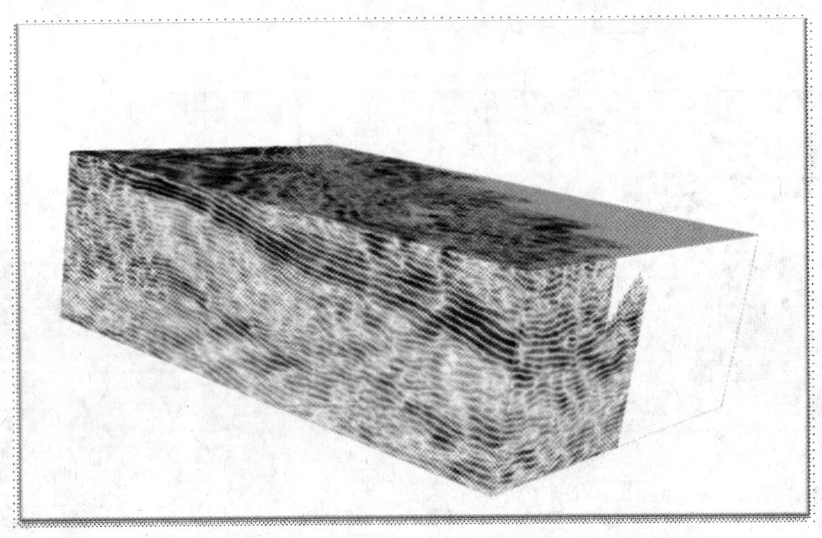

图 5　三维地震勘探数据体

本次三维地震勘探的主要地质任务之一是查明主采煤层内 5 m 以上落差的断层。在地震时间剖面上，解释断点的依据为反射波(波组)同相轴的错断、分叉、合并、扭曲及同相轴形状突变等(图 6)。在水平时间切片上，依据为同相轴的中断、错动、扭曲和频率突变等。大断层表现为同相轴的明显错断，小断层表现为同相轴的错断、分叉、合并、扭曲等。

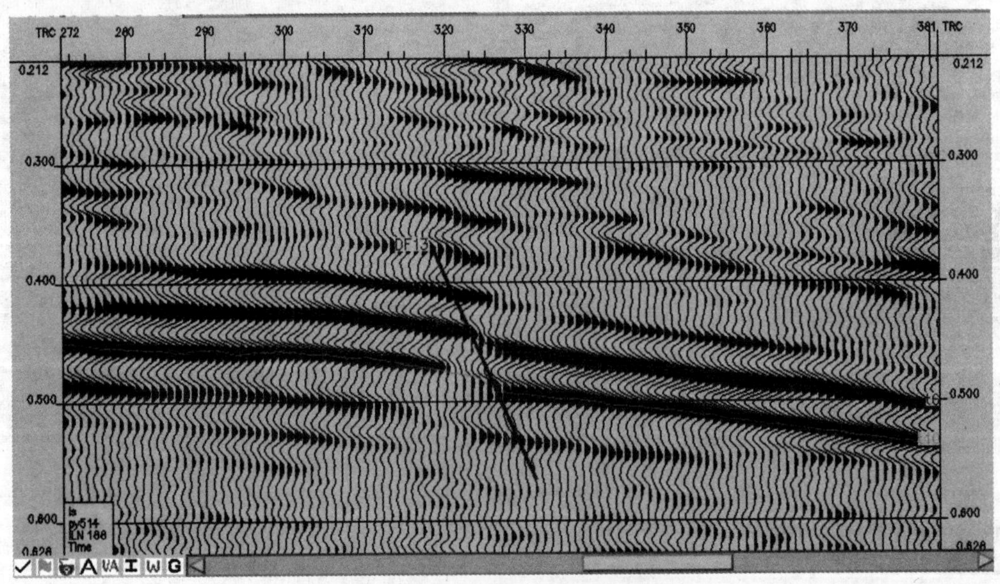

图 6　断层在时间剖面上的反映

本次三维地震勘探的主要地质任务之二是查明煤层内直径大于 20 m 的陷落柱。陷落柱体内地层与正常地层相比在连续性、产状、岩性等方面存在很大的差异，这些物性差异是形成异常地震波的基础，如绕射波、延迟绕射波、侧面波等，皆可用做识别和判定陷落柱及其范围的依据。

解释陷落柱的关键是正确解释出陷落点。陷落点是指在地震时间剖面上陷落地层与正常赋存地层的分界点(图 7)。在地震时间剖面上解释陷落点的主要依据有：

① 反射波或反射波组终止；

② 反射波同相轴扭曲或产状突变；

③ 反射波同相轴产生分叉、合并和圈闭现象；

④ 反射波相位转换或反射波振幅突变；

⑤ 特殊反射波的出现，如绕射波、延迟绕射波、侧面波等；

⑥ 两边的陷落点似一对逆断层。

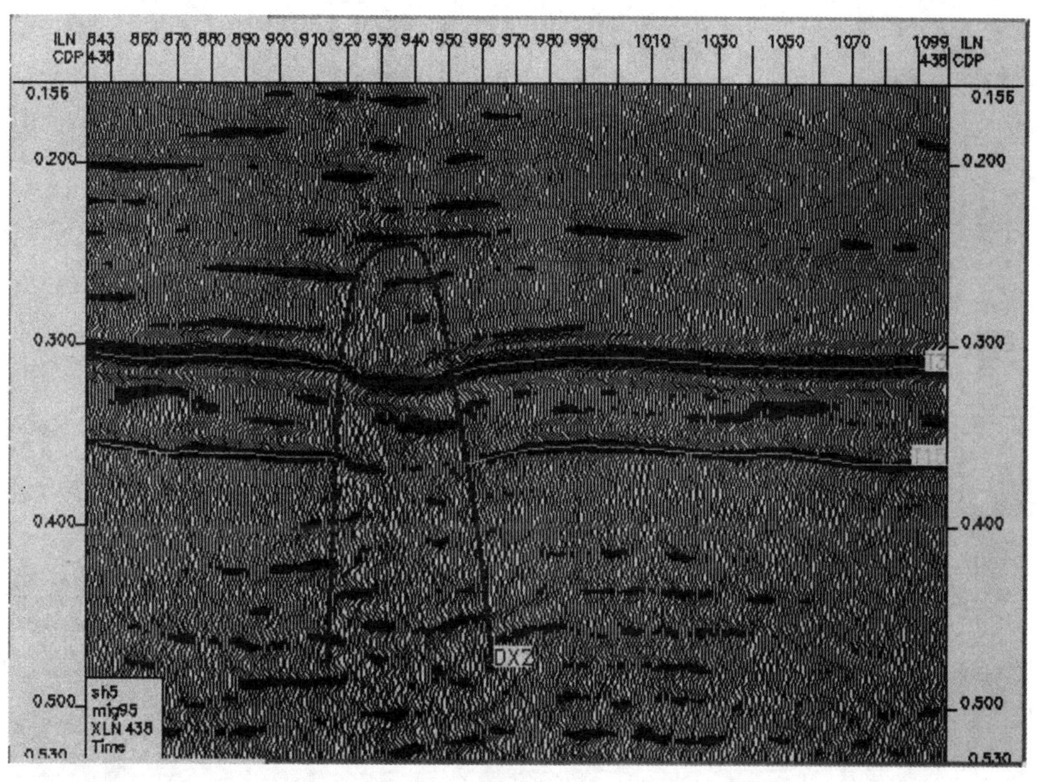

图 7　陷落柱在时间剖面上的反映

5　地质成果

该勘探区三维地震勘探共施工线束 8 束，物理点 1 930 个，控制区域全部达到 24 次覆盖。本次三维地震勘探，针对区内地表施工条件非常复杂的特点，使用了正确的施工方法、合理的观测系统和各项采集参数，获得了品质较好的原始资料，在经过精细处理和解释后，取得了真实的地质资料。

(1) 查明了勘探区内主采煤层落差大于 5 m 的断层，全区共解释断层 19 条，均为正断层，其中大于 10 m 的断层 5 条，在 5～10 m 之间的断层 14 条。

(2) 查明了勘探区内主采煤层的总体构造格局为一由西南向东北倾斜的单斜构造。

(3) 区内未发现陷落柱。

6 结束语

本次三维地震勘探在复杂的山区和村庄较多的不利条件下，通过一系列技术手段克服了不利条件，取得了较好的资料，为类似地区及条件下的三维地震勘探技术积累了一定的经验。

参考文献

[1] 韩洪涛. 黄土覆盖较厚山区三维地震勘探的应用[J]. 煤炭技术，2011，4(30)：142-144.

浅议裂隙对煤体力学强度的影响

刘　亮　孙振军

（河南能源化工集团永煤公司车集煤矿　河南永城　476600）

摘　要　煤体中存在各种裂隙，在研究煤体力学强度的过程中往往忽视了裂隙的作用。文章从理论分析裂隙影响下的煤体力学强度并结合在实验室对某矿某煤层的主要力学特征参数进行测试，说明裂隙对煤体强度的影响。

关键词　煤体；裂隙；强度

1　引言

尽管早在19世纪人们就已经认识到煤中裂隙的存在，20世纪的前期亦有关于煤中裂隙研究的报道，但进展缓慢。直到20世纪60年代，苏联Ammosov等人的《煤中裂隙》一书问世，标志着煤田地质学领域对煤中裂隙的研究在方法和理论上达到了相对系统、成熟阶段。始于20世纪70年代的煤层气勘探开发，使煤中裂隙的研究产生了质的飞跃。近30年来，关于煤中裂隙的研究成果大量出现 。

煤体是一种天然体，在成煤过程中和长期地质应力的作用下，生成大大小小的裂隙，煤中裂隙一般分为内生裂隙和外生裂隙。外生裂隙多与构造运动有关；内生裂隙，亦称割理，主要受内在因素制约，内生裂隙在一定条件下可向外生裂隙转化，形成过渡型裂隙。裂隙的存在使煤体显示出构造上的不连续和不均质，性质上的不连续和各向异性，改变了煤体的力学属性，影响了岩体强度。研究煤层裂隙，推测煤岩体的稳定性，保证煤矿安全高效生产都有实际意义。

2　经典理论

2.1　Mohr-Coulomb 强度理论

Mohr-Coulomb强度理论是岩体力学中最常用的理论，该强度理论认为，材料达到极限状态时，某剪切面上的剪应力达到一个取决于正应力与材料性质的最大值。用摩尔应力圆来表示任意一点的应力：

$$\left(\sigma-\frac{\sigma_1+\sigma_2}{2}\right)+\tau^2=\left(\frac{\sigma_1-\sigma_2}{2}\right)^2 \tag{1}$$

我们把应力圆和强度曲线联系起来，建立强度准则：

$$\tau=f(\sigma) \tag{2}$$

摩尔强度理论比较全面地反映了岩石的强度特性，它反映了岩石的抗拉强度远小于抗压强度。

2.2　Griffith 强度理论和修正的 Griffith 强度理论

大多数理论均把岩体材料看做连续的均质介质。实际上，岩体内部存在着许多细微裂隙，在力的作用下，这些细微裂隙周围，特别是裂隙尖端产生较大的应力集中，从而增加了裂隙端区域的弹性能。当由应力集中造成的弹性能积累到能使岩体沿裂纹扩展所做阻力功，岩体材料将沿裂纹开裂。Griffith通过对材料及裂隙进行简化，提出了自己的强度准则。其表达式为：

$$\tau^2 = 4\sigma_t(\sigma_x - \sigma_y) \tag{3}$$

其中，τ 为裂隙表面的剪应力；σ_t 为材料的单轴抗拉强度；σ_x，σ_y 为材料的单轴抗压强度。

式(4)用最大、最小主应力 σ_1，σ_3 表示为：

$$-2\sigma_t = \frac{\sigma_1 + \sigma_2}{2} - \frac{\sigma_1 - \sigma_2}{2}\cos 2\beta \pm \left(\frac{\sigma_1^2 + \sigma_3^2}{2} - \frac{\sigma_1^2 - \sigma_2^2}{2}\cos 2\beta\right)^{1/2} \tag{4}$$

当 $\sigma_1 + 3\sigma_3 \geqslant 0$ 时，$\dfrac{(\sigma_1 - \sigma_3)^2}{\sigma_1 + \sigma_3} \geqslant -8\sigma_t$；

当 $\sigma_1 + 3\sigma_4 < 0$ 时，$|\sigma_3| \geqslant |\sigma_t|$。

上述 Griffith 强度理论是以裂隙张开为前提条件的。实际上，在压力作用下，材料中的裂隙将趋于闭合，而闭合后的裂隙面上将产生摩擦力，此时的裂隙扩展不同于张开裂隙。据此，Meclintock 对 Griffith 强度理论进行了修正，其强度条件为：

$$\sigma_1 = \frac{\sqrt{1 + f^2} + f}{\sqrt{1 + f^2 - f}}\sigma_3 + \sigma_c \tag{5}$$

其中，$f = \tan\theta$，θ 为裂隙闭合后的内摩擦角。

Mohr-Coulomb 强度理论是岩体力学中最常用的理论，把岩石的受压、受剪的应力状态与强度条件结合起来，用于判断岩石某种应力状态下是否发生破坏及破坏面的方向时，是很方便、很简单的。但岩体中存在结构面时，会严重影响岩石的强度，Mohr-Coulomb 这种应用最广泛的岩体强度理论没有反映这一特征。基于裂隙对材料破坏的影响，产生了 Griffith 强度理论和修正的 Griffith 强度理论，结合岩石实际内部结构，考虑裂隙对岩石破坏的作用。

3 裂隙面上受力分析

3.1 闭合裂隙受力分析

闭合裂隙面上、下闭合，可将其看成裂纹，如图 1 所示。设在单元体中作用有应力 σ_x、σ_y、σ_{xy}，则作用在裂纹法线方向和切线方向的外荷载分量 σ_n、τ_n 为

$$\sigma_n = \sigma_x\cos^2\beta + \sigma_x\sin^2\beta + \tau_{xy}\sin 2\beta \tag{6}$$

$$\tau_n = (\sigma_y - \sigma_x)\sin\beta\cos\beta + \tau_{xy}\cos 2\beta \tag{7}$$

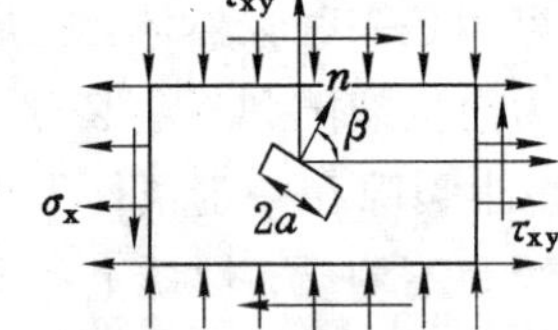

图 1 裂纹受力模型

式中，β 为裂纹面法线方向与 x 轴正向逆时针的夹角。

在外荷载作用下，闭合裂纹上、下表面间相互作用有正应力 σ_n' 和剪应力 τ_n'，其关系为：

$$\sigma_n' = \sigma_n' \tag{8}$$

$$\tau_n' = C_j + \sigma_n'\tan\varphi_j \tag{9}$$

式中，C_j 为节理面上的黏聚力，φ_j 为节理面的内摩擦角。

当 $\tau_n < C_j + \sigma_n\tan\varphi_j$ 时，上下节理面只有相对滑移的趋势，不发生沿切向的相对位移；此时，节理面不破坏，从而岩体亦不发生破坏。当 $\tau_n = C_j + \sigma_n\tan\varphi_j$ 时，节理面上下相对滑动，节理面上阻止滑动的最大摩擦力即为作用面上的反力，即有 $\tau_n' = C_j + \sigma_n\tan\varphi_j$。此时，裂隙面滑移。

3.2 张开裂隙受力分析

张开裂隙存在两种状态，一是充填有裂隙水，二是充填无裂隙水，这两种裂隙在受压作用下闭合时，在闭合过程中受力方式有所区别。张开裂隙有水充填时，在闭合过程中要克服孔隙水压力 μ_0。

当 $|\sigma_n| \geqslant |\mu_0|$ 时，裂隙面闭合，其分析方法同闭合裂隙。当 $\tau_n < C_j + (\sigma_n - \mu_0)\tan\varphi_j$ 时，裂隙面有滑动的趋势，但不发生相对滑动，从而岩体不发生破坏；当 $\tau_n = C_j + (\sigma_n - \mu_0)\tan\varphi_j$ 时，裂隙面发生剪切滑动。

当 $|\sigma_n| < |\sigma_n'|$ 时，裂隙面张开，此时裂隙面上抗滑力应该不计及裂隙面的黏聚力 C_j，即 $\tau_n' = (\sigma_n -$

μ_0)tan φ_j。当 $\tau_n<\tau_n'$时，裂隙面有滑移的趋势，但不发生破坏。当 $\tau_n=\tau_n'$时，裂隙面发生剪切滑移。

当裂隙面不含水时，则 $\mu_0=0$，上述含裂隙水时的分析仍然适用。

对于受拉应力作用的裂隙，当裂隙面闭合时，如果 $\sigma_n<\sigma_t$，裂隙面不拉开，传递全部拉应力。当 $\sigma_n<\sigma_t$ 时，裂隙面被拉开，有裂隙承担拉应力。其中，σ_t 为裂隙面的抗拉强度。对于受拉应力作用的张裂隙，也有同样的结果。

至此，当裂隙面上的拉应力或是剪切力满足一定要求时，裂隙面发生拉坏和剪切破坏。

4 实验室试验

4.1 矿井研究与取样

某矿某层煤内不含夹矸层，煤中内生裂隙的线密度为每 5 cm 2～3 条，内生裂隙面的高度大多为 1～2 mm，部分内生裂隙被方解石脉充填。内生裂隙面平直，均为煤变质过程中煤中次生流体释放所致。次要内生裂隙面不发育，外生节理稀少。

对不同煤岩类型按其相应的煤岩分层取样。为研究煤物理力学的各向异性特征，在同一煤岩类型中按样品柱面与层理面、主内生裂隙面与次要内生裂隙面三个相互垂直的面的不同方向钻取（图 2）。煤样采用 $D=5$ cm 的柱体样。为有效控制在取样过程中产生人为裂隙，在矿井下采用打眼机定向密集钻眼获取大块试样，再按上述要求钻取试验用样品。实践证明获取的样品完全符合有关规程的要求。

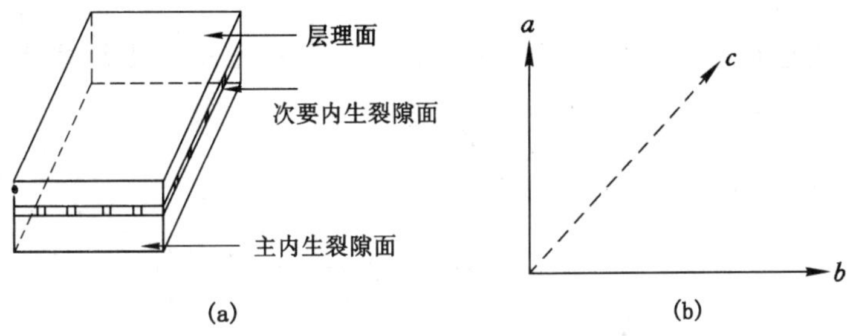

图 2 (a) 层理面、次要内生裂隙面、主内生裂隙面；(b) 与柱体样轴心平行的 a,b,c 轴

4.2 室内分析测试

室内分析测试的项目包括：抗压、抗拉和抗剪强度，常规三轴试验强度、荷载—位移全过程分析、史氏压入硬度和坚固性系数测定等。

表 1　　煤力学强度参数各向异性对比表

	抗拉强度/MPa	抗压强度/MPa	抗剪强度/MPa	三轴试验强度/MPa	史氏硬度/MPa
试样柱面垂直层理面 a	0.845	31.47	3.03	2.05	584
柱面平行层理面和垂直主内生裂隙面 b	0.496	13.18	3.13	2.20	414
柱面平行层理面和主内生裂隙 c 面	0.439	11.01	2.95	1.65	516

5 结论

(1) 煤体有无裂隙及裂隙的发育情况都不同程度地影响煤体的强度。裂隙是煤体中易破坏的地方，岩体受力时，裂隙处会产生集中力。在研究煤体强度时不能只考虑型煤的强度，而忽视裂隙的存在。

(2) 研究裂隙对煤体强度的影响，利用在钻芯取煤样过程中，合理选择煤层及钻孔位置，提高取样成功率。

(3) 裂隙方向与其他方向上岩体的性质呈现出不同程度的差异。裂隙造成煤体各向异性,在布置采煤工作面时要充分利用煤体的各向异性,在易压入面布置工作面有利于提高采煤效率。

参考文献

[1] Close J C. Natural Fractures in Coal, In: Law, B. E., Rice, D. D. (Eds), Hydrocarbons from Coal[J]. AAPG Studies in Geology,1993,(38):119-132.

[2] Gamson P D, Beamish B B, Johnson D P. Coal microstructure and m-cropermeability and their effect on natural gas recovery[J]. Fuel,1993,(72):87-99.

[3] Kendall P E, Briggs H. The f. ormation of rock joints and the cleat of coal [J]. Proc R. Soc. Edinburgh,1933,(53):164-187.

[4] Laubach S E,Marrett R A, Olson J E,et al. Characterist ic and origins of coal cleat J]. A Review. Int. J. Coal Geol.,1998,(35):175-208.

[5] 鄞文清. 裂隙对岩石力学性质影响的研究[J]. 水电站设计,1991,03:28-35.

[6] 汤维. 岩体强度理论综述[J]. 山西建筑,2010,(09):111-112.

[7] 王生维,张明. 东胜煤田补连塔矿煤物理力学特性试验研究[J]. 岩石力学与工程学报,1996,04:87-91.

[8] 徐前卫. 裂隙岩体的破坏机理及其锚固效应研究[D]. 泰安:山东科技大学,2003.

[9] 徐仲官. 浅谈煤中的裂隙[J]. 煤炭技术,2004,05:90.

便携式矿井地质探测仪在煤层探测中的应用

杨希瑞

（华亭煤电股份公司华亭煤矿　甘肃平凉　744100）

摘　要　对于特厚煤层，进行分层开采。为了测定煤层厚度，合理布置巷道，利用地震波的探测与解析技术进行巷道煤层厚度的测定。通过实际探测，证明利用震波技术的反射共偏移探测和单点探测方法能够准确地探测煤层厚度，指导矿井的采掘设计。

关键词　震波技术；煤层厚度；反射共偏移探测；单点探测

掌握地质构造和煤层厚度是矿井设计、施工的前提。随着采矿技术的发展和高产高效矿井建设，采用巷探、打钻探测已不能满足生产需要，因此研究应用快速探测技术是十分必要的。KDZ 型便携式矿井地质探测仪能够及时准确地探测巷道超前的地质情况，尤其是反射共偏移和单点探测方法在华亭煤矿应用取得成功，从而解决了矿井地质探测方面的一大难题。

华亭煤矿是设计生产能力 3 000 000 t/a 的特大型高产高效矿井。所采煤层为侏罗系中下侏罗统延安组煤层，主采煤层为 5 号煤。全矿井煤层分急倾斜部分和近水平部分。急倾斜部分煤层平均厚度 52 m，倾角 45°，采用水平分层综采放顶煤开采；近水平部分煤层平均厚度 40.6 m，倾角 8°，采用走向长壁倾斜分层综采放顶煤技术开采。准确探测煤层厚度、合理分层、布置开拓巷道和回采巷道，对矿井开采和回采率提高起着决定性作用。传统的利用钻探方法探测煤层厚度，已不能适应矿井高产高效的需要。为此，华亭煤矿利用 KDZ 型便携式矿井地质探测仪进行探测，优化了采区巷道布置，提高了采区回采率，取得了良好的经济效益和社会效益。

1　探测原理及方法

KDZ 型便携式矿井地质探测仪系统主要由检波器、震源、通信存储卡、计算机等组成。该仪器主要利用弹性波勘探原理，利用震动作为弹性波波源，对被探测介质的厚度进行探测，采用自激自收解析法、瑞雷面波解析法、折射解析法及反射解析法进行数据采集和解析。这 4 种解析方法应用于仪器内核，构成仪器 4 种全自动、半自动、手动探测方法，即单点探测、双点探测、折射探测与反射探测，使仪器具有更加广泛的适用性。通过采集地震波，经仪器处理后，再经过软件解析系统的综合分析，可确定异常界面。根据地质基础资料，定性和定量确定其探测结果。针对该矿地质特点，下面主要介绍反射共偏移和单点两种探测。

1.1　反射共偏移法探测

反射共偏移法探测，又称随地声呐法，依据反射波勘探原理，在单边排列分析基础上选定最佳偏移距，采用多次覆盖观测系统进行数据采集。现场探测时是在最佳窗口内选择一个公共偏移距，采用单道小步长，保持击震点和接收点距离不变，同步移动震源和接收传感器（图 1），每激发一次接收一道波形，最后得到一张多道记录，各道具有相同的偏移距。利用这种共偏移地震剖面，可正确识别反射波同相

作者简介：杨希瑞（1969—），男，甘肃静宁县人，学士学位，高级工程师，现在华亭煤矿生产技术科任地测副科长，通讯地址：甘肃省华亭县东大街 1 号，邮编：744100，E-mail：yxr2009@163.com。

轴，由于偏移距相同，数据处理时不需作正常时差校正。这种方法施工较为简单，特别适用于探测矿井巷道或工作面煤层顶底板剩余煤厚的工作。根据反射波原理，单道观测系统有相应波路图(图2)，且它的时距曲线方程为：

$$t^2v^2=4h^2+x^2$$

式中 x——震源与接收点距离，m；

v——波速，m/s；

t——时间，s；

h——煤层厚度，m。

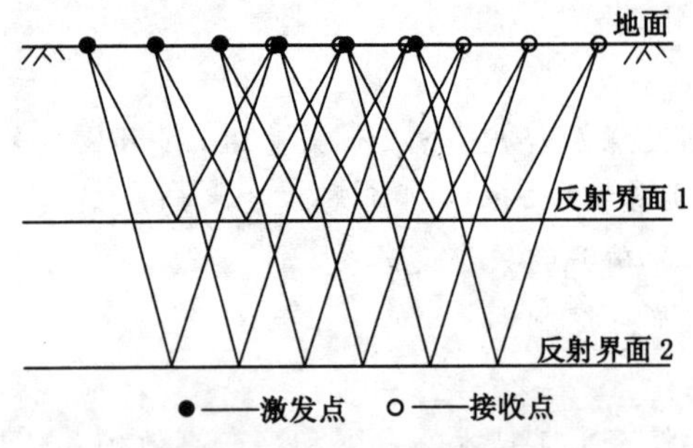

图1 反射共偏移探测示意图

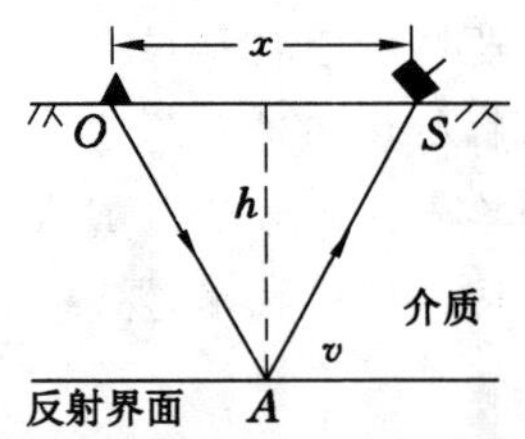

图2 单道观测系统波路图

根据测试波形求取反射相位时间，可求解探测目标体的距离，从而进行地质解释。

1.2 单点探测

单点探测，也称单点自激自收法，是源于反射地震波勘探中的自激自收方式，即反射波中偏移距为零的垂直反射形式。它是通过接收岩、煤层界面的地震波垂直反射信号，来解析计算目的层距离或厚度的。由反射波时距曲线方程：$t^2v^2=4h^2+x^2$，令 $x=0$，则 $2h=vt$。式中时间 t 可由波形记录上判读，波速 v 须是一已知数，其取值准确与否，直接影响到目的层距离或厚度探测的精度。一般来说，在一定的探测区域内，岩、煤层的垂向波速都较稳定，探测时可作波速调查，弄清各层波速分布状况，为探测解析提供依据。

2 探测技术的应用

2.1 960 m水平运输巷道底煤厚度探测

本次探测采用单道反射共偏移方法探测，以锤击为震源，偏移距选定为4 m，移动步距为1.0 m，以石门巷道的交叉点为起点，沿运输巷在靠煤层底板一侧的煤帮上向北布线，共布置测线48 m，测试长度44 m(图3)。

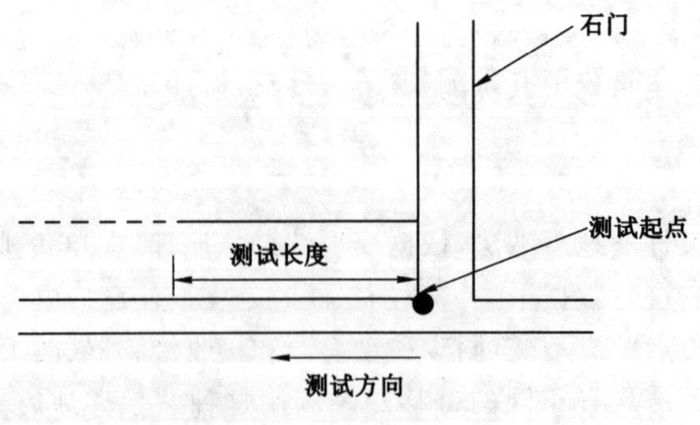

图3 探测示意图

图 4 为单道反射共偏移测试波形，图中各反射波组特征明显、清晰。在测试起点对应的波形图上，7.5 ms 附近有一连续强反射波组出现，判定为煤岩界面的反射面，掘进石门时收集的煤层底板资料距离为 6.5 m，计算出煤体波速约 1 800 m/s，经反演计算和角度换算，测线末端的界面距煤帮水平距为 6.2 m，探测精度 95%。可以看出，巷道与煤层底板的距离略呈小波浪状，煤层底板界面与煤帮的距离呈接近的趋势。

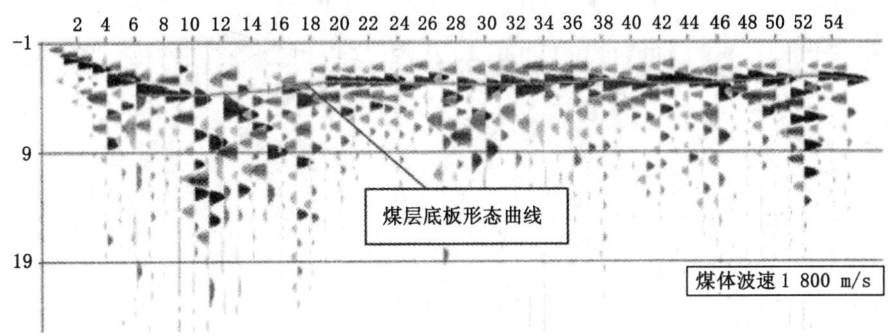

图 4　探测底板波形图

2.2　840 m 水平运输巷道底煤厚度探测

采用单道反射自激自收法进行探测，移动步距为 1 m，共布置测线 60 m，测线基本上沿着巷底在同一直线的煤体中进行测试，校正点为标定起坡点，在测线中 7 号点位置。经测定，采集到如图 5 所示的巷底测试波形。

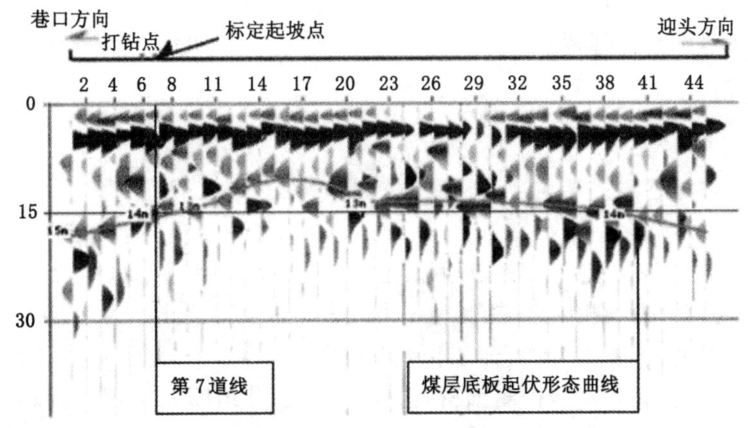

图 5　840 m 水平底煤厚度探测波形及解释结果

图 5 中煤与岩的各种反射波组特征明显，反射相位清晰，通过追踪相位，得出图中曲线，即为煤层底板起伏形态，图中第 7 道即为巷中标定起坡点位置(每道间距离为 1 m)。根据波形分析，从测试起点开始，煤厚从 15 m 变为 13 m，接着继续变薄，从 21 道开始煤层趋于稳定，基本稳定在 14 m 左右。在第 6 道所在位置打钻探测，该点煤厚为 14.5 m，探测精度为 96%，探测得出巷道底板线与煤层底板线的位置关系如图 6 所示。

2.3　840 m 水平运输巷道顶煤厚度探测

840 m 水平运输巷道顶板煤厚探测位置选在底煤探测线的 1 号和 11 号点，采用单点方法采集数据。图 7、图 8 为测试波形及结果。其探测结果分别为 19 m 和 20.5 m，因在锚杆上敲击，故需加上锚杆的长度 2 m，即顶煤厚为 21 m 和 22.5 m，探测精度为 89% 和 90%。

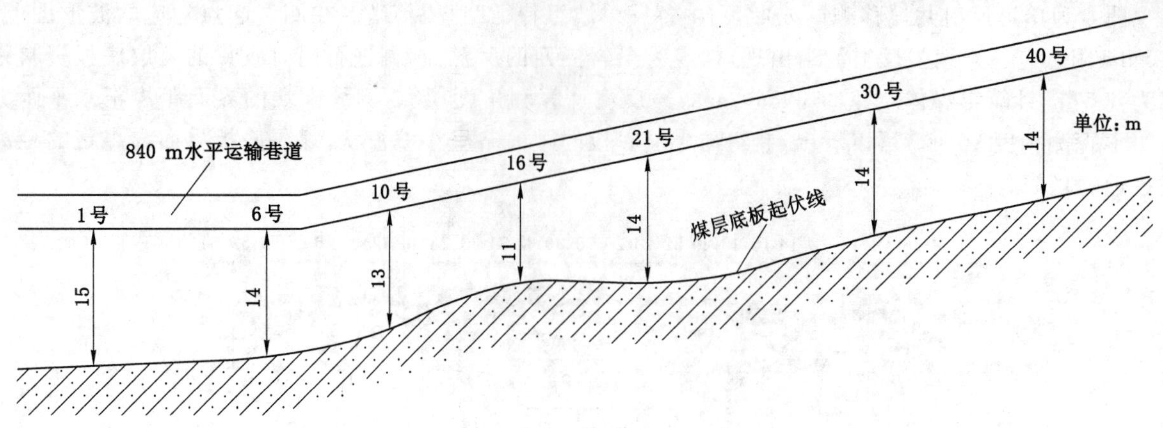

图 6　煤厚探测剖面示意图

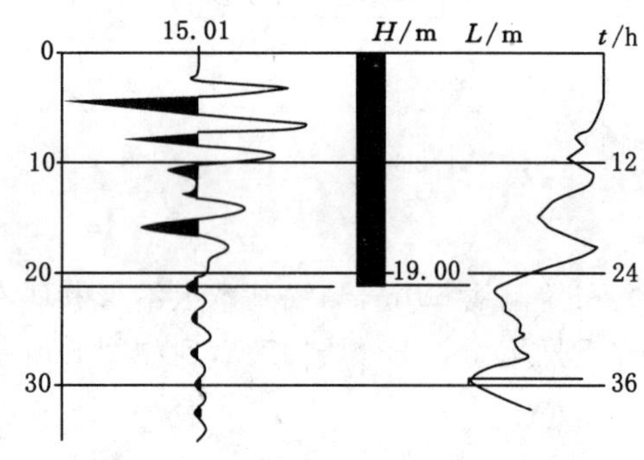

图 7　1 号点顶煤厚测试波形及结果

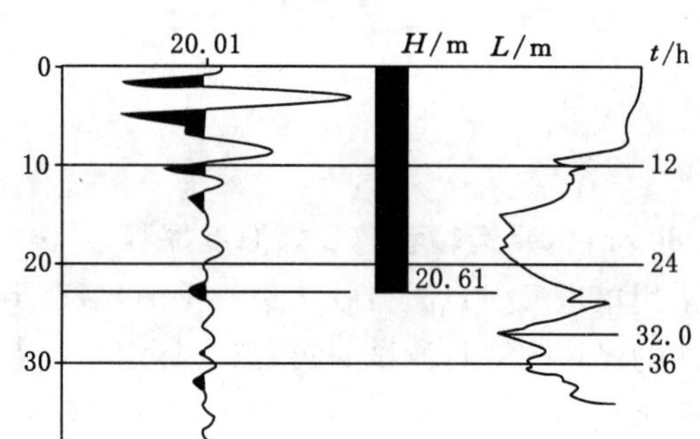

图 8　11 号点顶煤厚测试波形及结果

3　应用效果

(1) 准确程度高。通过巷道揭露和打钻验证，以上探测结果的准确度在 89%～96%之间，基本能够满足巷道设计要求。

(2) 经济效益好。与打钻探测相比较，按年掘进巷道 8 000 m 计算，每年可节约人工费和探测费 17.5 万元。震波探测与打钻探测相结合，探测精度可完全满足设计要求。一年零五个月可收回全部投资，且探测时间短，劳动强度小，探测精度好，工作效率高。

(3) 社会效益显著。应用该技术，探测细密，能保证精度，巷道布置合理，资源采出率高，能产生很好的社会效益。

4　结束语

(1) 震波探测技术的应用，为矿井高产高效矿井建设提供了保障。从目前矿井物探和矿井地质角度看，对于井下超前探测和预报工作，国内外尚无其他成熟有效的技术手段和解决方法，KDZ 型便携式矿井地质探测仪可作为前方探测与预测的一种较为理想的辅助工具，其对岩、煤层分界及异常区域具有较好的适用性。

(2) 华亭煤矿煤层的综合波速取 1 800～2 000 m/s 是较为合理的。利用震波技术进行地质探测时确定波速是关键。华亭煤矿探测时井下煤体及岩体波速是根据探测仪所测到的反射波进行选取的，与震波在岩、煤体中传播的实际波速会存在一定的误差，通过现场多次探测对比，建立矿区不同地质条件有效波速资料，可不断提高探测精度。

(3) 在进行煤层厚度探测时，利用仪器的单点和反射共偏移法进行探测是比较合理的。

参考文献

[1] 刘天放，李志聃. 矿井地球物理勘探[M]. 北京：煤炭工业出版社，1993.

[2] 刘盛东，吴军，张平松. 地下工程震波技术与应用[J]. 中国煤田地质，2001，13(3)：59，60.

[3] 王振东. 浅层地震勘探应用技术[M]. 北京：地质出版社，1988.

[4] 张平松，刘盛东，吴荣新，等. 新集三矿西部采区基岩界面探测应用与效果[J]. 淮南工业学院学报，2002，22(2)：1-3.

煤矿开采

煤矿巷道底板预应力锚注加固机理及应用

张　辉[1]　康红普[2]

(1. 河南理工大学 能源科学与工程学院　河南焦作　454003;
2. 天地科技股份有限公司开采设计事业部　北京　100013)

摘　要　针对巷道底鼓防治技术发展的研究现状及存在的问题,提出了底板下锚上注预应力锚索加固方法。得出了下锚上注预应力锚索对底板的加固是通过锚索锚固圈、注浆内加固圈和注浆外加固圈之间的相互叠加,实现对底板松散破碎围岩的强力加固,使底板围岩达到多层加固的原理;根据巷道底板所处的特殊环境,确定了底板下锚上注预应力锚索锚固长度的计算公式及锚索自由段注浆压力及单孔注浆量的算法,分析了锚索搅拌头及锚固剂对底板锚索锚固性能的影响。将成果应用于实践,取得了较好的效果。

关键词　底鼓;下锚上注;预应力锚索;注浆

1　引言

煤炭资源井工开采由浅部向深部发展是客观的必然规律,随着煤炭资源开采深度及开采强度不断增加,巷道底鼓现象越发严重,成为影响巷道稳定的关键因素。强烈的巷道底鼓不仅带来大量维修工作,增加巷道维护费用,而且严重影响着矿井的正常生产。随着我国煤炭生产规模的日益扩大,开采深度不断增加,复杂岩层条件开采的机会越来越多,目前几乎每个矿井都不同程度地存在着巷道底鼓现象。底鼓引起的巷道维护量约占巷道总维护量的50%以上,某些矿井每米巷道维护费用高达数万元以上,为了治理底鼓花费了巨大的人力、物力、财力。

多年的实践经验表明,巷道底鼓的预防比治理更为重要,有效的底板加固不仅有效地控制了底鼓,而且对巷道围岩整体的稳定也起着重要的作用。目前巷道底板加固技术应用最多的是底板锚杆(索)水泥锚固、底板注浆、封闭式支架及多种方法的联合,但其施工速度慢、治理效果差、成本高等局限性成为巷道底鼓治理技术广泛应用的瓶颈。因此,研究巷道底板加固机理及控制技术对巷道底鼓治理的应用和推广具有重要的意义。

2　巷道底板预应力锚注加固原理

为了克服巷道底板加固施工速度慢、效果差、成本高的难题,实现底板的快速强力加固,提出底板下锚上注预应力锚索加固控制巷道底鼓。① 锚索下端部采用树脂锚固剂进行锚固,及时施加预紧力,提高围岩自承能力。② 返修巷道及新掘巷道底板受加固时间滞后的影响,直接底板围岩一定范围内将出现破碎现象,底板锚索自由段注浆一方面改善底板上部破裂岩体的结构及力学性能,另一方面锚索实现了全长锚固,提高锚索的锚固力,达到多层加固效果。

该种方法集中了锚索锚固和注浆的优点,锚索孔兼做注浆孔,可以实现巷道底板"锚注一体化"预应

作者简介:张辉,男,1983年生,博士,讲师,主要从事巷道矿压及其控制方面的教学和研究工作。E-mail:caikuangzhang@163.com.

力强力加固，减少底板注浆另打钻孔的麻烦，如图1所示巷道底板围岩下锚上注加固原理图。

加固原理主要包括以下几个方面：

(1) 底板锚索预应力锚固使底板围岩较大范围得到加固，不受巷道断面大小及锚固方式的限制，并及时施加预紧力，形成底板锚索锚固圈。

(2) 底板锚索自由段注浆，不仅使锚索自由段破碎围岩强度增强，提高锚索的锚固力，而且使锚索之间破碎岩体连接为一体，形成锚索注浆内加固圈。

(3) 底板锚索带压注浆，浆液在底板围岩更大范围内扩散，使得巷道两帮底角破碎岩体得到增强，提高了巷道两帮支腿的稳定性，形成锚索注浆外加固圈。

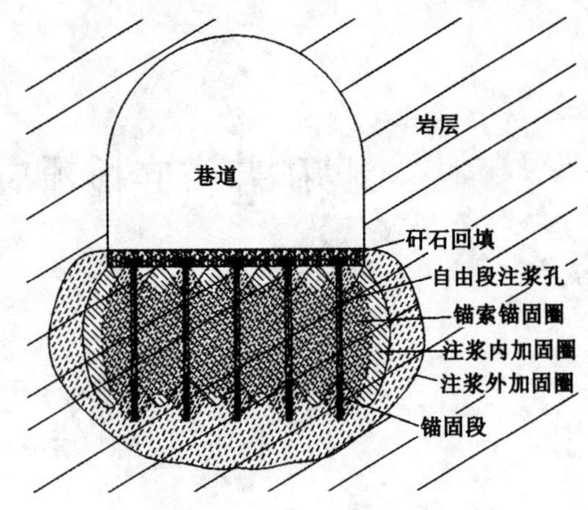

图1　巷道底板锚注加固原理图

(4) 底板锚索锚固圈与注浆加固圈形成的底板岩层加固体，可以有效控制底鼓的发生，提高了巷道围岩整体的稳定性。

底板锚索锚固圈与锚索注浆内加固圈相互叠加，使底板岩层得到强力加固，有效控制巷道底鼓的发生；底板岩体较完整的新掘巷道中，底板加固范围保持在锚索注浆内加固圈内即可，而对于返修巷道底板围岩的加固必须带压注浆，使底板岩层注浆范围控制在锚索注浆外加固圈范围内，控制巷道整体的稳定性。

3　巷道底板预应力锚注加固参数确定与影响因素分析

3.1　底板预应力锚注加固参数理论分析

巷道底板锚索预应力加固理论上具有极强的可行性，但由于巷道的地质环境及所处特殊条件，导致底板锚索孔成孔直径大、施工速度慢、支护效果差等特点。因此，底板锚索“下锚上注”的加固方法，利用锚索孔兼做注浆孔，为巷道底板快速强力主动加固提供了可行的条件。

底板锚索“下锚上注”加固的具体方法为：

(1) 底板锚索端部锚固长度计算

如图2所示底板锚索锚固方法图，底板钻孔成孔后，放入树脂锚固剂，插入锚索，利用风煤钻进行搅拌，安装锚索附件，及时施加预应力。由于锚索具有柔性结构，可以较大范围内人工搅拌；但由于受锚索孔孔径的影响，锚索前端必须固定搅拌头，才可使树脂锚固剂充分搅拌。

从底板锚索预应力锚固段锚固形式上来说属于直筒型锚固段，锚固力主要受锚索体与锚固体界面的控制，在含水的钻孔内，也可能受锚固体与孔壁岩性的控制。底板锚固长度的计算由式(1)得：

$$L = \frac{T_w S_f}{\alpha \pi D C_u} \tag{1}$$

式中　T_w——锚索施加的预紧力，KN；

D——钻孔直径，m；

L——锚固段长度，m；

S_f——安全系数；

C_u——锚固段范围内岩体含水剪切强度的平均值，kPa；

α——与锚固段岩体含水抗剪强度有关的系数。

(2) 底板锚索自由段注浆参数

首先，底板锚索锚固后，在安装锚索附件之前安装止浆塞对锚索孔孔口进行封孔，并引出注浆管；其次，回填矸石或硬化底板覆盖锚索露头；最后，为提高底板注浆效率，可以对底板锚索自由段进行集中注

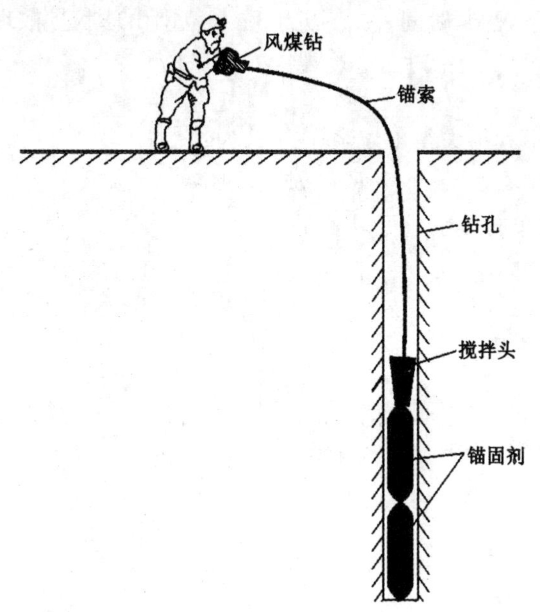

图 2 巷道底板锚索加固方法

浆，如图 3 所示底板锚索注浆示意图。

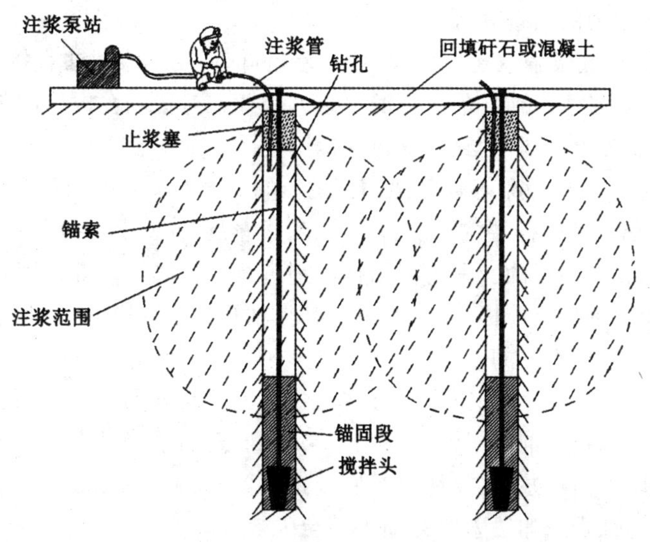

图 3 底板锚索注浆示意图

巷道底板锚索自由段注浆材料、注浆时机、注浆范围、注浆压力是影响加固效果的关键因素。① 注浆材料的选取。巷道底板锚索注浆加固主要加固底板破碎的围岩，提高底板围岩的整体性能，在注浆材料的用途和成本上分析，选取水泥进行注浆，完全可以满足需要。② 注浆时机的确定。注浆时间受底板锚索施工的限制，采用“一锚一注”的方法进行施工，即影响锚索的锚固施工，又造成注浆材料配备方面的困难；因此，底板锚索注浆必须采取“集中注浆”的方式，底板锚索锚固数排后进行集中注浆，从而克服了锚索施工及注浆材料配备方面的影响，又有利于注浆效率的提高。③ 注浆压力与注浆范围的确定。注浆压力与注浆范围受底板围岩的岩性、底板岩层发育程度、巷道围岩地应力大小、巷道断面大小及底板锚索锚固参数等来确定。注浆压力过小，浆液难以向底板围岩中扩散，难以形成注浆内加固圈，更形不成注浆外加固圈，达不到底板多重加固圈重叠的效果；注浆压力过大，给封孔工作带来困难，很可能导致跑浆、漏浆，造成浪费。

在不考虑地下水的影响下，注浆时间、注浆压力、注浆范围由球状扩散理论公式(2)得：

$$t=\frac{nr^2}{Kh}\left[\frac{\beta}{3}\left(\frac{R^3}{r^3}-1\right)-\frac{\beta-1}{2}\left(\frac{R^3}{r^3}-1\right)\right] \tag{2}$$

忽略浆液在注浆管中的沿程损失得出注浆压力 P 为：

$$P=\rho gh\times10^{-2} \tag{3}$$

设注浆管的直径为 d，则单孔注浆量可以表示为：

$$L=\frac{4\times10^2Pt^2}{m\pi d^2} \tag{4}$$

由式(2)和(3)得注浆压力为：

$$P=\frac{\rho gr^2}{10^2\times Kt}\left[\frac{\beta}{3}\left(\frac{R^3}{r^3}\right)-\frac{\beta-1}{2}\left(\frac{R^2}{r^2}-1\right)\right] \tag{5}$$

式中 t——注浆时间，s；

K——岩体渗透系数，cm/s；

β——浆液黏度与水的黏度比值；

R——浆液的扩散半径，cm；

r——注浆孔半径，cm；

ρ——浆液浓度，g/cm^3；

h——注浆压力水头，cm。

3.2 底板预应力锚注锚固力的因素分析

(1) 锚索搅拌头。由于底板锚索孔孔径大，效果差，目前矿用锚索无法直接对孔内树脂锚固剂进行充分搅拌，致使底板锚固效果达不到高预应力的要求。因此在对锚固孔内锚固剂进行搅拌时，必须设计一种特使的搅拌头固定在锚索端部，达到充分搅拌锚固剂的目的。

(2) 锚固剂。底板锚索锚固效果不仅与锚固剂的材料有关，而且与锚固剂的型号、凝固速度也有着重要影响。目前采用水泥灌浆进行端锚的方式，7 d 后才能施加预紧力，严重制约底板加固施工的速度，也未能达到及时主动支护的目的。采用树脂锚固剂进行底板锚索端部锚固，可以克服上述方式带来的问题，为及时施加预紧力提供了前提。但是，由于底板钻孔含水的影响，树脂锚固剂的直径、凝固的速度对底板锚索锚索的效果起着重要的作用。

(3) 底板注浆。由于底板围岩一定范围内比较破碎，处于结构岩体破碎带内，需要注浆进行强化；其次，受底板水的影响，树脂锚固剂对锚索的锚固效果受到限制，底板注浆在一定程度上补强底板锚索的锚固性能。锚索自由段带压注浆，不仅解决了底板钻孔困难带来的问题，而且使底板锚索全长锚固，解决了底板水对锚索的腐蚀带来的锚索应力损失甚至失效。

4 工程应用

4.1 工程地质条件

华丰煤矿－1180 东岩巷，埋深 1 300 m，煤岩层倾角 32°，巷道位于煤 8 至煤 11 之间的岩层中，沿岩层走向掘进。巷道围岩多为中砂岩，粉砂岩，局部含有二灰岩，岩石强度较高。粉砂岩岩体强度在 42.3 MPa 左右，中粒砂岩在 58.5 MPa 左右，灰岩在 62.2 MPa 左右，岩体强度较高巷道的最大水平应力为 30.27 MPa，最小水平主应力 16.78 MPa，垂直主应力为 31.82 MPa，是典型的深井高应力巷道，如图 4 所示巷道围岩综合地质柱状图。

4.2 巷道支护方案

巷道断面为直墙圆拱形，宽度 5.5 m，直墙高 1.7 m。根据巷道围岩工程地质条件，巷道多处于粉砂岩和中粒砂岩中。按照底板锚索预紧力要求，设计锚索锚固力 T_w 为 150 KN，锚索体安全系数 S_t 取

岩石名称	柱状图	厚度/m	岩性描述
煤 8		0.25	半暗煤为主
粉砂岩		6.0	灰黑色，层理发育，钙泥质胶结
二灰岩		1.5	灰色，厚层状，含泥质，质硬，贝壳状断口
煤 9		0.3	半暗煤为主
粉砂岩		2.2	灰黑色，层理发育，钙泥质胶结
中粒砂岩		4.0	灰白色，厚层状，层理不发育，泥质胶结
煤 10		0.3	半暗煤为主
中粒砂岩		10.0	灰白色，厚层状，层理发育
粉砂岩		8.7	灰黑色，性脆，局部夹细砂岩薄层或泥质透镜体
煤 11		0.8	半亮煤为主，夹暗煤及丝碳条带，夹矸为棕褐色铝矾土

图 4　巷道围岩综合地质柱状图

3.0，钻孔直径 D 为 50×10^{-3} m，含水锚固剂的抗剪强度 C_u 为 8.7 MPa，α 为 0.3，则由式(1)计算得底板锚索下端的锚固强度 L 为

$$L=\frac{150\times3}{0.3\times3.14\times50\times10^{-3}\times10.2\times10^{3}}=0.936\ \text{m}$$

利用理论计算与数值模拟相结合的方法，得出巷道底板锚索长度 5.3 m，直径 ϕ22 mm，抗拉强度 530 KN，设 t 为 20 min，K 为 1.4×10^{-5} cm/s；β 为 1.67；R 为 1.0 m，r 为 2.5 cm，ρ 为 2.57 g/cm^3 则注浆压力为

$$P=\frac{2.57\times10\times2.5^{2}}{10^{2}\times20\times60\times1.4\times10^{-4}}\left[\frac{1.67}{3}\left(\frac{60^{3}}{2.5^{3}}-1\right)-\frac{1.67-1}{2}\left(\frac{60^{2}}{2.5^{2}}-1\right)\right]=3.4\ \text{MPa}$$

因此，底板采用 2 支大直径的锚固剂 K4250 和 M4275 进行锚固，锚固长度 1.1m，底板锚索端头配有搅拌头充分搅拌树脂药卷；底板锚索排距为 1 200 mm；预紧力为 150 kN。注浆压力 3.5 MPa(根据具体条件适当调整)，水泥(425＃)浆水灰比 0.6∶1。

巷道两帮和顶板锚杆采用直径 22# 高强左旋无纵筋螺纹钢筋，长度 2.4 m。采用 2 支锚固剂进行锚固，分别为 K2550 和 M2575。锚杆排距为 900 mm，每排布置 17 根锚杆。锚杆间距 900 mm(拱顶)、750 mm(两帮)，预紧力为 100～120 kN。锚索直径为 ϕ22 mm，1×19 股钢绞线，长度 5 300 mm；顶板和两帮锚索使用 2 支 K2550 和 M2575 的锚固剂进行锚固；顶板及两帮锚索排距为 900 mm，每排布置 5 根。设计参数如图 5 所示。

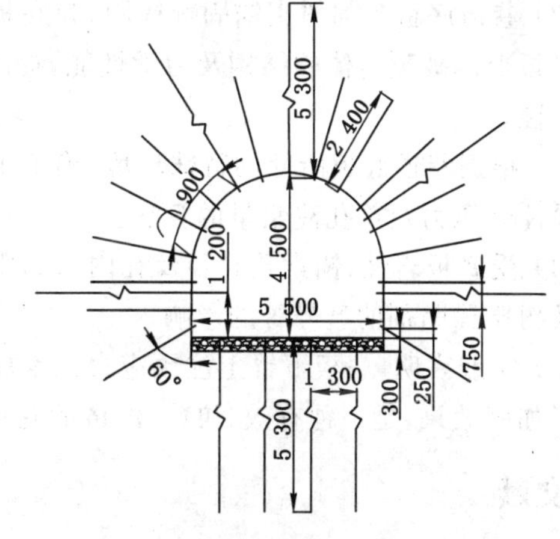

图 5　巷道围岩加固参数

4.3　巷道围岩加固效果监测

巷道掘进后，受施工工艺的限制，首先对巷道顶

板及两帮进行矿压监测，底板施工后增加底板矿压监测。巷道施工后进行了半年多的矿压监测，如图6所示。从图中看以看出，巷道围岩变形可以分为三个阶段：(1) 巷道支护初期，主要在锚杆锚索支护作用下，巷道围岩顶板及两帮围岩变形剧烈，顶板下沉量达到50 mm，两帮位移量达到100 mm，底鼓量受现场施工的限制，未能监测，此阶段属于巷道围岩变形剧变期；(2) 顶板及两帮锚索注浆后阶段，巷道围岩注浆后，使锚固区围岩的承载拱强度大大增强，有力地控制巷道围岩的剧烈变形，这一阶段巷道顶板及两帮的位移速度显著降低，此阶段属于巷道围岩渐稳期；(3) 底板锚固加固后阶段，巷道围岩得到全断面强力支护后，巷道围岩体强度大大加强，不仅有效控制了巷道的底鼓，而且使得顶板及两帮的围岩变形速度显著降低，进一步表明了加固巷道底板，有利于巷道整体的稳定性，此阶段属于巷道围岩的稳定期。

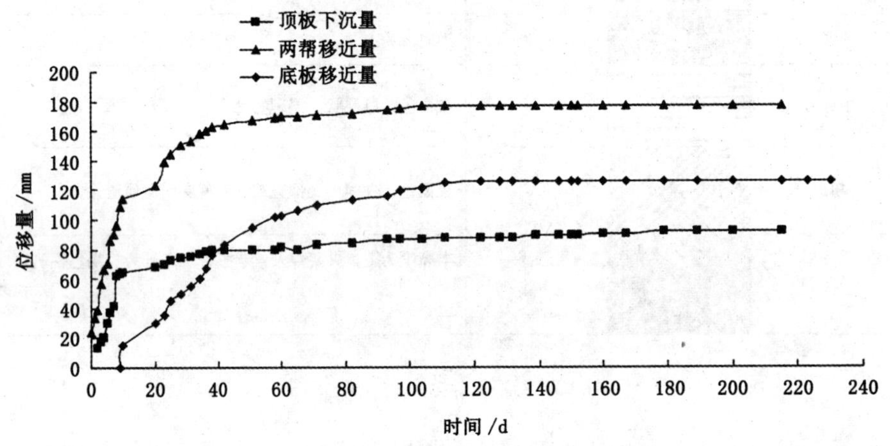

图6　巷道围岩变形量随时间变化的曲线

综上所述，巷道底板下锚上注预应力锚索加固技术不仅有效地控制了巷道底鼓的产生，对深井高地应力巷道围岩整体的稳定性起着重要的作用，而且节约了大量

的维护成本，为矿井高产高效创造了良好的条件，经济效益和社会效益十分明显。

5　结论

(1) 下锚上注预应力锚索对巷道底板围岩加固过程中形成锚索锚固圈、注浆内加固圈和注浆外加固圈；预应力锚索对底板的加固是通过锚索锚固圈、注浆内加固圈和注浆外加固圈相互叠加，实现了对底板松散破碎围岩的强力加固，使底板围岩达到多层加固的效果。

(2) 巷道底板下部树脂锚固剂锚固，为底板及时主动加固提供了可能条件；锚索自由段注浆加固，改善底板上部破裂岩体的结构及力学性能，提高锚索的锚固力，表明了巷道底板下锚上注锚索加固技术的可行性。

(3) 根据巷道底板所处的特殊环境，确定了底板下锚上注预应力锚索锚固长度的计算公式及锚索自由段注浆压力及单孔注浆量的算法。

(4) 受底板岩性、锚索孔直径及孔内水的影响，锚索的锚固性能在很大程度上取决于锚索搅拌头的形状及树脂锚固剂的型号等的影响。

(5) 实践表明，底板下锚上注预应力锚索加固方法，提高了底板加固施工的速度，降低了支护成本，保证了加固效果，是一种有效、快速、经济的巷道底鼓防治措施的有利手段。

参考文献

[1] 奥顿哥. 巷道底鼓的防治[M]. 王茂松，译. 北京：煤炭工业出版社，1985.

[2] 高明中. 巷道压曲性底臌的机理与控制[J]. 安徽理工大学学报:自然科学版. 2008，28(1)：20-24.
[3] 郭保华，陆庭侃. 深井巷道底鼓机理及切槽控制技术分析[J]. 采矿与安全工程学报. 2008(1)：91-94.
[4] 何满潮，张国锋，王桂莲，等. 深部煤巷底臌控制机制及应用研究[J]. 岩石力学与工程学报. 2009，28(A01)：2593-2598.
[5] 姜耀东，陆士良. 巷道底臌机理的研究[J]. 煤炭学报. 1994，19(4)：343-351.
[6] 康红普，王金华. 煤巷锚杆支护理论与成套技术[M]. 北京：煤炭工业出版社，2007.
[7] 康红普. 软岩巷道底鼓的机理及防治[M]. 北京：煤炭工业出版社，1993.
[8] 刘少伟，张辉. 倾斜煤层回采巷道上帮媒体滑移危险分析与应用[J]. 中国矿业大学学报. 2011，40(1)：14-17.
[9] 王洪立，王玉白，胡冠英. 巷道底臌的原因及防治措施[J]. 煤矿安全. 2005，36(8)：43-45.
[10] 王卫军，冯涛. 加固两帮控制深井巷道底鼓的机理研究[J]. 岩石力学与工程学报. 2005，24(5)：808-811.
[11] 王卫军，侯超炯. 综放沿空巷道底板受力变形分析及底鼓力学原理[J]. 岩土力学. 2001，22(3)：319-322.
[12] 王卫军，侯朝炯，冯涛. 动压巷道底臌[M]. 北京：煤炭工业出版社，2003.
[13] 王卫军，侯朝炯. 沿空巷道底鼓力学原理及控制技术的研究[J]. 岩石力学与工程学报. 2004，23(1)：69-74.
[14] 张振普，郭军杰. 深井巷道底鼓防治技术研究[J]. 中国煤炭. 2009(04)：61-63.

特厚煤层大采高综放面矿压及顶板破断特征分析

李化敏　蒋东杰　李东印

（河南理工大学能源科学与工程学院　河南焦作　454000）

摘　要　以不连沟煤矿特厚煤层大采高综放开采为研究背景，采用现场实测和理论分析等方法对大采高综放采场矿压及顶板运移破断特征进行了分析，建立了大采高综放采场周期来压岩层破断的力学模型，得出了液压支架工作阻力的计算方法。结果表明：大采高综放面来压时安全阀开启频繁、顶板快速下沉，额定工作阻力13 800 kN的液压支架不能满足顶板控制的需要；开采空间的增大、直接顶厚度增大，低位基本顶转化为直接顶成为悬臂梁、高位基本顶形成砌体梁，二者形成"上位砌体梁——下位倒台阶组合悬臂梁"组合结构，工作面来压强烈、动载明显、持续时间短的矿压现象是由于高位砌体梁结构滑落失稳造成的；提高支架工作阻力可特高此结构的稳定性，据其力学特征确定了液压支架的工作阻力。

关键词　特厚煤层；大采高综放；组合悬臂梁；砌体梁；支架工作阻力

1　引言

随着大采高和综放技术及装备的发展，大采高综放开采将二者有机结合，形成了我国8～15 m煤层开采的独具特色的采煤方法，成为条件适宜矿井实现安全高产高效开采的重要技术途径。近年来，很多学者对大采高综放面顶板结构进行了研究，文献3～4通过相似模拟实验和理论分析认为综放开采时直接顶岩块在渐进流动过程中能形成上位直接顶"散体拱"结构，并对"散体拱"的失稳机理进行了分析。文献5以数值模拟为手段，对综放面支护强度与采出厚度之间的关系进行了研究，认为支护强度与采出厚度成成正相关关系。文献通过理论分析，将顶板岩层分为"无变形压力岩层"和"有变形压力岩层"，认为开采厚度的增大导致"有变形压力岩层"的范围明显加大是导致矿压显现异常强烈的原因，并提出了"悬臂梁—铰接岩梁"结构，给出了特厚煤层综放开采支架工作阻力的计算式。文献8～10采用高精度微地震监测技术对塔山矿15 m特厚煤层顶板运移规律进行监测，确定了直接顶、低位基本顶、高位基本顶的位置，认为特厚煤层综放工作面高位岩层的断裂运动将强迫下位岩层的断裂运动，从而在支架上形成冲击载荷，将支架工作状态分为三类：正常情况、低位基本顶来压和高位基本顶来压，其中高位基本顶来压时所需支架工作阻力最大。可以看出，大采高综放工作面开采空间大，开采扰动过程强烈，引起顶板能量的突然释放、转移、传递的动力学过程剧烈，矿压显现明显，甚至存在支架动载冲击现象。对于特厚煤层大采高综放面覆岩破断及顶板控制的理论仍落后于现场实践，不连沟矿13 800 kN的液压支架仍不能满足顶板需求，动载现象明显，本文根据特厚煤层的开采条件，进一步研究其覆岩结构特征，旨在为大采高综放工作面顶板控制提供一种新的方法。

作者简介：李化敏（1957—），男，河南镇平人，教授，博士生导师。E-mail：lihm@hpu.edu.cn。

2 工作面概况及矿压观测分析

2.1 工作面概况

不连沟煤矿是位于鄂尔多斯准格尔煤田的千万吨级矿井，黄土高原地貌，沟壑发育。F6201 综放面为二盘区第二个回采工作面，开采 6# 煤层，煤层产状平缓，裂隙较发育，煤层厚 11～21 m，平均厚度 15.2 m，煤层倾角平均 4°。采用大采高综采放顶煤回采煤层，工作面倾向长 240 m，走向长 1 300 m，机采高度 3.8 m，放煤高度 11.2 m，采放比达到 1∶2.95。采用北煤机生产的 ZF13800/27/43 型四柱放顶煤液压支架。

2.2 矿压观测分析

采用常规方法对 F6201 综放工作面前 6 次周期来压进行观测，工作面周期来压步距统计见表 1，支架工作阻力统计见表 2。

表 1　周期来压步距统计

架号	1次	2次	3次	4次	5次	6次
9#	9.3	12.8	9.8	12.0	16.8	
16#	7.9	12.2	9.6	14.4	15.6	
37#	8.5	8.0	9.2	15.2	15.4	9.6
44#	10.2	13.6	10.4	14.8	9.6	8.2
65#	7.6	11.2	13.6	10.8	16.0	9.6
72#	12.6	11.8	15.2	15.2	10.6	8.8
93#	8.8	11.2	16.0	13.6	10.8	12.2
100#	14.4	12.4	16.4	10.4	13.0	9.4
121#	12.2	8.6	6.4	11.0	8.8	11.2
128#	11.3	12.0	13.6	11.2	8.0	
平均值	10.3	11.4	12.0	12.9	12.5	9.9
总平均值	11.5					

表 2　支架工作阻力统计

架号	正常阶段平均工作阻力/kN	来压期间最大工作阻力/kN
9#	6 531	14 338
16#	6 573	14 370
37#	7 738	15 187
44#	7 884	15 486
65#	8 213	15 600
72#	8 526	15 820
93#	8 582	15 328
100#	8 427	15 736
121#	6 958	14 282
128#	6 428	13 834
平均值	7 586	14 998

从统计数据来看，大采高综放工作面周期来压步距与普通综放面来压步距差别不大，来压步距为7.6～16.8 m，平均11.5 m；正常阶段液压支架平均工作阻力7 586 kN；来压期间支架工作阻力急剧增大，来压一般持续1～3个割煤循环，平均工作阻力达14 998 kN，动载系数平均达1.83，说明顶板活动剧烈，动载现象明显，静压小、动压大，支架安全阀开启频繁，现场观测亦显示来压期间顶板下沉速度快、下沉量大，尤其是当工作面推进速度慢时，顶板下沉量更大，存在压架危险（如图1所示），可见，额定工作阻力13 800 kN液压支架不能满足顶板控制的需求。

图1　支架活柱下缩

3　顶板结构力学分析

大采高综放面采空区覆岩运动空间大，活动剧烈，形成稳定结构的层位高，对于一次开采厚度15 m的特厚煤层，在采高较小情况下上覆能形成稳定结构的基本顶岩层转化为大采高综放情况下的直接顶，直接顶破断后不能传递水平力，但对于具有较高强度的直接顶来说易形成悬臂梁结构而作用于支架上，同时，高位坚硬岩层作为基本顶仍可形成砌体梁结构（图2）。

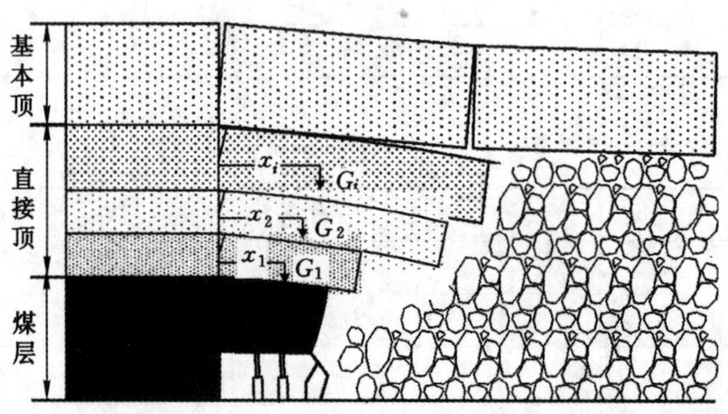

图2　大采高综放采场顶板结构

当支架工作阻力较小，难以阻止上覆顶板过大下沉量的情况下，砌体梁结构关键块将进一步下沉，迫使悬臂梁结构进一步回转，悬臂梁回转下沉导致作用于砌体梁的支护阻力减小，尤其是来压阶段，易造成砌体梁滑落失稳，从而造成工作面矿压强烈、支架冲击荷载现象，这是不连沟综放面来压强烈的主要原因。

在工作面正常回采阶段，支架仅需承受悬臂梁结构对支架的作用力。但随着工作面的推进和放煤工序的进行，悬臂梁结构会随着顶煤的放出而破断回转，此时，液压支架还需控制采场覆岩稳定的关键是控制砌体梁结构，防止其滑落失稳，因此，液压支架应提供支撑悬臂梁的阻力外，还要对砌体梁结构提供一定的支撑力，以控制悬臂梁与砌体梁大小结构的稳定。因此，有效控制顶板所需的工作阻力分为两部分，一部分用于支护低位悬臂梁结构、另一部分用于防止高位砌体梁结构失稳。

对于悬臂结构：

$$L_i = h_i\sqrt{\frac{R_{Ti}}{3q_i}} \tag{1}$$

$$G_i = L_i b h_i \tag{2}$$

$$x_i = \frac{L_{bi}}{2} \tag{3}$$

$$F_c = \gamma_m h_m b l_d + k\,\frac{\sum_{i=1}^{n} G_i x_i}{l_r} \tag{4}$$

式中 γ_m——顶煤的体积力；

h_m——顶煤厚度；

b——支架宽度；

l_d——支架顶梁长度；

L_i——第 i 层一端固定悬臂梁的长度；

R_{Ti}——岩石的抗拉强度，其值可通过实验确定；

q_i——悬臂梁单位长度上的荷载；

G_i——第 i 层悬臂梁的重量；

x_i——煤壁至第 i 层悬臂梁重心的水平距离；

l_r——煤壁至支架立柱作用中心线的距离；

γ_i——第 i 层悬臂梁的体积力；

k——考虑相邻支架前移后的设计系数，取 1.10～1.25；

b——液压支架的宽度，1.75 m；

F_c——支架需承担悬臂梁作用力。

对于砌体梁结构：

$$F = \left[2 - \frac{l\tan(\varphi - \theta)}{2(h - s)}\right] Q_0 b \tag{5}$$

式中 l——周期来压步距；

φ——岩块间的摩擦角；

θ——岩块破断角；

h——关键块的层厚；

s——关键块的下沉量；

Q_0——关键层自身及其上控制岩层的荷载。

综合(4)和(5)式，大采高综放面支架工作阻力的计算表达式：

$$F = \left\{\gamma_m h_m l_d + \frac{k h_i^2}{2 l_r}\sqrt{\frac{R_{Ti}}{3q_i}} + \left[2 - \frac{l\tan(\varphi - \theta)}{2(h - s)}\right] Q_0\right\} b \tag{6}$$

4 支架工作阻力的确定

F6202 综放面煤层柱状图如图 3 所示，液压支架工作阻力的确定方法按照上述力学模型计算。

按式(7)可计算直接顶的厚度：

$$\sum h = \frac{1 - p}{1 - k_p} M \tag{7}$$

式中 $\sum h$——直接顶厚度；

M——煤层厚度，15 m；

p——工作面回采率，80%；

k_p——直接顶岩层碎胀系数，1.15～1.30，按直接顶岩性取1.25计。

根据F6202开采条件，垮落的矸石能充满采空区需直接顶厚度48 m。因此，煤层上方厚度为5.1 m的粗砂岩及6.9 m的细砂岩两次硬岩均不能形成砌体梁结构，而转化为直接顶。

顶煤上方的炭质泥岩、风化煤、泥岩、炭质泥岩四层岩层强度不大，但底部的炭质泥岩形成长度较短悬臂仍会对其上方的三层岩层起支撑作用，形成第一层组合悬臂梁；以此类推，其上的粗砂岩和泥岩会组合形成第二层组合悬臂梁；上部的细砂岩强度较大，细砂岩、泥岩互层形成第三层组合悬臂梁。各悬臂梁长度可按(1)计算，三层不同长度的组合悬臂梁形成“倒台阶组合悬臂梁”，共同作用于支架，支架上方的顶煤作为静荷载作用于支架。F6202综放面直接顶形成的“倒台阶组合悬臂梁”结构如图4所示。

岩石名称	柱状	厚度/m	累厚/m
细砂岩		12.15	174.25
玄武岩		4.30	178.55
砾砂岩		14.30	192.85
泥岩		1.75	194.60
细砂岩		3.40	198.00
泥岩		5.20	203.20
细砂岩		6.90	210.10
泥岩		2.95	213.05
粗砂岩		5.05	218.10
泥岩		3.70	221.80
碳质泥岩		2.30	224.10
风化煤		0.75	224.85
碳质泥岩		1.80	226.65
煤		1.20	233.85
碳质泥岩		0.35	234.20
煤		7.80	242.00
粗砂岩		3.00	245.00
泥岩		1.15	246.15
粗砂岩		4.00	250.15

图3 煤层柱状图

根据直接顶岩层的性质可计算出悬臂岩梁的长度，结合公式(1)～(4)，支架承担顶煤及直接顶悬臂梁作用的工作阻力为：

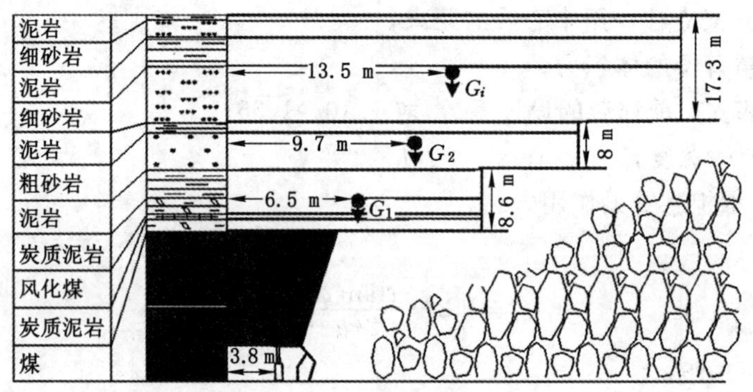

图4 倒台阶组合悬臂梁结构

$$F_c = \gamma_m h_m b l_d + k \frac{\sum_{i=1}^{n} G_i x_i}{l_r} \tag{8}$$

顶煤的体积力14 kN/mm³，顶煤厚度为11.2 m，支架宽度为1.75 m；支架顶梁长度为5.5 m，煤壁至支架立柱作用中心线的距离3.8 m，将其他参数带入式(8)：

$$F_c = 1509.2 + 5894.5 = 7403.5 \text{ kN}$$

这也是支架在正常阶段，支架工作阻力集中在6 500～8 500 kN的原因。

在工作面来压阶段，为防止高位砌体梁结构失稳的支护阻力按式(5)计算，工作面平均周期来压步距11.5 m，岩块间摩擦角取45°，岩块破断角取0°，关键岩块下沉量3.54 m，关键岩块厚度14.3 m，则计算得 F_z 为8979.6 kN

可见，支架有效控制顶板的工作阻力为支撑悬臂梁的支撑力 F_c 和防止砌体梁滑落失稳的支护力

F_z之和，16 384 kN。

F6202大采高综放面将支架安全阀开启压力调高10%至15000 kN后，来压期间支架安全阀开启、顶板下沉及煤壁片帮现象得到缓解，说明支护阻力增大能有效提高“下位倒台阶悬臂梁—上位砌体梁”组合结构的稳定性。

5 结论

(1) 15 m特厚煤层大采高综放面，顶板扰动空间大，正常回采阶段支架平均工作阻力7 586 kN；来压期间支架平均工作阻力14 998 kN，动载明显，顶板下沉速度快。静压小、动压大、来压安全阀开启频繁，工作面停滞易造成支架压死。

(2) 特厚煤层大采高综放面开采空间大，直接顶厚度增大后能形成“上位砌体梁—下位倒台阶组合悬臂梁”的大小结构，工作面正常回采阶段时支架仅需承受悬臂梁结构对，来压阶段，砌体梁失稳致使支架受力骤然增大、动载明显。

(3) “下位悬臂梁”结构并不是悬臂梁的简单组合，而是根据直接顶岩层岩性差异形成“倒台阶组合悬臂梁”。

(4) 根据“上位砌体梁—下位倒台阶组合悬臂梁”结构模型确定特厚煤层大采高综放面支架工作阻力为16 384 kN，提高支架工作阻力能有效控制顶板结构的稳定，减缓顶板下沉现象。

参考文献

[1] Chen J S, Peng S S. Design of longwall face support by use of Neutral Network Models. Trans the institute of mining and metallurgy, section A, Mining Industry, 1999 A143～152.

[2] Chen J S, Mishra M, Zabrosky C, at al. Experience of longwall face support selection at RAG American Coal Company. Proceedings of Longwall USA Conference & Exhibit, June 1999: 53～77.

[3] Syd S. Peng Coal Mine Ground Control[M]. Printed in the United States of America, 2008, 348～353.

[4] Syd S. Peng. Longwall Mining[M]. Printed in the United States of America, 2006, 150～153.

[5] 孔令海，姜福兴，刘杰. 基于高精度微震监测的特厚煤层综放面支架围岩关系[J]. 岩土工程学报，2010，32(3)：401-407.

[6] 孔令海，姜福兴，王存文. 特厚煤层综放采场支架合理工作阻力研究[J]. 岩石力学与工程学报，2010，29(11)：2312-2318.

[7] 孔令海，姜福兴，杨淑华，等. 基于高精度微震监测的特厚煤层综放工作面顶板运动规律[J]. 北京科技大学学报，2010，32(5)：552-558,588.

[8] 李红涛，刘长友，汪理全. 上位直接顶“散体拱”结构的形成及失稳演化[J]. 煤炭学报，2008，33(4)：378-381.

[9] 李红涛，刘长友，汪理全. 综放采场直接顶垮落成拱机理相似模拟研究[J]. 煤炭科学技术，2007，35(6)：95-98.

[10] 毛德兵，姚建国. 大采高综放开采适应性研究[J]. 煤炭学报，2010，35(11)：1837-1841.

[11] 毛德兵. 综放支架支护强度与煤层采出厚度关系的研究[J]. 煤炭科学技术，2009，37(1)：41-48.

[12] 钱鸣高，石平五. 矿山压力与岩层控制[M]. 徐州：中国矿业大学出版社，2003，85～90，156.

[13] 闫少宏，尹希文. 大采高综放开采几个理论问题的研究[J]. 煤炭学报，2008，33(5)：481-484.

[14] 闫少宏. 特厚煤层大采高综放开采支架外载的理论研究[J]. 煤炭学报，2009，34(5)：590-593.

[15] 于雷，闫少宏，刘全明. 特厚煤层综放开采支架工作阻力的确定[J]. 煤炭学报，2012，37(5)：737-742.

千万吨矿井安全高效综采装备技术

王国法　李明忠

（天地科技股份有限公司开采装备技术研究所　北京　100013）

摘　要　总结了近年来千万吨矿井安全高效综采装备技术发展的概况和创新成果，介绍了大采高和超大采高综采成套装备技术、特厚煤层大采高放顶煤成套装备技术、薄煤层自动化综采成套装备技术、综采智能化系统开发与应用和综采工作面智能化降尘系统等6个方面，并提出了我国千万吨矿井高效开采装备技术的发展方向。

关键词　综合机械化开采；千万吨级矿井；装备；安全高效开采

0　引言

煤炭是我国的主体能源，在一次能源结构中占70％左右。在未来相当长时期内，煤炭作为主体能源的地位不会改变。2012年全国原煤产量已达36多亿吨，预计在到2015年煤炭产消量将达到40亿t。

综合机械化开采是煤矿开采技术领域的重大革命。我国从“七五”到“十一五”期间，通过“厚煤层综采成套装备”、“日产7 000 t综采成套装备”、“年产500万吨综放成套装备”、“年产600万吨综采成套装备技术”、“0.6 m～1.3 m复杂薄煤层自动化综采成套技术与装备”、“高端液压支架及其先进制造关键技术”、“年产千万吨大采高综采成套装备”和“大采高综采放顶煤成套技术与装备”等一系列科技攻关项目，显著提升了我国煤矿综合机械化开采技术与装备水平。

近十年来，随着我国综合机械化采煤技术及装备的快速发展，我国综采工作面从单面年产100万t提高到1 000万t，并涌现了一大批年产千万吨级的安全高效矿井和综采工作面，形成了具有中国特色的现代化采煤技术与装备体系。

1　大采高和超大采高综采成套装备技术

1.1　大采高综采成套装备技术

中厚煤层一次采全高开采技术是世界煤炭井工开采及装备的主要竞争领域。国内以神华集团神东公司为代表的各煤矿，通过引进国外先进的成套综采设备，在国内率先实现了厚及特厚煤层的安全高效综采，并建成了年产千万吨的安全高效矿井。

我国从2003年开始，对大采高综采设备国产化进行了科技攻关工作，由天地科技股份有限公司和相关企业开展的“年产600万t综采成套装备研制”项目，以大采高综采岩层控制理论研究为基础，攻克了3.5～6.0 m煤层一次采全高成套装备技术，在大采高强力液压支架、大功率电牵引采煤机和大运力长距离带式输送机研制等方面取得了全面的突破，形成了具有自主知识产权的年产600万吨能力的综采成套技术与装备。

作者简介：王国法（1960—），男，山东文登人，研究员，博士生导师，煤炭科学研究总院首席科学家，现任天地科技开采装备技术研究所所长，长期从事煤矿装备和支护技术的研究。E-mail：wangguofa@tdkcsj.com。

国家“十一五”科技支撑计划“年产千万吨级矿井大采高综采成套装备研制”项目中，研制的ZY12000/28/64型电液控制液压支架，支架寿命达到50 000次工作循环以上，移架速度高达6～8 s；研制的MG1000/2500－WD型大采高电牵引采煤机，装机功率2 500 kW，最大采高达6.3 m，生产能力达到3 500 t/h；研制的SGZ1200/3×1000重型刮板输送机，运量达到3 750 t/h；研制的转载机装机功率达到525 kW、生产能力4 000 t/h。该项目研制的首套大采高综采成套装备在西山晋兴公司斜沟煤矿进行井下工业性试验，实现了年产千万吨的预期目标。

1.2 超大采高综采成套装备技术

7 m左右的厚煤层是我国陕煤、神东等西部重点煤炭基地的主采煤层。天地科技股份有限公司与神华集团、陕西煤业化工集团等企业合作，结合我国综采生产现状和发展需求，研发了7.2 m超大采高综采成套装备，在世界上首次实现了7 m超大采高一次采全高开采技术。项目关键技术突破如下：① 形成了7 m厚煤层一次采全高综采方法，发明了工作面端头大梯度过渡配套方式（如图1所示）、多学科协同优化配套技术、超大采高工作面围岩控制技术及工艺等综采成套技术与装备，实现了采煤工艺技术的新突破。② 发明液压支架围岩耦合三维动态设计方法；采用基于有限元分析的支架结构优化和可靠性分析方法，从根本上提高支架的适应性、稳定性和可靠性。③ 研制出首套支护高度7.2 m、中心距2.05 m、工作阻力18 800 kN的超大采高液压支架，采用整体顶梁带内伸缩式伸缩梁和三级协动护帮装置、600 L/min大流量主控阀和液控单向阀、ϕ500 mm缸径立柱，该超大采高支架通过80 000次寿命试验。④ 研制首套超大运量SGZ1400/3×1500中双链刮板输送机，中部槽槽宽1 400 mm、输送能力4 500 t/h、装机功率4 500 kW。

7 m超大采高成套综采设备于2011年8月5日在红柳林25202综采工作面安装，2011年10月～12月在井下进行了三个月的工业性试验，工业性试验期间最高日产43 522 t，平均日产37 470 t，平均月产109.9万t，达到年产1 200万t生产能力。

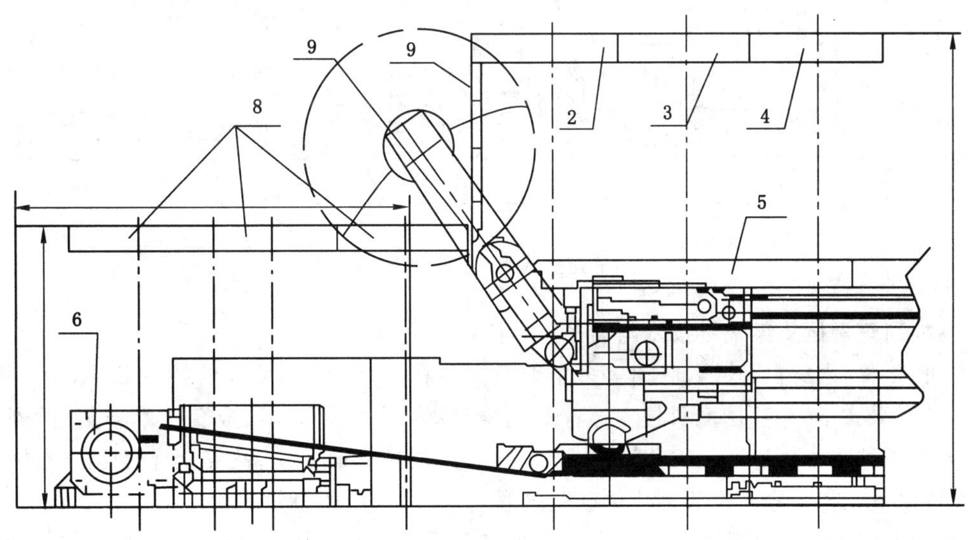

图1 超大采高工作面机头阶梯配套示意图

2 特厚煤层大采高放顶煤成套装备技术

放顶煤开采最早源于欧洲，而其发展成熟却在中国。通过近30年的发展，放顶煤开采在中国已成为厚及特厚煤层开采的主要采煤方法之一。

2.1 两柱放顶煤液压支架及自动化放顶煤关键技术与装备

“九五”、“十五”期间，天地科技股份有限公司与兖矿集团合作，对综放工作面设备配套与技术进行研究，使我国综放开采技术达到年产 600 万吨能力，达到国际领先水平。而我国放顶煤开采也从高位放顶煤液压支架发展到低位放顶煤液压支架，架型普遍采用正四连杆放顶煤液压支架，通过多年的生产实践，该架型在使用普遍存在前后排立柱受力不均衡现象，导致支架的支护能力不能有效发挥；而且综放工作面存在难以实现自动化、工作面用人多、效率低、管理难度大等问题。2003 年，天地科技股份有限公司与兖矿集团兴隆庄煤矿合作，通过综放顶煤破坏垮落规律及支架与围岩关系研究，提出自动化放顶煤开采方法和工艺体系，建立两柱掩护式放顶煤支架与围岩作用力学模型，首创两柱掩护式放顶煤液压支架新架型，创新开发了基于神经网络的综放工作面自动化控制系统和放顶煤液压支架电液控制系统，集成开发了综放工作面支架自动跟机移架、采煤机自动记忆截割、运输机及转载机的自动推移、煤流自动平衡监控、自动化放顶煤、远程数据通讯以及工作面工况自动监控等自动化技术，实现了综采放顶煤工作面自动化生产。2007 年在澳思达煤矿成功实施自动化放顶煤开采，实现了综放技术的海外应用，取得了巨大经济效益和社会效益。目前，天地科技股份有限公司为双山煤矿、神树畔煤矿开发的两柱掩护式放顶煤液压支架（如图 2 所示），工作阻力可以达到 17 000 kN，支护强度达到 1.45 MPa 以上，最大开采高度可以达到 4.5 m。

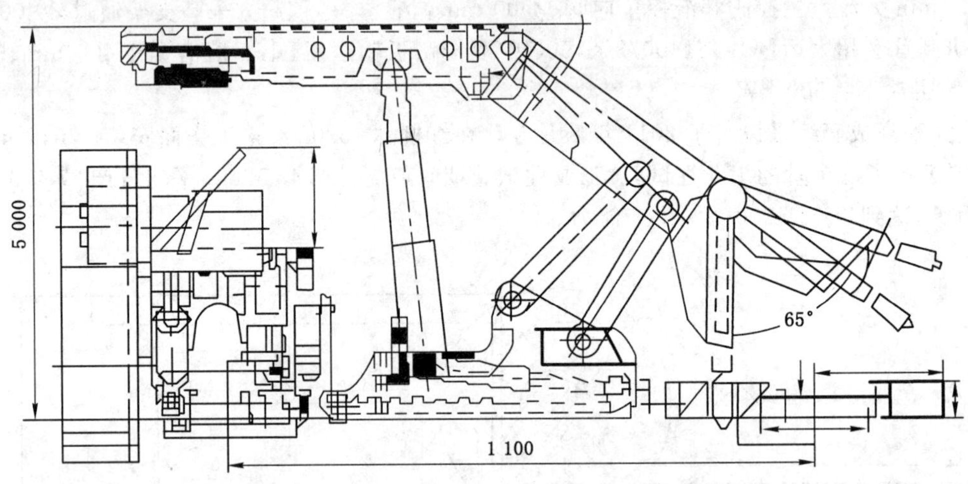

图 2　两柱掩护式大采高放顶煤液压支架

2.2 大采高放顶煤液压支架关键技术与装备

我国山西、新疆、内蒙古、陕西、甘肃等多个地区都存在煤层大于 14 m 的特厚煤层，为实现 14～20 m 特厚煤层的开采，“十一五”国家科技支撑计划把“特厚煤层大采高综放成套技术与装备”列为重大项目，开展了大采高综采放顶煤开采工艺、工作面装备、巷道支护、辅助设备、安全保障及技术标准化等成套技术与装备研发工作。经产学研用攻关联盟的联合攻关，项目关键技术突破如下：

(1) 建立 14～20 m 特厚煤层 5 m 大采高放顶煤开采方法和工作面总体配套模式，发明液压支架围岩三维动态设计方法和综放工作面后部输送机交叉侧卸配套方式（如图 3 所示），建立了大采高综放工作面顶板与液压支架相互作用的组合悬臂梁模型，提出了大采高综放工作面所需支护强度和合理机采高度确定方法。

(2) 研制世界首套 ZF15000/28/52 型高效大采高放顶煤液压支架（如图 4 所示），发明了抗冲击导向环过焊缝大缸底双伸缩立柱、中缸复合密封圈密封结构，支架通过了 50 000 次循环加载型式试验，大修周期超过 2 000 万 t。

(3) 基于大采高综放开采顶煤冒放性和冒放规律，首创了中通强扰动式高效放煤机构，利用放煤机

图 3　大采高综放工作面交叉侧卸配套方式

构破坏平衡拱的基底，利于顶煤放出，中间通道可便于观测顶煤冒放情况，提高了顶煤回收率。

(4) 发明了大通道直线导向式放顶煤过渡支架和组合导向滑移式超前支护液压支架，有效支护了工作面过渡段和端头区、巷道超前段的顶板；过渡支架采用了两级悬伸尾，能够利用摆梁的大范围摆动调节，有效的提高顶煤回收率。

图 4　ZF15000/28/52 大采高放顶煤液压支架

(5) 研制出 MG750/1915－GWD 型采煤机、SGZ1200/2X1000 型后部刮板输送机、DSJ140/350/3×500 大运量长距离顺槽带式输送机、55 t 支架搬运车等辅助设备及大采高综放工作面供电关键装备。

2011 年，在大同塔山矿进行了地面联合试运转(如图 5 所示)，并在 8105 工作面完成了工业性试验，年产量达到 1084.9 万 t，实现年产千万吨特厚煤层大采高综放工作面成套装备国产化。

3　薄煤层自动化综采成套装备技术

我国 1.3 m 以下薄煤层储量约占全国煤炭总储量的 20%，85%以上矿区均拥有薄煤层。薄煤层赋存不稳定，工作面作业空间狭小，综采设备尺寸与装机功率矛盾突出，开采困难。天地科技股份有限公司与冀中能源峰峰集团和中国矿业大学等单位合作，自主研发了基于滚筒式采煤机的薄煤层自动化综采成套装备，突破了大功率矮机身采煤机、大运量矮槽帮刮板输送机、大伸缩比液压支架及工作面无人自动化控制关键技术，实现了 0.6～1.3 m 薄煤层安全高效开采。项目关键技术突破如下：

(1) 发明了基于滚筒采煤机的薄煤层无人自动化开采模式、生产方法和自动化控制系统，创新研发世界首套 0.6～1.3 m 薄煤层综采自动化成套装备和开采技术，研发了工作面智能视频和安全预警系

图 5　大采高综放成套装备

统、综采工作面智能控制中心，开创复杂薄煤层安全高效开采新途径。

(2) 发明了板式新结构、超大伸缩比薄煤层智能型液压支架，使支架最小高度降低到 0.45 m；成功研制了基于紧凑型插装式多功能电液控制阀的薄煤层液压支架电液控制系统，实现了液压支架与围岩及成套装备间的自适应安全可靠支护。

(3) 研制了世界首套最小机面高度 580 mm 的大功率滚筒采煤机，采煤机采用多电机纵横向布置结构，开发了矮机身牵引行走传动结构、槽型溜煤和犁式装煤装置，实现了 0.6 m 以上坚硬夹矸、半煤岩或硬煤薄煤层自动化开采。

(4) 发明了薄煤层工作面刮板机新型电缆槽、扁平链、E 型螺栓、矮型耐磨溜槽等关键结构和制造工艺，成功研制首套矮槽帮大运量、大功率薄煤层刮板输送机。

在峰峰薛村矿开采 0.6～1.3 m 煤层，工作面月产达到 11.8 万吨，年产达到 100 万吨，研发的薄煤层综采成套装备出口到俄罗斯和乌克兰 7 个煤矿(如图 6 所示)。

图 6　出口乌克兰薄煤层成套设备

4　综采智能化系统开发与应用

提高综采工作面系统的智能化水平是当前国际采矿界研究的热点。《煤炭综采成套装备智能系统》是国家发改委、财政部、工信部批复的项目，由天地科技股份有限公司牵头组织实施，项目研制了 1 200

万吨综采工作面成套装备及智能化系统，并提出以“设备智能感知为主、视频可视化感知为辅”、“综采装备单机自动化为主，顺槽监控中心远程控制为辅”的无人化远程控制方法和“无人跟机作业，有人安全值守”的开采理念，构建了工作面智能化控制、远程控制、地面一键启停的三层控制架构，实现了支架高度控制、支架姿态控制、液压支架围岩耦合感知、采煤机与液压支架防撞控制和刮板输送机的减速器运行状态实时监测和轴承振动在线故障诊断等功能，建立井下综采工作面生产调度监控指挥中心，实现了对液压支架、采煤机、工作面泵站、过滤系统、运输机、转载机、破碎机等设备集中自动化控制和操作。

综采工作面智能化成套装备实现了煤炭综采工作面设备控制的智能化，在采煤过程中做到工作面少人甚至无人化，生产过程中工作面作业人员由 14 人减少至 5 人，实现了工作面无人操作、有人值守，从而提高了安全生产水平，在陕煤集团神木红柳林矿业有限公司实验应用成功。

5 综采综放工作面智能化降尘系统

煤炭开采过程中伴随着大量煤尘的产生，严重威胁煤炭开采的安全，为适应当前快速高效降尘的需求，开展了智能化喷雾降尘技术的研究，研制了相关的控制系统，其主要成果如下：

(1) 喷嘴雾化参数数值模拟研究及优化，研制新型雾化喷嘴。影响喷嘴雾化性能的参数有水流入射角度、混流腔体长径比、出射直径和雾化角等，采用数值模拟技术进行多参数影响情况分析，进而通过参数优化设计高效雾化喷嘴，提高雾化效率，图 7 所示为采用 fluent 进行数值模拟的情况，并研制了新型雾化喷嘴。

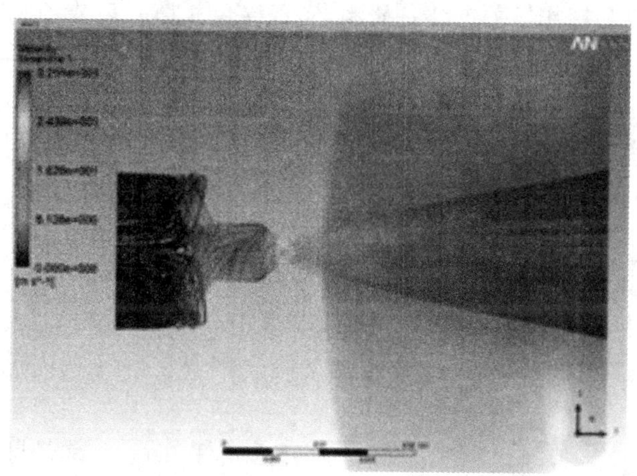

图 7 喷嘴雾化参数数值模拟研究

(2) 研制了智能化喷雾降尘控制器。采用 ARM 嵌入式和 CAN 总线控制技术进行智能化喷雾降尘控制器的开发，能够实现 100 个喷雾点的控制，并具有采煤机位置检测、支架动作检测和行人检测等功能，能够实现采煤、移架和放煤喷雾及行人通过停止喷雾等智能控制。

(3) 开发了智能化喷雾降尘控制软件。开发了界面友好的控制软件，所有控制参数都可以人工设定，并能够根据采煤方向与风流方向是否一致自动改变控制模式。图 8 所示为控制软件的部分功能界面。

6 千万吨矿井安全高效开采装备技术发展展望

我国千万吨级矿井建设将以高效集约化生产为发展方向，以安全、高效、高采出率、环境友好为目标。开发并采用先进的技术与设备，实现自动化与信息化、智能化，提高设备的可靠性，降低劳动消耗，提高生产效率。其重点技术创新和发展方向建议如下。

(1) 提升矿井安全高效开采的可视化、信息化、智能化程度。我国许多大型煤矿装备机械化程度很

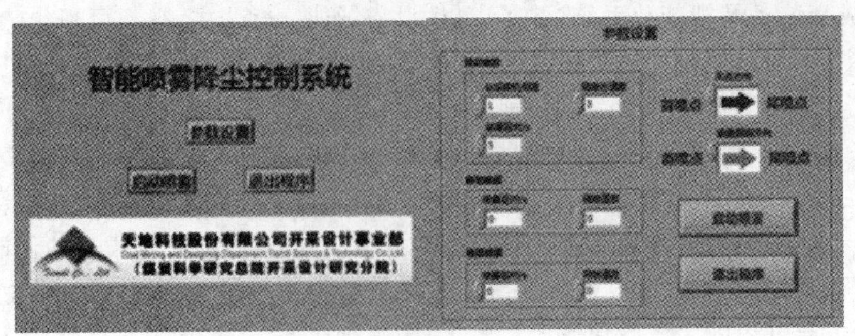

图 8　控制软件部分截图

高，但人工占用较多，随着信息技术的发展，需要突破传统管理模式的束缚，实现煤矿生产过程的可视化、信息化、智能化生产，逐步实现少人化甚至是无人化开采，以提高安全水平，解放生产力。

(2) 提升关键元部件及整机可靠性、使用寿命。国产工作面高端装备与国外产品在功率和生产能力上基本相同，但在可靠性、使用寿命及自动化程度等方面与国外还存在较大差距。因此，我国继续开展对关键设备的主要元部件进行攻关，缩小与国际先进水平的差距。

(3) 煤矿绿色高效充填关键装备技术。针对目前煤炭开采过程中出现的地表下沉、地下水破坏等重大生态环境问题，需要加强对大采高固体充填液压支架、可控式卸料刮板输送机、桥式大梯度转载机、充填原料自动化投料、配料和制作等关键装备研制，实现绿色充填开采装备的成套化和自动化。

参考文献

[1] 高进，贺海涛. 厚煤层综采一次采全高技术在神东矿区的应用[J]. 煤炭学报，2010(11).

[2] 宁 宇. 我国煤矿综合机械化开采技术现状与思考[J]. 煤矿开采，2013(2).

[3] 王国法，等. 放顶煤液压支架与综采放顶煤技术[M]. 煤炭工业出版社，2010.

[4] 王国法，等. 高端液压支架及先进制造技术[M]. 煤炭工业出版社，2010.

[5] 王国法，等. 高效综合机械化采煤成套装备技术[M]. 中国矿业大学出版社，2008.

[6] 王国法，刘俊峰，任怀伟. 大采高放顶煤液压支架围岩耦合三维动态优化设计[J]. 煤炭学报，2011(1).

[7] 王国法，庞义辉，刘俊峰. 特厚煤层大采高综放开采机采高度的确定与影响[J]. 煤炭学报，2012(11).

[8] 王国法. “十二五”煤矿开采装备技术的发展展望[J]. 煤矿开采，2011(6).

[9] 王国法. 大采高技术与大采高液压支架的开发研究[J]. 煤矿开采，2009(2).

[10] 王国法. 两柱掩护式放顶煤液压支架设计研究[J]. 煤矿开采，2009(4).

[11] 王国法. 液压支架技术体系研究与实践[J]. 煤炭学报，2010(11).

深部煤巷纵横钢带联合支护对比研究及机制分析

倪兴华

（兖州煤业股份有限公司　山东邹城　273500）

摘　要　针对常规锚网索带支护方式在深部煤巷支护中出现的问题，以赵楼煤矿1308工作面深部厚顶煤巷道为工程背景，设计了纵向双带纵横钢带联合支护方案。通过数值模拟和现场试验研究发现，纵横钢带联合支护方案均能够有效改善围岩控制效果。总结了纵横钢带联合支护方式围岩作用机制：纵向钢带扩大了护表面积，改善了支护阻力分布状态，有效减小锚索预紧力损失，使支护体系构成三维控制体系，提高了整体刚度与支护强度。

关键词　纵横钢带；布置方式；现场试验；作用机制

随着煤矿开采逐渐向深部延伸，“三高一扰动”的复杂地质力学环境给深井煤巷的支护提出了更高的要求。近年来，相关学者对深部煤巷支护问题进行了研究，对深部煤巷支护提供了新思路、新材料及新技术。但从目前深部煤巷支护现状来看，由于成本或工艺方面的原因，新材料或新技术的使用受到一定限制，常规的锚网索带仍然是现场采用的主要支护方式。

常规锚网索带支护施工简单、支护成本低，是深部煤巷支护首选的主要支护方式。但随着开采水平的加深，现阶段采用该方式支护的巷道经常出现顶板沉降过大、局部顶板冒落等现象，制约着深部煤炭资源的开采。

本文以赵楼煤矿深部厚顶煤巷道为工程背景，设计了纵横钢带联合支护方式的新型支护方案，进行数值试验和现场试验研究，对比不同支护方案围岩控制效果，并在此基础上进一步分析纵横钢带联合支护方式的围岩控制机制。

1　工程概况

1.1　工程地质概况

赵楼煤矿1308工作面埋深约1 000 m，煤层厚度4.5～6.2 m，平均煤厚6.2 m，煤层结构复杂，煤层普氏系数 f 为0.8～2.3，平均1.6。1308工作面轨道顺槽顶煤上方为5 m细砂岩，基本顶为24.5 m中砂岩，煤岩交界面黏结力低，离层明显，巷道直接底为2.7 m细砂岩，老底为14.5 m粉细砂岩。地应力测试表明，该区域最大水平地应力为34.6 MPa，竖向地应力为25.7 MPa。3煤地层条件极为复杂，存在多处断层构造，巷道沿煤层底板掘进，矿压显现大。

1.2　原支护方案及围岩控制效果

原支护方案为采用锚网＋钢带（帮部为钢筋梯）＋锚索的支护形式。顶部锚杆采用 ϕ22 mm×2 400 mm高强度左旋无纵筋螺纹钢锚杆，帮部锚杆采用 ϕ20 mm×2 000 mm左旋无纵筋全螺纹锚杆，均采用1根长度1 000 mm的树脂药卷锚固，锚杆间排距均为800 mm×800 mm。锚索选用 ϕ22 mm×6 200 mm高强度低松弛预应力钢绞线及配套锁具，每排布置2根，采用2根长度1 000 mm的树脂药卷锚固，间距沿巷道中心线两侧各0.9 m分别布置1根，排距1.6 mm，具体布置如图1所示。顶锚杆设计扭矩120 N·m，帮锚杆60N· m；锚索设计预紧力100 kN。钢带为U型截面，长度4 300 mm，宽度

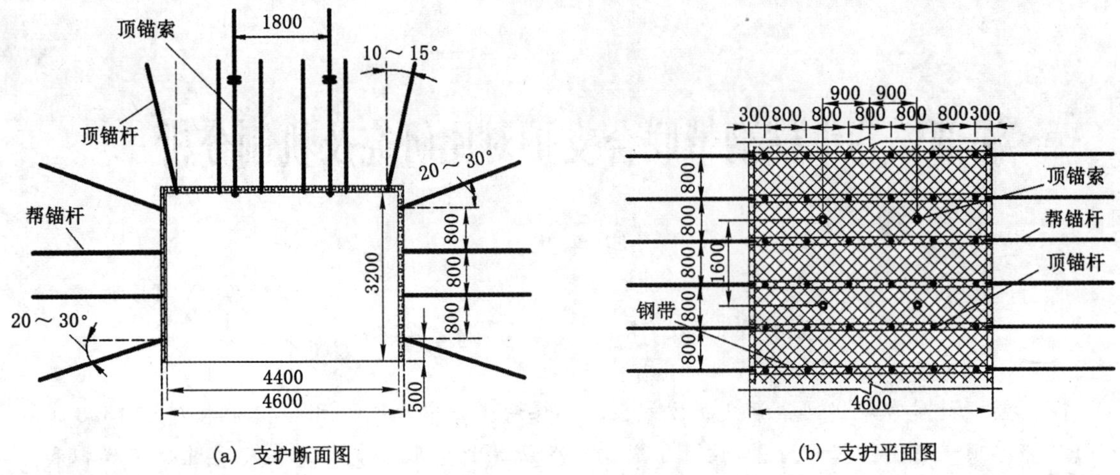

图 1　原支护方案(单位：mm)

140 mm，平均厚度约 8 mm，刚带上对称分布 6 各锚杆孔，孔径 25 mm。原支护条件下，巷道顶板控制效果不理想，顶板变形严重，网兜现象明显，部分区段顶板沉降量累计达到 417 mm，两帮移近量累计达到 403 mm，断锚杆、断锚索现象时有发生，需增设单体液压支柱进行加强支护。针对原支护方案中出现的问题，本文进行了纵横钢带联合支护方案设计。

2　试验方案设计

在原支护方案基础上，设计了纵向双带的纵横钢带联合支护方案，在距巷中 900 mm 的左右对称位置增设两根纵向钢带，在其上分别布置 3 根锚索，与巷中锚索间隔布置。其他支护参数与原支护方案相同，具体见图 2。

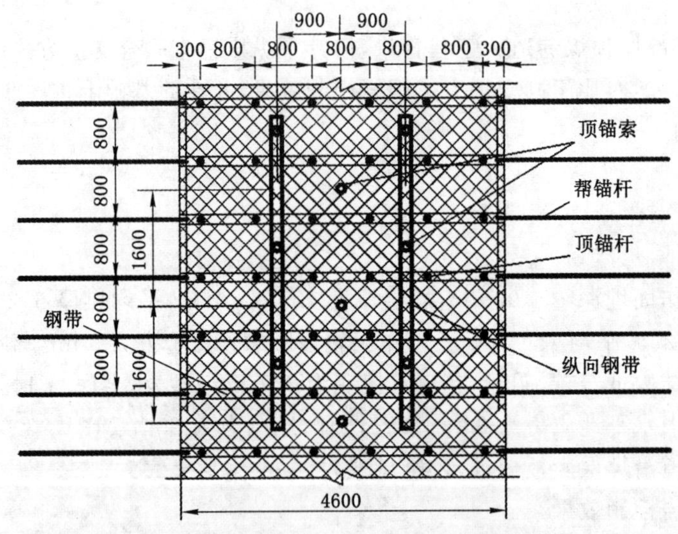

图 2　纵向双带方案(单位：mm)

3　数值模拟分析

采用 FLAC3D 数值模拟软件，对 2 种支护方案的巷道围岩控制效果进行模拟分析。

3.1 模型建立

根据赵楼矿 1308 轨道顺槽地质资料及现场监测资料，选取典型地质剖面进行建模分析。模型中岩体材料采用 Mohr－Coulo mb 准则，各地层材料参数如表 1 所示。钢带采用 Bea m 单元进行模拟，锚杆、锚索采用 Cable 单元模拟，锚杆、锚索预紧力根据支护方案设计值进行施加。图 3 所示为地层及巷道建模，在模型的底部及四周施加法向约束，按现场实测数据施加地应力。初始地应力完成之后，通过 NULL 命令实现巷道的开挖，锚杆、锚索等支护构件在开挖完成后安装，然后进行计算至平衡。

表 1　各地层的材料参数

围岩类型	模型高度 /m	弹性模量 /MPa	抗拉强度 /MPa	泊松比 μ	黏聚力 /MPa	摩擦角 /°
中砂岩	10	12 176	9.92	0.27	16.33	38.26
细砂岩	5	12 022	9.81	0.28	15.94	37.23
煤	5.8	2 441	1.12	0.35	3.53	39.92
细砂岩	2.7	12 022	9.81	0.28	15.94	37.23
粉细砂岩	14.5	13 128	10.22	0.25	17.46	39.41

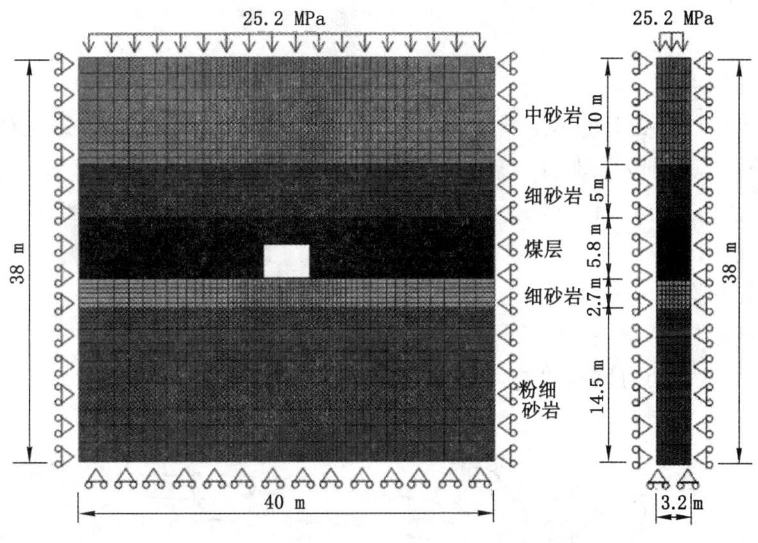

图 3　模型及边界条件示意图

3.2 计算结果分析

（1）巷道变形结果分析

待围岩变形稳定后，提取各方案巷道表面位移监测结果，原支护方案顶板沉降量、巷帮内移量和底鼓量分别为 73 mm、57 mm 和 38 mm，新型支护方案对应值分别为 58 mm、44 mm 和 37 mm。由此可知：

① 纵横钢带联合支护方案巷道变形量小于原支护增强方案。以顶板沉降量为例，纵横钢带联合支护方案顶板沉降量分别是原支护方案的 79%。

② 在顶板沉降、巷帮内移和底臌三个巷道变形量中，各支护方案对顶板沉降的控制效果差别最大；其次为巷帮内移量，底臌量的差距最小。说明调整顶板钢带的布置方式，对巷道顶板的控制效果影响最为明显，对底臌量的控制效果影响较小。

4 现场试验

4.1 方案实施及监测

选取地质条件基本相同区段，分别采用2种支护方案进行现场实施，每方案支护巷道50 m。

4.2 试验结果分析

(1) 巷道表面位移监测

如图4所示为巷道围岩变形监测曲线，其中“原”表示原方案，“优”表示优化方案，“R”表示顶板沉降量，“S”表示两帮移近量，“F”表示底臌量。

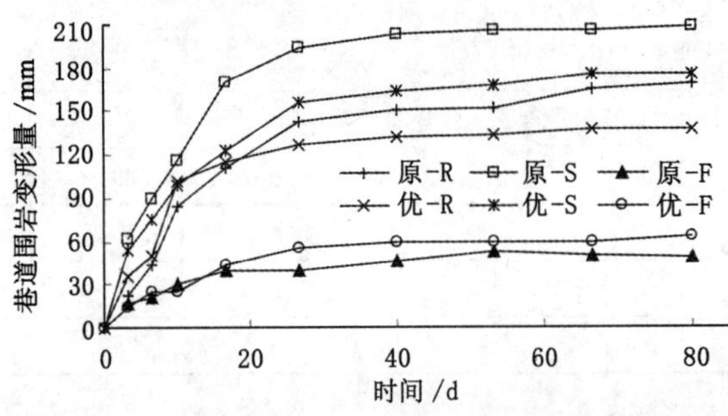

图4 巷道表面位移监测曲线

分析图4监测曲线可知：

① 巷道掘进初期，围岩变形量迅速增加，持续时间大约为10～12 d，随掘进工作面推进，围岩应力重分布完成，且支护系统逐渐发挥作用，变形量缓慢增加直至趋向稳定。

② 纵横钢带联合支护方案有效改善了巷道围岩控制效果，尤其对顶板变形的控制更加显著，顶板沉降量比原支护方案降低33.3%。

(2) 锚杆(索)受力监测

图5所示为顶板锚杆、锚索受力监测曲线，图中“原－B”表示原支护方案中锚杆受力监测曲线，“优－A”表示方案2中的锚索受力监测曲线，其余类推。

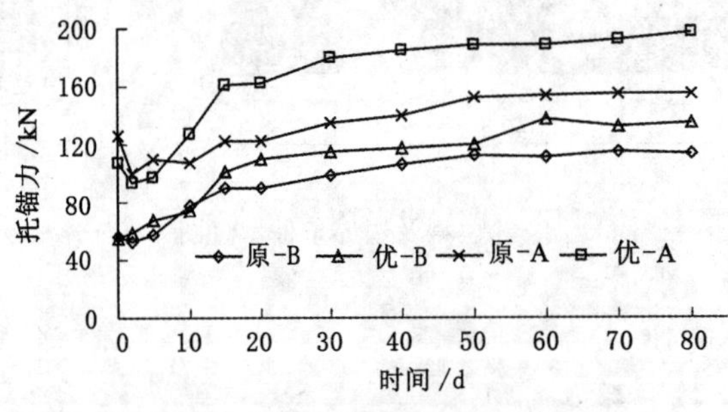

图5 锚杆、锚索受力监测曲线

分析图5托锚力监测曲线可知：

① 支护初期单根锚索出现明显的预紧力损失现象。现场调研发现，支护初期便在托盘处对围岩产生应力集中作用，围岩发生明显的凹陷，而新型方案中锚索预紧力基本没有减小。由此可知，在单根锚索上增加钢带可以降低锚索预紧力的损失。

② 新方案锚索托锚力更大。随着顶板围岩的变形沉降，锚杆和锚索的托锚力逐渐增长，并最终随围岩变形的稳定而趋于稳定。

③ 由原支护方案与新方案锚索受力变化情况对比可以发现，若支护构件初期支护阻力处于较低水

平，则后期支护阻力将很难达到较高水平。

(3) 巷道支护效果

如图 6 所示为原支护增强方案与优化方案实施后巷道围岩控制效果图，从图中可以看出，优化方案对巷道围岩控制效果优于原支护方案。

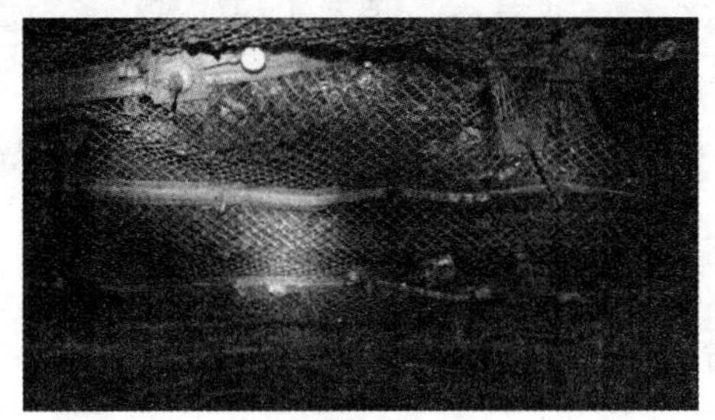

(a) 原支护方案

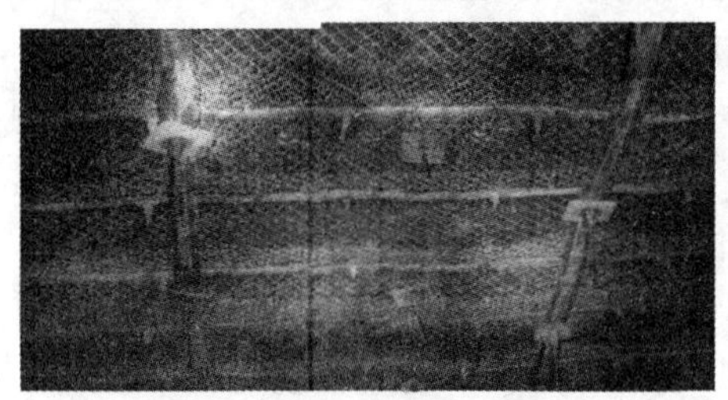

(b) 纵向双带方案（优化方案）

图 6　各支护方案现场试验照片

5　围岩控制机制分析

根据 2 种方案数值试验及现场试验监测结果，进行对比分析，探讨钢带纵横联合支护方式围岩控制机制。

(1) 支护阻力的大小直接决定围岩控制效果。2 种方案锚杆、锚索托锚力监测结果表明各方案对围岩提供的支护阻力有高低之差，纵向单带方案支护阻力最高，纵向双带方案次之，原支护增强方案支护阻力最低(图 5)。将上述现象与各方案的围岩控制效果综合分析可发现：支护构件对围岩产生的支护阻力的大小决定了顶板围岩的控制效果，支护阻力越大，围岩变形量越小，且该规律在深部厚顶煤巷道顶板支护中体现尤为明显。

(2) 纵横钢带联合形成近似三维支护体系。增设的纵向钢带使巷道顶板支护构件组合成纵横联合的支护形式，形成近似三维支护体系。当围岩产生变形时，支护体系可对围岩产生三向控制作用，同时提高支护系统的整体刚度与支护能力。

(3) 纵向钢带改善围岩应力状态，减小预紧力损失。巷中锚索安装在钢带上，使巷中支护结构护表面积更大，使巷道表面煤岩从二向受力向三向受力转化，改善了围岩应力状态，降低了浅部煤岩的碎胀变形。同时，由于增大了护表面积，相对于单根锚索作用，锚索托盘位置处围岩应力集中程度降低，围岩单点凹陷现象减轻，预紧力损失程度有效降低。

6　结论

(1) 纵横钢带联合支护方案均能够有效改善巷道围岩控制效果。

(2) 纵向钢带扩大了支护系统护表面积，改善了支护系统支护阻力分布状态；可有效缓解锚索预紧力损失，实现高初锚力及后期高支护阻力；纵向锚索钢带与横向锚杆钢带一起组成围岩的三维控制体系，对顶板围岩提供三向控制作用，同时提高支护系统的整体刚度与支护能力。

(3) 提出的纵横钢带联合支护方式仅在常规锚网索带支护基础上作简单改动，未增加新型支护材料，且施工难度及支护成本基本不变，却可大幅提高围岩控制效果，具有合理的围岩控制机制，扩展了锚网索带支护方式的使用范围，建议在深部煤巷进一步推广应用。

参考文献

[1] Cai M, Kaiser P K , Tasaka Y, et al. Deter mination of residual strength para meters of jointed

rock masses using the GSI syste m[J]. International Journal of Rock Mechanics & Mining Sciences, 2007, 44(2):247-265.

[2] 柏建彪，王襄禹，姚 喆. 高应力软岩巷道耦合支护研究[J]. 中国矿业大学学报，2007，36(4)：421-425.

[3] 高明仕，张农，郭春生，等. 三维锚索与巷帮卸压组合支护技术原理及工程实践[J]. 岩土工程学报，2005，27(5)：587-590.

[4] 康红普，姜铁明，高富强. 预应力在锚杆支护中的作用[J]. 煤炭学报，2007，32(7)：680-685.

[5] 康红普，王金华，林健. 高预应力强力支护系统及其在深部巷道中的应用[J]. 煤炭学报，2007，32(12)：1233-1238.

[6] 李术才，王琦，李为腾，等. 深部厚顶煤巷道让压型锚索箱梁支护系统现场试验对比研究[J]. 岩石力学与工程学报，2012，31(4)：656-666.

[7] 李为腾，李智，李术才，等. 基于巷道顶板三维围压计算的锚索梁布置方式作用机制研究[J]. 采矿与安全工程学报，2013，30 (4)：475-482.

[8] 陆士良，姜耀东. 支护阻力对软岩巷道围岩的控制作用[J]. 岩土力学，1998，19(1)：1-6.

[9] 王琦，李术才，李为腾，等. 让压型锚索箱梁支护系统组合构件耦合性能分析及应用[J]. 岩土力学，2012，33(11)：3374-3384.

[10] 张农，高明仕. 煤巷高强预应力锚杆支护技术与应用[J]. 中国矿业大学学报，2004，33(4)：524-527.

深井泥岩顶板回采巷道破坏特征及支护设计

张　和

（河南焦煤能源有限公司古汉山矿　河南焦作　454003）

摘　要　深井泥岩顶板回采巷道围岩变形量大、支护困难。通过对在古汉山矿15采区原支护方案回采巷道变形破坏分析，采用现场实测与数值分析方法对其围岩的收敛特点进行了对比，提出了预留断面强力锚杆—锚索协调支护技术，并对设计方案进行工业性试验与数据监测。结果表明：顶板泥岩的膨胀及高应力环境是巷道围岩失稳的主要原因，巷道呈凸出式收敛，四角成应力集中区，采用设计方案后，围岩顶板离层量小于50 mm，巷道围岩收敛量小于250 mm，巷道围岩稳定，支护效果显著。

关键词　深井巷道；泥岩顶板；失稳特征；锚杆支护；稳定性

随着矿井向深部开采的延伸，巷道围岩环境开始进一步复杂化，高应力及软弱岩体会导致回采巷道围岩变形的加剧，常常造成已掘巷道的收缩变形及顶板冒落，严重影响巷道在服务期内的正常使用。

本文通过对焦煤集团古汉山矿15采区回采巷道工程地质概况为背景变形破坏特征及收敛变形的实测与数值分析，提出了预留断面强力锚杆—锚索协调支护技术，并进行了工业性试验，研究结果对同类赋存煤层的回采巷道锚杆支护具有一定的指导意义。

1　回采巷道工程概况及变形破坏特征

1.1　工程概况

古汉山矿一五采区位于矿井东翼中部，－450 m水平东翼运输大巷以上，西邻一三采区，东为张屯矿。一五采区西以第30勘探线与一三采区为界，上部边界为－300 m煤层底板等高线（矿井边界），东部边界为焦煤地字(2008)89号文划定的人为边界，下部以东运输大巷及－450 mm煤层底板等高线为界，平均走向长2 300 m，倾斜宽平均700 m，面积约161万m^2。

15采区煤层厚度变化不大，最薄4.6 m，最厚5.7 m，平均煤层厚度5.15 m，煤质中硬、亮型。为黑色块状、具贝壳状断口，节理劈理发育，一般常在接近底板处有一层0.25 m～0.6 m的粉状煤。顶底板主要以泥岩为主，强度低，且遇水易膨胀破碎，围岩条件差，施工环境复杂，顶底板岩性见表1。

表1　　15采区煤层顶底板岩性表

顶底板名称		岩石类别	硬度	厚度	岩性
顶板	基本顶	细粒砂岩	3.2～5.0	1.89 m	浅灰色，含星状云母片及少量植物化石碎片
	直接顶	泥岩	2.8～3.3	4.85 m	黑色，含云母碎片及植物化石
底板	直接底	泥岩	2.8～3.3	1.55 m	黑色，含植物化石及黄铁矿结核，较破碎
	基本底	砂质泥岩	3.2~5.0	9.75 m	灰到深灰色，薄层状

作者简介：张和(1963—)，男，河南巩义人，工程师，主要从事巷道支护理论与技术方面的研究，现任河南焦煤能源有限公司古汉山矿副总工程师。

1.2 原支护方案

15091 运输巷道、15071 运输巷道及回风巷道支护相同，均采用锚网＋锚索支护，断面为斜矩形。巷道支护断面如图 1，支护参数为：

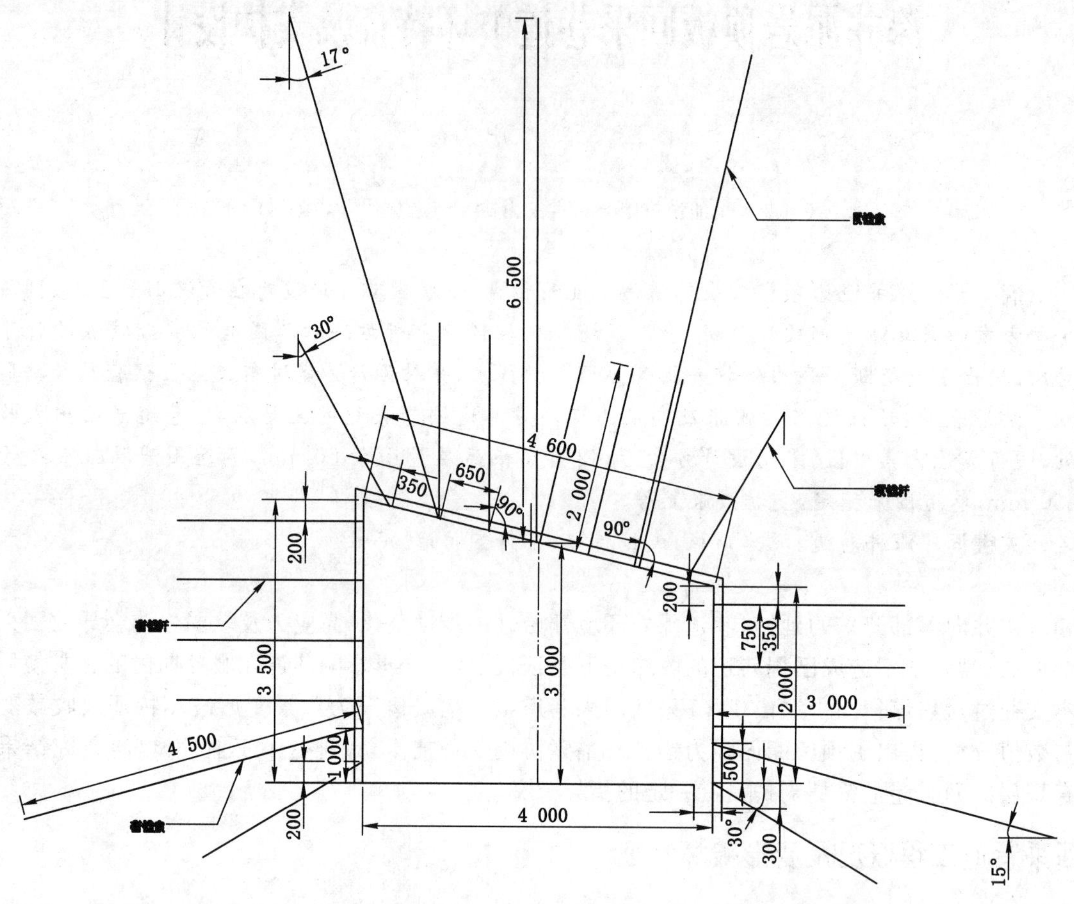

图 1　15091 机巷及 15071 风机巷断面及支护参数图

(1) 顶板锚杆采用 ϕ20 mm×2 400 mm 高强预应力锚杆，锚杆外露长度 20～50 mm，锚杆均使用配套托盘及标准螺母紧固，锚固力≥64 KN。顶板锚杆间排距 650×800 mm，每排 7 根。帮锚杆采用 ϕ20 mm×2 400 mm 等强螺纹钢树脂锚杆，锚杆外露长度 20～50 mm，锚杆均使用配套托盘及标准螺母紧固，锚固力≥40 KN。锚杆间排距 750×800 mm，上帮 5 根，下帮 4 根。每根锚杆锚固长度不小于 1 200 mm，采用 MSCK2360 型、MSK2360 型树脂药卷，每孔 2 卷药，顶板为软岩破碎时必须全长锚固。顶板每排锚杆之间用 W 钢带连接成一体，两帮每排锚杆与钢筋梯连成一体。

(2) 金属网采用菱形铁丝网，网片规格 1.6×1.7 m，搭接长度不小于 100 mm，铺网时必须拉紧，紧贴岩面，使网具有一定的预拉力。

(3) W 钢带（长×宽）：顶板为 4 300 mm×280 mm；钢筋梯：上帮为 ϕ16×(1 800 mm＋1 800 mm)；下帮为 ϕ16×(1 800 mm＋1 050 mm)。

(4) 顶锚索采用 ϕ17.8×6 500 mm 高强预应力锚索，沿巷道掘进方向呈 3 排布置，间排距为 1 600 mm×1 300 mm，允许偏差±100 mm；锚索外露长度 300 mm，允许偏差≤100 mm。每孔装入树脂药卷 M2360 四支，顶板破碎时，应根据现场具体情况增加锚固剂数量。锚索挂 11# 工钢梁或半片 U 型钢，钢梁长度 2 000 mm；垫板用 10 mm 厚的钢板，规格为 100×200 mm；锚索预紧力 100～120 kN。帮锚索采用 ϕ17.8×4 500 mm 高强预应力锚索，沿巷道两帮呈单排布置，上帮锚索距巷道底板 1 000 mm，下帮

500 mm，锚索间距 1 500 mm，允许偏差±100 mm；锚索外露长度 300 mm，允许偏差≤100 mm。

1.3 回采巷道变形破坏特征

通过对古汉山矿 15 采区 15031 和 15071 工作面回采巷道观测，其回采巷道在受动压影响下的变形破坏特征为：

(1) 顶板变形破坏及下沉量大。锚杆＋W 型钢带联合共同支护，钢带变形严重，部分锚杆托盘拉进顶板。由于顶板为泥岩，在顶板淋水的条件下，顶板膨胀而产生层状破坏，顶板破坏严重处位于下矮帮角上方处，下沉量较大时，影响行人安全。其主要原因可能是破坏顶板在重力的倾向分力作用下所致。

(2) 两帮收缩变形较大，煤帮表面受压破碎，但破坏浓度较小，在 0.5 m 左右。从现场的宏观观测来看，两帮的变形量相对较小，主要是两帮在围岩开挖后，由于巷道断面相对较大，在顶板压力较大的情况下，随着顶板组合梁的弯曲下沉，两帮应力有一定的减小，但由于煤体为松软煤体，在一定的应力集中条件下，两帮煤层处于破碎状态。

(3) 底鼓量大。古汉山矿二$_1$煤层采用分层开采的方法，巷道底板布置在煤层上，因而，巷道的底鼓量很大，最大底鼓量有时可达 1 m，严重影响了巷道的使用。巷道落底工程量大，且落底较大影响下层煤的开采。

(4) 顶板潮解膨胀破坏。潮解膨胀破坏是古汉山矿顶板破坏的主要原因之一，潮解膨胀岩层的主要岩石类型由泥岩、黏土岩、页岩、凝灰岩、泥灰岩等。潮解膨胀岩层具有流变性，易风化潮解、遇水泥化、软化而丧失围岩强度。古汉山矿顶板岩层的破坏多属于潮解膨胀破坏，主要是由于顶板泥岩在顶板淋水的地段，顶板岩层表现为软化崩解或强烈膨胀。

2 受动压影响回采巷道断面收缩特点分析

2.1 回采巷道收缩特点现场实测

对于应力带所影响的巷道围岩收缩变形，主要是 15071 回风巷道应力带位置巷道的收缩变形最大(图 2a)，顶板的收缩变形率为 35.71%，两帮的收缩变形率为 37.78%，巷道收缩率为 36.75%。其次为 15031 运输巷道应力带围岩的收缩变形(图 2b)，其顶板的收缩变形率为 32.14%，两帮的收缩变形率为 26.07%，巷道收缩率为 36.75%。再次为 15071 运输巷道应力带围岩的收缩变形(图 2c)，其顶板的收缩变形率为 22.22%，两帮的收缩变形率为 21.43%，巷道收缩率为 21.83%。

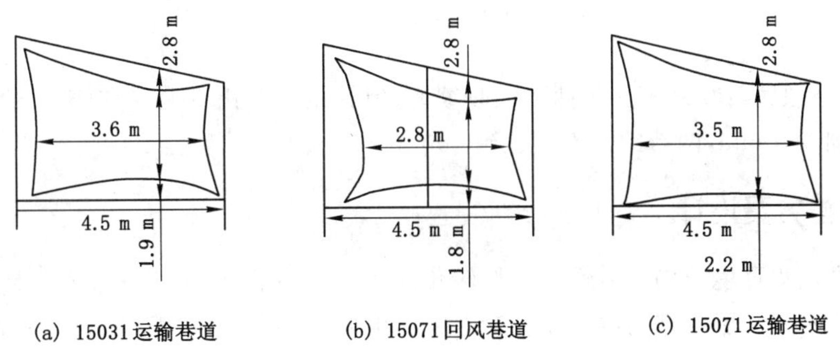

图 2 15 采区回采巷道收缩变形特点

(1) 高帮及底板变形量大。从现场实测 15071 回采巷道围岩变形情况可以看出，回采巷道变形的严重部分是高帮和底板，主要是由于高帮较高，且受水平应力作用，高帮的变形量较大，而对于底板的底鼓来说，主要是由于底板为煤体，且是处于无支护状态，在回采巷道围岩顶板及两帮支护的状态下，底鼓是围岩压力释放的唯一地方，因而，造成了回采巷道底鼓量的增加。

(2) 四角成为应力集中区。由于回采巷道顶底板及两帮的中部是围岩变形的最大处，回采巷道在受到水平应力和垂直应力的作用下，使得回采巷道四角呈应力集中区而使得回采巷道四角的变形量较小。

(3) 从观测到的回采巷道围岩的顶底板及两帮的收缩率来看,顶底板收缩率与两帮的收缩率数据较为接近。在断层附近,顶板的收缩变形率为35.71%,两帮的收缩变形率为37.78%,巷道收缩率为36.75%,两帮收缩率偏大于顶底板的收缩率,巷道整体收缩率较大。

2.2 回采巷道收缩特点数值分析

为了对古汉山矿回采巷道断面的收缩率进行较为深入的研究,这里对4.5 m断面的回采巷道在正常非应力带位置的情况下进行了数值模拟,研究巷道围岩变形收缩率情况。

对于巷道x方向上的位移情况的数值分析中可以看出(图3),高帮的位移量和低帮的位移量相近,高帮上角的收缩率大于下角收缩率,最大位移为200 mm,低帮最大位移量为200 mm,且最大位移点位于低帮的中部。巷道两帮的受力处于相对平衡状态。

对于巷道z方向上的位移情况的数值分析中可以看出(图4),巷道的底鼓量最大为180 mm,而顶板最大下沉量也为180 mm,顶底板移近量相等。

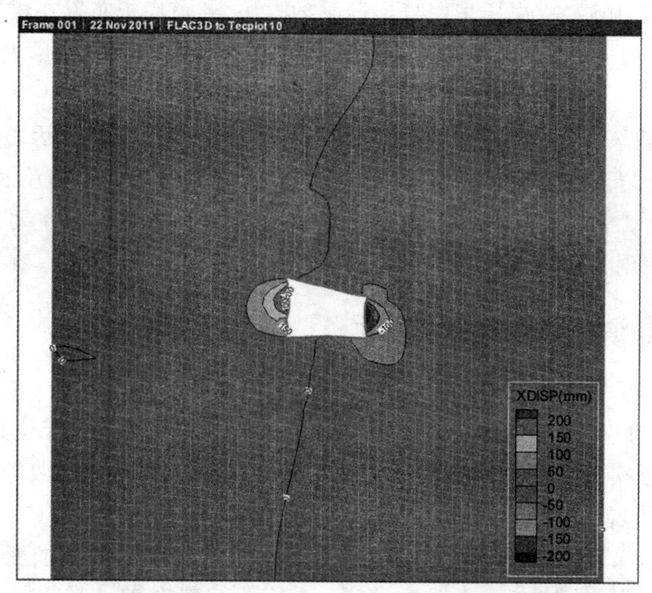

图3 巷道围岩x方向位移变化

整体上看,巷道顶底板收缩率大于两帮的收缩率,但其相对变化不大,巷道断面的整体收缩率较大,顶底板收缩量达到360 mm,两帮的收缩量达到400 mm。

3 回采巷道支护方案设计

深井巷道在高应力环境及围岩岩性向塑性转化的复杂条件下,围岩变形量大及易于产生流变失稳,严重影响回采巷道在正常服务期内的使用。针对古汉山矿15091工作面运输巷道围岩岩性差及应力水平高的特点,可采用强力锚杆一锚索协调变形及大托板(锚索可采用槽钢梁等)组合支护(图5)。

根据实际情况,15091工作面运输巷道新设计支护方案为预留断面强力锚杆一锚索协调支护,即:设计巷道断面为4 000 mm×3 000 mm,预掘断面为4 200 mm×3 200 mm,支护方案优化为顶板采用锚杆—锚索+W型钢带+槽钢梁(或单体支柱铰接顶梁补强支护)。

(1) 顶板锚杆采用ϕ20 mm×2 400 mm高强预紧力锚杆(强度500 MPa),每根锚杆锚固力不小于0.06 MN。顶板锚杆间排距700×700 mm,每排6根。

顶板采用ϕ17.89 mm×6 500 mm且预紧力不小于0.16 MN高强预紧力锚索,每孔装入树脂药卷四支,锚索间排距1 400×1 400 mm。

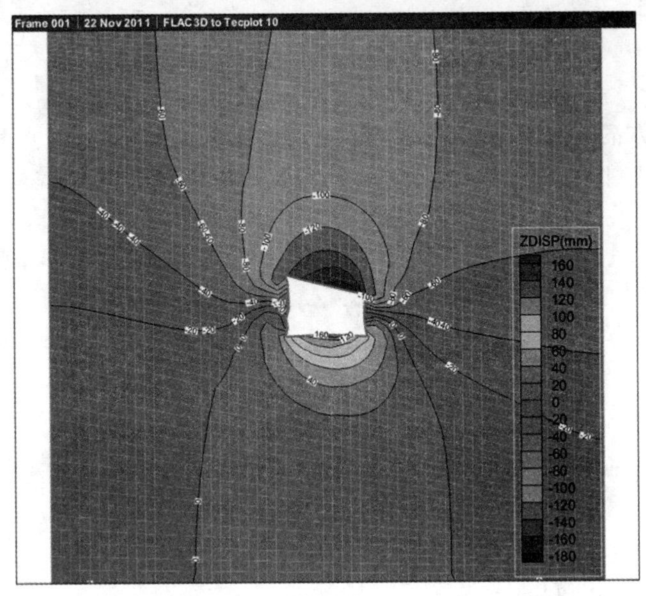

图4 巷道围岩z方向位移变化

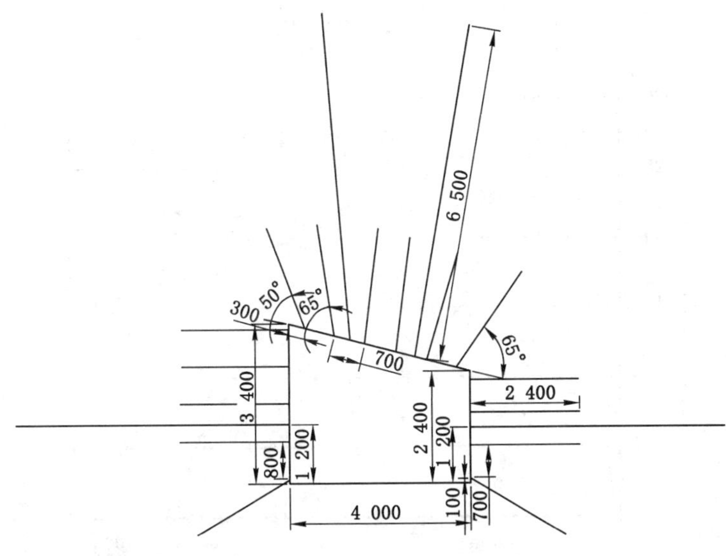

图5 设计支护方案(mm)

(2) 帮锚杆采用 ϕ20 mm×2 400 mm 高强预紧力锚杆,锚固力不小于 0.06 MN,锚杆间排距 700×700 mm,上帮 5 根,下帮 4 根。每孔装入树脂药卷两支。

两帮中部采用 ϕ17.89 mm×4500 mm 且预紧力不小于 0.16 MN 高强锚索支护,以约束两帮的流变变形,每孔装树脂药卷四支,帮排距 1 400 mm。

(3) 顶板及两帮采用钢筋网(或菱形金属网)及 W 钢带护表,网片规格 1.6×1.6 m,铺网时必须拉紧,W 钢带尺寸为 4 100×280 mm。

(4) 巷道围压较大及围岩破碎严重的地段采用单体支柱补强支护,且要求锚杆、锚索均配让压装置。

(5) 由于 15091 工作面底板为松软煤体,巷道两帮每 50 m 布置一个钻场对底板进行注浆锚固,底板两角锚杆支护参数依然为排距 0.7 m,底角锚杆角度 45°。如有富水区及构造薄弱带,底板两角锚杆排距可适当减小。

4 工程应用分析

为了验证支护设计方案的合理性，在巷道掘进 450 处设置顶板离层仪测点和巷道围岩收敛测站，对其观测数据进行记录整理(图 6～图 7)。

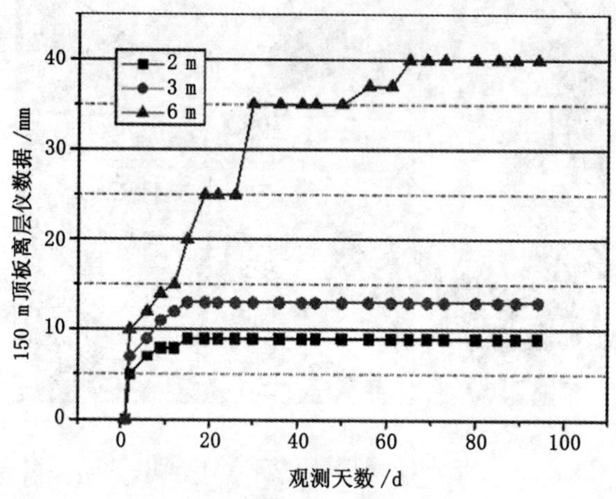

图 6 顶板离层仪数据曲线

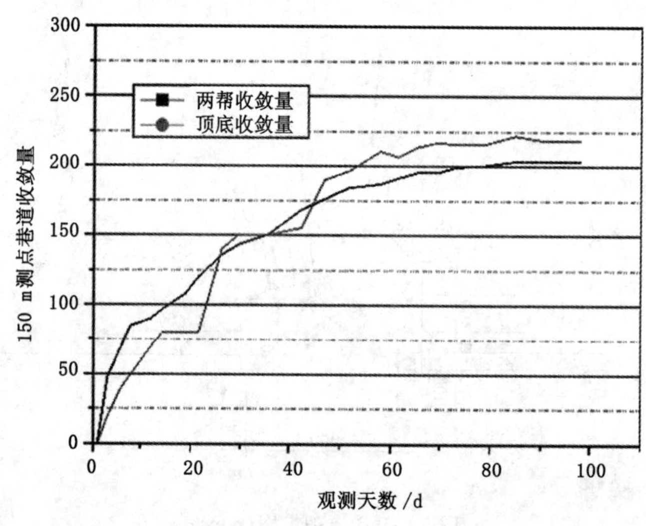

图 7 巷道收敛数据曲线

对于 450 m 测点的顶板离层仪来说，巷道掘进 10 天内，顶板离层仪的读数变化较大，之后的 10 天内，顶板 3 m 以下的锚固体处于相对稳定的状态，顶板的离层量较小，锚固体稳定，支护效果好，随后顶板的离层量也出现了一定的增加，但增加的幅度较小，不影响巷道围岩的整体稳定，70 天后，顶板离层量处于稳定状态，支护效果显著。

从巷道围岩收敛的测点数据可以看出，巷道掘出后均出现近似线性收敛情况，且均表现为巷道两帮的收敛量小于巷道顶底板的收敛量，当巷道掘出 60 后，巷道两帮及顶底板的收敛量开始趋于稳定阶段。从整个巷道围岩的收敛与巷道观测天数的时间关系来看，巷道掘出后，巷道围岩均保持一定的收敛现象，且两帮的收敛量均小于顶底板的收敛量。巷道掘出 60 天后，巷道围岩的收敛会处于相对稳定的状态。采用支护的方案后，围岩的收敛变形量在可控的范围内，支护效果显著。

5 结论

（1）顶板泥岩的膨胀及高应力环境是巷道围岩失稳的主要原因，巷道呈凸出式收敛，四角成应力集中区，巷道的破坏首先表现为顶板泥化膨胀变形破坏失稳，继而两帮受力加大至破坏失稳，再到顶板的二次破坏失稳的过程。

（2）预留断面强力锚杆一锚索协调支护技术是控制大变形巷道的主要方法，采用设计方案后，围岩顶板离层量小于 50 mm，巷道围岩收敛量小于 250 mm，巷道围岩稳定，支护效果显著。

参考文献

[1] 蔡美峰，何满朝，刘东燕．岩石力学与工程[M]．北京：科学出版社，2004.

[2] 何杰，方新秋，许伟，等．深井高应力破碎区巷道破坏机理及控制研究[J]．采矿与安全工程学报，2008，25(4)：494-498.

[3] 候朝炯，勾攀峰．巷道锚杆支护围岩强度强化机理研究[J]．岩石力学与工程学报，2000，19(3)：342-345.

[4] 唐芙蓉，王连国，张华磊，等．动压软岩巷道破坏机理及控制技术研究[J]．采矿与安全工程学报，2010，27(4)：537-542.

[5] 王其胜，李夕兵，李地元．深井软岩巷道围岩变形特征及支护参数的确定[J]．煤炭学报，2008，33(4)：365-367.

[6] 杨峰，王连国，贺安民，等．复合顶板的破坏机理及锚杆支护技术[J]．采矿与安全工程学报，2008，25(3)：286-289.

[7] 张小荣．厚泥岩顶板条件下煤巷预应力锚杆支护研究[D]．太原：太原理工大学，2009.

谢一矿 51 采区煤层群开采关键保护层卸压规律数值模拟研究

郑　群[1]　李俊斌[1]　侯俊领[1,2]

(1. 淮南矿业集团有限责任公司　安徽淮南　232001；
2. 安徽理工大学能源与安全学院　安徽淮南　232001)

摘要　文章以淮南矿区谢一矿 51 采区地质条件和开采技术条件为背景，建立 FLAC3D 三维计算模型，深入系统地研究了 B9b 及 B10 保护层分别开采情况下，临近煤层应力分布规律。研究成果表明：(1) 保护层开采情况下，被保护层工作面垂直应力 SZZ、水平应力 SXX 和 SYY 均可分为卸压区、增压区和稳压区，沿煤层倾向应力呈非对称分布，沿煤层走向应力呈对称分布。(2) 薄煤层开采后，临近煤层的垂直应力 SZZ、水平应力 SXX 和 SYY 三个应力场卸压区的范围和卸压幅度均呈现差异，其中水平 SXX 差异最为明显，保护层 B9b 与 B10 开采相比，上覆 B11b 煤水平应力 SXX 卸压位置沿水平向工作面深部方向偏移 27 m，下伏 B8 煤水平应力向 SXX 卸压位置沿水平向工作面深部方向偏移 49.5 m，B9b 对上、下煤层深部保护范围大于 B10b；(3) 层间距越大垂直应力 SZZ 卸压区范围越小，增压区应力峰值也越小；反之层间距越小 SZZ 卸压区范围越大，增压区应力峰值越大。本文研究成果为类似条件下被保护层工作面合理布置、瓦斯治理工程的设计及参数优化提供理论依据和现场指导。

关键词　薄煤层；关键保护层；卸压；垂直应力；水平应力

谢一矿是淮南矿区高瓦斯复杂地质条件的典型代表，为高地压、高瓦斯、低透气性、煤层群开采条件，同时也是国家级深部开采试验矿井。开采实践表明，开采保护层是解决深部采场地压及瓦斯问题的最有效办法。谢一矿 51 采区为该矿主力生产采区，近年来进入 B 组煤开采，合理地选择关键保护层是该采区安全高效开采的前提。由于开采条件限制，被保护层工作面卸压效果现场监测很难实现，系统地开展煤层群开采关键保护层卸压规律数值模拟研究非常有必要。

1　谢一矿 51 采区地质、开采技术条件及数值模型的确定

该矿 51 采区 B 煤(组)层赋存不稳定，煤质软，厚度变化大，构造复杂。随着采场的逐年下延，煤岩应力环境发生变化，地压大，煤层瓦斯压力高、含量大、煤层松软、透气性低，抽采极为困难，突出危险性剧增。B 组煤中 B9b 和 B10 煤厚平均 2 m，倾角平均 20°。

为全面、系统地反映薄煤开采后临近煤岩层的应力分布规律，以 51 采区地质条件和开采技术条件为背景，建立 B9b 煤和 B10 煤分别开采的 FLAC3D 三维计算模型进行数值模拟。岩石基本参数如表 1 所示；模型走向长 600 m，倾向宽 400 m，高度 365 m，B9b、B10 煤开采工作面按走向长壁布置，面长 200 m (X 方向 100～300 m)，沿走向推进 400 m。

2 B9b 和 B10 关键保护层开采后临近煤层应力分布规律

在保护层工作面回采 300 m 处对应位置沿倾向及工作面中部对应位置沿走向各布置两条测线，系

作者简介：郑群(1964—)，男，安徽寿县人，高级工程师，从事煤矿安全生产管理工作，现任集团公司生产部部长。

文章修改联系人：尹希文，天地科技股份有限公司开采设计事业部，coolyxw2000@163.co m。

统地研究 B9b 和 B10 薄煤层分别开采的情况下，被保护煤层的应力分布规律。

表 1　　计算采用岩石厚度计基本力学参数

岩层名称	厚度 /m	体积模量 Pa	剪切模量 /Pa	摩擦角 /°	内聚力 /Pa	抗拉强度 /Pa
B11b 煤	5	1.56E+09	1.985E+09	32	1.19E+06	1.60E+05
泥岩	4	6.48E+09	3.472E+09	30	1.25E+09	6.05E+05
B11a 煤	2	4.56E+06	1.985E+09	32	1.19E+06	1.60E+05
砂质泥岩	9	2.57E+09	2.702E+09	30	2.19E+06	7.20E+05
细砂岩	4	1.33E+09	1E+10	40	2.78E+06	1.35E+05
砂质泥岩	7	2.57E+09	2.702E+09	30	2.19E+06	7.20E+05
B10 煤	2	4.56E+09	1.985E+09	32	1.19E+06	1.60E+05
砂质泥岩	2	2.57E+09	2.702E+09	30	2.19E+06	7.20E+05
细砂岩	4	1.33E+10	1E+10	40	2.78E+06	1.35E+06
砂泥岩互层	14	6.01E+09	3.268E+09	30	1.21E+06	5.40E+05
细砂岩	11	1.33E+10	1E+10	40	2.78E+06	1.35E+06
砂质泥岩	7	2.57E+09	2.702E+09	30	2.19E+06	7.20E+05
B9b 煤	2	4.56E+09	1.985E+09	32	1.19E+06	1.60E+05
沙泥岩互层	6	6.01E+09	3.268E+09	30	1.21E+06	5.40E+05
砂质泥岩	5	2.57E+09	2.702E+09	30	2.19E+06	7.20E+05
B8 煤	5	4.56E+09	1.985E+09	32	1.19E+06	1.60E+05

2.1　B11b 煤层应力分布规律

B9b 和 B10 煤层分别开采情况下，上覆 B11b 煤沿倾向及走向垂直应力 SZZ 分布如图 1～2 所示。由图可知：

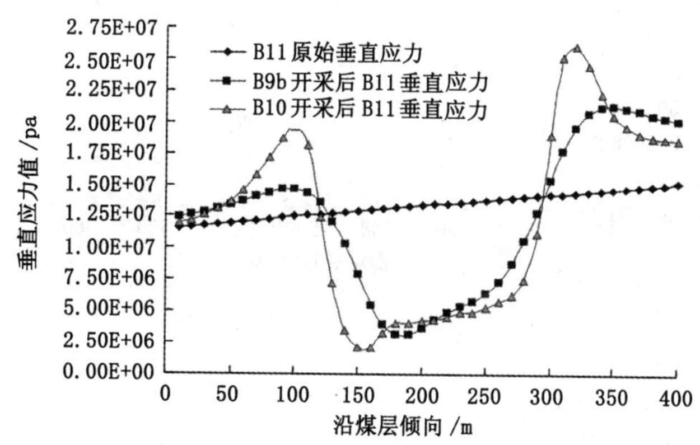

图 1　沿倾向垂直应力 SZZ 分布

(1) 在 B9b 煤层开采情况下，B11b 煤沿煤层倾向垂直应力 SZZ 分为卸压区、增压区和稳压区；卸压区长度为 169.4 m，卸压区范围为 B9b 保护层工作面风巷上方对应位置内错 26.3 m，至机巷对应位置内错 4.4 m 范围内；平均卸压 6.6 MPa；上部应力峰值位置为对应 B9b 煤层风巷外错 10 m 处，应力峰值14.7 MPa，应力集中系数 1.19；下部应力峰值位置为对应 B9b 煤层机巷外错 50 m 处，应力峰值21.3 MPa，应力集中系数 1.45。B11b 煤沿煤层走向垂直应力 SZZ 分也为卸压区、增压区和稳压区，呈对称分布。

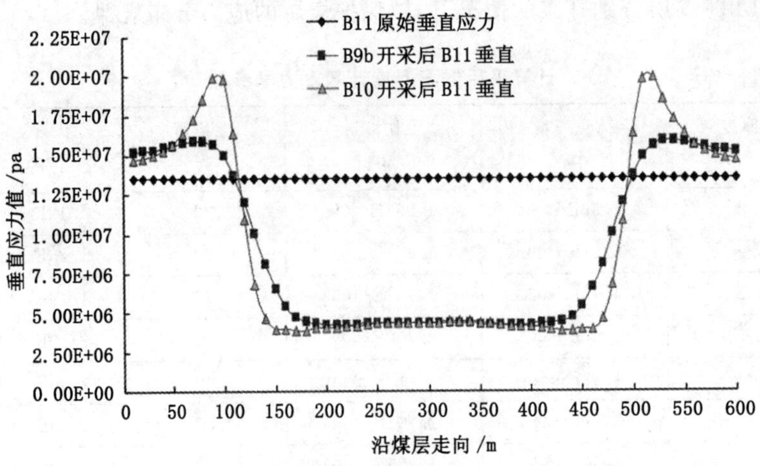

图 2　沿走向垂直应力 SZZ 分布

（2）在 B10 煤层开采情况下，B11b 煤沿煤层倾向分为卸压区、增压区和稳压区；卸压区长度为 174.2 m，卸压区为 B10 保护层工作面风巷正上方对应位置内错 19.6 m，至机巷正上方对应位置内错 6.1 m 的范围；平均卸压 8.0 MPa；上部应力峰值位置为 B10 工作面风巷上方垂直对应位置，应力峰值 19.6 MPa，应力集中系数 1.57；下部应力峰值位置为 B10 工作面机巷上方对应位置外错 20 m 处，应力峰值 26.1 MOa，应力集中系数 1.81。B11b 煤沿煤层走向垂直应力 SZZ 分也为卸压区、增压区和稳压区，呈对称分布。

B9b 和 B10 煤层分别开采情况下，上覆 B11b 煤层水平应力 SXX 分布如图 3～4 所示。由图可知：

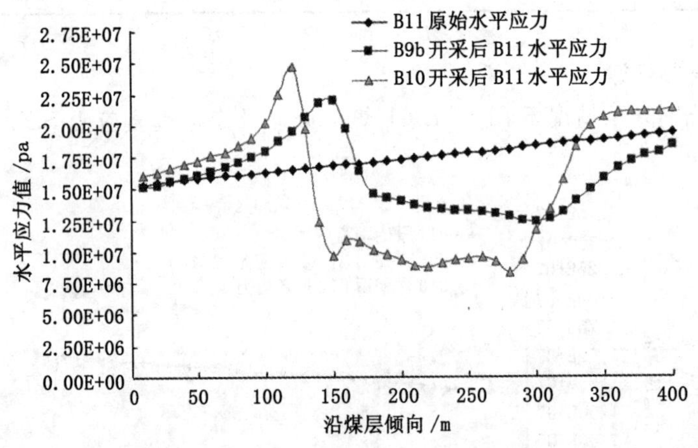

图 3　沿倾向水平应力 SXX 分布

（1）在 B9b 煤层开采情况下，B11b 煤沿煤层倾向水平应力 SXX 分为卸压区、增压区和稳压区；卸压区范围为 B9b 保护层工作面风巷上方对应位置内错 68.3 m，至机巷对应位置外错 100 m 范围内；平均卸压 3.7 MPa；上部应力峰值位置为对应 B9b 煤层风巷内错 50 m 处，应力峰值 22 MPa，应力集中系数 1.31。B11b 煤沿煤层走向水平应力 SXX 分也为卸压区、增压区和稳压区，呈对称分布。

（2）B10 煤层开采情况下，B11b 煤沿煤层倾向水平应力 SXX 也分为卸压区、增压区和稳压区；卸压区长度为 198.3 m，卸压区为 B10 煤层风巷正上方对应位置内错 34.2 m，至机巷正上方对应位置外错 32.5 m 的范围；平均卸压 6.98 MPa，上部应力峰值位置为 B10 工作面风巷上方对应位置内错 20 m，应力峰值达 24.7 MPa，应力集中系数 1.5；下部应力峰值位置为 B10 工作面机巷上方对应位置外错 70 m 处，应力峰值达 21.1 MPa，应力集中系数 1.1。B11b 煤沿煤层走向水平应力 SXX 分也为卸压区、增压

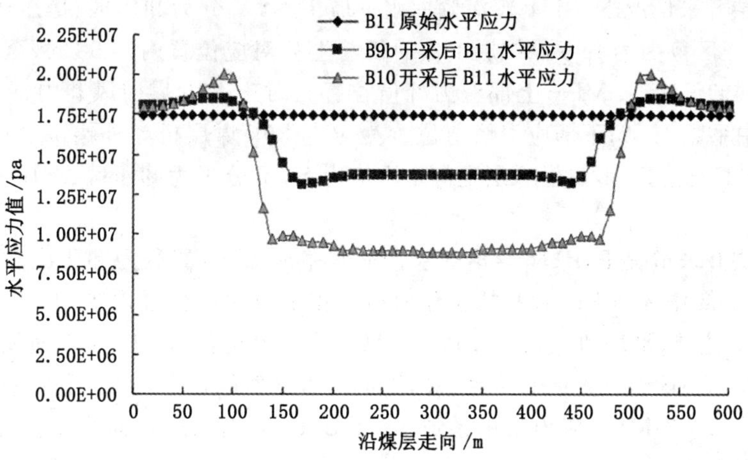

图4 沿走向水平应力 SXX 分布

区和稳压区，呈对称分布。

B9b 和 B10 煤层分别开采情况下，上覆 B11b 煤层水平应力 SYY 分布如图 5～6 所示。由图可知：

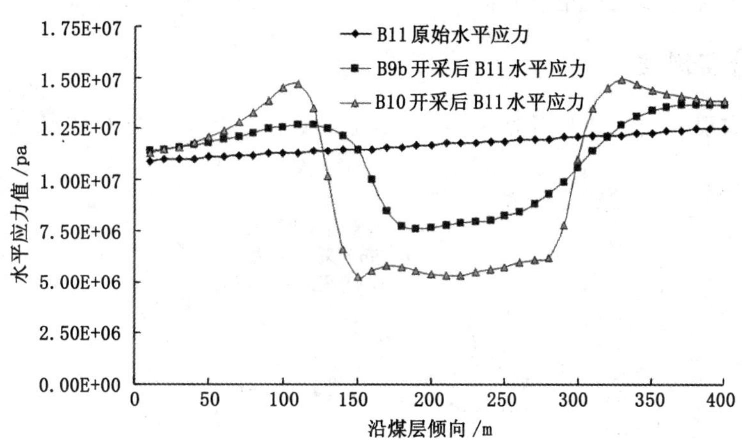

图5 沿倾向水平应力 SYY 分布

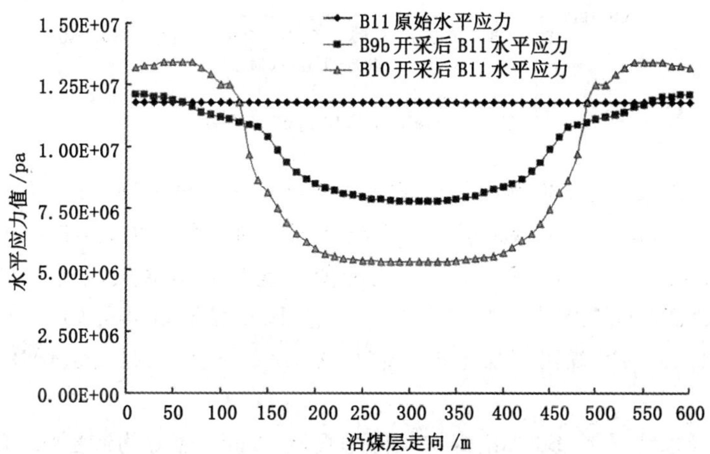

图6 沿走向水平应力 SYY 分布

(1) 在 B9b 煤层开采情况下,B11b 煤沿倾向水平应力 SYY 分为卸压区、增压区和稳压区;卸压区长度为 171.7 m,卸压区范围为 B9b 保护层工作面机巷上方对应位置内错 50 m,至风巷对应位置外错 21.7 m 范围内;平均卸压 2.94 MPa;上部应力峰值位置为对应 B9b 煤层风巷内错 10 m 处,应力峰值 12.7 MPa,应力集中系数 1.12;下部应力峰值位置为对应 B9b 煤层机巷外错 70 m 处,应力峰值 13.7 MPa,应力集中系数 1.14。B11b 煤沿煤层走向水平应力 SYY 分也为卸压区、增压区和稳压区,呈对称分布。

(2) 在 B10 煤层开采情况下,B11b 煤沿煤层倾向水平应力 SYY 分为卸压区、增压区和稳压区;卸压区长度为 178.2 m,卸压区为 B10 保护层工作面风巷正上方对应位置内错 26.4 m,至机巷正上方对应位置外错 6.1 m 的范围;平均卸压 5.41 MPa;上部应力峰值位置为 B10 工作面风巷上方对应位置内错 10 m,应力峰值 14.7 MPa,应力集中系数 1.3;下部应力峰值位置为 B10 工作面机巷上方对应位置外错 40 m 处,应力峰值 14.7 MPa,应力集中系数 1.2。B11b 煤沿煤层走向水平应力 SYY 分也为卸压区、增压区和稳压区,呈对称分布。

在 B9b 和 B10 煤层分别开采情况下,沿走向卸压区呈对称分布,但 B9b 煤层开采产生的应力峰值小于 B10 煤层,B9b 煤层开采产生的应力集中系数小于 B10 煤层;垂直应力 SZZ 的卸压区范围和幅度基本一致, B9b 煤层水平应力的卸压范围和幅度小于 B10 煤层,层间距对垂直应力的影响较小,但对水平应力的影响较大(对水平应力较敏感)。

3 B8 煤层应力分布规律

在 B9b 和 B10 煤层分别开采两种情况下,下伏 B8 煤层垂直应力分布情况如图 7～8 所示,由图可知:

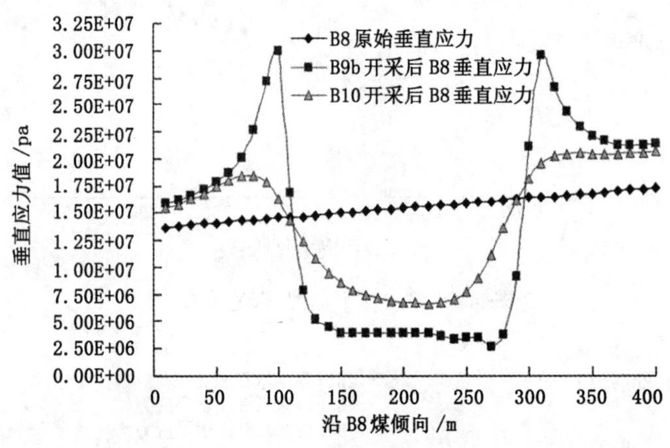

图 7 沿倾向垂直应力 SZZ 分布

(1) 在 B9b 煤层开采情况下,B8 煤沿煤层倾向垂直应力 SZZ 分为卸压区、增压区和稳压区;卸压区长度为 183.6 m,卸压区范围为 B9b 保护层工作面机巷下方对应位置内错 12.4 m,至风巷下方对应位置内错 4 m 范围内;平均卸压 11.1 MPa;上部应力峰值位置为 B9b 煤层风巷下方对应位置,应力峰值 30 MPa,应力集中系数 2.05;下部应力峰值位置为对应 B9b 煤层机巷外错 10 m 处,应力峰值 29.6 MPa,应力集中系数 1.79。B8 煤沿煤层走向垂直应力 SZZ 分也为卸压区、增压区和稳压区,呈对称分布。

(2) 在 B10 煤层开采情况下,B8 煤沿煤层倾向垂直应力 SZZ 也分为卸压区、增压区和稳压区;卸压区长度为 182 m,卸压区为 B10 保护层工作面风巷正下方对应位置内错 8.5 m,至机巷正下方对应位置内错 9.5 m 的范围;平均卸压 6.17 MPa;上部应力峰值位置为 B9b 煤层风巷下方对应位置外错 20 m,

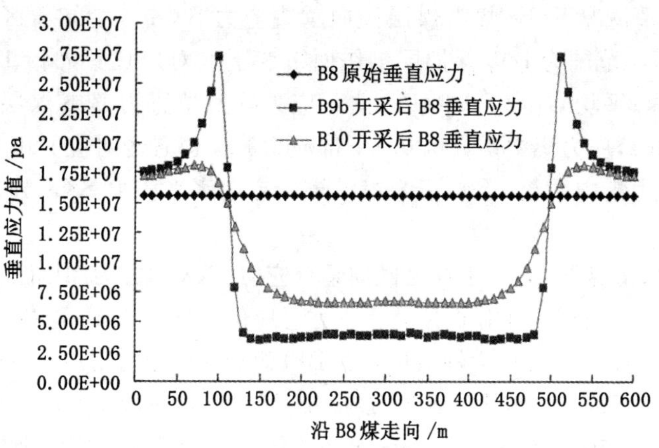

图8 沿走向垂直应力SZZ分布

应力峰值18.5 MPa,应力集中系数1.28;下部应力峰值位置为对应B9b煤层机巷外错40 m处,应力峰值20.5 MPa,应力集中系数1.23。B11b煤沿煤层走向水平应力SYY分也为卸压区、增压区和稳压区,呈对称分布。B8煤沿煤层走向垂直应力SZZ分也为卸压区、增压区和稳压区,呈对称分布。

在B9b和B10煤层分别开采两种情况下,下伏B8煤层水平应力SXX分布情况如图9～10,由图可以看出:

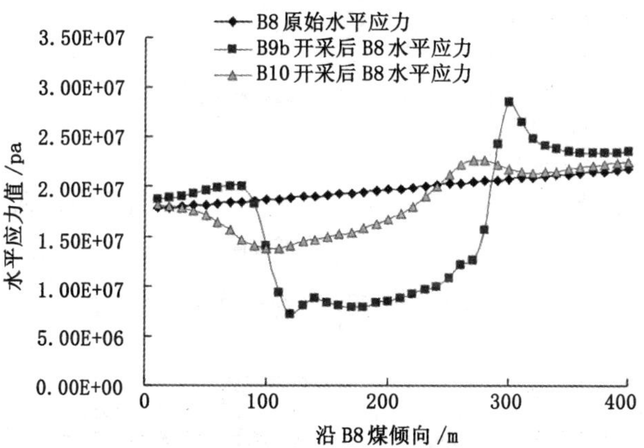

图9 沿倾向水平应力SXX分布

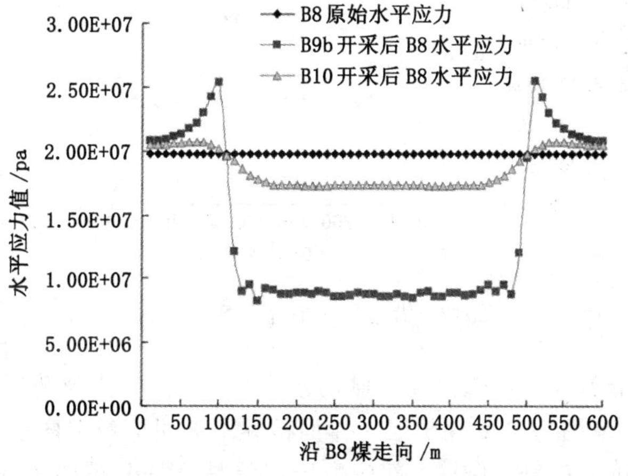

图10 沿走向水平应力SXX分布

(1) 在B9b煤层开采情况下,B8煤沿煤层倾向垂直应力SXX分为卸压区、增压区和稳压区;卸压区长度为197.3 m,卸压区范围为B9b保护层工作面机巷下方对应位置外错11.6 m,至风巷下方对应位置内错14.2 m范围内;平均卸压9.39 MPa;上部应力峰值位置为B9b煤层风巷下方对应位置外错20 m,应力峰值20.1 MPa,应力集中系数1.09;下部应力峰值位置为对应B9b煤层机巷下方对应位置,应力峰值28.6 MPa,应力集中系数1.38。B8煤沿煤层走向水平应力SXX分也为卸压区、增压区和稳压区,呈对称分布。

(2) 在B10煤层开采情况下,B8煤沿煤层倾向垂直应力SXX也分为卸压区、增压区和稳压区;卸压区长度为216 m,卸压区为B10保护层工作面风巷正下方对应位置外错75 m,至机巷正下方对应位置内错59 m的范围;平均卸压3.02 MPa;上部应力峰值位置为B10煤层风巷下方对应位置外错90 m,应力峰值18.1 MPa,应力集中系数1.02;下部应力峰值位置为对应B10煤层机巷内错30 m处,应力峰值22.7 MPa,应力集中系数1.11。B8煤沿煤层走向水平应力SXX分也为卸压区、增压区和稳压区,呈对称分布。

在B9b和B10煤层开采两种情况下,下伏B8煤层水平应力SYY分布情况如图11～12,由图可以看出:

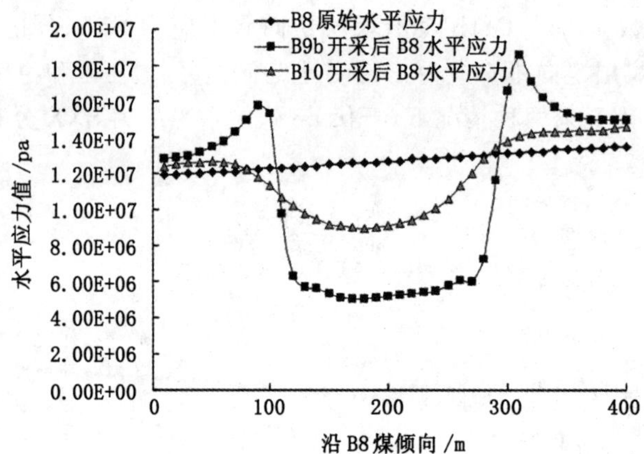

图11 沿倾向水平应力SYY分布

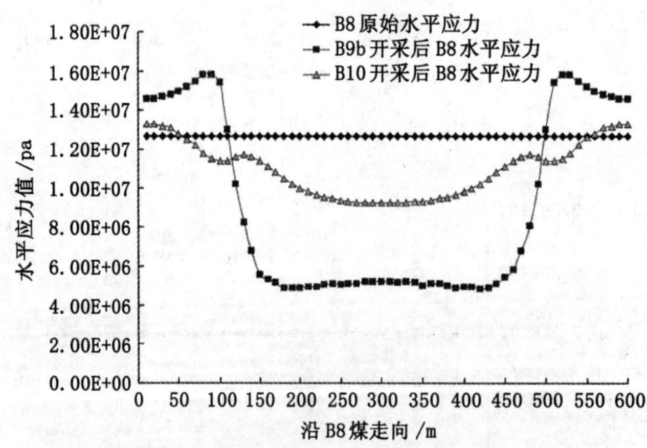

图12 沿走向水平应力SYY分布

(1) 在B9b煤层开采情况下,B8煤沿煤层倾向水平应力SYY分为卸压区、增压区和稳压区;卸压区长度为187.6 m,卸压区范围为B9b保护层工作面机巷下方对应位置内错5.4 m,至风巷下方对应位置内错7 m范围内;平均卸压6.56 MPa;上部应力峰值位置为B9b煤层风巷下方对应位置外错10 m,应力峰值15.8 MPa,应力集中系数1.3;下部应力峰值位置为对应B9b煤层机巷下方对应位置外错10

m,应力峰值 18.6 MPa,应力集中系数 1.42。B8 煤沿煤层走向水平应力 SXX 分也为卸压区、增压区和稳压区,呈对称分布。

(2) 在 B10 煤层开采情况下,B8 煤沿煤层倾向水平应力 SYY 也分为卸压区、增压区和稳压区;卸压区长度为 204 m,卸压区为 B10 保护层工作面风巷正下方对应位置外错 20 m,至机巷正下方对应位置内错 16 m 的范围;平均卸压 2.48 MPa;上部应力峰值位置为 B10 煤层风巷下方对应位置外错 50 m,应力峰值 12.7 MPa,应力集中系数 1.05;下部应力峰值位置为对应 B10 煤层机巷外错 10 m 处,应力峰值 14.1 MPa,应力集中系数 1.08。

4 结论

保护层开采情况下,被保护层应力分布有如下特征:

(1) 保护层开采情况下,被保护层工作面垂直应力 SZZ、水平应力 SXX 和 SYY 均可分为卸压区、增压区和稳压区,沿煤层倾向应力呈非对称分布,沿煤层走向应力呈对称分布。

(2) B9b 开采情况下,垂直应力 SZZ、水平应力 SXX 和 SYY 卸压区位置存在差异,对于上保护层 B11b:水平应力 SYY 卸压位置相对于垂直应力 SZZ 沿水平向工作面深部方向偏移 24 m 左右,水平应力 SXX 卸压位置相对于垂直应力 SZZ 沿水平向工作面深部方向偏移 42 m 左右;对于下保护层 B8:水平应力 SYY 卸压位置相对于垂直应力 SZZ 沿水平向工作面浅部方向偏移 7 m 左右,水平应力 SXX 卸压位置相对于垂直应力 SZZ 沿水平向工作面浅部方向偏移 24 m 左右。

(3) B10 开采情况下,垂直应力 SZZ、水平应力 SXX 和 SYY 卸压区位置存在差异,

对于上保护层 B11b:水平应力 SYY 卸压位置相对于垂直应力 SZZ 沿水平向工作面深部方向偏移 7 m 左右,水平应力 SXX 卸压位置相对于垂直应力 SZZ 沿水平向工作面深部方向偏移 15 m 左右;对于下保护层 B8:水平应力 SYY 卸压位置相对于垂直应力 SZZ 沿水平向工作面浅部方向偏移 28.5 m 左右,水平应力 SXX 卸压位置相对于垂直应力 SZZ 沿水平向工作面浅部方向偏移 83.5 m 左右。

(4) 层间距越大垂直应力 SZZ 卸压区范围越小,增压区应力峰值也越小;反之层间距越小 SZZ 卸压区范围越大,增压区应力峰值越大。

(5) 垂直应力的卸压幅度大于水平应力,倾向水平应力 SXX 卸压幅度最小,B9b 开采情况下,B11b、B8 煤垂直应力 SZZ 平均卸压分别为 6.6 MPa 和 11.1 MPa,B11b、B8 煤水平应力 SXX 平均卸压分别为 3.7 MPa 和 9.39 MPa,B11b、B8 煤水平应力 SYY 平均卸压分别为 2.94 MPa 和 6.56 MPa。

保护层 B9b 与 B10 开采相比,上覆 B11b 煤水平应力 SXX 卸压位置沿水平向工作面深部方向偏移 27 m,下伏 B8 煤水平应力向 SXX 卸压位置沿水平向工作面深部方向偏移 49.5 m,B9b 对上下煤层深部保护范围大于 B10b。谢一矿 51 采区的开采实践表明,B9b 保护层开采与 B10 相比,上下被保护工作面巷道更易维护,工作面矿压显现缓和,综上所述,应选择 B9b 煤作为谢一矿 51 采区 B 组煤关键保护层。

参考文献

[1] 刘明举,王冕,李波等. 开采保护层的效果评价研究[J]. 煤炭科学技术,2011,42(1):61~64.

[2] 钱鸣高,石平五. 矿山压力与岩层控制[M]. 徐州:中国矿业大学出版社,2003.

[3] 宋振骐,蒋宇静,杨增夫,彭林军. 煤矿重大事故预测和控制的动力信息基础的研究[M]. 北京:煤炭工业出版社,2003.

[4] 宋振骐. 实用矿山压力控制[M]. 徐州:中国矿业大学出版社,1988.

[5] 汪义国. 近距离煤层群被保护层开采瓦斯综合治理技术研究[J]. 安徽建筑工业学院学报:自然科学版,2010,18 (4) : 16 ~19.

[6] 吴建亭. 近距离保护层工作面瓦斯综合治理技术[J]. 煤炭科学技术,2011,39(8) :54~57.

兖州矿区厚煤层开采河道防治技术与实践

张连贵　郑　辉

（兖矿集团有限公司）

摘　要　兖州矿区在厚煤层开采河道损害防治技术实践中，通过实测研究，得到了开采引起的地表及堤防移动变形规律、裂缝扩展规律，揭示了厚煤层开采堤防破坏机理，在此基础上进行了针对性的河道治理技术研究，形成了厚煤层开采河道损害防治技术体系，并在工程实践中成功应用。

关键词　河道；开采沉陷；裂缝；治理；工程实践

1　引言

据不完全统计，我国河道下压煤超过百亿吨，山东省境内仅南四湖流域河道压煤可采储量达33.4亿t。解放河道下压占的优质煤炭资源对保证我国的能源安全，促进区域经济可持续发展具有重要意义。兖州矿区河道下煤层厚度大，单层厚度8～10 m，开采下沉量大，下沉速度快，非连续变形剧烈，严重影响河道防洪安全。该区域经济发达，人口密集，河道防洪安全要求高、不能有任何疏漏，因此，河道下厚煤层开采治理难度大。从20世纪90年代开始，兖州矿区各矿积极开展河道下压煤开采的试采和河道治理工作，全矿区在河下已累计试采了112个工作面，安全采出煤炭7 700万t，累计治理河道33.6 km。河下采煤实现了地企双赢，保障了煤炭生产可持续发展，也促进了地方经济发展。综合整治后的河道堤防防洪能力达到规划标准，提高了堤防的防洪等级，并经过了洪水的考验，有力保障了沿河矿区企业和群众财产安全。

2　厚煤层开采河道堤防破坏规律

厚煤层开采情况下，地表移动变形在形态方面具有下沉盆地变形剧烈，裂缝发育明显且伴随有台阶等严重的非连续性破坏等特点。在地表移动时间的划分方面，初始期短，活跃期长，剧烈期显著，下沉速度快。在地表移动变形动态特征方面，启动距偏小，最大下沉速度滞后角小，存在动态裂缝。地表移动变形范围方面，剧烈变形影响范围集中，但地表移动变形范围扩大，开采影响边缘区域变形较小，但扩展区域较常规开采明显增大，对距离工作面较远区域的地表和建筑物等也构成了明显的影响。

2.1　地表及堤防整体移动变形特点

为了实测地表及堤防整体移动变形情况，沿堤防断面布置监测线，每条监测线均包含滩地、堤防、护堤地等部分，通过对多个监测断面的对比分析，确定堤防结构是否出现错动，堤体和堤基之间是否存在导水可能性。其中，某断面在不同观测时段内的位移变化如图1。

监测结果表明堤防各部分在X方向和Y方向位移随时间的变化量保持了较好的一致性。说明堤防呈现出整体移动的趋势，没有出现堤基与堤防发生错动，堤基失稳的现象发生。通过对实测资料的分

作者简介：张连贵，男，1967年8月出生，1988年毕业于中国矿业大学矿山测量专业，现为兖矿集团有限公司地质测量部副部长，研究员。山东邹城市凫山南路298号兖矿集团地测部，邮编：273500。邮箱：ykzlg@126.com。

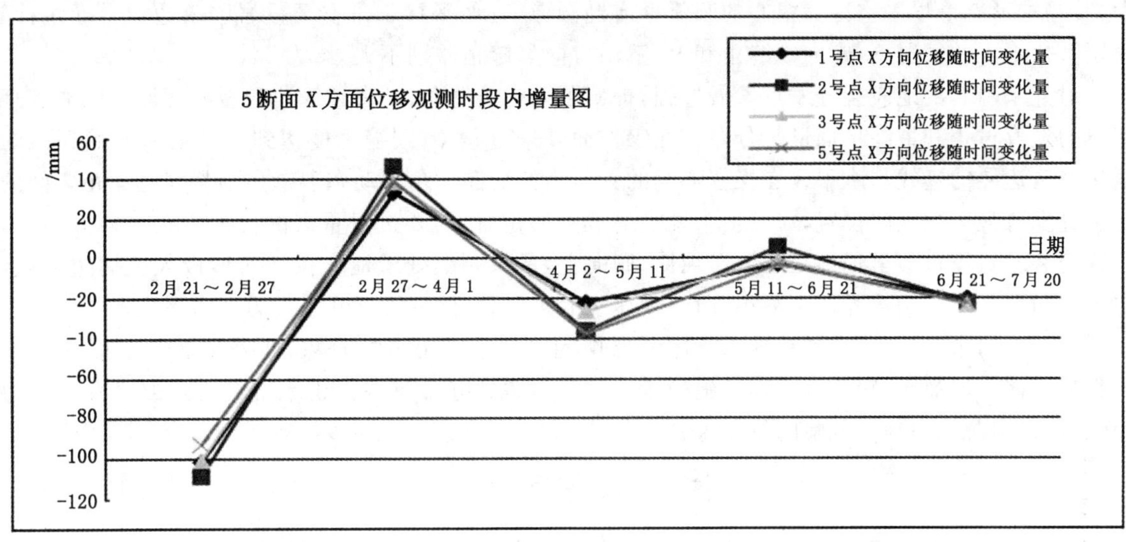

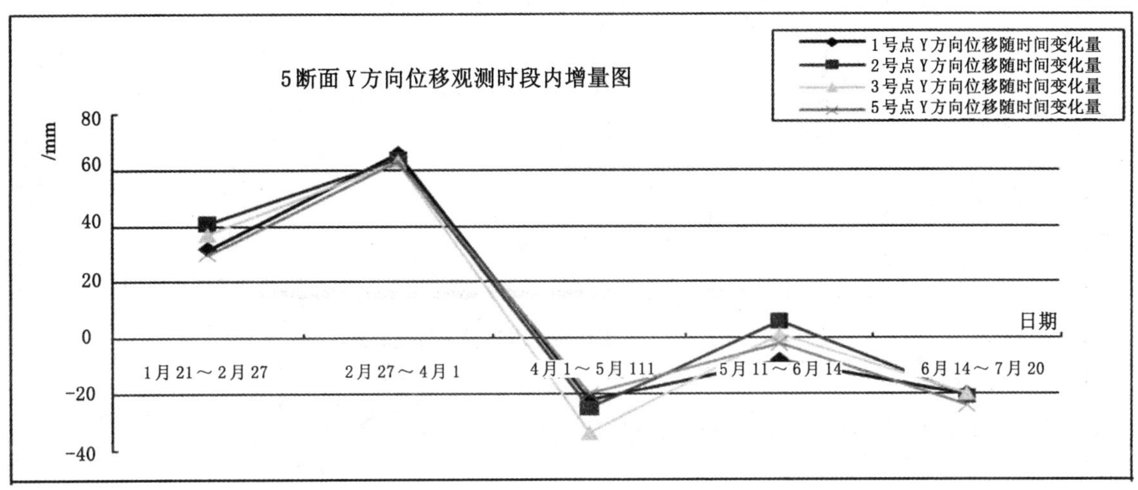

图1 断面5各点观测时段内X方向和Y方向位移变化量

析表明高强度开采在堤防高度不大的情况下，其堤防的移动变形与地表移动变形无本质差别，可采用与地表移动变形一致的预测方法预测堤防移动变形。

同时采用钻孔监测的方法对开采过程中堤防内部的移动变形进行了监测，结果表明随着深度的增加，钻孔内的水平移动呈现逐步增加的趋势，但增加量不大，最大仅为2.6 mm/m，小于《煤矿安全规程》规定的堤防容许变形值，可认为堤防内部各点在水平方向的移动保持了较好的同步性，不存在错动的情况。

2.2 裂缝发育规律

作为开采引起的非连续破坏，裂缝的扩展发育规律对河道的防洪安全存在较大威胁，因此，采用现场实测和理论分析的方法对开采过程中裂缝的扩展发育规律、深度发育规律等进行了研究。

2.2.1 裂缝平面扩展规律

为了确定开采引起的裂缝扩展情况，对多个工作面开采过程中的裂缝扩展形态进行了现场监测。通过实测资料分析可知，当开采引起的地表拉伸变形达到或超过土体的极限抗拉强度时，地表土体将开始产生裂缝；随着地表变形的增大，地表裂缝加深、加宽，裂缝两侧通常还产生一定的落差；裂缝的深度、宽度、落差大小与地表变形、土体力学性质有关。随着工作面的推进，通常每隔一定距离形成一条新裂缝；裂缝的间距取决于工作面的推进速度、采深和地表变形值。地表裂缝总是在采空区的边界外侧上方产生，其基本形态是以采空区为中心的圆弧形或椭圆形，近似平行于采空区覆岩陷落边界。通过计算，在煤层倾角不大的情况下，走向裂缝角和上、下山方向裂缝角差别不大，约为 64°。

针对开采引起的地表裂缝发育发展过程，提出了稳定裂缝角、动态裂缝角和裂缝还原角的概念来描述裂缝的发育过程和最终平面形态分布。在工作面开采过程中，裂缝宽度达到最大值后开始还原的位置至采空区边界的连线与水平线在煤柱一侧的夹角为裂缝还原角。动态裂缝角与裂缝还原角之间的区域是裂缝发育最为剧烈的位置，对河堤来说是最危险的位置，需要进行重点的治理。在走向方向上，不同位置的裂缝宽度近似呈现出正态分布规律，倾向上，最大裂缝处于地表拉伸变形极大值周边区域，向采空区方向和开采影响边界逐渐减小，向外到达裂缝角位置，向内接近开采边界。水平变形并没有全部通过裂缝反映出来，一部分变形被地表土体所吸收，土体表面存在疏松现象，如果在汛期开采，需要对受开采影响堤体采取灌浆、碾压等工程措施进行处理。动态裂缝角与裂缝还原角之间是裂缝发育最为剧烈的位置，对堤防来说是最危险的位置。

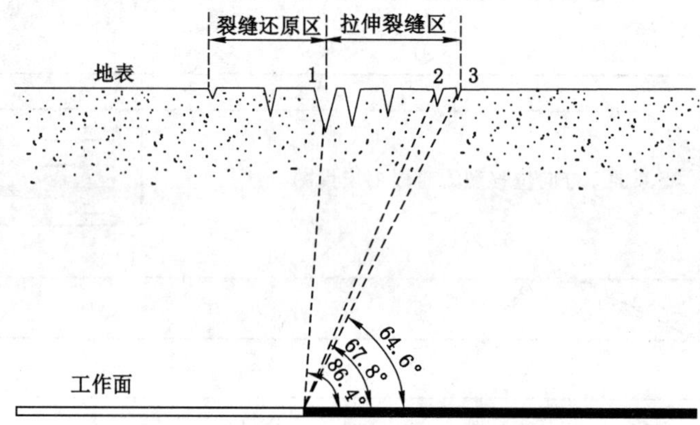

1—裂缝开始还原位置 2—工作面推进过程中裂缝最外边界
3—工作面开采结束并稳定后裂缝最外边界

图 2 裂缝分布范围划分示意图

2.2.2 裂缝深度发育规律

为了确定裂缝在深度方向的扩展规律，选择典型裂缝进行了现场开挖，其中，开挖的部分裂缝形态和素描裂缝形态对比情况如图 3。裂缝的形态是上宽下窄状，发育深度有限，其中发育最深的为 L31 裂缝，为 3.44 m。裂缝在深度方向上的发育形态并不是垂直的，受土体结构的影响沿弱面向下发展，因而呈现了不同的发育形态。裂缝的发育深度和裂缝的宽度和落差是相关的，同样的地质条件下，宽度和落差越大的裂缝，其发育深度就越大，而宽度较小的裂缝则会很快闭合。从理论上建立了符合高强度开采裂缝极限发育深度计算公式：

$$h=\frac{2C}{r}\tan(45^{\circ}+\frac{\varphi}{2})$$

式中 γ——土体的干容重，N/m^3；

μ——土体的泊松比；

C——土体的黏聚力，$N\cdot m^2$；

φ——土体的内摩擦角，(°)。

计算得到的裂缝发育极限深度为 3.53 m，与实测结果保持较好一致。

2.3 地表及堤防移动变形时间特性

在地表移动持续时间方面，厚煤层开采地表变形活跃期短，在兖州矿区仅持续 3 个月左右，以下沉 10 mm 作为地表下沉盆地的最外边界，沉陷盆地面积是开采面积的 3 倍。开采刚结束时，地表沉陷面

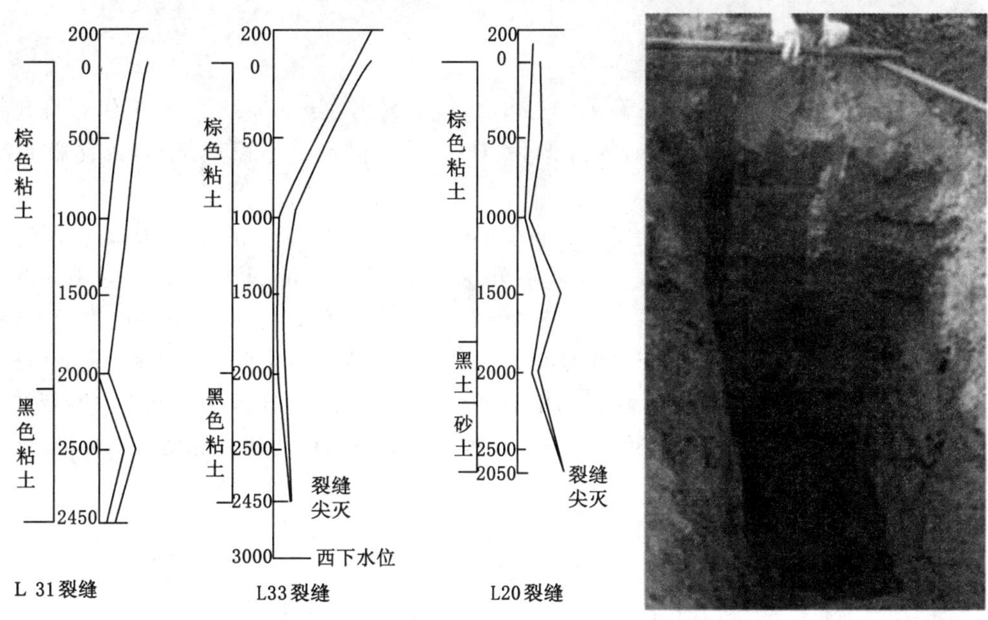

图3　实测裂缝深度发育

积占最终沉陷面积的97.1%；开采结束3个月时，地表沉陷面积占最终沉陷面积的98.9%；开采结束6个月时，地表沉陷面积占最终沉陷面积的99.0%。

3　河道治理技术研究

3.1　堤防加固

堤防加固技术主要包含堤防标高恢复和防渗加固两方面内容。堤防标高恢复技术根据不同的工程特点，可分为采前预加固采后综合治理、采中动态防治和采后系统治理三种模式。采前预加固采后综合治理技术可保证堤防始终保持良好的防洪能力，但治理费用较高。采中动态防治技术堤防的防洪安全具有保障，费用较低，但治理工期较长，治理后堤防仍受到一定开采变形的影响。采后系统治理技术具有一步治理到位的优点，但治理前堤防的防洪安全存在一定的风险。

堤防的防渗加固方案分两种：一种为提高堤身密实度、消除堤身堤基隐患、放缓边坡、贴坡排水、填筑透水后戗或盖重等措施；另一种是降低渗流的破坏能力，即降低渗流出口比降和堤身的浸润线。在实际治理过程中应遵循"前堵后排、保护渗流出口"的渗流控制原则，并根据工程地质条件、出口险情和堤防的重要程度经技术经济论证后，选择合理的渗流控制措施。在本区域常用的有铺设土工膜，多头小直径旋喷桩灌浆加固等方法。

3.2　河道功能恢复

滩地按照结合防渗稳定及满足耕植要求的原则进行恢复。一般采用稳沉后治理，恢复宽度根据不同情况进行不同的处理，在滩地较窄的河段按照沉陷前宽度恢复，在滩地较宽处，结合河槽的平面布置按照不小于50 m原则恢复。背水侧护堤地均按照50 m宽度进行恢复。对沉陷后治理的护堤地，按照方便管理结合复耕的原则恢复，回填材料表层1 m采用土料，下部可为土料也可为煤矸石。

通过研究确定对河槽不进行恢复，而只对部分凹岸河岸采取抛煤矸石护砌的治理措施。不需采取导流措施，节省了大量的工程费用。处于凹岸的河道，滩地较窄，恢复滩地后，为防止塌岸危及堤防的安全，采取了护岸措施，护岸均采用沉陷后治理。考虑到护岸建在塌陷区，结合当地建筑材料，采用干砌石坡式护岸。

4 河道治理工程实践

济宁三号煤矿一采区在泗河下开采了9个工作面，河下采出煤炭603.8万t，工作面与泗河相对关系见图4。一采区煤层平均采厚5.12m，煤层倾角0～10°，河堤最大下沉6.7 m，累计影响河堤长度2 600 m。

一采区开采期间，分别按首期采后治理，中期按采前预加固采后综合治理、采中动态防治和后期综合系统治理三种模式进行了分阶段治理。2002年至2009年开采期间，累计填筑土方135万m^3，工程投资6 004万元。一采区回采结束后，2010年至2012年，对泗河右堤2600米沉陷段进行了综合治理，填筑土方19.27万m^3，工程总投资1067.96万元。主要治理内容包括堤防填筑工程、裂缝处理、滩地和护堤地恢复、防汛公路建设，堤防加固工程还采用了多头小直径深层搅拌桩水泥土截渗墙新技术。泗河治理段堤防防洪能力由二十年一遇提高到五十年一遇，所有治理工程均达到优良工程标准，该采煤塌陷治理工程经历了多年汛期洪水的考验。

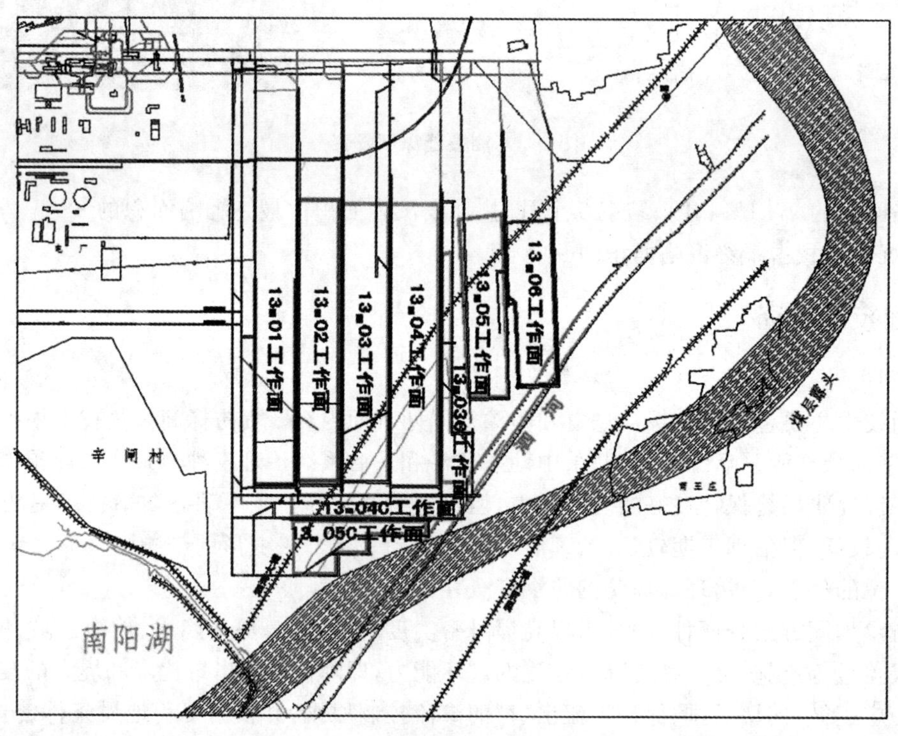

图4　济宁三号煤矿泗河下采煤井上下对照图

5 结论

(1) 通过对实测资料的分析表明厚煤层开采情况下，堤防的移动变形与地表移动变形无本质差别，实测结果表明堤防呈现出整体移动的趋势，没有出现堤基与堤防发生错动，堤基失稳的现象，堤防与堤基移动变形是一致的。

(2) 提出了稳定裂缝角、动态裂缝角和裂缝还原角的概念来描述裂缝的发育过程和最终平面形态分布，从理论上建立了符合厚煤层开采裂缝极限发育深度计算公式。

(3) 提出了采前预加固采后综合治理、采中动态防治和采后系统治理三种综合治理技术模式，为不同情况下河道的治理提供了技术依据。

(4) 河道下压煤开采的试采和河道治理工程实践证明，厚煤层开采河道综合防治技术体系具有可靠性和可行性。

参考文献

[1] 国家煤炭工业局.建筑物、水体、铁路及主要井巷煤柱留设与压煤开采规程[M].北京:煤炭工业出版社 2000.

[2] 李亮. 高强度开采条件下堤防损害机理及治理对策研究[D]. 徐州:中国矿业大学,2010.

[3] 田文书,陈长华,等. 河湖下厚煤层开采河道损害机理及综合防治技术研究[J]. 治淮,2012 年第 3 期:21-22.

[4] 王宗胜,李亮,等. 地表裂缝深度实测研究[J]. 煤矿现代化,2011 年第 6 期:39-41.

[5] 于启升,吴侃,等. 动态开采过程中河堤内部水平移动规律研究[J]. 煤炭工程,2011 年第 8 期:96-98.

[6] 郑辉,田文书,等. 综放开采条件下河道治理的可行性研究[J]. 煤矿开采,2011, 16(5):40-43.

煤矿锚索支护初始锚固力值的确定

杨福辉

（铁法煤业集团大强煤矿有限责任公司　辽宁调兵山　112700）

摘　要　煤矿巷道锚索支护的初始锚固力所产生的初始延展量与锚索的设计延展量及巷道围岩设计允许位移要相适应，初始锚固力过大或过小都不利于巷道支护体的稳定。为解决煤矿巷道锚索支护的初始锚固力值的问题，通过对锚索的受力分析，提出了煤矿锚索支护的延展条件及临界条件。通过科学分析，得出锚索支护初始锚固力值的计算公式。解决了锚索支护初始锚固力值的人为随意确定的问题。

关键词　煤矿软岩；锚索支护；初始锚固力；延展量

煤矿锚索支护是从岩土工程支护发展起来的新型支护形式，岩土工程支护的预应力锚索支护一般用于边坡处理，保持山体稳定。如三峡工程中的船闸的高边坡处理，如图1所示。其作用原理是通过锚索的紧固对岩层施加压力，增大岩石滑面抗滑摩擦阻力，使结构面处于压紧状态，以提高边坡岩体的整体性，从而改善岩体的力学性能，有效地控制岩体的位移，促使其稳定，达到控制滑坡及危岩、危石的目的。当锚索被锚固后，其锚固力值一般不随着时间的推移而改变，或者变化量很小。

图1　三峡船闸高边坡锚固图

(a) 整体；(b) 局部放大

煤矿锚索支护一般应用于软岩巷道中，尤其在在中深井或深井软岩巷道中。软岩巷道围岩一般都

作者简介：杨福辉(1964—)，男，辽宁阜新人，大学文化，工学学士学位。工作单位：铁法煤业集团大强煤矿有限责任公司，总工程师。通讯地址：辽宁省调兵山市铁法煤业集团大强煤矿有限责任公司，邮政编码112700，电子邮箱：yangfuhuidq@tfcoal.com。

含有蒙脱石、伊利石等吸水膨胀的岩石，具有膨胀的特点。当巷道开挖后，围岩由三维应力状态向二维应力状态转变，应力重新分布，巷道浅部的围岩向巷道方向产生位移，对支护体产生巷道压力，这就是地压。在地压的作用下，巷道会产生表面收敛、底鼓等动力现象。锚索作为巷道支护的一部分必然受到地压的影响，其锚固力随着地压的变化而逐渐增大。因此，煤矿巷道采用锚索支护同地面岩土工程采用的预应力锚索支护相比，其作用原理是截然不同的。煤矿锚索支护的作用原理是：(1) 阻止巷道浅部围岩的有害变形，允许围岩有一定量的与锚索相协调的变形；(2) 将浅部围岩与深部原岩联系起来，充分调动围岩本身的自撑力。作为支护体的锚索随着巷道的收敛，其锚固力是不断增加的，随着巷道趋于稳定，动力现象的消失，锚索的锚固力最后才趋于恒定。锚索的锚固力值的大小是煤矿锚索支护的设计基础，直接关系到锚索的布置格局，确定间排距的大小。而锚索的初始锚固力的大小直接关系到最终设计锚固力的值。所以，合理确定初始锚固力的值是锚索支护设计中十分重要的前提。

1 锚索的几个概念和软岩支护设计原理

1.1 有关锚索的几个概念

锚索在安装开始直至达到发挥最大能力的整个过程中，钢绞线受到的锚固力和由于锚固力使钢绞线所产生的延展量是不同的。为叙述问题方便，现暂定义以下几个概念。

(1) F_0：初始锚固力(亦称预紧力)。是在锚索安装时，钢绞线在涨拉机具作用下所产生的拉紧力，其数值由人为确定，单位：kN。

(2) X_0：初始延展量。在初始锚固力的作用下，锚索钢绞线所产生的延展量，单位：mm。

(3) F_1：设计锚固力。因围岩膨胀、巷帮的位移而使钢绞线的拉紧力增大，而最终达到的设计值，也是锚索最终应承担的拉力值，其数值由初始锚固力的大小和巷道位移量来确定，单位：kN。

(4) X_1：设计延展量。在设计锚固力的作用下，锚索钢绞线所产生的延展量，单位：mm。

(5) F_2：极限锚固力。锚索的钢绞线在弹性范围内所能承受的最大拉紧力，单位：kN。

(6) X_2：最大延展量。在极限锚固力的作用下，锚索钢绞线所产生的延展量，单位：mm。

(7) F_3：破断力总和。使锚索钢绞线破断的拉力总和，单位：kN。

(8) i：锚索的延展率。在拉力的作用下，锚索在弹性范围内的延展量与原长度的百分比。

(9) n：锚索安全系数。极限锚固力与设计锚固力的比值，即 $n=F_2/F_1$，$N\geqslant 1$。

1.2 煤矿锚索支护的设计原理

煤矿锚索支护的设计原理：(1) 锚索初始锚固力所产生的初始延展量与锚索的设计延展量及巷道围岩设计允许位移要相适应。当锚索锚固力与围岩压力相等时，锚索达到最终延展量，最终延展量不得超过其最大延展量；(2) 当锚索达到最终锚固力时，其值应等于设计锚固力，不能超过极限锚固力，更不能达到破断力。

根据上述分析可知，如果锚索的初始锚固力过小，当巷道来压的时候，锚索起不到应有的作用，造成松动圈扩大，支护体发生破坏；如果锚索初始锚固力过大，会使初始延展量过大，最后造成最终延展量超过最大延展量，使锚索受到的拉力超过它的屈服拉力，最后达到锚索的破断力，使其发生断裂。锚索断裂情况见图 2。因此，要科学地确定锚索的初始锚固力，既不能过小也不能过大。

2 锚索的受力与延展分析

2.1 锚索的受力与延展情况分析

锚索受力与延展情况如图 3 所示。锚索的长度由三部分组成，A 点为钢绞线的内端点；B 点为锚固剂外端点；C 点为巷道壁，是锁具的锁紧点位置；D 点为钢绞线的外端点。AB 段为锚固段，长度为 l_1；BC 段为拉伸延展段，长度为 l_2；CD 段为自由段，长度为 l_3。钢绞线全长 。

巷道围岩允许变形量为 ；钢绞线的屈服拉力$[F]$等于钢绞线的屈服强度与其断面积的乘积即，$[F]$

图 2　锚索断裂特征

(a) 断裂的锚索；(b) 横口形状

$=[\sigma]\cdot s$。$[\sigma]$可采用实验室实验测得的数据或根据采用的钢材材质查表取得。钢绞线在弹性范围内的延展率为 i。

在锚索被锁紧的过程中，在液压千斤顶的压力下，锚索锁具受到初始锚固力 F_0 作用，锚索的锁紧点位置的钢绞线由 C 点延展到 C' 点，$CC'=X_0$。X_0 称之为初始延展量。钢绞线的全长 $l'=l_1+l_2+l_3+X_0$。

锚索被锁紧后，随着软岩的膨胀，巷道围岩位移量的增加，锚索的延展量也随之增加，锚索的锚固力逐渐增加。

设锚固段(AB 段)位于原岩内，不受围岩膨胀的影响。BC 段位于围岩内，受围岩膨胀的影响。当锚固力达到设计锚固力 F_1 时，锚索的锁紧点位置的钢绞线由 C 点延展到 C'' 点的位置。按照煤矿锚索支护的设计原理，锚索的最大延展量不能超过巷道围岩设计允许的位移量 ΔX。否则的话，支护体将发生破坏，所以 $CC''\leqslant\Delta X$。现在按临界状态 $CC''=\Delta X$ 计算，钢绞线的全长 $l''=l_1+l_2+l_3+X_0+\Delta X$。由此可见，从锚索的钢绞线被锁紧开始，直至锚固力达到设计锚固力 F_1 时，钢绞线总延展量为 $X_0+\Delta X$。设 $X_1=X_0+\Delta X$，称之为设计延展量。

2.2　煤矿锚索支护的延展条件

根据锚索的受力与延展情况分析可知，在煤矿软岩支护的条件下，其初始延展量与巷道围岩设计允许的位移量之和不得大于锚索钢绞线的设计延展量，即 $X_0+\Delta X\leqslant X_1$。$X_0+\Delta X\leqslant X_1$ 这个表达式称之为煤矿锚索支护的延展条件，其临界条件：$X_1=X_0+\Delta X$。

3　锚索的初始锚固力设计

3.1　极限锚固力 F_2 与最大延展量 及弹性系数 k

锚索的极限锚固力 按锚索的屈服拉力$[F]$设计，即 $F_2=[F]$。在锚索未受力时，拉伸延展段的长度为 l_2，在弹性限度内，其延展率为 i。当锚索的受力达到它的极限锚固力 F_2 时，锚索的拉伸达到最大延展量 $X_2=l_2\times i$。根据胡克定律，可计算出该种锚索的弹性系数 $k=\dfrac{F_2}{X_2}$。

3.2　设计锚固力 F_1 与设计延展量 X_1

由锚索的安全系数得，设计锚固力 $F_1=\dfrac{1}{n}F_2$。在弹性限度内，钢绞线的受力与延展量是线性关系。

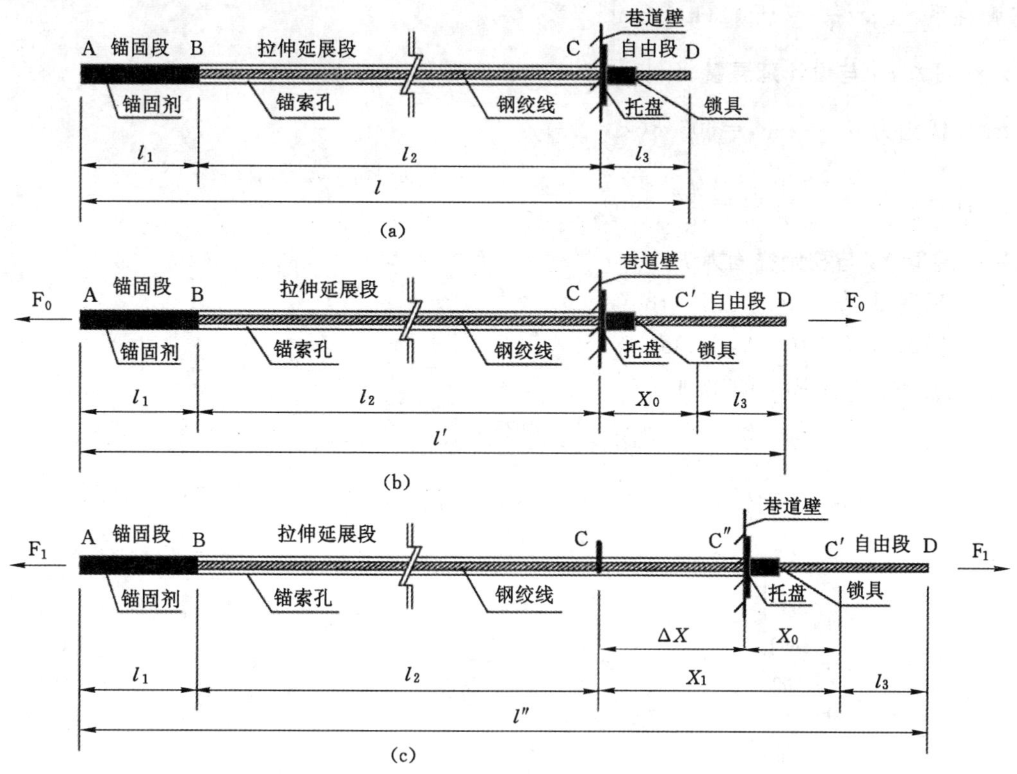

图 3 锚索受力与延展关系图

(*a*) 锚索紧固前状态;(*b*) 初始锚固力与初始延展量的关系;(*c*) 设计锚固力与设计延展量的关系

同理可得,设计延展量 $X_1=\frac{1}{n}X_2$。

3.3 初始延展量 X_0 与初始锚固力 F_0

根据煤矿软岩支护锚索的延展条件,按临界条件 $X_1=X_0+\Delta X$ 计算,可知初始延展量:$X_0=X_1-\Delta X=\frac{1}{n}X_2-\Delta X$ 。

根据胡克定律,锚索的初始锚固力:$F_0=k\cdot X_0=F_2\left(\frac{1}{n}-\frac{1}{l_2\times i}\Delta X\right)$

初始锚固力占设计锚固力的比例

$$\eta=\frac{F_0}{F_1}\times100\%=\left(1-\frac{n}{l_2\times i}\Delta X\right)\times100\%$$

根据实践经验,η 值的范围一般在 50%～70%左右。

4 锚索的初始锚固力设计实例

以 ϕ28.6×8 200 mm 型锚索为例进行初始锚固力设计。该型锚索的锚固段长度 $l_1=2\ 000$ mm,拉伸延展段长度 $l_2=6\ 000$ mm,自由段长度 $l_3=200$ mm;设允许围岩变形 $\Delta X=150$ mm;安全系数 $n=1.25$。

根据钢绞线生产厂家的实验室的实验数据,在弹性范围内,钢绞线延展率 $i=7.0\%$;钢绞线的屈服拉力$[F]=757$ kN,破断力总和 $F_3=890$ kN。

4.1 极限锚固力 F_2、最大延展量 X_2 与弹性系数 k

(1) 极限锚固力:$F_2=[F]=757$ kN。

(2) 最大延展量:$X_2=l_2\times i=6\ 000\times7\%=420$(mm)。

(3) 弹性系数：$k=\dfrac{F_2}{X_2}=1.802(\mathrm{kN}\cdot\mathrm{mm}^{-1})$。

4.2 设计锚固力 F_1 与设计延展量 X_1

(1) 设计锚固力：$F_1=\dfrac{1}{n}F_2=605.6(\mathrm{kN})$。

(2) 设计延展量：$X_1=\dfrac{1}{n}X_2=336(\mathrm{mm})$。

4.3 初始延展量 X_0 与初始锚固力 F_0

(1) 初始延展量：$X_0=X_1-\Delta X=186(\mathrm{mm})$。

(2) 初始锚固力：$F_0=k\cdot X_0=335(\mathrm{kN})$。

初始锚固力占设计锚固力的比例

$$\eta=\frac{F_0}{F_1}\times100\%=\frac{335}{605.6}\times100\%=55.3$$

ϕ28.6×8 200 mm 型锚索锚固力与延展量关系曲线见图 4。

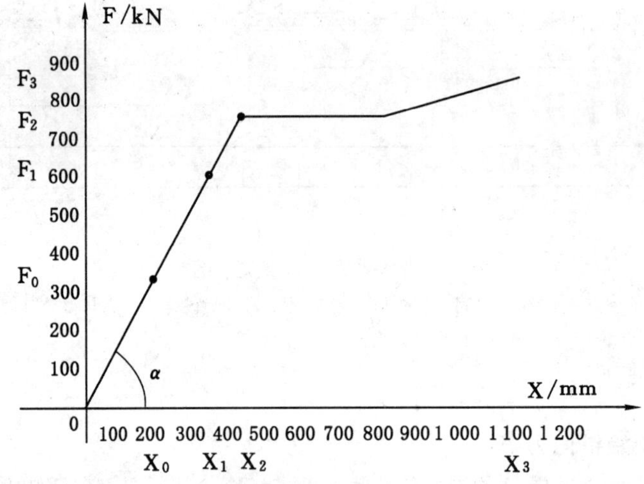

图 4　28.6×8200 锚索锚固力与延展量关系曲线

5　结语

(1) 在煤矿锚索支护的设计中，锚索的初始锚固力值的确定十分重要，尤其在中深井或深井软岩巷道支护设计中尤为重要。可以通过科学实验和计算来确定，取值过大或过小都是不利于巷道稳定支护的。

(2) 决定煤矿锚索初始锚固力大小的决定因素主要是锚索钢绞线的屈服拉力。屈服拉力越大，初始锚固力的设计值应越大。反之，亦然。

(3) 初始锚固力占设计锚固力的比例 只与锚索的长度、延展率、巷道围岩允许变形量有关，与锚索的直径无关。在锚索长度一定的情况下，延展率越大的钢绞线，越大。

绿色开采工艺在伊敏露天矿的应用

李树学　张　波

（华能伊敏煤电有限责任公司伊敏露天矿　内蒙古呼伦贝尔　021134）

摘　要　伊敏露天矿2007年开始在煤炭生产中采用自移式破碎机半连续工艺，目前正在研究在剥离中采用轮斗连续工艺＋自移式破碎机半连续工艺的综合工艺，届时伊敏露天矿将形成上部剥离台阶轮斗连续工艺＋自移式破碎机半连续工艺，下部煤层自移式破碎机半连续工艺的绿色开采工艺，该绿色开采工艺可替代单斗卡车年产能31.92 Mm^3，节能环保、安全效益显著，为国内露天矿采矿工艺发展提供了有益借鉴。

关键词　露天矿；轮斗连续工艺；自移式破碎机半连续工艺；绿色开采；采矿工艺

2003年，中国矿业大学钱鸣高院士于提出了煤矿绿色开采的概念："煤矿绿色开采是从广义资源的角度上来认识和对待煤、瓦斯、水等一切可以利用的各种资源，防止或尽可能减轻开采煤炭对环境和其他资源的不良影响，取得最佳的经济效益和社会效益。"

钱鸣高院士的煤矿绿色开采的概念非常准确地定义了煤矿绿色开采。与井工开采相比较，露天开采有一些特殊性，露天开采具有生产能力大、劳动生产率高、回采率高、生产成本低、安全程度高、建设速度快等优点。就工艺角度而言，目前露天开采主要采用单斗—卡车工艺，该工艺对生态环境的影响以及存在的问题主要体现在以下几个方面：① 采装、运输以及排土环节中，会产生大量粉尘；② 单斗卡车工艺大量使用以柴油为动力的机械，如重型自卸卡车、大型工程机械等，尾气排放，对与之接触的大气造成严重污染；③ 矿山产能增大后，卡车数量增多，用人多，作业点分散，操作动作次数增加，安全事故发生的概率大；④ 遇冰雪、暴雨等天气，单斗卡车工艺需停产，对生产影响较大。

鉴于单斗卡车工艺在实践中出现的诸多问题，伊敏露天矿在采矿工艺选择上进行了一系列的技术论证，最终在二期扩建工程中在煤炭开采中采用了自移式破碎机半连续工艺，目前正在研究在剥离工艺改造中应用连续工艺以及半连续工艺。新工艺的应用充分利用了伊敏煤电公司煤电联营、电力成本低的优势，加之新工艺自身的特点，实现了开采过程的安全高效、节能环保，是绿色采矿工艺在露天矿应用的成功探索。

1　应用背景

1.1　伊敏露天矿基本情况

伊敏露天矿地处呼伦贝尔，与伊敏电厂同属于伊敏煤电公司下属单位，伊敏电厂为坑口电厂，伊敏露天矿生产的煤炭一部分供应电厂发电，伊敏电厂向伊敏露天矿供应电力，形成了典型的煤电一体化企业。经过一、二、三期扩建，伊敏露天矿核定产能达到22 Mt/年，实际年生产能力达到22 Mt以上，年剥离量达到72 Mm^3 以上。

作者简介：张波，男，华能伊敏煤电有限责任公司伊敏露天矿生产技术科科长，通信地址：内蒙古呼伦贝尔市伊敏河镇；邮编：021134；电子邮箱：ymltk7082@126.com。

1.2 面临问题

伊敏露天矿一期建设采用单斗卡车工艺，2007 年二期扩建时在煤炭生产中采用了自移式破碎机半连续工艺；2010 年伊敏露天矿开始采用扇形转向方式由二采区向三采区过渡，由于此区域地质赋存条件发生变化，露天矿采剥工作面转向推进的过程中，剥采比增大，开采深度增大，剥离运距增加，继续采用单斗—卡车工艺，面临如下问题：① 煤矿规模扩大以后，控制成本成为目前亟须解决的问题；② 人力成本逐年增加，补员及人员技能培训周期较长，人力资源持续紧张；③ 单斗—卡车系统作业点分散、用人多，安全事故发生的概率大，全员效率低；④ 由于燃油尾气排放及卡车运输扬尘，环境污染较大。

1.3 绿色工艺应用条件

鉴于伊敏煤电公司独特的煤电一体化模式，在伊敏露天矿工艺改造中，应优先考虑以电力为驱动的工艺系统。

现阶段，国内剥离连续或半连续工艺采用较多，工艺装备条件比较成熟，在冬季运行方面积累了大量经验，可以为工艺改造提供借鉴。

因此在煤炭生产以及剥离工艺改造过程中，伊敏露天矿采用了生产成本低、自动化程度高、安全风险小、劳动效率高的半连续以及连续工艺取代了原有部分单斗—卡车工艺，而且就已经投入运行采煤自移式破碎机半连续工艺应用效果看，有效地消除了单斗卡车系统工艺存在的诸多问题，效益显著。

2 绿色采矿工艺布局

2.1 剥离绿色工艺布局

2.1.1 剥离连续以及半连续工艺应用布置条件

(1) 地质赋存情况

根据地质资料，伊敏露天矿剥离物自上而下依次为：① 第四系(Q)全区分布，主要由黑褐色腐殖土，黄色砂质黏土、黏土、黄褐色粉细砂组成，与下伏第三系呈不整合接触。厚度在区内变化较大 3.00～60 m，总体趋势是西南薄，东北厚，东南稍厚；② 第三系(E3)分布于勘探区内呈条带状分布，主要由灰白～灰褐色砾岩，含砾粗砂岩、灰黄色泥岩夹灰白色砂砾岩、细砂岩，黄、灰、灰褐、红褐色泥岩(含白色砾石)组成。厚 0～76.40 m，与下伏伊敏组不整合接触。

根据伊敏露天矿地质报告，第四系岩层自上而下主要由黑褐色腐殖土，黄褐色粉细砂、黄色砂质黏土组成。黑褐色腐殖土厚度较薄，一般不超过一米。(黄色砂质黏土)第四系粉细砂颜色黄褐色、杂色，粉细砂内砾石磨圆度为扁圆状、次圆状，无分选性。胶结程度为无胶结、松散状态，失水后状态为崩解。

根据伊敏露天矿最新岩土物理力学性质实验研究，第四系粉细砂容重 1.93 t/m^3，抗压强度为 0.147～0.539 MPa(1.5～5.5 kg/cm^3)，硬度较软。

二采区剩余开采区域在 19 勘探线至 22 勘探线之间。根据 2010 年二采区生产补勘报告中相关地质资料，该区域第四系层厚度 15～25 m，且向东北部露头区发展四系层厚度有增大的趋势，局部四系层厚度可达 50 m 以上。

(2) 雨季及冬季对系统运行的影响

伊敏露天矿采区地下水基本已疏干至 16# 煤层底板以下，除东端帮第四系有少量残余水外，采区内第四系粉细砂层为失水状态、且胶结程度较差，冬季不存在冻结问题。

(3) 不同温度下岩层切割阻力变化情况

1995 年.煤炭科学研究总院抚顺分院和伊敏煤电公司对伊敏露天矿煤岩在不同温度下的线切割阻力进行了现场测试，测试结果如下表所示：

表 1 岩层切割阻力与温度关系 单位:kN/m

岩种	常温	−5℃	−10℃	−15℃
表土	68	73	107	138
泥岩	73	145	192	257
夹矸	103	153	216	292

从上表可以看出,表土层的切割阻力在低温下增加并不是很多,而泥岩和夹矸层在低温下切割阻力迅速增加,表土层(主要为四系层)在低温条件下切割阻力变化较小,满足布置轮斗连续工艺以及自移式破碎机半连续工艺条件。

(4) 冻粘问题

尽管第四纪层含水率较低(经过疏干后),但在冬季还是会有一些冻粘情况出现,根据对以往生产实践的调查结果,通过采取一些措施,例如冬季停产,可以解决冬季冻粘问题。

(5) 气候条件

伊敏地区属大陆性亚寒带气候,据海拉尔及孟根楚鲁气象站 15～25 年观测资料,伊敏地区最低气温−44.5～48.5 ℃,最高气温 36.8 ℃。日气温极值在 0～40 ℃发生的天数如表 2 所示。

表 2 伊敏地区日气温极值表

天数 / 气温 / 项目	低于 0℃	−10℃	−20℃	−25℃	−30℃	−40℃
20 年平均值	223.4	155.5	114.3	89	56.8	4.7
最大值	233	166	130	107	83	19

2.1.2 剥离连续以及半连续工艺应用布置方式及系统构成

根据 3.1.1 分析,伊敏露天矿四系层共分两个台阶开采,分别为剥离一台阶(660 水平)、剥离二台阶(648 水平),其中剥离二台阶下部含有少量泥岩,年可采量 23.00 Mm^3。剥离连续及半连续工艺布置于露天矿剥离最上部台阶,系统投入后将对现有分层方式进行调整以适应新工艺要求,剥离物通过工作面胶带机—端帮胶带机—排土场胶带机并最终经排土机排至内排土场。

剥离综合工艺上部台阶采用轮斗工艺,系统主要设备构成如表 3 所示。

表 3 伊敏露天矿剥离轮斗连续工艺主要设备构成表

设备名称	型号及规格	数 量	备 注
轮斗斗挖掘机	6 700 m^3/h	1 台	主要第四纪表土
转载机	10 000 t/h	1 台	
漏斗车+电缆车	跨 1.8 m 输送机	1 台	
排土机	10 000 t/h	1 台	理论能力
(包括卸料车)			
可移设式带式输送机	带宽 1.8 m		采掘及排土工作面
半固定带式输送机	带宽 1. 8m		布置于端帮

剥离轮斗连续工作采掘带宽度 30 m,工作面带式输送机采用 3 个采幅一移,即一次最大移设步距为 90 m,最小工作平盘宽度 135 m。系统年设计能力 11.00 Mm^3。

剥离综合工艺下部台阶采用自移式破碎机半连续工艺，系统构成如表 4 所示。

表 4　伊敏露天矿剥离自移式破碎机半连续工艺主要设备构成表

设备名称	型号及规格	数　量	备　　注
单斗挖掘机	斗容 60 m^3	1 台	第四纪表土及下部部分泥岩
自移式破碎机	9 000 t/h	1 台	
转载机	10 000 t/h	1 台	
漏斗车＋电缆车	跨 1.8 m 输送机	1 台	
排土机	10 000 t/h	1 台	
（包括卸料车）			
移置式带式输送机	带宽 1.8 m		
半固定带式输送机	带宽 1.8 m		

剥离轮斗连续工作采掘带宽度 30 m，工作面带式输送机采用 3 个采幅一移，即一次最大移设步距为 90 m，开采参数与轮斗连续工艺基本一致。系统年设计能力 12.00 Mm^3。

2.2　采煤绿色工艺布局

伊敏露天矿现在开采的二采区有两个可采两层，分别为 15、16 号煤层，全区发育。煤层倾角约 3°～5°，属近水平煤层，其中 16 号煤层最大厚度 33.6 m，最小厚度 24.0 m，平均厚 27 m，容重 1.12 t/m^3。伊敏露天矿煤炭为优质褐煤，开采时全年不需爆破且赋存较为稳定，在煤矿二期扩建工程中根据现场地质条件及工程实际需求采用了一套采煤自移式破碎机半连续工艺。该工艺系统构成如表 5 所示。

表 5　伊敏露天矿采煤自移式破碎机半连续工艺主要设备构成表

设备名称	型号及规格	数　量	备　　注
单斗挖掘机	斗容 30 m^3	1 台	WK－35
自移式破碎机	3 000 t/h	1 台	
A 型转载机	3 000 t/h	1 台	
漏斗车＋电缆车	跨 1.6 m 输送机	1 台	
可移设式带式输送机	带宽 1.6 m		
B 型转载机	带宽 1.6 m		

系统利用电铲装载自移式破碎机，通过 A 型转载机将煤输送至工作面胶带机，再经过 B 型转载机到端帮胶带机，最后通过端帮和出入沟胶带机到地面输煤系统。

半连续采煤工艺使用组合台阶开采，分主采和下分两个台阶。工作面胶带机布置在主采台阶工作平盘，采煤在主采与下分台阶之间转换。组合台阶平盘宽度为 108.73 m。主台阶高度为 14 m，下分台阶高度为 7 m，合计 21 m。采掘带宽度为 25 m，采煤工作面带式输送机实行两采一移或三采一移。系统年设计能力 9.00 Mt。

3　工艺系统应用效果

伊敏露天矿剥离轮斗连续工艺以及自移式破碎机半连续工艺投入后，每年可完成土方剥离量23.00 Mm^3，采煤自移式破碎机自 2007 年 12 月投入运行以来，最高年产量达 11.05 Mt，平均年产量大于 10.00 Mt，伊敏露天矿剥离中采用轮斗连续以及自移式破碎机半连续系统的综合工艺，煤炭生产中采用自移式破碎机半连续工艺；与单斗—卡车系统相比，其优越性主要表现在以下几个方面：

3.1 节能效益

伊敏露天矿剥离以及采煤采用连续以及半连续的绿色采矿工艺，与单斗卡车系统相比，该工艺节能效果显著。根据伊敏露天矿实际应用经验，剥离连续、半连续工艺、采煤半连续工艺以及单斗卡车工艺年均消耗如表 6 所示。

表 6　伊敏露天矿绿色采矿工艺消耗与单斗卡车系统对比表

工艺类型	年均产量/采煤：Mt、剥离：Mm^3	柴油消耗/t	电力消耗/万 kW·h	折合标准煤/t	说　明
剥离绿色工艺	23.00	1 242	12 942	17 715	连续以及半连续工艺
采煤绿色工艺	10.00	481	1 097	2 049	半连续工艺
单斗卡车工艺	31.92	19 918	1 244	30 551	按剥离绿色工艺以及采煤绿色工艺年完成总量测算，煤炭容重 1.12 t/m^3，平均运距 4 km。

根据表 6 可知，伊敏露天矿剥离以及煤炭生产中采用绿色工艺后，在等能力年作业量情况下，每年可节约柴油及电力消耗折合标准煤 10 787 t。

3.2 环保效益

伊敏露天矿原单斗卡车系统在运输过程中消耗大量柴油，对石油市场依赖较大，而石油在我国属稀缺资源。随着近些年石油价格攀升，企业生产成本也逐年攀升，伊敏露天矿在剥离及采煤中采用绿色工艺，充分利用了企业自身煤电联营的优势，以电力取代柴油作为绿色工艺系统主要动力，除节约成本外，也减少了大量的二氧化碳排放量，环保效益显著。在年完成 31.92 Mm^3 作业量情况下，单斗卡车工艺消耗柴油为 19 918 t，而绿色工艺仅消耗柴油 1 723 t，每年节约柴消耗 18 195 t。

柴油燃烧产生 CO_2 的量按下式计算：

$$m_{CO_2} = m_f Q_l k \tag{1}$$

式中 m_{CO_2}——燃料燃烧产生 CO_2 的质量，kg；

m_f——燃料消耗的质量，kg；

Q_l——燃料平均低位发热量，kJ/kg；

k——CO_2 潜在排放系数，kg/GJ。

根据中华人民共和国国家发展和改革委员会节能信息传播中心（National Development and Reform Commission －Energy Conservation Information Dissemination Center，简称 NDRC－ECIDC）发布的数据，柴油 CO_2 潜在排放系数 74.024 kg/GJ，柴油的平均低位发热量为 42 705 KJ/kg，代入公式(1)，经计算，

燃烧一吨柴油产生 CO_2 的质量 m_{CO_2}＝3.16 t；

采用绿色工艺后，年减少 CO_2 为 18 195＊3.16＝57 496.2 t。

3.3 安全效益

伊敏露天矿的绿色开采工艺采用连续工艺系统以及半连续工艺替代单斗卡车工艺，采用胶带运输代替卡车运输，减少了运输车辆工作点及人员操作，简化了生产组织与管理，改善了运输条件，提高了交通安全管理效率，且自动化程度高，实现物料连续运输，设备维护相对简单，进一步降低了因卡车运输可能产生的交通运输事故。

伊敏露天矿绿色开采工艺人员需求数量与单斗卡车系统对比如下表所示：

表 7　　伊敏露天矿绿色开采工艺与单斗卡车工艺人员需求对比表

序号	人员类别	出勤人数/人				在籍系数	在籍人数/人
		一班	二班	三班	合计		
1	生产工人(剥离连续、半连续工艺)	19	24	19	62	1.25～1.35	90
2	生产工人(采煤半连续工艺)	14	15	14	43	1.25～1.35	54
3	生产工人(单斗卡车工艺)	61	64	61	186	1.25～1.35	247

根据上表可知,在年完成 3 192 万 m^3 作业量的同等条件下,采用连续工艺系统以及半连续工艺替代单斗卡车工艺,可减少人员 103 人,作业点、人员及操作动作次数显著降低,系统整体安全性有明显提升。

4　结论

伊敏露天矿进行采区转向及后续开采期间,剥离运距及剥采比均将增加,为节省燃油消耗,充分利用煤电联营优势,根据现有矿山实际应用的经验,并考虑到上部的两个剥离台阶,第一个台阶为表土,第二个台阶为表土与泥岩、粉砂岩的混合台阶,第二个台阶切割阻力大,轮斗连续工艺冬季作业困难,采用轮斗连续+单斗自移式破碎机半连续综合工艺取代原单斗卡车工艺后,其节能、环保以及安全效益显著。

剥离轮斗连续+单斗自移式破碎机半连续综合工艺投入后,加之已经在伊敏露天矿投入使用的采煤自移式破碎机半连续工艺,伊敏露天矿将形成上部剥离台阶以及主采煤层的应用绿色开采工艺的整体布局,该绿色采矿工艺系统是目前能够实现"以电代油"方案的成熟的工艺,特别是在煤、岩较硬的露天矿,其经济效益、社会效益更显著,是国内露天矿山未来工艺发展的必然趋势。

参考文献

[1] 钱鸣高,许家林,缪协兴.煤矿绿色开采技术.中国矿业大学学报.2003,32(4):333-348.

优化爆破工艺合理提高块煤率

朱瑞起

（内蒙古平庄煤业（集团）有限责任公司元宝山露天煤矿　内蒙古赤峰　024070）

摘　要　本文主要研究通过实施精细化管理，优化爆破工艺，合理提高块煤率。不仅可以实现孔内正向起爆和逐孔微差起爆，提高爆破质量，降低穿爆费用，提高铲装效率，减少爆破震动，减少爆破飞石，给矿山的安全和生产带来了可观的经济效益和社会效益，值得推广应用。

关键词　优化；爆破工艺；块率

1　概况

块煤率是全部块煤总量占原煤总产量的百分比，因动力煤的块煤售价比末煤高，故提高块煤率是提高动力煤煤矿经济效益的重要途径。在露天煤矿煤炭生产流程中，采场的爆破工艺是决定块煤率的重要因素。如何在采用逐孔爆破技术后，保证降低地震效应及炸药单耗的同时，进一步把我矿块煤总量提高至10个百分点，使我矿取的较好的经济效益。2012年矿责成采矿二部充分发挥技术人员的力量，在保证安全和正常出煤生产的情况下，深挖内部潜力，集思广益，优化爆破工艺，实施精细化管理，合理提高块煤率。根据我矿煤的普氏系数，经过仔细研究实践论证确定了适合我矿的爆破参数、装药结构、起爆方式、布孔方式。经改进后的爆破工艺在降低爆破地震效应及炸药单耗的同时，使块煤率有一定的提高，让穿孔爆破工作迈上了一个新台阶。其主要经验有以下几点：

2　调整装药结构提质降耗

装药结构分为连续装药结构、间隔装药结构、耦合装药和不耦合装药结构。通常的密集连续装药和耦合装药，起爆瞬间的爆炸气体未经扩散便全部施压于孔壁，炮孔周围的煤炭被强力压碎，使块煤率降低。间隔装药使炸药的爆炸能量能在煤中比较均匀的分布，可以改善爆破的质量。不耦合装药能使爆炸产生的气体压力与其扩散的空间成反比，从微观上分析，炸药在药室中爆炸产生的气体，爆炸中心压力最高，气体自然由高压区向低压区扩散，使药室内达到等压状态后，才对孔壁形成最高压力，即孔壁承受的压力是逐渐增高的，尽管此过程在宏观上只是一瞬间，但增大药室空间，却能大大降低和缓冲作用于孔壁的能量密度和冲量，使爆炸产生的气体作用于孔壁的最高压力，仅为没有缓冲空间药室的1/2.46，从而有效地降低了药室中的爆炸能量密度，减轻孔壁周围煤炭的粉碎程度，缩小爆炸粉碎圈，达到了增加块煤率的目的。所以二部在今年煤层爆破时，采用间隔装药和不耦合装药结构。

3　实现孔内煤层台阶正向起爆，剥离台阶反向起爆

二部以前无论什么炮孔，基本都采用中部装药，双向起爆，（即起爆药包放在药柱的中部），2012年以来二部在剥离台阶实行孔内反向起爆，在煤台阶实行孔内正向起爆，这样在剥离台阶提高了爆破质量，在煤台阶提高了块煤率。（反向起爆即将起爆药包至于药柱底部，这样炸药爆炸时，爆轰波向上传播，有利于提高爆破质量，正向起爆即将起爆药包至于药柱的上部，这样炸药爆炸时，爆轰波向下传播，

有利于提高块煤率）

4 合理选择孔内上下段之间的微差时间

合理选择孔内上下段之间的微差时间经过多次反复试验，上段与下段的引爆管分别采用 425 ms 和 400 ms 两种规格，爆破后气体泄漏最小，上下段爆破效果最好。缩短孔间微差：过去一直沿用 75 ms 孔间（即雁行列）微差，经过试验缩小为 65 ms，减震效果和爆破效果最好。延长排间微差，过去排间（即控制排）一直沿用的 25 ms 微差，但经过试验，最后延长到 42 ms，减震和爆破效果最好。通过上述孔内、孔间、排间的微差重新优化，符合了炮孔之间的微差时间不低于可使相邻起爆炮孔爆炸引起的爆破震动主震相相互分离的微差时间，使前后炮孔和炮孔内炸药药柱之间的爆破地震波到达保护物时不叠加的原理，从而达到降震的效果，此方法也是提高块煤率的原因之一。

5 超钻深度

露天矿采场垂直深孔梯段爆破，设置超钻深度是为了克服底盘抵抗线，以免发生爆破拉底。因超钻部分受介质的钳夹力较大，爆破后会在底盘上形成粉碎过甚的爆破漏斗，对于采煤台阶，则会使块煤率降低；另一方面上面台阶的超钻部分，在下面台阶的顶盘上，该部分煤炭要受上、下台阶的两次爆破，是超钻使块煤率降低的又一原因。反之，超钻不足，会出现爆破拉底，有时，需进行二次爆破才能采装，也能使块煤率降低。对此，我们遵循了以不发生二次爆破为前提，宁可出现少许拉底，也不过多超钻的原则，经过反复实践，认为段高 12 m 得采煤台阶，超钻深度取 0.5 m 左右，能取得较高的块煤率效果。

6 采用等阻自由面大斜线的起爆方法

等阻自由面爆破是以调整布孔参数以及采用大斜线的起爆方法，使其起爆炮孔与先爆炮孔自由面的距离相等，并实现了大孔距小抵抗爆破，从而改善了爆破效果起到减震降耗提高块煤率的作用。

等阻自由面爆破机理：起爆炮孔与先爆炮孔自由面的距离相等，由起爆孔中心线向自由面方向形成一个 120 度夹角的扇形爆破区。在该区自由面上相应各点其冲击波或应力波的到达时间、能量密度、开裂时间近似相等，即所谓等阻力。避免了能量的提前释放，延长了爆破作用时间，使得爆生气体能更充分的作用于煤层内的裂隙之中，使爆炸能量的分布更趋于均匀，从而能减少煤的过度粉碎和超规格大块，减少爆堆的沉降和扩展，减少煤块在爆堆中的位移和碰撞，减少粉煤的发生量，有利于块煤率的提高获得更好的爆破效果。（通过调整布孔参数改变起爆夹角来实现）。

7 实施逐孔微差爆破，增加爆破自由面

逐孔起爆技术其技术核心是单孔延时起爆，是依靠高强度、高精度导爆管雷管的精确延时，利用孔内雷管和地表雷管的合理延期时间组合，使每个炮孔从起爆点开始，在空间和时间上都按照设计好的起爆顺序单独起爆。

利用逐孔起爆技术，每个炮孔在起爆前，其前方和侧方的炮孔已经爆炸，并为该孔准备出了至少 3 个以上的相对自由面，可以充分利用煤炭破碎后的抛散能量，增加相临炮孔间煤炭的空中碰撞和挤压，从而显著改善爆破块度；此外，由于多个新生自由面的出现，该孔药柱爆炸后产生的应力波传至新自由面后将同时发生反射，应力波同时抵达药包位置，反向拉伸波在传播过程中首先在自由面接触，然后依次向着药包位置在单孔爆破区内各点处发生叠加，拉应力强度大大提高，降低了岩石破碎时弹性变形能的损失，实际提高了爆炸总能量的利用率。以上说明，逐孔起爆技术可较好地利用炸药爆炸总能量，在其他参数不变的前提下，可以极大改善爆破效果。

8 选择合理的起爆网络连接及起爆点

根据现场实际情况和点燃阵面爆破原理，要想获得好的爆破及减震效果。必须选择合理起爆点，起

爆点可以选择一个也可选择两个，即可放在中心也可放在一侧(同时也可放在拐角处)。这要根据现场实际情况而定。另外在炮区复杂的情况下，如起爆网络连接不对，后排孔如优先前排孔起爆，爆破后的效果可想而知。所以在起爆网络连接时可增加虚拟孔来保证逐孔爆破顺序，同时起爆网络连接方式必须根据实际状况，宜采用正向和反向的梯形连接，还是采用正向/反向雁行列连接这两者必须合理选用。因为选择较好的起爆点，对煤层块煤率的提高至关重要，所以在起爆前，必须对整个炮区详细勘察，确定合理的起爆方向和起爆点。

9 实施精细化管理，向管理要效益

精细化管理即通过定量化的爆破设计和精心的爆破施工，进行炸药爆炸能量释放与介质破碎、抛掷等过程的精密控制，以便将所需炸药量及雷管数量计划精密，既达到预定的爆破效果，又实现爆破有害效应的有效控制。二部自对爆破工作实行精细化管理以来，每天爆破作业前都派人提前到作业现场查看作业区域的炮孔数量、岩种、孔内是否有水等情况，尤其对边坡距、底盘抵抗线、自由面等勘察的更为仔细，以便通过详细数据，确定合理的爆破参数、布孔方式、起爆方法。

我矿生产的褐煤，是市场上非常畅销的优质动力煤。2012 年我部将通过上述爆破方法的实施，在保证降低爆破地震效应和炸药单耗的同时，力争使块煤率比原来能提高至 10 个百分点。经测算如果原煤块煤率每提高 1 个百分点，可使商品煤综合售价提高每吨 1.3 元，如原煤块煤率提高 10 个百分点，可使商品煤综合售价提高每吨 13 元，我矿 2012 年共销售商品煤 550 万 t，将增收经济效益达到七千多万元。此外，通过上述爆破方法的实施，不仅可以实现孔内正向起爆和逐孔微差起爆，提高爆破质量，降低穿爆费用，提高铲装效率，减少爆破震动，减少爆破飞石，给矿山的安全和生产带来了可观的经济效益和社会效益，值得推广应用。

柳巷煤矿坚硬顶煤顶板水力致裂控制技术

杨海楼

（江苏省矿业工程集团有限公司第四工程处　江苏徐州　221006）

摘　要　柳巷煤矿煤层埋深浅，煤层平均埋深 240 m；厚度大，平均厚度 10.5 m；煤质坚硬，硬度系数 $f>3$。矿山压力显现不明显，采用综合机械化放顶煤开采存在顶煤无法及时冒落的问题，由于传统爆破存在着管理复杂、经济成本高等问题，柳巷煤矿采用水力致裂控制坚硬顶煤顶板，通过对顶板岩层的分析确定相应的水力致裂参数，最终取得了良好的效果。通过水力致裂弱化顶煤顶板，保证了切眼顶煤的尽早冒落，坚硬基本顶初次破断步距为106m，消除了工作面受到基本顶破断冲击的安全隐患；在正常回采期间很好地保证了顶煤顶板的冒落，保证了工作面安全生产；保证了放顶煤工作面的采出率，正常放煤后采出率可以达到79%以上。

关键词　水力致裂；坚硬顶煤；坚硬顶板；放顶煤

煤炭资源的安全高效高回收率开采是世界煤炭工业发展的主流，也是我国煤炭工业发展的必然趋势。当前，我国厚及特厚煤层高效集约化开采主要是综采放顶煤技术。近 10 几年来，综采放顶煤技术在我国取得突飞猛进的发展，1996 年全国 11 个年产 200 万以上的采煤队，其中有 8 个是通过综放实现的，1997 年再上新台阶，全国 4 个年产超过 300 万 t 的采煤队均为综放工作面，近几年来，综放开采技术的产量和效益更加突出，综放工作面的最高单产已达 10.0 Mt/a 以上，工效达到 200 t/工以上。综放开采将特厚煤层的资源优势变成了生产效益的优势，综放开采技术已成为我国特厚煤层开采矿井实现集约化安全高效生产的重要技术发展方向。

陕西省北部榆林地区的神府煤田是世界七大煤田之一，其中延安组内的 3 号煤层厚度大，煤质坚硬，节理裂隙不发育，采用综合机械化放顶煤开采普遍存在顶煤无法及时冒落的问题，深入研究在此特殊条件下的放顶煤开采过程中顶煤垮落过程、破碎机理、破碎程度以及水力致裂控制技术，对提高坚硬厚煤层的综放开采的工作面安全生产、煤炭资源采出率等具有重要指导意义。

1　存在的问题

30101 工作面为柳巷煤矿的首采工作面，开采延安组 3 号煤，地面标高＋1 290～＋1 350 m，工作面标高＋1 069～＋1 082 m，煤层平均埋深 240 m。工作面长 141.5 m，推进长度 1 354 m，煤层厚度 10.46～10.64 m，平均 10.5 m，倾角 0～5°，煤层结构简单，赋存稳定。直接顶和直接底均为泥岩，厚度分别为 4.6 m 和 7.4 m；基本顶为砂岩，厚度 21 m。

由于煤层硬度系数大，解理不发育，再加上为首采工作面，矿山压力显现不明显，坚硬顶煤顶板的及时冒落成为急需解决的问题。因为柳巷煤矿没有炸药，加上传统爆破存在着管理复杂、经济成本高等问题，因此急需寻找一种控制坚硬顶煤顶板的其他技术。

水力致裂技术最早应用在石油工程来提高贫油井的产量，目前被广泛应用于现代煤炭开采、地热资

作者简介：杨海楼（1961—），男，江苏淮阴人，江苏省矿业工程集团有限公司第四工程处总工程师，高级工程师。通讯地址：江苏省徐州市煤建路 7 号第四工程处。邮编：221000。E-mail：xz mtxh@163. co m。

源开发、核废料储存等领域，显示出广泛的工业应用价值。由于爆破弱化不能实现，水力致裂成为最行之有效的弱化顶煤顶板的方法。

2 水力致裂控制坚硬顶煤顶板

2.1 致裂岩层确定

3 号煤的直接顶为深灰色薄层状泥岩，水平层理发育，含煤条纹，厚度 0.6～8.5 m，平均 4.6 m；基本顶为灰白色块状粗粒长石砂岩，分选性中等，磨圆度为次圆状，交错层理，厚度 16～26 m，平均 21 m，中间夹有一层平均厚度 8 m 的粉砂岩。综合柱状图见图 1。

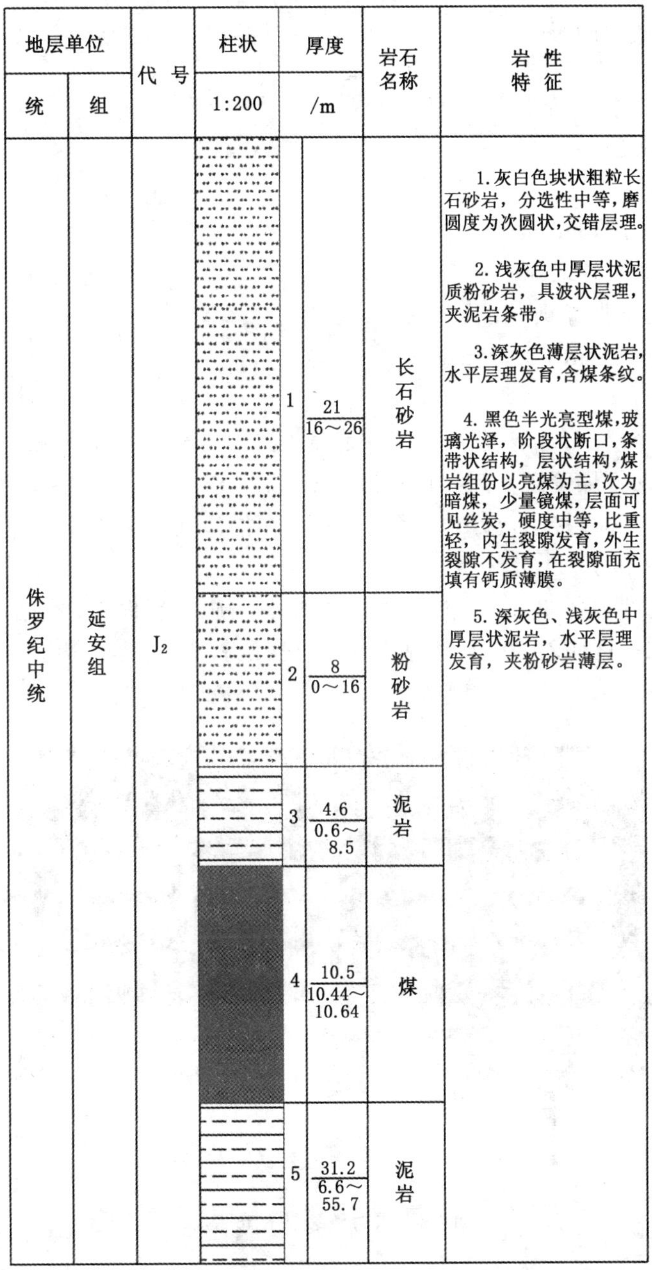

地层单位		代号	柱状	厚度		岩石名称	岩性特征
统	组		1:200	/m			
侏罗纪中统	延安组	J_2		1	21/16～26	长石砂岩	1. 灰白色块状粗粒长石砂岩，分选性中等，磨圆度为次圆状，交错层理。
				2	8/0～16	粉砂岩	2. 浅灰色中厚层状泥质粉砂岩，具波状层理，夹泥岩条带。
				3	4.6/0.6～8.5	泥岩	3. 深灰色薄层状泥岩，水平层理发育，含煤条纹。
				4	10.5/10.44～10.64	煤	4. 黑色半光亮型煤，玻璃光泽，阶段状断口，条带状结构，层状结构，煤岩组份以亮煤为主，次为暗煤，少量镜煤，层面可见丝炭，硬度中等，比重轻，内生裂隙发育，外生裂隙不发育，在裂隙面充填有钙质薄膜。
				5	31.2/6.6～55.7	泥岩	5. 深灰色、浅灰色中厚层状泥岩，水平层理发育，夹粉岩薄层。

图 1　工作面综合柱状图

为了保证顶板及时跨落保证安全生产，按照垮落带直接顶和基本顶分层碎胀后能填满采空区空间的原则，得出理论的垮落带高度计算公式 h：

$$h=\frac{M}{K_Z-1}$$

式中，M 为煤层厚度；K_Z 为直接顶和基本顶分层的平均岩石碎胀系数。K_Z 取 1.2～1.5，则控制岩层厚度 h 为 21 m～52 m。

综放顶煤的破碎冒放过程与普通综采的一次采全高不同，支架顶梁上方及掩护梁后方的破碎顶煤和直接顶对基本顶的破断运动有一定的缓冲，起到垫层的作用，只要及时冒落的直接顶和破断垮落的基本顶充填采空区的高度大于煤层的厚度，坚硬顶板的破断运动就不会对工作

面支架围岩关系造成大的影响。基于此原理，需控顶板岩层厚度为

$$h=\frac{M}{K_Z}-(M-H)(1-\eta)$$

式中 h——控制顶板厚度；

M——煤层厚度，10.5 m；

H——机采煤层厚度，3.8 m；

η——顶煤放出率，平均取 90%；

K_z——顶煤、顶板碎胀系数，取 1.2～1.5。

则控制顶板厚度为 5.33 m～8.08 m。

2.2 钻孔布置

致裂钻孔布置分三个层次，对于顶煤，在工作面每推进 5 m 致裂一次，每 8.75 m(5 个支架)在架间施工斜向钻孔向工作面前方煤壁倾斜 75°，钻孔深度 8 m。

在措施巷内针对顶煤和直接顶，每 10 m 致裂一次，在措施巷内施工水平钻孔，向工作面中部深度为 30 m，向工作面两端深度为 20 m。

针对基本顶，在措施巷内每 30 m 致裂一次，在措施巷内施工斜向上的扇形深孔，每个措施巷施工三个钻孔，中间钻孔向采空区倾斜 60°，两边钻孔向采空区倾斜 60°并向两边倾斜 45°。中间钻孔深度为 29 m，两边钻孔深度为 40 m。

图 2　水力致裂钻孔布置

2.3 水力致裂实施过程

现场随着工作面推进已经进行了工业化的施工致裂，从工作面初采至推进 110 m，共施工致裂钻孔 400 多个钻孔。根据井下水力致裂监测仪得到的数据，顶煤的破裂压力一般在 20 MPa 左右，坚硬基本

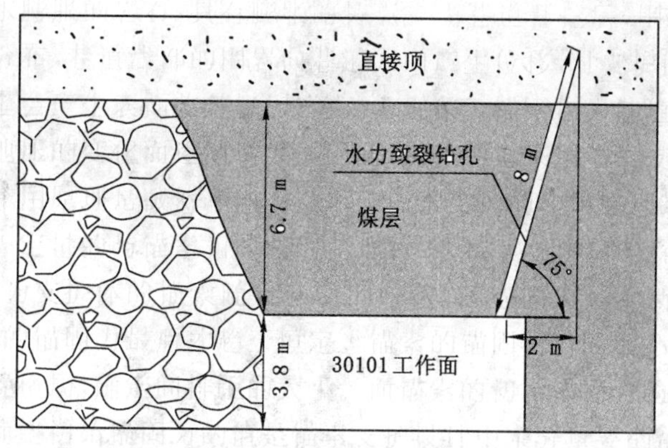

图3　A—A 剖面图

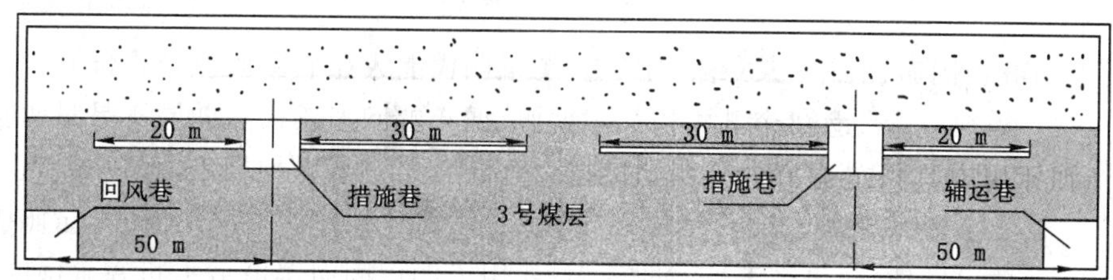

图4　C—C 剖面图

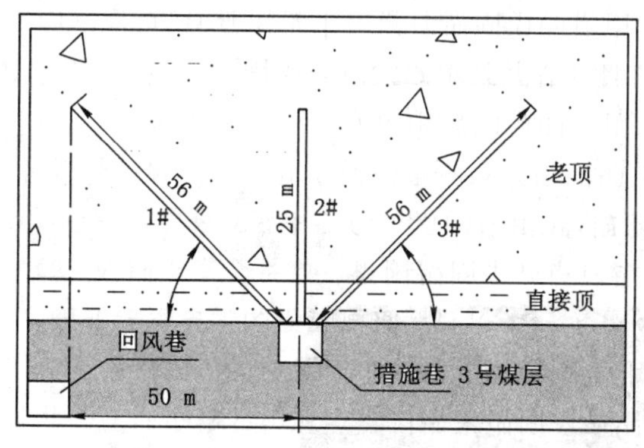

图5　D—D 剖面图

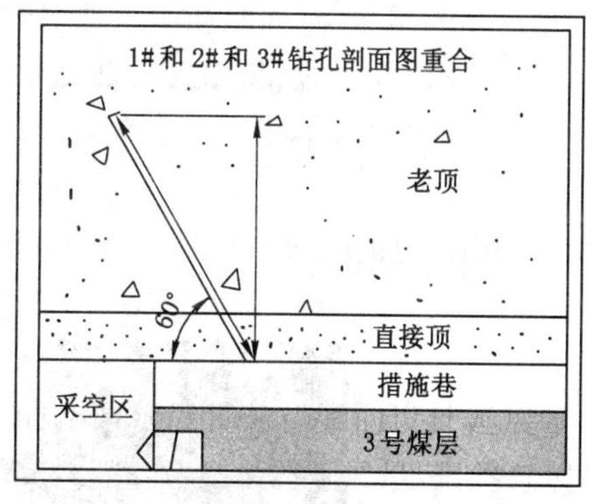

图6　E—E 剖面图

顶的破裂压力在 50 MPa 左右。

工作面内顶煤水力致裂见图 7，水力致裂期间左右至少有一个孔漏水，即裂缝扩展范围至少 8 m 以上，随着致裂时间增加，左右有可能两个孔漏水，即裂缝扩展范围达到 17 m。其中一个孔水压力变化见图 8，煤岩体初始破裂压力为 20.1 MPa，失稳压力峰值为 20.2 MPa；水力致裂进行至第 137 s，调节致裂泵压力上限至 25 MPa，裂缝继续扩展，失稳压力峰值增大至 24.2 MPa。致裂时间为 485 s，注入钻孔水量为 357.3 L。致裂期间流量约为 44.2 L/min。

基本顶水力致裂见图 9，在措施行施工钻孔至基本顶，封孔深度至基本顶中对基本顶进行水力致裂，由于孔较深，表面没有明显的漏水现象。但根据水压力曲线，见图 10，可以发现，基本顶的破裂压力远远大于顶煤，初次破裂压力为 41.9 MPa，压力峰值为 50.1 MPa，失稳压力平均为 45 MP 左右。可知基本顶破裂并且裂缝扩展了一定距离。

图 7　顶煤水力致裂

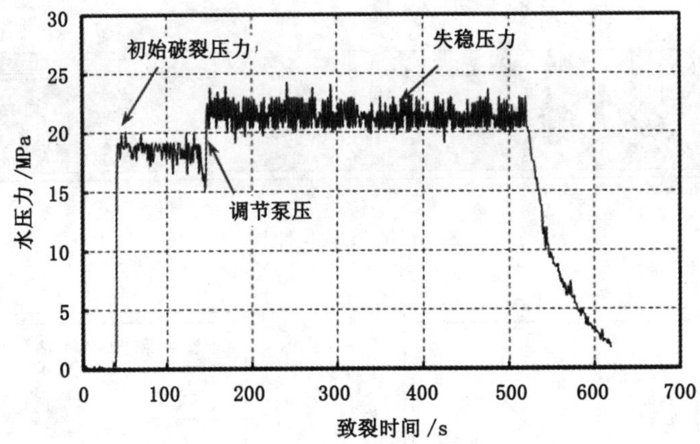

图 8　顶煤水力致裂压力曲线

图 9　基本顶水力致裂

3 效果总结

（1）水力致裂很好地解决了坚硬顶煤顶板难以及时冒落的问题，是保障坚硬厚煤层进行放顶煤开采的有效方法。

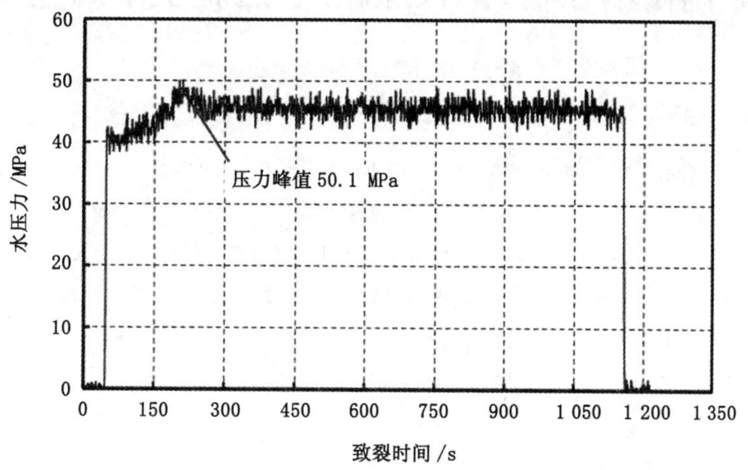

图 10　基本顶水力致裂压力曲线

（2）水力致裂很好地保证了放顶煤工作面的采出率，正常放煤后采出率可以达到 75%以上。

（3）通过水力致裂弱化基本顶，坚硬基本顶初次破断步距为 106 m，消除了工作面受到基本顶破断冲击的安全隐患。

（4）研究设计制造的高压封孔器和深孔安装杆操作简单方便，可以很好的应用于现场的水力致裂。

（5）柳巷煤矿坚硬顶煤的破裂压力一般在 20 MPa 左右，但是随着泵压的升高，水压裂缝的扩展长度和范围增大，孔口显示的裂缝扩展压力也会随之升高。

（6）单个钻孔水力致裂的裂缝扩展的范围在 5 m 以上，最大可达 10～17 m，由此可见单孔控制范围在 5 m 以上，可以确定孔间距 5～10 m 为宜。

参考文献

[1] 窦林名，何学秋．冲击矿压防治理论与技术[M]．徐州：中国矿业大学出版社，2001.

[2] 黄炳香，程庆迎，刘长友，等．煤岩体水力致裂理论及其工艺技术框架[J]．采矿与安全工程学报，2011，28(2)：167～173.

[3] 黄炳香，邓广哲，刘长友．煤岩体水力致裂弱化技术及其进展[J]．中国工程科学，2007，9(4)：83～88.

[4] 靳钟铭，徐林生．煤矿坚硬顶板控制[M]．北京：煤炭工业出版社，1994.

综掘技术在软岩工程圆形巷道施工中的应用

王吉凯　任立军　周　帅

(铁法煤业(集团)有限责任公司小康煤矿　辽宁调兵山　112700)

摘　要　针对小康煤矿软岩工程圆形巷道锚、网、支、喷、锚的复合支护形式,掘进施工进度慢、安全风险大等问题,首次集成装备掘进、装载、运输和巷道支护,形成了一套较为完整的圆形巷道综掘技术,并在S2S8段综放面两巷掘进施工中成功应用。

关键词　软岩工程;圆形巷道;综掘技术

1　概述

铁煤集团小康煤矿属全国罕见极软岩矿井,在软岩工程圆形巷道掘进施工过程中,以往的施工技术,劳动强度大、成巷速度慢、安全风险高。为改变此局面,小康煤矿在S2S8段综放面两巷,应用合作研发的EBZ160C综掘机、转载机、SSJ—800/2×90s胶带运输机、DDD8J隔爆型电动单轨吊车、超前支护别顶杆等综掘技术装备,实现了掘进施工的安全、连续推移前行,废弃了放炮破岩、人工出货的间歇式工艺,用料运输实现机械化,替代了人工扛、拉等繁重体力劳动。

2　以往掘进工艺的缺点

(1) 一直以来,小康煤矿所采用的炮掘施工工艺,在巷道掘进、运输和支护等环节中,设备的机械化程度落后,各工序间相互制约,工效低、人工体力劳动强度大。巷道支护材料全靠人工搬运,安全系数低,劳动强度大,严重制约了每班的施工进度,导致安全事故频发、采掘接续紧张。

(2) 随着软岩巷道支护方式与施工工艺的改革,小康煤矿曾经采用过综掘机施工圆形断面巷道,但是,由于综掘机的截割高度、宽度不到位,不能满足要求,还需爆破破岩形成圆形巷道断面,降低了掘进工效;另外,由于软岩强度低,放炮破岩产生的震动,易造成围岩局部应力集中,给巷道支护带来困难。

(3) 以往掘进施工时,采用打40°～55°超前控顶锚杆进行暴露后的煤岩超前控顶,因煤岩层松软、节理裂隙发育,加之前方未知煤岩体中存在局部地质构造,超前锚杆易随滑面、断层落下而失效,存在一定的危险因素。

3　软岩工程圆形巷道综掘技术

为解决上述问题,小康煤矿经过长期的实践、总结、研究,形成了能够在软岩圆形巷道安全、快速、机械化施工的综掘技术与工艺,并在S2S8段综放面两巷掘进施工中应用。

S2S8段综放面两巷布置在煤层中,沿煤层底板掘进。其支护形式为:螺纹钢等强锚杆+U型钢圆形可缩支架+金属网+木拌+喷浆+锚索(滞后补强)的复合支护形式。锚杆参数为ϕ22 mm×2 400 mm,间、排800 mm×600 mm;金属支架采用36U型钢直径为4.6 m圆形棚,棚距600 mm;金属网采

作者简介:王吉凯,男,现就职于辽宁省铁法煤业(集团)有限责任公司小康煤矿,助理工程师,通讯地址辽宁省铁法煤业(集团)有限责任公司小康煤矿,邮编112700,电子邮箱:wjk126@yeah.net。

用自制菱形网,网格间距为 80 mm×120 mm,规格为 900 mm×5 500 mm;喷浆材料为不含速凝剂的砂浆;锚索采用由高强度低松弛的 1×19 钢绞线制成,规格为 ϕ28.6 mm×7 300 mm,间、排 1 600 mm×1 200 mm;底板处理:架设支架后巷道底板回填货压实平整。见图 1。

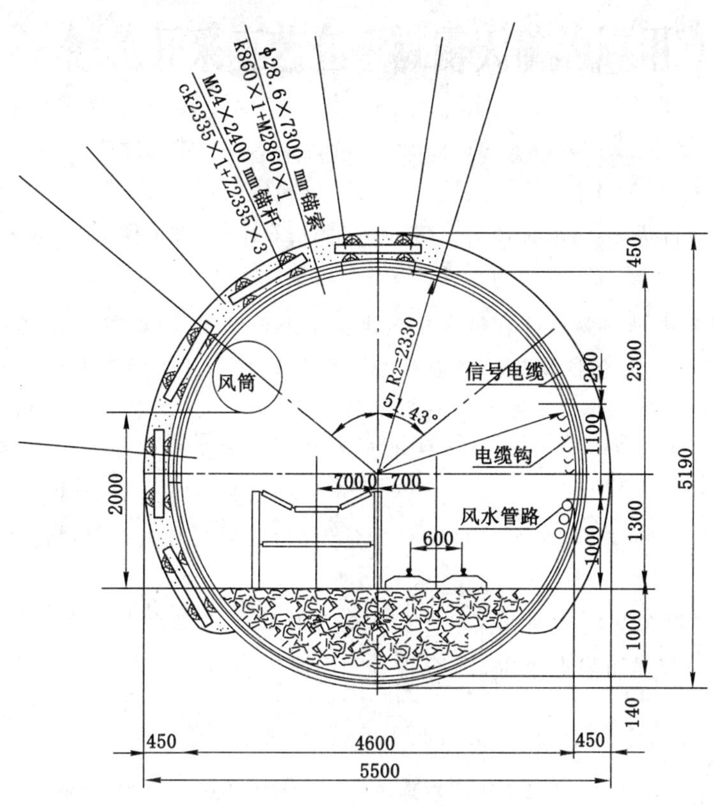

图 1 软岩巷道圆形支护断面图

3.1 工艺流程

综掘机截割巷道上半部→前探别顶杆临时支护→打锚杆→煤炭装载与运输→综掘机截割下半部→架设圆棚→刹柈、喷砼→材料运输。

(1) 综掘机截割巷道上半部:利用截割头上下、左右移动截割,先截割巷道断面的上半部分,截割出巷道上半部分断面形状,然后工作人员站在割落煤岩体上打前探别顶杆临时支护及上半部帮顶、迎面锚杆。

(2) 前探别顶杆临时支护:综掘机截割巷道断面上半部分,割出一个循环进度后,将前探别顶杆移向工作面,保证别顶杆前端顶至迎面墙。别顶杆与顶板间刹木柈并接顶严实。别顶杆间距 800 mm,正顶一根,左右各一根。

(3) 打锚杆:打注帮顶锚杆时使用 MQT－130/2.4 型锚杆钻机,4.6 m 圆形巷道按 3－4－3 五花型式打护顶锚杆,锚杆间、排距为 800 mm×600 mm,锚杆外露长度为 100～200 mm。

(4) 煤炭装载与运输:打前探别顶杆临时支护及上半部帮顶、迎面锚杆完成后,由综掘机装载部将割落的巷道断面上半部煤岩体装载运输,通过综掘机的第一、第二运输机将煤装载到掘进巷道胶带输送机→S2 运输中巷皮带→S2 胶带石门皮带→S2 胶带下山皮带→井底煤仓→主井。

(5) 综掘机截割下半部:待割落的巷道断面上半部煤岩体装载运输完成后,综掘机开始截割下部煤,若截割断面与实际所需要的形状和尺寸有一定的差别,可进行二次修整,以达到断面尺寸要求。然后由综掘机装载部将割落的巷道断面下半部煤岩体装载运输,通过综掘机第一、第二运输机将煤装载到掘进巷道的胶带输送机上运至主井。

(6) 架设圆棚：巷道断面形状形成后，先打下半部护迎面锚杆，然后搭设工作平台，开始架棚，每架圆棚由 6 节 36U 型钢组成，每节长 2 980 mm，棚距 600 mm，架棚时先架设底梁，由下往上架设帮梁及顶梁，棚梁搭接长度为 600 mm，每处搭接上 4 道卡子，紧固力矩大于 300 N/m。棚与棚间用拉条连接，圆形棚除底梁外每梁上一道拉条，两帮下半部帮梁上在距底搭接 300～400 mm 处，其他上在正中。

(7) 刹桦、喷砼：巷道架棚后开始挂网，菱形网搭接长度为 100 mm，要求挂到底拉条。连网每隔 200 mm 连一扣，用双 12# 铁线拧紧并相互编成辫。网外刹桦，木桦间距 600 mm，网外至少刹二层木桦，空帮、空顶处用木桦打井字木垛，接帮接顶。喷浆时只喷棚空不喷棚，喷浆厚度 150 mm。

(8) 材料运输：巷道掘进施工所需的支护材料、物料由在 DDD8J 隔爆型电动单轨吊车运输。在巷道一侧，距掘进巷道头 30 m 外，安设单轨吊车，其最大运输距离为 60 m。将所需物料装入吊篮，由专人遥控单轨吊车升降、行走运输。

3.2 技术特点

(1) 圆形巷道综掘机

根据小康煤矿井下特殊的圆棚支护方式，小康煤矿与佳木斯煤机厂共同研发了可施工圆形断面的 EBZ160C 型综掘机，在 S2S8 综放面两巷使用，来完成掘进施工。它能够在松软顶、底板条件下，使用 U 型钢可缩支架对圆形巷道支护时，实现综掘机正常的巷道掘进、物料输送、行走、支护等作业，取缔掘进打眼放炮的施工工艺。

EBZ160C 综掘机集成了国际先进技术，整机较拱形、梯形巷道所使用的综掘机具有以下技术特点：

① 截割部根据具体软岩地质条件选配了可伸缩结构形式，伸缩行程 700 mm。截割高度达到 5 000 mm，截割宽度达到 6 200 mm，避免了综掘机截割时因机身频繁升降导致联结螺栓频繁崩断等机械故障的发生，减少了机器在巷道内频繁前进后退对底板的破坏，加快了作业进度，见图 2。

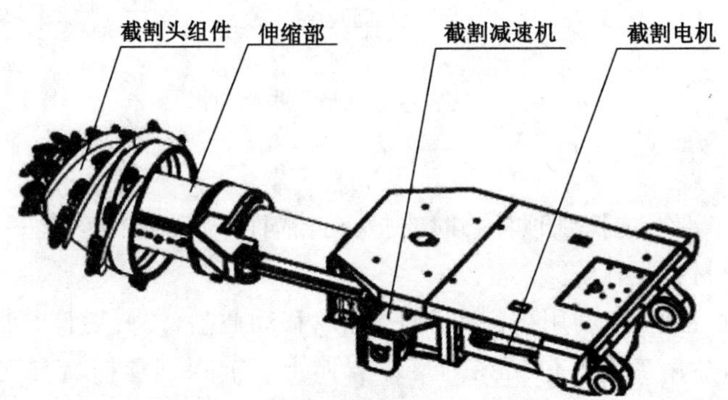

图 2　适用于圆形巷道的综掘机可伸缩截割部

② 小康煤矿以往使用的综掘机其铲煤板前端为矩形直角边，在割落煤矸的收集装载过程中，刮卡圆棚底梁，不适用于圆形巷道掘进施工。为此，根据圆形巷道特点，将铲板前端采用圆弧形设计，并且铲板可伸缩，铲板伸缩行程 850 mm，实现圆形巷道掘进中铲板的完全卧底，从而提高了物料收集的效率，见图 3。

(2)特制行走辅助橡胶垫

为了便于圆弧巷道特殊环境综掘机的行走，特研制行走辅助橡胶垫，由 60 块高强度橡胶垫组成，铺设在已掘圆弧巷道中铺设的底钢梁上，对综掘机进行支撑，以增加巷道底板强度，使用时将底钢梁弧底处垫平，铺设行走橡胶垫，实现综掘机在圆弧巷道的行走，见图 4。

(3) 别顶杆临时支护

圆棚综掘技术的研发与使用，大大减少了职工的劳动强度，提高了劳动生产率，在综掘机破煤后如

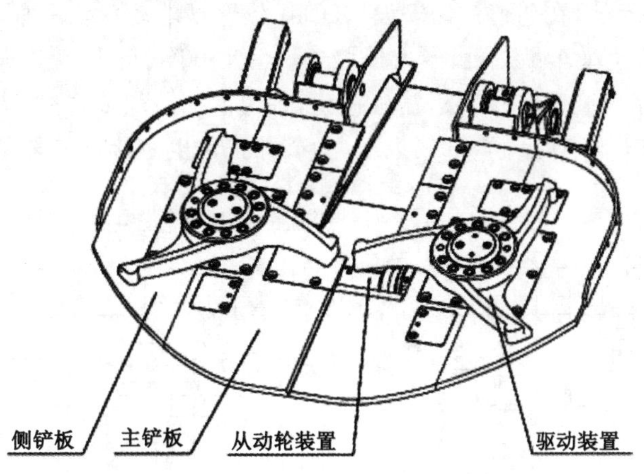

图 3　适应于圆形巷道的综掘机圆弧形铲板

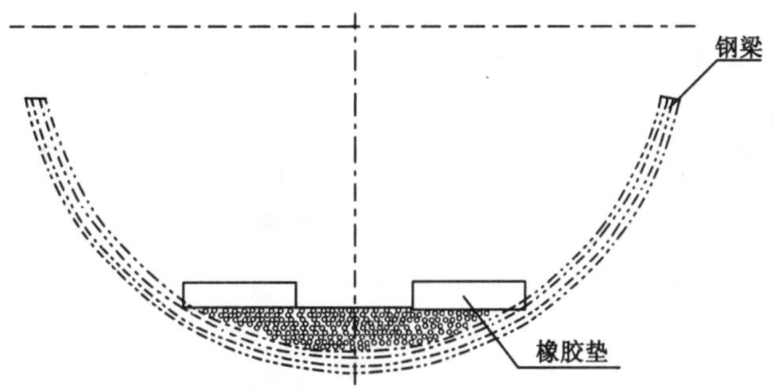

图 4　综掘机行走辅助橡胶垫

何快速有效地进行棚前临时支护，成为提升掘进面安全、高效生产的至关因素。通过广大干职员工的不断探索、研制出超前别顶杆临时支护方式，采用 10# 槽钢，规格 100×48×5.3，固定在已架设的金属棚上方，每循环可前移至掘进面煤壁的槽钢，托住裸露帮顶，使人员在有支护环境下进行下一步控顶作业，解决了超前护顶的不足，使超前护顶从无形到有形，从存在不可预知危险因素到顶板的完全人为控制，实现了本质安全。综掘机割煤成巷效果好，帮顶平整，基于此又研发的帮顶锚杆夹经纬钢筋网配合前探杆护顶、护帮。超前别顶杆的使用，使得打锚杆作业从有支护地点向前逐步延伸护顶、护帮，进一步提升护顶、护帮效果，杜绝了帮顶掉块磕手碰脚现象，提高掘进工作面安全系数，效果显著，见图 5。

图 5　超前别顶杆临时支护

(4) 单轨吊车物料运输

距掘进巷道迎面 30 m 外，在巷道一侧安设 DDD8J 隔爆型电动单轨吊车，其最大运输距离为 60 m，运输时将支护材料装入单轨吊车吊篮，由专人遥控单轨吊车升降、行走运输。圆形巷道所用金属支护材料约 1.6 t/m，使用单轨吊车实现了用料运输机械化，替代了扛、背、拽、拉等人工体力劳动，极大地节省了工作面运料时间，使运输效率提高了 80%以上，为矿井正常生产接续赢得了宝贵时间。见图 6。

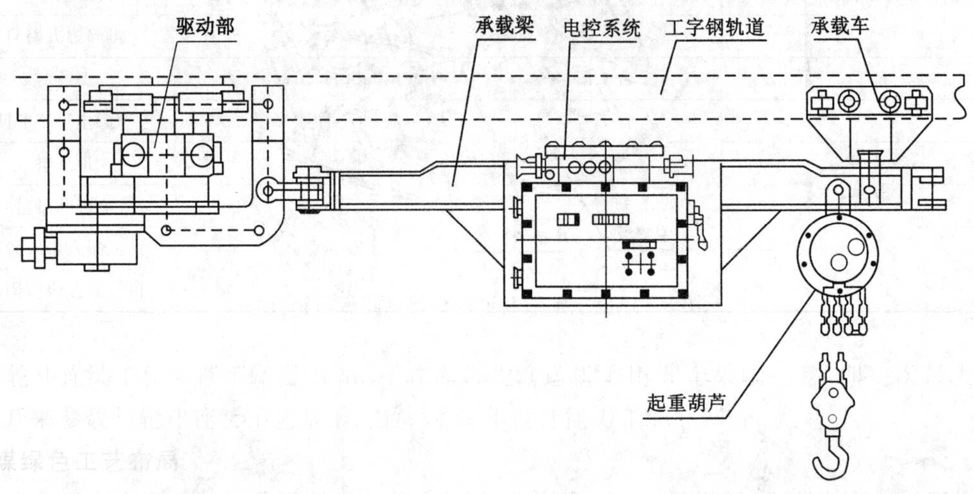

图 6　DDD8J 隔爆型电动单轨吊车

4　结论

软岩工程圆形巷道综掘技术，通过在小康煤矿 S2S8 综放面两巷进行的实践，使巷道掘进水平由原来炮掘的月进 180 m 水平提高至 270 m，获得了以下技术成果：

(1) 软岩工程圆形巷道综掘技术，实现了软岩圆形巷道的掘进、装载、运输的连续机械化，技术先进、应用可靠，具有施工效率高、速度快等优点。

(2) 首次采用合作研发的适应施工圆形断面的 EBZ160C 综掘机，在国内外应用此综掘机尚属首例。该综掘机不仅提高了截割高度和截割范围，而且实现了圆形巷道掘进中铲板的完全卧底，从而提高了物料收集的效率。

(3) 为了圆弧巷道特殊环境下综掘机的行走，特研制行走辅助橡胶垫，实现综掘机在圆形巷道的行走。

(4) 首次采用 DDD8J 隔爆型电动单轨吊车巷道运输线，实现了材料运输机械化，取缔了传统的人力搬运运输方式，减少了人员体力消耗和运输环节，改善了运输作业环境，实现了物料运输的本质安全。

(5) 研制出超前别顶杆临时支护方式，工人支护作业在超前别顶杆支护下完成，进一步提升了护顶、护帮效果，杜绝了帮顶掉块磕手碰脚现象，提高掘进工作面安全系数。

邢台矿建筑物下充填开采沉陷规律的研究

赵晓江

（冀中能源股份有限公司邢台矿　河北邢台）

摘　要　为了保护井巷、建筑物、水体以及铁路等，使它们免受或少受开采的有害影响，减少地下资源的浪费，邢台矿首次采用建筑物下综合机械化充填采煤技术进行工业广场下开采，本文介绍了建筑下综合机械化充填采煤技术的主要思路，针对7606充填工作面建立岩移观测站，总结了开采沉陷规律及预计参数，并通过7608充填工作面对预计参数进行验证。结果显示：预计移动参数选取合理，预计方法正确，预计结果能较好地反映矸石粉煤灰充填开采的地表移动变形规律。

关键词　充填开采；沉陷规律；预计参数

邢台矿地表村庄密集，“三下”压煤量占全矿井可采储量的1/3。井下的开采将必然会对地面村庄、铁路、河流产生影响，为了最大限度的回收煤炭资源，邢台矿首次采用矸石粉煤灰充填采煤控制地表沉降进行建筑下采煤，国内外尚无前例，并取得了成功。而由此引起充填开采沉降规律尚且不知，岩层和地表移动是许多地质采矿因素综合影响的结果，认识岩层和地表移动这一复杂的过程，切实可行的方法就是实地观测。通过观测获得大量的数据，然后对数据进行综合整理和分析，从而得出各种因素对移动过程的影响规律，再将这种规律应用到开采沉陷的问题上去，使之进一步完善与深化，对指导建筑物下、铁路下、水体下的开采实践具有重要作用，为制定经济、合理、安全的村庄治理、道路加高、沉陷预防、塌陷赔偿等提供科学的数据和依据。

1　建筑物下综合机械化充填采煤技术

“建筑物下综合机械化充填采煤技术”项目所属煤矿绿色开采技术领域，针对冀中能源股份有限公司邢台矿“三下”压煤安全高效开采及消除矸石与粉煤灰排放带来的环境污染等问题，综合运用理论分析、计算机数值计算、实验室试验及现场工业性试验等多种研究方法，系统研究了建筑物下综合机械化充填采煤技术。

建筑物下综合机械化充填采煤技术是将地面矸石与粉煤灰以合适的比例混合后，通过投料系统、井下运输系统运至工作面，再通过充填开采输送机充填到采空区，由夯实机进行夯实，置换出煤炭资源，从而达到解放建筑物下压煤并控制覆岩运动及地表沉陷的目的。采用理论分析、实验室试验、数值计算、现场监测等综合方法进行研究，并在冀中能源股份有限公司邢台矿进行工业性试验，根据试验结果不断完善建筑物下综合机械化充填采煤技术，最终在确保地表建筑物正常安全使用的前提下实现井下煤炭采出率达到85%，技术路线见图1。

作者简介：赵晓江（1985—），男，助理工程师，山西昔阳人，2009年毕业太原理工大学测绘工程专业，主要从事矿山测量工作及煤矿开采沉陷研究。2011年主持的《邢台矿井上下测量控制网的构建》项目荣获2011年度河北省优秀测绘工程二等奖。E-mail：zhao_xj85@163.com；通讯地址：河北省邢台市桥西区邢台矿地测科。

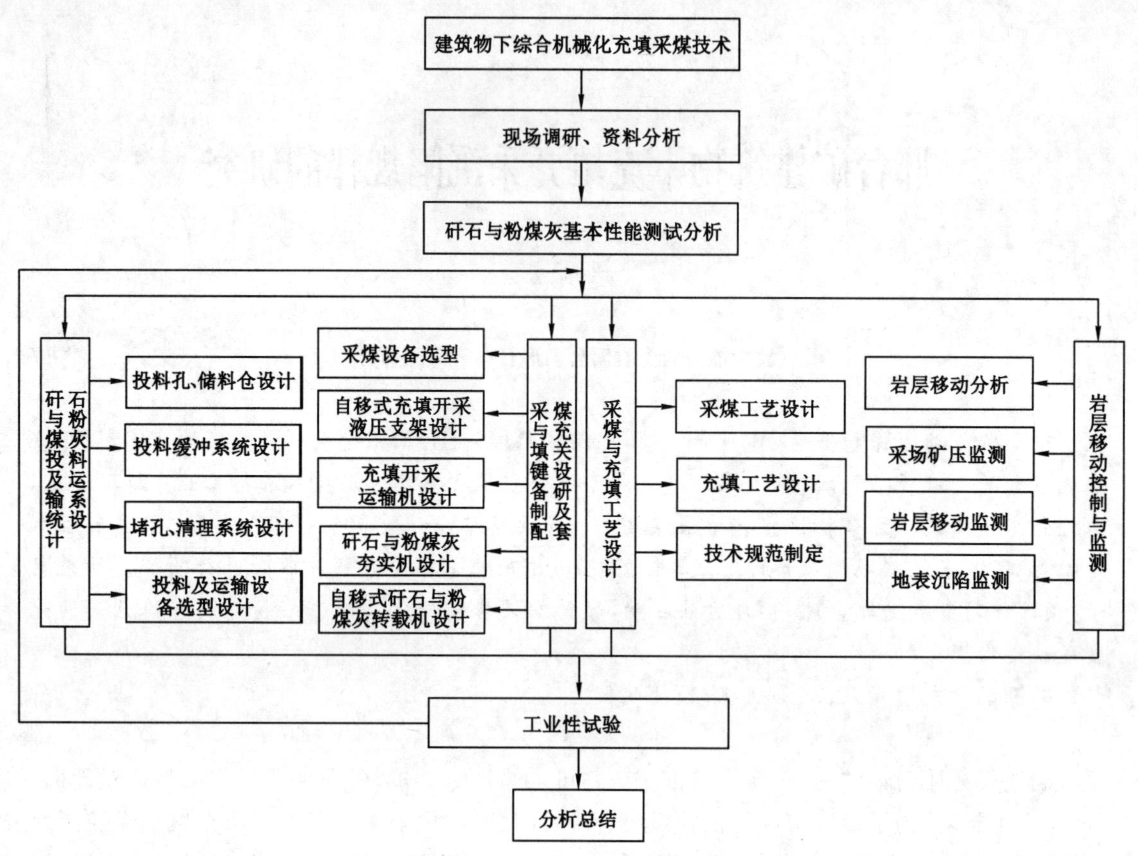

图1　建筑物下综合机械化采煤技术路线图

2　开采沉降规律的研究

邢台矿7606工作面是邢台矿区采用矸石与粉煤灰充填采煤控制地表沉陷进行建筑物下采煤的第一个试验工作面，开展岩层和地表移动规律实测研究意义重大。7606充填工作面在邢台矿工业广场保护煤柱范围内，属于东翼六采区，对应地面位置位于工业广场西北部，矿区专用铁路线和南三环公路从工作面上方穿过，工作面正上方是矿机修厂电器车间，以南分别是矿标宿楼、机修车间、地面注浆站。地面标高＋85 m。上方有－210西大巷，工作面标高－210～－250 m，平均采深310 m。设计面长50 m，推进长度460 m，可采面积23000 ㎡，设计可采储量11.5万吨。具体位置如图2。

2.1　观测站的布设

2.1.1　地表移动观测站

为了进行实地观测，必须在开采以前选定地点设置开采沉陷观测站。根据需要定期观测这些测点的空间位置及其相对位置的变化，确定各测点的位移和点之间的相对位移，从而掌握开采沉陷的规律。

观测站应设计在地表移动盆地的主断面上；设站地区在开采期间不受临近开采的影响；观测线的长度至少大于移动盆地；观测线上的点应有一定的密度，视开采深度和设站目的而定；观测站一般由两条观测线组成，分别沿煤层走向和煤层倾斜方向布设，它们一般互相垂直并且相交，根据7606上方地面的具体情况开采沉陷预计范围，设计在试验区上方布设两条地表移动观测线和重要建筑物观测站，本地区开采深度310 m左右，观测点间距依据《煤矿测量规程》第259条的规定可取为20 m。地表移动观测站布设情况如图3。

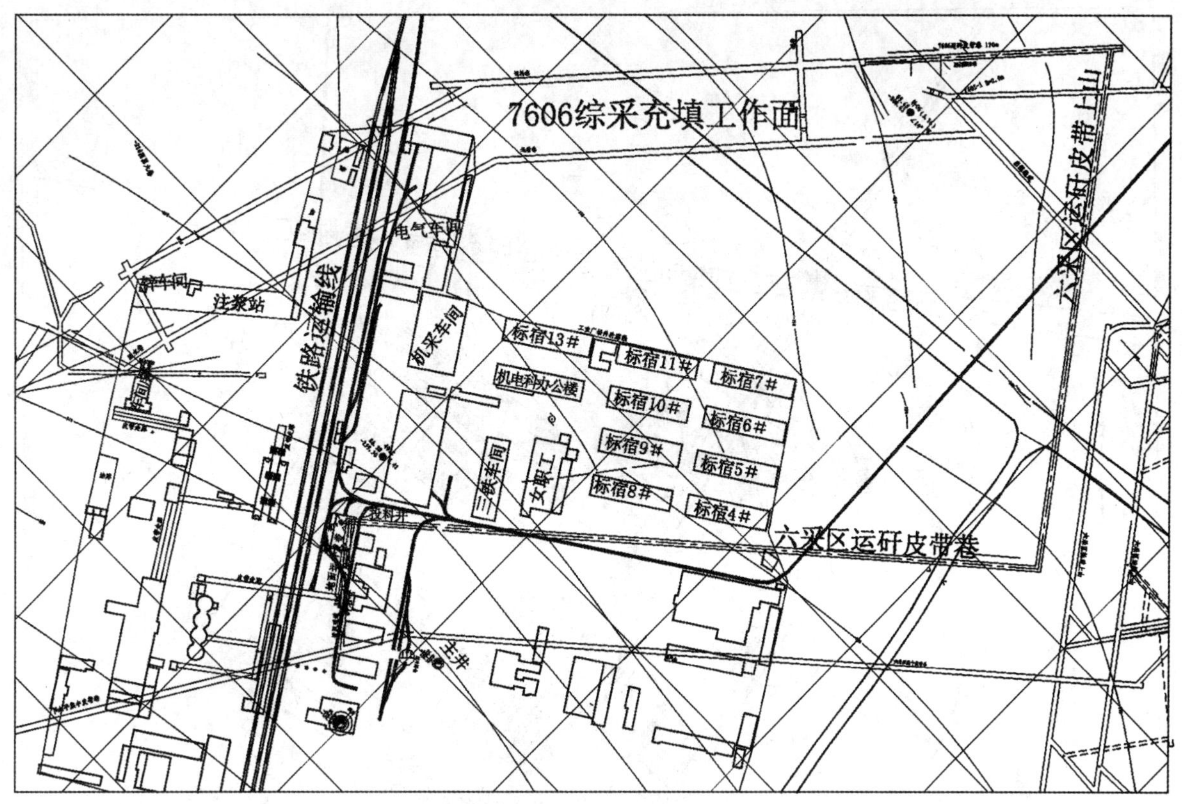

图 2　7606 工作面井上下对照图

(1) 沿邢台市南三环路布设的地表移动观测线，长 663 m，布设控制点四个，分别为 R1、R2、R3、R4，工作点 22 个。

(2) 沿邢台矿铁路专用线布设的路基观测线，长 723 m，布设控制点四个，分别为 R5、R6、R7、R8，工作点 21 个。

(3) 工业广场重要建筑物观测站，工作点 86 个。

2.1.2　*岩层移动观测站*

要掌握地下开采引起的岩层移动规律，同掌握地面规律一样，实地观测是最基本的方法。一般都是通过在岩层设定一系列相互联系的观测点，从而得出岩层移动规律。

在 7606 工作面南部上方约 38 m 处有邢台矿－210 西翼大巷通过，为 7606 矸石粉煤灰充填开采工作面覆岩移动观测提供了十分有利的条件。因此，设计在－210 西翼大巷底板建立岩层移动观测线，共布置 29 个岩层移动观测点，观测点间距为 5 m，观测线上共布设三个控制点，并定期进行沉降和边长测量。岩层移动观测站如图 4。

2.2　地表岩层移动观测站的观测工作

岩移观测就是在采动过程中定期重复地测定各个观测点在不同时期的空间坐标，主要工作分为观测站的联系测量、全面观测、单独进行的水准测量以及地表破坏的测定和编录。

(1) 联系测量包括平面联系测量和高程联系测量，就是将观测站的某个控制点与矿区控制网之间进行连测，确定这个控制点的坐标，然后再根据它来确定其余控制点和工作测点的坐标。目的就是把观测站和矿区控制网联系起来，以确定井上下的对应关系。

(2) 全面观测就是在联系测量之后，地表移动前进行的观测。全面观测应独立进行两次，两次的间隔时间不超过 5 天，全面观测包括各测点的平面位置及高程，各测点之间的间距、支距，记录地表原有破

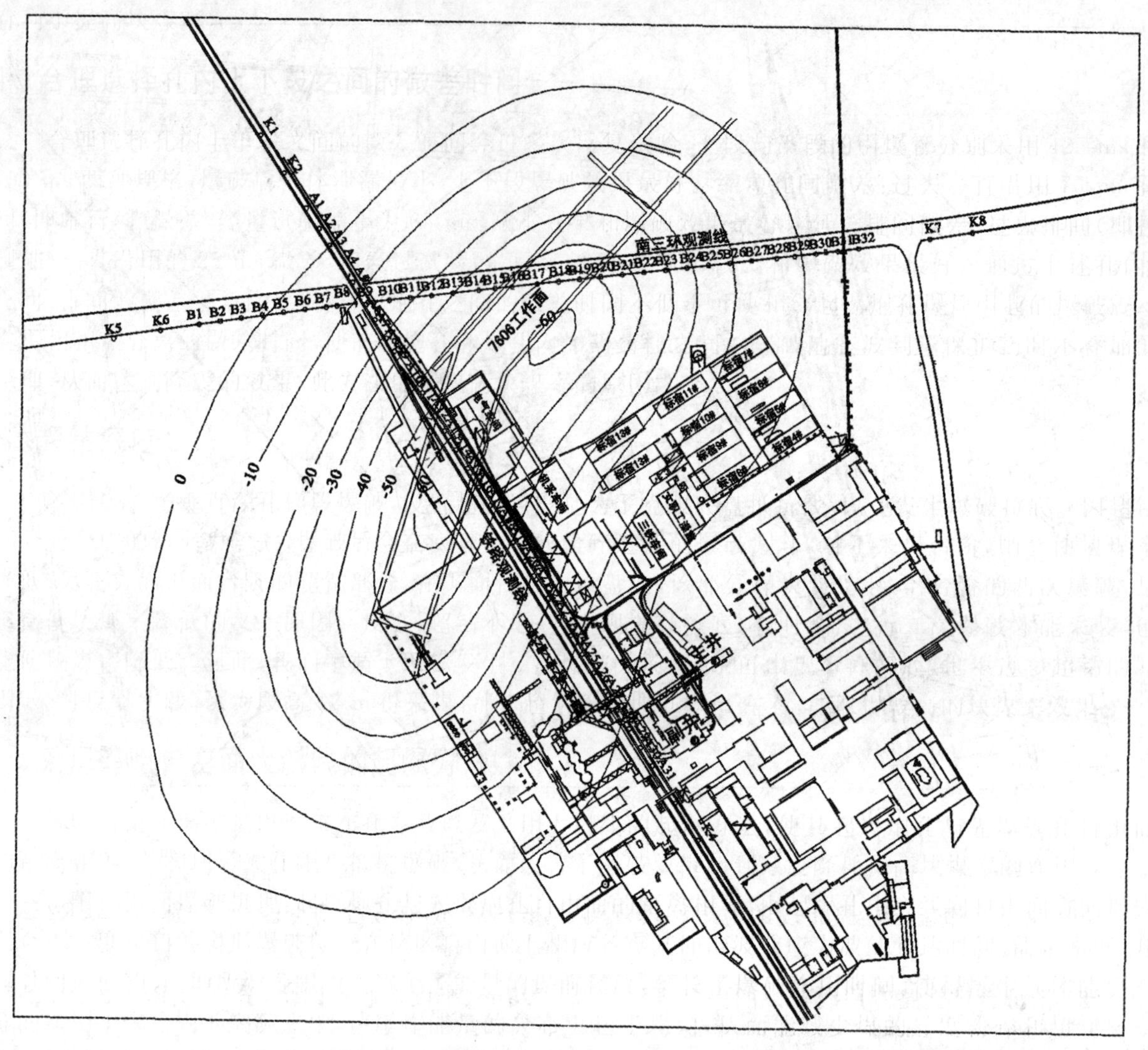

图 3　地表移动观测站的布设

坏情况。

(3) 在首次和末次全面观测之间适当增加的水准测量就是所谓的日常观测工作。为了判别地表是否开始移动,可以在回采工作面推进一定距离后,在预计可能首先发生的移动的地区选择几个工作测点,隔几天进行一次水准测量,如果发现观测点有下沉趋势,即说明地表移动已经开始。在移动过程中要重复进行水准测量,重复观测时间间隔根据地表的下沉速度来定,可以采用单程的附和导线或水准支线往返测量。

2.3 观测数据处理

2.3.1 观测数据的整理

观测站联测成果的内业整理方法和常规方法一样,最后算出观测站控制点的平面坐标和高程,地表移动观测站的观测成果整理工作,必须在外业成果准确无误的基础上进行,观测成果的整理可以手工完成也可以借助相关软件进行。

内业成果的整理计算主要是计算各点的高程、相邻两点的水平距离和各测点偏移观测线方向的支距,然后计算各点的移动和变形值以及下沉速度等。在计算移动和变形计算之前应对观测数据集加入各项改正,各种曲线如下图所示。

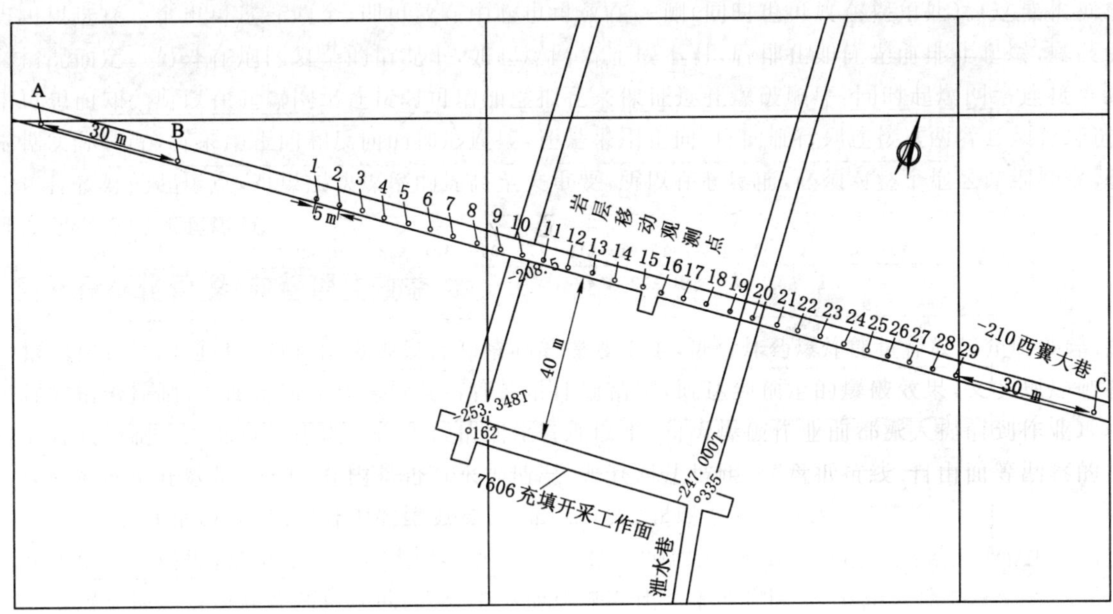

图4　岩层移动观测站的布设

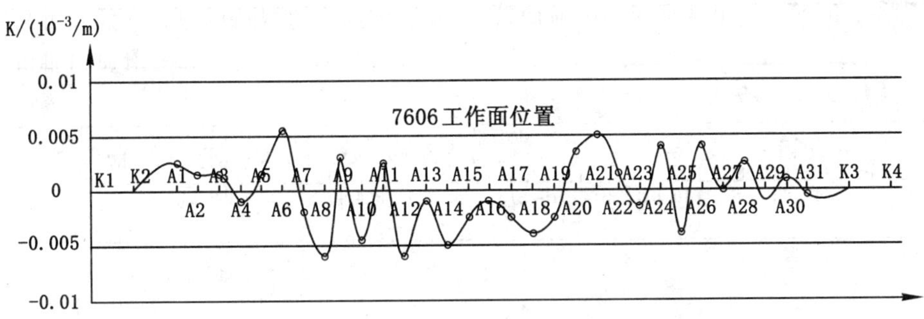

图5　铁路观测线曲率曲线图

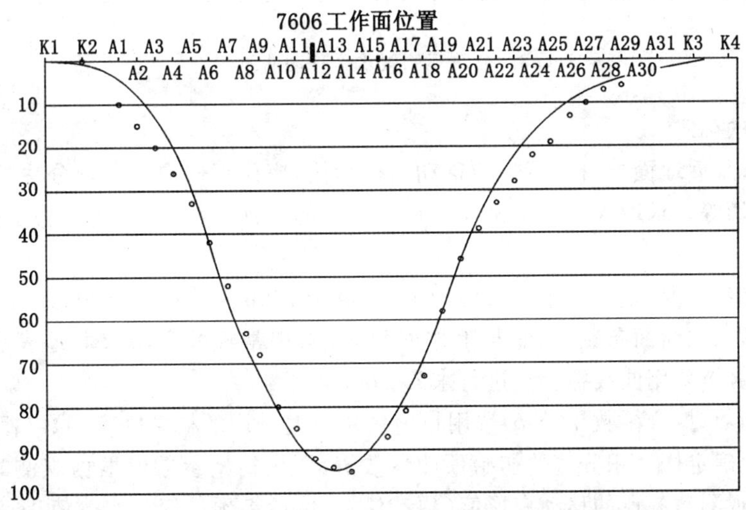

图6　铁路观测线下沉曲线

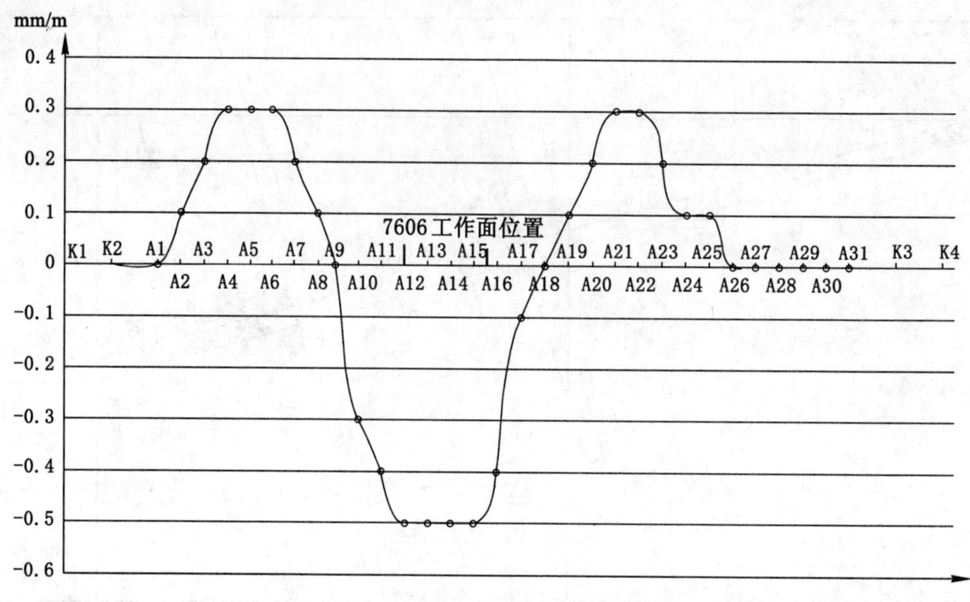

图 7 铁路观测线水平变形曲线图

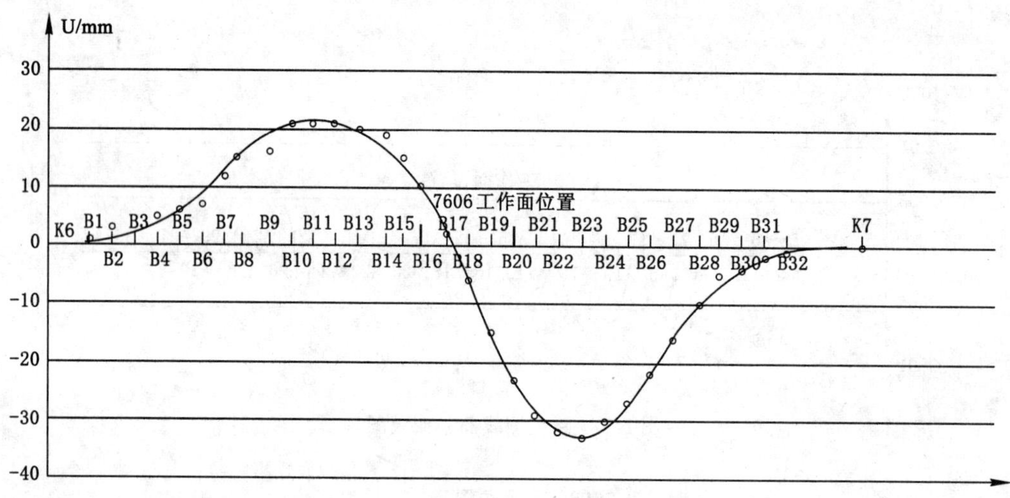

图 8 公路观测线水平移动曲线图

2.4 地表移动参数的确定

为了预计井下开采后地面建(构)筑物的移动与变形值，应认真选取概率积分法的预计参数，如下沉系数、主要影响角正切等。求取能反映本矿地表移动规律的预计参数，最好的方法是利用本矿实测的地表移动观测资料，

地表移动预计参数求取，是一项十分重要的工作，由于 7606 工作面不规则，地表观测线受现场条件限制无法沿走向和倾向主断面布置，只能与工作面斜交，采用常规的方法求取地表移动变形参数很困难，因此本次利用计算机采用曲线拟合法进行求参，方法如下：

首先确定拟合函数，拟合函数 $f(x,b)$ 选用目前应用普遍采用的概率密度函数(概率积分法)。然后根据实测资料按经验确定概率积分法的初始预计参数值，再按初始参数值根据观测站与开采工作面的相对位置关系，计算观测站各点的移动变形值(预计值)。然后将预计值与实测值进行比较，比较后再调整预计参数，以逐渐趋近的方法，最后求取比较合适的概率积分法移动变形预计参数。预计曲线与实测值拟合情况如图 9。

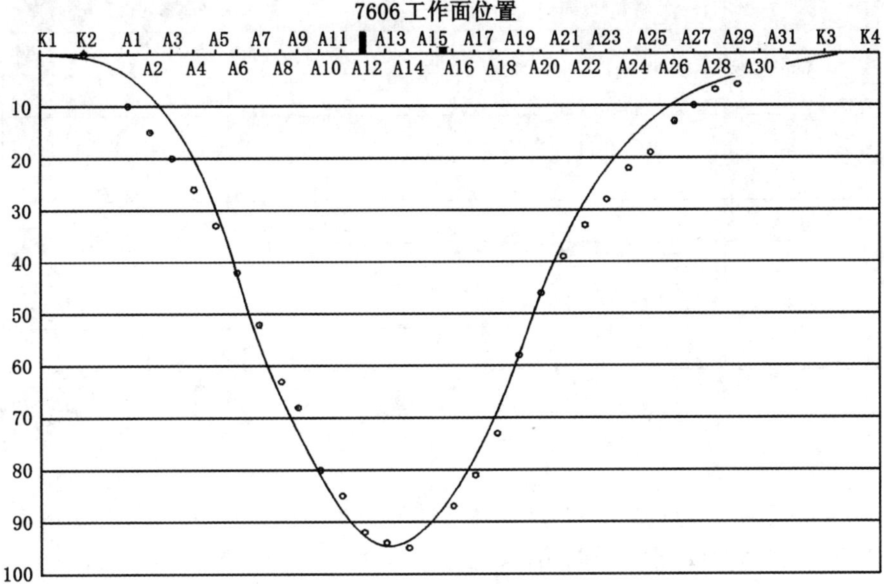

图 9 预计曲线与实测值拟合情况

根据预计曲线与实测值的拟合情况，邢台矿"概率积分法"的充填开采地表移动预计参数如下：

下沉系数： $\eta=0.11$

主要影响角正切 $\tan\beta=1.5$

主要影响传播角 $\theta=90°-0.6\alpha$（α 为煤层倾角）

水平移动系数 $b=0.30$

拐点偏移距 $s=0.03H$（H 为平均采深）

3 预计参数的验证

为进一步验证求取邢台矿地质采矿条件下充填开采后地表岩移参数是否准确，在 7606 工作面回采完成后布置了 7608 充填工作面，7608 充填工作面地质特征、采煤方式、观测站的布设与 7606 工作面基本一致，7608 工作面开采前运用所求的预计参数进行了预计，并且将观测结果和预计变形值进行了比较，结果如下：

表 1 **7608 充填工作面观测站预计值**

地表建筑物	下沉/mm	倾斜变形/mm·m^{-1}		水平变形/mm·m^{-1}			
		长轴方向	短轴方向	长轴方向		短轴方向	
				拉伸	压缩	拉伸	压缩
北办公楼	20	—	2.0	—	—	3.0	—
南办公楼	15	7.0	12.0	1.0	—	4.0	—
主井	7	—	—	—	—	—	—
副井	9	1.0	—	1.0	—	1.0	—
南三环	180	1.6	5.9	0.8	−1.5	2.5	—
铁路专用线	160	0.9	3.6	0.4	−0.7	4.5	—

表2　　7608充填工作面观测站实测值

地表建筑物	下沉/mm	倾斜变形/mm·m^{-1}		水平变形/mm·m^{-1}			
		长轴方向	短轴方向	长轴方向		短轴方向	
				拉伸	压缩	拉伸	压缩
北办公楼	19	—	2.0	—	—	2.9	—
南办公楼	16	6.8	11.8	1.0	—	4.0	—
主井	7	—	—	—	—	—	—
副井	9	1.0	—	1.0	—	1.0	—
南三环	175	1.5	5.9	0.8	—1.5	2.5	—
铁路专用线	163	0.88	3.6	0.5	—0.7	4.5	—

4　结论

通过对铁路、公路观测线和重要建筑物观测站预计值和实测值比较，预计值和实测值基本吻合，可以得出以下结论：预计移动参数选取合理，预计方法正确，预计结果能较好地反映矸石粉煤灰充填开采的地表移动变形规律。

建筑物下综合机械化充填采煤技术既保证煤矿充分采出压覆煤炭资源，又能可靠保护好地面建筑物，最大程度回收煤炭资源，可以推广使用。

参考文献

[1] 蔡美峰.地应力测量原理与技术[M].北京：科学出版社，2000.

[2] 康红普，林健.我国巷道围岩地质力学测试技术新进展[J].煤炭科学技术，2001.

[4] 路国庆，杨建林，腾永海 .分层综采快速推进地表移动规律的研究[J].矿山测量，1992.

[5] 王列平，胡 奎，陈玉平.厚松散表土层条件下南沱河堤坝开采沉降预计[J].煤炭科学技术，2009.

大倾角工作面平行过老巷关键技术研究与应用

匡中文[1]　顾振宇[2]　白长江[1]　花文雷[1]　吕　玉[1]　柳洪杰[1]

（1. 河南能源化工集团永煤公司城郊煤矿　河南永城　476600；
2. 永城职业技术学院　河南永城　476600）

摘　要　2805综采工作面条件复杂，在特殊情况下需要平行通过工作面老巷，本文主要研究了过老巷期间的关键技术，保证了大倾角工作面平行过老巷期间的顶板、支护、通风和回采安全，为类似条件的回采提供了实践指导。

关键词　大倾角；平行过老巷；支护；顶板；通风；关键技术

0　前言

城郊煤矿2805工作面里段北西为2218工作面(已采)，外段北西为二$_2$煤层露头保护煤柱，西南为F_4断层保护煤柱；东南为F_{16}逆断层保护煤柱和F_{34}断层，北为2804工作面(已采)。工作面总体为单斜构造，里段煤层倾角较大，平均18°(局部达31°)，外段煤层相对平缓，平均倾角15°，从工作面两条运输巷实际揭露情况来看，工作面煤层稳定。

1　工作面过老巷概况

2805综采工作面在回采过程中，需过2805工作面1#联巷、2#联巷、3#联巷、4#联巷及5#联巷。2805工作面1#联巷、2#联巷、3#联巷及5#联巷顶板支护方式为锚网带，锚杆选用ϕ20 mm×2 200 mm高强锚杆，锚杆间排距为800 mm×800 mm，钢带选用3.6 m长的M钢带，配合使用规格为150 mm×100 mm×12 mm型M托盘，网为1 m×2 m的金属平焊网，并用锚索梁进行加固；帮部支护方式为锚网梯，锚杆选用ϕ18 mm×2 200 mm高强锚杆，锚杆间排距均为750 mm×800 mm，矩形布置，从煤帮向外依次采用4 m×1.4 m的双抗网、1 m×2 m的金属平焊网、2.5 m长的竖向钢筋梯(用ϕ16 mm的圆钢加工)和150 mm×150 mm×8 mm的铁托盘。2805工作面4#联巷为锚网喷支护。根据相关施工资料显示，2805工作面3#联巷、4#联巷及5#联巷均沿煤层掘进；1#联巷机头方向13m为穿层巷道，穿入煤层顶板；2#联巷机头方向27 m为穿层巷道，穿入煤层底板。其中2805工作面1#联巷和2#联巷与工作面倾向近平行。2805综采工作面过老巷期间，工作面两巷高差在57～63 m之间，平均坡度17°，局部最大坡度达28°。以往工作面过老巷往往采取调斜的方式，避免工作面一次性揭露老巷范围过大，确保顶板支护安全。2805综采工作面受条件限制，由里段过渡的到外段时，需调机头，采向以机尾为中心需旋转调整10°。在调整的过程中，带来了新的问题，即工作面接近与老巷平行通过(如图1所示)。由于老巷众多，交叉点也多，空顶面积大，应力集中。同时，轨道运输巷外为2218工作面采空区，保护煤柱宽度小，造成联巷间轨道运输巷超前压力显现剧烈，顶板支护存在众多不安全因素。

作者简介：匡中文(1987—)，男，河南商丘人，本科，城郊煤矿综采三队从事煤炭地下开采技术管理工作。E-mail：kuangzhongwen5@163.com。

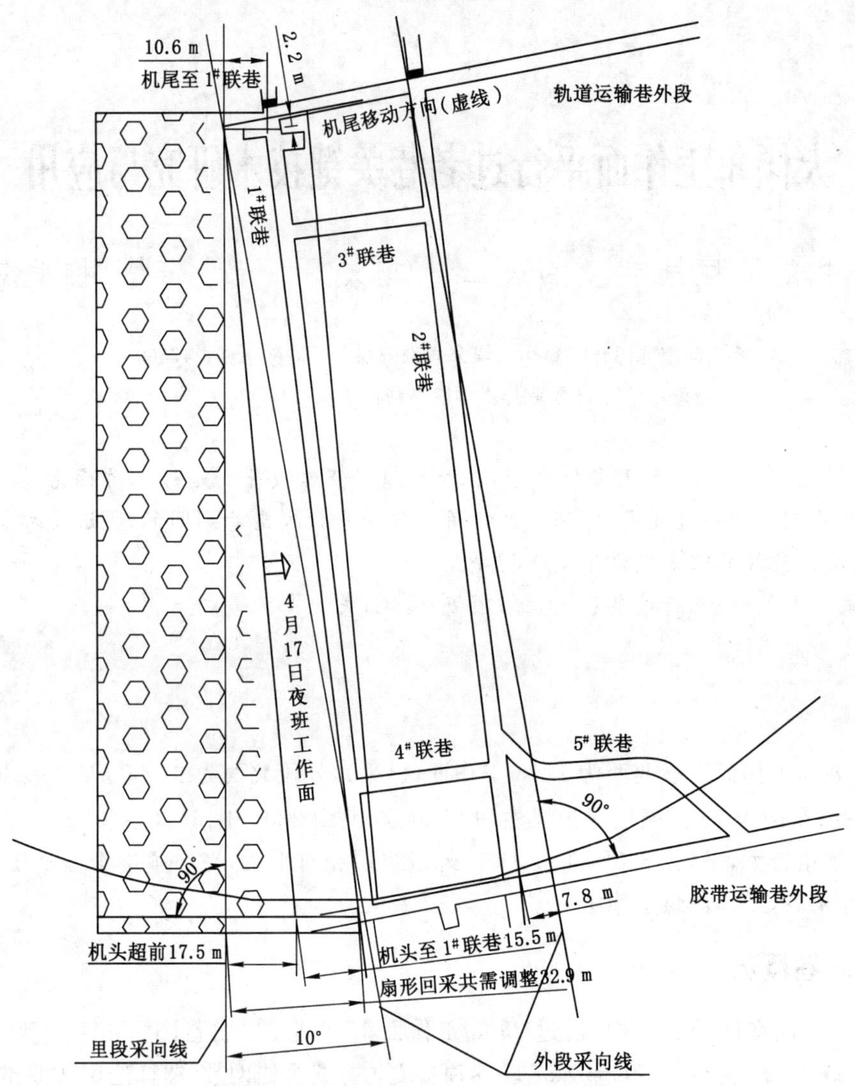

图1 工作面过老巷平面布置图

2 大倾角工作面平行过老巷安全技术措施

2.1 应力集中区应力环境改善

联巷与运输巷、联巷与联巷交叉位置为应力集中区,围岩及煤体内应力大于原岩应力,当超前支护压力区赶到该位置时,矿山压力显现明显,将造成顶板下沉甚至是漏顶等问题,提前采取了以下加强支护措施:

轨道运输巷660～628 m工字钢架棚支护段采用单体支柱配合π型梁架倾向棚进行加强支护,棚距800±100 mm,一梁三柱。轨道运输巷675～660 m、628～613 m、胶带运输巷675～727 m段采用单体支柱配合π型梁架倾向棚进行加强支护,1#联巷、2#联巷距轨道运输巷10 m范围内,1#联巷、5#联巷距胶带运输巷10 m范围内采用单体支柱配合π型梁架走向棚进行加强支护,棚距600±100 mm,一梁三柱。回采侧及煤柱侧单体支柱距帮200～600 mm,单体支柱初撑力不得低于6.5 MPa。

胶带运输巷675～707 m段绞架支护段采用单体支柱配合π型梁架倾向棚进行加强支护,棚距600±100 mm,一梁两柱;当超前支护到该位置时,补齐中间柱。回采侧及煤柱侧单体支柱距帮200～600

mm，超前单体支柱初撑力不得低于 3.0 MPa，端头单体支柱初撑力不得低于 6.0 MPa。

在 1# 联巷泵坑内、1# 联巷与 3# 联巷交叉口、2# 联巷与 3# 联巷交叉口、1# 联巷与 4# 联巷交叉口处各打一个木垛支护顶板。2# 联巷与 3# 联巷、5# 联巷交叉位置悬顶面积较大，且存在三角煤柱，打四个木垛支护顶板。5# 联巷内 JD－25 绞车处，因存在绞车硐室，造成该段空顶面积大，打两个木垛支护顶板。圆杂木直径不小于 150 mm，最下层圆杂木顺着巷道方向铺设，每层使用圆杂木的数量不少于 2 根，相邻的圆杂木使用双股连网绳捆绑，至少缠绕 2 圈。过老巷期间联巷支护加强图如图 2 所示。

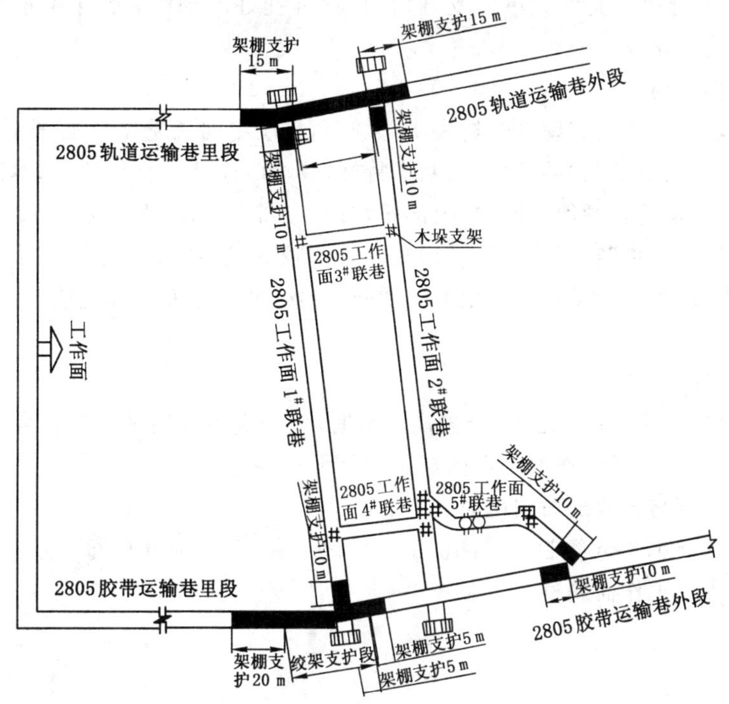

图 2　过老巷期间支护加强图

2.2　过老巷期间通风管理

过老巷期间，联巷内通风设施受压力作用，极易损坏，造成漏风，工作面风量减小。为了避免风流短路，工作面风量不足，我队根据工作面推进，及时与通风队调整通风设施，做好通风设施的维护和管理，保证了通风安全可靠，工作面正常推进。

工作面揭露 1# 联巷 20 m 前，拆除轨道运输巷与 1# 联巷交叉处调节风窗、1# 联巷与 4# 联巷交叉处调节风门，同时在 1# 联巷与胶带运输巷交叉口、2# 联巷与 4# 联巷交叉口附近构筑临时调节风窗，避免工作面风流短路。

工作面揭露 2# 联巷 20 m 前，在 2805 胶带运输巷与 2# 联巷交叉位置采用 6 寸排水管导通，拆除密闭，恢复 5# 联巷与胶带运输巷间 2# 联巷内通风。拆除 5# 联巷内调节风门，同时在 2# 联巷与轨道运输巷交叉口、5# 联巷与胶带运输巷交叉口附近构筑临时调节风窗，避免工作面风流短路。

2.3　轨道运输巷超前支护段维护管理

轨道运输巷临近 2218 工作面采空区，压力显现明显，顶板下沉，巷道帮部变形严重。当该段巷道进入超前内后，巷道宽度 1.7 m～2.4 m，巷道高度 1.8 m～2.2 m，巷道高度、宽度及断面收缩率无法满足安全生产需要。工字钢架棚支护段工字钢棚腿受压变形严重，支护效果差。针对这种情况，采取了以下措施：

1. 加密工字钢架棚段巷道支护。在原套棚间工字钢梁下加打单体支护，单体支柱穿鞋（木柱鞋和塑料柱鞋)带帽(木托板),保证支柱初撑力。

2. 增加走向棚。在中间排支柱向煤墙侧 300 mm 处采用 4 mπ 型梁和单体支柱架走向棚支护顶板,一梁三柱,棚梁与工字钢棚梁及 π 型梁垂直交叉,交叉处垫背木防滑。

3. 回采侧扩帮、煤柱侧刷帮。在回采侧扩帮 500～800 mm,在煤柱侧刷帮 200～300 mm,确保巷宽在 2.6 m 以上。

4. 超前内拉底。巷道底鼓段班班坚持拉底,由验收员落实,保证巷高在 2.3 m 以上。

5. 支柱防倒、防崩管理。支设完单体支柱后,按标准挂好防倒绳,绑四道防甭管。防护措施到位后,人员方可进入超前内作业。

2.4 保持工作面中部超前

大量的现场实践、实验研究和理论分析表明:大倾角煤层走向长壁工作面开采中,沿倾斜方向矿压显现呈现出“先中部”、“次上部”、“再下部”的基本特征,具有时序性。直接顶、基本顶及高位岩层的运移规律具有时序性和不均衡性。倾斜方向中、上部区域内“三带”特征明显,且层位较高;倾斜下部区域内的顶板岩层没有明显的“三带”特征或“三带”形成的层位较低且不完整。由于工作面接近平行过老巷,一次性揭露老巷范围大,为避免顶板在支架前方切断,冒落,使工作面中部超前一～三排,减小工作面前方顶板空顶的面积。

2.5 保持一定采高

工作面采高控制在 2.7～3 m 之间,当采高不够时,应卧底不可挑顶。防止采高不够造成工作面进入顶板,割到顶板锚索等,造成工作面推进困难甚至是无法推进。

2.6 实测工作面剖面图与老巷剖面图比对

在过老巷期间,提前 100 m 绘制老巷剖面图。距离老巷 25 m 时开始每天绘制工作面剖面图,与老巷剖面图比对,适时做出工作面调整。

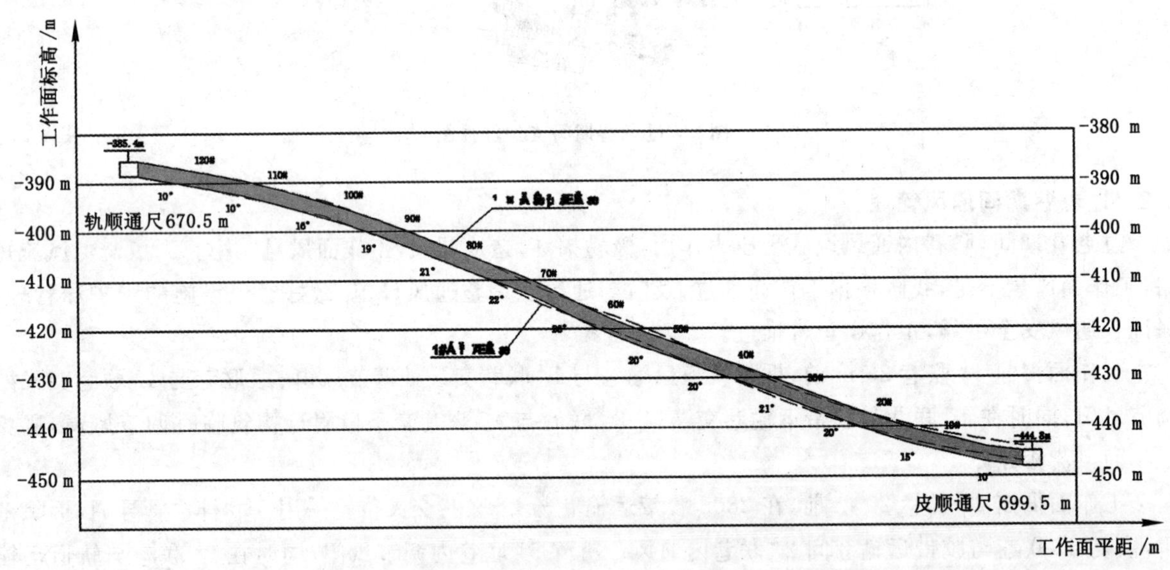

图 3 工作面实测剖面图与前方老巷实测剖面图比对图

2.7 及时处理老巷巷帮锚杆

平行过老巷期间,工作面一次性暴露大量锚杆,处理不及时将造成滚筒缠锚杆,运输机拉锚杆,威胁工作面人身安全。改进使用液压锚杆剪,及时截断露出的锚杆头,并将剪短的锚杆集中码放在胶带运输巷和轨道运输巷超前支护外。与此同时,在工作面每隔 30 架和刮板运输机机头处安排人员观察运输机槽内煤流,发现锚杆后,立即停机、打闭锁、停电取出锚杆,然后方可开机正常回采。

3 结论

(1) 保证了大倾角工作面平行过老巷期间的顶板支护安全。在工作面一次性揭露如此大范围顶板的情况下，没有发生冒顶事故，保证了顶板稳定性。

(2) 提高了工作面推进速度。通过该项目的实施，比矿预计通过老巷时间至少提前十天，按每天 6 刀煤，每刀煤 500 t，每吨煤 500 元计算，创造价值 1 500 万元，经济效益明显。

(3) 恶劣条件下保障了工人的人身安全。过老巷期间空顶面积大，工作面锚杆很多，两巷加固单体支柱钻底严重，职工在如此恶劣的工作环境下工作确保了人身安全。

通过该项目的实施，掌握了大倾角工作面平行过老巷的关键技术，保证了大倾角工作面平行过老巷推进期间的安全生产，为以后类似条件工作面的回采提供了宝贵的实践经验。

参考文献

[1] 牛保炉. 大倾角双斜工作面岩移规律数值模拟研究[J]. 中国煤炭. 2011(4).

[2] 谢盘石. 大倾角煤层长壁开采覆岩结构及其稳定性研究[D]. 西安科技大学:2011.

新型大采高采煤机设计

苗艳才

（山西晋煤集团金鼎煤机矿业有限责任公司　山西晋城　048006）

摘　要　MG250/630—WD 新型大采高采煤机是在山西晋煤集团金鼎公司多年研制煤矿设备经验的基础上，保留国内外先进的采煤机技术，结合实际大采高的需要而开发研制的。它的特点是用小滚筒加组合式摇臂实现小功率、大采高采煤机。

关键词　采煤机；小滚筒；小功率；大采高

我国 20 世纪 80 年代初曾经引进当时先进的德国液压牵引采煤机。国人通过引进吸收再优化，在 20 个世纪 90 年代基本掌握了当时先进的交流变频控制电牵引采煤机技术。2005 年掌握了大功率大采高交流电牵引采煤机的核心技术。2001 年大倾角电牵引采煤机和 2002 年短壁大采高电牵引采煤机的成功研制标志着我国采煤机总体设计水平已经接近国际先进水平。随着生产的需要，采煤工艺的革新，采煤机的采高要求也越来越大。但是，对于 7 m 以上大采高采煤机，国内能做的公司基本没有，都还处于模仿国外的产品阶段。

采煤机要想实现大采高，通常的做法是把小采煤机整体放大化，即增大割煤滚筒、增大总功率、增长摇臂长度、增大牵引力等。例如，按常规思路，要想对 7 m 厚煤层一次采全高，采煤机滚筒直径就得 3.5 m。换一种思路，采用小滚筒、小功率能否实现采煤机的大采高呢？下面是我们公司设计的一种新型大采高采煤机，它就是利用小滚筒加组合式摇臂实现大采高的采煤机。

1　主要技术参数及配套设备

1.1　采煤机整体方案

MG250/630—WD 新型大采高电牵引采煤机（以下简称采煤机）总体结构是机架采用分段抽屉式结构、摇臂采用两级组合式摇臂，图 1 中采煤机靠两级组合式摇臂来实现大采高，序号 2 一级摇臂靠序号 3 调高油缸来升降，序号 5 二级摇臂靠序号 4 举升油缸来升降。

1.2　采煤机主要技术参数

1.2.1　采煤机总体参数

采高范围(mm)	3 500～7 500
适应工作角度(°)	≤16
适应煤质硬度 f	f≤4
总装机功率(kW)	630
机面高度(mm)	2 300
机面宽度(mm)	1 880
过煤高度(mm)	504

作者简介：苗艳才，男，现在山西晋煤集团金鼎公司煤机技术研究分院，职务：综合机械设备研究所所长，通讯地址：山西省晋城市城区北石店镇金鼎煤机技术研究分院，邮编：048006。

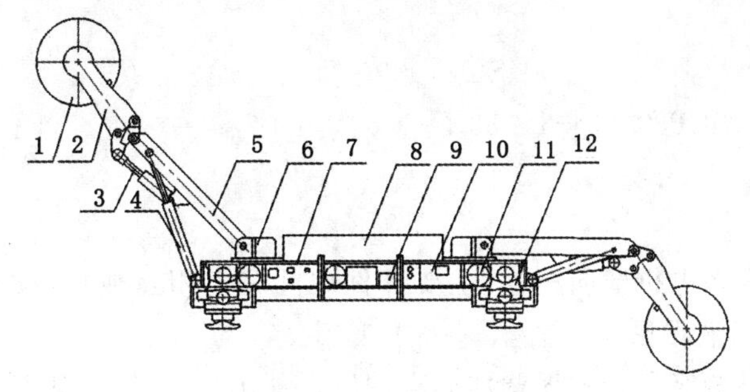

图 1　新型大采高采煤机

1——滚筒；2——一级摇臂；3——调高油缸；4——举升油缸；5——二级摇臂；6——铰接座；7——主机架；8——挡煤板；9——泵站；10——控制箱；11——牵引传动箱；12——外牵引

最大卧底量(mm)	630
整机重重(t)	68
最大生产能力($t \cdot h^{-1}$)	3 000

1.2.2　牵引部

牵引形式	无链电牵引
牵引速度($m \cdot min^{-1}$)	0～6.1～10.2
牵引力(kN)	565～945

1.2.3　截割部

摇臂形式	分体两级摇臂
一级摇臂摆角范围(°)	45
二级摇臂摆角范围(°)	61
截深(mm)	800
滚筒直径(mm)	1 800、2 000
滚筒转速($r \cdot min^{-1}$)	32.74

1.2.4　电动机

① 截割电机(2 台)型号	YBC—250
额定功率(kW)	250
额定转速($r \cdot min^{-1}$)	1 482
额定电压(V)	1 140
额定电流(A)	155.5
② 牵引电机(2 台)型号	YBQYS—55
额定功率(kW)	55
额定转速($r \cdot min^{-1}$)	1 470
额定电压(V)	380
额定电流(A)	105
③泵站电机(1 台)型号	YBCB—20
额定功率(kW)	20
额定转速($r \cdot min^{-1}$)	1 450
额定电压(V)	1 140
额定电流(A)	4

1.3 主要配套设备

(1) 常规配套输送机: SGZ1000

(2) 配套电缆:主电缆 MCP3×95+1×35+4×6

2 主要技术特点

(1) 采煤机总体结构为多电机横向布置,主要部件之间完全相互独立,没有直接的联接关系,避免了采煤机各大部件之间的漏液现象;

(2) 采煤机割煤滚筒靠两级组合式摇臂加调高油缸和举升油缸来实现 7.5 m 大采高,能对 7.5 m 以下煤层一次采全高;

(3) 采煤机在我国能对 7 m 厚煤层一次采全高的机型中,是总装机功率最小,滚筒直径最小的采煤机,整机具有体积小、结构紧凑、总装机功率小、采高大、适应性强等突出优点;

(4) 采煤机所使用的三种电机(截割电机、牵引电机和泵站电机)都横向布置在采空侧,因此在井下安装、检修很方便;

(5) 采煤机由于采高大,截割部分两级摇臂,摇臂的升降需要靠液压系统来实现。该机组的液压系统设计简练、技术先进、可靠耐用,常用的易损件,如调高油缸和举升油缸布置在二级摇臂下面,油缸、油管和液压锁等元件得到了很好的保护,使得油缸安装、检修十分安全方便。

3 采煤机的结构

采煤机的主要特点是打破传统思维观念,使用直径为 2 m 的小滚筒加组合式摇臂实现了采煤机的 7.5 m 大采高。

(1) 主机架为分段抽屉式焊接结构,采空侧敞开式,共形成五个腔室,三个分机架之间用高强度液压螺母联接,该形式机架结构简单、加工难度小强、强度好、缓减截割反力和牵引力效果好,并且下井拆装运输方便。

(2) 由于采高大,我们设计的摇臂分为两级,其中一级摇臂内部有截割电机和机械传动,二级摇臂是纯粹的刚性焊接结构件,强度大。

(3) 牵引部采用世界先进的机载式交流变频无级调速系统,该牵引方式牵引力大,靠变频无级调速实现采煤机的平稳、快速行走。

(4) 采用世界首创的"割放联合"采煤工艺,提高了采煤机的割煤效率和块率。

3.1 牵引传动部

该采煤机的牵引传动部共有左、右对称的两个,分别布置在采煤机老溏侧的机架两端,并且用高强度螺栓和楔块紧固在采煤机主机架上,和主机架形成一体结构。每个牵引部安装了一个销轨行走轮,销轨行走轮与刮板运输机上的销轨相啮合,销轨行走轮的转动带动采煤机沿着刮板运输机的销轨行走。

每个牵引传动箱上都装有一个液动行走制动器,当采煤机停止行走时,行走制动器就靠采煤机液压系统的压力油液起作用,防止采煤机在刮板运输机上下滑。

左、右牵引传动箱是相同的,都可以安装在采煤机主机架两端头中任何一端,但是当左、右牵引传动箱需要调换安装位置时,必须把牵引传动箱上下翻转过来,并将放油堵与透气塞调换位置。外牵引可以安装在采煤机主机架上两端的任何一端,不需要改变任何部件和位置。

3.2 截割部

(1) 截割部组成 截割部由一级摇臂、二级摇臂、调高油缸、举升油缸、割煤滚筒组成。两个截割机构分别对称的布置在采煤机的左、右两端,与主机架铰接在一起。

(2) 采煤机一级摇臂由一台 250 kW 异步电动机驱动。电动机的动力通过两级直齿轮传动和两级行星齿轮传动传递到行星头上,行星头带动割煤滚筒旋转割煤。

(3) 采煤机二级摇臂是为了采煤机能达到7.5 m大采高做的一个焊接结构件，里面没有任何的机械传动，就是一个纯粹的框架梁，中间有布置电缆、油管和水管空间，结构简单、可靠耐用。

(4) 调高油缸和举升油缸都是普通双作用液压缸。油缸的动力是由采煤机的泵站提供的，调高油缸上的双液控单向阀固定在油缸尾部而举升油缸的双液控单向阀固定在油缸中部，该阀的重要作用与普通的双向液控单向阀不同，它不仅起液控单向阀的作用，而且还有过载保护作用，即能将采煤机二级摇臂锁定在任何一个工作位置，而且能使摇臂在锁定位置上实现过载保护。保证油缸在油管破裂或按钮操作阀渗漏的情况下也不会使摇臂失控自行降落。当采煤机在工作中截割滚筒受冲击超载，使油缸内产生超过规定的压力时，例如，遇到冒顶大块煤下压或支架顶梁下压以及割煤滚筒卧底遇到岩石而上抬时，均能通过压力阀的卸压使二级摇臂由锁定位置下将或上升，从而起到保护油缸的作用。

(5) 根据不同煤矿的煤层特点，根据用户要求，该采煤机配备了 ϕ1 800 和 ϕ2 000 两种直径的强力和普通型的割煤滚筒。

3.3 液压系统

采煤机液压系统包括三部分：一级摇臂升降回路，二级摇臂升降回路，行走制动回路。图 2 是液压系统原理图。

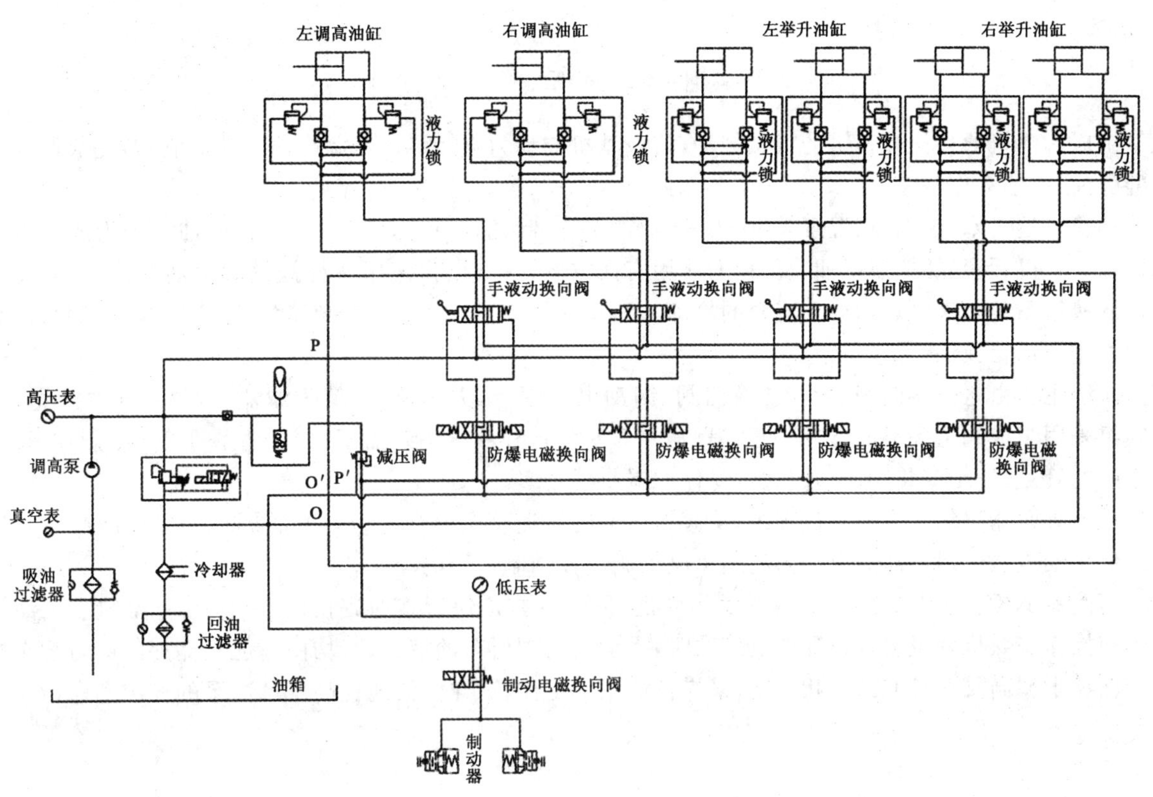

图 2　液压系统原理图

液压系统是采煤机的一个重要组成部分，它的作用是将油泵电机的机械能转化为油液的液压能。为采煤机的摇臂调高提供动力支持，同时为采煤机牵引部的制动器提供控制压力油，在采煤机需要制动时，给采煤机提供有效制动保护。

泵站的结构如图 3 所示，由 1 电机装配、2 油箱、3 阀组、4 蓄能器等元件组成。各元件均可从主机架的采空侧抽出，便于安装与维修。

电机装配位于泵站系统的左边，它主要由 20 kW 的异步电动机、调高油泵、内外花键、距离套、法兰

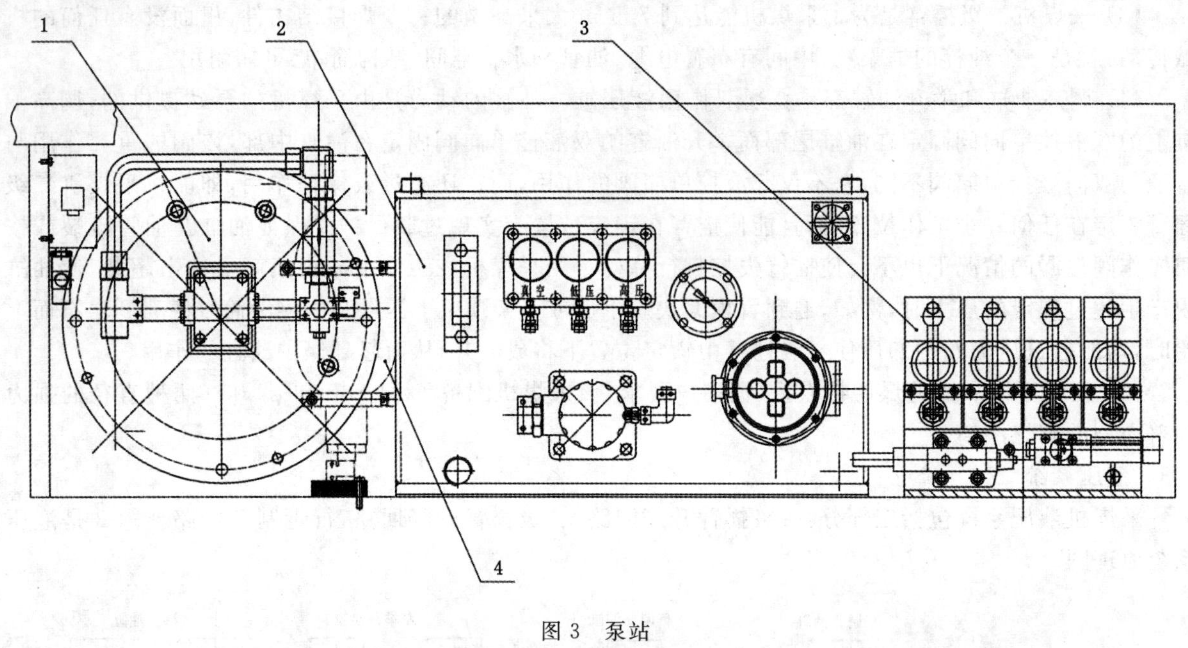

图3　泵站

1——电机装配；2——油箱；3——阀组；4——蓄能器

盘等组成。电机通过内外花键的机械传动，将电动机的动力直接传递给调高油泵使其旋转，完成调高油泵的吸油、排油动作。

油箱由透气塞、注油口、温度表、压力表组、油位计、吸油过滤器、回油过滤器、放油堵等组成。本油箱体积大，可以装足够的液压油。油箱的作用有两方面，一方面为液压系统提供动力油源，另一方面可以使从液压系统回来的热油得到充分的冷却。油箱中焊有上、下隔板，避免了液压系统回油飞溅气泡和沉积物进入油箱吸油一侧。

阀组主要由电磁换向阀、手液动换向阀、制动电磁阀、压力继电器、精过滤器、电磁溢流阀等组成。本阀组采用集成阀组块形成，内部油路串通，外部安装各种液压系统需要的阀，省去了复杂的外部阀与阀之间的管路，便于安装、检修，同时自身体积减小了很多。

从调高泵输出的压力油经过阀组，从阀组后面的快速接头通向左、右调高油缸和举升油缸。同时，一路低压油也从阀组后面的出口通向刹车电磁阀去控制制动器的动作。

蓄能器NXQA—2.5/20—L的主要作用是：采煤机在割煤行走时，打开制动装置所需的液压油及用遥控操作采煤机两级摇臂升降的电磁铁时，手动换向阀所需的液压油，均由蓄能器储存的压力油来提供。保证了调高泵在长期卸荷状态下，采煤机能正常工作，这样极大地提高了调高泵的使用寿命。

4　结语

MG250/630—WD新型大采高采煤机是专为我国中、大型矿井实现高产高效综采而研制的新型高效采煤机，其应用世界首创的“割放联合”采煤工艺，将有效解决我国矿井综采大采高工作面的开采难题。

参考文献

[1] 王德春.多电机横向布置电牵引采煤机的设计[J].煤矿机械，2011，32(5)：10-12.

[2] 卢双，廉自生.综采工作面设备尺寸配套分析[J].煤矿机械，2011，32(5)：13-15.

[3] 陈振国，王承福.煤炭切削原理与工作机构设计[M].哈尔滨：哈尔滨工程技术大学出版社，1999.

煤矿用防爆胶轮车敏感性参数分析与研究

王　晓　韩　霏　仇卫建

（中国煤炭科工集团太原研究院有限公司　山西太原　030006）

摘　要　为了使防爆胶轮车具有更好的动力性能和燃油经济性能，本文用整车性能仿真软件对某井下防爆胶轮车用防爆柴油机与传动系统建模、模拟仿真。通过修改其主要敏感参数：整车总质量、空气阻力系数、滚动阻力系数和传动效率，得到了一系列动力性能、燃油经济性能等方面的性能曲线。从这些曲线结果中可以得出降低防爆胶轮车的整备质量和滚动阻力系数，提高传动系统的传动效率，可以明显的改善整车性能，为今后同类型防爆胶轮车的改进设计提供了参考依据。

关键词　防爆胶轮车；防爆柴油机；动力性；燃油经济性；敏感参数

近年来，随着各大煤矿井下无轨胶轮运输产业与装备的系列化和产业化，以防爆柴油机为动力源的防爆胶轮车作为无轨辅助运输的主要设备得到了广泛应用。但由于井下用防爆柴油机在我国还处于起步阶段，技术并不完备，不能够很好地满足井下防爆胶轮车动力性和经济性的要求。因此通过对防爆胶轮车的主要敏感参数进行分析研究，找出其对整车动力性和经济性的影响规律，对提高煤矿井下用防爆胶轮车的动力性及经济性有着非常重要的意义。

1　影响防爆胶轮车动力性和经济性的主要敏感参数

影响防爆胶轮车整车动力性和经济性的主要敏感参数有整车总质量、空气阻力系数、滚动阻力系数和传动效率等。在进行整车设计和改进时，找出每个参数对防爆胶轮车整车性能的影响程度，然后有针对性地改变敏感性较大的参数，从而提出改进该防爆胶轮车动力性和燃油经济性的最佳方案。

防爆胶轮车动力性和燃油经济性主要参数敏感分析的研究方法主要有模拟方法和试验方法两种。其中模拟方法按照计算方式不同，又可分为：

（1）数学公式模拟方法，通过建立防爆胶轮车动力性和燃油经济性的数学模型，获取相对应的数学解析式；

（2）仿真软件模拟方法，首先利用防爆胶轮车动力性和燃油经济性能模拟仿真程序，然后分别改变各个主要敏感参数得到相对应的计算方案，计算出整车的性能指标，最终利用回归分析方法得到经验公式。

试验方法主要是通过对大量的防爆胶轮车实验数据进行拟合分析，得出主要敏感参数的回归方程。

本文利用整车性能仿真软件对某防爆胶轮车的总质量、传动效率、空气阻力系数和滚动阻力系数进行敏感性分析。在.30％和15％上下浮动的范围内改变主要敏感参数，计算该防爆胶轮车的动力性和经济性。

作者简介：王晓（1981—），山西潞城人，硕士，工程师，现在中国煤炭科工集团太原研究院有限公司从事煤矿井下无轨辅助运输设备的研究与设计工作；电子信箱：mkywangxiao@126.com。

2 主要敏感参数对防爆胶轮车性能的影响

某型防爆胶轮车主要用于大型煤矿井下综采工作面液压支架的整体下井(斜井),搬家倒面作业,可快速装卸支架,驾驶操纵灵活,可实现长距离连续作业。图 1 所示为某型防爆胶轮车外形图。

图 1 某型防爆胶轮车外形图

2.1 防爆胶轮车整车总质量的影响

某型防爆胶轮车的总质量为 54 000 kg,在 15%～30%的范围内改变该车总质量的数值,仿真分析所得的结果如表 1 和图 2 所示。表 1 和图 2 所示为防爆胶轮车性能指标对整车总质量的敏感性曲线图。

表 1 **整车总质量的变化对防爆胶轮车性能的影响**

项目		防爆胶轮车总质量参数变化率/%				
		−30	−15	0	15	30
动力性敏感系数		1.1039	1.2417	1.3082	1.5199	1.6904
燃油经济性敏感系数	10 km/h	0.8316	0.9093	0.9411	0.9297	0.8892
	20 km/h	0.7871	0.8039	0.8401	0.8361	0.8303
	30 km/h	0.7377	0.7403	0.7369	0.7247	0.7089

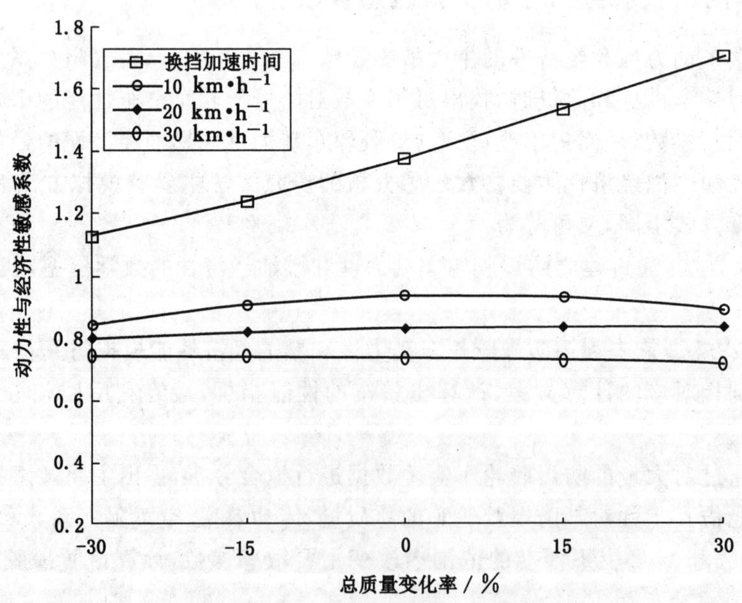

图 2 防爆胶轮车性能对总质量的敏感曲线图

由表 1 及图 2 可以发现：

(1) 防爆胶轮车总质量对整车的动力性影响比较明显。

(2) 随着防爆胶轮车总质量的增加，整车加速时间的增加速度越来越快，整车的动力性降低。原因是防爆胶轮车的滚动阻力及其加速阻力随着整车总质量的增大而增加，而防爆柴油机的输出扭矩是一定的，此时整车的加速度降低，加速时间增加，整车的动力性降低。随之防爆柴油机克服的阻力功率增加，最终导致单位时间内燃油消耗量增加，整车的经济性变差。

(3) 在防爆胶轮车总质量相同时，10 km/h 等速油耗相对于其他等速油耗敏感性最大。而 30 km/h 等速油耗相对于其他等速油耗敏感性最小，此时防爆柴油机在最佳经济区域工作，防爆柴油机燃油消耗量的变化幅度最平缓，这说明整车速度越高越省油。

2.2 滚动阻力系数的影响

由表 2 和图 3 中可以发现，① 滚动阻力系数对防爆胶轮车整车性能的影响比较小，而且敏感曲线变化趋势也比较缓慢；② 滚动阻力系数对防爆胶轮车整车动力性的影响相对于燃油经济性要小的多；③ 30 km/h 等速油耗敏感系数增加的速度相对于其他等速度相对较快，原因是防爆胶轮车的滚动阻力系数与该车的运行速度成正线性关系，整车速度越大滚动阻力增加的相对较大，曲线的斜率的相对较大。防爆柴油机的输出功率用于克服阻力的功率增加，整车的燃油经济性降低。

表 2　　滚动阻力的变化对防爆胶轮车性能的影响

项目		防爆胶轮车总质量参数变化率/%				
		−30	−15	0	15	30
动力性敏感系数		0.0189	0.0219	0.0251	0.0270	0.0301
燃油经济性敏感分析	10 km/h	0.0376	0.0453	0.0502	0.0533	0.0541
	20 km/h	0.0389	0.0420	0.0503	0.0531	0.0538
	30 km/h	0.0398	0.0391	0.0422	0.0496	0.0633

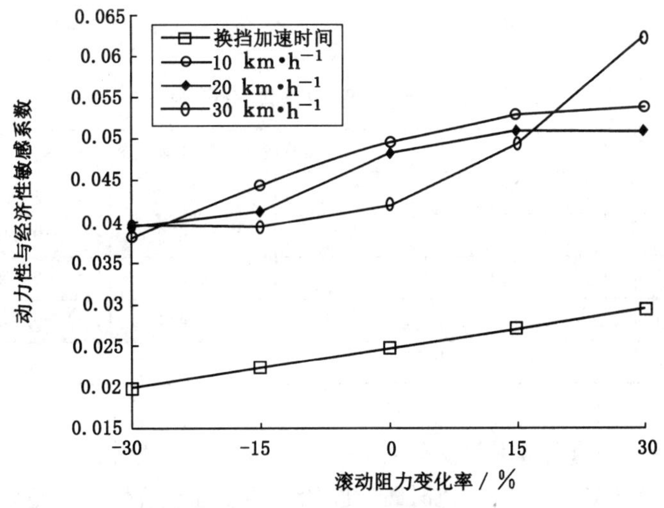

图 3　防爆胶轮车性能对滚动阻力的敏感曲线图

2.3 空气阻力系数的影响

由表 3 和图 4 可以发现，30 km/h 等速油耗敏感系数最大，10 km/h 等速油耗敏感系数最小，这说明空气阻力系数对防爆胶轮车经济性的影响和整车的车速有很大的关系，整车车速越高，空气阻力越大,导致整车的燃油经济性敏感度大幅度的增加,整车油耗量增大、燃油经济性变差。同时加速时间增大,导致整车动力性下降。

表 3　　空气阻力的变化对防爆胶轮车性能的影响

项目		防爆胶轮车总质量参数变化率/%				
		−30	−15	0	15	30
动力性敏感系数		0.0903	0.1025	0.1188	0.1369	0.1588
燃油经济性敏感分析	10 km/h	0.1237	0.1209	0.1321	0.1490	0.1633
	20 km/h	0.1603	0.1631	0.1745	0.1902	0.2128
	30 km/h	0.1721	0.2106	0.2298	0.2389	0.2328

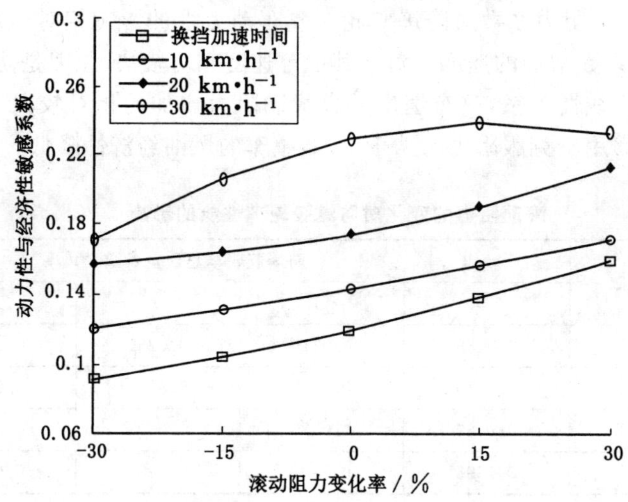

图 4　防爆胶轮车性能对空气阻力的敏感曲线图

2.4　传动效率的影响

表 4　　传动效率的变化对车辆性能的影响

项目		防爆胶轮车总质量参数变化率/%				
		−30	−15	0	15	30
动力性敏感系数		−0.647	−0.655	−0.653	−0.644	−0.632
燃油经济性敏感分析	10 km/h	−0.544	−0.503	−0.510	−0.509	−0.513
	20 km/h	−0.459	−0.423	−0.414	−0.442	−0.513
	30 km/h	−0.488	−0.468	−0.465	−0.461	−0.467

由表 4 和图 5 可以发现,① 传动效率的变化对防爆胶轮车的动力性和经济性都有影响,传动效率越高时,防爆胶轮车的动力性越好。② 低等速时防爆胶轮车的燃油经济性对传动效率的敏感度较高等速时要大。

3　结语

从本文对防爆胶轮车主要敏感参数对整车动力性和经济性的敏感度分析可得,对整车动力性和经济性影响较大的是传动效率和整车总质量,影响较小的是滚动阻力系数和空气阻力系数。

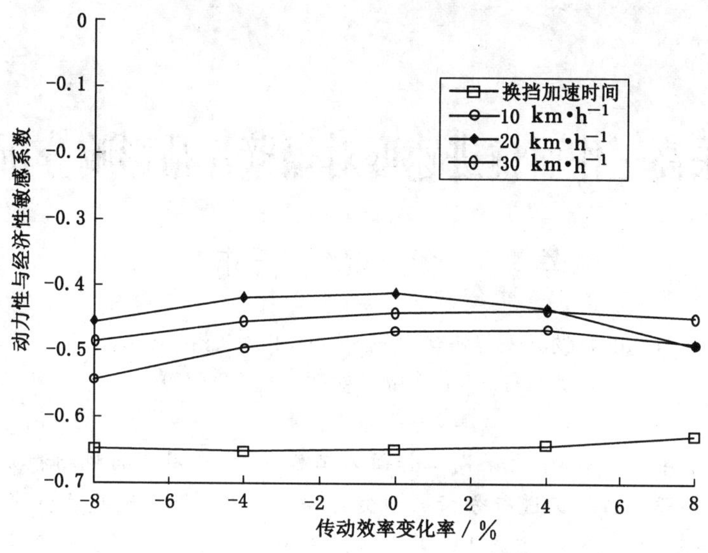

图 5 车辆性能对传动效率的敏感曲线

因此通过降低防爆胶轮车整车质量、滚动阻力系数、空气阻力系数和提高传动系统的传动效率,可以较大的改善整车性能。

参考文献

[1] 魏勇刚、雷煌、张福祥等.防爆柴油机进排气部件的试验分析[J].矿山机械,2009,37(16):16-18.

[2] 陈乃巨、于海波、刘苹.6102 防爆柴油机与 315S 变矩器的匹配计算[J].煤矿机械,2011,32(12):26-28.

[3] 陈志辉、门志顺、刘斌.无轨运输在我国煤炭的应用[J].中国煤炭,2001,27(1):20-21.

[4] 戴志晔.煤矿井下无轨胶轮车的现状和应用[J].煤炭科学技术,2003,31(2):21-24.

[5] 张红顺.井下防爆胶轮车用柴油机与变矩器的匹配[J].煤炭科学技术,2002,30(12):17-19.

[6] 倪计民,杨建,叶淑英等. 汽车动力总成结构敏感性研究 [J].汽车技术,2008(1):22-25

[7] 武玉维 4250 载货汽车动力系参数优化匹配[D]:太原:太原理工大学,2010:8-10.

[8] 王晓.防爆胶轮车用柴油机与传动系统的仿真分析[J]:煤炭科学技术,2012,40(8):64-66.

大采高工作面推进速度对煤壁片帮影响分析

张军鹏[1]　张　亮[2]　王东攀[2]

(1. 山西霍尔辛赫煤业有限责任公司　山西长治　046103；
2. 天地科技股份有限公司　北京　100013)

摘　要　以霍尔辛赫矿3207大采高工作面为工程背景，采用现场观测和数值模拟的方法对不同推进速度下煤壁片帮情况进行分析。研究结果表明：当推进速度由4.4 m/d变为2.4 m/d时，周期来压步距由19.8 m变为14.7 m，煤壁日平均片帮深度增大为原来的1.22倍，片帮范围也增大为原来的1.35倍。推进速度低导致周期来压步距短、来压频繁、煤壁暴露时间长，这是造成煤壁片帮情况加重的直接原因。

关键词　大采高；推进速度；煤壁片帮；周期来压

1　概述

霍尔辛赫矿3207大采高工作面煤层厚度5.0～5.6 m，采用一次采全厚采煤法；工作面长度220 m，布置ZY12000/28/60D型二柱掩护式液压支架129架，二级护帮，最大护帮高度为2.8 m。由于生产班时煤尘过大，无法进行片帮观测，只能在每天检修班通过激光测距仪测量煤壁片帮情况。3207工作面5月13日～5月25日，日平均推进度为4.4 m；5月26日～6月14日，日平均推进度为2.4 m。由文献可知推进速度对煤岩动力灾害有一定影响，而通过现场观测数据得知，当推进度不同时，煤壁片帮情况也不同，本文结合顶板周期来压步距、来压强度，并借助FLAC3d数值模拟，研究大采高工作面推进速度对煤壁片帮的影响。

2　矿压观测规律结果

由于3207工作面当时限产，5月13日～5月25日，日平均推进度为4.4 m；5月26日～6月14日，日平均推进度为2.4 m。通过采集工作面8#、30#、53#、77#、100#、122#液压支架压力记录仪数据，对该段时间内工作面周期来压步距、动载系数进行分析，结果见表1、表2所示。

表1　　工作面周期来压步距　　(单位：m)

周期来压次序	工作面位置	下部		中部		上部		每次来压步距平均值	不同推进度下来压步距的平均值
	支架号	8#	30#	53#	77#	100#	122#		
日推进度4.4 m	1	17.6	17.2	20.2	21.6	19.2	20.2	19.3	19.8
	2	21	22.4	19.4	21	19.4	19	20.3	

作者简介：张军鹏(1980—)，男，山西长治人，工程师，主要从事煤矿安全高效开采、矿山压力与岩层控制技术等方面研究及生产管理工作。

基金项目：十二五国家科技支撑计划(2012BAK04B08)资助；中煤科工集团科技创新基金(2012MS005)资助。

续表 1

周期来压次序	工作面位置	下部		中部		上部		每次来压步距平均值	不同推进度下来压步距的平均值
	支架号	8#	30#	53#	77#	100#	122#		
日推进度 2.4 m	3	20	18.4	13.2	12	12	15.6	15.2	14.7
	4	16	20	14	11.6	13.6	13.2	14.7	
	5	/	/	14	12.4	16.4	/	14.3	

表 2　周期来压时动载系数

来压次序	工作面位置	上部		中部		下部	
	支架号	8#	30#	53#	77#	100#	122#
动载系数	1	1.30	1.43	1.85	1.77	1.28	1.56
	2	1.47	1.44	1.45	1.51	1.37	1.38
	3	1.52	1.62	1.71	1.64	1.67	1.69
	4	1.32	1.38	1.69	1.3	1.31	1.26
	5	/	/	1.52	1.59	/	1.31
平均		1.43		1.60		1.36	
总平均		1.463					

从表 1 中可以看出基本顶周期来压步距随日推进度增大而减小，当推进度为 4.4 m 时，基本顶周期来压步距为 19.8 m；推进度为 2.4 m 时，基本顶周期来压步距为 14.7 m。工作面上部、中部、下部周期来压步距差距不大，但由表 2 可以看出工作面中部动载系数较高为 1.60，来压强度大。

3　煤壁片帮观测结果及分析

期间观测到的片帮起数为 67 起，片帮波及范围为 262 架支架，多出现在 40#～100# 支架间。片帮形式分三种：煤壁上部片帮（占 53%）、煤壁中上部片帮（占 44%）、整煤壁片帮（占 3%），见图 1，片帮具体情况见表 3 和表 4 所示。

(a) 煤壁上部片帮

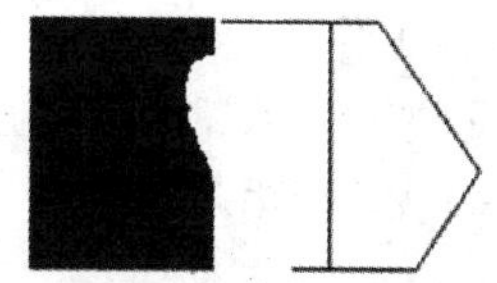
(b) 煤壁中上部片帮

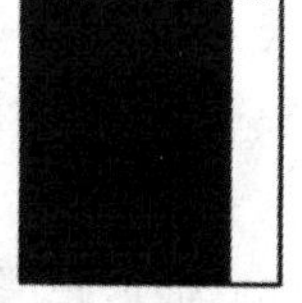
(c) 整个煤壁片帮

图 1 工作面煤壁片帮素描图

表 3　煤壁片帮深度及高度统计表

支架范围	1#～20#	21#～40#	41#～60#	61#～80#	81#～100#	101#～129#
片帮起数	2	9	22	17	11	6
片帮深度/m	0.4 m	0.73	0.96	0.88	0.87	0.76
片帮高度/m	0.95	2.11	2.1	2.35	2.21	2.16

表4　　煤壁日片帮范围大于10架统计表

日期	日推进度/m	片帮架数	片帮深度≥600 mm的频率	片帮深度≥1 000 m的频率	平均深度/m
5月14日	3.2	15	33.3%	33.3%	0.72
5月15日	5.6	10	80.5%	10.3%	0.63
5月24日	5.6	13	50%	27.3%	0.75
5月25日	1.6	15	100%	100%	1.47
5月30日	1.6	10	100%	30%	0.92
6月1日	2.4	21	0	60%	1.28
6月3日	2.4	20	80%	30%	1.08
6月8日	2.4	22	100%	100%	1.18
6月12日	2.4	17	100%	100%	1.0

从表3可以看出，工作面上部片帮情况明显好于工作面中部和下部，41#～60#支架范围内，煤壁片帮情况最严重，平均片帮深度为0.96 m，这是因为工作面中部顶板压力大，煤壁塑性区大容更容易片帮；从表4可以看出，在5月25日工作面推进速度变为2.4 m/d后，煤壁日平均片帮深度变为原来的1.22倍，片帮范围也增大为原来的1.35倍，这是因为推进速度变小后，工作面周期来压步距变短，周期来压次数增多，造成煤壁片帮次数及深度变大；结合周期来压步距分析可知，工作面于5月15日、5月20日、5月27日、6月5日、6月12日经历周期来压期间煤壁片帮范围都大于10架，日平均片帮深度也都大于0.6 m，明显大于非周期来压时期，因此可看出周期来压对煤壁稳定性影响较大。

4　数值模拟

整个煤岩层模型煤层和直接顶的物理力学参数均按矿方提供数据给定，数据不详参数参考了相关同岩性试验结果。模型四周边界均固定水平位移，底端边界固定垂直位移，顶端边界施加均匀载荷，模型高度为75 m，上覆380 m岩层载荷按岩体垂直应力施加到模型顶部，模型初始位移和速度均按零计算。原始主应力方向分别与模型三个坐标轴一致，大小均相等。模型采用Mohr－Coulo mb破坏准则，煤岩层层理使用Interface单元进行模拟。

由于运算时步的大小可以间接反映为工作面推进速度的快慢，因此为研究工作面推进速度对煤壁片帮的影响，采用调节运算时步来间接反映工作面推进速度对煤壁片帮的影响。模拟运算时步分别为800步、1000步、1200步、1400步、1600步、2400步六种情况。模拟时支护强度和护帮水平推力均设置为0 kN，采高为5.69 m，推进距离为60 m。

(1) 煤壁附近煤体的水平位移

由图2可以看出，随着模拟时运算时步的加大，煤体的水平位移也相继增大。当运算时步为800步时，煤壁处水平位移为－125 mm；当运算时步为1 000步时，水平位移增大到为－187 mm；当运算时步为1 200步时，水平位移增大到为－200 mm；当运算时步为2 400步时，水平位移增大到为－406 mm。从图中还可以看出，煤体水平位移较大区域为工作面煤壁0～6 m范围。当煤体水平位移增大，煤壁稳定性下降，发生片帮的概率也逐渐增大。

(2) 煤壁附近煤体的破坏状态

图3为运算时步逐渐增大时煤壁附近煤体的破坏状态图。从图中可以看出，当模拟运算时步为800步时，煤壁附近的煤体发生了剪切破坏和拉伸破坏，剪切破坏区延伸到煤壁前方6 m，拉伸破坏和剪切破坏叠加区延伸到煤壁前方1 m；当运算时步增大到1 000步时，拉伸破坏区无变化，剪切破坏区扩大，延伸到煤壁前方7 m；当算时步继续增加到1 200步时，拉伸破坏区延伸到煤壁前方2 m，剪切破坏

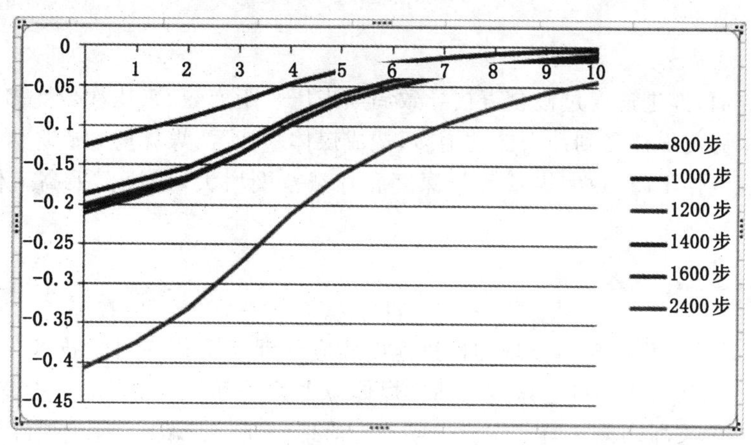

图 2 不同运算时步下煤体最大水平位移图

区继续扩大，延伸到工作面前方 8 m。

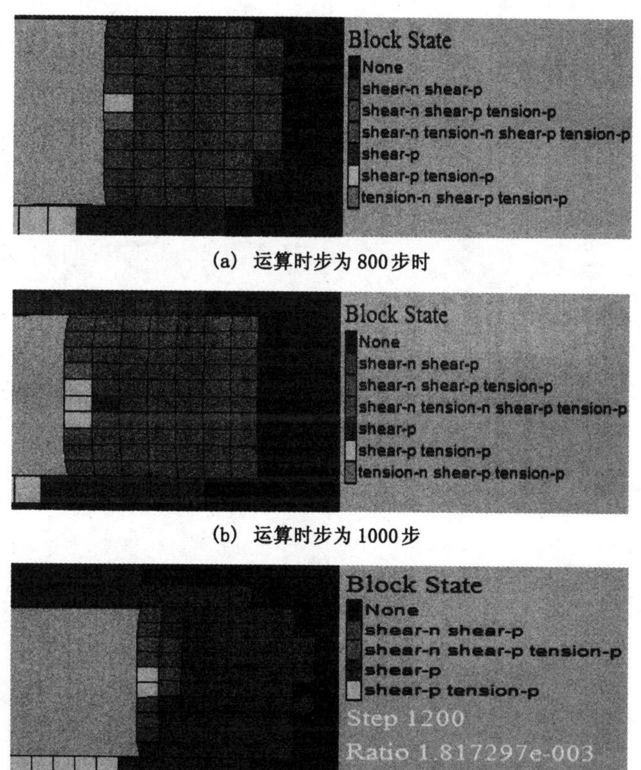

(a) 运算时步为 800 步时

(b) 运算时步为 1000 步

(c) 运算时步为 1200 步

图 3 不同运算时步下工作面煤体的破坏状态图

综合现场观测数据和数值模拟分析可知，随着模拟运算时步的加大，煤壁附近煤体的水平位移、剪切破坏区、拉伸破坏区均会增加，导致煤体的破坏程度加大、煤体的稳定性降低。运算时步减少间接反映为工作面推进速度的增大，所以增大推进速度能有效增加煤壁的稳定性，降低煤壁片帮失现象的发生。

5 结论

对于大采高工作面，推进速度过慢会直接导致周期来压步距变短、来压次数变多、煤壁暴露时间长，而基本顶频繁周期来压使煤体受到冲击次数增多，造成煤体塑性区、煤体剪切破坏区、拉伸破坏区增大，造成煤壁处煤体的稳定性下降，致使煤壁片帮深度和片帮范围增大，建议大采高工作面适当提高推进速度。

参考文献

[1] 刘全明. 浅埋深综采工作面矿压显现的推进速度效应分析[J]. 煤炭科学技术，2010，38(7)：24-26.

[2] 马海峰，朱修亮. 综采工作面推进速度与前方煤体应力关系研究[J]. 煤炭工程，2010(2).

[3] 孟古莽，贾凯军. 大采高仰采充填工作面煤壁片帮治理研究[J]. 煤炭工程，2011，8：58-63.

[4] 王磊，谢广祥. 综采面推进速度对煤岩动力灾害的影响研究[J]. 中国矿业大学学报，2010，39(1)：70-74.

[5] 翟所业. 顶煤破坏与工作面推进速度研究[D]，山东科技大学，2004，山东省青岛.

糯东煤矿保护层薄煤层综采关键技术研究与应用

王浣尘　何志龙

（河南能源化工集团贵州兴安煤业有限公司糯东煤矿　561904）

摘　要　糯东煤矿作为煤与瓦斯突出矿井，区域瓦斯治理选用保护层开采，但由于保护层煤层较薄，外加地质构造发育，保护层开采难度较大，选择科学合理的薄煤层保护层开采工艺，加快保护层开采进度，是实现矿井进展实现安全高产高效的关键途径。为此，糯东煤矿通过对国内薄煤层开采技术充分的考察，结合糯东煤矿保护层开采条件进行分析和论证，开展关键技术研究，形成了符合矿井实际开采条件的综合机械化开采技术。

关键词　保护层；区域瓦斯治理；薄煤层综采；快速推进

0　前言

瓦斯治理是高瓦斯矿井及突出矿井安全生产管理的第一要务，采取一切措施开展瓦斯治理工作，实现高瓦斯、突出矿井低瓦斯开采是实现高瓦斯、突出矿井安全生产的必要环节。学习淮南瓦斯治理先进经验，在高瓦斯、突出矿井大力开展区域瓦斯治理工作，是实现高瓦斯、突出矿井高产高效的关键途径。

实践证明，大面积开采保护层，通过保护层开采致使被保护层原始压力重新分布，在采空区影响范围内邻近煤层中形成泄压带，降低被保护层煤体瓦斯压力，在泄压区域内煤层中导生次生裂隙，增加煤层透气性，使原始应力状态下吸附状态瓦斯解析到游离状态抽出，将煤体瓦斯含量减低到突出危险临界值以下或最大限度抽出，从而实现低瓦斯开采的目的。

糯东煤矿作为煤与瓦斯突出矿井，通过分析论证，矿井具备保护层开采条件，但由于保护层煤层较薄，外加地质构造发育，保护层开采难度较大，选择科学合理的薄煤层保护层开采工艺，加快保护层开采进度，是实现矿井进展实现安全高产高效的关键途径。为此，糯东煤矿通过对国内薄煤层开采技术充分的考察，结合糯东煤矿保护层开采条件进行分析和论证，开展关键技术研究，形成了符合矿井实际开采条件的综合机械化开采技术。

1　矿井概况

1.1　糯东煤矿概况

糯东煤矿位于贵州省黔西南州普兴矿区，是目前普兴矿区在建的最大矿井，矿井设计生产能力 2.4 Mt/a，为煤与瓦斯突出矿井。矿井主要可采煤层为 4 层，由上而下分别为 17、19、20、26 煤，其中 17、19、20 煤层间距较近，划分为上煤组，与 26 煤分组独立开拓。

矿区内主采煤层鉴定均为突出煤层，其中 17 煤下距 19 煤层间距 29 m，平均煤厚 4.3 m，瓦斯含量 14.11 m^3/t；19 煤平均厚度 2.04 m，前期开采范围内实际揭露煤厚平均为 0.8 m，煤层瓦斯含量 5.08 m^3/t；20 煤上距 19 煤平均 4 m，平均煤厚 2 m，煤层瓦斯含量 13.7 m^3/t。通过论证分析，19 煤平均瓦斯含量最小，煤层原始瓦斯压力较低（0.42 MPa），与上下煤层层间距适宜，具备作为保护层开采的良好条件，设计将 19 煤作为保护层开采，对主采煤层 17 煤、20 煤进行区域瓦斯治理。

1.2 矿井生产建设现状

糯东煤矿正处于基建期间，矿井主要生产系统及辅助生产系统已经全部形成，预计上半年可完成全部设计基建工程量，达到投产验收条件。矿井设计以开采 19 煤保护层作为区域瓦斯治理的主要手段，目前矿井已形成采区两个，已形成 19 煤保护层工作面 2 个。

由于前期开采范围内 19 煤较薄，保护层开采期间产量和效益将受到限制，如何加快保护层薄煤层工作面开采进度，通过区域瓦斯治理快速实现主采煤层低瓦斯开采是矿井投产后面临的最大难题。

2 糯东煤矿保护层开采条件分析

2.1 煤层赋存条件

糯东煤矿目前采掘活动主要集中在一采区、二采区，一、二采区内 19 煤煤层平均厚度仅 0.8 m，赋存稳定，在一、二采区内煤厚变化不大。

19 煤直接为 B4 灰岩，厚度在 0.9 m～1.5 m 之间，分层 1～2 层，分层结构完整，质脆，回采后易冒落。基本顶为泥质粉砂岩或粉砂岩，厚度 4 m 以上。

19 煤直接地板为炭质泥岩，厚度 0.3～0.5 m，老底为粉砂岩，厚度 2.5 m 左右。

2.2 地质构造情况

19 煤实际揭露小断层发育，工作面设计走向长度 1 050 m，倾斜长度 120 m，工作面掘进过程中上下巷平均揭露断层 12 条，对回采影响极大，另工作面布置范围内煤层倾角变化较大，造成工作面顶底板起伏不平，将对回采进度造成很大影响。

2.3 水文地质情况

糯东煤矿整体水文地质简单，矿井实测涌水量月 40 m^3/h，19 煤顶底板无承压水或强含水层，受直接顶板石灰岩影响，顶板含少量裂隙水，对回采无影响。

2.4 瓦斯地质情况

糯东煤矿 19 煤为所有煤层中瓦斯含量最低的煤层，突出危险性鉴定测定参数中瓦斯含量及瓦斯压力参数均低于突出危险临界值，考虑突出危险性鉴定过程中取样数量限制及受邻近煤层影响，鉴定为突出煤层，开采过程中按突出煤层进行管理，但实际煤巷掘进过程中未见明显瓦斯动力现象。

由于 17 煤、20 煤距 19 煤层间距较近，19 煤开采过程中 17 煤、20 煤瓦斯可能会受采动影响向 19 煤回采空间释放，保护层开采过程中需要加强邻近层瓦斯防治工作。

2.5 开采条件综合分析

综合分析，糯东煤矿保护层开采主要受到采高、地质构造及邻近层瓦斯影响。由于煤层较薄，需要解决采高对回采进度及工人劳动强度带来的影响，同时采面将频繁过断层，导致保护层薄煤层工作面推进进度受到限制。受邻近被保护层瓦斯影响，保护层开采过程中需要对邻近被保护层瓦斯进行防治。

3 开采工艺设计

3.1 国内薄煤层开采工艺对比分析

目前国内薄煤层开采技术及设备正在逐步趋于成熟，随着设备、工艺的不断创新，较炮采相比，高档普采或综合机械化开采工艺在薄煤层开采中技术优势明显，具有很好的推广应用前景，各矿物集团装备及技术根据其开采条件形成了比较具有代表性的几种工艺形式，例如，以小采高滚筒式采煤机为代表的薄煤层综合机械化开采工艺、以刨煤机为代表的薄煤层综合机械化开采工艺、以爬底板采煤机为代表的薄煤层综合机械化开采工艺、钻采工艺等，并在条件较好的地方通过电液控制系统实现了无人开采技术。为保证糯东煤矿快速开采保护层，降低工人劳动强度，促进矿井安全管理，糯东煤矿保护层薄煤层开采选用综合机械化开采工艺。

根据糯东煤矿薄煤层工作面开采工艺设计需要，糯东煤矿组织先后对山东新汶矿务局钻采、鸡西平岗煤矿薄煤层综采、四川曾家山煤矿爬底板采煤机高档普采、重庆松藻煤矿薄煤层综采、攀枝花花山煤矿薄煤层综采等薄煤层机械化开采技术及设备进行考察调研，对比分析，糯东煤矿19煤开采条件及机械化开采技术要求具有如下特点：

(1) 钻采工艺在新汶矿务局推广应用较为成功，但由于其采用的是非连续性回采，需留小煤柱，煤炭回收率，多应用于边角煤回收。糯东煤矿19煤作为保护层开采，原则上必须推广无煤柱开采技术，以提高保护层开采效果，钻采技术不使用于保护层开采；

(2) 四川曾家山0.7 m薄煤层采用爬底板采煤机高档普采工艺开采，采煤机采用固定于上下巷的锚链牵引，煤机在工作面底板雪橇滑移，有效降低了采高，有利于提高煤质，同时爬底板采煤机对顶底板起伏适应性较强，煤机重量大大降低，但对过断层及割底适应性较差。糯东煤矿保护层工作面断层构造发育，回采过程中将频繁过断层，爬底板采煤机将无法适应；

(3) 以刨煤机为代表的刨煤机综合机械化开采工艺，在一些条件较好的矿井通过技术革新实现了无人开采，但对煤层开采条件要求较高，对煤层硬度，顶底板条件等适应性有所限制，国内刨煤机生产技术起步较晚，技术相对落后，一些应用较早的矿井基本上使用的都是进口设备。糯东煤矿薄煤层开采受构造影响较大，刨煤机无法适应；

(4) 通过考察，多数矿井(例如鸡西平岗煤矿、重庆松藻煤矿、攀枝花花山煤矿、安顺轿子山煤矿)薄煤层开采采用滚筒式薄煤层采煤机综合机械化开采工艺，工艺及设备应用效果明显，但工作面开采条件具有煤层赋存稳定、顶底板平整、煤层起伏变化不大、无断层构造影响或影响很少等共同特点。糯东煤矿薄煤层工作面煤层倾角起伏较大，顶底板上下起伏，工作面回采过程中频繁过断层，对设备、工艺要求较高；

(5) 国内多数矿井薄煤层开采为单一煤层，开采过程中不受邻近层瓦斯影响，开采过程中重点考虑以煤质和产量作为主要效益指标。糯东煤矿开采19煤作为保护层，开采过程中受上、下被保护层瓦斯影响，需要对邻近层瓦斯进行防治，同时作为保护层开采，相对煤质指标来说，保护层开采进度作为区域瓦斯治理的关键指标对于突出矿井实现瓦斯治理快速达标，快速实现突出煤层低瓦斯开采，实现突出矿井长期安全高效生产意义更为重要。

3.2 糯东煤矿保护层薄煤层开采关键问题

通过考察调研，综合对比分析糯东煤矿19煤薄煤层保护层开采工艺设计需要解决一下几个关键问题：

(1)采煤机选择必须满足频繁过断层、割底要求，设备对地质变化适应性要强，采煤机切割功率要求适量增大；

(2)满足薄煤层保护层工作面快速推进需要；

(3)设备及工艺有利于减轻劳动强度及安全管理；

(4)满足保护层开无煤柱开采需要，提高煤炭回收率。

(5)有利于瓦斯管理；

3.3 糯东煤矿保护层薄煤层工艺设计

3.3.1 工艺选择

综合分析，糯东煤矿地质构造发育，地质因素对开采进度造成的影响成为影响保护层开采进度的主要因素。以滚筒式薄煤层采煤机为代表的综合机械化开采工艺，采煤机对煤层赋存条件变、地质等因素变化的适应性较强，与炮采相比能够最大程度的降低工人劳动强度，有利于顶板管理，同时能过减低单位时间内因落煤造成的瓦斯涌出量，有利于瓦斯管理等。

与其他开采工艺相比，滚筒式薄煤层采煤机为代表的综合机械化开采工艺适应于糯东煤矿保护层薄煤层开采需要，符合糯东煤矿保护层开采工艺要求。

3.3.2 设备选型

采煤机

采煤机选型主要取决因素：(1) 大切割功率，满足采煤机割底要求；(2) 尽量降低机面高度，增大工作面通风断面及检修空间；(3) 加大煤机下切深度，减小煤机长度，以满足煤机过构造或对工作面煤层起伏的适应性。另外需要满足采高等其他技术要求。

通过综合对比，选择 MG200/348—QWD 采煤机，主要参数如表 3-1。

表 3-1　　MG200/348—QWD 采煤机主要技术参数表

采高范围	机面高度	装机功率	切割功率	滚筒直径	截深	下切量	牵引力	牵引速度
0.95～1.65 m	690 mm	2×2×80+2×15+11=361 kW	2×2×80 kW	ϕ800 mm	630 mm	156 mm	302 kN	0～6.68 m/min

刮板输送机

考虑采煤机的运输能力以及运行的稳定性和瞬时过载能力的同时，同时考虑刮板槽，铲板槽帮的高强度耐磨性，以适应工作面底板起伏及煤矸运输需要，选择 SGZ630/220 型可弯曲刮板运输机，主要技术参数如表 3-2：

表 3-2　　SGZ630/220 可弯曲刮板运输机主要技术参数表

形式	出厂长度	运输能力	刮板链	破断载荷	装机功率	链速	弯曲性能	中部槽
端卸式，双中链，整体铸焊，封底	180 m	250 t/h	2－22×86－C，刮板间距 1 032 mm，链中心距 200 mm	≥610 kN	2×110 kW	1 m/s	水平：±1° 垂直：±3°	连接强度：≥2 500 kN

液压支架

液压支架的选择，在保证有效支护强度的前提下，主要考虑采高、支架与采煤机及可弯曲刮板运输机配套，同时尽量增加工作面过人高度及通风断面，提高支架操作的灵和性等因素。通过计算，选择 ZY3300/7.5/1.5 型掩护式支架，上、下端头处选择 ZYG3300/7.5/1.5 型过渡液压支架控制顶板。

其他设备的选择

工作面转载机、皮带运输及移机移动变压器、泵站等设备根据工作面主要设备配置情况进行计算选型，型号及数量配置如表 3-3。

表 3-3　　糯东煤矿薄煤层保护层综采工作面设备配置表

序号	设备名称	型号	单位	数量	备　注
1	采煤机	MG160/360－BWD	台	1	
2	刮板输送机	SGZ630/220	台	1	
3	转载机	SZZ630/90	台	1	
4	液压支架	ZY3300/7.5/15	架	87	
5	乳化泵	GRB－200/31.5	台	2	2 台(含 1 台泵箱)
6	移动变电站	KBSGZY－630/10/1.14/0.66	台	2	
7	皮带机	SSJ－800	部	1	

4 糯东煤矿保护层薄煤层开采关键技术

糯东煤矿保护层薄煤层工作面综采设备投入使用后，通过创新工艺，有效控制了采高、地质构造、邻近层瓦斯等因素对薄煤层工作面回采进度的影响，实现了极薄煤层保护层煤与瓦斯共采，同时形成了独具特色的关键技术。

4.1 薄煤层保护层采高控制技术

在保护层开采关键理论中，保护层与被保护层层间距、保护层采高这两个参数对保护层开采效果的好坏取到决定性的作用，选择合理的采高，能够保证薄煤层解放层快速有效推进，同时保证被保护层在保护层开采后到达最佳的保护效果。

4.1.1 糯东煤矿保护层工作面采高设计

糯东保护层采高实际遵循以下几个原则：

(1) 根据煤层厚度情况，采高尽量与煤厚一致，利于提高煤质，加快采面推进度；

(2) 尽可能为工人创造良好的劳动环境；

(3) 保护层开采后不破坏被保护层 17 煤、20 煤开采条件；

(4) 防止采动裂隙直接沟通被保护层，造成被保护层瓦斯大量涌出到保护层开采空间，造成瓦斯事故。

综合分析，糯东煤矿解放层 19 煤前期开采范围内煤厚在 0.6～1 m 之间，平均厚度 0.8 m，结合矿井实际情况，糯东煤矿保护层开采推进度及解放层开采期间的安全可靠性是确定采高主要决定因素。

通常煤层开采后，采空区上覆岩层移动变形后形成“三带”，即垮落带、裂隙带及弯曲下沉带，保护层开采时，应该控制被保护层处于裂隙带顶层或弯曲下沉带内，防止采动裂隙直接导通 17 煤瓦斯造成突出。

糯东煤矿保护层 19 煤上距被保护层层间距为 29 m，采动后裂隙带高度应该控制在 29 m 范围之内，19 煤顶板岩层岩性为中硬岩层，采动影响裂隙带根据经验值应该为采厚的 12～18 倍，计算 19 煤保护层安全采高应该在 1.6 m 以下。根据 19 煤底板情况，19 煤直接底板为一层厚度为 0.3～0.5 m 的炭质泥岩，考虑煤机割底性能，设计保护层开采采高为 1～1.3 m。

4.1.2 薄煤层保护层工作面采高控制

由于保护层工作面煤层较薄，顶底板起伏变化大，频繁过断层，需要采取措施对采高进行有效控制，从支架设计及回采过程中主要采取以下几个措施：

(1) 优化支架结构，缩小支架顶梁厚度，增加工作面支架过人空间。由于 19 煤直接顶板为较为完整的灰岩，割煤后能够保持其完整性，不易冒落，支架设计时取消了伸缩梁，从而减小了顶梁厚度。

(2) 加大采煤机切割功率，以适应在薄煤区采煤机割底要求。

(3) 对煤层底板起伏变化带即过断层带采取中深孔震动爆破，改善工作面对煤层起伏变化或过断层的适应性，避免造成局部采高超高或采高不够。

4.2 极薄煤层综合机械化快速推进技术

糯东煤矿保护层薄煤层综采设备投入使用后，受地质构造变化及频繁过断层影响，逐渐显现出制约综采面推进进度的关键因素，集中表现为：① 受采高限制，采面工人平均功效降低，增加采面正常回采人工投入；② 采煤机虽然能够割动煤层底板，但由于煤机长时间割底造成截齿、滚筒磨损较快，割煤速度减慢，综采设备故障频繁，检修时间较多。

为解决制约工作面快速推进的关键问题，通过优化端头支护形式及割煤进刀方式、采取对煤层底板超前欲裂、软化，有效加快了薄煤层保护层工作面推进进度。

4.2.1 采用过度支架进行端头支护

由于薄煤层工作面巷道布置时，上下顺槽高度均大于采面采高，工作面支架安装时通常对上下端头采取“四对八梁”进行支护。根据糯东煤矿薄煤层工作面顶底板情况，对端头支护形式进行优化调整，采用过度支架直接对上下端头进行支护，减少了使用“四对八梁”支护时增加的端头支护工。同时工作面刮板运输机机头、机尾可以直接利用过渡支架进行推移，配合端头斜切进刀方式，有效加快了刮板运输机推移速度及端头斜切进刀速度。

4.2.2 底板超前欲裂、软化技术

为有效控制采高，增加采面过人高度，同时保证良好的保护层开采效果，解决煤机割底速度慢、损坏大的关键问题，采取中深孔超前爆破欲裂底板、超前注水进行底板软化两项关键技术对煤层底板岩层进行人工改造。

(1) 中深孔超前爆破欲裂底板

采取中深孔震动爆破，超前对煤层底板进行破碎，破坏底板在采高范围内的完整性，增加次生裂隙，保证采煤机割煤时快速通过，减少对煤机滚筒及截齿的损坏。

震动爆破钻孔深度5 m，钻孔单排布置于煤层底板200 mm位置，炮眼与煤层倾角呈水平楔形布置，单孔装药量400 g，爆破后裂隙发育深度约500 mm，对煤层底板取到了较好的破碎效果。

(2) 超前注水进行底板软化

糯东煤矿19煤直接底板为泥岩，遇水后以软化膨胀变形，通过实验，19煤底板泥岩裸露在潮湿的空气中，其吸收水分后风化成碎块状，其风化破碎周期约为1周左右。根据这一特性，对煤层直接地板泥岩采区超前注水软化措施，及从上、下顺槽沿煤层底板泥岩施工超前注水孔，注水孔沿煤层倾角俯斜布置，单孔深度60 m，孔间距5 m，采用常压注水，注水软化时间为3天，配合超前震动爆破，对煤层底板起到了很好的软化效果。

通过实践证明，在采区中深孔震动爆破配合注水软化后，19煤底板泥岩整体硬度系数有原来的6降低到3左右，达到了煤机经济切割硬度范围，加快了煤机割底速度，降低了煤机损坏率。

4.3 保护层邻近层瓦斯综合治理技术

糯东煤矿17、19、20煤为近距离煤层，其最大层间距为29 m，19煤保护层开采过程中，受采动造成的次生裂隙影响，被保护层瓦斯压力得以释放，被保护层瓦斯将会将采动裂隙或采动空间释放，必须采取有效措施进行防治。

4.3.1 一巷多用，开展大范围穿层抽放

糯东煤矿19煤与上下被保护层之间的距离适宜，而19煤本身瓦斯含量较低，通过实际揭露验证19煤本身不具有突出危险性，是保护层开采最有利的条件。

糯东煤矿19煤顺槽巷道掘进过程中，在上下顺槽每45 m布置钻场，在钻场内施工穿层钻孔，对上下被保护层瓦斯进行大面积穿层抽放。穿层抽放工作随顺槽巷道的掘进逐步进行，在顺槽巷道施工完成后一个月，上下顺槽穿层抽放钻孔施工完成并开始整体抽放。19煤保护层工作面顺槽巷道作为工作面进、回风巷，同时也是上部17煤的底板抽放巷，又是下部20煤的顶板抽放巷，实现了一巷多用。

4.3.2 无煤柱开采技术

煤柱的留设，会对上下被保护层泄压效果造成极大的影响，煤柱影响一般可以传播到100 m以远范围。煤柱的存在，会造成上下被保护层在煤柱上、下方区域内应力集中，大大降低了保护层开采的整体泄压效果，增加了突出煤层在应力集中区域的突出危险性。

糯东煤矿19煤保护层开采采用无煤柱开采技术，及在保护层工作面回采过程中，对工作面上巷或者下巷采取沿空留巷措施，将原有巷道留下作为邻近工作面顺槽使用。由于糯东煤矿19煤顶板压力不大，薄煤层工作面采高较低，沿空留巷矿压显现不明显，采取加强锚索配合矸石墙、木垛切顶，能够有效完成沿空留巷工作，实现了无煤柱开采，提高了煤炭回收率，节约了巷道掘进成本。

在保护层开采过程中，通过沿空留巷，在留巷空间内对采空区上隅角进行埋管，抽放上隅角瓦斯，对采空区上隅角附近瓦斯进行抽采，取到了较好的效果，有效防止了上隅角瓦斯超限。

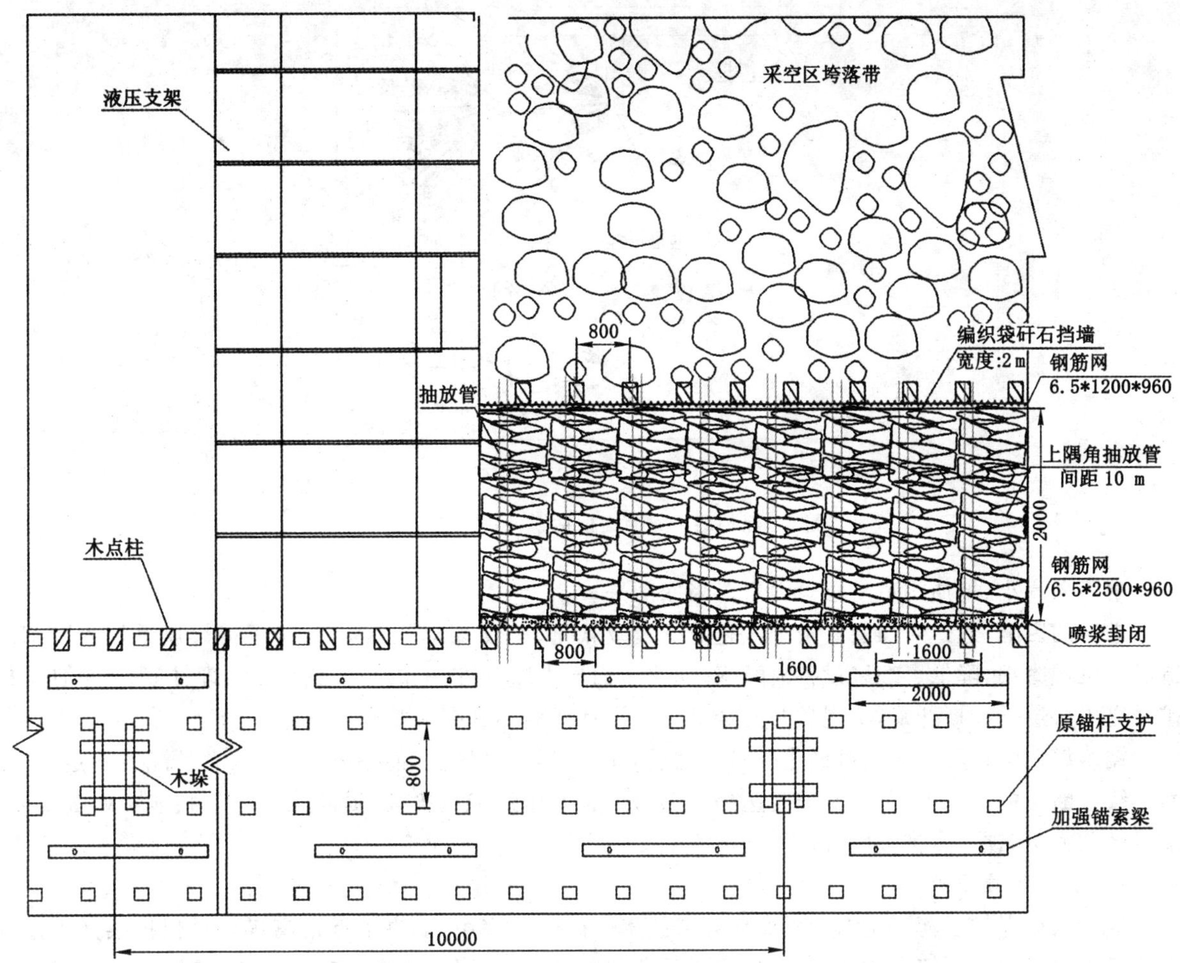

图 1　薄煤层保护层工作面沿空留巷平面示意图

4.3.3　高位钻场，通过高位钻孔抽采采空区瓦斯及上保护层泄压带瓦斯

邻近层保护层开采过程中，邻近层瓦斯抽放是保证解放层安全生产的关键，同时也是保证保护层开采效果的关键手段。

糯东煤矿开采保护层过程中，主要采用开掘高位钻场，施工高位钻孔对回采期间采空区上方垮落带、裂隙带以及被保护层泄压带瓦斯进行抽放，将保护层开采影响后游离态或吸附状态瓦斯最大限度的抽出，已达到区域瓦斯治理的目的。

在上、下顺槽高位钻场布置，根据钻机配备情况，全岩钻孔施工深度在 80～90 m 范围，设计每 50 m 布置一个高位钻场，高位钻场布置在 19 煤顶板 12 m 位置，通过钻场施工 17 煤泄压瓦斯抽放钻孔，对 17 煤进行网格控制抽放，控制抽放半径 5 m，钻孔终孔间距 7 m，见工作面高位钻场、钻孔布置示意图(图 2)。

通过施工高位钻场，保护层回采后，高位钻孔平均抽放浓度在 30％以上，取到了很好的抽放效果，杜绝了回采过程中瓦斯超限现象，实现了煤与瓦斯共采，抽放出来的瓦斯直接用于地面瓦斯电厂发电，创造了良好的经济效益。

5　效益分析及推广应用前景

5.1　糯东煤矿保护层薄煤层工作面综采技术效益分析

5.1.1　保护层开采进度

糯东煤矿解放层薄煤层综合机械化开采关键技术的研究及应用，解决了极薄煤层综合机械化开采

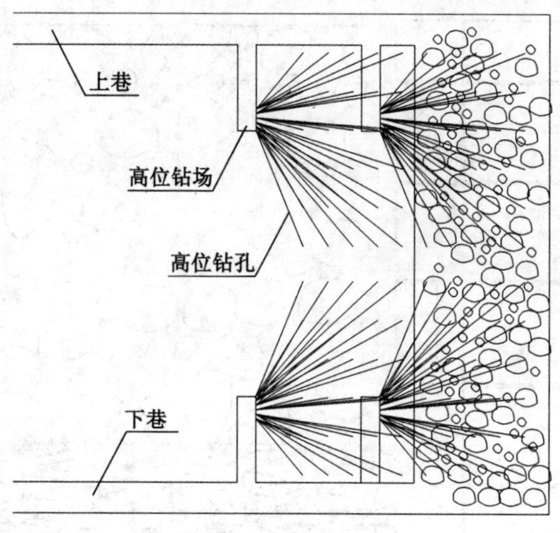

图2　保护层工作面高位钻场、钻孔布置示意图

过程中因采高小、地质构造复杂等因素对采面回采。

进度的影响，通过对煤层底板采区超前欲裂及软化，有效增大了采高，减少了薄煤层采煤机因割底造成的机械磨损，降低了综采设备故障率，加快了面推进度，促进了矿井区域瓦斯治理进度，对早日实现矿井突出煤层低瓦斯开采，实现矿井安全高效经济良性循环具有重要意义。

糯东煤矿保护层薄煤层机械化技术应用后，在新建队伍操作技能不熟练、区队人员配备不足，工作面连续过断层的情况下，单月对进度达到了 70 m，通过加强工人培训，提高队伍操作技能和业务素质，配足区队人员，预计月推进度可达 120 m 左右。

5.1.2　安全效益分析

糯东煤矿保护层薄煤层综合机械化开采技术的研究已应用，解决了近距离煤层群保护层开采过程中邻近突出煤层瓦斯综合治理问题，杜绝了瓦斯超限事故的发生，实现了安全生产，同时通过保护层开采使主采煤层得到消突，为实现矿井安全高效生产奠定了坚实的基础。

5.1.3　资源综合利用

糯东煤矿保护层薄煤层综合机械化开采技术，实现了无煤柱开采，顺利实现了煤与瓦斯共采，提高了煤炭回收率，降低了巷道掘进成本，抽放瓦斯用作瓦斯电厂发电，年抽放瓦斯纯量约 249 万 m^3，可供 12 台 500GF1—3RW 型低浓度瓦斯发电机组进行发电，创造了良好的经济效益。

5.1.4　社会效益分析

糯东煤矿保护层开采技术的研究应用，达到了良好的区域瓦斯治理效果，实现了突出煤层群消突，为普兴矿区突出煤层瓦斯治理积累经验，为我公司后续矿井建设奠定技术基础。

5.2　推广应用前景

糯东煤矿第一套保护层薄煤层综合机械化开采设备及技术研究应用的成功，为矿井区域瓦斯治理奠定了坚实的技术基础，为矿井瓦斯综合治理指明了道路。

普兴矿区煤炭资源丰富，目前正处于快速开发时期，按照规划，普兴矿区将建设成为年产 5 000 万 t 以上的大型煤炭基地，矿区内煤层地质条件相似，糯东煤矿保护层薄煤层开采技术的成功应用，具有地方代表性，在普兴矿区乃至于全国相似条件下煤层开采具有巨大的推广应用前景。

浅埋深煤层群下行开采底板卸压规律研究

陈　冰　刘国通

（河南能源化工集团永锦能源公司云盖山煤矿一矿　河南　461670）

摘　要　为研究浅埋深煤层群下行开采底板卸压规律，通过FLAC和UDEC数值模拟软件模拟分析了上煤层工作面采动过程中底板煤岩体的应力及位移变化规律，得出了底板煤岩体最大卸压深度为40 m；底板裂隙发育呈"O"形圈分布，工作面煤壁处底板煤岩体的纵向裂隙与下层煤体贯通。可为上煤层工作面实施底板瓦斯预抽采，解决开采过程中底板煤层瓦斯渗流至工作面导致的瓦斯超限问题提供理论指导。

关键词　浅埋深；数值模拟；下行开采；底板卸压

1　工作面概况

某位于陕北东胜煤田的煤矿，其地层倾角为8°。上煤层可采厚度平均2 m，局部含1层夹矸。顶板岩性主要为细粒砂岩，底板岩性主要为砂质泥岩。下煤层自然厚度平均4.8 m，可采厚度平均3.6 m，该煤层夹矸位于煤层下部，夹矸厚度为0.2 m。层位较稳定，厚度变化不大。顶板岩性主要为砂质泥岩和粉砂岩，局部为细粒砂岩，底板岩性主要为砂质泥岩和粉砂岩。

两煤层平均间距约为16 m。该矿经鉴定为高瓦斯矿井，相对瓦斯涌出量为13.8～100 m^3/t，平均为15.54 m^3/t，绝对瓦斯涌出量为46.71～63.23 m^3/min，平均为48.62 m^3/min。煤层岩性柱状图见图1。

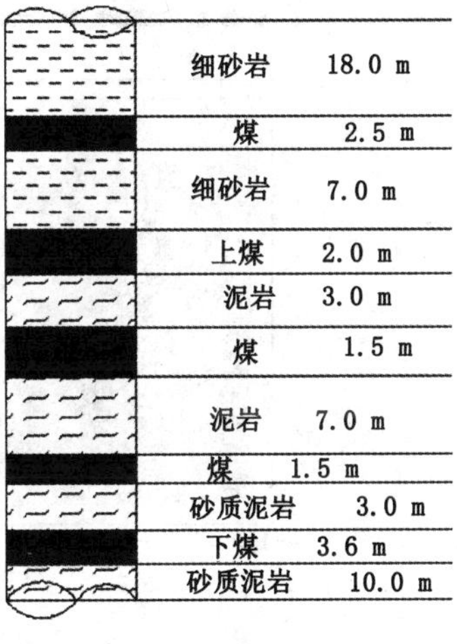

细砂岩　18.0 m
煤　2.5 m
细砂岩　7.0 m
上煤　2.0 m
泥岩　3.0 m
煤　1.5 m
泥岩　7.0 m
煤　1.5 m
砂质泥岩　3.0 m
下煤　3.6 m
砂质泥岩　10.0 m

图1　煤层柱状图

2　上层开采底板煤岩体应力变化规律

2.1　底板煤岩体应力变化数值模拟

依据该煤矿地质条件，建立FLAC3D数值模型，为了简化模型只模拟煤层附近100 m范围内的岩体，上部的岩体通过在模型上面施加载荷来模拟。模型的尺寸设为：150 m（长）×150 m（宽）×100 m（高），采用莫尔—库仑（Mohr－Coulo mb）力学模型；模型前后、左右四个面只约束其法向自由度，底面约束x、y、z三个方向的自由度，顶面施加载荷1.5 MPa；模拟工作面倾斜长度100 m，走向长度100 m。模拟计算采用的煤岩力学参数如表1所示。

作者简介：陈冰（1987－12－16），男，河南省永城人，河南煤业化工集团永锦能源公司云盖山煤矿一矿技术员，主要从事矿压方面研究。

刘国通（1988－8－26），男，山东菏泽市单县人，毕业于重庆工程职业技术学院，河南煤业化工集团永锦能源公司云盖山煤矿一矿技术员，主要从事煤矿开采技术工作。

表 1　　　　　　　　　　　　　　　　煤岩力学特征表

层号	岩性	厚度/m	密度 kg/m³	体积模量 /GPa	剪切模量 /GPa	内聚力 /MPa	抗拉强度 /MPa	内摩擦角 /(°)
覆岩	中砂岩	25.5	2500	5.5	3.3	6.2	2.6	32
基本顶	细砂岩	18.0	2600	4.5	2.8	5.6	2.1	31
煤	煤	2.5	1350	2.5	1.2	0.8	0.6	28
直接顶	细砂岩	7.0	2600	3.5	2.8	3.6	2.1	31
上煤	煤	2.0	1350	2.5	1.2	0.8	0.6	28
直接底	泥岩	3.0	2200	2.7	1.6	1.2	1.06	29
煤	煤	1.5	1350	2.5	1.2	0.8	0.6	28
老底	砂质泥岩	7.0	2400	3.8	1.8	1.6	1.2	28
煤	煤	1.5	1350	2.5	1.2	0.8	0.6	28
顶板	砂质泥岩	3.0	2400	3.2	2.6	1.4	1.1	27
下煤	煤	3.6	1350	2.5	1.2	0.8	0.6	28
底板	砂质泥岩	10.0	2400	3.6	2.6	2.4	1.2	32

2.2 模拟结果分析

上煤层工作面不同推进距离时模拟结果如图 2 所示。

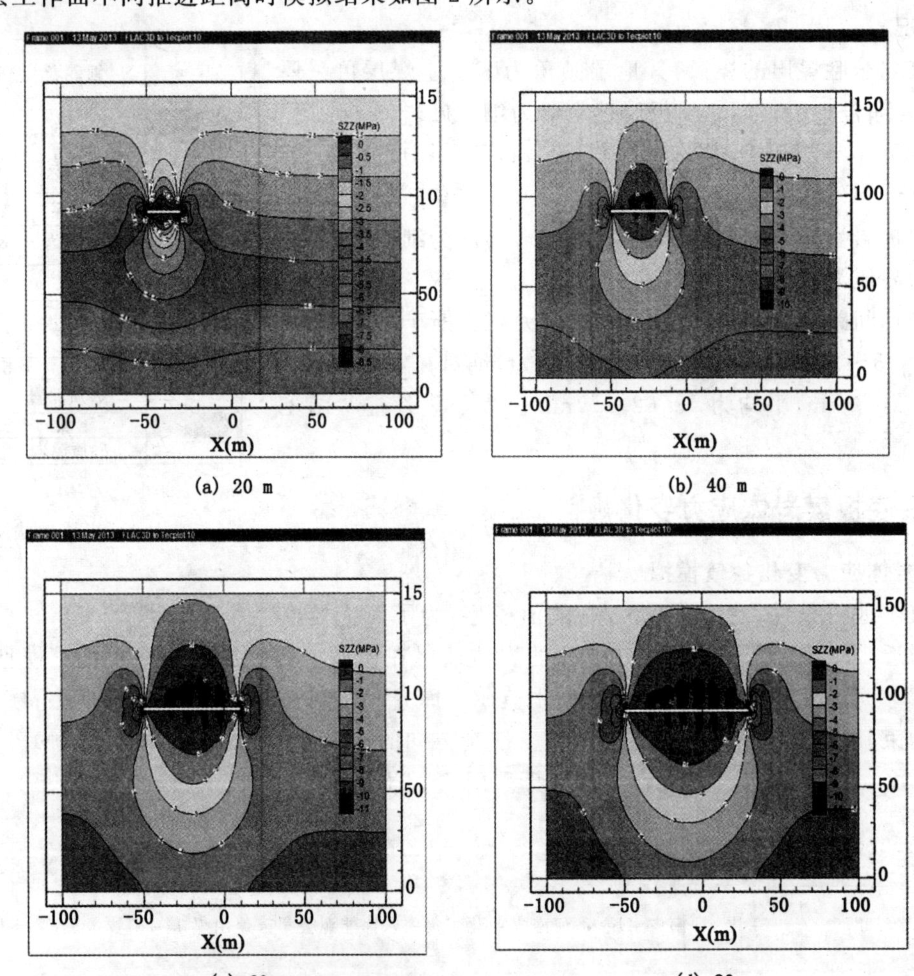

(a) 20 m　(b) 40 m

(c) 60 m　(d) 80 m

图 2　工作面推进不同距离时底板煤岩体应力分布

由图 2 数值模拟结果可以看出，工作面推进后，煤层顶底板应力发生重新分布，不同推进距离时，工作面的应力云图分布范围不同，上煤层工作面开切眼及推进过程中，底板煤岩体应力云图分布发生明显变化。以底板内应力变化系数 $k=0.3$ 为卸压边界（即垂直应力达到 2 MPa 为界），当工作面推进 20 m 时，顶底板出现应力降低区，底板卸压深度 15 m。当工作面推进到 40 m 时，卸压深度为 25 m，卸压范围扩大，下煤层顶底板已在卸压影响范围内。工作面推进 60 m 时，底板卸压深度为 40 m。工作面推进 80 m 时，底板卸压深度为 40 m，底板煤岩体采动卸压深度已趋于稳定。由此可知上煤层的开采对下煤层卸压作用明显。

3 上层开采底板煤岩体裂隙发育研究

通过 UDEC 数值模拟软件对上煤层工作面回采期间底板煤岩体的裂隙发育进行模拟研究，考虑到底板煤岩体中存在随机的原生裂隙，在模型一定范围内建立随机节理。工作面推进 60 m 时底板煤岩体的裂隙发育特征如图 3 所示。

由图 3 可看出，底板煤岩体的裂隙发育特征为：工作面底板煤岩体采动卸压时裂隙发育区呈“O”圈形分布；在工作面开切眼及煤壁处裂隙发育，且裂隙发育范围较大，工作面煤壁处底板煤岩体的纵向裂隙与下煤体贯通，这是导致开采过程中底板煤层瓦斯渗流至工作面的主要原因；工作面推进 60 m 时采空区中部底板煤岩体多为拉张裂隙，发生膨胀变形，由于冒落矸石的重新压实作用，此区域内裂隙发育较少；在层与层之间主要发育贯通的垂直裂隙；“O”形圈在工作面煤壁端的宽度为 20 m 左右，在开切眼附近的宽度为 10 m 左右 。

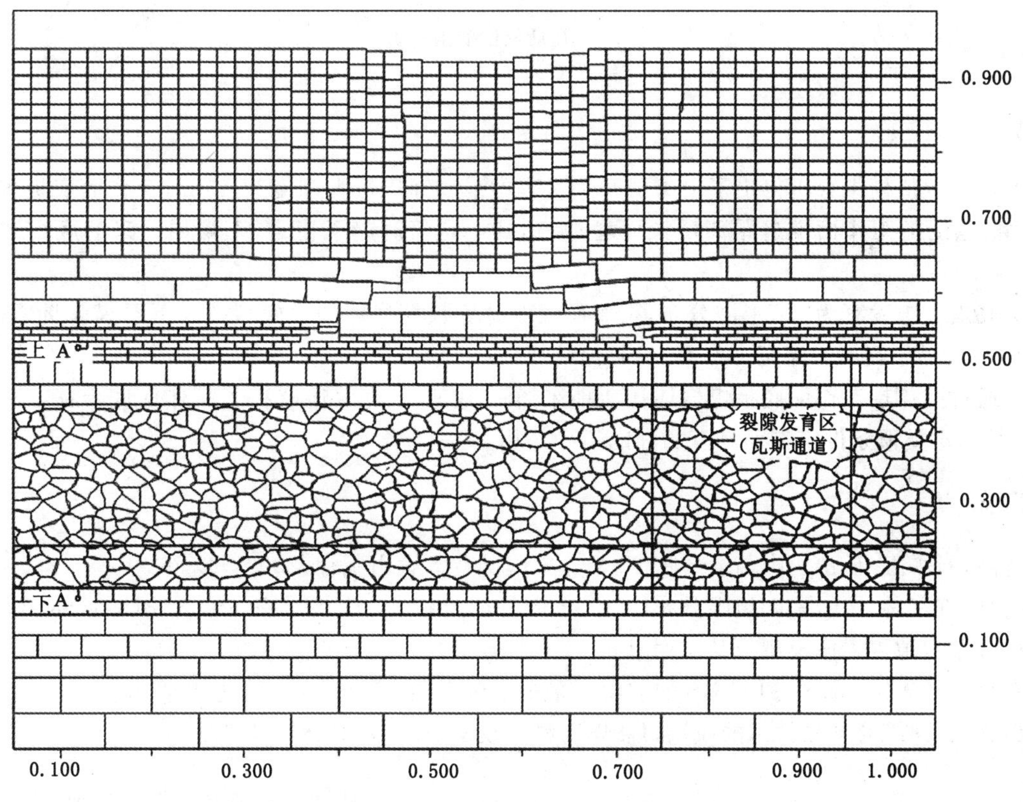

图 3 工作面推进 60 m 底板煤岩体裂隙发育规律模拟

4 底板煤岩体瓦斯抽采通道的建立

该矿为高瓦斯矿井，上煤层开采过程中存在底板煤层瓦斯渗流至工作面导致瓦斯超限的问题。为解决此问题，在上煤层工作面运输巷距工作面 150 m 处向煤层底板施工一条斜巷至下煤层顶板（如图4），再沿下煤层顶板施工一个长 15 m，宽 5 m 的钻场，钻场内布置 8 个水平钻孔，钻孔长度 160～200 m，第二个钻场后间距 15 m，钻孔压茬长度大于 40 m。钻孔打好后封孔抽采，卸压瓦斯在煤层残余瓦斯压力和抽采负压的作用下，沿煤岩体内部的贯通裂隙（瓦斯通道）向抽采钻孔汇集。经过施工抽采，工作面及回风巷瓦斯浓度不再超限，抽排泵抽采瓦斯量达到 55 m^3/min，瓦斯抽放率达到 63%，抽采效果明显。

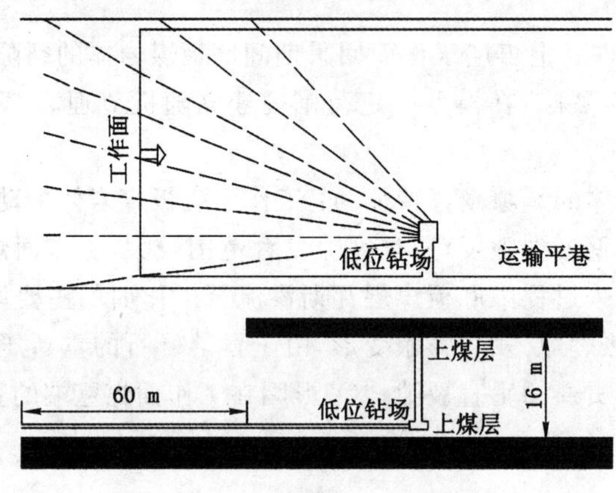

图 4　瓦斯低位抽采钻场

5 结论

（1）通过数值模拟分析得出了上煤层开采过程中采动卸压最大深度为 40 m，工作面底板煤岩体的卸压深度、范围随工作面推进距离增大而增加，达到一定值时趋于稳定；上煤层开采的底板卸压效果明显。

（2）底板裂隙发育为“O”形圈分布，工作面煤壁处底板煤岩体的纵向裂隙与下层煤体贯通，导致开采过程中底板煤层瓦斯渗流至工作面，引起瓦斯超限；

（3）通过上煤层工作面底板煤岩体瓦斯抽采通道的建立，有效地解决了工作面底板瓦斯渗流引起的超限问题；对类似条件工作面具有实际的指导作用。

参考文献

[1] 钱鸣高，石平五. 矿山压力与岩层控制[M]. 中国矿业大学出版社，2003：25-26.

[2] 钱鸣高，许家林. 覆岩采动裂隙分布的“O”形圈特征研究[J]. 煤炭学报，1998，23(5)：466-469.

[3] 随机分布裂隙煤岩体模型及其应用[J]. 岩土力学 31(1)：265-67.

[4] 张春会，赵全胜. 基于 ARCGIS 的矿山开采沉陷灾害预警系统[J]. 岩土力学，30(7)：2197-2202.

[5] 张恒文. 瓦斯综合抽采技术的应用[J]. 煤炭科学技术，2010，12(38)：55-57.

主井防重斗下放保护装置的设计制作与应用

李玖洋　李艳辉　李　强　张玉超

（辽宁省调兵山市晓南矿运转队　112700）

摘　要　本装置已成功应用于晓南矿主井提升机电控系统中，采用了最先进的激光监测技术，创新设计思路对主井箕斗卸煤的状态进行监测，使其起到防止重斗下放的作用。杜绝了主井提升机重斗下放事故的发生，提升了主井提升机电控系统的安全性与可靠性。该装置适用于任何采用箕斗的煤矿提升机电控系统。

关键词　防重斗下放装置；设计；制作；应用

0　引言

煤矿生产过程中，主井因其重要性、特殊性，在整个运输提升系统中，形象的被比喻成人体的咽喉。

随着煤矿大型固定设备自动化控制科技的不断进步，对提升机电控系统安全要求可靠性非常高，但受现场环境以及其他不利因素影响，往往因为某个环节存在不安全的可能性，而限制了自动化控制的应用。如在主井提升的卸载环节上，受煤质、生产环节等多方面因素的影响，有时会出现煤炭粘贴在箕斗内而卸载不下来，或卸载一小部分煤而大部分煤炭仍然粘贴在箕斗内的情况。煤炭粘贴在箕斗上面的两种情况如图1所示。这两种情况如不及时发现，重载箕斗再次下放到井下是非常危险的，很可能造成绞车运行中失控即所谓的“飞车”，或者重载箕斗下放到井下而进行二次装载，其结果都危害极大。采用什么样的监测控制方式，防止载有煤炭的箕斗下放到井下，即“防止重斗下放保护装置”的提出。

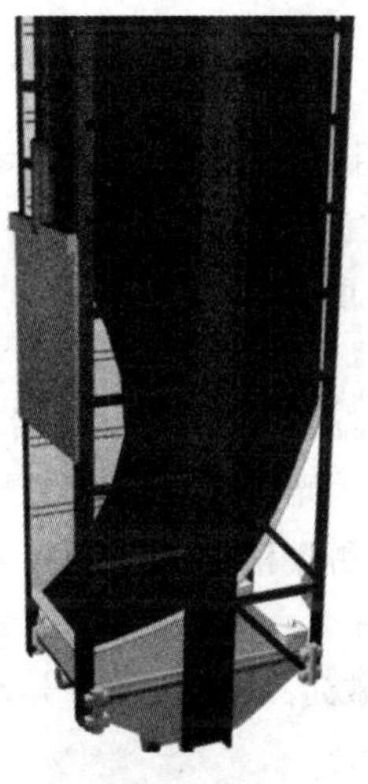

图1　煤炭粘贴在箕斗上面的两种情况

作者简介：李玖洋（1979—），男，助理工程师。工作单位：铁法能源集团公司晓南煤矿运转队。职务：技术员 邮编：112700；电子邮箱：531090230@qq.com。

为了适应煤矿现代化提升的要求，必须采用一种更为先进、准确的监测技术对主井箕斗内的煤炭进行监视、监测，达到防止重斗下放的目的。设计必须符合现场的要求，能够准确的监测箕斗中煤位的真实变化情况，能够在主井箕斗卸载间灰尘比较大的地点正常工作，能够适应煤矿现场复杂的电磁环境。所以我们采用激光监测技术对防止重斗下放保护进行设计，将箕斗中煤位的变化量转换成为激光传感器的位移变化量，再转换成电信号的变化量，连接到主井提升机的电控系统的控制回路中，达到防止重斗下放的目的，杜绝重斗下放事故的发生，保证主井的安全提升。

1 采用激光传感器技术应用于主井防止重斗下放保护装置的设计、制作及现场应用效果

1.1 主井防止重斗下放保护的设计

1.1.1 需要解决或者克服的适应现场条件的三个问题

首先，在井筒中灰尘较大可能对激光传感器的监测有一定的影响。但是现在我矿的主井已经成为入风井，灰尘会随着风流方向向井下运动，而将传感器安装在高处的井筒壁上，不仅能够满足设计要求的条件，还能很好的解决灰尘的影响问题。

其次，激光发出的激光束对环境及人体的危害问题。在本设计中采用的是对人体危害较小的激光产品，不直接用眼睛直视，对人体其他部位没有危害，而且其功率较小，发出的激光束不会引燃煤尘等物体。正常提升情况下，井筒中没有人员工作，只有在检修时，井筒维护人员进入检查，此时可以设置一个检修开关，在维修人员进入时，操作检修开关，关闭传感器电源，使其不发出激光束，在检修完毕后，再恢复检修开关，使传感器工作，这样便解决了应用激光的安全性问题。

再次，激光传感器在工作稳定性及适应性上能够满足要求，能够适应我矿主井现场复杂的电磁环境，工作可靠，动作稳定。测量距离值误差值在 10 毫米以内，对煤炭这样不规则形状的被测物，也能保障测量准确度。

1.1.2 激光传感器的基本原理

激光技术用于监测工作主要是利用激光的优异特性，将它作为光源，配以相应的光电元件来实现的。它具有精度高、测量范围大、监测时间短、非接触式等优点，常用于测量长度、位移、速度、振动等参数。

激光测距的基本原理是：将光速为 C 的激光射向被测目标，
被测目标间的距离 d。

即：$d=ct/2$

式中 t——激光发出与接收到返回信号之间的时间；

d——激光器与被测目标间的距离。

可见这种激光测距的精度取决于测时精度。由于它利用的是脉冲激光束，为了提高精度，要求激光脉冲宽度窄，光接收器响应速度快。所以，远距离测量常用输出功率较大的固体激光器与二氧化碳激光器作为激光源；近距离测量则用砷化镓半导体激光器作为激光源。其测量精度可保证在0.1 μm 以内。

1.1.3 采用激光传感器应用于主井提升机的防止重斗下放

本设计采用非接触式的激光测距传感器，其设计原理如图 3 所示。

正常状态下，装有煤的箕斗到位后，激光测距传感器（图中蓝色方块）发射出激光，设定（红色射线为激光束）监测距离为 6.5 m 时发出允许开车的信号，而在煤炭没有卸载完毕的时候，监测距离小于 6.5 m，则激光测距传感器不发射允许开车的信号，

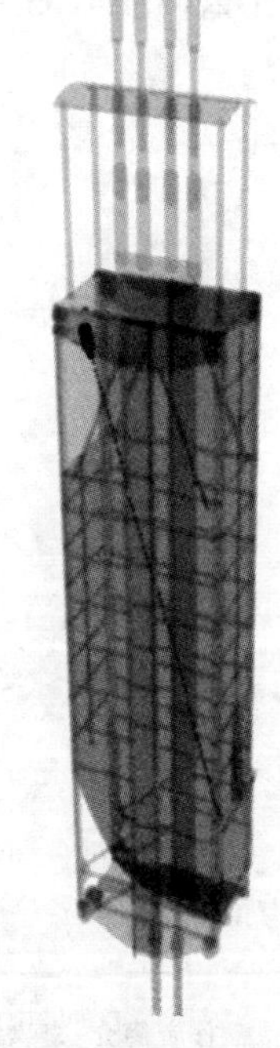

图 3　激光测距传感器监测卸煤状态原理

只有在煤炭卸载完毕的情况下,监测距离达到6.5 m,激光测距传感器发出开车信号,从图3中可以看出,利用激光传感器的距离监测功能,来监测箕斗中煤位的变化,起到防止重斗下放的目的。

1.1.4 防止重斗下放的电控原理说明

本设计选用PT6011型号产品,其电气控制的原理图,如图4所示。

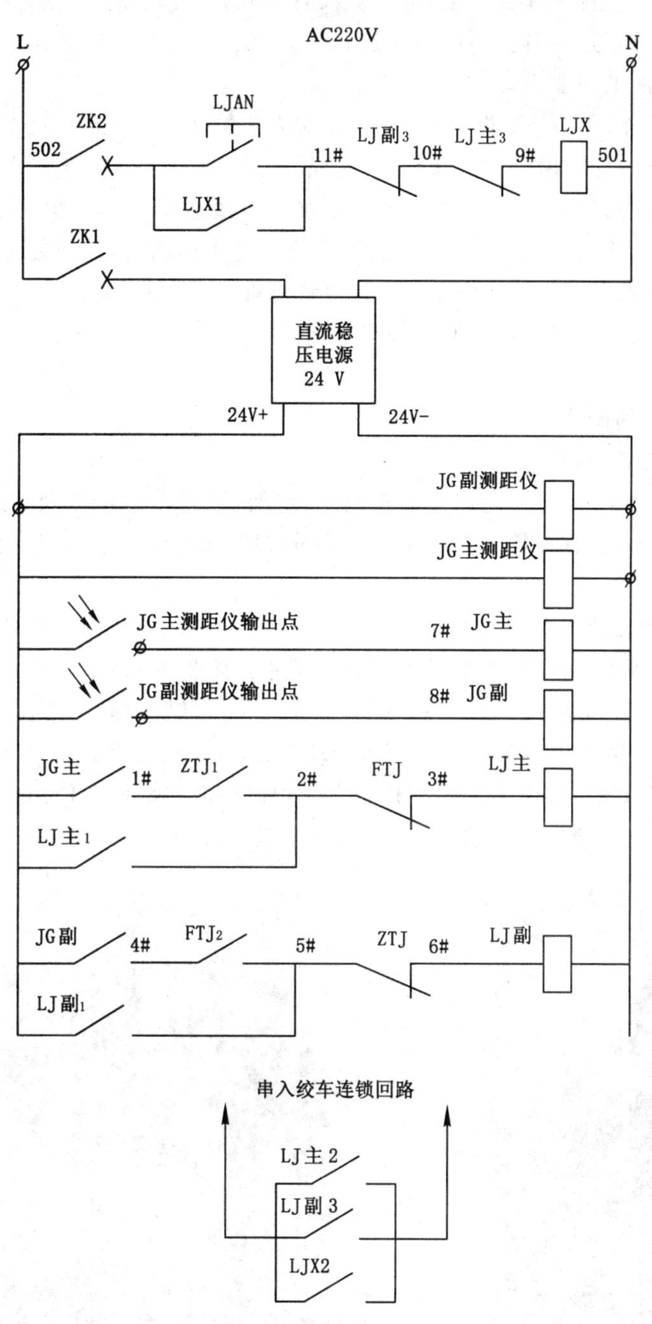

图4 激光传感器应用于主井防止重斗下放保护装置电气控制原理图

交流220 V电源,经过空气自动开关ZK1,供给直流24 V稳压电源,输出的直流24 V电源,供给激光传感器JG主测距仪和JG副测距仪直流电源。当主箕斗到位时,到位继电器ZTJ开点闭合(主箕斗到位ZTJ开点吸合,其控制线圈与原有的到位控制回路继电器线圈并联),ZTJ1闭合,ZTJ闭点断开对 LJ 副继电器形成闭锁(即不允许 LJ 副继电器闭合)。当箕斗开启卸载门后,箕斗中的煤炭靠自重进行卸载,煤炭卸载完毕后,激光传感器对箕斗中的煤位进行监测,当达到之前预先调定的设定值的时候,激光传感器内部输出点即 JG 主测距仪输出点闭合,JG 主继电器闭合,其 JG 主输出点闭合,LJ 主继电器得电,LJ 主 1 自保点闭合,LJ 主 2 串入提升机电控系统的连锁回路中,发出允许的信号,提升才能正常启动。如出现煤炭由于较湿黏在箕斗上,即煤炭没有卸载完,此时激光传感器监测到距离信号没达到预定值,将不能发出开车信号,提升机不能启动运行。副箕斗到位监测原理同上。回路中设计 LJ 主回路的目的是提高系统监测的可靠性。

正常工作时 ZK1 闭合,在检修时断开,防止激光对人体的伤害。此时若想发出开车信号,可以按检修按钮 LJAN,使绞车能够发出相应的检修信号,完成检修作业。检修按钮 LJAN 的另一个目的是在箕斗停车位置有偏差时,到位信号正常,但是激光传感器测定值达不到设定值,此时激光传感器不输出。但箕斗中的煤已经卸载完毕,卸载信号工可以按下检修按钮 LJAN,使绞车能够正常启动,当下次另一个激光传感器工作正常时,断开 LJX 形成的自锁,使防止重斗下放保护再次投入使用中,LJX 另一输出点串入绞车 PLC 内部回路,在司机台上的电脑屏幕上形成显示,提示防止重斗下放装置异常,需要检查处理。

1.2 防止重斗下放装置的制作

1.2.1 防止重斗下放装置的组成

该装置安装于晓南矿主井四楼,由固定防护箱、固定架、激光传感器以及控制电路板组成。在每个激光传感器激光输出的位置,在井筒中开一个 120 mm×120 mm 的方孔,用于传感器激光束对的箕斗中煤位的监视之用。

1.2.2 防止重斗下放装置的固定防护箱

该箱体共计 2 个,均采用分体式结构,其单个外形尺寸为长 240 mm×宽 240 mm×高 480 mm。下部固定于井筒外部的铁板上,采用螺栓连接方式,底座采用 5 mm 厚铁板焊制而成,侧板采用 1 mm 薄铁板焊制。上部通过折页固定于井筒外部的铁板上,可以转动开门,开门后便可看见安装在底板上的固定架以及激光传感器和控制电路板,该箱能够起到固定相关设备和保护内部部件的作用。固定防护箱必须牢固的固定在井筒铁板外侧上,否则会影响此装置的正常工作。其外形图片和内部图片如图 5 和图 6。

图 5 固定防护箱外形图

图 6 固定防护箱内部图

1.2.3 固定架

该固定架能实现上下调整高度,左右旋转角度180度,上下调整角度90度。能够适用现场调试和调整的要求。其外形图片如图7,制作图纸如图8。

图7 固定架外形图

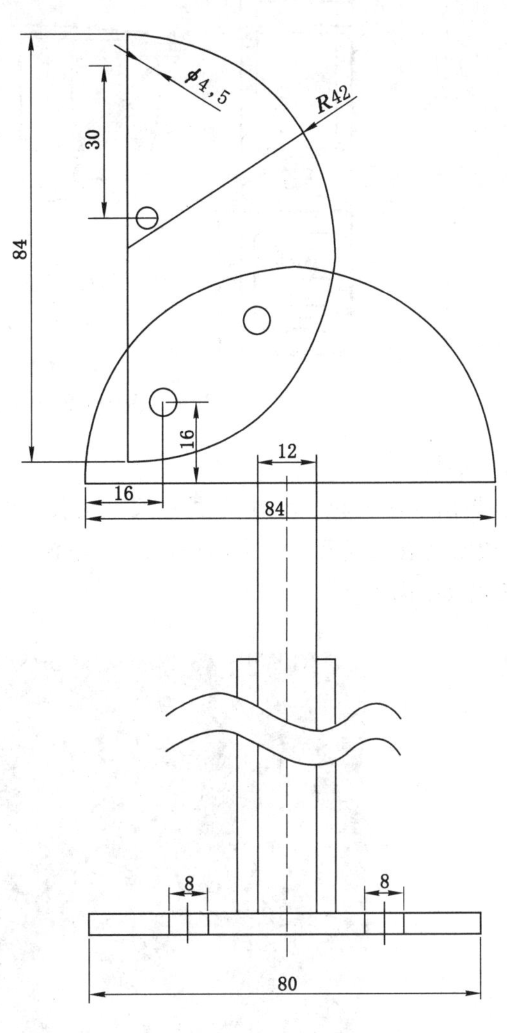

图8 固定架图纸

1.2.4 激光传感器

在本设计中激光传感器采用的是

长距离激光测距仪PT6011(带有背景消隐型)。其相关技术参数如表1,其外形如图9。

表1　PT6011长距离激光测距仪技术参数

名称	长距离激光测距仪	型号	PT6011
监测距离	0.2～10 m 可设定	精度	1...5 mm
工作电源	18～30 V DC	光源	红色激光 650 nm
开关频率	100 Hz	连接方式	接插件 M12 4针
继电器无源接点	输出1个 可定制	最大输出电流	100 mA
显示	LED 红色	材料	模压铸锌
防护等级	IP67	工作温度范围	−10 ℃～+70 ℃
输出信号	2×PNP (PNP NPN 输出可选) 4～20 mA　0～10 V		

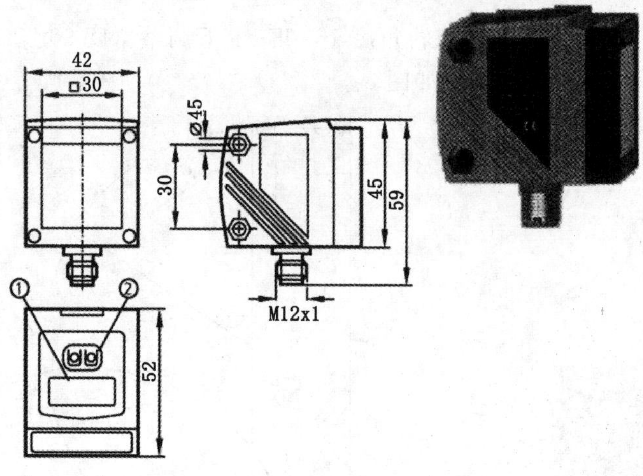

图 9　激光传感器外形及尺寸图

1.2.5　控制线路板

控制线路板用 3 mm 电木板制作，外形尺寸为长 200 mm×宽 320 mm。采用抽插方式固定于固定防护箱中，上边安装有空气开关一个，直流 24 V 电源一个和继电器六个，其抽查方式便于检查检修维护。其外形图片如图 10。

图 10　控制线路板现场图

1.3 主井防止重斗下放保护的现场应用效果

本装置已成功应用于晓南矿主井提升机电控系统中。防止重斗下放保护装置由于没有现成的市场产品可以用,外委厂家从设计、研发到制作、安装,共需要27万的资金,而由我矿自行设计制作仅投入资金3.2万元,直接可以为我矿节约23.8万元。另外由于本装置工作安全可靠,投入使用以来故障率几乎为零,大大降低了故障影响时间,同比去年每月主井可以多提升30斗煤,1斗煤重10 t,每吨原煤价格327.6元,每年多提升煤炭价值117.6万元。由此可见,在兼顾安全效益的同时经济效益也非常明显。

2 结语

采用激光传感器技术应用于主井防止重斗下放保护装置,创造性的自行设计制作,采用先进的激光传感器监测技术,将箕斗中煤位的变化量转换成为激光传感器的位移变化量,再转换成电信号的变化量,接入主井提升机的电控系统的控制回路中,适用于任何采用箕斗的煤矿提升机电控系统,可达到防止重斗下放的目的,杜绝重斗下放事故的发生,保证主井的安全提升。其设计新颖,独具匠心,安全性和可靠性高,监测准确,检修维护简单,是具有广泛的推广价值和实用价值的实用性保护装置。

参考文献

[1] 傅恩锡,李世新.模拟电子技术[M].高等教育出版社,2001.12.
[2] 刘传玺,冯文旭.自动检测技术[M].中国矿业大学出版社,2008.1.
[3] 吕国泰,吴项.电子技术[M].高等教育出版社,2001.5.
[4] 周良权,方向乔.数字电子技术[M].高等教育出版社,2002.12.

组合支护无人工巷旁充填沿空留巷技术研究

杨绿刚　郭海书

摘　要　本项目研究了沿空留巷巷道不同阶段的围岩变形规律和主要影响因素，制定了受上、下采面重复采动影响的回采巷道无充填留巷的锚网索支护设计准则，自行设计、研制了同时具有垂直支护阻力和水平护帮推力，融切顶与护帮功能为一体的特种组合支架，形成了一套系统的一侧挂网挡矸、纵向锚索加强支护、单体液压支柱切顶、π型钢梁护帮的支护工艺。通过采取锚网留巷前期加固、动压期科学支护与后期合理支护及整修工艺等措施，顺利完成了现场工业性试验和应用，取得了显著的社会和经济效益，其研究成果达到国际领先水平。

关键词　沿空留巷；无人工巷旁充填；特种组合支护；切顶护帮

目前我国沿空留巷技术多采用有巷旁充填（高水速凝材料、预留木垛、砌矸石垛、和密集金属支柱等）支护的留巷方式，不同留巷方式分别存在着留巷成本高、劳动强度大、采空区漏风严重、充填体初期强度低等缺点。同时，过去沿空巷道所采用的支架多为木支架或者金属支架，支架可缩量小、支护效果不明显、巷道断面收缩严重、巷道需要多次翻修等问题时常出现，从而限制了沿空留巷技术的进一步推广。葛泉矿通过巷道内完善的、融强制切顶与矸石护帮为一体的特种支护措施，试验研究一种不采用任何人工巷旁充填的沿空留巷技术与施工方法，从根本上解决各类有人工巷旁充填时沿空留巷方法存在的问题。

1　项目概况

工作面情况：1528工作面位于葛泉矿南翼右翼采区，工作面走向长610 m，平均面长125 m，工作面标高在－190～－60 m之间，该工作面采用倾向长壁综合机械化采煤方法，顶板管理为自然跨落法，平均采高2.6 m。

煤层及围岩情况：所采煤层为2#煤，平均厚度2.35 m，倾角15°，直接顶为泥质粉砂岩，基本顶为细砂岩，围岩中等稳定，直接顶为Ⅲ类顶板。直接底为泥质粉砂岩，老底为粉细砂岩。

其他开采条件：正常涌水量5～10 m^3；属低沼煤层，无瓦斯突出危险；煤尘有爆炸危险性，爆炸指数20.9%；煤层无自燃发火倾向；地温正常；无冲击地压。

沿空留巷巷道的确定：运输巷自右翼运输上山开口，沿2#煤煤顶掘进，巷道规格3.6 m×2.8 m，锚网梁支护，倾向长度610 m，标高－170 m～－64 m，巷道没有揭露大的地质构造。根据运输巷布置及地质条件，确定对其进行沿空留巷。

2　沿空留巷方案研究

1528工作面回采直接顶冒落后，巷道上方顶板岩层向下弯曲沉降。留巷巷道断面简化成如图1所示的直接顶悬臂、基本顶“煤体端固支—冒落矸石简支”的梁体系。而对巷道上方顶板岩层、采空帮进行

作者简介：杨绿刚（1965—），男，山西省孝义人，硕士研究生，高级工程师，现任金牛股份公司葛泉矿矿长，主要从事煤矿开采工作。

郭海书（1970—），男，河北省邢台市人，本科，高级工程师，现任金牛股份公司葛泉矿技术部主任，主要从事煤矿开采技术及现场工作。

有效支护，直接关系到沿空留巷的成功与否。

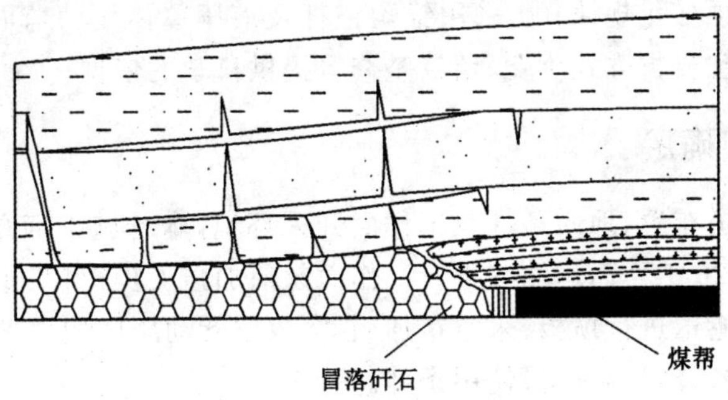

图1　工作面回采后留巷巷道围岩结构示意图

2.1　顶板支护选择

(1) 在原巷道为锚网梁支护的基础上，补打锚杆、锚索梁进行加强直接顶、基本顶的稳定性，加大顶板悬臂梁抗弯抗剪强度；

(2) 采用液压单体配金属铰接顶梁进行巷内顶板支护，支撑效果好，使用灵活，成本低，解决木支架或者金属支架可缩量小、支护效果不明显、巷道断面收缩严重、巷道需要多次翻修等问题。

2.2　巷帮支护

(1) 实体煤帮：实体煤帮位为动压影响应力集中区，采用补打帮锚索梁加强煤帮支护，以减轻其变形量。

(2) 采空侧：其充满了工作面直接顶的冒落矸石，简化的力学模型如图2所示。

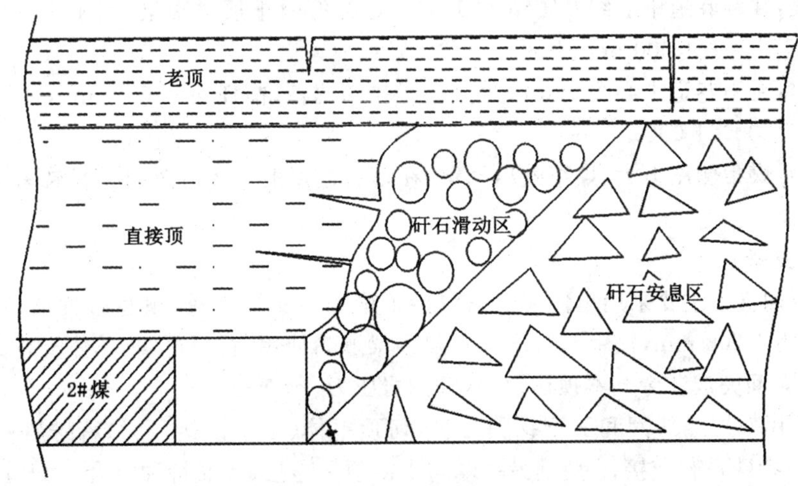

图2　留巷靠采空区一侧的力学模型

为了解决巷旁充填留巷成本高、劳动强度大、采空区漏风严重、充填体初期强度低等缺点，我们充分利用矸石带自身支撑力作用，采用双层经纬网阻隔矸石形成矸石墙，并采用π型钢、半圆木进行支撑矸石墙的侧压强度，形成应力平衡，实现无人工充填的巷帮支护。

2.3　其他方面

(1) 运输巷留巷后，直接作为下一个工作面1526运输巷使用，为了减轻通风压力，1526运料巷及切眼提前进行布置、掘进。

(2) 待矿压稳定时，改变单体支护强度，并改换压死、实效单体；留巷结束后，考虑到底鼓、帮鼓，对留巷进行统一扩帮、卧底整修，并改设单体，保证巷道顺平、美观、使用方便。

(3) 进行详细的矿压观测:① 采用“十字观测法”进行观测对巷道变形量进行观察、总结;② 采用多点位移仪确定基本顶、直接顶变化规律;③ 采用锚索锚杆及液压单体压力监测仪进行巷道围岩压力观测及研究。对单体支护强度、支护方式优化、留巷整修等提供科学的依据。

3 沿空留巷施工工艺的确定

根据留巷方案,以及巷道布置、地质条件及工作面开采环境,本着施工简单、留巷效果好、可操作性强等原则,先对需留巷的1528工作面运输巷进行工作面超前加强支护;当工作面割煤后、老空顶板垮落前,随工作面的推进对该段巷道进行顶板、采空帮加固,完成留巷动压期切顶护帮等支护;随后根据矿压观测结果,对其进行有步骤整修,达到回采使用条件。

施工工艺基本流程为:留巷前期加固→留巷动压期切顶护帮支护→留巷后期整修。

4 沿空留巷支护及施工工艺

4.1 留巷原始支护

巷道规格为3.6 m×2.6 m,巷道垂巷倾角2°~5°,采用锚网支护:

(1) 顶板支护:顶锚杆间排距800 mm×900 mm,采用ϕ22 mm×2 200 mm螺纹钢锚杆,全长锚固,顶网采用1.2 m×1 m金属网,钢带采用ϕ16 mm×3 600 mm梯子形钢带;巷道顶板布置两排锚索梁,间距3~5 m,锚索ϕ17.8×7 000 mm,锚索梁为2 m长槽钢。

(2) 两帮支护:帮锚杆间排距700 mm×700 mm,采用ϕ16 mm×1 800 mm圆钢锚杆。

4.2 留巷前期加固

留巷前期支护:超前工作面70 m开始补打顶锚索梁、采空帮网固定、补加煤帮锚索梁。

(1) 顶锚索梁:在距巷道中心线0.1 m和1.4 m处补打两排顶锚索梁,间距1.5 m,并要求锚索的锚固端进入基本顶不少于1 000 mm。

(2) 帮网固定:在距巷道中心线1.6 m处补打一排顶锚杆,锚杆间距600 mm,使用2.6 m钢带(双层),固定经纬网(5 500×1 000)。

(3) 帮锚索梁:煤帮侧压力大、煤帮鼓出严重,在距巷道顶板1.2 m处打一排锚索梁,并背不少于三根半圆木。

4.3 留巷动压期支护

(1) 留巷动压期支护主要采用单体配金属铰接顶梁加强支护顶板,顺巷布置三排,一排、二排排距550 mm,二、三排距1 200 mm,柱距500 mm,铰接顶梁顺巷使用,背顶严实,单体支柱必须穿鞋,保证单体初撑力,在第一时间完成巷旁基本顶切顶,减轻围岩压力。

(2) 采空帮采用双层经纬网和π型钢腿支护,切顶单体、十字铰接顶梁、特殊铁鞋进行辅助支护。其中π型钢一端与特殊铁鞋交接,π型钢另一端与十字顶梁连接,形成特种组合支架,压住经纬网,经纬网均提前铺放到工作面液压支架顶梁(1#、2#、3#)上。

这样,π型钢、单体、十字顶梁、铁鞋形成的组合支架,在进行切顶的减轻围岩压力的同时,完成了护帮的任务:随着工作面推进,支架顶上的经纬网阻隔了采空区矸石,并慢慢下垂至巷道采空侧π型钢,通过计算,确保巷帮足够的支护强度(即π型钢强度及单体给予十字顶梁、铁鞋的摩擦力)来抵挡矸石巷帮的侧压力;待矸石巷帮压实稳定后,形成了无人工充填的沿空留巷采空侧稳定巷帮。其力学模型简化如图3所示。

4.4 留巷后期支护

根据沿空留巷矿压观测结果分析,确定1528运输巷留巷后期支护支护方式:当1528工作面采过后50天时,巷道移近速度在0~2 mm/d之间,运输巷留巷开始回撤巷道实体煤帮一排单体;1528工作面采过后100天时,巷道移近速度在0~1 mm/d之间,此时沿空留巷已经具备整修条件。

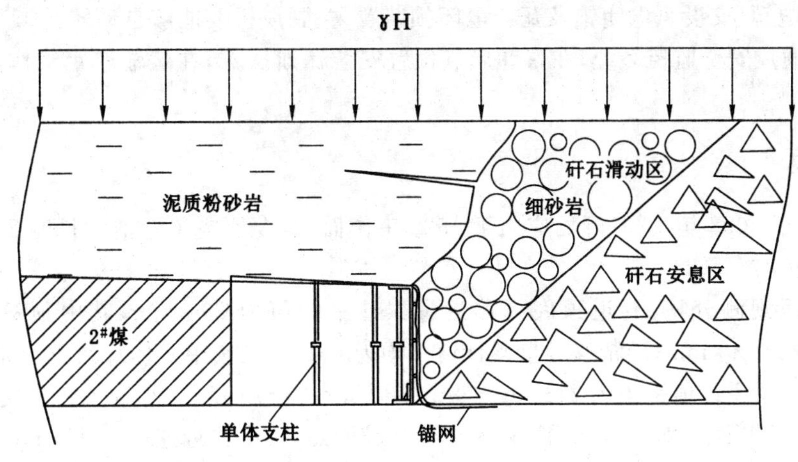

图 3　采空区巷帮支护简化模型图

(1) 增大巷道断面：卧底 0.6 m，并对实体帮扩帮 0.5 m，重新挂网补打顶帮锚杆进行支护，顺巷布置顶锚杆一排间距 800 mm，帮锚杆间排距 800×800 mm，并补打一排帮锚索梁，间距 1.5 m。

(2) 保留第一排、第二排单体，并将单体柱距由 500 mm 改为 1 000 mm，两排单体排距缩小为 800 mm，合理的控制巷道支护强度，有效防止顶板事故。

(3) 对顶板破碎、压力大和裂隙发育较大或较多地段，采用单体配 π 型钢加强支护。

(4) 施工顺序：考虑到动压影响，以及以最快速度对留巷进行整修，分段进行整修。当 1526 切眼与留巷贯通后，对留巷里段 100 m 进行整修；接着拆转载机改为溜子，溜子向留巷以里延长 90 m(距工作面 120 m 的矿压稳定段)，向里进行整修并与里段贯通；最后，由里向外对外段剩余巷道进行整修，距工作面停采线 60 m、矿压不稳定时，停止整修，对其进行简单维护、加固，满足溜子运输要求。

5　留巷效果

1528 沿空留巷测站每隔 20 m～50 m 设一组，每组 2 个测点，采用"十字观测法"进行观测。其变形量观测结果如下：

巷道顶底板移近量累计平均值为 578 mm，其中顶板下沉量平均为 319 mm，底鼓量平均为 259 mm；两帮移近量累计值平均为 373 mm，其中左帮(实体煤帮)移近量累计值平均为 162 mm，右帮(采空帮)移近量累计值平均为 211 mm。

其中，在工作面推过 10～50 m 左右，时间是在工作面推过 2～30 天左右时，巷道变化较剧烈，巷道移近速度在 10～55 mm/d 之间，巷道有明显的变形；在工作面推过 80 m 左右，时间是在工作面推过 50 天左右，巷道移近速度在 0～2 mm/d 之间，巷道变化基本趋于稳定。

6　安全技术措施

(1) 单体支柱打成一条直线，单体支柱迎山有力，升紧升牢，所有单体支柱及时用双股 16# 铁丝与铰接顶梁拴牢拴紧。底板松软时单体必须穿铁鞋，巷道压力增大时超前支护均用一梁双柱。

(2) 靠采空一侧为单体配十字顶梁支护，十字顶梁与顶网、单体与十字顶梁均要用双股 16# 铁丝栓牢拴紧。十字顶梁将网头压住，然后升单体加强支护。

(3) 始终保持工作面 1#、2#、3# 支架落后正常支架 500 mm 的空隙，保证上网空间。此段顶板采用护帮板进行顶板支护，顶板破碎时，采用单体配合铰接顶梁加强顶板支护，1#、2#、3# 支架移架顺序是：3#→2#→1#。

(4) 留巷为独头时，安设一台专用风机，加强对瓦斯浓度的监测，每班有专职瓦斯检查员进行检测。

风机采用双风机双电源，安设风电闭锁及瓦斯电闭锁装置，主副风机要能够自动转换。

(5) 必须装备通风安全监控系统，在留巷起点位置安装瓦斯探头，在运输巷距工作面机头 10 m 巷中位置安装瓦斯。

7 留巷应用效果

1528沿空留巷于2008年10月开始应用于1526工作面，至今沿空留巷推进长度220 m，巷道变形较小，完全满足安全生产要求。

(1) 从巷道矿压观测分析：巷道顶底板移近量累计平均值为294 mm，其中顶板下沉量平均为64 mm，底鼓量平均为230 mm；两帮移近量累计值平均为451 mm，其中实体煤帮移近量累计值平均为240 mm，采空帮移近量累计值平均为211 mm，巷道变形量不影响1526工作面的正常使用。

(2) 超前支护：工作面向外15 m范围内，巷道变化较剧烈，顶底移近速度5～25 mm/d，巷道有明显的变形，确定在超前工作面20 m内替换沿空留巷原有支护，改为单体配π型钢支护，π型钢垂巷使用，一梁两柱，采空帮仍采用单体、十字顶梁、特殊底鞋组合护帮，其排距1～2 m。

8 结论

实践证明，特种组合支护进行切顶护帮的无人工巷旁充填沿空留巷技术，同时实现强制切顶与矸石护帮功能，从根本上解决了沿空留巷传统的支护困难，以及各类有人工巷旁充填沿空留巷方法存在的问题。该技术工艺简洁、成本节约、工人劳动强度低、作业环境好，留巷效果良好，推广应用价值巨大。

矿用混凝土湿喷系统设备在新安煤矿的应用

李安国　刘含东　黄西亮

（枣矿集团新安煤业有限公司　山东微山　277642）

摘　要　枣矿集团新安煤矿首次应用湿式喷浆技术，与原先使用的潮喷机相比，本次湿喷技术的应用在粉尘防治、提高支护强度及节约材料方面取得了显著的效果，在技术上是一大创新，极大地改善了井下的作业环境，同时也为煤矿井下推广湿喷作业提供了宝贵经验。

关键词　湿式喷浆；粉尘浓度；回弹量；强度

我国煤矿井巷作业空间狭小，井下环境复杂，多年来井下锚喷作业一直采用喷射混凝土中较为落后的干喷或潮喷工艺，虽然其具有施工工艺简单，施工布置比较方便、灵活等特点，但是其也存在着诸多问题，如干喷混凝土工艺回弹量较大，一方面造成了原材料的浪费，另一方面也是造成锚喷作业面粉尘浓度居高不下的重要原因。部分恶劣条件下的喷浆生产现场人员作业区域的平均全尘和呼尘浓度高达 500 mg/m^3 和 150 mg/m^3 以上，粉尘含二氧化硅成分高，极易形成硅肺病，对矿工的身心健康造成了严重的危害。鉴于干式混凝土喷射工艺的上述问题，2010 年 9 月国家安全监督管理总局、国家煤矿安全监察局关于发布禁止井工煤矿使用的设备及工艺目录（第三批）中，已明确将干式混凝土喷射机列为淘汰产品，并明确提出取代产品为湿式喷浆机，但至今国内在煤矿行业对于该类设备的报到较少，成功应用的案例也并不多见。

1　应用地点概况

33 辅助采区轨道下山前期在 3 煤顶板中下山穿层掘进，见煤后跟上煤层顶板，沿煤层顶板施工，直至施工至－690 水平。该区域存在 3 煤的分叉与合并现象，在煤层合并区域，煤厚可达 8.2 m；煤层分叉区域，3 上煤较厚，预计厚度约 5.9～7.4 m，至煤层风氧化带内，厚度逐渐变薄至 1.6 m。3 下煤厚约 1.0～2.3 m，风氧化带内厚约 1.2 m。分岔区内 3 上煤层与 3 下煤层的间距为 0～17.4 m。

2　湿喷系统设备参数及特点

枣矿集团新安煤矿首次使用山东科技大学研发的矿用混凝土湿喷系统设备，主要包括 SPB7－T 矿用混凝土湿喷机及其辅助设备 MJDY－250T 混凝土搅拌机。

2.1　SPB7－T 矿用混凝土湿喷机

表 1　SPB7－T 矿用混凝土湿喷机参数

项目	参数	单位	项目	参数	单位
机器生产能力	6～7	m^3/h	输送距离（水平）	80	m
使用材料水灰比	0.45～0.5		输送距离（垂直）	30	m
最大允许骨料粒径	15	mm	工作风压	0.3～0.6	MPa

续表1

项目	参数	单位	项目	参数	单位
推荐骨料粒径	8～10	mm	上料高度	1.2	m
输料管内径	50	mm	电压等级	660/1140	V
耗风量	7～8	m^3/min	整机重量	1 500	kg
电动机功率	15	kW	外形尺寸(长×宽×高)	2000×1200×1400 mm	

SPB7－T矿用混凝土湿喷机特点：

(1) 人性化设计，符合人机匹配原则，整机体积小，质量轻，易于拆卸与移动；

(2) 工作效率高，喷层质量高，输送距离远，水平输送距离80 m，最大可达120 m；

(3) 采用国内领先的泵送式湿喷技术，配备速凝剂计量添加装置，操作灵活；

(4) 采用全液压控制，作业安全性高，防爆性能高，便于维护和维修。

(5) 强大的输料功能，确保均匀、连续、稳定供料，大大降低混凝土黏结堵管的概率；

(6) 产尘量、回弹、噪声与振动强度等低于同类其他产品，技术性能可靠。

2.2 MJDY－250T混凝土搅拌机

表2 MJDY－250T混凝土搅拌机参数

项目	参数	单位	项目	参数	单位
设备型号	MJDY－250T	/	轮宽	600/900/1200	mm
料斗容积	500	L	最大压力	21	MPa
上料体积	350	L	搅拌额定压力	10	MPa
搅拌容量	250	L	上料额定压力	16	MPa
额定电压	660/1140	V	搅拌额定流量	75	L/min
电机功率	18.5	kW	上料额定流量	15	L/min
上料高度	800	mm	长度	2300	mm
出料高度	1300	mm	最大宽度	1400	mm
最大举升高度	2300	mm	整机重量	1600	kg

MJDY－250T混凝土搅拌机特点：

(1) 整机体积小，质量轻，带轮作业，移动方便；

(2) 采用国际领先的单卧轴强制式搅拌机技术，搅拌质量好，出料快，生产率高；

(3) 采用液压驱动搅拌，液压上料及出料，防爆性能高，安全系数高；

(4) 结构合理，外形美观，精心研究设计的匹配尺寸能够保证配合湿喷作业连续性。

3 湿喷混凝土工艺

湿喷混凝土工艺如图1所示。

湿喷配比及条件主要包括：

(1) 骨料，包括粗估料(石子)与细骨料(砂)，一般采用在地面混合好的级配混合料，混合比例石子：砂为1：1.5，石子采用8 mm的瓜子石，最大粒径15 mm，骨料中严禁混有粒径大于20 mm的异物，否则必然会引起堵管；

(2) 水泥，采用P.O 42.5普通硅酸盐水泥，与干喷无特殊要求；

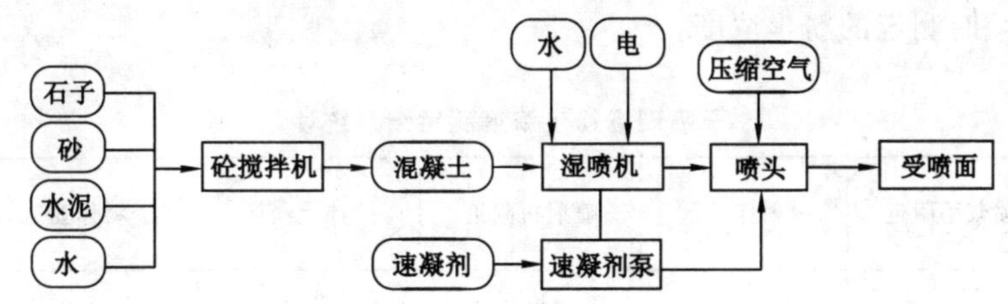

图 1　湿式喷浆工艺

(3) 水，用于搅拌混凝土、湿喷机液压系统冷却及喷浆结束清洗管路和设备；

(4) 速凝剂，必须采用液体速凝剂，为减少对身体伤害，应尽量采用无碱速凝剂，速凝剂根据所采用水泥由速凝剂厂家制备，混凝土初凝时间约为五分钟，本次应用使用的是山东威特立邦矿山设备有限公司的 WT－N1 型液体速凝剂；

(5) 电，660/1140 V；

(6) 压缩空气，额定 0.5 MPa(五个大气压)，不得小于 0.3 MPa，喷头气量 10 m^3/min，气动速凝剂泵约需 1 m^3/min。

4　湿喷效果测定

4.1　粉尘浓度测定试验

根据 GB50086－2001《锚杆喷射混凝土支护技术规范》的规定，按照《附录 E》的技术要求对湿喷现场粉尘浓度进行测定。测定方式为滤膜称量法，粉尘测定采样点布置如表 3 及图 2 所示。

表 3　粉尘浓度测定采样点布置

编号	粉尘采样点	具体位置	采样点个数
1	喷头附近	距离底板 1.5 m，喷头下风侧 5.0 m，	3
2	湿喷作业区	距离底板 1.5 m，巷道中部，湿喷机与喷头中间	3
3	湿喷机附近	距离底板 5 m，湿喷机下风侧 1.0 m	3
4	混凝土搅拌处	距离底板 1.5 m，搅拌机下风侧 2.0 m	3

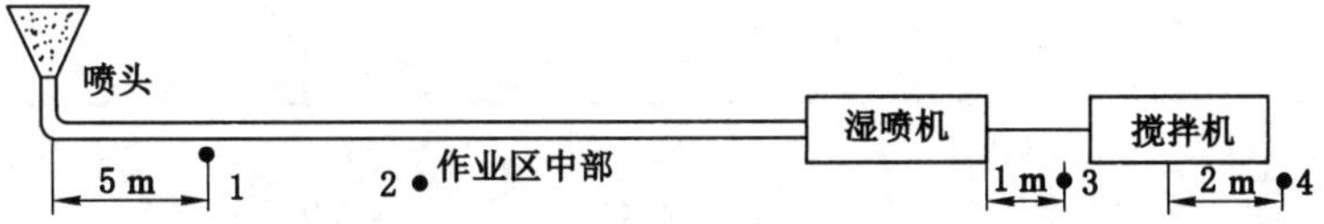

图 2　测点布置图

当湿喷混凝土作业正常且粉尘浓度相对稳定后进行粉尘采样，测得粉尘浓度如表 4 所示。

表 4　湿喷现场粉尘浓度测定结果统计

测点位置	3 个采样点粉尘浓度/mg・m^3			测点平均粉尘浓度 /mg・m^3	综合平均浓度 /mg・m^3
	采样点 1	采样点 2	采样点 3		
喷头附近	11.6	11.9	11.6	11.7	9.6
湿喷作业区	9.2	9.7	9.6	9.5	
湿喷机附近	7	7.7	6.9	7.2	
混凝土搅拌处	9.1	9	8.3	9.8	

表5是使用干喷时测定的粉尘浓度。

表5　干喷现场粉尘浓度测定结果统计

测点位置	喷浆手附近	喷射作业区	喷射机附近	搅拌上料区	上料作业区	平均粉尘浓度/mg·m^3
粉尘浓度/mg·m^3	118.4	96.8	111.0	91.4	69.3	97.4

对比湿喷和干喷现场粉尘浓度数据可以看出，湿喷技术可以从根本上减少粉尘的产生，极大地改善了工作环境。

4.2　回弹率测定试验

将塑料布铺在巷道底板上，首先对拱部进行喷浆，喷射0.5 m^{3}混凝土，喷浆结束后将回弹的物料进行收集后称量、计算，再对两帮进行喷浆，方法同喷射拱部，测试出的混凝土回弹率如表6所示。

表6　湿喷混凝土回弹率统计

位置	回弹率	平均回弹率/%
拱部	12.5 13.8 11.3	12.5
两帮	8.5 7.9 19.2	8.5

表7是使用干喷时测定的喷浆回弹率。

表7　干喷混凝土回弹率统计表

位置	回弹率	平均回弹率/%
拱部	28.8 25.5 26.6	27.0
两帮	20.9 19.8 22.8	21.2

对比湿喷和干喷现场回弹率数据可以看出，采用湿喷技术可以有效降低喷射混凝土回弹率、减少混凝土材料的浪费，同时也能有效提高喷射效率。

4.3　强度测量与分析

根据GB50086－2001《锚杆喷射混凝土支护技术规范》中《附录F》的要求进行现场喷射混凝土抗压强度试验。标准试块应采用从现场施工的喷射混凝土板件上切割成要求尺寸的方法制作，模具尺寸为450 mm×350 mm×120 mm（长×宽×高），其尺寸较小的一个边为敞开状，标准试块的具体制作方法如下：

(1) 首先将模具靠在巷道壁面上，并将敞开口朝下与地面呈八十度角固定好；

(2) 开通湿喷设备进行喷射混凝土作业，当喷射稳定后将喷头朝向模具，从上到下进行逐层喷射，直到喷满为止，将喷头挪开，立即抹平混凝土，并将模具移至井下安全地点养护。

(3) 待养护龄期达到 1 天时进行拆模，将拆下的大板放置养护室养护一周，取出加工成边长一百毫米的立方体，边长误差不大于 1%，形状角度误差不大于 2%。将加工好的试块再放回养护室养护至 28 d。

(4) 将 28 d 龄期的试块取出，根据相关标准进行强度测试，计算 28 d 抗压强度比，试验结果如表 8 所示。同时将干喷混凝土数据列于表 8 中作为对比。

表 8　　湿喷混凝土抗压强度测试结果

混凝土喷射方法	28d 抗压强度/MPa			平均强度/MPa
湿喷混凝土	30.9	30.2	29.9	30.0
	29	29.7	30.2	
干喷混凝土	21.9	22.1	22.1	21.4
	20.4	20.7	21.2	

由对比数据可以看出，虽然干喷混凝土的强度能够达到国家要求的 C20 标准，但几乎接近边界值，而湿喷混凝土能够有效提高锚喷支护强度，相比较干喷混凝土 28 d 强度，湿喷混凝土强度提高了 40.1%。这主要是因为湿喷混凝土中的水泥能够充分水化，有效包裹骨料，这也是预拌混凝土的优点在锚喷支护中的合理应用。

5　湿喷注意事项

(1) 喷浆时必须先开气再开泵，停止时必须先停泵再关气，以防止水泥浆进入气路，或喷头爆裂出现危险；

(2) 喷浆结束后必须在最后开气冲洗气路，再将喷头拆下收起；

(3) 速凝剂泵为气动时，为保证速凝剂泵吸液能力，应先开速凝剂泵气路，再开至喷头的主气路；

(4) 喷浆结束后应将速凝剂泵打清水两分钟以上，清洗管路，防止残留速凝剂沉淀堵塞泵或管路；

(5) 每班第一次喷浆前应湿润管路，然后将水清理出。不要将管路全部一次接好，应看到泥浆打出一小段后再接下一段管路，最后接上喷头，准备开始；

(6) 发生堵管后应反泵几个循环，再正泵尝试。若反泵几次后仍不能打出，则必须拆管清洗。不得反复持续正泵强制泵送，否则会将混凝土压实，导致全部管路及 S 管堵塞；

(7) 若泵压力升高主缸及摆缸不动，初步判断为堵管，按照第六步操作；若反泵也不能动作，则为摆臂卡死，此时不要再正泵，可反复反泵冲击，使摆臂重新动起来；若均无反应，则为系统故障，请机电工或维修人员处理；

(8) 若喷头堵死（不再出气），应立即停泵，此时气路内有高压，喷头不得冲向人员，防止危险。应先放气（可通过速凝剂泵气路放掉）再拆下喷头处理。聚氨酯喷嘴不得固定死在喷头上，堵喷头时其可自动脱落，起保护作用。

6　结语

通过湿喷和干喷现场测试的数据对比可以看出，湿喷技术能够有效防止粉尘、降低回弹及提高喷射混凝土强度，矿用湿喷混凝土是煤矿锚喷支护技术发展的方向，枣矿集团将在湿喷技术研究及应用方面继续探索，为煤矿井下推广湿喷作业提供更多宝贵经验。

参考文献

[1] 曹森. 矿用新型液体速凝剂研发及其应用[D]. 青岛：山东科技大学，2013.

[2] 陈良奎. 喷射混凝土[M]. 北京：中国建筑工业出版社，1990.
[3] 陈良奎. 喷射混凝土与锚钉墙[M]. 北京：中国建筑工业出版社.
[4] 程卫民，刘向升，阮国强，等. 煤巷锚掘快速施工的封闭控尘理论与技术工艺[J]. 煤炭学报，2009(02). 203-207.
[5] 刘福战. 喷射混凝土用无碱液体速凝剂技术研\究[J]. 商品混凝土，2010，(12)：41-44.
[6] 马保国. 新型泵送混凝土技术及施工[M]. 北京：化学工业出版社. 2006.
[7] 潘刚. 矿用湿喷混凝土技术及工艺研究[D]. 青岛：山东科技大学，2012.
[8] 杨福真. 混凝土喷射设备的现状和发展趋势[J]. 北京矿冶研究总院学报. 1993，2(1)，18-22.
[9] 杨仁树，肖同社，刘波，牛学超. 喷射混凝土速凝剂的应用与发展[J]. 中国矿业，2005，14(7)：79-81.
[10] 张向东，张树光，李永靖. 锚杆支护配套技术的发展与应用[J]. 煤，2002，11(2)1，1-3.

压力试验机控制系统的变论域模糊PID算法研究

郭爱军

（中国神华神东煤炭集团）

摘　要　压力试验机控制系统存在被控对象不确定性、非线性以及系统易受负载变化的影响。在结合PID控制器较完善的理论，引入变论域的思想，给出一种全新的变论域模糊PID控制算法，解决了模糊算法控制死区和PID参数不易调整的问题；最后对试验台非线性系统进行了MATLAB/Simulink6.0仿真分析，与传统的控制算法相比：提高了控制精度，改善了系统的动态性能，具有较强自适应能力。

关键词　压力试验机；非线性系统；变论域模糊PID；MATLAB/Simulink 6.0

1　引言

随着工业技术的发展，力学性能试验台将朝着高稳定性、高精度、高可靠性和人工智能化方向发展，包括更先进的控制系统和更先进控制算法的引入。压力试验机广泛应用于机械、航空、冶金、建筑、交通运输等工业部门。整个控制系统，存在被测对象不确定性、非线性，且系统易受负载变化的影响，由经典控制理论可知，常规PID控制方法面对变参数和非线性被控对象时，很难设置其最佳PID参数。因而有许多专家和工程技术人员致力于控制参数在线自调整的研究，模糊逻辑越来越多的应用于PID控制器的参数自调整。

在结合PID控制器较完善的理论基础上，引入变论域的思想，给出一种全新PID控制方法。

2　变论域模糊控制原理

目前常用的模糊控制模型在本质上都可认为是某种插值函数。基于插值机理得到的响应函数$F(x)$是否充分的逼近期望响应函数$f(x)$，要看峰值之间的距离是否充分的小，势必意味着控制规则要足够多，这对依赖专家知识总结模糊规则的模糊控制器来说是相当困难的；以及如何选择恰当的论域范围以及模糊隶属度在论域上如何分布。针对这些问题，李洪兴教授中提出了变论域思想。所谓变论域是在论域上模糊划分不变的前提下，论域随着误差的变小而收缩，亦随着误差的变大而膨胀。由于论域的收缩而使得规则局部加细，相当于增加规则数，从而提高了控制的精度。

设输入变量x_i的模糊论域分别为$X_i=[-E,E]$，输出变量y的论域为$Y=[-U,U]$。变论域是指论域X_i与Y可以分别随着变量x_i与y的变化而变化，$Y(y)=[-\beta(y)U,\beta(y)U]$，$X_i(x_i)=[-\alpha_i(x_i)E,\alpha_i(x_i)E]$。上式中，$\alpha(x_i)$与$\beta(y)$为论域的伸缩因子，相对于变论域，原来的论域$X_i$与$Y$称为初始论域。

作者简介：郭爱军(1970—)，男，内蒙古包头人，1992年毕业于阜新矿业学院 高级工程师，现任神东煤炭集团煤炭技术研究院机电信息技术部副部长。邮箱：wlmlgaj@163.com。陕西省榆林市神木县大柳塔镇神东煤炭集团公司办公楼329#，邮编：719315。

2.1 基于函数模型收缩因子

目前变论域模糊控制算法的伸缩因子还没有统一的形式，根据公开发表的文献，对于输入输出变量的论域伸缩因子的函数模型如下：

$\alpha(x)=(|x|/E)^{\tau}+\varepsilon,\tau>0,\varepsilon$ 为充分小的正数；

$\alpha(x)=1-\lambda\exp(-kx^{2}),\lambda\in(0,1),k>0$；

$$\beta(t)=K_{\mathrm{i}}\sum_{i=1}^{n}p_{\mathrm{i}}\int_{0}^{t}e_{\mathrm{i}}(\tau)\mathrm{d}\tau+\beta(0);$$

2.2 基于模糊规则的收缩因子

以双输入单输出为例，设输入变量 E 和 EC 的伸缩因子分别为 和 ，根据伸缩因子在控制过程中的变化规律，论域调节的规则如下：当 E 和 EC 较大时，控制系统主要是要减小误差，加快动态过程，此时 E 和 EC 的分辨率不是主要矛盾，且取较大的控制量，所以输入论域应取较大的论域，输出论域基本保持不变；当 E 和 EC 较小时，系统接近稳定值，所以应该提高 E 和 EC 的分辨率，即缩小输入系统的论域，同时减小系统的输出论域，使控制量的阶跃变化小，最终达到稳态误差小的要求。同理，可以总结出其他规则，输入论域伸缩因子的模糊控制规则见表 1。而对于输出论域伸缩因子 β 的取值应由 E 和 EC 确定，即根据 E 和 EC 当前取值所反映的系统响应状态来确定输出论域进行多大程度的扩大或缩小。

表 1　输入论域伸缩因子规则表

E/EC	PB	PM	PS	Z	NS	NM	NB
α_1/α_2	B	M	S	Z	S	S	N

3 新型 PID 算法的原理与实现

变论域模糊 PID 控制系统中输出变量为 ，通过收缩因子实现对 3 个增益参数进行调整。控制系统由三大部分组成，误差 E 和误差变化率 EC 为控制器的输入，确定参数后得到论域 E 和 EC 的伸缩因子和 ，输出给模糊整定单元；中层是模糊整定部分，经模糊推理得到的输出控制参数的增量 ；下层通过加法运算器将模糊控制器的输出量 加上初始值，就可得优化后的 PID 控制参数。

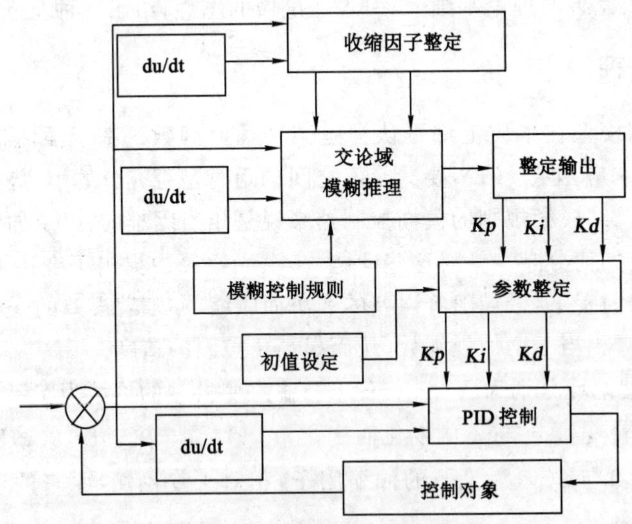

图 1　控制系统结构图

4 基于变论域模糊PID的控制系统

某试验台液压传动系统主要由径向和侧向两大部分构成。被测压力值经放大处理后传到工控机的输入模块，再由变论域模糊PID程序处理后产生对比例溢流阀的控制量来控制溢流阀的开度，从而实现对载荷压力值的控制。综上所述，载荷传感器、工控机模拟量输入模块、变论域模糊PID控制器、比例溢流阀、液压执行机构构成闭环控制系统。

4.1 量化因子的选择及其模糊化

模糊控制决策采用Mamdani模糊推理方法，输入变量压力误差e、压力误差的变化率ec的基本论域取分别为[－15,15]和[－30,30]，输出变量 的基本论域分别为[－3,3]，[－0.6,0.6]，[－3,3]，所有变量的模糊论域均取为{－6,－5,－4,－3,－2,－1,0,1,2,3,4,5,6}。压力偏差的量化因子 $Ke=6/5=0.4$，$Kec=6/30=0.2$，输出变量 ΔKp，ΔKi，ΔKd 的比例因子分别为：$\Delta Kud=3/6=0.5$，$\Delta Kup=3/6=0.5$，$\Delta Kui=0.6/6=0.1$，对上述两个输入变量e和ec和输出变量 分别取七个模糊子集，其中NL、NM、NS、ZE、PS、PM、PL分别代表负大、负中、负小、零、正小、正中、正大。隶属度函数的形状对控制效果有一定影响，考虑到实际编程计算的方便，所有变量的隶属度函数均采用对称三角型函数。

4.2 模糊规则与模糊控制表

根据PID各参数对系统性能的影响，参照工程设计人员的技术知识和操作经验基础上建立合适的模糊规则。由于采用的是变论域算法，规则表不要求太准确的专家领域知识，针对不同的模糊输入变量E和EC，建立 的模糊控制规则表。

表2　　模糊控制规则

E	EC						
	NL	NM	NS	Z	PS	PM	PL
NL	PB/PB/PB	PB/PB/PM	PM/PB/PB	PM/NM/PB	PS/NM/PB	Z/NS/Z	Z/Z/PS
NM	PB/PB/PM	PB/PB/PS	PM/PM/PB	PS/NS/PM	PS/NS/Z	Z/Z/NM	NS/Z/PS
Z	PM/PB/PS	PS/PS/NB	PS/PS/PM	Z/Z/NS	NS/PS/Z	NS/PM/NS	NM/PM/PS
PS	PS/PM/NS	PS/PS/NS	Z/Z/PS	NS/Z/NS	NS/PS/Z	NM/PB/Z	NM/PB/PS
PM	PS/PS/NB	Z/Z/PS	NS/Z/PS	NM/NS/Z	NM/PS/NS	NM/PB/NS	NB/PB/PS
PL	Z/Z/NB	Z/Z/PS	NM/Z/NS	NM/NM/Z	NM/PB/PS	NB/PB/NM	NB/PB/PS

4.3 模糊控制算法

本控制系统通过Mamdani推理法合成规则，模糊推理与解模糊的方法选用最小—最大—加权平均法。如某一采样时刻，的值可由模糊输出变量的重心确定，同样的方法可以得到输出变量 和 的精确值，然后乘以相应的比例因子，即为PID参数增量调节值，通过以下三个公式调整后就可以作为PID控制器的控制参数。

$$Kp = Kp0 + \Delta Kp;Ki = Ki0 + \Delta Ki;Kd = Kd0 + \Delta Kd$$

5 基于MATLAB/Simulink仿真与分析

整个控制系统是一个较复杂的液压模型，同时它还受设备非线性、电源电压波动和其他一些因素的影响，因此想要得到精确的数学模型是比较困难的。根据对相应模型的测试、分析和推算，对实际对象进行必要的简化，比例溢流阀的简化传递函数：$G(s)=400/130(0.4s+1)$，压力传感器及管路的传递函数：G(s)＝K/(s＋1)。

5.1 仿真模型

图 2 为在 MATLAB 环境下，基于 Simulink 构建的变论域模糊 PID 仿真系统图，该控制系统主要由 PID 控制子系统和变论域模糊自适应两大子系统组成。

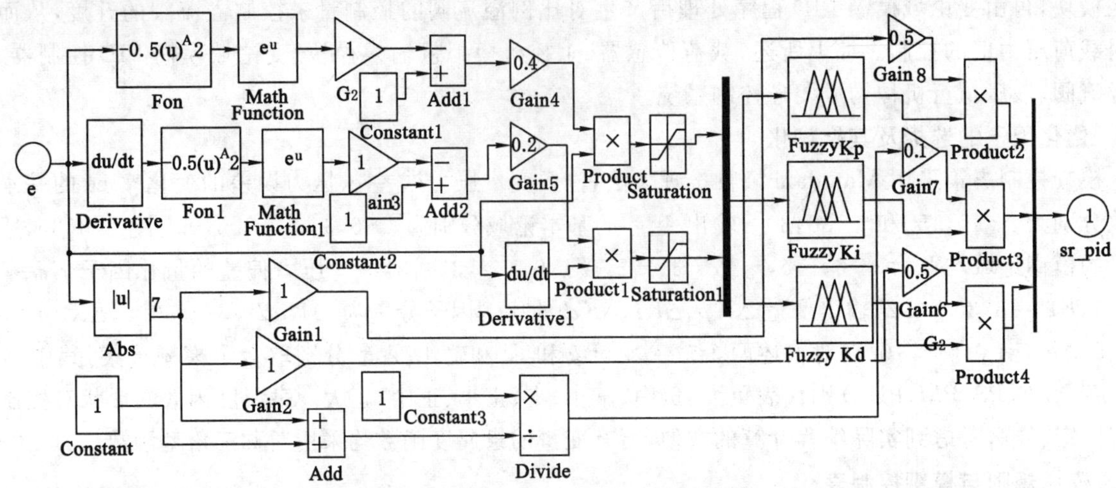

图 2　变论域模糊自适应子系统

5.2 仿真结果与分析

当被控对象抽象为一定的函数模型，且无外界干扰的情况下，PID 响应曲线存在一定幅值的超调、上升时间和调整时间基本满足系统要求；而实际的压力试验台控制系统复杂，存在非线性和载荷时变性影响，初始设定的 PID 值显然不能满足后期的要求，在 80－85s 期间加入干扰信号，仿真结果表明(黄色曲线)，常规 PID 很难满足系统的控制要求，而在同等条件下，变论域模糊 PID 控制曲线在超调量、上升时间和调节时间等动态性能指标上都能取得良好的效果。由此可知，对于难以建立数学模型且控制对象具有时变性的系统，单纯的线性控制方式很难取得理想的效果。

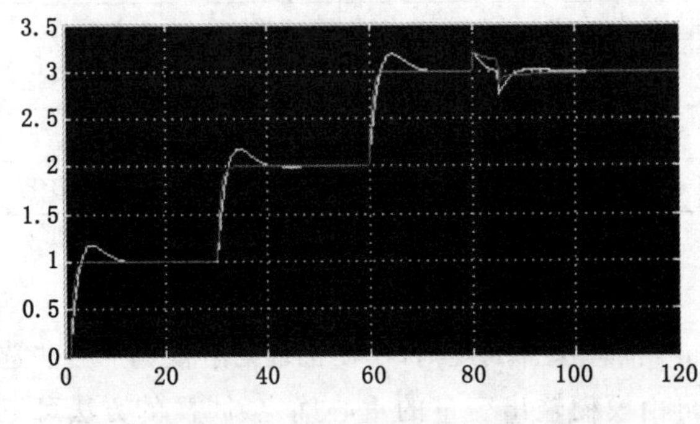

图 3　系统响应曲线

6 结论

由仿真结果可知，对于难以建立数学模型且控制对象具有时变性的系统，单纯的线性控制方式很难取得理想的效果。本文设计的基于变论域模糊 PID 算法的压力试验机，根据系统的动态特性，对 PID 参数进行在线调整，解决了稳定性与准确性之间的矛盾，增强了系统对不确定因素和干扰信号的适应性；与常规 PID 控制相比具有明显的优势，能满足更高精度的工况需求。

参考文献

[1] 蔡廷文.液压系统现代建模方法[M].北京:中国标准出版社,2002.
[2] 曹宗岭,曹国强, 于谭继. 基于变论域模糊 PID 算法的压力试验机,计算机测量与控制.2010 8:1834-1836.
[3] 崔宝侠,杨继平,方博.新型变论域模糊控制器在交通信号控制中的应用[J].系统仿真学报,2007,19(2):380-383.
[4] 胡包钢,应浩.模糊 PID 控制技术研究发展回顾及其面临的若干重要问题[J].自动化学报,2001,27(4) :567-584.
[5] 胡燕平,堪铎文,毛征宇. 桥电液比例溢流阀动态特性[J],煤炭学报.2007 ,11(2):1228-1232.
[6] 李洪兴.变论域自适应模糊控制器[J].中国科学,1999,29(1):32-42.
[7] 李洪兴.模糊控制的数学本质与一类高精度模糊控制器的设计[J].控制理论与应用,1997,14(6):868-872.
[8] 周勇,李智.变论域模糊控制器的改进及其应用[J],微计算机信息,2008,1-1:41-42.

孤立、条件复杂块段综采工艺创新与实践

李金海　刘佳明　李　慧

（铁法煤业集团有限责任公司晓明矿　辽宁调兵山　112700）

摘　要　论述了晓明矿在回采N3408大面，运回顺两侧均为采空区、工作面两顺压力异常、巷道变形严重的情况下，同时工作面过三条旧巷。通过积极地采取工作面回采前的两顺巷道扩大断面和加强支护、施工回顺改造道、在矿压影响区域打4 m帮锚索以强化帮的支护强度，控制帮的位移量等各项措施；进行设备的科学配套和收尾转采采用了边转采边铺网的创新工艺、创新瓦斯抽采技术等科学方法加强生产技术管理。既保证了安全生产，又保证了煤质，获得了较好的经济效益。

关键词　孤立条件复杂块段；综采工艺；创新与实践

随着矿井开采的不断进行，剩余的孤立、条件复杂块段也要进行回采。这就要求加强生产技术管理，积极采取各项措施，确保安全回采。晓明矿N3408大面为孤立块段回采，通过生产实践研究和探索，积极地采取各项措施加强生产技术管理，既保证了安全生产，又保证了煤质，获得了较好的经济效益。

1　工作面概况

晓明矿N_3408工作面位于北三采区四层八段，东部为N_3407、N_3403采空区和N_3408(小面)采空区，南部采止线位置紧靠F_{301}断层，西部为N_3401采空区，北部为未采动区。煤层整体呈单斜构造，产状为倾向53°～71°，倾角9°～13°，平均11°；煤层厚度变化规律为由北向南逐渐变厚；煤层结构较复杂，有二个自然分层，煤层总厚2.25 m，采高为1.8～2.6 m，夹石平均厚0.25 m。在工作面北部靠近切眼附近，夹石变厚，分层增多。工作面在推进213 m和625 m过N_3403回联和N_3401皮带联络道旧巷，工作面在推进595 m时，还要过N_3202穿层旧巷。工作面回采条件比较复杂(图1)。

2　工作面回采前的两顺巷道扩大断面和加强支护、施工回顺改造道

为保证综采工作面两顺巷道达到安全回采的需要，需对两顺原有巷道进行扩断面和补强支护。

N_3408大面回顺里段600 m紧临N_3401采空区，受采动影响巷道帮顶相对移近量较大，局部帮顶网兜较严重，巷道断面不能满足安全回采需要。对此段巷道的3.8 m断面扩大到5.0 m，同时帮顶网兜较严重的地段进行放货并补打顶板锚索。外段300 m由原4.2 mU铁棚支护翻棚改为5.0 m断面的锚杆、锚索联合支护。并对回顺拉底保证中高达到2.8 m。N_3408大面运顺紧临N_3407、N_3403采空区和N_3408(小面)采空区，巷道中宽和中高都不能满足综采工作面设备安设和回采需要。扩大断面到5.0 m和拉底保证中高达到2.8 m。

由于工作面采止线位置紧靠F_{301}断层，受断层影响，回顺需多推进136.6 m。为多回收煤炭资源，

作者简介：李金海(1969—)，男，高级工程师，1992年毕业于山西矿业学院采矿工程专业。现任晓明矿生产科科长。

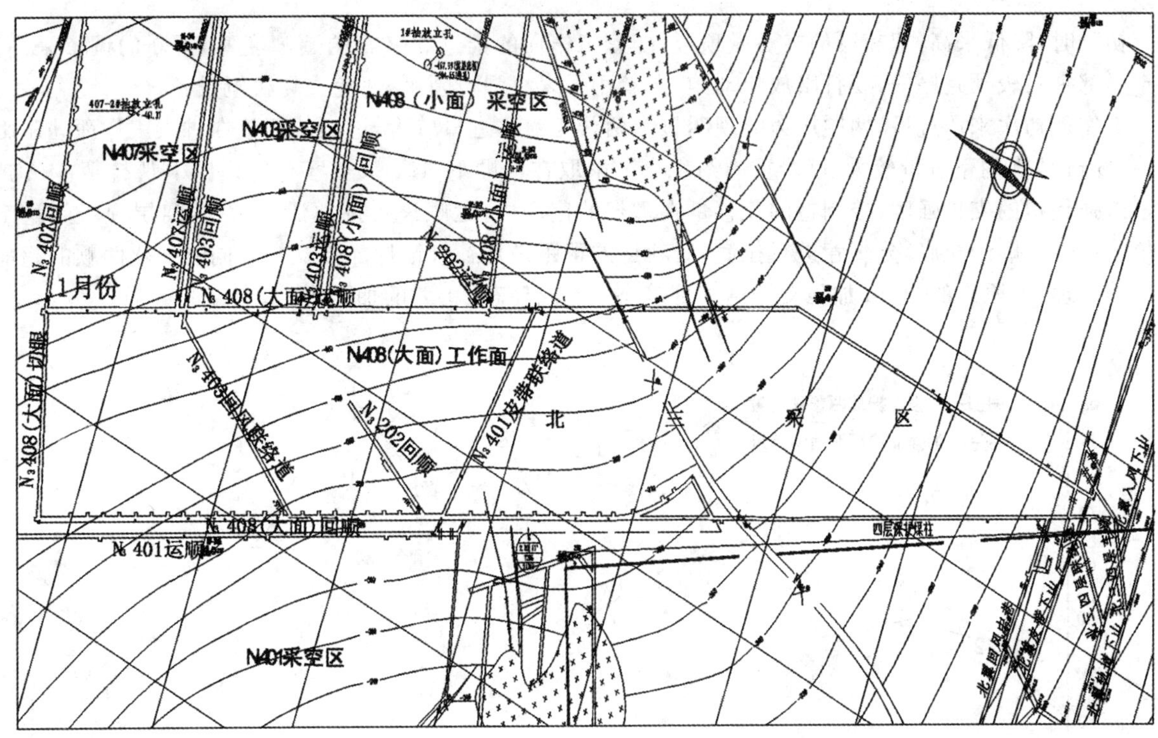

图1 N_3408(大面)工作面地质平面图

以运顺采止线为圆点、以工作面长度为半径，对回顺进行改造，把工作面设计成等长工作面，改造后采止线巷道布置如图1所示。以使在收尾转采期间不用增加支架，保证回采顺利进行。

对N_3403回联和N_3401皮带联络道旧巷进行翻修。N_3401皮带联络道原为T铁棚支护，翻修为锚杆、锚索联合支护；N_3403回联原为锚杆、锚索联合支护，但由于服务时间较长，巷道局部顶板离层下沉，个别锚杆、锚索拉断失效，需进行挑顶及补强支护。翻修时，顶板由于受自然状况、矿山压力等情况影响，造成顶板不规则，但顶板必须找到稳定层位。

3 综采设备性能分析和配套

工作面地质条件对综机设备性能的发挥起到关键性的作用，所以综机设备的配套选型要充分考虑到工作面的地质条件。

鉴于工作面为孤立块段，矿山压力显现明显，采高变化较大。液压支架选型上要优先选用调高范围大，推，拉力大，结构简单，工作阻力大、顶梁支护性能好，井下维护方便的液压支架。故该工作面选用：端头支架ZTZ22500/19/35，过渡支架ZY6400/15/32，中部液压支架ZY6400/13/29。

因工作面煤层结构较复杂，采高为1.8～2.6 m，夹石平均厚0.25 m。在工作面北部靠近切眼附近，夹石变厚，分层增多。采煤机的选型要满足采高、破煤能力、牵引方式、牵引速度、结构形式等方面的要求。故该工作面选用：MG300/720－AWD采煤机。

因工作面倾角9°～13°，平均11°，工作面刮板输送机的选型在考虑满足工作面生产能力和采煤机型号配套的同时，也要考虑刮板输送机的下滑问题。故该工作面选用：SGZ880/800刮板输送机，并且机头、机尾每隔5组支架、中间每隔8组支架安设防滑液压缸。

4 回采期间的工作面生产实践研究

工作面初采时，由于工作面夹石较厚；工作面初次来压过后，两顺压力显现明显，需采取有效的管理手段。

初采时,降低采高,把较厚的夹石做顶板,随着工作面的推进和夹石的逐渐变薄,不断的调整采高。对于局部夹石较硬且厚的,要打眼放松动跑,严禁用采煤机强行硬割,以免损坏机电设备。

工作面初次来压过后,两顺压力显现明显。两帮相对移近量较大,运顺的顶板在进入工作面动压影响的 20 m 范围内下沉量较大,已严重制约生产。采取在回顺 $N_3$401 采空区范围内的下帮打帮 4 m 帮锚索以强化帮的支护强度,控制帮的位移量在理想的范围内;运顺进行挑顶泄压,拿掉离层顶板到稳定层位。加强两顺的拉底,分多茬进行拉底,对巷道的帮跟进行补打锚杆加强支护。同时强化两顺的超前支护的管理,由原来的 20 m 加强支护增加到静态 50 m、动态 30 m 的加强支护。

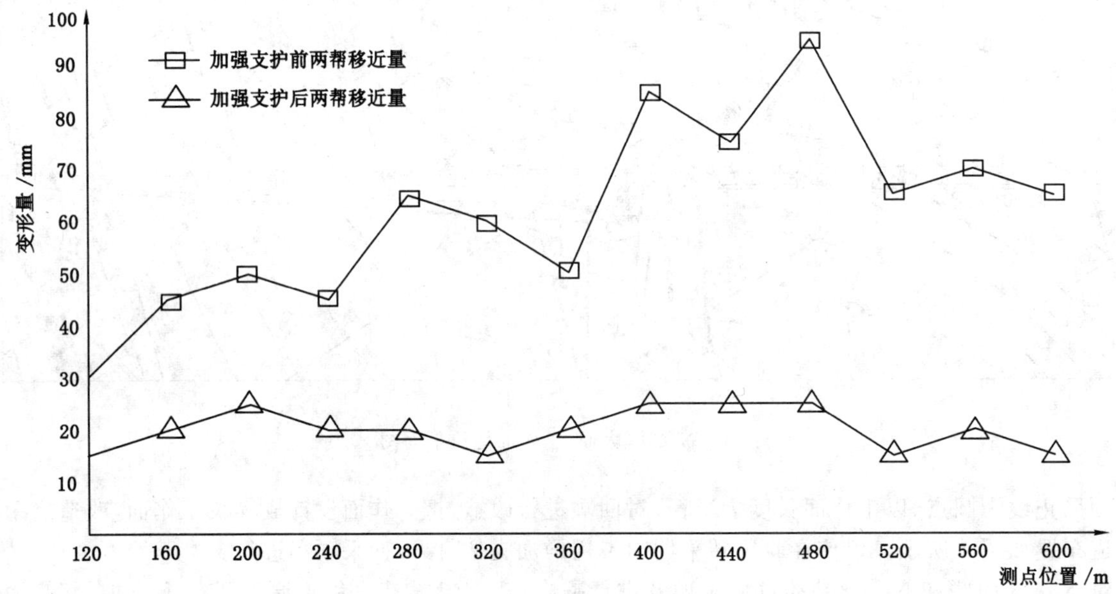

图 2　$N_3$408(大面)回顺矿压观测曲线图

回采期间,采煤机对口螺丝容易松动和损坏,即使使用高强螺丝也不能保证。通过集思广益,采用 ϕ26 mm×92 mm 的刮板输送机链子配合 ϕ85 mm×140 mm 液压缸把采煤机积木块进行整体捆绑并预紧形成一个整体,确保了采煤机的运行平稳可靠。

回采初期,调整采高时,由于支架的梁端距较小,导致顶煤不能找净或采煤机割到支架顶梁。把支架连接头加长 100 mm,梁端距也因此增加 100 mm,保证了较好的回采效果。

工作面推进临近 $N_3$403 回联和 $N_3$401 皮带联络道旧巷 100 m 前,在旧巷内备单体木棚,并每隔 5～10 m 打"品"形木垛进行加强支护;$N_3$202 为穿层巷道,要事先启闭并排瓦斯后,在旧巷起坡段与煤层间距 2～12 的范围内,底板打 2.2 m 锚杆并横拉钢带,同时打木垛,使此段巷道形成整体;穿层部位打锚索梁,锚索梁高于煤层顶板 500 mm 安设,在锚索梁上部空间架设木垛与巷道顶板接顶,形成人工假顶。

5　收尾期间回顺转采的管理

工作面收尾时,回顺需旋转开采 37°,比运顺多推进 138.6 m。因工作面收尾铺网与转采同时进行,这就要采取有效的管理方法,来保证收尾转采的顺利进行。

转采前,首先要把运输机头推进到位,并把机头调至最短,将工作面找直,然后以机头为圆心进行旋转机尾。根据机尾距采止线的距离,确定转采开始的位置和转采比。

运顺调角点为距终止线 4 m(垂距为 3.2 m),机尾转采点为距终止线 142.6 m(便于计算循环,且机头超前机尾 6 m),此时机头为割透后不上机头状态。采煤机向尾割煤,回顺开始调角。转采时,第一次封茬工作面分 5 个茬进行割煤，封岔地点为 90#、70#、50#、30#、头；第二次错茬封茬，封茬点为 100#、80#、60#、40#、头。采煤机到头运输机头不上，到尾割 2 遍尾，10 遍尾为一个循环，除头外每个封茬点采煤机吃满刀，保证封茬地点过渡圆滑。工作面每进行一个循环时，机尾推进 7 m。当工作面进行 19 个循环时，机尾推进 133 m，此时机尾距劈帮段距离为 8 m，继续进行第 20 个循环，然后将工作面找直，当机尾距终止线 3.2 m 时，工作面转采结束。

因工作面收尾与转采同时进行，为便于施工与计算，将工作面支架(不算端头支架)分成单位进行铺设单层菱形网(引网规格：1 600 mm×9 000 mm，其余金属网规格：1 000 mm×9 000 mm)。1#～10# 支架为一个单位，11#～70# 支架间每 5 组支架为一个单位，71#～85# 为一个单位，之后以 20 组支架为一个单位，直至机尾。当运顺推至距终止线 10 m 处，机头 10 组支架开始铺网，引绳与工作面平行，每隔 300 mm 用 8# 铁线固定在顶网上，工作面内每隔 5 组支架在架间打一根顶锚杆(规格：ϕ22 mm×500 mm)固定引网与引绳。随着工作面的不断推进，机头侧 10 组支架逐渐铺网上绳，铺网直至终止线。如图 3 转采收尾铺网示意图。

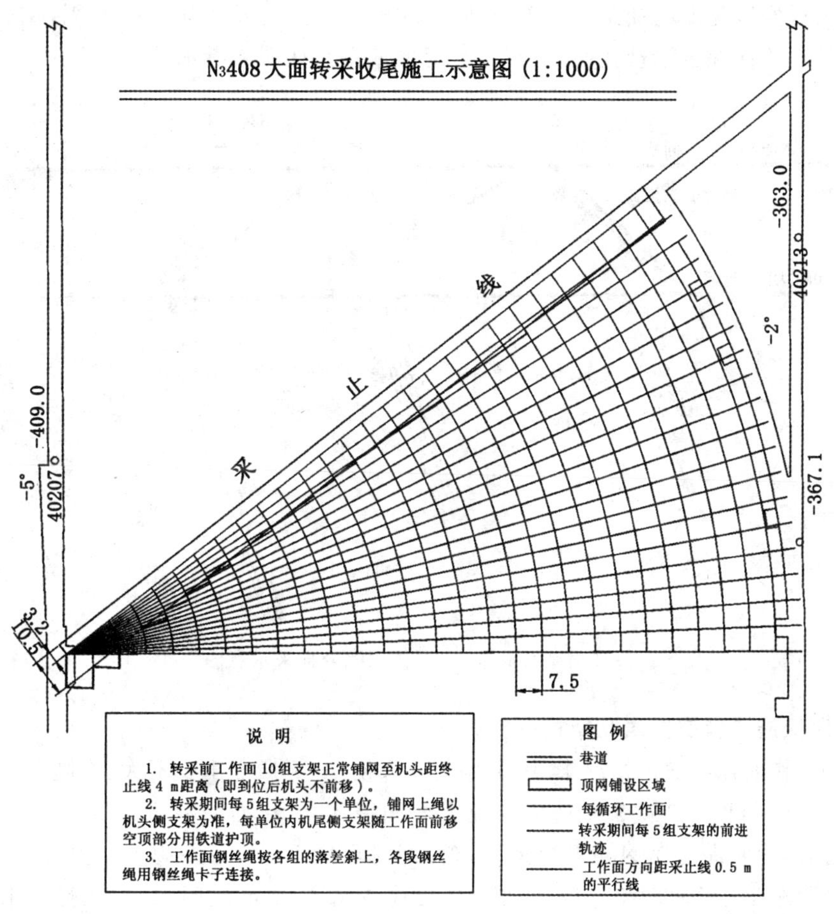

图 3 $N_3$408(大面)转采收尾铺网施工示意图

转采注意事项：① 因实际生产中，机尾进尺可能存在少许误差，在调角前必须将工作面找直并保证头尾推至调角位置。回顺记点要尽量准确，以减少误差。每一循环要严格按照工作面记点进行。同时在工作面的铺网关键点设置计数线，及时掌握和调整工作面的推进度，以保证机尾和工作面内的各点推进度达到措施的理论要求，铺网同时到位。② 转采过程中要保证工作面的平直，防止因转采而出现的中间落后，必须根据措施和现场确定机组割煤、移架、推移运输机的位置及移进量。③ 随转采及时调整支架的间隙和支护状态，使支架的间隙均匀、支护状态良好，防止出现挤架咬架现象。这就需要正确使用好侧护板，调整好支架状态，必要时使用液压单体或专用液压缸人工调整支架架尾，上摆支架尾部，使支架方向的变化适应运输机方向的变化。④ 合理使用好运输机防滑缸，防滑缸的作用是控制运输机与支架推移杆的方向以及控制机头的位置，而且二者兼顾。⑤ 根据运输机机头的位置、运输机与支架的支护状态等情况，实时地把机头 1#、2#、3#、4#、5# 支架尾部调开一定距离，以满足转角的要求。

6 回采期间瓦斯治理

根据工作面开采统计，工作面初采期间基本顶垮落前本煤层涌出的瓦斯量和本工作面采空区残存煤涌出的瓦斯量仅为 10 m^3/min。工作面回采间隔超过切眼 30～45 m 后，工作面顶板垮落，逐渐形成冒落带和裂隙带、弯曲下沉带，邻近层及围岩、采空区瓦斯将涌进工作面，瓦斯涌出量将大幅度上升，工作面瓦斯涌出量可达 40 m^3/min。

本煤层瓦斯涌出量占工作面瓦斯涌出量的 25%左右，邻近层、围岩及采空区瓦斯占工作面瓦斯涌出量的 75%左右，是工作面瓦斯涌出的主要来源，所以在保证工作面通风风量稳定的前提下，必须加大对邻近层、围岩及采空区瓦斯的抽采。针对瓦斯来源及影响瓦斯异常涌出的原因，结合工作面实际情况，采取了多种抽采方法综合治理瓦斯，收到了显著的效果。如图 4 所示。

图 4 $N_3$408(大面)工作面综合抽采示意图

6.1 对工作面顶板施工斜交穿层瓦斯抽采钻孔

根据对已采工作面瓦斯涌出情况来看，工作面开采初期，瓦斯涌出量不大，上隅角瓦斯浓度低，当工作面推进 30～45 m 后，顶板初次来压造成顶板大面积垮落，工作面采空区与周围采空区连通，上隅角瓦斯开始逐渐增大，因此提前在 $N_3$408 综采工作面回风形成至少 3 个钻场以上的斜交扇形抽采钻孔，施工钻孔终孔位置距工作面回顺 30～45 m 内，终孔垂高 30～40 m 之间，将钻孔打在采空区裂隙带，以保证工作面正常推进度，并根据上隅角瓦斯治理实际情况，距离工作面 60 m 范围内利用钻场间煤壁重新向工作面采空区打垂高 30～40 m 的短孔，从而有效解决了瓦斯超限问题，上隅角风流中瓦斯浓度由 1.3%降至 1.0%以下。

6.2 采用移动泵抽采上隅角和采空区瓦斯

在进行抽排上隅角瓦斯的基础上，随着回采工作面的推移，瓦斯涌出量日渐增大，鉴于工作面运、回顺落差较大，初采期间上隅处顶板不易跨落的特点，在工作面回顺上隅角顶板如图 5 所示的位置预先施工了 1 个 ϕ212 mm、2.5 m 高的抽采立眼，并安设了 ϕ200 mm 花管用 ϕ200 mm 铁管接到了抽放管路上进行抽采。通过实际抽采，瓦斯抽采浓度高达 30%，提高抽采瓦斯纯量 3～5 m^3/min，为工作面治理上隅角瓦斯提供了一项可靠地抽采手段。

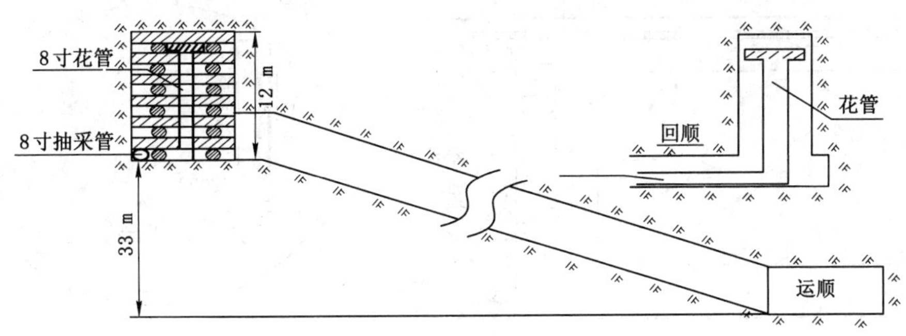

图5 立眼施工位置及剖面图

6.3 施工临近采空区导入钻孔抽采

针对 $N_3$401 采空区与 $N_3$408 采空区的位置关系，随着工作面回采，$N_3$401 采空区将与本工作面采空区连通，在工作面回风巷每隔 25 m 向 $N_3$401 采空区施工 2 个导入抽采钻孔，钻进方向与回风巷中线垂直，钻孔参数为：倾角 18～20 度，孔深 15～30 m，第二个钻孔与第一个钻孔水平相邻，利用 2BEC－250 水环真空泵和 ϕ325 mm 抽放管路对回顺斜交钻孔和采空区导入钻孔联合抽采，随着工作面的回采，当工作面切顶线移到每个采空区导入钻孔的终孔位置时，钻孔才宜布报废，有效抽采邻近 $N_3$401 采空区的瓦斯，提高了钻孔抽采时间，杜绝了采场上隅角的瓦斯超限。通过对 $N_3$401 采空区施工导入抽放钻孔，提高钻孔抽放纯量 2～3 m^3/min。

6.4 运、回顺采空区导入法抽采

$N_3$408 工作面包含 $N_3$407、$N_3$403、$N_3$408 小面、$N_3$401 三个采空区，由于工作面的回采推进，运、回顺各采空区与 $N_3$408 采空区会相继贯通，从而导致运、回顺采空区瓦斯涌入工作面采空区，鉴于上述原因，运顺敷设了 1 趟 4 寸抽采管路，回顺利用主系统抽采管路，用于抽采采空区密闭瓦斯，有效地降低了采空区瓦斯向 $N_3$408 采空区的运移，从而有效地避免了各采空区闭前的瓦斯超限。通过实际观测，工作面运顺风流中瓦斯浓度有原来的 0.3%降至 0.1%以下，抽采纯量提高了 3～4 m^3/min。

6.5 采空区地面钻孔抽采

本工作面布置有 2 个地面采空区地面钻孔，临近采空区分布有 $N_3$407、$N_3$403、$N_3$408 小面等共计 6 个地面采空区抽采钻孔，针对工作面与相邻采空区的位置关系，我矿及时采取地面采空区钻孔联合抽采方式，抽采效果非常显著，不但能够增抽利用高浓度瓦斯纯量，有效地治理工作面瓦斯超限问题，通过实际观测，抽放瓦斯纯量为 10.5～18.5 m^3/min。

6.6 利用回顺旧巷高位巷抽采

针对本工作面巷道条件，我矿及时将 $N_3$202 回风密闭进行启封，并在工作面回采至 $N_3$202 前，预先在 $N_3$202 回风巷道内铺设一趟 8 寸抽采管路，并在巷道最高处设置埋管，抽采工作面裂隙带瓦斯，通过实测抽采效果显著，并连续抽采 15 d，直至将此巷道回采入采空区内，停止抽采，抽采浓度 30%～60%，抽采纯量 3～4.5 m^3/min，累计抽采瓦斯 9.72 万 m^3。

6.7 回顺上隅角垂直钻孔抽采

在工作面上隅角预先垂直煤层顶板打钻孔深在 2.5～3 m 左右，孔径为 ϕ73 mm 的钻孔，然后插入直径为 ϕ60 mm，前端 1 m 管壁留有小孔的管路，该管路利用软管与抽采管路连接，每间隔 3 m 施工 2～3 个，工作面推过后进行抽采。钻孔的用锚杆钻机，钎子头焊接 ϕ73 mm 钻头即可施工。

抽采效果：此种方法在 $N_3$408(大面)综采工作面得到了很好的应用，垂直钻孔平均抽采瓦斯浓度为 5%～20%，抽采瓦斯纯量 3～5 m^3/min，使采场上隅角瓦斯基本控制在 0.7%～1.0%之间，回风瓦斯浓

度控制在 0.4%～0.6%。

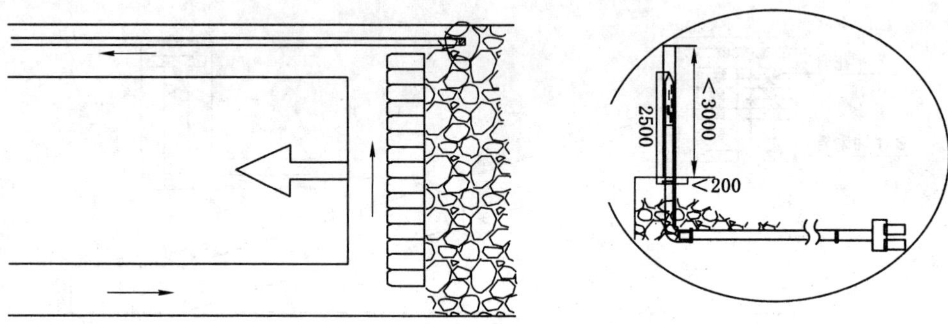

图 6 垂直钻孔施工位置及面

6.8 尾巷抽采

工作面收尾期间，工作面为扇形转角回采，由于回顺比运顺高，转角期间，采煤机频繁在回顺上隅角附近回采，瓦斯涌出量较大，给工作面上隅角的瓦斯治理带来了很大的麻烦，鉴于上述原因，预先在回顺巷道如图 7 所示位置，接设 12 寸埋管 1 处，并提前在回顺巷道进行施工斜交扇形钻孔，形成抽采管路后对其进行了巷道支护、封闭，并构筑两道密闭墙，进行尾巷抽采。

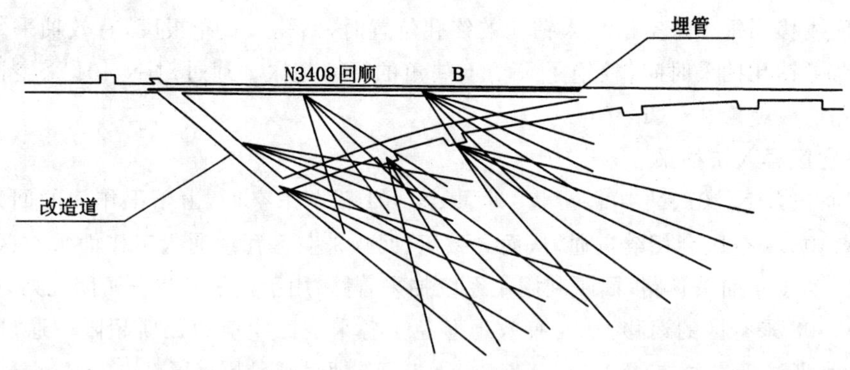

图 7 斜交扇形钻孔示意图

抽采效果：通过抽采，有效地杜绝了尾采期间上隅角瓦斯超限问题，生产期间回风流瓦斯控制在 0.6%以下，抽采利用纯量平均 3.5～5.0 m^3/min。

通过以上抽采方法的实施，工作面抽采率由原来的 60%左右提高到 75%以上，$N_3$408 大面回风瓦斯控制到 0.4%～0.6%，进风角瓦斯浓度为 0.1%，工作面上隅角瓦斯降到了 0.7%～1.0%。有效地解决了回采期间上隅角、回风流瓦斯超限问题，保证了安全生产。

7 结语

通过对晓明矿 $N_3$408(大面)孤立块段、条件复杂的综采工作面的回采实践研究，可以看出，每个综采工作面回采前要根据不同的地质条件进行研究，使综机设备的配套选型满足地质条件和回采的需要；工作面回采过程中，还要善于发现问题，积极分析问题，提出解决问题的办法和改进意见，采取有效的措施和管理手段，就可避免制约安全生产的现象，就可以优质高效的完成回采任务。

EBZ300硬岩掘进机设计探讨

杨春海

（山西天地煤机装备有限公司　山西太原　030006）

摘　要　硬岩掘过机与煤巷、半煤岩巷或软岩巷掘进机有着较大的差异，原有普通掘进机从截割、装运、液压、电气、除尘等方面已不能适应硬岩掘进需求，本文将全方位从设计、应用等方面对硬岩掘进机的设计进行探讨，以解决硬岩掘进出现的问题。

关键词　硬岩；掘进机；优化设计；磨损

随着国内煤炭易采储量的减少，需开拓巷道深度的增加，面对的地质条件复杂程度的加大，岩石硬度的提高，断层增多，为减少开采巷道距离，加快巷道掘进速度，硬岩巷道施工数量越来较多。而传统炮掘施工进度慢，安全性差，用工数量多，不能满足巷道开拓速度的需求和减员增效的现代化矿井需求。岩巷掘进机的使用可有效加快巷道进尺速度，缓解目前日益严重的采掘比例失调现象，减少施工量，减员增效，降低掘进成本，提前完成巷道总体要求具有重要的意义。而目前国内大多数岩巷掘进机截割能力不强，故障率较高，整体适应岩巷掘进能力较差，因此开发能适应硬岩条件的掘进机显得尤为必要。

1　设计原则探讨

首先明确所谓硬岩的截割范围，根据普氏岩石分类，硬岩的普氏系数为f8－10，基本包含了煤矿井下全岩巷道经常碰到的灰岩、砂岩等硬岩石范围，由此来根据硬度系数来对整机进行定位及设计。

表1　　**普氏岩石分类**

级别	坚硬程度	岩石特征	普氏系数 f	单向抗压强度 R/MPa	内摩擦角 /(°)	松散系数 K
Ⅰ	极硬岩石	极硬、极致密和人性最大的石英岩和玄武岩，及其他特坚硬的岩石	20	200	87.08	2.2
Ⅱ	很硬岩石	很硬的花岗岩、石英斑岩硅质页岩，比上述石英岩略弱的石英岩，最硬的砂岩和石灰岩	15	150	86.11	2.2
Ⅲ	硬岩石	花岗岩(紧密的)、花岗质岩石，很硬的砂岩和石灰岩，石英质矿脉，很硬的砾岩，很硬的铁矿石	10	100	84.18	2.2
Ⅲ	硬岩石	石灰岩(坚硬的)，不硬的花岗岩，硬的砂岩，硬大理岩，黄铁矿，白云岩	8	80	82.18	2.0
Ⅳ	相当硬的岩石	普通砂岩，铁矿石	6	60	80.32	2.0

为满足硬岩工况下巷道快速掘进的需求，对能适应硬岩掘进的综掘机从截割、装运、行走、液压、电

作者简介：杨春海，男，山西天地煤机装备有限公司，副研究员。太原市并州南路108号，030006；电子邮箱：ychandzzf@163.com。

气及除尘等方面进行初步探讨，力图解决其截割稳定性、抗冲击性；物料装运顺畅性、耐磨性；行走附着力、驱动力；液压冷却能力、分配合理性、电气系统抗振能力及粉尘污染治理等问题。

1.1 总体设计

硬岩截割岩石粒度较小，产生粉尘浓度较高，且扩散性较强，长时间停留在巷道中，对工人身体危害性较大，而现有掘进机自带的内、外喷雾无法有效解决粉尘污染问题，因此本硬岩掘进机因此本机从初始设计就考虑到将国外先进除尘系统集成到整机，同时将泵站与油箱一体化设计，以保证除尘器能与集成泵站油箱同时布置于整机左侧，掘进机右侧布置操作台及电控箱，同时将除尘器操作按钮与掘进机操作按钮置于同一操作箱，布置于操作台，以利于同时操控除尘器与掘进机。

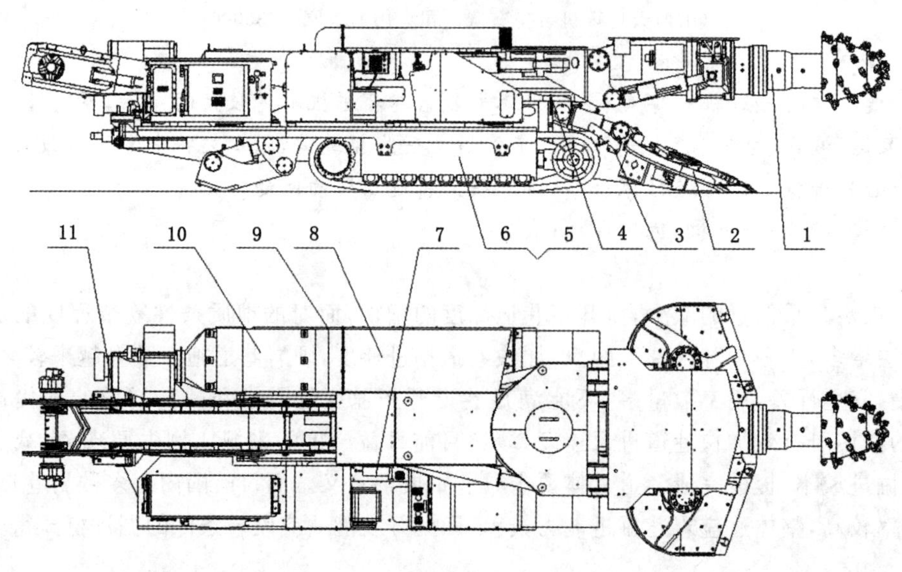

图 1 EBZ300 型掘进机

1——切割部；2——装载部；3——刮板输送机；4——机架和回转台；5——左行走部

6——右行走部；7——电气系统；8——液压系统；9——水系统；10——除尘系统

1.2 截割机构。

为适用硬岩掘进工艺的要求，截割机构除强度和刚度要求和工作稳定可靠外，还要做到如下几点：

a. 为提高截割头的耐磨性，一方面在现有的基础上延长截割头的裙部，增加尾部截齿数，有效地降低因截割头较短扫底时尾部容易磨损的情况，另一方面在现有加长裙部及截割头导流板焊接进口高强碳化铬合金耐磨复合板 JFE－EH400，加厚齿座厚度，并在齿座顶部堆焊耐磨涂尘，有效防止截齿失效后未及时更换造成齿座迅速磨损乃至断裂情况发生。经证明，改良后的截割头磨损较小，可满足硬岩巷的截割要求。

b. 切割硬岩截割减速器发热较高，油温升高透气时易从普通透气塞带走部分润滑油，若未能及时补充缺少油量，易烧坏减速器，因此重新设计高效透气塞，透气不透油，可有效解决减速器易因加油不及时造成的损坏现象。

c. 减速器及悬臂段下部联接螺栓加装防护装置，以防止扫底时螺栓严重磨损无法更换。

1.3 装运机构。

为解决岩石物料连续装运问题，采取了如下措施：

a. 铲板装载机构采用五爪星轮（实践证明，此种工况下五爪星轮的装料效果比三爪星轮好，有效防止三爪星轮易堆积物料卡死的现象）。在不影响装载效率的情况下尽量降低装料爪的高度及半径，增加装载力；

b. 为保证装载星轮的耐磨性，在工艺上采用高强铸件与超耐磨钢结合的工艺来解决星轮磨损问题，一方面可以解决加工的工艺可行性，保证星轮的钢性，另一方面又加强了星轮表面的耐磨性，经试验表明，超耐磨钢的使用有效地降低了星轮的磨损，完全可满足岩巷掘进的运输要求。

c. 铲板体上表面易磨损部位则采用芬兰 Ruukki 的 Raex 400 军工装甲车用耐磨刚板，板材平整，耐磨性高，设计采用可拆卸式设计，设计在极端磨损情况下仅更换耐磨板就可恢复整个铲板的使用。试验表明该铲板表面耐磨性好，完全可以保证大修期内无需更换。

d. 采用 22×86 高强刮板链，相比国内其他岩巷掘进机抗磨损及抗拉伸能力提高 2 倍以上，针对小块硬岩物料可能会造成的装运系统磨损严重以及卡链等问题，项目组在运输槽易磨损部位采用耐磨材料或覆盖可拆卸耐磨板方法降低磨损影响，并提高了刮板链以及驱动链轮的强度等级，以增加其抗磨性，同时通过全程压链，减小压力板与刮板链间隙，提高制造精度等方法，降低卡链风险。这些措施有效地保证了装运机构的正常运行。在井下的使用过程中表明，该机装运能力强、耐磨损、工作连续，达到了设计要求。

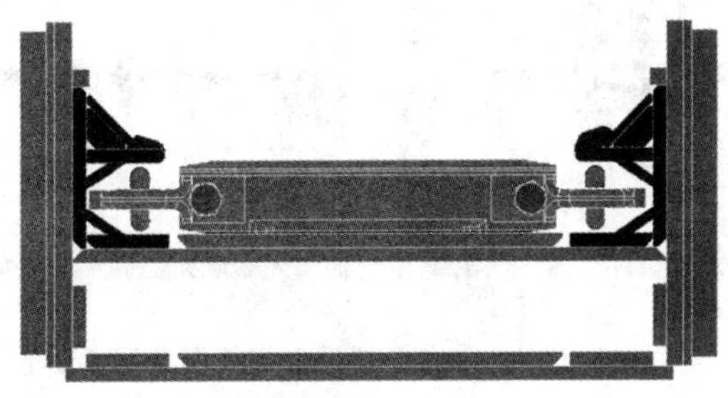

图 2　高效耐磨可拆分式刮板机

1.4　行走机构

针对岩石底板较硬，容易产生局部应力集中，因此对履带行走机构要求较高，主要采取了以下措施：

a. 支重轮采用中间导向，两侧支撑结构，有效降低了履带板的弯曲应力。

b. 采用液压张紧，快速可靠；

c. 采用锻造整体履带板，强度高、寿命长。

1.5　液压系统

a. 液压系统主泵站由一台电动机驱动一台两联恒功率变量柱塞泵，分别向油缸回路、行走、装载、输送机回路提供压力油，有效了解决截割与装运岩石物料流量分配问题，降低了系统发热量。同时系统还设置了有液压马达驱动的独立补油系统，避免了补油时对油箱的污染。

b. 针对岩巷截割液压系统发热量较大的问题，整个液压冷却系统采用进口高效板翅式冷却器，冷却效率高，在能满足正常供水条件下，液压系统可达 40 ℃热平衡，为液压系统的正常运行提供有力保障。

1.6　电气系统

通过选用高效减震器，有效消除硬岩截割产生的低频振动，降低冲击力。

1.7　除尘系统

选用高效离心风机，一方面噪声较小，另一方面体积也较小，能有效集成在掘进机上，同时整个湿式除尘器能够对掘进巷道工作面粉尘进行有效的控制及处理，提高巷道能见度，保障工人作业安全。

按以上原则设计的综掘机参数如下：

总重	90 t
长	12.8 m
宽	2.9 m(铲板 3.6/3.2 m)

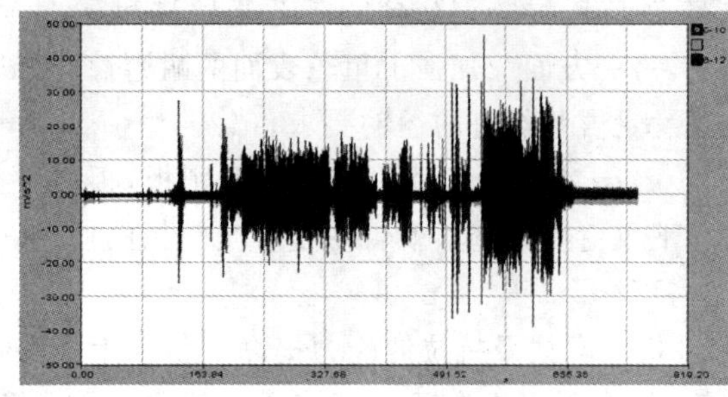
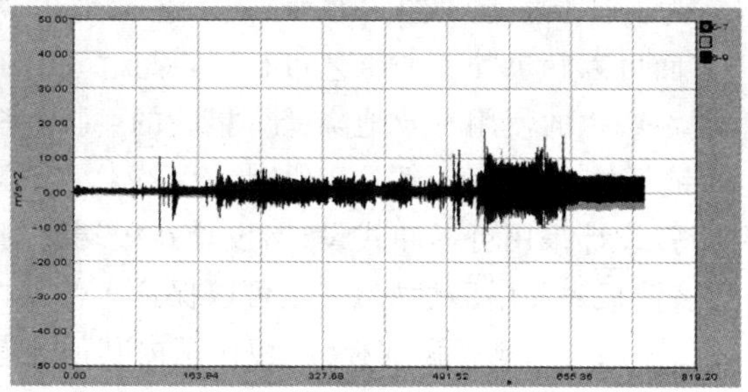

图 3 使用普通减振器后电控箱振动加速度

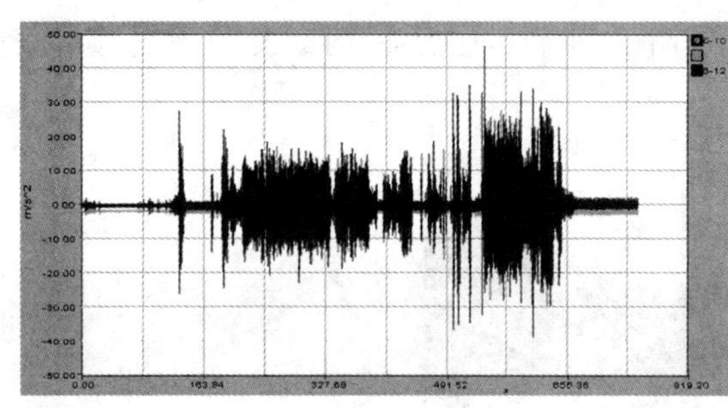
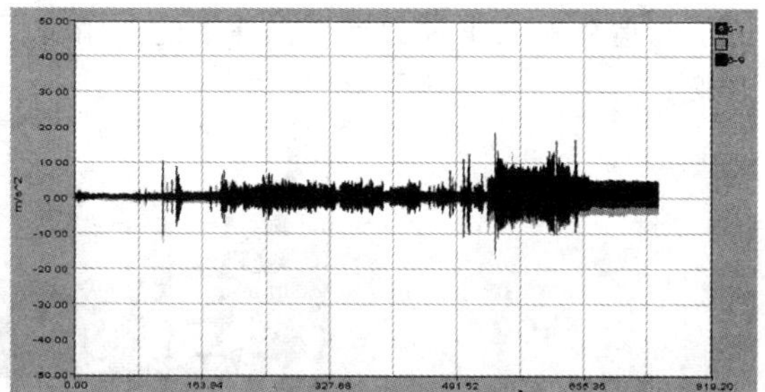

图 4 使用高效减振器后电控箱振动加速度

高	1.8 m
截割功率	300/220 kW
经济截割硬度	f9(局部 f11)
机载除尘器处理风量	350 m^3/min
供电电压	1 140 V

2 使用效果

按以上设计原则进行设计的硬岩掘进机已进行了工业性实验，使用情况如下：

该机所掘巷道为全岩巷掘进，巷道断面为拱形，下部矩形断面宽 4 700 mm，巷道总高为 3 600 mm，巷道断面积为 14.5 m^2。岩性以灰岩为主，随机取样化验岩石平均硬度为 f10.7。原来该掘进面采用的是炮掘，平均月进尺量 50 m 左右。EBZ300 重型岩巷掘进机试验三个月总计掘进 426 m，截齿消耗 1 565把，平均每立方米消耗截齿 0.15 把。最高月进为第二个月，掘进进尺 156 m。试验期间每周测尘 1 次，其中司机位置总粉尘降尘率达 91%；除尘器除尘效率可达 99%。矿方原计划两年完成的 1 300 m 巷道掘进任务使用该掘进机后一年就完成了任务指标，工作面提前开始回采，为使用单位创新良好的经济效益，试验达到了预期效果。

3 问题思考

按以上原则设计制造的掘进机，实际使用效果基本达到了设计要求并取得较好的效益；但仍有几个问题需进一步探讨：

(1) 实际该机在试验过程中截割硬度达到 f10.7 的 1 排(约 0.9 m)硬岩时间最多需约 1 个小时左右，但支护 1 排时间达到 2 个小时，因此如何提高支护作业效率或掘锚平行作业问题将是下一步岩巷快速掘进的研究方向。

(2) 在切割特硬岩石时，截齿明显消耗较大，因此还需对截割方式或截割机理进行进一步研究，是否能有更合理截割方式能解决特硬岩石截割经济性的问题。

参考文献

[1] 马健康. 悬臂式掘进机履带行走机构主要参数的确定[J].煤炭科学技术,2002,10:32.
[2] 任葆锐,刘建平. 煤巷快速掘进设备的使用与发展[J].煤矿机电,2003,5:52.
[3] 张荣立.采矿工程设计手册[M].何国玮,李铎. 北京:煤炭工业出版社,2003:21.

柔掩工作面过向斜轴开采工艺研究及应用

黄正平[1] 李 虎[1] 高维智[2]

(1. 攀煤(集团)公司太平煤矿;2. 天地科技股份有限公司)

摘 要 太平煤矿+900 m水平北三采区26246E采煤工作面受向斜轴影响,造成工作面煤层倾角变化较大,局部煤层倾角为27°,柔掩回采困难较大,结合目前我矿已掌握的柔掩施工工艺,通过修改架型、改变放炮段长度等系列有效措施,成功实现柔掩工作面过向斜轴小倾角开采,对柔掩开采适应范围具有重要的意义。

关键词 柔掩;过向斜轴;小倾角;开采工艺

1 工作面概况

1.1 煤层情况

北三采区26246E工作面煤层结构复杂,煤层总厚度:1.36～4.10 m,平均2.79 m,上分层厚0.43～2.76 m,平均为0.59 m;有1～6层夹矸,其岩性为泥岩,泥岩夹煤线,粉砂质泥岩与粉砂质泥岩粉砂质泥岩夹煤线;下分层为主采层,主采层厚0.18～1.92 m,平均1.70 m,煤层能利用厚度为0.18～1.90 m,平均厚度为1.49 m。上分层与下分层之间有一层粉砂质泥岩0.25～1.24 m,平均为0.50 m。

该工作面煤层倾角变化较大,回风巷倾角27～54°,倾角平均为41°,从180 m～230 m倾角在27～34°;运输巷倾角35°～58°,倾角平均为44°,350 m～405 m范围内,倾角在35°～38°,远小于45°。

1.2 煤层顶底板岩性

该煤层结构复杂,属较稳定中厚煤层,本煤层基本顶为粗砂岩、中粒砂岩,厚度:14.5 m,灰白色,块状 浅灰色,中厚层状;直接顶为粉砂岩、细砂岩,厚度:9.0 m,浅灰色,薄层状;灰色,薄层状;直接底为粉砂岩,厚度:8.0 m,灰色,薄层状;老底为粗砂岩,厚度:7.0 m,灰白色,块状。

1.3 地质构造

该工作面位于矿井二级构造S12向斜与B12背斜之间,受S12向斜与B12背斜影响,工作面中部伴生一个次生向斜构造,该次生向斜轴位于回风巷约210 m处,向斜轴东西两翼回风巷180 m～230 m位置煤层倾角27°～34°之间,运输巷对应350 m～405 m位置煤层倾角在35°～38°之间,属小倾角地段,对开采的影响较大。

2 现有开采技术

矿井分三个水平开拓,第一水平为+1 100 m水平,第二水平为+900 m水平,三水平为延深的+700 m水平。第一水平为平硐开拓,于1991年开采结束。现生产的第二水平为斜井开拓,主斜井为胶带运输机提升,井筒布置在井田的东北边缘的金沙江边与摩梭河交汇处,作为主提升和敷设排水管用;副斜井和管子斜井布置在井田中部原主平硐西侧,作为辅助提升和敷设管线、入风用。水平运输大巷沿煤层底板布置,从运输大巷掘石门与采区巷道相连,采区内一般采用材料上山、回风上山,竖直溜煤、溜

作者简介:黄政平(1971—),男,四川广安人,采矿高级工程师,现为攀煤集团公司太平矿生产副矿长,从事生产技术管理工作。基金项目:十二五国家科技支撑计划(2012BAK04B08)资助。

矸高反井，区段双石门联系各煤层的大联合布置。每个采区划分为3～4个区段。

太平矿地质储量中以急倾斜煤层为主，受巷道布置限制，+900 m水平以上倾角在42°以下采用单体支柱走向长壁采煤法开采，倾角在42°以上的工作面采用柔性掩护支架采煤法，矿井现有工作面6个，其中柔掩工作面5个，为矿井主要采煤方法，但该采煤方法受煤层倾角和作业空间限制较大，工作面产量偏低，一般在0.6～1.2万t/月。

3 工作面巷道布置

3.1 运输巷

工作面运输巷主要为工作面行人、进风和运输使用，其主要技术参数：长545 m，坡度+3‰，巷道断面6.2 m^2，支护断面为：下净宽×中高=3.2 m×2.2 m，支护形式：锚网+钢筋托梁支护。

3.2 回风巷

工作面回风巷主要为工作面行人、回风和运输使用，其主要技术参数：长481 m，坡度+3‰。巷道段断面5.2 m^2，支护断面为：下净宽×中高=2.6 m×2.2 m，支护形式：锚网+钢筋托梁支护。

3.3 开切眼

开切眼沿工作面俯伪斜布置，主要为工作面初编架做准备，其主要技术参数：长56 m，坡度+35°，断面3.61 m2，其施工断面为：上宽×下宽×中高=1.7 m×2.1 m×1.9 m，采用木棚支护，棚距1.0 m，用料规格：₵≥16c m园木。巷道布置如图1所示。

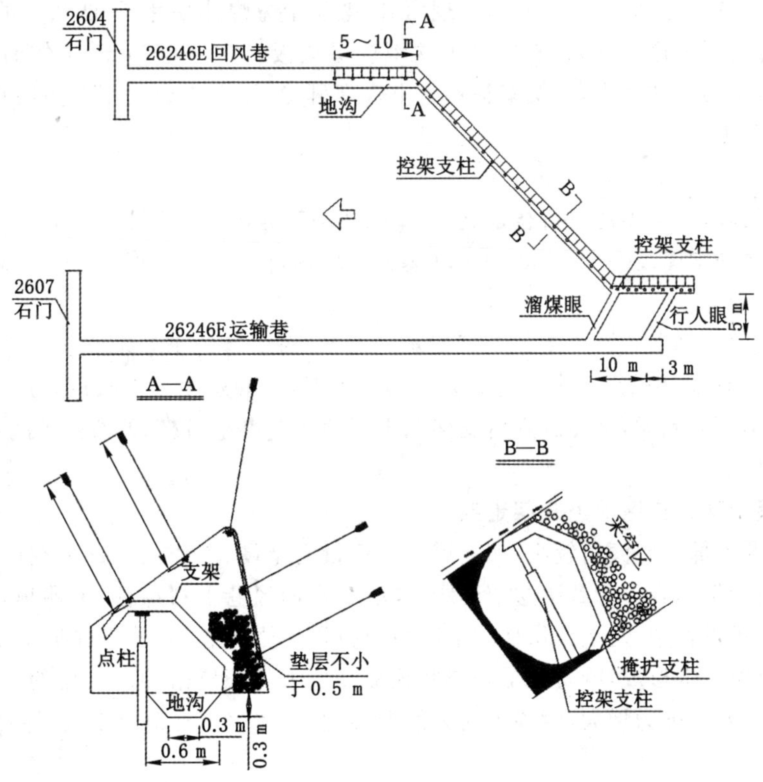

图1 巷道布置图

4 过向斜轴开采方案

4.1 方案提出

根据工作面煤层赋存情况、顶底板岩性、煤层倾角及我矿现有开采技术条件，综合提出以下方案：

方案一:工作面不进行改造,采用柔掩采煤法强行通过方式进行回采。

方案二:掘送一条收尾上山和开切上山将小倾角段甩开,重新编架采用柔掩采煤法回采剩余储量。

方案三:工作面就地改造成单体长壁工作面,采过小倾角段后再改成柔掩采煤法回采剩余储量。

4.2 方案比较

类别/方案	支护方式	开采难度	顶板管理难度	施工环节	开采成本	劳动强度	回采率
方案一	掩护支架	小	小	少	低	低	高
方案二	掩护支架	大	大	多	高	高	低
方案三	单体+π型梁	大	大	多	高	高	高

4.3 方案选择

经过比较,结合我矿对柔性掩护支架采煤方法的掌握,我矿选择方案一,即:工作面不进行改造,采用柔掩采煤法强行通过方式进行回采。

5 工作面过向斜轴柔掩小倾角回采工艺

5.1 开采层位的选择

开采工作面向斜轴两翼,工作面煤层真倾角小,俯伪斜角更小,采空区矸石对支架没有推力,工作面煤层爆破后支架不能自行走到煤壁,架头易出现窜矸,架头上方煤体易片冒,威胁人员安全,为了确保开采安全,工作面沿煤层顶板进行开采,支架最顶端距煤层顶板100～200 mm,工作面沿煤层顶板开采,支架上方没有煤体,不会出现片冒,支架架头不会出现窜矸,采用人工走架不会威胁作业人员安全。确定该工作面沿煤层顶板开采。

5.2 支架选型

开采工作面向斜轴,支架不能自行行走到煤壁,采用人工走架,要确保支架被人工上下调整的空间,支架高度要小于煤层平均厚度200～500 mm以上。工作面煤层平均厚度2.79 m,确定该工作面支架高度1.8 m。

根据向斜轴两翼煤层倾角较小,支架走架困难的问题,对现有的1.8 m掩护支架进行了改造,支架上肢缩短了100 mm,使支架的重心由靠近支架上部适当下移,既避免了支架重心过于靠近架头后支架容易爬架造成架头窜矸的问题,又使放炮后支架架头自动靠向煤壁,较好地防止了漏顶和窜矸现象的发生,增强了护顶效果。

5.3 强制放顶充填上部采空区促进支架走架

由于向斜轴两翼上部煤层倾角较小,加上煤层顶板较为坚硬,工作面上部采空区充填较差,支架后部垫层较少,放炮后走架困难。为解决这个问题,采取了在回风巷上帮煤柱、上隅角顶板处超前布置强制放顶眼,工作面推进过程中,对上帮煤柱和上隅角顶板进行强制放顶,使工作面上部采空区得到了较好充填,支架后部垫层基本形成,既防止了采空区顶板突然大面积冒落冲击支架的安全隐患,又使支架放炮后靠支架后部矸石的推力增大,增强了支架的走架效果,缓解了支架由于煤层倾角小支架走架困难的问题。

5.4 工作面过向斜轴煤壁和支架状态的调整

工作面在向斜轴两翼时,煤层的倾角变化较大。在向斜轴西翼,工作面上部倾角较小,180～230 m回风巷煤层倾角在27～34°,下部倾角较大,运输巷倾角35°～58°;在向斜轴的东翼,回风巷煤层倾角逐渐变大,运输巷倾角在30 m范围内变小后逐渐恢复正常。根据煤层在向斜轴两翼的变化情况,采取调整循环进度,加强煤壁状态的管理,保证了工作面煤壁情况和支架姿态始终处于良好状态。

在向斜轴东翼,工作面上部倾角小于下部倾角,支架下部走架快于上部支架,工作面下部支架容易出现皱架现象。为了保证工作面的整体推进,工作面上部采用正常的循环进度,下部循环进度降低 100～200 mm,这样控制循环进度后,保证了工作面的整体推进,避免了下部支架皱架问题的发生。

在向斜轴西翼,工作面回风巷倾角逐渐增大,运输巷倾角在轴西翼 30 m 范围时,倾角变小,上部倾角大于下部倾角时容易出现上部支架走架快于下部支架,工作面中部和下部出现皱架的现象。为保证工作面整体推进和支架的良好姿态,工作面下部炮眼正常布置,上部循环进度降低 100～200 mm,控制上部支架的走架速度,保证工作面支架和煤壁的整体性。

5.5 放炮段长度及循环进度的控制

工作面过向斜轴期间,由于工作面倾角较小,放炮后支架不易走到煤壁,容易出现漏顶和窜矸的问题。为了保证工作面安全开采,在工作面过向斜轴时将一次放炮段长度缩短到 3～5 m,循环进度由 0.8 m 降低到 0.6 m～0.8 m,减少了顶板暴露时间和面积,较好地解决了架前漏顶和窜矸的问题。

5.6 人工辅助支架走架

工作面爆破后支架不能自行走到煤壁,使用该段控架支柱来进行人工使支架走到位。人工走架前,作业人员首先要判断支架的状态,来确定先走架还是先放架头。支架直立角度较大或仰架,那么先对该段支架的控架支柱进行逐步的泄压,使架头向下扣,当支架扣至较为标准的状态时,停止泄压,再用单体支柱顶端顶住支架的上肢,单体支柱底端保持离开支架架脚 300～500 mm 间距,然后对单体液压支柱进行注液使支架向前行走,根据支架状态反复进行以上操作过程,直至以较为标准的状态走到煤壁。

支架直立角度较大或仰架,若对单体支柱泄压支架架头不能下扣,我们采用了牵引法使支架架头往下扣,用一根 1.2～1.5 m 直径 15.5 mm 的钢丝绳绳扣,用一根钢丝绳绳扣,一端拴在架头一端拴在单体的扶手上,单体支柱的顶端顶在煤层的顶板上或将单体支柱戴帽顶在煤壁上,单体支柱的底端放在软底上或放在架脚下,然后给单体支柱注液使单体支柱下端专底带动支架架头下扣,最后再按上一人工走架过程进行人工走架,使支架以较为标准的状态走到煤壁。

5.7 过向斜轴开采要点

(1) 工作面要保持整体推进,循环进度一致。

(2) 工作面要保持俯伪斜,不能出现真倾斜或仰伪斜开采。

(3) 风道超前支架 3～5 m,便于拉架。

(4) 勤放尾架,保持支架下放。

(5) 工作面整体支架不宜绷得过紧,但不能出现圈架。

(6) 溜煤眼口支架架头不能紧扣接架柱梁,保持 100～200 mm 距离。

6 经济社会效益

6.1 经济效益

26246E 工作面向斜轴部影响范围 50 m,工作面倾斜长度 51 m,将工作面改造成单体长壁工作面掘送一条收尾上山和一条补开切上山工程量 125 m,按照每米单价 800 元,节约费用 10 万元;工作面支架撤出和安装撤出需用 20 天,每小班出勤 15 人,每天出勤共 45 人,按人均天工资 100 元计算,节约工作面改造工资成本 9 万元;工作面改造需至少留设煤柱 50 m,按照斜长 51 m,采高 2.5 m 计算需丢煤 1.0 万吨,工作面直接推过向斜轴多回采煤炭 1.0 万 t,按照吨煤售价 800 元计算,多创造经济价值 800 万元;工作面如果进行改造只能采用单体长壁采煤方法,工作面需使用单体液压支柱约 1 000 根,比柔掩采煤方法多用 800 根,按照每天每根单体租赁费用 1.00 元计算,工作面回采 7 个月 210 天计算节约单体租赁费共计节约费用 16.8 万元。工作面创造经济效益 835.8 万元。

6.2 社会效益

该工作面过倾斜带继续采用柔性掩护支架采煤法开采后,降低了工作面改造带来的掘送上山、收尾、初采初放安全管理难度,减少了安全投入,共计节约安全费用约 50 万元。

7 推广应用前景

柔掩工作面安全过向斜轴开采，拓展了我矿受复杂地质条件向斜构造影响煤层的开采路径，改变了工作面煤层受向斜轴影响改变采煤方法局面，促进了安全质量标准化建设，降低了过向斜轴的成本，增加了资源回收量，提高了资源回收率，极大地促进了太平煤矿四边型柔性掩护支架采煤法在我矿煤层中的适应性，具有较广泛的推广应用价值。

参考文献

[1] 李栖凤. 急倾斜煤层开采[M]. 北京：煤炭工业出版社，1984.

[2] 汪孝生，刘春平. 柔性掩护支架采煤工艺开切(收作)系统的改进[J]. 淮南职业技术学院学报，2003，3(4)：40～41.

[3] 王世仓，赵生贵. 伪斜柔性掩护支架过构造异常带开采[J]. 煤炭技术，2003，22(1)：1.

[4] 朱红兵. 柔性掩护支架采煤方法在次急倾斜煤层中的应用[J]. 煤炭技术，2005，24(1)：27～29.

超前探测预注浆加固技术在陈四楼煤矿采区大巷过断层的应用

田 君 孙兴建 沈 冰

（河南能源化工集团永煤公司陈四楼煤矿 河南永城 476600）

摘 要 陈四楼煤矿目前八采区和五采区深部大巷水平标高分别达到了－593 m和－720 m，大巷底板承受的太原组灰岩含水层水压也分别达到了5 MPa和5.5 MPa，大巷施工过程中遇到落差较大（10 m以上）导水性断层时，受矿压和放炮震动等影响可能发生突水危险。为避免突水事故影响矿井安全生产，采取了超前探测的方法对前方断层的产状及导水性进行探查，然后施工底板加固钻孔对巷道前方的断层附近底板灰岩进行加固，再辅以电法勘探的手段对加固效果进行验证，以达到安全通过断层的目的。

关键词 标高；水压；导水断层；突水

1 概况

陈四楼煤矿于为永煤集团第一对现代化大型矿井，该矿井于1997年投产到现今已经有16年开采史，目前该矿井南翼采区七、十一、十三采区已基本开采结束，未开采的深部采区五、九、十五采区将是矿井主要生产采区，北翼采区二、四、十、十二已基本开采结束，六、八、十四、十六采区为今后矿北翼主要生产采区。根据《陈四楼矿水文地质条件分类报告》，界定矿井为水文地质条件中等类型矿井，根据矿井在历年生产过程中出现过一些影响矿井生产安全的水害事故总结得出，矿井水害的主控因素为断层及其产生的次生小构造出水，因此深部采区在开拓巷道过程中揭露大断层时将产生安全威胁，必须采取措施对断层的产状及断层的富水性进行探查，摸清构造的导水性后再决定施工方案。下面以陈四楼矿五采区和八采区大巷施工为例简要介绍。

2 五采区深部－720辅助水平大巷揭露Fs2正断层

2.1 工作面情况

－720辅助水平皮带巷位于五采区，巷道目前3‰上山掘进、处于二2煤底板细砂岩层，截至2013年1月9日早班，巷道已施工至720P19点前65 m，预计巷道施工至720P19点前

142.5 m处时巷道右帮将揭露Fs2正断层，根据三维地震勘探资料显示，该断层为走向77°，倾向347°，倾角60°，落差19 m的正断层，如图1所示。

根据层位关系，－720辅助水平皮带巷施工在煤层底板砂泥岩层位中，距离煤层底板约10～15 m，而煤层距离太原组上段灰岩距离为45～50 m，大巷底板距离灰岩顶板距离仅30～40 m，该断层三维地震勘探落差达到19 m，也就是说大巷在穿过断层后距离灰岩仅11～21 m，该区域太灰水压达到5.5～6 MPa，在巷道揭露灰岩过程中在断层裂隙及水压、矿压的作用下将很可能发生突水威胁影响巷道掘进。

作者简介：田君，男，河南煤化集团永煤公司陈四楼煤矿探防队技术员，河南省永城市陈集镇，476600。

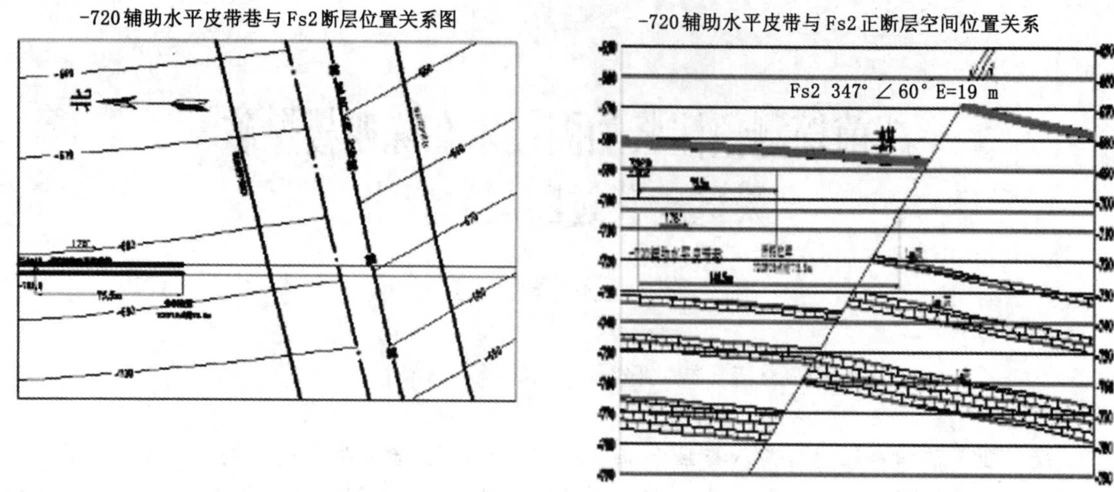

图 1　－720 辅助水平皮带巷与 Fs2 断层位置关系

因此必须对该断层的落差及导水性进行超前探查，然后施工底板钻孔对断层影响区域灰岩底板进行注浆加固。

2.2　物探成果及分析

为了更好地指导钻孔设计，使补孔更加经济合理，矿对巷道迎头及底板分别采用了高密度电法和瞬变电磁法进行了富水性探测，探测成果图 2、图 3 如下：

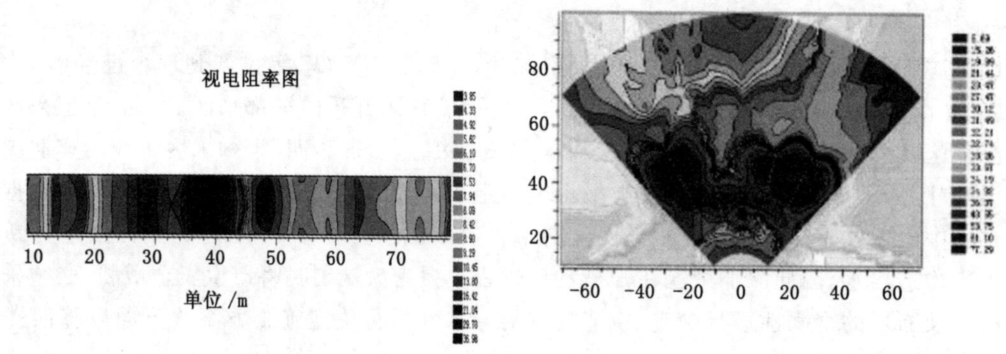

图 2　迎头探测图

为提高勘探的精确度，在巷道迎头前方及巷道迎头底板分别采取了两种不同的勘探方法对富水性进行了探查，根据探测结果可知，在迎头前方 60～100 m 范围内巷道存在低阻异常区，该异常区主要集中在巷道前方的两侧范围内，迎头前方底板也存在一低阻异常区，因此在底板注浆钻孔及探测钻孔设计时应对该区域设计钻孔进行探测。

2.3　钻孔设计

－720 辅助水平皮带巷向前掘进过程中将从 Fs2 正断层上盘揭露断层面，为防止巷道通过断层面进入断层下盘时距离太原组上段灰岩太近而发生水害事故，巷道在施工至 720P19 点前 75.5 m 时停止掘进，由探防队在迎头施工超前探测钻孔，对巷道前方 Fs2 正断层的位置、落差及导水性进行探测，以确定是否对该断层进行加固，具体参数如表 1、表 2 所示。施工过程中可根据实际情况对钻孔参数和个数进行调整。

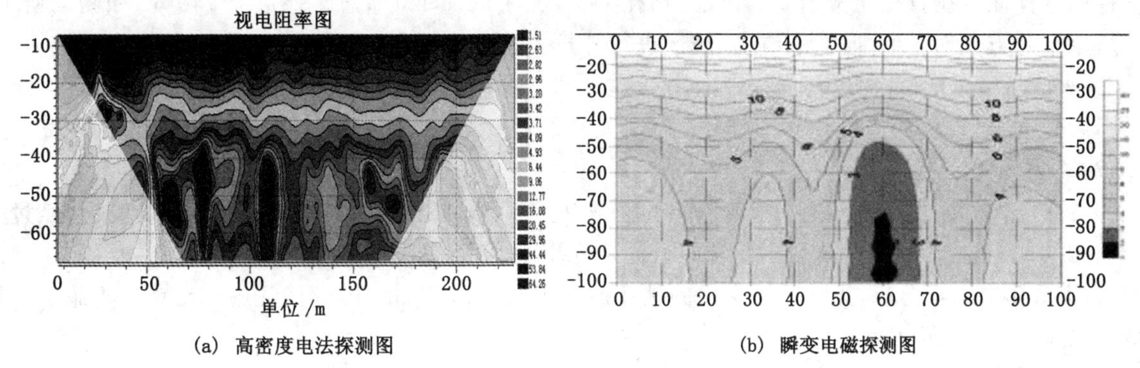

(a) 高密度电法探测图　(b) 瞬变电磁探测图

图 3　底板探测图

表 1　超前探测钻孔参数表

孔号	方位/(°)	倾角/(°)	孔深/m	与巷道夹角/(°)	ϕ108 mm 套管长度/m	施工次序
探 1	178	+13	135	0	20	1
探 2	178	0	110	0	20	2
探 3	178	+11	125	0	20	3

表 2　加固 Fs2 正断层参数表

孔号	方位/(°)	倾角/(°)	套管长度/m	预注浆深度/m	孔深/m	施工次序
注 1	178	−20	20	50	150	1
注 2	178	−32	20	50	140	3
注 3	161	−19	20	45	117	2
注 4	195	−30	20	50	136	4
注 5	161	−21	40	40	105	5
注 6	178	−23	26	50	120	6
注 7	178	−9	20	0	95	7

2.4　探测结果及底板注浆加固效果评价分析

施工 3 个探测钻孔有 2 个见煤，另一个钻孔未见煤，如表 3 所示。根据钻孔揭煤情况进行分析，重新确定了该三维地震断层的参数，较原参数更加准确，指导性更强。经过探测，确定该断层的断层落差为 8.5 m、倾角为 46°，确定了断层的位置。落差较原落差小 9.5 m，原三维勘探地震断层落差要大。

表 3　Fs2 正断层钻孔探测情况表

孔号	套管长度/m	施工倾角/(°)	设计孔深/m	施工孔深/m	见煤起止孔深/m	施工次序
探 1	20	+13	135	126	第一次见煤:77 m～87 m 第二次见煤:110 m～126 m	1
探 2	20	0	110	110	未见煤，钻孔出水 0.5 m^3/h	2
探 3	20	+11	125	142	第一次见煤:84.5 m～92.5 m 第二次见煤:131 m～141 m	3

根据钻探注浆统计情况分析，共计施工钻孔 7 个，总注浆量 920 t，总钻探进尺 740 m，如图 4 所示。下面从以下几方面对注浆加固钻孔施工情况进行分析：

① 从钻孔施工次序上分析：先施工的注 1、注 3 孔在接近断层面时出现塌孔，经讨论分析，注 1、注 3 孔加固后先放置，再优先施工注 4、注 5 孔，后续又补加注 6、注 7 孔，以及未施工完成的注 1、注 2、注 3 孔，为注 4、注 5 孔的检查孔；

② 从钻孔出水次数分析，先揭露含水层的注 4、注 5 孔分别出水 6 次、3 次，且注浆量较大，经过这两个钻孔的加固，后续揭露含水层的钻孔只有注 2 孔出水 2 次，其余钻孔均未出水；

③ 从钻孔出水量分析，先揭露含水层的钻孔最大出水量达 50 m^3/h，这两孔施工结束后再施工的钻孔最大出水量为 30 m^3/h；

④ 从钻孔注浆量方面分析，先揭露含水层的注 4、注 5 孔分别分别注浆 318.15 t、244.95 t，后续施工的钻孔共注浆 340.4 t；

⑤ 从钻孔日常施工工程质量监督和钻孔验收方面分析，所有钻孔均按设计施工，封孔工艺符合要求，质量合格；

⑥ 从日常施工进度方面分析，因施工钻孔均为了加固巷道施工前方范围内断层裂隙，设计钻孔揭露含水层位置临近，所以只能施工一孔注一孔，不能交叉循环作业，同时因断层面破碎带出现塌孔，对未达到设计孔深的注 1、注 3、注 6 孔进行了封孔处理。

综合以上几方面分析，该巷道前方的 Fs2 断层为导水断层，断层面岩石破碎，且灰岩段富水性较强，通过注浆加固，对断层破碎带及太原组上段灰岩进行了有效封堵，注浆效果较好，达到了设计目的，巷道可以安全掘进。

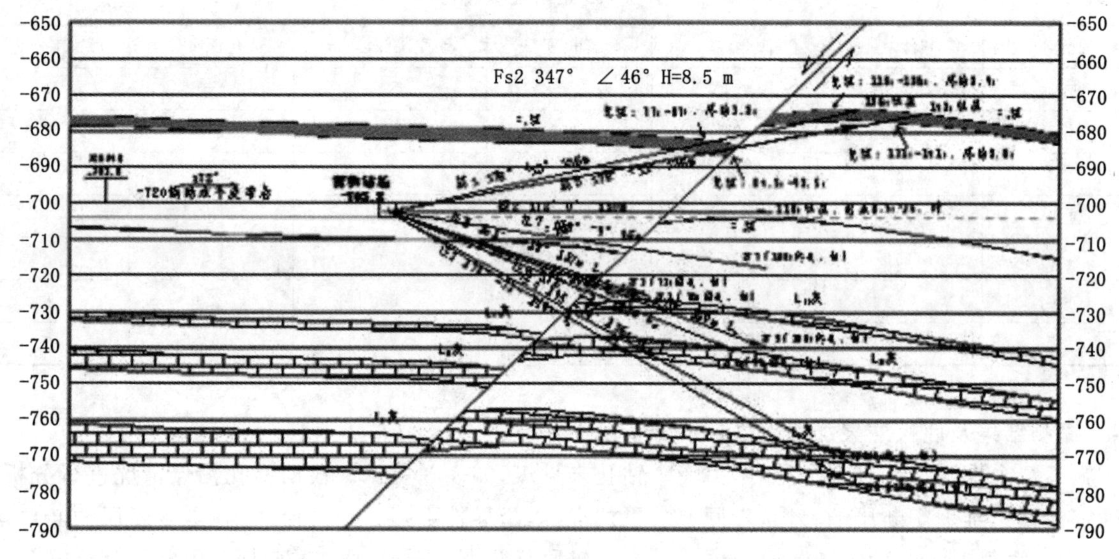

图 4 －720 辅助水平皮带巷超前探测 Fs2 正断层施工情况剖面图

3 八采区南翼辅助皮带巷揭露 F13 正断层

3.1 概 况

八采区南翼辅助皮带巷位于八采区，巷道目前 3‰上山掘进，处于二$_2$ 煤顶板砂质泥岩层，截至 2012 年 10 月 11 日早班，巷道已施工至 8SFP1 点前 90 m，预计巷道施工至 8SFP1 点前 166 m 处时巷道右帮将揭露 F13 正断层，根据三维地震勘探资料显示，该断层为走向 304°，倾向 34°，倾角 60°～70°，落差 0～38 m 的正断层，如图 5 所示。

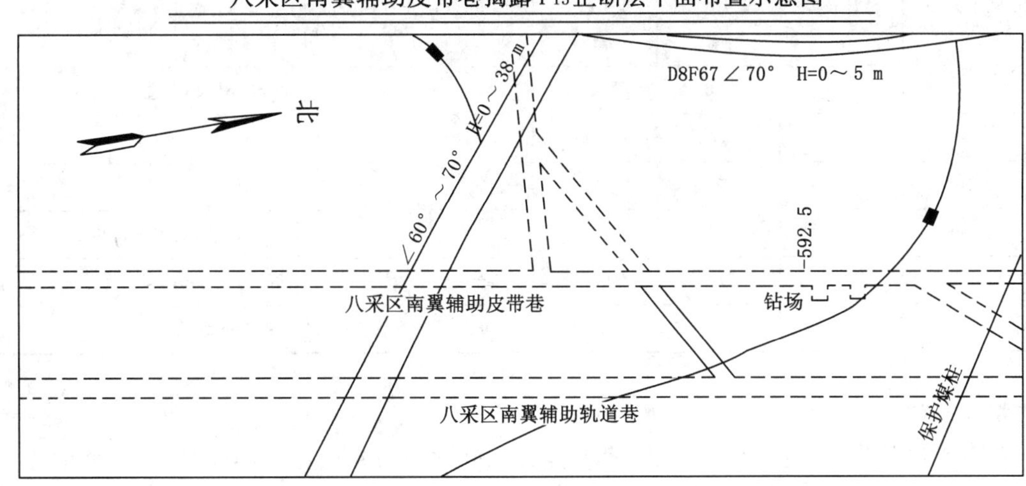

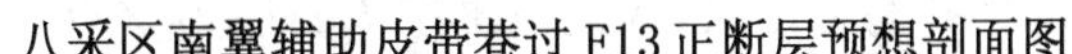

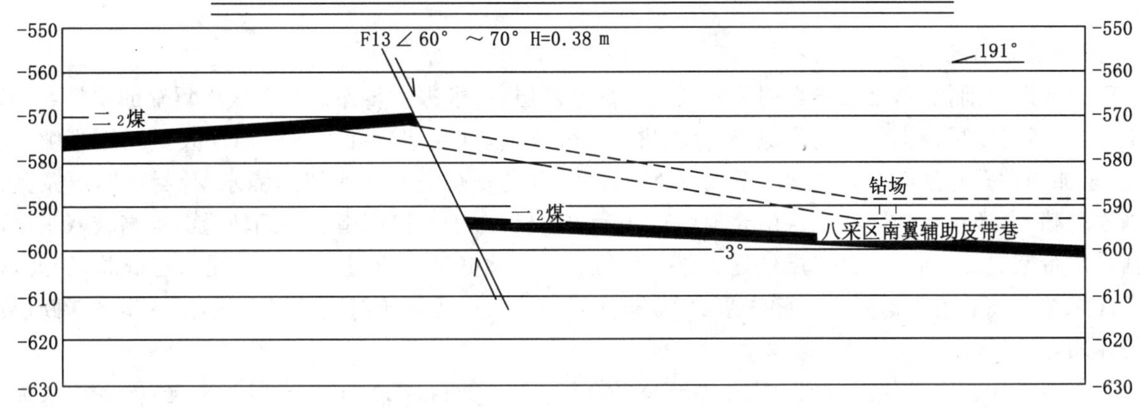

图 5　八采区南翼辅助皮带巷平面布置图和过 F13 正断层预想剖面图

3.2　钻孔施工情况

八采区南翼辅助皮带巷超前探测钻场共设计钻场一组，钻场位于 8SFP1 点前 149 m，规格：长×宽×深＝3.6 m×3 m×4 m，泵窝位于 8SFP1 点前 140 m，规格：长×宽×深＝3.2 m×3 m×4 m，均位于巷道方向的左侧，钻场和泵窝之间施工有连接水沟和沉淀池。

超前探测钻场于 11 月 5 日开始施工，至 11 月 26 日施工结束，钻孔全部封孔合格，共历时 21 天，施工钻孔 8 个，其中见煤钻孔 5 个，未见煤钻孔 3 个，还有一个钻孔根据前期探煤情况决定不予施工。除探 7 孔施工方位为 11°外，其余钻孔施工方位均为 191°，如表 4 所示。

表 4　　超前探测钻孔的施工情况表

钻孔编号	施工倾角 /(°)	套管长度 /m	设计孔深 /m	施工孔深 /m	见煤起止孔深 /m	备　注
探 1	－30	16	15	75	56 m～60 m	75 m 处塌孔，出水 5 m^3/h
探 2	－3	——	80	——	——	未施工
探 3	7.5	16	140	126	112.5 m～126 m	施工方位有误差，101 m 处有塌孔现象

续表 4

钻孔编号	施工倾角 /(°)	套管长度 /m	设计孔深 /m	施工孔深 /m	见煤起止孔深 /m	备　注
探 4	8.5	16	130	72	——	39 m 处塌孔未过
探 5	−44	——	17	46.5	42 m～46.5 m	
探 6	10	——	120	120	——	未见煤
探 7	−40	——	17	51	40.5 m～48 m	施工方位与巷道方位相反
探 8	6.5	6	166	160.5	——	钻孔方位误差，未见煤；99 m 处塌孔
探 9	7	——	173	109.5	106.5 m～109.5 m	109.5 m 塌孔未过

3.3 超前探测总结

经过超前探测，部分钻孔有塌孔或出水现象，据此判断此处为断层位置，同时根据各个钻孔的见煤和未见煤情况，得出 F13 正断层在巷道掘进方向处，断层落差为 45 m、倾角为 61°，确定了断层的位置。根据探测结果，探测煤层下盘的钻孔均未出水，因此得出了该断层为不导水断层的结论，巷道可以安全掘进。

3.4 底板加固情况

经过前期超前探测，已初步探明该断层为不导水断层，为了进一步保证八采区南翼辅助皮带巷掘进施工安全，封堵断层周围的围岩裂隙，确保掘进施工安全，设计注浆钻孔加固该断层及其周围裂隙。另外，注浆加固钻孔除加固八采区南翼辅助皮带巷底板，改造薄层灰岩含水层为隔水层、封堵断层及其周围围岩裂隙外，还设计加固八采区南翼辅助轨道巷的底板，由于八采区南翼辅助轨道巷标高较八采区南翼辅助皮带巷更低，离灰岩含水层更近，且穿断层施工，因此掘进施工过程中更易受水害威胁，因此，需重点注浆加固该巷道下部底板。除注浆加固外，注浆加固钻孔还兼顾探测煤层位置，进一步判断断层产状的作用。

根据实际探测断层落差情况及上下盘煤层情况分析断层两盘太原组灰岩展布情况，确定注浆加固钻孔层位及落点位置，对该断层进行逐渐加固。加固钻孔应覆盖八采区南翼辅助皮带巷及八采区南翼辅助轨道巷通过断层段巷道两侧的 20 m 范围。

注浆加固钻场设置在探测钻场内，施工过程中均选用专业探放水设备和专业探放水人员，并有专职的技术人员指导，保证工程质量和注浆效果。生产科于 2012 年 11 月 16 日将注浆钻孔设计图纸下发探防队，探防队接到设计图纸后于当天开始施工注浆钻孔，先期设计钻孔 4 个，另外将前期超前探测断层位置的探 1 孔延伸改造成注浆加固孔，后期根据注浆情况设计了一个补充加固孔，来巩固注浆效果，施工区队共施工 6 个钻孔，共历时近两个月，于 2013 年 1 月 14 日全部钻孔封孔完毕，经验收，所有钻孔均合格，完成注浆加固工作，注浆加固钻孔施工情况表如图 5 所示。

在注浆过程中，几乎全部的注浆钻孔均塌孔，塌孔位置均比较一致，预计该处为断层破碎带，而且钻孔施工过程中均穿越煤层，初步确认了断层的走向，且断层落差比前期超前探测的落差要小。断层在穿越含水层之前均未出现出水现象，直到达到目的层位 L10 灰钻孔才出水。所施工 6 个注浆加固钻孔中有注 1 钻孔因塌孔严重提前终孔，其余钻孔均施工到设计位置并延伸到位，所有钻孔均封孔合格。2 个钻孔注浆量较大，注浆效果较好，最后补加的钻孔出水 5 m^3/h，水量较小，证明加固效果较好。所施工钻孔均封孔合格。

表 5　注浆加固钻孔的施工情况表

孔号	ϕ108 mm 套管长度/m	设计孔深/m	施工孔深/m	最大出水量 (m^3/h)	注浆量/t	施工次序
注 1	24	128	108	5	2.4	1
注 2	20	139	154.5	30	121.5	3
注 3	20	158	167.5	5	5.45	2
注 4	20	178	189.5	5	2.65	4
探 1	16	120	128	20	58	5
补 1	20	140	156	5	11.75	6

3.5 巷道施工揭露断层情况

经注浆加固后，巷道继续掘进，掘进过程中，工作面并未出现出水征兆，巷道于 8SFP5 点前 46 m 处，与超前探测断层所预计位置相差无几，巷道揭露 F13 断层，经过现场实际收集该断层产状，确定该断层倾向 40°，倾角 72°，落差 28 m，该断层约有 1.7 m 的断层破碎带，破碎带内充填断层泥，断层角砾岩，褐铁矿等典型破碎带物质，巷道在揭露断层后并未按预计情况揭露煤层，经过分析现场实际岩层情况以及断层面和断层破碎带情况，确定该断层附近衍生小断层，煤层被错断至巷道底板以下，正常煤层在掘进巷道正前方，因此，巷道变平向前掘进，在变坡点前 15 m 位置揭露落差为 3.5 m 的 F8SFP1 正断层，同时揭露煤层，煤厚约 2.7 m，煤层稳定，验证了此前的结论。在整个揭露大断层，揭露衍生小断层至揭露煤层过程中，巷道均未出现突水征兆，只是在断层面处有少量淋水，巷道安全穿过该断层并揭露煤层。至此，八采区南翼辅助皮带巷过 F13 正断层顺利结束。

4 总结

陈四楼矿通过采取超前探测及预注浆加固措施，对深部采区大巷大断层采取先探测加固再掘进的措施，为大巷安全掘进提供了安全保障，同时也使矿井正常采掘接替得以如期进行，取得了良好的经济效益和社会效益。

矿井提升系统经济运行特性分析

李玉瑾　张保连

（中国煤炭科工集团北京华宇工程有限公司　北京　100120）

摘　要　关于矿井提升系统经济运行，过去人们普遍存在经济提升速度的概念。通过对直流和变频拖动系统中的能耗计算与分析得知，在提升机辅助装置、变流装置、电动机内部能耗不变和加减速度相同的条件下，吨煤电耗只与提升高度有关，而与提升速度和提升载荷均无关。对于给定提升高度和提升能力的提升系统，无论采用较大的一次提升量 Q，较小的提升速度 V；还是采用较大提升速度 V，较小的一次提升量 Q，其吨煤电耗均不会变化。

关键词　提升速度；直流或变频；吨煤电耗；不平衡提升；经济运行

提升设备属周期性动作的设备，电耗和投资是提升设备的重要经济指标。当矿井提升能力和提升高度已知后，采用较小或较大的提升速度都能完成提升任务。在设备选择中为了满足提升能力的要求，如果采用较大的一次提升量 Q，较小的提升速度 V，则提升钢丝绳、提升机的参数均增大，设备费用增加，但所需电动机功率较小，功率消耗较小。如果采用较大提升速度 V，较小的一次提升量 Q，则提升钢丝绳、提升机的参数均减小，设备费用减小，但电动机的容量增加，功率消耗较大。

综合考虑提升速度、提升时间、提升量、提升功率的变化规律、提升设备的设备投资费和运转费用，国内普遍采用的提升设备经济运行速度为 $V=(0.4-0.5)\sqrt{H}$。国外的一些计算也类似，如英国 $V=0.5\sqrt{H}$，瑞典 $V=(0.4-0.5)\sqrt{H}$，与国内的经济运行速度基本一致。但上述结论都是基于交流电动机串电阻拖动方式，在采用直流和变频拖动系统中上述结论会发生变化。下面我们从几个方面来论述此问题。

1　提升机的速度图

我们知道，在提升高度、加速度和减速度一定的情况下，为了使提升时间最短，最简单的提升速度图是三角形，但是三角形速度图中提升速度过大，功率消耗较大，没有实用价值，而广泛使用的是梯形速度图，梯形速度图见图 1。

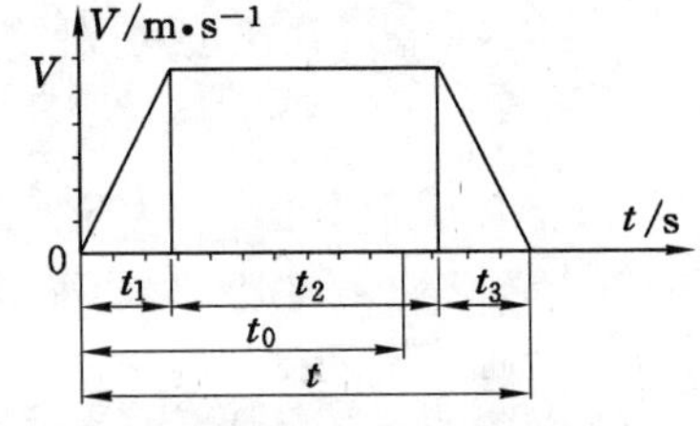

图 1　梯形速度图

由图中可以看出，梯形的面积之和就是提升机的提升高度 H。设加速度与减速度绝对值相等，则梯形速度图的计算公式为：

$$V=\int_0^1 a\mathrm{d}t = at_1 \tag{1}$$

$$H_t=\int_0^1 at\,\mathrm{d}t=\frac{1}{2}at_1^2 \tag{2}$$

梯形速度图各段行程为：

$$H_1 - H_3 = \frac{1}{2}at_1^2, H_2 = H_1 - H_1 - H_1 = H_t - at_1^2$$

梯形速度图各段为：

$$t_1 = t_3 = \frac{V}{a}, t_2 = \frac{H_t}{V} - \frac{V}{a}$$

所以有：$H_1 = H_3 = \frac{V^2}{2a}$

则一次纯提升时间为：

$$t = t_1 + t_2 + t_3 = \frac{H_t}{V} + \frac{V}{a} \tag{3}$$

2 直流或交流变频电控系统的提升设备电耗计算

直流或交流变频电控系统的提升设备电耗计算式为：

$$W = \frac{K_f \sum P_i t_1}{3600\eta_d} \tag{4}$$

式中 K_f——提升机辅助装置、变流装置和电动机内部能耗系数；

P_i——提升过程中各阶段的功率，kW；

t_i——提升过程中各阶段的时间，s；

η_d——电动机效率。

梯形速度图的各阶段力图和功率图见图 2。

对于平衡提升系统，各阶段的力为：

$$F_1 = KQg + \sum Ma$$

$$F_2 = KQg$$

$$F_3 = KQg - \sum Ma$$

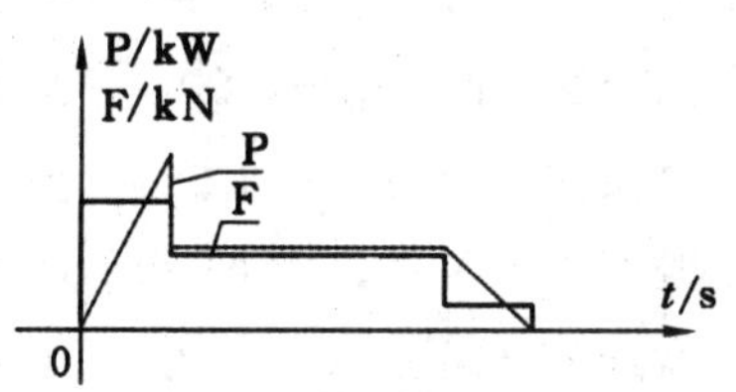

图 2 梯形速度图的各阶段力图和功率图

各段时间为：

$$t_1 = t_3 = \frac{V}{a}, t_2 = \frac{H_t}{V} - \frac{V}{a}$$

各阶段的功率为：

加速开始：$P_{11} = 0$ 加速结束：$P_{12} = \frac{F_1 V}{1000\eta} = \frac{(KQg + \sum Ma)V}{1000\eta}$

等速开始：$P_{21} = \frac{F_2 V}{1000\eta} = \frac{KQgV}{1000\eta}$

等速结束：$P_{22} = \frac{F_2 V}{1000\eta} = \frac{KQgV}{1000\eta}$

减速开始：$P_{31} = \frac{F_3 V}{1000\eta} = \frac{(KQg - \sum Ma)V}{1000\eta}$

减速结束：$P_{32} = 0$

$$\begin{aligned}\sum P_i t_i &= \frac{P_1}{2}t_1 + P_2 t_2 + \frac{P_3}{2}t_3 \\ &= \frac{(KQg + \sum Ma)V\frac{V}{2a} + KQg(\frac{H_t}{V} - \frac{V}{a})V + (KQg - \sum Ma)V\frac{V}{2a}}{1000\eta} \\ &= \frac{KQgH_t}{1000\eta}\end{aligned}$$

化简后，梯形速度图的一次提升电耗 ω 为：

$$W = \frac{K_f KQgH_t}{1000 \times 3600\eta_d \times \eta} \tag{5}$$

式中 η——提升机效率。

式(5)说明在提升机辅助装置、变流装置、电动机内部能耗不变和加减速度相同的条件下，提升设备的一次提升电耗只与一次提升载荷、提升高度和矿井阻力有关。通过降低矿井阻力，提高提升设备的传动效率，可以减小电网损耗都可有效减小电耗。同理可得三角形速度图的电耗与梯形速度图相同。

3 吨煤电耗计算

根据式(5)，可得提升设备的吨煤电耗为：

$$W_t = \frac{K_f KgH_t}{3600\eta_d \times \eta} \tag{6}$$

显然，在提升机辅助装置、变流装置、电动机内部能耗不变和加减速度相同的条件下，吨煤电耗只与提升高度有关，而与提升速度和提升载荷均无关。对于给定提升高度和提升能力的提升系统，无论采用较大的一次提升量 Q，较小的提升速度 V；还是采用较大提升速度 V，较小的一次提升量 Q，其吨煤电耗均不会变化。

4 不平衡提升系统的能耗计算

考虑提升钢丝绳与平衡钢丝绳的不平衡质量影响时，可求得梯形速度图各阶段力的计算为：

加速开始时：$F_{11} = KQg - \Delta H_t g + \sum Ma_1$

加速终了时：$F_{12} = KQg - \Delta(H_t - 2H_1)g + \sum Ma_1$

等速开始时：$F_{21} = KQg - \Delta(H_t - 2H_1)g$

等速终了时：$F_{22} = KQg + \Delta(H_t - 2H_3)g$

减速开始时：$F_{31} = KQg + \Delta(H_t - 2H_3)g - \sum Ma_3$

减速终了时：$F_{32} = KQg - \Delta H_t g - \sum Ma_3$

梯形速度图各阶段功率的计算为：

加速开始时：$P_{11} = 0$

加速终了时：$P_{12} = \dfrac{[KQg - \Delta(H_t - 2H_1)g + \sum Ma_1]V}{1000\eta}$

等速开始时：$P_{21} = \dfrac{[KQg - \Delta(H_t - 2H_1)g]V}{1000\eta}$

等速终了时：$P_{22} = \dfrac{[KQg + \Delta(H_t - 2H_3)g]V}{1000\eta}$

减速开始时：$P_{31} = \dfrac{[KQg + \Delta(H_t - 2H_3)g - \sum Ma_3]V}{1000\eta}$

减速终了时：若取 $a_1 = a_3 = a$，不平衡提升系统采用梯形速度图时的一次提升电耗 W 为：

$$W = \frac{K_f KQgH_t}{1000 \times 3600\eta_d \times \eta}$$

显然，上式与式(6)相同，说明采用不平衡提升系统的电耗与平衡提升系统的电耗是一样的。

5 结论

大型立井箕斗提升系统的能耗很大，过去人们普遍存在经济提升速度的概念，一般采用降低提升速度、加大箕斗容量来减小电耗。通过对直流、交交变频和交直交变频拖动系统中的能耗计算与分析得知，在提升机辅助装置、变流装置、电动机内部能耗不变和加减速度相同的条件下，矿井提升设备吨煤电耗只与提升高度有关，与我们以前认为的提升速度和提升载荷均无关，没有经济提升速度的概念，这样提升设备选型的理念就要发生转变，在条件适合的情况下可以采用较高的提升速度、较小的箕斗容量来满足矿井提升要求。

“两软一硬”煤层巷道顶板空顶原因及支护技术研究

穆　磊　王炎棕　刘国通

（河南能源化工集团永锦公司云盖山煤矿一矿　河南永城　476600）

摘　要　云盖山煤矿一矿回采巷道处在“两软一硬”（底软、煤软、顶硬）煤层中，巷道采用工字钢支护时，顶板两顶角处出现空顶，造成顶板下沉量大。文章采用数值模拟技术和现场观测，找出巷道掘成后，煤巷空顶情况，继而找出顶角空顶原因，并且根据巷道变形的原因设计出巷道支护方案。

关键词　两软一硬；空顶；数值模拟

1　问题的提出

云盖山煤矿一矿21110轨道巷处在“两软一硬”（媒体软、底板软、顶板硬）煤层巷道。此种巷道是巷道中地质条件较为复杂和特殊的一种类型。21110轨道巷，巷道断面为梯形，采用工字钢支护。如今该巷道两顶角多处出现空顶，最深距离巷道帮部1 m，顶板下沉严重，严重影响后续生产。本文将对云煤一矿“两软一硬”煤层矩形巷道顶板变形进行研究，该研究将对正在掘进的21112运输巷道及其余的煤层巷道的掘进和支护具有重要的指导意义。

2　工程概况

云盖山煤矿一矿1994年建井，设计生产能力为30万t/a，2009年技改完成后的核定生产能力为45万t/a。矿井目前有一个生产采区（一采区），2个准备采区（二采区、三采区）。21110轨道巷一采区的巷道，巷道断面为梯形巷道，巷道沿二$_1$煤层底板掘进，21112运输巷道是三采区的准备巷道。二$_1$煤层较软（$f<0.5$）；煤层的底板为泥岩（$f=2$）。煤层走向为NE40°～50°，倾向SE130°～140°，倾角15°～18°。根据以往的地质资料显示，煤（岩）层总体呈单斜状，无大的地质构造。

3　数值模拟分析

3.1　“两软一硬”煤巷数值模型建立

由于岩（煤）体具有较高的抗压强度和极低的抗拉强度，其应力—应变关系亦呈复杂的非线性特征。岩（煤）体破坏一般理解为“塑性破坏”，但在屈服之前将岩体近似地视为弹性体，在达到屈服极限后则显示为塑性，考虑岩（煤）体的低抗拉特性，采用Mohr-Coulomb塑性本构模型。

21112煤巷埋深最深为450 m左右，假设模型上方的竖直应力由上覆岩层的自重应力产生，其表达式为：

$$\sigma_G = \gamma H$$

式中　γ——容重，N/m^3；

　　H——巷道埋深，m。

γ取均值为25 kN/m^3；为保守计，H取最大埋深450 m，则模型上方竖直应力值为：

$$\sigma_G = 25 \times 1\,000 \times 450 = 1.125 \times 10^7(\text{Pa}) = 11.25(\text{MPa})$$

云煤一矿矿区地应力不大，一般巷道水平应力约为竖直应力的 1.2 倍，在模拟过程中，取侧压系数为 1.2 进行应力加载。所以巷道所处岩体的水平应力值为：

$$\sigma_H = \lambda\sigma_G = 1.2 \times 11.25 = 13.5(\text{MPa})$$

根据地质柱状图，并考虑巷道断面尺寸的需要，确定数值计算模型的范围为 40 m×40 m×1 m，巷道位于模型中央。模型上边界 y=20 和左右边界 x=±20 为应力边界，施加的铅直应力为 11.25 MPa，水平应力为 13.5 MPa；底边界 y=－20 出限制水平方向和铅直方向的位移；z 方向为固定约束。

3.2 模拟结果分析

本文主要模拟“两软一硬”煤巷在无支护状态下的变形状况，从而进一步的指导巷道支护。无支护状态下水平位移如图 1 所示，无支护状态下竖直位移如图 2 所示，由图中可以看出：

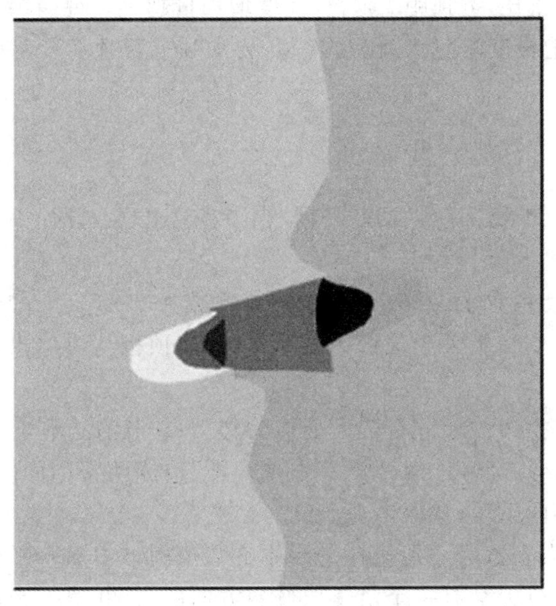

图 1 水平位移

图 2 竖直位移

从水平位移图中可以看出，无支护状态下，巷道上帮软弱煤层的水平位移比岩石的水平位移大的多。说明巷道在煤层部分要加强支护，特别打设锚索时，不能只在巷道上帮的中央打设锚索，还应该在上帮靠近顶板处打设锚索。煤层中，巷道左右帮的水平位移基本对称，呈蝶状分布。

从竖直位移图中可以看出，巷道顶角部分煤层的竖直位移严重。在煤层软，而顶板硬的情况下，巷道上帮顶角很容易出现空顶，如图 3 所示。

假设空顶的距离为 l，也就是顶板的距离增加了 l，则巷道的顶板宽度变成 L_1+l。煤巷顶板可以看成是固支梁，挠度按固支梁计算。

当没有空顶的时候，顶板的最大挠度为：

$$y_{1\max} = \frac{q_1 \sin\beta \times L_1^4}{384E_1J_1}$$

当有空顶的时候，顶板的最大挠度为：

$$y_{2\max} = \frac{q_1 \sin\beta \times (L_1+l)^4}{384E_1J_1}$$

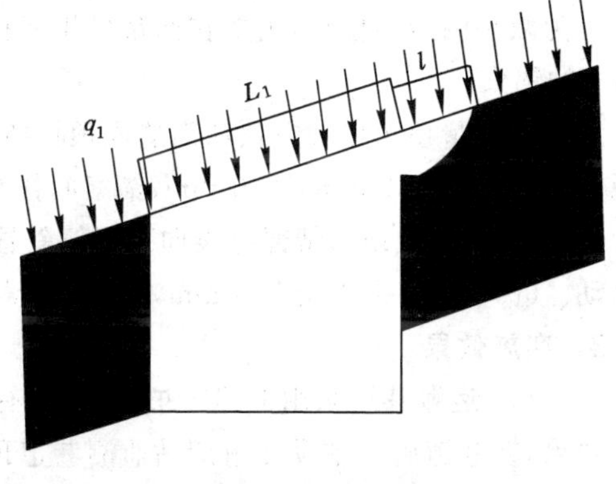

图 3 空顶示意图

式中 q_1——加于基本顶上的荷载；

β——岩层倾斜角；

L_1——初次垮落步距；

E_1——基本顶的弹性模数；

J_1——基本顶的断面惯矩。

当出现空顶时，巷道顶板的挠度增加了 y：

$$
\begin{aligned}
y &= y_{2\max} - y_{1\max} \\
&= \frac{q_1 \sin\beta \times (L_1 + l)^4}{384 E_1 J_1} - \frac{q_1 \sin\beta \times L_1^4}{384 E_1 J_1} \\
&= \frac{q_1 \sin\beta \times (l^4 + 4 \times L_1^3 \times l + 2 \times L_1^2 \times l^2 + 4 \times L_1 \times l^3)}{384 E_1 J_1}
\end{aligned}
$$

从式中可以看出挠度的增加量 y 和空顶距离 l 成正比，空顶距 l 越大，挠度增加量越大。说明梯形巷道上帮顶角空顶是顶板下沉最主要的原因。为防止挠度量过大，出现冒顶，要加强上帮顶角支护强度，防止出现空顶或者减小空顶距离。

4 空顶原因

根据以上理论分析，并结合现场顶板变形情况，可知云煤一矿“两软一硬”煤层巷道出现空顶原因主要是：

(1) 煤层软顶板硬。云煤一矿开采的二$_1$ 煤的硬度系数 $f<0.5$，顶板的硬度系数为 $f=5$。煤的硬度比顶板小很多，造成顶板与煤层变形不同步，煤层的变形量大于顶板的变形量，从而顶板与煤层出现空顶。

(2) 梯形巷道周边应力集中。煤矿巷道断面在有拐角的地方有较大的应力集中；在长直边则容易出现拉应力。围岩有较强的抗压能力，但抗拉力比较小。所以，两帮容易出现片帮，造成两帮中间空。又因为，顶角处有较大的应力集中，就会把顶角处的煤向下压，从而出现空顶。

(3) 水平应力大。国内外实测资料统计，水平应力多数大于铅直应力。本文数值模拟中取水平应力是铅直应力的 1.2 倍。另外，煤层呈单斜构造，铅直应力会有一个沿煤层倾斜方向的力，巷道上帮就容易向巷道内移动、片帮，相应的顶角处会出现空顶。

5 工程应用

5.1 支护设计

根据数值模拟分析，21112 运输巷道设计采用锚网索支护，锚杆采用 ϕ20 mm×2 200 mm 高强度锚杆，锚索采用 ϕ17.8 mm×6 000 mm 钢绞线(图 4)。对于数值模拟中出现的问题，主要采用以下加强支护措施：

为减小两帮的位移，主要在两帮采用间排距为 800 mm×800 mm 锚杆及帮中间打设排距为 1 200 mm 的锚索。

对于上帮顶角出现空顶从而造成顶板挠度增大问题，主要采用以下几种措施：① 加强顶板支护(顶板锚杆间排距 800 mm×800 mm，锚索间排距 1 200 mm×1 200 mm)，减小顶板变形，从而减小上顶角的应力。② 在上顶角帮部打设向顶部倾斜锚杆，把软弱煤层悬吊在顶板坚硬岩层中，减小顶角煤向下移动。③ 在距离上顶角 700 mm 处打设锚索，减小上顶角处煤向下和向巷道内移动。

5.2 实施效果

21112 运输巷道采用上述支护技术后，有效的控制了巷道的变形，达到了预期的目标。为了检验支护效果，在巷道施工中设几组测站监测巷道顶板顶板下沉，经过 60 d 的监测结果表明，巷道顶板最大下沉了 23 mm。

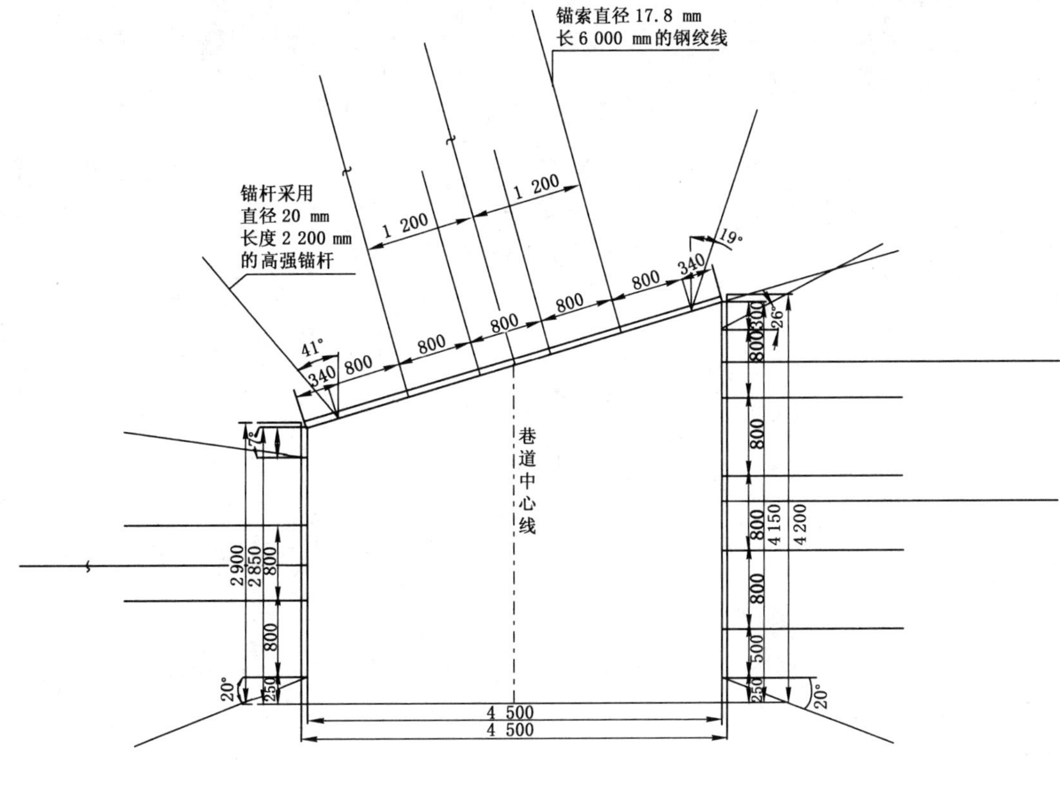

图 4

6 结论

(1)“两软一硬”煤巷,采用梯形巷道时,上帮顶角容易出现空顶,从而造成顶板变形严重。为防止出现空顶现象,要加强顶板及上帮顶角的支护。

(2)“两软一硬”煤巷,顶板变形量和空顶距离成正比,空顶距离越大,顶板变形量越大。

(3)工程实践证明,“两软一硬”煤层巷道开巷后,及时采用锚网索支护技术,可以有效的避免顶角处空顶,减小顶板变形。

参考文献

[1] 何满朝,景海河,孙晓明.软岩工程力学[M].北京:科学出版社,2002.

[2] 钱鸣高,石平五.矿山压力与岩层控制[M].徐州:中国矿业大学出版社,2003.

[3] 宋振琪.实用矿上压力控制[M].徐州:中国矿业大学出版社,1988.

[4] 王中江,刘旺升.软岩巷道硐室锚注联合加固试验研究[J].中国煤炭,2005(31):57.

煤矿安全与数字矿山

矿用快速自动复位防爆门抗爆强度实验研究

游　浩

（山西焦煤集团有限责任公司　山西太原　030053）

摘　要　基于1∶4的实验模型，利用乙炔爆炸作为冲击的动力，设计了8套实验方案，文章主要对爆炸当量10.66 g及19.17 g工况下，防爆门的抗爆强度进行了测试。实验发现，备用防爆门系统的风井盖部件开闭自如，密封良好，拖动运行部分应运转平稳、滚轮灵活；在模拟工况时的最大应力为230 MPa，接近钢的许用应力245 MPa；在防爆门结构改进后，防爆门所受最大应力为189 MPa，小于钢的许用应力245 MPa。在第7次试验中限位安全绳被拉断，以及在第8次试验中限位链条的连接弹簧被拉断，说明依靠安全绳或链条对防爆门进行限位并不能满足强度要求，为后续限位改进提供了依据。

关键词　瓦斯爆炸；冲击波；应力；响应特性

1　引言

统计发现，煤矿特大伤亡事故中由于瓦斯引发的事故约占总数的四分之三。瓦斯爆炸事故在死亡人数、事故起数及造成的经济损失上一直高居我国煤矿重特大事故之首。2007年12月6日，山西临汾市洪洞县原新窑煤矿发生瓦斯爆炸事故造成105人死亡，2009年2月22日，西山煤电集团公司屯兰煤矿发生瓦斯爆炸事故造成78人死亡，2009年11月21日黑龙江鹤岗新兴煤矿事故遇难人数达108人。在上述矿难中，一部分人是因为爆炸的冲击波致死，但更多的人是因为瓦斯爆炸而带来了大量的有毒有害气体，如CO等使人窒息而死。因而发生事故后的通风排放有毒有害气体显得尤为重要，而现实情况是瓦斯爆炸后，由于矿井防爆门发生严重变形或被高压抛出，井下气流与地面空气发生风流短路，CO等有毒气体无法有效排出而引起大量人员伤亡。此外，由于井下救援的需要，往往需要对矿井进行反风，而此时由于防爆门往往不能及时关闭，同样造成风流短路，从而影响井下救援工作。因此一旦矿井发生瓦斯爆炸，如何保证防爆门的安全可靠性具有重要的现实意义。

防爆门在瓦斯爆炸期间，主要受爆炸冲击波的影响，瓦斯爆炸发生时，产生的冲击波会对防爆门结构构件造成损伤。林柏泉通过在几何尺寸为80 mm×80 mm的爆炸钢质管道内壁加贴绝热材料，研究了瓦斯爆炸过程中壁面散热对火焰传播速度、爆炸波超压峰值及爆炸波波速的影响。徐景德理论分析了瓦斯爆炸传播过程，确定了表征瓦斯爆炸传播过程的主要物理参数。景国勋结合火灾爆炸事故中的火球热辐射的传播公式，建立了一般火灾爆炸事故燃料质量与瓦斯质量之间的关系式。杨书召针对煤矿瓦斯爆炸事故频发现状，基于爆炸动力学、流体动力学理论对巷道受限空间瓦斯爆炸冲击波波阵面后高速气流的传播特性进行分析，建立高速气流压力和速度关系的数学模型。吴兵基于三维N－S方程，运用TVD格式，数值模拟研究了瓦斯爆炸火焰产生压力波的过程。曲志明和王海燕根据瓦斯爆炸释放的能量，推导出爆炸冲击波传播过程中超压与爆源点距离之间的衰减关系。朱传杰运用实验研究了

作者简介：游浩（1962—），男，博士，教授级高工，现任山西焦煤有限责任公司总工程师。

瓦斯爆炸在并联巷网内的传播特征，发现由于两条相向传播冲击波的叠加效应。贾智伟实验和数值模拟研究了一般空气区瓦斯爆炸冲击波在管道拐弯情况下的传播特性。

上述研究人员，对瓦斯爆炸传播规律及冲击波动力特性进行了研究，对认知瓦斯爆炸产生效应提供了帮助。

矿井瓦斯是煤矿发生重大安全事故的主要根源，如何最大限度减少煤矿重大瓦斯事故的发生，特别是减少人员的伤亡，提高煤矿抗灾能力，既可以减少煤矿的经济损失，也能提升煤矿的社会形象。

防爆门作为一种可以防止瓦斯、煤尘爆炸时毁坏主要通风机的安全设备，在主要通风机停运时打开，起到了防止井下硐室及主要回风道瓦斯积聚的作用。目前防爆门的结构和现状主要存在如下四个方面的问题：

(1) 抽出式通风机正常工作时，由于防爆门漏风问题而使通风系统的效率降低，增加电耗；

(2) 发生瓦斯爆炸时，防爆门由于结冰等原因阻力太大，开启困难，无法卸压致使通风机损坏；

(3) 发生瓦斯爆炸时，防爆门被强大的冲击波抛出，或开启后无法关闭，致使风流短路，井下有毒气体排出困难，增大井下伤亡人数；

(4) 风时，由于防爆门关闭困难，同样致使风流短路，影响井下救援工作。

针对目前防爆门的结构和现状主要存在的问题，在前人研究工作的基础上设计了一种在灾变情况能及时复位的防爆门。为了保证防爆门的可靠性，对防爆门的抗爆性能进行了试验研究，主要对瓦斯爆炸冲击波作用下快速复位防爆门的反应性(对冲击压力的反应)、防爆门的破坏模式、防爆门上的压力分布进行了测试。

2 实验测试系统

2.1 防爆门实验系统

实验井筒及防爆门与现场尺寸比例为 1∶4，其中井筒直径为 1.2 m，方形密封池尺寸为 1.875 m×1.875 m×1.025 m，单扇防爆门尺寸为 0.684 m×1.3 m。防爆门安全防护实验测试系统示意图如图 1 与图 2 所示，主要包括：实验井筒及防爆门、爆炸气体气囊、压力测量系统、应变测量系统、数据采集分析

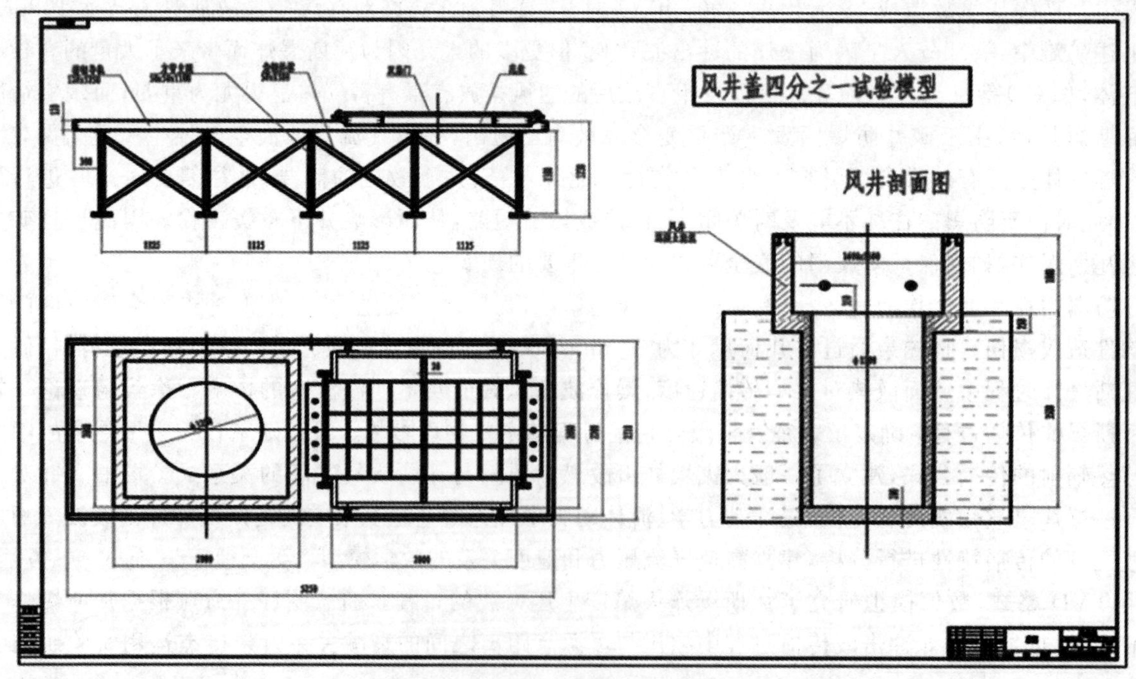

图 1　试验系统总示意图

系统、高速摄影仪、点火装置等。

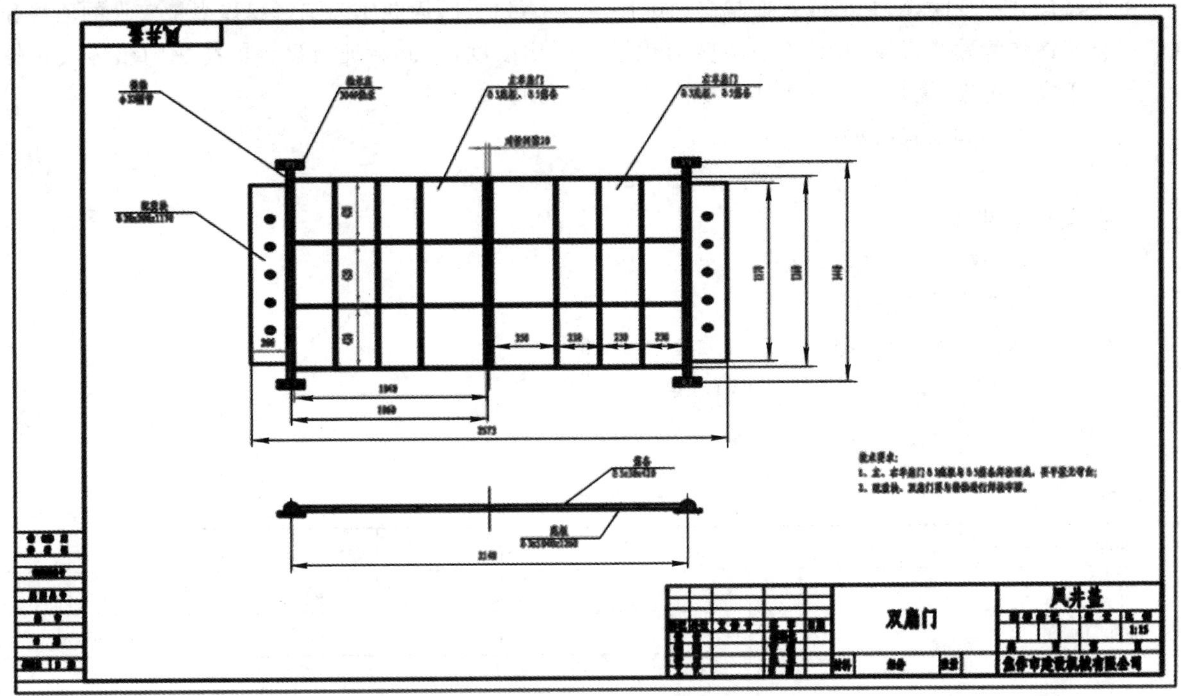

图 2 实验双扇防爆门(自主设计)示意图

2.2 测试系统

防爆门安全防护实验测试系统如图 3 所示,其主要包括:试验井筒及防爆门、爆炸气体气囊、压力测量系统、应变测量系统、数据采集分析系统、高速摄影仪、点火装置等。

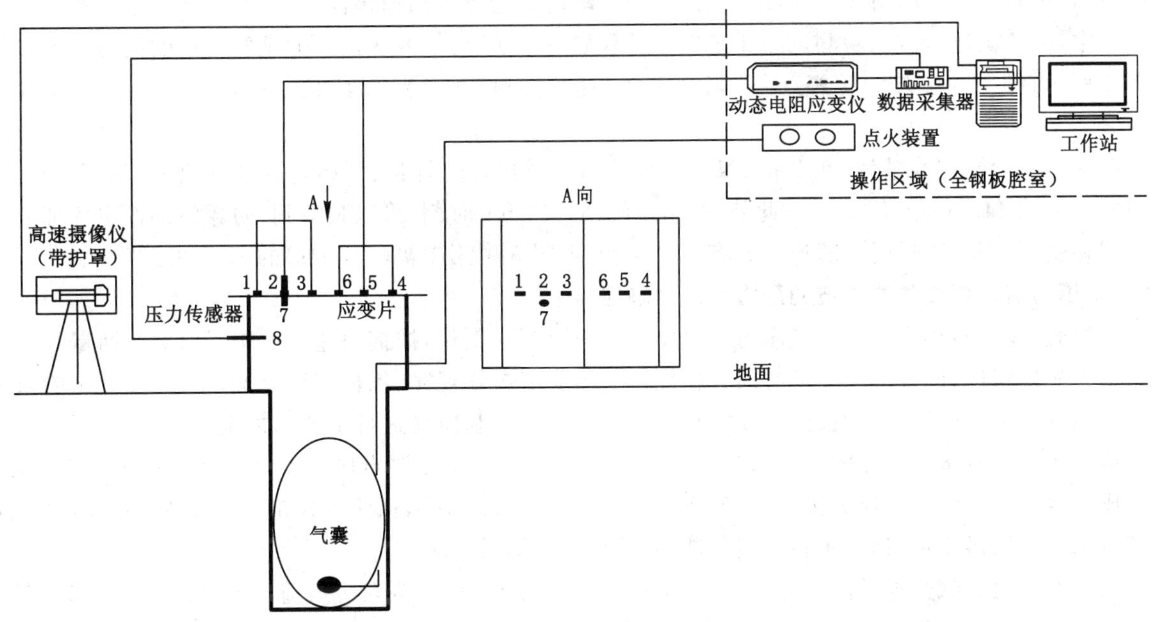

图 3 防爆门抗爆实验测试系统

2.3 实验参数

由于在矿井灾变时期，瓦斯或瓦斯与煤尘爆炸当量不可估计，因此实验选择爆炸当量较大的乙炔和纯氧混合气体作为爆炸气体，并且乙炔浓度为化学当量比浓度，以此验证新设计的防爆门整体安全性能。但出于安全考虑，爆炸实验的爆炸当量按由小到大顺序逐步进行。

爆炸当量计算如下式所示：

$$W_{TNT} = 1.8\alpha W_f Q_f \times 10^3 / Q_{TNT}$$

式中 W_{TNT}——当量，g；

α——爆炸效率因子，取 0.04；

W_f——燃料的总质量，kg；

Q_f——燃料的燃烧热，kJ/kg，乙炔取 49.9×10^3 kJ/kg；

Q_{TNT}——TNT 爆炸热，取 4 520 kJ/kg。

实验爆炸当量见表 1。

表 1　实验爆炸当量

实验次数	1	2	3	4	5	6	7	8
混合气体体/L	5	10	20	20	20	25	25	45
爆炸当量/g	2.13	4.27	8.53	8.53	8.53	10.66	10.66	19.17

3 防爆门抗爆响应特性

3.1 冲击波作用下防爆门的动态开启特性

爆炸过程是毫秒级的，为了充分掌握备用防爆门在爆炸过程中的运动规律，捕捉快速复位防爆门对爆炸冲击波的动态响应特性，以及在实验瞬间爆炸过程中能够及时发现存在问题，在第 7～8 次试验过程中，对备用防爆门上的防爆门在爆炸过程中的运动情况进行了高速摄像。

其中，第 7 次进行的试验测试的高速摄像过程如图 4 所示，第 8 次进行的试验测试的高速摄像过程如图 5 所示，拍摄速度均为 1 幅/ms。第 7 次实验防爆门打开过程约需 450 ms，1 400 ms 时，防爆门复位。

第 8 次实验爆炸当量为 19.17g TNT，由图 5 可以看出，防爆门从开始打开到开启 90°历时 99 ms，对应拍摄时间 445 ms 至 544 ms。此外，在第二幅图(457 ms 时刻)可以观察到，防爆门部件主体部分未发生明显变形，但在防爆门焊缝连接处有明显形变，见图 5 中第二幅(457 ms)的 A、B 处。

3.2 防爆门对瓦斯爆炸冲击波的压力及应力响应特性

在实验过程中，利用快速响应压力传感器与快速数据采集仪，捕捉快速复位防爆门对瓦斯爆炸冲击波的压力响应特性，即爆炸压力随时间变化规律。为摸清爆炸规律、保护测试设备，第 1～4 次试验未进行数据测试。第 5～8 次试验按照图 3 测点位置分别对压力和应变进行了数据采集。

第 7 次试验测试数据见图 6。图 6 中(a)～(f)表示第 1～第 6 测点应力值，(g)、(h)表示第 7～第 8 测点压力值。测试的最高压力为 0.72 MPa，最大应力为 128 MPa，低于许用应力 245 MPa。防爆门主体部分未发生明显变形，但配重板焊接处断裂、限位安全绳被拉断。

第 8 次试验测试数据见图 7。图 7 中(a)～(f)表示第 1～第 6 测点应力值，(g)、(h)表示第 7～第 8 测点压力值。测试的最高压力为 0.89 MPa，最大应力为 168 MPa，低于许用应力 245 MPa。防爆门主体部分未发生明显变形，但防爆门焊缝处有变形，限位链条的连接弹簧被拉断。第 5～第 8 次试验数据测试中，爆炸当量从 8.53 g 增大至 17.04 g，最高压力从 0.34 MPa 上升至 0.89 MPa，应力由 89 MPa 上升为 168 MPa，呈现最高压力和应力均随爆炸当量增加而增大的趋势。

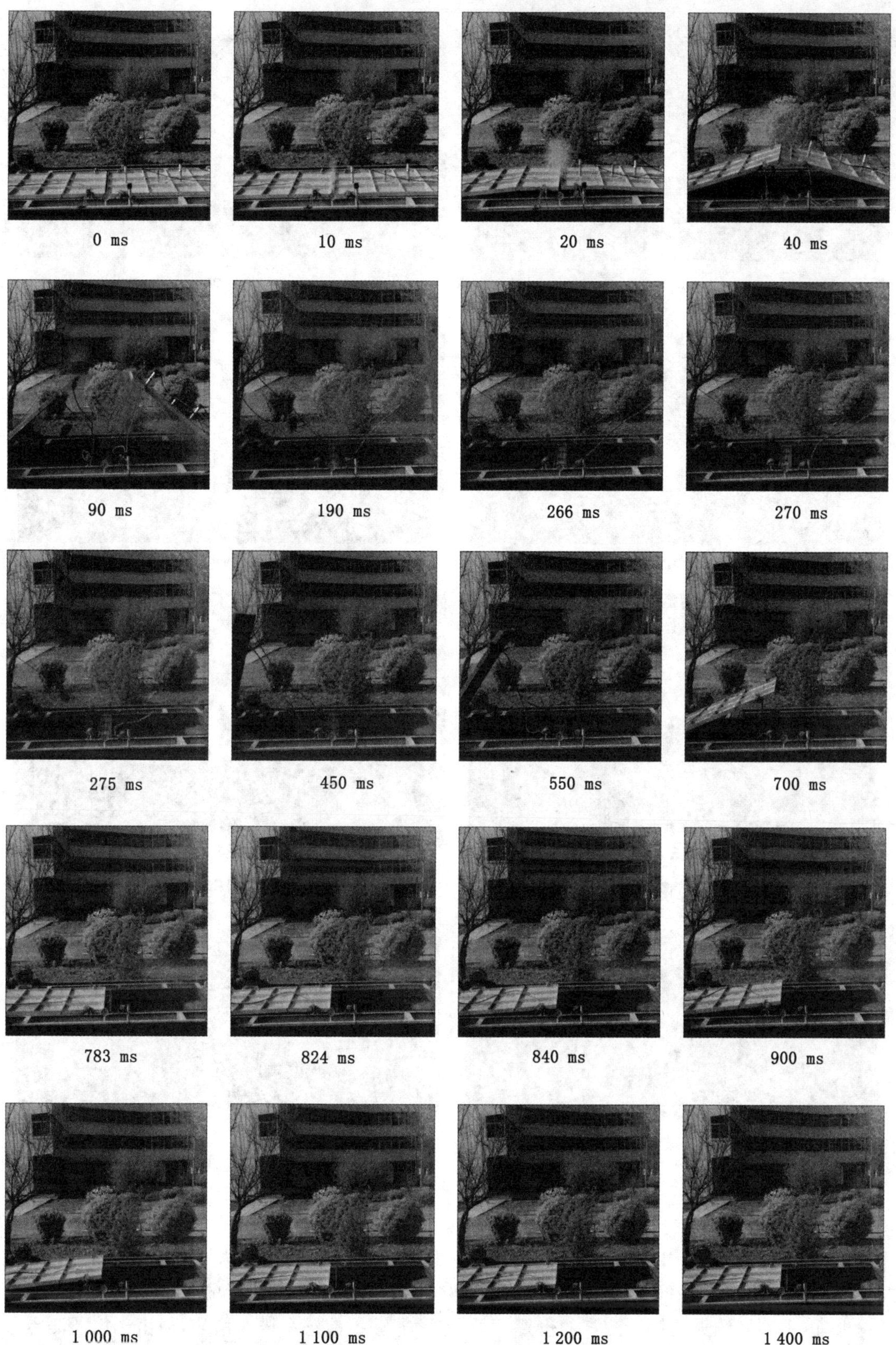

图 4　第 7 次试验防爆门运动的高速摄像

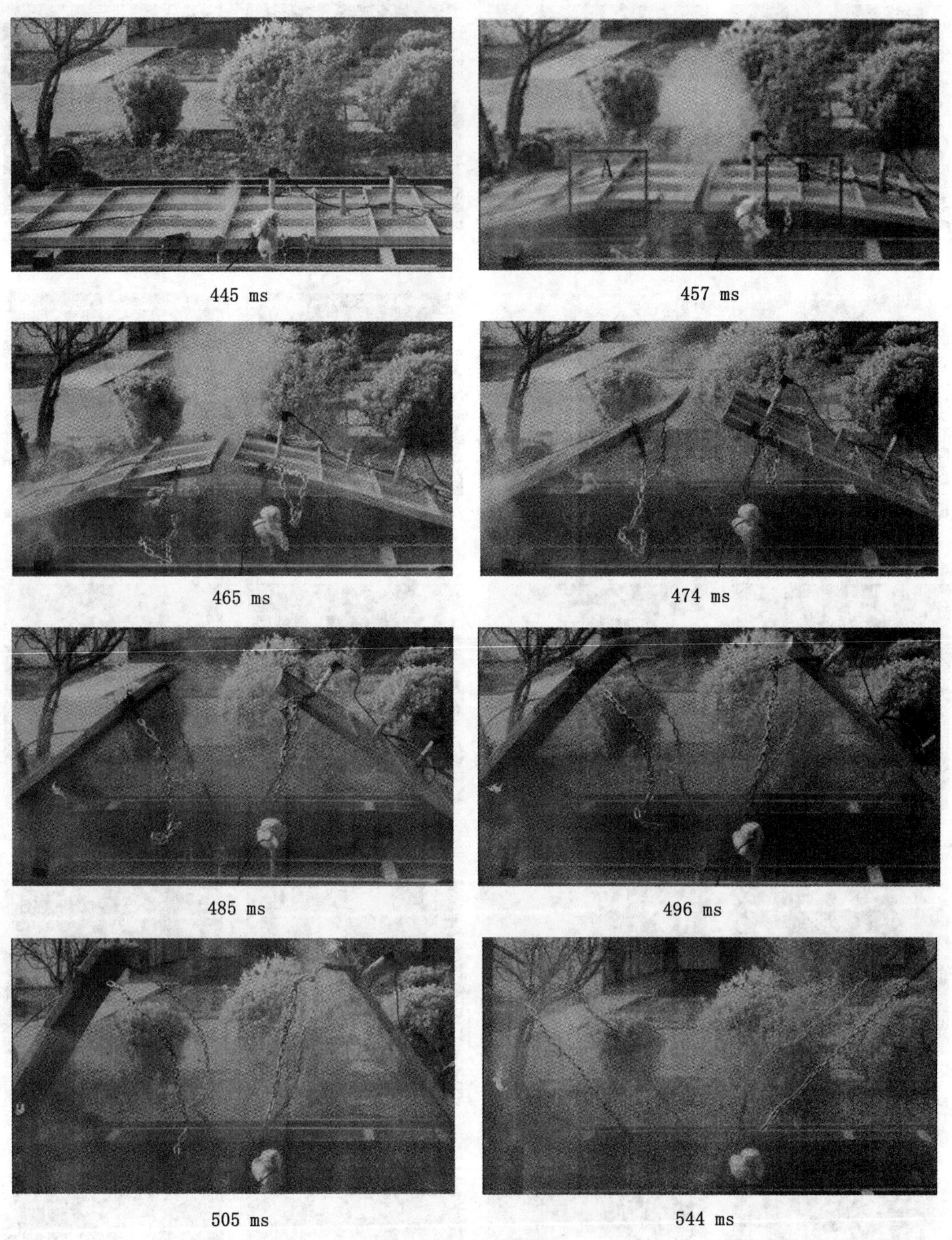

图5　第8次试验防爆门运动的高速摄像

由图8(a)～(c)可以看出，左右防爆门对应点(1—4、2—5、3—6)应力大小和发展趋势相似，说明左右防爆门所受应力具有较好对称性。与其他位置相比，在靠近旋转轴附近的1、4点应力较大。由图8(d)可看出，由于第8测点比第7测点的位置偏低，因此能够提前感受压力信号，但由于第7测点位于防爆门上且面对爆炸气流，因此压力稍高。在第5～第8次试验数据测试中，应力水平均低于许用应力245 MPa，说明防爆门部件强度符合设计要求，主体部分未发生明显变形。

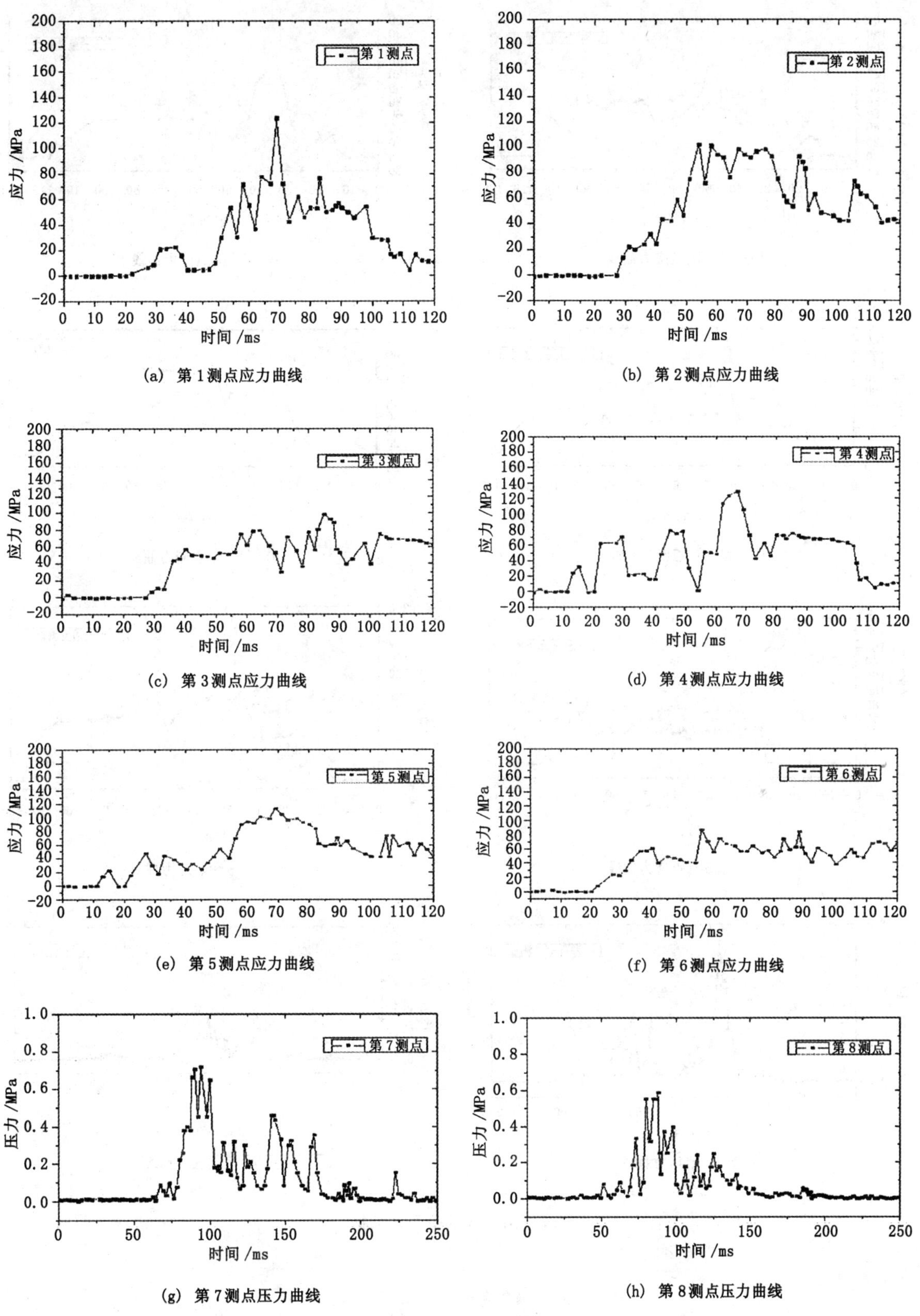

(a) 第1测点应力曲线

(b) 第2测点应力曲线

(c) 第3测点应力曲线

(d) 第4测点应力曲线

(e) 第5测点应力曲线

(f) 第6测点应力曲线

(g) 第7测点压力曲线

(h) 第8测点压力曲线

图6 第7次试验测试数据

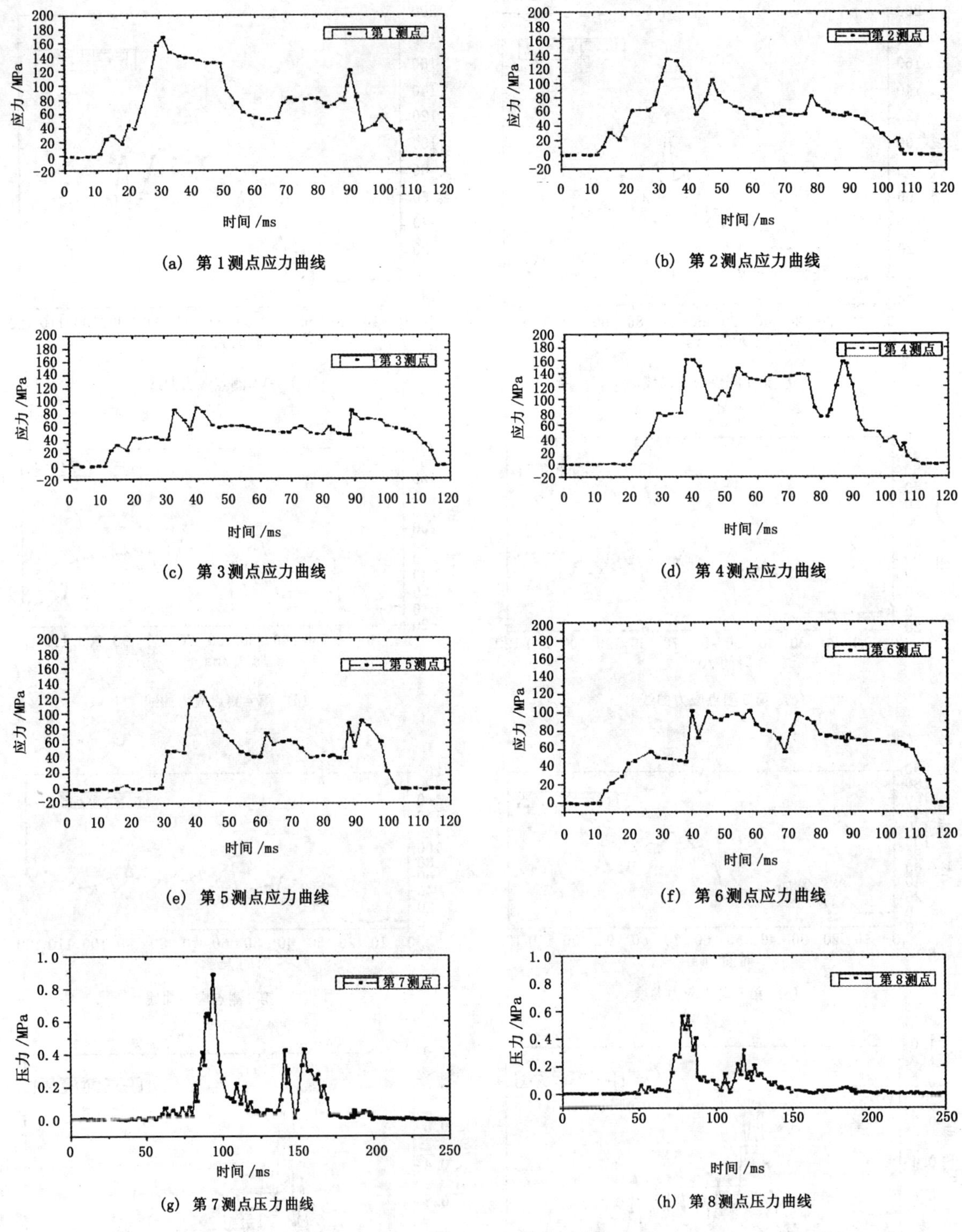

(a) 第 1 测点应力曲线

(b) 第 2 测点应力曲线

(c) 第 3 测点应力曲线

(d) 第 4 测点应力曲线

(e) 第 5 测点应力曲线

(f) 第 6 测点应力曲线

(g) 第 7 测点压力曲线

(h) 第 8 测点压力曲线

图 7　第 8 次试验测试数据

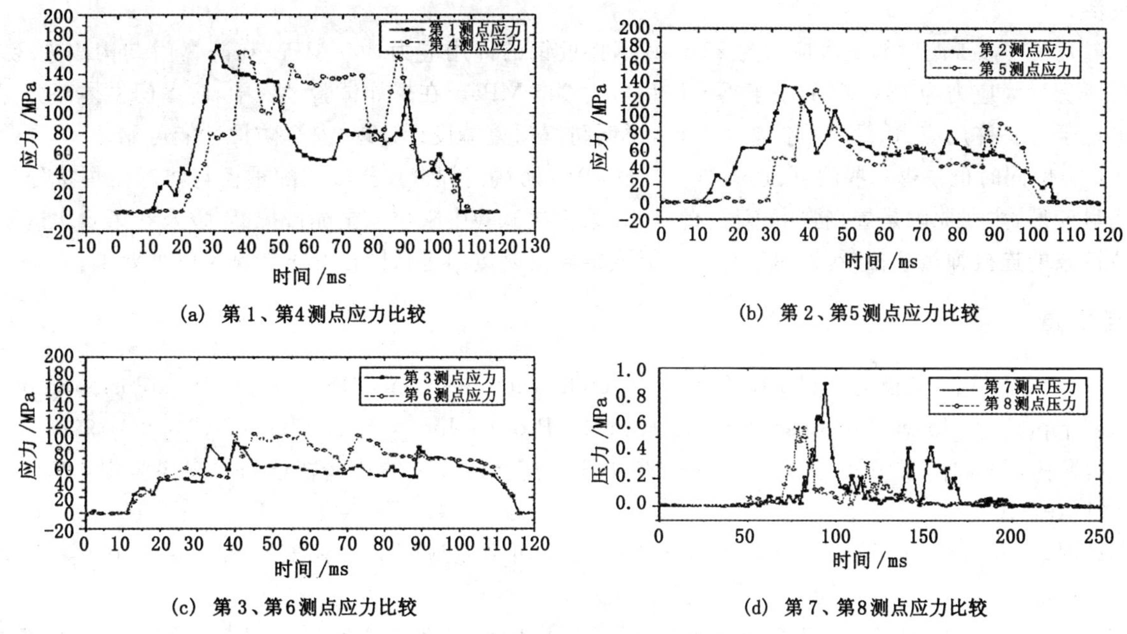

(a) 第1、第4测点应力比较

(b) 第2、第5测点应力比较

(c) 第3、第6测点应力比较

(d) 第7、第8测点应力比较

图8 左右防爆门应力及压力比较(第8次试验)

3.3 实验结果(表2)

表2 防爆门安全防护中试实验结果汇总

试验次数	混合气体体积 /L	TNT 爆炸当量 /g	最大压力 /MPa	最大应力 /MPa	应力是否超限(许用应力245 MPa)	防爆门开启及复位情况	部件变形情况
1	5	2.13	未测试	未测试	否	开启1/3后复位	无明显变形
2	10	4.27	未测试	未测试	否	开启90°后复位	无明显变形
3	20	8.53	未测试	未测试	否	开启90°后复位	无明显变形
4	20	8.53	未测试	未测试	否	开启90°后复位	无明显变形
5	20	8.53	0.34	89	否	开启90°后复位	无明显变形
6	25	10.66	0.53	113	否	开启90°后复位	配重板与轴承焊接处有明显变形
7	25	10.66	0.72	128	否	开启90°后复位	配重板焊接处断裂、限位安全绳被拉断
8	45	19.17	0.89	168	否	开启180°复位(碰密封池外壁后弹回)	防爆门焊缝处有变形,限位链条的连接弹簧被拉断

从图6和图7以及表2可以看出,快速复位防爆门的开启时间、超压和应力等特性与爆炸当量有直接关系。随着爆炸当量的增加,快速复位防爆门的开启时间大大缩短,超压和应力都显著增加。

4 实验结论

(1) 实验过程中,备用防爆门系统的风井盖部件开闭自如,密封良好,拖动运行部分应运转平稳、滚轮灵活。

(2) 在模拟工况时的最大应力为 230 MPa,接近钢的许用应力 245 MPa;在防爆门结构改进后,防爆门所受最大应力为 189 MPa,小于钢的许用应力 245 MPa。在爆炸试验过程中,防爆门主体部分应力水平低于材料许用应力,没有发生塑性变形,说明防爆门整体设计合理,安全防护性能可靠。

(3) 但同时也暴露一些问题:在爆炸试验过程中,防爆门焊缝连接处及配重板与防爆门焊接处出现了明显变形,主要原因是焊接强度不够;此外,在第 7 次试验中限位安全绳被拉断,以及在第 8 次试验中限位链条的连接弹簧被拉断,说明依靠安全绳或链条对防爆门进行限位并不能满足强度要求。

参考文献

[1] ZHU C J, LIN B Q, JIANG B Y. Flame acceleration of premixed methane/air explosion in parallel pipes[J]. Journal of Loss Prevention in the Process Industries, 2012, 25(2):383-390.

[2] 贾智伟,刘彦伟,景国勋.瓦斯爆炸冲击波在管道拐弯情况下的传播特性[J].煤炭学报, 2011, 36(1):97-100.

[3] 景国勋,乔奎红,王振江,等.瓦斯爆炸中的火球伤害效应[J].工业安全与环保, 2009, 35(3):37-38.

[4] 林柏泉,菅从光,张辉.管道壁面散热对瓦斯爆炸传播特性影响的研究[J].中国矿业大学学报, 2009, 38(1):1-4.

[5] 曲志明,郝刚立,吴会阁,等.煤矿掘进巷道爆破作业对通风构筑物的破坏作用[J].中国矿业, 2006, 15(4):83-87.

[6] 曲志明,郝刚立,吴会阁,等.瓦斯爆炸衰减规律和破坏效应[J].煤矿安全,2006(4):5-9.

[7] 曲志明,周心权,王海燕,等.瓦斯爆炸冲击波超压的衰减规律[J].煤炭学报, 2008, 33(4):410-414.

[8] 王海燕,曹涛,周心权,等.煤矿瓦斯爆炸冲击波衰减规律研究与应用[J].煤炭学报,2009,34(6):778-782.

[9] 王海燕,周心权,曲志明.瓦斯爆炸燃烧波与冲击波相互关系及影响研究[J].煤矿安全, 2008, 39(4):1-4.

[10] 吴兵,张莉聪,徐景德.瓦斯爆炸运动火焰生成压力波的数值模拟[J].中国矿业大学学报,2005,34(4):423-426.

[11] 徐景德,周心权,吴兵.矿井瓦斯爆炸传播的尺寸效应研究[J].中国安全科学学报, 2001, 11(6):36-40.

[12] 杨书召,景国勋,贾智伟.矿井瓦斯爆炸冲击气流伤害研究[J].煤炭学报, 2009, 34(10):1354-1358.

[13] 朱传杰,林柏泉,江丙友,等.瓦斯爆炸火焰和冲击波在并联巷网的传播特征[J].中国矿业大学学报, 2011, 40(3):385-389.

大直径高位钻孔瓦斯抽放技术在特厚煤层矿区的应用

段会军[1] 郝世俊[1] 林来彬[2] 赵永哲[1] 郑玉柱[1] 胡振阳[1] 高宗飞[2]

(1. 中煤科工集团西安研究院 陕西西安 710077;2. 陕西郭家河煤业有限公司 陕西宝鸡 721500)

摘 要 针对郭家河煤矿1303工作面瓦斯涌出量大、上隅角及回风流瓦斯超限的问题，通过对高位钻孔瓦斯抽放原理及参数进行分析计算，并结合工作面生产情况，应用实践了常规高位钻孔及大直径高位钻孔瓦斯抽放技术。实践结果表明大直径高位钻孔抽放效果远胜于常规高位钻孔，并有效地解决了瓦斯超限问题，改善了工作面的安全生产状况。

关键词 大直径高位钻孔;瓦斯抽放;特厚煤层

郭家河矿区位于陕西省麟游县西北部，设计年产能500万t。该矿属于低瓦斯煤矿，但随着采掘规模的不断增大，伴随着是逐年增加的瓦斯涌出量。尤其是采煤工作面上隅角瓦斯超限，直接影响着采煤工作面的生产。郭家河矿区煤层均属于低透气性差和较难抽放煤层，采用顺煤层钻孔预抽瓦斯时，瓦斯抽放率很低，也采取了诸如调配风量、挂设风障等方法，但始终未能解决综采工作面及上隅角瓦斯超限问题。为解决该问题，在1303综采工作面实施大直径高位钻孔抽放技术治理上隅角瓦斯，取得了明显效果。

1 工作面概况

1303工作面，走向总长1 520 m，切眼长度235 m。所采煤层为中侏罗统延安组3#煤层，煤层厚度变化较大，切眼附近煤层最厚，厚度达19.7 m。工作面采用综合机械化放顶煤开采，采用U形通风方式。3#煤层钻孔瓦斯流量衰减系数为0.5506 d^{-1}，煤层透气性系数0.0118 $m^2/(MPa^2 \cdot d)$，按照《煤矿瓦斯抽放规范》规定的煤层瓦斯抽放难易程度划分，属于较难抽放煤层。

2 工作面瓦斯积聚情况

该工作面属于特厚型煤层的开采，依据工作面采煤工艺和煤层赋存状况，工作面瓦斯涌出主要为两个方面：一部分来源于开采层的煤壁和落煤解吸的瓦斯涌出；另一部分来源于采空区丢煤解吸的瓦斯涌出。通过监测数据分析表明，采空区涌出的瓦斯约占60%。

3 高位钻孔抽放参数理论计算方法

高位钻孔的抽放区域主要为裂隙带、部分采空区以及受采空区影响的上覆临近层。裂隙带裂隙充分发育的位置在中下部，瓦斯主要聚集在该区，且具有瓦斯含量高、浓度大的特点，是抽放瓦斯的最佳层位，即冒落带上方，裂缝带中下方，靠近工作面回风巷一侧的离层带是高位钻孔抽放的最佳位置。

作者简介:段会军(1986—)，男，山西忻州人，助理工程师，硕士学位，2012年毕业于吉林大学地质工程专业，现就职于中煤科工集团西安研究院，主要从事煤层气定向钻进及煤矿井下定向钻进技术研究与推广。

高位瓦斯抽放钻孔参数见图1，计算方法如下。

图1中：OBD——煤层面；OEB——水平面；OA——钻孔；OB——巷道。

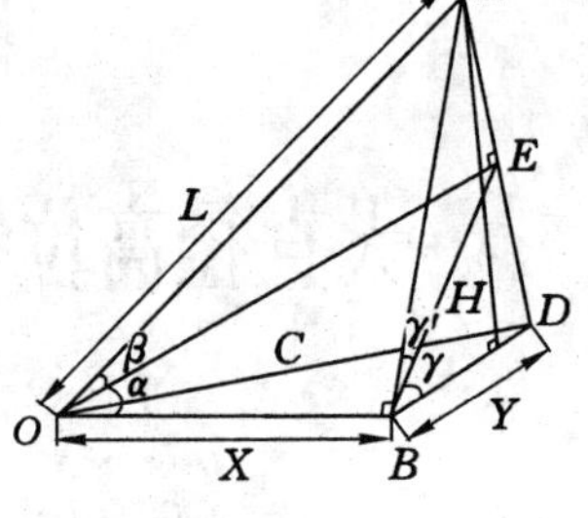

图1　高位瓦斯抽放钻孔参数计算示意图

$$X = \cos\alpha\cos\beta \cdot L \tag{1}$$

$$Y = \frac{\sin\alpha\cos\alpha}{\cos\gamma} \cdot L \tag{2}$$

$$\gamma' = \arcsin\frac{\sin\beta}{\sqrt{1-(\cos\alpha\cos\beta)^2}} \tag{3}$$

$$H = h_1 + h_2 + L \cdot \sin(\gamma+\gamma') \cdot \sqrt{1-(\cos\alpha\cos\beta)^2} \tag{4}$$

式中　h_1——钻场与顶板间距离，m；

h_2——钻孔开孔的高度，m；

X——巷道方向上钻孔轨迹轴线的投影，m；

Y——孔位置垂直水平面到煤层面的投影点距巷道的长度，m；

H——终孔位置距顶板法线的长度，m；

L——钻孔孔深，m；

α——钻孔水平投影线与巷道的夹角，(°)；

β——钻孔的仰角，(°)；

γ——煤层的倾角，(°)。

4　大直径高位钻孔瓦斯抽放技术的应用

4.1　高位钻场及钻孔的设计

根据郭家河矿的情况，高位钻场处于煤层顶板以上约5 m处，钻场延伸到工作面距离工作面回风巷约15 m处，钻场尺寸为6 m×5 m×3 m。依据1303工作面煤层参数，由公式(1)、(2)计算及郭家河矿区生产条件，在1303工作面距切眼200 m处开始布置1号钻场，依次布置2号、3号钻场，间距130 m。钻孔长度105～163 m，压茬距离30 m，保证在回采过程中，采空区瓦斯一直得到抽放。

钻孔设计参数的选择主要考虑钻孔终孔层位位于冒落带上部，裂缝带中下部，依据现场情况及计算得高位瓦斯钻孔终孔点距离顶板25～50 m，根据通风类型与工作面的瓦斯流动情况，确定终孔点与回风巷间距为5～55 m。

在确定出钻场间距，钻孔平均长度及钻场参数后，计算得出每个钻孔的方位角及倾角，在1号、2号、3号钻场依次呈扇形布置6个钻孔，终孔位置保证在顶板裂隙发育带内，钻孔布置如图2所示，钻场及开孔位置布置如图3所示。1号钻场钻孔ϕ113 mm，2号、3号钻场采用大直径钻孔，ϕ200 mm。

4.2　设备机具选用

施工选用中煤科工集团西安研究院研制并生产的ZDY4000S型全液压坑道钻机进行钻孔施工。该钻机设计钻进能力达350 m，会转扭矩4 000 Nm，给进起拔力最大达123 kN，能够满足大直径钻孔的钻进要求；钻进过程中采用清水作为循环介质，选用BW—250泥浆泵提供高压水排除岩粉；钻杆使用ϕ73 mm外平高强钻杆；钻孔和扩孔全部采用胎体式PDC钻头，保证了钻孔施工的顺利进行；采用YHQ－X(B)全方位钻孔测斜仪进行钻孔倾角及方位角的测量。

4.3　钻孔施工

本次施工共完成常规高位瓦斯抽放孔6个，大直径高位瓦斯抽放钻孔12个，累计进尺2 500 m。采用普通回转全面钻进法和多次成孔工艺进行高位钻孔施工，即先采用和钻杆直径接近的ϕ113 mm导向钻头进行先导孔施工，成孔后逐级换用大一级的扩孔钻头，即ϕ153 mm、ϕ200 mm扩孔钻头进行扩

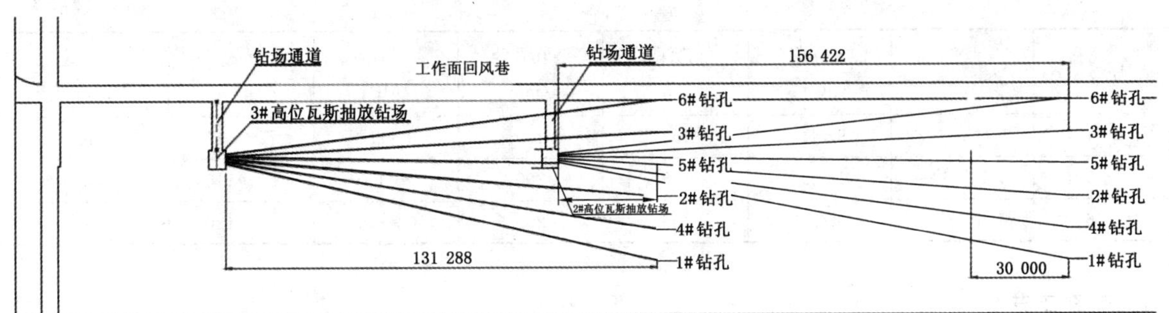

(a) 高位瓦斯抽放钻孔布置平面图

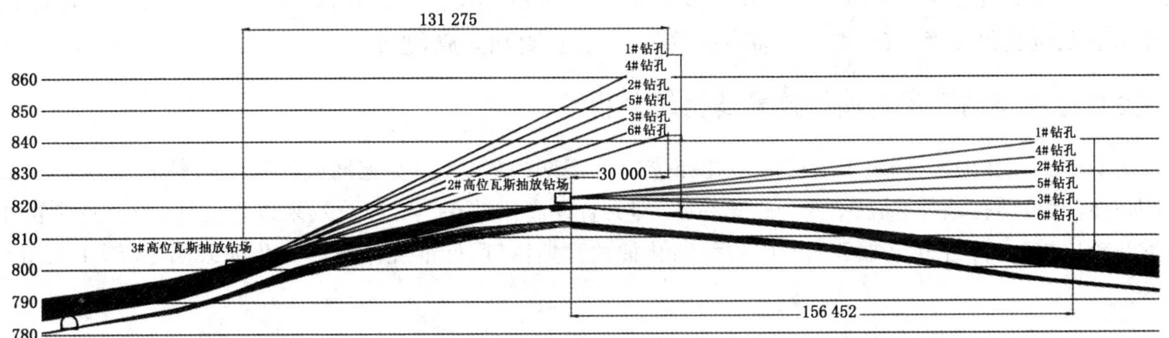

(b) 高位瓦斯抽放钻孔布置纵断面图

图 2 高位瓦斯抽放钻孔布置示意图

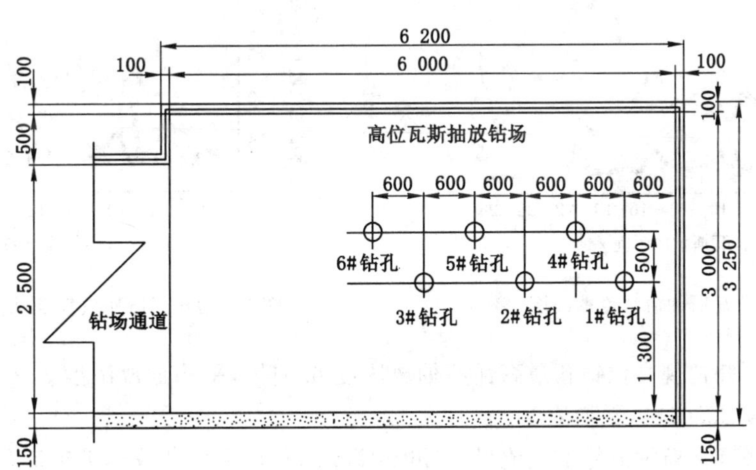

图 3 高位瓦斯钻场及孔位布置图

孔，直至达到设计终孔孔径 200 mm，钻孔实际施工参数见表 1(分别选取 3 个钻场共 6 个钻孔参数)。

表 1 钻孔及钻进工艺参数

序号	倾角 /(°)	方位角 /(°)	孔深 /m	终孔孔径 /mm	钻压 /MPa	转速 /r·min⁻¹	泵量 /L·min⁻¹
1—1	21°7′	102°2′	138	113	0～1.0	90～130	118～168
1—2	17°45′	97°16′	109.5	113	0～1.0	90～130	118～168
2—3	−0°38′	87°24′	157	200	0～1.5	90～110	118

续表 1

序号	倾角 /(°)	方位角 /(°)	孔深 /m	终孔孔径 /mm	钻压 /MPa	转速 /r·min^{-1}	泵量 /L·min^{-1}
2—4	4°37′	97°41′	158	200	0～2.0	75～110	118
3—5	19°56′	19°56′	155	200	0～1.5	80～115	118
3—6	19°2′	90°54′	153	200	0～1.0	80～120	118

4.4 封孔工艺

钻孔封孔采用马丽散封孔，封孔长度为 6 m。为了便于割煤，预抽钻孔和高位钻孔的封孔管采用 ϕ225 mm 的矿用 PE 管。高位钻孔的孔口段采用 ϕ270 mm 钻头进行扩孔，扩孔长度为 6 m。用可控式袋装马丽散包裹封孔管，挤压混合后将封孔管插入钻孔，封孔完成，整个操作时间不得超过 5 min。

5 大直径高位钻孔瓦斯抽放效果及比较分析

随着采掘工作的推进，施工完成的钻孔相继实施瓦斯抽放，首先实施抽放的为 1 号钻场中施工的钻孔，即常规高位钻孔，顺次抽放 2、3 号钻场钻孔，即大直径高位钻孔。对抽放效果进行统计分析，将抽放时间重新对比排列，得出 30 d 抽放期不同类型钻孔抽放瓦斯浓度、标准纯流量的变化曲线图，如图 4 及图 5 所示。

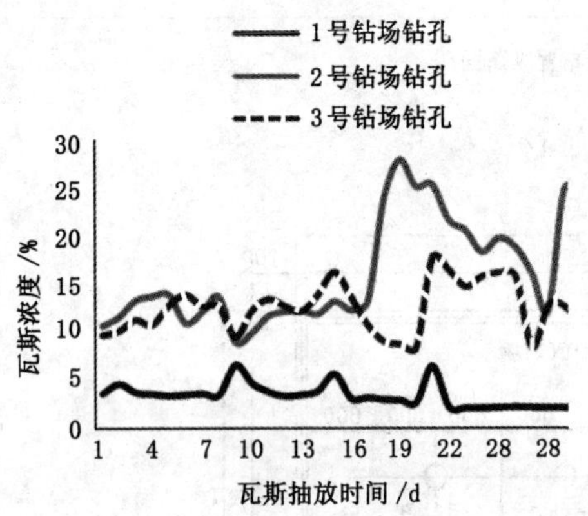

图 4 钻孔瓦斯抽放浓度曲线图

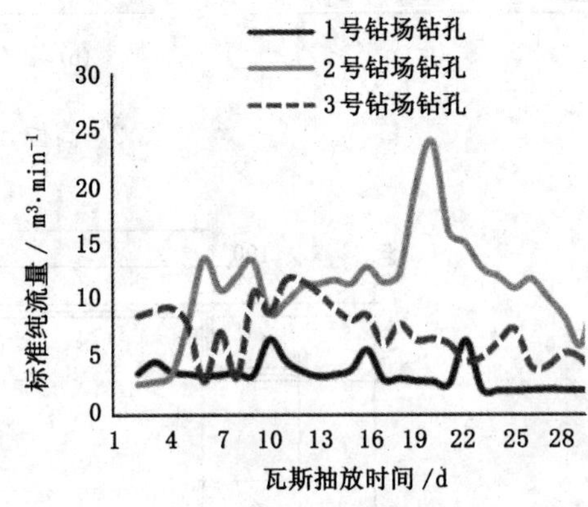

图 5 钻孔瓦斯抽放标准纯流量曲线图

由图 4 与图 5 可知常规高位钻孔最高瓦斯抽放浓度 6.51%，平均抽放浓度 3.34%，大直径高位钻孔最高瓦斯抽放浓度 28.01%，平均浓度 14.37%。

常规高位钻孔最高瓦斯抽放标准纯流量 4.36 m^3/min，平均瓦斯抽放标准纯流量 2.37 m^3/min，大直径高位钻孔最高瓦斯抽放标准纯流量 23.94 m^3/min，平均瓦斯抽放标准纯流量 9.12 m^3/min。显而易见，大直径高位瓦斯抽放钻孔效果显著，有不可比拟的抽放优势。

截至月底，2、3 号钻场大直径高位钻孔累计抽放瓦斯 715 915 m^3，回风巷内瓦斯浓度最高为 0.70%，上隅角瓦斯浓度最高为 0.30%，有效地解决了上隅角及回风瓦斯超限问题，保证了工作面安全生产。

6 结论

大直径高位钻孔瓦斯抽放技术在 1303 综放工作面的成功应用，大大提高了工作面生产过程中的安全系数，保证了该工作面的正常回采和安全生产。也为今后特厚煤层矿区瓦斯综合防治及矿井高产高效提供有价值的参考，具有实际借鉴意义。

大直径高位钻孔瓦斯抽放技术可实现大流量、高效率瓦斯抽放，抽放效率是常规高位钻孔的 4～5 倍，具有更显著的经济效益和社会价值。

参考文献

[1] 郝世俊.煤矿井下大直径定向钻孔成孔工艺及其瓦斯抽采效果的研究[D].西安:煤炭科学研究总院西安研究院,2005.

[2] 李贤忠,朱传杰.高位钻孔瓦斯抽放技术的研究及应用[J].煤炭工程,2010(6):38-39.

[3] 林柏泉.矿井瓦斯防治理论与技术[M].徐州:中国矿业大学出版社,2010.

[4] 石智军.煤矿井下瓦斯抽采(放)钻孔施工新技术[M].北京:煤炭工业出版社,2008.

[5] 王志清.综放工作面瓦斯治理技术措施[J].煤矿安全,2005,36(6):10-12.

煤矿安全生产光纤综合监测预警系统

马俊鹏[1]　吴文明[1]　孙亚军[1]　刘统玉[2]

（1. 兖州煤业有限公司兴隆庄煤矿　山东兖州　272102；2. 山东省科学院激光研究所　山东济南　250014）

摘　要　我国煤矿生产条件复杂、存在瓦斯、发火、冲击地压等安全隐患。传统煤矿安全监控系统使用电子类传感器，在测量精度、可靠性等方面存在一系列技术瓶颈；同时由于传感器需要现场供电、对于采空区等场所存在监测盲区。文章首次报道基于多种光纤传感器监测网络的煤矿安全生产综合监测预警系统及其在兖矿集团兴隆庄煤矿现场应用典型数据。该系统发挥了光纤传感技术本质安全、抗电磁干扰、传输距离长、易于大规模组网等技术优势，实现了对通风、供电、供水系统和关键机电设备运行状态在线监测及故障诊断，基于采空区温度分布和发火标志性气体的在线发火监测预警，以及基于光纤传感器对顶板离层、矿压、微震、水文参数综合监测系统；同时，还构建了基于煤矿井下无源瓦斯、水位、温度、语音等传感器网络的光纤应急通信及信息决策支持系统。以光纤综合监控数据为基础，建立了煤矿安全灾害预警和智能分析 Web 发布系统，有效地支持了煤矿生产安全管理。该系统运行一年多以来，监测预警数据可靠，取得了显著的安全和经济效益，显示出广阔的应用前景。

关键词　煤矿安全；光纤传感器；瓦斯；冲击地压；自然发火；监测预警

0　引言

瓦斯、顶板、冲击地压、采空区自然发火、水害、机电设备运行隐患等构成我国煤矿安全生产主要灾害。随着煤矿开采逐步向深度拓展，矿压、冲击地压、瓦斯突出等灾害愈加严重。随着煤矿机械化、自动化程度的逐步提升，由于机电设备运行故障引发的电缆、设备起火及次生灾害近年来呈明显增加趋势。当前，煤矿重大灾害监测预警技术水平与安全生产要求之间还存在着较大差距，主要表现在：监测技术落后，传感器可靠性差、维护工作量大、监控系统在信号采集及传输线路中受电磁场干扰严重；由于现在的传感器都需要供电，对诸如煤矿采空区等危险源或密闭区域难以布设，造成煤矿安全监控盲区；煤矿各部门所使用的仪器种类繁多、相互独立，各种灾害监测子系统之间的数据没有充分融合，导致实现煤矿灾害隐患监控预警所需要的信息量不足，对矿山重大灾害隐患的预警能力差。当煤矿井下发生透水等灾情时，井下电源往往会中断，造成应急通信和对诸如水位、温度、有害气体等灾情信息的数据采集和传输系统瘫痪，难以保障应急救援的科学高效实施。因此有必要研究高可靠性的安全监控及应急信息系统。在煤矿安全监控系统中，传感器是制约系统整体水平的技术瓶颈。研发新一代适合煤矿安全领域应用的先进传感器、并以此为基础构建新型煤矿安全灾害监测预警及应急信息系统，消除当前的监控盲区，提升系统的可靠性和应急状态连续监测能力，对于实现煤矿安全发展具有十分重要的意义。

光纤传感器以光波为信息载体，光纤信息采集与传输一体化。具有下列独特的优点：不带电本质安

作者简介：马俊鹏，1962 年，男，硕士，应用研究员。

全、适用于煤矿井下易燃、易爆环境；光纤传输损耗小、距离远、不受电磁场干扰和温度湿度影响、传输可靠性高；光纤传感监测系统容量大、易于实现多点多参数在线监测，大大减少设备的种类和数量，系统配置简单，便于维护；光纤传感器具有分布式监测的独特优势，可以实现对光纤沿线各个点的温度应变在线监测，在对较大空间范围的连续监测，具有独特的应用价值。

本项目基于光纤传感器网络开发了煤矿安全生产光纤综合监测系统，建立了工程示范，实现了对通风、供电、供水系统及关键机电设备运行状态在线监测及故障诊断和对瓦斯、采空区温度、气体、顶板离层、矿压、微震、水文等的综合监测，实现了在煤矿井下断电情况下的应急通信及信息采集，对多参数监测数据进行有效融合、智能挖掘与分析，建立了安全生产决策支持系统及 Web 信息发布软件。

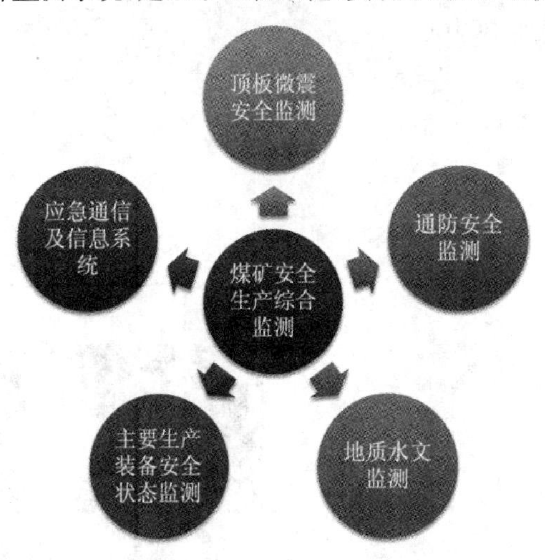

图 1　煤矿安全生产光纤综合监测预警系统总框图

1　煤矿安全生产光纤综合监测预警系统

煤矿安全生产光纤综合监测预警系统包含五个子系统：顶板、微震光纤监测系统，通防安全监测系统，水文监测系统，主要机电设备安全状态监测系统以及应急通信及信息决策支持系统。各子系统由光纤监控分站和光纤传感器组成，监测数据通过监控分站经井下 1 000 Mbps 工业环网汇总到综合监测服务器，通过综合监测预警软件进行数据分析及信息发布。综合监测系统框图如图 1 所示。图 2 为综合监测

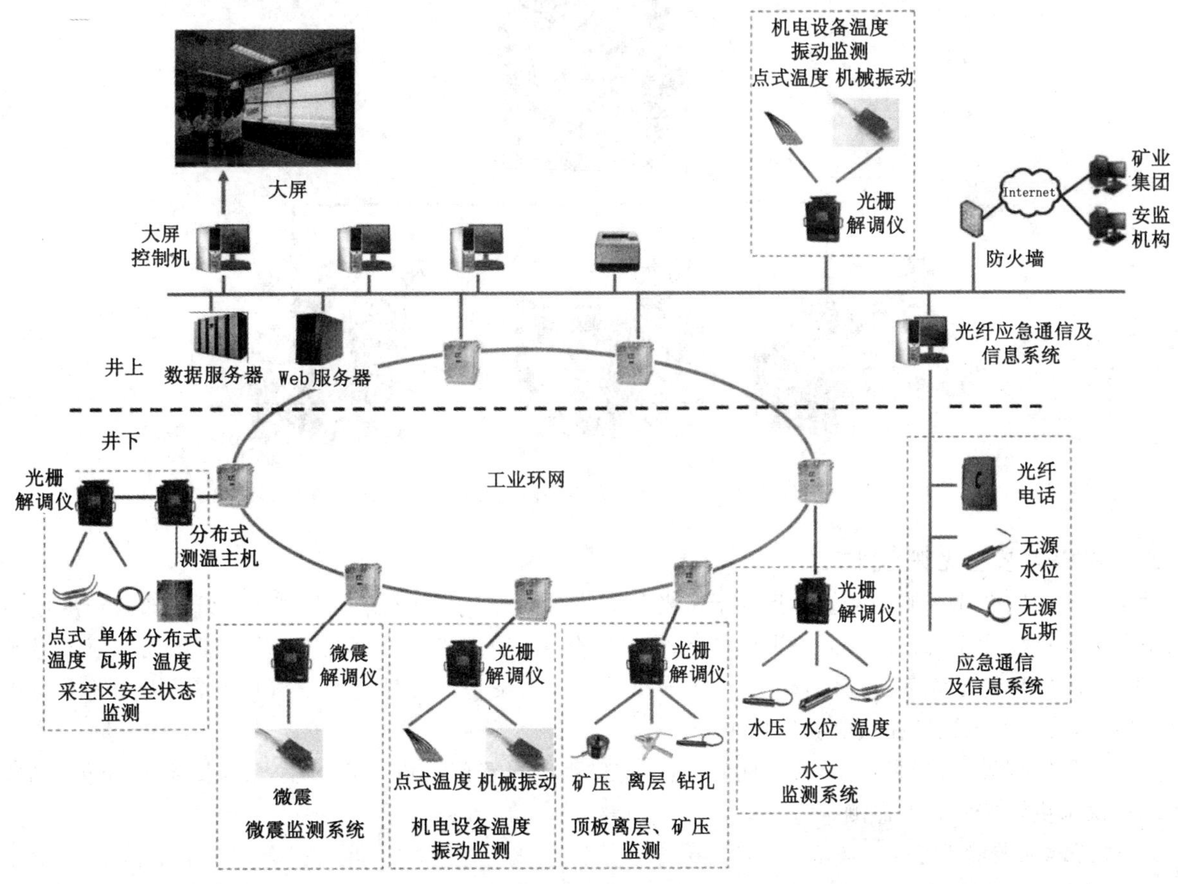

图 2　煤矿安全生产光纤综合监测预警系统信息采集传输示意图

预警系统数据采集传输示意图。

1.1 光纤顶板、微震监测系统

光纤顶板监测系统由光纤光栅离层传感器,矿压传感器及微震传感器和井下光纤光栅监控分站、微震监测分站等构成(图 3)。光纤离层、矿压、微震传感器(图 4)分别部设在巷道顶板,采煤工作面及整个矿区,对巷道变形、煤岩应力、及采场岩石断裂、错位、滑移等进行在线监测。监测数据通过工业环网到达监控中心。

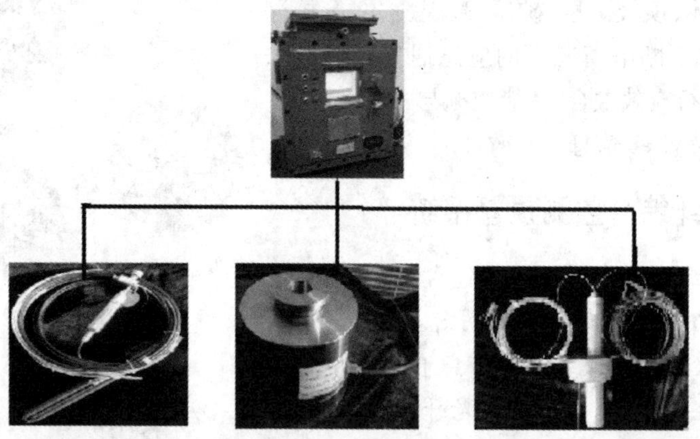

图 3 光纤光栅监测分站,矿压、锚杆应力及顶板离层传感器照片

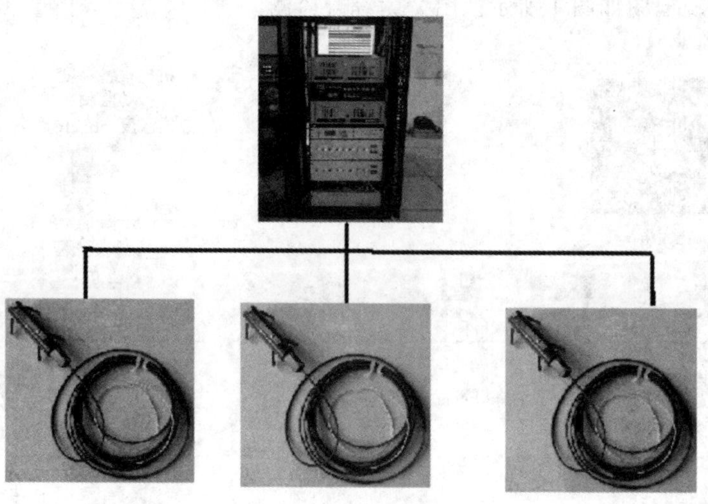

图 4 光纤微震监测仪及微震传感器顶板离层传感器照片

1.2 煤矿通防安全光纤监测系统

煤矿通防安全光纤监测系统包括基于激光瓦斯传感器的瓦斯监控系统和基于光纤分布式温度监测的采空区发火监测系统组成。激光甲烷传感器采用半导体激光光谱分析技术,无需催化或任何敏感元件,可靠性高,理论上无需校正(图 5)。光纤分布式测温系统基于拉曼光谱分析技术,采用光缆本身作为传感器,可以实现连续在线监测(图 6)。

本项目发挥光纤传感器容量大的优势,通过在供水供风管网关键节点布设光纤水压、风压传感器,实现对供水供风实时状态监测。

1.3 光纤水文监测系统

兴隆庄煤矿存在顶、底板富水层,水害十分严重,通过在富水层监测水管、井下水仓、老空区水闸墙

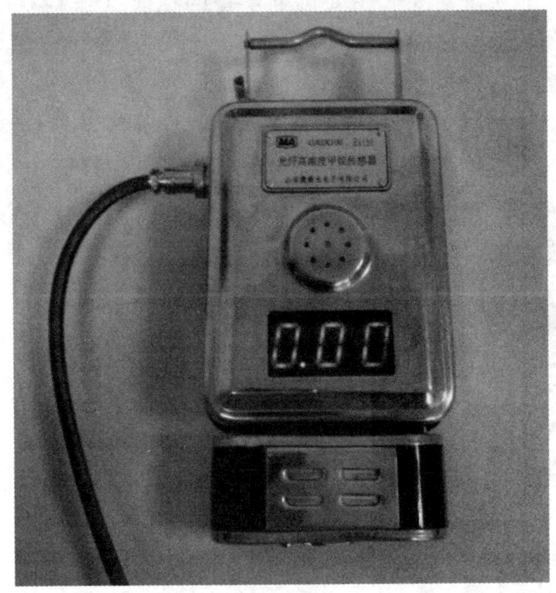

图 5　激光甲烷传感器

图 6　光纤分布式测温系统

内安装光纤水压/温度传感器实现对井下水文关键参数实时在线监测(图 7)。井下光纤水压监测网络与地面钻孔无线水文监测系统一起,构成矿区水文综合在线监测系统。

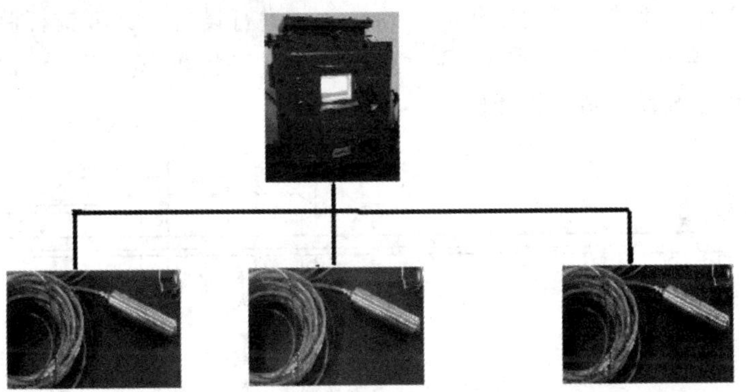

图 7　光纤光栅监测分站和光纤水压传感器

1.4　光纤机电设备状态在线监测系统

通过对压风机轴承、提升级、水泵、带式输送机机头安装光纤光栅温度、振动传感器,对带式输送机沿线布设分布式光纤温度监测,实现对煤矿主要机电设备的在线状态监测;通过对振动烈度、谐波分布等特征参数的实时分析,实现设备故障诊断和预警。

1.5 光纤应急通信及信息系统

为了实现井下断电情况下对井下环境信息的连续监测,在井下关键应急避险场所,如避难硐室、变电所等,布设了光纤瓦斯等有害气体传感器、温度、水位传感器及光纤无源声音传感器(图 8),光纤传感器通过光缆连接到地面应急指挥中心,构成煤矿应急决策信息支持系统。该系统的特点是仅地面监测设备需要供电,井下传感器无需电源。

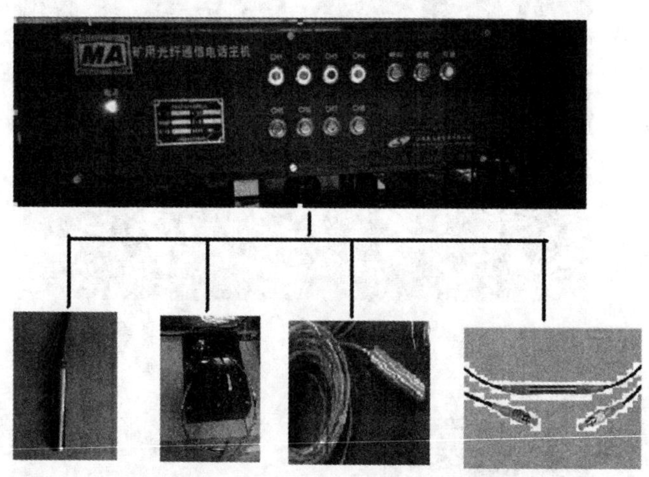

图 8　无源光纤甲烷、声音、水位、温度传感器及应急系统主机

2 煤矿安全光纤综合监测预警系统煤矿井下现场试验

2.1 光纤顶板、微震安全监测系统

2.1.1 巷道压力监测系统

兴隆庄煤矿一采区、十采区、七采区的下部,距煤层底板 2.6～4.0 m 处有一厚度 0.3～1.3 m 的夹矸层,分布范围较大,影响 10303 等 17 个工作面,煤层倾角 1°～20°,工作面煤层起伏变化大。工作面开采过程中,10302 工作面沿空侧轨道巷变形量大,严重影响了平巷超前支架的正常使用,对工作面的正常推进影响较为严重。从 10303 工作面距离开切眼 30 m 的位置开始,每间隔 25 m 设置一组钻孔应力传感器,传感器随着工作面推进循环向工作面以外的区域进行设置。光纤锚杆测力计和顶板离层传感器在 10303 工作面轨道巷中段掘进时安装,顶板离层传感器安装在 10303 工作面轨道巷中段掘进巷道顶部,光纤锚杆测力计安装在巷道顶板和侧帮,如图 9 所示。

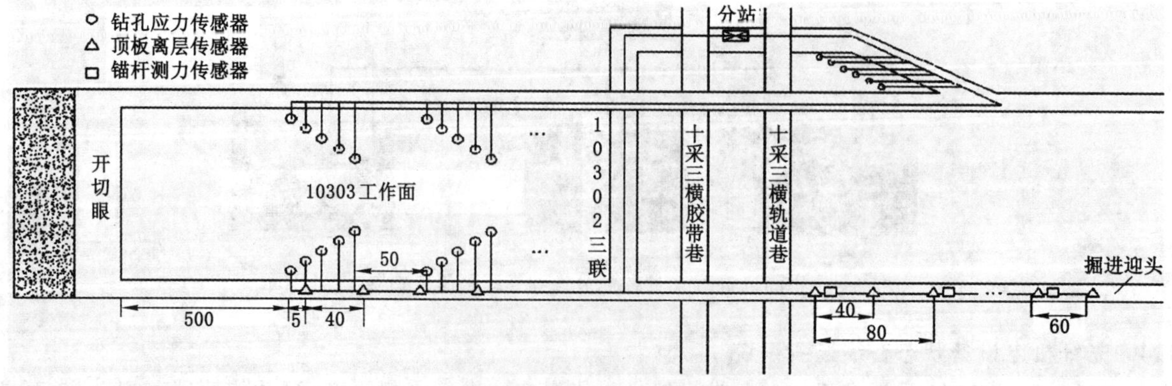

图 9　顶板安全状态监测传感器布置图

安装在10303工作面轨道巷中段掘进巷道光纤锚杆应力传感器监测典型数据，如图10所示。271排应力传感器8#安装在巷道左侧靠近煤层；271排应力传感器1#安装在巷道右侧靠近10302工作面采空区预留煤柱。可以看出，因为左侧帮为10303实体工作面，支撑力较好，监测应力小[图10(a)]；右侧帮为10302工作面采空区预留煤柱，应力集中，监测数据较大[图10(b)]，较好地反映了现场实际。

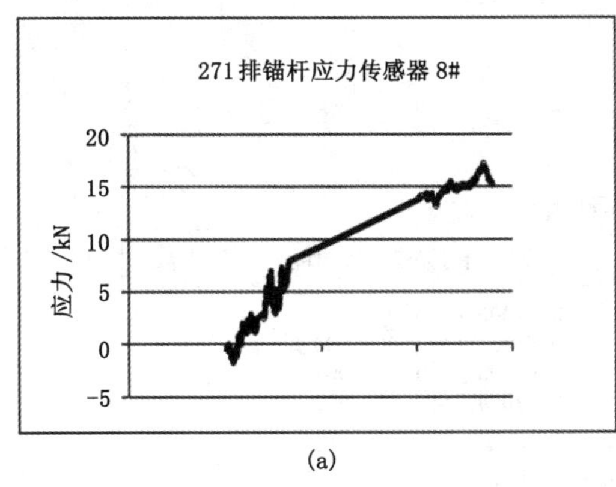

(a)

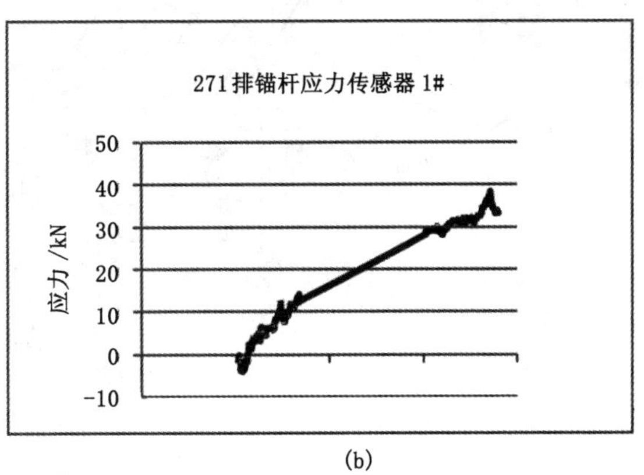

(b)

图10　光纤锚杆应力传感器掘进巷道监测典型数据

2.1.2　光纤微震监测系统

10303综放工作面位于十采区东半部，东部相邻10302工作面(回采结束)，西部为10300工作面回风下山，下部切眼以矿井边界保护煤柱与东滩矿相邻，停采线与十采一横轨道巷相邻。10303工作面切眼位于-450 m水平，距离地表500余米。光纤微震传感器围绕十采区和七采区进行布置。传感器通过光缆接至地面解调仪，光缆走线如图11所示。

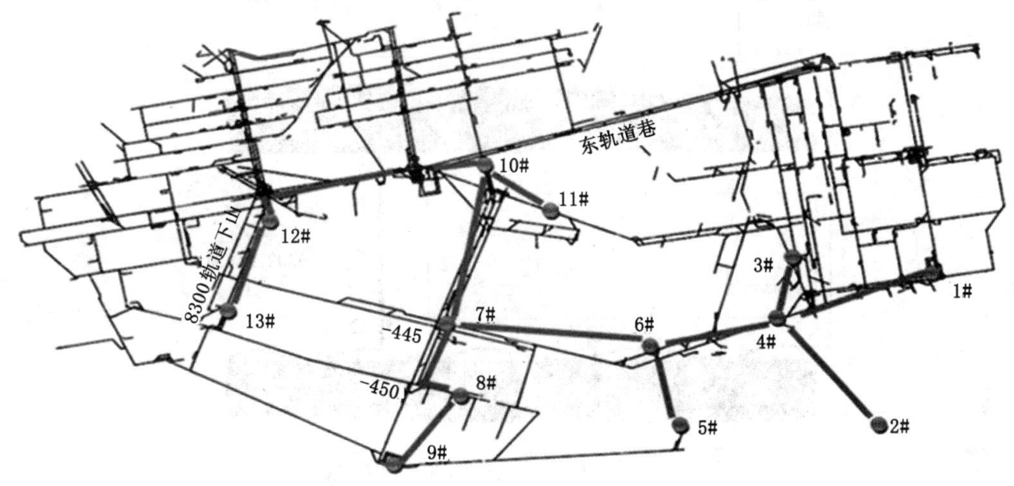

图11　光纤微震监测系统传感器布置示意图

系统在2013.04.01～2013.07.23期间共监测到有效微震事件408个，其中最大能量为68 134 370 J，最小能量为69.5 J，平均能量(除去最大值)为6 539 J，矿震数据统计如下表所示。震动能量主要集中在1 000～5 000 J之间，占全部矿震的58.3%。全矿微震强度比较小，以小能量释放的微震事件为主。

图12所示为2013.04.01～2013.05.13的矿震分布平面图，由图中可以看出矿震主要分布在10303工作面回采期间，运输巷掘进期间，矿震分布具有明显的区域特征，与工作面回采活动密切相关。

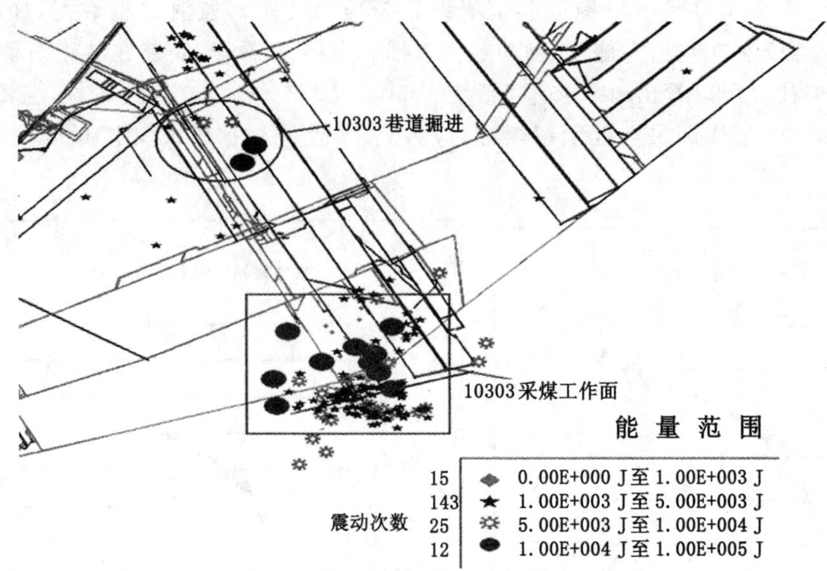

图12　光纤微震系统监测的矿震分布示意图

2.2　通防安全监测系统

2.2.1　采空区自然发火监测系统

10303综放工作面位于十采区东半部，东部相邻10302工作面(回采已结束)。10303采煤工作面推进距离长、煤层厚、沿空侧两道遗煤多，顶板易破碎，容易向采空区产生漏风供氧，是防治煤层自然发火的重点区域。本文采用光纤分布式温度监测系统开展煤矿采空区温度分布监测的研究。采空区自然发火温度监测系统如图13所示。

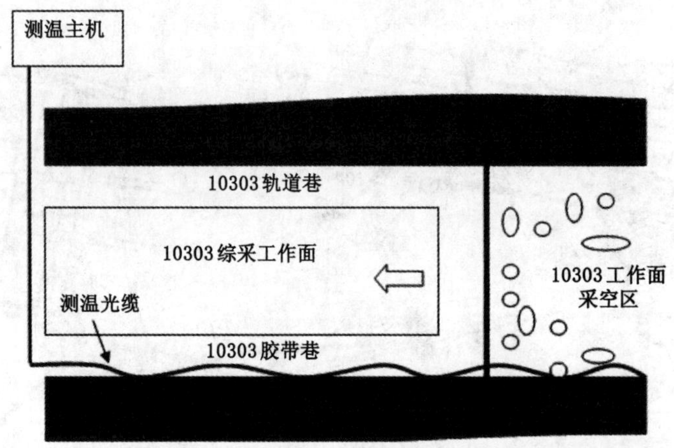

图13　采空区自然发火温度监测系统

从开切眼开始(包括开切眼)，运输巷底板和顶板各留设一路分布式感温光缆，并随工作面的推进埋入采空区。光纤末端到达十采三横变电所分站。

利用分布式光纤测温系统，将光纤光缆沿平巷布设于采面、采空区及平巷，从图14可以看出可同时监测沿线的温度分布，进入采空区明显温度有所上升。在整个开采过程中，由于通风较好，采煤进尺较快，没有发生异常情况。系统通过软件可以实时定位、显示整个平巷、采空区的温度分布情况，防止火灾的发生，切实有效地保障了采面的安全生产。

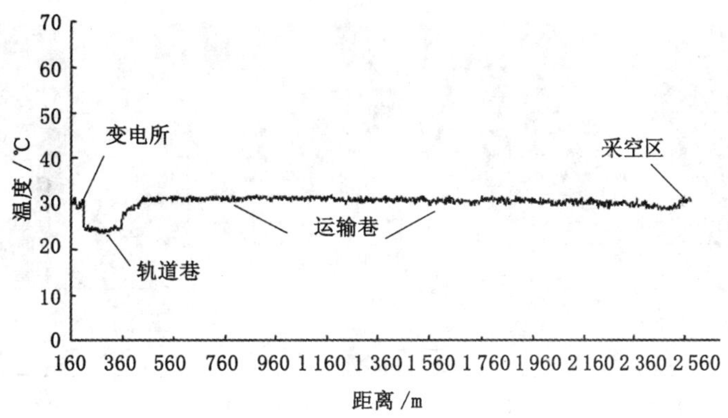

图 14　分布式系统监测的空间分布温度数据

2.2.2　瓦斯监测监控系统

针对现有瓦斯监测监控系统所存在的响应时间慢、传输距离短、不能互联控制等问题，结合先进的嵌入电子技术，开发了一种基于光信息传输的监测监控分站。本系统的重点是开发了一种低功耗激光甲烷传感器。系统提高了煤矿安全监测的准确性，又增强了系统的实时性、可靠性和可扩展能力。系统在地面由监测主机、KJ89N—J 通信接口组成；井下主要由 KDW28—18 矿用隔爆兼本安不间断电源、KJ89N—F 矿用分站以及各种传感器组成。

从图 15、图 16 可以看出，激光甲烷传感器在工作面推进较慢时，测得的甲烷数据很小，基本在 0.05%以下，风流及时将煤层释放的瓦斯稀释并带走，在工作面推进正常时，速度有所加快，测得甲烷数据有所上升。从图 16 可以看出在每天正常工作时，采煤机每割一刀，引起煤层甲烷释放，导致采面甲烷有所上升，可以很清楚的分辨出每天每次采煤时甲烷的涌出规律。在传感器工作过程中，没有经过任何标定操作，充分显示了激光甲烷传感器的良好性能。

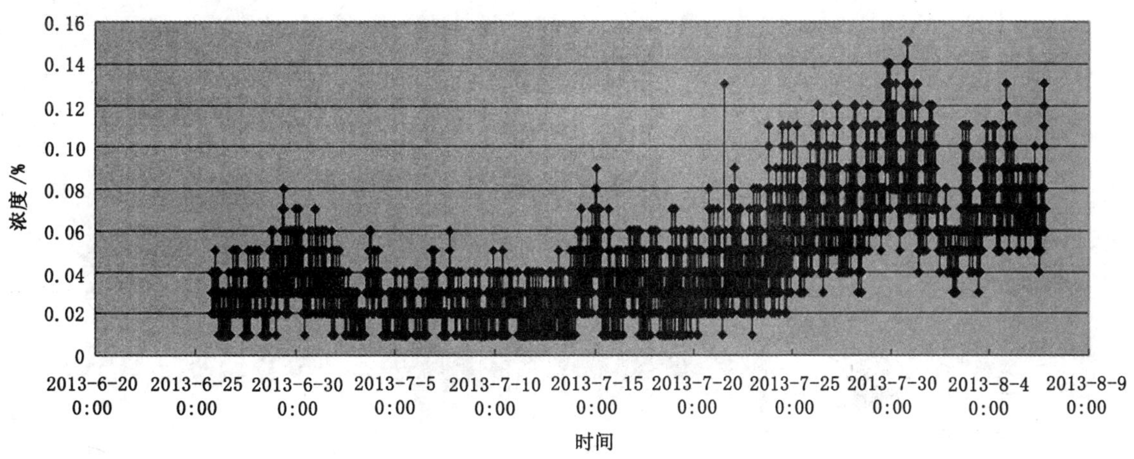

图 15　激光甲烷传感器在 10303 工作面 40 d 连续监测的数据

2.2.3　供水供风状态监测系统

针对供水供风管道进行管道水压风压实时在线监测，保障供水供风系统正常运行，保证矿井的正常安全生产。本系统由井下矿用光纤光栅解调仪、光纤水压传感器、光纤压力传感器及铠装光缆组成，分别进行对供水管道水压、供风管道风压进行实时在线监测，沿轨道巷的东翼和西翼的风水管路布设水压、风压传感器。

图 17 显示了东翼车场管路水压变化，从数据中可以发现，东翼车场管路水压点压力变化比较频繁，

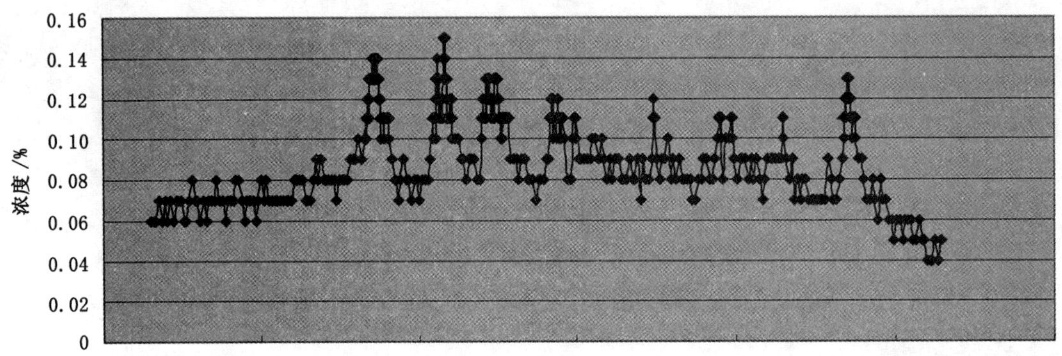

图 16　激光甲烷传感器在 10303 工作面 24 h 的监测数据

每天 8 点左右都出现压力降低的情况，压力总体变化比较稳定且具有规律性。组煤行人暗斜井管路水压传感器数据如图 18 所示，在 3 月 16 日 10 点 56 分、3 月 20 日 7 点 07 分等时间管路压力降低，随后压力恢复到初始状态，未有出现管路压力下降后恢复不到初始值得情况，表明管路压力变化为生产活动引起，没有出现泄漏情况。可以看出光纤水压传感器可以长期监测管道水压变化，对于各个监测点附件的用水使用情况能得到比较好的监控。

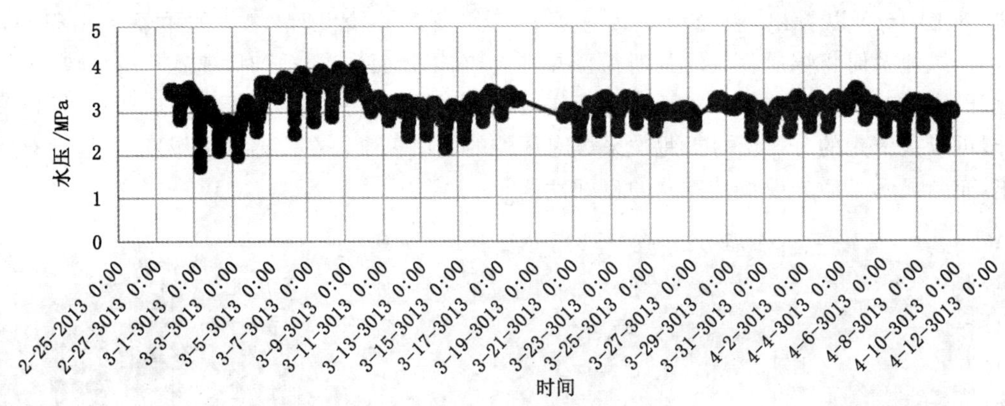

图 17　东翼车场管路水压传感器监测数据

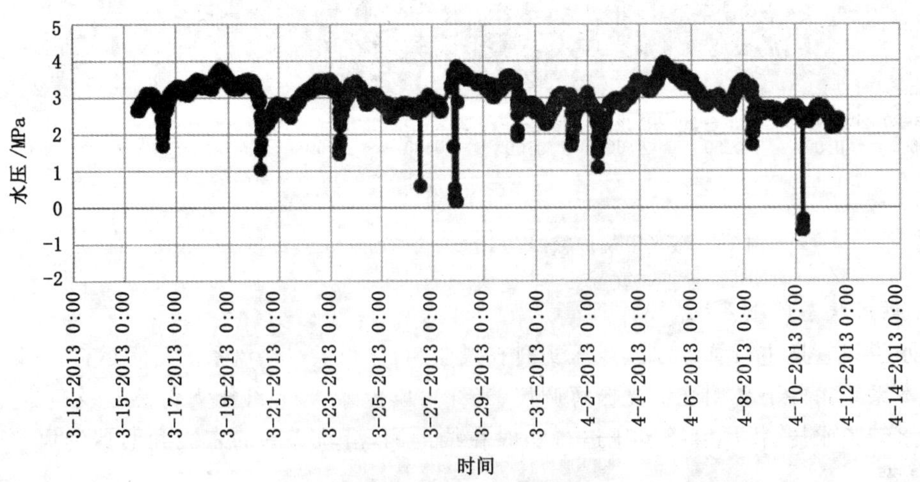

图 18　下组煤行人暗斜井管路水压传感器监测数据

2.3 水文监测系统

随着兴隆庄煤炭的开采量在不断地增加，开采层位也愈来愈深，矿井水害日益严重。兴隆矿扎实开展矿井防治水工作，建立了光纤水文监测系统和地面钻孔无线水文监测系统，杜绝了突水、透水等灾害的发生。

本系统由井下矿用光纤光栅解调仪、光纤水压传感器、光纤水位传感器及铠装光缆组成，分别进行含水层水压监测、工作面老空积水区水位监测、水仓入口处水位监测、密闭墙内水位监测。

下组煤钻孔压力及西翼密闭墙水位测点示意图如图 19 所示。

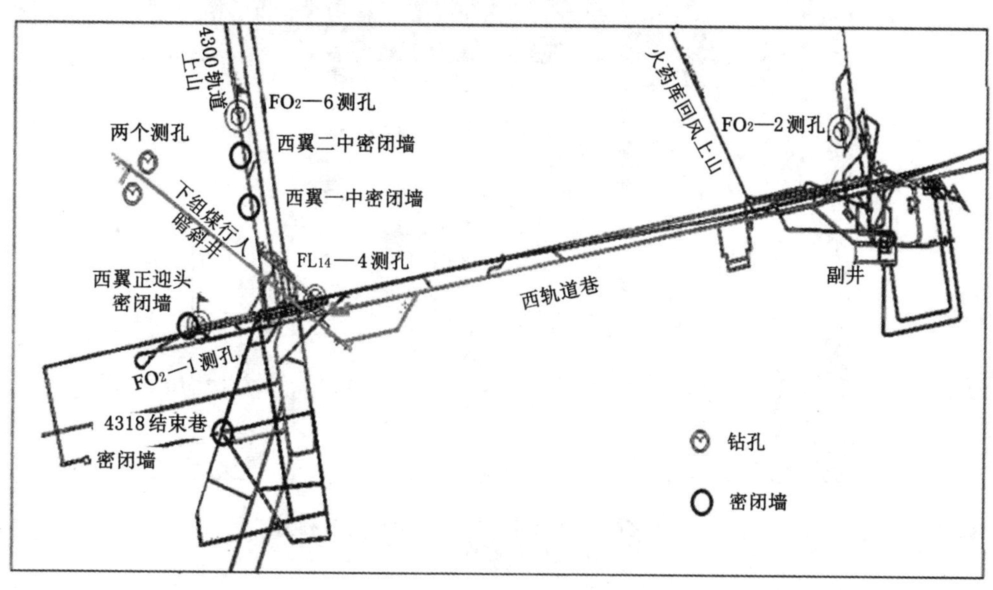

图 19 下组煤钻孔压力及西翼密闭墙水位测点示意图

在 −350 m 水平避难硐室附近钻孔水压监测数据如图 20 所示，底板水压监测值在 3～4 MPa，没有出现水压增大或减小的迹象，表明底板水压稳定。根据数据可以推断：矿压活动未影响到底板的力学结构，底板隔水层的裂隙及断层情况稳定、阻水能力强；底板水压恒定表明承压水的位能恒定，没有转换为动能；综上所述，钻孔附近地质稳定，突水可能性较小。

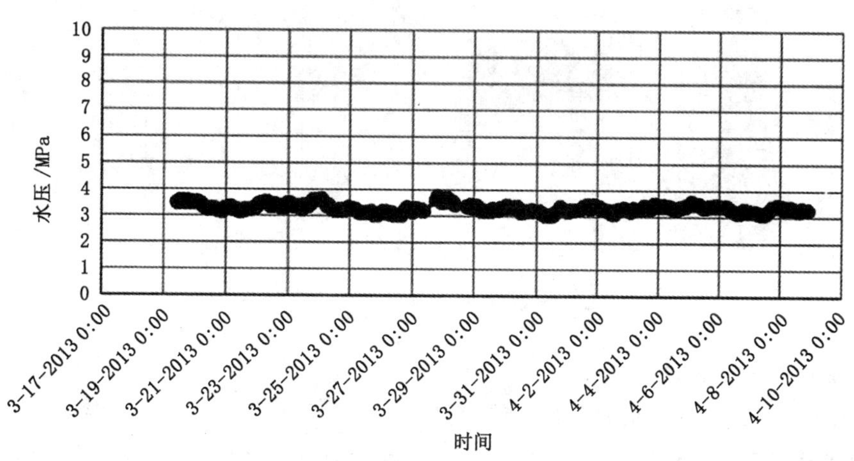

图 20 −350 m 避难硐室钻孔水压监测数据

2.4 主要生产装备状态监测

大型机电设备状态监测系统主要包含井上监测系统和井下监测系统。井上监测系统包含:主井提升机状态监测、压风机状态监测;井下监测系统包括:一采主胶状态监测、中央泵房水泵状态监测等。

以带式输送机机头油泵电机轴承径向振动监测为例,该电机额定转速为 3 000 r/min,基频理论上为 50 Hz,如图 21 和图 22 所示,频域显示 2 倍频信号特征很明显,推测电机运行不正常,经实际检修发现,该电机存在轴承不对中故障。

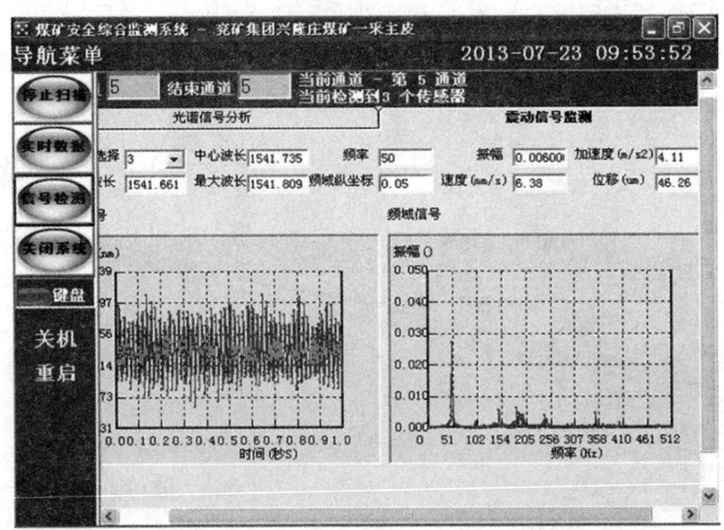

图 21 油泵电机轴承径向振动正常运行时频谱图

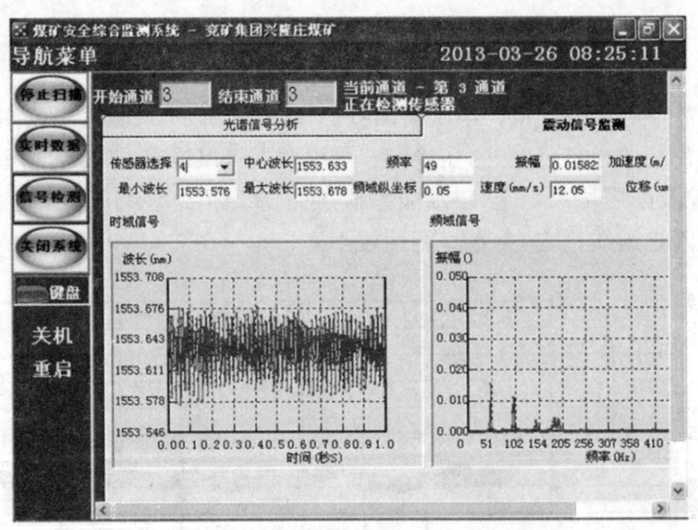

图 22 油泵电机轴承径向振动不对中时频谱图

2.5 光纤应急通信及信息系统

基于光纤无源传感的应急通信及信息系统,可以在应急断电的情况下依然保持井上井下的通信畅通,并提供实时灾情信息,使得救援人员能够在较短时间内对井下环境情况以及人员生还情况进行全面判断,为及时进行救灾抢险指挥和井下人员救援决策提供最重要的信息,是煤矿现有通信系统的有效补充。在兴隆庄煤矿我们重点监测十采四横避难硐室、－350 m 永久避难硐室、领导值班室、中央泵房等位置。如图 23 所示。

图 23　应急通信及信息系统软件界面

2.6　综合分析软件

本系统在用先进的光纤技术对瓦斯、温度、矿压、应力、水文、微震等重要的参数进行实时在线监测和三维立体显示，同时利用数据进行综合分析、判断、预警，为灾害预防和应急救援提供决策依据。研究开发了光纤综合监测系统各个子系统的数据通信协议，主要包括各个子系统数据的存储服务器地址、数据库格式、数据库用户名及密码、数据表结构、数据表字段名称及含义等内容，统一创建新的数据表对读取的数据进行存储利用，开发了基于 Web 的信息发布平台，并在三维平台下井巷的实际位置处进行实时展示。如图 24 所示。

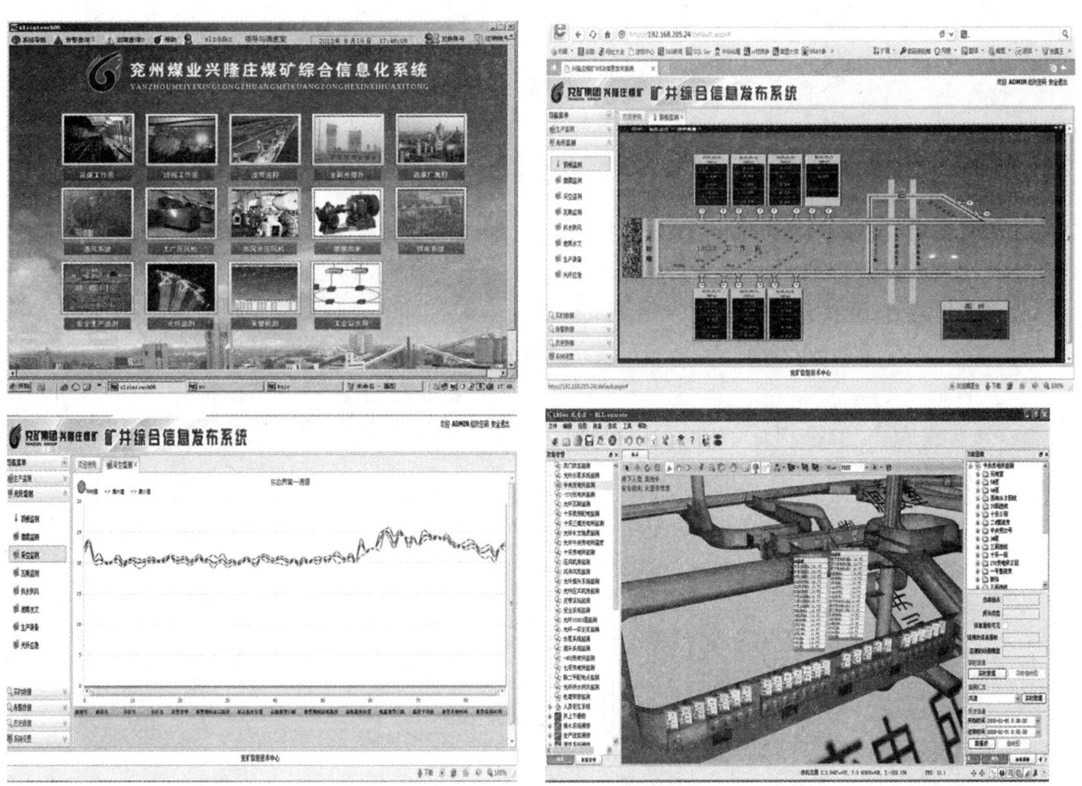

图 24　综合监测预警系统软件系统

3 总结

本文首次报道基于全光纤传感器的煤矿瓦斯、顶板、微震、发火、水文等主要灾害及机电设备状态等综合监测在兖矿集团兴隆庄煤矿现场应用工程示范。现场应用表明光纤甲烷传感器的自诊断功能，减小了现场维护工作量，与传统黑白元件瓦斯传感器相比，在测量精度和可靠性方面显著提升。光纤矿压传感器快速、可靠地记录了矿压随采动的实时变化，消除了电子应变片随时间漂移的难题。光纤微震传感器传输距离远，不受电磁场干扰，特别适合监测微震微弱信号。利用光纤光栅温度、振动传感器网络系统容量大的优势，实现了对压风机、供风供水、排水、提升、胶带运输系统等关键设备多点远距离综合状态监测，有效避免了设备故障及次生灾害。利用基于光纤光栅的水压传感器对井下富水层水压进行实时监测，与地面水井无线监测网络一起构成了可靠的水文监测系统。除生产过程安全隐患综合监测预警外，该系统还建立了一套基于井下无源光纤瓦斯、水位、温度、声音传感器网络的应急信息决策支持系统，实现了井下断电情况下对环境信息的连续监测以及与被困人员的语音联络。煤矿安全生产光纤综合监测预警系统在兴隆庄煤矿的应用表明，光纤传感综合监测网络对于提升煤矿安全生产和应急救援能力具有重要应用前景。

沙曲近距离突出煤层群无煤柱开采立体抽采关键技术研究

李进鹏

（山西焦煤集团华晋焦煤有限责任公司　山西吕梁　033300）

摘　要　近距离突出煤层群的瓦斯治理是世界性难题。文章针对我国瓦斯涌出量最大的沙曲矿遇到的难题，通过理论分析、实验室和现场实验等手段对首采工作面瓦斯涌出量大、大采高沿空留巷困难、瓦斯储量丰度大抽采达标难问题进行了深入研究，提出了近距离突出煤层群无煤柱开采瓦斯立体抽采技术、大采高沿空留巷关键技术和保障一矿变两矿后800万t产能煤与瓦斯共采规划。该技术的应用实现了4.2 m大采高工作面的成功留巷，沿空留巷断面收缩率34%，断面尺寸大于8.0 m^2，断面满足通风与瓦斯治理需求；工作面瓦斯抽采率达到了71.2%，采区采出率提高了13%。矿井瓦斯超限次数更是由2006年的3 635次降至2012年的5次，实现了近距离突出煤层群的安全高效共采。

关键词　近距离煤层群；煤与瓦斯突出；无煤柱开采；立体瓦斯抽采；水平羽状对接钻孔

1　绪论

我国煤矿大多为高瓦斯煤层群赋存条件，特征为“三高一低”，80%以上重大恶性事故与瓦斯有关，瓦斯治理仍是世界性难题。作为我国产煤大省，山西的煤炭生产也一直受到瓦斯问题的制约，瓦斯事故时有发生。沙曲井田位于山西与陕西交界，可采储量12.76亿t，煤质优良，以低灰、特低硫、特低磷的焦煤为主。井田上组煤主要开采山西组的2#、3#、4#、5#煤层，下组主要开采太原组6#、8#、9#和10#煤层，各主采煤层呈典型的近距离煤层群分组赋存，且均为煤与瓦斯突出煤层。随着煤层埋深的增加，煤层瓦斯含量逐渐升高，煤与瓦斯突出倾向性日益严重。2009年瓦斯等级鉴定结果为：矿井绝对瓦斯涌出量高达479 m^3/min，相对瓦斯涌出量高达103 m^3/t。瓦斯涌出量逐年升高，致使矿井风排瓦斯难度空前，瓦斯超限报警现象时常出现，给矿井的正常生产带来极大隐患。2008年矿井瓦斯超限报警次数高达1 648次，日均5次。无论是单井的绝对瓦斯涌出量还是相当瓦斯涌出量，沙曲矿均名列前茅，瓦斯治理难度极大。井田资源优良，受瓦斯灾害的威胁，2012年前一直未达到设计生产能力300万t/a。为了实现井田的可持续发展，华晋公司规划沙曲矿一矿变两矿，产能800万t/a。如何保证矿井的安全高效可持续发展是矿井瓦斯治理的首要任务。

项目采用实验室试验、数值模拟、现场试验考察和理论分析相结合的方式，针对沙曲矿面临的近距离突出煤层群开采、首采层瓦斯涌出量大、大采高留巷无先例和储量丰度大、抽采达标难等科学难题开展深入研究，为华晋焦煤公司瓦斯治理实现井田800万t产能提供必要性的解决方案，为矿井高效安全开采提供科学理论依据。

2　煤层赋存及瓦斯涌出特征

井田位于鄂尔多斯盆地东部边缘，区域构造单元属晋西挠褶带中部，岩层总体上呈南北向，向西缓

作者简介：李进鹏（1960—），男，硕士，教授级高工，现任华晋焦煤有限责任公司总工程师。

倾斜。井田以三川河为界，可划分为北翼和南翼两大区域，两翼煤层赋存差异较大。$2^{\#}$煤层在井田北翼赋存较为稳定可采，但在南翼厚度较小且赋存不稳定。$3^{\#}$煤层在井田北翼与$4^{\#}$煤层合并，在南翼则独立分层。$5^{\#}$煤层则在井田南北翼稳定发育，井田南北翼综合柱状图如图 1 和图 2 所示。

界	系	组	层厚/m	柱状 1:200	岩石名称	岩性描述
古生界	二叠系	山西组	8.45		砂质泥岩	黑灰色泥岩，中厚层状，半坚硬
			1.40		$2^{\#}$煤	$2^{\#}$煤，半光亮型，玻璃光泽
			2.10		细砂岩	灰色，厚层状，均匀层理，半坚硬
			2.35		中砂岩	灰色，厚层状，均匀层理，坚硬
			1.58		细砂岩	灰色，厚层状，均匀层理，半坚硬
			2.36		泥岩	灰黑色，厚层状，张节理，均匀层理，半坚硬
			4.45		$4^{\#}$煤	均一结构，光亮型，以镜煤和亮煤为主，玻璃光泽，较脆，内生裂隙发育，夹石为炭质泥岩
			0.80		砂质泥岩	黑色砂质泥岩，中厚层状，半坚硬
			1.36		中砂岩	黑灰色中砂岩，厚层状，坚硬
			2.25		泥岩	黑色泥岩，半坚硬
			3.20		$5^{\#}$煤	煤条带状结构，半暗型，半坚硬
	石炭系	太原组	0.50		砂质泥岩	黑色泥岩，含植物根茎化石
			3.90		K3砂岩	黑灰色中砂岩，钙质胶结
			5.00		砂质泥岩	黑色砂质泥岩，中厚层状，半坚硬
			5.50		L5	石灰岩，厚层状，泥晶结构，均匀层理

图 1 沙曲井田北翼煤系地层综合柱状图

沙曲井田地质勘探期间及井下巷道开拓期间对主要可采煤层瓦斯含量测定，$2^{\#}$煤层的瓦斯含量为 4.50～10.12 m^3/t，$3^{\#}$煤层的瓦斯含量为 5.49～12.46 m^3/t，$4^{\#}$煤层的瓦斯含量为 5.00～12.84 m^3/t，$5^{\#}$煤层的瓦斯含量为 3.83～12.43 m^3/t。结合地勘孔及井下实测的瓦斯含量数据可以得出瓦斯含量分布在倾向上及走向上都有其规律性。

(1) 南翼煤层瓦斯含量高于北翼。从各煤层已有的瓦斯含量测值看，在相同的煤层底板标高条件下，南翼煤层瓦斯含量较北翼高 2～3 m^3/t。

(2) 三川河流域煤层瓦斯含量明显低于井田两翼。从测定结果看，三川河流域煤层瓦斯含量较南翼低 4～5 m^3/t，较北翼低 2～3 m^3/t，属于井田瓦斯含量最低的地段。

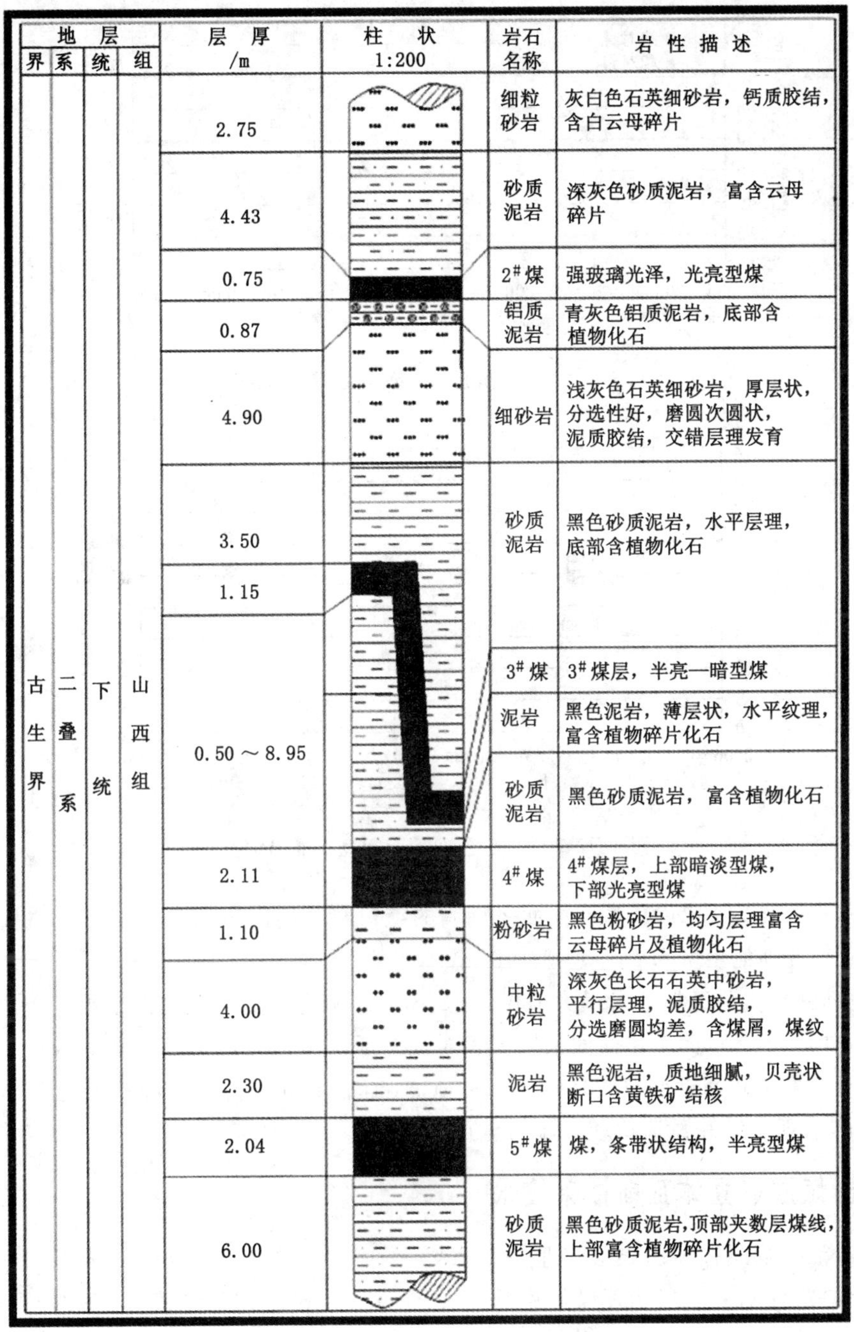

地层				层厚/m	柱状 1:200	岩石名称	岩性描述
界	系	统	组				
古生界	二叠系	下统	山西组	2.75		细粒砂岩	灰白色石英细砂岩，钙质胶结，含白云母碎片
				4.43		砂质泥岩	深灰色砂质泥岩，富含云母碎片
				0.75		2#煤	强玻璃光泽，光亮型煤
				0.87		铝质泥岩	青灰色铝质泥岩，底部含植物化石
				4.90		细砂岩	浅灰色石英细砂岩，厚层状，分选性好，磨圆次圆状，泥质胶结，交错层理发育
				3.50		砂质泥岩	黑色砂质泥岩，水平层理，底部含植物化石
				1.15		3#煤	3#煤层，半亮—暗型煤
				0.50～8.95		泥岩	黑色泥岩，薄层状，水平纹理，富含植物碎片化石
						砂质泥岩	黑色砂质泥岩，富含植物化石
				2.11		4#煤	4#煤层，上部暗淡型煤，下部光亮型煤
				1.10		粉砂岩	黑色粉砂岩，均匀层理富含云母碎片及植物化石
				4.00		中粒砂岩	深灰色长石石英中砂岩，平行层理，泥质胶结，分选磨圆均差，含煤屑，煤纹
				2.30		泥岩	黑色泥岩，质地细腻，贝壳状断口含黄铁矿结核
				2.04		5#煤	煤，条带状结构，半亮型煤
				6.00		砂质泥岩	黑色砂质泥岩,顶部夹数层煤线，上部富含植物碎片化石

图 2　沙曲井田南翼煤系地层综合柱状图

(3) 受褶曲构造的影响，煤层瓦斯含量分布具有走向不均匀性。向斜构造区煤层瓦斯含量较同标高背斜构造区高 2～3 m^3/t。

井田南北翼各煤层层间距离较近，呈典型近距离煤层群赋存特征，回采过程中大量邻近层卸压瓦斯向开采空间涌入，工作面瓦斯涌出量较大。矿井南翼 14204 工作面和北翼的 24201 工作面瓦斯涌出情况如图 3 和图 4 所示。

从图 3 中可以看出，南翼 14204 工作面回采期间工作面绝对瓦斯涌出量为 29.45～45.29 m^3/min，平均为 37.0 m^3/min；相对瓦斯涌出量为 15.26～29.46 m^3/t，平均为 22.36 m^3/t。

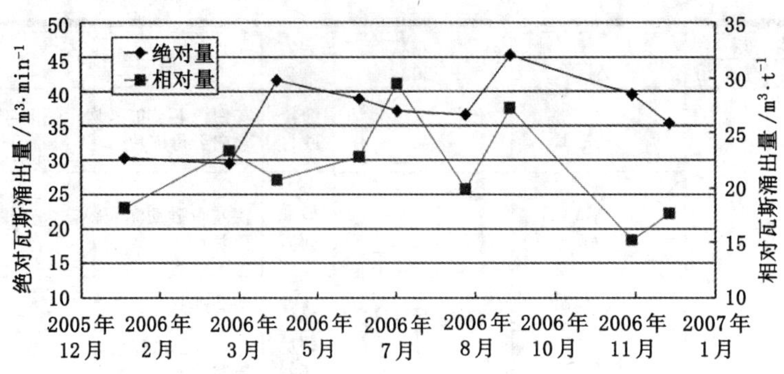

图 3　14204 工作面回采期间瓦斯涌出情况

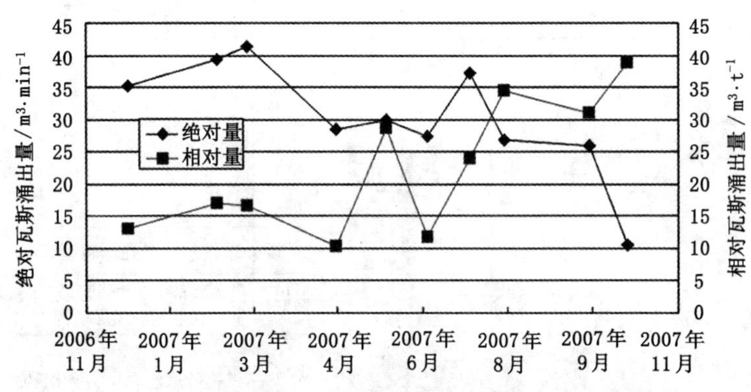

图 4　24201 工作面回采期间瓦斯涌出情况

从图 4 中可以看出，北翼 24201 工作面回采期间的绝对瓦斯涌出量为 10.53～41.33 m^3/min，平均为 25.93 m^3/min；相对瓦斯涌出量为 10.33～38.78 m^3/t，平均 24.36 m^3/t。

(4) 煤层地勘钻孔实测瓦斯含量最大值仅为 12.84 m^3/t，考虑到直接法测定的误差，4# 煤层的可解吸瓦斯含量应为 15.0 m^3/t，而工作面回采期间相对瓦斯涌出量最大值达到了 38.78 m^3/t，由此可以看出，4 煤层工作面回采期间邻近层有大量的卸压瓦斯涌出，涌出量约占工作面瓦斯涌出总量的 60%，因此，邻近层瓦斯的治理是矿井瓦斯治理工作的重点。

3　近距离突出煤层群立体瓦斯抽采技术

目前上组煤除 2# 煤层按突出煤层管理外，3#、4# 和 5# 煤层均为突出煤层。在现有技术条件下，采用区域性瓦斯治理方法对有效地治理煤与瓦斯突出，保障突出危险煤层的安全高效开采具有重要的现实意义。2# 煤层在井田北翼赋存较为稳定可采，井田南翼 2# 煤层厚度较小且赋存不稳定，但从地质赋存上 2# 可作为上保护层，回采时按突出煤层管理采取必要的防突措施。3# 煤层在矿井北翼大面积与 4# 煤层合并，在矿井南翼独立分层，因此，在南翼回采 3# 煤层作保护层，采前必须首先区域性消除煤与瓦斯突出危险性。因此，根据矿井生产的实际情况和瓦斯治理的时限特征，建立了以无煤柱上保护层开采为核心的采前、采中和采后立体瓦斯抽采技术，如图 5 所示。

近距离突出煤层群立体瓦斯抽采技术以上保护层开采为主体，通过“采前、采中和采后”一体化立体瓦斯综合抽采实现矿井的安全、高效生产。该技术由保护层区域预抽和保护层开采过程中被保护层卸压瓦斯采动抽采组成的采前瓦斯预抽、保障保护层工作面回采安全的采中卸压瓦斯抽采以及降低残存瓦斯向回采空间涌入的采空区采后瓦斯抽采三部分构成，其施工流程是：在地面钻井的配合下，从 5# 煤层底抽巷向保护层掘进区域施工穿层预抽钻孔，然后从风巷和机巷向回采区域施工顺层钻孔，消除工作

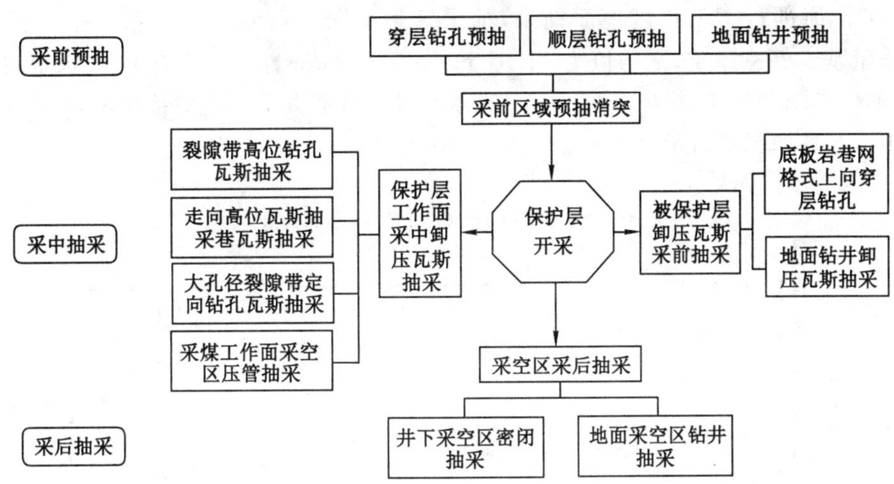

图 5　近距离突出煤层群立体瓦斯抽采技术示意图

面突出危险。保护层回采时，通过底抽巷的补充钻孔和地面钻井抽采卸压瓦斯，保障保护层工作面的安全，并消除被保护层的突出危险，如图 6 所示。

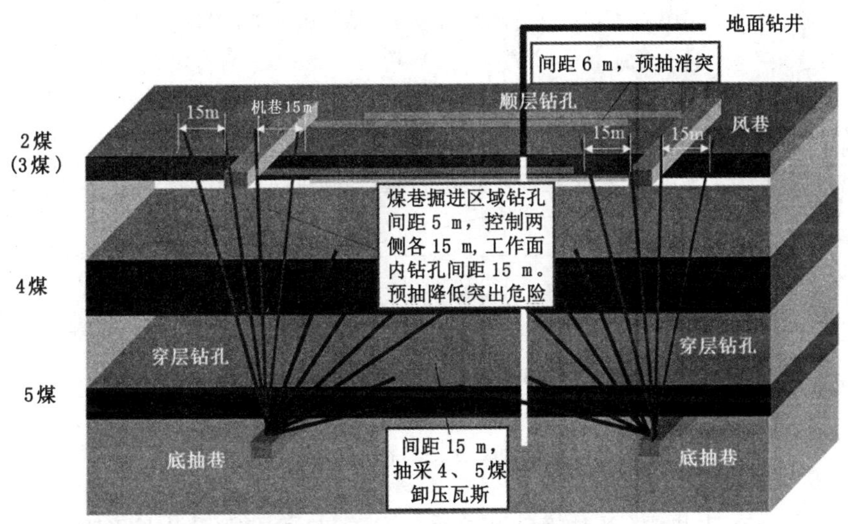

图 6　近距离突出煤层群立体瓦斯抽采技术示意图

对于立体瓦斯抽采技术涉及的瓦斯抽采方法，均进行了现场试验。表 1 是 24207 工作面瓦斯抽采效果汇总表，工作面平均抽采率达到了 71.2%，实现了工作面瓦斯零超限，其中高抽巷和大直径钻孔的瓦斯抽采量占总抽采量的比例超过 51%。

表 1　　24207 工作面瓦斯抽采效果汇总表

序号	管路	浓度 /%	混合量 /$m^3 \cdot min^{-1}$	瓦斯纯流量 /$m^3 \cdot min^{-1}$	瓦斯纯流量占总量比例/%
1	轨道巷(顺层钻孔＋顶板钻场)	33.83	26.66	9.28	29.81
2	胶带巷(顺层钻孔)	12.91	16.73	2.22	7.15
3	回风巷(高抽巷＋大直径钻孔)	28.53	51.33	16.02	51.45
4	采空区埋管	2.63	129.93	3.61	11.59
合　计			224.65	31.13	100

在 24202 工作面进行了采空区地面抽采，抽采效果如图 7 所示。地面钻井平均瓦斯抽采浓度 30%，瓦斯抽采量基本保持稳定，平均值为 11.97 m^3/min，日抽采量达 1.7 万 m^3。项目将地面钻井和井下钻孔抽采的优点结合起来，提出了煤矿多分支水平井与煤矿井下钻孔对接技术，并在 24307 工作面进行了实验，施工布置如图 8 所示。

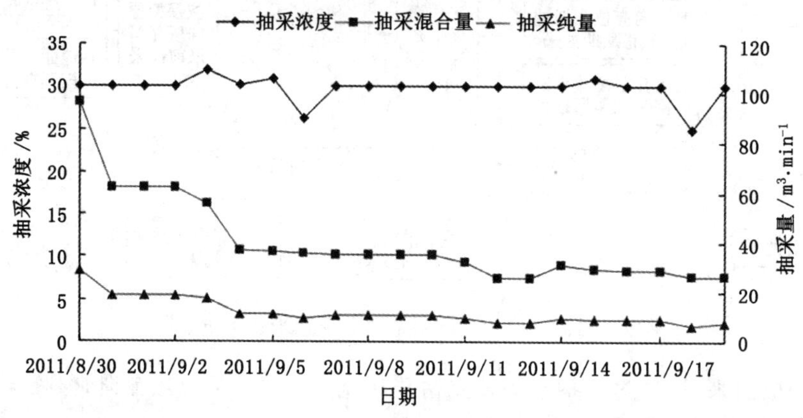

图 7　24202 工作面地面采空区钻井瓦斯抽采情况

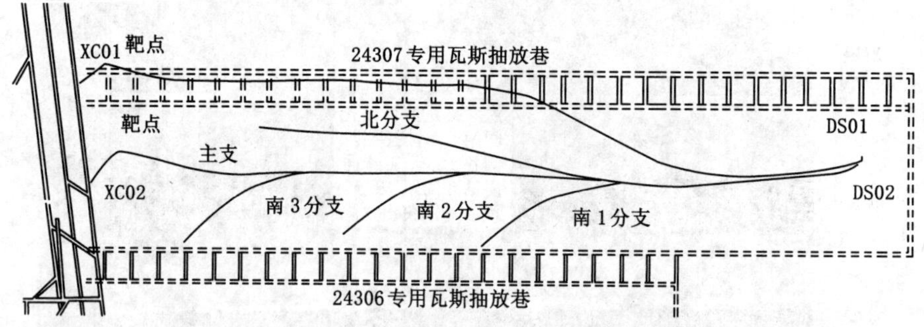

图 8　24307 地面多分支水平对接井工程布置图

地面施工水平多分支钻井，井下对接钻孔排水，主、分支煤层段累计长度 2 670 m，抽采负压为 5.3～10.7 kPa，平均日产气量为 12 801 m^3/d，平均瓦斯浓度为 91.05%。该技术有效解决了地面钻井排水困难，而井下钻孔抽采能力小的问题。

4　突出煤层群大采高沿空留巷关键技术

Y 形通风方式较 U 形通风，有效解决了上隅角瓦斯积聚问题，提高了工作面采出率，也为卸压瓦斯抽采提高了时空条件。但沙曲北翼 3#、4# 煤层合并，平均采高 4.2 m，更加剧烈的采动影响使上下向扰动卸压范围更大，留巷更难。目前国内外 4 m 以上的沿空留巷尚无成功先例。

数值模拟分析发现，采高的增加使侧向支承应力增高系数及影响范围不断增大，受采空区顶板分层渐次垮冒影响，顶板出现应力波动，并以动荷载方式施加于顶板及巷内支护体，4 m 采高时煤帮变形量是 1 m 采高时的 3.9 倍，如图 9 所示。

采高与巷道断面维护关系存在突变点，该点介于 3.5～3.75 m 采高之间，如图 10 所示。采高超过 3.5 m，变形剧烈，留巷维护的技术难度大，常规围岩控制技术难以解决 3.5 m 采高以上留巷的支护问题。

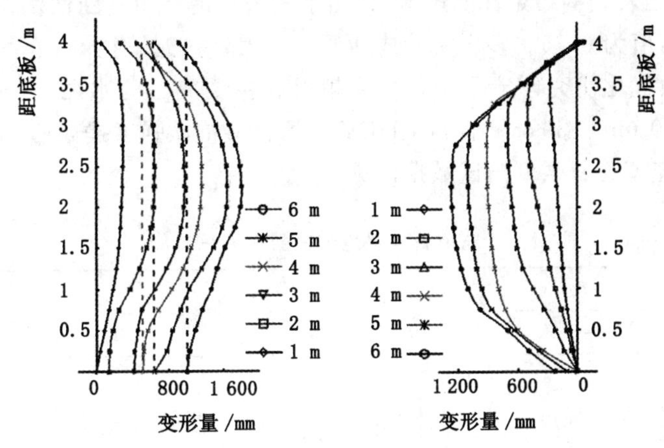

(a) 两帮变形量

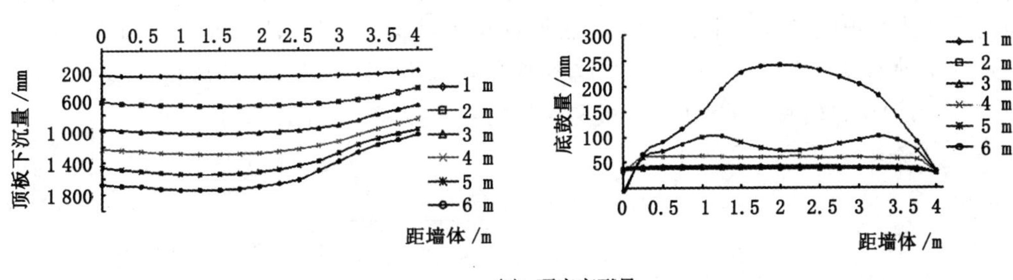

(b) 顶底变形量

图 9　巷道变形量随采高的变化曲线

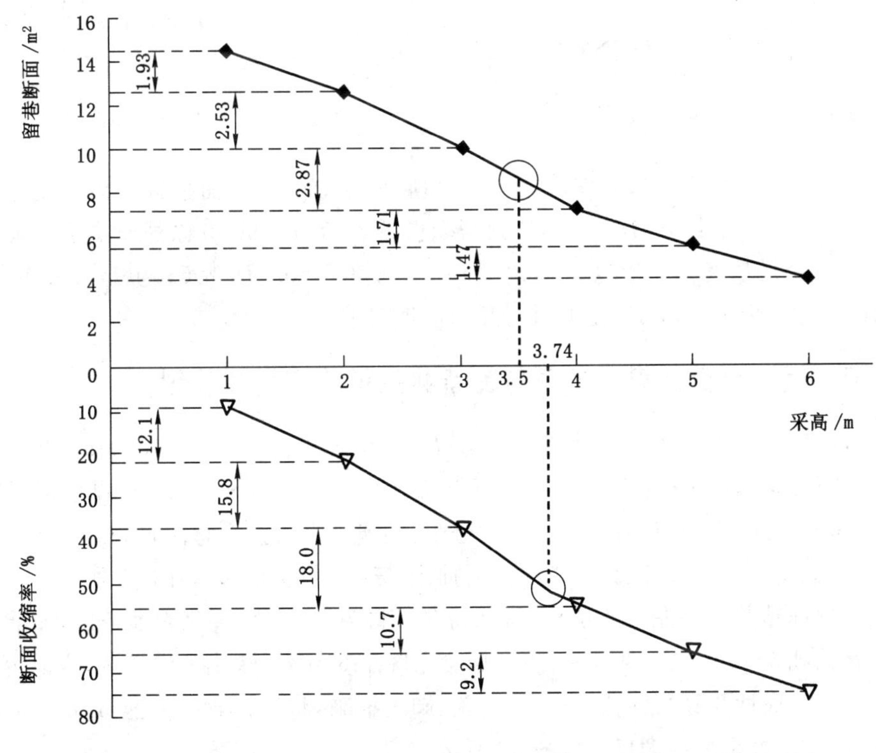

图 10　留巷断面及收缩率随采高的变化情况

根据巷道宽高比对围岩结构稳定性的影响，提出了大采高沿空留巷断面优化技术，确定可控制留巷稳定的最大留巷跨高比，值为0.75。多次实验成功研制了大骨料充填技术、装备及工艺，提高了墙体强度，为开展留巷墙体参数优化研究创造了条件。充填材料主要成分为水泥、石子、黄沙、粉煤灰和外加剂，其中石子最大粒径30 mm。30 mm骨料CHCT充填材料抗压强度提高约30%，直接降低留巷充填材料成本费用约15%，充填材料强度测试数据详见表2。

表2　　充填材料强度测试数据汇总

t/d	1	3	7	28
σ_C/MPa	6～8.5	14～20	22～26	32～40

利用高强度填充材料进行强度实验，墙体宽高比与煤层厚度的关系如图11所示。沙曲4#煤层采高4.2 m，确定大采高巷旁墙体宽高比接近1∶1，墙体宽度4.0 m，并在充填体内置筋强化，形成了大采高高强方形墙体支撑技术，建立了以顶板锚索梁支护承载结构为核心的高系统刚度的主动控制技术，提出了刚性固支双向传力顶底稳定技术，在顶底板设刚性传力结构，实现单体支撑力的顶底扩散，并确定0.4 MPa为系统主动临界支撑力，施工流程如下：初期高初撑力，中后期增阻让压将顶板压力转移至底板，通过顶底板应力的调整转移，最终达到顶板和底板的双重控制，如图12所示。

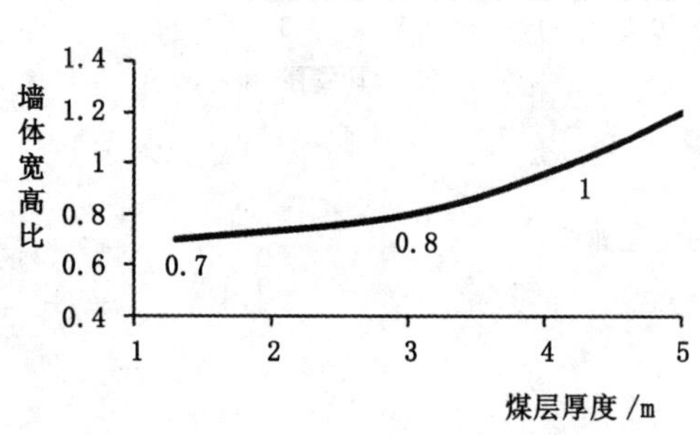

图11　墙体几何参数与煤层厚度的关系

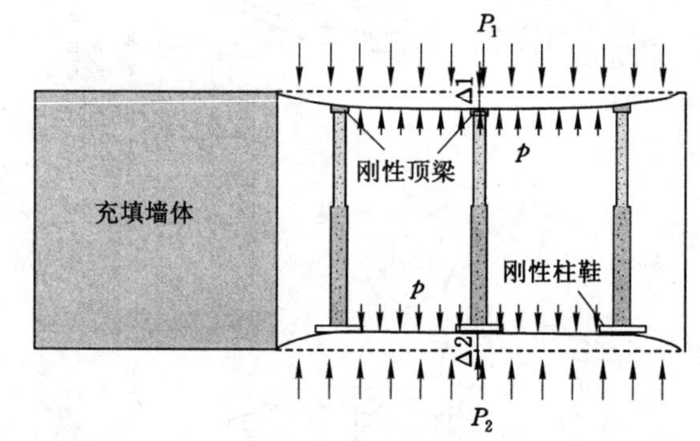

图12　顶底板应力转移控制技术示意图

在24207工作面进行了沿空留巷实验，巷帮及顶底板变形随工作面推进距离的变化如图13所示。工作面煤壁后方30～60 m、135～180 m两段两帮变形较大，后方190 m以外变形逐渐减小，后方247～261 m，趋于稳定。巷道最终变形量为墙帮300 mm、煤帮365 mm、两帮665 mm。留巷稳定后，断面收缩率34%，断面尺寸大于7.9 m²，满足通风与瓦斯治理需求。

5　800万t产能近距离突出煤层群煤与瓦斯共采可持续发展规划

沙曲井田各煤层瓦斯含量较高，瓦斯储量丰度大，初步估算达1.88亿m^3/km^2，井田瓦斯总储量超过260亿m^3，瓦斯抽采达标难度极大。为了实现沙曲矿安全高效煤气共采，在煤层瓦斯赋存规律和采掘部署的实际，考虑时间、空间、现有技术和技术进步，构建了瓦斯抽采总体布局。北翼一矿的瓦斯抽采“三区”联动布局，如图14所示。南翼二矿的瓦斯抽采“三区”联动布局，如图15所示。

规划区通过地面钻井8年左右的预抽，将瓦斯含量将为8 m^3/t，转化为准备区；而准备区通过地面钻井与井下对接钻孔5～8年的瓦斯抽采，将瓦斯含量降至6 m^3/t，转化为生产区；当前生产区域则通过无煤柱保护层开采或底抽巷穿层钻孔1～3年的预、卸压抽采，将瓦斯含量降至6 m^3/t，转化为生产区。通过“三区”联动，实现抽采良性循环。如图16所示。

两井年产800万t产能煤与瓦斯共采的规划基于国际通用的情景预测分析开展。煤炭产量的情景

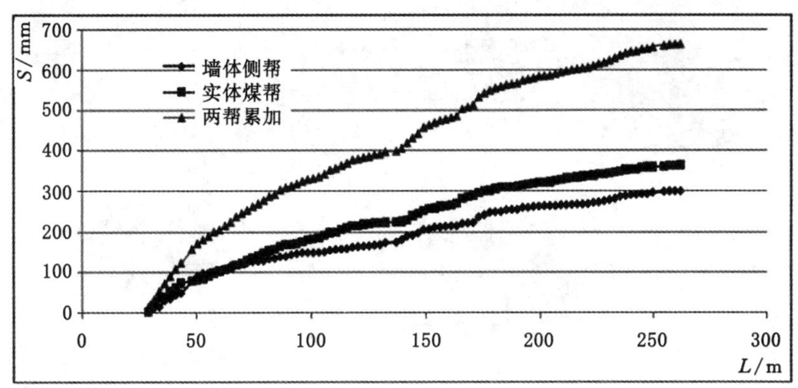

(a) 两帮变形量

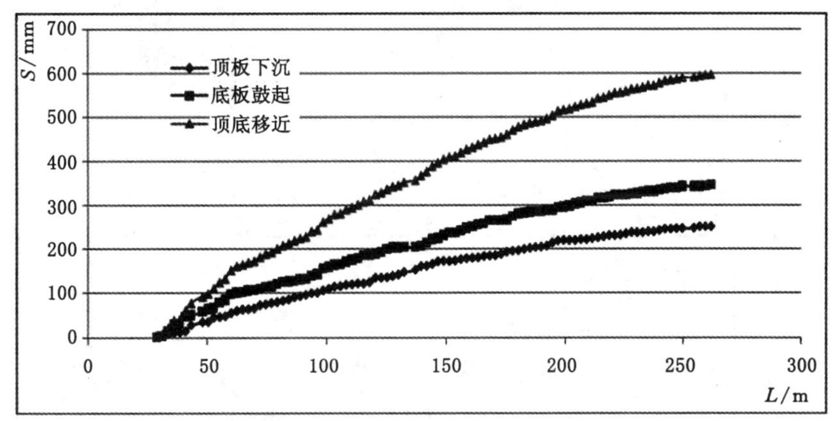

(b) 顶底变形量

图 13 巷帮及顶底板变形距工作面距离曲线

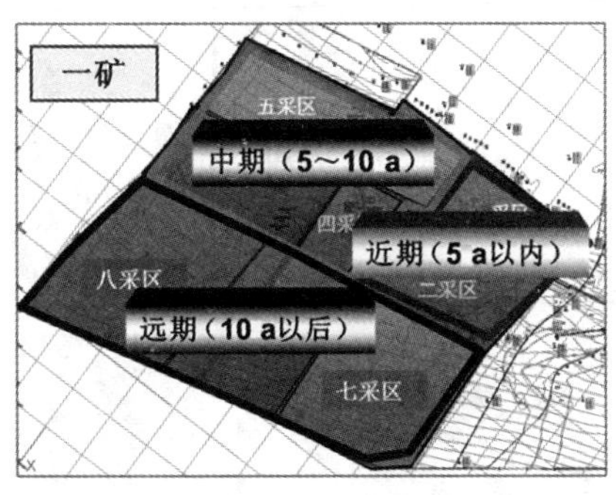

图 14 北翼一矿“三区”联动布局示意图

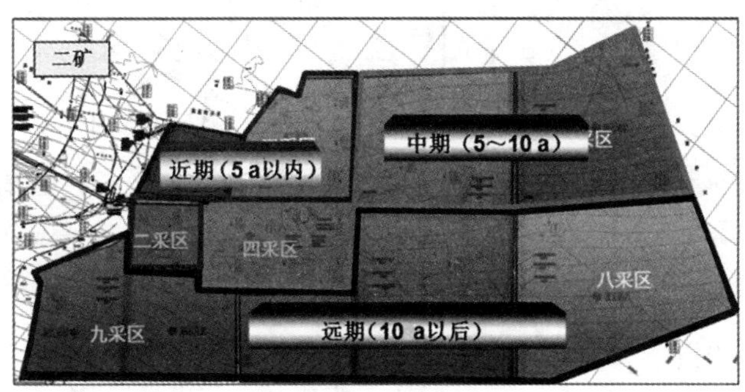

图 15 南翼二矿“三区”联动布局示意图

设计如图 17 所示，预计 2020 年两井产能达到 800 万 t，吨煤瓦斯涌出量根据瓦斯等级鉴定的数据确定 60～130 m^3 八种情景。地面钻井单井产量由国内外类似条件的矿区数据确定，选取 1 500～3 000 m^3/d 四种产量情景。地面钻井投产数量的情景设计，选取 50%～70%四种情景。地面钻井数量及投产率情景设计如图 18 所示。

正常产量情景下，2020 年产能达到 800 万 t 时，矿井瓦斯涌出量将达 9.73 亿 m^3，其中地面抽采量 1.86 亿 m^3，井下瓦斯抽采量最低要达到 6.72 亿 m^3，如图 19 所示。

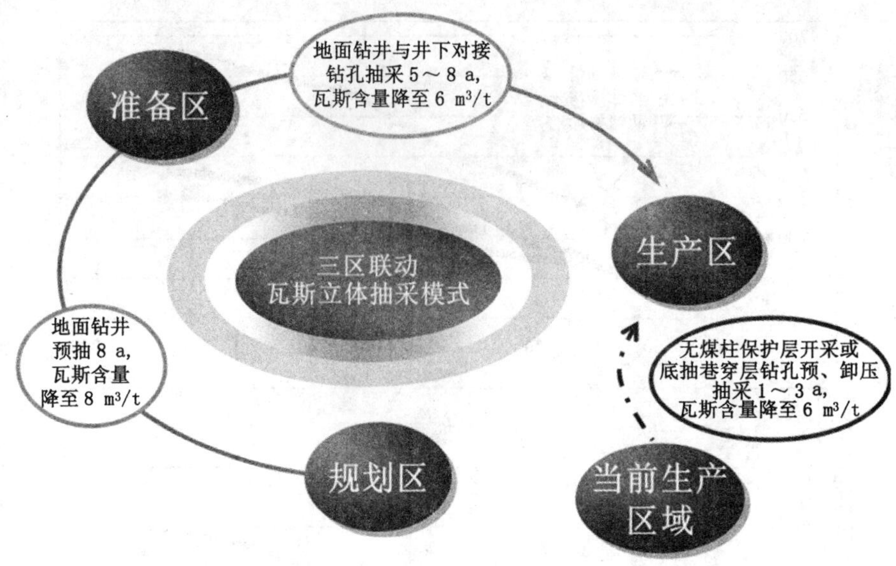

图 16　矿井“三区”联动示意图

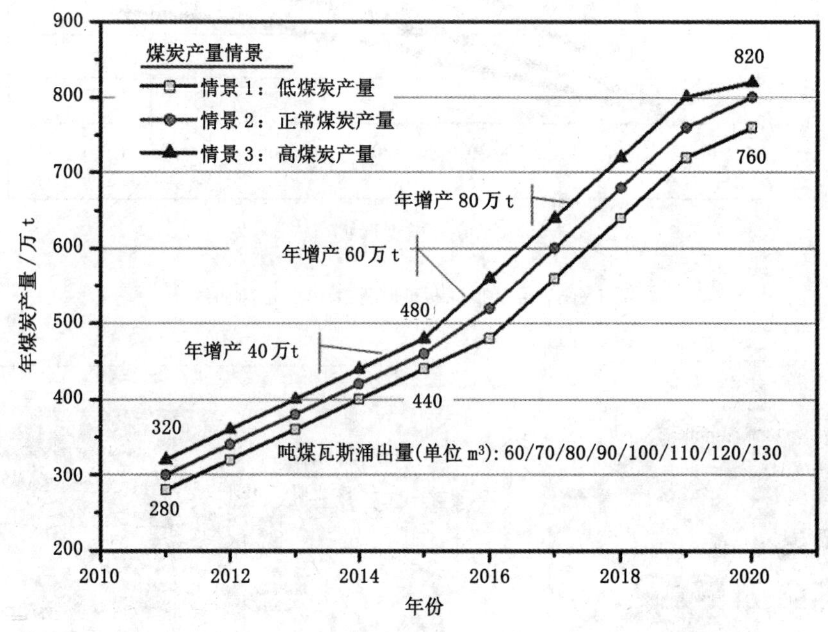

图 17　煤炭产量情景设计

6　应用效果及结论

本项目采用实验室试验、数值模拟、现场试验考察和理论分析相结合的方式，对首采工作面瓦斯涌出量大、大采高沿空留巷困难、瓦斯储量丰度大抽采达标难问题进行了深入研究，提出了近距离突出煤层群无煤柱开采瓦斯立体抽采技术、大采高沿空留巷关键技术和保障一矿变两矿后 800 万 t 产能煤与瓦斯共采规划。24207 工作面工业试验实现了近距离突出煤层群大采高无煤柱沿空留巷 Y 形通风煤与瓦斯共采，并取得了以下效果：

(1) 4.2 m 大采高条件下，沿空留巷变形稳定后，断面收缩率 34%，断面尺寸大于 8.0 m^2，断面满足通风与瓦斯治理需求，工作面瓦斯平均抽采率为 71.2%，实现工作面瓦斯零超限。

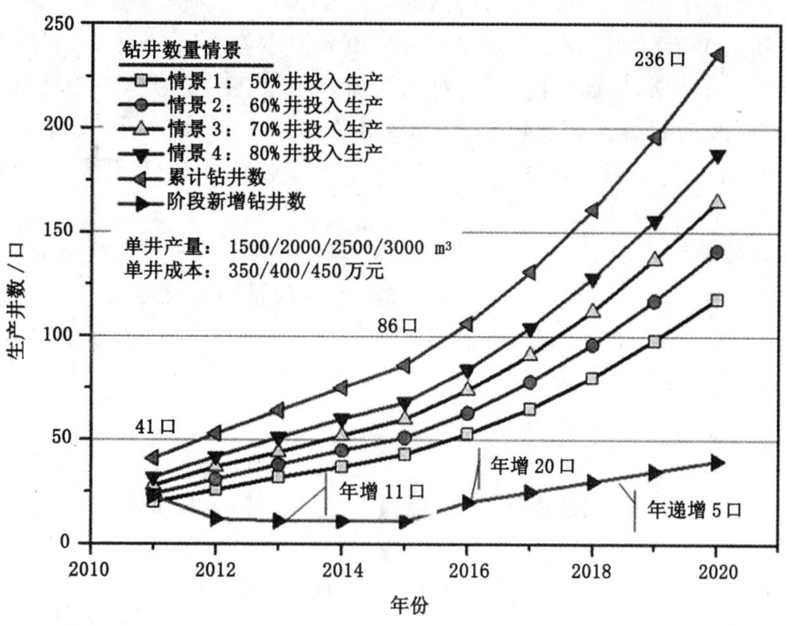

图 18　地面钻井投产情景设计

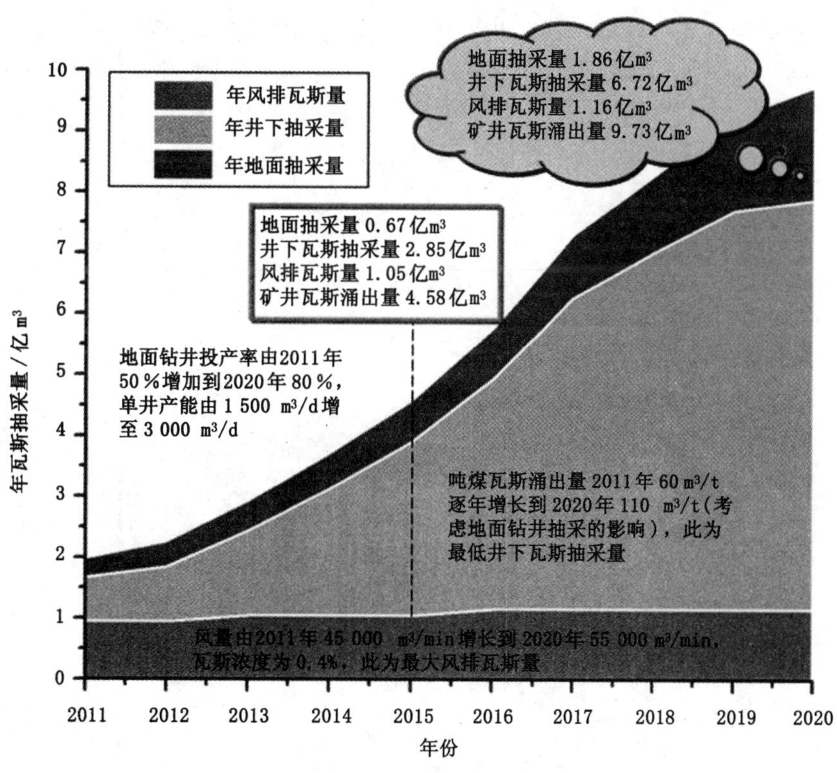

图 19　矿井年瓦斯涌出量情景预测趋势图

(2) 随着无煤柱立体瓦斯抽采技术的应用，矿井抽采总量由 2005 年的 0.38 亿 m^3 提高到 2012 年为 1.26 亿 m^3，瓦斯抽采率由 2005 年的 43％提高到 2012 年的 68.08％。瓦斯利用量由 2009 年的 1 801 万 m^3，增加到 2012 年的 4 087 万 m^3。随着瓦斯抽采率的提高，矿井瓦斯超限次数逐年下降。由 2006 年的 3 635 次降至 2012 年的 5 次，与 2010 年同比下降 94.1％，矿井瓦斯治理取得了突破性的进展。

(3) 无煤柱开采节省了 40 m 区段煤柱，提高采区回收率 13%，增产主焦煤效益显著。“十二五”末期矿井年产量将达到 450 万 t，利用瓦斯量 4 亿 m^3；2020 年左右将达到 800 万 t，利用瓦斯量 9.5 亿 m^3。

(4) 采煤的同时抽采瓦斯，实现绿色开采；对瓦斯加以利用，变害为宝，节能减排，具有显著的环境与社会效益。2012 年，瓦斯利用总量为 4 087 万 m^3，相当于每年节约 2.1 万 t 标准煤、减少 CO_2 排放量 74.5 万 t；到 2020 年，瓦斯年利用将达 9.5 亿 m^3，相当于每年节约 52 万 t 标准煤、减少 CO_2 排放量 2 000万 t。

项目研究成果有效解决了 3#、4# 和 5# 近距离赋存导致的消除煤与瓦斯突出危险难度较大的问题，减小了瓦斯治理工程的施工量，大幅提高了矿井瓦斯的抽采数量和抽采质量。矿井瓦斯安全管理的可控度显著增加，提高了煤矿安全生产水平，保证了矿井安全高效生产，降低了因矿井瓦斯灾害造成的人员伤亡和财产损失，促进了和谐矿区建设。

参考文献

[1] 白新华，吴财芳，耿仪，等. 高突低渗煤层立体网状穿层压裂防突技术试验研究[J]. 煤炭学报，2013 (2)：245-250.

[2] 李国富，何辉，刘刚，等. 煤矿区煤层气三区联动立体抽采理论与模式[J]. 煤炭科学技术，2012，40 (10)：7-11.

[3] 梁巧梅，魏一鸣，范英，等. 中国能源需求和能源强度预测的情景分析模型及其应用[J]. 管理学报，2004，1(1)：62-66.

[4] 袁亮. 低透气性煤层群无煤柱煤与瓦斯共采理论与实践[M]. 北京：煤炭工业出版社，2008.

“三软”单一煤层水力冲孔卸压增透机理探讨

冯文军[1]　苏现波[1]　王建伟[2]　秦俊宾[2]

（1. 河南理工大学能源科学与工程学院　河南焦作　454003；
2. 郑煤集团公司大平煤矿　河南登封　452373）

摘　要　水力冲孔是实现“三软”煤层瓦斯高效抽采的有效途径之一。文章采用实验室实验、理论分析和现场试验对“三软”煤层水力冲孔卸压增透机理进行了系统研究。通过应力应变—煤体结构—渗透率的耦合实验，揭示了渗透率随煤体结构和应力的变化的演化规律，发现软煤在卸压后渗透率得到大规模提升。以 Hoek-Brown 准则为理论依据，通过数值模拟发现水力冲孔出煤后的卸压增透范围显著增加。自主研发的“瓦斯抽采孔水力作业机”使得水力冲孔更加安全、高效，并使得老孔的修复成为现实。在郑煤集团大平煤矿的现场试验充分检验了装备的可靠性和上述理论分析的准确性，显著提高了抽采效率。

关键词　“三软”煤层；水力冲孔；卸压增透；瓦斯抽采

无论国内还是国外，“三软”煤层煤炭资源量都占据着相当大的比例。随着“三软”煤层矿井开采深度的增加，煤层瓦斯压力与含量逐渐增大、透气性系数降低，瓦斯治理难度加大。以往通常采用增加钻孔密度提高抽采量，但工程量的增加并没有显著提高抽采效率，存在严重的采掘失衡现象。高压水射流技术的引入拓宽了瓦斯治理的思路，国内外学者围绕煤层增透、消突进行了深入研究，相继在煤矿井下展开水力冲孔、水力割缝、脉冲水射流的试验与应用。穿层钻孔水力冲孔技术，以顶（底）板岩石巷道为安全屏障，依靠高压水射流的冲击作用，破坏并冲出部分煤体，造成钻孔周围煤体失稳变形，作用范围内煤层得到充分卸压，大幅提高煤层渗透率。但卸压增透的机理还需进一步完善。在冲孔装备方面多采用高压密封钻杆或专门的冲孔管，是多根连接的、不是连续的；注水泵组的压力和排量也较低；且就地操作，致使水力作业过程中容易埋管、劳动强度大、效率低、存在安全隐患等。

本文通过研究煤体受载破坏过程中渗透率的变化，揭示软煤卸压增透的机理；运用自主研发的“瓦斯抽采孔水力作业机”，通过在大平矿 21141 底板抽放巷的水力冲孔试验，有效提高抽采半径和抽采效率的同时，提高了冲孔效率、操作安全性，降低工人劳动强度，具有广阔的应用前景。

1　不同结构煤层增透机理

1.1　煤体结构—应力—渗透率耦合实验

为探讨不同结构煤体的增透机理，设计了轴向应力—渗透率—时间的实验。实验系统包括煤的应力应变测试系统、渗透率测试系统和声发射监测三部分（图 1）。在荷载作用下，煤样逐渐发生变形直至最后破裂，煤体结构从原生结构煤逐步演化到糜棱煤，通过实验研究渗透率和煤体结构、轴向应力的耦合关系。

作者简介：冯文军（1988—），男，河南周口人，硕士研究生，从事瓦斯防治与煤层气开发研究工作。E-mail：wenjunhpu@126.com。

基金项目：河南省教育厅科学技术研究重点项目（13A440320）；煤层气资源与成藏过程教育部重点实验室（中国矿业大学）开放基金资助项目（2013-003）。

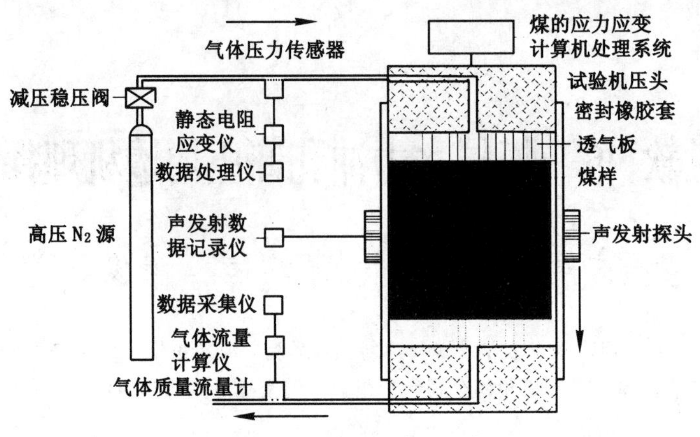

图 1　实验测试系统

1.2　实验结果分析

从图 2 可以看出，对于原生结构煤，在发生破坏前煤体处于弹性应变区，随着压力的增加，渗透率逐渐降低（Ⅰ区）；如果继续加压，煤体发生塑性变形，产生裂隙，并相互导通，使得煤体在此阶段渗透率迅速增大（Ⅱ区）。表明对于硬煤，采用水力压裂可以有效进行储层改造，提高煤层的渗透性。此时如果继续维持较高的轴压，煤体将进一步破碎为碎粒煤和糜棱煤，产生的裂隙在高压作用下重新闭合或相互切截，致使渗透率下降（Ⅲ区）。相反，此时降低轴压进行卸载实验，渗透率反而急剧增加，并超过前期由于裂缝产生渗透率的最大值（Ⅳ区）；进一步的加载实验，渗透率又急剧降低（Ⅵ）。说明软煤难以通过水力压裂造缝增透，但可通过卸压实现增透。

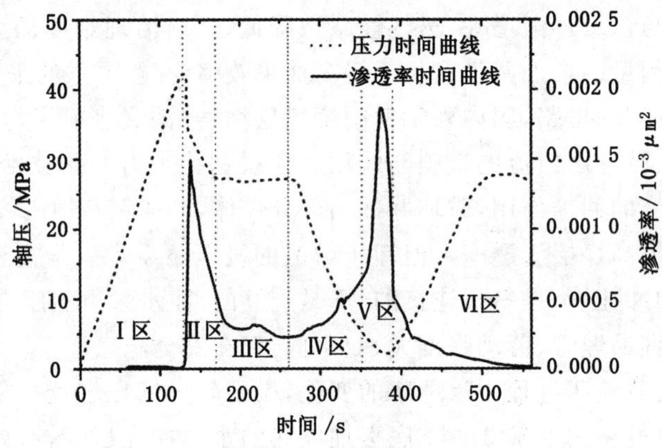

图 2　煤体压缩应力—渗透率—时间曲线

实验表明针对“三软”单一煤层，无法进行本煤层或者“虚拟储层”水力压裂增透，又无保护层开采现实，只有设法降低煤层应力是来提高其渗透率，以往进行的保护层开采、水力割缝、水力冲孔等都是基于卸压增透的原理，并经实践证明是可行且有效的。

1.3　钻孔出煤周围应力分布

水力冲孔出煤后，钻孔周围应力重新分布，如果煤岩体强度较低不能抵抗较高的应力，钻孔周围将产生塑性区甚至破碎，应力向深部转移，于是在一定范围内将会产生应力集中和应力降低。如图 3 所示。

钻孔冲孔出煤后，周围煤层遭到破坏，不能再采用完整岩体进行求解计算，因此采用 Hoek-Brown 准则（式 1），计算得到水力冲孔后钻孔塑性区半径（式 2）：

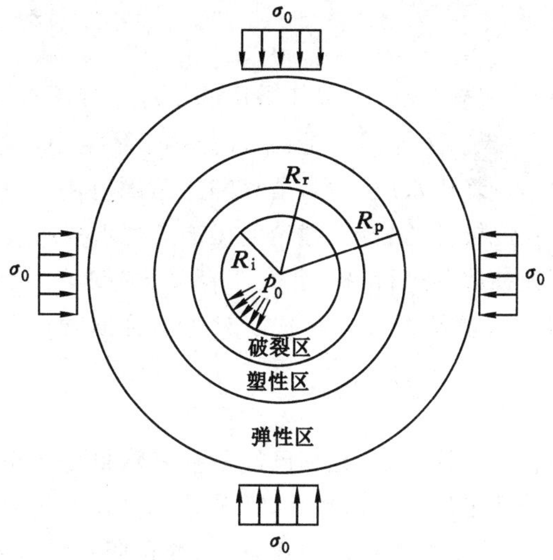

图 3　钻孔冲孔出煤后应力分布

$$\sigma_1 = \sigma_3 + \sigma_{ci}\left(\frac{m_b}{\sigma_{ci}}\sigma_3 + s\right)^a \tag{1}$$

$$R_p = R_i \exp\left\{\left[\left(\frac{\sigma_{rd}}{m_b\sigma_{ci}} + \frac{s}{m_b^2}\right)^{1-a}\right]\Big/\left[m_b^{2a-1}(1-a)\right]\right\} \tag{2}$$

式中　m_b——岩体的 Hoek-Brown 参数，$M_b = m_i \exp\left(\frac{GSI-100}{28-14D}\right)$；

s,a——岩体特性的常数，$s=\exp\left(\frac{GSI-100}{9-3D}\right)$，$a=0.5+\frac{1}{6}(e^{-GSI/15}-e^{-20/3})$（$GSI$ 为地质强度因子，不同煤体结构 GSI 取值参考文献）；

R_i——钻孔冲孔出煤后直径；

σ_{rd}——弹塑性交界面处的径向应力，MPa；

σ_{rd}——完整岩块的单轴抗压强度。

2　瓦斯抽采孔水力作业机

针对以往水力冲孔装备弊端，河南理工大学与河南宇建矿业技术有限公司联合研制了“瓦斯抽采孔水力作业机”（图 4）。其主要特点是采用外径 16 mm 的连续不锈钢管代替普通钻杆，极大程度增加环空面积，在减小堵孔概率的同时免去现场不断接、卸钻杆的工序，提高了冲孔效率，降低了劳动强度；50 MPa 压力和 200 L/min 的排量的柱塞泵，完全满足冲孔需要；通过监控装置实现远程操作；研制的专门防喷装置确保冲孔期间瓦斯不超限；根据不同煤体结构设计的喷头显著提高了单孔出煤量。

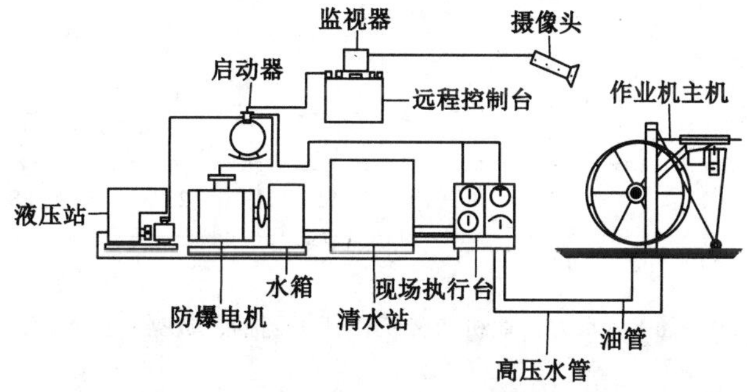

图 4　瓦斯抽采孔水力作业机结构示意图

3 现场试验及效果分析

郑煤集团大平煤矿是典型的"三软"煤层。以往采用的钻杆+静压水进行水力冲孔，存在效率低、效果差弊端；水力压裂也未能取得效果。主要问题是：钻杆与孔壁环空小，容易发生埋管；水力冲孔时容易诱发瓦斯喷孔，就地操作安全性差；静压水压力小，出煤卸压范围有限；冲孔效率低，一个班一般只能冲一个孔。顶底板及煤层为力学强度极低的岩层，理论上无法实现水力压裂增透。

本文试验地点在 21141 底板抽放巷进行，标高为－178～－184 m，距煤层 18 m，地质构造简单，断裂构造不发育。煤层倾角平均 14°，倾向 95°，厚度平均 8.0 m，瓦斯含量 10.98～13.50 m^3/t，瓦斯压力 0.63 MPa～1.23 MPa。

3.1 作业机冲孔工艺

此次现场试验针对两类钻孔：未封孔的裸孔和已经下抽采管封孔并联抽的钻孔。对于裸孔，采用高压水、旋转喷头进行冲孔；对于老孔采用静压水冲孔，部分采用高压水冲孔，为保护抽采管，未采用旋转喷头。结果发现未进行抽采的、新施工的裸孔冲出煤量大、冲孔期间涌出大量瓦斯；老孔因全程下筛管，出煤量非常少，但增透、增产效果显著；无论是静压水还是高压水冲孔都可保证抽采管完好无损。冲孔结束的原则是返水变清。

3.2 水力冲孔效果及分析

(1) 裸孔水力冲孔

首批设计 4 个孔并进行裸孔水力冲孔试验，有效冲孔时间 57～358 min，平均 188 min，单孔出煤 3～13 t，平均单孔出煤 7.75 t。根据钻孔出煤量，计算水力冲孔后卸压半径(表 1，$GSI=30$)。

表 1　水力作业机与传统冲孔工艺效果对比

	平均单孔出煤量/t	卸压半径/m	平均冲孔时间/h
水力作业机	7.75	2.86	3
传统冲孔工艺	4.23	1.44	5
普通钻孔	—	0.36	—

从表 1 中可以看出，相比传统静压水+普通钻杆冲孔工艺，采用水力作业机冲孔时，平均单孔出煤提高 83%，钻孔卸压半径提高 99%，水力冲孔时间缩短 40%。

抽采效果如图 5 所示，冲孔完成一个月内，采用传统冲孔工艺平均单孔纯流量为 0.004～0.014 m^3/min，采用水力作业机单孔平均纯流量 0.032～0.238 m^3/min，平均单孔抽采纯量提高了 7.1 倍。

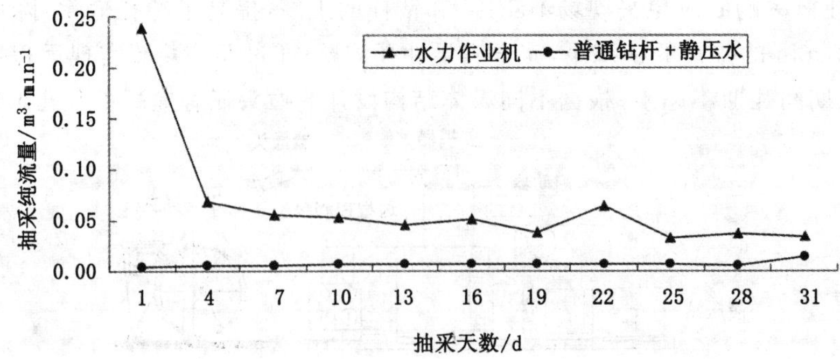

图 5　水力作业机与传统冲孔工艺抽采数据对比

(2) 老孔修复增透

选取抽采效率较低的14个钻孔进行老孔修复试验，其中采用高压水(35 MPa)修复抽采孔2个，修复时分别出煤25 kg、50 kg；采用井下静压水(4 MPa)修复抽采孔6个，修复时冲孔少量煤粉。

从图6中可以看出，老孔修复前平均单孔抽采纯流量为0.017 m^3/min，采用静压水、高压水修复钻孔抽采纯流量分别为0.02 m^3/min，0.025 m^3/min，分别提高了17.8%、46.9%。值得注意的是，高压水修复孔临近的5个抽采孔修复后平均单孔抽采纯流量为0.027 m^3/min，相比修复前提高了56.2%；14个试验孔修复后，平均单孔抽采纯流量为0.025 m^3/min，相比修复前提高了45.7%。

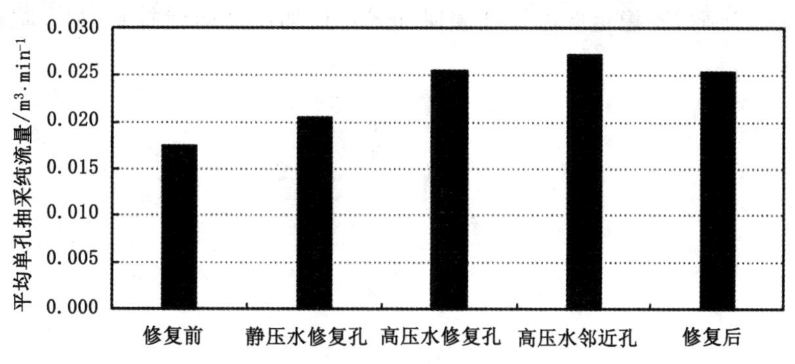

图6 老孔修复前后抽采数据对比

从试验中可以看出，老孔修复不仅可以达到冲刷煤粉，疏通钻孔的目的，而且高压水射流可以沟通临近抽采孔，实现孔间干扰，同时在水力驱替作用下，促进瓦斯向周边钻孔运移。

4 结论

(1) 煤体结构—应力—渗透率耦合实验和理论分析充分说明软煤的水力冲孔卸压增透是可行的。

(2) 研制的作业机不仅能够实现裸孔的水力冲孔增透，更能够实现不破坏抽采管前提下的老孔修复，不需要再补打新钻孔即可实现高效抽采、快速达标。现场试验结果表明裸孔水力冲孔相比原有冲孔工艺出煤量提高了83%，试验一个月内抽采纯流量提高了7.1倍。老孔修复后抽采纯流量相比修复前提高了45.7%。

(3) 瓦斯抽采孔水力作业机的研制成功，无疑为煤矿瓦斯治理提供了一种新的装备。其高压、大排量、连续、远程操控等功能，使得水力冲孔效率显著提升；使得水力冲孔、割缝、水力喷射压裂在一套装备上都能够实现。最大的优势在于连续钢管的直径仅16 mm，可实现老孔修复，避免补打钻孔。

参考文献

[1] 程远平，周德永，俞启香，等.保护层卸压瓦斯抽采及涌出规律研究[J].采矿与安全工程学报，2006，23(1):12-18.

[2] 段康廉，冯增朝，赵阳升，等.低渗透煤层钻孔与水力割缝瓦斯排放的实验研究[J].煤炭学报，2002，27(1):50-53.

[3] 郭红玉.基于水力压裂的煤矿井下瓦斯抽采理论与技术[D].焦作:河南理工大学，2011.

[4] 李晓红，卢义玉，赵瑜，等.高压脉冲水射流提高松软煤层透气性的研究[J]，煤炭学报，2008，33(12):1386-1390.

[5] 刘明举，孔留安，郝富昌，等.水力冲孔在严重突出煤层中的应用[J].煤炭学报，2005，30(4):451-454.

[6] 刘彦伟，任培良，夏仕柏，等.水力冲孔措施的卸压增透效果考察分析[J].河南理工大学学报，2009，28(6):695-699.

[7] 汤友谊，苏现波. 低渗透性储层煤层气地面开发方案的探讨[J]. 煤炭转化，2001，24(3)：20-22.

[8] 涂敏，袁亮，缪协兴，等. 保护层卸压开采煤层变形与增透效应研究[J]. 煤炭科学技术，2013，41(1)：40-43.

[9] 王新新，石必明，穆朝民. 水力冲孔煤层瓦斯分区排放的形成机理研究[J]. 煤炭学报，2012，37(3)：467-471.

[10] 杨志龙. 基于 Hoek-Brown 准则的煤层钻孔失稳破坏特征研究[D]. 焦作：河南理工大学，2013.

[11] 赵保太，林柏泉. "三软"不稳定低透气性煤层开采瓦斯涌出及防治技术[M]. 徐州：中国矿业大学出版社，2007.

煤矿瓦斯自动隔(抑)爆技术发展与展望

徐伟伟

(国家安全生产监督管理总局信息研究院　北京朝阳　100029)

摘　要　瓦斯爆炸是我国煤矿事故的主要类型之一,给国家和人民生命财产造成了巨大损失。文章概述了国内外自动隔(抑)爆技术发展状况,对有代表性的HS瓦斯主动抑爆系统与BVS抑爆系统进行了详细介绍,并进行了技术对比分析。研究表明:南非HS瓦斯主动抑爆系统技术含量高,在世界上处于领先水平,目前已经实现产业化经营,且在南非有成功使用案例,这都为我国煤矿提供了有益的可借鉴经验。随着自动抑爆技术的不断完善以及逐步适用我国煤矿条件,在今后应进行稳妥推广,逐步取代被动隔爆装备。

关键词　煤矿;瓦斯;主动抑爆

瓦斯爆炸是煤矿五大灾害之一,也是我国煤矿事故的主要类型,瓦斯爆炸事故给国家和人民生命财产造成了巨大损失。目前我国广泛使用的井下隔爆装置——隔爆岩粉棚和隔爆水棚,属被动隔爆,历次的爆炸事故证明其隔(抑)爆效果有限。因此,对煤矿瓦斯自动隔(抑)爆技术及应用进行研究有着重要的现实意义。

1　国外研究概况

为了弥补被动隔爆的不足,世界许多国家从20世纪60年代起便开展了自动隔(抑)爆装置的研制工作。自动隔(抑)爆系统一般由三部分组成:探测装置、中央处理器和喷洒装置。当作业监测区出现瓦斯爆炸时,监测装置捕捉信号(火焰红外线、紫外线、温升、压力波等参数)并传送到中央处理器,并进行分析,如信号被解析辨识为设定的事故对象,中央电子控制器校验输入数据后自动发出指令,及时地喷出消焰物质,抑制爆炸或阻止爆炸和有毒有害气体的传播。自动隔(抑)爆系统根据安装位置的不同可分为两大类,一类是机载自动隔(抑)爆装置,另一类是巷道自动隔(抑)爆装置。

1.1　机载自动隔(抑)爆装置

一直以来,主要产煤国家都在研发机载自动隔(抑)爆装置。使用该装置的主要目的是在爆炸冲击压力产生之前发现并抑制住爆炸,防止其扩大损害到机器和操控人员。这种装置使用火焰或辐射感应器来区分瓦斯爆炸所发出的光辐射和人造光源所产生的光辐射,以避免发出错误的抑爆信号。一旦感应器捕捉到火焰信号后,抑爆装置便会喷撒出如磷酸铵之类的灭火剂,在当爆炸冲击压力造成伤害之前成功抑制住爆炸火焰。

20世纪80年代,德国、英国和美国均已设计出机载自动隔(抑)爆系统(见表1)。当时德国已在生产矿井使用了自己研制的BVS系统,英国也在模拟矿井环境的条件下对格莱维诺(Graviner)系统进行试验。表1中所列的三个系统都使用紫外线火焰感应器,可以熄灭瓦斯或煤尘火焰,而又不会因人工光源误触发启动;采用的抑爆剂为一价或二价磷酸铵,均可以有效熄灭瓦斯和煤尘火焰。抑爆剂凭借氮气

作者简介:徐伟伟,男,国家安全生产监督管理总局信息研究院职业健康研究中心主任;地址:北京市朝阳区芍药居35号中煤信息大厦203室;邮编:100029;E-mail:xuwei-mail@163.com。

或海伦 1301 的压力作用，尽可能短的时间里喷发出来，每次喷发的灭火剂量有差异，一般在 16～48 kg 范围，具体要取决于机器和巷道的几何形状。德国设计的隔爆系统用雷管炸开喷撒装置上的阀门，利用 12 MPa 的压缩氮气将抑爆剂喷射出去。20 世纪 90 年代末，德国研发的机载自动隔(抑)爆系统已由一家南非公司(Centrocen)进行商业生产并销售，同时南非自主研发工作也在进行之中，并成功研发了 HS 主动抑爆系统。

表 1　机载自动抑爆系统

国家	感应器类型	种类	抑爆剂	喷撒方式	容器		
					数量	尺寸	装载量
德国	紫外线	BVS 系统	磷酸铵粉	12 MPa 的压缩氮、激活阀门	6	12.3 L 气瓶	48 kg
英国	紫外线	格莱维诺(Graviner)系统	Furex770 磷酸铵	6 MPa 的氮气或哈龙 1301	4～6	7 L 气瓶	16～24 kg
美国	紫外线	PRC 系统	ABC 粉 磷酸铵	条状炸药和 1.36 MPa 的哈龙 1301	6	管状罐	17 kg
南非	红外线	HS 系统	磷酸铵粉	11～15 MPa 雷管激活阀门	4～6	11～34 L 钢瓶	6～25 kg

应用机载抑爆系统的采煤机见表 2。

表 2　应用机载抑爆系统的采煤机

机器名称	型　号
Voest-Alpine	AM85、AM100、AM105
Howden Paurat	E 134/504/250
Alpine-Westfalia	WAV 300
Joy Continuous miner	14CM5
Dosco	1300H
Joy Continuous miner	12HM9

1.2　巷道自动隔(抑)爆装置

在 20 世纪 80 年代末主要产煤国家正在研发或已经研制成功的巷道自动隔(抑)爆装置(见表 3)。例如 19 世纪 70 年代德国在特雷尼亚试验基地研发出一种自动隔(抑)爆装置，该装置应用一个热电偶感应器，能够在爆炸火焰到达之前启动喷撒装置，将水喷撒向巷道。据报道称，该装置已经在极其危险的状况下应用并成功地抑制了威力巨大的瓦斯爆炸。

在过去的几十年里，世界各国已经研发出了许多不同型号的自动隔(抑)爆装置，如光学的、热电的、压力的自动隔(抑)爆装置。然而 10 年前正式商用的仅是采用光学感应器并安装在采煤机或电气设备上的自动隔(抑)爆装置，同时该装置也没有替代被动隔爆设备。

一些企业将光学感应器和微处理控制技术联合运用在自动隔(抑)爆装置上，试图替代被动隔爆装备。如南非一家公司研制的火灾和爆炸抑制系统(FESS)，FESS 认为将微处理控制应用在自动隔(抑)爆系统里将为确定爆炸火焰的速度提供一个很好的机会，并能够优化喷撒装置的喷撒时间。以这种方式，一个拥有单一程序的自动隔(抑)爆装置便可以替代被动隔爆装置，在抑制瓦斯爆炸方面有着非常广泛的应用前景。

表 3　　各国巷道自动抑爆设备的特点

国家	感应器型号	抑爆剂	喷撒方式	容器	
				形状	容积/L·m^{-2}
比利时	热力感应器	水 90～100 L/单元	导爆	长 2 m,直径 25 cm,敞口式聚氨酯圆槽	10
德国	BVS 紫外线	磷酸铵盐粉末	12 MPa 的氮,雷管激活阀门	12.3 L 圆柱形筒	48
	热电偶	水 80 L/单元	导爆	PVC 水槽	80
法国	热力感应器	水 90～100 L/单元	导爆	长 2 m,直径 25 cm,敞口式聚氨酯圆槽	10
英国	热电偶	227 L/单元	压缩氮气	长形圆柱筒	45
美国	卡尔道克斯(Cardox)系统	碳酸氢钾干粉或水	液态二氧化碳	钢瓶 2～6 个	/
	低压 FENWAL	碳酸氢钾或水	雷管	球形,直径 33 cm	/
	压力和紫外线(太阳电池板)	水或磷酸铵 40 L/单元	片状炸药	皱纹状聚苯乙烯容器	80
俄罗斯	红外感应器	JIBX—1	气体发生剂	/	/
南非	红外感应器	磷酸铵盐	雷管激活阀门	钢瓶 4～6 个	11～34

2　我国研究概况

由于自动隔(抑)爆技术相对被动隔爆技术具有能够及时抑制燃烧或爆炸、将燃烧或爆炸抑制在其初发阶段从而大大降低事故严重程度的特点,我国多家科研单位从 20 世纪 90 年代起在研究自动隔(抑)爆技术方面做了大量工作,并研制了相应的自动隔(抑)爆装置,但由于在火焰信号感应的准确性和整体装置的可靠性等方面存在问题,未能得到推广使用。

(1) ZYB—S 型自动产气式抑爆装置

由煤科总院重庆分院研制生产的 ZYB—S 型自动产气式抑爆装置,由实时气体发生器、高压缓冲器、抑爆剂存储器、喷射头、控制盘和 ZW—1 型紫外线火焰传感器组成,ZW—1 型紫外线火焰传感器(能识别爆炸及燃烧火焰光谱,对日光和矿灯等照射不敏感)。当瓦斯、煤尘爆炸或着火时,火焰传感器接收到火焰信号,并传输到抑爆装置控制盒中,控制盒给出触发信号,实时气体发生器快速产生并迅速释放大量气体,高压气体经缓冲器调整后,在抑爆剂存储器中形成粉气混合物,最后经喷射头喷出形成抑爆粉雾,达到扑灭爆炸火焰、阻止爆炸传播的目的。其抑爆原理如图 1 所示。

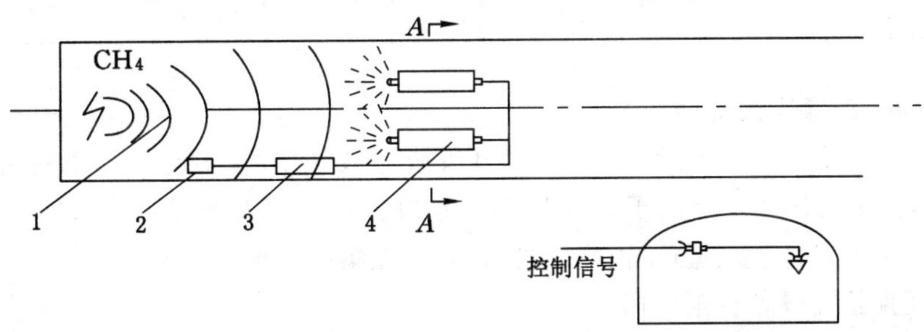

图 1　ZYB—S 型自动产气式抑爆装置抑爆原理图

1——火焰锋面;2——火焰传感器;3——控制单元;4——喷洒器

(2) YBW—I型无电源触发式抑爆装置

由煤科总院重庆分院研制生产的BW—I型无电源触发式抑爆装置由HWD—1火焰传感器、CQB传爆器、ST连接器、WDY喷洒器与JC—I检测器组成其组装框图，如图2所示。当HWD—1火焰传感器感受到火焰信号，可将其辐射能转化为电能，触发CQB传爆器，通过ST连接器触发相连的WDY喷洒器，形成水雾抑制带，扑火爆炸火焰，控制爆炸的传播。

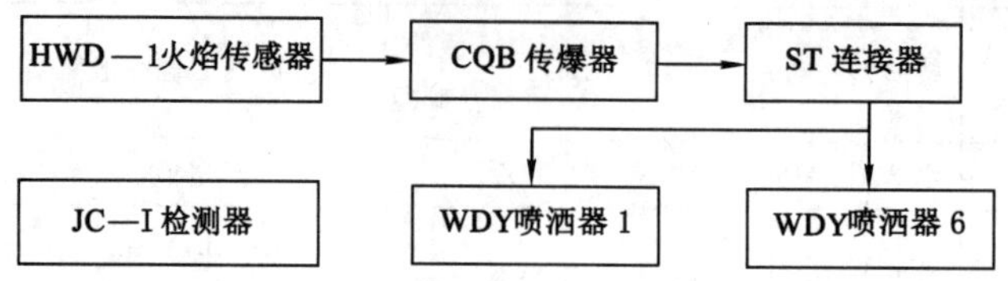

图2 YBW—I型无电源触发式抑爆装置组成框图

(3) 多孔材料阻隔瓦斯爆炸技术

多孔材料因其对爆炸时产生的燃烧波和压力波具有较好的抑制作用而逐渐被人们所重视。多层网孔材料具有体积小、重量轻、淬熄性能好的优点。作用原理是利用压力传感器、温度传感器、火焰传感器与爆炸火焰前部的冲击波，来同时感应、触发预先安设在巷道中的固体自动阻隔爆装置，发出声光信号和自动报警信号，以泡沫陶瓷为主材料的自动阻隔爆装置先于爆炸火焰波和冲击波之前下落，利用泡沫陶瓷的多孔网状结构对爆炸火焰和冲击波的传播起抑制衰减作用，阻止爆炸火焰和压力的传播，防止引爆管道后部的易燃易爆气体或煤尘的二次爆炸，对巷道起保护作用。

3 HS瓦斯主动抑爆系统与BVS抑爆系统对比

研究表明，在已研发成功的瓦斯抑爆系统中，南非的HS瓦斯主动抑爆系统与德国的BVS瓦斯抑爆系统代表了世界上最为先进的煤矿瓦斯抑爆技术，两个系统均有机载和巷道系列产品，本文对两系统进行介绍并进行对比分析(见表4)。

表4 BVS系统和HS系统测试对比

对比内容	HS系统	BVS系统
传感器	双光谱传感器	紫外线传感器
高压容器	工作压力11～15 MPa	工作压力12 MPa
探测可靠性	对所有已知的伪信号免疫	对所有紫外信号均响应
200 m巷道鉴定测试	通过7 m,30 m,60 m,90 m和120 m(弱型、中型和大型爆炸)测试	完全失败
20 m巷道机载测试	通过所有测试(弱型、中型、大型爆炸)	通过弱型爆炸测试，未通过中型和大型爆炸测试

3.1 南非HS瓦斯主动抑爆系统

HS主动抑爆技术源于20世纪80年代的军事领域，主要运用在军用运输作战装备上以保护士兵的生命。1990年，为了设计开发应用于军事与采矿业的超高速灭火防爆系统，HS设计与工程公司成立。2006年8月，H.S设计与制造(中国)公司同山西兰花集团及国内其他三家企业共同组建合资公司一山西兰花汉斯瓦斯抑爆设备有限公司。

HS瓦斯主动抑爆系统主要特点：

(1) 采用的双光谱(近红外IR－A和远红外IR－C)光学传感器，可以在1 ms内有效的捕捉作业监测区出现的瓦斯爆炸信号。

（2）中央处理器采用特殊设计的自动分析控制技术，可以正确识别燃源信号，而对非事故爆炸和安全性能量突变（光能、热能、压力、震动）具有免疫能力，避免在伪信号情况下的误启动，同时系统配备即时自动检测和报警系统，不仅免除人工检测和维护，而且可提高系统的可靠性，配套的内置黑匣子可为事故分析研究和日常管理分析提供可靠数据。

（3）触发装置采用微爆技术，可以将高压容器中的抑爆物质在 2 ms 内释放，迅速生成高能抑爆屏障。

（4）主要技术参数：总响应时间≤10 ms，形成 5 m^2 面积的成雾时间为＜60 ms，有效雾面持续时间≥1 000 ms，喷撒率＞90％。

2010 年 4 月 13 日，由兰花汉斯生产的产品成功抑制了发生在 SASOL 公司的 SYFERFONTEIN 煤矿工作面瓦斯爆炸，该次事故由于抑制及时，没有造成人员伤亡，这是兰花汉斯的产品首次在瓦斯爆炸事故中的实践检验，也同时证明了兰花汉斯主动抑爆产品的可靠性。

3.2 德国 BVS 瓦斯抑爆系统

BVS 系统由一个紫外线感应器、装有高压氮气和磷酸铵盐粉末的喷撒装置构成。在巷道自动抑爆系统中，感应器和喷撒装置之间的距离是 40 m，紫外线感应器探测到火焰后通过一种催化剂启动喷撒系统，使该系统内的雷管爆炸炸开装有抑爆剂的容器的阀门，高压氮气便喷射出来。

喷撒装置的反应时间是 5～10 ms，喷撒持续时间是 600～900 ms。喷撒系统由一个拥有 12.3 L 容量的耐火气瓶组成，气瓶内装有 120 Pa 大气压的氮气和 8 kg 的磷酸铵盐。一个雷管控制两个阀出口。每平方米的巷道使用 20 kg 的抑爆剂便可以抑制火焰速度为 500 m/s 的爆炸火焰。

BVS 机载自动抑爆系统将一组光学感应器安装在连续采煤机上，用来探测采煤面瓦斯爆炸，一旦探测到爆炸便马上启动安装在机器上的高压灭火装置进行灭火。BVS 系统已经在德国 Tremonia 试验矿长壁开采作业面的抑爆试验取得了成功。在巷道掘进机的实验中使用了“Tropolar”粉末作为抑爆剂，紫外感应器对瓦斯气体爆炸的反应时间是 100～200 ms，对瓦斯和煤尘混合爆炸的反应时间是 250～500 ms。BVS 系统已经在德国和法国的煤矿应用，德国强制要求煤矿的高瓦斯区域安装机载自动抑爆装置。20 世纪 90 年代后期，该技术引入南非，南非政府也批准在本国煤矿的连续采煤机上安装机载自动抑爆装置。

为 DMT 的 BVS 系统负责市场营销的 CENTROCEN 公司已于 2001 年停止运营，DMT 公司的抑爆部门也已经关闭，不在进行该系统的研发。DETRONICS 公司也于 2001 年停止运营。

4 结论与展望

（1）由于煤矿井下被动隔爆装备隔（抑）爆效果有限，急需对自动隔（抑）爆技术进行研究，随着自动抑爆技术的不断完善以及逐步适用我国煤矿条件，在今后应以自动隔（抑）爆装备取代被动隔爆装备。

（2）通过对国内外自动隔（抑）爆技术进行对比分析可知，南非 HS 瓦斯主动抑爆设备技术含量高，目前在世界上处于领先水平，且在南非有成功使用案例。这都为我国煤矿提供了有益的可借鉴经验，应结合我国煤矿实际，建议进行稳妥推广。

参考文献

[1] 国家安全生产监督管理总局，国家煤矿安全监察局. 煤矿安全规程[M]. 北京：煤炭工业出版社，2012.

瓦斯抽采钻孔修复技术与装备

苏现波[1]　刘　晓[1]　马保安[2]　裴刚[2]　冯文军[1]

(1. 河南理工大学能源科学与工程学院　河南焦作　454003；
2. 河南宇建矿业技术有限公司　河南焦作　454003)

摘　要　抽采钻孔是抽采瓦斯的载体，其有效寿命关乎抽采的质量，制约矿井的安全生产。但抽采钻孔由于受地层压力、采动影响、瓦斯压力、地质构造等因素影响，存在不同程度的塌孔、堵孔，使抽采难以达标。针对这种情况，提出了以高压水射流进行抽采钻孔修复的理论技术，自主研发了瓦斯抽采钻孔水力作业机(煤矿安全标志编号:MGA30001)，形成了高压力、变流量、连续修复钻孔技术体系，实现了抽采钻孔的修复和增透，延长了钻孔的有效使用寿命，解决了以往补打钻孔工程量大、效率低、成本高等问题。通过在中马村矿、新河矿、大平矿等矿井的应用表明:使用抽采钻孔修复作业机及技术可将钻孔的有效寿命延长0.4～3.2倍，已堵塌抽采钻孔修复成功率达80%以上，单孔抽采纯量提高40%以上。

关键词　瓦斯抽采;钻孔修复;水射流;瓦斯抽采钻孔修复作业机

0　引言

我国煤矿瓦斯灾害严重制约着矿井的安全高效生产，瓦斯抽采作为治理煤矿瓦斯灾害的根本措施，其抽采效果与矿井的安全生产密切相关。瓦斯抽采实现的承载方式为抽采钻孔，即在煤层或岩层中施工平行或与煤层层面有一定夹角的抽采钻孔对煤层瓦斯进行抽采。抽采钻孔成孔的优良及抽采的有效性不仅受制于钻孔最初施工的工艺过程，更取决煤岩体结构、力学性质及所受应力状态。但目前我国煤矿瓦斯抽采钻孔尚处于重“生”不“养”阶段，花费较高成本施工完成钻孔联抽后即听之任之，使其自动“衰竭”，缺乏有效的抽采钻孔维护管理技术，造成了抽采钻孔数目众多，抽采纯量有限的尴尬局面。其中的关键在于抽采钻孔有效服务寿命较短。瓦斯抽采钻孔施工难、维护不易、有效抽采时间短、抽采质和量均不高成为困扰煤矿瓦斯治理的重要因素，但到目前为止尚未形成瓦斯抽采钻孔修复技术与装备，难以有效解决上述问题。本文提出了高压水射流修复抽采钻孔技术，研发了瓦斯抽采钻孔水力化作业机，形成了较为系统的修复抽采钻孔作业技术体系。通过在焦作煤业集团新河矿井、郑州煤业集团大平矿的试验，形成了较为完整的瓦斯抽采钻孔修复维护工艺，为提升瓦斯抽采钻孔使用效率及抽采的质和量提供一种新途径。

1　瓦斯抽采孔水力作业机的研发

为进行瓦斯抽采钻孔修复，延长钻孔寿命，提高单孔抽采纯量，以笔者为团队带头人的河南理工大

作者简介:苏现波，河南省焦作市高新区世纪大道2001号河南理工大学能源科学与工程学院，邮政编码:454003。E-mail: lx1224lx@163.com。

基金项目:河南省教育厅科学技术研究重点项目(13A440320);国家自然科学基金青年科学基金项目(编号:40902044)和(编号:41002047)资助。

学与河南宇建矿业技术有限公司科研、技术、工程人员经过近2年艰苦卓绝的理论分析、车间试制、现场试验，不断完善，先后研发了第一代、第二代直至目前的第三代瓦斯抽采孔水力作业机，并申请了煤矿安全标志号：MGA30001，如图1所示。瓦斯抽采孔水力作业机的研发不仅延伸了钻孔的使用寿命，扩展了瓦斯抽采工作的内涵，提升了抽采钻孔管理水平，同时，也标志着我国煤矿瓦斯抽采工作进入了精细化管理阶段。

图1 瓦斯抽采孔水力作业机主机

1.1 型号及原理

1.1.1 型号

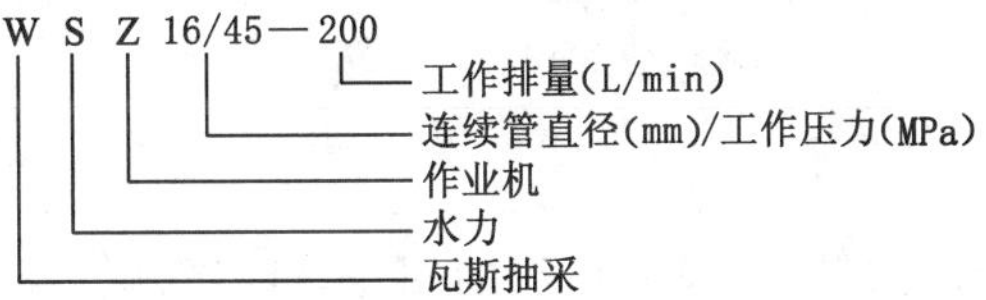

1.1.2 原理

瓦斯抽采孔水力作业机的工作原理是：将一条柔性可缠绕钢管有序地缠绕在一滚筒上，利用机械机构将钢管的圆周运动转变为直线运动，实现向外连续送管；又将钢管的直线运动转变为圆周运动缠绕在滚筒上，实现向里收管。将喷头连接在钢管头部，将高压水通过钢管传送至头部喷头上，形成高压水射流，对煤矿井下瓦斯抽采钻孔实现水力强化作业或对其他孔道清洗疏通。

瓦斯抽采钻孔水力作业机实现了远程液压控制、高压、变流量、连续修复抽采钻孔作业，保障了瓦斯抽采钻孔修复工作的安全，提高了修复效率。

1.2 参数与结构

1.2.1 参数

瓦斯抽采孔水力作业机采用连续不锈钢管输送高压水，钢管直径为16 mm，与钻孔直径(ϕ75 mm～ϕ120 mm)差值较大，保证了冲期间孔的煤岩粉能够从环空排出；长度可调至150 m，以适应不同深度钻孔需求，在实施过程中，无需人工接管，可连续深入至钻孔内任意位置。瓦斯抽采孔水力作业机可通过远程控制调节喷嘴在孔内的位置、射流压力、射流排量，使抽采钻孔修复效率最大化；同时可进行冲孔、割缝、水力喷射压裂，使煤体充分卸压和造缝，显著改善煤层渗透性，提高抽采效率，具体参数如表1所示。

表1　　抽采钻孔水力作业机基本参数

项目内容	外形尺寸/mm×mm×mm	最高压力/MPa	额定流/L·min^{-1}	回管拉力/kN
	2 305×1 200×1 682	45	200	10
项目内容	回拉速度/m·min^{-1}	升降范围/m	旋转角度/(°)	油管管径/mm
	6	0～2.28	360	16

1.2.2　结构

瓦斯抽采钻孔水力作业机主要由液压立柱框架、滚筒、输管器、液压泵站、清水泵站、操纵台、监视系统、远程控制系统等部分组成(图2)。

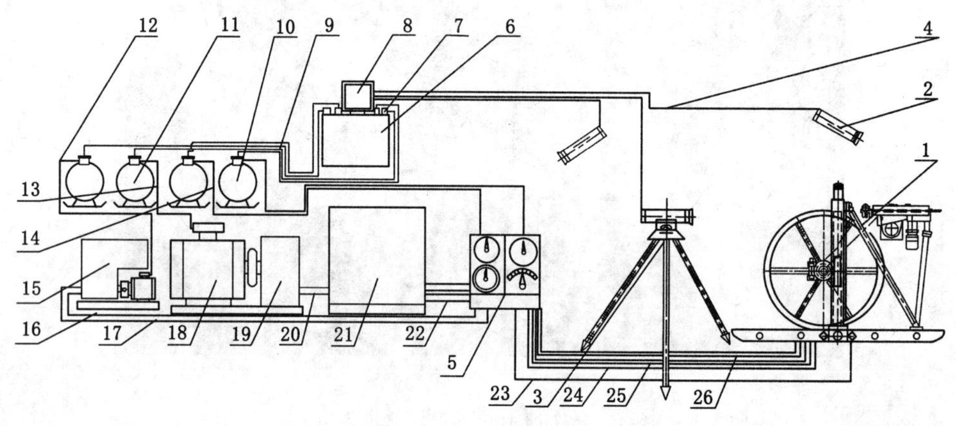

图2　作业机结构示意图

1——作业机主机;2——摄像头;3——摄像头支架;4——双抗视频线;5——现场操作执行台;6——远程控制台;7——双联防爆按钮;8——KJV127矿用隔爆型监视器;9——控制电缆;10——QJZ2—30启动器;11——QBZ—220启动器;12、13、14——电缆;15——液压站;16、17、24——高压油管;18——防爆电机;19——清水泵;20、22、23——高压水管;21——水箱;25、26——给油管

1.3　作业机的用途

瓦斯抽采钻孔水力作业机在煤矿井下具有广泛的用途,可对新施工抽采钻孔进行水力冲孔、水力割缝、水力喷射压裂,配以特种喷头或钻头可实现煤层钻孔钻进;对已有抽采钻孔可通过水力冲孔、水力割缝、水力喷射压裂等进行修复,且不破坏封孔管路,提高已有抽采钻孔的抽采量及钻孔有效寿命。

另外,可进行煤层注水抑制粉尘、各类输送管道进行除垢清晰等作业。

2　抽采钻孔修复增透技术

2.1　抽采钻孔修复流程

(1) 对已有抽采钻孔进行瓦斯抽采流量和浓度计量,在考虑抽采钻孔衰减及区域瓦斯含量的基础上,将单孔抽采纯量降至最初成孔后抽采量的1/5,认为钻孔塌堵,在有条件时,可进行钻孔窥视或探测,观察钻孔形貌,判断其是否塌堵。

(2) 使用瓦斯抽采孔水力作业机进行全孔段水力喷射清洗修复,包括:① 钻孔解堵。将塌堵煤岩渣排出孔外,保障孔内畅通。② 割缝与刻槽。采用特殊喷头进行割缝与刻槽,扩大钻孔直径,实现出煤卸压增透。③ 水力喷射压裂。对于硬煤可采用水力喷射喷头实施水力喷射压裂,实现造缝增透。

(3) 修复完成后可对其进行评价,如单孔抽采量提高1倍以上或窥视顺畅则认为修复成功,进入联抽阶段。

(4) 重复(1)～(3),直至抽出达标。

2.2 瓦斯抽采模式

瓦斯抽采钻孔修复有必要作为瓦斯抽采的必要环节。在使用抽采钻孔水力作业机进行抽采钻孔修复时，因有抽采管封孔影响，减少了钻孔排渣环空，致使钻孔排渣不畅，影响了修复效率的最大化提高。为保障抽采钻孔的有效抽采，提出图3所示的瓦斯抽采模式。

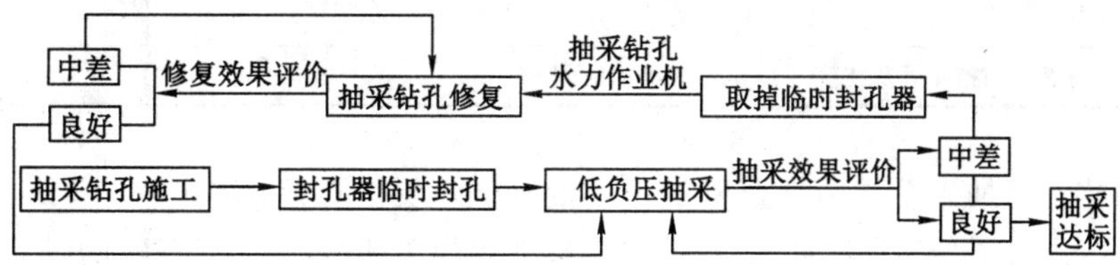

图3　基于瓦斯抽采钻孔修复的瓦斯抽采模式

提高煤矿瓦斯抽采效率的根本在于煤层渗透率的提高，负压对瓦斯抽采仅仅起到了导向作用。因此，水力压裂、水力割缝或水力冲孔等工艺对煤层强化增透后的关键在于维护钻孔的稳定，避免钻孔的塌孔、堵孔，避免煤层裂缝的堵塞，封孔的严密程度对瓦斯抽采影响并不大。因此，建议采用“临时封孔、低压抽采、循环修复”抽采模式。

3　工程实例

3.1　新河煤矿下向抽采钻孔修复增透试验

新河煤矿为在建突出矿井，瓦斯含量为1.47～26.22 m^3/t，平均15.43 m^3/t。采用顶板抽采巷掩护煤巷掘进，跟踪统计了下向抽采钻孔堵塌孔情况(表2)，抽采钻孔施工完成后的不同时间段内，均发生了堵塌孔，有的钻孔甚至已将整个抽采煤段密封严实(孔3、孔5、孔8、孔12)，堵塞后抽采钻孔孔口浓度在0.2%～6.7%之间，抽采纯量几近为0，已满足不了抽采需求；钻孔的塌堵程度也并不与时间成比例增长，更大程度上决定于煤层岩层赋存及成孔条件，具体关系需进一步研究。

表2

钻孔编号	钻孔长度/m	见煤深度/m	堵孔长度/m	间隔时间/d	日均堵孔量/m·d^{-1}
1	64	42	18	33	0.55
2	50.5	33	15	27	0.56
3	40	27	14	31	0.45
4	30	20	11	30	0.37
5	25	16	10	23	0.43
6	24	15	8	21	0.38
7	71.5	47	22	15	1.47
8	51	34	18	16	1.13
9	33	24.5	6	15	0.40
10	37.5	25	10	15	0.67
11	30	21	7	14	0.50
12	25	17	9	12	0.75
13	21	14	7	13	0.54
14	51	35	15	12	1.25
15	45.5	27	9.9	54	0.18

续表 2

钻孔编号	钻孔长度/m	见煤深度/m	堵孔长度/m	间隔时间/d	日均堵孔量/m·d^{-1}
16	32.0	16	15	53	0.28
17	52.5	36	4.5	44	0.10
18	30.0	21	6.4	39	0.16
备注	·间隔时间指钻孔施工完成后距离探测的时间				

通过远程操作将瓦斯抽采孔水力作业机的连续油管送至塌堵孔处，用 30～40 MPa 压力、200 L/min 射流流量对抽采钻孔进行了分段连续冲洗，单孔出煤量平均为 2～5 t，保证了钻孔的畅通。单孔修复时间约为 4～6 h。冲洗完成后，使用临时封孔器进行抽采，在连续观测的一个月时间内单孔抽采浓度为 42%～87%，单孔抽采纯量 56～112 m^3/d，相当于最初联抽纯量，个别钻孔(1、8、9、14)相比提高了 2 倍。

3.2 大平煤矿上向抽采钻孔修复增透试验

选取大平煤矿抽采效率较低的 14 个钻孔进行老孔修复试验，其中采用高压水(35 MPa)修复抽采孔 2 个，修复时分别出煤 25 kg、50 kg；采用井下静压水(4 MPa)修复抽采孔 6 个，修复时冲孔少量煤粉。

从图 4 中可以看出，老孔修复前平均单孔抽采纯流量为 0.017 m^3/min，采用静压水、高压水修复钻孔抽采纯流量分别为 0.02 m^3/min，0.025 m^3/min，分别提高了 17.8%、46.9%。值得注意的是，高压水修复孔临近的 5 个抽采孔修复后平均单孔抽采纯流量为 0.027 m^3/min，相比修复前提高了 56.2%；14 个试验孔修复后，平均单孔抽采纯流量为 0.025 m^3/min，相比修复前提高了 45.7%。

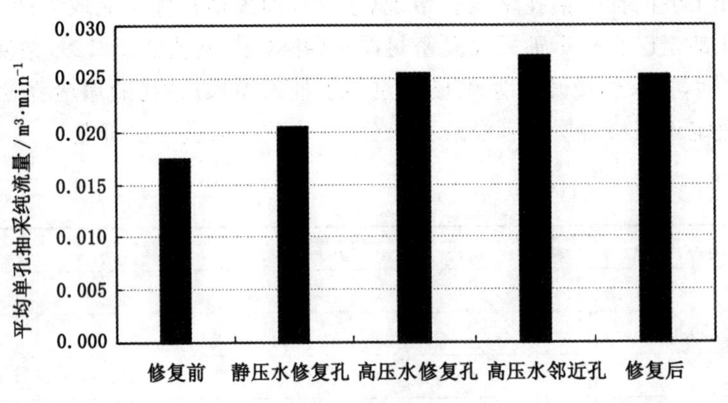

图 4 老孔修复前后抽采数据对比

4 结论

(1) 瓦斯抽采孔水力作业机的研制成功，不仅延长了瓦斯抽采钻孔的有效寿命，提高了钻孔抽采效率，而且延伸了煤矿瓦斯抽采管理工作的内涵，提高了瓦斯抽采钻孔的施工管理水平，改变了目前抽采钻孔“生而不养”、塌孔即补钻的尴尬局面，无疑为瓦斯抽采工艺设备及技术、管理工作的重大创新。

(2) 瓦斯抽采钻孔水力作业机由液压立柱框架、滚筒、输管器、液压泵站、清水泵站、远程控制系统等几大部分组成，具有产品系列化、外形尺寸可调、工作压力高、流量可变、连续作业、远程操控、操作简单、安装方便，能满足不同矿井工况条件及煤层赋存特征等特点。

(3) 通过现场试验，瓦斯抽采钻孔水力作业机能显著提升了瓦斯抽采钻孔修复效率，最大的优势在于连续钢管的直径仅 16 mm，可实现老孔修复，避免补打钻孔。该装备的最大特点是可以实现水力冲孔、割缝、刻槽、水力喷射压裂等功能。

参考文献

[1] 黄炳香.煤岩体水力致裂弱化的理论与应用研究[J].煤炭学报,2010,35(10):1765-1766.

[2] 李根生,沈忠厚,彭烨.自动旋转喷嘴的理论研究[J].石油学报,1995,16(4):148-153.

[3] 李全贵,翟成,林柏泉.低透气性煤层水力压裂增透技术应用[J].煤炭工程,2012(1):31-36.

[4] 林柏泉.矿井瓦斯防治理论与技术[M].2版.徐州:中国矿业大学出版社,2010.

[5] 蔺海晓,杜春志.煤岩拟三轴水力压裂实验研究[J].煤炭学报,2011,36(11):1801-1805.

[6] 刘华炜,张广文.动态水力旋流器流场数值模拟研究[J].中国矿业,2011,20(10):109-112.

[7] 刘明举,任培良,刘彦伟.水力冲孔防突措施的破煤理论分析[J].河南理工大学学报(自然科学版),2009,28(4):142-145.

[8] 王振,梁运培,金洪伟.防突钻孔失稳的力学条件分析[J].采矿与安全工程学报,2008,25(4):444-448.

[9] 袁亮.松软低透煤层群瓦斯抽采理论与技术[M].北京:煤炭工业出版社,2004.

[10] 岳前升,刘书杰,胡友林,等.李玉光粘土防膨剂性能评价的新方法研究[J].石油天然气学报,2010,32(5):129-131.

[11] 翟成,李全贵,孙臣,等.松软煤层水力压裂钻孔失稳分析及固化成孔方法[J].煤炭学报,2012,37(9):1431-1436.

红柳林煤矿煤层自燃灾害气体指标试验研究

陈小绳

（陕西煤业化工集团神木红柳林矿业有限公司 陕西神木 719300）

摘 要 为分析红柳林矿煤自燃早期气体指标变化规律，通过煤自然发火试验，得到了包括自然升温、绝氧降温、供风复燃三个阶段 O_2，CO，CO_2，CH_4，C_2H_4，C_2H_6 等指标气体的体积分数随温度的变化规律。结果表明：煤体的耗氧速度越大，升温速度越快，CO、CH_4、C_2H_4，C_2H_6 等灾害气体出现的温度大致相同，并且在自燃前期的5个危险阶段体积分数也不同。利用该研究结果，可为现场防灭火工作面提供指导。

关键词 煤自燃；气体指标；预警；判断

1 引言

我国矿井的煤炭自然发火情况十分严重，存在自然发火危险的矿井大约占煤矿总数的50%。煤层自然发火时，由于其火源隐蔽性较强，一些参数难以测定，从而造成对火源的燃烧状态不能准确把握。而煤在自然过程中会产生大量的指标性气体，包括 CO、CO_2、CH_4、C_2H_4、C_2H_6 等，通过对这些气体产生时间和发展状态的监测，可以采用相应的指标对煤自燃的程度进行判定，从而为煤自然发火的防治工作提供重要的理论基础。选取红柳林矿煤样，并结合 15 t 特大型煤自然发火试验台进行自然发火实验，得出煤自燃过程中相应的指标气体，建立了煤自燃指标气体与特征温度的对应关系，为矿井煤自燃的早期预测预报奠定了基础。

2 实验设备及过程

实验采用装煤量可达 15 t 的特大型 ZRM—15 型自然发火实验台，实验台炉体内径 280 cm，外径 380 cm，装煤高度 220 cm，顶、底部自由空间各 10 cm，底部厚 45 cm，顶部厚 25 cm，炉体总高度 330 cm。顶部设四个直径 60 cm 带水封的装煤口和一个直径 5 cm 的排烟气孔，最大装煤量 15 t。监测点共布置 12 层，每间隔 0.2 m 分布一层，两监测点水平间距为 0.2 m，温度监测点总数 46 个，气体监测点总数 24 个，设置有四段电热丝控温层和四个控温参照点。

将破碎至粒度小于 30 mm 的煤样装炉，启动温度控制及检测系统，供入一定流量的空气，开始实验。实验共历时 122 d，分为自然升温、绝氧降温、供风复燃三个阶段。其中，自然升温阶段 54 d，绝氧降温阶段 18 d，供风复燃阶段 15 d，绝氧和供风复燃阶段中间间隔 35 d。

3 实验结果分析

在实验过程中，持续监测炉内煤体的温度和气体变化情况，得到不同实验阶段的温度监测数据和气体监测数据来进行分析。

作者简介：陈小绳（1972—），男，高级工程师，1995 年毕业于西安矿院采矿专业，现任陕西煤业化集团神木红柳林矿业有限公司科技部部长。

3.1 温度监测结果分析

图1为煤体内温度最高点随时间的变化曲线，从图中可以看出，实验初期煤样氧化升温较慢，当供风时间超过21 d后，氧化升温开始加快，对应煤温为70～80 ℃（临界温度）；氧化时间超过45 d后，氧化升温迅速加快，对应煤温为105～110 ℃（干裂温度）；供风时间超过53 d后，对应煤温为210 ℃（活性温度），20 h后煤温即可超过380 ℃（燃点）。

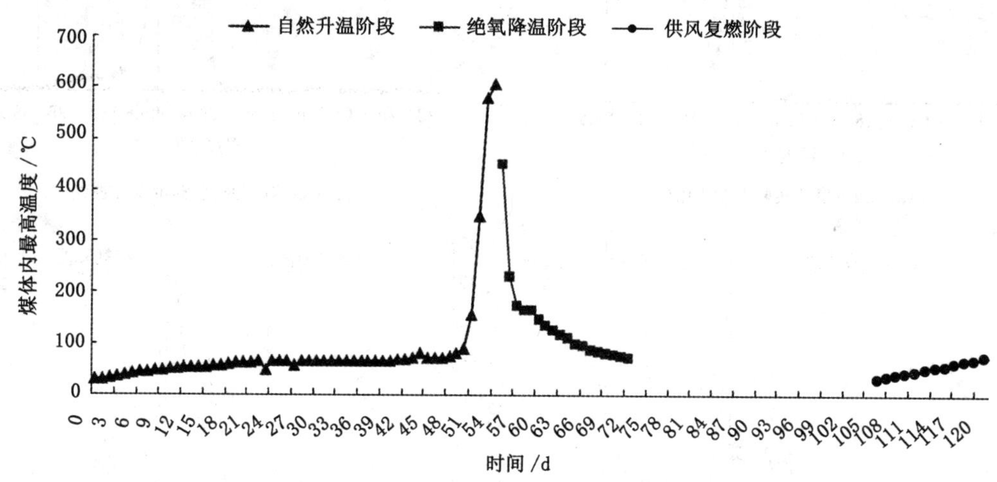

图1　煤体内温度最高点随时间变化曲线

停止供风后，在高温阶段，高温点的煤温降低非常快，煤温降至250 ℃后，温度下降速度明显减缓，当煤温低于110 ℃时，每小时仅下降0.1 ℃。并且在二次供风后，煤体的氧化升温速度较初次自燃时明显加大，最大温度变化率达到初次升温时的3倍，煤温超过150 ℃后，升温速度就开始急剧增加，因此，火区复燃速度比自然发火速度要快得多。

3.2 指标气体监测结果

图2为各指标气体随实验温度的变化曲线，从图中可以明显地看出，O_2 浓度随着自然升温阶段煤样温度的升高而降低，而且大约49 ℃左右时，O_2 浓度缓慢减小，CO_2 气体的浓度从零开始增加，但在升温到62 ℃左右时又逐渐降低。在67 ℃左右时，O_2 浓度迅速降低，同时CO、CO_2、CH_4、C_2H_4、C_2H_6 等气体的浓度从零迅速升高，直到自然升温阶段结束时达到峰值，而此时煤体温度也大幅升高，说明此时煤体与氧气的化学反应剧烈。

同时还可以看出，在绝氧降温阶段，CO、CO_2、CH_4、C_2H_4、C_2H_6 等气体的浓度都从峰值点迅速的下降，并且在240 ℃左右时，下降速度放缓，之后一直慢慢降低，在绝氧降温阶段结束时趋于零。这是因为绝氧降温之后，没有了氧气与煤体产生氧化放热反应，煤体温度逐渐降低，而氧化反应的产物CO、CO_2、CH_4、C_2H_4、C_2H_6 等也逐渐降低。

以上分析表明，通过监测指标气体的浓度，可以较为准确的判断煤自燃的程度，并且通过实验可以验证煤自燃前期的5个阶段：第1阶段为低危险区（＜60 ℃）；第2阶段为中等危险期（60～90 ℃）；第3阶段为较高危险期（90～120 ℃）；第4阶段为高危险期（120～150 ℃）；第5阶段为极高危险期（＞150 ℃）。

4 结论

（1）随煤温升高，煤体氧化放热强度、CO产生率、耗氧速度和升温速度增加。红柳林煤样临界温度为70～80 ℃，干裂温度为105～110 ℃，煤温小于临界温度时，煤自燃指标气体浓度增加缓慢；超过临界温度后，增速加快；超过干裂温度后，急剧增加，并开始大量释放乙烷、乙烯、丙烷等有机气体，煤温超过210 ℃后，可燃可爆气体的产生量急剧增加。

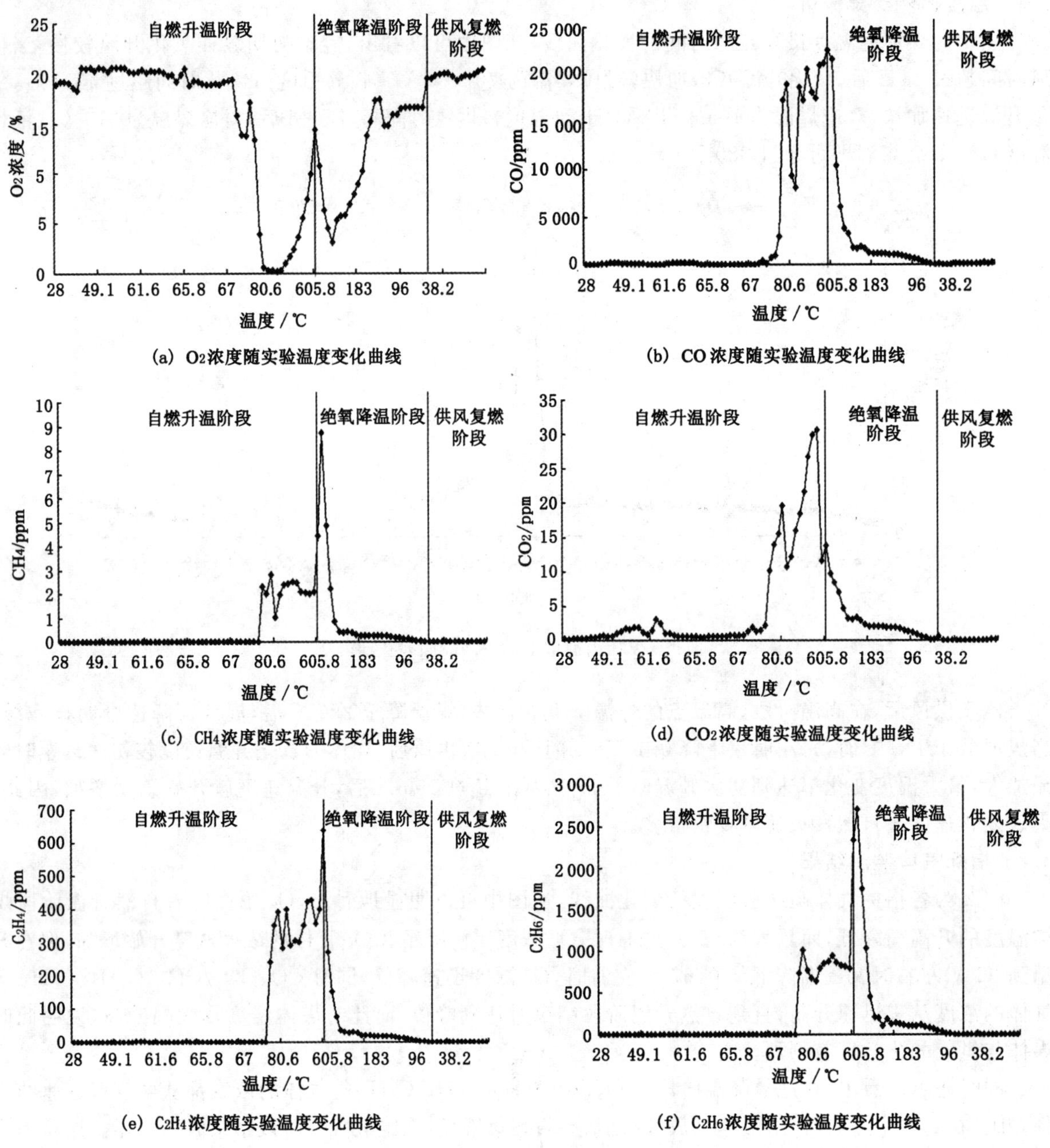

(a) O_2浓度随实验温度变化曲线

(b) CO浓度随实验温度变化曲线

(c) CH_4浓度随实验温度变化曲线

(d) CO_2浓度随实验温度变化曲线

(e) C_2H_4浓度随实验温度变化曲线

(f) C_2H_6浓度随实验温度变化曲线

图2 各指标气体随实验温度变化曲线

(2) 通过分析指标气体在不同温度时的浓度，进一步验证煤自燃前期的5个阶段，即低危险阶段、中等危险期阶段、较高危险期阶段、高危险期阶段和极高险期阶段。

(3) 通过气体分析可知，气体指标能够反映出红柳林矿煤的特征温度，及煤分子在自然升温过程中的变化情况。因此，可通过气体指标对煤的自燃程度进行预报，并能对煤自燃机理进行更深一步的研究。

参考文献

[1] 周心权，吴兵. 矿井火灾救灾理论与实践[M]. 北京：煤炭工业出版社，1996.

[2] 徐精彩. 煤自燃危险区域判定理论[M]. 北京：煤炭工业出版社，2001.

[3] 王从陆,伍爱友,蔡康旭. 煤炭自燃倾向性试验研究及指标气体优选[J]. 中国安全科学学报,2006,16(10):131-134.
[4] 谭波,左东方.基于物元模型的煤自燃危险性分析[J]. 中国安全科学学报,2011,21(8):48-53.
[5] 郭艾东. 煤自燃阶段特征及采空区自燃区域变化规律研究[D]. 北京: 中国矿业大学(北京),2012.
[6] 朱红青,郭艾东,屈丽娜. 煤热动力学参数、特征温度与挥发分关系的试验研究 [J]. 中国安全科学学报,2012,22(3):55-60.

孔壁瓦斯动态涌出规律的实验研究

张飞燕[1,3]　韩　颖[2,3]

（1. 河南理工大学安全科学与工程学院　河南焦作　454000；
2. 河南理工大学能源科学与工程学院　河南焦作　454000；
3. 河南省瓦斯地质与瓦斯治理重点实验室—省部共建国家重点实验室培育基地　河南焦作　454000）

摘　要　为深入探讨孔壁瓦斯涌出规律，依照均匀设计方法确定了实验方案，基于传感器及计算机数据采集技术，运用煤层模拟装置及孔壁瓦斯流量测定装置，进行了孔壁瓦斯流量模拟测试；利用 MATLAB 曲线拟合工具，对实验数据进行分析，得出了孔壁瓦斯动态涌出规律曲线。研究表明：孔壁瓦斯流量在涌出瞬间达到峰值，此后随时间的延长逐渐衰减，最终衰减至无限趋近于 0；在钻孔钻进过程中，孔壁瓦斯流量随钻进时间的增加不断增大，停钻瞬间达到峰值；停钻后，因不再有新的瓦斯源向钻孔内涌出瓦斯，孔壁瓦斯流量将逐渐衰减至无限趋近于 0。

关键词　孔壁；瓦斯流量；动态涌出；模拟测试；死空间

煤巷突出动态预测方法—连续流量法认为，钻孔钻进过程中钻头附近孔壁及煤屑的初始瓦斯流量可以反映煤巷掘进工作面的突出危险性。但在现场测定中，仅能从孔口收集到由钻孔中涌出的瓦斯总量，若要得到钻头附近的初始瓦斯流量，必须将钻头之外孔壁及煤屑涌出的后续瓦斯流量从瓦斯总量中扣除。为此，本文基于传感器及计算机数据采集技术，运用煤层模拟装置及孔壁瓦斯流量测定装置，开展了孔壁瓦斯动态涌出规律的实验研究。

1　实验方案的确定

合理的实验方案可以最大限度地节约成本，缩短实验周期，同时又能迅速获得确切的科学结论。本文实验方案依据王元和方开泰于 1980 年首次提出的均匀设计方法制定，实验条件见表 1，其中，水分为打钻结束后对煤屑进行测定的结果。

表 1　实验条件

模拟煤层编号	成型压力/t	围岩压力/t	瓦斯压力/MPa	水分/%
1	350	200	0.20	4.11
2	370	240	0.37	4.28
3	390	320	0.73	3.98
4	430	350	0.58	4.34

作者简介：张飞燕（1978—），女，山西芮城人，讲师，硕士生导师，博士。E-mail：flyingyanzi@126.com。

基金项目：河南省瓦斯地质与瓦斯治理重点实验室—省部共建国家重点实验室培育基地开放基金项目（WS2012A09）；河南理工大学博士基金资助项目（B2008-15，B2012-093）；河南理工大学青年骨干教师资助项目。

2 煤样采集与煤层制备

2.1 煤样采集

实验研究对象为具有突出危险的煤体，采自淮南矿业集团潘三矿 8 号煤层东四轨道石门。潘三矿为煤与瓦斯突出矿井，8 号煤层为突出煤层。

2.2 煤层制备

为了在实验室进行煤层钻孔施工过程的模拟，笔者设计了一套煤层模拟装置，如图 1 所示。

煤层制备过程如下：

(1) 连接顶杆与堵头，取少量水泥倒入容器中，加水及适量水玻璃搅拌，以便水泥快速凝结。

(2) 水泥搅拌均匀后，倒入堵头前方的凹槽内(图 2)，待水泥凝固并达到一定强度后，将堵头装入侧面出口，并用横梁固定。

图 1 煤层模拟装置

1——顶杆；2——堵头；3——侧面出口；
4——横梁；5——缸体；6——压柱

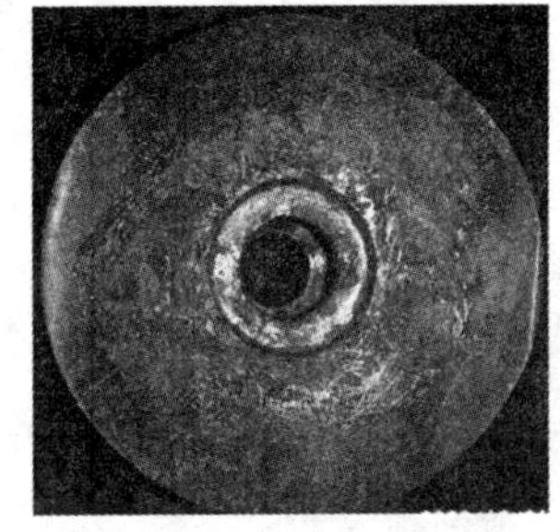

图 2 堵头

(3) 实验前，每次称取 8 kg 粒径小于 2 mm 的煤样，加水搅拌均匀后，倒入缸体。按照实验方案，用压力机施加预定的成型压力，并保持恒压 30 min，以利于排除成型煤样内的空气。

(4) 连续加入几次煤样并压制成型后，施加预定围压并静置 12 h 左右，使前后压制的煤样紧密结合。记录成型煤样的质量及压煤前后压板的深度。

此时，模拟装置内的成型煤样相当于一个小型“煤层”。

3 孔壁瓦斯涌出规律的实验研究

3.1 测定装置

孔壁瓦斯流量测定装置如图 3 所示。测定工作分三段进行：初始时刻孔壁瓦斯流量较大，使用主采集系统采集流量数据；随时间的延长，瓦斯流量逐渐减小，使用玻璃转子流量计采集；待瓦斯流量降至玻璃转子流量计采集范围之外时，使用造泡流量计采集。

(1) 主采集系统

与煤屑瓦斯流量测定装置相同。

(2) 玻璃转子流量计

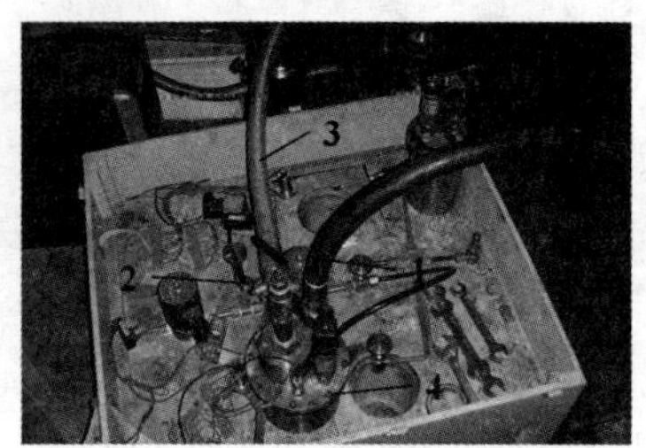

(a) 主采集系统

1——高压胶管(与煤层模拟装置相连);
2——切换阀;3——连接管;4——煤样罐

(b) 副采集系统

1——玻璃三通阀;2——连接管(与玻璃转子流量计相连);
3——造泡流量计

(c) 玻璃转子流量计

(d) 造泡流量计

图 3 孔壁瓦斯流量测定装置

主要测量元件为一根垂直安装的锥形玻璃管和可上下移动的浮子。当瓦斯自下而上流经锥形玻璃管时,在浮子上下之间产生压差,使浮子上升,其位置高度可作为流量量度。

(3) 造泡流量计

为一带刻度的玻璃管,玻璃管下部为造泡室,侧面为瓦斯入口。将用洗手液配制的液体倒入造泡室,当瓦斯流入时,吹动液体产生规则的气泡沿管壁向上运移。以气泡产生时刻为起点计时,同时记录气泡初始位置,气泡运移到一定高度后,记录相应时间、位置。根据气泡在该段时间内运移的距离,可计算出平均气体流量。只要连续记录时间与气泡运移距离,即可得出瓦斯流量随时间的变化规律。

3.2 测定方法

孔壁瓦斯流量测定方法如下:

(1) 利用岩石电钻及螺旋钻杆施工模拟煤层钻孔。钻孔形成后,将螺旋钻杆撤出,连接堵头,用高压胶管将煤样罐与煤层模拟装置相连,并关闭煤样罐球阀。此时,模拟煤层处于密闭空间。

(2) 用压力机施加预定围压,对模拟煤层抽真空 12 h 后,充入气体 48 h,使煤样吸附平衡。需要说明的是:为安全起见,实验所用气体为 CO_2,仅选一组煤样充入 CH_4,进行对比实验。

(3) 连接孔壁瓦斯流量测定装置。一切准备就绪后,关闭气源,打开截止阀,启动数据采集程序,并迅速打开煤样罐球阀,数据采集器自动采集、存储数据。

(4) 计算机提示采集结束后,关闭球阀,迅速打开切换阀的同时,使用秒表计时。此时,瓦斯流量由玻璃转子流量计采集。

(5) 瓦斯流量降至玻璃转子流量计采集范围之外时,关闭玻璃三通,将气路切换至造泡流量计,继续计时,并连续读取气泡位置高度。

(6) 当造泡流量计中气泡运移速度非常缓慢时,测试工作结束。

3.3 数据处理与分析

通过模拟实验获取的瓦斯流量由三部分组成:孔壁瓦斯流量、煤样罐内“死空间”涌出的瓦斯流量、堵头内部留存煤屑涌出的瓦斯流量。若要得出孔壁瓦斯流量，必须将后两项从总瓦斯流量中扣除。

下面以 3 号模拟煤层为例，说明孔壁瓦斯涌出规律的研究过程。

3 号模拟煤层孔壁总瓦斯流量曲线如图 4 所示。可以看出，各段采集的孔壁瓦斯流量变化趋势相同，皆随时间的延长逐渐减小。与煤屑瓦斯扩散规律不同的是，高压段、中压段采集的孔壁瓦斯流量曲线波动很大，这是因为孔壁瓦斯沿煤样罐喷口涌出的同时，不断有后续瓦斯进行补充，造成瓦斯流量数值忽高忽低，但总体趋势还是逐渐衰减的。

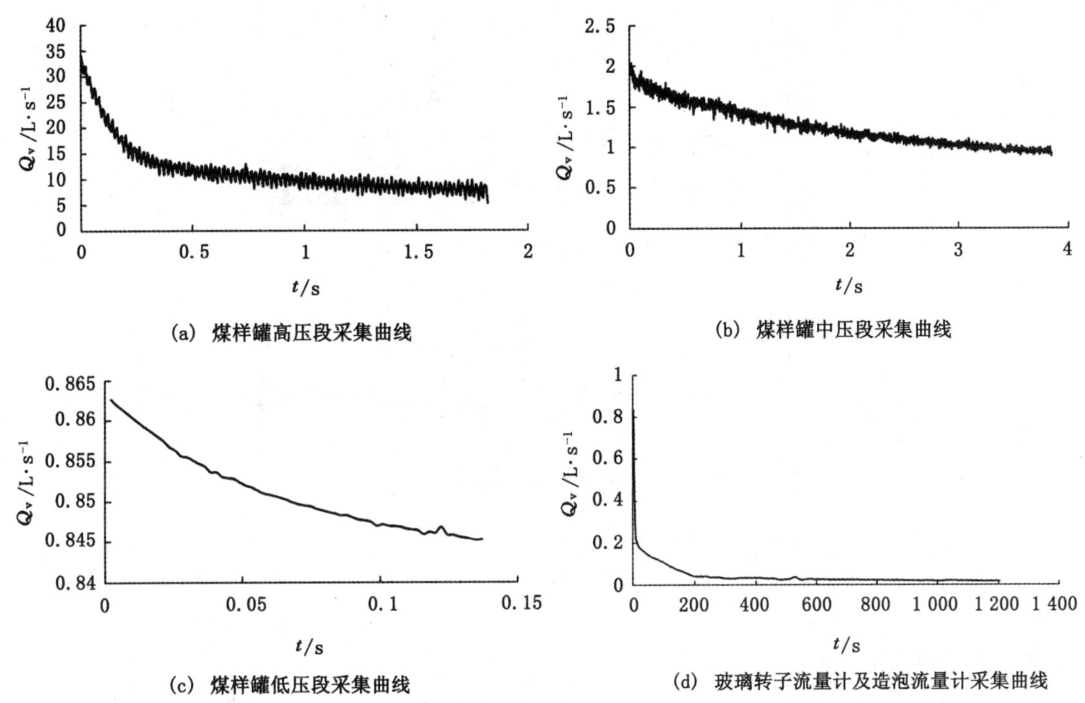

图 4　3 号模拟煤层孔壁总瓦斯流量曲线

(1) 孔壁总瓦斯流量曲线拟合

根据计算得出的各时刻孔壁总瓦斯流量数据，利用 MATLAB 曲线拟合工具进行拟合，如图 5 所示。

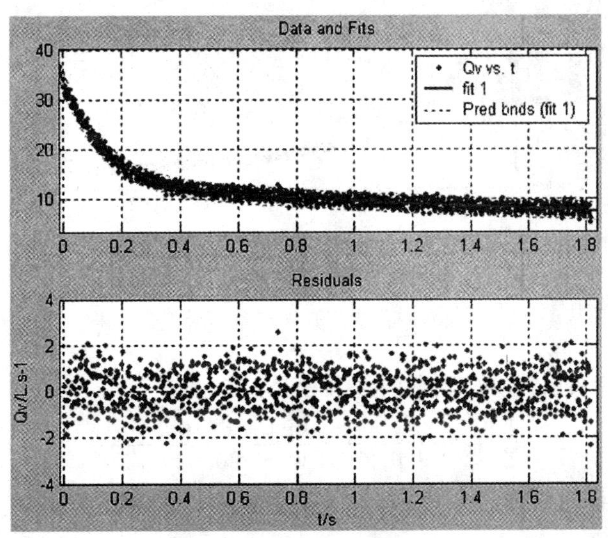

图 5　3 号模拟煤层孔壁总瓦斯流量曲线拟合结果

根据拟合结果，得出孔壁总瓦斯流量方程为：

$$Q_{v1} - 21.41e^{-7.331t} + 12.74e^{-0.2866t} \tag{1}$$

(2)“死空间”瓦斯流量曲线拟合

根据计算得出的各时刻“死空间”瓦斯流量数据，采用有理函数进行曲线拟合，如图 6 所示。

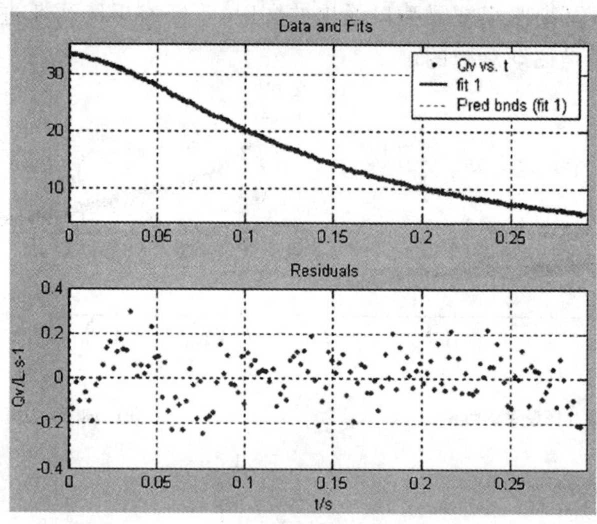

图 6 “死空间”瓦斯流量曲线拟合结果

根据拟合结果，得出“死空间”瓦斯流量方程为：

$$Q_{v2} = \frac{-0.1899t + 0.7199}{t^2 + 0.03248t + 0.02148} \tag{2}$$

(3) 堵头内部煤屑瓦斯流量曲线拟合

根据计算得出的各时刻的堵头内部煤屑瓦斯流量数据，采用有理函数进行曲线拟合，如图 7 所示。

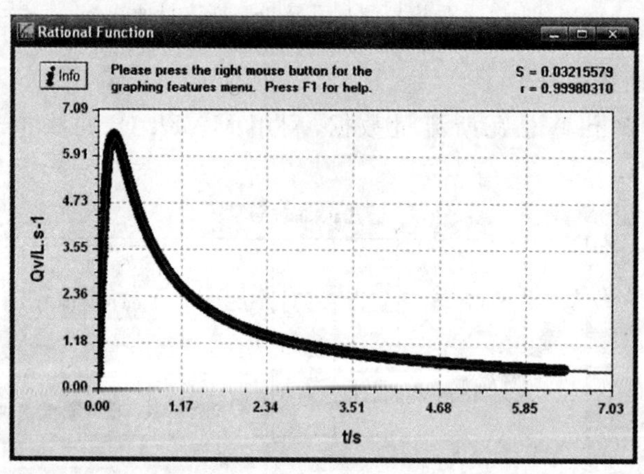

图 7 堵头内部煤屑瓦斯流量曲线拟合结果

根据拟合结果，得出堵头内部煤屑瓦斯流量方程为：

$$Q_{v3} = \frac{-0.75168994 + 65.658551t}{1 + 0.781214t + 20.229425t^2} \tag{3}$$

(4) 孔壁瓦斯流量方程的获得

孔壁瓦斯流量方程如下：

$$
\begin{aligned}
Q_v &= Q_{v1} - Q_{v2} - Q_{v3} \\
&= 21.41e^{-7.331t} + 12.74e^{-0.2866t} - \frac{-0.1899t + 0.7199}{t^2 + 0.03248t + 0.02148} \\
&= \frac{-0.75168994 + 65.658551t}{1 + 0.781214t + 20.229425t^2}
\end{aligned} \tag{4}
$$

将时间 t 代入上式，即可计算出各时刻的孔壁瓦斯流量。以时间 t 为横坐标，孔壁瓦斯流量 Q_v 为纵坐标绘图，即可得出 3 号模拟煤层孔壁瓦斯涌出规律曲线，如图 8(c)所示。

采用相同方法对其余 3 组实验数据进行处理，可得出不同实验条件下的孔壁瓦斯涌出规律，如图 8 所示。需要说明的是：孔壁瓦斯涌出过程比较缓慢，时间长达 1 000～2 000 s，而流量峰仅出现在前几秒，在横坐标为 1 000～2 000 s 的坐标系内，流量峰是无法看到的，因此，为清晰地展现孔壁瓦斯涌出规律，只截取前 15 s 内的瓦斯流量曲线。

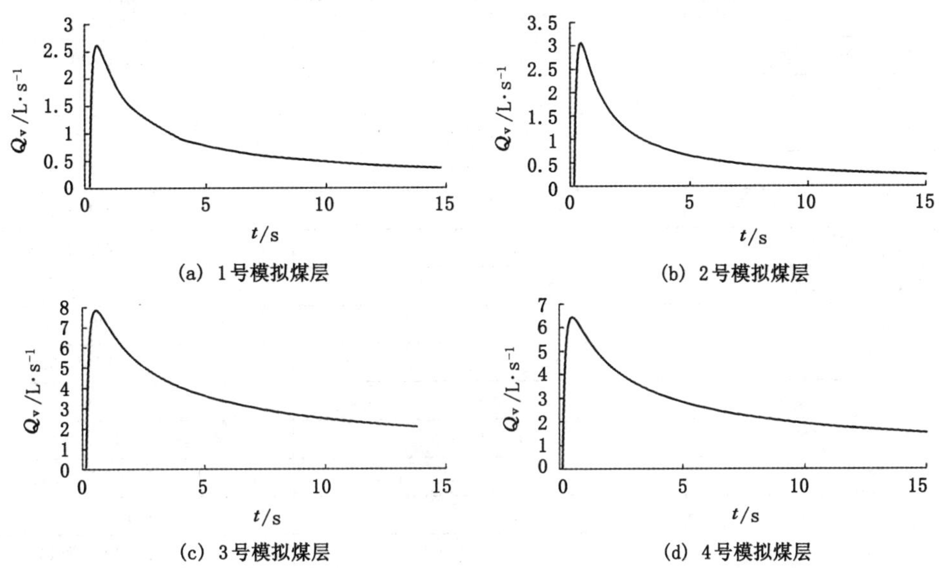

图 8　不同实验条件下的孔壁瓦斯流量曲线

由图 8 可以看出，孔壁瓦斯涌出规律与煤屑扩散规律相同。由于“死空间”的阻碍作用，孔壁瓦斯流量在涌出瞬间达到峰值，此后随时间的延长逐渐衰减，最终衰减至无限趋近于 0。此外，孔壁瓦斯涌出规律同样可用有理函数描述。

3.4　对比实验

图 9 为煤样吸附不同气体时的孔壁瓦斯流量曲线。可以看出，煤样无论是吸附 CO_2 还是吸附 CH_4，其孔壁瓦斯涌出皆遵循相同的规律。但是，由于煤样对 CO_2 的吸附能力比对 CH_4 的吸附能力大，孔壁的 CO_2 流量曲线要高于 CH_4 流量曲线，即同一时刻由孔壁涌出的 CO_2 量多于 CH_4 量，并且前者的流量峰出现时间较晚，流量衰减速度也较慢。

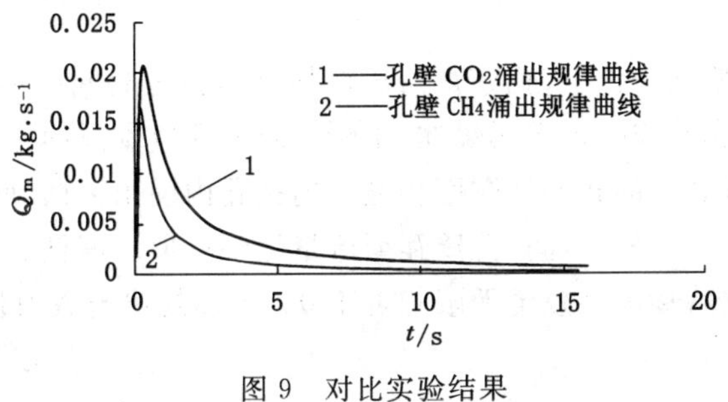

图 9　对比实验结果

4 孔壁瓦斯动态涌出规律研究

钻进过程中孔壁瓦斯的动态涌出过程比较复杂。随钻进时间的增加，钻孔逐渐延伸，不同孔深处的孔壁暴露时间各不相等，从而导致在不同孔深位置处的孔周煤体中瓦斯流场形态以及瓦斯涌出速度(比流量)差异很大。孔壁瓦斯动态涌出规律很难实时测定，只能基于孔壁瓦斯静态涌出规律对其进行理论分析与探讨。

以单位采集时间内的孔壁暴露面为研究对象，进行数值计算。限于篇幅，仅列举3号模拟煤层钻进过程中孔壁瓦斯流量计算结果，见表2。

表2　　3号模拟煤层钻进过程中孔壁瓦斯流量计算结果

钻进时间 t/s	钻进深度 L/m	孔壁瓦斯流量 Q_v/L·s^{-1}
0	0	0
3.104 66	0.009 15	0.252 196 854
6.209 32	0.025 91	0.402 794 279
9.313 98	0.042 29	0.515 795 655
12.418 64	0.059 22	0.609 579 935
15.523 3	0.075 96	0.691 188 277
18.627 96	0.092 64	0.764 204 858
21.732 62	0.109 65	0.830 746 503
24.837 28	0.125 95	0.892 185 84
27.941 94	0.141 99	0.949 472 399
31.046 6	0.158 17	1.003 295 045
34.151 26	0.174 28	1.054 172 151
37.255 92	0.190 48	1.102 505 272
40.360 58	0.207 31	1.148 612 899
43.465 24	0.223 9	1.192 752 632
46.569 9	0.240 62	1.235 136 287
49.674 56	0.257 48	1.275 940 507
52.779 22	0.274 68	1.315 314 417
55.883 88	0.291 69	1.353 385 25
58.988 54	0.308 28	1.390 262 591
62.093 2	0.324 86	1.426 041 616
65.197 86	0.340 8	1.460 805 599
68.302 52	0.357 19	1.494 627 895
71.407 18	0.373 22	1.527 573 514

以钻进时间 t 为横坐标，孔壁瓦斯流量 Q_v 为纵坐标绘图，即可得出不同实验条件下的孔壁瓦斯动态涌出规律，如图10所示。

图10表明，不论在何种实验条件下，孔壁瓦斯流量都是随钻进时间的增加而增大的。这是因为在打钻时，随钻进时间的增加，钻孔连续地揭露煤体，不断有新的孔壁暴露面生成，即不断有新的瓦斯源向钻孔内涌出瓦斯，再加上已成孔段的孔壁暴露面仍继续向钻孔内涌出瓦斯，两者的累积造成孔壁瓦斯流量随钻进时间的增加不断增大。停钻瞬间，孔壁瓦斯流量达到峰值。停钻后，因不再有新的瓦斯源向钻孔内涌出瓦斯，孔壁瓦斯流量将逐渐衰减至无限趋近于0。上述规律与数值模拟研究结论一致。

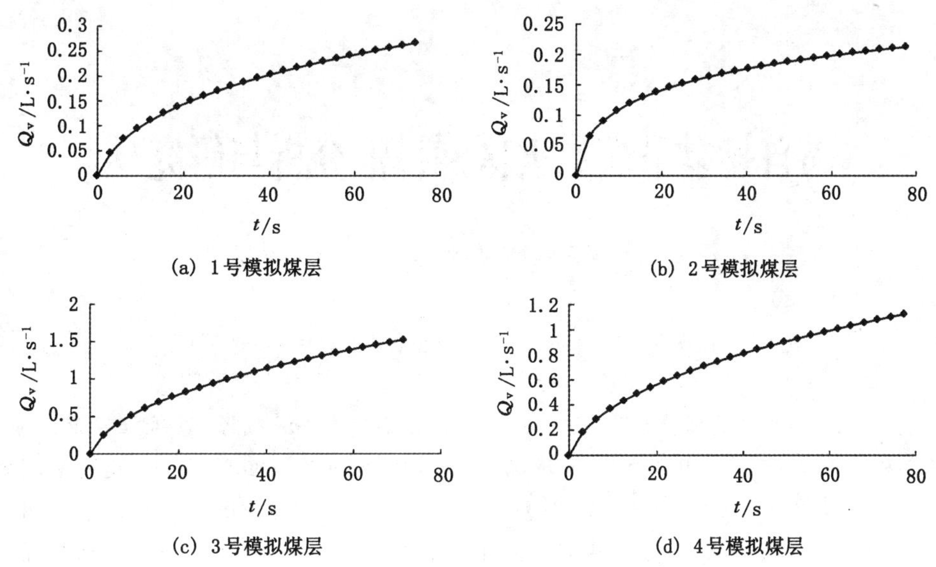

图 10 不同实验条件下的钻进过程中孔壁瓦斯流量曲线

5 结论

(1) 基于传感器及计算机数据采集技术，运用煤层模拟装置及孔壁瓦斯流量测定装置，压制 4 组煤样并分别进行孔壁瓦斯涌出规律模拟测试。研究结果表明，孔壁瓦斯流量在涌出瞬间达到峰值，此后随时间的延长逐渐衰减，最终衰减至无限趋近于 0。该种规律可用有理函数描述。

(2) 对比实验结果表明，采用 CO_2 模拟实验得到的所有规律性结论同样适用于含甲烷煤层。

(3) 以单位采集时间内的孔壁暴露面为研究对象，开展了孔壁瓦斯动态涌出规律研究。研究表明，孔壁瓦斯流量随钻进时间的增加不断增大，停钻瞬间达到峰值；停钻后，因不再有新的瓦斯源向钻孔内涌出瓦斯，孔壁瓦斯流量将逐渐衰减至无限趋近于 0。

参考文献

[1] 韩颖，张飞燕，郭健卿，等. 钻进过程中孔壁瓦斯涌出规律研究[J]. 矿业研究与开发，2009，29(1)：59-61.

[2] 韩颖，张飞燕，余伟凡，等. 煤屑瓦斯全程扩散规律的实验研究[J]. 煤炭学报，2011，36(10)：1699-1703.

[3] 韩颖，张飞燕，余伟凡，等. 钻孔瓦斯动态涌出规律的实验研究[J]. 煤炭学报，2011，36(11)：1874-1878.

[4] 韩颖. 钻进过程中孔壁及煤屑瓦斯涌出规律研究[D]. 徐州：中国矿业大学，2007.

[5] 蒋承林，郭立稳. 延期突出的机理与模拟试验[J]. 煤炭学报，1999，24(4)：373-378.

[6] 蒋承林，俞启香. 煤与瓦斯突出的球壳失稳机理及防治技术[M]. 徐州：中国矿业大学出版社，1998.

[7] 蒋承林，俞启香. 煤与瓦斯突出机理的球壳失稳假说[J]. 煤矿安全，1995(2)：17-25.

[8] 蒋承林. 石门揭煤条件下动力现象的三分类预测研究[J]. 煤炭学报，1997，22(4)：406-409.

[9] 李云雁，胡传荣. 实验设计与数据处理[M]. 北京：化学工业出版社，2005.

[10] 石博强，滕贵法，李海鹏，等. MATLAB 数学计算范例教程[M]. 北京：中国铁道出版社，2004.

[11] 王万中. 实验的设计与分析[M]. 北京：高等教育出版社，2004.

[12] 张铮，杨文平，石博强. MATLAB 程序设计与实例应用[M]. 北京：中国铁道出版社，2003.

易自燃复采煤层火区漏风汇分析与研究

朱红青　于树江　郝玉泽　徐纪元

（中国矿业大学（北京）资源与安全工程学院　北京　100083）

摘　要　示踪技术因其独特的优越性而被广泛应用于矿井漏风源、漏风汇及漏风量的测定。为了分析北方某矿 9211 风巷的漏风情况，文章运用 SF6 连续恒量释放法进行了测定，定性判断出当前有风流漏入 9211 风巷，并定量计算出了漏入风量的大小。研究结果表明：利用高精度便携 SF6 检测仪，能够快速准确测定矿井火区漏风情况；检测区域内存在两处漏风汇，总漏风量为 61.57 m^3/min。文章研究成果为后续排查漏风通道和采取有效的堵漏措施提供了直接依据，同时也为该矿井的煤炭自燃防治工作提供了科学依据。

关键词　示踪技术；SF6；连续恒量释放；漏风汇；漏风量

示踪技术就是利用风流或漏风作为媒介，在能位较高的预设点释放示踪气体，在预设的检测点检测示踪气体，通过分析检测结果，判断释放点与检测点间是否存在漏风的技术。对于煤矿井下等复杂工作场所，因为示踪气体可以到达人员不易到达的地点，所以运用其研究风流的流动轨迹具有独特的优越性。

示踪技术的成功应用，主要取决于示踪气体的正确选用。选择示踪气体时，不仅要考虑其理化性质，同时还需要考虑煤矿井下特殊的生产环境。一般情况下，选用的示踪气体必须同时具备如下特性：无毒无害；能与空气快速混合均匀；稳定性好；便于检测；自然本底浓度低。在矿井中先后使用过的示踪气体有一氧化二氮、氦、氟利昂等，但均因不能完全满足上述要求而未能得到广泛应用。后来，人们尝试使用 SF6，并获得了成功。目前，较其他示踪气体，SF6 的应用最为广泛。

自 20 世纪末，国内学者就已经将 SF6 示踪技术运用在矿井漏风测定中，并做了大量的理论和实践研究。理论方面，主要阐述了 SF6 瞬时释放法定性判定漏风通道、连续恒量释放法定量测定漏风以及双示踪气体法测定复杂漏风的原理、实施方法以及技术难点等内容；实践方面，将 SF6 示踪技术运用在不同环境下的漏风测定中，例如，大面积或复杂采空区的漏风、极近距离煤层采空区漏风以及沿空留巷开采情形下的采空区漏风等，这些实践为该技术的广泛运用积累了丰富的经验。

本文主要运用 SF6 连续恒量释放法对北方某矿 9211 风巷的漏风情况进行定量分析，以为后续采取有效的漏风治理措施提供科学依据。

1　SF6 连续恒量释放法的原理

应用 SF6 连续恒量释放法检测矿井漏风的基本原理是，在需要考察研究的井巷风流中连续稳定定量地释放 SF6 气体，之后分别在顺风流方向预定的采样点采集气样，分析沿风流方向 SF6 的浓度变化情况。当沿途不漏风或向外漏风时，各点 SF6 浓度保持不变；如果风流沿途向内漏风，则沿途各点 SF6 浓度呈下降趋势变化。通过分析 SF6 气体的浓度变化，可求出漏风量，从而找出漏风规律。

1.1　当漏风漏向检测空间时的漏风量计算

如图 1 所示，设通过某一取样点的风量为 Q_1，SF6 气体的浓度为 C_1；风流方向的下一取样点 SF6

气体的浓度为 C_2，若两点之间的漏风量为 ΔQ，则该点的风量为：

$$Q_2 = Q_1 + \Delta Q \tag{1}$$

设 SF6 气体的释放量为 q，由质量守恒定律知：

$$q = Q_1 \times C_1 = Q_2 \times C_2 \tag{2}$$

故可计算出：

$$\Delta Q = Q_2 - Q_1 = q/C_2 - q/C_1 \tag{3}$$

由式(3)就可逐段求出各测段的漏风量，进而得出整个考察区段的漏风分布规律。

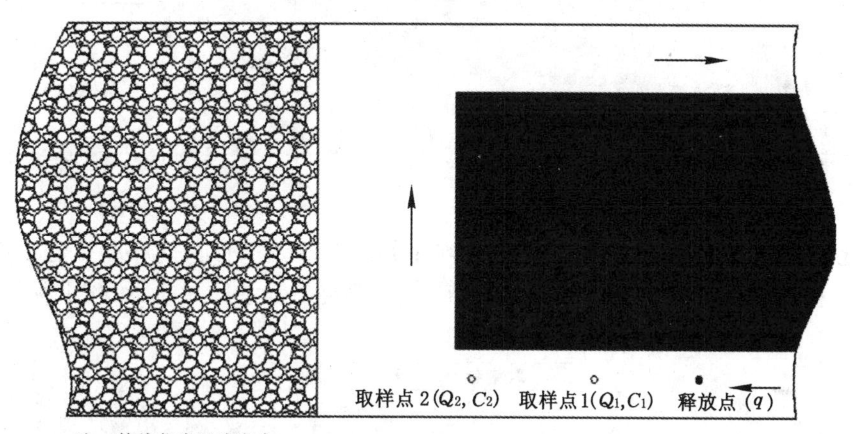

图 1　SF6 释放点与取样点布置图

在释放取样过程中，如果各取样点间的大气参数相差较大时，可以用下式对风量进行校正：

$$Q_2 = (Q_1 + \Delta Q) p_1 T_2 / p_2 T_1 \tag{4}$$

式中　p_1、p_2——两点的大气绝对压力，Pa；

　　T_1、T_2——两点的大气绝对温度，K。

1.2　漏风从 SF6 释放、检测空间漏向外部时的漏风量计算

设漏风汇的风量为 Q，其中 SF6 气体浓度为 C，漏风量为 ΔQ，漏风流中的 SF6 气体浓度为 ΔC。根据质量守恒原理有：

$$QC = \Delta Q \Delta C \tag{5}$$

所以，漏风量为：

$$\Delta Q = QC/\Delta C \tag{6}$$

在实际的漏风检测中，可根据检测目的和研究对象，灵活布设释放点和取样点，并根据漏风类型选择漏风量的计算公式。

2　SF6 连续恒量释放与检测装置

SF6 连续恒量释放装置为自制装置，由 SF6 气瓶、减压阀、稳压阀、稳流阀、转子流量计和橡胶皮管组成，如图 2 所示。

检测装置是高精度 SF6 检测仪，为外购设备，主要由探头和操作主机组成。检测仪可以检测出最小含量数量级为 10^{-8} 的 SF6，如图 3 所示。

3　现场运用

该矿 9211 风巷呈南北向布置，位于 4＋9 煤层内，埋深距地表约 200 m。该巷上部煤层内分布有数

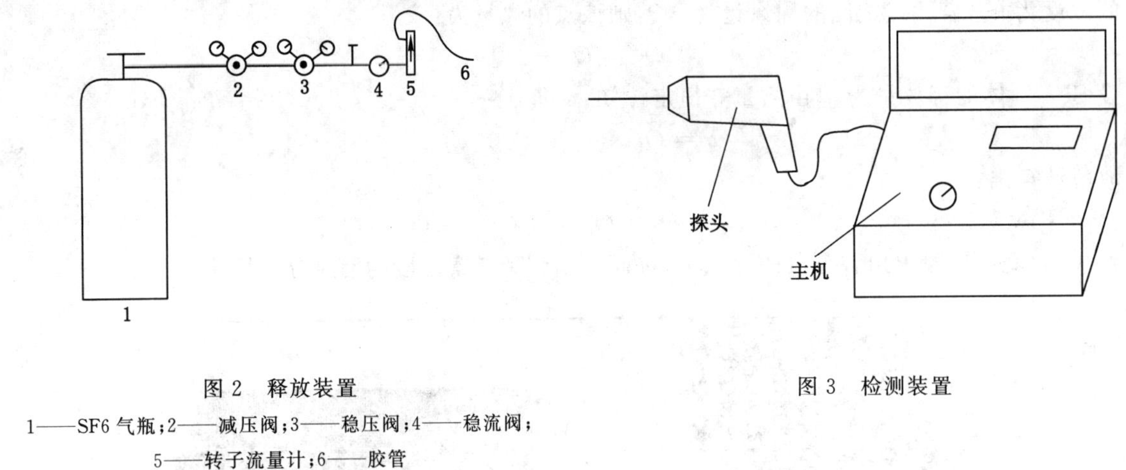

图 2　释放装置

1——SF6 气瓶；2——减压阀；3——稳压阀；4——稳流阀；
5——转子流量计；6——胶管

图 3　检测装置

条老巷，老巷底板距离该巷顶部约 2 m。该风巷与相邻的 9209 机巷同时掘进，掘进工作面采用局部通风机供风，9209 机巷内的污风经联络巷汇入 9211 风巷，最终流入总回大巷，如图 4 所示。

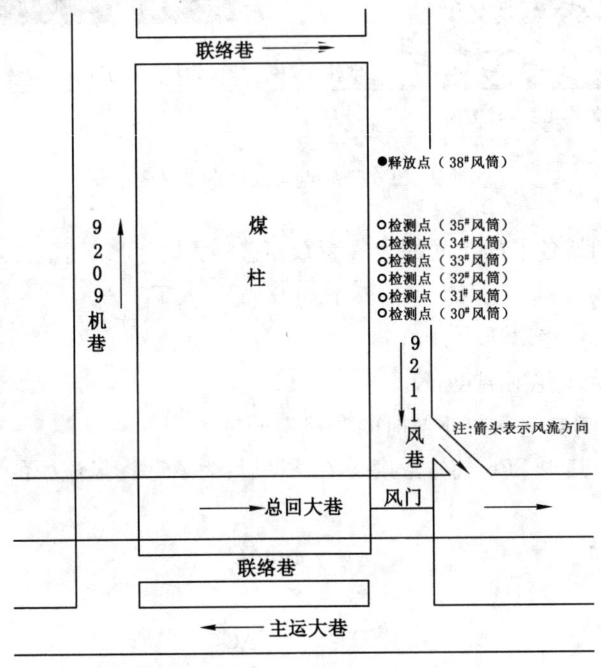

图 4　释放点与检测点布置示意图

实地考察过程中，运用便携式 CO 检测仪对 9211 风巷进行了全线检测，发现该巷污风的 CO 浓度存在波动，在部分已揭露老巷密闭处 CO 浓度较高，超过 10 ppm。据此初步判定存在风流经上部老巷漏入 9211 风巷。于是，采用 SF6 连续恒量释放法对此区域进行漏风测定。

3.1　释放速率的确定

释放速率可依据高精度 SF6 检测仪的可检最小流量和 9211 风巷风量确定，按照以下公式确定：

$$q = K \times C \times Q \tag{7}$$

式中　q——释放速率，mL/min；

K——单位换算系数，等于 1.0×10^{6} mL/m^{3}；

C——探头内 SF6 的平均浓度，m^{3}/m^{3}，其值取决于仪器的检测灵敏度，取为 5×10^{-8}；

Q——所测巷道风量，本次检测估算 9211 风巷风量为 1 440 m^3/min(其中，巷道宽约 3 m，高约 4 m，风速取 2.0 m/s)。

根据式(7)以及相关取值，可得 $q=72$ mL/min。因此确定 SF6 最小连续释放速率不应小于 72 mL/min。

3.2 释放点与检测点布置

释放点布置在 9211 风巷 38# 风筒处，距离下风向第一个检测点(即 35# 风筒)约 40 m，后续依次在 30# 风筒与 34# 风筒间布置检测点，具体布置如图 4 所示。

3.3 采样时间的确定

以 SF6 与风流混合均匀为准则，确定初次采样时间。根据以往相关实践经验，一般在 SF6 释放后 3～5 min 后开始采集。本次检测过程中，初次采样时间确定为 5 min。

3.4 检测结果与分析

检测结果如表 1 所示。由于 SF6 释放点与各检测点在检测时间内气压与温度(如表 2 所示)基本相同，因此忽略此因素影响，采用式(3)进行计算，结果如表 3 所示。同时根据表 1 绘制出 SF6 浓度变化曲线，如图 5 所示。

表 1　　检测结果

序号	SF6 释放点	SF6 释放量/mL·min^{-1}	采样点	采样点 SF6 接收量/mL·s^{-1}
1	38# 风筒	1 000	35# 风筒	5.8×10^{-7}
2			34# 风筒	5.7×10^{-7}
3			33# 风筒	5.7×10^{-7}
4			32# 风筒	5.6×10^{-7}
5			31# 风筒	5.6×10^{-7}
6			30# 风筒	5.6×10^{-7}

表 2　　各点气压与温度

序号	位置	气压/kPa	温度/℃
1	38# 风筒	85.7	18.9
2	35# 风筒	85.7	18.9
3	34# 风筒	85.7	18.7
4	33# 风筒	85.7	18.9
5	32# 风筒	85.7	18.6
6	31# 风筒	85.6	18.7
7	30# 风筒	85.6	18.9

表 3　　漏风分析结果

序号	漏风区间	漏风量/m^3·min^{-1}	总漏风量/m^3·min^{-1}
1	32#～33# 风筒	31.32	61.57
2	34#～35# 风筒	30.25	

根据检测结果可知，被检测区域有风量漏入；漏风区域位于 32# 风筒与 33# 风筒、34# 风筒与 35# 风筒之间，漏风量分别为 31.32 m^3/min 和 30.25 m^3/min。由于该区域在巷道掘进过程中曾揭露过旧巷并进行了全巷道断面喷浆处理，因此可以初步判断漏风原因为该区域喷浆不密实所造成。

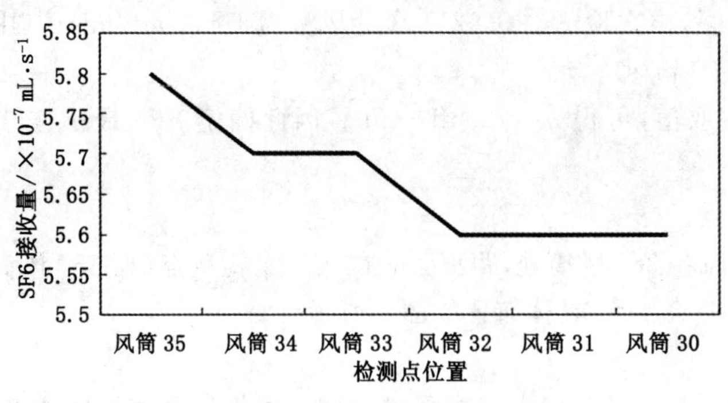

图 5　SF6 浓度变化曲线

4　结论

根据便携式 CO 检测仪的检测结果，初步判断了 9211 风巷可能存在漏风的区域；通过运用 SF6 连续恒量释放法检漏，确定在 9211 风巷的确存在漏风区域，漏风区域位于 32# 风筒与 33# 风筒、34# 风筒与 35# 风筒之间，总漏风量为 61.57 m^3/min。同时根据现场实际情况，初步判断漏风原因为该区域喷浆不密实所造成。

因此，下一阶段亟须完成两项工作：首先，必须对该区域进行补浆处理；其次，必须准确找出漏风源，及时采取有效的堵漏措施，防止上部老巷松散煤体发生自燃。

煤矿物联网的研究现状及展望

韦延方[1] 郑 征[1] 朱冬梅[2] 田 书[1]

(1. 河南理工大学电气工程与自动化学院 河南焦作 454000;
2. 河南煤业化工集团鹤煤公司 河南鹤壁 458000)

摘 要 物联网是新一代信息技术的重要组成部分。文章结合物联网概念和技术的新发展,首先从煤矿系统的组成出发,分析了煤矿物联网的概念、结构和特点,探讨了煤矿物联网的主要技术,综述了煤矿物联网目前在信息监控、煤矿供电、安全与隐私、感知矿山等方面已经取得的研究成果,探讨分析了煤炭物联网整体架构、信息平台体系、管理体系、安全体系等方面的发展,展望了煤矿物联网应用中未来的研究方向,并给出了开展煤矿物联网研究的一些建议和思路。

关键词 煤矿;物联网;信息;架构体系;云计算

物联网通过智能感知、识别技术与普适计算、泛在网络的融合应用,被称为继计算机、互联网之后世界信息产业发展的第三次浪潮。在传感技术、大数据和移动互联网发展的推动下,物联网在世界范围内的应用越来越广泛,已经开始进入实质推动阶段,给社会生产、生活、管理等各个方面带来了深刻变化。预计未来几年,全球物联网市场规模将出现快速增长,到 2015 年,整体市场规模将接近 3 500 亿美元,年增长率达到 25%。

2012 年 2 月 14 日,中国的第一个物联网五年规划——《物联网"十二五"发展规划》由工信部颁布,该规划圈定 9 大领域重点示范工程,分别是:智能工业、智能农业、智能物流、智能交通、智能电网、智能环保、智能安防、智能医疗、智能家居。目前,物联网技术已经在我国各重要行业获得了广泛应用。

煤矿行业是我国的传统行业,也是我国能源的重要战略方向,其信息化水平与 IT 通信业、交通物流行业等还有一定的差距。因而,物联网这一新技术的推广应用,给煤矿行业带来新的发展契机。结合煤矿行业自身的特点,如何有效利用物联网技术,实现煤矿资源的有效开采和安全生产,是当前物联网和能源行业发展的一个重要的研究方向。目前,已有部分学者、科研机构和企业利用物联网新技术,研究探索了物联网在煤矿中的应用,为进一步提高煤矿物资的感知化水平、推动煤矿信息化的持续发展等做出了重要贡献。

本文首先总结了目前国内外在煤矿物联网方面已经取得的研究成果,并进一步指出了该领域所需解决的关键技术问题和主要发展方向。

1 物联网概述

所谓物联网,即指通过射频识别(RFID)、红外感应器、全球定位系统、激光扫描器等信息传感设备,按约定的协议,把任何物品与互联网相连接,进行信息交换和通信,以实现智能化识别、定位、跟踪、监控和管理的一种网络概念。物联网将是下一个推动世界高速发展的"重要生产力",是继通信网之后的另

作者简介:韦延方(1982—),男,博士,讲师;单位:河南理工大学电气工程与自动化学院;邮箱:weiyanfang210@163.com,weiyanfang@hpu.edu.cn。地址:河南省焦作市高新区世纪路 2001 号河南理工大学电气学院;邮编:454000。

一个万亿级市场。物联拥有业界最完整的专业物联产品系列，覆盖从传感器、控制器到云计算的各种应用。产品服务智能家居、交通物流、环境保护、公共安全、智能消防、工业监测、个人健康等各种领域。

我国在 20 世纪末即提出与物联网相当的概念－传感网。2005 年 11 月 27 日，在突尼斯举行的信息社会峰会上，国际电信联盟(ITU)发布了《ITU 互联网报告 2005：物联网》，正式提出了物联网的概念。和传统的互联网相比，物联网有其自身特殊之处：多种感知技术的交叉应用、建立在互联网之上的泛在网络、基于自身智能处理技术的智能控制性能等，即物联网本质主要体现在以下 3 个方面：互联网特征、识别与通信特征、智能化特征。物联网一般有私有、公有、社区和混合物联网之分，其技术架构主要包括感知层、网络层和应用层，每一层的构成和功能如表 1 所示。

表 1　　物联网技术架构

层结构	构　　成	功　　能
感知层	由各种传感器以及传感器网关构成	识别物体，采集信息
网络层	由各种私有网络、互联网、有线和无线通信网、网络管理系统和云计算平台等组成	负责传递和处理感知层获取的信息
应用层	物联网和用户的接口	与行业需求结合，实现物联网的智能应用

目前，物联网在国内已有众多典型的应用案例，例如：上海浦东国际机场防入侵系统，该系统铺设了 3 万多个传感节点，覆盖了地面、栅栏和低空探测，可以防止人员的翻越、偷渡、恐怖袭击等攻击性入侵。首家苏州高铁物联网技术应用中心、智能交通系统(ITS)、首家广州手机物联网、济南园博园 ZigBee 路灯控制系统等，以及国家电网首座 220 kV 智能变电站，利用物联网技术，建立传感测控网络，将传统意义上的变电设备"活化"，实现自我感知、判别和决策，从而完成自动控制。

2　煤矿物联网发展与研究概况

煤矿生产涉及的设备较多，例如综采设备、综掘设备、胶带运输、提升机、辅助运输、电气设备等，从而形成了多个相互交互的煤矿子系统，例如通风、排水、供电、供压、安检、压力、防火、降尘，以及人员考勤、管理等系统。此外，煤矿行业有着特殊的工作环境，例如煤矿井下噪声、潮湿、风大、煤尘、空气中 $CH_4/CO_2/CO$ 等气体，井下巷道狭长弯曲等，从而使得电磁波传输衰耗大、GPS 信号不能完全覆盖煤矿井下、无线发射功率小、传输距离相对较远，因而煤矿行业对物联网技术有着特殊要求。煤矿行业特殊影响因素要求煤矿物联网的相关技术和设备必须具有能减少电磁波传输衰耗、增大无线发射功率、增强抗干扰能力、减小电源电压波动、设备体积尽可能小、可优化与矿井现有生产信息系统的兼容性能、电气防爆、防护性能好、抗故障能力强等特点。目前，物联网技术在煤矿井下生产系统中已经获得初步的应用，具体应用场合如表 2 所示。

表 2　　煤矿物联网的主要应用场合

煤矿物联网	定位与管理	人员与设备定位、考勤管理等系统
	安全监测监控	通风瓦斯监测、水文监测、矿压在线监测、矿井供电监控等系统
	煤矿信息管理	耗材消耗管理、煤炭销售管理、财务审计系统、办公 OA 系统等
	运输监控管理	胶带运输监控、绞车运输监控等系统

2.1　信息监控

物联网的一个重要方面是其对系统内各种信息的有效综合和处理，在煤矿物联网系统中，信息传递与监控研究是一个关键方向。

中矿物联网科技公司在夹河煤矿井下实施了煤矿物联网信息监控系统，通过感知矿山灾害征兆，实现各种灾害事故的预警预报，实现主动式安全保障。在煤矿人员定位方面，2003年南非Willard公司为矿灯配备RFID标签，我国陈荣光等人采用RFlD识别技术，研究了煤矿物联网系统中人员定位和出勤记录等内容。

目前，煤矿物联网系统信息监控方面面临的主要问题有以下几个方面：技术标准一致性、信息安全、隐私保护、成本、传输带宽等。

2.2 云计算

云计算是基于互联网的相关服务的增加、使用和交付模式，通常涉及通过互联网来提供动态易扩展且经常是虚拟化的资源。基于云计算技术，结合煤矿物联网的特点，提出了基于云计算的煤矿物联网一体化平台体系架构，有效实现了煤矿物联网海量信息的处理和传递。在煤矿物联网供电系统中，通过引入云计算技术，提出了对应的煤矿物联网企业级电力云计算平台。

2.3 煤矿供电

电力是煤矿企业生产的主要能源，由于煤矿特殊的环境，要求对煤矿采取一些特殊的供电要求和管理方法。煤矿供电系统是煤矿物联网的一个重要子系统。

目前，煤矿物联网供电系统主要有2个方面的关键技术，即电气防爆设备内参数的精确和可靠获取、电气参数的可靠快速传递。分析了解决以上2个关键技术的方案，针对性的设计了对应的系统，有助于实现煤矿供电信息化的智能控制。基于云计算技术，利用SOA软件，设计了煤矿物联网企业级电力云计算平台，实现了煤矿供电信息的高效传递和交互，为云计算在煤矿物联网的深入应用提供了借鉴。

2.4 安全与隐私

电力安全是能源安全的核心，同样，信息安全与隐私保护也是煤矿物联网的重要内容之一。物联网的核心是完成物体信息的可感、可知、可传和可控，从信息安全和隐私保护的角度出发，物联网在采用诸多通讯技术实现各种信息交互的同时，也增加了暴露这些信息的危险。提出了煤矿物联网安全与隐私保护的重点及基本措施，给煤矿物联网的进一步发展提供了安全方面的借鉴和思考。

指出煤矿物联网的信息安全得到保障的关键在于有效利用现有的技术措施，加强信息的集中管理。

2.5 感知矿山

物联网是一种泛在网络，2008年，IBM提出“互联网＋物联网＝智慧地球”，2009年1月，美国总统奥巴马把物联网＋互联网称之为“智慧地球”，而在我国，温家宝总理2009年8月在无锡的讲话中，把互联网＋物联网称之为“感知中国”。在当前物联网持续快速发展的背景下，感知矿山的架构、特征和标准建设得到了众多学者和科研机构的重视。

感知矿山可有效促进矿山的绿色开采，有助于绿色矿山目标的实现、能源的合理利用和社会经济的可持续发展。自2013年6月起，感知矿山的技术已在全国煤矿进入推广应用阶段。

3 研究展望

在煤矿物联网系统中的信息传递与监控方面，未来可能的发展方向主要有：无线视频监控、电子现金一卡通、电机车定位系统、无线监测监控应用、物流信息化系统平台等。

煤矿物联网的行业标准的标准化问题，是目前物联网技术发展面临的一个共性问题。如何有效结合煤矿行业的特点，利用国内外已有、成熟的标准体系，规范煤矿物联网系统和技术，是一个亟待解决的关键问题。

云计算的有效利用，有助于煤矿企业转变商业模式、降低信息化基础建设投入和信息管理进行管理维护费用等，并且在一定程度上，云计算是物联网发展的基础和核心，采用云计算模式可使物联网中以兆计算的实体动态数据管理和智能化分析成为可能。因而，基于云计算，可促使物联网和互联网的进一步智能化融合，有助于感知矿山的进一步发展和构建。

4 结语

本文综述了国内外在煤矿物联网领域的研究成果，并提出了未来煤矿物联网研究的方向，这些新的思路将为煤矿物联网研究的深入开展做出贡献：

(1) 目前，物联网技术日益发展，更多先进新颖的通信技术进入人们的视野，如何结合煤矿自身的特点，有效结合物联网新技术，实现煤矿现代化的安全、经济生产，仍然是一项艰巨而长期的课题，亟待煤矿企业、科研单位和技术人员进一步深入研究。

(2) 煤矿物联网可实现煤矿生产资源的最优化配置，并可有效实现煤矿企业的宏观管理和协调，其通信平台、管理体系、信息安全等方面具有较大的提升空间。

参考文献

[1] 李煜，吕廷杰. 基于产业链视角的物联网产业发展策略研究[J]. 北京邮电大学学报(社会科学版)，2012，14(4)：46-51.

[2] 王刚. 上海浦东国际机场防入侵系统[J]. 物联网技术，2011(3)：30-31.

[3] 宋慧欣. 物联网，自动化行业新机遇、新挑战[J]. 自动化博览，2013(4)：46-49.

[4] 孙继平. 煤矿物联网特点与关键技术研究[J]. 煤炭学报，2011，36(1)：167-171.

[5] 张周，曹善西，付士军. 物联网技术在煤矿行业中的应用现状与发展[J]. 山东煤炭科技，2011(6)：88-89.

[6] 朱顺兵，魏秋萍，杜春泉. 物联网感知安全应用的研究与展望[J]. 中国安全科学学报，2010，20(11)：165-170.

[7] 袁清国，于忠阳，魏民. 物联网技术在煤矿的应用研究[J]. 山东煤炭技术，2011(5)：138-140.

[8] 裴忠民，李波，徐硕，等. 基于云计算的煤矿物联网一体化平台体系架构[J]. 煤炭科学技术，2012，40(9)：90-94.

[9] 敖培，牟龙华. 煤炭企业级电力云构建及电网规划应用实现[J]. 2012，37(增1)：252-257.

[10] 许颖. 煤矿电网物联网技术研究[J]. 科技信息，2012(25)：291.

[11] 朱成章. 电力安全是能源安全的核心[J]. 中外能源，2011(16)：17-21.

[12] 徐志立. 煤矿物联网安全与隐私浅析[J]. 煤炭技术，2013，32(2)：260-263.

[13] 景晶，郭海，胡雍丰. 物联网及其在山西的应用[J]. 理论探索，2011(1)：78-79.

[14] 张申，赵小虎. 论感知矿山物联网与矿山综合自动化[J]. 煤炭科学技术，2012，40(1)：83-86，91.

[15] 张雷，许云良，李刚. 感知矿山物联网在夹河煤矿的建设及应用[J]. 中国矿业，2012(21)：133-135.

“松软低透”煤层底板岩巷水力冲孔治理瓦斯新技术

程东全　孙　飞

（永煤集团河南永华能源有限公司　河南洛阳　471924）

摘　要　偃龙煤田“松软低透”高瓦斯煤层瓦斯治理技术，主要采取从底板岩巷施工穿层钻孔，以水力冲孔手段提高煤层的透气性，增加抽放效果，将原来在煤巷掘进工作面中进行的工作环节移到底板岩巷中进行，充分发挥区域治理的作用，抽放一定时间后再利用抽放钻孔对煤体进行注水湿润，固结煤体，工作面回采后再次利用该钻孔，对采空区进行抽放，实现“一孔三用”。

关键词　“松软低透”煤层；底板岩巷；水力冲孔；注水；一孔三用

1　前言

近年来，一些多煤层开采矿区利用解放层开采、临近层抽放等技术，成功地解决了低透气煤层的瓦斯抽放问题，矿井安全面貌大有改观。而对与大多数开采单一“松软低透”煤层的瓦斯治理因为打钻困难，煤层透气性低等原因，本煤层瓦斯抽放技术一直没有大的突破，已经成为世界性难题。如何在单一“松软低透”煤层快速高效的抽放瓦斯，是矿井安全生产的迫切需要。

2　煤层底板岩巷水力冲孔的工艺及机理

水力冲孔其工艺技术是以煤层底板岩巷为屏障，在岩巷内施工穿层钻孔，然后用高压水进行水力冲孔，在“松软低透”煤层中人为地创造一个瓦斯释放空间和通道，有效地提高抽放效果，当瓦斯抽放达到效果后，利用预抽钻孔对煤层进行注水，工作面回采后，再次利用底板岩巷抽放钻孔对采空区进行抽放，实现“一孔三用”。

水力冲孔机理是从钻孔中卸除大量的煤以后，钻孔周边的煤体向钻孔位移和松动，形成新的裂隙，从而大大增加煤层的透气性，同时瓦斯压力梯度降低，瓦斯大量解析，瓦斯抽放量成倍提高。

3　实验区概况

偃龙煤田的二$_1$煤层，该煤层顶板为6 m厚的砂质泥岩，质地松软极易垮落。煤层底板为0.3 m的胶质泥岩，其次是2～4 m厚的泥质页岩层理发育易破碎，下部为质地坚硬4～6 m厚的灰岩。二$_1$煤层机械强度低，硬度系数0.1～0.2，松软易碎，多呈粉状及小碎粒状产出，是典型的“松软低透”煤层。二$_1$煤层在生产过程中表现出的特点是：煤质松软适合手镐落煤，煤质呈小颗粒或粉状极易发生漏顶现象；煤层干燥，工作面粉尘大，巷道掘进前煤层必须注水否则无法施工；巷道围岩松软压力大，煤巷维护困难，掘进工作面施工过程中瓦斯涌出量大，掘进工作面长度超过30 m时，仅靠风排已不能解决瓦斯，月掘进进尺仅为30～40 m。

作者简介：程东全（1965—），男，河南永城人，教授级高工，博士。工作单位：河南永华能源有限公司；主要研究方向：安全管理。

4 底板岩巷水力冲孔瓦斯治理技术

4.1 底板岩巷及抽放钻孔的布置

在煤层下部灰岩内按照采煤工作面走向布置岩石集中巷,在底板岩巷向煤层打穿层钻孔。如图1所示。

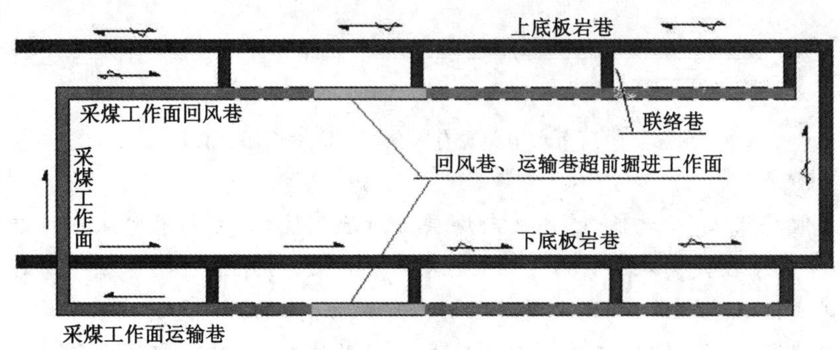

图1 采用底板岩巷抽放瓦斯采煤工作面巷道布置示意图

在底板岩巷内每间隔30 m布置一个钻场(图2),每个钻场布置7个钻孔,每个钻孔控制半径不大于2.5 m,钻孔在煤层内煤巷预掘位置呈线性布置(图3)。这种布置方式,岩巷可以超前掘进,为早日形成抽放钻场创造条件,打钻和煤层注水期间以岩层作为天然安全屏障,可保障施工期间安全,打钻和煤层注水等措施工程在岩层内进行,对煤巷施工没有任何影响。

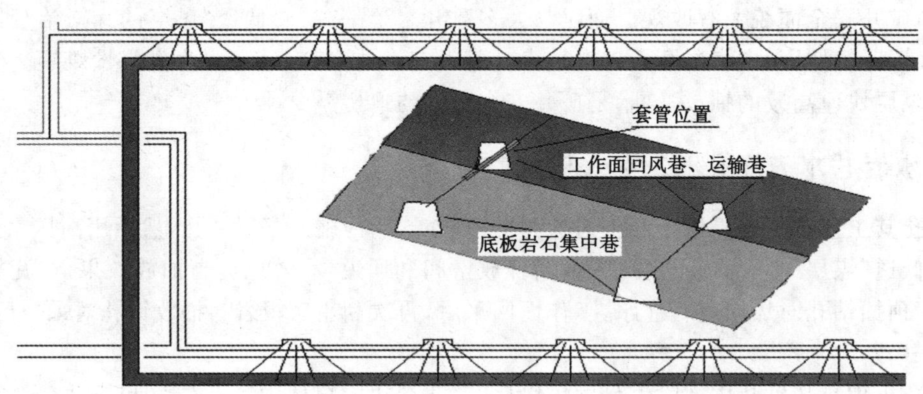

图2 底板岩巷钻场布置示意图

4.2 水力冲孔效果

根据二$_1$煤层煤质松软的特点,使用压力水很容易将钻孔扩大,从而快速形成瓦斯解析空间。使用压力水进行冲孔,在每个钻孔内冲出5～10车煤炭,冲孔后钻孔内瓦斯涌出量明显加大,1个钻孔瓦斯抽放量由原来的每天70～80 m^{3}猛增到920 m^{3}以上,效果十分明显。见表1。

表1　　2月份1个经过冲孔钻孔的抽放量

18日	19日	20日	21日	22日	23日	24日	25日	26日
927 m^3	760 m^3	752 m^3	731 m^3	648 m^3	533 m^3	421 m^3	379 m^3	320 m^3

从上面1个钻孔的抽放量可以看出,采用水力冲孔措施,效果是很有效的,抽放量衰减的速度也很快。原因是冲孔后形成的空洞在三至七天时间内由于煤层流变作用,钻孔周边的煤体滑动将空洞充填,

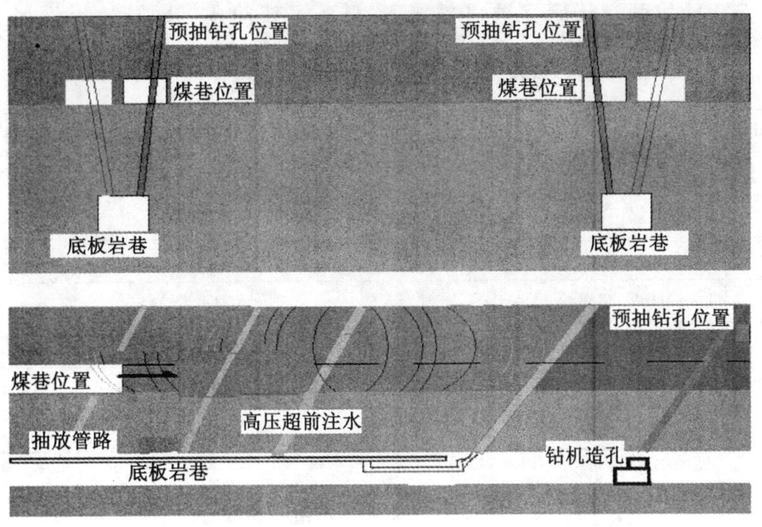

图 3 钻孔布置与预掘煤巷位置关系示意图

瓦斯释放的空间和通道再一次消失。经过对流变的煤层注水后，煤层达到了新的压力平衡，由于注水后煤层黏结，再次透孔时钻孔的保持时间就会延长，形成稳定的抽放效果。如图 4 所示。

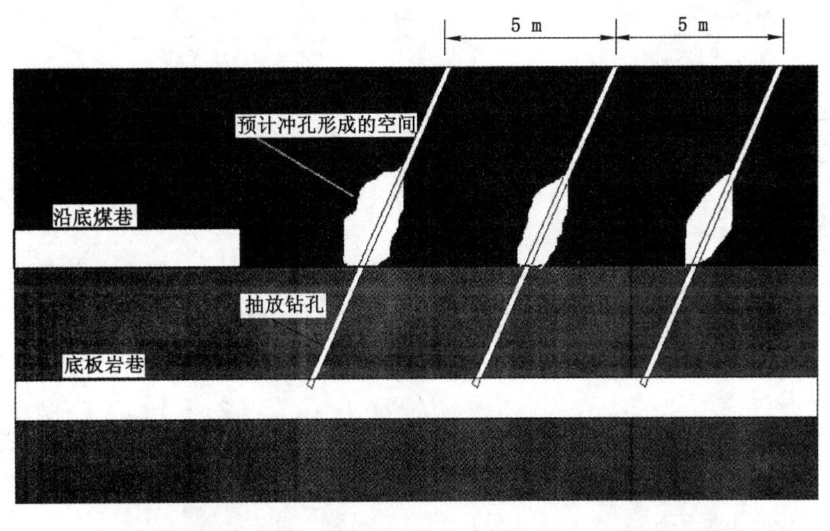

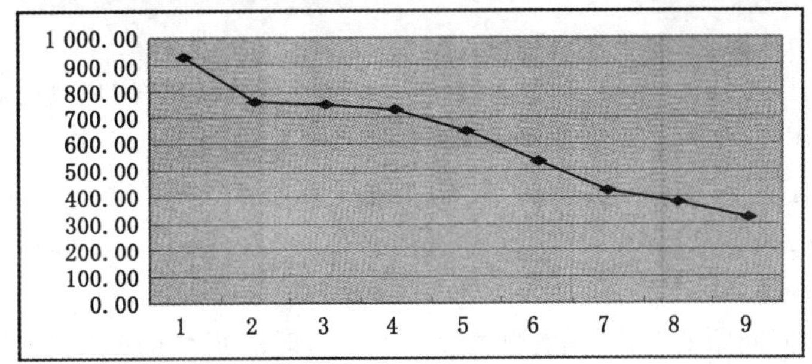

图 4 水力冲孔效果图

在冲孔过程中能够在钻孔内形成空间有瓦斯涌出的，占钻孔总数的 89%；其中有一部分钻孔在冲的过程中无法形成空间，最多的一个钻孔冲出 36 t 煤不见有瓦斯涌出，但这个钻孔对煤层起到充分的泄压作用。有部分钻孔抽放两三天后又被煤粉堵死，需要重新冲孔。冲孔效果见表2和表3。

表2　　21021上岩巷2号钻场钻孔参数

序号	深度/m	钻孔实际揭露情况	水力冲出煤量	冲孔效果	抽放持续时间	冲孔次数
1	33	26 m见煤，穿煤层7 m	9 t	有大量瓦斯涌出	3 d	2
2	26.5	19 m见煤，穿煤层7.5 m	6 t	有瓦斯涌出	1 d	2
3	12.98	17 m见煤，穿煤层6 m	4.5 t	有瓦斯涌出	10 d以上	1
4	19.5	14 m见煤，穿煤层5.5 m	5 t	有大量瓦斯涌出	9 d	3
5	18	12 m见煤，穿煤层6 m	8 t	有大量瓦斯涌出	3.5 d	2
6	19.5	14 m见煤，穿煤层5.5 m	7 t	瓦斯涌出很小	4 d以上	1
7	21	15 m见煤，穿煤层6 m	8 t	有大量瓦斯涌出	3 d	2

表3　　21021下岩巷2号钻场钻孔参数

序号	深度/m	钻孔实际揭露情况	水力冲出煤量	冲孔效果	抽放持续时间	冲孔次数
1	27.9	25 m见煤，穿煤层9 m	6 t	有大量瓦斯涌出	10 d以上	1
2	25.61	22 m见煤，穿煤层7.5 m	36 t	无瓦斯涌出	0	3
3	24.1	22 m见煤，穿煤层7.5 m	11 t	有瓦斯涌出	3 d	2
4	23.58	21 m见煤，穿煤层8 m	8 t	有大量瓦斯涌出	2 d	2
5	24.1	23 m见煤，穿煤层8 m	8.5 t	有大量瓦斯涌出	4 d	2
6	25.61	22 m见煤，穿煤层7 m	6 t	有大量瓦斯涌出	5 d	2
7	27.9	25 m见煤，穿煤层10.5 m	6 t	有大量瓦斯涌出	1 d	3

4.3　冲孔后注水再次透孔

从上边可以看出钻孔的有效抽放时间都很短，主要是通过对冲孔后，煤层的流变运动将钻孔堵死，瓦斯涌出通道被截断，需要再次冲孔，为此，在第一次冲孔完成后，在钻孔中穿入一根直径50 mm花管，花管长度大于煤层厚度2 m，利用钻机送入到钻孔终位置联孔抽放。使单孔的抽放时间由原来的3～5 d延长到一个月以上。

在钻孔瓦斯流量小于0.000 5 m^3/min时，说明钻孔中的花管眼已经被煤堵死，于是停抽向煤层的钻孔进行高压注水，注水压力控制在15～18 MPa之间，经过16～36 h的时间，注水孔临近30 m处的钻孔开始渗水后注水停止。

4.4　施工方法

钻机采用西安煤科院生产的MK—3全液压钻机，在底板岩层内采用风动冲击器钻进，进入煤层后改用合金钻头钻进，使用压风排粉。钻孔穿煤层后将钻头拉回到煤层底板位置，接压力水进行冲孔，水压为0.5～1 MPa。经过现场观察冲孔深度不超过3 m，否则很难形成空间。冲出煤量以不超过10 t为宜，否则，冲孔后很快就出现塌方现象，影响瓦斯抽放效果。

4.5　钻孔抽放半径的确定

在通过多组钻孔不同间距的对比，钻孔间距15～20 m时有很好的抽放效果，同时，在钻孔间加检验孔时，瓦斯抽放量明显减少，在实际巷道掘进时，瓦斯涌出量明显减少，目前，在保证有30 d的抽放时间的情况下，确定钻孔的抽放半径为15 m。

4.6　瓦斯抽放效果

从2月17日开始时用水力冲孔后，抽放效果十分明显。如表4和图5所示。

表 4　　2 月份至 4 月份瓦斯抽放量

2 月份瓦斯抽放量	3 月份瓦斯抽放量	4 月份瓦斯抽放量
3 490.507 m^3	13 468.646 m^3	40 913.72 m^3

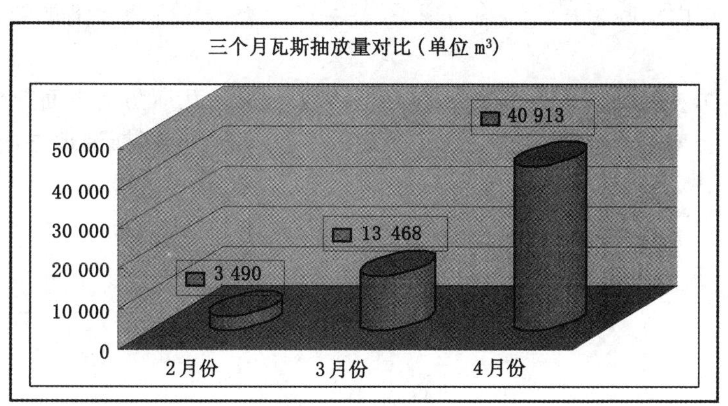

图 5　2 月份至 4 月份瓦斯抽放量对比

12041 工作面回风巷施工巷道长度 75 m，经过对该巷道位置的煤层进行水力冲孔预抽，巷道掘进 50 m 以内时瓦斯绝对涌出量为 1.6 m^3/min 左右，瓦斯涌出量同比明显减小。

4.7　采空区抽放

工作面回采后，再次利用底板岩巷抽放钻孔对采空区进行抽放。当采煤工作面推过底板岩巷抽放钻 8～12 m 以后，利用钻机对钻孔重新进行冲孔，将抽放钻孔与采空区形成联通空间，对采空区进行瓦斯抽放，此时，底板岩巷钻孔处在采煤工作面上隅角深部 8～12 m 处，此处正是采空区瓦斯的集聚区域。如图 6 所示。

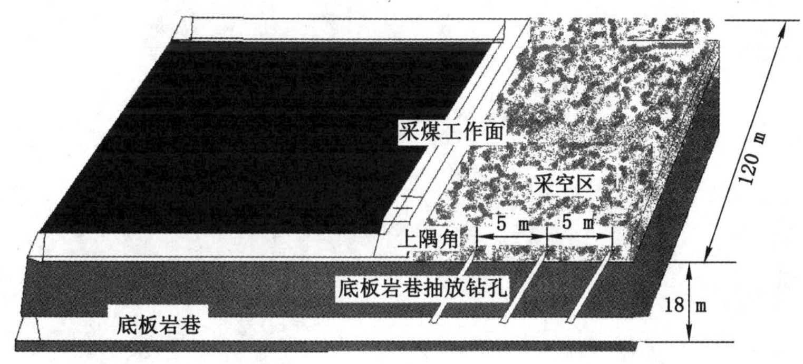

图 6

从 12041 工作面上巷的实际抽放情况来看，效果十分明显，瓦斯抽放浓度在 15%～20%之间，工作面回风流的瓦斯平均浓度从 0.6%左右，降到 0.3%左右，并消除了工作面在放顶煤过程中出现的瞬间瓦斯超限现象。

5　结束语

通过在底板岩巷布置钻孔进行水力冲孔，增加了“松软低透”煤层瓦斯解析速度，提高了瓦斯抽放效果，使高瓦斯煤层实现低瓦斯施工，同时，利用抽放钻孔进行煤层注水和采空区抽放，实现了“一孔三用”，减少了施工工序，将在煤巷掘进工作面实施的措施工程提前移到底板岩巷中进行，不但保证了施工期间的安全，而且，最大限度地提高了巷道的掘进速度，工作面回采时，利用抽放钻孔再次进行抽放，最大限度的发挥措施工程的作用。

从永华二矿12041工作面回风巷、运输巷掘进情况看，煤层经过泄压预抽，瓦斯问题已基本不影响煤巷掘进，煤巷掘进速度明显加快，原先每月掘进尺不超过40 m，经过预抽后每月掘进进尺达到80～120 m水平。采煤工作面消除了瓦斯制约的现象，月生产能力由1.5万t增加到6.5万t，年创造经济效益近亿元。

采用底板岩巷水力冲孔泄压抽放瓦斯工艺，在永华公司二矿瓦斯防治方面起到很好的作用，创造了良好的社会效益和经济效益。此项技术在“松软低透”高瓦斯煤层的瓦斯治理方面，开辟了新的思路，值得应用和推广。

采区两层煤开采冲击地压防治技术探讨

闫宪洋　王中财　卞景强　邓小林

（兖州煤业股份有限公司东滩煤矿　山东邹城　273512）

摘　要　随着矿井开采强度的增大和采掘活动区域的延伸，东滩煤矿现已进入地质构造及煤层赋存条件更为复杂区段开采。东滩煤矿三采区开采煤层为2层煤及3层煤，两层煤间距较近属近距离煤层，开采时存在相互影响。文章通过对东滩煤矿三采区地质条件及现场压力显现的分析，得出两层煤的冲击危险指数，划定了冲击危险区域，为三采区近距离煤层开采冲击地压防治提供了可靠的保障。

关键词　近距离煤层；冲击地压；分析；防治

1　概况

东滩煤矿三采区位于井田东北部，地质构造中等偏复杂，现有水平开采2煤和3煤，开采深度为550～600 m。2煤煤厚0～1.90 m，平均厚0.81 m，局部可采；3煤煤厚6.59～9.32 m，平均厚8.03 m，全区可采。两层煤间距较近，一般为17.9～32.87 m，平均25.93 m。由于2煤与3煤距离较近，开采存在相互影响；三采区受断层切割严重，工作面沿断层布置，形成了不规则的块段，因而给这两层煤的巷道布置带来难题，使两层煤巷道不可避免地相互影响。

2　三采区布置方案

2.1　三采区2煤巷道布置方案

三采区2煤距3煤平均25.93 m，煤厚0～1.90 m，平均厚0.81 m，煤层厚度变化较大，自东南向西北逐渐变薄，西南部沉缺，在可采范围内2煤的赋存较为稳定。

2煤的开采与3煤存在压茬关系，由于煤层间距较近（平均26 m左右），先行开采2煤，解放3煤后再开采3煤。2煤工作面推进长度550～907 m，面长140～167 m。由于在FS18和FS48断层之间区域内，落差大于5 m的断层众多，对开采造成很大影响，设计确定此区域经济上不可采，据此，共布置12个工作面。

2.2　三采区3煤巷道布置方案

根据分析，对采区巷道布置影响较大的断层主要为F46、FS18、FS45、FS51、FJ130、断层等，除FS45断层走向近SN外，其他断层走向为NW和NWW向，为避免或减少工作面跨断层开采，设计工作面平巷与断层走向平行布置，整个采区共布置10个工作面，工作面面长为188～250 m，推进长度831～1 724 m。

3　三采区煤层开采冲击地压危险评价

3.1　三采区2煤工作面冲击危险综合指数法评价

（1）影响冲击地压危险状态的地质因素及指数

作者简介：闫宪洋（1980—）男，毕业于山东科技大学采矿工程专业，现为兖州煤业股份有限公司东滩煤矿防冲副主任，工程师。联系方式：山东邹城中心镇东滩矿；邮编：273512；E-mail：718544256@qq.com。

影响冲击地压的主要因素有开采深度、顶板坚硬岩层、构造应力集中、煤层冲击倾向性等。确定冲击地压危险状态等级评定的指数 W_{t1}。

$$W_{t1} = \frac{\sum_{i=1}^{n_1} W_i}{\sum_{i=1}^{n_1} W_{i\max}} \tag{1}$$

经计算冲击地压危险指数为0.24。

(2) 影响冲击地压危险状态的开采技术因素及指数

根据开采技术条件、开采历史，煤柱、停采线等这些开采历史和开采技术因素，确定响应的影响冲击地压危险状态的指数 W_{t2}。

$$W_{t2} = \frac{\sum_{i=1}^{n_2} W_i}{\sum_{i=1}^{n_2} W_{i\max}} \tag{2}$$

经计算冲击地压危险指数为0.18。

(3) 冲击地压危险程度的预测预报

以上给出了采掘工作面周围地质因素和采矿技术因素对冲击地压的影响程度及冲击地压危险状态等级评定的指数 W_{t1} 和 W_{t2} 的具体表达式，根据这两个指数，确定冲击地压危险状态等级评定的综合指数 W_t。

$$W_t = \max\{W_{t1}, W_{t2}\} \tag{3}$$

根据以上分级，确定东滩煤矿三采区2煤工作面冲击地压危险综合指数为0.24，为无冲击危险。

3.2 三采区3煤工作面冲击危险综合指数法评价

(1) 影响冲击地压危险状态的地质因素及指数

经计算冲击地压危险指数为0.47。

(2) 影响冲击地压危险状态的开采技术因素及指数

经计算冲击地压危险指数为0.45。

(3) 冲击地压危险程度的预测预报

确定东滩煤矿三采区3煤工作面冲击地压危险综合指数为0.47，为弱冲击危险。

3.3 三采区2煤开采对3煤影响分析

3.3.1 根据矿压观测结果确定2煤开采对3煤的影响

为研究2煤开采时对其外错的3煤巷道的影响，在3203工作面开采时，在3303工作面平巷设置的巷道变形观测点，观测上层煤开采过程中对其下外错巷道的影响。

统计分析3303工作面运输巷和轨道巷，在3203综采工作面和3204综采工作面回采期间，巷道的顶底板及两帮的围岩变形量，做出3203、3204工作面跨采3303轨道巷和运输巷巷道围岩变形对比分析图如图1和图2所示。从对比分析图得出：

(1) 3303工作面轨道巷12号测站至24号测站的240 m的范围内围岩变形量较大(图1)，这一部分的测站位置距3203切眼西帮70～310 m，此地段3303工作面轨道巷外错3203工作面采空区的距离为2～18.5 m，受2煤开采影响较为显著。

(2) 3303工作面运输巷在3203工作面和3204工作面分别跨采过程中，受到3203工作面影响的程度明显强于受3204工作面的影响(图2)，直接反应为在3203工作面跨采过程中3303轨道巷顶底板和两帮的变形量都要高于在3204工作面跨采的过程中。这是由于3204工作面是在3203工作面开采完以后再行开采，3303运输巷在3203工作面开采的过程中受到应力影响发生变形。

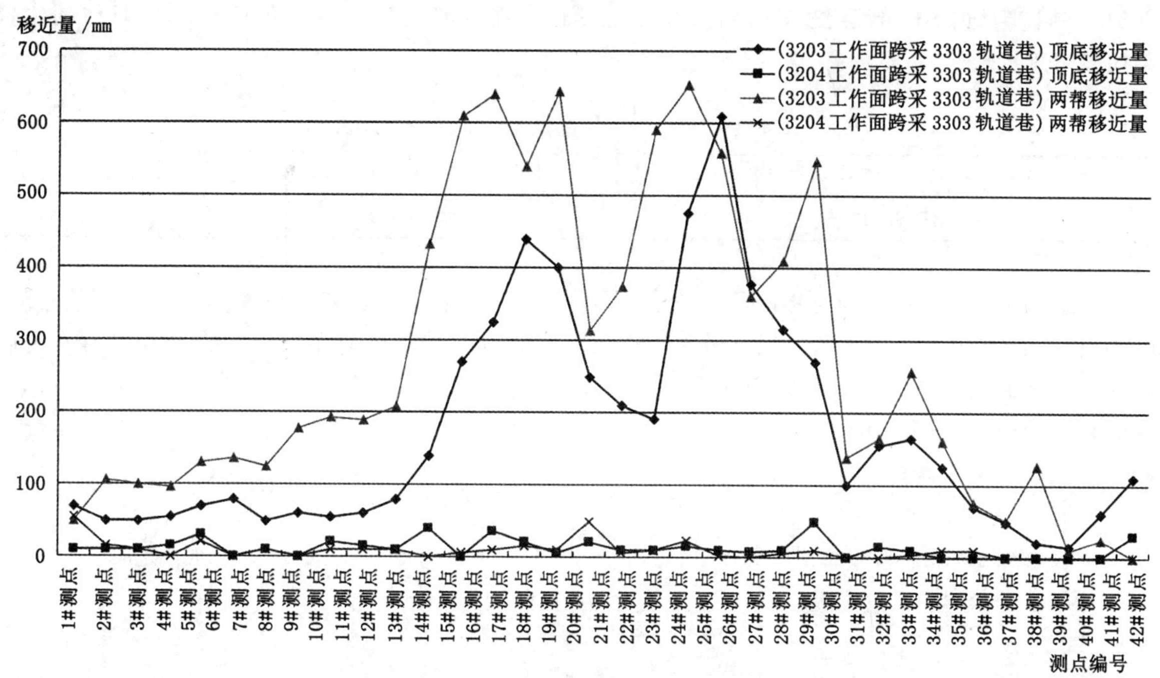

图 1　3303 轨道巷围岩变形对比分析图

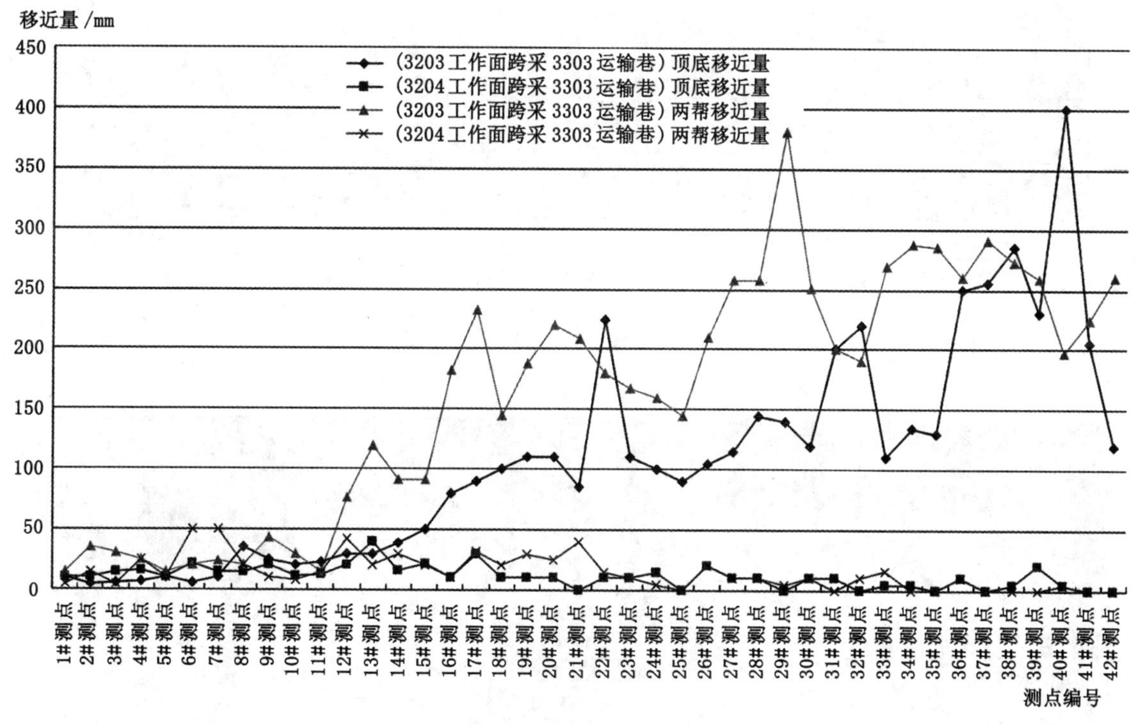

图 2　3303 运输巷围岩变形对比分析图

3.3.2　2 煤开采对 3 煤的影响的数值模拟

3303 综放工作面轨道巷有 430 m 的范围外错与 3203 工作面，当 3203 工作面开采后，这段巷道有一部分将处于 2 煤采空区的支承应力区内，并且在此处又有 FS46 大断层的影响。为了分析该区域的轨道巷在 3203 工作面回采过程中的应力分布情况，采用数值模拟的方法，对该段巷道在 3203 工作面回采过程的应力分布规律进行研究。

3303 轨道巷与 FS46 断层、3203 工作面采空区的位置在空间上并不是一成不变的，其具体的位置关系如表 1 所示。

表 1　3203 工作面采空区与 3303 轨道巷、FS46 断层的水平距离

3203 工作面采空区距离 FS46 断层距离/m	25	30	40	50	70	80
3203 工作面采空区距离 3303 轨道巷距离/ m	9	12	16	20	25	30

模拟选取 3 个不同距离建立不同的数值模型，目的在于研究出在 3203 工作面开采至不同位置时，3303 轨道巷在 FS46 断层及上覆 2 煤开采共同作用下巷道周边围岩的应力分布规律，划分出存在危险的区域。建立的模型(图 3)为 3203 工作面采空区距离断层 FS46 断层(3303 轨道巷)分别为 25 m(9 m)，50 m(20 m)，80 m(30 m)。

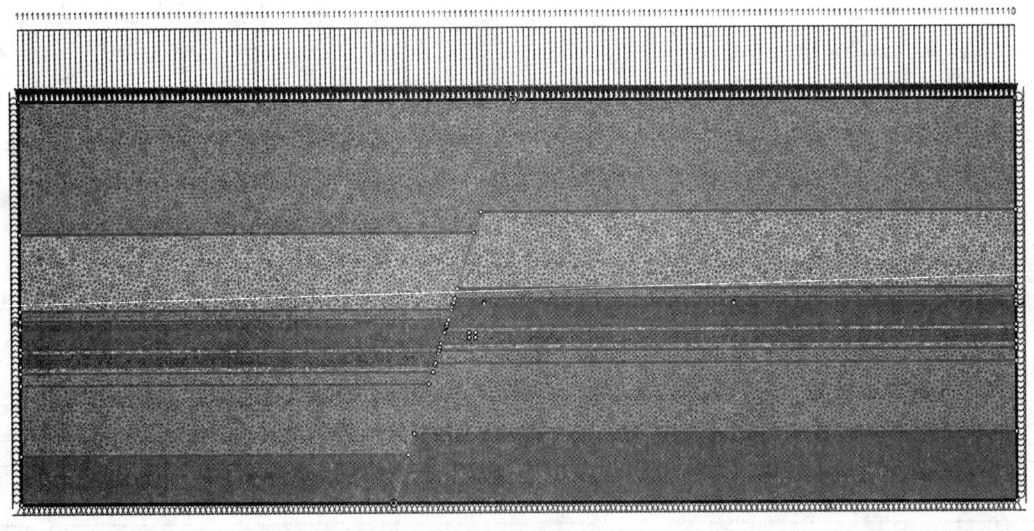

图 3　2 煤开采对 3 煤巷道及断层处影响的数值模拟模型

经过计算得出，3303 轨道巷在 3302 工作面回采过程中，巷道围岩的垂直应力分布云图，如图 4～图 6 所示。

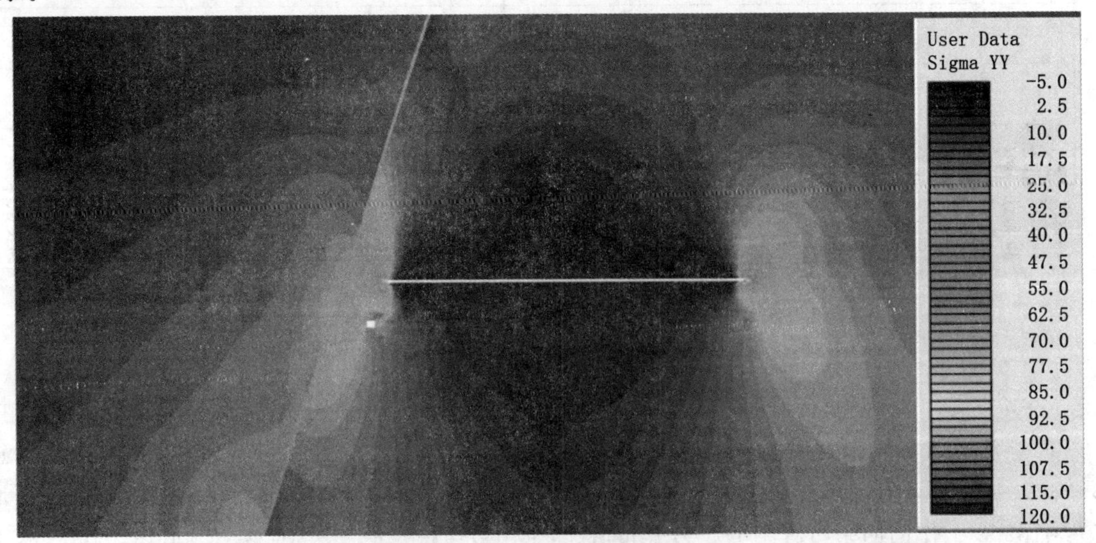

图 4　3203 工作面采空区距离断层 25 m(距 3303 轨道巷 9 m)时巷道垂直应力分布

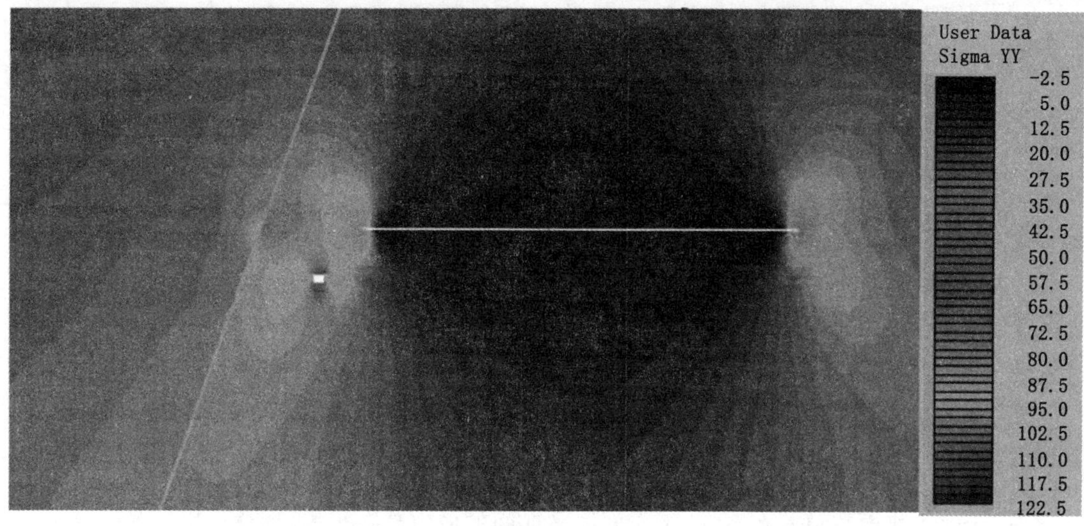

图 5　3203 工作面采空区距离断层 50 m(距 3303 轨道巷 20 m)时巷道垂直应力分布

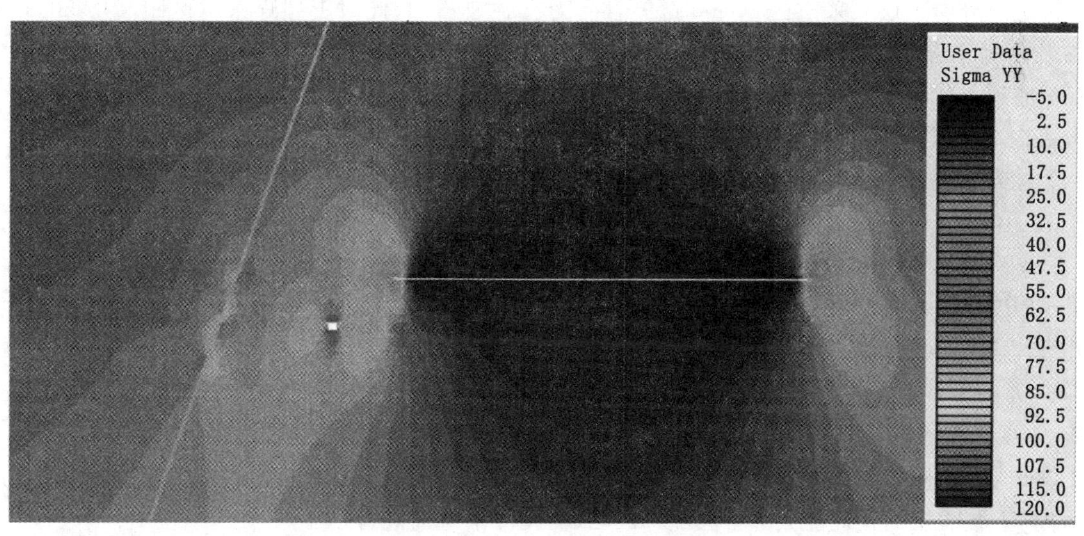

图 6　3203 工作面采空区距离断层 80 m(距 3303 轨道巷 30 m)时巷道围岩垂直应力分布

从计算出的垂直应力分布云图上可以清楚地看出，在 3202 工作面采空区距离断层 25 m，即此时距离 3303 轨道巷 9 m 时，由于 3303 工作面轨道巷基本处于 2 煤采空区的支承应力增高区域内，垂直应力的应力梯度和峰值都很大。当 3203 工作面采空区距离断层 50 m，即距离 3303 轨道巷 20 m 时，受上工作面开采影响的强度有所下降。当 3203 工作面采空区距离断层 80 m，即距离 3303 轨道巷 30 m 时，受 2 煤开采扰动的影响有了很大程度的降低。为了直观地看出 3 种情况下的应力分布区别，做出应力曲线图(图 7)。

3 种情况下，由于受到上方工作面 3203 回采的影响，3303 工作面轨道巷周围围岩垂直应力相对于 2 煤在没有开采的情况下有了很大程度的提高，应力集中系数也发生了很大的变化。但就 3 种情况下比较分析，在 3203 工作面采空区距离 3303 工作面轨道巷 9 m(距离断层 25 m)时，2 煤开采对于巷道的影响最大，此时由于受扰动的影响，峰值由 18 MPa 增高为 38.6 MPa，后两种情况分别增高为 33.7 MPa (距轨道巷 20 m)和 27.9 MPa(距轨道巷 30 m)。随着工作面距离巷道的逐步增大，应力的增高程度逐步降低，且在

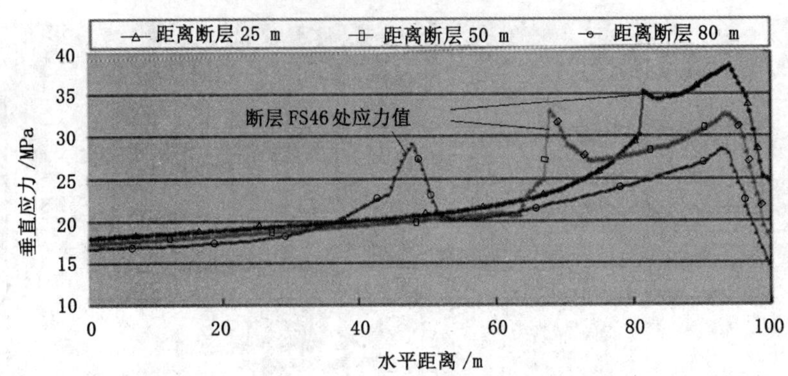

图7　3种情况下巷道围岩垂直应力分布曲线

断层处的应力集中程度也有所降低。

通过对3303工作面轨道巷在3203工作面回采期间的应力分布规律研究，得出：

(1) 巷道外错上层煤采空区9 m时，围岩受力有明显增加，此时上层煤采空区距断层(断层落差14.5 m)20 m，断层处应力升高对巷道受力影响较为明显。

(2) 巷道外错上层煤采空区20 m时，围岩受力有一定增加，此时上层煤采空区距断层50 m，断层处应力升高对巷道受力影响轻微。

(3) 巷道外错上层煤采空区30 m时，围岩受力增加较少，此时上层煤采空区距断层80 m，断层处应力升高对巷道几乎没有影响。

(4) 综合以上模拟结果，认为巷道外错上层煤采空区20 m以内，距离断层30 m以内时，对巷道受力影响较为明显。

3.4　三采区煤层开采冲击地压危险评价及区域划分

3.4.1　2煤工作面开采冲击危险预测

由于2煤厚度较小，0～1.90 m，平均厚0.81 m，所以开采时引起的上覆岩层活动不太剧烈，预测2煤开采时无冲击事故危害。

3.4.2　3煤工作面，上方2煤已采部分冲击危险预测

2煤开采后，上方岩层受采动影响断裂冒落，破坏了完整性，形成了保护层开采。对应其下方的3煤开采时，上覆岩层的弹性能大部分已经释放，预测无冲击事故危害。

3.4.3　3煤工作面，上方2煤未开采部分冲击危险预测

根据开采条件及本项目研究综合预测，3煤在开采两侧均为实体煤的工作面时，冲击危险主要出现在以下情况，并确定具有弱冲击地压危险：

(1) 3煤工作面邻近断层开采时，附近区域具有弱冲击地压危险；

(2) 3煤沿空开采工作面，本工作面初次来压，后方采空区第一次“见方”时；

(3) 3煤后开采的工作面开采通过相邻工作面切眼前后的区域；

(4) 3煤开采时越过2煤的采空区边缘前后的区域。

如果3煤工作面巷道外错2煤工作面采空区布置，且外错距离小于20 m，则预计3煤巷道具有中等冲击危险。图8为三采区冲击危险区域示意图。

4　结论

根据三采区地质及开采技术条件，确定了三采区2煤层、3煤层工作面布置方式；应用综合指数法，确定三采区2煤及3煤开采的冲击危险性；通过现场实测及数值模拟方法，确定了2煤对3煤开采的影

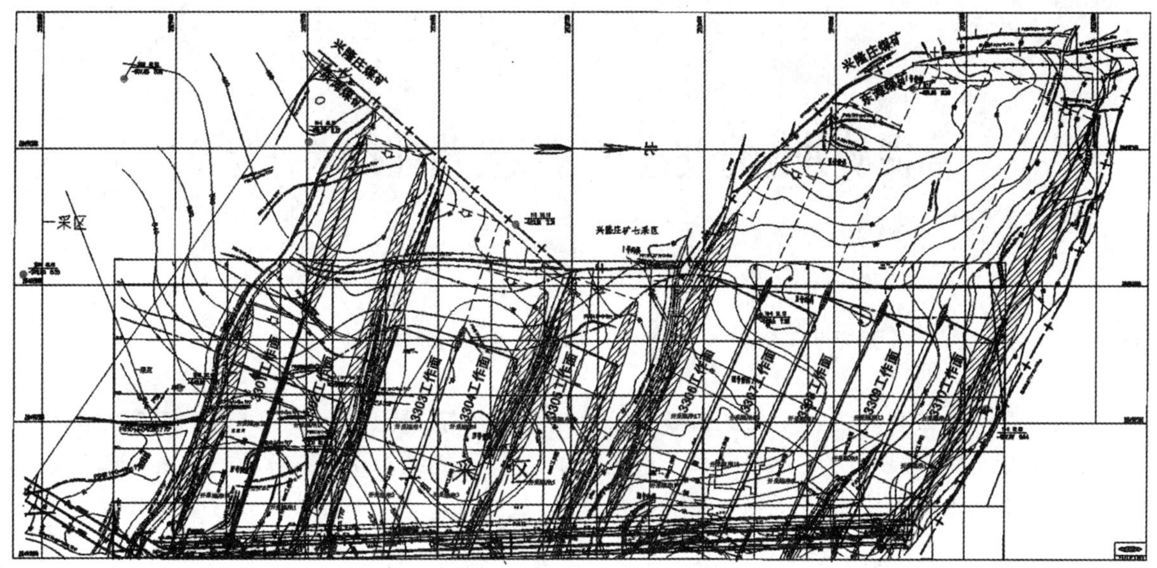

图 8　三采区冲击危险区域示意图

响，3 煤巷道外错 2 煤采空区 20 m 范围内影响较大，并具体划分了冲击危险区域，为今后东滩煤矿三采区 2 煤及 3 煤近距煤层开采冲击地压防治工作提供了技术指导。

参考文献

[1] 钱鸣高，石平五.矿山压力与岩层控制[M].徐州：中国矿业大学出版社，2003.
[2] 窦林名，何学秋.冲击矿压防治理论与技术[M].徐州：中国矿业大学出版社，2001.
[3] 齐庆新，窦林名.冲击地压理论与技术[M]. 徐州：中国矿业大学出版社，2008.

高温矿井掘进巷道热害综合治理技术研究

王保齐　阮国强

（兖煤菏泽能化有限公司赵楼煤矿　山东菏泽　274705）

摘　要　根据赵楼煤矿3302运输巷掘进过程中高温高湿的热害状况，对巷道主要热湿源进行了分析研究，对掘进巷道制冷降温系统进行了设计，特别是对主要热源之一的热涌水设计使用热涌水快速收集系统，通过采取综合治理技术，有效地改善了掘进巷道内高温高湿的工作环境。

关键词　高温；热源；掘进巷道；综合治理

1　概况

兖煤菏泽能化有限公司赵楼煤矿为兖矿集团在巨野矿区投资兴建的第一对矿井，矿区含煤地层为山西组和太原组，主采3煤层，埋深700～1 200 m。赵楼煤矿煤层属地温梯度正常的高温区，地层恒温带为50～55 m，温度为18.2 ℃，平均地温梯度2.20 ℃/100 m，初期大部分采区原岩岩温37～45 ℃。矿井以井下集中式冷水降温系统为基础，建立了永久制冷降温技术体系，降温效果显著。但长距离煤巷掘进巷道的某些区域仍存在较为严重的高温热害问题，除围岩、落煤、机电设备散热等有共性的常规热源外，地下高温热水的涌出（顶板淋水、底板涌水），不但使气温升高，也使得空气湿度增大。所以综合研究掘进巷道热湿源规律，合理选择制冷降温装备，采取综合治理措施显得尤为迫切。

2　掘进巷道热湿源分析

2.1　赵楼煤矿3302运输平巷概况

赵楼煤矿3302运输平巷长距离掘进巷道标高为－934.5～－903.5 m，位于3煤层中，煤层结构复杂，煤层厚度4.0～4.5 m，煤层倾角3°～5°，巷道处于二级高温区，原始岩温在43 ℃左右。工作面主要充水水源是煤层顶底板砂岩水、三灰水，预测3302运输平巷正常涌水量15～35 m^3/h，最大涌水量60 m^3/h。根据设计要求，确定3302运输平巷采用矩形断面，锚网支护，净宽为4 600 mm，净高为3 500 mm。

2.2　矿井热害形成机理的宏观、微观分析

（1）宏观意义的热量散发

井下采掘作业不仅使围岩应力场遭到破坏，还改变了其温度场。温度场的扰动形成的温度差首先产生了煤岩固体之间的热传导。其次，在采掘作业空间的煤岩壁附近产生风流与煤岩壁之间的对流换热、风流与高温热涌水之间的对流换热。热辐射不需要任何传播介质，温度较高的煤岩、水、机电设备等向外直接以电磁波的形式发射传热。总之，井下各种热源在宏观上将热量散发传递到风流中，最终造成

作者简介：王保齐（1975.9—），男，1997年毕业于中国矿业大学，学士学位，高级工程师。长期从事一通三防技术管理工作，现任兖煤菏泽能化有限公司赵楼煤矿通防副总工程师。通讯地址：山东菏泽郓城县南赵楼乡赵楼煤矿，邮编：274705；E-mail：wbq308@sina.com。

高温热害(图1)。

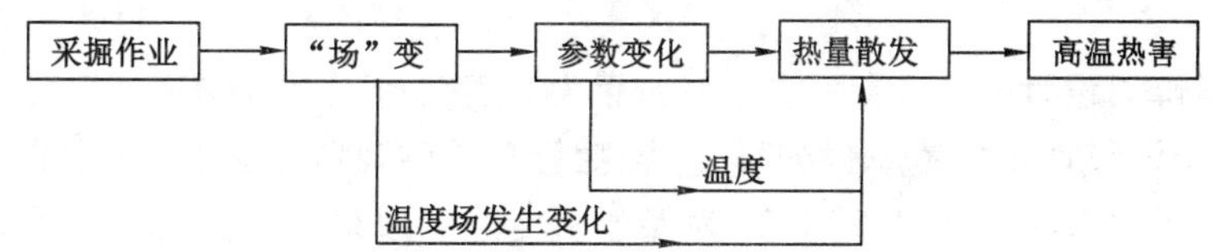

图1 热量散发造成高温热害分析图

(2) 微观意义的三相热耦合作用

煤是多孔介质，存在着多种节理、裂隙，其间充满了气体与液体，是典型的三相介质系统。将井下煤岩体、热水及巷道中的风流视为宏观现象中的三相，根据三相关系及传热方式，得出矿井热害形成微观机理：采掘活动引起能量传递。由于温度场的变化，煤岩体中高温部分向低温部分进行热传导；由于应力场的变化，井下环境中的流体(包括原始存在流体：井下高温热水与引入流体：巷道风流)与固体之间产生了热对流。此外，三相的固、流体之间还存在部分可忽略的热辐射。三种热量散发形式与固(煤岩)、液(热水)、气(风流)三相之间的热耦合作用是造成矿井热害的主要原因。

2.3 巷道主要热湿源分析

对于赵楼煤矿3302运输平巷掘进巷道，其热源主要有围岩散热、热涌水散热、机电设备散热、运输中的煤和矸石散热、人员散热。为了掌握巷道的热害状况以及形成热害的各种热湿源分布状况，采用热湿源单元测定法对其进行测定。所谓热湿源的单元测定法，也就是将目标巷道分成若干个单元，测定每个单元的进风量、出风量和进、出断面风流的焓值和含湿量值，然后进行累加合成分析即可得出巷道中风流的得热量、得湿量以及工作面的热湿源分布。具体方法步骤为：

(1) 自掘进迎头沿回风流方向将巷道划分为5个单元。

(2) 测定每个单元的进风量和出风量大小。

(3) 测定每个单元进风断面和回风断面上由巷道中风筒一侧至回风侧各测点的静压、干球温度、湿球温度和风速，计算出各测点的焓、含湿量。

(4) 根据风量平衡方程、热量平衡方程和湿量平衡方程建立方程组。计算出每个单元中的风流带入或带出的热量和湿量、围岩的散热量和散湿量。最后，结合工作面区域主要热湿源类型可以确定工作面热湿源散发热湿量及其分布。

根据各单元热湿计算结果，得出3302运输平巷巷道热源散热量分布情况(表1)。

表1 巷道热源散热量分布情况 单位：kW

热源	围岩	热涌水	机电设备	作业人员	运输中的煤和矸石	合计
单元一	27.55	11.75	20.36	4.40	0	64.06
单元二	26.10	19.68	9.84	0	0	55.62
单元三	49.31	18.66	2.96	0	0	70.93
单元四	90.88	24.56	2.96	0	1.93	120.33
单元五	85.08	7.08	9.84	0	1.73	103.73
合计	278.92	81.73	45.96	4.40	3.66	414.67

根据巷道热源散热量分布情况可以看出，围岩散热是该巷道的最大热源，其散热量为278.92 kW，占所有热源总散热量的67.3%；其次是热涌水，其散热量为81.73 kW，占所有热源总散热量的19.7%；机电设备散热是该巷道的第三大热源，其散热量为45.96 kW，占所有热源总散热量的11.1%。

3 热害综合治理技术

3.1 掘进巷道制冷降温设计

掘进巷道制冷降温设计主要考虑掘进长度、煤岩巷性质(综掘、普掘)等。根据 3302 运输平巷巷道热湿源分析，其总散发热湿量为 414.67 kW，为保证制冷降温效果，制冷降温设计选用一台制冷功率在 450 kW 的 RWK450 型空冷器、两台吸风量 500～820 m^3/min 的 FBDNo. 7.5/2×45 对旋通风机(双机自动切换)和 ϕ1 000 mm 抗静电阻燃软质风筒配套使用。

一般情况下，掘进工作面空冷器安设位置一般距迎头 100～200 m。距离太小，对掘进工作面正常生产会带来不便；距离太大，制冷效果又不能保证。为了减少对掘进工作面的影响，有时还需要在巷道一帮专门掘砌安设局部通风机、空冷器位置。如图 2 所示。

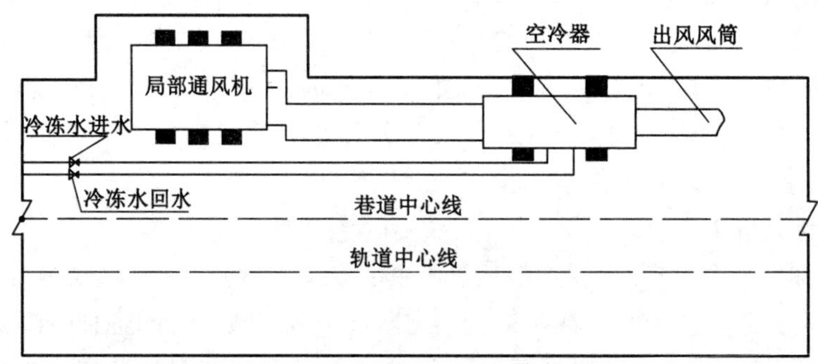

图 2 掘进工作面空冷器安装模式

综合分析掘进工作面降温空冷器安放位置，主要有以下几种：

(1) 在局部通风机后紧跟着安设散冷设备(空冷器)。该方式不改变供风量，确保了迎头所需的风量。由于风筒内低温气体的辐射作用，巷道内温度会大幅降低；但缺点是如果巷道掘进距离较长，则巷道中部冷损较大，掘进工作面迎头提供冷量不足。

(2) 空冷器设置在巷道供风筒的中部。这种方式的优点是可以有效降低巷道中间的高温区；缺点是风筒内阻力较大，不能保证工作面迎头的风量。

(3) 空冷器设置在风筒的末端，随工作面推进向前移动。其优点是迎头的温度低；缺点是长距离掘进工作面供风距离长，风筒受热面积大，热量难以排除，即使采用制冷降温措施使巷道迎头的温度降低，风流在折返流动中受到长距离巷道围岩散热作用，在掘进巷道大部分区域内风流仍保持很高温度。

长距离独头掘进时，单台空冷器制冷量有时不能够满足制冷降温要求，可以采取多台空冷器串联使用进行协同降温。如图 3 所示。

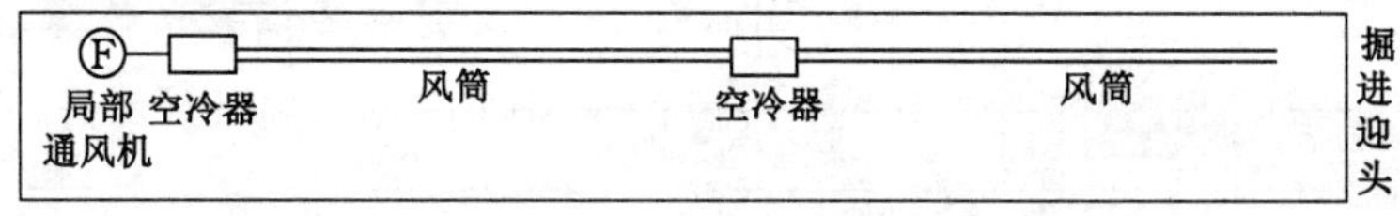

图 3 长距离大需冷量掘进工作面空冷器串联协同降温

空冷器冷却间距可用下式近似计算：

$$l_{1-2}=\frac{M_{B}c_{p}}{K_{风筒}U}\ln\frac{t_{环境}-t_{1}}{t_{环境}-t_{2}}$$

式中 l_{1-2}——冷却点适宜间距，m；

t_1——第一个冷却点空冷器出口冷风温度，℃；

t_2——第二个冷却点空冷器进风口风流温度，℃；

$t_{环境}$——巷道环境风流温度,℃;

M_B——风筒内风流质量流量,kg/s;

c_p——空气的质量定压热容,kJ/(kg·℃),C_p=1.01 kJ/(kg·℃);

$K_{风筒}$——风筒与风流的不稳定换热系数,kW/(m^2·℃);

U——风筒周长,m。

第一台空冷器安设在距掘进迎头100～200 m距离处。随着掘进工作的不断延伸空冷器处理后的冷风在风筒内不断升温,在距离超过l_{1-2}时,风筒出口处风流温度已经超过了26 ℃,对环境基本没有降温作用。因此,需要再安设第二台空冷器进行协同降温。l_{1-2}的大小与空冷器散冷功率有关,空冷器功率越大,处理后冷风温度t_1越小,l_{1-2}越大。

3.2 巷道热涌水治理

根据巷道热源散热量分布情况可以看出,巷道热涌水是该巷道的第二大热源,其散热量为81.73 kW,占所有热源总散热量的19.7%,且极大增加了巷道环境湿度。矿井热水通过两个途径把热量传给风流:首先,涌出的热水可通过对流作用对风流直接加热加湿;其次,深部承压的高温热水垂直上涌,加热了上部岩体,岩体再把热量传递给风流。井下热水的放热量主要是由水量和水温决定的。当热水大量涌出时,可对附近的气候条件造成很大的影响,所以应尽可能对热涌水进行集中疏放,最低限度也要用管道(或隔热管路)将它排走,切不可让热水在巷道里漫流。

3.2.1 超前疏干热水

超前疏干热水,就是将热水水位降到作业水平深度以下。可利用联络巷布置硐室,在硐室中打钻孔(放水),达到减少涌水水量、降低涌水水位的目的。由于超前疏干,还可以避免了井下突然涌水事故的发生。在现场应根据前期掘进工作面区域顶底板综合物探结果决定是否采取打钻措施进行疏放热水,并根据现场实际情况设计钻孔参数,检验探放水效果。从根源上对矿井掘进巷道的热涌水进行主动防治。

3.2.2 改进锚索、锚杆支护工艺

掘进巷道顶板淋水多在锚索或锚杆支护附近,尤其以锚索支护附近最为严重。现场分析认为,巷道掘进的采动导致顶底板裂隙带发育,锚索支护方式容易导通裂隙带,高温承压热水易沿裂隙带涌出或滴渗。因此,可以考虑加强锚索、锚杆支护(比如改为全锚),封堵由锚索、锚杆孔导通的裂隙带,有效减少水的涌出。另一种方法是用水泥浆或化学浆液封堵,或用水基环氧树脂喷刷在出水顶底板处封堵。

3.2.3 对局部淋水点的处理方法

热涌水综合治理的首要原则就是最大限度地隔绝热涌水与巷道风流,从而尽可能地减少热涌水与巷道冷风流的热交换。基于这种思路,在保证科学、经济、实用和有效的基础上,对掘进巷道原有排水系统进行优化改造,并设计使用了热涌水快速收集系统,辅以其他措施,以求最大限度的隔离热水。

热涌水快速收集系统如图4所示。

对顶板热淋水,在淋水点下方安设集水器。集水器用旧风筒布或者阻燃帆布制成,其尺寸由淋水面积确定,只要确保集水器能够有效地收集局部区域的所有顶板热淋水即可,通过集水器周边的固定孔及顶板锚网将集水器固定在出水点下方,集水器底部接适当口径的软质导水管,利用重力势能将收集到的热淋水排至回风侧巷道底部的水沟中,排至区段低洼处的集中排水点储水池中(也可将集水器下方导水管直接送至区段低洼处的集中排水点),利用水泵经隔热管道排至巷道集中排水点,最后利用大功率水泵将整条巷道中的热涌水集中排出巷道。排水沟及储水池上方用隔热盖板进行遮盖,防止热水与巷道中空气进行直接的热湿交换。另外,水沟及水池表面最好均采用水泥进行涂漆(或者在储水池内设置隔热水箱),以最大程度减小热水对底板的加热作用。

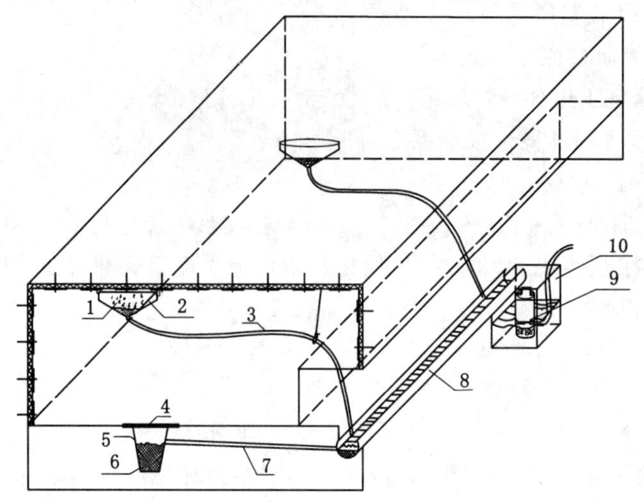

图 4　热涌水快速收集系统示意图

1——热淋水;2——集水器;3——软性导水管;4——隔热盖板;5——储水池;
6——底板热涌水;7——硬质导水管;8——排水沟;9——水泵;10——集中排水点

对于底板热涌水要通过全面巡查巷道底板，确定底板热涌水的位置及涌水情况，为防止热涌水在底板漫流，在涌水处挖凿小型储水池，通过倾斜敷设在储水池和排水沟之间的硬质水管将热涌水引入排水沟中，经排水系统排出。为了隔绝储水池内热水与风流，要在储水池上加设隔热盖板。若底板较软，可压凿小的引水沟引热水入巷道排水沟，并在引水沟上设隔热盖板，并定期检查引水管或引水沟状况，及时进行修整。

3.3　加强局部通风管理

加强局部通风管理减少漏风，确保迎头有足够的新鲜风量，同时可适当的增加施工工程，缩短供风距离，双巷掘进时，根据现场迎头的高温情况增加或提前贯通联络巷，最大限度的缩短供风距离，把高温回风用最短的距离导入回风巷。

3.4　其他保障措施

3.4.1　采用保温材料降低冷损

输冷管路的隔热保冷结构采用塑套钢预制成型保温管，无缝钢管外为聚氨酯发泡保温层，最外层外护管为双抗高密度聚乙烯管，输冷管路必须全部进行保温后方能下井使用，确保冷量在输冷过程中尽可能减少损失。

3.4.2　采用保温材料降低冷损

应用保温风筒，使被降温后的风流能在流经过程中减少热交换，有效提高制冷降温效果。

4　结论

通过采取综合治理措施，形成了系统的掘进巷道热害治理治理体系，特别是最大限度降低了热涌水对掘进巷道环境的恶化作用，巷道风流环境得到了明显的改善。掘进工作面迎头温度降低幅度能够达到 7～9 ℃，相对湿度最大降幅能够达到 10%，巷道中风流干球温度一般能够降低 5 ℃左右，工作地点的环境条件得到较好改善，温度有显著下降。

参考文献

[1] 余恒昌. 矿井地热与热害治理[M]. 北京：煤炭工业出版社，1991.

基于救生舱的监测机器人主—从控制策略研究

王裕清　邓　乐　秦玉鑫　李智国

（河南理工大学机械与动力工程学院　河南焦作　454003）

摘　要　矿用救生舱（避难硐室）是煤矿紧急避险系统中的一种重要救援装备，基于救生舱（避难硐室）的监测机器人，可以实时采集煤矿生产现场的环境与图像信息，探测救生舱到灾害现场区域内的地理与环境信息，对煤矿安全生产和灾后及时救援具有重要意义。文章阐述了基于救生舱（避难硐室）监测机器人的工作过程和主—从双向控制基本原理，建立了主—从系统的状态空间模型；根据运动和力信息的不同组合，研究了四通道、三通道和二通道结构的内在联系，并对各种控制结构的特性进行了分析，为确定控制结构提供了依据。

关键词　救生舱；探测机器人；主—从控制；控制结构；灾害探测；临场感

1　引言

如何及时准确地获取煤矿灾害现场的地理与环境信息是世界各国灾后救援面临的重大难题，监测机器人进入灾害现场完成信息探测，进行危险评估，是开展及时有效救援的重要基础。由于煤矿灾害现场机器人作业环境的非确定性，机器人从入口到事故现场要自主完成一系列复杂任务：方位探测－清除路障－路径规划－爬坡越障等，因此未知的地理环境是监测机器人进入灾害现场难以逾越的屏障。

矿用救生舱（避难硐室）是煤矿紧急避险系统中的一种重要救援技术装备，由过渡舱、生存舱和设备舱构成，包含舱内外环境监测系统、救生舱－地面通信系统、舱内人员定位系统、舱内降温降湿与空气清洗系统等。按《煤矿井下紧急避险系统建设管理暂行规定》应安放于距采掘工作面约 500～1 000 m 的位置处。考虑到救生舱（避难硐室）外探测设备的智能化程度偏低，不具备全面探测灾害现场地理与环境信息的能力，本研究提出研制基于救生舱（避难硐室）的监测机器人。灾害发生前，利用监测机器人实时采集生产现场的环境与图像信息并建立数据库，对比现场数据信息变化，预警煤矿井下现场的重大安全隐患；灾害发生后，位于生存舱中的人员通过主—从控制监测机器人离开过渡舱沿顶板轨道运动，探测救生舱至灾害现场区域内的环境信息，通过无线网络先传输到救生舱（避难硐室），然后再传回地面决策与控制中心，对煤矿安全生产和灾后救援具有十分重要的社会与经济意义。

2　监测机器人的主—从控制与控制策略

危险场合机器人的主—从控制研究，最早是针对核废料的处理，在这种人类无法靠近的危险场所，由处在安全场所的操作者，借助视频信息，通过操纵手柄（简称主手），控制机器人进入危险的场所进行操作，避免操作者受核辐射的威胁。在本研究中，操作者在救生舱（或避难硐室）中，根据监测机器人上安装的摄像机传回的现场图像信息，通过操纵手柄（主手），对监测机器人（从手）进行控制。为了提高机

作者简介：王裕清，男，1952 年出生，硕士，教授，博士生导师，河南理工大学万方科技学院院长。地址：河南省焦作市解放中路 142 号；邮编：454000；E-mail：wangyq@hpu.edu.cn。本文受国家自然科学基金（项目编号：U1261115）和 2012 年度高等学校博士学科点专项科研基金（项目编号：WS2012A06）资助。

器人的工作效率，克服摄像头视野狭窄、获得的信息有限的问题，仪表操作者获得更多来自现场的学习，目前国内外研究者正在进行加入力觉反馈的研究，通过综合视觉、声觉、力觉反馈信息，给操纵者以高度的临场感提示，使主—从机器人系统的性能提高到一个新水平。理想的主—从控制性能是借助视频信息，通过操作者对主手的操控，能准确控制并感知监测机器人的运动状态，达到现场操纵的效果，即实现视觉和力觉临场感。

由主、从手的力和位移信息融合，可以构成主、从手的不同控制律。早期的遥操作控制结构主要有：位置—位置型、位置—力型、力反馈—位置型以及改进的力反馈—位置型等，其主要区别在于利用主、从手侧的位置和力信息的不同组合，构成不同的控制算法，实现多传感器的信息融合，在保证系统稳定的前提下，提高系统的操作性能，从手对主手位置的跟随，并对主手驱动机构的力进行控制。

3 主—从机器人系统的状态空间模型

主—从机器人系统的状态空间模型如图1所示，图中包括操作者、主手、从手和环境以及信号传输环节的时延，F_m 表示作用于主手上的力（通常认为等于 F_o），u_m、u_s 分别为主手和从手的控制信号，x_m、x_s 分别表示主手和从手的状态向量，y_m、y_s 分别为主手和从手的输出。

由状态空间表示的主、从手分别为

$$\begin{cases}\dot{x}_m(t)=A_m x_m(t)+B_m u_m(t)\\ y_m(t)=C_{m1}x_m(t)\end{cases}\tag{1}$$

$$\begin{cases}\dot{x}_s(t)=A_s x_s(t)+B_s u_s(t)\\ y_s(t)=C_{s1}x_s(t)\end{cases}\tag{2}$$

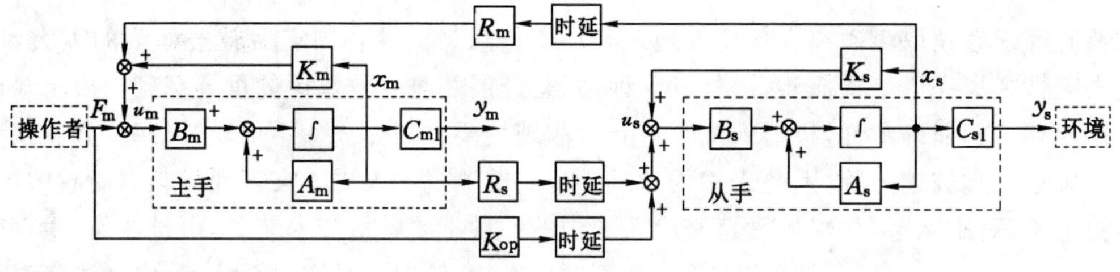

图1 主—从遥操作机器人系统状态空间模型

主、从手的控制信号分别为

$$u_m(t)=K_m x_m(t)+R_m x_s(t-T)+F_m(t)\tag{3}$$

$$u_s(t)=K_s x_s(t)+R_s x_m(t-T)+K_{op}F_m(t-T)\tag{4}$$

式中 K_m、K_s——主、从手状态的反馈向量；

R_m——从手对主手的作用向量，包括反馈至主手的力，R_m 可以将从手与环境之间的作用力反馈至主手；

R_s——手对从手的作用向量；

K_{op}——操作者施加在主手上的作用力对从手的影响；

T——信号传输环节的定值时延。

将式(3)、式(4)分别代入式(1)、式(2)，得

$$\dot{x}_m(t)=(A_m+B_mK_m)x_m(t)+B_mR_mx_s(t-T)+B_mF_m(t)\tag{5}$$

$$\dot{x}_s(t)=(A_s+B_sK_s)x_s(t)+B_sR_sx_m(t-T)+B_sK_{op}F_m(t-T)\tag{6}$$

式(5)、式(6)为系统的全状态反馈控制律，按照式(5)、式(6)实施控制，将使系统硬件组成复杂，造成信息冗余和不必要的浪费。因此，实际系统通常根据不同的性能要求，选择某些状态变量构成控制律，达到相应的要求。

按照状态信息构成的不同，常用的主—从控制结构可分为四通道、三通道、两通道等形式，可以看做是全状态反馈控制律的简化形式，分别具有不同的力觉临场感性能。

4 四通道控制结构及分析

合理地使用四个通道的力和位置（运动）信息是控制器设计的关键。考虑到速度 v、力 F 与阻抗 Z 之间的关系 $Z=F/v$，为便于分析，本文用速度和力建模，并不影响分析结果。

4.1 四通道控制结构

透明性是主—从操作的主要目标之一，当操作者的输入（或传输）阻抗 Z_t 等于环境阻抗 Z_e 时，可实现遥操作的透明性，即

$$Z_t = Z_e \tag{7}$$

主、从机器人运动和力信息的双向四通道结构如图 2 所示。图中 Z_m、Z_s、C_m、C_s 分别为主手阻抗、从手阻抗、主手控制器、从手控制器。信息双向传递关系分别为：由 C_1 传递主手速度 v_m，由 C_2 传递环境力 F_e，由 C_3 传递操作者的力 F_m，由 C_4 传递从手速度 v_s。C_m、C_s 通常包含在主手和从手系统的局部反馈回路中，C_1、C_2、C_3、C_4 可能包含滤波器、建模时延和补偿器等。

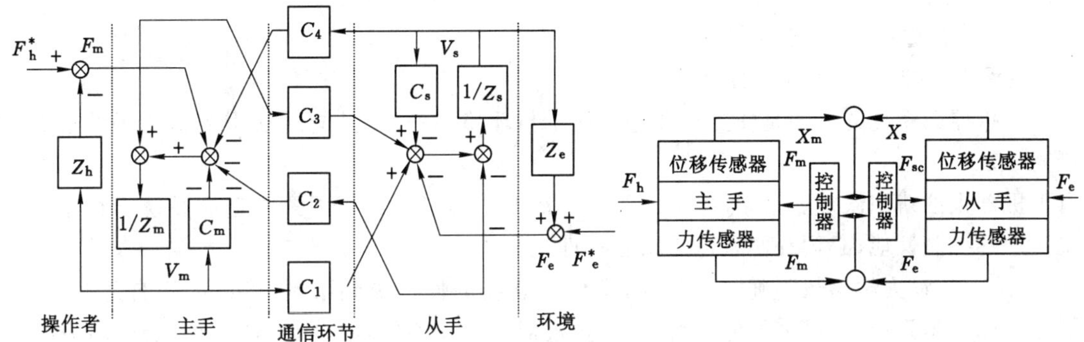

图 2 四通道控制结构

由双端口网络理论可得

$$\begin{bmatrix} F_m \\ \dot{X}_m \end{bmatrix} = \begin{bmatrix} h'_{11}(s) & h'_{12}(s) \\ h'_{21}(s) & h'_{22}(s) \end{bmatrix} \begin{bmatrix} \dot{X}_e \\ -F_e \end{bmatrix} \tag{8}$$

$$Z_t = \frac{h'_{11}(s) - h'_{12}(s)}{h'_{21}(s) - h'_{22}(s) Z_e} Z_e \tag{9}$$

式(8)的混合矩阵中各元素分别为

$$h'_{11} = (Z_m + C_m)P(Z_s + C_s - C_3C_4) + C_4 \tag{10}$$

$$h'_{12} = -(Z_m + C_m)P(I - C_3C_2) - C_2 \tag{11}$$

$$h'_{21} = P(Z_s + C_s - C_3C_4) \tag{12}$$

$$h'_{22} = -P(I - C_3C_2) \tag{13}$$

其中

$$P = (C_1 + C_3Z_m + C_3C_m)^{-1} \tag{14}$$

主—从操作系统的理想透明性可以表示为

$$H_{\text{ideal}} = \begin{bmatrix} 0 & -1 \\ 1 & 0 \end{bmatrix} \tag{15}$$

由式(10)～式(15)可得满足透明性的条件

$$C_3C_2 = I, C_2 = I, C_4 = -(Z_m + C_m), C_1 = Z_s + C_s \tag{16}$$

此时，主手和从手的控制输入分别为

$$F_{mc}=[-C_m \quad I]\begin{bmatrix}\dot{X}_m\\F_m\end{bmatrix}-[C_4 \quad C_2]\begin{bmatrix}\dot{X}_s\\F_e\end{bmatrix} \tag{17}$$

$$F_{sc}=[C_1 \quad C_3]\begin{bmatrix}\dot{X}_m\\F_m\end{bmatrix}-[C_s \quad I]\begin{bmatrix}\dot{X}_s\\F_e\end{bmatrix} \tag{18}$$

可见,双向主—从操作系统的设计包含力和速度的信息,通信通道的设计与主、从手的动态特性有关。由式(16)可知,要实现 C_1、C_4,需要检测主、从手的加速度,通过消除主、从手的动态来实现透明。令传输阻抗 $Z_t=Z_m+Z_e$,此时,各通道控制器满足

$$C_1=C_s,C_2=C_3=I,C_4=-C_m \tag{19}$$

采用Nyquist方法对闭环系统的鲁棒性研究表明,上述四通道结构对线性时不变系统非常有效,为使系统透明,所有的控制参数应唯一确定,但控制参数不能确保系统稳定,在稳定性和透明性之间存在矛盾,当环境参数未知或时变时,这种矛盾尤其突出。

4.2 四通道控制结构分析

按照主、从手被控制量不同,可以将主—从系统分为四种类型:

(1) 主手为力控制,从手为位置控制;

(2) 主手为位置控制,从手为力控制;

(3) 主手为位置控制,从手为位置控制;

(4) 主手为力控制,从手为力控制。

主—从机器人系统的目的是使操作者感知从手与环境的作用力,同时从手跟踪主手的位置,因此,主要研究(1)。

由于机器人的辨识误差、力信号噪声以及计算造成的信号延迟等因素将造成系统不稳定,实际上,要实现理想的控制性能,必须补偿系统的动态特性。

当主、从手的动力学参数不确定或时变,定值控制器的使用受到限制,可以采用自适应控制方法。对于信号延迟和辨识误差,可采用低通滤波,并将机器人的动态特性以阻抗形式加入到控制律中,当令该阻抗为零时,即可实现理想性能。为实现透明操作或环境阻抗与传递到操作者手部的阻抗完全匹配,采用定值控制器时,需要构建四个通道实现主—从手之间力和位置的双向传递。由于主、从手的阻抗中包含了惯性项,需要检测主、从手的加速度,从而使系统构成复杂、成本增加。此时,若主—从手同构或具有相同的动力学特性,则可以实现良好的透明性;若存在时延,则稳定鲁棒性很差。在采用无源方法的四通道结构中,在通信传输线上增加滤波器,并忽略惯性项,以避免加速度检测的方法,则构成对时延具有稳定鲁棒性最优透明性四通道结构,但系统不能保证无源。双重混合主—从操作方法与四通道结构结合,将主手和从手划分成两个力控制和位置控制的子空间,且不经过通信环节形成闭环反馈,对于适当时延和确定性环境,不需要环境辨识,可实现适当时延下稳定的双向主—从控制。当主—从操作任务的几何约束已知时,将主、从手的工作空间划分为正交的位置控制和力控制子空间。在环境阻抗 Z_e 很小时(相当于自由运动),$C_2=0$;当受限运动时,环境阻抗 Z_e 较大,$C_4=0$。信号可以在正交的子空间中单向传递,同时给操作者提供运动反馈。采用阻抗调节方法,在自由运动和受限运动场合可以得到较好的效果。通过合理地选择控制器参数,四通道控制结构对于一定时延可实现稳定,只有当时延为零时才能获得理想的透明性;当存在时延时,需要在不同的性能要求之间寻求折中。

5 三通道控制结构及分析

5.1 三通道控制结构

在四通道控制结构中,若令 $C_1\sim C_4$ 中任意一个通道为零,则可以得到三通道控制结构的四种方案,如图3所示。

在图3表示的四种控制结构中,主手侧与从手侧都安装了力传感器和位移传感器(速度信息可根据

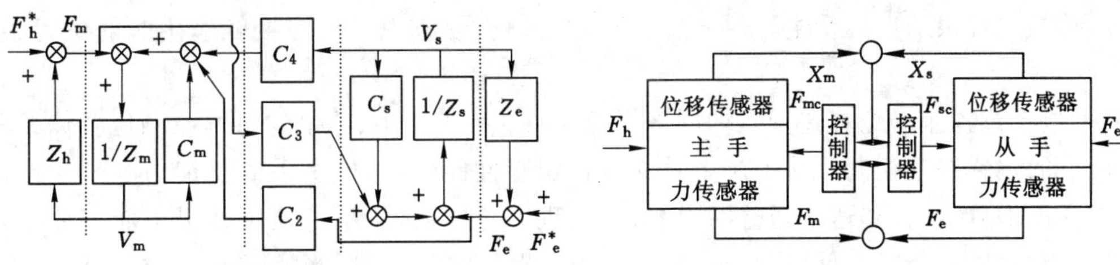

(a) C_4=0(主手用力差，从手用力差+位置差)

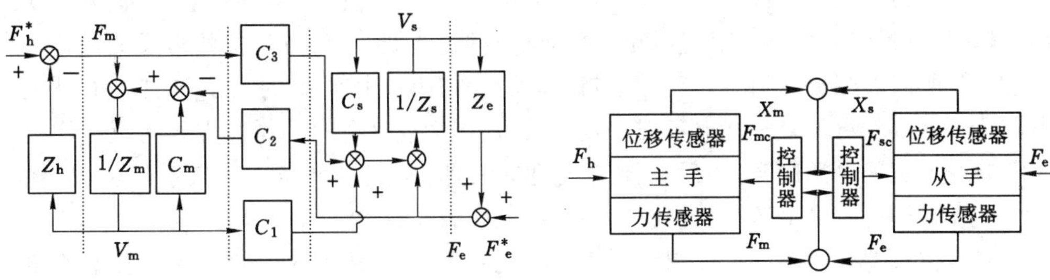

(b) C_3=0(主手用力差+位置差，从手用位置差)

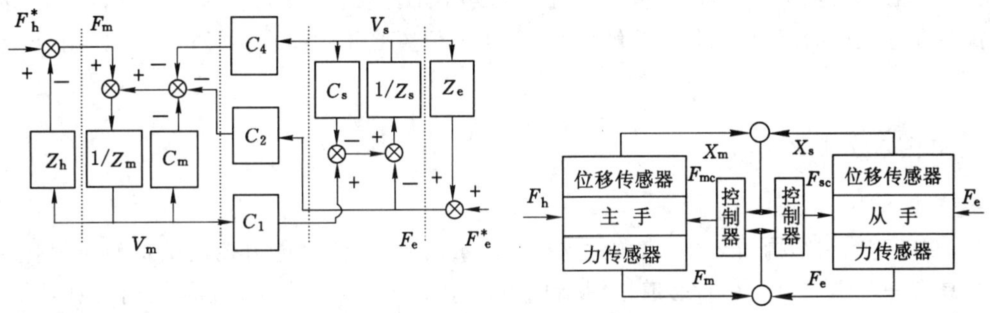

(c) C_2=0(主手用位置差，从手用力差+位置差)

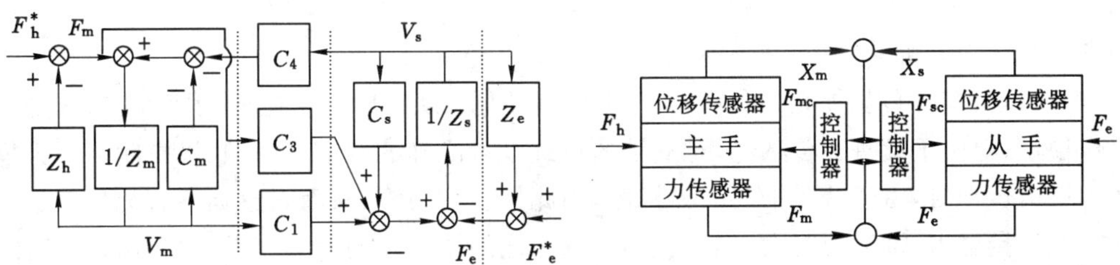

(d) C_1=0(主手用力差+位置差，从手用力差)

图 3　三通道控制结构

位置信息经变换得到)，由于主、从手的控制信号不同，所以属于非对称系统。为使表示方式简单，图 3 中采用主手的控制律在前、从手的控制律在后，二者之间用破折号连接的方法表示控制策略，“位置差”和“力差”分别表示控制律的构成部分，“+”表示该侧的控制律由两部分构成。

5.2　三通道控制结构分析

$C_4=0$（力差－力差＋位置差型），如图 3(a)所示，主手采用主、从手的力偏差驱动，进而向操作者施加一个大小相等、方向相反的作用力；从手采用位置偏差和力偏差控制。反馈力受主手动力学特性及力反馈增益的影响；为实现力觉透明，主手的惯量及阻尼应充分小，力反馈增益应足够大。力反馈对力控制环内的主、从手动力学特性具有拟制作用,明显改善主、从系统的动态特性,但由于从手由力差和位差复合控制,从手的位置跟踪性能受主、从手之间的力差影响,使自由运动和接触作用时的位置跟踪性能存在差异。

$C_3=0$(力差+位置差-位置差型),如图3(b)所示,主手采用主、从手的力偏差和位置偏差驱动,从手采用主、从手的位置偏差控制。从手对主手的位置跟踪性能较好,但主手的反馈力受位置差、主手动力学特性、力反馈增益、位置和速度增益的影响;为实现力觉透明,主手的惯量及阻尼应充分小,力反馈增益应足够大。当自由运动时,反馈力受操纵力和位置差的复合控制;当接触作用时,反馈力受力差和位置差的复合控制,主手跟踪从手与环境的接触力的性能不同。

$C_2=0$(位置差-力差+位置差型),如图3(c)所示,主手采用主、从手的位置偏差驱动,从手采用主、从手的力偏差和位置偏差控制。对于可正、反向操纵的主手,主手没有直接的力反馈,当从手自由运动时,接触力为零,所以人感觉不到力;当从手与物体发生作用时,接触力的大小取决于主、从手之间位置差的大小,对于弹性负载,可以较好地实现力觉反馈,反馈力受从手动力学特性及力反馈增益、位置和速度增益的影响。为实现力觉透明,力反馈增益应足够大,时延应尽可能小。从手的位置跟踪性能受主、从手之间力差的影响,在自由运动和接触作用阶段的位置跟踪性能存在差异。

$C_1=0$(力差+位置差-力差型),如图3(d)所示,主手采用主、从手的力偏差和位置偏差驱动,从手采用主、从手的力偏差控制。主手的力反馈受位置差、主手动力学特性、力反馈增益、位置和速度增益的影响;为实现力觉透明,主手的惯量、摩擦及阻尼应充分小,力反馈增益应足够大。当自由运动时,从手位置受位置差和操纵力的复合控制;当接触作用时,从手位置受位置差和力差的复合控制,位置跟踪性能存在差异。

6 两通道结构及分析

6.1 两通道控制结构

由于三、四通道控制结构的复杂和对硬件种类、数量的要求,使两通道控制结构对于简化系统硬件和控制算法具有一定吸引力。在四通道控制结构中,令 C_1 与 C_3、C_2 与 C_4 不能同时存在或同时为零,即始终有两个双向通道连通,则可以得到四种两通道控制结构,如图4所示。控制策略表示方法与三通道相同。

6.2 两通道控制结构分析

$C_2=C_3=0$(位置差-位置差型),如图4(a)所示,利用主、从手的位置差分别驱动主、从手。系统结构简单,工作稳定,但由于没有力传感器,对从手的负载没有准确的测定,力控制没有闭环。人操纵主手运动,当从手自由运动时,由于从手未与外界接触,因此接触力为零,从而人感觉不到力反馈。当从手与外界接触时,产生接触力,接触力的大小取决于主、从手之间位置差的大小。因此,自由运动时位置跟踪精度最高,但接触作业时力跟踪性能和位置跟踪性能较差,不能同时实现位置和力跟踪。对于多数机器人,当从手的惯性、摩擦和阻尼较大时,尤其是当主手采用机械减速方式时,操作者感觉到的力受主、从手本身动力学特性的干扰,反馈至主手的力将被掩盖,不能提供满意的力觉临场感力。该策略适用于可以正、反向操纵的主手。

$C_3=C_4=0$(力差—位置差型),如图4(b)所示,主、从手上均装有力和位移传感器,主手采用主、从手的力差驱动,进而向操作者施加一个大小相等、方向相反的作用力;从手采用位置差控制,以保证从手的位置能跟踪主手位置的变化。由于主、手的控制信号不同,故是一非对称系统。力的闭环控制使主、从手之间的机构摩擦力和惯性力不能反馈到主手,对力控制环内的主、从手动力学特性具有拟制作用,明显改善主、从系统的动态特性,使透明性提高,适合精细的操作。因此,对主、从手机械传动装置的要求都降低了。通过位置的闭环控制实现主、从手的运动控制。自由运动时,位置跟踪精度同位置差—位置差型;接触作用时,位置跟踪性能与位置差—位置差型相同,力跟踪性能比位置差—位置差型好。系统容易稳定，但不能同时实现位置和力跟踪。由于主手采用主、从手的力差控制，对于异构型系统，当从手接触刚度较大的物体时，主手有可能受到较大的冲击力，使操作者难以忍受。

$C_1=C_4=0$（力差一力差型），如图 4(c)所示，主、从手上均装有力传感器，但没有位移传感器，主、从手均采用主、从手的力差信号驱动。由于主、从手的控制信号相同，因此是一对称系统。从手自由运动时位置跟踪性能最差，从手接触作用时力跟踪性能与位置差一力差型相当，但系统更难稳定，从性能和稳定性两个角度考虑，力差一力差型力反馈控制系统缺乏实用价值。

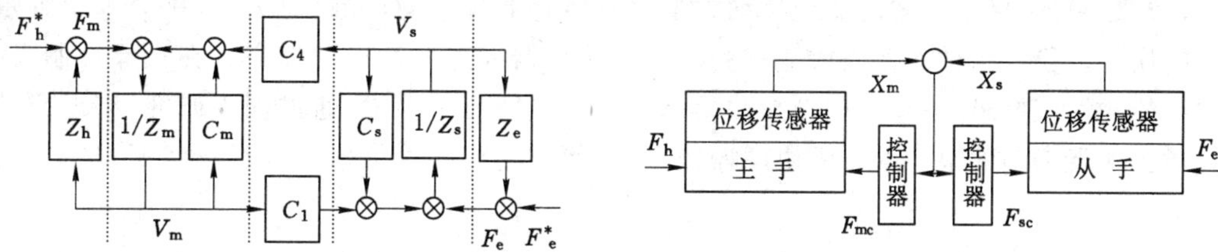

(a) 位置差一位置差型 ($C_2=C_3=0$，主手用位置差，从手用位置差)

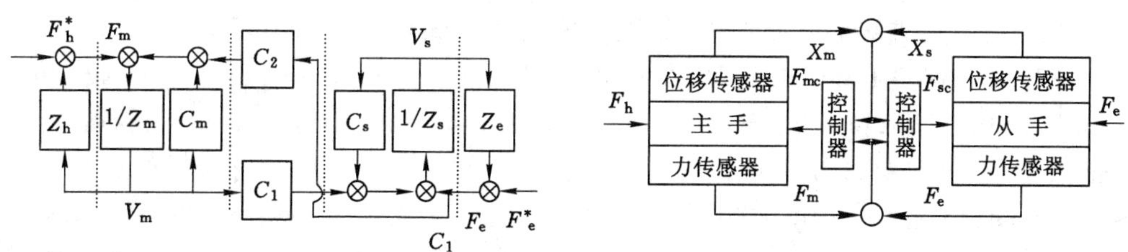

(b) 力差一位置差型 ($C_3=C_4=0$，主手用力差，从手用位置差)

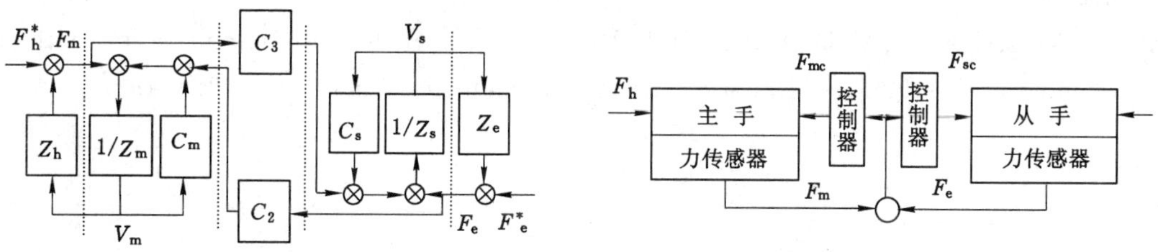

(c) 力差一力差型 ($C_1=C_4=0$，主手用力差，从手用力差)

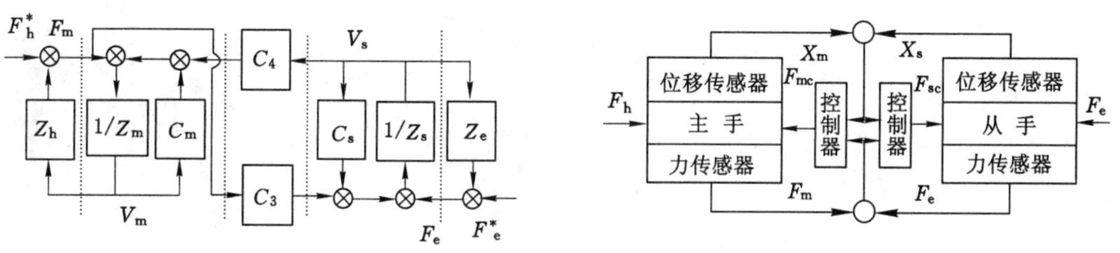

(d) 位置差一力差型 ($C_1=C_2=0$，主手用位置差，从手用力差)

图 4　两通道结构

$C_1=C_2=0$（位置差一力差型），如图 4(d)所示，利用主、从手的位置差控制主手，可使主手的位置跟踪从手的位置，使操作者及时感知从手的位移及与环境的接触情况；将主、从手的力之差控制从手，使主手的操纵力按照一定比例加到从手的控制中，以改善从手接触刚性较大物体时对主手的反馈力冲击过大的问题。当从手被卡住停止不动时，主手也不能移动；当从手接触刚性物体时，由作用力与反作用力原理，从手的驱动力与来自刚性物体的反作用力会自动平衡，从原理上讲可以消除反馈力冲击。本方法更符合动力学原理，可有效地消除主手的冲击与振动。适用于可以正、反向操纵的主手，或者可以正向操纵、但主一从两侧零位不重合的系统控制。

7 结束语

本文提出的基于救生舱的监测机器人系统采用主—从控制方式。基于主、从侧的状态空间模型,根据运动和力信息的不同组合,阐述了四通道、三通道和二通道结构的内在联系,并对各种控制策略的特性进行了分析。分析表明,不同的控制策略具有不同的性能,适用于不同的场合,二通道结构可以保证无源性,却以透明性为代价,而四通道结构可能以失去时延的无源性和鲁棒性为代价。而且,由于主、从手的惯量、摩擦、阻尼、接触瞬间的非线性动力学以及传感器误差的影响,使主、从手力和位置跟踪曲线存在一定的误差。稳定条件的适当放宽有利于主—从机器人透明性能的提高。在选择控制策略时,应综合考虑系统的性能要求、信息的类型与数量、时延、环境特征等因素,通过深入研究,将形成结合灾害特征和人类操作者感知的眼—脑—手协调操控方式,使监测机器人依据灾害现场状况自主完成信息探测任务。

参考文献

[1] 孙继平. 煤矿井下避难硐室与救生舱关键技术研究[J]. 煤炭学报, 2011, 36(5):713-718.

[2] HASHTRUDI-ZAAD K, SALCUDEAN S E. Transparency in time—delayed systems and the effect of local force feedback for transparent teleoperation[J]. IEEE Transactions on Robotics and Automation, 2002, 18(1):101-114.

[3] HASHTRUDI-ZAAD K, SALCUDEAN S E. Transparency in time—delayed systems and the effect of local force feedback for transparent teleoperation[J]. IEEE Transactions on Robotics and Automation, 2002, 18(1):101-114.

[4] PAOLO ARCARA, CLAUDIO MELCHIORRI. Control schemes for teleoperation with time delay: A comparative study[J]. Robotics and Autonomous Systems, 2002 (38):49-64.

变压吸附法富集分离低浓度瓦斯的实验研究

竹　涛　陆　玲　戴亚中　周　昊　周金兰　李光腾

（中国矿业大学（北京）化学与环境工程学院　北京　100083）

摘　要　文章针对采煤矿井巷道中上隅角区域通风瓦斯采取变压吸附分离技术，在确保煤炭生产安全的同时，达到低浓度瓦斯资源再利用的目的。整个实验流程包括常压吸附和真空解吸两部分。在双塔变压吸附设备上，比较了两种不同的活性炭吸附剂对瓦斯的吸附性能，通过调整切换时间、改变反吹流量等参数考察了吸附分离前后甲烷浓度的变化规律，进一步优化了工况参数。实验结果表明，变压吸附的方法可以用于低浓度煤矿甲烷的分离与富集，这为推广至大气量煤矿通风瓦斯气的资源化利用奠定了基础。

关键词　通风瓦斯；变压吸附；富集；分离；资源化

煤炭资源在我国的能源结构中一直占有举足轻重的地位。在现代煤炭开采环境下，低浓度瓦斯气的富集利用，更是国内外关注的重点。我国煤层气资源丰富，单就 2 000 m 以内的浅层煤层气，资源量就达大约 36 810 km^3，与天然气的资源总量相当，居世界第 3 位。这些煤层气如果能够资源化利用，不仅可以提高煤矿生产的安全性，节省优质能源，更可减少温室气体、破坏臭氧层气体的排放（CH_4 产生的温室效应是 CO_2 的 21 倍，对臭氧层的破坏力是 CO_2 的 7 倍）。但是事实上，由于技术层面以及经济层面的原因，这些煤层气绝大部分都以低体积分数的形式焚烧销毁或放散排空。因此，如何将低体积分数的煤层气分离富集，已成为煤层气开发利用的重要问题。低浓度甲烷的处理技术包括深冷分离技术、膜分离技术以及变压吸附技术。深冷分离技术初期投资巨大且经济运行量高达几百万立方米以上；膜分离技术存在膜分离效果对制膜技术依赖性强、成本高、膜易发生淤塞、易损等缺陷；相比之下，变压吸附技术能够很好地弥补上述两种方法的缺陷，因此本实验采用的是变压吸附分离技术来分离低浓度甲烷气。

1　实验材料与方法

本实验采用变压吸附技术分离低浓度煤矿瓦斯，设计了双塔变压吸附设备进行高效富集分离实验，整个流程包括常压吸附和真空解吸两个部分（如图 1 所示）。实验中利用空气与纯甲烷气模拟体积分数在 0.1%～0.3%的煤矿低浓度乏风瓦斯。由于本实验主要研究该装置对瓦斯的分离效果，所以准确测量甲烷在进出口位置的浓度变化特别重要。本实验选用 QGS—08C 红外线分析器作为主要的测量仪器（附带干燥瓶与缓冲瓶）。实验过程中进气和排放气的流量可以通过数字式质量流量计直接传送到计算机中进行存储，吸附塔内的压力变化由压力传感器通过数据采集卡采集到计算机中，浓度的测定可以通过甲烷气体检测仪并传送到计算机中。

在双塔变压吸附设备上，对两种不同煤种制备的活性炭进行了吸附研究分别为吸附剂 1 和吸附剂 2，比较了它们的饱和吸附曲线以及工况参数变化对低浓度甲烷气体分离效果的影响。吸附剂特性参数

作者简介：竹涛（1979— ），男，博士，副教授，硕士生导师。项目资助：国家自然科学基金（51108453）；新世纪优秀人才支持计划；北京市优秀人才培养资助项目；中央高校基本科研业务专项基金（2009QH03）。

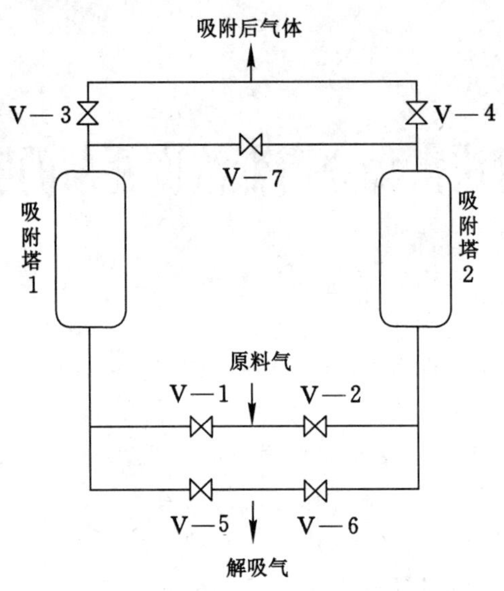

图1 真空变压吸附循环流程图

如表1所示。

表1 吸附剂特性参数

吸附剂	比表面积 /$m^2 \cdot g^{-1}$	吸附孔容 /$cm^3 \cdot g^{-1}$	吸附平均孔径 /nm	脱附孔容 /$cm^3 \cdot g^{-1}$	脱附孔径 /nm
1	728.2	0.552 76(D=314.4 nm)	3.033 73	0.528 84(D=314.4 nm)	2.902 49
2	1 124.3	0.608 06(D=799.34 nm)	2.163 27	0.536 51(D=799.34 nm)	1.908 72

2 结果和分析

2.1 吸附剂吸附量的测定

实验过程中吸附压力为60～80 kPa,温度为35 ℃,等温吸附。如图2所示,吸附剂1对甲烷气体的饱和吸附量大概在6 L/100 g左右,吸附剂2对甲烷气体的饱和吸附量大概在11.8 L/100 g。乏风瓦斯的主要成分是N_2、O_2和CH_4,其中各自的分子动力学半径分别为3.64 Å、3.46 Å和3.82 Å。甲烷的分子直径稍大,而N_2和O_2的分子直径稍小。特别是O_2和CH_4属于非极性分子,O_2容易被极化并具有顺磁性,N_2分子具有比较弱的四重偶极矩。因此,这几种气体分子尽管性质比较接近,但是仍然有一定的差别。特别是,当采用具有非极性表面吸附剂时,这几种气体分子的吸附强度依次为$CH_4 > O_2 \cong N_2$。由于活性炭具有非极性表面,且孔径更为接近3.82 Å,因此对甲烷的分离表现出极佳的效果。由表1可知,吸附剂2孔隙更为发达,微孔较多,比表面积也大于吸附剂1,因此表现出更佳的吸附性能。

2.2 切换时间与吸附后气体、解吸气流量的关系

如图3所示,当原料气气量保持恒定、吸附塔中填充吸附剂2时,随着切换时间的延长,吸附后气体流量逐渐增加,解吸气流量逐渐减小。

当吸附时间较短时,活性炭对甲烷的吸附量较少,大量的原料气被真空泵抽走,因此解吸气量较大,吸附后气体量较少。随着切换时间的增加,在相同时间内进行的循环次数越少,抽真空的次数就少,因此使单位时间内的解吸气流量减小。切换时间超过150 s时解吸气量仍在减小,可是此时解吸气中甲

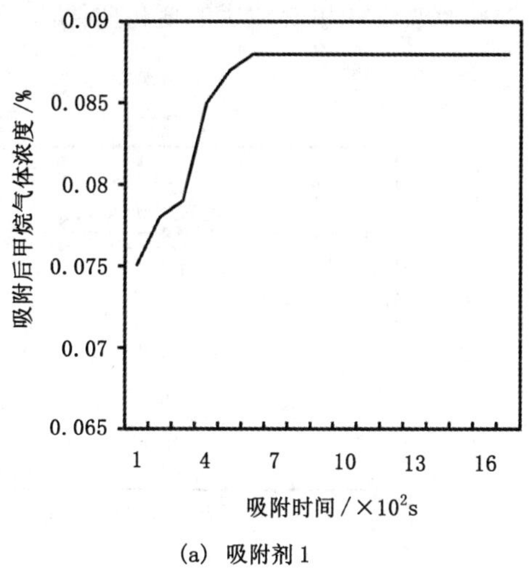

(a) 吸附剂 1

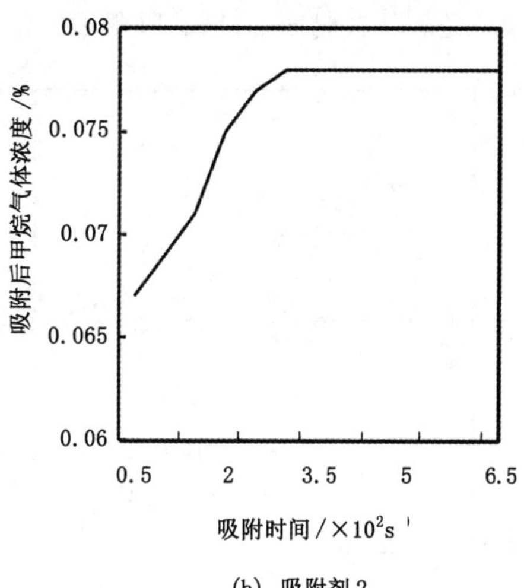

(b) 吸附剂 2

图 2　吸附剂 1 和吸附剂 2 的吸附曲线

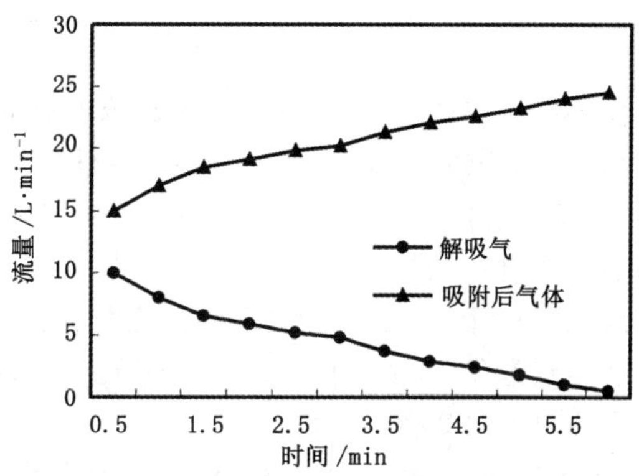

图 3　切换时间与吸附后气体、解吸气流量的关系

烷浓度也减小了，已经不能保证瓦斯分离的效果，所以更小的解吸气流量已经没有意义。

2.3　切换时间对分离效果的影响

吸附时间是变压吸附分离低浓度瓦斯最重要的工艺参数之一，它直接影响瓦斯分离系统的运行效果。本实验吸附时间和解吸时间相等。

图 4～图 7 所示为当原料气量保持恒定，反吹气流量为 0.5 L/min，吸附塔中分别填充吸附剂 1 和

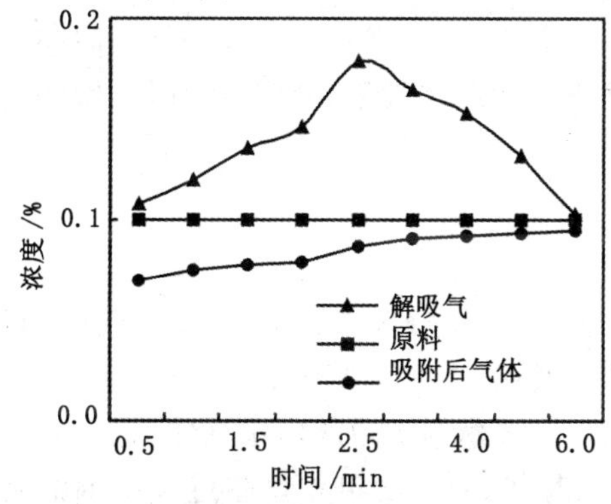

图 4　吸附剂 1，进气浓度为 0.1%时随切换时间变化的吸附情况图

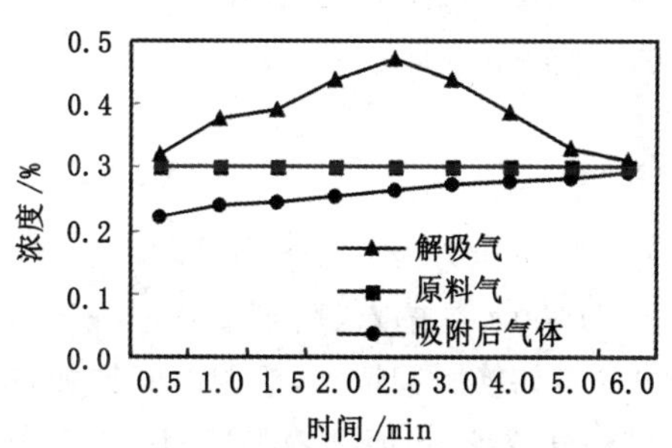

图 5　吸附剂 1，进气浓度为 0.3%时随切换时间变化的吸附情况图

吸附剂 2 时，随着切换时间的延长，吸附后气体甲烷浓度和解吸气中甲烷浓度的变化曲线。

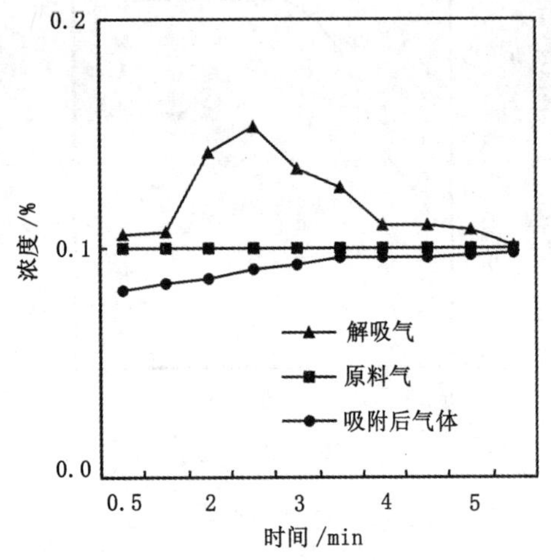

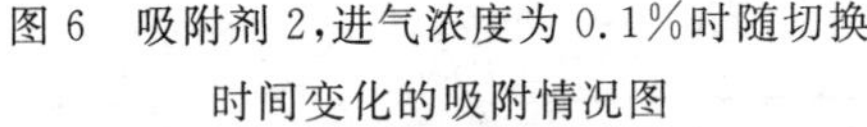
图 6　吸附剂 2，进气浓度为 0.1％时随切换时间变化的吸附情况图

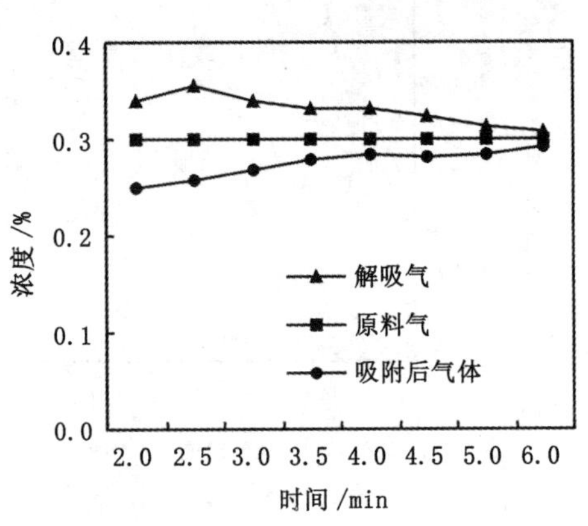

图 7　吸附剂 2，进气浓度为 0.3％时随切换时间变化的吸附情况图

如图 4、图 5、图 6、图 7 所示，延长切换时间，吸附后气体甲烷浓度逐渐增加，到 6 min 时，逐渐接近原料气浓度。对于本实验用变压吸附分离低浓度瓦斯实验装置，最佳的切换时间是 150 s(依实验设置的目的不同和实验条件的差异，确定的最佳切换时间是不同的)，此时解吸气甲烷浓度最高。实验结果表明，在吸附过程中，吸附剂对原料气进行选择吸附，在切换时间较短时，吸附塔内的吸附没有达到饱和，吸附后气体甲烷浓度比较低。延长吸附时间，吸附过程更加充分，吸附后气体甲烷浓度逐渐升高，一直到吸附剂在吸附过程中接近或达到饱和，继续延长切换时间将导致强吸附组分甲烷完全穿透吸附塔，从而造成吸附后气体浓度达到和原料气浓度相等。

对于解吸气，其甲烷浓度先增加后减小，当切换时间为 150 s 时存在一个极值点，切换时间达到 6 min 时，吸附剂 1、吸附剂 2 的解吸气浓度和原料气浓度几近相等。当吸附时间较短时，吸附时间短时解吸时间也短，抽真空时间也短，导致活性炭的解吸不完全，解吸气中甲烷浓度就低。切换时间的延长使得解吸过程逐渐完全，进而增加吸附塔在下次吸附阶段的吸附量。所以，吸附时间短时解吸气甲烷浓度较低，并且随着吸附时间的增加，吸附剂解吸更加充分，解吸气甲烷浓度逐渐增加，当解吸气甲烷浓度达到最大值后，继续延长吸附时间，反吹气量也不断增加，从而使得解吸气甲烷浓度下降，直到和原料气浓度相等。

因此，变压吸附法能实现地下采煤工作面上隅角低浓度瓦斯的分离与净化，而且切换时间的长短对吸附后气体和解吸气中甲烷浓度有很大的影响，在一定的实验条件下，存在一个最佳的切换时间使变压吸附分离低浓度瓦斯的效果最好。在本实验条件下，需要综合考虑分离效果和吸附后气体、解吸气的流量，选择最佳的切换时间 150 s。

3　结论

(1) 在吸附压力为 60～80 kPa，温度为 35 ℃的实验室条件下，吸附剂 1 对甲烷气体的饱和吸附量大概在 6 L/100 g 左右，吸附剂 2 对甲烷气体的饱和吸附量大概在 11.8 L/100 g。

(2) 随着切换时间增加，吸附时间增加，通入的原料气越多，吸附剂吸附的甲烷气体量越多，解吸气中甲烷体积分数越大；而随着半周期越来越长，超过吸附平衡时间，通入的甲烷量超过吸附剂的吸附能力，吸附剂达到饱和，即使再增加抽真空时间，解吸气甲烷含量维持恒定的水平。因此，在适当的范围内半周期越大实验效果越好。但是，当切换时间超出吸附平衡时间后，吸附后气体中甲烷体积分数将不再随之上升并维持一定的水平不变。此外，当吸附时间较短时，吸附剂对甲烷的吸附量较少，解吸量较大，解吸气中甲烷浓度较低。

(3) 切换时间的长短对吸附后气体和解吸气中甲烷浓度有很大的影响，在本实验条件下，综合考虑切换时间对分离效果的影响，以及其对解吸气流量的影响选择的最佳切换时间为150 s。

参考文献

[1] 王长元，王正辉. 低浓度煤层气变压吸附浓缩技术研究现状[J]. 矿业安全与环保，2008，35(6)：70-73.

[2] 白廷海. π放工作面的瓦斯综合治理[J]. 煤炭技术，2006，25(1)：56-61.

[3] 耿德金. 高瓦斯采煤工作面上隅角瓦斯积聚成因及处理措施[J]. 煤炭技术，2004，23(4)：55-56.

[4] 宁成浩，陈贵锋. 我国煤矿低浓度瓦斯排放及利用分析[J]. 能源环境保护，2005，19(4)：1-4.

[5] 张君杰，张艳君，王大华. 阳泉市矿井瓦斯气利用现状和利用潜力分析[J]. 太原科技，1997(1)：15-16.

[6] 刘文革，胡予红. 煤矿通风瓦斯利用技术现状及其潜力[J]. 中国煤炭，2003(11)：11-13.

[7] 任仁. 温室气体甲烷的人为源及其减排的技术措施[J]. 环境导报，2000(4)：42-43.

[8] 刘应书，乐恺，冯俊小，等. 微型制氧技术的试验研究[J]. 北京科技大学学报，2001，23(6)：549-551.

[9] 田津津，张玉文，王锐. 变压吸附系统气流分布器结构的数值模拟计算与分析[J]. 低温工程，2005(4)：45-48.

[10] PIGORINI G，LEVAN M D. Optimization for trace separation and purification in two-component adsorption [J]. Ind. & Eng. Chem. Res.，1998(37)：2516-2528.

[11] SERBEZOV A S，SOTIRCHOS S V. Mathematical modeling of the adsorptive separation of multicomponent gasous mixtures [J]. Chem. Eng. Sci.，1997，52(1)：79-91.

[12] 罗文泉，叶霜. 模型实验的相似方法[J]. 工业加热，1999(1)：17-19.

工作场所高血压人群的综合防治与疗效跟踪

刘 星 吴寿岭 梁 洁 刘秀荣

(开滦总医院 河北唐山 063000)

摘 要 文章目的探讨在工作场所对高血压患者进行综合干预的效果。方法:自2009年4月开始对开滦集团有限责任公司井下及井下辅助单位在岗原发性高血压职工进行综合干预。干预措施包括宣传教育、免费发放降压药物及工会参与。治疗期间每两周随访一次并测量血压,观察干预前后高血压职工的血压变化情况。结果:① 经综合干预后所有研究对象高血压的治疗率为100%,达标率为52.0%。收缩压、舒张压分别下降了12.29±17.43 mmHg和9.42±11.49 mmHg。② 经综合干预后,尼群地平/卡托普利组、尼群地平/螺内酯组、氢氯噻嗪/卡托普利组、氢氯噻嗪/螺内酯组及自服药物组的治疗总有效率分别达71.54%、75.2%、74.69%、77.7%和65.47%,组间比较差异有统计学意义($P<0.01$)。③ 多因素Logistic回归分析显示影响研究对象综合干预后血压达标的因素为药物分组、基线SBP、基线DBP、工会参与及工种,OR(95%C.I.)分别为1.59(1.27~1.98)、0.97(0.96~0.98)、0.97(0.97~0.98)、4.89(3.99~5.98)及1.16(1.02~1.33)。结论:在工作场所进行高血压综合干预有效降低了高血压职工的总体血压水平,改善了高血压治疗率和达标率。

关键词 原发性高血压;综合干预;工作场所

心脑血管疾病不仅危害人民的健康,而且因其致残率、致死率高,已成为劳动力丧失,懒工的主要原因。而作为心脑血管疾病危险因素的高血压病,在产业工人中的患病率也高于其他人群。我国现有产业工人约1.46亿,在工作场所对产业工人进行高血压防治不仅可降低这一人群心脑血管疾病的发病率,保护劳动力,同时还可带动家人一同防治心脑血管疾病。为预防产业工人心脑血管疾病,美国心脏病协会(AHA)于2009年提出了工作场所健康计划。本研究旨在通过对开滦集团有限责任公司井下及井下辅助单位员工中的原发性高血压患者进行综合干预,观察在工作场所进行干预的效果,为防治高血压提供新的方法。

1 资料与方法

1.1 研究对象

研究对象均为开滦集团有限责任公司井下及井下辅助单位(洗煤厂、通风区、机电科、机采科、物管科、地质科)的在职职工。入选标准:① 参与开滦集团有限责任公司2008~2009年年度健康体检且收缩压≥140 mmHg(1 mmHg=0.133 kPa)和(或)舒张压≥90 mmHg及既往有高血压病史正在服用降压药物者;② 同意服用药物并签署知情同意书者。

作者简介:刘星,女,开滦总医院,主治医师,河北省唐山市新华东道57号开滦总医院体检中心。邮编:063000;E-mail:xingliu8177@163.com。

1.2 研究方法

1.2.1 资料收集

采用问卷调查和体检的方法获得研究对象的基线资料，具体内容方法见本课题组发表的相关文章。

1.2.2 干预方法

1.2.2.1 宣传教育

随访医生定期到所管辖单位，利用班前会向职工进行健康宣教，采用宣传栏、多媒体、工会活动场所等多种方式进行宣教。宣教的内容包括：高血压的危害、心脑血管疾病的危险因素、改变生活方式（包括低盐、低脂饮食、戒烟限酒、适度锻炼、劳逸结合、保持健康的心理、主动减轻工作和生活压力）对心脑血管疾病的影响及坚持定期检查服药的重要性。

1.2.2.2 免费发放药物

所有入选者根据查体号尾数分为四组：查体号尾数为1、5者口服第1组降压药，2、6者口服第2组降压药，3、7、9者口服第3组降压药，4、8、0者口服第4组降压药，如分到第3组、第4组降压药者的血糖、血尿酸高于正常值，则查体号尾数为3、7、9者口服第1组降压药，4、8、0者口服第2组降压药。第1组服用尼群地平5 mg 2/日＋卡托普利12.5 mg 2/日；第2组服用尼群地平5 mg 2/日＋螺内酯20 mg 1/日；第3组服用氢氯噻嗪12.5 mg 1/日＋卡托普利12.5 mg 2/日；第4组服用氢氯噻嗪12.5 mg 1/日＋螺内酯20 mg 1/日。自2009年4月开始入选分组，到2010年5月结束入选，入选后每两周随访一次，随访时测量血压并由随访医生填写随访记录表，记录内容包括血压值、服药情况、药物不良反应。

1.2.2.3 随访及药物调整

随访期间根据血压控制情况和出现的不良反应调整药物种类及剂量或加用其他药物，具体方案如表1所示：

表1　药物调整方案

药物分组	尼群地平/卡托普利组	尼群地平/螺内酯组	氢氯噻嗪/卡托普利组	氢氯噻嗪/螺内酯组
2周未达标	卡托普利加倍	尼群地平加倍	卡托普利加倍	加其他药
4周未达标	尼群地平加倍	加其他药	加其他药	
6周未达标	加其他药			

注：其他药指免费发放降压药以外的降压药物。

当研究对象对所服用的药物不能耐受时，由随访医生根据患者的情况首先更换其他组别的降压药物，如仍不能耐受，随访医生根据临床经验改用免费药物组以外的降压药物。

1.2.2.4 工会参与

对不按规定时间接受随访及服药的职工由工会干部对其进行耐心细致的教育说服。对经过综合干预后血压值仍≥180/110 mmHg的职工按有关规定劝其停工休息，待血压值降至＜180/110 mmHg后再复工。对因高血压停止工作而导致的家庭生活困难者，由工会按唐山市人均最低生活标准给予补贴。

1.2.3 血压测量

研究对象测量血压前15分钟内禁止吸烟或饮茶、咖啡，背靠静坐5分钟，采用经校正的汞柱式血压计测量右侧肱动脉血压，收缩压（SBP）读数取柯氏音第Ⅰ时相，舒张压（DBP）读数取柯氏音第Ⅴ时相，连续测量血压3次，每次测量间隔1～2分钟，取其均值。对在测量血压2周前持续规范服用降压药物者，对测得的收缩压加10 mmHg、舒张压加5 mmHg调整后进行统计分析，有助于减小降压药所致降压作用对统计的影响（有研究证明：持续规范服用降压药满2周，可有效降低收缩压10 mmHg、舒张压5 mmHg）。

1.2.4 疗效判定

1.2.4.1 有效率

按卫生部制定的心血管药物临床研究原则评定：① 显效：治疗后DBP下降≥10 mmHg，并降到正常范围内，或DBP下降≥20 mmHg；③ 有效：DBP下降<10 mmHg，但已降至正常范围内或下降10～19 mmHg或SBP下降≥30 mmHg；④ 无效：未达到以上标准。

1.2.4.2 达标率

根据《中国高血压防治指南》：SBP<140 mmHg且DBP<90 mmHg为达标，SBP≥140 mmHg或DBP≥90 mmHg为未达标。

1.2.5 统计学方法

用Excel2003建立数据库录入数据，用SPSS13.0统计软件处理数据，计量资料以$\bar{x}\pm s$表示。治疗前后比较采用配对t检验，多组间比较采用方差分析，组间比较采用LSD法，率的比较采用x^2检验或秩和检验。使用Logistic回归分析影响高血压综合干预后血压是否达标的因素，以$P<0.05$为差异有统计学意义。

2 结果

2.1 研究对象的一般情况

在参加2008～2009年年度健康体检的井下及井下辅助单位在岗职工中符合入选标准的共有5 367例，973例拒绝服用免费药物，但自己选择了其他种类的降压药物（其中851人，占95.2%，单用氨氯地平、贝那普利、坎地沙坦），4 394例服用研究用药。随访期间死亡22例，因退休失访967例，随访33.2（23.5～37）月。最终纳入分析的有效数据为4 380例，其中尼群地平/卡托普利组1 012例，尼群地平/螺内组613例，氢氯噻嗪/卡托普利组719例，氢氯噻嗪/螺内酯组1 341例，自服药物组695例，不同组别研究对象的基线资料比较见表2。

表2　研究对象的一般情况

项目	尼群地平/卡托普利组(n=1 012)	尼群地平/螺内酯组(n=613)	氢氯噻嗪/卡托普利组(n=719)	氢氯噻嗪/螺内酯组(n=1 341)	自服药物组(n=695)	F/x^2值	P值
性别(男/女)	991/21	604/9	711/8	1 321/20	686/9	3.111	0.539
年龄/岁	49.11±6.31	48.38±6.76	48.72±6.08	48.69±6.53	48.35±5.9	1.909	0.106
吸烟/例	546(53.95)	318(51.88)	332(46.18)	651(48.55)	333(47.91)	13.648	0.009
饮酒/例	351(34.68)	203(33.12)	214(29.76)	409(30.5)	261(37.55)	15.001	0.005
BMI/kg·m^{-2}	25.98±3.34	26±3.53	26.07±3.27	25.99±3.37	26.04±3.36	0.092	0.985
SBP/mmHg	149.78±18.76	147.15±18.91^{a}	146.81±16.89^{a}	147.02±15.92^{a}	144.66±15.79^{abcd}	9.608	0.000
DBP/mmHg	97.5±11.54	95.69±11.2^{a}	96.63±10.7	97.39±10.3^{b}	93.47±10.99^{abcd}	18.621	0.000
FBG/mmol·L^{-1}	5.86±1.6	5.86±1.55	5.9±1.62	5.95±1.74	5.87±1.59	0.539	0.707
TC/mmol·L^{-1}	5.31±1.07	5.33±1.12	5.34±1.05	5.41±1.1	5.13±1	7.214	0.000
TG/mmol·L^{-1}	2.21±2.06	2.34±2.3	2.17±1.83	2.06±1.68^{b}	2.1±1.96^{b}	0.362	0.051
HDL−C/mmol·L^{-1}	1.63±0.39	1.61±0.44	1.69±0.44^{ab}	1.72±0.55^{ab}	1.5±0.4^{abcd}	27.403	0.000
LDL−C/mmol·L^{-1}	2.58±0.75	2.66±0.75^{a}	2.7±0.67^{a}	2.71±0.73^{a}	2.61±0.72^{cd}	5.880	0.000

注：BMI：体重指数；SBP：平均收缩压；DBP：平均舒张压；FBG：空腹血糖；TC：总胆固醇；TG：甘油三酯；HDL−C：高密度脂蛋白胆固醇；LDL−C：低密度脂蛋白胆固醇。与尼群地平/卡托普利组比较，$^{a}P<0.05$；与尼群地平/螺内酯组比较，$^{b}P<0.05$；与氢氯噻嗪/卡托普利组比较，$^{c}P<0.05$；与氢氯噻嗪/螺内酯组比较，$^{d}P<0.05$。

2.2 干预前后研究对象血压值变化情况

经过综合干预后，研究对象血压值均较干预前下降，其中 SBP、DBP 由 147.27±17.25 mmHg、96.45±10.99 mmHg 下降至 134.98±13.6 mmHg、87.02±8.62 mmHg，干预前后血压值比较差异均有统计学意义（$P<0.01$）。SBP、DBP 下降值分别为 12.29±17.43 mmHg 及 9.42±11.49 mmHg。高血压达标率有明显改善，由 0.6%升至 52.0%，干预前后比较差异有统计学意义（$P<0.01$），见表 3。

表 3　研究对象干预前后血压值及达标率比较

	干预前	干预后	t/x^2	P
SBP/mmHg	147.27±17.25	134.98±13.6	46.667	0.000
DBP/mmHg	96.45±10.99	87.02±8.62	54.219	0.000
达标率/%	0.6(28/4 830)	52.0(1 980/4 380)	4 268.716	0.000

2.3 不同药物分组干预前后血压值变化情况

经综合干预后，不同药物组别受试对象的血压值较干预前均有下降，尼群地平/卡托普利组、尼群地平/螺内酯组、氢氯噻嗪/卡托普利组、氢氯噻嗪/螺内酯组及自服药物组收缩压下降值分别为 12.83±18.46 mmHg、11.80±18.70 mmHg、12.50±16.46 mmHg、14.31±16.39 mmHg 和 7.83±16.86 mmHg，舒张压下降值分别为 9.29±11.71 mmHg、8.91±11.44 mmHg、9.79±10.60 mmHg、11.32±11.22 mmHg 和 5.98±11.82 mmHg，组间比较差异有统计学意义，氢氯噻嗪/螺内酯组血压下降值大于其他组（$P<0.01$），见表 4。

表 4　不同药物组干预前后血压值比较

项目	尼群地平/卡托普利组（n=1 012）	尼群地平/螺内酯组（n=613）	氢氯噻嗪/卡托普利组（n=719）	氢氯噻嗪/螺内酯组（n=1 341）	自服药物组（n=695）
基线 SBP/mmHg	149.78±18.76	147.15±18.91	146.81±16.89	147.02±15.92	144.66±15.79
干预后 SBP/mmHg	136.95±14.44	135.36±14.69	134.31±13.55	132.72±12.18	136.83±13.33
基线 DBP/mmHg	97.5±11.54	95.69±11.2	96.63±10.7	97.4±10.31	93.51±11
干预后 DBP/mmHg	88.21±8.82	86.78±8.71	86.83±8.64	86.08±8.11	87.53±8.95
SBP 下降值/mmHg	12.83 ±18.46	11.80 ±18.70	12.50 ±16.46	14.31 ±16.39[abc]	7.83 ±16.86[abcd]
DBP 下降值/mmHg	9.29 ±11.71	8.91 ±11.44	9.79 ±10.60	11.32 ±11.22[abc]	5.98 ±11.82[abcd]

2.4 不同药物组合综合干预后疗效

经综合干预后，尼群地平/卡托普利组、尼群地平/螺内酯组、氢氯噻嗪/卡托普利组、氢氯噻嗪/螺内酯组及自服药物组的达标率分别为 43.58%、50.9%、55.08%、60.1%和 46.19%，总有效率分别为 71.54%、75.2%、74.69%、77.7%和 65.47%，氢氯噻嗪/螺内酯组的达标率和总有效率明显高于其他组（$P<0.01$），见表 5。

表 5　不同药物组合服药后疗效比较

组别例数	达标（n/%）	显效（n/%）	有效（n/%）	无效（n/%）	总有效率（n/%）
尼群地平/卡托普利组（1 012 例）	441(43.58)	399(39.43)	325(32.11)	288(28.46)	724(71.54)
尼群地平/螺内酯组（613 例）	312(50.9)	239(38.99)	222(36.22)	152(24.8)	461(75.2)

续表 5

组别例数	达标 (n/%)	显效 (n/%)	有效 (n/%)	无效 (n/%)	总有效率 (n/%)
氢氯噻嗪/卡托普利组（719 例）	396(55.08)	325(45.2)	212(29.49)	182(25.31)	537(74.69)
氢氯噻嗪/螺内酯组（1 341 例）	806(60.1)	706(52.65)	336(25.06)	299(22.3)	1 042(77.7)
自服药物组(695 例)	321(46.19)	245(35.25)	210(30.22)	240(34.53)	455(65.47)
总体(4 380 例)	2 276(51.96)	1 914(43.7)	1 305(29.79)	1 161(26.51)	3 219(73.49)

注：与尼群地平/卡托普利组比较，[a]$P<0.05$；与尼群地平/螺内组比较，[b]$P<0.05$；与氢氯噻嗪/卡托普利组比较，[c]$P<0.05$；与氢氯噻嗪/螺内酯组比较，[d]$P<0.05$。

2.5 影响研究对象综合干预后血压是否达标的 Logistic 回归分析

以研究对象高血压综合干预后血压是否达标为因变量，以不同药物分组、基线血压、年龄、性别、教育水平、吸烟、饮酒、体育锻炼、工会参与、工种为自变量进行多因素 Logistic 回归分析。结果显示：影响研究对象综合干预后血压达标的因素为药物分组、基线 SBP、基线 DBP、工会参与及工种，OR(95% C.I.)分别为 1.59(1.27～1.98)、0.97(0.96～0.98)、0.97(0.97～0.98)、4.89(3.99～5.98)及 1.16(1.02～1.33)，见表 6。

表 6　影响研究对象综合干预后血压是否达标的 Logistic 回归分析

	B	S.E.	Wald	Sig.	Exp(B)	95%C.I.
药物分组	0.46	0.11	16.62	0	1.59	1.27～1.98
基线 SBP 调整后	−0.03	0	105.21	0	0.97	0.96～0.98
基线 DBP 调整后	−0.03	0	31.82	0	0.97	0.97～0.98
SEX	−0.18	0.27	0.43	0.51	0.84	0.49～1.42
age	−0.01	0.01	2.08	0.15	0.99	0.98～1
教育程度	0.08	0.09	0.94	0.33	1.09	0.92～1.29
体育锻炼	−0.04	0.12	0.11	0.75	0.96	0.76～1.21
吸烟	0.01	0.07	0.01	0.93	1.01	0.87～1.16
饮酒	−0.14	0.08	3.39	0.07	0.87	0.74～1.01
工会参与	1.59	0.1	236.48	0	4.89	3.99～5.98
工种	0.15	0.07	5.18	0.02	1.16	1.02～1.33

3 讨论

原发性高血压是心脑血管疾病的主要危险因素之一，据 2002 年全国居民营养和健康状况调查，成人高血压患病率为 18.8%，估计全国有高血压患者 1.6 亿，而产业工人高血压的患病率为 32.1%，提高这一人群对高血压的知晓率，进而提高治疗率、达标率，对于降低心脑血管疾病的发病率，保护生产力，降低医保费用具有重要意义。

本研究通过免费发放降压药物、定期测量血压、开展健康教育及工会参与等综合干预措施，使入选队列的高血压患者的达标率从 0.6%提高 52.0%，干预前后比较差异有统计学意义($P<0.01$)，总有效率达 73.5%。达标率低于 HOT 研究。这些结果提示在工作场所对产业工人采取综合干预措施降低高血压患者的血压是行之有效的。美国心脏病协会(AHA)于 2009 年提出了工作场所预防心血管疾病健康计划，强调了在工作场所进行心血管疾病和卒中预防的重要性。荟萃分析结果显示，在工作场所进行

心血管疾病预防可平均减少 28%的病假缺勤，26%的健康保健费用和 30%的工伤赔偿和因残索赔。

经过综合干预后，研究对象的血压值均较干预前下降，但免费药物组的血压下降值高于自服药物组。以往研究证明 70%的高血压患者需要联合两种以上的降压药物才能有效控制血压，因此我们初始用药即联用了两种不同种类的降压药物，而且结果也证明了联合用药（免费药物组）的降压疗效优于单用药（自服药物组）。小剂量联合用药，不但能提高降压疗效，而且避免了单药治疗逐步调整剂量所至降压达标时间的延迟，增加了患者服药的信心。另外，小剂量联合应用降压药物不会对血生化指标产生不良影响，因而不必行血生化检查，这也与一片多药（polypill）治疗方案相符。

在影响研究对象综合干预后血压是否达标的 Logistic 回归分析中，影响研究对象综合干预后血压达标的因素为药物分组、基线 SBP、基线 DBP、工会参与及工种，其中免费药物组血压达标率为自服药物组的 1.59 倍，进一步证明了联合用药的降压疗效是优于单用药的。另外，工会参与为一项重要的影响因素，工会参与良好组的达标率为工会参与较差组的 4.89 倍，说明了工会参与对于工作场所高血压综合干预是有重要意义的。

本研究中免费提供的尼群地平、卡托普利、氢氯噻嗪、螺内酯均是国内常用且已经证实有效的降压药物，除尼群地平与螺内酯组合外，其他三种组合均已有临床试验验证了疗效和安全性，而且价格低廉，适合于大规模人群的高血压防治。

本研究在入选患者时未设排除标准，但对血糖、血尿酸水平高于正常值的研究对象更换了分组，回避了氢氯噻嗪，这不仅消除了研究对象担忧氢氯噻嗪对血糖、血尿酸代谢的不利影响，而且更符合临床实际，同时也违背了随机原则，这是本研究的缺陷之一。但据我们了解，国内尚无如此大样本的工作场所高血压综合干预效果的研究，我们的研究为国内工作场所心脑血管疾病的防治提供了有益的经验。

参考文献

[1] BURTON W N, CHEN C Y, CONTI D J, et al. The association between health risk change and presenteeism change[J]. J Occup Environ Med, 2006, 48(3): 252-263.

[2] 顾东风，向江，吴锡桂，等. 中国成年人高血压患病率、知晓率、治疗率和控制情况[J]. 中华预防医学杂志，2003，37(2)：84-89.

[3] CARNETHON M, WHITSEL L P, Franklin B A, et al. Worksite wellness programs for cardiovascular disease prevention: a policy statement from the American Heart Association [J]. Circulation, 2009, 120(17): 1725-1741.

[4] 吴寿岭，张子强，宋胜斌，等. 高血压前期人群血压转归及其影响因素[J]. 中华心血管杂志，2010，38(5)：415-419.

[5] CUI J S, HOPPER S B. Antihypertensive treatments obscure familial contributions to blood pressure variation[J]. Hypertension, 2003, 41(2): 207-210.

[6] TOBIN M D, SHEEHAN N A, SCURRAH K J, et al. Adjusting for treatment effects in studies of quantitative traits: antihypertensive therapy and systolic blood pressure[J]. Stat Med, 2005, 24(19): 2911-2935.

[7] 中国高血压防治指南委员会. 高血压防治指南[J]. 修订版. 高血压杂志，2005，13(增刊)：1-37.

[8] 李应光，康宝华. 煤矿职工高血压患病现况及患病危险因素调查[J]. 中国临床康复，2006，10(28)：1-3.

[9] 刘力生，张维忠，郝建生，等. 非洛地平缓释片在高血压治疗中的达标率和安全性性研究[J]. 中华心血管病杂志，2004，32(4)：291-294.

[10] ALDANA S G. Financial impact of health promotion programs: a comprehensive review of the literature[J]. Am J Health Promot, 2001, 15(5): 296-320.

[11] 赵海燕,吴寿岭,孙丽霞,等. 氢氯噻嗪与螺内酯、卡托普利联合治疗原发性高血压[J]. 高血压杂志,2006,14(1):23-27.

[12] CHOBANIAN A V, BAKRIS G L, BLACK H R, et al. The seventh report of the joint national committee on the prevention, detection, evaluation and treatment of high blood pressure: The JNC 7 report[J]. JAMA, 2003,19(289):2560-2572.

[13] 龚铭,叶向阳,陈锡刚,等,卡托普利与小剂量氢氯噻嗪合用治疗高血压疗效观察[J]. 高血压杂志,2000,1(8):12-15.

[14] DAHLOF B,SEVER P S,POULTER N R,et al. Prevention of cardiovascular events with an antihypertensive regimen of amlodipine adding perindopril as required versus atenolol adding bendroflumethiazide as required,in the Anglo Scandinavian czrdiac outcomes trial－blood pressure lowering arm(AS-COT-BPLA):a multicentre randomized controlled trial[J]. Lancet,2005,9489(366):895-906.

[15] 秦方,阮蕾,朱轼,等,高血压患者生活质量及药物干预影响随机双盲研究(1026例报告)[J]. 高血压杂志,2000,8(1):47-51.

复杂厚煤层采掘工作面油型气防治技术的应用

马功社

（陕西黄陵二号煤矿有限公司　陕西黄陵　727306）

摘　要　黄陵矿区是鄂尔多斯盆地典型的煤油气共生地层，矿井在生产的同时，不仅受到“水、火、瓦斯、煤尘、顶板”五大自然灾害，还要受到煤层底板油型气的威胁。该矿井从投产至今，已经发生五次顶底板油型气突然涌出现象，涌出量之大、时间之短实属国内罕见。文章以黄陵二号煤矿北一二盘区201工作面掘进和回采期间对底板油型气治理技术为例，介绍综采工作面在掘进和回采期间治理油型气具体方法，通过此项技术应用，201工作面均未发生底板油型气突然涌出现象，为煤层顶底板油型气治理起了示范作用。

关键词　复杂；厚煤层；油型气；治理技术；应用

0　引言

黄陵二号煤矿是黄陵矿区总体规划的大型骨干矿井之一，是陕西省政府确定的陕北能源化工基地建设的重点项目。2004年5月16日开工建设，2007年6月30日矿井全面竣工，2009年2月正式通过国家发改委竣工验收，核定生产能力800万t/a。该矿井属于高瓦斯，井下布置为“一井两区、一区一面”的生产格局，2013年矿井瓦斯等级鉴定中，矿井绝对瓦斯涌出量在67.17 m^3/min，相对瓦斯涌出量在3.90 m^3/t，进入北一二盘区生产以来，该盘区属于顶底板油型气赋存高发区，该盘区在生产的同时，不仅受到“水、火、瓦斯、煤尘、顶板”五大自然灾害威胁的同时，还要受到油型气的危害。该矿井在掘进和回采的同时，多次发生顶底板油型气异常涌出，在国家瓦斯治理中心和中煤科工集团西安研究院帮助下，研究探讨出适合黄陵二号煤矿顶底板油型气防治技术，并在北一二盘区201工作面应用，取得了阶段性成果，为黄陵二号煤矿其他采掘工作面油型气治理乃至全国起了示范指导作用。

1　煤层概况

侏罗系中统延安组为井田内含煤地层，地层厚度为7.44～135.18 m，平均厚92.30 m，共含煤4层，自上而下依次编号为0号煤层、1号煤层、2号煤层和3号煤层，含煤系数为3.68%，其中，2号煤层是井田内主要可采煤层，3号煤层为局部可采煤层，其他为不可采煤层。

2号煤层位于延安组第一段的中、上部，煤层厚度为0.05～6.75 m，平均为3.91 m。煤层结构简单，含夹矸0～4层，一般为0～1层，夹矸岩性多为炭质泥岩和泥岩，局部为细粒砂岩、粉砂岩，厚度0.02～0.80 m，一般多在0.10～0.30 m，为井田内主要可采煤层，矿井综合柱状示意图如图1所示。

作者简介：马功社(1966—)，男，陕西扶风人，1989年毕业于陕西煤炭工业学校采煤专业，大专，高级工程师，现为黄陵二号煤矿副总经理、总工程师；E-mail：mgs1222@163.com；邮编：727307。

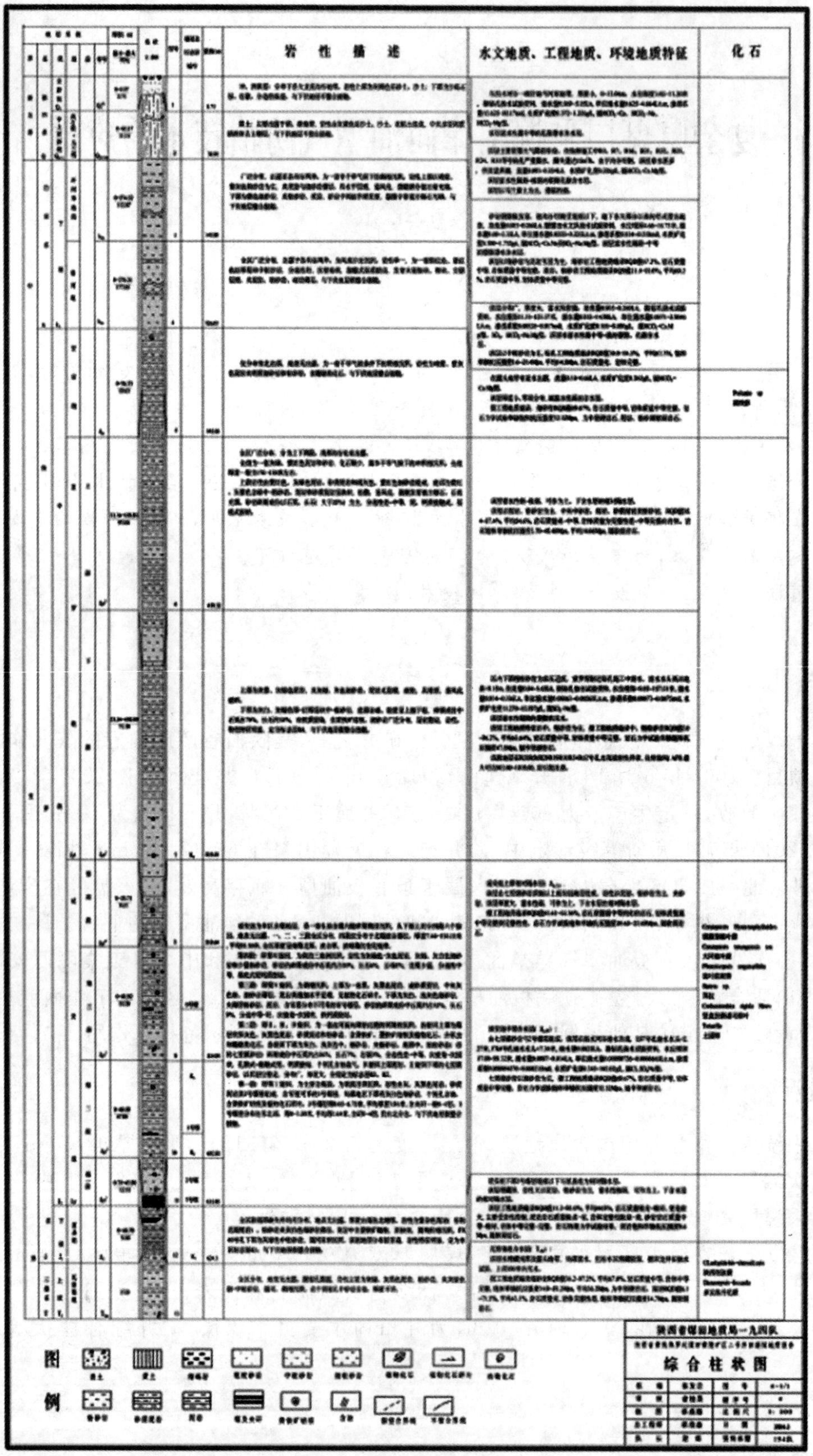

岩 性 描 述

水文地质、工程地质、环境地质特征

化石

陕西省煤田地质局一九四队

综 合 柱 状 图

图 例

图1　综合柱状示意图

2 瓦斯

2.1 矿井瓦斯涌出情况

二号煤矿处于黄陵矿区中深部，矿井瓦斯涌出量高于矿区东部其他矿井，2007～2013 年矿井绝对瓦斯涌出量为 33.29～75.73 m^3/min，相对瓦斯涌出量为 3.68～5.33 m^3/t，除 2007 年矿井瓦斯鉴定结果为低瓦斯矿井外，2008～2013 年矿井瓦斯鉴定结果均为高瓦斯矿井（见表 1）。

表 1　二号煤矿近年来矿井瓦斯等级鉴定结果表

年份	甲烷（CH_4）涌出量		二氧化碳（CO_2）涌出量		鉴定结果
	相对涌出量 /$m^3 \cdot t^{-1}$	绝对涌出量 /$m^3 \cdot min^{-1}$	相对涌出量 /$m^3 \cdot t^{-1}$	绝对涌出量 /$m^3 \cdot min^{-1}$	
2007 年	5.33	33.29	1.01	5.8	低
2008 年	4.05	41.65	0.87	7.87	高
2009 年	5.4	66.28	0.4	4.95	高
2010 年	4.43	61.33	0.3	4.6	高
2011 年	3.68	51.93	0.31	4.43	高
2012 年	4.44	75.73	0.39	6.66	高
2013 年	3.90	67.17	0.39	6.76	高

2.2 煤层瓦斯

统计二号煤矿地质勘探钻孔采集的 2 号煤层和 3 号煤层瓦斯测试样品共计 83 个，测试结果表明，2 号煤层瓦斯中的甲烷（CH_4）组分为 0%～88.25%，二氧化碳（CO_2）组分为 0%～9.85%，氮气（N_2）组分为 11.75%～99.59%；2 号煤层干燥无灰基瓦斯含量为 0.02～7.03 m^3/t，平均 1.37 m^3/t；3 号煤层干燥无灰基瓦斯含量为 0.12～3.41 m^3/t，平均 1.38 m^3/t。

2008 年中煤科工集团西安研究院在黄陵矿区实施了 3 口地面煤层气参数井，对 1～3 号煤层进行了气含量测试，结果显示：1 号煤层总气含量为 0.60～1.14 m^3/t；2 号煤层总气含量为 0.10～5.19 m^3/t，甲烷含量为 0.00～3.42 m^3/t；3 号煤层总气含量为 3.49～4.62 m^3/t，甲烷含量为 2.71～3.67 m^3/t。

2.3 "七里镇砂岩"瓦斯

根据陕西省煤田地质局一九四队提交的《陕西陕煤黄陵矿业有限公司二号煤矿二、四盘区补充勘探地质报告》，补充勘探期间，采集 2 号煤层基本顶"七里镇砂岩"瓦斯样品 16 个，经测试：甲烷（CH_4）组分为 3.21%～24.36%，二氧化碳（CO_2）组分为 1.97%～18.78%，氮气（N_2）组分为 69.47%～93.82%；七里镇砂岩干燥无灰基瓦斯含量为 0.19～7.33 m^3/t，平均为 1.79 m^3/t。从钻孔瓦斯含量测试值的分布情况看，七里镇砂岩高瓦斯含量区与 2 号煤层高瓦斯含量区基本吻合。

2.4 油气

根据地质勘探资料，井田内有 46 个钻孔有油气显示，另有 2 个钻孔（P50、R29 号孔）有天然气喷出或煤层气逸出，从瓦窑堡组、富县组、延安组到直罗组上、下段的砂岩中均有油气发现。

（1）瓦窑堡组含油层

井田内共在 4 个钻孔中有石油显示，含油 5 层次。岩性以细粒砂岩为主，含油程度为油迹—油浸。

（2）富县组含油层

井田内有 5 个钻孔中见到油层，含油 8 层次。岩性为灰白色中—细粒砂岩，含油程度为油迹—油浸。

（3）延安组含油层

井田内共有29个钻孔有石油显示，含油50层次。其主要含油层段为第二段中下部的2号煤层基本顶七里镇砂岩和K_3标志层之下的砂体中。其岩性以灰白色—浅灰色长石石英中—细粒砂岩为主。含油程度从油迹到饱和含油不等。

(4) 直罗组含油层

井田内有14个钻孔在直罗组上段和下段中有油层显示，含油15层次，主要分布在直罗组下段砂岩中(即直罗砂岩)。岩性为灰—灰白色中—粗粒砂岩，碎屑成分以长石、石英为主，分选性差—中等，泥、钙质胶结。含油程度为油迹—油浸不等。

3 瓦斯(油型气)突发性涌出统计

(1) 2009年10月4日13时40分，109工作面在初采初放期间，当工作面推采40 m时，基本顶发生大面积垮落，采空区及顶板瓦斯突然大面积涌出，造成工作面风流反向，进风巷瓦斯浓度最大达到6%、回风巷瓦斯浓度最大达到10%，瓦斯异常涌出时间持续14小时，瓦斯涌出量约4万m^3。

(2) 2011年7月3日23时15分，405工作面距停采线540 m，运输机机头至机尾煤层底板出现大量瓦斯涌出现象，至7月4日23时，405工作面累计涌出瓦斯6.4万m^3。

(3) 2012年5月14日21时，413辅运巷掘进工作面距巷口250 m处顶板裂缝发生瓦斯涌出，裂缝内瓦斯浓度达到90%，至5月20日，共计异常瓦斯涌出量约为7 000 m^3。

(4) 2012年10月22日22时，201胶带巷掘至停采线2 244 m处，因底鼓产生裂隙内有气体涌出，同时伴有刺鼻味，涌出点裂隙内瓦斯浓度最高达到95%，至10月19日，累计异常涌出油型气8 500 m^3。

(5) 2012年10月26日23时，201辅运巷距巷口2 613 m处发生底板围岩气体涌出，涌出范围从正头向外20内，至11月30日，共计涌出油型气21万m^3。

4 201工作面掘进和回采期间油型气防治技术

201综采工作面位于北一二盘区左翼，工作面走向长度2 840 m，切眼长度260 m，煤层厚度3.8～5.5 m，直接顶板为灰色细粒砂岩，夹薄层粉砂岩条带，近水平层理，厚度8～12 m；直接底板为深灰色泥岩，团块状，含炭屑，富含植物根化石，厚度1.3～1.6 m，201工作面布置示意图见图2。

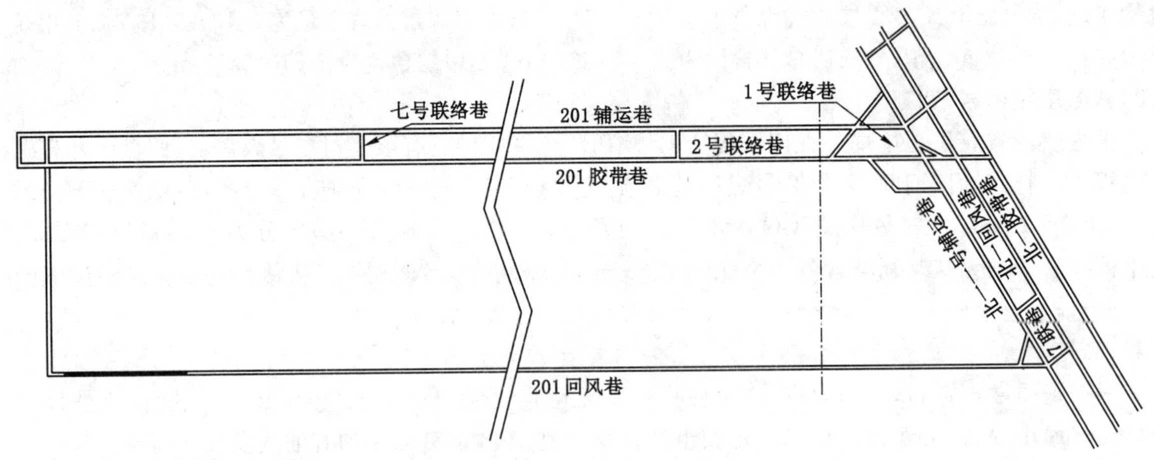

图2 201工作面布置示意图

2012年11月由河南理工大学对201工作面煤层进行了瓦斯基础参数测定，其中煤层原始瓦斯含量在0.42～0.82 m^3/t之间，原始瓦斯压力最大值为0.263 MPa，煤的坚固性系数为0.78～1.09。

201工作面平巷在掘进过程中，由于本煤层瓦斯含量很低，回风流瓦斯浓度为0.12%左右，对掘进没有影响。2012年10月22日22时，201胶带巷掘至停采线2 244 m处，因底鼓产生裂隙内有气体涌出，涌出点裂隙内瓦斯浓度最高达到95%，导致掘进工作面回风流瓦斯经常超限，掘进无法正常进行，并考虑到综采工作面在回采期间底板油型气突然大量涌出对安全生产构成严重威胁，在国家瓦斯治理中心和中煤科工集团西安研究院帮助下，开始了对201工作面掘进和回采期间油型气专项治理。

4.1 底板油型气测试

(1) 对201辅运巷掘进面底板瓦斯涌出点气体采用德国德尔格X—am5000复合气体检测仪进行测试，结果显示气体包括CH_4、H_2、NH_3、CO、H_2S、SO_2、MeOH、C_6H_6等，具体如表2所示：

表2 气体成分测试表

测量地点 201辅运巷	测试气体成分及浓度								
	CH_4 /%	O_2 /%	CO /ppm	H_2S /ppm	C_6H_6 /%	NH_3 /ppm	H_2 /%	SO_2 /ppm	MeOH /ppm
正头	6.35	20.9	10	0	0.072	6	0.6	0.8	2.0
8号钻孔内	40.2	12.7	139	170	0.84	232	1.2	38.8	192
七联巷以外400 m处	0.1	20.9	8	0	0.084	0	0.16	0.7	1.5
七联巷以里100 m处	0.25	20.9	8	0	0.16	0	0.28	1.6	2.5

(2) 2012年10月31日至11月3日，二号煤矿委托中煤科工集团西安研究院在201辅运巷、409胶带巷及地面408油井等地点采用排水集气法现场采集气样25个，其中，地面油井气样3个、2号煤层底板气样18个、2号煤本煤层气样4个。随后，在实验室进行了气体碳氢同位素和气成分测定。

根据气体碳氢同位素测定结果显示，201辅运巷底板砂岩、2号煤层及地面油井目标层等三个不同层位所采气样测得的碳氢同位素数据中，同一层位数据具有较好的集中性和一致性，不同层位测得的数据存在明显差异，底板气样与地面油井气样的CH_4碳同位素测值范围一致，但由于2号煤层与油井目标层位相差近700 m，201辅运巷底板瓦斯异常涌出区附近未发现有导气断裂构造，因此，根据碳氢同位素测值分析结果，结合涌出区附近地质构造分析，初步得出二号煤矿201辅运巷底板异常涌出的气体与2号煤层及地面油井目标层中的气源不同，即201辅运巷底板中异常涌出的气体既不来源于2号煤层，也不来源于下部的油井目标层。

根据实验室气成分测定结果显示，除201辅运巷3号采气点(混入空气)测值以氮气和二氧化碳为主外，其余气样气成分测试结果均以烃类为主，主要是CH_4，百分含量为74.83%～99.05%，平均为92.57%。2号煤层底板气样中CH_4百分含量为90.23%～96.91%，平均为94.87%，2号煤层气样CH_4百分含量均未超过90%，为74.83%～86.11%，平均为82.47%，地面油井气样CH_4百分含量为92.51%～99.05%，平均96.84%，从所采气样气成分测值可以得出，地面油井气样及2号煤层底板涌出气样中CH_4百分含量较2号煤层气样中CH_4百分含量高。

在进行C_{2+}～C_{5+}等重烃测试的气样中，C_{2+}体积含量为0.773%～2.326%，平均1.089%，采样层位为底板砂岩及油井目标层，2号煤层中未检测出；C_{3+}气体检测中，体积含量为0.210～3.11%，平均0.532%，所采气样的三个层位均有发现；C_{4+}及以上重烃在煤层中未发现，但在底板气样及地面油井气样中均有发现。

4.2 油型气抽放系统

201工作面是北一二盘区首采工作面，虽然本煤层瓦斯含量很低，但是底板油型气的突然出现，必须在二号风井地面建立瓦斯抽放系统。二号风井瓦斯抽放系统由2BEC72型6台水环式真空泵组成三套抽放系统，北一回风大巷铺设三趟710抽放管路，201工作面辅运巷铺设一趟400抽放管路，201工作面回风巷铺设二趟400抽放管路，为201工作面掘进和回采期间底板油型气治理做好准备。

4.3 201工作面掘进期间油型气治理

(1) 201胶带巷掘进面底板油型气涌出及防治办法

2012年10月6日凌晨4时36分，201辅运巷正头右帮（位于201辅运巷开口以里2 464 m）突然大面积出水，经地测人员现场及地表查看，确定是一口油气探井（17时35分，出水位置跨帮后凸显油气探井管套）。至10月7日4时，出水量稳定在3 m^3/h左右，期间水量间歇性增大，最大时水量达到30～40 m^3/h。发生出水事故后，工作面瓦斯略有增加，8 h瓦斯异常涌出约76 m^3。

10月12日22时15分，201胶带巷7＃联络巷以里45 m处因底鼓产生裂隙，裂隙内有气体涌出（涌出点在正头后方20 m位置），同时伴随有刺鼻气味，涌出点底板裂隙内瓦斯浓度最高达到95%。至10月19日，累计异常涌出瓦斯8 500 m^3。本次底板围岩气涌出量较小，涌出时间较短，衰减速度较快。涌出量变化见图3。

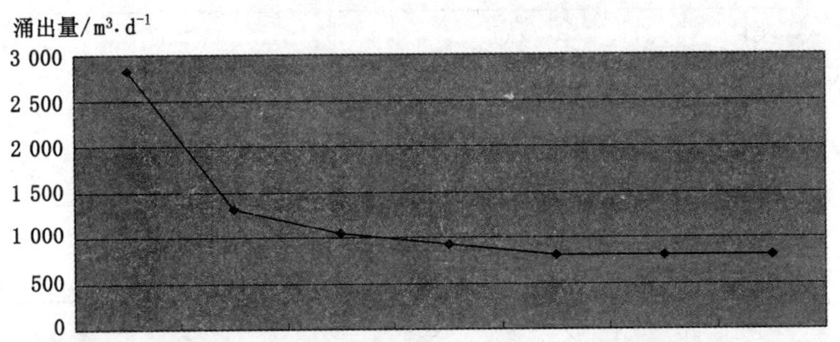

图3　201胶带巷底板瓦斯涌出量变化曲线图

发生底板油型气涌出后，矿井停止该工作面掘进，启动二号风井地面瓦斯抽放系统，并在201辅运巷延长瓦斯管路至工作面正头，做好抽放的准备工作。同时，进行底板探测钻孔的施工，钻孔在巷道内施工，钻孔斜长26.7 m，俯角22°，垂深为10 m。钻孔施工如图4所示。

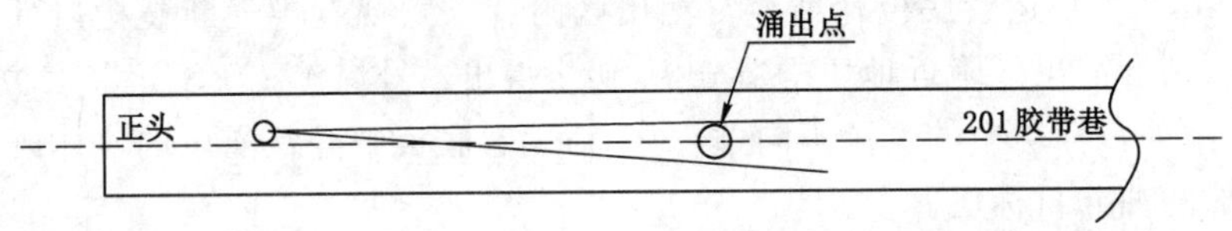

图4　201胶带巷底板探测钻孔施工平面图

此外，201胶带巷实施“先探后掘”的底板油型气防治措施，即在巷道帮部施工三角形钻场，通过钻场向工作面前方施工探测钻孔，钻孔垂深10 m，覆盖范围60 m。钻孔布置见图5。

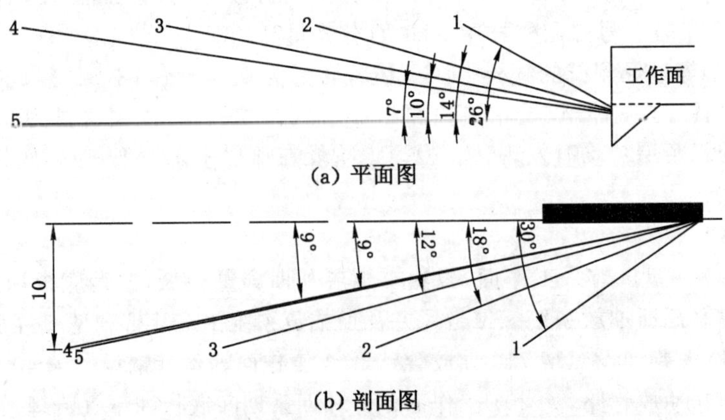

图5　“先探后掘”钻孔施工布置

(2) 201 辅运巷掘进面底板油型气涌出及防治办法

2012 年 10 月 26 日 23 时 10 分左右，201 辅运巷掘进面发生底板围岩气涌出，涌出范围从正头向外 20 m，本次底板围岩气涌出量大，涌出时间长，衰减速度慢，至 11 月 30 日，共计涌出瓦斯约 21 万 m^3。瓦斯涌出量变化见图 6。

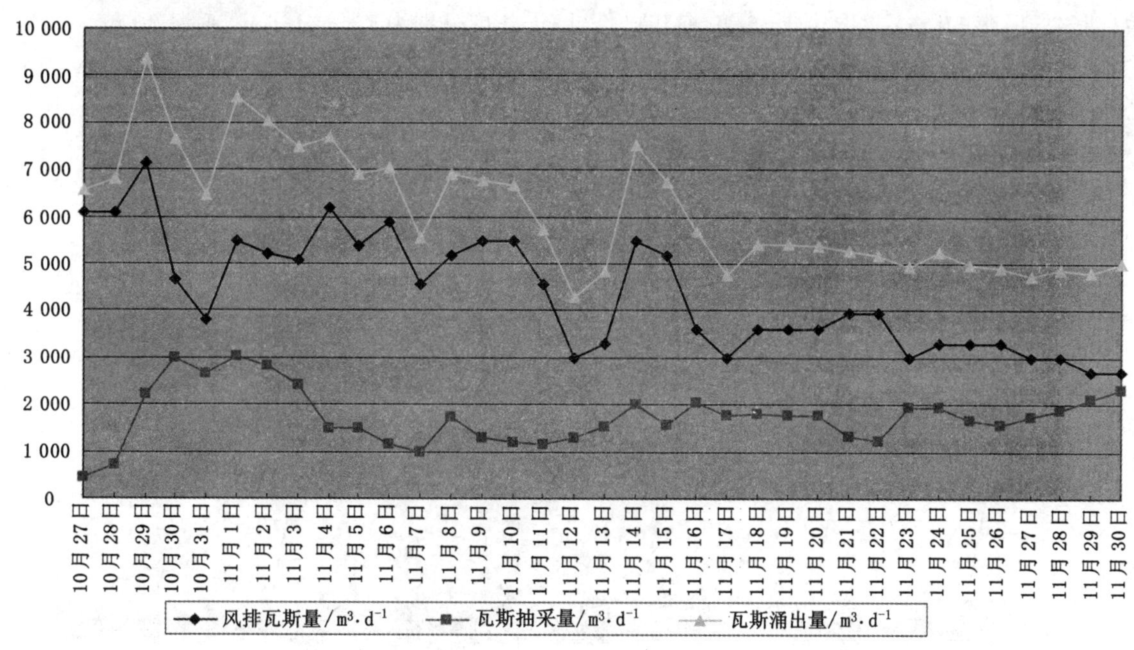

图 6　201 辅运巷底板瓦斯涌出量变化曲线图

由于此次底板油型气涌出量大，衰减速度慢，矿井对 201 工作面的瓦斯危险程度重新定位，将 201 工作面及其附近区域定位为油型气异常涌出区。并成立底板油型气防治工作领导小组，采取以下措施：

① 缩短局部通风距离，将七联巷以外的胶带巷先贯通，形成全风压通风系统。

② 认真做好油型气涌出记录，建立台账，积累资料，便于分析研究和解决问题。

③ 强化现场动态管理，坚持“三不生产”原则，认真落实“三人联签开工确认制”、“四位一体安全生产负责制”、“领导干部现场跟班制”，认真开展隐患排查治理，杜绝“三违”。

④ 做好风险预控及应急预案，组织进行事故应急演练，积极应对突发事故，进一步完善物防、人防、技防措施，做到全员、全方位、全过程安全管理，确保安全生产万无一失。

⑤ 在 201 辅运巷巷道内施工三个瓦斯探测钻孔，钻孔终孔点位置在巷道正头位置，设计垂深 10 m。按照设计方案，钻孔施工垂深均在 7～8 m 左右时，出现钻孔喷孔现象，导致钻杆无法拔出，将钻杆一并连接抽采管路进行抽放。

⑥采用德国德尔格 X—am5000 复合气体检测仪进行涌出气体成分测试，初步探明气体组成。

⑦ 委托中煤科工集团西安研究院对二号煤矿 201 辅运巷底板油型气、409 胶带巷本煤层瓦斯、408 油井等地点进行气样采集，进行进一步分析。

⑧ 实施“先探、先抽、后掘”的底板油型气防治措施，即在巷道帮部施工三角形钻场，通过钻场向工作面前方施工探测钻孔，钻孔垂深 10 m，覆盖范围 60 m，钻孔施工参数与 201 胶带巷相同。

4.4　201 工作面回采期间油型气治理

4.4.1　回采前的油型气治理

(1) 回采前的油型气治理方案

201 工作面回采前，根据平巷掘进期间揭露底板油型气赋存情况，将 201 胶带巷从 7# 联巷以里

30～270 m，回风巷从切眼外 440～600 m 划定为油型气富集区，有针对性地对底板油型气抽采钻孔进行布置。201 胶带巷、回风巷从切眼至向外 600 m 位置布置底板钻孔，每 60 m 为一组，每组 4 个孔，间距 15 m，终孔点位于底板以下 15 m 处，呈点阵分布。

201 工作面切眼向外 600 m 至 201 回风口为无油型气涌出段，只在工作面回风巷距切眼 650 m 外布置底板钻孔，每 50 m 一组，共计 46 组，每组 2 个钻孔，长度分别为 78 m、166 m，垂深 30 m。

201 胶带巷从七联巷向外 137 m 至切眼布置顶板钻孔，共计 20 个钻孔，钻孔斜长为 120 m，与巷道中心线夹角 20°，仰角 24°，间距为 30 m。

在 201 辅运巷向 203 工作面方向布置底板钻孔 16 个，斜长 76 m，间距 15 m，垂深 30 m，俯角 23°，与平巷垂线夹角为 25°。底板钻孔布置示意图见图 7。

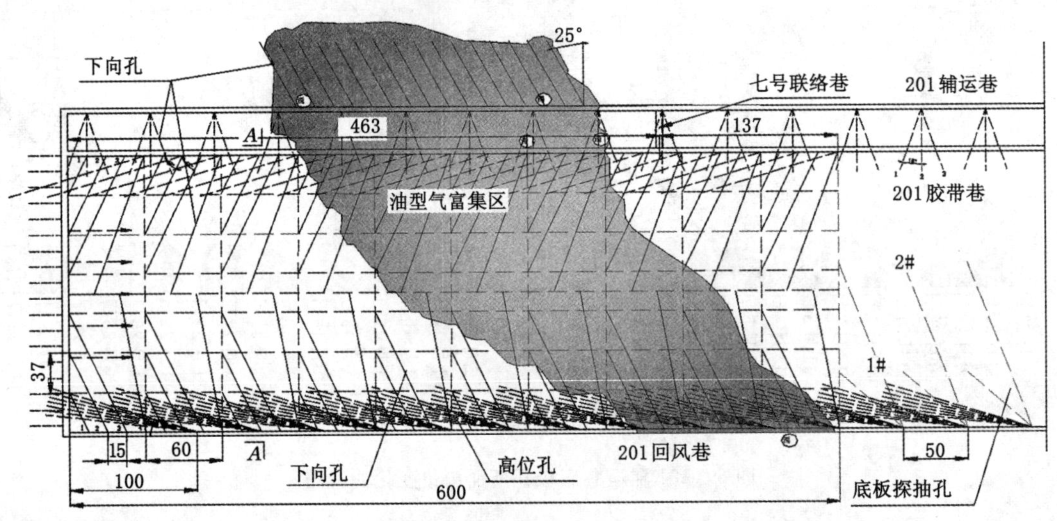

图 7　201 工作面底板油型气治理钻孔布置示意图

(2) 底板钻孔施工工艺

底板钻孔施工采取风力排渣技术，主要采用 MK—(5S)3200 钻机进行施工，其钻杆为 ϕ73 mm，利用压风机的压缩空气，经过钻杆后部注水器，经钻杆内孔、钻头进入钻孔孔底，在孔内形成高速风流，将钻屑吹向孔口，从而实现排渣并冷却钻头，其优点是对孔壁冲击小，不易破坏孔壁产生垮孔，在钻进过程中产生的瓦斯气体与压缩空气混合更有利于钻屑的排出。风力排渣技术顺利使钻孔穿过水力排渣难以穿过的泥岩层，大大节约了钻孔成孔时间和提高成孔效率，并通过孔口除尘和防喷装置，解决了风力排渣造成的粉尘较大的问题，保证了钻孔的安全施工。

(3) 底板孔抽采管理

底板钻孔在施工到位后，在最短时间内下护孔花管。护孔花管为每节长 2 m，直径 1.5 寸的钢管，管壁加工直径 16 mm 的小孔，均匀布置，花管两头带丝扣，管节连接，前端收口封闭。花管送入钻孔前用纱网包裹，扎带扎紧，并准备直径 15 mm 压风排水管。护孔花管和压风排水管同长，并固定同时送入孔内，压风排水管接压风系统，利用压风定期清理孔内积水。封孔采用注浆泵注封孔剂，保证封孔长度不小于 10 m。如图 8 所示。

4.4.2　201 工作面回采期间油型气治理

(1) 在回采前施工底板抽采钻孔的基础上，补充施工以下钻孔：

① 在工作面回风巷施工的底板抽放钻场钻孔由每组 4 个增加至 6 个，新增补 1# 钻孔距原钻场 2# 钻孔 3 m，补 2# 钻孔距原 3# 钻孔 7 m 位置施工，钻孔与巷道中心线夹角 75°，倾角 −7°，钻孔斜长 132 m，水平长度 130 m，终孔深度距煤层底板不低于 15 m(如图中红色钻孔)。

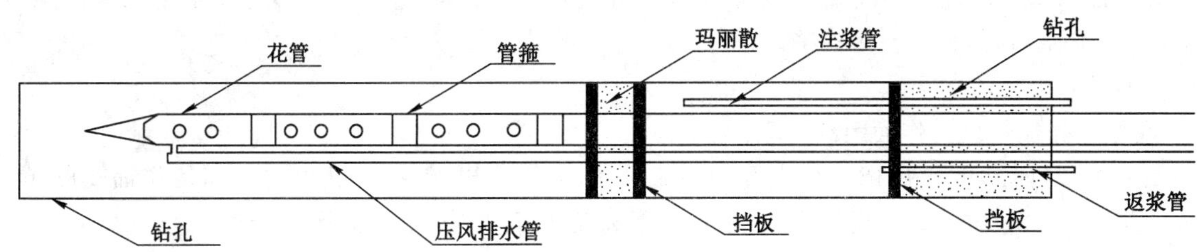

图 8　钻孔护孔、封孔示意图

② 从 201 辅运巷向工作面方向补充施工底板孔，从距八联巷 55 m 位置开始施工，每隔 10 m 施工一个钻孔，共计施工 40 个钻孔，钻孔垂直巷帮施工，倾角 −12°，斜长 72 m。

③ 在工作面沿推采方向布置超前底板探放孔 8 个，钻孔开口位置艰巨 30 m，垂深 15 m 以上，水平距离 26 m，探放孔必须始终超前煤壁 10 m 以上。补充钻孔见图 9。

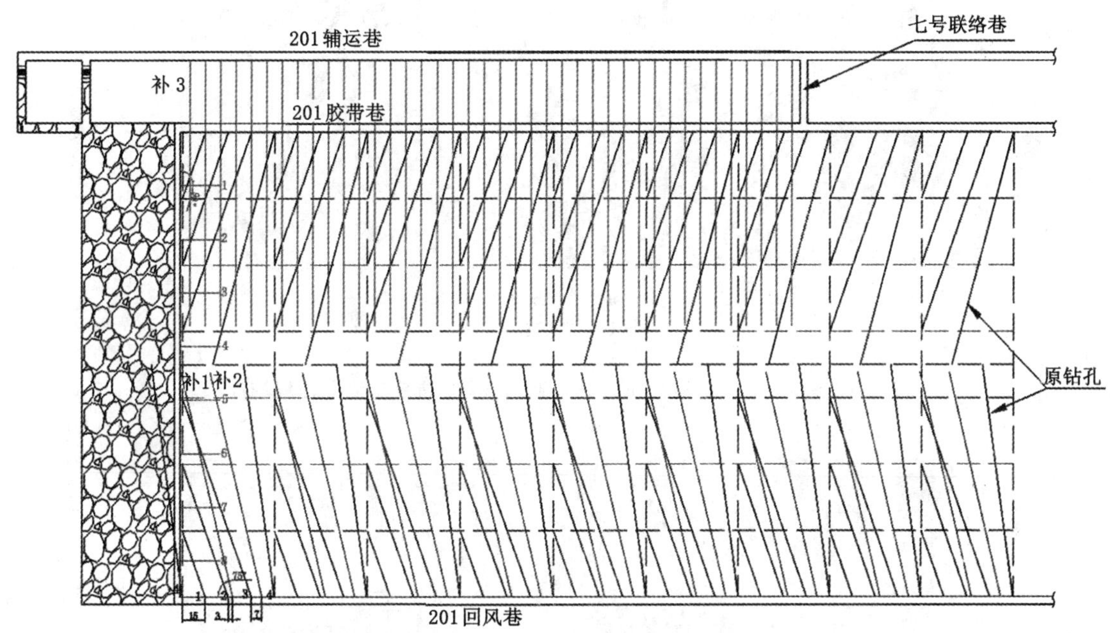

图 9　201 回采期间补充底板钻孔示意图

(2) 投入运行了二号风井三套地面固定瓦斯抽采系统，分别进行 201 工作面高位钻孔、辅运巷底板孔以及上隅角埋管的抽放工作，提高 201 工作面瓦斯抽采效果。

(3) 做好回采前施工的底板油型气抽采钻孔的测定、观察、分析工作，建立单孔抽采档案，便于油型气治理数据的积累。

(4) 为处理工作面回采过程及底板探测钻孔施工中局部底板油气异常溢出，在工作面电缆槽侧预铺设一趟 ϕ64 mm 的高压胶管，要求从机头至机尾每 10 m 接一个三通并安装阀门，连接 ϕ19 mm 支管，高压胶管接至回风巷高位抽放系统，由综采队铺设并负责日常管理，当工作面在回采过程中出现局部油型气溢出或者工作面探测钻孔出现喷孔现象，可采取局部抽放。

(5) 制定《陕西黄陵二号煤矿有限公司 201 工作面过油型气区域管理办法》，对 201 工作面上隅角埋管、工作面 ϕ64 mm 高压抽放胶管管理、通风系统管理等油型气治理措施进行了详细的责任划分，促进了油型气的有效治理。

(6) 由于受采动影响后，采空区底板涌出油型气，易造成上隅角瓦斯积聚，所以在高位裂隙钻孔和上隅角封堵抽采采空区瓦斯的基础上，采取上隅角埋管抽采，具体采用直径125 mm抽采软管沿顶板埋入采空区30 m距离，加强采空区抽采。

(7) 底板钻孔抽采分析。

① 底板钻孔流量随工作面距离关系。

在回采中，对回风巷底板12－2#钻孔加装流量计，可以看出：钻孔开孔位置距离工作面100 m时，钻孔内流量为0.025 m^3/min；当钻孔开孔位置距离工作面25 m时，钻孔内流量为1 m^3/min，增大40倍。

② 底板钻孔浓度随工作面距离关系。

201工作面在生产期间，先后6次发生底板钻孔喷孔事件。钻孔在成孔初期，抽采浓度及压力较小，随着工作面的推进，钻孔抽采浓度逐步升高，钻孔开孔位置距离工作面10 m内时，部分钻孔发生喷孔现象，瓦斯浓度升高至90%以上，且通过抽采后，钻孔压力能够明显的减小。见图10、图11钻孔抽采图。

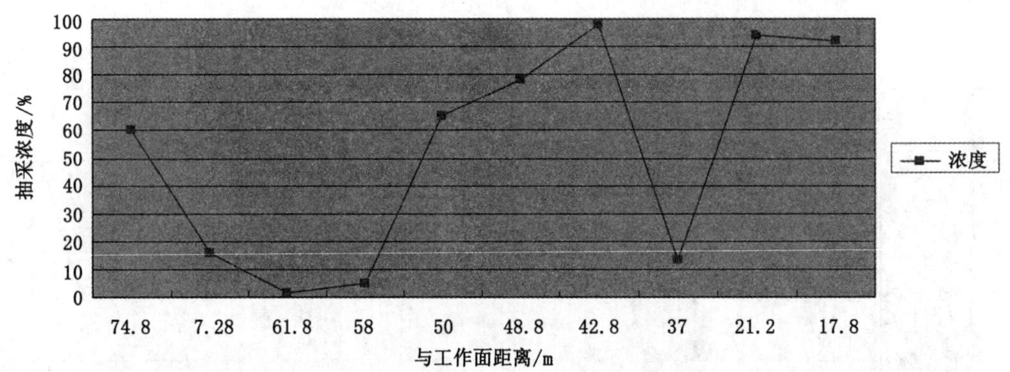

图10　16#—2钻孔抽采浓度随工作面推进距离变化曲线图

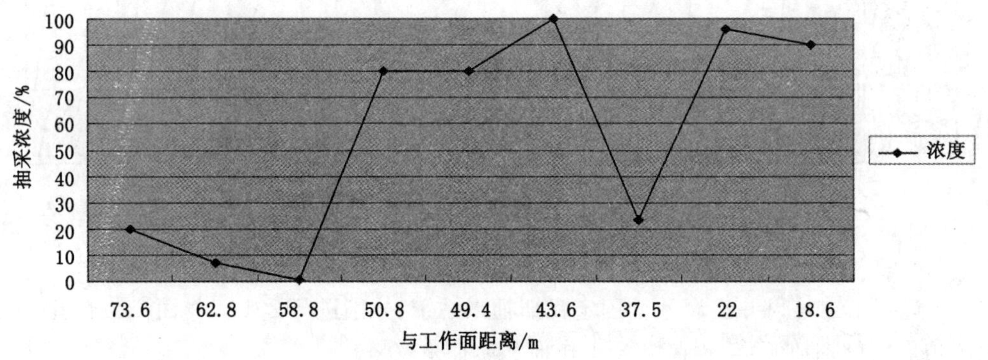

图11　16#—3钻孔抽采浓度随工作面推进距离变化曲线图

说明，钻孔受到采动影响后，导通油型气存在区域，油型气通过钻孔集中释放，这也说明底板油型气赋存极不规律。

5 结论

(1) 探索出底板油型气治理方法

根据201工作面底板打钻情况来看，油型气来源于煤层底板泥岩以下砂岩，即煤层底板7～8 m以下砂岩，通过对采掘工作面覆盖范围内底板提前施工底板孔进行钻探和抽放，完全杜绝了油型气突然涌出现象。

（2）寻找出底板抽采钻孔瓦斯浓度随采动影响的变化规律

由钻孔在抽采期间的监测数据可以看出，底板油型气随着工作面的推移，瓦斯浓度由升高的趋势，主要为底板钻孔受采动影响，造成的底板油型气沿钻孔集中溢出，从而造成钻孔喷孔现象。

（3）克服了底板钻孔施工和抽放等多项技术难题

由于矿井底板存在一层泥岩，受底板积水影响，容易造成钻孔堵塞；此外，底板钻孔向采空区方向施工，受采动影响后，钻孔易造成塌孔，所以必须进行钻孔护孔。

底板钻孔容易积水，由于钻孔垂深在 15 m，钻孔积水后，靠抽采负压难以排尽钻孔积水，造成抽采效果差，所以需进行钻孔压风排水。

实践证明，钻孔采取花管护孔后，瓦斯抽采效果明显，杜绝了钻孔塌孔和堵塞现象，钻孔在接近采煤工作面时，受采动影响的采空区底板油型气仍可以通过钻孔进行抽采，提高了抽采量，并卸了采空区底板油型气的压力。此外，通过采取压风排水技术，能够及时排尽钻孔内积水，提高底板油型气抽采效果。

（4）油型气治理效果明显

201 工作面由于受到底板油型气的影响。采取的瓦斯及油型气抽采方法包括底板油型气抽采、高位裂隙抽采、上隅角封堵及埋管抽采。截至 5 月底，工作面先后施工底板抽采及探测钻孔 35 000 m，抽采瓦斯 180 万 m^3。201 工作面在回采期间，上隅角瓦斯浓度始终在 0.5%以下，回风流瓦斯浓度不大于 0.3%，工作面底板未发生油型气大面积突然涌出现象，保证了工作面的安全生产。

邻近工作面瓦斯抽采技术研究与应用

左　鑫　王德象　郭占通　路建铭

（河南能源化工集团鑫龙煤业主焦公司　河南安阳　451141）

摘　要　根据主焦煤矿21141综放工作面的瓦斯地质条件和现有的技术装备，为了解决瓦斯涌出、消除煤与瓦斯突出危险和防止事故的发生。文章通过研究主焦煤矿综采工作面瓦斯的分布规律，瓦斯治理的临界指标及和地质条件所适宜的瓦斯治理手段。通过对综放工作面上隅角及采空区瓦斯治理措施的应用，制定有效地瓦斯抽放方法，确定了合理的抽放参数，提高了矿井瓦斯效果，增加矿井瓦斯抽放量，为瓦斯发电提高充足的气源，增加瓦斯利用量，减少对大气的污染，增加环境效益。

关键词　综放工作面；瓦斯抽采；抽放参数

0　前言

煤矿瓦斯治理是党和政府关注的重点，是建设本质安全型矿井、建立煤矿安全生产长效机制的根本。瓦斯治理的根本在于瓦斯抽采，从源头上治理瓦斯。搞好瓦斯抽采，就需要多措并举，采用预抽、采动抽、卸压抽、采空区抽等方法综合抽放；而要抽采达标，满足煤矿安全生产的需要，就要研究瓦斯运移的规律，针对煤矿现场的特点，优化抽采参数，提高抽放的效率和效果，使煤矿的采掘活动处在抽采达标区域内进行，采掘空间内的瓦斯涌出量、瓦斯浓度等始终处在规定的范围内。煤矿瓦斯抽采是解决瓦斯涌出、消除煤与瓦斯突出危险和防治事故的根本措施，可以起到防突和综合治理瓦斯的作用。

1　矿井概况

主焦煤矿二$_1$煤层瓦斯成分和含量具有随着煤层埋深的增加而相对增大的趋势，在空间位置中，由上至下、由浅至深瓦斯成分和含量亦相应增大的特点。本矿自西向东煤层埋藏由浅变深，瓦斯含量亦由小变大，瓦斯分带较为明显。根据主焦矿井煤层瓦斯含量和CH_4成分随埋深增加而增大的规律，推断二$_1$煤层以FA断层以浅为CO_2～N_2带，FA断层～F_{12}断层间为N_2～CH_4带。F_{12}断层以深瓦斯含量为3.79～9.16 mL/g，成分大于80％（仅8－02为72.43％），应为CH_4带。目前采掘范围内均为CH_4带。自2008年矿井绝对瓦斯涌出量和瓦斯相对涌出量分别急剧增大到20.06 m^3/min和29.76 m^3/t，采掘范围进入高瓦斯带。

从主焦煤业公司二$_1$煤层的地勘瓦斯含量和瓦斯基础参数的测定情况来看，该矿煤层瓦斯含量较大，尤其是目前开采的21采区的开采水平已经在－350 m以下，煤层瓦斯含量较高，工作面瓦斯涌出量较大。为了安全生产和防治瓦斯超限必须对煤层瓦斯进行抽放；从主焦煤业公司实测二$_1$煤层的透气性系数上看，二$_1$煤层透气性系数为31.78 m^2/(MPa・d)，可见主焦煤业公司二$_1$煤层为容易抽放煤层，具备煤层瓦斯抽放的条件。

作者简介：左鑫（1987—），河南省鹤壁人，技术员，2010年毕业于河南理工大学高等职业学院，现从事生产技术管理工作。电子信箱：zx200611@163.com。

2 瓦斯来源与分析

煤矿综采放顶煤工作面目前采用的防治瓦斯的措施和途径是：加大风量稀释瓦斯、采煤工作面提前预抽、采煤工作面采空区高位裂隙抽放及采空区埋管抽放。但由于措施的局限性，由于煤层的透气性、预抽期的影响，综采放顶煤工作面的瓦斯超限问题一直得不到有效的解决，特别是工作面的上隅角、支架架尾的放顶煤处，经常出现瓦斯超限，造成综采工作面经常停产或者停止架尾刮板输送机的运行。综放工作面瓦斯涌出的途径有以下几种：

(1) 工作面采落煤炭。工作面采落的煤炭在落煤时瓦斯涌出速度最大，然后涌出速度逐渐减小，除了煤体内残存瓦斯量以外，煤体内绝大多数瓦斯涌入了工作面空间或工作面风流中去。

(2) 工作面煤壁。工作面煤壁前方煤体内的瓦斯在煤体内瓦斯压力的作用下，向工作面煤壁运移，然后自工作面煤壁缓慢涌出，这种涌出可以视为瓦斯单向均匀涌出。

(3) 顶部煤炭瓦斯涌向工作面空间。顶部煤炭瓦斯涌向综放工作面空间有两个途径：一个是支架卸压及支架上方煤体水平位移造成的支架前端顶煤与煤壁之间的裂隙，一个是支架上方煤体在工作面空间的裸露面积。由于综放工作面支架的支撑强度比较富裕，工作面推进速度较快，以及在实际生产中，支架不断补液，支架前端顶煤与煤壁之间的裂隙并不十分发育。由于综放工作面支架几乎全部掩护顶部煤体，架上方煤体在工作面空间的裸露面积很小。因此，顶部煤炭瓦斯涌向工作面空间的瓦斯量较小。

(4) 顶部煤炭瓦斯涌向工作面采空区空间。沿工作面推进方向，自煤壁前方到综放支架顶煤，受采动影响，煤体的地应力依次可分为原岩应力区、应力集中区、卸压区；而在卸压区内，顶煤裂隙发育和破坏程度可分为破坏发展区、裂隙发育区和垮落破碎区；即在煤壁前方的卸压区内，煤体开始出现破坏，裂隙开始发育，而在支架上方，由于支架移架等反复在作用，煤体的裂隙进一步发育，直到进入放煤区，煤体得到充分的破坏。因此，自煤壁前方到综放支架顶煤放煤区，煤体瓦斯涌出、吸附瓦斯解吸的速度在逐渐加快，煤体内瓦斯运移的阻碍在减小，透气性在增加。由此可见，顶部煤体内的瓦斯主要通过顶煤裂隙涌向采空区。加之顶部煤体厚度是底部开采层厚度的数倍，瓦斯预抽不均衡等因素，顶部煤体涌向采空区的瓦斯量占整个采煤工作面瓦斯涌出量的很高的比例。通过对主焦公司综放工作面的统计可以看出，顶部煤体涌向采空区的瓦斯量占整个采煤工作面瓦斯涌出量的50%以上。所以，加强对顶部煤体涌向采空区的瓦斯的抽采和治理，是治理综放工作面瓦斯的关键环节。

对于综放工作面采空区而言，由于综放工作面实际采高很高，冒落带高度增加，裂隙带上移，也就造成了上部岩层“应力拱”位置上移。而综放工作面的斜长一般都在150 m以上，加上上覆盖岩层移动的垮落角的因素，很难在上下区段煤体之间的采空区形成永久的应力拱，而是随着上覆盖岩层的移动，在采空区中部形成一个“重新压实区”，随着综放工作面的不断回采，采空区的范围不断增加，重新压实区也不断地向工作面推进方向扩大。在工作面切眼到中心压实区之间，由于上覆盖岩层仍在活动中，顶板裂隙发育，在这个区域内地应力属于减压区范围；在上下相邻区段煤体与采空区重新压实区之间，由于相邻区段煤体的支撑作用，使相邻区段煤体与重新压实区之间的上覆盖岩层形成应力拱，在这一区域内，顶板裂隙大量存在，成为工作面采空区瓦斯大量积聚的地区。这两个减压区环绕着重新压实区的周围，被学术界称为瓦斯富集的O形圈，如图1所示。

在O形圈内，由于上覆盖岩层存在大量的裂隙或者空隙，积聚着大量的高浓度瓦斯，在这个区域内，瓦斯的流动性较好，抽放这一区域内的瓦斯，效果好，影响范围大。淮南矿区的研究和实践证明，相邻区段煤体到重新压实区的瓦斯富集区的宽度，一般为20～30 m。

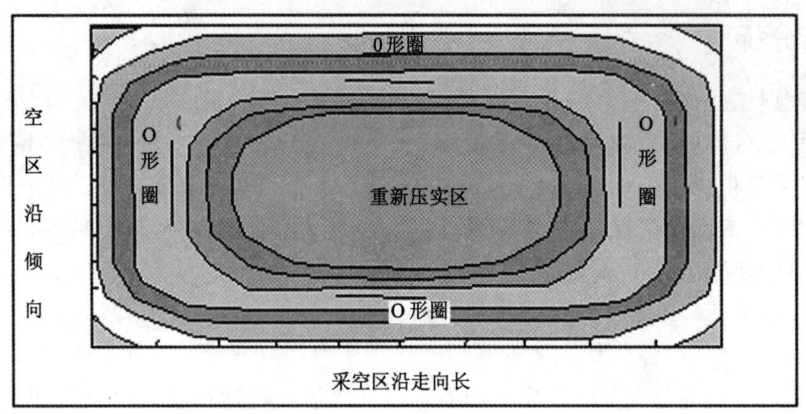

图1　综放工作面采空区瓦斯富集O形圈

3　抽放技术设计

3.1　抽放钻孔终孔层位选择

相邻工作面抽放措施综放工作面采空区瓦斯流动图见图2。邻近工作面瓦斯抽采技术就是利用综放工作面上一个区段已有的巷道，向正在开采的综放工作面顶板施工瓦斯抽放钻孔，治理综放工作面的采空区瓦斯。基于对综放工作面采场瓦斯运移规律的理论分析，改变综放工作面采空区瓦斯流场，充分利用综放工作面采空区瓦斯富集区内，空隙导通性好瓦斯流动性好的特点，通过抽采采空区瓦斯富集区的瓦斯，使采空区内瓦斯的流动方向发生改变，从而大幅度减少采空区瓦斯涌向工作面上隅角，解决综放工作面的瓦斯超限问题。根据《主焦21131工作面矿压动态观测及其支护参数优化方案研究总结报告》，21131采场结构参数，如表1所示。

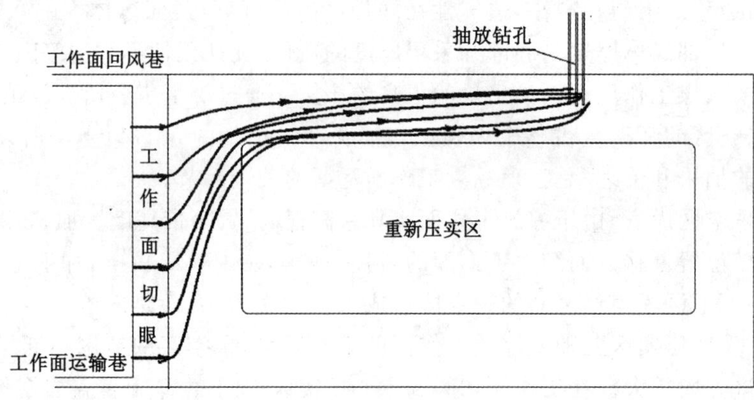

图2　相邻工作面抽放措施综放工作面采空区瓦斯流动图

表1　　**采场结构参数**

名称	单位	数量	名称	单位	数量
直接顶厚度	m	23.47	基本顶周期来压步距	m	10.7
直接顶初次垮落步距	m	25.1	破坏拱拱高	m	65
基本顶厚度	m	22.3	导水裂隙带高度	m	41.53
基本顶初次垮落步距	m	37			

随着放顶煤工作面的推进，采空区内将形成应力拱。直接顶充分垮落，基本顶岩石断裂铰接。由于

直接顶厚达 23.47 m 造成基本顶断裂铰接拱高不太高，基本顶易断裂，所以基本顶周期来压步距不大。

借鉴淮南矿区的研究成果，工作面采空区顶板裂隙瓦斯富集区位于两巷顶板采空侧上方宽 0～30 m，高 8～25 m 的环状裂隙区，顶板破碎角 50°对应向上 40～58.7 m 的竖向裂隙区。

结合主焦公司采煤工作面的顶板参数，本课题相邻工作面高位钻场钻孔分为两排，钻孔终孔均超过采煤工作面回风巷以下方向 30 m 以便于钻孔能够畅通地贯穿顶板裂隙。上排钻孔终孔据煤层高度 40 m 下排钻孔距煤层 30 m。

钻孔穿过瓦斯富集区的长度。钻孔穿过瓦斯富集区的长度越长，就与空隙沟通的概率越高，抽采瓦斯就越畅通。根据瓦斯富集区的宽度，钻孔穿过长度不应大于 30 m 考虑到主焦公司钻机的实际钻进能力，设计钻孔穿过长度不应低于 10 m。

3.2 相邻工作面抽放钻孔的布置

钻孔的布置方式可采用平行布置、扇形布置。如果钻孔开孔布置在钻场内，则宜采用扇形布置；如果钻孔采用在巷道内直接开孔的方式，则宜采用平行钻孔布置方式。

主焦公司以往施工高位裂隙钻孔的深度没有超过 160 m 为了确保试验取得成功，采用专用钻场试验。专用钻场利用已有掘进工作面边掘边抽钻场位置，穿煤进入煤层顶板后落平，作为施工相邻工作面抽放钻孔施工的钻场。这样，全部钻孔均布置在顶板岩石中，容易保证封孔质量，保证试验的真实性。

钻孔分为上下两排，如图 3～图 4 所示，钻孔参数如表 2 所示，间距 0.5 m(钻场开孔处间距)，终孔间距 10 m 左右；上排钻孔倾角 3°，钻孔依次为：7#、5#、3#、1#、10#、12#、14#；下排钻孔倾角 −2°，钻孔依次为 8#、6#、4#、2#、9#、11#、13#。

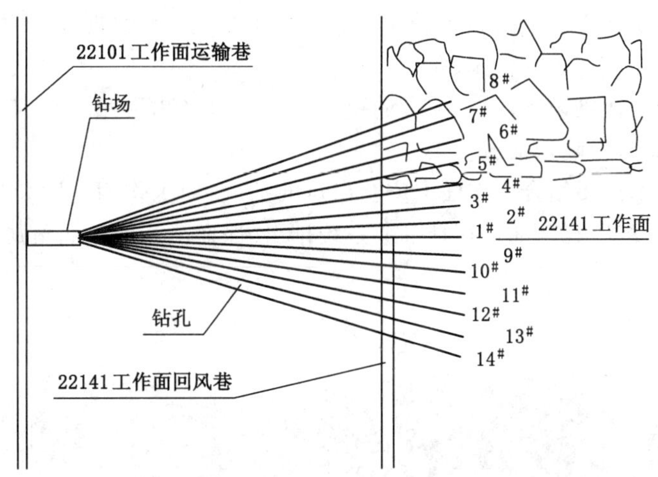

图 3 相邻工作面抽放钻孔平面布置图

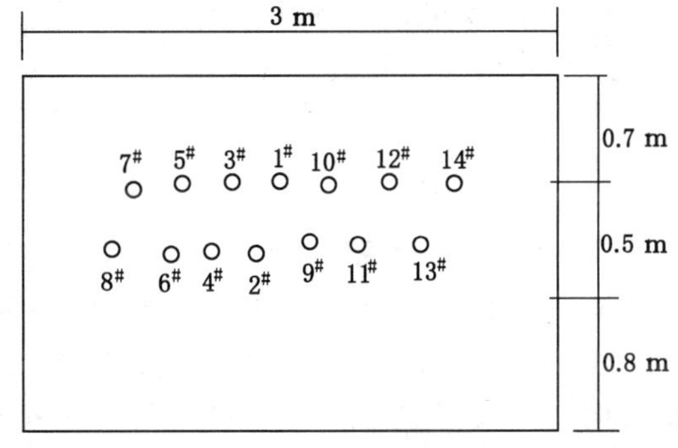

图 4 相邻工作面抽放钻孔断面布置图

表 2　　钻孔参数表

钻孔编号	与倾向夹角	钻孔坡度	孔深/m	备　注
8	偏左 22°	−2°	160	
7	偏左 19.3°	+3°	160	
6	偏左 16.3°	−2°	155	
5	偏左 13°	+3°	155	
4	偏左 10°	−2°	155	
3	偏左 6.7°	+3°	150	
2	偏左 3.3°	−2°	150	
1	0°	+3°	150	中间孔
9	偏右 3.3°	−2°	150	
10	偏右 6.7°	+3°	150	
11	偏右 10°	−2°	155	
12	偏右 13°	+3°	155	
13	偏右 16.3°	−2°	160	
14	偏右 19.3°	+3°	160	

钻孔的孔径，钻孔的孔径越大，抽采瓦斯的阻力就越小，相同负压条件下抽采的瓦斯量越大，反之就越小。但是，孔径太大，就会增加钻孔施工的工程量，增加钻孔施工的难度，同样也影响钻孔施工的深度。合理的钻孔孔径应在 75～120 mm 之间。

结合主焦公司现有的钻机设备，以及配套的钻杆、钻头，确定钻孔直径为 94 mm。

3.3　工作面上安全出口与上隅角抽放

相邻工作面抽放技术需要结合工作面上安全出口的抽放，使工作面上隅角形成一个小范围的低气压区，使工作面上隅角低浓度瓦斯通过移动抽放系统排出，保证工作面上隅角瓦斯不超限。工作面安全出口与上隅角抽放剖面图如图 5 所示。

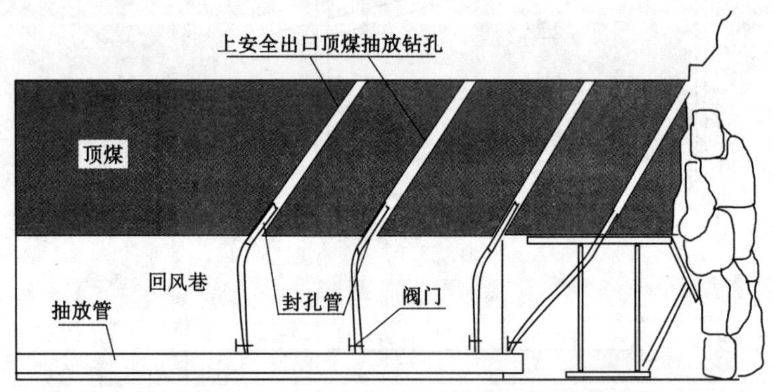

图 5　工作面上安全出口与上隅角抽放剖面图

在上安全出口木棚之间，向采空区一侧施工钻孔，钻孔倾角 45°，钻孔直径 75 mm，钻孔底至煤层顶板。采用风煤钻或轻型钻机施钻，钻头直径 75 mm。每排钻孔数量 4～5 个，自巷道上帮向下依次为 1#、2#、3#、4#、5# 钻孔，1# 钻孔向上帮偏 5°～10°，使孔底接近巷道上帮的垂直线；2#～4# 钻孔与巷道方向一致，下帮钻孔偏向工作面方向 5°～10°。封孔采用简易封孔器加黄泥封孔，2 寸钢管＋胶管连接抽放管。即在 2 寸钢管上设置胶皮、胶带，将钢管伸入钻孔，并用黄泥在孔口固定。抽放管上设有孔板流量计，接等直径钢管，钢管上设 20 个三通，三通为 2 寸钢支管，安装有阀门，与抽放胶管连接。上安全出口与上隅角抽放钻孔，正常情况下保持 4 排，每排间距 1 m，即两棚。共计 16～20 个钻孔。循环交替向外进行。

在上安全出口顶煤冒落地段或者顶煤破碎无法形成钻孔的区域，仍采用上隅角埋管抽放，方法是：在上隅角采用煤粉袋筑墙接顶、接严，煤粉袋墙构筑至工作面正常支架。并在煤粉袋筑墙接顶时埋入抽放管，抽放管尽量插入上隅角深部。

4 工作面应用结果

经过对综采放顶煤工作面采场瓦斯运移规律进行研究，提出了邻近工作面对综放工作面进行瓦斯抽采的方法，主焦公司先后在 22101 工作面运输巷 7 号、3 号边掘边抽钻场进行试验，取得了良好的效果。7 号钻场利用原来的边掘边抽钻场，在煤层中开孔，向 21141 综放工作面打钻，原设计 8 个孔，试验效果超过了预期，后又增加了 2 个孔，总孔数达到 10 个。在单孔流量与高位裂隙钻孔基本持平的情况下，瓦斯浓度达到了 90%，远大于高位裂隙钻孔最高 45% 的瓦斯浓度；根据 7 号钻场试验情况，主焦公司在距离 7 号钻场以外 100 m 的 3 号钻场位置，施工了邻近工作面专用抽放钻场，钻场布置在煤层顶板，共计施工钻孔 18 个。3 号钻场的施钻质量优于 7 号钻场，钻孔导通性好，13 号钻孔单孔流量最高达 2.895 m^3/min。至 8 月 6 日，18 个钻孔全部进入工作面采空区区域，平均单孔流量 0.482 m^3/min，是高位裂隙钻孔平均单孔流量的 11 倍；瓦斯浓度在 90.6%～50.12%之间；单孔瓦斯纯流量是高位裂隙钻孔的 21 倍。3 号钻场与 7 号钻场相比，3 号钻场位于外侧，抽放负压比 7 号钻场高，对采空区瓦斯向 7 号钻场位置流动起到了截留作用，但是，7 号钻场仍然能够起到作用，实践证明采空区瓦斯富集带的存在，通过理论计算，单个钻场的影响范围可以达到 200 m 以上。试验期间，工作面上隅角瓦斯浓度 0.7%以下，没有出现瓦斯超限的情况。

5 结论

(1) 对综采放顶煤工作面采场瓦斯运移规律进行研究，从理论上研究解决综放工作面瓦斯治理的最优方案。

(2) 综放工作面顶部煤体厚度是采煤机截割层厚度的数倍，加之瓦斯预抽不均衡等因素，顶部煤体瓦斯通过顶煤裂隙涌向采空区的瓦斯量占整个采煤工作面瓦斯涌出量的很高的比例。所以，加强对顶部煤体涌向采空区的瓦斯的抽采和治理，是治理综放工作面瓦斯的关键环节。

(3) 在上下相邻区段煤体与采空区重新压实区之间，由于相邻区段煤体的支撑作用，使相邻区段煤体与重新压实区之间的上覆盖岩层形成应力拱，在这一区域内，顶板裂隙大量存在，成为工作面采空区瓦斯富积区。瓦斯富集区的宽度，一般为 20～30 m。

(4) 自邻近工作面已有巷道打钻，钻孔穿过综放工作面瓦斯富集区，并与瓦斯富集区的空隙沟通，抽采富集区内的瓦斯，瓦斯浓度高，流动性好，单孔抽采流量大，钻孔影响范围大。结合工作面上安全口及上隅角埋管抽放，能够有效地解决采空区瓦斯涌入工作面造成瓦斯超限现象。

(5) 根据瓦斯富集区的宽度，邻近工作面抽采钻孔穿过瓦斯富集区长度不应大于 30 m。但也不宜低于 20 m。

(6) 邻近工作面抽放钻孔孔径，从抽放效果来看，直径越大越好；但必须考虑钻孔施工的难易程度和经济性，钻孔直径在 75～120 mm 之间为宜。

参考文献

[1] 国家煤矿安全监察局．防治煤与瓦斯突出规定[M]．北京：煤炭工业出版社，2009.
[2] 刘怡君，付克伟，张晓丽，等．煤矿瓦斯综合治理技术手册[M]．长春：吉林音像出版社，2003.
[3] 胡殿明，林柏泉．煤层瓦斯赋存规律及防治技术[M]．徐州：中国矿业大学出版社，2006.

[4] 张子敏.瓦斯地质学[M].徐州:中国矿业大学出版社,2008.
[5] 王德明.矿井通风与安全[M].徐州:中国矿业大学出版社,2009.
[6] 钱鸣高,石平五,许家林.矿山压力与岩层控制[M].徐州:中国矿业大学出版社,2010.
[7] 李建云.煤层瓦斯预抽方案优化设计[J].煤炭科学技术,2011,39(6):46-48.
[8] 闫洁伦,刘毅,吕国臣. 瓦斯抽放参数的优化[J]. 辽宁工程技术大学学报(自然科学版),2010,29(4):560-562.
[9] 何伯稳,贾金峰.高位瓦斯抽放长钻孔人工造斜钻进技术[J].煤炭科学技术,2007,35(12):42-44.
[10] 林海飞,李树刚,成连华,等.覆岩采动裂隙演化形态的相似材料模拟实验[J].西安科技大学学报,2010,30(5):507-512.
[11] 钱鸣高,许家林.覆岩采动裂隙分布的O形圈特征研究[J].煤炭学报,1998,23(5):466-469.

宣东煤矿低透气性松软突出煤层深孔施工技术研究

任乃俊[2]　朱帅虎[1]　冯世梁[1]

(1. 中国矿业大学(北京)资源与安全工程学院　北京　100083;
2. 冀中能源张家口矿业集团有限公司　河北张家口　075313)

摘　要　张矿集团宣东矿,主采的Ⅲ3煤层,属低透气性松软煤层,埋藏较深,煤层坚固性系数小,瓦斯含量较高,瓦斯压力较大,且煤体酥松破碎,抽放钻孔施工难度大。为解决本煤层深钻孔施工难题,经过多年实验,得出选择大功率大扭矩钻机,配套高强度高韧性螺旋钻杆,钻杆采用丝扣连接,选用高压风排渣,及时较孔等措施,取得成功。

关键词　低透气性;松软煤层;突出煤层;深钻孔施工

0　引言

张家口矿业集团宣东煤矿属于高突矿井,Ⅲ3煤层属低透气性松软煤层。煤层透气性系数仅为0.129 $m^2/(MPa^2 \cdot d)$,钻孔瓦斯衰减系数较大(0.018 1/d),衰减速度较快。煤层煤体破坏严重(Ⅱ类~Ⅲ类),坚固性系数 f 只有0.5~0.98。但煤层瓦斯含量较高(7.2 m^3/t),瓦斯压力较大(1.6 MPa)。由于Ⅲ3煤层埋藏较深,瓦斯压力较大,且煤体酥松破碎,透气性低,导致煤层钻孔施工难度增大,喷孔塌孔吸钻夹钻时有发生,严重制约着煤巷掘进速度。

1　本煤层钻孔施工近年来试验研究情况

1.1　岩石电钻煤孔试验

岩石电钻全称为矿用隔爆电动变速岩石钻机,型号为KHYO155dIAB型,最大扭矩700 N·m,配套长1.5 m螺旋钻杆及岩石钻头,采用压风排渣,钻杆间丝扣连接。

该机在井下试打煤层钻孔始于2005年3月23日,截至5月23日,短短2个月因断夹坏,新配备的80根钻杆最后仅剩7根,期间还烧过一次电机,该机打钻情况详见表1。

表1　岩石电钻煤孔试验情况记录表

月份	地点	孔号	钻杆类型	孔深/m	打钻情况
3	205中间巷	1#	螺旋钻杆	72	每小班平均钻进仅为5 m
3	205中间巷	2#	螺旋钻杆	16.5	渣多夹钻停
4	205中间巷	3#	螺旋钻杆	69	断杆丢22根
4	205轨巷	1#	螺旋钻杆	21	渣多夹钻停
4	205轨巷	2#	螺旋钻杆	22.5	停风夹丢15根钻杆

作者简介:任乃俊,男,1964年8月出生,河北魏县人,冀中能源张家口矿业集团有限公司副总经理,硕士研究生,高级工程师,中国矿业大学(北京)在读博士研究生,主要从事安全管理与技术创新方面的研究。

续表1

月份	地点	孔号	钻杆类型	孔深/m	打钻情况
4	205轨巷	3#	螺旋钻杆	9	遇顶板停
4	205轨巷	4#	螺旋钻杆	41	烧电机夹丢26根钻杆
5	205机巷8钻场	1#	螺旋钻杆	24	断杆夹丢1根
5	205机巷8钻场	2#	螺旋钻杆	31.5	断杆夹丢7根
备注	与该钻机配套的螺旋钻杆长1.5 m,直径ϕ80 mm,螺旋叶片高15 mm,由ϕ50 mm、壁厚3.2 mm圆钻杆(芯杆)加工而成,配套的钻头为岩石钻头				

由表1可知:该钻2个月来所打钻孔并不多,累积工程量只有300多米,除第一个孔深度较为理想外其余均不大理想,该机在打钻过程中主要存在以下几个方面的问题:

(1)钻杆强度明显不足,该钻在试验阶段没有满负荷运转,打完第一个72 m深孔后,钻杆螺旋叶片便开始变形,随后便出现多次断杆现象,80根钻杆到最后仅剩7根,这7根勉强能用,实际接近报废。

(2)钻机扭矩小,电机功率明显不足,给进速度稍快电机便停止转动,在205机巷打4#孔时烧毁电机。

(3)安全性能差,钻机拖带着电缆在滑道上频繁进退往复运动,容易磨破挤伤损坏电缆,在高突矿井中不安全。

1.2 乳化液钻机煤孔试验

2005年7月,选用波兰产WSP—500型架柱式乳化液钻机继续进行煤孔试验,该机最大扭矩500 N·m,但效果仍不理想,该机打钻情况详见表2。

表2　乳化液钻机煤孔试验情况记录表

月份	地点	孔号	钻杆类型	孔深/m	打钻情况
7	205中间巷下邦	1#	煤钻头	13.5	遇夹矸钻头损坏
7	205中间巷上邦	2#	煤钻头	13.5	遇夹矸钻头损坏
11	206机巷	1#	岩石钻头	10.5	联接卡断,丢杆2根
11	206机巷	2#	岩石钻头	12	杆断,丢1根
11	206机巷	3#	岩石钻头	12	联接卡断,丢杆2根
12	206机巷	4#	岩石钻头	7.2	联接销松脱丢杆2根
12	206机巷	5#	岩石钻头	15.6	联接销松脱丢钻头1个
12	206机巷	6#	岩石钻头	19.2	牵引钢丝绳断,钻杆联接套断,退杆联接销松脱,丢杆1根
备注	与该钻机配套的螺旋钻杆长1.5 m,直径ϕ80 mm,螺旋叶片高15 mm,由ϕ50 mm圆钻杆(芯杆)加工而成,配套的钻头分别为煤钻头和岩石钻头。采用压风排渣,钻杆间销子连接				

该机采用乳化液作为工作介质,提高了打钻作业的安全性,但与岩石电钻一样,同样存在着钻机、钻杆质量问题,钻机功率小,钻杆强度低,特别是钻杆联接销轴存在着严重的质量问题,不是被切断,就是松扣脱落,导致丢杆丢钻头。另外煤钻头穿岩能力低,一旦遇到夹矸钻齿便被磨坏,所以煤孔施工不能选用煤钻头。

1.3 改装MKD—5S型钻机煤孔试验

2006年10月份,宜东矿积极开展技术革新,大胆改装MKD—5S型液压钻机(该机最大扭矩1 850

N·m,原配套光钻杆,采用水力排渣,用于岩孔施工),配套螺旋钻杆,继续进行煤孔试验。此次试验有较大的突破,打钻速度及钻孔深度明显提高,该机打钻情况详见表 3。

表 3　　MKD—5S 全液压坑道钻机煤孔试验情况记录表

月份	地点	孔号	钻杆类型	孔深/m	排渣方式	打钻情况
10	207 轨巷	1#	光钻杆	25	水力	塌孔夹钻
10	207 轨巷	2#	螺旋钻杆	23	水力	塌孔夹钻
10	207 轨巷	3#	螺旋钻杆	48.5	压风	易排渣,共打 3 个小班,遇顶板停
10	207 轨巷	4#	螺旋钻杆	50	压风	易排渣,共打 3 个小班
10	207 轨巷	5#	螺旋钻杆	61	压风	易排渣,共打 3 个小班,断丢 23 根
备注	与该钻机配套的螺旋钻杆长 1.0 m,直径 ϕ80 mm(其中螺旋叶片高 15 mm,由直径 ϕ50 mm 壁厚 10 mm 圆钻杆(芯杆)加工而成),配套的钻头为岩石钻头。分别试用水力排渣及压风排渣,钻杆间丝扣连接					

本次试验孔深达到了 50～60 m,之所以取得了比较理想的效果,一是钻机扭矩大;二是螺旋钻杆壁厚增加到 10 mm,增大了钻杆强度并且钻杆间采用丝扣连接,不容易丢钻杆;三是正确选用了辅助排渣方式——压风排渣,因为松软煤层若选用水力排渣极容易塌孔,1# 和 2# 孔就是一个明显的例证。下斜钻孔钻屑被钻杆搅拌成泥浆,在这种情况下无论选用什么类型的钻杆都难以将钻渣排出。上斜钻孔排渣虽容易些,但钻渣量大,直径 ϕ100 mm 的钻孔,平均每米出渣量约 0.25 t 左右,相当于打了一个直径约 ϕ500 mm 的钻孔,钻场清渣工作十分繁重,所以煤孔施工排渣方式不能采用水力排渣。

2　近年来本煤层钻孔施工困难原因分析

通过对宣东矿近年来本煤层钻孔施工进行分析,认为本煤层钻孔施工难度大的原因主要有以下三个方面:

(1) 煤层赋存条件:Ⅲ3 煤层属低透气性煤层,煤层透气性系数仅为 0.129 $m^2/(MPa^2 \cdot d)$,不利于高压瓦斯流动释放。Ⅲ3 煤层属松软煤层,煤层结构复杂,且呈薄状复合层,煤体破坏严重(Ⅱ类～Ⅲ类),坚固性系数 f 只有 0.5～0.98。Ⅲ3 煤层为突出煤层,且采深较大(800～1 100 m),上覆岩浆侵入是影响Ⅲ3 煤层瓦斯封闭赋存的主控因素,因而瓦斯含量较高(7.2 m^3/t),瓦斯压力较大(1.6 MPa)。这些因素综合作用极易造成塌孔喷孔,导致吸钻夹钻。

(2) 钻机钻具选用:瓦斯抽采区成立初期对本煤层打钻存在着错误认识,认为煤钻比岩钻容易施工,所以选用的钻机型号都不大,如矿用隔爆电动钻机和 WSP—500 型架柱式乳化液钻机最大扭矩均未达到 1 000 N·m,相应地配套钻杆强度也较低。后来虽然选用了较大扭矩(最大扭矩 1 850 N·m)的 MKD—5S 型全液压坑道钻机,并做了局部技改,配套了螺旋钻杆,但这种钻机必定属于岩石钻机,针对岩石特性进行设计,钻机性能不适合煤孔施工。

(3) 操作技能:研究表明,当钻孔与煤岩层理夹角成 90°时,钻孔方向偏移量最小;钻孔与煤岩层理夹角越小,钻孔方向越容易偏离;当顺层钻孔遇到坚硬夹矸时,钻孔方向最容易沿着夹矸与煤层的结合面偏离。在近水平煤层中,比较理想的顺层钻孔应当是一条曲度不大、自然下垂的曲线,近似于直线,因为在这种状态下钻杆受力最小,排渣最畅通。而要保持这种状态必须控制好给进速度,在排渣通畅,渣粒均匀,大小适中(状如黄豆)的情况下,自然钻进,钻进速度由排渣能力决定,不能急于求成。遇到坚硬夹矸或硬煤时速度须放慢,待钻头完全进入夹矸时(通过观察钻渣听钻机声音来判断),方可恢复正常钻进速度。

3 本煤层深孔施工试验研究结果

3.1 本煤层深孔施工方案

通过客观分析，2011年共选用三种类型钻机，分别是重庆产ZYW—4000型和ZYR—1900型煤矿用全液压坑道钻机、杭州产SGZL—3B型煤矿用坑道钻机。全液压坑道钻机启动平稳，能实现无级调速，ZYW—4000型钻机最大扭矩4 000 N·m，既能打岩孔又能打煤孔；ZYR—1900型钻机最大扭矩1 900 N·m，专为松软煤层煤孔施工设计的钻机。SGZL—3B型钻机主传动系统为机械传动，结构简单，体积小重量轻，移动方便，适用于在煤掌头施工，最大扭矩2 350 N·m。与三类钻机配套的钻杆全部为规格统一的螺旋钻杆，ϕ90 mm(其中螺旋叶片高15 mm，由直径ϕ60 mm、壁厚10 mm圆钻杆加工而成)，钻杆间采用丝扣连接；配套的钻头全部为普通岩石钻头。压风排渣风压不能小于4个大气压。试验前对所有的操作人员进行培训，严格按程序操作，熟练掌握操作要领，排渣能力决定钻进速度，特别是穿夹矸或硬煤时，严格控制钻进速度。同时养成班班校验钻孔平角和倾角的习惯，及时纠正钻机错位，尽量减少钻孔方向偏移。

3.2 本煤层深孔施工试验研究结果

经过充分的准备，本次规模较大的试验取得了重大突破，打钻速度及钻孔深度全面提高，标志着本煤层深孔施工技术正一步步走向成熟，孔深由原来的50～60 m稳定到现在的80 m以上，并且有相当一部分孔深突破了100 m。三种类型钻机试验情况详见表4。

表4　　三种类型钻机煤孔试验情况汇总表

机型	地点	日期	天数	孔数	孔深分段孔数			
					≤80 m	≥80 m	≥90 m	≥100 m
SGZL—3B	209机巷5～7钻场	8.10～9.14	35	42	0	10	1	31
	208机巷1钻场	9.26～10.6	10	9	1	8	0	0
ZYR—1900	三采区胶带上山	7.19～7.30	11	12	2	10	0	0
	209轨巷19钻场	8.8～8.22	14	11	0	9	1	1
ZYW—4000	2015采面二联巷	7.27～8.22	26	19	1	10	4	4
合计	—	—	96	93	4	47	6	36
百分比	—	—	—	100%	4.3%	50.5%	6.5%	38.7%

由表4可以看出：96天共打孔93个，平均每天成孔约1个，80 m以下只有4个，仅占约4.3%，其余全部达到80 m，并且有近40%的钻孔突破百米。这表明对本煤层钻孔施工困难的原因分析是客观的，解决思路是正确的，试验方案是合理的，试验结果是比较成功的。

4 结论

(1) Ⅲ3煤层埋藏较深，瓦斯压力较大，所以钻孔施工要注意避开采动应力集中区域。

(2) 解决本煤层深孔施工这一难题，须选择大功率大扭矩钻机，配套高强度高韧性螺旋钻杆，钻杆采用丝扣连接，因为插销连接容易丢钻杆。

(3) 因煤层内含有比较坚硬的夹矸，打煤孔无法避开，所以必须使用岩石钻头。

(4) 水力排渣极易造成塌孔，所以辅助排渣必须选用高压风排渣，风压不小于4个大气压。

(5) 加强培训，提高打钻队伍整体素质，严格按程序操作，

熟练掌握操作要领，根据排渣能力确定钻进速度，特别是遇到夹矸或硬煤时，更要严格控制钻进速度，同时养成班班校孔(如平角、倾角、开孔位置等)的习惯，及时纠正钻机错位，尽量减少钻孔方向偏移。

参考文献

[1] 孔令飞.深孔加工中钻杆系统非线性动态行为研究[D].西安:西安理工大学,2010.
[2] 何定健,李建勋,王勇. 深孔加工关键技术及发展[J]. 航空制造技术,2008(21):90-94.
[3] 陈振亚. 深孔加工孔轴心偏斜及系统优化设计研究[D]. 太原:中北大学,2013.
[4] 李阳. 高效深孔加工技术的研究[D]. 兰州:兰州理工大学,2012.
[5] 韩旭. 深孔加工低频振动钻削试验研究[D]. 太原:中北大学,2007.
[6] 赵志霞. 深孔加工工艺分析[J]. 深孔加工工艺分析,2001(3):30-32.
[7] 张兰萍,杨生元. 深孔加工中切削参数的选择[J]. 机械研究与应用,2008,21(3):122-124.

演马庄矿22111顶板抽采巷水力压裂消突技术研究与应用

王　飞　王　尧

（河南能源化工集团焦煤公司演马庄矿　河南焦作　454000）

摘　要　为防止煤巷掘进过程中突出事故的发生，文章对水力压裂消突技术进行了研究，提出了在焦煤演马庄矿22111工作面实施水力压裂，分析了水力压裂前后瓦斯相关参数、煤岩体参数、掘进速度等参数的变化，结果表明，水力压裂消突技术在低透气性突出煤层能明显的增透、消突、降尘作用，提高了掘进速度。

关键词　水力压裂；瓦斯含量；注水参数；工艺装备

1　演马庄矿瓦斯地质概况

演马庄矿瓦斯地质条件极为复杂，是焦作矿区最具代表性的瓦斯突出矿井之一，演马庄矿目前开采的25、27采区瓦斯含量都达到了20 m^3/t以上，正在开拓的22下山采区、21下山采区、27下山采区全部位于井田深部，瓦斯含量都有增高趋势，突出危险性严重，而且焦作矿区不具备开采保护层的条件，地面钻井预抽煤层瓦斯也仍然没有大的突破，只能将区域预抽措施作为演马庄矿瓦斯治理的唯一途径。演马庄矿的主采的二$_1$煤层透气性系数0.2～0.457 $m^2/(MPa^2 \cdot d)$，演马庄矿的煤层透气性属于可以抽采煤层的下限，由于煤层瓦斯含量高、透气性差，抽采治理难度大、周期长。为了有效地抽采煤层瓦斯，演马庄矿在瓦斯治理过程中采取顶板巷压裂技术进行瓦斯抽采。

2　压裂技术原理

井下水力压裂的基本原理即将压裂液高压注入煤（或岩）体中原有的和压裂后出现的裂缝内，克服最小主应力和煤岩体的破裂压力，扩宽并伸展和沟通这些裂缝，进而在煤中产生更多的人造裂缝与裂隙，从而增加煤层的透气性，起到增加瓦斯抽采量，使得抽采达标，瓦斯压力、压力含量降到国家规定的安全值以下。

根据以上的分析，压裂液在煤层内的运动过程可表示为图1。

通过以上定性分析可知，压裂液对煤层的压裂破坏过程，是通过对各级裂隙弱面产生内压，从而导致裂隙弱面在空间上发生扩展和延伸来实现的，是建立在原始裂隙弱面的基础上的扩展延伸以至相互贯通的分解过程，并不是产生新的裂隙而对煤体产生压裂分解的过程。

3　压裂实施方案

3.1　压裂点瓦斯地质概况

本区位于22071煤层下部，瓦斯地质情况参照22071瓦斯地质数据，该煤层有煤与瓦斯突出危险性，煤尘无爆炸性，煤层不自燃，裂隙较发育。据焦煤公司科研所瓦斯参数测试报告，22下山上段原煤

作者简介：王飞，男，1981年1月10日生，学历硕士，现在演马庄矿从事生产技术管理工作。

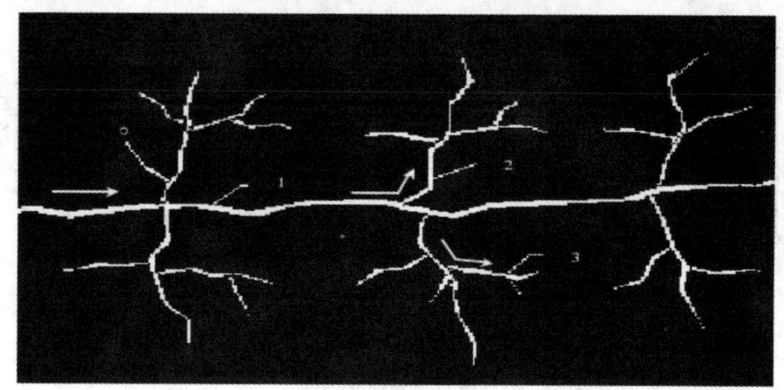

图 1　压裂液流动次序示意图

1——一级弱面；2——二级弱面；3——三级弱面

瓦斯含量 26.13 m^3/t，瓦斯压力 1.39 MPa，煤体坚固性系数 0.3。

本次压裂地点选在 22111 顶板瓦斯抽采巷，布置在距二$_1$ 煤 10～11 m 的砂质泥岩中，工作面煤层埋深 330 m，平均厚度 6.3 m，倾角 11°。图 2 所示为工作面综合柱状图。

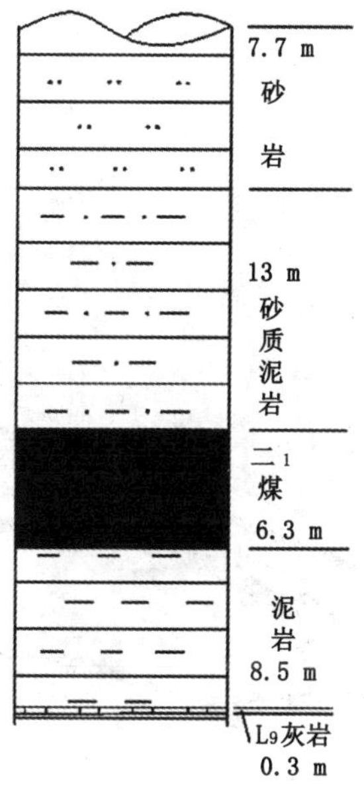

图 2　工作面综合柱状图

3.2　压裂施工

3.2.1　压裂方式

压裂工艺的选择，应充分结合煤矿现有巷道布置情况和采掘进度安排，应简便安全、不损坏管路和设备、不污染井下作业环境，压裂孔口应有承压保护装置及工具。

采掘工作面本煤层压裂，煤体结构相对完整或发育相对完整的分层，应采用顺煤层钻孔压裂，如图 3 所示。

采掘工作面本煤层压裂，煤体结构破坏严重、难以成孔的煤层根据具体地质条件实施顶底板穿层钻孔压裂（图 4），或沿煤层顶底板顺层钻孔压裂。

3.2.2　钻孔布置方式

压裂孔布置在 22111 运输巷顶板抽采巷上帮腰线下 0.4 m 处，详见图 5、图 6。

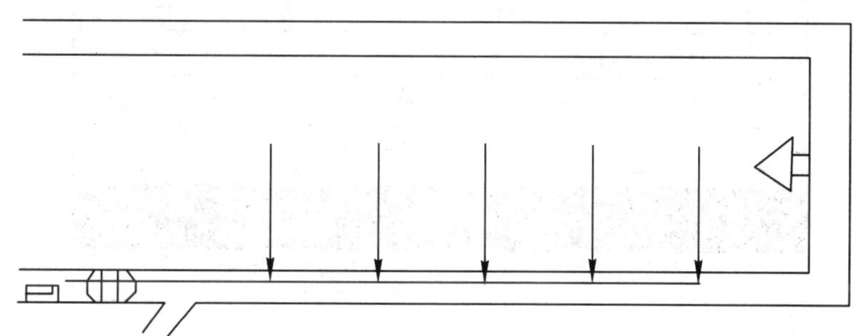

图 3　本煤层顺层钻孔压裂示意图

3.2.3　钻孔封孔方式

采用压裂专用化学材料充填封孔，依据钻孔情况（以 1# 压裂孔为例具体分析），22111 运输巷顶板抽采巷 1# 压裂孔：该孔为下行孔，封孔长度 32.6 m；1# 压裂孔封孔各用化学药剂 1.6 桶，封孔药液均按

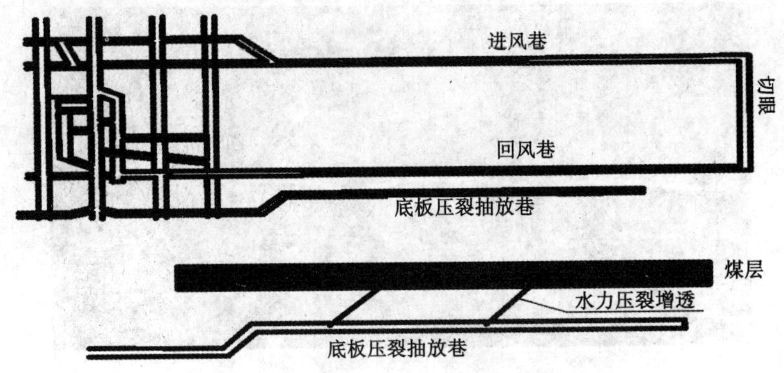

图4　底板穿层钻孔水力压裂示意图

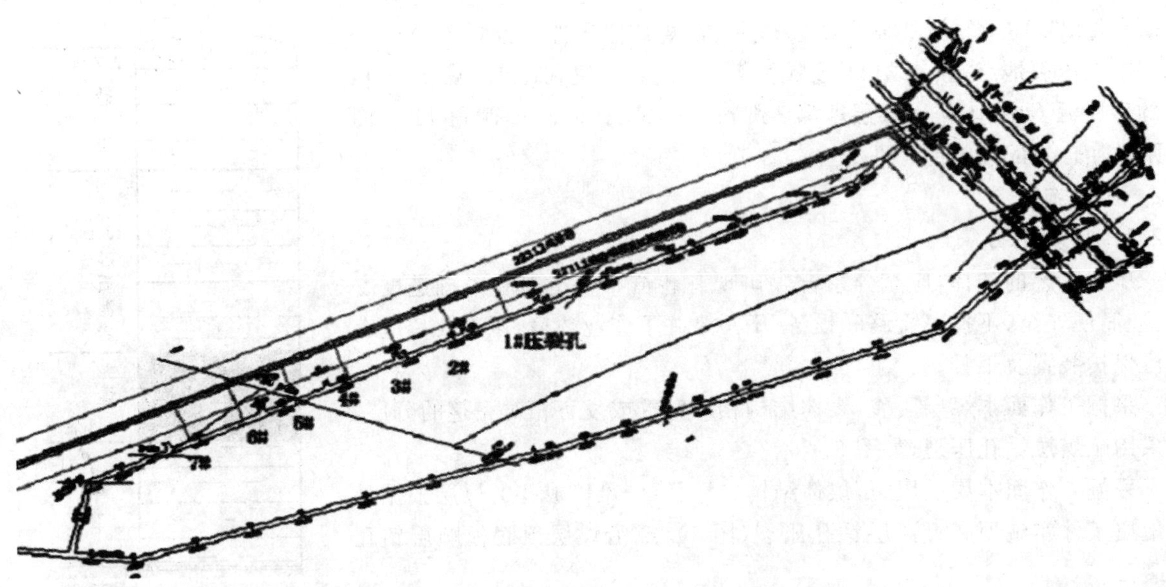

图5　22111运输巷顶板抽采巷压裂孔布置示意图

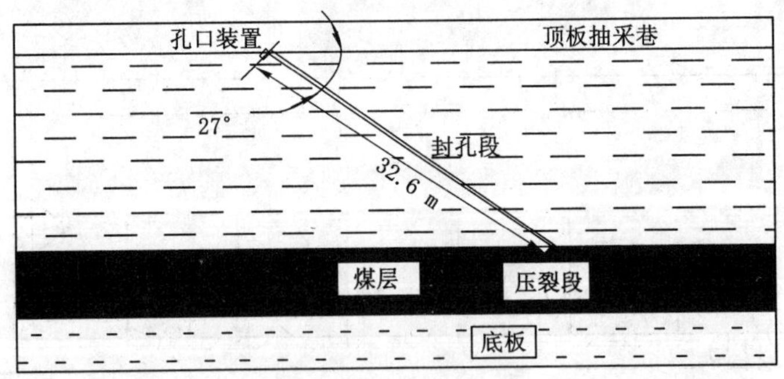

图6　局部示意图

1∶1配比。

3.2.4　注水压力

注水压力是所有水力化措施中的重要参数。若注水压力过低，不能压裂煤体，煤层结构不会发生明显的变化，相当于低压注水湿润措施，短时间内注水起不到卸压防突的作用；若注水压力过高，导致煤体在地应力和水压综合作用下迅速变形，若操作不当，可能诱发事故。因此，合理的注水压力应该能够快速、有效破裂松动煤体，进而改变煤体孔隙和裂隙的容积及煤体结构，排放煤体瓦斯，达到消突的目的。水力压裂注水压力根据地应力和瓦斯压力，以及煤体受采动影响应力重新分布的规律。

3.2.5 压裂时间

压裂时间与注水压力、注水量等参数密切相关，注水压力、流速不同，相同条件下达到同样效果的注水时间也不同。注水过程中，煤体被逐渐压裂破坏，各种孔裂隙不断沟通，高压水在已沟通的裂隙间流动，注水压力及注水流量等参数不断发生着变化，注水时间可根据注水过程中压力及流量的变化来确定，当注水泵压降为峰值压力的30%左右，可以作为注水结束时间，压裂时间在2 h左右。

3.3 压裂情况

压裂时间：2011年7月2日13:33～15:35。

压裂情况：注水量为76.6 m^3，最高压力为17 MPa。

压裂后现场情况：1# 压裂孔孔口处通尺227 m，压裂后通尺208 m处已经连抽的卸压孔抽采管接口被压开且有一抽采管被压出岩体30 cm，另外该卸压孔内的水中含有大量煤屑。290 m处巷道右帮与巷道底板交界处涌水和瓦斯现象明显，294 m钻场内瓦斯浓度由压前的0.12%到0.38%。通尺247 m处的2# 压裂孔内出水，且水中含部分煤屑。

4 压裂效果考察

1# 压裂孔位于22111运输巷顶板抽采巷227 m处，压裂后，该孔压裂影响范围为其左右30 m，故其压裂影响区为统尺197～257 m之间。据数据显示压裂后该范围内瓦斯浓度明显增大，抽采量明显提高。

压裂前后抽放数据如下：

(1) 1# 压裂孔抽采数据(表1、图8、图9)

表1　　1# 压裂孔抽采数据

日期	负压/kPa	浓度/%	流量/$m^3 \cdot min^{-1}$	日抽放量/m^3
2011.7.6	9.80	96.40	0.21	295.68
2011.7.9	8.00	95.60	0.41	569.93
2011.7.10	13.80	95.60	0.22	297.35
2011.7.13	8.60	98.00	0.30	423.36
2011.7.17	9.40	99.90	0.51	739.42
2011.7.24	8.90	96.40	0.52	716.29
2011.7.31	16.00	99.60	0.38	543.58
2011.8.3	13.80	91.30	0.43	562.70
2011.8.7	13.90	91.60	0.39	511.79
2011.8.13	18.30	92.60	0.37	498.71
2011.8.18	18.70	93.80	0.36	491.66
2011.8.21	18.60	99.40	0.28	397.92
2011.8.30	18.40	92.70	0.32	427.16
2011.9.3	17.90	96.30	0.34	471.42
2011.9.11	17.20	95.30	0.41	557.16
2011.9.25	17.00	98.90	0.60	850.22

续表 1

日期	负压/kPa	浓度/%	流量/m³·min⁻¹	日抽放量/m³
2011.10.2	21.00	95.40	0.50	684.13
2011.10.9	18.00	95.90	0.48	662.86
2011.10.16	18.00	96.80	0.46	641.20
2011.10.23	17.00	98.40	0.39	552.61
2011.10.30	16.2	95.2	0.417	571.66
2011.11.6	15.8	96.7	0.327	455.34
累计抽放量:64 228.1 m³,平均日抽放量:526.46 m³,平均浓度:95.85%				

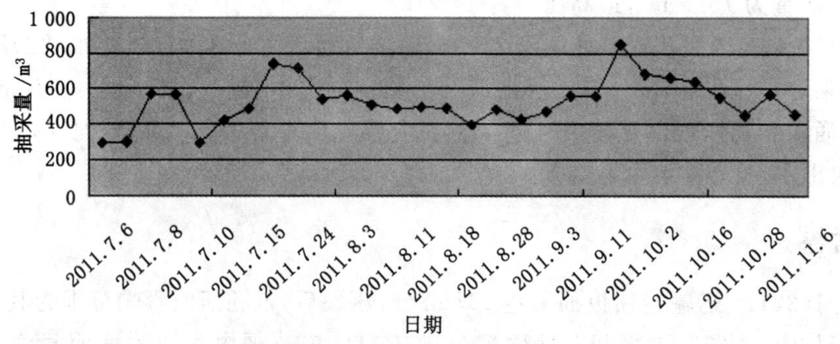

图 8　1# 压裂孔瓦斯抽采量变化曲线图

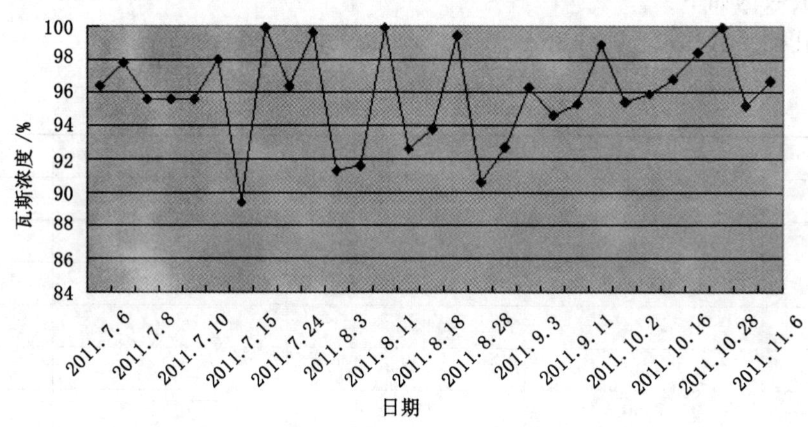

图 9　1# 压裂孔抽采量浓度变化曲线图

(2) 压裂前 B10～B303 孔抽采数据(表 2)

表 2　B10～B303 孔抽采数据

组别	一周累计抽放量/m³	三周累计抽放量/m³	月累计抽放量/m³	单孔单天平均抽放量/m³
B10～B40	729.77	639.38	2 820.18	6.27
B52～B66	185.26	1 062.55	3 250.18	7.22
B79～B90	452.21	389.16	1 233.53	3.74
B106～B117	309.31	2 595.6	8 392.31	23.3

续表 2

组别	一周累计抽放量 /m³	三周累计抽放量 /m³	月累计抽放量 /m³	单孔单天平均抽放量 /m³
B118～B129	160.23	396.9	1 235.86	3.4
B130～B144	326.22	415.95	1 430.64	3.18
B145～B159	317.15	357.23	1 424.31	3.16
B175～B186	1 193.2	924.09	4 033.4	11.2
B187～B195	4 872.54	2 343.6	11 635.65	43.09
B196～B210	2 220.82	1 354.08	6 468.36	14.37
B211～B225	3 373.98	2 989.95	12 313.59	27.36
B226～B240	937.44	1 549.29	5 699.53	12.67
B241～B252	3 322.04	2 156.27	9 991.15	27.75
B253～B267	2 199.63	1 343.64	5 017.19	11.15
B268～B280	2 095.17	1 947.45	8 230.32	21.1
B280～B303	179.82	2 375.44	7 387.23	17.59
B10～B303 平均日抽放量：14.27 m³				

(3) 压裂后 B701～B1170 孔抽采数据(表 3)

表 3　B701～B1170 孔抽采数据

组别	一周累计抽放量 /m³	三周累计抽放量 /m³	月累计抽放量 /m³	单孔单天平均抽放量 /m³
1 组(B701,B703,B704)	2 760.650	3 134.640	7 982.390	88.693
2 组(B705,B707,B708,B711)	2 925.600	5 615.070	7 266.640	60.222
3 组(B706,B714，B715,B720)	3 655.380	9 235.920	11 877.650	79.184
4 组(B722,B723,B725,B733)	3 646.800	6 156.160	8 500.130	70.830
5(B736,B737,B1083,B1085)	4 332.440	6 910.380	9 131.540	60.877
6 组(B1095～B1100)	5 817.800	8 603.010	11 964.680	66.470
7 组(B1101～B1110)	7 741.600	13 386.220	19 776.360	65.921
8 组(B1111～B1117)	5 716.440	10 029.150	13 610.270	64.811
9(B1138～B1151)	6 829.600	13 436.860	17 958.930	74.829
2110 组(B1121,B1123)	2 289.530	5 712.280	7 986.460	88.731
11 组(B1129,B1134)	3 007.250	5 300.460	7 195.650	79.952
12 组(B1147～B1154)	5 853.920	10 999.480	13 674.580	75.970
13(B1155～B1162)	6 982.230	12 978.564	16 869.390	70.289
14(B1164～B1170)	5 968.210	11 367.770	14 949.680	71.186
1 号压裂孔外侧 30 m 范围内抽放孔：B701～B1170 号孔平均日抽放量为 72.711 m³。1 号压裂孔里测孔数据未统计完全，故未做对比分析				

(4) 压裂前 B10～B303 孔 2011 年 6 月 5 日抽采数据(表 4)

表 4　　**B10～B303 孔日抽采数据**

22111 运输巷顶板抽采巷 B 组孔非压裂影响区 2011 年 6 月 5 日数据					
孔组	开抽时间	流量/$m^3 \cdot min^{-1}$	负压/kPa	浓度/%	日抽放量/m^3
B10～B40	2011.3.26	0.156	17.3	48.6	109.18
B52～B66	2011.4.24	0.416	17.3	28.2	168.93
B79～B90	2011.5.1	0.361	17.3	29.2	151.79
B106～B117	2011.5.3	0.316	17.6	27.2	123.77
B118～B129	2011.5.5	0.124	17.2	30.8	54.99
B130～B144	2011.5.6	0.163	17.2	0.5	1.17
B145～B159	2011.5.9	0.716	17.2	0.3	3.09
B175～B186	2011.5.11	0.114	17.2	30.2	49.58
B187～B195	2011.5.14	0.132	17.4	24.3	46.19
B196～B210	2011.5.16	0.154	17.1	16.3	36.15
B211～B240	2011.5.20	0.325	17.4	25.4	118.87
B241～B252	2011.5.25	0.268	17.2	26.4	101.88
B253～B267	2011.5.27	0.371	17.5	61.8	330.16
B268～B280	2011.5.30	0.218	17.4	56.3	176.74
B280～B303	2011.6.2	0.239	17.5	62.3	214.41
累计日抽放量 1 913.94 m^3，单孔平均日抽放量 6.51 m^3，孔组平均浓度为 31.22%					

(5) 压裂后 B701～B1170 2011 年 11 月 6 日抽采数据(表 5)

表 5　　**B701～B1170 2001 年 11 月 6 日抽采数据**

22111 运输巷顶板抽采巷 B 组孔压裂影响区 2011 年 11 月 6 日数据						
孔号	开抽日期	负压 /kPa	浓度 /%	混合流量 /$m^3 \cdot min^{-1}$	纯流量 /$m^3 \cdot min^{-1}$	日抽放量 /m^3
B701～B704	2011.10.2	15.5	86.4	0.217	0.187	269.86
B705～B711	2011.9.27	15.6	57.6	1.000	0.376	541.44
B706～B720	2011.9.27	15.5	76.4	0.893	0.316	455.04
B722～B733	2011.9.30	15.4	83.6	0.396	0.331	476.72
B736～B1085	2011.10.2	15.4	67.4	0.276	0.186	267.87
B1095～B1100	2011.10.16	15.4	84.6	0.471	0.398	573.70
B1101～B1110	2011.10.16	15.3	61.6	0.401	0.247	355.68
B1111～B1117	2011.10.16	15.3	77.6	0.374	0.103	148.61
B1121～B1127	2011.10.16	15.3	89.7	0.386	0.346	498.59
B1147～B1154	2011.10.22	15.2	85.7	0.297	0.255	366.52
B1155～B1162	2011.10.24	15.4	85.6	0.364	0.312	448.68
B1164～B1170	2011.10.25	15.4	82.6	0.321	0.265	381.81
54 个孔累计日抽放量 4 784.52 m^3，单孔平均日抽放量 88.60 m，孔组平均浓度 78.23%						

注：1# 压裂孔统尺为 227 m，且统计数据为四个月；B701～B1170 统尺为 196.5～226.5 m(该区域未压裂影响区)；B10～B303 统尺为 3～85.5 m(该区域为非压裂影响区)，抽放数据为一个月。

① 由以上表1、表2可知：压裂后，抽采量大幅提高。1#压裂孔经过四个月的抽采，其平均日抽采量为526.46 m³，B10～B303（未压裂及未受压裂影响的抽放孔）经过一个月抽采后，其平均日抽采量为14.27 m³。故1#压裂孔经四个月抽采后其平均日抽采为B10～B303（经一个月抽采）的平均日抽采量的36.89倍。对比柱形图见图10。

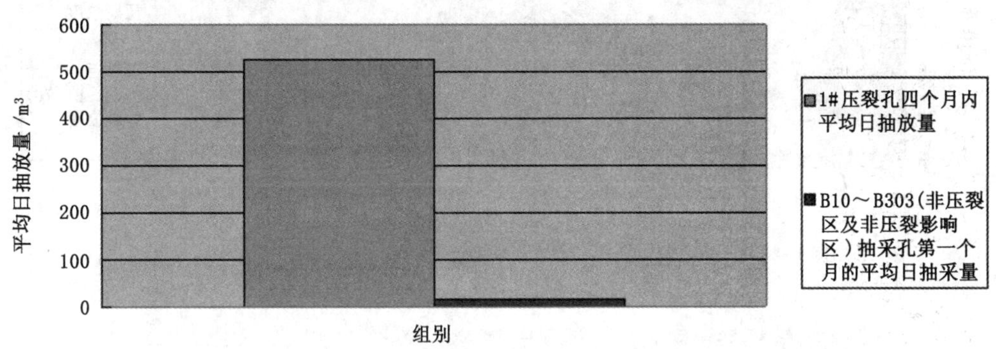

图10　1#压裂孔与非压裂影响区（B10～B303）抽采孔平均日抽采量对比图

② 压裂后，抽采周期增长。经统计，演马矿瓦斯抽采周期为一个月，之后瓦斯浓度极低或为零，故而停抽；压裂后压裂孔抽采四个月，其日抽采量仍为455.34 m³，其周围抽采孔抽采周期也大幅增加，故由此可知，压裂有利于减缓煤体瓦斯衰减速度。

③ 由表2、表3抽采孔数据相比较可知：压裂后影响区内抽采孔的日抽采量为B10～B303（非压裂影响区）抽采孔平均日抽采量的5.05倍。对比图见图11。

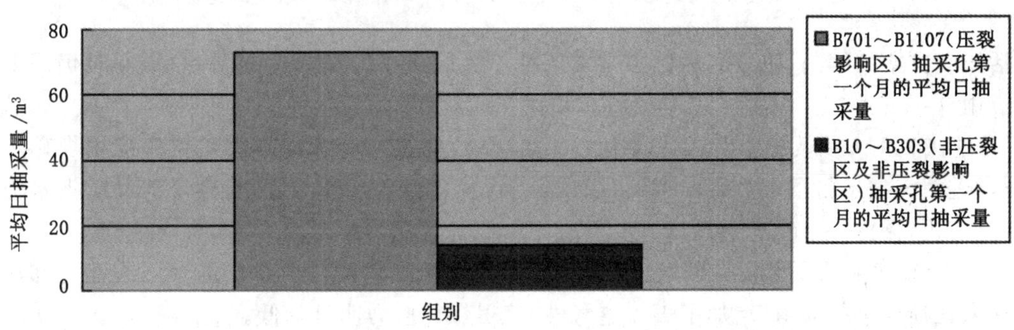

图11　压裂影响区（B701～B1170）与非压裂影响区（B10～B303）平均抽采量对比图

5　分析表1、表4、表5

（1）压裂孔及压裂影响区抽采瓦斯浓度远大于压裂前抽采孔的瓦斯浓度，详见图12。

（2）压裂孔日平均浓度为95.85%，B10～B303（非压裂影响区）的孔组平均浓度为31.22%，B701～B1170（压裂影响区）的孔组平均浓度为78.23%，压裂孔浓度为非压裂影响区孔组平均浓度的3.07倍，压裂影响区平均浓度为非压裂影响区孔组平均浓度的2.51倍。故经压裂后，压裂及其影响区域内瓦斯浓度大幅提高，利用率大幅提高，直接的提高演马庄矿的经济收益。对比图见图13。

6　结论与建议

经演马庄矿实施水力压裂试验证明，经过压裂的煤体，工作面前方压裂增透区域的煤体卸压，透气性大幅度提高，瓦斯得到释放，抽采瓦斯量提高近36.89倍，突出危险性得到有效消除，煤尘含量降低，同时该技术具有较强可操作性和实用性。经过深入的研究和多次的压裂实践，形成了演马庄矿的压裂

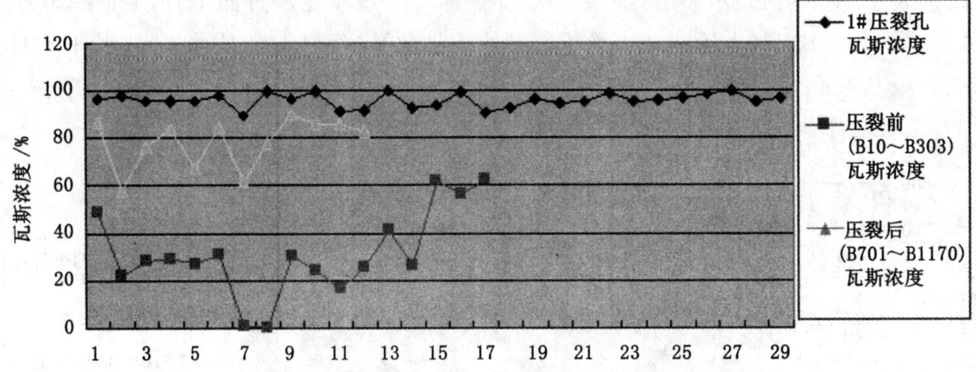

图12 1#压裂孔、压裂前(B10～B303)、压裂后(B10～B303)瓦斯浓度对比曲线图

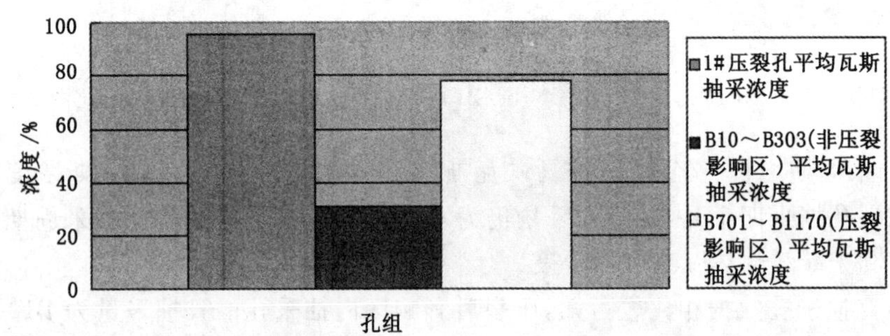

图13 1#压裂孔、压裂影响区、非压裂影响区平均瓦斯抽采浓度对比柱形图

工艺，包括压裂方案的编制、压裂演马矿探索出了低渗煤层瓦斯区域治理的新途径，同时仍需要进一步的研究、应用。

(1) 通过在22111顶板抽采巷成功实施了6次压裂，为进一步在演马庄矿推广应用煤矿井下定向水力压裂增透消突技术打下了良好的基础，积累了宝贵的经验、教训。为此，建议演马矿把水力压裂作为常规措施使用，掘前、采前先压裂。

(2) 在22111底抽巷压裂取得了理想的效果，压裂使得压裂孔与压裂孔以及压裂孔与卸压孔相互沟通，为抽采瓦斯提供了通道，增加了煤体透气性，使得煤体应力明显降低。

(3) 压裂后实施抽采，抽采瓦斯量比常规抽采孔增加了约36.89倍，单孔最大抽采量比常规抽采孔增加了59.58倍。

(4) 在22111顶板抽采巷压裂，其钻孔布置方式：压裂孔间距30 m，压裂期间压裂孔又充当相邻孔的卸压孔，压裂时，进行多孔次，区域化，整体化压裂，增加了压裂的成功率。

(5) 结合目前施工经验，建议下一步再进行压裂时，压裂结束后需尽快在压裂孔周围施工抽放钻孔，对压裂区域瓦斯尽快进行抽采，避免错过最佳抽采期。

(6) 鉴于目前抽采孔内水大，瓦斯抽采效率低，下一步应加强压裂后的排水，抽采孔应配备合适的自动放水器，保证有效抽采。

参考文献

[1] 张铁岗．矿井瓦斯综合防治技术[M]．北京：煤炭工业出版社，2001.

[2] 刘鹤年．流体力学[M]．北京：中国建筑工业出版社．2001.

[3] 于不凡，王佑安．煤矿瓦斯灾害防治及技术手册[M]．北京．煤炭工业出版社，2000.

喷浆除尘装置设计与应用

邵光磊　刘焕石　唐耀勇

(兖州煤业股份有限公司杨村煤矿　山东济宁　272118)

摘　要　矿井生产中的喷浆工序，由于巷道空间相对封闭，产尘量很大，尤其是上料口及喷浆地点粉尘十分集中，对工作人员的身体健康造成很大影响。目前我国矿井喷浆作业主要采用水射流除尘器和净化水幕的方式进行除尘，而水射流除尘器风量小、无过滤装置，除尘效果有限。因此杨村煤矿根据现场生产情况，设计出新型喷浆除尘装置，经使用除尘效果显著。

关键词　喷浆作业；防尘；除尘装置

1　工序概况

杨村煤矿巷道多为锚网喷浆巷道，喷浆作业比较频繁，喷浆工艺采用潮料喷浆，人工拌料、上料，喷射的砂浆强度等级一般为M10，水泥∶砂重量比为1∶2，水灰比为0.45。

喷浆时，由三至五人在喷浆机附近负责将水泥、砂进行混合后，送入上料口，一人负责筛除石块或水泥凝固块，喷浆地点由一人手持喷浆出料口对需喷浆地点进行喷浆。采用的防尘方式主要是水射流除尘器，在喷浆机下风口不大于2 m处安设水射流除尘器，该除尘器接入压风和静压水，由压风喷出时产生的负压将粉尘吸入，通过喷雾进行除尘，使用过程中水射流除尘器存在以下几个问题：

(1) 除尘器吸风量为50～100 m^3/min，吸风小，不能够将含尘空气有效处理。

(2) 除尘器过滤方式不足，仅有两个喷头形成喷雾进行除尘，除尘率较低。

(3) 喷浆地点无除尘设备，而此处的粉尘浓度很大，对喷浆作业人员健康造成威胁。

2　除尘装置的设计

2.1　设计思路

针对水射流除尘器使用过程中存在的缺陷和问题，根据矿井喷浆作业时的现场工作条件，设计出能够将含尘空气全部吸入，进行有效的过滤，同时对设备的可操作性、易维护性以及成本等方面要具有其优势。

2.2　除尘装置设计

该除尘装置由动力装置、过滤装置、分风装置三部分组成。

2.2.1　动力装置

除尘装置的动力部分采用了振弦式除尘风机，该风机吸风量为240 m^3/min，而我矿掘进工作面迎头风筒出风量一般为200 m^3/min，喷浆作业时，含尘空气基本上可以全部吸入进行处理。

过滤装置和分风装置设计图见图1。

作者简介：邵光磊，男，1984年10月20日出生，2006年毕业于山东科技大学机械电子工程学院测控技术与仪器专业，本科学历，现任兖州煤业股份有限公司杨村煤矿通防科技术员，助理工程师。通信地址：兖州煤业股份有限公司杨村煤矿。邮编：272118。E-mail：sglzq02@163.com。

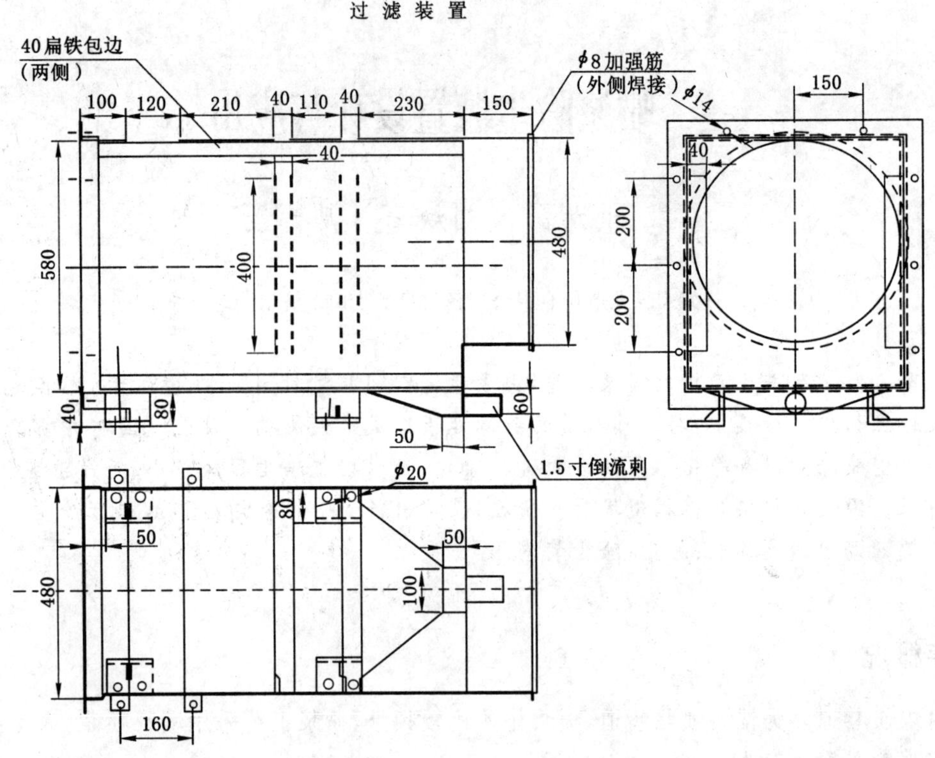

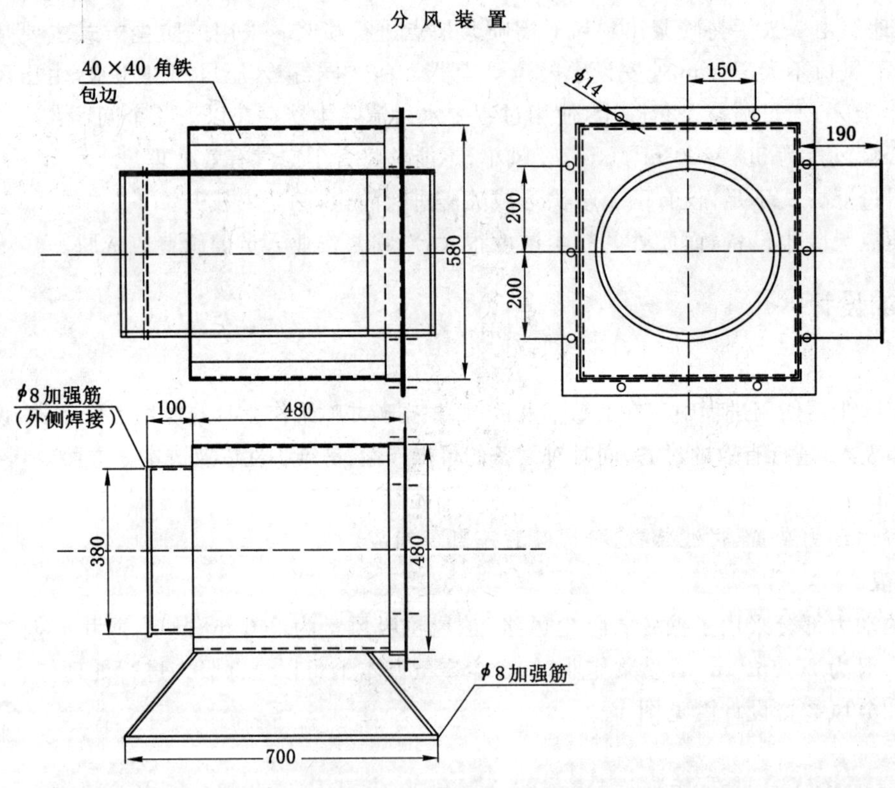

图1　过滤装置和分风装置设计图

2.2.2 过滤装置

过滤装置箱体整体采用了 40 mm×4 mm 角钢和 4 mm 钢板焊接而成，通过 ϕ500 mm 的负压风筒与动力装置连接；在过滤装置箱体的上部安设有雾化喷头，为了增加过滤效果以及减少进入除尘风机风筒内的水分，在喷头的下风侧设置两道过滤网，过滤网采用菱形网做骨架，上覆网孔不小于 12 目的双层纱网组成，喷头及过滤网可直接从箱体上部取出，方便设备的维护；在过滤装置的下部设计成斜面，出口焊接 1.5 寸的倒流刺，使用单位可连接排水胶管进行排水。

2.2.3 分风装置

分风装置通过螺栓与过滤装置进行连接，该装置分为喷浆地点吸尘口和喷浆机吸尘口，喷浆地点吸风口连接 ϕ400 mm 的风筒，并延接在喷浆地点的下风侧 5 m 位置处，吸取喷浆地点的粉尘，喷浆机吸风口位于喷浆机一侧不大于 2 m 处，用于吸取拌料以及喷浆机工作时产生的粉尘。

分风装置为轴对称，可根据现场喷浆作业时喷浆机的位置，来调整分风装置的固定方向，使喷浆机吸尘口正对喷浆机。

2.3 除尘装置的安设

该除尘装置设计有相应的固定架，可整体放置于带式输送机承载架上，减少巷道空间的使用，使用时根据喷浆机的位置放置分风装置和过滤装置，然后使用 ϕ500 mm 负压风筒与动力装置连接，使用 ϕ400 mm 的负压风筒延伸至喷浆地点，同时通过对供电装置供电开关的改造，实现动力装置、喷浆机以及巷道内净化水幕的联动。

3 装置特点

(1) 除尘风量大，采用大功效振旋除尘风机，对喷浆作业巷道内的含尘空气进行全过滤。

(2) 体积小、适应性强，可针对不同工作地点使用。

(3) 维护简单，只需定期清理喷头、过滤网，且喷头、过滤网取出操作很方便。

(4) 分别针对喷浆地点、喷浆机进行了粉尘治理，解决了喷浆地点无除尘设备的情况。

4 除尘效果测定与分析

4.1 除尘效果测定

通过喷浆除尘装置的设计与应用，减少了喷浆作业工序的粉尘生成量，工作地点粉尘浓度得到了有效控制，为量化除尘效果，我们对各地点的粉尘浓度进行了测量，测点布置和测尘方法按照公司关于《粉尘浓度与分散度测定方法》及《煤矿井下粉尘测试规范》进行。其中：

地点 1：喷浆地点下风侧 20 m。

地点 2：喷浆地点下风侧 20 m。

地点 3：巷道净化水幕下风侧 20 m。

地点 4：拌料人员所处位置。

4.2 降尘效果分析

从图 2 数据可以看出，杨村煤矿喷浆除尘装置的设计与应用，极大地降低了喷浆作业各地点的粉尘浓度，尤其是喷浆地点及喷浆机下风侧粉尘浓度相比使用水射流除尘器下降了约 88%，掘进工作面巷道内的粉尘浓度已降到了职业卫生标准值以下，对保护职工的人身安全和身体健康起到了显著作用。

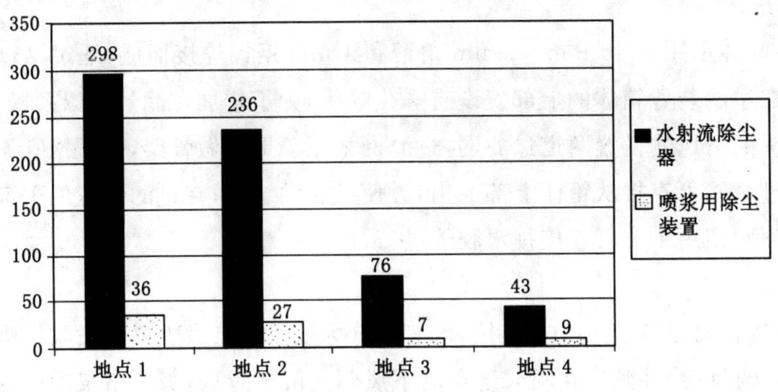

图 2　除尘效果分析图

参考文献

[1] 赵益芳. 矿井防尘理论及技术[M]. 北京：煤炭工业出版社，1995.

基于煤矿企业员工安全意识和测评系统的构建

唐福钦

（福建省永安煤业有限责任公司　福建永安　366000）

摘　要　煤矿安全管理中员工安全意识是一个关键因素，意识左右行为、行为决定后果，文章重点介绍开发安全意识测评系统以评估员工的安全素质并开展针对性培训、教育，对预期效果进行了展望。

关键词　安全意识；测评；培训教育；系统

1　问题的引出

本质安全型矿井的目标是实现生产人员无失误、生产系统无缺陷、生产设备无故障、企业管理无漏洞的目标。为实现本质安全型矿井，最重要的有四大关键要素：人的安全主动性；装备的安全先进性；作业环境的安全可控性；系统的安全可靠性。其中人是本质安全矿井建设中的第一要素，是安全工作的主体，建设一支高素质的职工队伍，是煤矿实现安全生产的根本保证。同时，笔者长期从事煤矿生产技术工作，并坚持经常性下井，在现场与员工接触过程中，员工对安全工作的见解也印证个体安全意识的至关重要性。有经验的员工认为：管理者重视、个体安全意识强、团队协助互助好是搞好安全工作的三大法宝。因此，如何实现人的本质安全呢？这是煤矿安全管理者长期探索的一个既熟悉而又陌生的问题。

在事故预防与控制的基本原则中，安全技术对策着重解决物的不安全状态问题。安全教育对策和安全管理对策则主要着眼于人的不安全行为问题。如何提高安全教育的效果、提高人的安全主动性，从“要我安全”变为“我要安全”。笔者认为达到以上的目标最关键的在于提高煤矿企业员工的安全意识。基于以下的理由：

（1）是否有安全意识，决定着个体对所从事工作的职业危害和突发灾害的认知、态度和行为，行为左右着你的习惯，习惯决定你的安全素质高低，素质联系着个体安危和企业安全工作效果。

（2）安全意识强，则人的主动安全性强。主动安全行为比被动的安全行为的效果则要好多了。如开车系安全带的行为，只有你意识到这是保护生命的“带”，比交警查你违章的效果好多了。

（3）提高安全意识、变被动安全为主动安全，就会提高员工学习“三大规程”的积极性与主动性，从而能够提高员工的操作技能、预警和应变能力，有效保护自身和工友。

因此，如何有效、便捷地测评员工安全意识程度的强弱？掌握员工在安全素质方面的缺项和不足，并采取针对性培训教育措施，以改进企业安全工作效果，掌握主动权。亟待一个实用、简单的测评系统。

2　问题的解决，煤矿安全意识测评系统的建立

2.1　安全意识概念与类型

所谓安全意识，就是人们头脑中建立起来的生产必须安全的观念，也就是人们在生产活动中对各种

作者简介：唐福钦，男，采矿高级工程师，1983年毕业于淮南矿业学院采矿系，现任永安煤业有限责任公司副总经理、总工程师，福建省煤炭学会常务理事，长期从事煤矿安全生产管理工作，有近10篇论文在刊物上发表。

各样有可能对自己或他人造成伤害的外部环境条件的一种戒备和警觉的心理状态。简单地说是在人们的思想意识中对于安全的认识。

员工安全意识有安全第一意识、预防为主意识、遵守法律与规章制度意识、自我保护意识、群体意识等正面意识，也有混沌型、自恃型、任务型等负面意识。

2.2 煤矿安全意识教育与测评系统

2.2.1 系统研究的目标

系统利用计算机信息技术，建立意识测评指标评价的数据库，并通过简单、便捷的操作来达到个人安全意识的测评目的。系统所要达到目标是建立适合煤矿企业员工个体安全意识测评系统，并借助分析员工安全意识的“短板”。系统要做到内容齐全、测评合理、指标先进、量化、实用、便捷等要求。

2.2.2 测评系统的测试内容组成

(1) 认识与理念。对安全(或危险、灾害)的认识、了解安全生产方针、政策、安全管理等理念。如“什么是安全”、“什么是安全知识”、“什么是煤矿事故”、“煤矿的五大灾害”、“安全生产方针”、“安全生产理念”等常识性知识。

(2) 辨识与预测。如何认识危险及其危害，能够辨识与预测在工作场所与工作过程中潜在哪些危险与危害因素，它们会造成什么样的危害。如在井下掘进工作面，可观察和判断顶板是否安全、用电是否安全、迎头是否存在水害、通风是否符合要求等基本技能或应知应会，并能判断其发展阶段。

(3) 消除。对发现的危险如何消除，具有消除危险的知识与技能。如井下掘进工作面，发现了顶板破碎的不安全状态，能够采取正确的敲帮问顶方式与加强支护方式来消除隐患。

(4) 处置。了解和掌握突发事件的自保、互保等应急避险方法。能掌握不同突发事件的正确处置的知识与技能，了解矿井应急预案、逃生路线、自救与互救等知识。

(5) 恢复。恢复正常生产状态的途径、办法和相关安全技术措施。

根据以上的测评内容组成，组织专家、安全管理人员、专业技术人员编写测评的试题，建立数据库，采用计算机随机抽取试题、百分制评分。

2.2.3 测评表的设计

(1) 设计原则。内容齐全、简单、实用，界面友好、通俗易懂，员工看得懂能选择、独立完成，乐于参加测评。

(2) 测评方式。采用简单的判断题方法，多项答案单一选择，每道题最高分值为5分，每个答案分值从0～5分不等，预先设置，选择不同的答案，得不同的分值，以此来判定被测评者的安全意识的强弱程度。

(3) 结果判定。根据百分制评分，得分≤20分，评定为很差；得20～40分，评定为差；得40～60分，评定为一般；得60～80分，评定为良；得分≥80分，评定为优。

(4) 结果运用。根据测评结果，有计划、有目的进行培训，按照“缺什么，补什么”、“什么弱，强化什么”的原则，进行员工安全教育。

3 结语

目前永安煤业有限责任公司安全意识测评系统已完成前期调研、论证与设计构思工作，并与专业软件公司用友软件开发公司签订了系统开发合同，正在进行系统的研发工作，预计年底能完成系统建设与试用工作。

系统开发成功应用后，预计能达到以下效果：

(1) 主动并动态掌握员工安全意识的强弱程度，为招工把关、安全培训和现场管理提供第一手资料。

(2) 创新安全教育模式、科学地安排安全教育与培训内容。

(3) 由于数据库与计算机技术的应用，能减轻安全管理人员的工作量、提高工作效率。

永安煤业有限责任公司的《煤矿企业员工安全意识教育与测评系统》已通过中国煤炭工业协会组织专家的评审，被列为2013年度煤炭行业软课立项项目(项目编号为MTRKT2013073)，作者为项目负责人。项目在我司认真组织实施下，将对员工安全意识教育与提高发挥应有作用。

无线传感技术在煤矿瓦斯监测系统中的应用

陈　洲　冯德清

（上海大屯能源股份有限公司徐庄煤矿　江苏徐州　221611）

摘　要　为了提升煤矿瓦斯监测、事故预防技术和管理水平，对目前国内外矿井无线传感监测技术研究现状进行简单分析后，借助于先进的信息技术，提出了实施煤矿无线瓦斯监测系统的构想，并对无线瓦斯监测系统设计原则、工作原理、软硬件框架和结构、系统及特点做了详细的论述，最后对项目的社会效益和经济效益进行了分析。

关键词　无线传感；煤矿；瓦斯监测；瓦检仪

1　前言

近年来，在煤矿重特大死亡事故中，瓦斯事故又占到70%以上，为此国家和煤矿企业投入几十亿元用于瓦斯治理、防范和相关技术装备更新改造。科技部发布的《固体矿产资源技术政策要点》就发展煤矿信息技术提出要求，重点发展先进无线遥控、具有无线功能、故障自动检测功能、优化控制和智能化功能的井下移动设备等自动化技术。

煤矿行业目前所使用的瓦斯监测设备主要有2种，即传统的瓦斯监控系统和分散的便携式瓦检仪，但这两类设备都有局限性。固定式系统监测范围有限，在某些瓦斯爆炸事故中未起作用。而便携式瓦检仪虽然监测范围大，但存在分散、无法联网、数据无法自动实时上传、存在人为不利因素、信息孤岛、无法闭锁控制等问题。

研究井下无线移动瓦斯监测系统，可以将井下所有移动的瓦检仪联网。无线瓦检仪随着人员的移动，不断监测各个地点的瓦斯浓度，并将监测结果和相关位置信息实时自动上传，并由计算机实时记录分析。当出现瓦斯气体超限时，可由计算机自动采取闭锁等控制或报警。瓦斯浓度监测和数据上传自动完成，不仅扩大了瓦斯监测范围，而且避免了各种人为因素的干扰。将固定在线式系统的自动监测处理、数据实时上传和便携式瓦检仪的大范围移动监测二者的优点有效结合在一起，必将大大提高煤矿行业瓦斯监测和事故预防技术、管理水平，对煤矿行业具有特别重大的意义。

2　国内外研究背景

目前国内外对井下无线移动传感器网络技术和产品的研究与开发，大多数停留在理论分析阶段。目前研究较多的井下无线传感器网络都采用无线传感器网络技术（ZigBee）。ZigBee的优势是自组无线网络，表面上看不需要布线，可以通过无线自组网方式来传输数据，但在实际使用中，它需要很多传感器节点，形成多路由，然后选择其中一个最佳路由多跳传输，最后到达主节点。

由于在煤矿井下巷道结构非常复杂，存在很多分支、拐弯、上下山、起伏、硐室等，不可能布设大量的

作者简介：陈洲（1985—），男，江苏盐城人，上海大屯能源股份有限公司徐庄煤矿主管技术员，工程师，主要研究方向为煤矿计算机网络通信技术等。联系地址：江苏省徐州市沛县大屯镇徐庄矿信息科技环保科；邮编：221611；E-mail：chenzhouchenzhou@126.com。

无线传感器节点，而且井下环境很差，供电也不方便，因此在井下布置很多无线传感器节点很难维护，不现实。并且无线信号在井下传输困难，容易受到人员、车辆、物体的遮挡，遇到很多分支、拐弯、起伏、进入硐室等情况时信号就会中断，因此靠自组网技术在井下复杂的巷道条件下传输无线信号是很难实现的，也是极其不可靠的。最后ZigBee采用2.4 G频率漏泄电缆，大约是433 M漏泄电缆价格的10倍以上，且无安标证，无法在煤矿井下使用。因此，ZigBee等自组网的无线传感器网络不适用于煤矿井下。

目前，能够实用的、简单、可靠、价格适合实际应用的煤矿井下无线瓦斯传感器系统还基本上没有。

我们研究的矿井无线瓦斯监测管理系统，在利用433 M无线通讯技术和井下千兆工业以太环网平台的基础上，有效解决井下信号大范围连续覆盖、目标精确定位的问题，将井下便携式瓦检仪检测到的瓦斯浓度数据实时上传给地面计算机系统，实现了移动无线瓦斯监测功能。

该系统作为煤矿传统瓦斯监控系统的有效补充，将瓦斯监测范围扩大到煤矿井下的每一个角落。同时解决了传统便携式瓦检仪分散、无法联网、数据无法自动实时上传、存在大量人为因素、信息孤岛、无法闭锁控制等等问题，将便携式瓦检仪的作用充分发挥出来。

3 系统设计原则

要实现瓦检仪数据的实时上传，首先解决井下无线信号的覆盖问题。煤矿井下巷道结构错综复杂，还有各种硐室、设备和车辆，因此无线信号要在井下实现连续覆盖很困难。

我们根据井下巷道条件，设计了独特的系统结构以实现巷道信号连续覆盖。系统将便携式瓦检仪与无线通讯技术相结合，使得瓦斯监测数据能够实时上传，瓦斯检测和记录自动完成，充分发挥便携式瓦检仪大范围流动监测的优势，同时减少各种人为因素的影响。

首先在大巷中布设一定数量的分站，这些分站的位置相对固定，分站之间采用光缆连接，作为信号的主传输通道。从每个分站上接出1～8台无线信号收发器，进入分站周围的各种分支巷道、工作面、掘进面、平巷、机电硐室等处。无线信号收发器与分站之间采用电缆连接，以方便收发器的移动、接续和维护。

为了在井下巷道中连续不间断地覆盖信号，在每台无线收发器上连接1～3根漏泄电缆，每根漏泄电缆长度可达300 m，漏泄电缆沿巷道铺设，实现信号连续覆盖。1台分站在连接8台无线收发器的情况下，可以连续覆盖5 km以上的巷道。

解决了信号覆盖问题后，还要解决定位的问题。瓦斯数据上报时，必须与瓦斯浓度地点信息关联，区分信号覆盖范围内的多台瓦检仪同时上报数据。

我们采用定位器来实现定位和定点。定位器是使用电池供电的小型无线设备，它不断向外发送其特有的位置信息，当无线瓦检仪到达该定位器附近时将会收到相应的位置信息，瓦检仪将当前位置信息与瓦斯数据一同上报。

需要进行连续的精确定位的地点，每隔一定距离布置一台定位器。定位精度取决于定位器布放的密度，定位器越密，定位精度越高。

解决了信号覆盖和定位问题后，在传统瓦检仪中增加无线通讯模块和操作面板，使其具备无线数据收发功能。该模块与定位器进行无线通讯以获得当前的位置信息；与无线收发器通讯以将瓦斯数据和位置信息上传。为传统瓦检仪增加汉字液晶显示，以实现更多的显示功能。地面有事需要通知时，可以通过地面操作终端编辑好短信息，然后在几秒钟内下发到井下的无线瓦检仪上并在液晶显示屏上显示出来，可以单发和群发；当井下瓦检仪携带者遇到紧急情况时，可以将瓦检仪中编辑好中文短信息发送给地面控制室，从而实现了实时的信息沟通。

4 系统技术原理

4.1 系统组成(图1)

矿井无线瓦斯监测系统，由数据通信接口、读卡分站、无线收发器及防爆直流电源、定位器、识别卡、

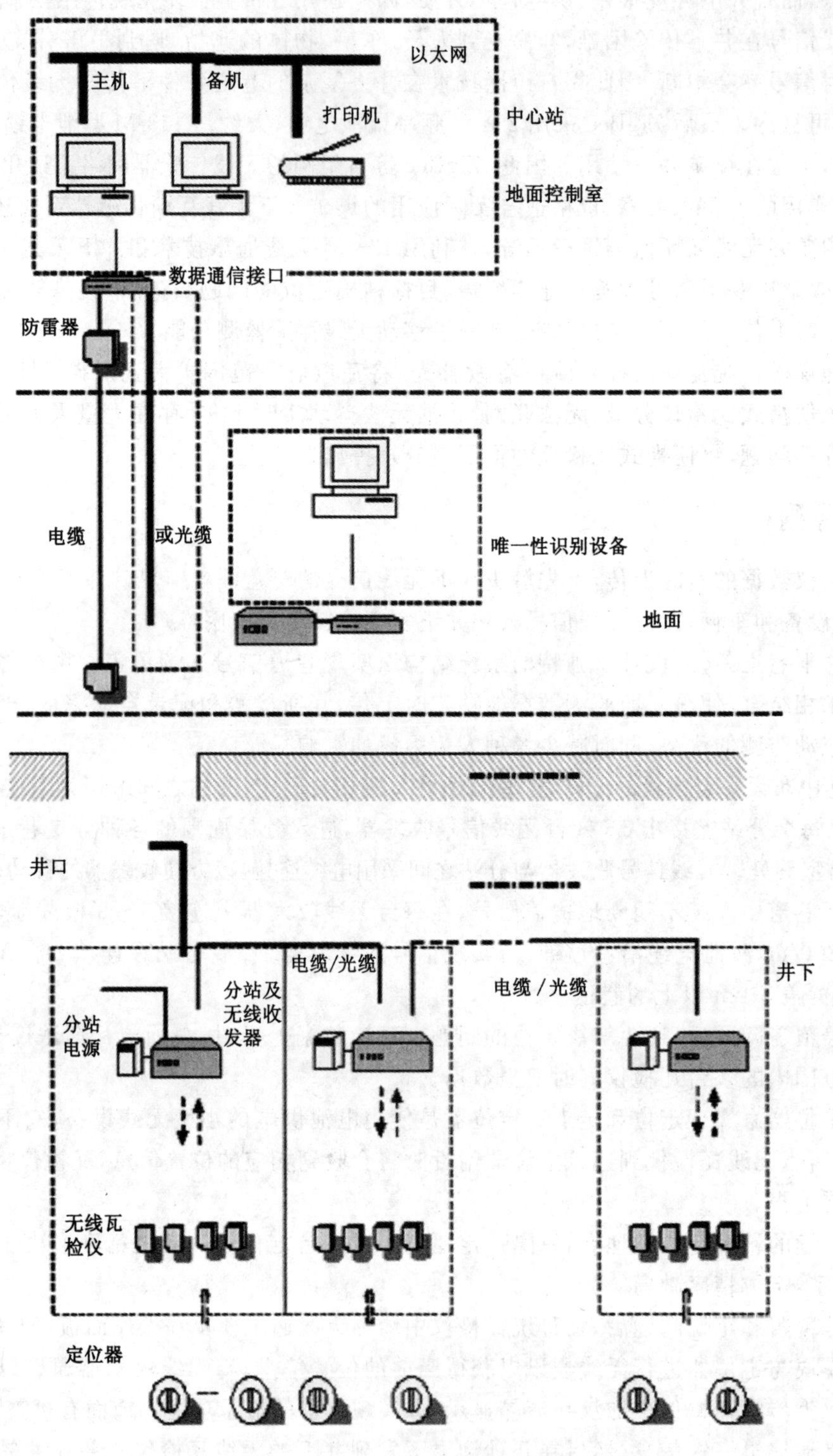

图 1 系统组成

无线瓦检仪、传输电缆或光缆、工业以太环网、通道防雷保安器、计算机、UPS 等设备组成。

软件系统包括应用软件和嵌入式软件两部分组成，用于完成信息采集、识别、加工及其传输，由这两部分软件共同支撑着整个系统的运行。硬件系统由井下分站设备、发射天线、人员标识卡、以太网交换机、无线瓦检仪组成。井下分站设备用于完成信息采集和识别。分站、人员标识卡、无线瓦检仪设计均采用智能射频芯片，无线数据传输有极高的纠错机制，传输稳定。具有多频率发射采集功能，可自动搜索频点，并锁住当前频率，有效避免信息碰撞，信息传输可靠快速，几乎无误码存在。

整个系统结构简洁，易于使用和维护。分站接口丰富，具有 RS—485/SDLC/CAN/GFSK 方式，使用灵活，人员标识卡、无线瓦检仪体积小巧可随身携带，低功耗、工作电压范围宽、取电方便、使用寿命长。

4.2 数据传输原理

系统在有效解决井下信号大范围连续覆盖、目标精确定位的基础上，利用无线通讯技术和井下千兆工业以太环网平台，将井下便携式瓦检仪检测到的瓦斯浓度数据实时上传给地面计算机系统。

在井下需要覆盖信号、实时上传瓦斯数据的区域安装一定数量的通讯分站，所有分站通过光缆或电缆与地面计算机系统连接。每台分站通过电缆外接 1～8 台无线收发器，用于与便携式无线瓦检仪通讯。为了在井下巷道中连续不间断地覆盖信号，在每台无线收发器上连接 2～3 根漏泄电缆，每根漏泄电缆长度可达 300 m，漏泄电缆沿巷道铺设，实现信号连续覆盖。1 台分站在连接 8 台无线收发器的情况下，可以连续覆盖 5 km 以上的巷道。

实时上传的每一个瓦斯数据必须是与位置相关的。为了确定检测点的位置，在信号覆盖范围内，安装一定数量的定位器，定位器通过无线信号不断发出位置信息。无线瓦检仪到达该位置并收到位置信息后，与当前的瓦斯数据一起上传，计算机即可显示、记录该位置的瓦斯数据。

无线瓦检仪集成了瓦斯传感器及相应的检测、显示、报警电路，以及无线收发电路。瓦检仪不间断检测周围环境中的瓦斯浓度，当到达监测点时，或瓦斯浓度超限时，瓦检仪将瓦斯浓度信息和位置信息同时发送给无线收发器，再由无线收发器通过分站上传给地面计算机显示和存储。

地面管理人员可通过计算机操作界面编辑汉字短信息，发送给无线瓦检仪，可以单发和群发。瓦检仪收到后通过声、光、振动提示携带者，并通过瓦检仪上的液晶屏显示出来。当瓦检仪携带者遇到紧急情况时，可向地面发送瓦检仪汉字信息，同时将瓦检仪身份号、当前位置和相应的瓦斯浓度信息上传，地面人员可据此采取相应的救援措施。

瓦检仪和识别卡不断向外发送包含自身身份信息的射频信号，当识别卡进入矿用本安型读卡分站、收发器和定位器检测范围时，分站和收发器将收到识别卡信息，并通过数据传输通道将信息转发给控制计算机。

当需要呼叫瓦检仪时，由控制计算机将提示信息发送给指定的分站和收发器，再由分站和收发器发给附近的瓦检仪。瓦检仪接收到呼叫信息后，同时以声、光、振动方式通知携带者。

计算机收到的全部信息将保存到服务器数据库。当计算机与某个分站或收发器通信故障时，在操作终端给出报警提示。

4.3 无线传输网络的实现方法

4.3.1 网络建设的主要内容

煤矿瓦斯采集数据无线传输过程包括：煤矿瓦斯数据通过专用设备（采集终端）进行采集，采集的数据包括矿井瓦斯浓度、温度情况等。采集到的数据通过矿井监控网络传输到井上系统计算机，安装在计算机上的协议转换软件进行数据格式和协议转换，转换后的数据通过接口（如 RS232 接口模块等）接到无线数据通讯终端，并完成数据在无线通信网络上的数据传输。

4.3.2 无线数据传输网络

矿井无线瓦斯监控系统在 CDMA 网络服务承载上主要有两个部分：CDMA 无线数传部分和短信告警服务部分。

数字专线部分：租用 2 M 光纤线路，与煤矿安全监察网络组建的 VPDN 网络相连，通过工业以太环网和 CDMA 无线网络完成井上与井下之间的信息上传下达。

矿井数据采集线路及传输部分：煤矿将从井下采集各种安全数据汇总到煤矿传输终端，通过

CDMA 无线网络传输至电信公司网络中心 PDSN 设备，再通过发送手机短信到用户终端。

4.3.3 无线传输网络实施

（1）网络规范

煤矿监测监控系统地面主机与现场实时数据采集机之间的数据传输，采用串行口接口方式；从现场数据采集机到上行各节点采用 TCP/IP 方式传输。

其体系结构为：实时数据采集节点与现场接口层节点之间监测，构成分布式体系结构，网络拓扑结构采用总线形及星形。

访问方式采用主从方式。主从方式就是一个高级别的节点控制所有的信号传输，顺序和时间。除非主节点要求，其他节点不能通信。

实时数据采集通信规范包括：采用 RS—232 串行数据接口标准；接口支持 MODEM 通讯方式，支持主动拨号和被动拨号方式；支持 CDMA 方式数据传输，自动适应厂家数据通过 CDMA 方式透明数据传输。

（2）瓦斯监控采集设备连接

在煤矿矿井现场，井上、下数据采集通过 Super KJ 系列井下数据采集设备进行采集，其中采集设备采集到的数据通过协议转换器进行协议转换，转换后的数据通过串口（RS232）接到 RW2000—DTU（CDMA 无线路由器），RW2000—DTU 完成数据在 CDMA 无线数据分组网络中透明的数据传输，如图 2 所示。

5 现场应用情况

系统自 2012 年 8 月初在徐庄矿安装调试并运行以来，已经达到了预期的目的，整体运行情况稳定。目前系统已经形成全矿覆盖的信息化、智能化的高效安全管理模式。通过系统的实施，逐步提高了徐庄矿本质安全管理的科技化、信息化，智能化，规范化。

与目前传统的瓦斯监控系统、人员定位系统相比，矿井移动无线瓦斯监测系统的监测范围大，甚至可以到达井下巷道的每一个角落。人员携带无线瓦检仪实现流动监测，可以到达固定式系统无法到达的地方。在危险而人员比较密集的地点，配备一定数量的无线瓦检仪，可以对井下作业人员周围的气体环境进行有效监测，当出现瓦斯超限等危险情况时，监测数据能及时自动上传，并及时采取措施，有效保护了人员的安全。

无线瓦斯监测系统通过无线通讯系统联网在一起，实现了集中、统一管理，便携式瓦检仪不再是一个个信息孤岛，而是形成了一个统一的整体，实现了数据共享、统一处理，甚至可以实现闭锁控制，如瓦斯超限自动断电等。各个监测点的瓦斯数据实时、自动上传，没有人为因素干扰，避免了各种人为因素而造成的监测失效。每一个无线瓦检仪形成一个双向汉字通讯终端，为井下人员提供了有效的通讯工具，实现地面控制室与井下人员之间实时的信息沟通，为紧急事件处理提供了快捷的条件。

6 系统优点分析

矿井移动无线瓦斯监测管理系统采用了射频识别领域的高端技术及先进的计算机通讯技术，具有优越的性能，并且具有以下特点：

6.1 无线瓦斯浓度监测

将井下所有移动的便携式瓦检仪联网，无线瓦检仪随着人员的移动，不断监测各个地点的瓦斯浓度，并将监测结果和相关位置信息实时自动上传，并由计算机实时记录分析。当出现瓦斯超限时，可由计算机自动采取闭锁等控制或报警。瓦斯浓度监测和数据上传自动完成，不仅扩大了瓦斯监测范围，而且避免了各种人为因素的干扰。

将固定在线式系统的自动监测处理、数据实时上传和便携式瓦检仪的大范围移动监测二者的优点有效结合在一起，实现了技术创新和应用创新。

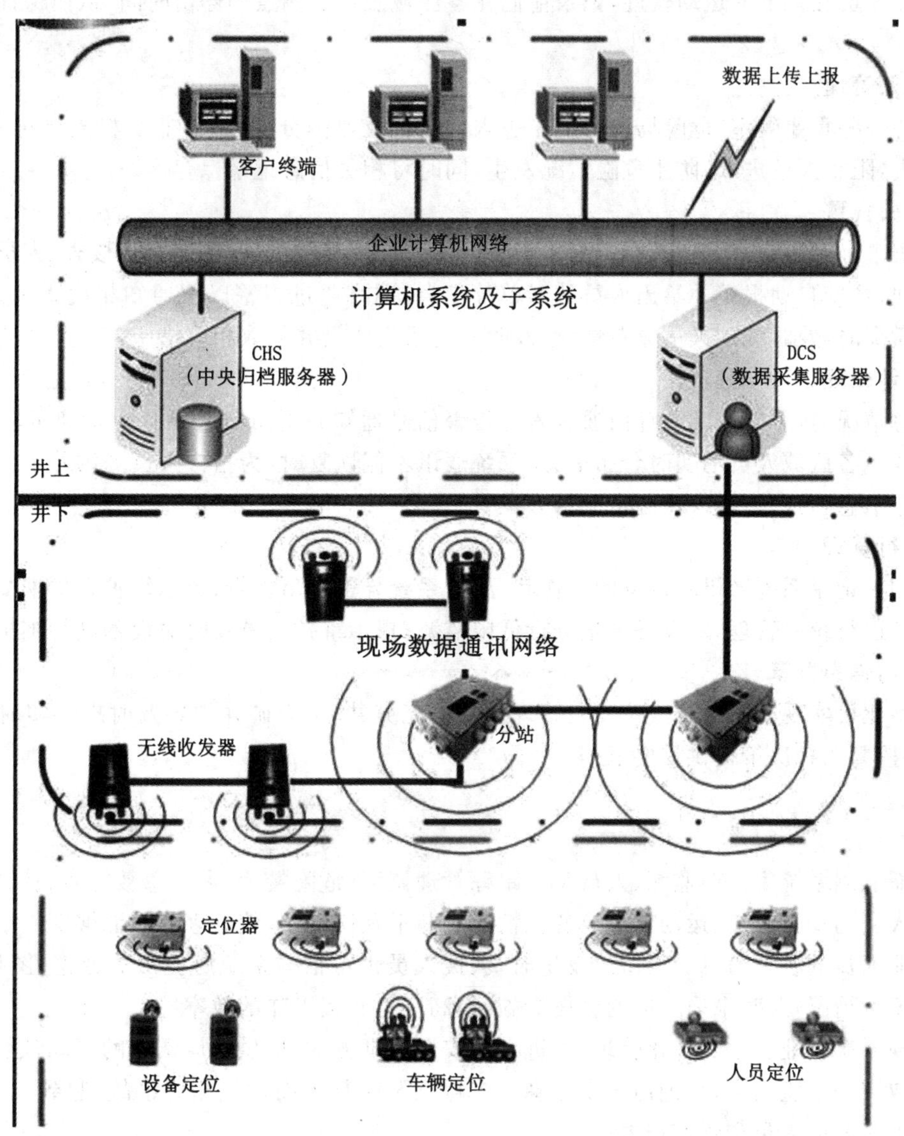

图 2　无线瓦斯监测系统通信拓扑图

6.2　全矿井、全覆盖矿井人员和车辆定位、跟踪

系统可以在无论是竖井、斜井、直巷，还是岔路、弯道，或是狭窄弯曲起伏的工作面等各种复杂地形条件，均可实现信号连续覆盖，真正实现信号无盲区。

系统可以显示某个区域内人员的数量和分布；可以显示指定人员的移动路线；可以对人员进行定位和跟踪；可以实时查询人员在井下的位置信息和历史时刻的定位信息，使管理人员全面、及时掌握井下人员的数量和分布情况，提高了管理效率，保证井下资源的合理调度和安全生产的顺利进行。

6.3　双向汉字无线寻呼、呼救，实时信息传递

可以向目标发出呼叫信息，如一般呼叫、重要呼叫、紧急呼叫等信息，可以呼叫某一个目标，也可以群呼；信息在第一时刻传达到每一个人，紧急情况下，井下人员还可以通过射频卡向系统发出呼救信息，从而得到及时救助。

6.4　考勤分析统计

通过对下井工作人员的入井、升井时间，在井下各区域的停留时间的记录与统计，提供考勤管理基

础信息。跟踪人员在井下的运动轨迹，记录他们在各区域及各监测点的停留时间，从而保证工作的严格执行。

6.5 区域禁入管理

在井下的一些重要硐室、危险场所等禁止进入区域设置监测分站，当有非受权人员进入时，系统给出提示和警告，阻止人员进入，防止危险情况发生，同时将相关信息记录保存。

6.6 人员丢失报警

在每一班末，对当班人员进行清点，如发现有人员丢失则报警，以便值班人员核查；人员在井下工作超过规定时间，系统自动报警并给出人员的名单等信息，同时通过报警以便通知相关人员。在检修、报警或事故需撤离时，及时统计人员分布情况，及时发现丢失人员并采取相应措施。

6.7 紧急事件处理

发生紧急情况时，可以在几秒钟内通过紧急告警信号通知井下所有人员紧急撤离危险区域。为指挥人员提供井下各区域人员的实时分布信息；系统通讯不能恢复时，为指挥人员提供井下各区域人员的最近历史分布信息，帮助指挥人员制定应急方案。

6.8 设备运行管理

实时监测并记录系统通讯及设备的工作状况，对系统异常做出告警，提示维护人员恢复正常。对需要维护的设备进行统一管理，对设备电量进行低限监测，提示维护人员及时对设备进行维护。

6.9 网络化与信息共享

通过网络化可实现矿井目标定位安全管理信息的充分共享，为矿井领导及时提供实时监测信息与历史信息，为监督指挥决策提供重要依据。

7 结论

无线瓦斯监测系统集瓦斯监测、人员车辆跟踪管理调度、危险警示、灾后急救等防、管、救一体，能及时监控井下人员的动态分布、运动轨迹及变化情况和井下瓦斯气体，使管理人员能够随时准确掌握各个区域当班作业人员的各种信息。当事故发生时，救援人员也可根据系统所提供的数据、图形，迅速了解有关人员的位置情况，及时采取相应的救援措施，提高应急救援工作的效率。

系统实现煤矿企业安全一体化管理，改进本质安全管理方式，提供反应迅速的自动预警功能。对于及时的消除或控制危险因素，杜绝由于安全隐患未得到及时整改而发生相应事故，起到至关重要作用，以此避免了不必要的人员和财产损失。

无线瓦斯监测系统的应用，可以明显提高矿山安全生产管理水平，增加管理手段，提高管理效率。为井下人员提供了有效的通讯工具，实现地面控制室与井下人员之间实时的信息沟通，为紧急事件处理提供了快捷的条件。大大提高煤矿行业瓦斯监测和事故预防技术、管理水平，在预防瓦斯事故、减少事故人员伤亡、事故救援等多方面发挥积极、有效的作用。

基于IMOS平台的视频联网系统改造

高长勇　林治峰　刘营营　李广永

（龙矿集团梁家煤矿　山东龙口　265700）

摘　要　随着集控系统的应用，一些制约因素和问题也逐渐暴露出来，如现有系统服务器基于工控机加视频采集卡模式，系统稳定性差；传输时采用的是模拟信号传输，传输信号质量较差，无法基于办公网络实现集团总部对本单位视频监控系统的数字化传输，无法实现与山东能源视频联网平台的对接。通过对工业电视系统统一联网改造，实现龙矿集团及山能集团安全生产总调度中心对本单位视频监控系统的实时调阅和重点部位录像存储及专线数字化传输。联网监控改造后，对安防系统的高度整合，达到统一调度、统一管理、全程监控、实时决策的目标。集团公司和矿区能及时、准确发现违规行为和突发事件信息，有效保障事件的及时处理，实现了集团公司和矿区现场的调度互动，对加强矿区安全监管力度、提升管理水平和处置突发事件效率，具有积极的推动作用。

关键词　视频联网；硬件接入；集中存储；系统扩展

1　研究背景

工业电视系统是梁家煤矿信息化重点建设项目，该系统借助于工业显示墙、调度大屏幕显示系统及Web平台发布，在调度室、综合自动化集控中心及网络平台上实现对井下各个地点的远程监视，提高矿井安全程度。

系统通过分布在地面生产系统、工业广场、井下胶带、运输大巷、机电硐室、采煤工作面等各个生产地点的摄像机，将视频信号实时传输至控制中心，通过显示设备可以直观地监视（可视）整个矿区中各重要生产环节和设备，对被监视场所的情况一目了然，在某些地点可实现无人值守，进而达到安全高效生产的目的，为管理人员提高质量管理、指挥生产、正确决策提供重大依据，也是矿井安全生产、综合自动化控制的重要保障。

随着集控系统的应用，一些制约因素和问题也逐渐暴露出来，如现有系统服务器基于工控机加视频采集卡模式，系统稳定性差；传输时采用的是模拟信号传输，传输信号质量较差，无法基于办公网络实现集团总部对本单位视频监控系统的数字化传输，无法实现与山东能源视频联网平台的对接。要解决以上问题，迫切需要对现有系统进行改造。

2　系统方案的开发创新

对于监控系统而言，本次系统改造涉及数量众多的原有系统接入和改造，对比各种方案，为确保数据安全性、系统先进性、可实施性和稳定性，选择统一部署编码设备，接入二级视频平台，即在矿区统一进行硬件方式的接入改造方案。

作者简介：高长勇，男，工作单位：龙矿集团梁家煤矿信息中心。通信地址：山东省龙口市河北路1号梁家煤矿信息中心；邮编：265700，邮箱：94440856@qq.com。

2.1 硬件接入改造(图1)

硬件接入改造是将所有原有系统保留的基础上，对前端所有视频资源按照1∶1无收敛的方式完全编码传输。由于这种方式并不对原有系统做任何改动和对接，而且编码、传输、管理完全是同一系统来完成，所以技术风险低，图像效果有保障。

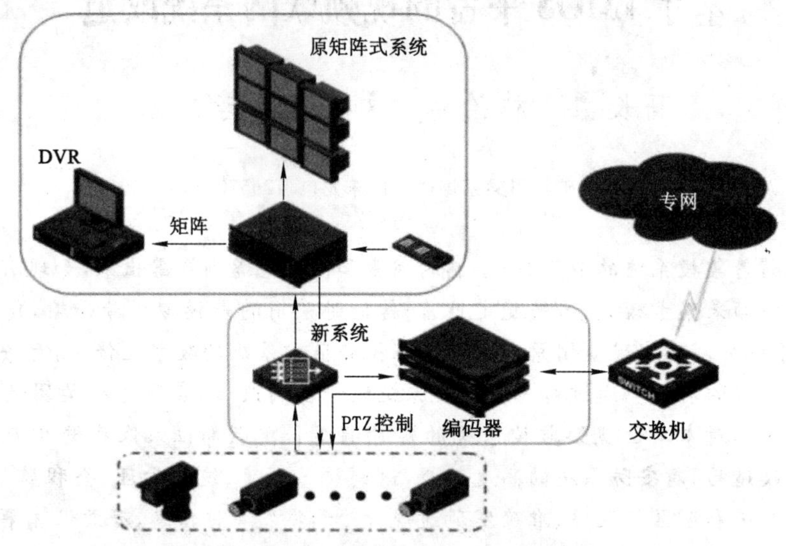

图1　原有矩阵系统硬件接入示意图

2.2 系统优点

该解决方案最大限度地保留了目前各矿区的系统现状，可采用高密度的单体编码设备，一次性接入原有监控视频，硬件投资较低。同时并没有对原系统构架进行质的改变。

硬件接入方式图像质量效果好，实施周期短，在性能上有较大优势。

2.3 监控系统存储模式对比分析

目前主流的监控存储方式一般有以下几种：

(1) DVR直接分散存储

介绍略。

(2) 集中存储

采用DVR直接分散的存储方式，技术成熟，建设成本低，操作简便。可是DVR作为监控存储，虽然实现了数字化存储，但是其稳定性和可靠性都不如专业IPSAN存储。

首先DVR一般采用民用IDE硬盘，不提供RAID保护，不支持热插拔；而IPSAN专业存储采用企业级SATA硬盘，MTBF达到120万小时，提供了RAID技术，并且支持热插拔。

DVR采用文件方式写入视频数据，大规模视频监控系统中形成大量文件，文件的检索、查询工作形成极大的瓶颈，如此多的文件检索速度非常缓慢，一般需要几秒钟甚至更长时间。而IPSAN存储采用编码器端到端直接将视频数据以数据块方式写入存储，由于是裸数据写入，检索极其简单，直接定位到数据块，检索速度大大提高(小于1 s)。

DVR中的视频文件分散在各个单个设备上，相互间没有联系，视频数据的综合利用非常困难，例如人像识别等技术在这样的分散文件系统中实现难度很大。而IPSAN设备通过统一的数据管理系统，以标准API接口，极大方便了数据综合，可以和应急指挥、GPS定位等专业业务系统融合。

更重要的是“所见非所得”问题。在矩阵上看到的实时图像很清晰，但是DVR由于本身性能的限制，难以提供高码流、高清晰的图像处理能力，尤其是大量动态图像发生时，存储的图像效果远远不如实时图像。而采用IP监控系统，编码器高性能处理视频数据的能力，“一次编码，全网数字化传输”，解码器输出到监视器的图像效果完全等同于存储设备中的存储效果。

因此对于专业性的监控系统来说，集中存储是必然的选择。

2.4 系统扩展性

采用 iVS8000 监控平台系统，单系统最大能支持 1 000 路视频图像接入，因此具有很强的业务支持能力，能在一段时间内满足龙矿集团的业务需要。未来，随着监控点位的增加、设备数量的增加，iVS8000 监控平台系统还可通过堆叠方式实现平滑扩容。

梁家矿区改造通过投放 16 路视频编码器的方式进行，最大限度地保留了矿区原有视频监控系统的结构，并且可以根据矿方后续视频信号的增加，相应增加编码器，无需考虑原有视频系统是否更换，方便，稳定。

3 梁家矿区建设方案

梁家矿区 1 分 3 视频分配器一路到矩阵上电视墙，一路到调度室，另外一路到 DVR 硬盘录像机。为了简化系统，降低网络带宽，需要将模拟信号通过 EC2516—HF 编码器压缩成数字信号，传输到网络中。

用新的 NVR 视频服务器代替老的 DVR 硬盘录像机，将 2 套平台统一整合到一台服务器上，实现统一的调度管理。

存储通过统一的磁盘阵列 VX500 进行存储。

存储容量计算：

梁家矿区监控系统中，总计有 112 个监控接入点，考虑后期扩容达到 128 个点，要求采用 FULL D1 (720×576)以上的图像分辨率格式进行存储，1 536 kbit/s 实时码率，保存 15 天。

单个摄像机 1 天存储量：1 536k×3 600×24/1 024/1 024/8=15.820 312 5 GB。

112 个摄像机 15 天 1 536 kbps 码流存储数据量：25.954 TB。

由于安防监控系统对数据存储的可靠性要求严格，因此本系统的设计方案中采用 RAID5 数据保护加全局硬盘热备，另外考虑到监控系统的编码器写入过程当中 8%的峰值漂移及整体存储空间 10%的冗余，因此最终所需要的存储空间为：32 TB。系统采用 ISC3000—E 服务器及 H3C VX500 存储设备。计划配置 2 台 VX500，单台配置 8 块 2T 视频监控系列监控级硬盘，总共配置 16 块监控级硬盘。

设备分别放置于二楼集控室大屏幕后方及四楼机房机柜中。其中 ISC3000—E 服务器、2 台 VX500 存储放置于四楼机房新增服务器机柜中，2 台编码器放置于四楼机房 1 号视频分配器机柜中，2 台编码器放置于四楼机房 2 号视频分配器机柜中；剩余 4 台编码器放置于二楼集控室大屏幕后方机柜中。系统拓扑图见图 2。

四楼机房敷设 7 根网线至二楼网络机房中心交换机，二楼集控室大屏幕后方敷设 4 根网线至二楼网络机房中心交换机。

机柜原至硬盘录像机视频线撤除，新敷设视频线至编码器。

4 系统实现功能

4.1 实时视频监控功能

(1) 实现对各矿区现场视频监控点的不失真并行采集接入，在总部实现对监控点采集上传；在指挥中心的大屏幕或其他计算机上对下属各企业所选的监控点和应用系统任意显示或分组浏览，具有多画面切换，画面轮跳设置等功能，操作灵活、简单，采用树型结构，具备分级管理的功能，未经授权用户无法访问各单位监控系统。

(2) 实现对接入的监控点进行云台控制、跟踪访问，对接入的企业各个监控点实现全天候监控。

(3) 具有语音对讲、报警联动等功能。

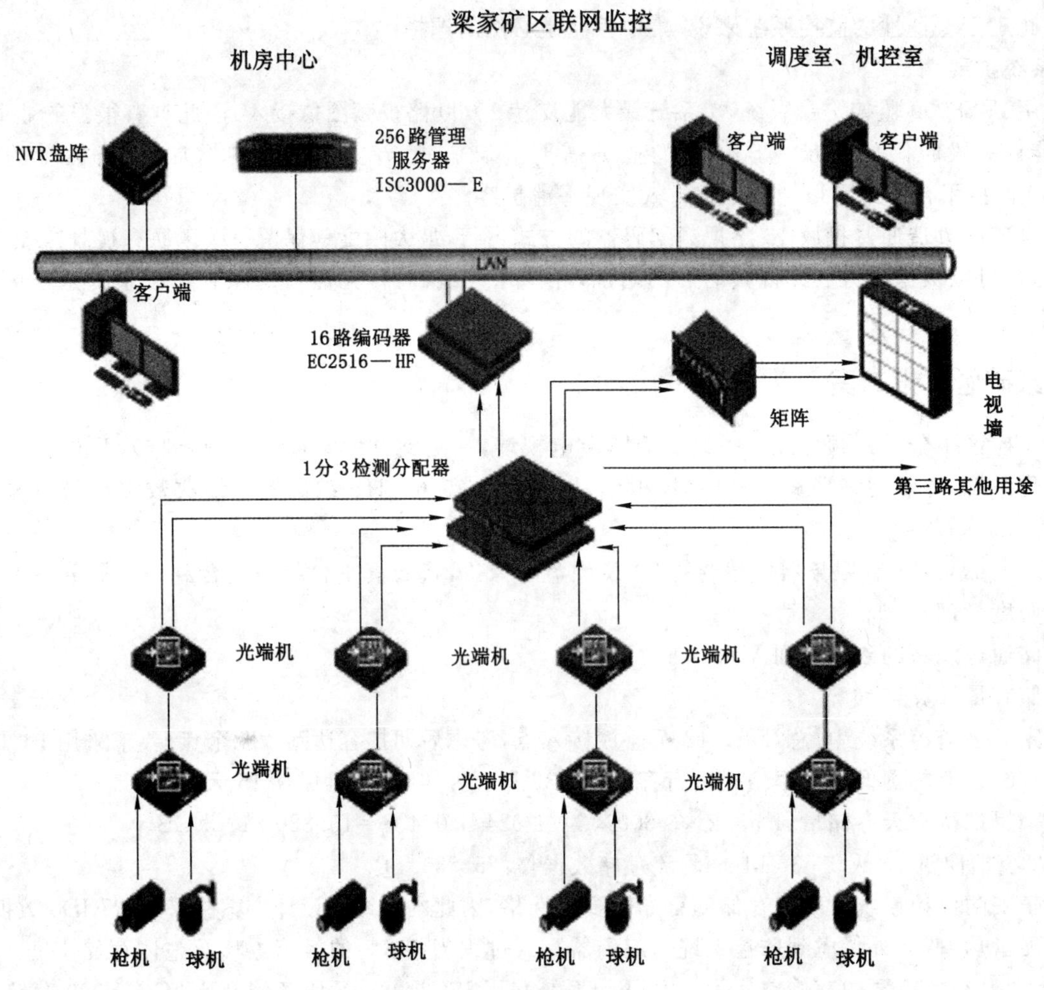

图2 系统拓扑图

(4) 可同时监看画面,4/6/8/9/16/32等多画面分割,分隔画面同时可以进行轮跳设置。

(5) 可实现对监控点图像的即时打印输出。

(6) 数字视频码流采取最主流的H.264数字压缩格式,压缩率高,码率小,占用网络资源小,图像清晰流畅,传输速度快,延时小。不会影响总部其他管理系统的运行。

(7) 具有很高的网络安全机制,硬件设备运行稳定可靠,上电自动进入运行模式,减少人工干预。

4.2 系统管理功能

(1) 管理控制服务器能对网络上所有的客户端进行授权,使得未经授权者无法访问。

(2) 支持分层组网架构,且具有灵活的用户管理能力。分级权限管理,计算机可根据授权级别通过客户端软件进行实时浏览、控制、录像,并可查询回放现场录像资料。

(3) 可根据系统的不同要求,在客户端根据授权级别具备对各分子公司或各生产装置视频分组回传,分组控制、切换等以及画面切割功能。

(4) 不影响各矿业集团原有系统的现场监控,总部客户端与企业原有系统互不影响。

4.3 系统可扩展功能

(1) 系统具备数字视频矩阵扩展功能,将来在网络带宽允许的前提下,可根据需要配置相关软硬件设备实现大型电视墙组合展现功能,对各个部位的视频在电视墙上同步切换显示。

(2) 网络化的系统结构,系统将来进行扩展时,只需要增加前端设备数量,不改变系统的原有结构及运行方式。

(3) 本方案完全按照分级分域的理念进行设计，集团、矿业公司部署的平台服务器 VM3.0、DM3.0、MS3.0 具备完整的信令管理、视频管理、用户管理、媒体转发等平台功能，其中总部 VM3.0 作为高级域平台能够统一管理和调度所有下级域，矿业公司作为独立域能够统一管理本企业所有监控图像和用户终端。

4.4 录像功能

(1) 由于矿区的视频录像都在矿区本地完成，因此不占用矿区到矿业公司、矿业公司到集团的广域网带宽，有效降低了对于广域网带宽的压力。

(2) 按照需要可选的录像方式，全时录像、定时录像。

(3) 录像帧速率 1～25 帧可根据硬件以及网络条件自动调整。

(4) 历史资料查询，可依日期、时间等参数进行查询。

(5) 录像资料回放，可随时播放、停格、快转等，支持鼠标任意拖动。

(6) 录像资料经过处理，以文件形式保存，不能人为修改或者删除。

(7) 录像资料量随硬盘大小而定，超过设定比例时，自动循环录像。

4.5 流媒体转发功能

(1) 具有强大网络传输功能，可适应各种复杂网络环境下的实时监控及视频传输质量，基于 RTP/RTCP 流媒体协议的传输技术，具有视频延时小、抗抖动、支持码率、宽带自适应等优点。

(2) 流媒体转发。当网络中有多个用户访问同一个视频流时，虽然访问的是同一个视频流，但各自占用一个带宽资源，容易造成网络拥挤，影响视频的效果。采用高效率 UDP 传输协议，自动穿透各种网络设备，根据网络结构自动启用单播技术，组播技术，也可强制制定，自适应网络流量控制，保证清晰流畅的视频效果，网络延时短，成功地解决了带宽资源和网络拥挤问题。

(3) 设置流媒体转发服务器的目的在于缓解网络总部与各企业网络出口带宽不足的问题，对该总部应用端的视频访问全部通过流媒体转发服务器来进行转发，使得该视频服务器的视频服务只占一个通道。

4.6 Web 服务功能

VM3.0 采用 B/S 构架，直接采用 IE 访问方式，方便有权限的用户在局域网内任何计算机上通过浏览器浏览现场视频图像，同时也方便了其他应用系统的集成。

5 成果创新及意义

梁家煤矿视频联网改造解决了原有系统如下问题：原系统服务器基于工控机加视频采集卡模式，系统稳定性差，传输时采用的是模拟信号，传输信号质量较差，无法基于办公网络实现集团总部对本单位视频监控系统的数字化传输，无法实现与山东能源集团视频联网平台的对接。

本次系统改造涉及数量众多的原有系统接入和改造，对比多种方案，未确保数据安全性、系统先进性、可实施性和稳定性，选择统一部署编码设备，接入二级视频平台，即在矿区统一进行硬件方式的接入改造方案，改造后提高了矿井的安全程度，为管理人员提高管理质量、指挥生产、正确决策提供重大依据，也是矿井安全生产、综合自动化控制的重要保障。

实现了山能集团安全生产总调度中心对本单位视频监控系统的实时调阅和重点部位录像存储及专线数字化传输。联网系统改造后，对安防系统的高度整合，达到统一调度、统一管理、全程监控、实时决策的目标，集团公司和矿区能及时、准确发现违规行为和突发事件信息，有效保障事件的及时处理，实现了集团公司和矿区现场的调度互动，对加强矿区安全监管力度、提升管理水平和处置突发事件，具有积极的推动作用。

GNSS边坡监测系统在伊敏露天矿的应用

于大鹏

（华能伊敏煤电有限责任公司伊敏露天矿　内蒙古呼伦贝尔　021134）

摘　要　文章详细介绍了 GNSS 边坡监测系统工作原理，对比传统人工监测技术，系统的总结了 GNSS 边坡监测系统优势所在。重点介绍了伊敏露天矿边坡监测系统构成，并结合实际露天矿边坡监测系统应用情况，分析了边坡监测系统在露天矿边坡稳定性监测中作用。

关键词　GNSS；边坡监测；实时；高精度

1　概述

华能伊敏煤电有限责任公司露天矿（以下简称伊敏露天矿）位于大兴安岭西、伊敏河中游，行政区位于内蒙古自治区呼伦贝尔市鄂温克自治旗伊敏河镇境内。伊敏煤电公司露天矿一期工程是国家“八五”期间的重点工程，是国务院批准的全国第一家煤电联营工程，是与装机一百万千瓦发电机组配套、生产能力为 500 万 t 的现代化露天煤矿。2012 年国家发改委正式批复伊敏露天矿年生产能力 2 200 万 t。随着伊敏露天矿迈入 2 000 万 t 级大型煤矿行列，露天矿开采境界不断扩大、深度不断增加，矿坑边坡的高度和面积也随之增加，由此边坡不稳定因素增多。面对边坡稳定对露天矿安全生产及经济效益的影响日益增加，如何加强边坡稳定性监测成为露天矿的首要问题。本文将正对露天矿生产实际，重点阐述 GNSS 边坡监测系统在边坡监测中的应用。

2　GNSS 边坡监测系统

2.1　系统应用背景

GNSS（全球卫星定位系统）自 20 世纪 80 年代中期投入民用后，已广泛地在导航、定位等各领域应用，尤其在测量界的控制测量中起了划时代的作用。正因为是它在静态相对定位中的高精度、高效益、全天候、不需通视等优点，使人们普遍采用其来代替常规的三角、三边、边角等方法，并在理论、实践中取得了可喜的成果。在精密工程变形监测中也逐步得到广泛的应用。

2011 年，伊敏露天矿东端帮边坡首次引进 GNSS 边坡监测系统（1 个基准点和 9 个监测点），并成功应用。2012 年，露天矿在原有 GNSS 边坡监测系统的基础上增加 9 个可移动监测点用于西端帮边坡监测，形成了对露天矿东西端帮的实时监控，同时，系统采用 GPS 和北斗监测系统兼容使用，极大地提高了监测数据的精度。

2.2　系统工作原理

边坡自动化监测系统采用成熟的 INTERNET 技术、高精度卫星导航准动态算法等技术。

位移监测网络中的每个监测点都同时输出卫星导航的原始数据，其中包含了地表位移解算的所有必要的载波相位数据、星历等数据。然后通过无线网桥传到露天矿办公楼数据处理与控制服务器。服务器心根据每个监测点接收机对应的 IP 地址和端口号，获得原始实时数据流。最后在服务器上利用监测软件准确实时的解算出各监测点的三维坐标，根据监测点三维坐标变化情况即可确定监测点的三维位移情况。

GNSS 边坡监测系统构成图见图 1。

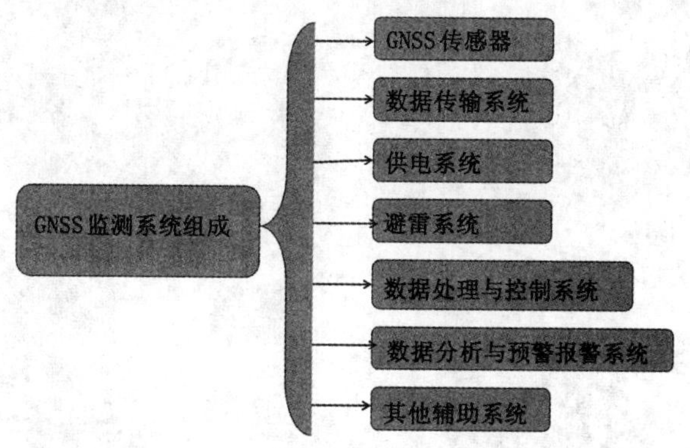

图 1 GNSS 边坡监测系统构成图

2.3 边坡位移自动化监测系统对比传统人工监测的优势分析

2.3.1 人工监测方法局限性分析

由人工定期用传统仪器到现场进行测量，监测工作量大，受天气、人工、现场条件等许多因素的影响，存在一定的系统误差和人工误差。同时，人工监测还存在不能及时监测采区边坡地表位移的各项技术参数，难以及时掌握采区边坡位移各项技术指标等缺点，这些都将影响露天矿边坡监测的管理水平。

2.3.2 边坡位移自动化监测系统优点分析

与传统的人工测量相比，边坡位移自动化监测具有很大的优点。它可以实现实时自动化监测，大大减轻外业强度，同时又能够迅速得到高效可靠的三维点位监测数据。

除此之外，它还具有以下优点：

(1) 避免人工读数和记录引起的人为误差。

(2) 可以实现远程以及恶劣天气条件下采集数据。

(3) 每天可进行 24 小时连续监测。

(4) 可以准确记录失事事件时间，使之与外部因素相关联，比如降雨、爆破、工程施工等。

(5) 连续监测能快速监测到临界变化，能在事态恶化之前采取处理措施。

(6) 自动化监测系统可以按程序步骤监测限定阀值、变化速率，从而能在超出预定极限值时自动报警。

3 伊敏露天矿 GNSS 边坡监测系统

3.1 系统建设情况

伊敏露天矿边坡位移自动化监测系统采用 GPS 和北斗监测系统兼容使用，极大地提高了监测数据的精度，系统包括自动化监测点 19 个，1 个基准点和 18 个监测点。基准点布置在露天矿办公楼顶，18 个监测点分布在矿坑边坡的各个台阶上，其中可移动监测点 13 个，固定监测点 5 个。见图 2。

3.2 GNSS 边坡监测系统的应用

2011 年 8 月，伊敏露天矿东端帮边坡首次引进 GNSS 边坡监测系统，在露天矿东端帮剥离台阶布置 9 个地表位移监测点用于监测东端帮边坡稳定。10 月，通过监测系统发现东端帮剥离台阶出现缓慢滑动，其中六号监测点向坑下每周移动 2 cm。根据 GNSS 边坡监测系统数据统计，2011 年 8 月至 2012 年 4 月期间东端帮变形区处于匀速缓慢变形阶段，变形区内六号监测点向坑下累计移动 60 cm。通过 GNSS 边坡监测系统，露天矿准确掌握了东端帮边坡稳定情况及相关边坡滑动参数，为下一步边坡治理提供了准确的数据依据。

图 2　伊敏露天矿边坡监测系统平面布置图

2012 年 10 月，东端帮变形区变形程度进一步加剧，位于剥离二台阶的 6 号监测点最大位移速度达到每天 6.3 cm。见表 1。

表 1　　**东端帮 GNSS 边坡监测系统监测数据**　　单位：cm

观测点	北方向位移	西方向位移	垂向位移	矢量位移
1 号监测点	2	2.5	−2.3	3.2
2 号监测点	3.5	4	−1.9	5.3
3 号监测点	1.6	1.1	−0.1	2
4 号监测点	2.3	1.4	−0.1	2.7
6 号监测点	4.3	4.6	−2.3	6.3

注：2012 年 10 月 8 日早 0:00 至 10 月 8 日晚 24:00。

东端帮布置 35 kV 变电站、三号加水站、采掘 35 kV 1# 供电线路、采掘 35 kV 2# 移动变电站、一号、二号破碎站及输煤干线等生产、建筑设施，一旦端帮发生滑坡，将严重影响端帮内生产设施尤其是坑下破碎站及其输煤系统安全运行。

通过监测系统，露天矿及时准确地掌握东端帮边坡稳定状态，并依据边坡位移数据变化情况制定相应的治理措施。经过近半年的边坡治理，目前伊敏露天矿东端帮日位移在 1 cm 以下，边坡处于稳定状态。见表 2。

表 2　　**东端帮 GNSS 边坡监测系统监测数据**　　单位：cm

观测点	北方向位移	西方向位移	垂向位移	矢量位移
1 号监测点	0.2	0.6	−0.3	0.7
2 号监测点	0.4	0.5	−0.2	0.7
3 号监测点	0.3	0.3	−0.2	0.5
4 号监测点	0.4	0.6	−0.3	0.8
6 号监测点	0.5	0.6	−0.4	0.9

注：2013 年 1 月 12 日早 0:00 至 10 月 8 日晚 24:00。

4 结语

通过建立伊敏露天矿 GNSS 边坡监测系统可以实时、准确地掌握边坡稳定状况,一旦发现边坡出现位移情况,可以为下一步治理提供准确的数据依据。目前伊敏露天矿 GNSS 边坡监测系统共有 18 个地表位移监测点,但仍不能对边坡监测进行全面覆盖。2014 年计划增设 15 个可移动边坡监测点,届时可完成对伊敏露天矿边坡全面覆盖。

参考文献

[1] 胡伍牛. GPS 测量原理及其应用[M]. 北京:人民出版社,2002.

矿山物联网技术及其在智慧矿山建设中的应用

付贵祥[1]　李学恩[2]　张长江[1]

(1. 开滦集团有限责任公司　河北唐山　063000;2. 中国科学院自动化研究所　北京　100190)

摘　要　文章在分析矿山建设现状与发展趋势的基础上，提出了一种基于物联网的智慧矿山体系架构方案;并结合开滦集团的实际应用需求详细介绍了矿山物联网的技术架构和智慧矿山应用平台的构建。该方案的实施对矿山企业的“两化融合”和智能化建设具有示范和借鉴意义。

关键词　物联网;智慧矿山;全息数字化

0　引言

物联网被称为信息产业的第三次技术革命,国内煤炭行业也将发展物联网技术作为“十二五”发展规划的重点推广内容。经过多年建设,国内煤炭企业信息化发展遇到的瓶颈问题就是“信息孤岛”现象,这主要是由网络结构及系统协议造成的,而物联网技术可以很好地解决这一问题。

物联网是以信息技术为主、多学科交叉的技术,系统复杂程度高,需要持续有计划、有步骤地进行建设实施。矿山物联网综合平台作为智慧矿山建设的基础,重点解决系统软硬件基本环境建设问题,包括平台的架构设计、数据存储和管理方案的设计、业务子系统的接口和模式设计、异构通信子网关键技术和第三方业务子系统接入的兼容性接入问题。同时,在物联网综合平台的框架基础之上,完成全息数字化信息展示、安全生产监测监控等业务功能。本文构建的矿山物联网平台架构为智慧矿山体系的软硬件接口的定义和实现提供了现实的载体;通过对各层次核心模块的实现可以对主要业务子系统的功能进行有效验证和展示矿山物联网所带来的实际效果,因此对于建设基于物联网的智慧矿山将具有不可替代的示范性重大意义。

1　现代矿山发展现状与发展趋势

由于我国大多数煤矿地质条件差,生产系统复杂,工作场所黑暗狭窄,人员集中,采掘工作面随时移动,地质条件的变化会使移动的采掘工作面不断出现新情况和新问题,如不及时采取相应的有效措施,可能会导致重大灾害事故,因此,国有大型煤炭企业不断加大技改投入,积极采用先进的信息化和自动化技术,将原本落后粗放的煤矿生产面貌,重塑发展为现代化、精细化、无人化、集约化的能源企业形象。如神华集团神东煤炭集团以信息化系统为平台、自动化控制为手段,实现了远程集中自动化控制,达到了减人提效的目的。但现阶段我国大多数煤矿安全生产管理系统建设方面尚存在各系统之间各自独立,导致重复投资、资源浪费、诸信息不能共享融合、信息沟通不畅等问题。

在近 20 年的时间里,国内煤炭行业的信息化建设经历了由业务单元电子化到自动化初步集成的变迁,从过去、现在到未来发展趋势,发展变迁大体上可以分为如下四个阶段:

作者简介:付贵祥(1958—),男,辽宁北票人,高级工程师,硕士,开滦集团副总经理,现主要负责全息数字化智慧矿山与“两化融合”建设等方面的工作;E-mail:fgxiang@kailuan.com.cn。

第一个阶段是业务信息电子化阶段。采用单独的电子设备采集数据,并以文本、电子报表等形式记录,将业务信息进行电子化。

第二个阶段是数字化矿山。利用矿山数字化信息管理系统将矿井日常调度、设备设施管理、生产、运销等信息等进行入库管理,以数据库的形式存储大量业务数据信息,做到业务信息的结构化、数据库化。以系统的方式体现和了解整个矿山的运作和发展情况。

第三个阶段是虚拟矿山或全息数字化矿山。把真实矿山的整体以及和它相关的现象都继承起来,如,通过接入视频监控系统、安全生产监测系统等做到井下真实场景虚拟再现或视频可视,同时结合模拟仿真的矿区场景,做到辅助分析决策。

第四个阶段是智慧矿山。在全息数字化矿山的基础上,利用物联网技术进行系统整合和信息融合实现管、控、监一体化,利用人工智能技术实现管理决策的科学化和智能化,并利用空间技术、自动定位和导航技术实现采矿的远程自动化和无人化。

随着国家对煤矿安全生产和信息化、自动化程度的要求越来越高,以及煤矿自身对生产安全、生产效率和管理水平的需求不断提高,现有的粗放型发展思想已经难以为继,必将被更加先进科学的矿山物联网及其“物网合一”的指导思想所取代。在国家政策的指引下,在各矿领导科学部署和有效落实下,通过基于物联网的全息数字化智慧矿山平台建设必将取得质的飞跃,达到煤矿生产与管理的真正“安全、高效、智能、可靠”。

2 矿山物联网与智慧矿山

物联网是通过信息传感设备,按约定的协议实现人与人、人与物、物与物全面互联的泛在感知网络。其主要特征是通过信息传感设备获取物理世界的各种信息,结合互联网、通信网等网络进行信息传送与交互,采用智能计算技术对信息进行分析处理,从而提高对物质世界的感知能力,实现智能化的决策和控制。

矿山物联网是依托物联网的核心技术,将原本孤立的矿山安全和自动化系统整合到一个综合平台上,彻底解决矿山各信息化子系统的“信息孤岛”问题,实现真正意义上的井下环境及人员监控、语音、视频、自动化控制等的多网合一。在此基础上,通过对各类信息的统一管理、共享和分析,最终提供决策信息和解决方案,并自动反馈给相应的系统和设备,为矿山安全保驾护航。

智慧矿山是以物联网为基础,以地理信息系统为支撑,利用现代计算机技术、网络通信技术、自动化控制技术、过程控制及现代企业管理有机结合的多级分布式计算机网络,实现矿井安全生产过程信息集成与智能控制、降低煤炭企业生产成本,提高安全生产过程运行效率和本安化生产水平,逐步实现智能决策与管理。

作为一个新兴产业,物联网将各种高新技术完美融合,使物、人、计算机形成互通互联、信息同步、信息共享的智慧网络,是各类传感器和现有互联网相互衔接的一种新技术。基于物联网的智慧矿山建设是在信息化、自动化的基础上,将煤矿企业涉及生产、安全、运输、销售、机电、物资、供应、统计、人力等的所有环节集成为一体,实现各类信息的统一管理和共享,通过对整体矿山各类数据的存储和分析,最终提供决策信息和解决方案,并自动反馈给相应的系统和设备。然而物联网技术在煤炭领域的相关研究还处于起始阶段。因此,开展矿山物联网的相关研究,实现关键技术突破,对提高煤炭行业的信息化管理水平和煤矿企业的竞争能力具有重要意义。

3 基于物联网的智慧矿山体系设计

基于物联网的智慧矿山体系应围绕企业管理、生产自动化和煤矿安全三大方面,以物联网、云计算、数据挖掘、信息融合、智能推理与专家决策等技术为核心,以三维 GIS 平台进行全息立体显示和交互,建设内容纷繁复杂,是一个复杂的系统工程。因此,需要一个先进、科学、完整、成熟的设计作为项目实施的蓝图,确保该系统全局规划合理、设计思路清晰、实施建设有序。

3.1 系统总体架构

全息数字化智慧矿山系统采用物联网和云计算技术，形成集团、二级公司、三级基层企业的多级综合管控监一体化平台。系统网络职能结构，从上到下依次为：集团级安全生产监管指挥平台、二级公司安全生产监管指挥平台、矿级（基层企业）安全生产监管指挥平台（图1）。

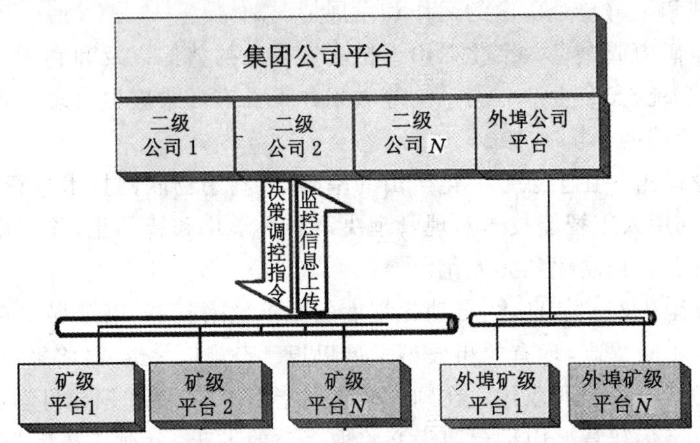

图1 系统总体架构图

在平台和中心数据库建设完成后，形成一个统一的全息数字化智慧矿山管控监一体化平台，实现统一认证、统一分发、统一接口、统一数据，信息互联互通、信息共享，灾情信息快速获取、快速处理、快速发布分享，从而实现集团与煤矿的安全高效管理。

3.2 集团级平台架构

能够随时浏览、监视下属各生产单位安全、生产、经营情况，通过对整个集团所有信息的整合、提取、统计、分析，全面反映各产业、各专业系统的经营状况、生产运营数据和其他信息，为领导决策提供信息支撑；同时，也能作为电子沙盘，并提供各类分析工具，根据各种专家决策系统，为领导提供辅助决策支持（图2）。

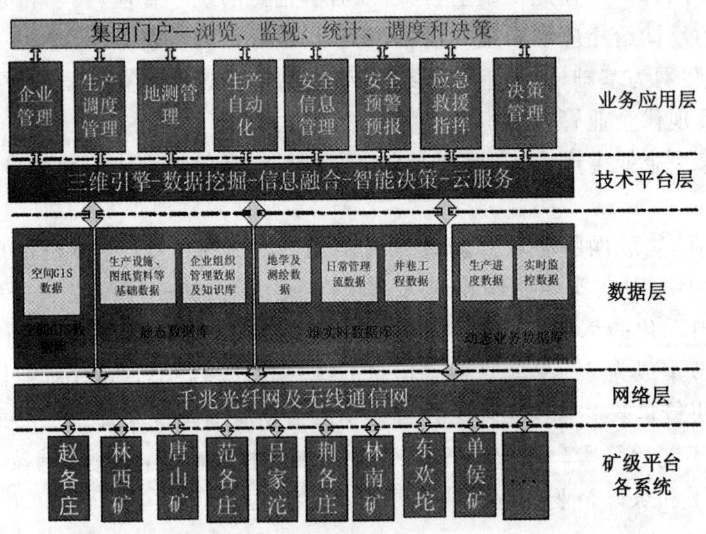

图2 集团级平台架构

3.3 矿级平台架构

在全息立体矿山平台上，实现企业OA和ERP一体化管理；实时调度指挥生产；对生产主要环节如采煤、掘进、开拓、机电、运输、通风、排水、电力、提升、主要通风机压风等进行可视化监测和远方控制；对生产过程、设备、人员、环境、工况的实时监测监控，事故自动预警预报、自诊断、自修复；根据应急救援、办公、设备管理、生产销售等各种专家决策系统，为应急响应和快速决策提供辅助决策支持(图3)。

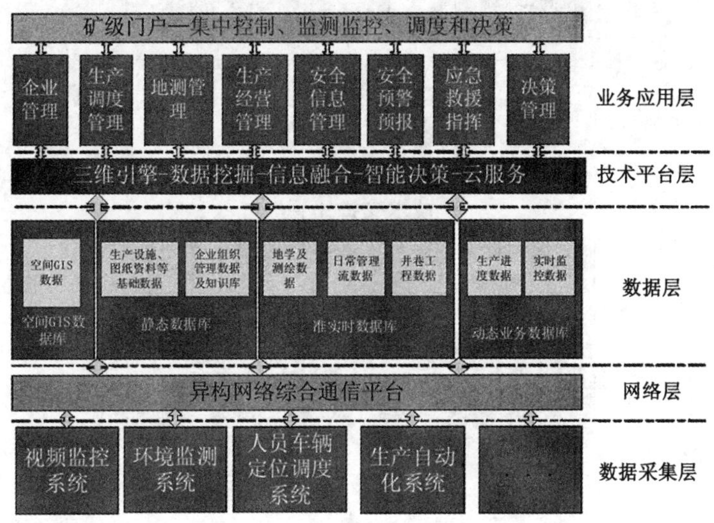

图3　矿级平台架构

3.4　系统逻辑架构

矿山物联网各融合业务通过矿山物联网信息平台进行数据通信，共享物联网数据，不用担心异构网络的通信问题。通过矿山物联网的数据融合功能，各业务只传送自己需要的数据内容，而不必关心网络带宽、时延和可靠性等问题，这些均由矿山物联网及其异构网络传输算法来自适应配置完成(图4、图5)。

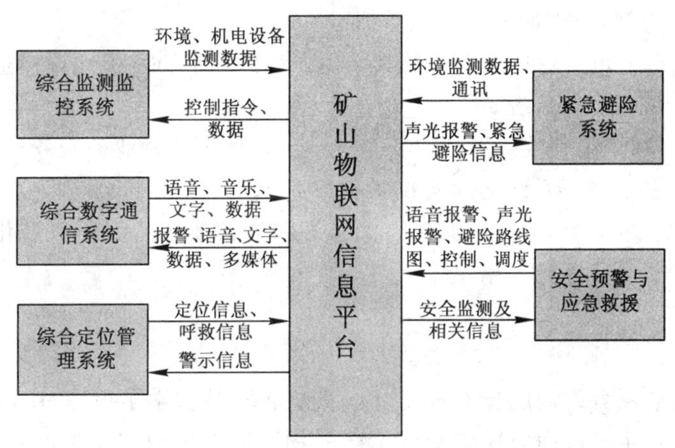

图4　业务逻辑架构

在底层通过智能协议引擎和标准化接口引擎对异质异构物联网数据信息进行数据整合，上传给技术支撑平台的数据挖掘、信息融合、专家系统、云计算服务进行数据处理与计算分析，再通过3维地理信息系统、WEB地理信息系统进行综合展现，以实现在可视、可控、可管前提下管理、生产和安全一体化管理。

4　结语

本文针对煤矿的实际情况，本着全局一体化、规范标准化的思想，兼顾煤矿原有建设投资和未来发展需求，在开滦集团及其几个示范矿井建立了一套完整的基于物联网的智慧矿山系统，该系统可将矿山

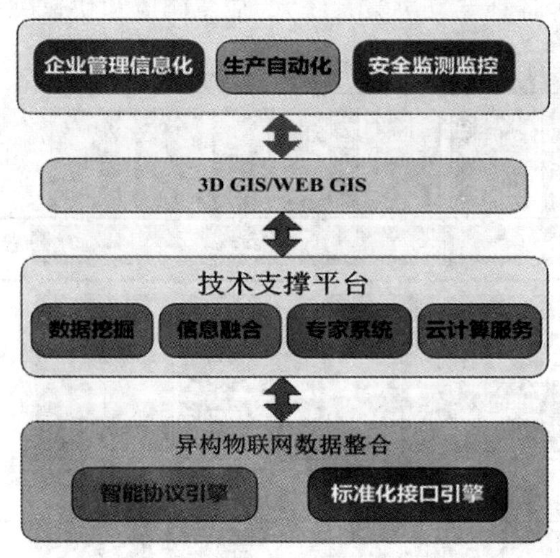

图 5　技术逻辑架构

集团及其下属各矿的井上井下真实场景和相关数据都构建在相应层级的全息数字化平台中，一方面可充分利用煤矿现有自动化设备，将不同时期、不同厂商、不同自动化水平的设备综合在一起，实现统一管理；另一方面实现了煤矿综合自动化和信息化的"两化融合"目标，达到了国内先进技术水平。通过技术论证和初步应用验证，该系统可达到以下应用效果：

(1) 实现井下的通信全覆盖，不同的区域可能会具有不同的通信带宽，但是保证在任何区域都有信息通信的能力；

(2) 实现统一的、容错的、高可靠的感知层，能够通过统一的信息平台访问以往分立的各子系统中的各种传感器，以便捷，直观，可视的方式展现数据；

(3) 实现在集团平台上可浏览集团内部及其下属各矿的地形、地貌、地质构造、井上井下的建筑、巷道、设备、人员、车辆、管线等分布情况；

(4) 在信息平台下，基于统一数据平台的安全、生产、管理等各种业务服务子系统，实现后台信息处理的关联化、智能化，在各业务子系统之间实现联动。

因此，本方案技术起点高、针对性强，其推广实施必将为其他矿的综合信息化和自动化改造、融合，以及现代化智慧矿山建设提供示范和借鉴。

参考文献：

[1] 段平，太平. 矿山物联网分组调度技术研究[J]. 内蒙古科技大学学报，2012，31(2)：171-173.

[2] 孙彦景，左海维，钱建生，等. 面向煤矿安全生产的物联网应用模式及关键技术[J]. 煤炭科学技术，2013，41(1)：84-88.

[3] 王铃丁，张瑞新，赵志刚，等. 煤矿应急救援指挥与管理信息系统[J]. 辽宁工程技术大学学报，2006，25(5)：655-657.

[4] 吴立新，殷作如，钟亚平. 再论数字矿山：特征、框架与关键技术[J]. 煤炭学报，2003，28(1)：1-6.

[5] 张申，赵小虎. 论感知矿山物联网与矿山综合自动化[J]. 煤炭科学技术，2012，40(1)：83-91.

[6] 中国科学技术学部. 物联网产业与区域经济发展[M]. 北京：中国科学技术出版社，2011.

煤炭清洁转化与
伴生资源综合利用

屯兰矿煤层气与煤炭一体化协调开发技术

焦治平

（山西焦煤西山煤电集团公司屯兰矿　山西古交　030206）

摘　要　由于矿井属于高、突矿井，瓦斯含量高、压力大，且在开采过程中又属于近距离煤层群开采，存在一层开采多层卸压，大量瓦斯涌向采掘工作面。文章结合煤层在开采过程中顶、低板来压规律，摸索出采空区上覆煤岩层的“O”型裂隙圈位置、横“三带”竖“三区”活动规律及下邻近煤层卸压范围，并结合地面抽采钻井增透技术，全方位构建井上下立体式瓦斯抽采模式及高低浓度瓦斯利用技术成果，实践表明，科学的瓦斯治理技术是煤矿控制瓦斯事故的核心手段，瓦斯治理工程是煤矿安全管理中的解放生产力的治本工程，瓦斯利用技术的实施是煤矿瓦斯抽采技术链的最佳延伸，既利用洁净能源，又保护环境，还增加企业经济效益。科学合理地实施瓦斯治理与利用技术是实现煤矿安全生产的根本保障。

关键词　煤层气与煤岩；协调开发；安全生产

中国煤层赋存条件复杂，高瓦斯和煤与瓦斯突出矿井约占1/3，防治煤矿瓦斯事故始终是安全生产的重中之重。新中国成立以来，全国共发生23起一次死亡百人以上的煤矿事故，其中21起是瓦斯事故。近几年来，煤矿重特大事故死亡人数近70%都是瓦斯事故造成的。搞好煤矿瓦斯抽采利用是煤矿安全生产的治本之策，可以实现煤炭在低瓦斯状态下开采，有效杜绝瓦斯事故发生，是保障煤矿安全生产的根本措施和关键环节。

同时，煤矿瓦斯的温室效应是二氧化碳的21倍。据计算，每利用1亿 m^3 甲烷，相当于减排150万t二氧化碳。2008年，中国利用煤矿瓦斯16亿 m^3，共减少排放二氧化碳2 400万t，但煤层中绝大部分瓦斯还是直接排空了，既浪费资源，又污染环境。搞好煤矿瓦斯抽采利用是减少环境污染的重要举措，最大限度地控制瓦斯直接向大气中排放，有利于减少空气污染，保护生态环境。

瓦斯又称为煤层气，是一种优质清洁能源。煤矿瓦斯（煤层气）中甲烷含量大于90%，1 m^3 瓦斯发热量大于8 000 kcal，是与天然气相当的优质清洁能源，可广泛用于发电、工业窑炉、民用、汽车等方面燃料或生产化工产品。搞好煤矿瓦斯抽采利用，就可以化害为利、变废为宝，意义十分重大，尤其可有效杜绝瓦斯事故发生，是保障煤矿安全生产的根本措施和关键环节。

多年来，西山煤电集团公司屯兰矿作为全集团公司唯一的高突矿井始终坚持瓦斯治理与利用技术的研究与应用，经过实践，总结形成了一套符合屯兰矿区实际的瓦斯治理与利用技术，在治理瓦斯方面取得了理想的效果，回收利用了大量的优质洁净能源，提高了企业经济效益，减少了对大气的污染，保障了矿井的安全生产，安全生产逐年好转。瓦斯超限次数从2009年开始逐年下降，到2011年为止实现了瓦斯零超限奋斗目标。

1　屯兰矿井概况

屯兰矿隶属于山西焦煤西山煤电（集团）有限责任公司，位于太原市古交市西南，距古交市城区约

作者简介：焦治平(1969－)，男，山西临猗人，大学本科学历，矿井通风与安全高级工程师，任西山煤电集团公司屯兰矿总工程师。

通信地址：山西省古交市屯兰矿；邮编：030206；电子邮箱：depkjzp@163.com。

6 km，行政区划属古交市管辖。井田南北长约10.6 km，东西宽约9.9 km，面积73.3426 km^2。可采储量6.28亿吨。主要煤种有焦煤(62.6%)、肥煤(11.5%)、瘦煤。矿井采用两斜一立多水平综合开拓方式。设计划分+750 m、+650 m两个开采水平，十个生产盘区，现开采+750 m水平。目前主采2#、8#、9#煤层，属近距离煤层群开采，矿井设计生产能力为400万t/年。2012年鉴定为煤与瓦斯突出矿井，绝对瓦斯涌出量223 m^3/min，相对瓦斯涌出量39.71 m^3/t。现开采的2#、8#煤层均为Ⅱ类自燃煤层，煤尘具有爆炸倾向性。

2 以煤与瓦斯协调开采为核心，全面实施瓦斯抽采技术

瓦斯治理，通风是治标，抽采是治本，伴随着煤炭生产的发展，煤矿生产强度的加大，大量的瓦斯释放出来，给矿井安全生产带来极大的威胁，为实现矿井安全高效开采，保障职工生命安全，消除矿井开采过程中最大的安全隐患—瓦斯，矿井在立足瓦斯综合治理的基础上，加大了瓦斯抽采力度。

3 建立可靠的瓦斯抽采系统

在摸清矿井瓦斯地质和瓦斯涌出规律的基础上，建立了"以抽采为主，风排为辅"的瓦斯治理理念，并建立了可靠完善的高低浓度瓦斯抽采系统，地面1#抽采泵站安装3台2BEC—62型水环式真空泵，担负全矿井低浓度瓦斯抽采，抽采量采量8 m^3/min，抽采浓度25%；2#泵站安装4台2BEC—80型水环式真空泵，担负全矿井高浓度瓦斯抽采，抽采量95 m^3/min，抽采浓度35%；井下建有3座移动式抽采泵站，担负各采煤工作面采空区瓦斯进行抽采，抽采量8 m^3/min，抽采浓度2%～3%；井下敷设大直径瓦斯抽采主干管8.6万m，装备了大量的瓦斯抽采钻机和3台千米定向钻机，并多次对瓦斯抽采系统进行了增能改造，地面和井下各增建1座低浓度瓦斯抽采泵站和3座井下移动抽采泵站，配套的抽采主干管直径由原来的200～450 mm，均增加为315～710 mm，使整体抽采能力提高了2.5倍以上。

4 确定科学的抽采方法，提高瓦斯抽采效果

矿井煤田煤系地层属石炭系上统太原组和二叠系下统山西组为主要含煤地层，共含煤18层，有经济价值参与储量计算的有8层，煤系地层平均总厚约158.50 m，煤层平均总厚15.70 m，含煤系数10%。煤层孔隙度较小，煤层中的瓦斯主要为吸附瓦斯，吸附瓦斯所占比重为65%～85%。2#煤层透气性系数为1.62 $m^3/(MPa^2 \cdot d)$，8#煤层透气性系数为3.632 9 $m^3/(MPa^2 \cdot d)$，均属于可抽采煤层。

2#煤层的瓦斯压力为0.64～2.79 MPa，瓦斯含量为7.52～13.94 m^3/t。8#煤层的瓦斯压力为0.16～3.84 MPa，瓦斯含量为6.15～19.13 m^3/t。矿井东北部煤层埋深较浅，瓦斯压力较小，矿井北部及西、南部煤层埋深较深，瓦斯压力较大，瓦斯压力最大区域为南五盘区西部，瓦斯压力总体上由东向西，由北向南逐渐增大。

矿井井田面积73.34 km^2，瓦斯资源储量77.580 43亿m^3，预测可抽采量为34.007 69亿m^3。

各煤层的煤炭地质储量、瓦斯平均含量、瓦斯资源储量及瓦斯可抽采量详见表1。

表1　　屯兰矿瓦斯储量表

煤层	煤炭地质储量 /Mt	瓦斯平均含量 /$m^3 \cdot t^{-1}$	瓦斯资源储量 /Mm^3	瓦斯可抽采量 /Mm^3
02#	47.508	4.82	251.887	110.830
03#	22.886	4.82	121.342	53.390
1#	0.312	4.82	1.654	0.728
2#	256.728	4.82	1361.172	598.916
3#	10.736	4.82	56.922	25.046

续表 1

煤层	煤炭地质储量 /Mt	瓦斯平均含量 /$m^3 \cdot t^{-1}$	瓦斯资源储量 /Mm^3	瓦斯可抽采量 /Mm^3
4#	103.97	4.82	551.249	242.550
$4^{\#}_{下}$	7.702	9	79.250	32.787
6#	52.622	9	520.958	224.012
7#	68.667	9	679.803	292.315
8#	288.763	8.1	2 572.878	1 132.066
$8^{\#}_{下}$	1.255	9.97	13.764	6.056
9#	132.76	9.97	1 455.979	640.631
10#	8.588	9.97	94.185	41.441
合计	1 002.497	—	7 758.043	3 400.769

近年来，随着产量的递增以及采掘活动向矿井深部的发展，矿井瓦斯涌出量呈逐年上升趋势，尤其是在南五盘区 2# 煤层从突出预测指标超标和打钻发生喷孔现象等因素来分析，具有突出危险性，矿井随之升级为煤与瓦斯突出矿井。所以随着矿井开采活动的延伸，地质构造的复杂多变，瓦斯治理难度也随之加大，瓦斯已成为影响矿井安全生产的首要因素，给矿井安全生产带来极大的隐患。

2003 年以来，澳大利亚辛迪科及重庆煤科院组织的瓦斯抽采与利用技术项目在矿井试验并先后获得成功，在此基础上，矿井结合自身特点，学习借鉴国内外在瓦斯治理方面的先进经验，使瓦斯治理工作得到了快速发展。

4.1 抽采方法多样化、科学化

矿井在实践中总结出多种有效的瓦斯抽采方法，如地面钻井抽采，井下大面积区域预抽、上邻近层裂隙带抽采、本煤煤层抽采、下邻近层卸压抽采及采空区埋管抽采等多种抽采方法，形成了屯兰矿井上下综合立体抽采模式，使瓦斯抽采技术不断创新发展。同时，针对矿井煤层透气性系数较低，只能进行上邻近层裂隙带抽采的特点，技术人员在总结矿压显现规律的基础上，摸索出不同煤层顶板初次来压，周期来压的步距、时间及底板卸压范围及时间，以指导打钻抽采瓦斯的设计施工工作，实现了科学化管理。

4.1.1 地面钻井抽采

在矿井未开采区域从地面每隔 300 m 施工一口地面钻井，钻井施工至 9# 煤底板下 30 m，钻井施工完毕后下直径 73 mm 生产套管并实施下裂，利用地面油梁式抽油机＋井下整筒泵组合进行抽采。抽采出的煤层气采用集中处理法进行处理，将处理符合气质要求的煤层气运送到用户或用气单位。截至目前，施工地面钻井 150 口，日抽采量 7 万 m^3。地面钻井井上、下工艺流程如图 1 所示。

4.1.2 井下全方位钻孔抽采瓦斯工艺

应用三种瓦斯抽采模式实现对煤层瓦斯的全面高效抽采，即近距离煤层群保护层卸压开采模式(图 2)、区域预抽模式及边采边掘边抽模式。

高瓦斯矿井的近距离煤层群采取开采保护层卸压抽采，先选择瓦斯涌出量小、瓦斯治理难度小的煤层进行开采，使临近层瓦斯得到卸压，更易于开采。

保护层瓦斯抽采可采用平行或交叉钻孔、瓦斯专用巷道、底板穿层钻孔及采空区埋管抽采等方式解决煤层瓦斯问题。

4.1.3 井下大面积区域预抽(图 3)

利用千米定向钻机对煤层瓦斯实施大面积长周期预抽，预抽面积 5 万 m^2，抽采量达 3 m^3/min，抽采浓度稳定在 70%以上。

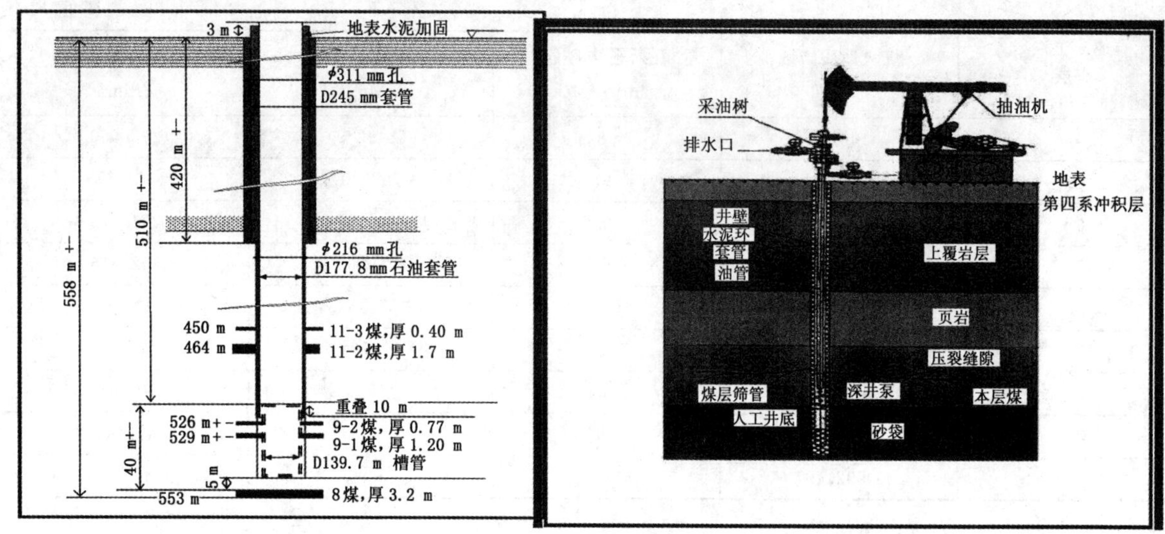

图1　地面钻井示意图

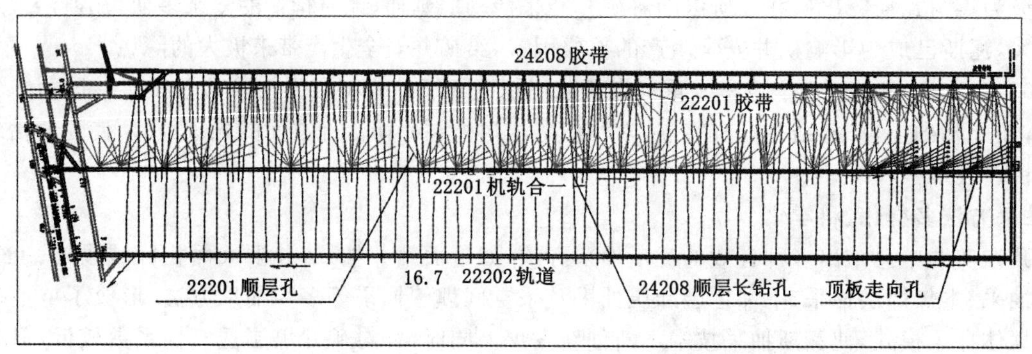

图2　近距离煤层群开采工作面瓦斯抽采模式

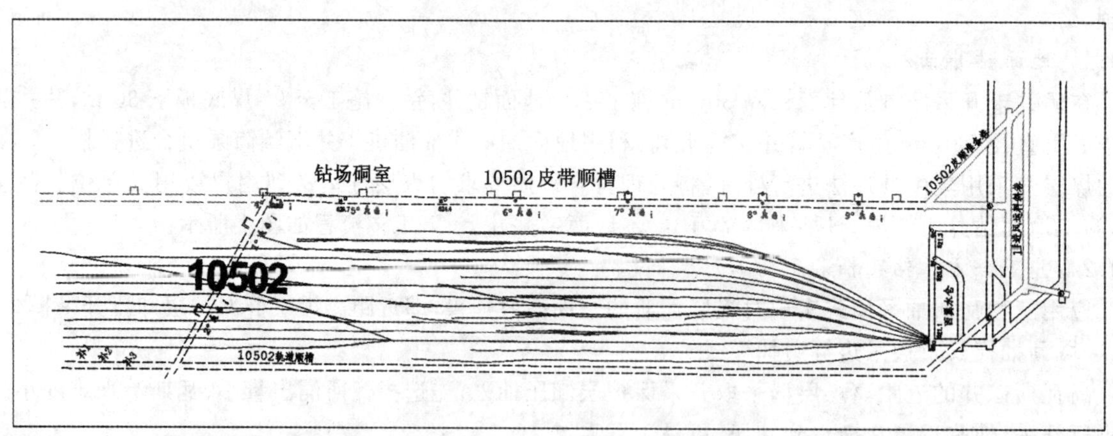

图3　大面积区域瓦斯预抽钻孔布置示意图

4.1.4　上邻近层裂隙带倾斜钻孔抽采

高低位裂隙带钻孔采用垂直工作面走向或斜向工作面走向朝工作面切眼方向布置，钻孔倾角根据冒落角和煤层倾角确定，垂高一般控制在采高的8～12倍，伸入工作面距离一般为切眼长度的1/4～

1/3，孔间距 5～10 m，孔径 113 mm，回采时工作面推过钻孔 20～25 m 时进入抽采状态，抽采活跃期为工作面推过钻孔 30～110 m，110 m 之后进入抽采衰减期，单孔抽采量 0.5～1.5 m^3/min。上邻近层倾斜瓦斯钻孔布置如图 4 所示。

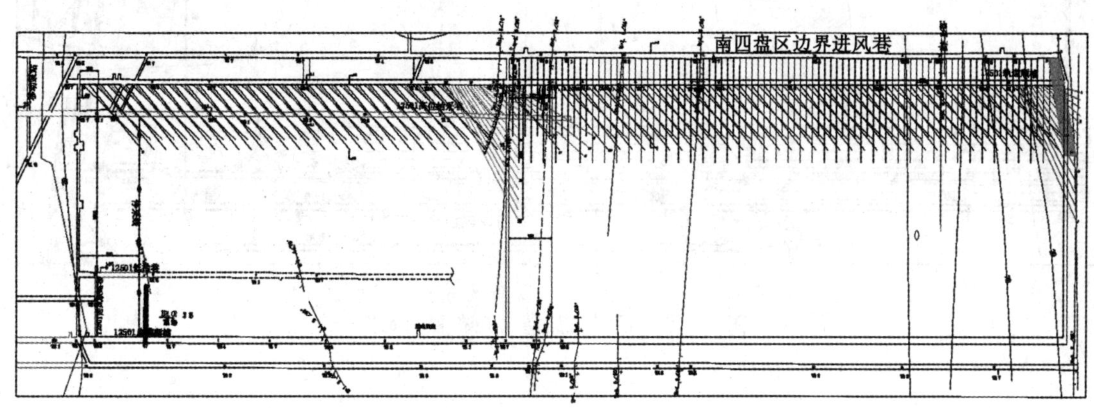

图 4　上邻近层倾斜瓦斯钻孔布置示意图

4.1.5　上邻近层裂隙带顶板走向钻孔抽采

利用澳大利亚定向进口钻机 VLD—1000 型钻机钻孔导向弯曲的特性，将钻孔布置在裂隙带内，保证既有较高抽采量，又有较高的抽采浓度。定向可弯曲钻孔可以在一个钻场钻进几个钻孔，具有施工时间短，施工容易、费用低，抽采范围大，抽采瓦斯容易管理等特点 。节约了成本，取得了良好的经济效益、安全效益。在 28110 轨道巷施工 2 个抽采钻场，在每个钻场内布置 10 个顶板走向长钻孔，孔深 500 m，钻孔垂高 12～25 m。当工作面从开切眼推进 20 m 时，顶板定向钻孔开始动压抽采，瓦斯浓度由 30%提高到 60%，抽采量由 0.5 m^3/min 提高到 3 m^3/min，当工作面推进至 200 m 时，达到最高抽采效果，抽采浓度达 70%，抽采量达到 6 m^3/min。12501 工作面回风巷邻近层 76# 钻孔抽采如图 5 所示。大孔径定向瓦斯钻孔布置如图 6 所示。工作面推进度与瓦斯浓度对比如图 7 所示。

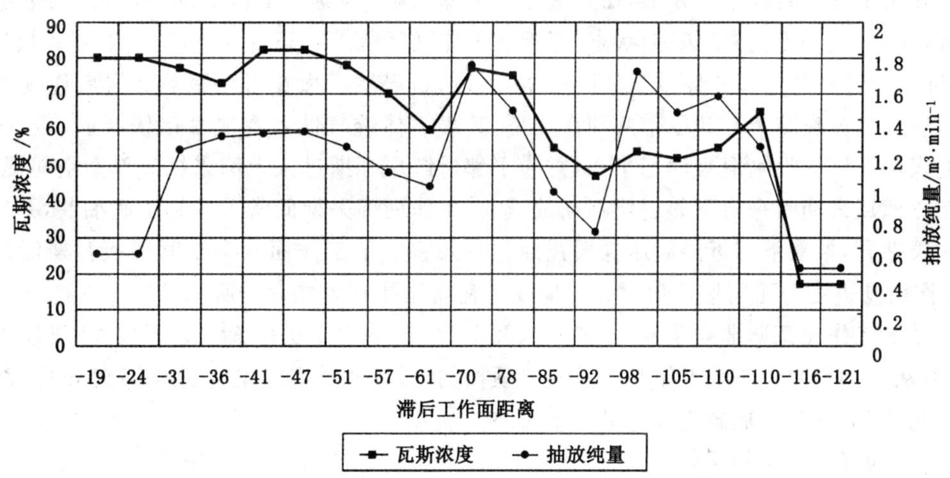

图 5　12501 工作面回风巷邻近层 76# 钻孔抽采情况

4.1.6　本煤层平行或交叉钻孔抽采

本煤层瓦斯主要采用垂直于工作面走向顺层钻孔抽采，孔间距 3～5 m，孔径 113 mm，孔深控制在小于工作面采长的 15～20 m。预抽期间本煤层瓦斯浓度为 40～60%，单孔平均抽采量 0.015～0.02 m^3/min。

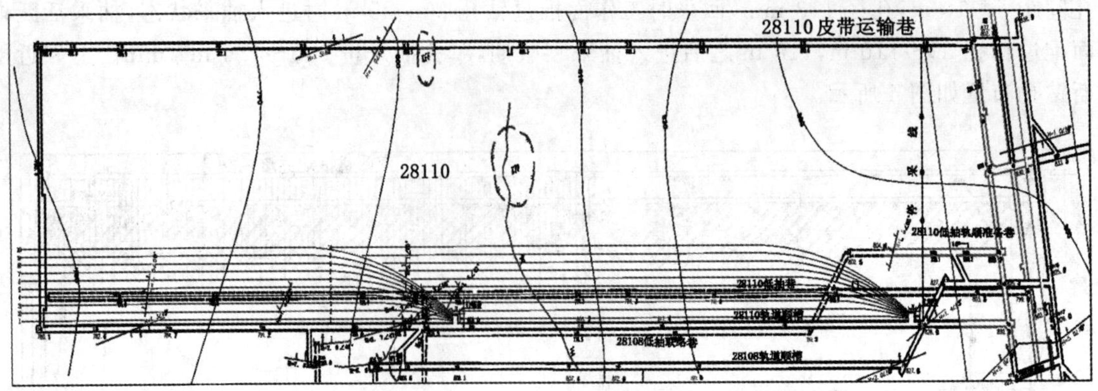

图 6　大孔径定向瓦斯钻孔布置示意图

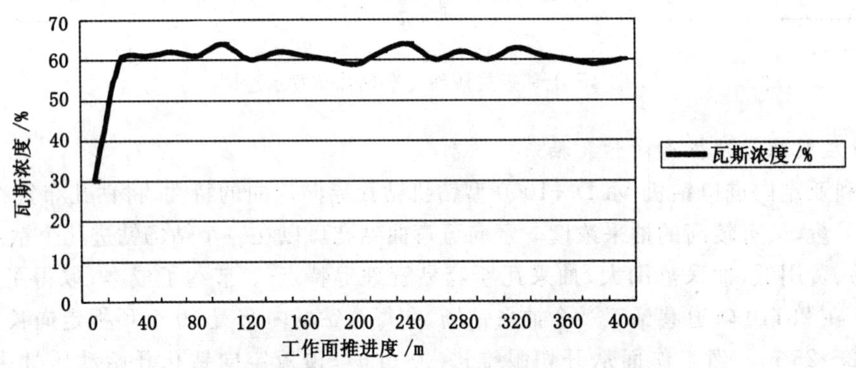

图 7　工作面推进度与瓦斯浓度对比图

4.1.7　低抽巷抽采下邻近层卸压煤层瓦斯

由于矿井属于近距离煤层群开采，在开采近距离煤层群时，随着工作面的推进，沿其推进方向煤层底板煤柱区应力一直处于上升(增压)状态，底板煤岩体处于压缩状态，而在采空区下方底板板应力总时处于下降(卸压)状态，底板煤岩体处于膨胀的状态，所以，煤层底板在采动影响下岩层连续受到周期性破坏，形成裂隙带，在裂隙带和卸压带共同作用下，其煤岩体透气性系数成百倍倍增加，透气性增大，打破了下邻近煤层瓦斯的吸附解吸动态平衡，并为下邻近卸压瓦斯进入上部采掘工作面空间提供了通道。为了解决工作面回采期间来自下邻近层瓦斯的威胁，工作面回采期间常采用施工底抽巷，并在底抽巷内下邻近层顺层钻孔，抽采下邻近层卸压煤层瓦斯。有效解决了工作面回采期间底板瓦斯涌出问题。图 8 所示为工作面推进度与瓦斯抽采量对比图情况。瓦斯钻孔布置如图 9 所示。

根据 18205 工作面瓦斯地质条件，生产布局及衔接，在 18205 工作面下邻近层 9# 煤层中沿走向掘进底抽巷，并从底抽巷向 18205 工作面方向布置预抽钻孔，钻孔布置方案为：孔深 140 m、孔距 3 m、倾角为 4°～10°，孔径 113 mm。底抽巷及钻孔布置如图 9 所示。

(1) 18205 底抽巷瓦斯抽采情况：

18205 底板抽采巷抽采期间平均瓦斯浓度为 53.17%、最大浓度达到 63%，平均纯量为 4.16 m^3/min、最大为 7.47 m^3/min，底抽巷钻孔预抽期间单孔瓦斯浓度为 50%～60%、单孔抽采量约为 0.01 m^3/min，底抽巷钻孔采动卸压后单孔瓦斯浓度为 30%～45%，单孔抽采量为 0.03 m^3/min。下邻近煤层瓦斯钻孔布置如图 10 所示。

(2) 18205 工作面实施下邻近层瓦斯抽采前后效果对比分析

工作面推过底抽巷钻孔时，工作面底板瓦斯平均浓度由 0.46%～0.5%降至 0.2%～0.3%左右，底

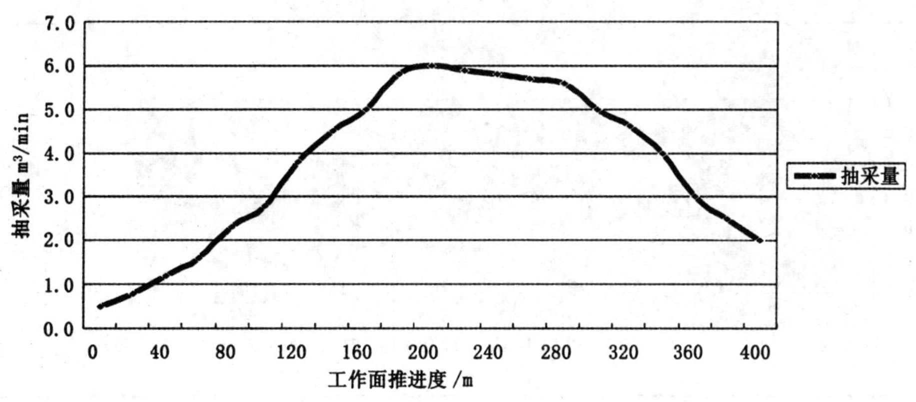

图 8 工作面推进度与瓦斯抽采量对比图

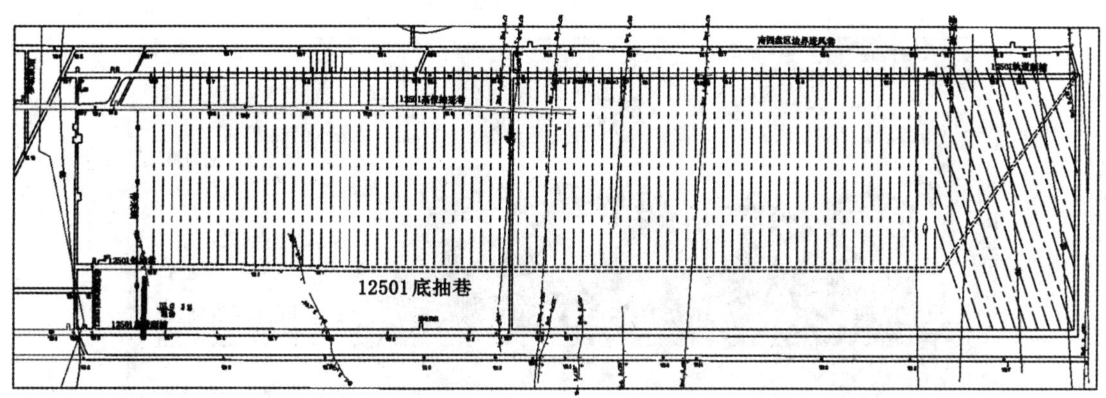

图 9 本煤层瓦斯钻孔布置示意图

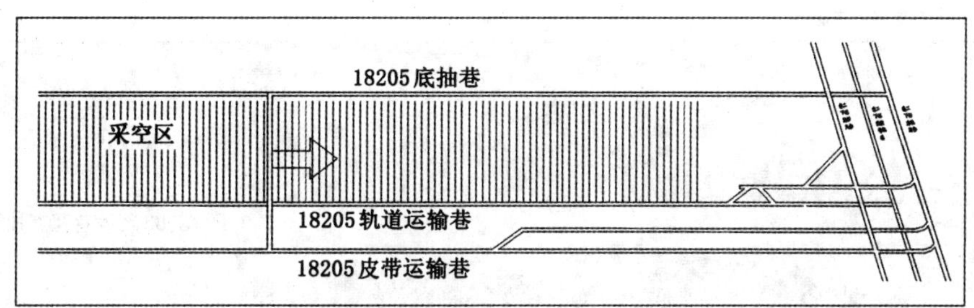

图 10 下邻近煤层瓦斯钻孔布置示意图

板瓦斯冒气泡现象全部消除，底板瓦斯集中涌出超限问题彻底解决，工作面因底板瓦斯集中涌出超限累计影响时间由每月 3～5 h 变为零影响。工作面风排瓦斯量由原来的 10～12 m^3/min 下降到 7 m^3/min，工作面总风量由原来的 2 500 m^3/min 以上降至 1 920 m^3/min，工作面风量由原来的 1 700 m^3/min 以上降至 1 300 m^3/min 且工作面瓦斯浓度稳定在 0.30%以下，回风流瓦斯浓度由 0.50%～0.6%左右降至 0.45%左右(见图 11)，工作面通风能力和安全生产保障系数大大提高。

4.1.8 采空区瓦斯抽采方法

为有效治理采煤工作面上隅角瓦斯大的问题，在采煤工作面安设井下移动瓦斯抽采系统，在工作面上隅角沿采空区埋管抽采瓦斯，降低工作面上隅角的瓦斯浓度，保证矿井安全生产。底板瓦斯抽采巷道应用前后瓦斯涌出量对比分析和底抽系统形成后工作面瓦斯量变化如图 12、图 13 所示。

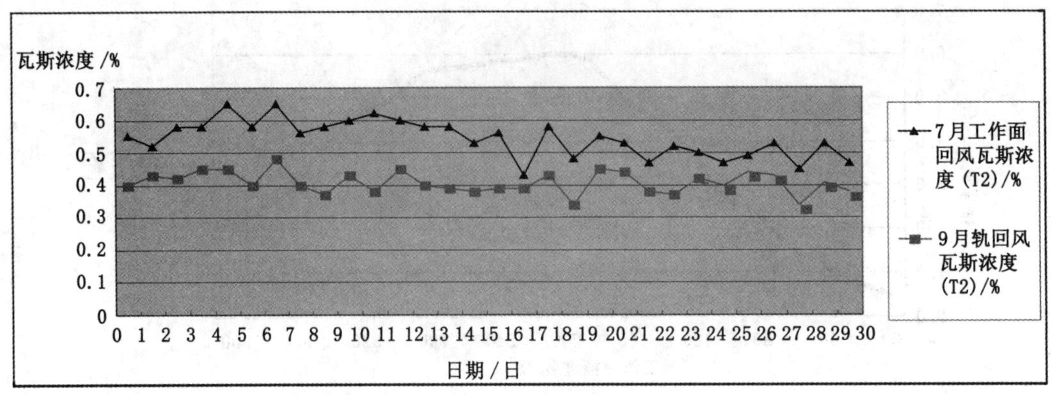

图 11　18205 工作面回风瓦斯浓度分析图

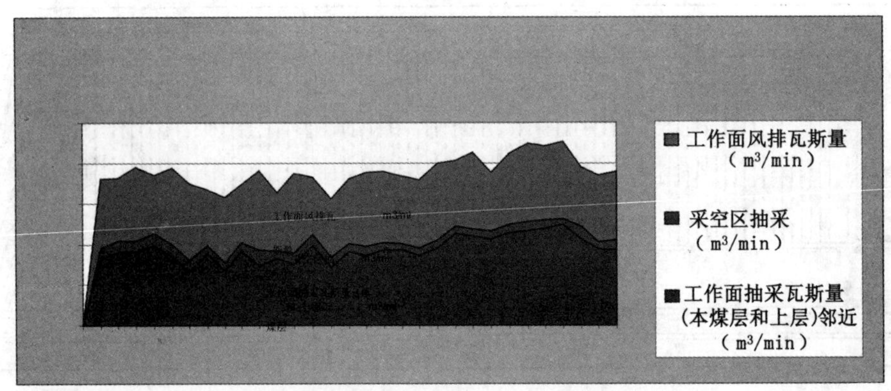

图 12　底板瓦斯抽采巷道应用前后瓦斯涌出量对比分析

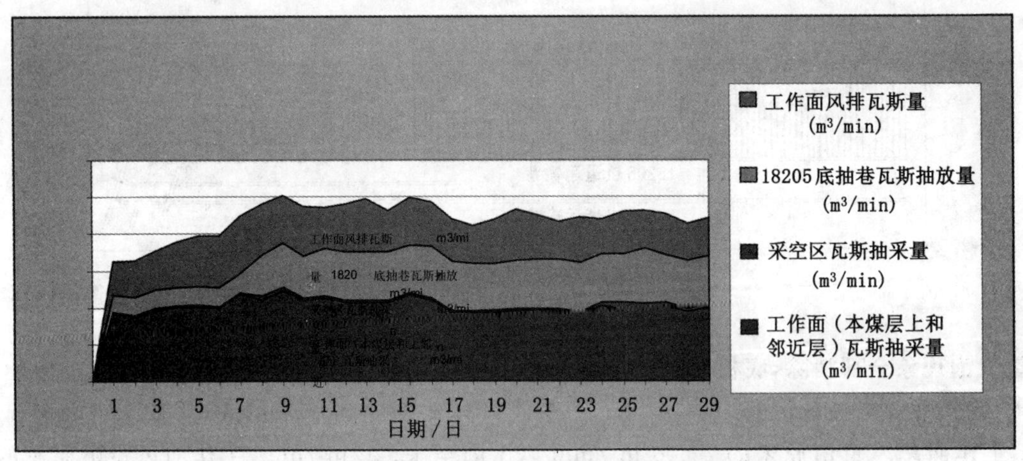

图 13　底抽系统形成后工作面瓦斯量变化曲线

具体埋管布置方法(图 14)为：埋管错位 20 m 布置双管，埋管进入采空区 20 m 左右时，敷设第二趟埋管，管头安设垂直钢管，待第 2 趟埋管进入采空区冒落区时，将第 1 趟埋管断开，同时连接第 2 趟埋管进行抽采，保证在工作面后部的 30 m 段采空区内进行抽采。

上隅角埋管瓦斯抽采效果分析(图 15)：以矿井 19205 工作面为例，在没有采用上隅角埋管抽采前，

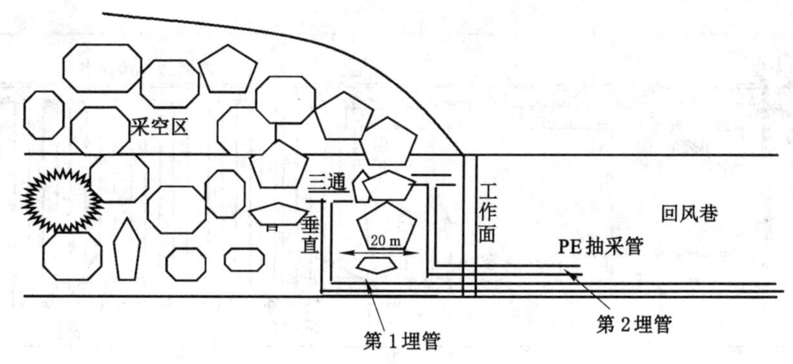

图14　上隅角埋管抽采布置示意图

检修班上隅角瓦斯浓度在0.6%～0.7%之间，生产班上隅角瓦斯浓度高达1.05%，经常因瓦斯问题制约安全生产；在采用上隅角埋管抽采后，上隅角瓦斯得到了很好的治理，瓦斯浓度始终保持在0.3%～0.4%，移动抽采泵站的瓦斯浓度在1.5%～3.5%，有效地解决了采空区上隅角的瓦斯积聚超限问题，确保了工作面的安全生产。

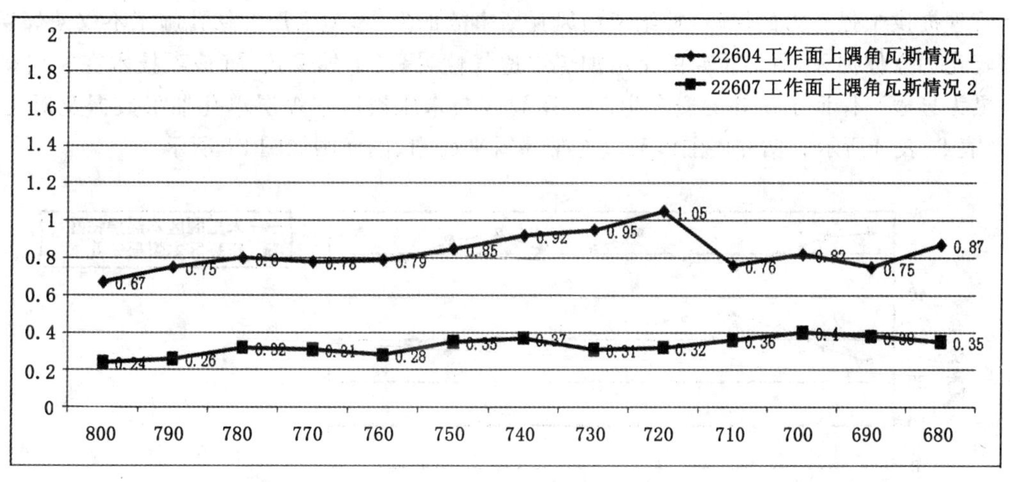

图15　上隅角埋管瓦斯抽采效果分析图

4.2　构建井上下立体式瓦斯抽采模式

在屯兰矿12501工作面施工1口地面钻孔对开采层2#煤层进行压裂试验，同时在12501轨道巷压裂井前后200 m范围内施工顺层钻孔进行抽采，通过对压裂井范围内抽采钻孔与不在压裂范围的抽采钻孔抽采效果进行对比分析，得出了压裂井对井下压裂影响范围及压裂钻孔增加煤层透气性的发展前景。

工作面Ⅱ切眼以里本煤层抽采钻孔从轨道巷开孔施工，其钻孔参数为：孔深210 m，间距3 m，方位角90°，倾角0°～2°，孔径113 m。工作面本煤层抽采钻孔和地面抽采钻井布置如图16所示。

4.2.1　压裂区与未压裂区本煤层钻孔抽采情况

通过对以上数据对比分析，未压裂区单孔瓦斯抽采浓度为30%～45%，单孔瓦斯抽采量为0.02～0.05 m^3/min，钻孔百米瓦斯抽采量为0.005 m^3/min・100 m；压裂区单孔瓦斯抽采浓度为65%～80%、单孔瓦斯抽采量为0.3～0.5 m^3/min，钻孔百米瓦斯抽采量为0.0096 m^3/min・100 m，其中压裂区218#本煤层钻孔尤为明显，其单孔流量最大达0.5 m^3/min、瓦斯抽采浓度为75%，此外，在工作面回采至压裂区域后，工作面绝对瓦斯涌出量由56 m^3/min降低到47 m^3/min，风排瓦斯量由21 m^3/min降

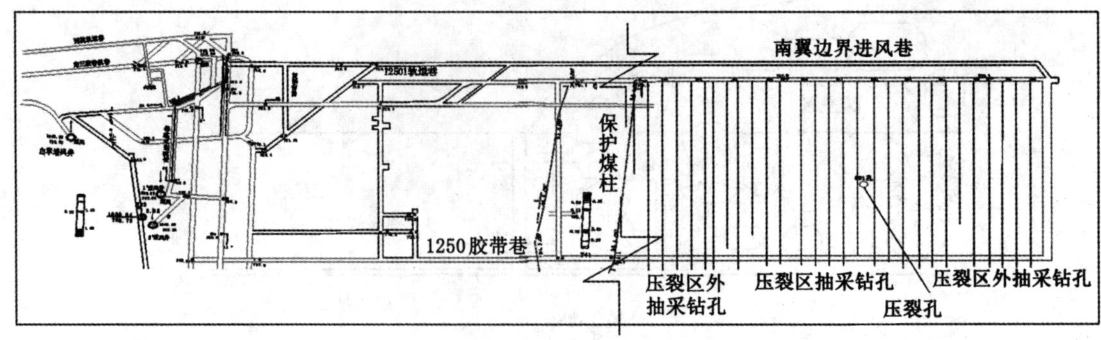

图 16　12501 工作面本煤层抽采钻孔布置示意图

低到 11 m³/min，瓦斯浓度由 0.65％降低到 0.35％，此次在 12501 工作面实施压裂钻孔以后，压裂钻孔附近 200 m 范围内煤层透气性大幅提高，瓦斯得到释放，通过负压抽采，瓦斯浓度及瓦斯抽采量有了明显的提高，其单孔抽采纯量提高了近 10 倍，增大了瓦斯抽采效果、降低了瓦斯压力，煤层突出危险性系数有了明显的下降，同时也缩短煤层瓦斯抽采时间，解决了工作面衔接紧张的难题，为工作面回采期间通风瓦斯管理提供了强有力的保障，杜绝了通风瓦斯事故的发生，地面压裂钻孔施工不仅使煤层由以往单一抽采转化为立体抽采，更为重要的是增加煤层透气性，提高了抽采效果(该项技术在突出矿井和高瓦斯矿井更为显著)，保证了矿井的安全生产。压裂区与未压裂区本煤层单孔抽采数据及对比如图 17～图 20 及表 2、表 3 所示。钻井周围沙浆填充带揭露平面图、剖面图如图 21 所示。

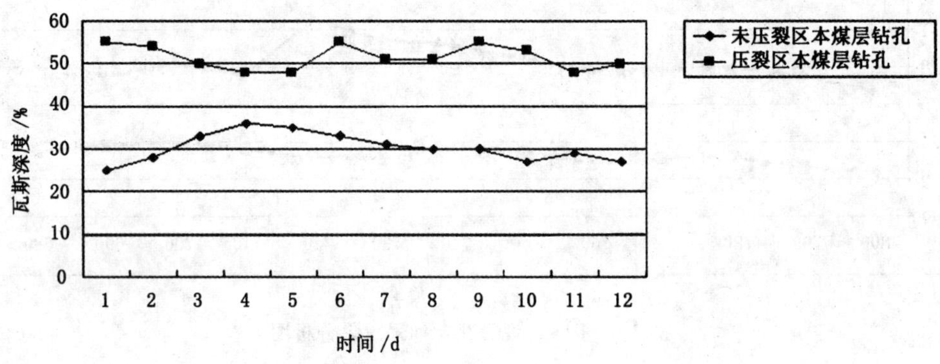

图 17　压裂区与未压裂区本煤层单孔抽采浓度对比分析图

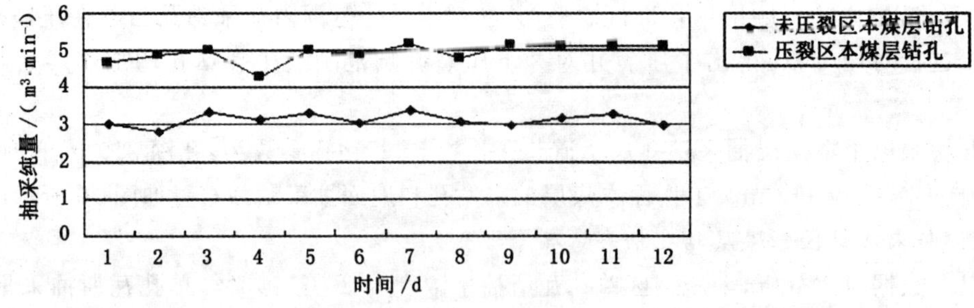

图 18　压裂区与未压裂区本煤层单孔抽采量对比分析图

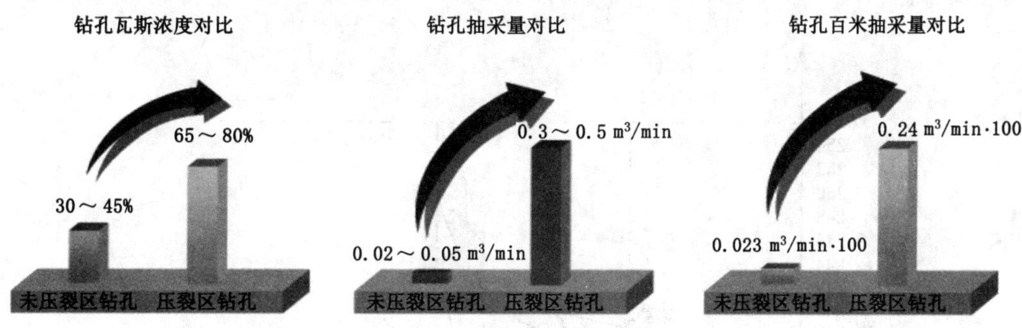

图 19 压裂区与未压裂区本煤层抽采效果对比

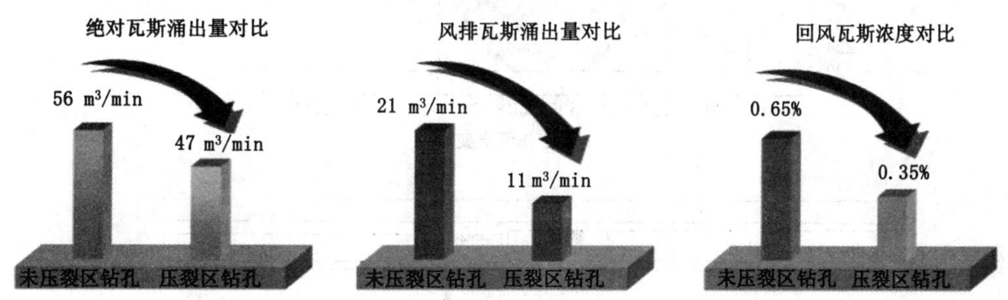

图 20 压裂前后工作面瓦斯情况分析对比图

表 2　压裂区与未压裂区本煤层抽采效果对比分析表

区域	钻孔设计参数				平均抽采参数				钻孔百米抽采量 $/m^3\cdot(min\cdot100\ m)^{-1}$
	倾角 /(°)	方位角 /(°)	孔深 /m	孔径 /mm	负压 /mmHg	节流 /mmHg	瓦斯浓度 /%	抽采量 $/m^3\cdot min^{-1}$	
压裂区钻孔参数	2	90	210	113	110	6	65～80	0.3～0.5	0.24
未压裂区钻孔参数	1～3	90	210	113	150	1	30～45	0.02～0.05	0.023

表 3　工作面风排瓦斯量及瓦斯浓度对比分析表

区域	工作面配风量				工作面瓦斯情况				工作面瓦斯浓度	回风瓦斯浓度
未压裂区回采时	胶带巷进风量	2 400 $m^3\cdot min^{-1}$	轨道巷进风量	800 $m^3\cdot min^{-1}$	绝对瓦斯量	56 $m^3\cdot min^{-1}$	风排瓦斯量	21 $m^3\cdot min^{-1}$	0.45%	0.65%
压裂区回采时					绝对瓦斯量	47 $m^3\cdot min^{-1}$	风排瓦斯量	11 $m^3\cdot min^{-1}$	0.21%	0.35%

随着矿井抽采能力的提升、瓦斯抽采方法、抽采工艺及钻孔抽采参数的不断优化，使矿井瓦斯抽采量由 50 m³/min 提高到 160 m³/min；矿井抽采率由 51%提高到 65%左右，工作面抽采率由 40%提高到 70%；采掘工作面瓦斯浓度下降到 0.5%以内，瓦斯超限次数由 2009 年的 45 次下降到“零”次，形成了“井上下立体式瓦斯抽采”及“先采气后采煤”的开采模式，摸索出顶板走向长钻孔替代高抽巷、采煤工作

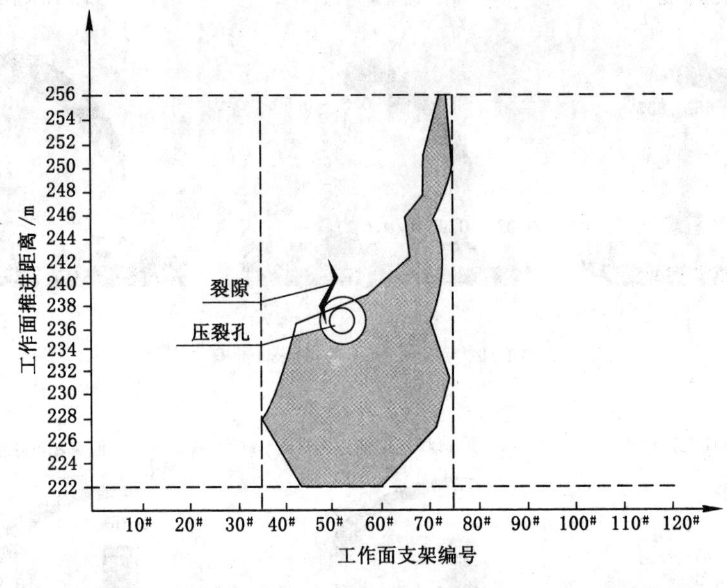

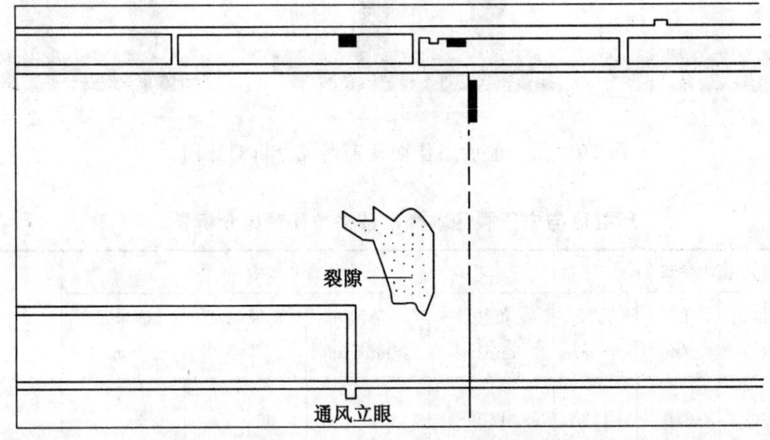

图 21 钻井周围沙浆填充带揭露平面图、剖面图

面初采初放期间、特殊地点、特殊环节期间等方面的瓦斯治理技术；与重庆煤科院合作，基本掌握了屯兰矿煤层赋存条件与瓦斯赋存关系和规律，编制了动态瓦斯地质图，用于指导矿井瓦斯治理工作，并健全完善了矿井防突机构及防突技术体系；瓦斯治理工作实现了“四个”转变，即：由“风排为主”向“抽采为主”；“局部治理”向“区域治理”；“过程治理”向“超前治理”；“管理措施型”向“技术工程型”的转变，并实现了“煤与瓦斯共采”技术，矿井瓦斯治理及煤矿开采工作步入良性发展轨道。

5 建立先进可靠的瓦斯利用系统

本着“以用促抽、以抽保用”的原则，开发了低浓度瓦斯利用技术，并建立了高、低浓度瓦斯综合利用技术体系，实现了瓦斯高效率分质利用。主要包括以下部分：

5.1 建立了瓦斯发电系统

高浓度瓦斯发电选用国际先进的集装箱式瓦斯发电机组；低浓度瓦斯发电选用国内技术成熟的瓦斯发电机组。瓦斯发电总装机规模为 76.5 MW，项目已建成瓦斯发电项目装机容量为 29.1 MW，年发电量 2 亿 kW·h，已全部并网，实现减排 CO_2 当量 167.75 万 t。

5.2 建立了瓦斯锅炉燃用系统

屯兰矿安装 WNS10—1.25—Q 型 10 t 燃气锅炉一台，WNS6—1.25—Q 型 6 t 锅炉两台，每分钟燃烧纯量瓦斯 12 m^3，向矿井食堂、浴室等热用户提供蒸汽。年利用标况纯量瓦斯 437 万 m^3，年节约标煤 8 490 t，预计年减排二氧化碳 6.57 万 t，产值约 430 万元。

5.3 建立了瓦斯热风炉干燥煤泥利用系统

屯兰矿安装 MGT 系列滚筒干燥机，湿煤泥处理能力为 30t/h，配套 TH—QLR24 型热风炉每小时消耗纯量瓦斯气 780 m^3。年处理煤泥约 18 万 t，产干燥煤泥滤饼 15.3 万 t，销售收入为 3 978 万元。

5.4 建立了瓦斯集输系统

在西山煤电古交矿区建立了地面煤层气抽采利用集输系统，每天可向太原市供应城市燃气约 90 万 m^3。

5.5 开发了风排低浓度瓦斯氧化利用技术

建设开发处理能力 10 万 Nm^3/h 的风排瓦斯氧化装置，安装于屯兰矿石家河回风井，配备相应安全输送系统和额定出力 10 t 蒸汽锅炉，回收热量用于产生 3.82 MPa/450 ℃过热蒸汽，年减排纯瓦斯量 931.2 万 Nm^3，折合纯瓦斯量 14.02 万 t，年产蒸汽 8 万 t。在杜儿坪中部风井安装 4 台国外先进风排瓦斯氧化机组，采用热氧化技术(包括使用催化剂和不使用催化剂)利用中部风井排出污风中的瓦斯，并通过 CDM(清洁发展机制)产生经济效益，年消耗甲烷折纯量约为 0.179×10^8 m^3，折合当量 CO_2 约为 213 934 t/年。

6 结束语

实践证明，科学的瓦斯治理技术，是煤矿控制瓦斯事故的核心技术，瓦斯治理工程是煤矿安全生产管理中的治本工程；瓦斯利用技术是合理利用洁净能源提高企业经济效益、保护地球环境的有效措施，实施瓦斯治理与利用技术，是实现煤矿长治久安的根本保障。

根据国家瓦斯治理示范性矿井建设要求，到 2015 年矿井瓦斯抽采量达 1 亿 m^3 以上，利用率达 80%以上，要完成这一奋斗目标，还需学习借鉴国内外先进的瓦斯治理和利用经验，不断创新瓦斯治理与利用技术，努力做好瓦斯治理与利用工作，确保矿井安全生产。

参考文献

[1] 吕庆刚. 煤层群高瓦斯综采工作面瓦斯综合治理技术[J]. 中国煤炭，2009 (3).

[2] 钱鸣高. 矿山压力及岩层控制[M]. 徐州：中国矿业大学出版社，2003.

[3] 王海峰. 近距离上保护层开采工作面瓦斯涌出及瓦斯抽采参数优化[J]. 煤炭学报，2010(4).

[4] 汪国华. 近距离上保护层开采卸压范围及临界间距研究[D]. 焦作：河南理工大学，2010.

[5] 汪有清. 底抽巷上向穿层钻孔抽放远程卸压瓦斯技术研究[D]. 淮南：安徽理工大学，2006.

[6] 于不凡. 煤矿瓦斯灾害防治及利用技术手册[M]. 北京：煤炭工业出版社，2005.

[7] 袁亮. 瓦斯治理理念和煤与瓦斯共采技术[J]. 中国煤炭，2010 (6).

[8] 袁志刚. 俯伪斜上保护层开采的保护层范围划定研究[D]. 重庆：重庆大学，2008.

[9] 袁东升. 近距离上保护层开采最小安全岩柱厚度研究[J]. 中国安全科学学报，2010 (5).

[10] 翟成. 近距离煤层群采动裂隙场与瓦斯流动场耦合规律及防治技术研究[D]. 徐州：中国矿业大学，2008.

[11] 张拥军. 近距离上保护层开采瓦斯运移规律数值分析[J]. 岩土力学，2010(1).

油页岩干馏炉提高油产率技术方案的研究

高　健

（抚顺矿业集团有限责任公司页岩炼油厂　辽宁抚顺　113008）

摘　要　文章简要介绍了油页岩资源的基本情况及抚顺式干馏工艺的特点，重点对影响抚顺式干馏炉页岩油产率的因素进行了分析，并针对影响因素进行了改变干馏机理、确定最佳工况参数的半工业化试验。通过试验结果可知，对抚顺式干馏炉可通过改变工艺配量的方式，使其达到最佳工作状态，从而保证干馏炉得到较高的页岩油产率。

关键词　油页岩；抚顺式干馏炉；页岩油产率；过剩氧；全循环干馏炉；单位风量

油页岩资源具有极其丰富的储量。据最新统计报道，全世界油页岩资源的总蕴藏量约为10万亿t，折合成页岩油储量为4 539亿t，比天然原油可采储量多1 700亿t。中国已探明油页岩资源地质储量7 199.4亿t，可采储量2 432亿t，折合成页岩油资源地质储量476.4亿t，可回收量119.8亿t，储量仅次于美国，居世界第二位。

目前油页岩的用途主要为炼油和发电。油页岩可以通过低温干馏得到类似于天然石油的页岩油。页岩油既可以直接作为锅炉燃料，也可以通过调合作为船用柴油，而且还可以通过加氢、精馏、热裂化等工艺转变成石化产品，或进行精炼以得到喷气机燃料、柴油机燃料和其他重于汽油蒸馏物的原料。

因其丰富的储量，以及干馏后的页岩油类似于天然石油理化性质的特性，油页岩资源被公认为现阶段较为理想的石油替代能源。

在世界各种油页岩炼油技术中，抚顺干馏工艺是公认的、非常成熟的炼油技术之一，也是国内唯一的、具有工业化运行经验的规模化炼油技术，具有工艺稳定、可处理低品位油页岩、热量自给自足、操作简单、可长期运转等优点。利用该工艺炼制的页岩油产量占世界总产量的60%以上。

但抚顺干馏工艺也存在油产率低等关键技术问题。为了解决这一问题，使油页岩资源得到高效利用，应分析油产率低的原因，并根据分析结果寻找解决问题的技术方案。

1　干馏炉页岩油产率影响因素分析

1.1　抚顺式干馏工艺油平衡测算

在抚顺式干馏工艺中，油页岩经干馏后，除生成主要产品——页岩油之外，还有干馏瓦斯、干馏污水、废渣等副产品。其产品流程见图1。

油页岩中所含的油分，除生成成品页岩油之外，在干馏与气体净化过程中，也相应进入各种副产品中。根据油页岩含油率、页岩油产率以及各种副产品的含油量，计算干馏前后的油平衡见表1。

作者简介：高健（1968年—），女，辽宁省开原县人，吉林大学化学工程专业，硕士研究生，现任抚顺矿业集团有限责任公司页岩炼油厂总工程师，教授级高级工程师，中国煤炭加工利用协会油母页岩分会理事，主要从事油页岩资源的开发与加工利用。E-mail：Lnfsgaojian@126.com。

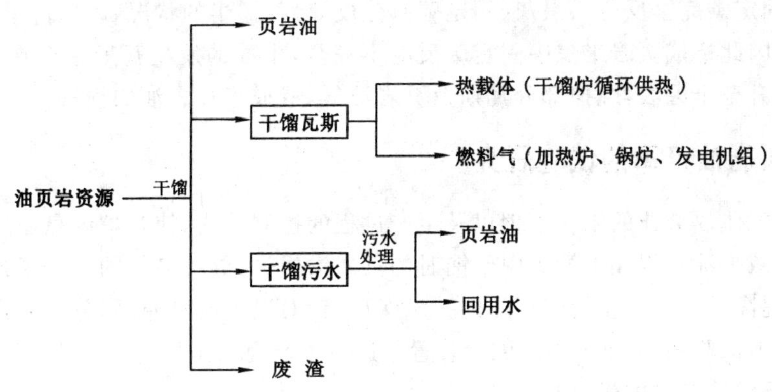

图1 抚顺式干馏工艺产品流程图

表1 抚顺式干馏工艺页岩油平衡计算表

（重量单位：$kg \cdot t^{-1}$，千克每吨油页岩）

入方		出方	
项目	含油量	项目	含油量
油页岩含油	70	成品页岩油	44.1
		瓦斯中含油	10.6
		燃料气热值折算	8.7
		废渣中含油	4
合计	70	合计	67.4

从平衡表中入方与出方的页岩油总量可以看出，两者存在2.6 kg（千克）的差值，占入方总量的3.7%。此部分油量即为油页岩在干馏炉内干馏过程的损失量。

1.2 抚顺式干馏炉页岩油损失原因分析

抚顺式干馏炉为一体两段式、气体热载体直立圆筒炉（见图2），12～75 mm的成品页岩从干馏炉顶部的放料装置进入炉内。在上部干馏段，油页岩依靠中部通入的气体热载体所携带的热量进行干燥、预热与干馏，热载体供给油页岩干馏的热量占干馏总需热量的30%～40%。此过程中，油页岩中所含的水分及页岩油被释放出来。

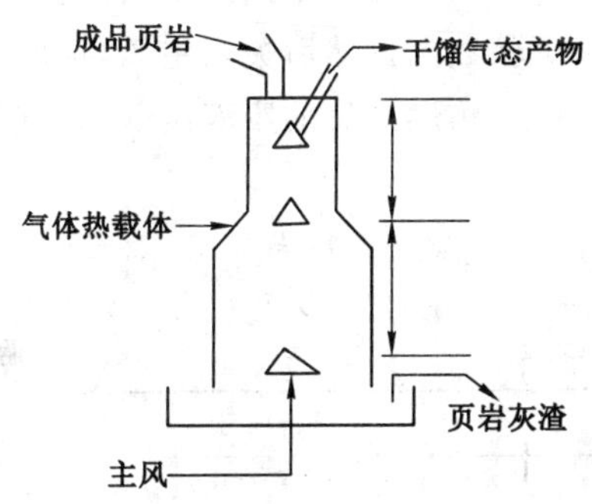

图2 抚顺式干馏炉工作原理图

干馏后含有固定碳的页岩半焦进入下部发生段，主风（饱和空气）从炉底进入发生段，经过页岩灰预热后，其中所携带的氧、水蒸气与半焦中的固定碳发生氧化、还原反应，生成的发生瓦斯携带反应热上升进入干馏段，为油页岩干馏提供干馏总需热量的60%～70%。最后与油页岩干馏产生的烃蒸汽、气体热载体混合，由炉顶导出管导出炉外。

从抚顺式干馏炉的工作机理可以看出，主风的工艺参数是影响油页岩干馏效果的主要控制因素。为了保证油页岩干馏过程的正常进行，为油页岩干馏提供充足的热量，必须有足够量的氧与油页岩半焦中的固定碳发生完全氧化反应，以放出大量的反应热。但在实际生产过程中，因页岩的粒度范围较大，要使大块度油页岩中所含的固定碳完全反应，需要延长其在炉内的停留时间。这样一方面降低了干馏炉的工作效率，另一方面也会造成发生煅火层不均衡，甚至出现小块度油页岩因高温熔融而炼炉的现象，对正常生产产生很大的负面影响。所以，从整体考虑，一般在生产操作过程中，将反应后排出的页岩废渣控制在红灰(固定碳完全反应)、黑灰(固定碳部分反应)各掺半的状况,以保持干馏炉内下部发生段的运行平稳。但也因此造成页岩半焦中固定碳反应不完全,生成的发生瓦斯中存在过剩氧的情况。过剩氧随发生瓦斯上升至干馏段,烧掉部分瓦斯及页岩油气,造成了页岩油的损失。

2 提高干馏炉页岩油产率的试验研究

抚顺式干馏炉气体热载体的工作原理以及生产过程的控制方式,使其炉内存在过剩氧烧油、影响油产率的情况。为了减少油页岩在干馏炉内干馏时的页岩油损失,寻找最佳的生产工艺配量,指导实际工业化生产操作,为提高页岩油产量提供可靠的技术保证,针对以上两种原因,分别制定技术方案,并在抚顺式干馏工艺的中型试验装置——FLQ试验装置上进行了研究与试验。

2.1 干馏炉全循环供热方式的研究与试验

借鉴巴西工业化运行经验成熟的Petrosix干馏炉,将其全循环供热的工作原理应用于抚顺式干馏炉。在原有炉型结构的基础上,对抚顺干馏炉进行改造,将其下部发生段改为半焦冷却段,即炉底通入主风改为通入冷循环干馏气,主风与半焦中的固定碳发生氧化—还原反应改为冷循环干馏气吸收半焦显热。即不利用固定碳的燃烧热为油页岩干馏供热,而是全部由炉中部通入的气体热载体为油页岩干馏供热。这样,炉内不再有空气进入,也就不存在过剩氧烧油的情况,从而可提高干馏炉的页岩油产率。

在FLQ试验装置上,将原干馏炉改为全循环干馏炉非常简单,只需将冷循环干馏气管线接到炉底主风管线上,并分别在两条管线上安装控制阀门即可。

改造后的抚顺式全循环干馏炉结构见图3。

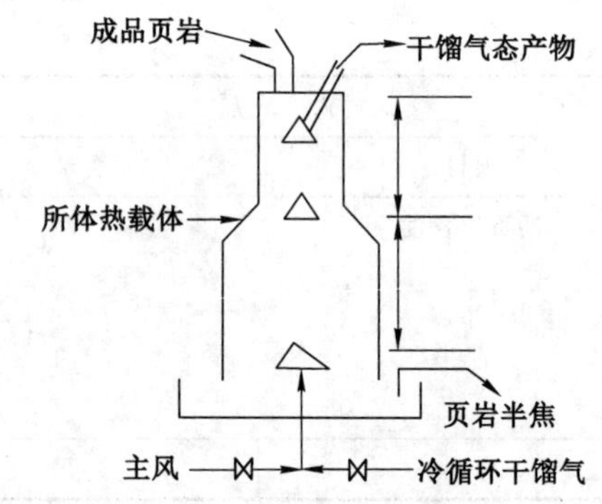

图3 抚顺式全循环干馏炉工作原理图

为了与半焦燃烧供热干馏过程进行对比,以验证全循环供热对油页岩的干馏效果,首先将原干馏炉通入主风,对油页岩进行了固定碳燃烧供热的试验,并采集了试验数据。然后关闭主风,炉底改为通入油页岩干馏自产的冷循环干馏气与下部油页岩半焦换热,待炉内半焦燃烧后的废渣全部从干馏炉底部排出后,全循环供热试验正式进行。试验数据与结果分析分述如下:

2.1.1 干馏气组成与热值(表2)

表2 两种干馏炉干馏气产品理化指标对比

分析项目	抚顺式干馏炉	抚顺式全循环干馏炉
CO_2(V·V^{-1},%体积分数)	19.3	15.2
C_nH_m(V·V^{-1},%)	0.4	6.8
O_2(V·V^{-1},%)	0.8	—
CO(V·V^{-1},%)	3.0	4.1
C_nH_{2n+2}(V·V^{-1},%)	3.0	12.8
H_2(V·V^{-1},%)	16.8	25.3
N_2(V·V^{-1},%)	56.7	—
热值/kJ·Nm^{-3}(千焦耳每标准立方米)	3 502.42	12 907.65

全循环干馏炉的底部以冷循环干馏气代替了主风,大大减少了干馏气中氮气与氧气的含量,生成的干馏气只是油页岩干馏产生的烃蒸汽,故其中可燃组分增加,热值也大大增加。

2.1.2 页岩油理化性质(表 3)

表 3　两种干馏炉页岩油产品理化指标对比

分析项目	抚顺式干馏炉	抚顺式全循环干馏炉
凝点(℃摄氏度)	36	36
燃点/℃	138	139
80℃运动黏度($mm^2 \cdot s^{-1}$平方米每秒)	18.10	11.76
残炭/%	2.0	1.8
沥青质/%	0.34	0.34
硫含量/%	0.50	0.55
蜡含量/%	14.0	15.3
弹筒发热量/$J \cdot g^{-1}$(焦耳每克)	43 656.85	44 076.02
胶质/%	46.13	37.40
蒸馏/$m \cdot m^{-1}$(+260 ℃百分含量)	99.95	99.97

因页岩油均是油页岩在低温干馏的状态下生成的，所以两种干馏炉生成的页岩油的理化性质基本相同。

2.1.3 干馏炉页岩油产率(表 4)

表 4　两种干馏炉页岩油产率对比

分析项目	抚顺式干馏炉	抚顺式全循环干馏炉
页岩含油率/%	14.63	14.63
页岩处理量/kg	2 321.2	2 089.0
页岩油产量/kg	261.72	248.75
页岩油产率/%	77.1	81.4

全循环干馏炉的底部以冷循环干馏气代替了主风，彻底消除了抚顺式干馏炉存在的过剩氧烧油的现象，提高了干馏炉的油产率。

2.1.4 干馏炉工艺参数(表 5)

表 5　两种干馏炉工艺参数对比

项目	抚顺式干馏炉	抚顺式全循环干馏炉
热载体温度/℃	554	554
单位热载体流量/$Nm^3 \cdot t^{-1}$(标准立方米每吨)	1 995	3 328
炉出口气态产物温度/℃	98	166
干馏段上部温度/℃	325	350
干馏段下部温度/℃	474	452
发生(冷却)段上部温度/℃	429	418
发生(冷却)段下部温度/℃	555	256

通过与抚顺式干馏炉对比可知，由于全循环干馏炉下半部冷循环干馏气吸收半焦显热的热量少，供给油页岩干馏所需的热量不多，因此，在页岩处理量相同、中部进入气体热载体温度相同的前提下，必须

大大增加气体热载体的流量，方可满足油页岩干馏所需的热量，即热载体所携带的热量需要扩大约1.7倍。而热载体的热量是在干馏装置的供热设备——加热炉中，通过与油页岩干馏产生的干馏气燃烧后的高温烟气换热来提供的，所以加热炉的供热能力也要随之增加，即热负荷需要由原来的47.7 GJ每台变为81.2 GJ每台。而现抚顺干馏工艺加热炉的能力无法满足如此高的热负荷。

此外，抚顺干馏工艺生成的干馏气是由油页岩干馏烃蒸汽、半焦燃烧生成的发生瓦斯及中部通入的气体热载体三部分组成的，其中的气体热载体循环使用，其余气态产物除去供加热炉的燃料气之外，还有少量剩余可供发电机组和锅炉作为燃料气。但全循环干馏炉生成的干馏气仅由油页岩干馏烃蒸汽和炉底通入的冷循环干馏气组成，而作为循环使用的气体热载体用量很大，只剩余少量还要作为冷循环干馏气与页岩半焦换热，所以需要外补大量热源为气体热载体加热，系统热量不能自给自足。

2.2 干馏炉饱和空气最佳工艺参数的研究与实验

因全循环干馏炉的供热设备热负荷大、热量无法自给自足，所以在现有的抚顺干馏工艺中无法实现。而在抚顺式干馏炉中，单位风量是影响干馏炉下部发生段反应情况的主要控制参数，为了减少干馏炉的过剩氧，在FLQ试验装置上进行了最佳风量的试验。

实验采用单因素法，即在保持试验炉小时页岩处理量及上部供热不变的情况下，调整试验炉的主风流量，并使各个流量维持8 h不变，以保证在该条件下有足够的反应时间。主风流量是按照页岩中固定碳的含量及其与主风中氧、水蒸气的反应方程式，通过计算而确定的。因反应过程非常复杂，考虑损失及不可预见因素，根据理论计算量上下各浮动一个范围，以对理论值进行验证。

对实验数据采用单因素方差、二元回归方程等分析方法进行了分析与整理。

2.2.1 过剩氧含量对页岩油产率的影响

从实验数据(图4)可知，干馏炉内过剩氧含量越高，页岩油的产率越低，说明存在过剩氧烧油的情况，必须控制过剩氧含量。

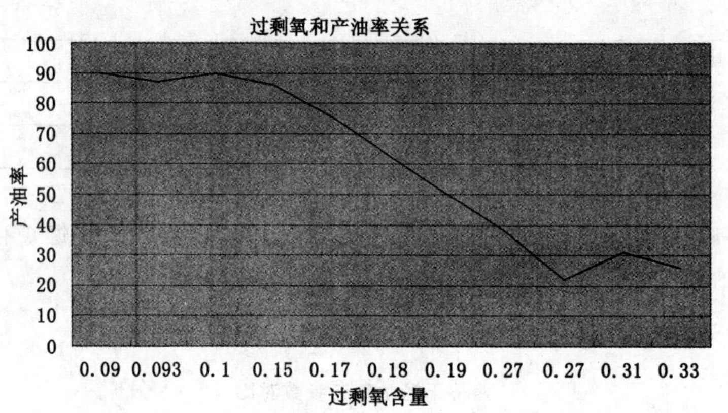

图4 过剩氧含量与页岩油产率关系图

2.2.2 单位风量对页岩固定碳利用率的影响

如图5所示，随着单位风量的增加，氧的供给量加大，固定碳的利用率也随之增加，且在单位风量为290 $Nm^3 \cdot t^{-1}$时，利用率达到最高值。此时，虽保证了固定碳的利用率为最大，但也会出现过剩氧的情况。

2.2.3 单位风量对过剩氧含量的影响

因干馏炉内主风与固定碳反应复杂，从工艺控制与生产操作上无法将炉内过剩氧反应完全，只能将其降到最低限度。从图6的试验结果可以看出，当单位风量为220～230 $Nm^3 \cdot t^{-1}$页岩时，过剩氧含量为最低值，此时抚顺油页岩在抚顺式干馏炉内可保持最高的页岩油产率。

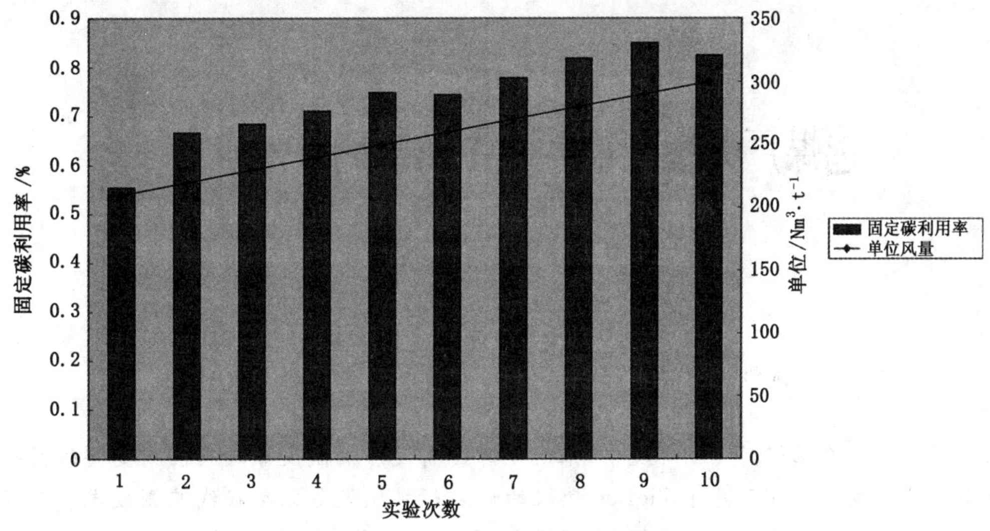

图 5　单位风量与固定碳利用率关系图

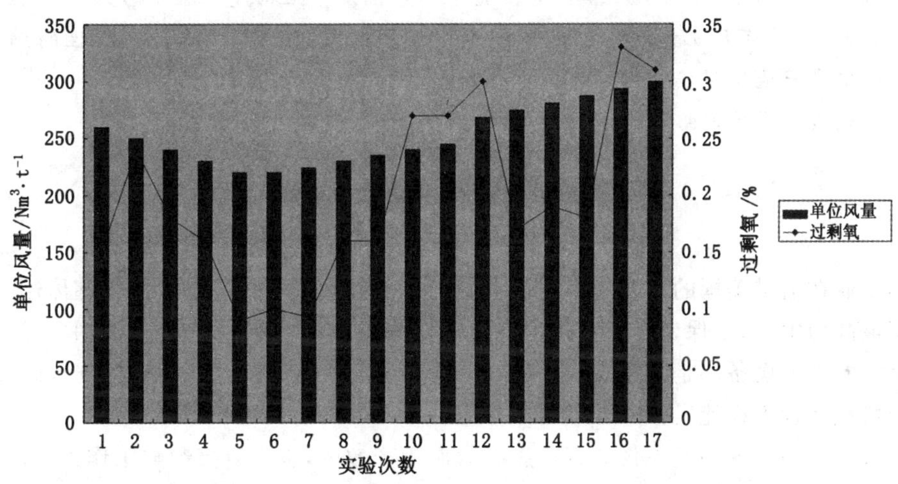

图 6　单位风量与过剩氧含量关系图

3　结论

(1) 抚顺式干馏工艺是国内唯一的具有工业化运行规模的油页岩炼油技术，其主要设备一抚顺式干馏炉因采用内燃供热方式，存在过剩氧烧油情况，影响了页岩油产率。

(2) 全循环干馏技术虽从工艺上杜绝了过剩氧烧油的情况，提高了页岩油产率，但因对供热设备的热负荷要求高、系统热量无法自给自足，故只适用于新建的干馏装置，而无法对现有的抚顺干馏装置进行改造。

(3) 通过试验可知，控制抚顺式干馏炉单位主风量这一工艺参数，可使炉内的过剩氧含量降到最低值，从而保证干馏炉最高的页岩油产率。

选煤厂无线点检系统振动监测技术研究

刘卫东[1,2]　符福存[2]

（1. 中国矿业大学　江苏徐州　221008；
2. 兖州煤业股份有限公司兴隆庄煤矿　山东兖州　272102）

摘　要　在当今选煤厂生产环境中，振动分析逐渐成为机械设备状态检测重要的预防性维护工具。本文主要研究了基于ZigBee协议的选煤厂机械设备振动在线监测技术。以兴隆庄煤矿选煤厂矿山机械设备监测为例，分析了WSN在机械设备监测中的特殊问题，给出了符合其特色的分布式组网结构，最后利用适于工业振动监测MEMS传感器ADXL335与CC2430组成的WSN节点对混合网络模型在选煤厂电机设备上构建实验平台进行实验，结果表明，基于WSN的选煤厂机械设备振动监测可以实现尺寸、性能、成本与可靠性的结合，能够在工业应用中广泛地实现实时的设备健康在线监控。

关键字　无线传感器网络；设备监测；机械振动；数据采集

1　引言

点检是日本企业在引进美国的预防检修制的基础上发展起来的一种设备检修管理体制。其实质是以设备综合效率最高为中心，以保证设备全过程正常工作为目标，对设备实施的一种主动的、全过程的动态管理。洗煤厂的许多设备均是常年24 h运转，一旦出现设备故障，会严重影响生产，而设备点检制在维持生产安全可靠运行方面能发挥非常重要的作用。

选煤厂中的大型设备运转状况不仅会直接影响煤矿生产效率，也会直接影响工作人员的生命安全，因此，对这些大型设备进行实时的健康状况监测一直是人们关注的热点。无线传感器网络作为一种以获取感知信息为主要目的的信息采集网络，是集无线通信、数据采集和信息处理功能于一体的新型分布式自组织网络。选煤厂由于环境恶劣，如果能构建一种不依赖于骨干网的无线通信系统，那么即使在设备运转、人员不易到达的时候，这种无线通信系统依然能发挥作用。因此，将无线传感网络应用到选煤厂点检过程中将有效解决这个难题。本文针对兴隆庄煤矿大型机械设备状态监测这个特殊需求，研究基于无线传感器网络的设备振动监测的模式，在满足重要设备振动感知的基本要求下，为选煤厂设备的整体感知提供参考依据。

2　选煤厂机械设备振动信号特点

旋转机械振动测量的基本原理是根据振动的振幅大小与引起振动的力成正比的关系来进行的。振动测试与动态分析包括：振动测量、信号调理、数据采集、动态信号分析、显示记录等。振动测量是由传感器测得转子振动的振幅并转变为电信号，然后经放大、滤波等信号调理环节对信号做适当调整，经过调理后的模拟信号经过数据采集环节转换为数字量，再对数字信号进行处理分析，最后对测量结果进行

作者简介：刘卫东(1968.5—)，山东兖州，男，高级工程师，工程硕士，现任兖州矿集团兴隆庄煤矿选煤厂副总工程师，从事选煤机电技术管理工作。E-mail：wdl6805@sina.com。

显示记录的全过程。

2.1 数据量大

选煤厂设备进行监测的前提是不影响正常生产，常采用的方法是通过在机电设备的外壳增加振动传感器来进行监测。由于设备外壳的振动大部分是受迫振动，振动过程复杂，因此单时间点的测量无法判别设备的运行状态，这就要求传感器节点以较多时间点持续的对振动信号进行采样。

同时，采集的数据越多越能很好地分析设备的健康状态，但是大量的数据准确低延时的传输、节点的低功耗和低内存带来难题；数据采集的太少，将不能反映出设备的运行健康状态，因此，振动采集需要的采集数量和存储具有一定的技术要求。

2.2 精度高

振动大小的量级是微米级，正常运行时一般在几十微米。振动设备的体积较大，传感器覆盖的面积较小，因此需要选择对故障异常振动反应最灵敏的关键部位布置传感器，传感器所在位置的不同对与数据分析结果的影响很大，在布置传感器时应最大限度的发挥传感器自身的精度优势，避免设备上无效的振动数据对数据分析的影响。

2.3 实时性强

要实现设备的感知，一般需要多个感知节点同时对设备进行数据采集，这就要求分布式 WSN 无线网络有时间同步机制的支持。否则，将会导致采集的数据不能准确的分析设备的健康状态，例如采用全息诊断和模态分析中，各个测点的数据采集时间不同步会导致严重的相位误差，现有的时间同步机制一般比较复杂，难以适应振动信号数据采集系统的数据流量高和网络负荷大的要求。

3 系统总体结构

洗煤厂分主洗和动筛两个车间，各车间监测的信息分别通过各自车间构建的网络传送到网关节点，然后通过工业以太网传输到信息中心。系统总体框架如图 1 所示。

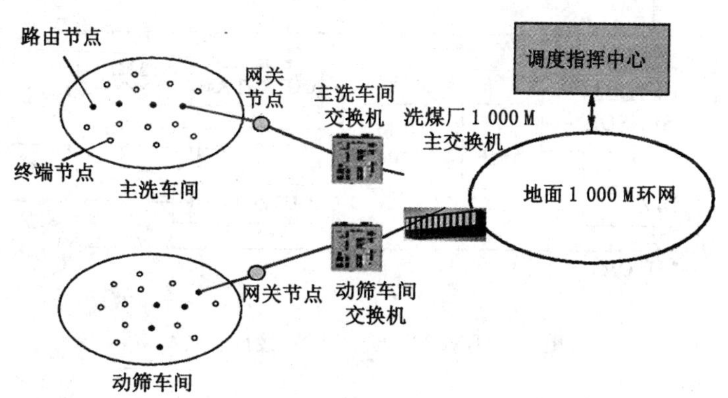

图 1 选煤厂主洗和动筛车间总体框架

其中，主洗和动筛车间无线网络拓扑是我们这次设计的重点，以主洗车间为例，相应的无线网络系统结构如图 2 所示。

网关节点设计在厂房的三层。无线网络系统由终端(测量)节点、路由及网关节点等组成。测量节点和路由节点实际是相同的节点，只是在传输过程中进行自组网时，与本层内其他测量节点进行通信，获取测量节点的测量数据，再将数据传送给网关节点，由网关节点接入洗煤厂现有的工业以太网。然后，通过工业以太网送入监控室的计算机网络，进入点检软件系统进行分析。

无线传感器网络支持 ZigBee 网络协议，数据传输中采用多层次握手方式，保证数据传输的准确可靠。采用 2.4 GHz，功耗小、灵活度高，符合环保要求，符合国际通用无需批准的规范。组网灵活配置快捷,无线传感器网络系统传非常容易快捷配置,组网接入灵活、方便,几台、几十台或几百台均可,支持 5 级路由深度。可以在需要放传感器地方任意布置,无须电源和数据线,增加和减少数据点容易。由于没有数据线省去了综合布线的成本,传感器无线网络更容易应用,安装成本低。系统节点耗电低,电池使用时间长,支持各种类型传感器和执行器件。双向传送数据和控制命令,不但可以从网络节点传出数据,而且双向通信功能可以将控制命令传到无线终端相连的传感器、无线路由器,也可将数据送入到网络显示或控制远程设备。迅速简单的自动配置,无线传感器网络终端自动配置。全系统可靠性自动恢复功能,内置冗余保证在个别节点不在网络系统中,节点数据将自动路由到一个替换节点以保证系统的可靠稳定。可视化显示,可视化上位机显示,可在 PC 机上查看网络拓扑结构及网络连接时实变化情况、传感器数据输出显示、传感器数据配置、控制各节点传感器等。

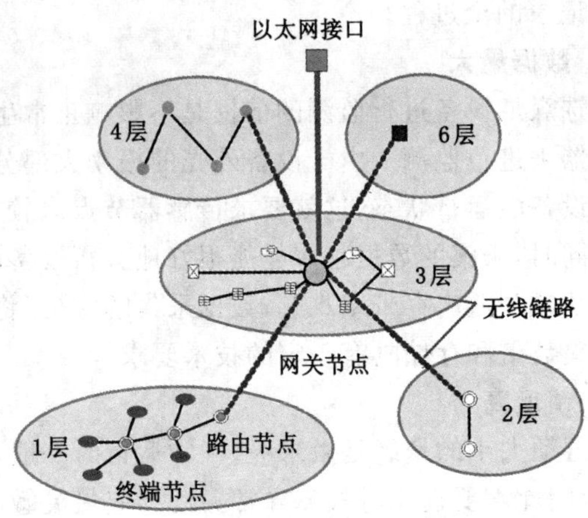

图 2　主洗车间无线网络拓扑图

4　WSN 采集节点设计

ADXL335 是 3 轴加速度传感器,直接输出数字信号无需进行 A/ D 转换,其输入输出引脚可直接通过微控制器(MCU)控制定时器控制,采用中断触发采集震动感知信息。然后通过 CC2430 处理发送。其传感器的硬件连接通过下拉电阻然后输出与 CC2430 的 I/O 直接相连,如图 3 所示。

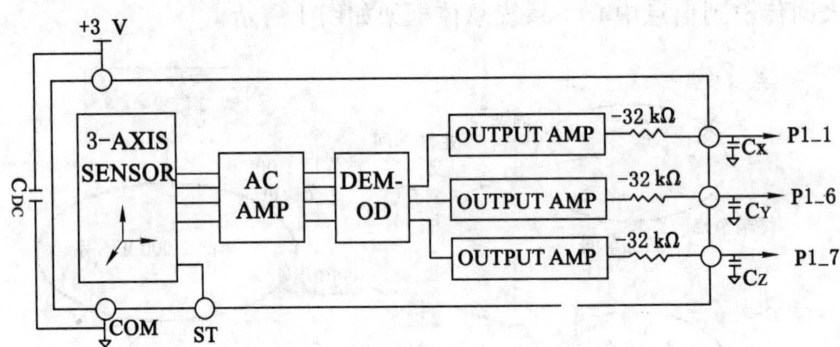

图 3　ADXL335 与 CC2430 接口连接图

作为多轴数据的采集,考虑到数据的相关性,采集程序设计采用处理器中断控制 3 轴同时采集(其中 M 表示采集的数据个数),程序流程如图 4 所示。

5　实验测试

为了测试混合网络在设备感知中数据采集的应用性能,采用如图 2 的网络模式,在选煤厂机电设备上进行振动数据采集的实验测试,实验室采用单轴振动传感器 ADXL001 和基于 ZIGBEE 协议的 CC2430 芯片。根据图 2 的网络模型,需要开发 3 种节点,振动感知节点和路由节点及网管节点,传感器节点采样频率设置为晶振的 16 kHz。为了测试网络模型的性能,实验采用 7 个感知节点和 3 个路由节点和 1 个网关节点,连续采集,路由协议采用比较成熟的 ZIGBEE 协议。时间同步主要采用 DMTS 协议,数据融合采用简单的求平均值算法。无线传输采用 2.4 G 频段的射频收发技术。

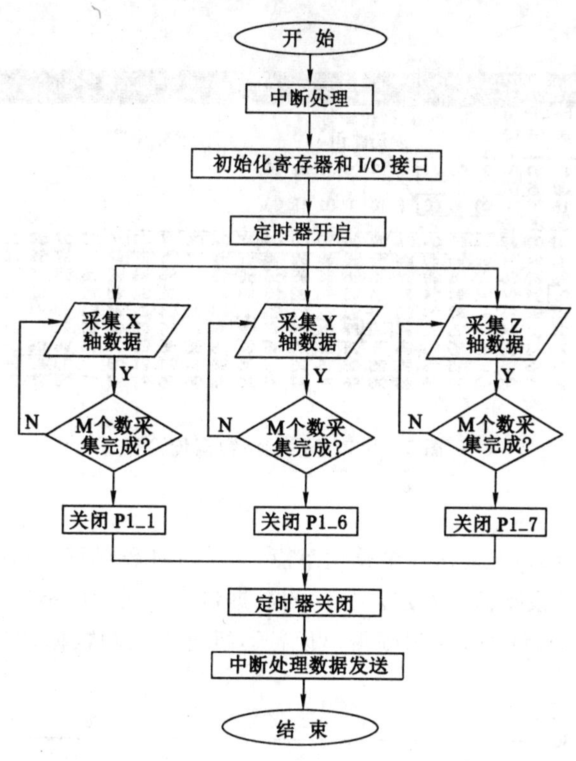

图 4　ADXL335 数据采集流程图

5.1　数据包格式设计

由于本实验主要测试设计的网络模式，为了在接收数据中体现网络的变化，本文设置每个节点有唯一的 ID 号，数据传输过程中传输数据通过路由的 ID 的变化体现网络的网状模型。

表 1　　**网络模型的数据包格式**

ff	ID	2	5	ID1	ID2	ID3	ID4	ID5	00
1 个字节	1 个字节	1 个字节	1 个字节	1 个字节	1 个字节	1 个字节	1 个字节	1 个字节	1 个字节

如表 1 所示，"ff"和"00"是表示包头和包尾，2 表示两个节点为一跳；5 表示数据传输到网关时允许的最大跳数，"ID"表示上传数据的节点号，辨别融合的哪台设备的数据。"ID1，ID2，ID3，ID4，ID5"分别表示节点号(如果对应的 ID 为 0，表示没有数据传输)，节点拓扑网络关系如下：ID1→ID2→ID3→ID4→ID5。

表 2　　**传输的数据包格式**

ff	ID	类型	长度 L	包序号	......	00
1 个字节	1 个字节	1 个字节	1 个字节	1 个字节	L−1 个字节	1 个字节

如表 2 所示，"ff"和"00"是表示包头和包尾；"ID"表示上传数据的节点号，辨别振动的来源。"类型"有三个数值，分别如下：4 表示振动的 X 轴方向，5 表示振 ，动 Y 方向，6 表示振动 Z 方向。"长度"表示有效数据的长度，"包序号"表示振动数据第几个包，从"00"开始，依次递增。"...... "表示传输的振动数据。

5.2　数据显示

根据实验设计的模式，对电机设备进行数据采集，通过网关显示的部分数据如图 5 所示，图中显示的数据格式均为16进制。

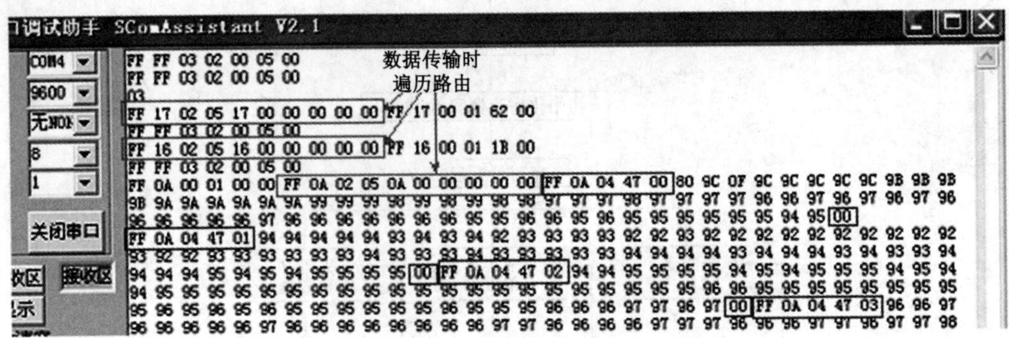

图5　串口显示网络数据传输

5.3　实验结论

从图2中,数据经过融合后,先遍历3个路由节点,然后选择较稳定的路由(实验时路由号为0A)传输数据,复合选煤厂大型机械设备监测特点。显示的数据格式与设计的格式一样,达到了预期要求。而从图6采集到的波形来看,ADXL335可清晰得出设备运行态下振动数据,实现了机器运行状态下在线监测的目的。

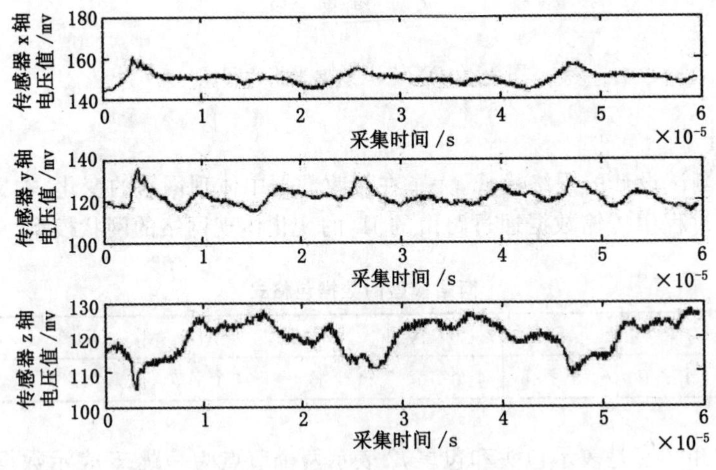

图6　采集的3轴振动数据的时域图

6　结论

本文主要对无线传感器网络应用于选煤厂设备状态监测模型进行了研究,分析了WSN在选煤厂设备监测时存在的特殊问题,给出了复合其特色的分布式组网结构,然后根据选煤厂电机分布的特点,选择星形采集和网状传输的混合网络模型,并通过ADXL335和CC2430组成的无线传感器节点,在选煤厂电机设备上进行试验,结果表明,选煤厂机械设备振动监测可以实现尺寸、性能、成本与可靠性的完美结合,能够在工业应用中广泛地实现实时、持续不断的设备正常运转监控,使系统操作人员可以尽早识别故障设备,避免重大损失,缩短因不可预测的系统故障造成的高成本宕机时间。

参考文献

[1] Akl W, Poh S, Baz A. Wireless and distributed sensing of the shape of morphing structures[J]. Sensors and Actuators A: Physical, 2007, 140(10): 94-102.

[2] 马姗姗,钱建生,甄国. 煤矿安全监测层次型无线传感器网络拓扑结构设计[J]. 矿业安全与环保,2011,38(1).
[3] 汤宝平,贺超,曹小佳. 面向机械振动监测的无线传感器网络结构[J]. 振动、测试与诊断,2010,30(4).
[4] 于宏毅,李鸥,张效义,等. 无线传感器网理论、技术与实现[M]. 北京:国防工业出版社,2008.
[5] 张申,丁恩杰,徐钊,等. 物联网与感知矿山专题讲座之二[J]. 工矿自动化,2010,11(11).
[6] 张申,丁恩杰,徐钊,等. 物联网与感知矿山专题讲座之三[J]. 工矿自动化,2010,12(12).

井下跳汰高效排矸工艺系统研究与应用

杜小河　杨　明

（冀中能源股份有限公司邢东矿　河北邢台　054001）

摘　要　随着煤炭开采技术方式的改变和技术水平的提高，机械化采煤发展迅速。矸石作为煤矿开采的伴生物运至井上。升井矸石量大幅增加，不仅降低了矿井的实际产能，而且使地面矸石堆放量增加，破坏了生态环境。邢东矿对井下跳汰排矸流程及其关键设备进行了研究，开发出一套适合实际情况的井下跳汰排矸的系统，实现了井下原煤跳汰高效排矸，分离出精煤和矸石，具有很高的推广价值。

关键词　井下跳汰排矸；工艺流程；关键设备

1　邢东矿概况

邢东矿隶属冀中能源集团冀中能源股份有限公司，位于邢台市东北约4 km处。北距邢台市北外环路1.2 km，东距京深高速公路3.2 km，西部毗邻市区，京广铁路从井田西侧通过，地理位置优越，交通条件便利。

邢东矿1998年10月6日开工建设，2001年11月18日投产，井田面积13.2 km^2，可采储量6 127万t。采用立井多水平开拓，煤层赋存在－580 m至－1 200 m之间，是华北地区最深的矿井之一。矿井设计生产能力为60万t/年。经技改后，目前核定生产能力达到了125万t/年。

2　项目背景

近年来，随着煤炭开采技术方式的改变和技术水平的提高，机械化采煤发展迅速。矸石作为煤矿开采的伴生物与煤一起运至井上，经分离后集中堆放成矸石山。矸石处理不当会带来严重的环境、经济和社会问题：① 将矸石从井下运至地面，不仅需要耗费大量的动力，而且降低了矿井的实际产能；② 矸石与煤一起运到选煤厂分选，会增加洗选负担，加大企业成本；③ 矸石山容易引起扬尘，污染矿区甚至周边城区环境，损害人体健康，抑制植物生长；④ 矸石山还有发生爆炸和崩落事故的隐患，对矿区安全构成严重威胁。

通过井下洗选就地排出混入粗煤中的矸石，可将原属运输、提升矸石的运能转化为运煤，不仅可以提高矿井的实际产能，还起到了“节能减排”的作用，节约了矸石堆放用地，保护生态环境。同时，将井下就地排出的矸石用于采空区充填，可以置换出传统技术不能采出的煤炭资源，实现“三下”压煤的解放，提高资源开发利用率。

3　井下跳汰排矸工艺系统研究

3.1　井巷改造与开掘

在满足选煤设备工艺布置要求和不影响矿井正常生产的基础上，最大限度利用、改造现有井巷、硐

作者简介：杜小河，男，(1967—)，学士学位，副高级工程理财，现任冀中能源股份有限公司邢东矿总工程师。

室,尽量减少开掘工程量。

改造利用原有主暗斜井煤仓作为末煤仓,改造利用原有1122煤仓作为块精煤仓,改造利用原有采区煤仓作为矸石仓;改造原有主暗斜井巷道,在主暗斜井带式输送机头部新掘一条巷道作为筛分巷道,改造原有一条废弃巷道作为跳汰排矸巷道,改造利用原有1122煤仓至采区煤仓巷道作为矸石运输巷道。

邢东矿井有两个水平,一水平的原煤经运输联巷运至主暗胶带上,二水平的原煤经主暗四部煤仓也运至主暗斜井胶带上,这样两个水平的原煤都被运输至主暗胶带,原煤经主暗胶带最终进入跳汰排矸系统。原煤在筛分通道经过筛分,末煤进入主暗煤仓(即末煤仓);块煤破碎后进入跳汰通道进行跳汰排矸,洗选出的精煤进入精煤仓,矸石进入矸石仓(如图1所示)。

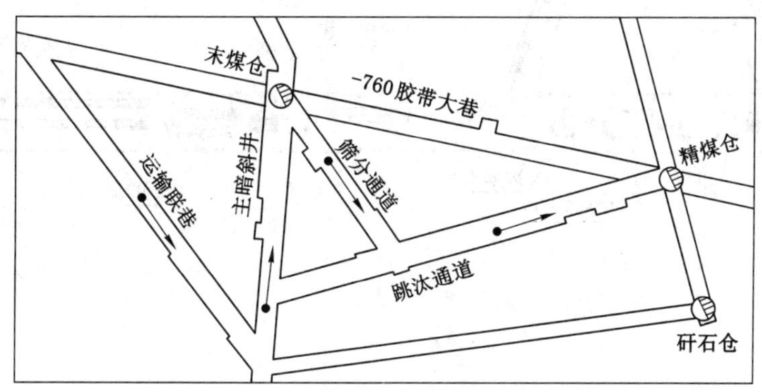

图1　邢东矿井下原煤运输路线图

3.2　井下跳汰排矸系统工艺流程

主暗胶带上的原煤经除铁器除铁后进入大口篦子(150 mm)进行预筛分,筛上物直接进入大块原煤胶带,由带式输送机头处破碎机进行破碎,破碎后原煤进入刮板筛分机;大口篦子筛下物进入摆轴筛(25 mm)进行二次筛分,筛下物直接进入末煤仓,筛上25～150 mm原煤进入刮板筛分机,25 mm以下筛上物经刮板筛分机筛分段进一步筛分后回到末煤仓。刮板筛分机上原煤(25～150 mm)进入跳汰机进行排矸,选后产品(矸石和精煤)分别经脱水链斗机脱水后进入各自产品煤仓(矸石仓)。进入煤仓的精煤通过煤炭运输系统提升到地面煤仓(如图2所示)。筛选出的矸石进入矸石仓后,通过我矿矸石运输系统运输到综合机械化采煤工作面进行矸石充填。

3.3　井下跳汰排矸系统循环水路线

跳汰机和脱水链斗机溢流出的洗水自流至浓缩水桶。浓缩水桶溢流自流至循环水箱;当煤泥水浓度达到一定程度之后,浓缩水桶底流由高频筛入料泵打到高频筛上截粗,筛上产品落入精煤胶带,筛下水自流至压滤机入料水箱,经压滤机入料泵打到压滤机进行压滤。压滤出的煤泥落入精煤胶带,滤液自流至循环水箱。循环水箱里的循环水泵将水送回跳汰机循环使用(见图3)。

4　井下跳汰排矸系统关键设备

4.1　摆轴筛

摆轴筛的筛面由数排平行排列的带翅的轴构成。翅围绕轴成半圆环状均匀分布在每根轴的下方。相邻轴上的翅交错排列,轴和翅形成方形筛孔的四边。

摆轴筛工作时,筛轴作同向往复摆动,进入筛面的物料在重力和筛轴的扰动下下滑。大于两筛轴中心距的物料迅速滑离筛面的同时不但可以清理筛面的粘湿粉末,而且带动粒度接近筛轴半径的物料向前滚动。

在轴的转动作用下,粒度接近和小于筛孔的物料被强迫导入轴与轴之间的沟内。小于筛孔的物料

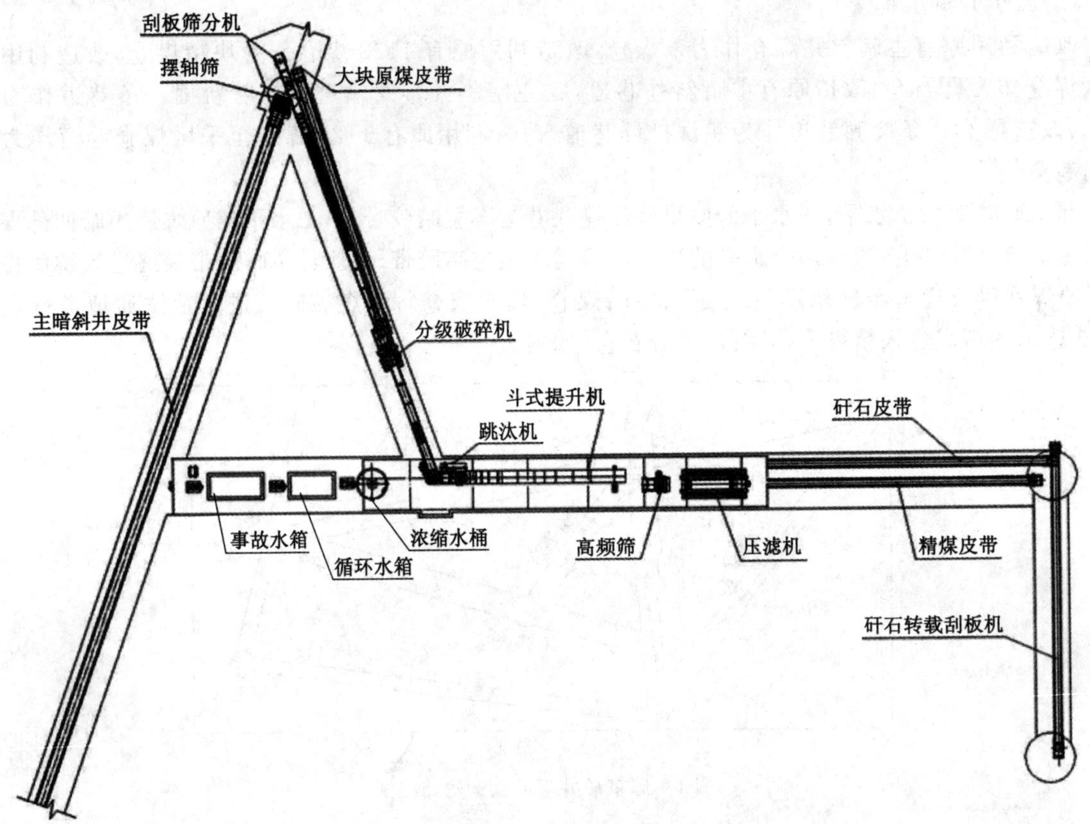

图2 井下跳汰排矸系统工艺流程

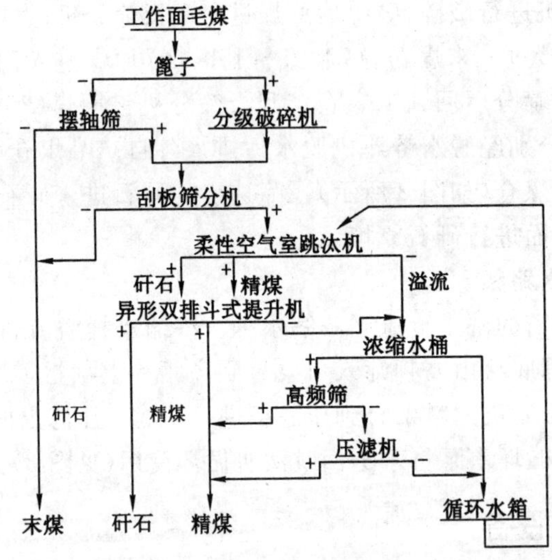

图3 井下跳汰排矸系统水循环示意图

漏到筛下,物料得到初步按粒度分层和分级。大于筛孔和滞留在筛翅上的物料被摆动的翅向前抛起落到下一个孔内。每个筛孔的四个边都在运动,翅摆动的同时清理掉轴侧面的黏湿粉末。因此,无论多大水分的物料,经筛分后筛面总是清洁的,不会有堵筛孔现象。

4.2 刮板筛分机

井下的煤流一般是通过胶带单向运输的,为了适应巷道空间有限的条件,保证井下块粗煤与末煤在进入排矸系统前运输至两个不同的地点，研制出一种煤炭双向运输设备——刮板筛分机，用一台运输设备向不同方向输送两种物料。

筛分筛分机的工作原理与摆轴筛相似，把原来带翅的轴改成摆动光轴，这样既不影响刮板的运行，同时在刮板和摆轴的共同作用下物料群作翻滚运动，刮板对轴有清理作用从而确保不堵孔，保证筛分效果。

未分级或经初步分级的物料进入刮板筛分机，在输送过程中经过筛分段的筛分分级或检查性筛分作用，细粒物料落入刮板机下层，粗粒物料继续在刮板机上层运行，从而可实现不同粒度物料向不同方向和地点的运送。

4.3 井下全气动柔性空气室跳汰机

柔性空气室跳汰机采用不透水柔性材料制成的气囊作为空气室。空气室安装在筛板下，通过进气阀和排气阀分别与压缩空气源和大气联通。柔性空气室跳汰机工作过程如下：进气阀打开，排气阀关闭，压缩空气进入空气室，空气室膨胀，机体内液位上升，水流托起床层；进气阀关闭，排气阀打开，在水体压强作用下空气室内气体被挤出并排入大气，空气室扁缩，水流下降，床层回落。

井下柔性空气室排矸跳汰机的筛板倾角≥10°，增大了入料端和排料端的高差。表层水流远超出床层上表面，分层后的精煤不再只靠横向水流输送，而是和矸石一样靠入料端和出料端落差以及床层脉动从入料端向排料端移动，因而精煤也像矸石一样从料道里排出。溢流口和精煤排料口分开，溢流口能排出木块和塑料等漂浮物。筛下透筛产物与重产物分开排出，透筛物经后续处理混入精煤，提高了回收率。经过优化的主机结构能够减小设备空间体积，提高排矸跳汰机的分选效率和单位面积处理量，也减少了循环水用量。

4.4 异形双排斗式提升机

异形双排斗式提升机改变了单一化直线提升方式易受空间场地限制的情况，可以在保证脱水效果的前提下适应包括煤矿井下等在内的狭小空间环境。

"双排"即在同一斗提机中有两列斗子并行运转，平行并列的两个斗子分别用以承接跳汰机的矸石和精煤产品，两斗子的容积比例根据洗选产品产量确定，从而实现一台斗提机同时完成两种产品的脱水、运输。

"异形"即斗提机的各节段有适宜弧度，组装完成所得整机可以根据巷道的高度改变自身的弯曲角度。其链斗行进轨迹不是直线而是呈"S"形，从跳汰机底部接料后先以大角度爬出水面，而后又以很小的角度前行输送物料。

5 创新点

(1) 研发出黏湿物料无振动筛分设备——摆轴筛。其透筛率高，单位面积处理能力是普通振动筛的 2 倍左右，能耗是普通筛分机械的一半左右；能够自动清理筛面和筛孔，黏湿物料不堵筛孔；筛框无振动，噪音低，筛分过程不产生新的破碎，可以代替给煤机，为跳汰机等块煤洗选设备给煤，不仅占地面积小，而且改善了工作环境，单机处理能力达 300 t/h，筛分效率达 80.7%。

(2) 刮板筛分机集双层刮板输送机、摆轴筛的功能特点为一体，可实现运输、筛分和给(配)料三大功能于一体，有利于与其他设备的联合布置，标高损失小，具有结构坚固、工作安静可靠的优点。

(3) 柔性空气室跳汰机相比传统气动跳汰机空气室内空气直接压迫水面，这种通过空气室进、排气时的膨胀和扁缩鼓动水流垂直运动的方式使得水流脉动沿横向和纵向都更加均匀；跳汰分选过程中液体能量转换主要产生在筛板上，进气时筛板上不会翻花，床层的起跳更加整齐平稳；空气室将水与空气隔离开来，能避免排气管排风带水，有效保护风阀系统在洁净的环境下工作，提高设备的稳定性。该系统井下毛煤处理瞬时最大量可达 700 t/h，年处理能力 300 万 t，排出矸石带煤量：<5%；25 mm 以上矸石排净率：>90%。柔性空气室排矸跳汰机与斗式提升机组合如图 4 所示。

图4 柔性空气室排矸跳汰机与斗式提升机组合

(4) 研发出异形双排斗式提升机,平行并列的两个斗子实现一台斗提机同时完成两种产品的脱水和运输,"S"型链斗能够适应煤矿井下狭促环境,拓展了斗式提升输送设备的应用范围。

6 经济效益和社会效益

6.1 经济效益核算

(1) 成本核算

设备投资总成本为1 009.004万元。电力费用:根据实际情况核算,每年需支付电力费用223.02万元;职工工资成本:系统配备人员38人,按照人均年收入8万元计算,工资成本每年304万元。维修成本:固定资产原值为709.004万元,维修成本一般为固定资产原值的3%~5%。按照5%计算维修成本为35.45万元。材料费:材料费用预计每年80万元左右。折旧费:固定资产原值为709.004万元,设备按照10年折旧,每年折旧费为70.9万元。

综上所述,预计每年生产费用总成本为713.37万元。

(2) 经济效益核算

由煤质资料分析得出,矸石量占原煤总量的20%左右。按照邢东矿年产量120万t计算,矸石量为24万t,按照25 mm以上部分矸石排净率大于90%计算得出,排出的矸石量每年大约为21.6万t。这样,邢东矿吨煤提升电耗为3.06 kW·h,每年21.6万吨矸石不升井将节电660 960 kW·h。电费为0.75元/kW·h,每年节约电力支出49.57万元。

邢东矿平均吨煤消耗钢材的费用为16元,每年21.6万吨将节约钢材消耗费用345.6万元。减少矸石处理费用370万元。

邢东矿原煤需要汽车运输至选煤厂进行洗选,吨煤运费20元,节约运费432万元。

对于洗煤厂来说,每年将减少21.6万t矸石的入洗,按照洗煤厂吨原煤加工费30元计算,洗煤厂将节约成本648万元。

系统排出的矸石进行井下充填,矿井提升能力得到释放,如果提升更高品质的原煤,预计混煤吨煤售价将提高40元,按照120万t计算,销售收入将增加4 800万元。

综合设备投资、生产成本估算、效益核算的内容,本项目每年节支增收总额将达到6 213.17万元。去掉成本713.37万元,节支增收净增加5 499.8万元。

6.2 社会与环境效益

(1) 提高煤炭资源采出率并延长了矿井的服务年限。采用传统的不迁村采村下压煤,一般的回采率为30%，导致大量的煤炭资源的浪费，造成矿井过早报废等问题。井下跳汰排矸系统排出的矸石进行充填置换出原煤，将“三下”压煤的采出率提高到85%以上，可大大延长矿井的服务年限，减少因矿井过早报废而带来的人员新就业等社会问题。

(2) 消除传统“三下”周围采煤造成的严重生态环境破坏。由于目前开采出来的村庄下压煤大约四分之三是靠搬迁村庄实现的，而搬迁开采导致了大量采矿塌陷区，造成严重的生态与人文环境破坏，甚至因搬迁费用等问题导致了许多社会问题，给当地的社会稳定带来许多不确定因素。采用粗煤井下分选、矸石充填不升井的方法，实现不迁村开采、处理固体废弃物于井下，保护了开采地区的生态与人文环境。

(3) 消除煤矿生产中排放矸石对环境带来的危害排放的矸石对地面的生态环境造成严重破坏：侵占土地、污染环境、危害人类安全。毛煤井下分选、矸石充填不升井技术的推广应用，可消除地面的矸石山，解决矸石排放造成的各种危害。

7 结束语

邢东矿井下跳汰排矸系统自2011年10月开始投入运行，煤灰分由之前的29.75%降低到24%以下，每年节支增收净增加5 499.8万元，不仅增长了矿井的服务年限，而且有效地保护了生态环境。本项目实现了采煤、粗煤洗选、矸石井下充填三大技术的无缝衔接，具有十分现实的推广应用和产业化前景。

参考文献

[1] 单勇.机械动筛跳汰机自动排矸技术改造[J].煤质技术，2007(06).
[2] 马方清.跳汰机选煤生产过程只能控制[J].中国矿业大学学报，2002(3).
[3] 孙晋永.井下跳汰排矸及矸石回填控制系统设计[J].工矿自动化，2012(5).
[4] 邢成国.煤矿井下重介浅槽排矸系统设计与应用[J].选煤技术，2011(05).

煤基多联产技术及其研究进展

吴建民　孙启文　张宗森　庞利峰

（上海兖矿能源科技研发有限公司　煤液化及煤化工国家重点实验室　上海　201203）

摘　要　煤基多联产系统显然是未来洁净煤发展的重要方向。本文对煤基多联产系统的概念与特点、技术基础与关键科学问题以及国内外煤基多联产技术的发展状况进行了概述。结合对国内外技术发展趋势和中国的具体国情，展望了我国煤基多联产系统的发展方向。

关键词　煤基多联产；系统；技术基础；发展方向

能源是人类社会赖以生存和发展的基础，是世界各国经济社会可持续发展的物质基础。我国是煤资源较丰富且以煤为主要能源的国家，以煤炭为主并且在相当长的时期内难以根本改变的能源结构对中国实现可持续发展是一种严峻挑战，且目前我国对煤资源的利用效率还很低，并在其利用过程中产生了严重的环境问题。因此我国的经济要想可持续发展，就必须实现煤炭资源的高效、洁净利用，优化终端能源结构，煤基多联产系统正是满足这一需求的高效、经济、灵活的煤炭综合利用技术。

随着国民经济的发展和对环境保护的加强，从电力、优质燃料和化学品多方面的重大需求来看，以煤为原料的电、燃料及其他化学品的多联产技术必将是21世纪洁净煤技术的最重要发展方向。

1　煤基多联产技术的概念及特点

"煤基多联产技术"是以煤为原料，集煤气化、化工合成、发电、供热、废弃物资源化利用等单元工艺构成的煤炭综合利用系统，也称为"煤基多联产系统"。煤基多联产系统概念示意图如图1所示。其整个过程的龙头工艺是煤气化，核心是煤化工和发电的有机结合，其基本过程是通过大规模气化炉将燃料气化，所用的燃料可以是煤（尤其是高硫煤）、石油焦或生物质，合成气通过气体净化单元，净化后的干净合成气首先通过合成反应器，生成甲醇、二甲醚、合成油等洁净燃料或其他高附加值化工产品，未反应的尾气不再循环而是直接通往燃气—蒸汽联合循环生产电力或开展热、电、冷联产。

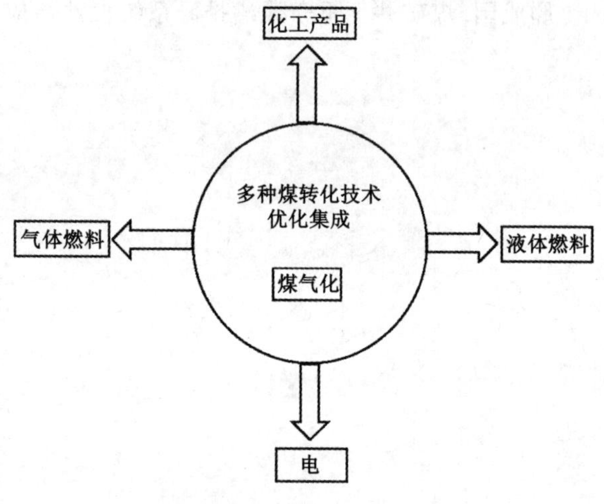

图1　煤基多联产系统示意图

煤基多联产的特点是：(1) 能量利用效率更高；(2) 能够减少煤炭利用给环境带来的污染；(3) 产品的多样化使得系统更加灵活；(4) 更能体现煤化工产业发展的经济性；(5) 能够缓解我国其他能源短缺的现状。

作者简介：吴建民(1981—)，男，江西玉山人，主要从事煤间接液化及煤化工研究；E-mail：jminwu@163.com。孙启文，通讯联系人；E-mail：yetech@ye—tech.com。

2　煤基多联产系统的技术基础及关键科学问题

目前,已提出的不同模式的多联产涉及的主要技术及技术基础有:大型连续封闭式煤的热解焦化技术;大型化、高压、适用煤种广泛,低成本、低污染、易净化气化技术;高温高压净化、脱硫除尘一体化、宽负荷范围、微量元素脱除净化技术;大型化、变负荷、单程通过、过程耦合、烃合成(费托合成)、醇合成、羰基合成技术;CO_2 富集、减排、转化利用技术;先进燃气与蒸汽发电技术、先进燃气轮机技术;无机膜反应器等新型制氢技术;熔融碳酸盐燃料电池、甲醇燃料电池、离子交换膜燃料电池技术等。

主要科学问题有:涉及煤化学的煤种对多联产的适应性,组成、结构与反应性以及在多联产条件下的变化;涉及分离工程的高通量非对称聚合物膜结构及膜分离,CO_2 优先渗透膜分离,高选择性透氢无机膜,无机膜中气体渗透、分离机理;涉及反应工程的高温脱硫与脱硫剂,耐硫催化剂,适用于浆态床的新型催化剂,多相催化反应、传质、传热流动特征、强化与控制;涉及热能工程的气体燃料燃烧特性,燃气轮机改造设计基础,先进燃料电池,热转功热力循环;涉及系统工程的非同性系统优化集成理论,控制规律及评价方法,多联产系统化学能与物理能综合梯级利用机理。单元过程模拟与虚拟现实运行(单元过程耦合协同),系统和单元的能量集成优化等。

3　煤基多联产技术的研究进展

多联产系统的本质特征在于化工生产流程与动力系统的有机结合,这使得多联产系统的整合度与复杂性远远高于传统动力系统,也高于 IGCC 系统。也正是这一特点使多联产系统具有更加良好的灵活性,能够通过系统集成突破传统动力系统与化工流程固有的缺陷,在化学能与物理能综合梯级利用的层面挖掘系统性能提升的潜力,并进一步寻找能源与环境相协调的突破口。相应的,化学能与物理能综合梯级利用自然成为多联产系统的基础关键理论之一。国内外联产系统的研究发展也表明将联产系统作为一个整体进行系统集成和优化是联产关键技术的重点和前沿,而且在系统设计与规划上大都采用系统模拟的方法对多联产的各子系统和全系统进行模拟计算,通过优化集成找到最佳工艺路线。

3.1　国外煤基多联产技术的研究进展

早在 20 世纪 80 年代美国、德国等国家就对"煤气化多联产系统"作了相关的研究,并在这一方面取得了一定的进展,如美国的"洁净煤发展计划"、德国的"COOPETEG 计划"等。但由于煤基多联产还属于研究初期,与此相关的理论还未形成,难以使得比较大型的煤基多联产系统投入应用。

美国能源部 2000 年已开始实施的 21 世纪前景发展计划,强调多种先进技术的集成,大力推进煤炭的高效洁净综合利用技术,以期最终实现近零排放的煤炭利用系统如图 2 所示。其途径之一的基本思路是:以煤气化为基础,合成气通过变换分离,氢通过高温固体氧化物燃料电池和燃气轮机组成的联合循环转换成电能,发电效率(HHV)可达 60%,H_2 还可作为交通运输超洁净燃料,CO_2 可固定。

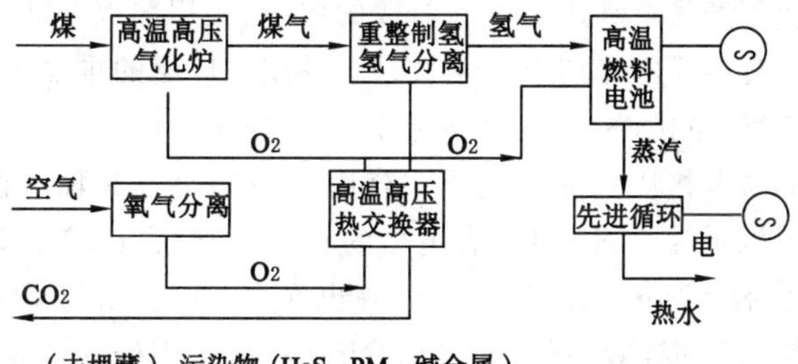

图 2　21 世纪前景发展计划(Vision 21)能源系统实现途径之一

为了进一步发展"煤基多联产系统",Mitretek 系统公司在美国能源部的支持下,对煤炭联产系统中

CO_2 的处置进行研究，对多种联产方案进行了技术经济比较，指出先进的联产技术能环境友好地生产超洁净液体燃料、氢气和电力，具有的 CO_2 处置的技术潜力可望实现煤综合利用过程近零排放。Mitretek 系统公司提出的结合 CO_2 处置的煤基超洁净燃料、氢气和电力联产系统流程如图 3 所示，合成气经过一次通过的液相费托反应器后进行 CO_2 脱除，得到的尾气分成 2 股：一股通过变压吸附制氢，另一股进入联合循环系统发电。该系统效率可以达到 58.5%(HHV)，当世界市场油价保持在 25 美元/桶以上、电力售价高于 36 美元/(MW·h)情况下经济上是可行的。

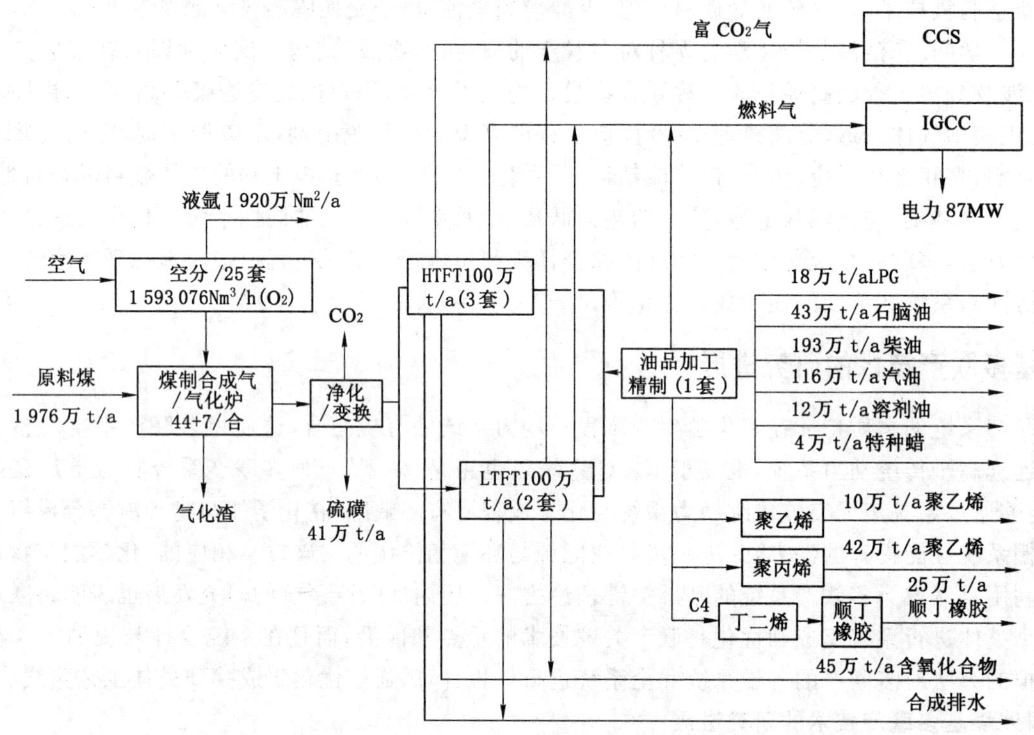

图 3　Mitretek 煤基超洁净燃料、氢气和电力联产系统(CO_2 处置)

BP 公司、GE 公司、Airproducts and Chemicals 公司，Shell 公司等也都在进行煤炭联产系统的研发和适宜联产系统的关键技术突破。如 Shell 公司提出 Syngas Park(合成气园)的概念，亦以煤的气化或是石油和渣油气化为核心，所得的合成气用于 IGCC 发电、用一步法生产甲醇和化肥，同时作为城市煤气供给用户。系统采用 Shel 公司的干煤粉加压气化装置(SCGP)，以煤的气化或是石油和渣油气化为核心。合成气可直接用作燃气—蒸汽联合循环发电的燃料及城市煤气，还可作为生产氨的原料并且能进一步合成尿素、醋酸、胺盐等产品。利用合成气合成的甲醇、二甲醚既是重要化工产品的原料又是公认的清洁燃料。合成气通过转换反应分离出的氢气是一种用途广泛的重要清洁燃料。合成气园的概念比一般的多联产系统更为广泛，更接近工业生态科技园工业模式。

同时 Tijmensen 模拟了以生物质为原料的 FT 合成油品—动力多联产在技术和经济性上的可行性。Chiesa 等则详细研究了以煤为原料的 H_2 和电力的联产，同时也比较了 CO_2 捕获和处理对整个多联产系统在热效率方面的影响。Nourouzi-Lavasani 等也在 IGCC 技术与 CO_2 捕捉与封存方面做了相关的研究，并对该过程对 CO_2 的捕捉效率作了分析。Normann 等则研究了煤与生物质汽化后依据不同的技术路线生产 DME(二甲醚)和电的联产。

国外在“煤基多联产系统”方面的研究起步也不太早，也没有太多的经验，因而我国还要在借鉴外国经验的同时，根据我国的现实状况来制定合理的“煤基多联产系统”发展计划。

3.2 国内煤基多联产技术的研究进展

多联产系统是非常适合我国能源状况和社会发展要求的煤炭利用技术。我国从 20 世纪 80 年代开始研发多联产系统，如北京燕山石化公司的“煤代油”的联产系统、上海焦化厂的“三联供”系统以及兖矿集团简单叠加的多联产系统等。

进入 21 世纪，倪维斗等就提出“多联产系统”是煤的超清洁利用，并对“多联产系统”的应用前景作了分析并给出相关的建议；除此之外，徐振刚也提出多联产是煤化工的发展方向，且林湖等对煤基多联产系统热力和经济性作了分析，从而从另一方面肯定了“多联产系统”的应用价值。

目前，兖矿集团、华能集团、神华集团等大型企业已经制定了多联产发展规划，并相继着手初级系统的示范或准备，计划到 2015 年前后实现初级系统的工业应用，并逐步向先进系统发展。“十五”期间，兖矿集团与中科院工程热物理所较好地完成了国家 863 课题——“煤气化发电与甲醇联产系统关键技术研发与示范”的研究任务。通过系统核心单元技术的研发和在系统集成上取得的突破性和创新性结果，掌握了系统集成与优化设计技术，完成了煤气化发电与甲醇联产系统示范，在国内煤炭企业推广应用，奠定电力、燃料等多种产品联产的大型联产系统的研发和示范基础。并形成自主开发能力，带动我国新型能源系统和煤炭综合利用系统的形成和应用。图 4 为兖矿集团的 IGCC 甲醇、醋酸联产工艺流程。

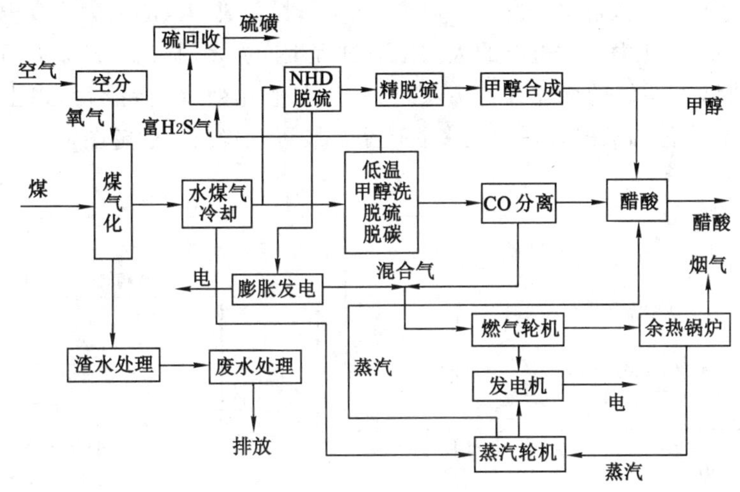

图 4 兖矿集团 IGCC 与甲醇、醋酸联产工艺流程图

“十一五”期间兖矿集团根据对煤炭气化发电及甲醇联产系统的示范和联产中多项核心关键技术研发的成果，在陕西榆林建设符合国家要求的包括 FT 合成、先进发电及其他化工产品等内容的煤气化多联产系统工业化示范项目。通过示范项目的建设，使多联产系统关键技术进一步向产业化、大型化方向跨越。图 5 为兖矿集团煤气化多联产项目的工艺流程简图。

该系统将在现有洁净煤技术研发工作基础上，完成大型煤气化的工业化示范，建成百万吨级煤间接液化工业化示范装置，完成多联产系统集成研究。在单元技术上，大型煤气化采用自主研发的多喷嘴对置式水煤浆气化技术，大规模甲醇合成采用国内技术，醋酸工艺采用自主知识产权的甲醇低压羰基合成技术，煤的间接液化采用自主知识产权的低温费托合成技术，燃气轮机采用自主知识产权的技术。部分单元技术拟引进：甲醇制烯烃技术(MTO)、醋酸乙烯合成、大型空气分离技术与设备。

以费托合成尾气作为燃气—蒸汽联合循环发电的原料气生产电能，不仅可以满足工厂用电需求，实现能源的洁净利用，还可实现下游能源产品多样化，提高市场竞争力。如以兖矿榆林 110 t/年煤间接液化制油工业示范装置对联产电力进行分析，费托合成单元采用二级工艺，二级未反应的费托合成尾气作为燃气—蒸汽联合循环发电单元的原料气，总体热效率达到 45.4%，其中费托合成尾气发电量 60 MW，余热低压蒸汽发电 50 MW，总发电量 110 MW，而装置正常运转时总用电量为 114.6 MW，只需外

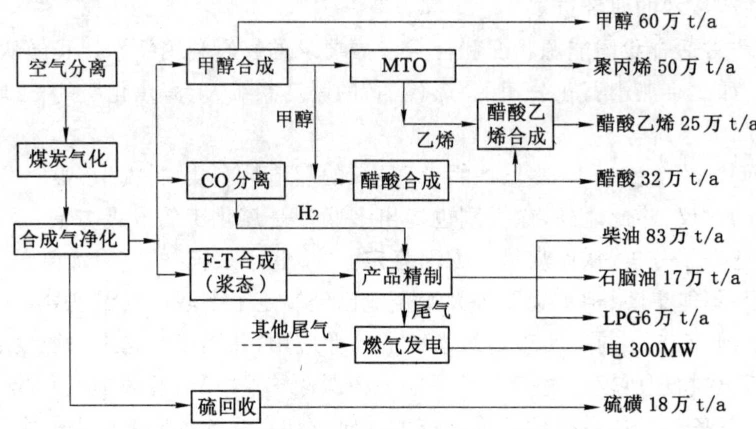

图 5　兖矿集团煤气化多联产项目工艺流程简图

电网供电 4.6 MW。

"十二五"期间，兖矿集团拟自主研发成功以高、低温费托合成为核心的大型高温与低温费托合成多联产技术及联合生产油品、化学品和电能的大型工业过程生产技术，提出年产 500 万 t 油品和化学品的高温与低温费托合成联产系统的优化设计方案，总体能量利用效率达到 47%以上，其中燃气发电 87 MW。图 6 为兖矿集团高温与低温费托合成多联产系统装置配置及产业链图。

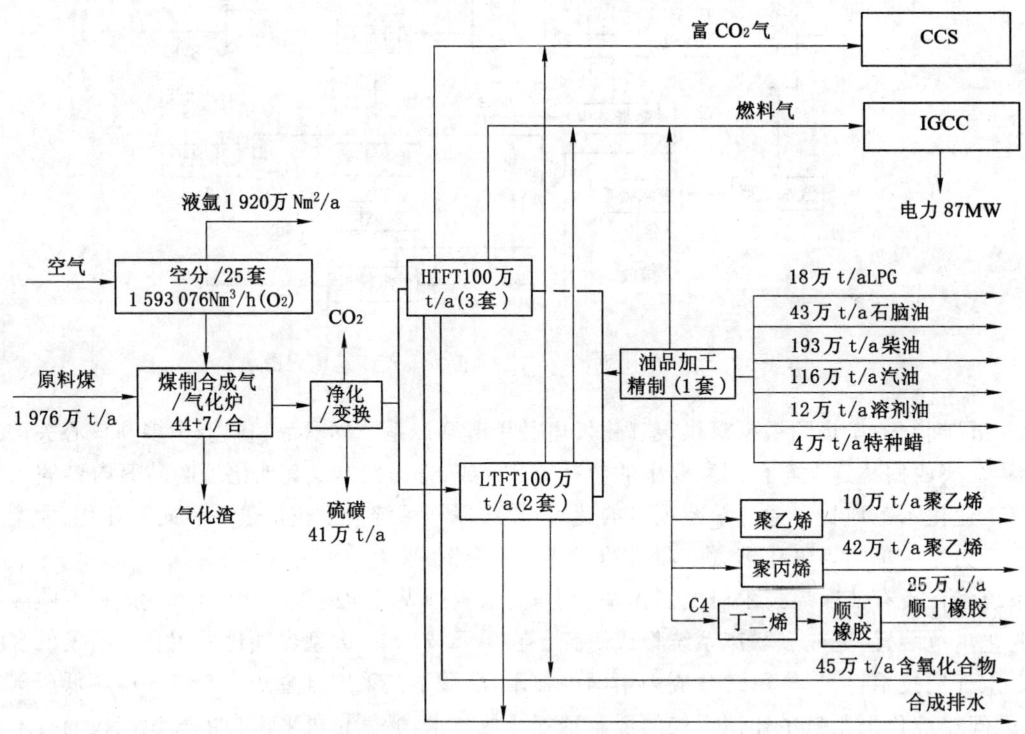

图 6　兖矿集团高温与低温费托合成多联产系统装置配置及产业链图

总之，煤基多联产已成为世界能源系统可持续发展的重要方向。兖矿集团煤基多联产系统的工业化示范成果必将提高我国煤化工产业的整体实力，为我国煤化工产业又好又快发展奠定了坚实的技术基础。但煤基多联产系统集成理论相对缺乏较为全面和深层次的研究，还没有形成完整的理论体系，相关理论研究滞后于工程应用发展。

4 煤基多联产技术在我国的发展方向

目前，我国的煤基多联产技术的发展和应用还处于初级阶段，因而还需要加快煤基多联产系统全面化、完善化研究，即要发展高级煤基多联产系统。

(1) 应根据我国能源的供需特点，将发展煤化工、生产液体燃料和实现洁净发电，共同作为多联产的发展方向，即煤—化—电和煤—电—化两条路线并行发展。由于多联产技术是一个具有高度开放性系统，可以随着技术的发展进化，根据我们国家的需要，确定具有自主知识产权的多联产集成系统，从目前技术发展及需求的情况看近期可以先建立煤基热、电、优质燃料多联产系统和及以发电为主的联合循环发电系统，并结合灰渣综合利用技术。远期考虑以发电为主的燃料电池联合循环发电系统及热、电、车用液体燃料多联产系统。

(2) 突破多联产的重大关键技术，如高效气化技术、分级气化技术、液体燃料合成技术、化工产品的制备技术、稀有元素的提取技术、燃料电池、燃气轮机、高效高温净化技术、灰渣综合利用技术、气体分离技术等，而且这些关键技术的突破要考虑技术的难易程度和系统集成的需要，真正做到循序渐进，形成多联产技术的连续的、不断发展的技术链；

(3) 煤基多联产系统的发展还需要政府在资金和政策方面给予一定的支持，以确保对其研究的顺利进展和将其投入生产的顺利进行。

(4) 加强示范工程和研发机构建设。依托已有或正在建设的化工类项目，示范不同模式的多联产体系，解决示范和产业化过程中的技术难点问题。

5 结语

以煤为主的能源结构决定中国必须高效洁净利用煤炭资源，煤基多联产系统显然是未来洁净煤技术发展的主流趋势，发展煤基多联产系统对我国能源工业的战略调整和国民经济的可持续发展必将起到重要作用。以煤气化为核心的多联产能源系统，是适合我国国情的资源、能源、环境一体化系统。它可以清洁、高效地利用我国高硫煤资源，它所生产的液体燃料如甲醇、二甲醚、FT 油品都是极好的超清洁燃料；它发电属于 IGCC 类型，解决了燃煤电厂污染严重的问题，它所提供煤气和清洁燃料能够调整能源结构，保护生态环境，它还为将来减排温室气体 CO_2 提供了有利条件。

总之，煤基多联产技术是综合解决我国在 21 世纪面临的能源问题的重要途径，具有十分重要的现实意义。

参考文献

[1] Chiesa P, Consonni S, Kreutz T, et al. Co-production of hydrogen, electricity and CO_2 from coal with commercially ready technology. Part A: Performance and emissions[J]. Int J Hydrogen Energy, 2005, 30: 747-767.

[2] Normann F, Thunman H, Johnsson F. Process analysis of an oxygen lean oxy-—fuel power plant with co—production of synthesis gas[J]. Energy Convers and Manag, 2009, 50: 279-286.

[3] Nourouzi-Lavasani S, Benali M, Laraehi F. Energy and hydrogen coproduction from (Athabasca Bitumen) coke gasification with CO_2 capture[A]. Ind Eng Chem Res, 2008, 47(18): 7118-7129.

[4] Tijmensen M J A, Faaij A P C, Hamelinek C N, et al. Exploration of the possibilities for production of Fischer-Tropsch liquid and power via biomass gasification[J]. Biomass and Bioenergy, 2002, 23: 29-52.

[5] 李春学，王宇光，司崇殿，等. 煤基多联产系统的研究进展[J]. 广州化工，2012，40(8)：46-48.

[6] 李刚，韩梅. 兖矿集团煤基多联产系统规划简介[J]. 山东煤炭科技，2008，3：182-183.

[7] 林湖，金红光，高林，等. 煤基多联产系统热力和经济性分析[J]. 中国电机工程学报，2009，29(8)：1-5.
[8] 倪维斗，李政. 煤的超清洁利用——多联产系统[J]. 节能与环保，2001，5：16-21.
[9] 徐昕，罗方涛，路学红. 煤气化多联产系统研究现状与进展[J]. 广东化工，2010，37(7)：85-86.
[10] 徐振刚. 多联产是煤化工的发展方向[J]. 洁净技术，2002，8(2)：5-6.
[11] 许红星. 我国能源利用现状与对策[J]. 中外能源，2010，15(1)：3-14.

负载和分散型催化剂对煤油共炼产物的影响

崔建方　王亚涛

（开滦集团煤化工研发中心　河北唐山　063611）

摘　要　采用催化剂预分散在原料油中以及预担载在原料煤上两种催化剂制备方法，并在煤油共炼反应体系中考察其对产物组成和性质的影响。结果表明，负载型催化剂较分散型催化剂与反应体系的适应性更好，Fe^{2+} 较 Fe^{3+} 与反应体系的适应性好，由此可知四种催化剂催化效果的优劣顺序为负载 Fe^{2+} ＞负载 Fe^{3+} ＞分散 Fe^{2+} ＞分散 Fe^{3+}。此外，催化剂的催化效果越好，中间产物前沥青稀向液化产物沥青稀的转化越彻底，减压尾油中重组分向轻组分转化程度越大，液化残渣中催化剂的聚结程度也越小。

关键词　煤油共炼；负载；分散；催化剂

煤直接液化和煤油共炼技术都是洁净煤技术的两个重要领域。直接液化工艺是将粉煤与循环溶剂混合，在一定的温度与压力下与氢气反应，使煤的有机质直接转化为液化油。然后通过脱除硫和氮，进一步改善液化油质量，使产品能在一般炼油厂中加工生产运输燃料和化工产品。直接液化的优点是油收率高，热效率高，主要缺点是加氢工艺的操作条件较苛刻。而煤油共炼技术具有同时完成重油改质和煤液化两个过程的特点，是有效利用煤和劣质渣油的重要手段，在煤油共炼过程中，煤和重油之间具有促进重油改质和煤液化的协同作用。

在煤油共炼反应过程中，催化剂能降低反应活化能加速加氢反应速率，不仅能提高煤液化的转化率和油收率，还能促进溶剂的再氢化和氢源与煤之间的氢传递。共炼反应中，催化剂与原料的接触程度和分散状态在很大程度上影响催化剂的活性，因此实验采用催化剂预分散在原料油中以及预担载在原料煤上两种催化剂制备方法，提高催化剂的分散效果，并考察催化剂对产物组成和性质的影响。

1　实验部分

内蒙古褐煤的工业、元素分析和 Du—84 原油的性质分析数据如表 1、表 2 所示。

表 1　　内蒙古褐煤的工业分析和元素分析

Proximate analysis w_t/%				Ultimate analysis w_t/%				
M_{ad}	A_d	V_{daf}	FC_{daf}	C	H	N	S	O*
14.10	8.94	45.71	54.29	71.65	4.83	0.83	1.40	21.29

作者简介：崔建方（1982—），男，工学硕士，工程师，主要从事煤化工技术研究与开发工作。E-mail：eccjf@kailuan.com.cn

表 2　　Du—84 原油的性质分析

SARA fractions w_t/%				Ultimate analysis w_t/%				
Saturate	Aromatic	Resin	Asphaltene	C	H	N	S	O*
—	—	33.19	3.55	86.48	10.81	0.97	0.50	1.24

* By difference

1.1 催化剂的制备

分散型催化剂采取预分散于重油中的制备方法，具体过程：取一定量的油样于泥浆杯中，在恒温低速搅拌下将配制的催化剂按所需量慢慢加入，然后高速搅拌 30 min 之后，则升高温度到 130 ℃并在氮气汽提的条件下高速搅拌 1 h，以脱除加入的溶剂，得到分散催化剂的油样。

负载型催化剂采取原位负载于煤上的制备方法，具体过程：将煤样浸渍在一定浓度的铁盐中，磁力搅拌 10 min 后，根据 Fe/S 比(Fe^{2+} ∶S＝1∶1，Fe^{3+} ∶S＝2∶3)再加入 Na_2S 溶液，反应在碱性条件下进行，磁力搅拌 1 h 后，过滤，滤饼在 100 ℃真空干燥 5 h，得到负载催化剂的煤样。

以上催化剂的量均以生成的 FeS 或 Fe_2S_3 计算，以总原料为基准。

1.2 实验方法

实验在 FYX—5 搅拌式高压反应釜中进行，有效体积 500 ml。加样量共 150 g（油与煤的质量比为 2∶1，内蒙古褐煤和 Du—84 原油的性质分析分别见表 1 和表 2）。密封后，压力 2 MPa 的 H_2 置换 3 次。反应初始冷氢压为 8 MPa，反应釜在一定温度下反应至规定时间后，取出反应釜用冷却的水急冷至室温。放空釜内气体，打开釜盖，取出釜内液固产物后，进行分离与分析。

1.3 产物分离与分析

由总进料与液固产物的差量计算出气体(gas)收率。然后将甲苯稀释的液固产物过滤后，对固相产物分别用甲苯和四氢呋喃进行索氏抽提，真空干干燥后准确称量甲苯不溶物和 THF 不溶物的质量，计算得到甲苯不溶物和 THF 不溶物的收率。对液相产物采用常减压蒸馏装置分离出汽油(gasoline，<180 ℃)、柴油(AGO，180～360 ℃)、蜡油(VGO，360～480 ℃)和渣油(VR，>480 ℃)四组分，计算反应产物中各馏分油收率，然后对减压蒸馏后所得到的尾油(VR，>480 ℃)进行四组分分离，分析不同条件下减压尾油四组分组成的差异。

1.4 液化转化率的计算

甲苯焦收率：T－coke＝甲苯残渣/(干燥无灰煤＋原料油)×100%；

THF 焦收率：F－coke＝甲苯残渣/(干燥无灰煤＋原料油)×100%；

前沥青烯收率：PA＝甲苯焦收率－ THF 焦收率；

甲苯转化率：M_T＝(1－甲苯残渣)/(干燥无灰煤＋原料油)×100%；

THF 转化率：M_F＝(1－THF 残渣)/(干燥无灰煤＋原料油)×100%；

甲苯液化率：R_T＝(干煤－甲苯残渣)/干燥无灰煤×100%；

THF 液化率：R_F＝(干煤－THF 残渣)/干燥无灰煤×100%；

其中甲苯残渣为甲苯不溶物除去煤中灰分以及催化剂沉积后的焦量；THF 残渣为 THF 不溶物除去煤中灰分以及催化剂沉积后的焦量。

2 结果与讨论

2.1 负载和分散型催化剂对反应产物转化率的影响

由表 3、图 1、图 2 可以看出：

表 3 不同催化剂存在下的产物分布

制备方法		负载	分散	负载	分散	空白
催化剂		Fe^{2+}	Fe^{2+}	Fe^{3+}	Fe^{3+}	无
产品回收率 w_t/%	gas	7.00%	6.93%	7.76%	8.46%	9.82%
	gasoline	14.34%	11.84%	6.63%	16.74%	12.78%
	AGO	19.21%	16.54%	18.25%	15.81%	18.39%
	VGO	18.43%	19.42%	26.91%	23.07%	16.30%
	VR	36.07%	36.58%	33.68%	25.88%	23.78%
	T—coke	4.95%	8.69%	6.78%	10.04%	18.94%
	F—coke	4.50%	8.08%	5.77%	8.56%	17.42%

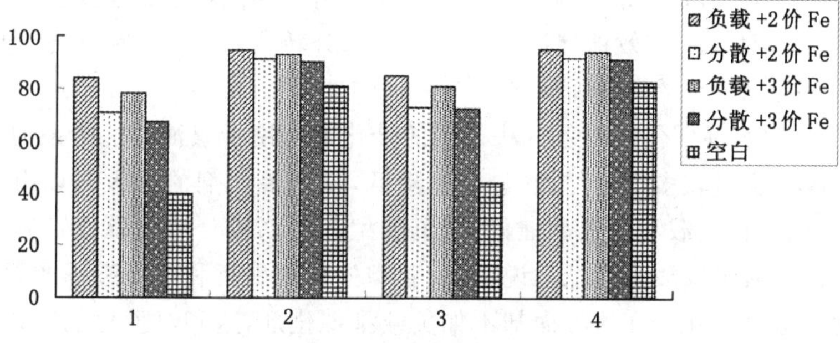

图 1 不同催化剂存在下的产物分析

1——R_T；2——R_F；3——M_T；4——M_F

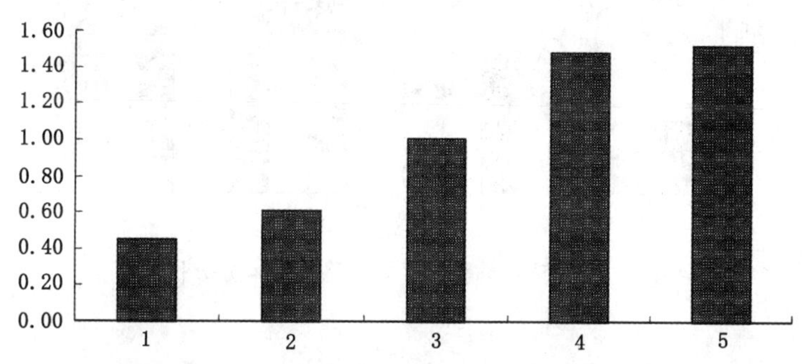

图 2 不同催化剂存在下的 PA 值对比

1——负载 Fe^{2+}；2——分散 Fe^{2+}；3——负载 Fe^{3+}；4——分散 Fe^{3+}；5——空白

(1) 与空白相比，四种催化剂都有不同程度的催化加氢及抑制生焦的能力，其中催化效果最差的分散 Fe^{3+} 的甲苯焦收率也仅为 10.04%，明显好于空白时的 18.94%。此外甲苯液化率和 THF 液化率相对空白均有大幅提高，催化剂的加入明显提高了煤的液化率。

(2) 对比催化剂制备方法，无论是 Fe^{2+} 还是 Fe^{3+}，均是负载型催化剂优于分散型催化剂的催化效果；对比催化剂前体，无论是负载还是分散，均是 Fe^{2+} 优于 Fe^{3+} 的催化效果。具体表现在负载 Fe^{2+}、负载 Fe^{3+}、分散 Fe^{2+}、分散 Fe^{3+} 的甲苯焦收率分别为：4.95%<6.78%<8.69%<10.04%，由此可知四种催化剂催化效果的优劣顺序为负载 Fe^{2+}>负载 Fe^{3+}>分散 Fe^{2+}>分散 Fe^{3+}。

(3) 四种催化剂对煤油共炼产物分布影响不同。一方面负载型催化剂较分散型催化剂的轻油收率(gasoline+AGO)高，而重油收率(VGO+VR)低，表现在负载型催化剂的轻油收率高于分散型催化剂分别为33.55%、28.38%，而重油收率则相反分别为54.50%、56.00%；另一方面对于不同催化剂前体，负载型催化剂作用下，Fe^{2+}对轻油收率的选择性优于Fe^{3+}，而Fe^{3+}对重油收率的选择性优于Fe^{2+}，而分散型催化剂作用下，规律则相反。

(4) 四种催化剂均不同程度上促进前沥青稀(PA)的生成。一方面分散型催化剂较负载型催化剂更能促进前沥青稀的生成，例如，负载Fe^{2+}、分散Fe^{2+}和空白时的PA值分别为0.45%<0.61%<1.52%；另一方面Fe^{2+}较Fe^{3+}能更大程度上促进前沥青稀向沥青稀的转化，两种催化剂制备方法下均是Fe^{2+}的PA值小于Fe^{3+}，其中负载下，Fe^{2+}、Fe^{3+}的PA值分别为0.45%、1.01%，而分散下，PA值则分别为0.61%、1.48%。

2.2 负载和分散型催化剂对减压尾油性质的影响

从图3和图4可以看出：

(1) 对比不同催化剂前体，共炼产物得到的减压尾油中，Fe^{2+}催化作用下的饱和分、芳香分含量较高，而沥青质含量较低，其中Fe^{2+}催化作用下减压尾油中的沥青质含量仅为28.74%，而Fe^{3+}为41.47%。说明Fe^{2+}在体系中能有效地促进沥青质向轻组分转化，而Fe^{3+}在这方面的效果却不是很明显，这和对催化剂前体催化效果的评价所得规律是一致的。

(2) 通过负载和分散两种催化剂制备方法得到的催化剂作用于煤油共炼体系时，与空白比较，渣油中饱和分、芳香分和胶质含量较多，沥青质含量明显降低，说明催化剂的加入可以有效促进渣油中沥青质向轻组分的转化。而对比负载和分散型催化剂，负载型催化剂较分散型催化剂在减压尾油中的饱和分+芳香分含量高，沥青质+胶质含量低。说明，负载型催化剂更有利于促进了沥青质+胶质向饱和分+芳香分的转化，而分散型催化剂在这方面却不如负载型催化剂，这和对催化剂制备方法催化效果的评价所得规律是一致的。

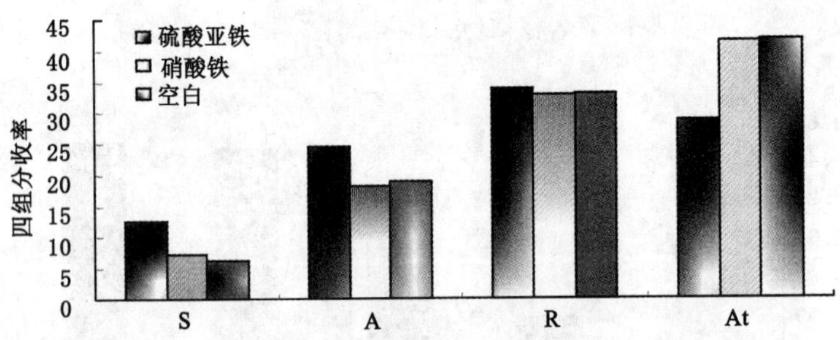

图3 催化剂不同前体下减压尾油四组分分析

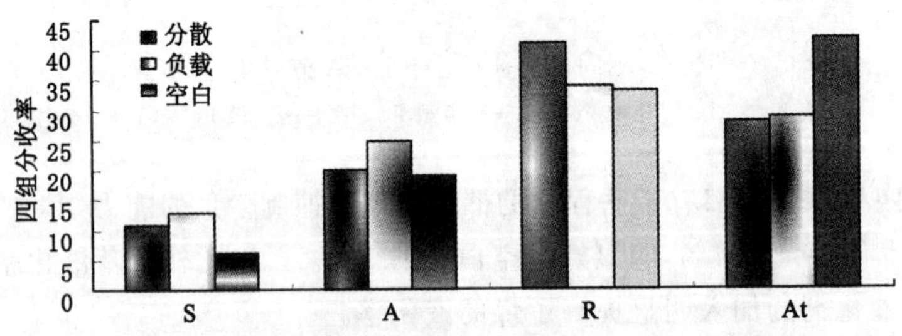

图4 催化剂不同制备方法下减压尾油四组分分析

2.3 负载和分散型催化剂对液化残渣性质的影响

从图5可以看出：

(1) 四种催化剂存在时，反应后的残渣在$2\theta=29.8°$、$33.8°$、$43.7°$处都有较尖锐的$Fe_{1-x}S$的特征峰，说明催化剂经过长时间高温后都聚结成焦。

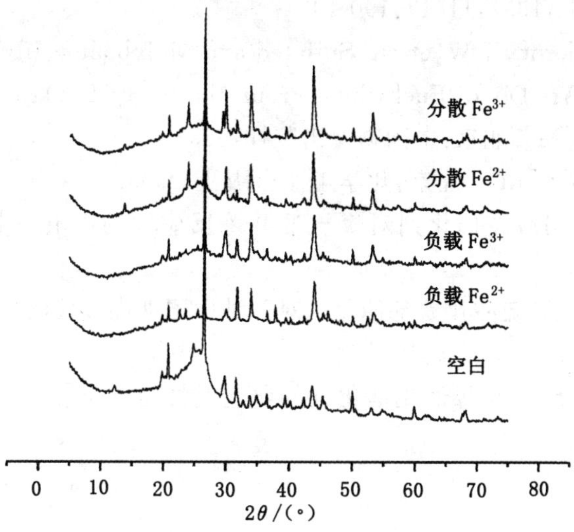

图 5　不同催化剂下液化残渣的 XRD 谱图

(2) 就 $Fe_{1-x}S$ 的特征峰的高低而言，不同催化剂制备方法比较时，负载型催化剂要比分散型催化剂下 $Fe_{1-x}S$ 的特征峰弱，而不同催化剂前体比较时，均是 Fe^{2+} 要比 Fe^{3+} 下 $Fe_{1-x}S$ 的特征峰弱。这和通过共炼反应对催化效果的评价规律一致，两种催化剂制备方法相比，无论是 Fe^{2+} 还是 Fe^{3+}，均是负载型催化剂优于分散型催化剂的催化效果，而两种催化剂相比，无论是负载还是分散，均是 Fe^{2+} 优于 Fe^{3+} 的催化效果。

3　结论

(1) 在内蒙古褐煤和 Du—84 油共炼体系中，负载型催化剂由于催化剂在煤表面发生了物理和化学的吸附，以及与煤表面的含氧官能团发生了反应，提高了催化剂与煤的接触程度，增加了催化剂的分散度，这就相应地提高了催化剂的活性。而分散型催化剂只是物理的分散状态，在发挥催化剂活性上能力一般。因此，负载型催化剂与反应体系的适应性更好，能更大程度上促进煤液化，而且对轻油收率的选择性以及在促进前沥青稀向沥青稀的转化方面也较分散型催化剂效果好。

(2) 负载和分散两种催化剂制备方法下均是 Fe^{2+} 的催化效果优于 Fe^{3+}，而且 Fe^{2+} 较 Fe^{3+} 能更大程度上促进前沥青稀向沥青稀的转化，表明 Fe^{2+} 较 Fe^{3+} 与反应体系的适应性好。由上述可知，催化剂的催化效果越好，煤的液化越完全，此时中间产物前沥青稀向液化产物沥青稀的转化越彻底。

(3) 由减压尾油四组分分析可知，Fe^{2+} 作催化剂时得到的渣油中，饱和分、芳香分含量较高，而沥青质含量较低，Fe^{2+} 更有利于促进沥青质＋胶质向饱和分＋芳香分的转化；而负载型催化剂较分散型催化剂在减压尾油中的饱和分＋芳香分含量高，沥青质＋胶质含量低，同样说明负载型催化剂更有利于促进了沥青质＋胶质向饱和分＋芳香分的转化。这和通过共炼反应考察催化剂对反应产物转化率的影响所得规律一致，液化率和转化率越高，减压尾油中重组分向轻组分转化程度越大。

(4) 由液化残渣的 XRD 表征分析可知，负载型催化剂要比分散型催化剂下 $Fe_{1-x}S$ 的特征峰弱，而 Fe^{2+} 要比 Fe^{3+} 下 $Fe_{1-x}S$ 的特征峰弱。这和通过共炼反应考察催化剂对反应产物转化率的影响所得规律一致，四种催化剂催化效果的优劣顺序为负载 Fe^{2+} ＞负载 Fe^{3+} ＞分散 Fe^{2+} ＞分散 Fe^{3+}，而液化残渣中催化剂的聚结程度大小顺序为负载 Fe^{2+} ＜负载 Fe^{3+} ＜分散 Fe^{2+} ＜分散 Fe^{3+}，催化效果越好，获得较低焦收率的同时，液化残渣中催化剂的聚结程度也越小。

参考文献

[1] Kotanigama T, Yamamoto M, Sasaki M, et al. Active Site of Iron Based Catalyst in Coal Lique-

faction[J]. Energy&Fuels,1997,11(1):190-193.

[2] Pradhan V R, Hu J , Tierney J W,et al. Sulfated and Molybdated Iron (III) Oxide Catalysts in Coal Liquefacation[J]. Acs Div of Fuel Chem Preprints,1993,38(1):8-13.

[3] 曹征彦.中国洁净煤技术[M].北京:中国物资出版社,1998.

[4] 高晋升. 煤炭直接液化技术[M]. 北京:化学工业出版社,2005.

[5] 王村彦,黄慕杰,吴春来.钼酸胺催化剂对煤-油共炼反应性的影响[J].燃料化学学报,2003,31(3):225～229.

[6] 张立安,杨建丽,刘振宇,等. 硫酸亚铁基催化剂对两种中国烟煤直接液化的催化作用[J].燃料化学学报,1999,27(12):35-36.

[7] 朱继升,杨建丽,刘振宇,等.先锋煤液化催化剂的研制及性能评价[J].燃料化学学报,1999,27(增刊):20～25.

煤矿综采工作面设备冷却水循环系统研究

刘大同

（大同煤矿集团有限责任公司　山西大同　037003）

摘　要　本文主要研究了适用于综采工作面符合井下防爆要求的热交换器和除垢器，进行了煤矿综采工作面运行设备冷却水冷却装置及循环系统开发和应用研究，取得了井下实用示范良好效果，获得了巨大的经济效益和社会效益。

关键词　综采；设备；热交换器；冷却水；循环系统

1　概述

在过去四十几年中，我国煤矿综合机械化（简称综采）开采装备由无到强，综采装备的装机功率不断增大，与其伴生的问题是综采设备全部采用了水冷却方式。因此，随着综采装备生产能力不断增大，冷却用水量也不断增加，其用水总量惊人，而且冷却水不能复用，直接排放到工作面中。由此还引发出开采出来的煤炭含水量多，对运输、筛选等后续工序极其不利。出现过煤泥涌突和冷冻堵塞事故，恶化了现场工作环境。以同煤集团塔山矿 8106 综合机械化放顶煤工作面设备的总装机功率达到了 8 033 kW，仅顺槽以里工作面设备冷却的功率为 6 505 kW，其冷却水额定用水量达到了 28 501 t/min，年用水量 65 万 t/a，可供 17 万人一年生活用水。对于缺水地区来说，无疑是巨大的负担。为此，提出了一种煤矿综采工作面运行设备冷却水冷却装置及循环系统。

2　国内外现状

目前国内外综采工作面设备的冷却全部采用经济、有效的水冷却方式，供水系统是开放式，冷却后的冷却水全部排放到原煤中去，由此带来了一系列前文所述的负面问题。为什么不采用闭式供水系统，循环利用冷却水呢？这里有个技术问题阻碍了闭式系统的采用。冷却水冷却设备后其水温升高，即第一个循环升温后的冷却水进入第二个循环再次被升温，如此往复下去，冷却水会达到高温平衡状态，此高温状态下的冷却循环系统已经失去了冷却功能。所以，至今没有井下综采工作面冷却水循环利用技术与设备。本文介绍一种煤矿综采工作面运行设备冷却水冷却装置及循环系统，阐述其基本原理、组成以及实用效果。

3　热交换器及冷却水循环系统

将综采工作面冷却系统设置成闭式循环系统，关键技术是研制实用型、适用于综采工作面、并符合井下防爆要求的热交换器，解决循环系统热结垢问题。

3.1　热交换器及循环系统的组成

井下有两种换热流体：一是井下工作面进风巷风流，另一种是综采工作面机电设备冷却水。根据换

作者简介：刘大同（1958—），男，教授级高级工程师。大同煤矿集团有限责任公司技术中心，矿山机电研究所所长，山西省大同市矿区同煤集团技术中心，037003。E-mail：ldt6345@163.com。

热流体类型、特点分析，选择冷却器换热形式：直接接触式换热器换热效率虽高，但是循环水容易受到污染，造成腐蚀或结垢严重的现象；间接接触式换热器的换热效率相对较弱，但是循环水不会受到矿井风流煤尘的影响，可以保证水质不被污染，这对于保证综采工作面设备冷却水水质稳定是必要的，因此冷却器的形式选择间接接触式换热器。在间接接触式换热器类型中，比较适合于"气—液"热交换的主要为翅片管式换热器。翅片管换热器是在管的表面加装翅片制成，当两种流体的对流传热系数相差较大时，在传热系数较小的一侧加翅片可以强化传热。

冷却箱体Ⅰ，在其内腔固定设置有风机Ⅱ、减速器Ⅲ、防爆电动机Ⅳ和热交换器Ⅴ，并由箱体形成空气冷却通道散热。该冷却装置底部设置有金属板，与标准矿用平板车Ⅵ固定可随综采工作面开采推进而在轨道上移动，适应综采生产工艺要求。冷却装置的上端管接口Ⅶ与综采工作面设备冷却回水管相接，被冷却后的水从冷却装置的下端管接口Ⅷ与冷却水补给箱进水口相接通，形成综采工作面设备运行冷却水循环冷却系统。组成图如图1所示。经计算和多因素考虑热交换器Ⅴ选择翅片换热管结构、平直翅片和变翅片间距形式，材料为铜管铜翅片材质。在换热器外形尺寸即高度、宽度和管总长度不变的前提下，采用变翅片间距结构的换热器比等翅片间距结构换热器的传热系数提高了 9.8%，且传热面积有所提高，通过提高传热系数和传热面积，从而达到强化传热的目的。结合井下环境参数设计冷却交换器的技术参数见表1。

3.2 热交换器及循环系统的工作原理

热交换器随综采工作面设备列车布置在工作面上顺槽，风机在迎风侧。冷却装置及循环系统的工作原理是，吸收了综采工作面设备热量的冷却水，通过回水管与热交换器的上端管接口Ⅶ相接，进入热交换器Ⅴ，直板式热交换器组成了"V"字封闭空间。防爆电动机Ⅳ经减速器Ⅲ和驱动风机Ⅱ，风机带动叶片高速旋转，产生高速风流。巷道风流加上风机高速风流沿"V"字封闭空间通过栅格散热片排出，并带走热量，完成显热交换。被降了温的冷却水再由热交换器的下端管接口Ⅷ排出，供给于补给水箱。

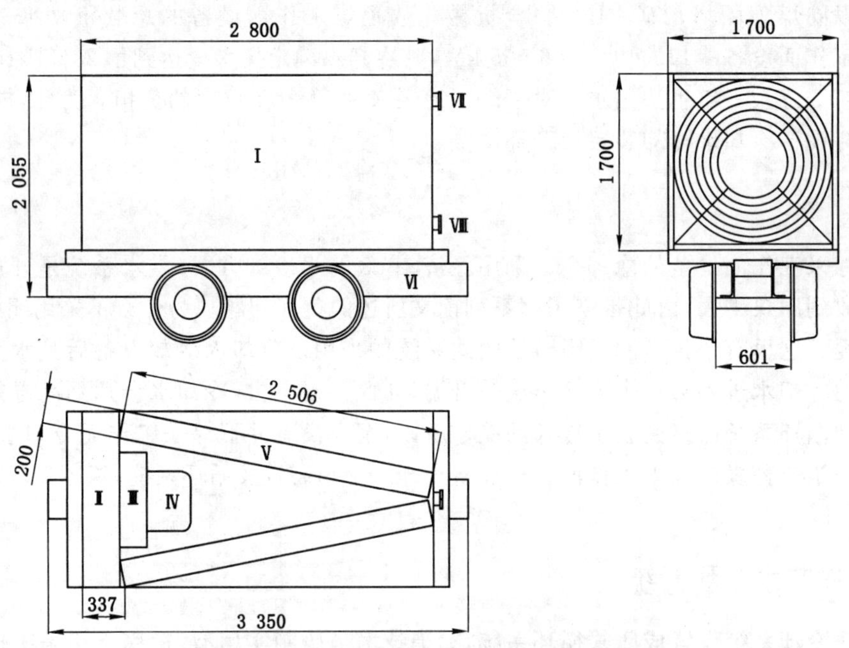

图1 煤矿综采工作面运行设备冷却水冷却装置结构示意图

表1 **冷却交换器技术参数表**

风量	风压	传动方式	电机功率形式	风机形式	盘管规格	结构
24 000 m^3/h	全压 500 Pa	直连传动	7.5 kW 防爆	玻璃钢防爆轴流式	铜管 ϕ16 铜翅片	铝合金框架结构

3.3 实用情况及测试

在塔山矿 8106 综放工作面进行了工业性实用示范，热交换器如图 2 所示，冷却供水系统如图 3 所示。

图 2 热交换器在塔山矿井下 8106 综放工作面使用情景

冷却工序和水量平衡及其水温关系是，地面来的自来水(15 ℃)首先进入水由浮球水阀控制补给水箱，水箱中自来水与循环回馈水(20 ℃)混合(19 ℃)进入供水管路。大部分水量供给转载机、破碎机、前后刮板输送机的电机、耦合器和减速器的冷却水套冷却设备，显热温度(32 ℃)。经热交换器出水管(20 ℃)回馈水箱，一小部分供给采煤机冷却与内外喷雾和工作面生产用的如防尘喷雾，这部分水量就是地面自来水补给量。所以，采用热交换器循环闭式供水系统后，可对 7/8 的水量进行循环再利用。

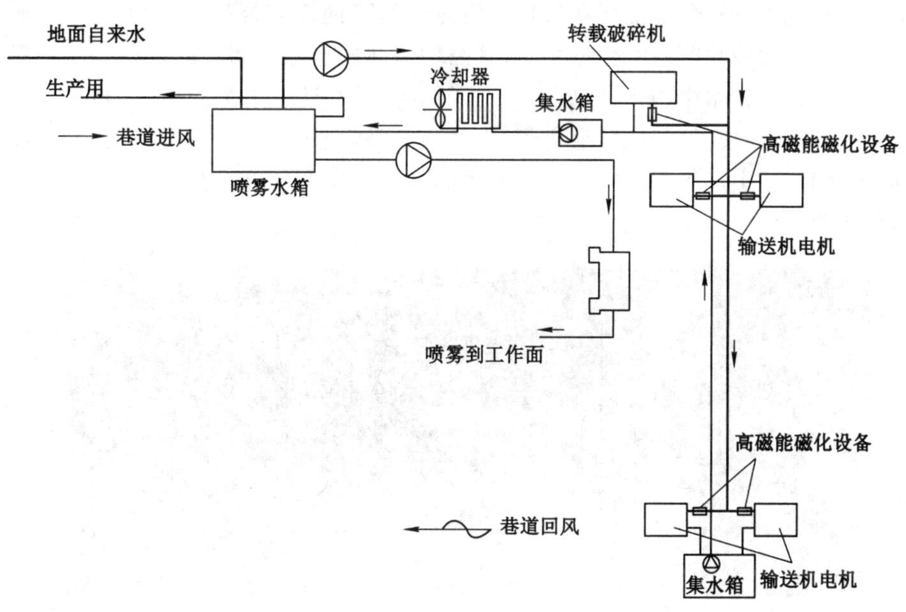

图 3 冷却供水系统

对系统进行观测，数据统计如图 4 所示。在巷道风速(3.6 m/s)下，热交换器进水温度平均是 32 ℃，出水温度平均是 20 ℃，即冷却效果为 12 ℃。当风机运行后(增加风速 2.3 m/s)，出水温度再降 2 ℃，达到 18 ℃。

由实验结果可知，因为进风顺槽内风速较大，仅依靠巷道风速情况下，换热效果已经非常明显了，因此，风机设置成自动控制系统，当系统水温达到设置高温上限时自动启动，以此来调节热量平衡及节省电量。对环境温度监测结果是，在布置热交换器前侧，进风巷道内风温17 ℃，热交换器后侧混合区域巷道内温度略有升高，平均温度19 ℃，满足综采工作面风温控制要求，对周围工作人员及设备无影响。

在循环系统的回水管路中增加了集水箱(1.1 m×0.6 m×0.7 m)，用潜水泵增压回水，目的保持系统水流稳定和防备电机因水压高(≤2 MPa)造成冷却器泄漏损坏设备。电机冷却器耐水压力达到≤5 MPa时可以不设置集水箱，系统更简化。

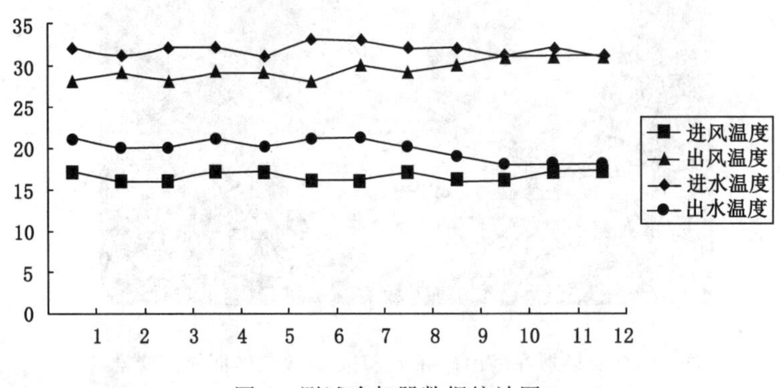

图4　测试冷却器数据统计图

3.4　循环系统热结垢治理

冷却水中含有各种盐类，特别是钙镁的重碳酸盐，在循环过程当中，由于温度的升高、盐类的浓缩，形成比较坚硬的碳酸盐水垢。水垢会阻碍传热效果，同时减少冷却水的流量，甚至堵塞冷却水管道，这不仅降低了冷却效果，还会造成金属的垢下腐蚀，缩短设备的使用寿命。

如图5所示，在转载机、破碎机、前后刮板输送机冷却水套前安装高磁除垢设备。以强磁能方式作用于管内流体，流体受磁力线切割后产生电场，将管路中流体的正电荷离子强迫暂时性改变为负电荷来交换水分子和矿物质离子，使水中的钙、镁离子与电子结合，使其暂时失去阳离子的功能，因此在长期循环加热过程中不会与其他负离子(如硫酸根离子)结合，也即转变成不结垢的离子化水。另外，磁化水和溶液器壁上水垢接触时，会引起水垢结构中的结晶水的数量发生变化，使硬水中的硬盐晶格结构改变和破坏，导致老垢和器壁的结合部位被浸透，破裂、剥离、脱落，这样就达到了除垢的目的。

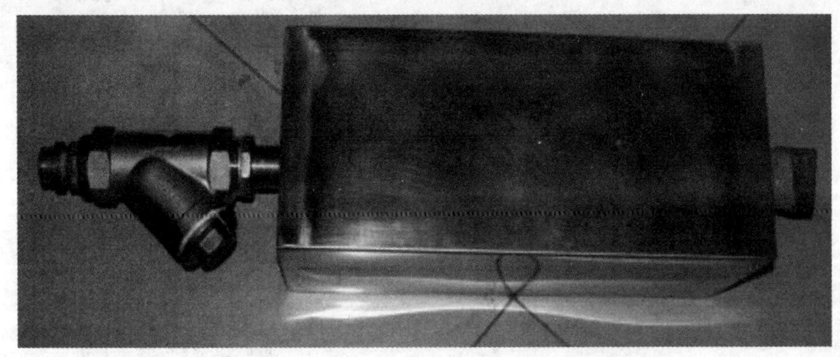

图5　高磁除垢设备安装外观图

3.5　实用效果及分析

通过塔山煤矿综采工作面设备实施冷却水优化利用研究，大量减少综采工作面内电机设备冷却水的用量，实测月节约用水量46 872 t，年节约水量56.2万t。

节约水资源，降低了水的处理费用和输送成本，年节支费用可达到 827.27 万元。分析见表 2。

表 2　　冷却水循环系统年节约费用分析

序号	分项	节约费用/万元
1	节约购置水费/7.35 元 · t^{-1}	413.07
2	节约运输费用/5 元 · t^{-1}	281
3	节约水提升和输送费用/2 元 · t^{-1}	112.4
4	节约除冰人工费用	10.8
5	节约维修、除垢及材料费用	10
总计		827.27

冷却装置及循环系统特点

(1) 防爆风机、热交换器、矿车组成可移动式冷却水循环系统；

(2) 直板式热交换器组合成“V”字封闭空间，既提高了热交换效率，又减小了冷却装置的体积。达到了体积小效率高效果。

4 结语

利用井下巷道风力通过热交换器置换出冷却水热能技术原理，开发形成的煤矿综采工作面运行设备冷却水冷却装置及循环系统，可以解决两个长期困扰煤矿综采设备冷却水循环利用的重大难题，一是减少水资源的消耗，特别是煤炭资源丰富但是水资源严重匮乏的西北地区，意义重大；二是减少煤泥泛滥事故，减小井下煤炭输送、选煤中的能源消耗；其经济效益和社会效益巨大。

煤矿井下岩石源热泵应用及经济性分析

张国安

[开滦(集团)有限责任公司集团　河北唐山　063200]

摘　要　岩石源热泵是指利用地下岩石层中的低品位热能和岩石层蓄热性能的一种新型热泵系统,作为一项新技术,在国内尚处于初步开发利用阶段。本文对岩石源热泵的工作原理及热能利用方式进行了分析,结合工程实例,将岩石源热泵与集中式空调、分体式空调、锅炉集中采暖供热的制冷(采暖)的经济性能进行分析比较,指出岩石源热泵系统是一种性能良好、可行且无污染的热泵技术。

关键词　岩石源热泵,煤矿井下热能利用,节能,运行经济性分析

1　引言

长期以来,我国以煤为主的能源结构对我国的环境产生了较大影响,因此,不断提高可再生能源在能源结构中的比重,是解决由于能源利用而引发的环境问题的最有效方法。地热能相对于风能、太阳能等可再生资源,是唯一不受天气、季节变化影响的可再生能源,主要包括地下土壤、岩石及地下热水中的能量。按照地热的分布情况,可将其分为浅层地热(地下 200 m 左右)和深层地热(地下 1 000 m 以下),其中深层地热以岩石热为主,由于施工难度较大,目前未能大范围推广使用。

开滦集团始建于 1878 年,已有 130 多年开采历史,被称为中国煤炭工业的源头,近年来,随着节能减排工作的不断开展,开滦集团加大投入力度,建成近百项节能减排示范工程,取得了非常显著的经济和社会效益。煤矿井下巷道岩体中蕴藏着非常丰富的低温地热资源,井下巷道岩石的温度可常年维持在 20 ℃左右,是非常好的热泵冷、热源,同时利用煤矿巷道,可缩减大量的打井工作量,降低了施工难度。通过对井下岩石热能的研究可实现井下能量井上利用,提取井下岩石的热能解决井上建筑物的供冷取暖需求,同时提取矿井岩石热量后,可降低岩石的散热量,进而降低井下工作面的温度。

2　井下岩石源热泵系统

图 1 是井下岩石源热泵系统图,系统包括冷凝器、压缩机、蒸发器、膨胀阀、高承压换热器、热用户末端系统、热泵机组、水源系统、岩石埋管。以冬季用户采暖为例进行说明。冬季用户的供暖水温为 45 ℃,回水温度为 40 ℃,采暖区循环回水经冷凝器、膨胀阀、蒸发器后在井下的高承压换热器中与井下地埋管部分进行热交换,吸收热量后,水温升高,经蒸发器、压缩机、冷凝器后温度升高到 45 ℃,供用户使用,完成一个循环。

井下的高承压换热器将水源部分与地埋管部分隔离开,其中高承压换热器的管程走水源侧循环水,冬季进出水温度为 8 ℃/13 ℃,工作压力为 7.0 MPa。承压换热器的壳程走井下换热循环水,冬季进出水温度为 15 ℃/10 ℃,工作压力为 0.2 MPa。通过井下岩石埋管循环后,冬季可将水温提高 5 ℃,明显

作者简介:张国安,男,开滦集团公司副总工程师。

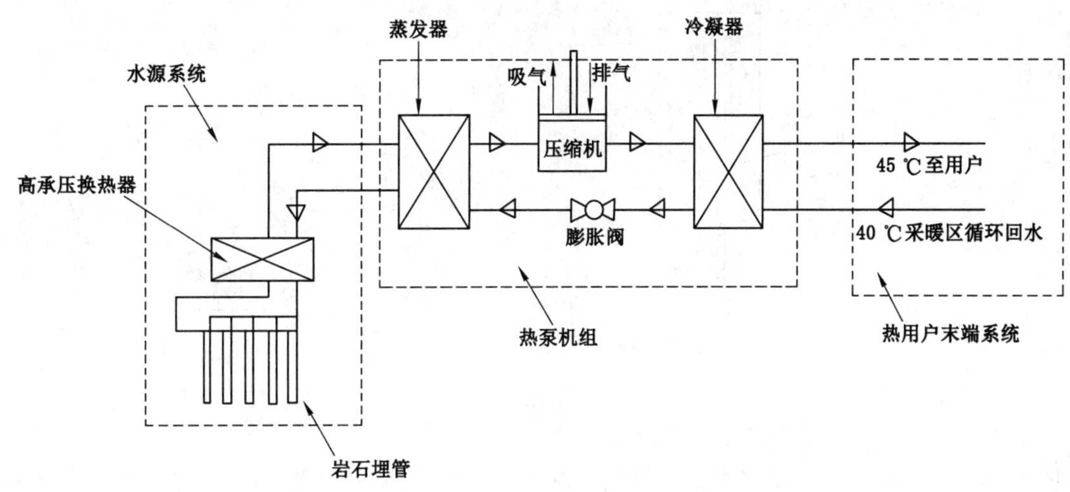

图 1　井下岩石源热泵系统图

高于传统的地源热泵系统。

3　岩石热能利用示范工程建设

3.1　设备选型

整个系统冷负荷为 87.12 kW，热负荷为 87.12 kW，考虑一定的富余量，选择型号为 HSSM/ZR—60F(S)E 的模块式地下环路式水源热泵机组两台。在设计工况下机组夏季性能系数 COP＝5.02，冬季性能系数 EER＝3.59。设备参数如表 1 所示：

表 1　　环路式水源热泵机组参数

型号	制冷		制热		用户侧		水源侧	
	名义制冷量 /kW	输入功率 /kW	名义制热量 /kW	输入功率 /kW	流量 /$m^3 \cdot h^{-1}$	压损 /kPa	流量 /$m^3 \cdot h^{-1}$	压损 /kPa
HSSM/ZR—60F(S)E	61.3	12.2	51.8	14.4	10.5	60	12.7	62

3.2　系统搭建

本项目建筑为开滦唐山矿机电科办公楼及会议室，占地面积约为 600 m^2，建筑空调系统供回水管主管道通过直埋敷设的方式接入机房。水源侧循环水管道从机房接出，接到新敷设的 ϕ108 的管道，从而到达 600 m 深的井下巷道，接入承压换热器，作为高承压换热器的高承压侧。在井下巷道打 80 m 深的孔，所有 U 型管换热后接入水平主管道从而接入承压换热器的低承压侧。

示范项目施工地点位于唐山矿九水平巷道内，钻孔数量为 26 孔，钻孔深度最浅处为 43.03 m，最深处为 80.80 m，累积钻探进尺为 1 956.28 m，钻孔孔径为 108 mm，钻孔角度为上仰 5°。地埋管由于长期处于岩石层中，故材质选用 HDPE 管，换热管管径为 DN32。回填材料为水泥，所用水泥质量为 59.8 t。机房和井下巷道中分别安装一套配电系统。整个系统经过水压试验确认合格后才能开始使用。

4　井下岩石热泵机组的运行情况及经济性分析

唐山矿 A 区机电科办公楼采用地源热泵系统集中供冷和供暖方式，由于办公楼内夜间也有工作人员，所以此系统的运行时间为每天 24 h 运行。为了使成本分析更具有可比性，本方案分别假设全部房间均采用分体空调以及中央空调冷水机组。

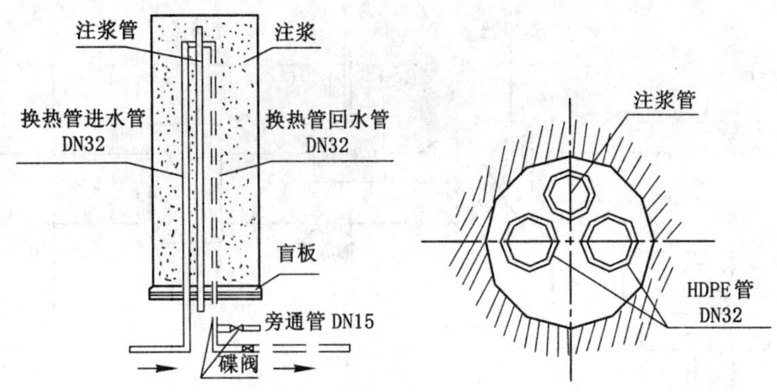

图2　岩石内埋管示意图

唐山地区供冷季约为90 d,冬季供暖时间120 d,设备每天运行时间为24 h。唐山矿平均电价:0.52元/kW·h。

4.1　制冷工况

4.1.1　分体式空调

空调的1匹是指制冷量约为2 000大卡,换算成国际单位约为2 324 W,则1.5匹的制冷量约为3 486 W。根据唐山矿机电科办公楼的冷负荷需求,如果将现有机电科的办公楼的制冷全部采用1.5匹的分体机,则需要分体机约64台。

(1) 分体式空调初投资

目前市场上1.5匹分体空调的价格大约在3 000元/台,则64台空调的采购价格大约为192 000元。

(2) 分体式空调运行费用

由于分体式空调的主要耗电量来自于压缩机的做功,室外温度变化以及室内温度设定等原因导致压缩机不是一直保持在100%做功的工况,所以考虑开机系数为0.8。

分体空调耗电量=1匹空调耗电量×1.5匹×台数×开机时间×开机系数

=735 W/匹÷1 000×1.5匹×64台×24 h×90天×0.8

=121 928 kW·h

分体空调运行费用=121 928 kW·h×0.52元/kW·h = 63 403元

4.1.2　集中式空调

(1) 冷水机组系统初投资

根据唐山矿A区机电科办公楼负荷需求,冷源选用水冷式冷水机组,系统包括冷水机组、冷冻水循环泵、冷却水循环泵、冷却塔、软化水装置、定压补水装置、风机盘管及设备连接管道。系统的初投资大约为326 700元。

(2) 冷水机组系统运行费用

中央空调冷水机组系统所有用电设备功率如表2所示:

表2　　**中央空调冷水机组系统所有用电设备功率**

编号	设备	功率	使用台数	总功率
1	冷水机组	20.3	2	40.6
2	冷冻水泵	5.5	1	5.5
3	冷却水泵	11	1	11
4	冷却塔	1.1	1	1.1
5	冷冻水定压补水装置	0.75	1	0.75

由于室外温度变化以及室内温度设定等原因导致机组不是始终保持满负荷运行，为了更精确的计算出中央空调冷水机组系统的运行费用，如表 3 所示：

表 3　　中央空调冷水机组运行费用

运行季节	设备名称	合计功率/kW	运行天数/d	每天运行时间/h	时间百分数/%	负荷百分数/%	耗电量/kW・h	总计	平均电费元/kW・h	运行费用元
夏季	冷水机组	40.6	90	24	10	90	7 893	46 040	0.52	23 941
					55	60	28 940			
					35	30	9 208			
	水泵风机	18.35	90	24	10	90	3 567	20 809	0.52	10 821
					55	60	13 080			
					35	30	4 162			
合计								66 849		34 762

通过以上计算即可得知采用系统整个供冷季耗电量为 66 849 kW・h。运行费用为 34 762 元。

4.1.3　地源热泵系统运行费用

7 月 19 日起至 7 月 30 日止，在地源热泵机房内安装电表，每周定期对电表数进行采集，数据结果如表 4 所示：

表 4　　地源热泵系统耗电量

日期	时间	表底数	耗电量	累积小时数	平均每小时耗电量
7 月 19 日	9：00AM	15 984	—	—	—
7 月 26 日	9：00AM	21 068	5 084	168	30.26
7 月 30 日	3：00PM	24 128	3 060	102	30.00

从以上数据可以看出地源热泵系统每小时额定功率约为 56.55 kW，从 7 月 19 日早 9 点起至 7 月 30 日下午 3 点之间，地源热泵系统平均每小时的耗电量约为 30 kW，占额定功率的 53%左右。

由于室外温度变化以及室内温度设定等原因导致机组不是始终保持满负荷运行，为了更精确地计算出地源热泵系统的运行费用，如表 5 所示：

表 5　　岩石热泵系统运行费用

运行季节	设备名称	合计功率/kW	运行天数/d	每天运行时间/h	时间百分数/%	负荷百分数/%	耗电量/kW・h	总计	平均电费/元・(kW・h)$^{-1}$	运行费用/元
夏季	热泵机组	22.8	90	24	10	90	4 432	25 855	0.52	13 445
					55	60	16 252			
					35	30	5 171			
	循环水泵	33.75	90	24	10	90	6561	38 273	0.52	19 902
					55	60	24 057			
					35	30	7 655			
合计								64 128		33 346

通过以上计算即可得知采用地源热泵系统则整个供冷季耗电量为 64 128 kW・h。运行费用

为33 346 元。

4.1.4 地源热泵系统空调与其他系统运行费用比较

(1) 地源热泵系统空调与分体式空调运行费用比较

耗电量比较:121 928 kW·h－64 128 kW·h＝57 800 kW·h,运行费用比较:57 800 kW·h×0.52元/kW·h＝30 056 元。结论:采用地源热泵系统,与原有分体式空调相比较,每个制冷季可节省电量 57 800 kW·h,节省运行费用 30 056 元,节能效果明显。

(2) 地源热泵系统空调与中央空调冷水机组运行费用比较

耗电量比较:66 849 kW·h－64 128 kW·h＝2 721 kW·h,运行费用比较:2 721 kW·h×0.52 元/kW·h＝1 415 元。采用地源热泵系统与中央空调冷水机组相比较,每个制冷季可节省电量 2 721 kW·h,节省运行费用 1 415 元。现有机电科办公楼建筑面积小,地源热泵系统节能优势并不明显,主要原因是井下系统多耗费一套循环系统,但是一旦大面积推广使用后,井下输送的能耗所占比例将是很小一部分,所以节能优势也会变得明显。

4.2 制热工况

4.2.1 采用小型燃煤锅炉

按照唐山矿 A 区机电科办公楼总供暖面积是 1 089 m^2,按耗热量指标为 80 W/m^2 计算,运行时间为 120 d,每天运行按 24 h 计算,总计功率为 65 340 W。按照燃用无烟煤考虑,低位发热值为 25 000 kJ/kg,考虑锅炉和管网的综合效率为 40%左右,整个供暖期耗煤约为 90.3 t,按照目前市场 700 元/t 价格计算,费用约为 63 210 元。此外,此项还没有考虑水泵和风机电费,因而实际费用会更高。

4.2.2 采用城市热力

按照唐山矿 A 区机电科办公楼总供暖面积是 1 089 m^2,目前城市热力费用为 34.3 元/m^2,运行费用为 37 352.7 元。

4.2.3 采用岩石热泵系统

2012 年 11 月 15 日起至 2013 年 3 月 7 日止,通过读取安装在地源热泵机房的电表,定期对电表读数进行采集,数据结果如表 6 所示:

表 6 冬季岩石源热泵系统耗电量统计

日期	时间	表底数/kW	耗电量/kW	累积小时数/h	平均每小时耗电量/kW
11 月 15 日	9:00AM	41 988	—	—	—
1 月 14 日	9:00AM	77 657	35 669	1 416	25.18
2 月 1 日	9:00AM	88 140	10 483	432	24.26
2 月 25 日	9:00AM	101 320	13 180	576	22.88
3 月 7 日	9:00AM	103 856	2 536	240	10.56

岩石热泵系统热泵机组和循环水泵总计功率约为 56.55 kW,运行时间为 111 d,每天运行按 24 h 计算,总设计功率为 85 504 kW。实际运行工况下,地源热泵系统平均每小时的耗电量约为 20.72 kW·h,实际运行耗电量为 61 868 kW·h,占额定功率的 72.3%左右,平均电价为 0.52 元/kW·h,运行费用为 32 171.36 元。

4.2.4 分体式空调运行费用

分体空调耗电量＝1 匹空调耗电量×1.5 匹×台数×开机时间×开机系数

＝735 W/匹÷1 000×1.5 匹×64 台×24 h×120 天×0.8

＝162 570 kW·h

分体空调运行费用＝162 570 kW·h×0.52 元/kW·h＝84 536 元

4.2.5 集中式空调运行费用

冷水机组和水泵风机总计功率约为 59 kW,运行时间为 120 d,每天运行按 24 h 计算,总计功率为 89 132 kW,运行费用为 46 348 元。

以上分析表明,五种供暖方式中,分体式空调运行费用最高,为 84 536 元,其次是小型燃煤锅炉,供暖费用 63 210 元;岩石热泵系统运行费用最低,为 32 171.36 元。采用岩石热泵系统的 COPh 达到 5.2。

2012 年制冷季及 2013 年供暖季统计数据如表 7 所示。

表 7　　2012 年制冷季及 2013 年供暖季统计数据

相关参数	供暖季	制冷季
主楼建筑面积	1 089 m^2	1 089 m^2
用电量/kW·h	61 868	64 128
实际运行天数	111 天	90 天
单位用电量/kW·h·$(m^2d)^{-1}$	0.511	0.654
折算标煤/kg·$(m^2a)^{-1}$	20.079	20.836

为方便对比分析,对同一系统进行对比时,折合电耗单位为千瓦·时/每平方米·每天(kW·h/m^2d);对不同系统进行对比时,折合为标煤千克/每平方米·每年(kg/m^2a),在将电耗折合成标煤数据参考年 2011 年全国平均火力发电煤耗,即 1 kW·h 电力折合为 354 g 标准煤。

不同空调系统总能耗统计如表 8 所示。

表 8　　不同空调系统总能耗统计表

统计周期 / 系统类型	采暖季折算标准煤 /kg·$(m^2a)^{-1}$	制冷季折算标准煤 /kg·$(m^2a)^{-1}$	年折算标准煤 /kg·$(m^2a)^{-1}$
分体式空调+城市热网	27.48	39.634	67.114
分体式空调+锅炉房采暖	59.229	39.634	98.863
分体式空调	52.84	39.634	92.474
集中式空调	28.974	21.731	50.705
井下岩石源热泵	20.079	20.836	40.915

如图 3 所示,为统一衡量标准,将不同系统类型的能源消耗统一换算为标准煤的形式,其中分体式空调、集中式空调,井下岩石源热泵的换算均是将电耗折合成标煤数据,参考年 2011 年全国平均火力发电煤

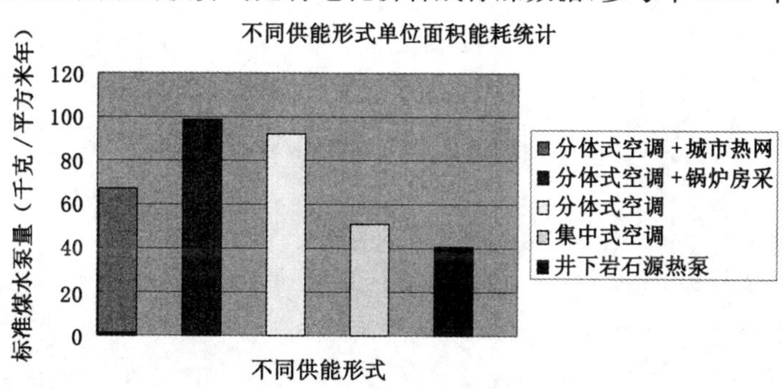

图 3　不同供能形式单位面积能耗统计

耗,即 1 kW·h 电力折合为 354 g 标准煤;城市热网参考 2011 年全国城市热网的平均标准煤耗费量,数值为27.48 kg/m²a;锅炉房采暖的能耗采用烟煤的折标系数进行计算,锅炉采暖的耗煤量×0.714 3=标准煤耗量。通过比较可以看出,井下岩石源热泵的能耗是最低的。

5 结论

在我国拥有大型煤矿的地区,利用岩石源热泵技术可实现夏冬两季冷暖联供。若将岩石源热泵系统推广之后,可解决唐山市区 100 万 m² 以上的建筑供热问题,将大大改善唐山市区城市供热紧张的局面,并可改善建筑能耗的能源结构,强化节能减排效果。通过不同形式采暖制冷的能耗统计可以发现,井下岩石源系统的能耗最低,仅为每年 40.915 kg/m²,根据测算,唐山矿地下矿体地热资源总量达到 5.2×1 013 kJ,单项取热的条件下可使用 125 年。尽管岩石源热泵系统的应用还存在诸如其区域性强,初投资较高,缺少动态特性研究等问题,但是随着科技的进步和工程技术人员的不懈努力,这些问题都将得到很好的解决。

参考文献

[1] 柴立龙,马承伟,张义,等.北京地区温室地源热泵供暖能耗及经济性分析[J].农业工程报,2010,26(3):249-254.

[2] 张昌,胡平放,陈焰华,等.热泵技术与应用[M].北京:机械工业出版社,2005.

[3] 李琼.地源热泵及其优越性[J].山西建筑,2010,36(19):170-171.

[4] 贾孟立,侯中兰,等.地源热泵与常规供暖的经济性比较[J].可再生能源,2005 (5):271-272.

[5] 龚延风.空气源热泵全年运行的经济性分析[J].流体机械,2002,30(3):58-62.

高等级公路采动变形多源监测和沉陷治理技术

史衍让　张广君　唐存彬

（南屯煤矿　山东邹城　273500）

摘　要　文章采用多源监测手段对邹济公路沉陷变形进行监测，其中重点阐述了 D—Insar 技术监测高等级公路的方法及数据处理过程。在此基础上，揭示了高等级公路采动破坏机理，提出了采动变形破坏设防指标，提出变形破坏监测、预报和预警一体化技术方法，系统提出了高等级公路维护治理技术措施。

关键词　高等级公路；变形破坏；多源监测；沉陷治理技术

1　概述

高等级公路车辆运行速度高、密度大，对开采沉陷损害极为敏感，实现高等级公路压覆煤炭资源的安全开采是煤炭行业面临的重要难题。邹济公路(邹城至济宁，I级公路)压覆南屯煤矿煤炭资源 3 517.7 万 t，压覆 18 个采煤工作面，在保障公路安全运行的前提下，开采其压覆的煤炭资源对提高资源采出率、延长矿井服务年限具有重要价值和现实意义。对此，南屯煤矿与中国矿业大学合作，围绕采动区高等级公路变形破坏机理、采动破坏形式以及变形设防指标、采动区高等级公路监测、预测和预警及维修治理技术方法等问题开展研究，取得了良好效果。

2　高等级公路采动破坏机理及其设防指标

2.1　高等级公路采动破坏机理

现场调研表明：采动区高等级公路破坏形式包括大范围下沉、路面裂缝、路面隆起、路面空间几何形态改变等几种形式。

路面裂缝主要发生在采空区的边缘拉伸区域，路面承受的拉伸变形超过其抗拉强度，产生大量的贯通型拉伸性裂缝，裂缝密集，裂缝之间距离约 2～3 m；另外，在工作面中部也零星发育有拉伸性裂缝，其裂缝宽度、裂缝延伸性远小于工作面周边区域，该区域的拉伸性裂缝主要由地表动态变形产生，当工作面推过该区域后裂缝部分闭合，最终形成一些零星、非贯通性裂缝，零星裂缝产生的间距大致相等，在新邹济公路南屯段，这一间距大致为 30～40 m。

路面裂缝发育的形式与工作面与公路的相对空间位置关系有关，当工作面推进方向与公路纵线方向相平行时，主要在公路纵向发育裂缝；当工作面推进方向与公路纵向垂直时，主要在公路横向发育裂缝；当两者之间斜交时，往往在路面形成大量杂乱的纵横交错的裂缝。

在采空区中部，公路主要承受压缩变形，当压缩变形超过路面所能承受的抗压强度时，路面发生隆起现象；当压缩变形进一步增加时，路面隆起现象加剧，甚至发育有明显的台阶，新邹济公路检测区最大台阶落差达 15 cm。压缩变形产生的路面隆起对行车安全有巨大威胁，极易发生跳车事故。

作者简介：史衍让，男，1967 年 4 月生人，本科，1991 年毕业于山东矿业学院煤田地质与勘探专业，高级工程师，现任兖矿集团南屯煤矿地测科科长。通讯地址：山东省邹城市南屯煤矿地测科；邮编：273515；E-mail：ntsyr@163.com

2.2 高等级公路破坏等级划分

结合现场调研裂缝情况以及地表移动监测站监测结果，考虑公路破坏对使用者影响程度，参照公路工程技术相关标准规定，选择路面裂缝宽度、台阶高度、路面隆起高度、车辆通过性等几个指标作为采动区高等级公路破坏分级指标，将采动区高等级公路破坏分为轻微影响、轻度破坏、中度破坏和严重破坏四类，并给出相应的采动变形控制指标和治理对策，详见表1。

表1　　高等级公路采动变形破坏分级指标

路面移动与变形				公路破坏情况	破坏等级	处理方式
下沉	倾斜变形	压缩变形	拉伸变形			
≤200	≤2	≤0.5	≤0.5	采动变形对公路影响轻微，公路上产生不大于2 mm的裂缝，路面基本无隆起现象，行车无不适感	轻微影响	不修
≤500	≤3	≤1.5	≤1.5	采动变形对公路有明显的影响，公路上产生不大于15 mm的裂缝，压缩区路面隆起、台阶落差不大于50 mm，影响路面行车速度提高，路面存在明显块状龟裂，路面细集料散失，脱皮，麻面，行车有不适感	轻度破坏	小修
≤1 500	≤6	≤3	≤3	采动变形对公路产生破坏性影响，公路产生不大于40 mm的裂缝，压缩区路面隆起、台阶落差不大于100 mm，对车辆通过性有一定影响，容易引发跳车事故，大幅度降低路面行车速度，路面裂块、破坏，粗集料散失，多量微坑，行车颠簸不适	中度破坏	及时维修
>1 500	>6	>3	>3	采动变形对公路产生严重破坏性影响，公路产生大于40 mm的裂缝，或者产生密集的裂缝区，压缩区路面隆起、台阶落差大于100 mm，路面碎裂、崩断，车辆通过性差，行车困难，路面积水	重度破坏	禁行或局部路段再造

3 高等级公路采动变形监测、预警一体化技术

3.1 基于D—Insar技术的高等级公路沉陷变形多源监测技术

高等级公路变形破坏监测、预报和预警是采动区高等级公路安全运营的重要技术保障。常规水准测量方法单点精度高，但监测数据少，反演求参数稳定性和可靠性较差，不能反映区域的变形和破坏情况。D—InSAR(差分合成孔径雷达干涉测量)技术是近些年发展起来的监测地表沉降的新技术，该方法能够获取整个区域的地表沉降数据，监测数据多，分布均匀，有利于反演求参数、建模进行预报、预警和区域沉降的监测，但D—InSAR数据单点精度较低。研究表明D—InSAR数据监测误差成分主要为系统误差。因此，提出采用融合水准测量数据和D—InSAR数据进行高等级公路变形破坏的监测技术，在此基础上结合开采沉陷理论提出了采动区高等级公路变形、破坏监测、预报及预警一体化技术方法。

从影像分辨率、回访周期、可获取性等几个方面考虑，结合邹济公路地表沉陷特点，选择采用欧空局的TerraSar影像，影像分辨率2.5 m，回访周期11天。采用“二轨”差分方法，获得了邹济公路地表移动和变形情况及其演化过程。将其与水准测量结果比较，评定其监测中误差不超过20 mm，见图1。

为消除D—Insar数据监测结果与常规水准测量结果之间的差异，提高D—InSAR监测的精度，提出了一种基于数据同化的D—InSAR时间序列数据重构思路。用集合卡尔曼滤波进行D—InSAR与水准实测数据的同化，以D—InSAR监测值为背景场，水准数据为观测场，给定背景场的标准差为0.5，

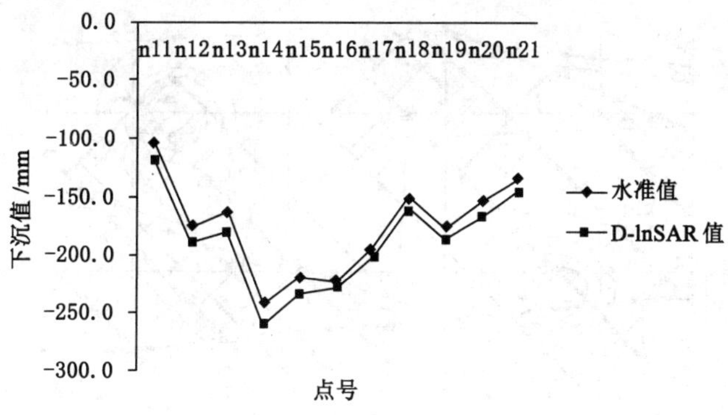

图 1　D—InSAR 数据与水准数据对比

动态观测噪声比例系数等于 10%，分别应用 Monte Carlo 模拟产生集合等于 100 的初始下沉值集合和各监测时刻的高斯白噪声。建立 EnKF 同化模型，对水准数据和 D—InSAR 数据进行同化，数据同化后均方差和标准差均大幅度降低。图 2 为采用水准数据优化后的 D—InSAR 数据。采用数据同化融合多源数据，进行邹济公路采动过程中的地表沉陷监测，图 3 为部分监测结果。

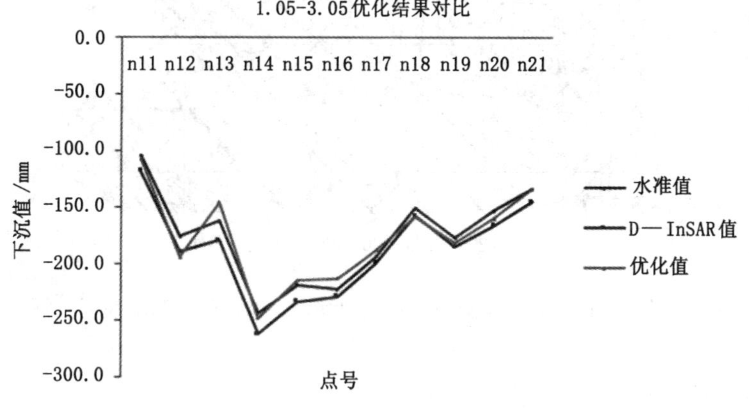

图 2　$93_上$ 10 工作面水准、D—Insar 数据同化结果

分析 D—Insar 监测结果可以清晰看出沉陷盆地演化的动态过程，所揭示的地表移动动态变形规律与开采沉陷规律相一致。

3.2　公路的采动变形破坏的预报和预警

为保障公路的安全运行以及便于公路部门选择维修时机、评估维修工作量，建立公路的采动变形破坏的预报和预警模型：首先对多源短期监测数据进行同化，获取区域内地表移动与变形的优化值；利用优化值反演概率积分法参数，以参数序列为起算数据，建立参数变化预报模型，利用预报的参数进行下一期地表沉陷的预报，并结合采动区高等级公路设防指标进行预警；当获取预报实测数据后，评定预报精度，如不符合要求，对参数序列预报模型进行修正；同时对实测数据进行同化，反演参数并纳入参数序列中进行下一期预报，重复以上过程，实现采动区高等级公路沉陷监测、预报和预警一体化。

图 4 为早期下沉率预报结果与实测结果的差值变化。分析表明，早期参数预报结果与实测结果存在明显差异，随着融入预报的实测数据的增加，参数预测值与实测值的偏差逐渐减小，预测结果的精度逐渐提高。根据图 4 建立 KF 动态预测模型计算结果和实测值的对比如图 5 所示。下沉预测结果与实测值最大绝对误差为 16 mm，最大下沉点动态预报相对误差优于 10%，完全能够满足沉降预测精度要求。

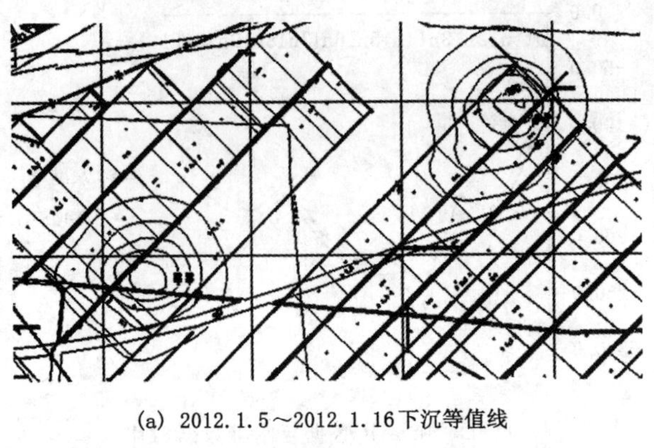

(a) 2012.1.5～2012.1.16下沉等值线

(b) 2012.1.5～2012.3.11下沉等值线

图3　基于多源数据融合的邹济公路沉陷监测结果

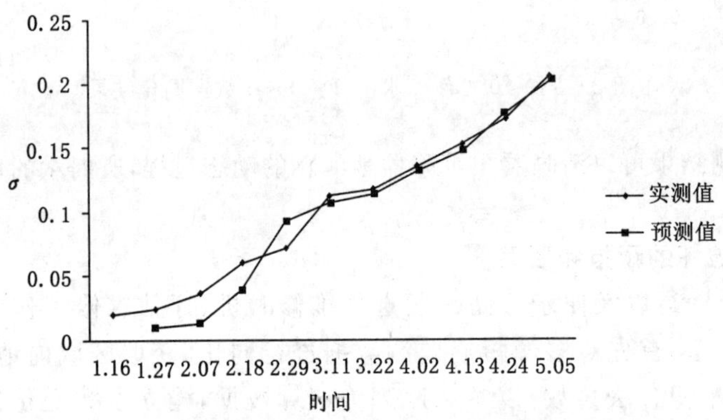

图4　下沉率预测值与实测值结果对比

4　高等级公路下采煤与公路保护综合治理技术

采动变形产生、发展和稳定是一个典型的时间和空间过程，地表移动对其上方附着物的影响范围、程度与工作面开采方法、推进速度、工作面与建（构）筑物的空间相对位置关系、建（构）筑物的抗变形能力等多种因素有关。根据高等级公路采动变形发展的时空过程，提出将高等级公路采动变形破坏控制与治理划分为采前科学论证、优化设计，采动过程中及时维修，采后综合治理的治理模式。采前主要是优化选择采用刚性措施、柔性措施或者新建临时、过渡性路基、路面，设计公路变形、破坏的监测方案；制

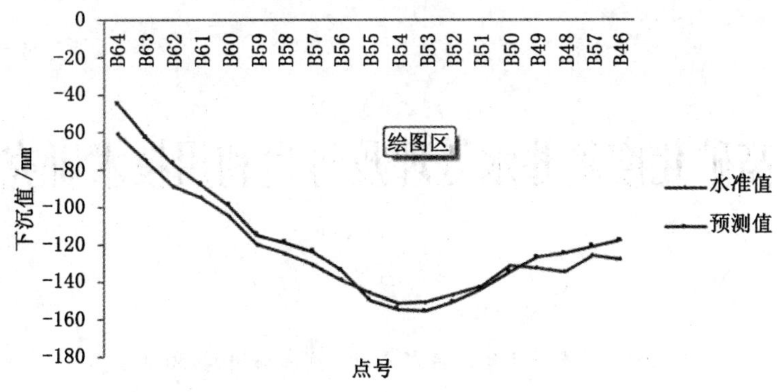

图 5 预测下沉值与水准测量结果对比

定各类应急预案。采动过程中设置各类减速、限行、限载警示牌,对公路移动与变形进行监测、预报和预警,对公路破坏依据采动设防指标进行及时维修、治理。采动结束后对老采空区地基稳定性进行论证,全面调研路基、路面破坏情况,对采动区破坏路段进行维修或重修。

5 结论

(1) 采动区高等级公路破坏形式主要包括大范围下沉、路面裂缝、路面隆起、路面空间几何形态改变形式。根据高等级公路采动变形破坏与地表变形之间的关系和破坏特征,可将高等级公路采动破坏划分成轻微影响、轻度破坏、中度破坏和严重破坏四类。

(2) 融合 D—InSAR(差分合成孔径雷达干涉测量)数据、水准测量数据,充分发挥水准测量单点精度高、D—InSAR 数据同步监测区域的面状数据优势,实现采动区高等级公路变形、破坏情况的定期监测;结合开采沉陷预报理论以及采动区高等级公路变形、破坏设防指标,提出了采动区高等级公路变形、破坏监测、预报及预警一体化技术方法。

(3) 依据采动变形的时空特征,归纳提出了采动区高等级公路维修、治理技术措施,并给出技术措施具体的设计和实施方法,形成了采前优化设计、科学论证;采动过程中及时维修治理;采动结束后综合治理的采动区高等级公路维修、治理模式。

(4) 应用高等级公路采动变形多源监测和沉陷治理技术,使南屯煤矿在保障公路的安全运行前提下,顺利采出 $93_{上}$ 08、$93_{上}$ 10 等 5 个工作面,采出煤炭资源 520 多万 t,取得了显著地经济效益和社会效益。

参考文献

[1] 范洪冬. InSAR 若干关键算法及其在地表沉降监测中的应用研究[D]. 徐州:中国矿业大学, 2010.
[2] 舒宁. 雷达影像干涉测量原理[M]. 武汉: 武汉大学出版社, 2003.
[3] 王超,张红,刘智. 星载合成孔径雷达干涉测量[M]. 北京: 科学出版社, 2002.
[4] 吴立新,高均海,葛大庆,等. 工矿区地表沉陷 D—InSAR 监测试验研究[J]. 东北大学学报,2005(08).

高矿化度矿井水处理及再生利用技术研究

李海江

（河南能源化工集团有限公司　河南郑州　450046）

摘　要　煤化工项目用水是关系生产系统长周期运行的一个关键因素，在水资源不丰富的地区如何利用好煤矿高矿化度矿井水是一个可持续的发展问题，采用先进的净水处理工艺对降低运行成本、对发展地区工业和保护当地生态环境和水资源是一个多赢的方式。

关键词　高矿化度矿井水 再生利用 技术研究

永夏矿区位于豫东永城市境内，地处黄淮冲积平原北部，永煤公司年产 50 万 t 的甲醇项目建于永城市侯岭乡，项目配套给排水装置包括生产生活消防用水、循环水、除盐水、污水处理及装置界区内排水系统。永城矿区地下水是目前工农业生产生活用水的主要水源，地下水年平均开采量为多年可开采量的 47%（1.2 亿 m^3），平水年工农业生产生活需水量小于可用水量，能够满足需求。但是偏旱年需水量大于可用水量，缺水量约为 1 亿 m^3。项目所在地的地下水资源较丰富，但地下水开采程度也较高，地表水系由于属于季节性河流，不能作为本项目供水水源。为了充分利用矿井涌水资源，本项目采用永煤公司所属煤矿的矿井涌水作为项目的供水水源。

1　永夏矿区矿井水质特征

根据矿区地下水含水层特征一览表和各矿多次水质化验资料，矿区第四系孔隙潜水含水层组水质相对较好，最小矿化度为 0.5 g/L，水化学类型为 HCO_3—NaCa 型。其余各含水层组矿化度在 0.5～4.77 g/L 之间，车集煤矿矿井涌水含盐量 3 469 mg/L，城郊煤矿矿井涌水含盐量 3 606 mg/L。矿井涌水的水化学类型多为 SO_4—CaNa 型或 SO_4—NaCa 型。因此，采用矿井涌水作水源其水质不能满足本项目要求，需要进行处理，处理后的水质应达到国家现行的地下水质量标准。本项目采用反渗透处理技术，满足生产生活水质需要和达到国家标准。

2　矿井水处理工艺

该项目矿井水处理系统主要由给水净化和脱盐处理两部分组成，给水净化主要是通过“絮凝＋涡旋混凝低脉动沉淀＋过滤”技术，处理后出水浊度小于 3NTU，然后通过“超滤＋反渗透膜”技术进行脱盐处理。该矿井水处理系统 2006 年建成，通过几年的实际运行，实现了对非传统意义上的水源进行最有效的利用，对降低运行成本、对发展地区工业和保护当地生态环境和水资源是一个多赢的方式。

2.1　给水净化工艺流程

原水→串联圆管混合器→小孔眼格网反应→小间距斜板沉淀→虹吸过滤→清水池。

矿井废水先进入串联圆管混合器与药剂充分混合后，再进入小孔眼格网反应设备，产生密实的矾花；然后进入小间距斜板沉淀池将矾花快速沉淀，出水悬浮物小于 15 mg/L。沉淀池出水再送入虹吸过

作者简介：李海江，男，高级工程师，1972 年 1 月生，1995 年毕业苏州城建环保学院环境规划与管理专业，现在河南能源化工集团技术管理部工作，一直从事企业科技创新和综合利用研究，发表论文 15 篇，完成科技成果 20 多项。

滤池过滤，最后制备出浊度＜3NTU的净化水。净化水送往循环水站和除盐水站作为补充水和原料水使用。

2.2 主要给水处理专利技术设备

2.2.1 串联圆管混合器

与其他混合设备相比，串联圆管式混合器大幅度地提高处理能力，混合效果好，节省占地面积，不易堵塞。相比之下，一般可节省药剂10%～30%，大幅度降低了制水成本。停留时间30 s，水头损失0.4～0.6 m，设备自身不承压，可根据需要设计带压运行混合池。该设备材质为玻璃钢，可放置于混合池中，在迎水及背水面分别砌设半砖墙固定设备位置，砌墙时留出过水孔，设备间缝隙以素混凝土填实。加药点位于混合器入口前2 m处。

2.2.2 孔眼网格反应池技术

一般在5～10 min就可很好地完成絮凝过程，与隔板反应池絮凝时间20～30 min、折板反应池和普通网格反应池絮凝时间10～15 min相比，大大缩短了反应时间。由于絮凝时间的大大缩短，相应减小了设备的体积，节省了基建费用10%～30%左右，降低了制水成本。材质为乙丙共聚或聚丙烯，与普通网格相比，它的网眼尺度小，格条细，适用于竖流孔室反应池和廊道格板反应池，停留时间5～10 min，水头损失0.2～0.3 m。排泥方式为穿孔管排泥或斗式立管排泥，网格支架可在池壁上按工艺标高要求(中心距下水孔上沿100 mm)预埋钢，构件(200 mm×200 mm)两块，水平方向三等分池壁长度，也可采用不锈钢膨胀螺栓(ϕ18×180 mm)固定在池壁上作为支撑。竖井流速第一级反应速度V_1＝12～14 cm/s，第二级反应速度V_2＝9～10 cm/s，第三级反应速度V_3＝6～8 cm/s，因此水流中产生的微涡旋数量大幅度增加，絮凝反应效果大幅度提高。

2.2.3 小间距斜板沉淀池技术

沉淀效果及排泥性能好，在100°以上高浊度期，普通斜管沉淀池30～40分钟就必须排泥一次，否则水质就明显恶化，而小间距斜板沉淀池4 h才排一次泥，十分节省水量，同时在运行过程中操作简单，节省了人工费用。推水量可增加一倍。在相同的投药量下，小间距斜板沉后水浊度为1.5°～2.5°，而传统工艺沉后水浊度为5°～12°，大大提高了处理效率，降低了后续处理装置的负荷。表面负荷为7.2～12.6 m^3/m^2·h，无水头损失。对于单池处理规模不大的池型(单池处理量≤15 000 m^3/日)采用表面集水，单池处理规模较大的池型(单池处理量≥20 000 m^3/日)采用尾端集水。斜板支架沿池长方向可布设ϕ25钢管，间距为：从池壁起第一列距池壁250 mm，第二列距第一列500 mm，从第三列起，依500 mm顺次排列，确保每块斜板下有两列钢管；沿池宽方向，在钢管的下沿布设工字钢，间距不超过2 m为宜。整个支架上表面应确保平整，要求误差≤3 mm。

2.3 给水除盐工艺流程

净化水先进入清水池，再经水泵送入多介质过滤器，滤除悬浮物、胶体以及经加药后形成的矾花等杂质。其出水送入超滤设备，除去溶液中的大分子物质。超滤设备的滤后水送入超滤产水箱，产水箱出水投加适量药剂，经水泵提升至一级反渗透，进行脱盐处理。反渗透浓水由排水沟排至排水管网。一级反渗透产水进入一级反渗透产水箱，经加碱调节pH后，再经泵提升至二级反渗透进行进一步脱盐处理，产水进入二级反渗透产水箱。二级反渗透浓水由管道送入超滤产水箱和一级反渗透产水箱。二级反渗透产水水泵提升进入混床，通过交换器内的阳、阴树脂与水中的阳、阴离子进行交换，从而将反渗透产水中留存的离子进一步去除，以获得极好的产水水质。通过混床后的除盐水进入除盐水箱，然后经水泵送至各用水点。

2.4 除盐系统主要设备

2.4.1 S24001A—F多介质过滤器

多介质过滤器是重要的预处理装置，它的主要作用是滤除原水带来的细小颗粒、悬浮物、胶体、有机物等杂质，以及加药后形成的絮凝矾花，从而保证其出水满足后续超滤装置进水要求。直径3 200 mm，

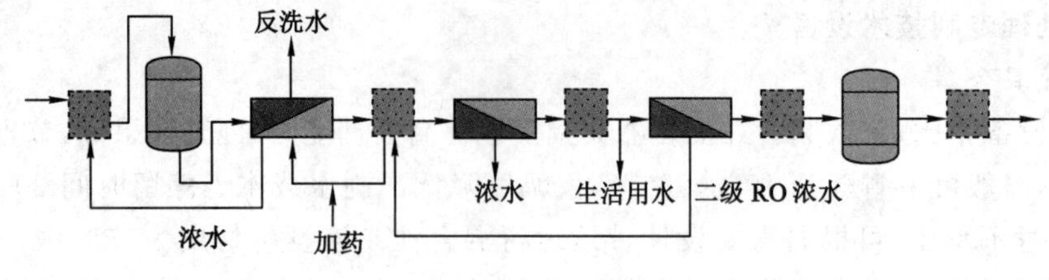

图 1

过滤面积 8.04 m^2，最高流速 12 m/h，每台处理水量≤96 m^3/h，共 6 台；设计压力＜0.6 MPa，反洗膨胀高度 600 mm，正常运行压差≤0.05 MPa，无烟煤 ϕ0.8～1.2 mm/400 mm，石英砂 ϕ0.5～0.8 mm/500 mm，石英砂 ϕ1～2 mm/150 mm，石英砂 ϕ2～4 mm/150 mm，滤料年损失率 5％。

2.4.2　S24003A～C 超滤装置

因为反渗透系统对进水水质要求比较严格，而只有在采用膜过滤技术的前提下才有可能长期稳定的保持 SDI≤4（污染密度指数），因此本工艺采用 OMEX 公司生产的外压式膜组件进行处理，它是由亲水性的聚偏氟乙烯合成的中空纤维组成的，每一根超滤膜元件都是由上千根中空纤维组成的纤维束，其过滤分子量为 1 000～500 000 道尔顿。原水是在中空纤维的外部从一端流向另一端，而产水则是在原水流经膜的过程中逐渐由外壁向内壁透过，收集后从产水端排出。

2.4.3　反渗透系统

反渗透装置是本系统中最主要的脱盐装置，反渗透系统利用反渗透膜的特性来除去水中绝大部分可溶性盐分、胶体、有机物及微生物。经过预处理后合格的原水进入置于压力容器内的膜组件，水分子和极少量的小分子量有机物通过膜层，经收集管道集中后，通过产水管再注入反渗透水箱。反之，不能通过的就经由另一组收集管道集中后通往浓水排放管，一级反渗透浓水排入排水管网，二级反渗透浓水排入 T24002 超滤水箱及 T24003 一级反渗透水箱。U24002A/B/C 一级反渗透系统脱盐率≥95％。U24004A/B/C 二级反渗透回收率≥88％，系统脱盐率≥99.5％。

2.4.4　U24005A－D 混合离子交换器

所谓混合离子交换器，简称混床，是将阴、阳两种离子交换树脂按一定比例混合，放在同一个交换器内。由于混床中阴、阳树脂紧密接触，均匀混合，所以在水通过此交换器时，阴、阳树脂同时与水中阴、阳离子发生反应，将水中阴、阳离子分别交换成 OH^- 和 II^+，而 OII^- 和 II^+ 反应则生成 H_2O，通过离子交换就可将水中的各种盐类几乎除尽。交换器内填充强酸性苯乙烯系阳离子交换树脂（001×7）和强碱性季胺Ⅰ型阴离子交换树脂（201×7）。固定床式混合床离子交换设备的壳体和压力式过滤器的相同，是圆柱形密闭容器。壳体中常装置有上部进水装置；为了将其中阴、阳树脂分开再生，在其中部还设有配水装置。为了便于阴、阳树脂分层，混合床用的阳树脂和阴树脂的湿真密度差大于 15％～20％。关于在混合床中阴、阳树脂的配比，应从影响出水水质和一个周期中交换器的出水量两方面来考虑决定。由于各种阴、阳树脂交换容量的不同和各系统中混合床进水的成分有差别，所以此配比值应根据具体情况选取。关于出水水质，试验表明，除了阳树脂明显多于阴树脂的情况外，改变两种树脂比影响不大；当阴树脂多于阳树脂时，处理效果比阳树脂多于阴树脂的好。目前国内采用的树脂体积比通常为阴∶阳＝2∶1。混合床内树脂层面以上可供作树脂膨胀的空间高度为 50％～80％。壳体上的附件有：进水管、出水管、排气管、树脂装卸口、视镜、人孔等，均根据工艺操作的需要布置。设备直径 ϕ2 500 mm，过滤面积 4.91 m^2，处理能力 250 m^3/h，工作压力≤0.6 MPa，交换速度 50 m/h，树脂层高 1 800 mm。

3 处理工艺特点及效果分析

3.1 涡旋混凝低脉动沉淀给水处理技术工艺特点

3.1.1 处理效率高、占地面积小、经济效益显著

混合迅速(3～30 s)，反应时间短(5～10 min)，沉淀池上升流速高(2.5～3.5 mm/s)，大大缩短了水在处理构筑物中的停留时间，大幅度提高处理效率，节省了构筑物的基建投资。从实际运行情况证实：与传统工艺相比，主体工艺构筑物可节省投资 20%～30%，并可大幅度减少主体构筑物占地面积。与平流沉淀池比较可节省 80%，与斜管沉淀池比较可节省 40%。

3.1.2 处理水质优，社会效益好，水质效益可观

几年运行实践证明，这项工艺可使沉后水浊度稳定在 3°以下，滤后水接近 0°，这就形成了一个很高的水质效益。水质效益一方面就是社会效益，另一方面是潜在的经济效益。采用此工艺可稳定保持出厂水浊度低于 1°。由此可见，其潜在的水质效益是相当可观的。

3.1.3 抗冲击能力强，适用水质广泛

我国目前普遍采用强氧化剂预氧化或生物预处理措施去除微污染。然而，无论何种预处理方法，都要通过反应使水中的有机物析出，使它们达到胶体颗粒尺度，最终通过絮凝、沉淀、过滤的方法与水中的其他颗粒一起去除。因此，高效能的絮凝与沉淀设备是去除微污染更有效的设备。实践证明，此项技术抗冲击的能力较强，当原水浊度、进水流量，投加药量发生一些变化时，沉淀池出水浊度不像传统工艺那样敏感。其原因是，这项工艺的沉淀池上升流速按 3.5 mm/s 设计时尚有很大潜力。运行实践表明。这项工艺对矿井涌水浊度变化大以及微污染等特点水质的处理非常有效。

3.1.4 制水成本降低

由于新技术采用先进的混合及反应设备，可节省投药量 30%；由于新技术沉后水浊度在 3°以下，减轻了滤池负担，因此滤池反冲洗水可节省 50%左右，并可延长滤料更换周期；对管理人员设置少，运行管理费用大为降低；基建费用的大幅度节省，可较大程度降低投资折旧率。从以上四个方面来看，新技术的使用可使制水成本显著降低。

3.1.5 工期短、见效快

由于该技术相对于传统工艺，构筑物设计少，工期短，且调试时间短，见效快。总之，这项新技术具有处理效率高、水质好、投资省、制水成本低等特点。此技术的推广应用，可最大限度地挖掘利用现有水资源和供水设施的潜力，利用最小投资取得最大效益。

3.1.6 给水净化效果评价

根据实验监测分析，原水浊度为 59～173 NTU，沉淀池出水浊度为 0.8～3.0NTU，净化后出水浊度为 0～0.6NTU，水质完全满足小于 3°的要求。

3.2 反渗透系统技术特点

本系统脱盐采用双级反渗透的方式。加压的原水进入滤筒，流经第 1 个复合卷式膜单元中的通道，一部分原水透过膜并经通道进入单元中部的产品水集水管中，然后进水遇到滤筒的下一根滤膜，重复上述过程。每个单元的产品水从滤筒共用管中流出。原水经过每个膜单元后变得更浓，从滤筒中作为废水排出。

反渗透与传统阴阳床工艺分析与比较如下：

(1) 前期投资

两种工艺的土建投资相差不大，仅设备及安装工程费用相差较大。一般情况，从投资静态分析估算，“反渗透＋混床”除盐工艺工程投资在 4.0～4.3 万元/m^3 产水左右(一级反渗透除盐设备投资在2.5

万元/m^3 产水左右，出水电导率低于 10 us/cm)；而“阳床＋阴床＋混床”除盐工艺工程投资则在 2.5～2.6 万元/m^3 产水左右；前者较后者高近 1.6 倍。就 200 m^3/h 系统而言，采用“反渗透＋混床”除盐工艺工程总投资在 850 万元左右，而采用“阳床＋阴床＋混床”除盐工艺工程总投资则不会超过 650 万元。

(2) 运行费用

“反渗透＋混床”除盐工艺的运行费用：该工艺系统总电耗为 1.6 kW/m^3 产水左右，且该项费用为采用此工艺的最大运行费用，故项目建设单位所在地区的工业用电价格即成为影响运行费用的最关键因素。该工艺除盐制水需投加阻垢剂，阻垢剂市场价格 2.5 万元/t，即 0.025 元/g，投加比例 2～5 ppm 进水，回收率按 75%计算，折换成产水的阻垢剂消耗单位成本为 0.067～0.167 元/m^3。反渗透膜的使用寿命和操作维护有关，一般使用寿命为 4～5 年，其折旧费与阻垢剂消耗费用差不多。

“阳床＋阴床＋混床”除盐工艺的运行费用主要为树脂再生耗用的酸碱的费用，这取决于两个因素：建设单位所在地区的盐酸与烧碱的市场价格，这是影响该工艺运行费用的最主要的因素；原水含盐量越高，酸碱耗量越大，制水成本越高。而“反渗透＋混床”除盐工艺在原水含盐量低于 4 000 ppm 的情况下，运行费用基本不受此因素的影响。

(3) 人工费用

“反渗透＋混床”除盐工艺的优点之一即是容易实现自动化，减轻劳动强度。即使后续混床为手动控制，但因再生周期较“阳床＋阴床＋混床”除盐工艺大大延长(15 倍以上)，同样大幅度减轻了人力消耗。就 200 m^3/h 系统而言，采用“阳床＋阴床＋混床”除盐工艺的人工费不会低于 60 万元/年，单位产水成本 0.40 元/m^3；而采用反渗透工艺至少可节约人工成本 50%以上。

(4) 环保费用

反渗透工艺最大的优势是其良好的环境性，与单纯的树脂工艺相比，其酸碱的消耗量将减少 20 倍以上(以自来水估算)，这将大大减少含酸碱废水的排放，进而降低污染治理费用。

(5) 给水除盐效果评价

根据实验监测分析，原水电导率为 3 960 μs/cm，除盐后电导率为 0.06 μs/cm，出水水质完全满足使用要求。

4　系统创新点和效益分析

由于给水净化采用了涡旋混凝低脉动沉淀给水处理技术，与传统技术比较大大提高了处理效率，降低了基建费用，节约了制水成本，提高了水质，降低了后续处理工艺的负荷，同时降低了矿井废水的外排量，每年约回收煤泥 144 t，折合标煤约 80 t，回收后用于锅炉掺烧，具有较高的社会效益和经济效益。而给水除盐采用膜分离技术，与传统工艺相比，有以下几点创新：对杂质的去除效率高，产水水质大大好于传统方法；彻底消除或者大大减少化学药剂的使用，避免二次污染；系统易于自动化，可靠性高；占地面积要求小。

经过计算处理 1 t 矿井废水的成本约为 0.266 元，若使用自来水作为水源，按照目前自来水市场价 2 元/t 计算，全厂用水量按照正常生产时 1 600 m^3/h 计算，每年用水费用为 2 534 万元人民币。若对矿井废水处理回用，全厂用水量按照正常生产时 1 600 m^3/h 计算，每年用水费用为 337 万元人民币。因此，使用矿井涌水作水源进行净化处理每年可节约 2 197 万元人民币。对矿井废水通过膜技术进行处理回用，使用矿井作为水源精制除盐水每吨成本可节约 1.637 元人民币，按照设计全厂每年有 1 742 400 t 除盐水用量，减去净化工段成本消耗，使用矿井水作水源精制除盐水每年可节约 192 万元人民币。不仅可以解决矿井废水大量排放污染环境的问题，而且还能通过对废水回用达到节约水资源的目的，无论在经济、环境保护、工农业可持续发展都有非常重要的意义。

煤层气井井底流压计算方法分析

周诗维　李晓平　周　军　宫　敬

[中国石油大学(北京)油气管道输送安全国家工程实验室　北京　102249]

摘　要　为准解计算煤层气井井底流压,调研了目前已有的计算方法,分析比较了国内外近年来发表的井底流压计算模型,如刘新福法、Hasan—Kabir 解析法、陈家琅—岳湘安法和 Beggs—Brill 法。井底流压的计算难点是气液两相段的压差计算,这也是各种计算方法的主要区别之处。结合 21 组生产测试数据,比较了各类计算方法的计算结果,对比发现 Hasan—Kabir 解析法和陈家琅—岳湘安法计算的井底流压值大体相同,与实测值较为接近,误差小,但陈家琅—岳湘安法适用范围有限;其余两种方法在不同条件下误差波动较大,不能保证很好的计算精度。因此,在计算井底流压时可优先考虑采用 Hasan—Kabir 解析法,计算过程简单,且精度比较理想。

关键词　煤层气;井底流压;气液两相;计算方法

1　前言

煤层气井在生产过程中,初期只产水。当井底压力低于临界解吸压力时,煤层气开始解吸,由井筒油套环形空间产出。油套环形空间内流体由两部分组成,上部为纯气柱段,下部为混气液柱段。普遍认为,煤层气井井底流压由井口套压、油套环空纯气柱段压差和气水两相液柱段压差组成。套压可由井口压力表直接读出,纯气柱段压差可通过平均温度、平均参数法或 Cullender-Smith 法求得,而混气液柱段压差的计算比较复杂。分别求出这三部分,即可得到井底流压:

$$p_{wf} = p_c + \Delta p_g + \Delta p_m = p_g + \Delta p_m \tag{1}$$

式中　p_{wf}——井底流压,MPa;

p_c——井口套压,MPa;

p_g——动液面压力,MPa;

Δp_g——纯气柱段压差,MPa;

Δp_m——混气液柱段压差,MPa。

动液面压力为:

$$p_g = p_c + \Delta p_g$$

混气液柱段是气液两相流,随着气量和压力的不断变化,流体的流动形态也在发生变化,压降计算比较复杂。21 世纪以前公认的计算气液两相流压降的模型很多,例如哈根多恩—布朗法、Beggs—Brill 法、陈家琅法等,但没有哪一种模型具有普适性,能够在全部范围内保证计算精度。近年来有学者提出了新的计算方法,为井底流压的预测提供了其他的依据,但其适用性和精度有待验证。

作者简介:周诗维,女,在读硕士研究生。E-mail:lyx262827@163.com。北京市昌平区中国石油大学(北京)机械学院油气储运工程专业,邮编:102249。

2 井底流压计算

煤层气井井底流压的计算过程实际上由两部分组成:纯气柱段压差的计算以及混气液柱段压差的计算,各部分计算方法如图1所示。

- 井底流压计算过程
  - 纯气柱段压差
    - 平均温度、平均偏差系数法
    - Cullender—Smith法
  - 混气液柱段压差
    - 第一类方法:借助当量直径运用气液两相流理论,如修正的Beggs—Brill法、Hagedorn—Brown法
    - 第二类方法:直接应用相关公式,如Hasan—Kabir解析法、陈家琅—岳湘安法、刘新福法

图1 煤层气井井底流压计算过程

2.1 纯气柱段压差

2.1.1 平均温度、平均偏差系数法

$$p_g = \sqrt{p_c^2 e^{2s} + \frac{1.324 \times 10^{-18} f (TZq_{sc})^2}{(d_2 - d_1)^3 (d_2 + d_1)^2} (e^{2s} - 1)} \tag{2}$$

式中 f——Moody摩阻系数,无量纲;

T——纯气柱段气体平均温度,K;

Z——平均温度、平均压力下气体的平均偏差系数,无量纲;

q_{sc}——标准状况下环空气体流量,$m^3 \cdot d^{-1}$;

d_1——油管外径,m;

d_2——套管内径,m;

s——参数,无量纲。

$$s = \frac{0.03418 \gamma_g H}{TZ} \tag{3}$$

式中 γ_g——气体相对密度,无量纲;

H——井口到环空拟液面的深度,m。

平均温度、平均压力分别采用如下公式计算:

$$T = \frac{T_{cf} + T_g}{2} \tag{4}$$

$$p = \frac{p_c + p_g}{2} \tag{5}$$

式中 T_{cf}——井口温度,K;

T_g——动液面处温度,K。

对于摩阻系数的计算,目前已经有很多公认的公式。计算气井时,杨川东推荐采用Jain公式:

$$\frac{1}{\sqrt{f}} = 1.14 - 2\lg\left(\frac{e}{d_e} + \frac{21.25}{Re^{0.9}}\right) = 1.14 - 2\lg\left(\frac{e}{d_2 - d_1} + \frac{21.25}{Re^{0.9}}\right) \tag{6}$$

工程实践中,采用Papay法计算偏差系数:

$$Z = 1 - \frac{3.52 p_{pr}}{10^{0.9813 T_{pr}}} + \frac{0.274 P_{pr}^2}{10^{0.8157 T_{pr}}} \tag{7}$$

计算时首先假设 p_g 的初值,根据式(4)、(5)分别计算平均温度、平均压力,然后利用式(7)计算平均温度、平均压力下气体的偏差系数,并由式(3)和式(6)分别求出系数 s、平均摩阻系数 f,最后由式(2)求出 p_g。与初值比较,若误差不在允许范围内,则将所得到的 p_g 值作为初值,重复上述迭代步骤,直到满

足精度要求为止。

2.1.2 Cullender—Smith 法

在油管内任取长度为 的微元段分析，得到稳定流动能量方程：

$$\frac{dp}{\rho}+\upsilon d\upsilon+g\sin\theta dL+dw+\frac{f\upsilon^2}{2d}dL=0 \tag{8}$$

煤层气从环空动液面到井口的流动具有如下特点：

(1) 截面不再是圆形，而是环形；

(2) 从管鞋到井口既无功的输入，也无功的输出，即 dw；

(3) 井筒与水平面垂直，即 $\theta=90°$，$dL=dh$，h 为井筒的垂向长度；

(4) 对于气体流动，动能损失相对于总的能量损失可以忽略不计，即 $\upsilon d\upsilon=0$。

因此，方程可简化为：

$$\frac{dp}{\rho}+gdh+\frac{f\upsilon^2}{2d}dh=0 \tag{9}$$

在任一状态 p、T 下，气体的流速为：

$$\upsilon=B_g\upsilon_k=\frac{p_{sc}TZ}{pT_{sc}}\frac{q_{sc}}{21\ 600\pi d^2}=\frac{0.101\ 325TZ}{293.15p}\frac{q_{sc}}{21\ 600\pi d^2} \tag{10}$$

同一状态下，气体的密度为：

$$\rho=\frac{Mp}{ZRT}=\frac{28.9\gamma_g p}{8.314\times10^{-3}ZT} \tag{11}$$

将(10)、(11)式代入(9)式，并取 $g=9.8\ \mathrm{m\cdot s^{-2}}$，分离变量积分，得：

$$\int_{p_c}^{p_g}\frac{\frac{p}{ZT}}{(\frac{p}{ZT})^2+\frac{1.324\times10^{-18}fq_{sc}^2}{d^5}}dp=\int_0^{H_g}0.034\ 18\gamma_g dh \tag{12}$$

引用有效管径 $d_e=d_2-d_1$，并令 $F_1=\frac{p}{ZT}$，$F_2^2=\frac{1.324\times10^{-18}fq_{sc}^2}{(d_2-d_1)(d_2^2-d_1^2)^2}$，则式(12)变为：

$$\int_{p_c}^{p_g}\frac{F_1}{F_1^2+F_2^2}=\int_0^{H_g}0.034\ 18\gamma_g dh \tag{13}$$

假设参数 $I=\frac{F_1}{F_1^2+F_2^2}$，则上式又可变为：

$$\int_{p_c}^{p_g}Idp=\int_0^{H_s}0.034\ 18\gamma_g dh \tag{14}$$

将纯气柱段分为两段，即从井口到气柱段中点、从气柱段中点到动液面处，采用复化梯形公式对 $\int_{p_c}^{p_g}$ 进行数值积分，从而得到：

$$0.034\ 18\gamma_g H_g=\frac{p_{mg}-p_c}{2}(I_c+I_{mg})+\frac{p_g-p_{mg}}{2}(I_{mg}+I_g) \tag{15}$$

式中，p_{mg} 为气柱段中点压力，MPa；I_{mg} 为 p_{mg}、T_{mg} 下的参数 I；I_c 为 p_c、T_c 下得到的参数 I；I_g 为 p_g、T_g 下得到的参数 I。

对于上段纯气柱段，采用梯形公式得到：

$$0.034\ 18\gamma_g H_g=(p_{mg}-p_c)(I_c+I_{mg}) \tag{16}$$

即

$$p_{mg}=p_c+\frac{0.034\ 18\gamma_g H_g}{I_c+I_{mg}} \tag{17}$$

对于下段纯气柱段，同理可得：

$$0.034\ 18\gamma_g H_g = (p_g - p_{mg})(I_{mg} + I_g) \tag{18}$$

即

$$p_g = p_{mg} + \frac{0.341\ 8\gamma_g H_g}{I_{mg} + I_g} \tag{19}$$

先根据井口已知参数计算纯气柱段中点的压力，然后根据 和中点处已知参数计算动液面处压力 p_g，最后应用辛卜生公式求出一个更精确的动液面压力数值。

对于上段纯气柱段：

(1) 首先对 p_{mg}赋初值，取 $I_{mg}^{(0)}$，则 $p_{mg}=p_c+\dfrac{0.034\ 18\gamma_g H_g}{2I_c}$；

(2) 计算 I_{mg}；

(3) 将所得到的 I_{mg}代入式(17)计算 p_{mg}；

(4) 与原来值比较，看误差是否满足精度要求。若不满足，则重复(2)、(3)步，直到满足精度要求为止。

对于下段纯气柱段，按照上述步骤同理计算 p_g。最后，应用下面的辛卜生公式得到一个更精确的动液面压力数值。

$$p_g = p_c + \frac{0.205\ 1\gamma_g H_g}{I_c + 4I_{mg} + I_g} \tag{20}$$

上述两种计算方法可任意选用，但一般认为 Cullender—Smith 法更适用于地温梯度变化大的高压气井。

2.2 混气液柱段压差

井筒内混气液柱段压差的计算是垂直环形空间内气液两相流的压降计算问题。针对这一问题，通常有两种处理方法：

(1) 借助当量直径将圆管中的气液两相流理论运用于垂直环空管(这里指井筒)，如修正的 Beggs—Brill 法、Hagedorn—Brown 法等；

(2) 直接应用相关公式计算，如陈家琅—岳湘安法、Hasan—Kabir 解析法等。这里主要介绍这类方法。

2.2.1 Hasan—Kabir 解析法

Hasan—Kabir 推导了井底流压的解析解表达式：

$$p_{wf} = p_c + \Delta p_g + \int_0^{h_L}(1-f_g)r_L \mathrm{d}h_L + \int_0^{h_L} f_g r_g \mathrm{d}h_L \tag{21}$$

由于流体沿井筒向上流动过程中，气体空隙度 f_g 和压力梯度 r_g 是不断变化的，因此采用积分公式计算井底流压：

$$p_{wf} = p_c + \Delta p_g + \int_0^{h_L}(1-f_g)r_L \mathrm{d}h_L + \int_0^{h_L} f_g r_g \mathrm{d}h_L \tag{22}$$

式中，气体空隙度采用 Godbey—Dimon 推导的公式计算：

$$f_g = \frac{v_{sg}}{a + bv_{sg}} \tag{23}$$

其中，a、b 的取值与气体表观流速 v_{sg}有关。当 $v_{sg}<0.61$ m/s 时，泡状流，$a=0.6$，$b=1.2$；当 $v_{sg}>0.61$ m/s 时，段塞流，$a=b=1$。

气体表观流速为：

$$v_{sg} = \frac{q_{sc}TZp_{sc}}{AT_{xc}p} \tag{24}$$

令 $C=\dfrac{q_{sc}TZp_{sc}}{AT_{sc}}$，则 $v_{sg}=\dfrac{C}{p}$，$f_g=\dfrac{p}{a+b\dfrac{C}{p}}=\dfrac{C}{bC+ap}$。

气体的压力梯度为：

$$r_g = \frac{gMp}{ZRT} \tag{25}$$

式中，h_L 为混气液柱的长度，m；r_L 为液体的压力梯度，Pa·m^{-1}；p_{sc} 为标准状况下的压力，即 0.101 325 MPa；T_{sc} 为标准状况下的温度，即 293.15K；M 为气体的摩尔质量，kg·kmol^{-1}；R 为通用气体常数，即 8.314 kJ·kmol^{-1}·K^{-1}。

由于 r_g 较小，f_g 又是小数，因此 $r_g f_g$ 这一项值很小，可以忽略不计，近似认为：$p_{wf}=p_c+\Delta p_g+r_L h_L(1-f_g)$，则

$$f_g = \frac{C}{bC+a(p_c+\Delta p_g)+ar_L h_L(1-f_g)} \tag{26}$$

将式(26)代入式(22)，得：

$$p_{wf} = p_c+\Delta p_g+r_L h_L - r_L C\int_0^{h_L}\frac{dh_L}{bC+a(p_c+\Delta p_g)+ar_L h_L(1-f_g)}+\frac{Mg}{ZRT}\int_0^{h_L} pf_g dh_L \tag{27}$$

为简化计算，杨焦生假设 $(1-f_g)=(1-f_g)_{avg}$，这一常数根据混气液柱段的平均参数求得，则 $(1-f_g)$ 与深度无关，可以从积分号内提出。令 $I_1 = r_L C\int_0^{h_L}\int_0^{h_L}\dfrac{dh_L}{bC+a(p_c+\Delta p_g)+ar_L h_L(1-f_g)}$，$I_2 = \dfrac{Mg}{ZRT}\int_0^{h_L} pf_g dh_L$，积分并整理得：

$$I_1 = \frac{C}{a(1-f_g)_{avg}}\ln\left[1+\frac{ar_L(1-f_g)_{avg}h_L}{bC+a(p_c+\Delta p_g)}\right] \tag{28}$$

$$I_2 = \frac{MgCh_L}{ZRTa}-\frac{MgC^2 b}{ZRa^2Tr_L(1-f_g)_{avg}}\ln\left[1+\frac{ar_L(1-f_g)_{avg}h_L}{bC+a(p_c+\Delta p_g)}\right] \tag{29}$$

则

$$p_{wf} = p_c+\Delta p_g+r_L h_L - I_1 + I_2 \tag{30}$$

计算步骤：(1) 首先对 p_{wf} 赋初值，可取 $p_{wf}=p_g+r_L h_L$；

(2) 计算混气液柱段的平均压力 p_{pj}；

(3) 由 p_{pj}、T_{pj} 计算平均偏差系数 Z；

(4) 由式(24)计算 v_{sg}，确定 a、b 值；

(5) 计算 $(1-f_g)_{avg}$；

(6) 计算 I_1、I_2，代入式(30)得到井底流压 p_{wf}；

(7) 将 p_{wf} 与原来值比较，看误差是否满足精度要求。若不满足，则用计算的 p_{wf} 代替原来的 p_{wf}，重复(2)～(5)步，直到满足精度要求为止。

2.2.2 陈家琅—岳湘安法

陈家琅等人模拟空气和水在环形空间的流动，通过对实验数据的回归得到了环空中气体表观流速 v_{sg} 和压力梯度校正系数 GCF 之间的关系式：

$$GCF = \exp(0.034\,99-0.963\,1v_{sg}^{0.67}) \tag{31}$$

该公式的适用条件是 $GCF>0.3$。计算混气液柱段压差时，将混气液柱段按深度分段计算：

$$\Delta p_m = \sum_{i=1}^{n} r_{mi}H_i = \sum_{i=1}^{n} GCF_i r_{L_i} H_i \tag{32}$$

式中，Δp_m 为混气液柱段产生的压力，MPa；r_{mi} 为每一段混气液柱的流体压力梯度，$Pa \cdot m^{-1}$；r_{Li} 为液体的重度，$Pa \cdot m^{-1}$；H_i 为每一段混气液柱的长度，m；GCF_I 为每一段混气液柱的压力梯度校正系数。

计算步骤：

(1) 首先将混气液柱进行分段，确定分段数 n 和每段的长度 ΔH；

(2) 取 Δp 为一定值，第一段以已知的井口压力 p_c 为管段 ΔH 的初始端压力 p_1，计算该段的平均压力 p：$p=p_1+\dfrac{\Delta p}{2}$；

(3) 利用初始端温度和地温梯度，计算该段的平均温度 T；

(4)计算该段的气体表观流速 v_{sg}；

(5) 判断是否满足适用条件。若满足，应用式(31)计算压力校正系数 GCF_i；若不满足，则停止使用这种方法计算混气液柱段压差；

(6) 计算 $\Delta p=GCF_i r_{L_i} \Delta H$。比较假设的 Δp 与计算的 Δp，看误差是否满足精度要求。若不满足，则将计算的 Δp 代替假设的 Δp，重复(2)～(5)步；若满足，则计算管段下端的压力 p_2：$p_2=p_1+\Delta p$。然后将 p_2 作为下一段的起始端压力，令 $p_1=p_2$，重复前面步骤，进行下一段的计算，直至计算完全部管段为止，即得到井底流压。

2.2.3 刘新福法

刘新福根据能量方程式，导出了煤层气井气水两相流的稳定流动能量方程式：

$$\frac{dp}{dh}=\rho_m g+\rho_m v_m \frac{dv_m}{dh}+\frac{\rho_m f_m v_m^2}{2(d_2-d_1)} \tag{33}$$

p、T 状态下气水混合物密度按照式(34)计算：

$$\rho_m=\rho_g(1-H_L)+\rho_w H_L \tag{34}$$

其中，气体密度 ρ_g 和持液率 H_L 分别按照式(35)、(36)计算：

$$\rho_g=3.4850\times 10^3 \frac{\gamma_g p}{ZT} \tag{35}$$

$$H_L=\frac{5.615 v_{sw}}{5.615 v_{sw}+v_{sg}} \tag{36}$$

气、液相表观流速分别按照式(37)、(38)计算：

$$v_{sg}=B_g \frac{q_{sc}}{21\,600\pi(d_2^2-d_1^2)} \tag{37}$$

$$v_{sw}=B_w \frac{q_l}{21\,600\pi(d_2^2-d_1^2)} \tag{38}$$

式中，B_g、B_w分别为 p、T 状态下水和气体的体积系数。一般地，$B_w=1$，而 B_g 的计算式为：

$$B_g=\frac{Zp_{sc}T}{Z_{sc}pT_{sc}}=3.456\times 10^{-4}\frac{ZT}{p} \tag{39}$$

气水混合物速度为：

$$v_w=v_{sw}+v_{sg}=\frac{B_w q_l+B_g q_{sc}}{21\,600\pi(d_2^2-d_1^2)} \tag{40}$$

将式(39)、(40)代入方程(33)，得：

$$\frac{dp}{dh}=10^{-6}\rho_m g+5\times 10^{-7}\frac{\rho_m dv_m^2}{dh}+1.086\times 10^{-16}\frac{\rho_m f_m(B_w q_l+B_g q_{sc})^2}{(d_2-d_1)(d_2^2-d_1^2)^2} \tag{41}$$

式中的两相摩阻系数 f_w 采用 Jain 公式计算：

$$\frac{1}{\sqrt{f_{\mathrm{m}}}}=1.14-2\lg\left(\frac{e}{d_2-d_1}+\frac{21.25}{Re_{\mathrm{m}}^{0.9}}\right) \tag{42}$$

两相雷诺数刘新福推荐采用下式计算：

$$Re_{\mathrm{m}}=\frac{1\,000v_{\mathrm{m}}(d_2+d_1)(\rho_{\mathrm{w}}q_{\mathrm{L}}+\rho_{\mathrm{g}}q_{\mathrm{sc}})}{\mu_{\mathrm{w}}^{H_{\mathrm{L}}}\mu_{\mathrm{g}}^{(1-H_{\mathrm{L}})}(q_1+q_{\mathrm{sc}})(d_2^2-d_1^2)} \tag{43}$$

式中，q_1 为水相流量，$\mathrm{m^3\cdot d^{-1}}$；μ_{w}、μ_{g} 分别为水相、气相的黏度，Pa·s。

把混气液柱段从动液面至煤层中部等分为 n 份，每份的长度为 $\Delta h=h_{\mathrm{n}}-h_{\mathrm{n-1}}$，每段混气液柱产生的压力近似用下式计算：

$$\Delta p_{\mathrm{m}}=10^{-6}\times\left\{\Delta h\left[\rho_{\mathrm{m}}g+1.086\times10^{-10}\frac{\rho_{\mathrm{m}}f_{\mathrm{m}}(B_{\mathrm{w}}q_1+B_{\mathrm{g}}q_{\mathrm{sc}})}{(d_2-d_1)(d_2^2)^2}\right]+0.5\rho_{\mathrm{m}}\Delta v_{\mathrm{m}}^2\right\} \tag{44}$$

其中

$$\Delta v_{\mathrm{m}}^2=v_{\mathrm{m.n}}^2-v_{\mathrm{m.n-1}}^2 \tag{45}$$

在动液面处的各项生产参数已知的前提下，按照管段长度增量 Δh 进行压力迭代，求出混气液柱段的总压差，最后由式(1)计算煤层气井井底流压。

3 计算模型

为了解前面所述方法的适用性和计算精度，运用这些方法计算多组煤层气井资料下的井底流压，并与修正的 Beggs—Brill 法计算结果比较。计算纯气柱段压差时，分别采用平均温度、平均偏差系数法和 Cullender—Smith 法；计算混气液柱段压差时，分别采用陈—岳法、Hasan—Kabir 解析法、修正的 Beggs—Brill 法以及刘新福法，组合成 4 种不同的井底流压计算模型，具体如下：

(1) 纯气柱段压差采用平均温度、平均偏差系数法计算，混气液柱段压差采用陈家琅—岳湘安法计算。

(2) 纯气柱段压差采用平均温度、平均偏差系数法计算，混气液柱段压差采用 Hasan—Kabir 解析法计算。

(3) 纯气柱段压差采用平均温度、平均偏差系数法计算，混气液柱段压差采用 Beggs—Brill 法计算。

(4) 纯气柱段压差采用 Cullender—Smith 法计算，混气液柱段压差采用刘新福法计算。

利用这四种模型编程计算各组煤层气井资料下的井底流压。

4 计算结果与分析

分别采用上述四种模型计算 21 组煤层气井资料下的井底流压，数据如表 1 中所示。由于现场数据比较缺乏，1～6 组[图中(1)区]来自杨焦生的文献，7～15 组[图中(2)区]来自刘新福的文献，而 16～21 组[图中(3)区]为煤层气沁水盆地潘河区块现场数据，各模型计算结果如图 2、图 3 所示。

由图 2 和图 3 中结果可知，这四种算法中 Hasan—Kabir 解析法的计算值与实测值最为接近，误差大致均在 20%以内，计算精度相对较高；陈—岳法虽然计算结果与 Hasan—Kabir 解析法大体相同，但其适用范围有限。同时由图中不难看出，刘新福法只在运用于原文献数据时，计算结果才与实测值接近，而在计算其他气井资料的井底流压时，误差较大，即它的计算精度随气井条件变化而波动。而修正的 Beggs—Brill 法计算结果也不太理想，计算误差随气井条件的变化波动大，但精确度比刘新福法稍好。

综上所述，各模型的优缺点和适用范围如表 2 所示。

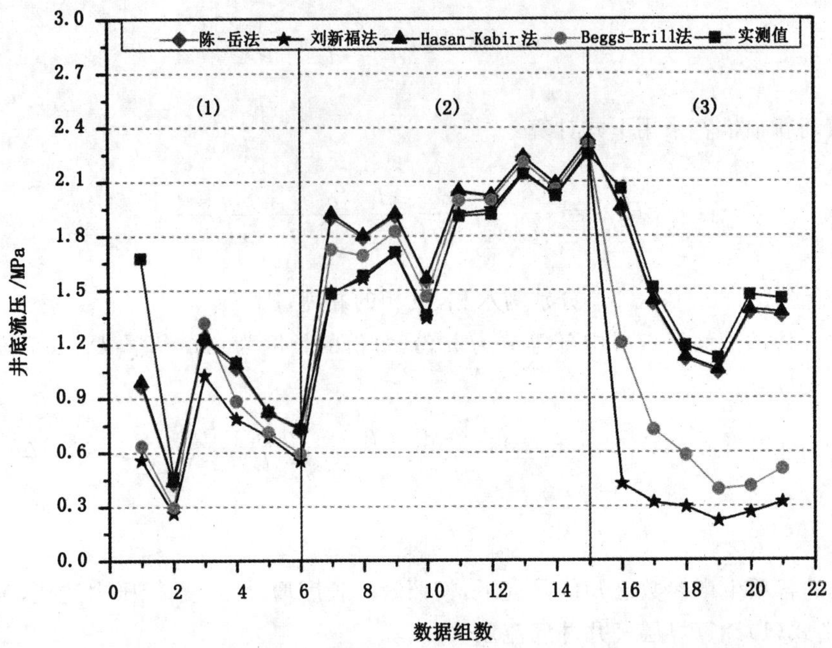

图 2　各算法计算结果与实测值对比图

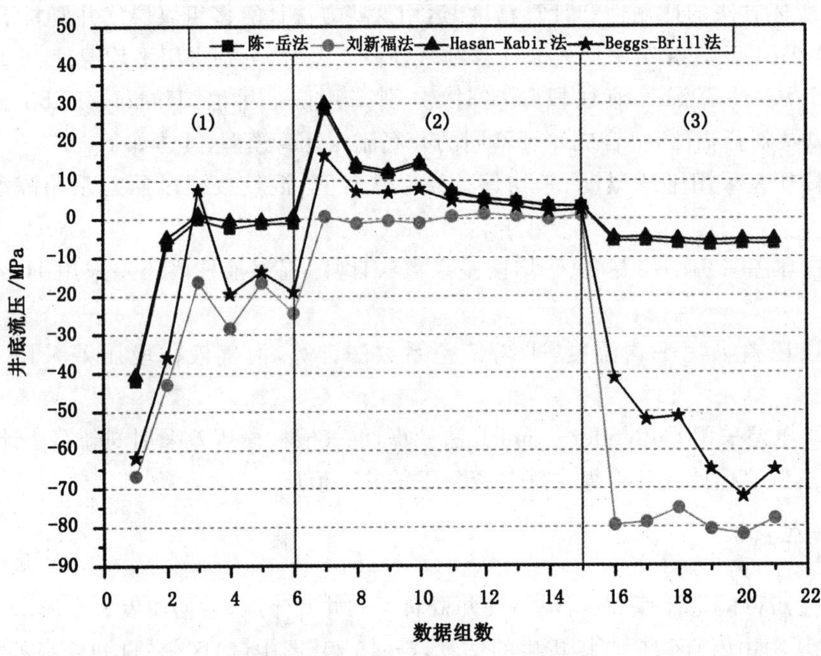

图 3　各算法计算结果相对误差图

表 1　　煤层气井资料

井号	井深 /m	液面深度 /m	产气量 /$m^3 \cdot d^{-1}$	排水量 /$m^3 \cdot d^{-1}$	油管外径 /m	套管内径 /m	井口套压 /MPa	井口温度 /K	井底压力 /MPa
1	514.2	448	1125	3.8	0.073	0.124	0.48	288.71	1.675
2	568.3	545	262	2.2	0.073	0.124	0.23	288.71	0.461

续表 1

井号	井深 /m	液面深度 /m	产气量 /$m^3 \cdot d^{-1}$	排水量 /$m^3 \cdot d^{-1}$	油管外径 /m	套管内径 /m	井口套压 /MPa	井口温度 /K	井底压力 /MPa
3	530.3	434	51	5.7	0.073	0.124	0.27	288.71	1.227
4	530.3	460	155	5.5	0.073	0.124	0.4	288.71	1.097
5	511.4	493	835	2	0.073	0.124	0.65	288.71	0.825
6	504.7	471	248	5.7	0.073	0.124	0.41	288.71	0.73
7	450	343	6 010	41	0.073	0.177 8	1.1	286.06	1.48
8	450	390	5 750	38	0.073	0.177 8	1.31	286.09	1.58
9	450	395	5 350	36	0.073	0.177 8	1.45	286.12	1.71
10	450	398	4 100	34	0.073	0.177 8	1.12	286.15	1.36
11	450	420	4 040	28	0.073	0.177 8	1.74	287.19	1.91
12	450	428	3 865	34	0.073	0.177 8	1.78	287.98	1.92
13	450	430	3 520	24	0.073	0.177 8	2	288.72	2.14
14	450	435	3 750	21	0.073	0.177 8	1.9	289.69	2.02
15	450	438	3 270	18	0.073	0.177 8	2.15	289.91	2.25
16	768.2	578	453	4.7	0.073	0.177 8	0.16	288.71	2.06
17	768.2	637	434	2.8	0.073	0.177 8	0.20	288.71	1.51
18	768.2	669	446	3.1	0.073	0.177 8	0.20	288.71	1.19
19	768.2	674	438	1.2	0.073	0.177 8	0.18	288.71	1.12
20	768.2	645	550	0.4	0.073	0.177 8	0.24	288.71	1.47
21	768.2	651	610	0.8	0.073	0.177 8	0.28	288.71	1.45

表 2　　四种计算方法比较

计算方法	适用条件	计算精度	优缺点
Hasan—Kabir 解析法	一切	较高	计算过程简单，精度较高、稳定性好
陈—岳法	$GCF>0.3$	较高	精度较高，但计算量大，适用范围窄
刘新福法	一切	随气井条件的变化而波动	计算量大，稳定性差
修正的 Beggs—Brill 法	一切	随气井条件的变化而波动	计算过程复杂，稳定性较差

5 结束语

本文在调研了煤层气井井底流压计算方法的基础上，通过建立计算模型，粗略地比较了陈家琅—岳湘安法、Hasan—Kabir 解析法、修正的 Beggs—Brill 法以及刘新福法这四种算法的适用性与精度。从目前的结果来看，在四种算法中 Hasan—Kabir 解析法的计算精度相对较高，在不同条件下误差波动较小，比较稳定；陈一岳法的计算结果与 Hasan—Kabir 解析法大致相同，但其适用范围有限，只适用于 的情况；刘新福法在计算原文献数据时误差较小，但随着气井条件的改变，误差波动很大；Beggs—Brill 法的计算结果也不够理想，在不同条件下误差波动较大。基于这一点，笔者建议在计算煤层气井井底流压时可优先考虑采用 Hasan—Kabir 解析法。

参考文献

[1] 冯叔初,郭揆常.油气集输与矿场加工[M].2版.山东东营:中国石油大学出版社,2006.

[2] 刘新福,綦耀光.气水两相煤层气井井底流压预测方法[J].石油学报,2010,31(6).

[3] 杨川东.采气工程[M].北京:石油工业出版社,2001.

[4] 杨焦生,王兵,王宪花.煤层气井井底流压分析及计算[J].天然气工业,2010,30(2):66-68.

饱和蒸汽褐煤提质技术对锡盟褐煤的适用性分析

张丽早　王少华　张　超　朱文涛

[长青中美(北京)能源技术有限公司　北京　100071]

摘　要　锡盟煤炭资源丰富，交通便利，但其煤炭资源90%是褐煤，不宜长距离运输，只能就地转化，直接利用效益低，煤炭市场竞争力小。文中通过分析蒸发式技术与非蒸发式技术的特点，叙述了非蒸发式饱和蒸汽褐煤提质技术应用于锡盟褐煤的提质效果，并分析了提质产品作为动力煤和煤化工原料的特点与优势，阐述了应用非蒸发式饱和蒸汽褐煤提质技术对锡盟褐煤进行提质的重大意义。

关键词　饱和蒸汽褐煤提质技术;锡盟褐煤;非蒸发式

锡盟煤炭资源丰富，探明加预测储量2 600亿t，探明储量1 448亿t，褐煤总储量在全国居第一位，其中仅储量超过100亿t的煤田就有5处(胜利、白音华、五间房、巴棋北和巴彦呼硕煤田)。煤田埋藏浅、煤层厚、适于大型露天规模化开采，为锡盟的发展提供了可靠的资源保障，另外，锡盟地处东北、华北、西北交汇地带，加上盟区规划的铁路、公路交通系统，为把锡盟建设成为国内最大的煤炭生产基地和具有强大竞争力的煤炭加工基地提供了可能。

但锡盟的煤炭资源90%是褐煤，发热量在3 000大卡左右，含水量高(20%～50%)、热值低、热稳定性差、易风化、易自燃、不宜长途运输，使其销售半径短，在市场竞争中处于劣势。此外，锡盟是缺水地区，发展煤化工产业受到一定程度制约。在这种情况下，褐煤通过干燥提质降低水分、提高热值和热能密度，可大幅降低运输成本，扩大褐煤的综合利用途径和使用范围，提高褐煤在市场中的竞争力。因此，褐煤干燥提质对合理转化锡盟褐煤资源，实现褐煤资源利用的效益最大化具有重大意义，这也是锡盟褐煤资源开发目前最迫切的任务。

1　国内推广的褐煤干燥提质技术

目前国内外褐煤干燥提质技术林林总总，从原理上进行划分，可将国内进行推广的褐煤干燥提质技术总体上划分为蒸发式和非蒸发式两种。

1.1　蒸发式褐煤干燥提质技术

蒸发式褐煤干燥提质技术是在常压或低压的条件下，利用热烟气或蒸汽直接或间接与煤接触，通过换热使煤中的水分蒸发达到脱水的目的，工艺过程需要大量的能量来蒸发水分。常见技术有滚筒干燥技术、带式炉干燥技术、管式干燥技术、振动流化床技术和蒸汽流化床技术等。国内推广和起步的一些示范性褐煤干燥项目，采用的技术大都属于蒸发式技术。

总结国内建设的示范性褐煤干燥项目的经验和教训，蒸发式技术在褐煤干燥中出现的问题主要集中在产品不能长距离运输、余热无法回收利用、粉尘污染严重、安全和环保性差等方面：

(1) 产品回吸、不能长距离运输：蒸发式干燥原理上是模拟煤炭炉前干燥过程，利用热量将褐煤中

作者简介：张丽早，女，河北人，毕业于天津大学，硕士，长青中美(北京)能源技术有限公司工艺工程师，从事褐煤提质技术的研发工作。

的水分蒸发掉，并不改变褐煤本身的结构与性能，无法从根本上解决回吸的问题，产品易回吸水分，且多数为粉煤，无法长距离运输，只能就近利用。

(2) 耗能大、余热无法回收：干燥过程中需要足够的热量使煤中液态的水汽化为蒸汽，同时，大量热能随废蒸汽或尾烟气排放，无法回收利用。

另外，蒸发式干燥产品多为粉煤，为解决运输问题，多数工艺后续连接成型工艺，耗能较大。目前国内褐煤的成型率也比较低，成型过程中需添加大量黏结剂成型，投资与成本都比较高。

(3) 安全性不能保证：除德国泽玛克的管式干燥技术采用低温蒸汽外，多数技术热源温度较高、干燥时间较较短，处理煤的粒径较小，或是直接处理粉煤，干燥过程中存在细煤粉的易燃易爆问题，安全性能较差，尤其是以热烟气为热源的技术，因无法将烟气含氧量控制在一定范围内，生产过程存在很大的安全隐患。

(4) 粉尘污染严重、环保性差：因褐煤本身易爆裂及处理粒径较小，生产过程中产生的粉尘污染不可避免。另外，无论是生产过程中废气的排放还是后续大量含煤粉烟气的处理与排放，都是蒸发式技术在环保方面两个难以解决的问题。

另外，目前很多技术向褐煤低温热解的方向发展，主产半焦，副产焦油、煤气。褐煤低温热解的工艺路线是否合适，与煤种的焦油含量有很大关系，本身含油量就低的褐煤选用热解工艺，会直接影响项目的经济效益。

1.2 非蒸发式褐煤干燥提质技术

非蒸发式褐煤干燥提质技术是将水从煤中以液态的形式脱除，节省了水的蒸发潜热，并将煤的亲水性改变为疏水性，使干燥后的产品失去回吸水分的能力。代表技术有饱和蒸汽褐煤提质技术(K—燃料)和DK工艺，目前在国内推广的仅有饱和蒸汽褐煤提质技术。文章以饱和蒸汽褐煤提质技术为例，介绍非蒸发式技术的特点。

(1) 产品不回吸水分、适于长距离运输：饱和蒸汽褐煤提质技术处理煤的粒径为6～80 mm，产品煤保持原有块状型态、无需成型，因为在处理过程中改变了煤的孔隙结构和表面亲水性能，所得产品不回吸水分、性能稳定，适合存储和长距离运输。

(2) 能耗低：干燥过程中水以液态形式从煤中脱出，节省水的蒸发潜热；同时，循环利用水资源与热能，以间接换热方式充分利用生产过程中的大量饱和工艺水产生工艺蒸汽进行褐煤提质，而非直接耗用锅炉蒸汽，因此，耗煤、耗电、耗水较低(综合能耗约50～55 kg标煤/吨原煤)，并每年可产出大量水。

(3) 运行安全、无易燃隐患：采用中温中压饱和蒸汽热源与褐煤直接接触换热，在线在压的封闭式循环处理方式，生产过程中没有易燃易爆隐患，运行较为安全；另外，由于在处理过程中降低了煤的水含量、破坏了褐煤丰富的孔隙结构、减少了煤的比表面积和含氧酸性官能团的量，产品在储存和运输过程中也不易自燃。

(4) 环保、无扬尘：生产过程中无废气排放，废水经处理后达标排放或回收利用；处理过程中饱和蒸汽与褐煤直接接触换热，细小颗粒会在处理过程中随工艺水排出处理器系统，产品为更加密实、洁净的块状煤，生产过程中没有粉尘污染，同时可降低煤中硫、汞等有害物质含量。

通过以上分析可知，蒸发式技术应用于褐煤干燥存在一定的局限性，从近几年国内上马的一些蒸发式褐煤干燥提质项目的经验可知，蒸发式技术可应用于干燥要求不高、干燥量不大、不需要长距离运输的炉前干燥过程，应用范围较窄。而非蒸发式技术能从本质上解决产品回吸的问题，更适合褐煤的干燥提质与长距离运输，技术安全性和环保性也比较有保障，应用范围较广。目前在国内进行推广的非蒸发式饱和蒸汽褐煤提质技术(K—燃料)已在美国怀俄明州建有75万t的示范性工厂，技术相对成熟，应用于褐煤干燥提质的前景非常广阔。

2 锡盟褐煤的饱和蒸汽提质效果

饱和蒸汽褐煤提质技术通过调节温度、压力和时间等参数，可适用于国内不同地区的褐煤提质，应用饱和蒸汽褐煤提质技术对锡盟地区褐煤样进行提质的部分实验数据如表1所示：

表1　　锡盟褐煤提质实验前后相关指标

地区	名称	全水 M_{ar}/%	内水 M_{ad}/%	干基灰分 A_d/%	干燥无灰基挥发分 V_{daf}/%	干基全硫 $S_{t,d}$/%	收到基低位发热量 $Q_{net,ar}$/kcal·kg^{-1}	哈氏可磨指数
白音华2[#]矿	原煤	30.0	18.0	21.31	45.94	1.04	3 571	39
	产品煤	10.9	8.90	16.82	45.90	0.83	5 105	45
白音华4[#]矿	原煤	28	12.07	21.37	46.52	0.66	3 736	—
	产品煤	9.6	4.57	16.59	45.15	0.69	5 166	—
苏尼特左旗芒来矿	原煤	42.5	32.42	14.47	47.30	2.69	2 859	43
	产品煤	12.7	11.79	16.37	45.34	2.13	4 689	58
东乌旗	原煤	32.5	9.52	10.27	38.82	0.70	3 973	—
	产品煤	12.9	5.36	8.15	38.30	0.56	5 420	—
胜利	原煤	38.6	19.58	9.23	44.15	0.26	3 521	—
	产品煤	15.5	10.33	8.61	43.87	0.23	5 169	—

实验结果表明：锡盟褐煤经饱和蒸汽褐煤提质技术提质后，其水分含量大幅降低（尤其是内水），全水 M_{ar} 可降至13%以下，热值 $Q_{net,ar}$ 可升高到5 000大卡以上（芒来矿煤样可提高到4 500大卡以上），产品可磨性提高、煤中硫等有害物质进一步减少。

根据对白音华2[#]矿煤样提质实验产品煤进行回吸实验的结果表明产品不回吸水分，实验结果如图1所示：

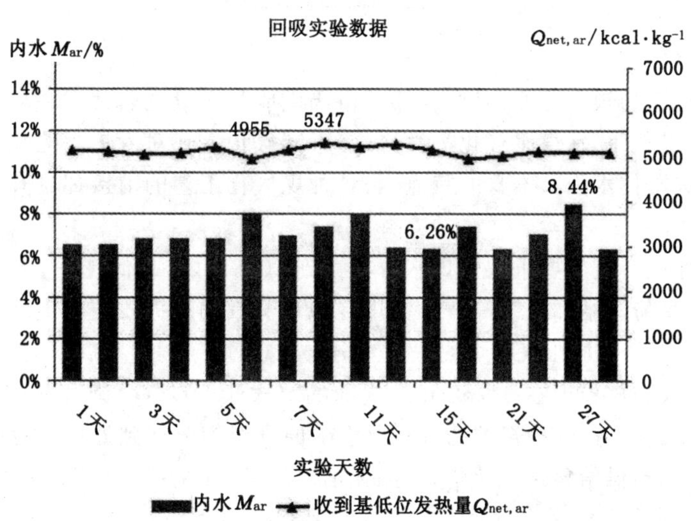

图1　白音华2[#]矿煤样回吸实验数据

由图1可知，对白音华2[#]矿提质实验产品煤进行1个月的回吸实验，内水最高浮动到8.44%，热值最低到4 955大卡，产品煤不回吸水分，性能稳定。

大量实验结果表明褐煤经过饱和蒸汽褐煤提质技术提质后:降水率能达到50%～80%,内水降幅可达50%以上,热值可提高30%～100%以上,煤中挥发份等有效成分基本不变,产品煤可磨性提高、各项指标稳定,煤的利用价值大幅提升。

3 饱和蒸汽提质产品的应用领域

锡盟褐煤经过饱和蒸汽褐煤提质技术提质后水分降低、热值提高,产品性能稳定,便于加工企业和用户长时间储存,适于长距离运输,并可大幅降低运输费用,产品的综合利用途径和使用范围拓宽,可作为动力煤供应电厂或作为原料煤供应煤化工项目,应用范围广阔。

3.1 提质产品用做电煤

褐煤如直接参与燃烧,大量水分在燃烧汽化的过程中吸收大量热量,利用价值较低,且锅炉效率低、运行不稳定。褐煤经饱和蒸汽褐煤提质技术提质后,水分大幅降低,热值显著升高,性能稳定,便于储存和运输,煤的利用价值大幅提升。首个K—燃料工厂于2005年12月在美国怀俄明州的Fort Union市建成并运行,提质产品在美国黑山电厂等20余家企业成功进行了燃烧,燃烧结果证明,提质产品可有效提升锅炉效率,其燃烧效果与优质煤一样,应用企业同时总结了提质产品应用于燃煤发电时的特点:

- 容积密度比优质煤略低,在运输、传送、储存、加工等环节,与优质煤一样;
- 研磨性好,在煤尘、粒度分布方面与优质煤一样;
- 排渣方面,炉渣颜色变浅,熔渣减少,与燃用低灰煤近似;
- 易点燃,火焰稳定,运转稳定。

锡盟煤炭资源丰富,煤炭物流和交通系统逐渐完善,除已建的太旗、多伦物流园和集二、集通等7条铁路运输线,盟区规划围绕煤炭主产区建设多处煤炭物流园和铁路干线网,为把锡盟建设成为煤电一体化基地提供了诸多优势。但锡盟褐煤直接转化利用的效益低,又不宜长途运输,国家政策也对褐煤的综合利用提出了更高的要求。若锡盟褐煤经饱和蒸汽进行提质,降低水分、提升热值,彻底解决产品长距离运输的问题,提质产品一方面可作为优质动力煤供应坑口电站,能够有效解决电厂原料供应的问题和大幅降低发电成本,另一方面可外运销售,能大幅降低运输成本,这对于拓宽锡盟褐煤的市场竞争力和将锡盟打造成为煤电一体化基地意义重大。

3.2 提质产品用于煤化工

煤气化是新型煤化工的领军行业,对原料煤的市场供应需求量也非常大。从入料状态上,煤气化工艺主要有碎煤气化、粉煤气化、水煤浆气化三种方式,不同气化方式对入炉煤的水分、粒度等指标的要求不同。饱和蒸汽褐煤提质技术因其本身的特点,与各种煤气化工艺的衔接都具有一定优势。

3.2.1 碎煤气化

碎煤进料的鲁奇加压气化炉要求入炉煤水分要达到20%以内,越低越好,水分过高,不仅大幅增加氧气耗量,也容易形成煤粉黏结和堵塞筛分。褐煤经饱和蒸汽褐煤提质技术干燥提质后,煤样含水量一般在10%左右,完全符合鲁奇加压气化炉的入料水分要求。

同时,鲁奇炉要求入炉煤粒度在6～50 mm之间的要大于90%,而饱和蒸汽褐煤提质技术处理褐煤的粒径在6～80 mm之间,符合鲁奇炉的进料要求。原煤经筛分达到处理煤粒度要求后,经过干燥提质,产品煤可直接作为原料供给鲁奇气化炉,产品无需成型,工序衔接简单。

3.2.2 粉煤气化

煤粉进料的粉煤气化炉对入料煤的水分要求比较高,一般至少小于10%,经磨机干燥后要达到2%以下的水分含量,才能入炉气化。褐煤经饱和蒸汽褐煤提质技术干燥提质后,水分指标基本能达到粉煤气化工艺对入炉煤的要求,产品煤再经磨机进一步干燥,达到一定的水分和粒度要求,可作为原料供给粉煤气化炉使用。

褐煤水分高、可磨性差，直接研磨对磨机的要求和研磨段的能耗都比较大，褐煤经饱和蒸汽褐煤提质技术干燥提质后，煤样水分降低，可磨性提高，有利于降低粉煤气化研磨段的投资与能耗。

3.2.3 水煤浆气化

8 对于使用水煤浆进料的气化炉来说，一般要求水煤浆浓度接近 60%。而褐煤单独成浆的成浆率较低(一般<50%)，不能满足水煤浆气化的要求。而影响褐煤成浆率的主要因素是其内水含量较高、可磨性差。褐煤经饱和蒸汽褐煤提质技术干燥提质后，煤样内水大幅降低、可磨性提高，褐煤成浆率可提高约 10%。因此，对于采用水煤浆气化的新型煤化工产业链，利用饱和蒸汽褐煤提质装置作为备煤车间，可有效解决褐煤作为水煤浆气化原料存在的问题。另外，饱和蒸汽褐煤提质技术是一种富水工艺：生产过程中无需消耗水资源，煤中脱出的水可全部回收利用，可用于水煤浆制备或处理后提供给其他工序使用。

采用饱和蒸汽褐煤提质技术对内蒙呼伦贝尔褐煤和锡盟褐煤进行干燥提质，提质前后煤样的水煤浆实验结果如表 2 所示：

表 2　　水煤浆实验结果

煤样名称		全水 M_{ar}/%	内水 M_{ad}/%	发热量 $Q_{net,ar}$/kcal·kg^{-1}	哈氏可磨指数 HGI	制浆浓度 /%
呼伦贝尔	原煤	31.8	21.73	4 001	60	44
	产品煤	12.1	10.10	5 231	78	57
锡盟	原煤	30.5	16.2	3 922	39	46
	产品煤	11.6	7.9	5 025	48	58

褐煤储量丰富、价格低、供应稳定，以褐煤为气化原料有助于降低原料成本。干燥后的产品水分降低、可磨性提高，在气化过程中可节约能耗，稳定运行，有助于降低煤气化时的运行成本。综上所述，无论是从产品特性还是工艺衔接上考虑，饱和蒸汽褐煤提质技术与气化工艺衔接使用，能解决褐煤气化时存在的弊端，提高褐煤利用效率。另外，煤化工项目一般都配有锅炉和污水处理等系统设施，若能在设计时一并考虑，还可以大幅降低饱和蒸汽褐煤提质系统的投资。

4 结论

锡盟煤炭资源丰富，交通便利，但其煤炭资源 90%是褐煤，直接利用效益低，煤炭市场竞争力小。褐煤通过干燥提质可降低水分、提高热值，扩大综合利用途径和使用范围，提高褐煤在市场中的竞争力。分析蒸发式技术与非蒸发式技术的特点，非蒸发式的饱和蒸汽褐煤提质技术应用于锡盟褐煤提质效果显著，提质产品不回吸水分、热值显著提高、煤中挥发份等有效成分不变，产品无需成型、性能稳定，适合存储和长距离运输，作为电煤供应电厂，性能同优质动力煤，作为煤化工原料供应煤化工市场，有助于降低原料和运行成本。饱和蒸汽褐煤提质技术应用于锡盟褐煤提质，有助于提高锡盟褐煤的利用价值和市场竞争力。

国内褐煤干燥提质行业经过几年的发展，经验与教训并存，大家都在努力探索真正适合褐煤提质发展的好技术，国内各大企业与科研院所也更加关注非蒸发式技术的研究与应用，采用非蒸发式技术对锡盟丰富的褐煤资源进行干燥提质，可大大拓宽锡盟褐煤的综合利用途径和使用范围，对于实现合理转化锡盟褐煤资源，将锡盟建设成为大型煤炭生产和加工基地意义重大。

参考文献

[1] 步学朋，相坤，崔永君. 煤炭气化技术对煤质的选择及适应性分析[J]. 神华科技，2009，7(5)：73～80.

[2] 黄毅诚. 开发锡林郭勒盟褐煤资源改善我国能源布局[J]. 节能与环保,2009,10.
[3] 李春住. 维多利亚褐煤科学进展[M]. 北京:化学工业出版社,2009.
[4] 王少华,张丽早. K—燃料技术及其在燃煤发电中的应用[J]. 煤炭加工与综合利用,2012(1):49～51.
[5] 许祥静,刘军. 煤炭气化工艺[M]. 北京:化学工业出版社,2005.
[6] 原小静. 现代煤气化技术及其煤种的适应性分析[J]. 山西化工,2011,31(3):35～38.

宽馏分煤焦油加氢改质生产轻质燃料油的工艺研究

郭朝晖　余喜春　朱方明　李庆华

（湖南长岭石化科技开发有限公司　湖南岳阳　414012）

摘　要　以中低温煤焦油为原料，研究开发了宽馏分煤焦油加氢改质生产轻质燃料油技术。在 100 ml 试验装置上，对云南、榆林和新疆三地产的中低温煤焦油进行了评价试验，均实现了 85%以上的利用率。加氢产品硫、氮含量低，汽油馏分可作为石脑油产品、柴油馏分可作为车用柴油调和组分，加氢尾油馏分可作为清洁燃料油产品。利用该工艺在云南解化 1 万 t/年煤焦油加氢装置上进行的工业试验数据重复了实验室结果。表明该技术具有工业应用的前景。

关键词　宽馏分煤焦油；加氢改质；轻质燃料油

1　前言

煤是我国的主要化石能源，其主导性的地位在今后相当长的时间内不会发生根本的变化。煤经历高温热解，产出大量燃料气体的同时得到煤焦油。按热解温度不同，煤焦油可分为低温煤焦油(450～550 ℃)、中温煤焦油(600～800 ℃)和高温煤焦油。在我国煤焦油的传统加工主要为提取化学品和调制燃料油。通过精馏、结晶和精制等工艺组合可以从煤焦油中提取萘、酚、蒽、芘、吲哚、联苯等高附加值化工产品；调制粗燃料不但产品附加值低，而且直接燃烧会产生大量的 SO_x 和 NO_x，造成严重的环境污染。

高温煤焦油主要由稠环芳烃和沥青质组成，是提取高附加值化学品的理想原料；相较于高温煤焦油，中低温煤焦油密度较小、沥青质含量较少、含硫、氮、氧等杂原子的杂环化合物含量较高、氢碳比较高，在组成和性质上更接近于石油，是人造石油的重要来源。研究表明：采用加氢工艺，可以完成煤焦油脱硫、脱氮、脱氧、脱金属、加氢饱和、加氢裂化等反应，实现轻质化并改善其安定性，获得高品质的清洁燃料油。这不但符合国家开拓能源来源、保护环境政策的要求，而且在高油价年代同石油相比具有很大的成本优势，能为企业带来良好的经济效益。

湖南长岭石化科技开发有限公司以中低温煤焦油为原料，开发出了宽馏分煤焦油加氢改质生产轻质燃料油技术，较好地解决了煤焦油加氢过程中氢耗高、放热大、易结焦、轻质化难等技术难题，对各种不同产地、不同工艺的中低温煤焦油，均实现了 85%以上的原料利用率，获得了合格的清洁轻质油产品。利用该工艺在云南解化 1 万 t/年煤焦油加氢装置上进行的宽馏分煤焦油加氢改质工业试验数据重复了实验室结果，表明该技术具有工业应用的前景。

2　试验

2.1　反应原理

煤焦油加氢反应的主要目的是充分脱除杂质和降低密度，实现油品的轻质化和提高其清洁性、安定性、燃烧性，从而提升其产品附加值。煤焦油的加氢改质，是指在一定的温度、压力、空速等工艺条件下，煤焦油与加氢催化剂和氢气在反应器内发生一系列化学反应的工艺过程。煤焦油的加氢改质过程就是通过一系列的化学反应改善煤焦油的性质，提高其产品质量和使用性能，减少环境污染。煤焦油加氢改质过程中发生的主要化学反应包括：

(1) 加氢脱氧反应

主要是指加氢脱除煤焦油中的酚类、酸类、杂环氧类和醚类等含氧化合物的反应。如：

$$R—OH+H_2 \longrightarrow R+H_2O$$

$$R—COOH+H_2 \longrightarrow R—CH_3+H_2O$$

(2) 加氢脱硫反应

主要是指加氢脱除煤焦油中的硫醇、硫醚、二硫化物、噻吩等硫化物的反应，典型反应如：

$$RSH+H_2 \longrightarrow RH+H_2S$$

$$R—S—R+H_2 \longrightarrow RH+H_2S$$

$$4H_2 \longrightarrow R—C_4H_9+H_2S$$

(3) 加氢脱氮反应

主要是指加氢脱除煤焦油中的碱性和非碱性杂环氮化物的反应。典型反应如：

$$R—CH_2—NH_2+H_2 \longrightarrow R—CH_3+NH_3$$

$$5H_2 \longrightarrow C_5H_{12}+NH_3$$

(4) 加氢脱金属反应

煤焦油加氢脱金属过程主要是只含金属的沥青胶束通过加氢，促使金属桥断裂来实现，典型反应如：

$$R—M—R'+H_2+H_2S \longrightarrow MS_2+RH+R'H$$

(5) 加氢饱和反应

煤焦油中不饱和烃类主要是烯烃和芳烃，通过烯烃和芳烃的加氢饱和改善油品的安定性，提高其燃烧性，典型反应如：

$$R—CH=CH_2+H_2 \longrightarrow R—CH_2—CH_3$$

$$R—CH=CH—CH=CH_2+H_2 \longrightarrow R—CH_2—CH_2—CH_2—CH_3$$

(6) 加氢裂化反应

煤焦油的加氢脱胶质、沥青质反应主要在高温、高压的条件下，通过催化剂和氢气的作用促使煤焦油中的胶质、沥青质等大分子多环芳烃经过加氢饱和、开环、裂化、饱和等一系列过程以实现。其中，加氢裂化反应是煤焦油实现轻质化的重要途径。

2.2 工艺流程

煤焦油加氢改质的难点是：深度加氢难度大；反应过程易结焦、难以实现装置长周期运转；反应热大、氢耗高、对催化剂性能要求高，装置平稳运行难度大。针对中低温煤焦油原料的性质和煤焦油加氢过程的特点，湖南长岭石化科技开发有限公司开发了宽馏分煤焦油加氢改质生产轻质燃料油技术，通过煤焦油专用催化剂组合、工艺优化和预处理、控温、抑焦技术等专有技术的有机组合来达实现宽馏分煤焦油高效深度加氢和加氢装置的平稳、长周期运转。具体工艺流程见图1。工艺分原料预处理、加氢改质和产品分离三个阶段。其中原料预处理阶段通过预处理专利技术除去煤焦油中不能加氢和影响催化剂性能的金属、灰分等物质，并根据市场情况选择性提取有价值酚类产品；加氢改质阶段根据煤焦油原料性质灵活采用加氢精制或加氢精制＋加氢裂化的组合来保证轻质化效果和产品质量；产品分离阶段通过产品分离，得到石脑油、柴油调和组分等产品。

2.3 评价试验

评价试验在100 ml专用煤焦油加氢评价装置上进行。试验原料分别选用云南解化以褐煤为原料鲁奇炉副产的煤焦油、陕西榆林地区兰炭工艺副产煤焦油和新疆地区兰炭工艺副产煤焦油。试验原料

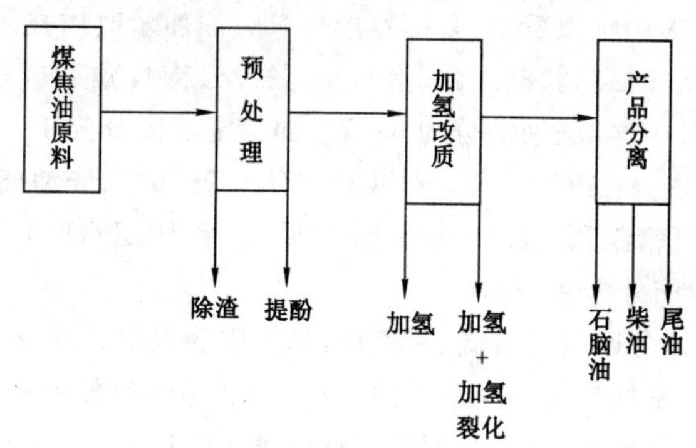

图 1　宽馏分煤焦油加氢改质技术工艺流程示意图

性质见表 1，试验条件见表 2。

表 1　　**试验原料性质**

	云南煤焦油	榆林煤焦油	新疆煤焦油
密度(20 ℃)/kg·m^{-3}	966.9	1 041.1	996.5
黏度(50 ℃)/mm^2·s^{-1}	27.65	142.4	50.68
凝点/℃	24	22	28
减压馏程/℃			
HK～10%	135～206	234～296	201～261
20%～30%	226～241	324～347	289～318
40%～50%	260～285	370～391	346～371
60%～70%	310～347	416～441	396～423
80%～90%	380～425	469	453～500
350℃馏量/ml	72	31	41.5
500℃馏量/ml		87.5	90
水分/%	6.5	2.72	2.0
总 N/%	0.96	1.10	0.81
总 S/%	0.95	0.18	0.15
残炭/%	2.78	7.86	5.62
灰分/%	0.179	0.162	0.034
金属/ppm	449	451	202

表 2　　**宽馏分煤焦油加氢试验条件**

项目		云南煤焦油	榆林煤焦油	新疆煤焦油
加氢精制段	氢分压/MPa	12.0	12.0	12.0
	反应温度/℃	360	370	360
	空速/h^{-1}	0.6	0.6	0.6
	氢油比	1 200	1 200	1 200
加氢裂化段	氢分压/MPa		12.0	12.0
	反应温度/℃		380	370
	空速/h^{-1}		1.5	1.5
	氢油比		1 200	1 200

试验结果见表 3～5。从表中可以看出：采用宽馏分煤焦油加氢改质技术，经预处理后，三种原料的利用率均在 85%以上，分别为 91.5%、85.12%和 90.2%。云南煤焦油经过加氢精制后，产品收率为 LPG1.03%、石脑油馏分为 8.02%、柴油馏分为 69.17、加氢尾油馏分为 11.29%；榆林煤焦油经加氢精制和一段加氢裂化后产品收率为 LPG1.41%、石脑油馏分为 9.56%、柴油馏分为 64.01、加氢尾油馏分为 8.01%；新疆煤焦油经加氢精制和一段加氢裂化后产品收率为 LPG1.38%、石脑油馏分为 12.78%、柴油馏分为 64.59、加氢尾油馏分为 9.26%。

加氢改质产品中石脑油馏分硫氮含量低、芳潜高，是优质的重整原料；柴油馏分除十六烷指数外，其余指标均满足国标柴油要求，是优质的车用柴油调和料；加氢尾油馏分硫氮含量低，可以继续进行二次加氢裂化，也作为优质清洁燃料油产品；预处理残渣具有较高的热值，可以作为发电厂燃料。

表 3　　云南煤焦油加氢改质试验结果

	预处理残渣	LPG	石脑油馏分	柴油馏分	加氢尾油馏分
收率	8.5	1.03	8.20	69.17	11.29
密度(20℃)/kg·m^{-3}	1007.6		765.0	857.6	870.9
馏程/℃					
10%			93	187	382
90%			138	292	467
95%				302	
KK			157	312	
总 S 含量/ppm			37	33	500
总 N 含量/ppm			54	28	
RON			72.3		
芳潜/%			61.28		
凝固点/℃				－27	
冷滤点/℃				－27	
水分/%				痕迹	
灰分/%	0.414			＜0.001	0.008
10%残炭/%				0.008	
机械杂质				无	
氧化安定性/mg·100 ml^{-1}				1	
铜片腐蚀(50 ℃,3 h),级				1	
闪点(闭口)/℃				63	
黏度(20 ℃)/mm^2·s^{-1}				2.71	
十六烷指数				33.3	
热值/NJ·kg^{-1}	29.67				

表 4　　榆林煤焦油加氢改质试验结果

	预处理残渣	LPG	石脑油馏分	柴油馏分	加氢尾油馏分
收率	14.88	1.41	9.56	64.01	8.01
密度(20℃)/kg·m^{-3}	1167.8		755.3	843.3	876.3
馏程/℃					

续表 4

	预处理残渣	LPG	石脑油馏分	柴油馏分	加氢尾油馏分
10%			109	199	381
90%			123	309	488
95%				324	505
KK			189	339	
总 S 含量/ppm			13	19	398
总 N 含量/ppm			11	22	
RON			70.6		
芳潜/%			60.07		
凝固点/℃				−28	42
冷滤点/℃				−28	
水分/%				痕迹	
灰分/%	0.748			0.001	0.001
10%残炭/%				0.09	
机械杂质				无	
氧化安定性/mg·100 ml^{-1}				1	
铜片腐蚀(50 ℃,3 h),级				1	
闪点(闭口)/℃				77	
黏度(20 ℃)/$mm^2 \cdot s^{-1}$				3.11	23.19
十六烷指数				37.66	
热值/NJ·kg^{-1}	38.22				

表 5　　新疆煤焦油加氢改质试验结果

	预处理残渣	LPG	石脑油馏分	柴油馏分	加氢尾油馏分
收率	9.8	1.38	12.78	64.59	9.26
密度,(20℃)kg/m^3	1138.8		752.3	841.2	857.1
馏程/℃					
10%			105	196	378
90%			119	305	472
95%				320	495
KK			198	336	
总 S 含量/ppm			5	5	319
总 N 含量/ppm			2	12	
RON			74.4		
芳潜/%			58.09		
凝固点/℃				−25	42
冷滤点/℃				−25	
水分/%				痕迹	
灰分/%	0.748			0.001	0.001
10%残炭/%				0.1	

续表 5

	预处理残渣	LPG	石脑油馏分	柴油馏分	加氢尾油馏分
机械杂质				无	
氧化安定性/mg·(100ml)$^{-1}$				1.1	
铜片腐蚀(50℃,3h)/级				1	
闪点(闭口)/℃				74	
黏度(20℃)/mm^2·s^{-1}				2.317	23.19
十六烷指数				40.66	
热值/NJ·kg^{-1}	36.55				

2.4 工业试验

工业试验于 2009 年 5 月在云南解化清洁能源有限公司现有的 1 万 t/年煤焦油加氢工业装置上进行,以云南解化现有的鲁奇炉宽馏分煤焦油为原料,催化剂与实验室相同,加氢改质反应条件为压力 10.0 MPa;预加氢反应器入口温度 230~260 ℃、床层温升 98 ℃;主加氢器反应温度 290~310 ℃、床层温升 87 ℃;反应空速 1.0 h^{-1};氢油比 1200∶1。加氢产品的分布与性质见表 6~8。可以看出,宽馏分煤焦油在 1 万吨/年工业装置上经加氢改质得到的石脑油、柴油和加氢尾油馏分的收率和性质基本重复了实验室结果,表明该技术具有工业应用的前景。

表 6　业试验石脑油馏分收率与性质

项目	数值	项目	数值
外观	无色透明	组成/%	
密度 (20℃)/kg·m^{-3}	776.0	烷烃	23.14
收率/%	11.66	烯烃	0.00
馏程/℃		环烷烃	51.17
HK~10%	68~95	芳烃	25.69
20%~30%	105~110	RON/MON	71.9/68.7
40%~50%	116~121	芳潜/%	63.36
60%~70%	126~131	金属/ppm	
80%~90%	135~141	As/Pb/Cu	<1
KK	166	总 N/ppm	15
溴价/gBr·(100g)$^{-1}$	1.01	总 S/ppm	18
胶质/mg·(100ml)$^{-1}$	2	碱氮/ppm	9

表 7　工业试验柴油馏分收率与性质

项目	数值	GB 252—2003
外观	浅黄色	
收率/%	74.39	
密度 (20℃)/kg·m^{-3}	851.0	
十六烷值	37.8	≥45 *
馏程/℃		
50%	243	≤300

续表 7

项目	数值	GB 252－2003
90%	304	≤355
95%	318	≤365
凝点/℃	－17	≤0
闪点/℃	69	≥55
黏度(20℃)/$mm^2 \cdot s^{-1}$	4.11	3.0～8.0
灰分/%	<0.001	≤0.01
10%残炭/%	0.01	≤0.3
酸值,mgKOH/100ml	1.15	≤7
总 N/ppm	34	
总 S/ppm	13	≤2 000
铜片腐蚀/(50℃,3h)	1	≤1

表 8　工业试验加氢尾油馏分的收率与性质

项目	数值	项目	数值
外观	棕褐色	总 S/%	0.05
密度 (20℃)/$kg \cdot m^{-3}$	885.0	开口闪点/℃	211
收率/%	13.05	四组成/%	
馏程/℃		饱和烃	81.34
HK～10%	362～392	芳香烃	11.89
20%～30%	399～405	胶质	2.66
40%～50%	411～420	沥青质	4.11
60%～70%	428～440	金属/ppm	
80%～90%	454～477	Al	0.9
95%	491	Ca	3.3
总 H/%	12.95	Fe	7.1
总 C/%	86.24	K	0.5
凝点/℃	41	Mg	0.3
残炭/%	0.34	Na	1.1
灰分/%	0.012	Zn	0.6
总 N/%	0.09		

3　结论

① 利用煤焦油加氢生产轻质燃料油符合我国国情和环保政策的要求,具有良好的经济效益。

② 研究开发的宽馏分煤焦油加氢改质生产轻质燃料油技术能有效解决煤焦油加氢产业化过程中的各种难点,对于云南、榆林和新疆三地的中低温煤焦油原料均能实现85%以上的利用率。

③ 通过加氢后得到的石脑油产品硫氮含量低、芳潜高,是理想的重整原料;柴油产品出十六烷值偏低外,其余指标均满足国标要求,可作优质的调和料;加氢裂化加氢尾油可进行二次裂化,也可作为清洁燃料油产品。

④ 在云南解化 1 万 t/年工业装置上进行的宽馏分煤焦油加氢改质工业试验得到的石脑油、柴油和加氢尾油馏分的收率和性质基本重复了实验室结果，表明该技术具有工业应用的前景。

参考文献

[1] Yurum y. Clean Urirlzation of Coal[M]. London: Kluwer Academic Publishers, 1992.

[2] 刘述祺. 低温焦油的开发利用与前景[J]. 燃料与化工, 1996, 27(3).

[3] 曲思建, 关北峰, 王燕芳. 我国煤温和气化(热解)焦油性质及加工利用现状与进展[J]. 煤炭转化, 1998, 21(1).

[4] 王景平. 我国能源可持续利用现状与对策[J]. 中国煤炭, 2006, 32(7).

[5] 张志新, 胡靖文. 炼焦副产物的综合利用及炼焦新工艺[J]. 化工环保, 2001, 21(5).

[6] 周成煌. 煤焦油市场现状及后期趋势[J]. 煤化工, 2007, 67(1): 7～10.

应用SZ提质技术，促进褐煤资源的分质分级利用

常士玖

（锡林浩特市神工制造有限公司　内蒙古自治区锡林郭盟　02600）

1　前言

1.1　褐煤开发利用的必要性

我国是煤炭生产和消费大国，2012 年总用量占全球煤炭产量的 50%以上，突破了 38 亿吨，我国褐煤占煤炭资源保有储量的 13%，储量丰富，是我国煤炭用量增加的主要来源，然而煤化程度低、水分高、灰分波动大、挥发分高、热值低、易风化和自燃，单位能量的运输成本高，不利于长距离输送和贮存，严重影响了褐煤资源的有效利用。开展适合褐煤提质加工的技术开发和推广应用，是落实科学发展观、建设资源节约型、环境友好型社会的重要举措，具有广阔的发展前景。

1.2　褐煤的主要用途

褐煤的利用大致可以分成以下几个方面：一是作为电厂或工业锅炉燃料，约占总用量的 70%以上；二是煤化工的原料，生产深加工产品，提升产品的附加值，如液化、气化和焦化等，约占总用量 10%～20%；三是民用煤市场，约占总用量 5%～10%。

1.3　褐煤的赋存条件及煤源基地煤质现状

受成煤环境及条件的影响，褐煤煤层赋存结构复杂程度呈多样性，既有低灰分高水分的褐煤，也有水分高、灰分也高的褐煤，煤矿的浅部煤层，均有厚度不均的夹矸层存在。以锡盟胜利煤田和白音华煤田为例，3 300～3 800 kcal/kg 的原煤约占 60%～70%，而 2 200～3 300 kcal/kg 之间的劣质煤占 30%～40%，原煤全水分从 30%到 40%，灰分从 8%至 40%，差异很大。

1.4　褐煤分质分级提质的必要性

根据褐煤具有全水分高、部分褐煤的矸石含量也很高的特点，褐煤的提质不单纯是干燥脱水的问题，用户选择加工方法时，应该根据具体的煤质特性和目前褐煤提质技术发展现状以及加工成本、市场需求进行技术经济对比分析后确定。可选择的加工工艺为：低灰高水分褐煤直接采用干燥工艺，高灰高水褐煤，充分发挥选煤排矸投资少、加工成本低的优势，采取排矸＋干燥脱水的联合工艺。

褐煤分质分级利用成为褐煤高效开发利用的关键。褐煤提质加工后，水分显著降低，发热量大幅度提高，既可防止煤炭自燃、便于运输和贮存，又有利于发电、造气、化工等使用。煤矿企业可以适应原煤煤质的波动，优化煤炭产品结构，提高煤炭产品的质量，为企业赢得利润。褐煤干燥项目建成后可根据用户要求，随时调整工艺参数，生产不同等级的优质产品，实现效益的最大化，提高产品的市场竞争力。

2　褐煤的传统物理提质技术

2.1　褐煤的洗选加工

我国褐煤的洗选开始于内蒙古平庄矿区，其主要煤种为老年褐煤，产品主要作电煤、工业锅炉用煤和民用煤。自 19 世纪 60 年代开始至 90 年代末，先后建立起了平庄西露天、古山、风水沟、红庙四座选煤厂，分别采用大块煤重介斜轮（包括后期改造为动筛跳汰）分选＋混煤直销、大块煤重介斜轮分选＋混

煤跳汰(主要是劣质煤)、混中块(50～13 mm,含大块检查性手选后破碎物)跳汰选+末煤直销的方式。通过多年的生产实践表明,块煤筛分、洗选可以为煤矿创造很大的经济效益,也是成功的,但是混末煤(−25 mm)的洗选,虽然降低了产品的灰分,但增加了水分,对提高产品的发热量效果不大,而且处在诸多不利因素,如:

(1) 煤泥水处理系统投资大、成本高、回收的煤泥价值低,洗选的经济效益不好;

(2) 煤泥水不能全部厂内循环利用,造成外排,带来社会影响;

(3) 干旱缺水地区,与民用水发生相争,为保证生产用水,影响矿区生活用水的正常供应;

(4) 冬季生产设备产维护量大、产品运输卸车困难等。

2.2 褐煤的干法选煤

内蒙古赤峰市四龙煤矿于1995年开始采用FGX—1干选机分选褐煤,2000～2001年,原平庄矿务局的六家煤矿、红庙煤矿分别采用了FGX—6A、12A复合式干选机替代原来的跳汰选煤,探索了褐煤采用干选的途径。干选机在分选烟煤时一般要求入料的外在水分<9%,实践表明,对于变质程度低的褐煤,关键原则是物料在设备中不黏结成团能够松散。褐煤全水分高,但真正影响干法分选效果的是表面水分,所以许多褐煤可以直接采用干法选煤设备直接分选。当然,对于地表水发达地区开采及年轻褐煤表水分太大,直接入选有一定困难时,可采取落地分选的方法或考虑选前预干燥的工艺。

2.3 褐煤干燥

传统的滚筒式干燥器是一种采用高温热烟气做介质的干燥方法,主要是北方地区的洗煤厂在冬季为解决洗煤产品黏仓挂壁以及冻车问题,对煤泥或洗末煤进行的简单干燥,干燥去水幅度以便在8%～15%。由于褐煤煤炭市场对干燥脱水设备的需求,已经出现了滚筒式干燥器用于深度干燥的尝试,也有了一定的进展。滚筒干燥是采用500～700 ℃的高温烟气与褐煤顺流式干燥,大颗粒煤与粉煤干燥路径一致、时间相同,因此导致干燥后的煤炭挥发份有部分析出,而且产品粉碎率高、煤尘含量大,粉煤在干燥器末段或出料端容易出现燃烧现象。

3 SZ褐煤提质技术路线介绍

3.1 褐煤提质技术的组成

针对编制程度低的褐煤具有的水分高、灰分波动大、挥发分高、易自燃的特性,结合用户的提质产品定位,可采取以下技术:

(1) FGX复合式干法选煤技术:干法排矸;

(2) SZ振动混流干燥技术:低温干燥去水;

(3) 无黏结剂压块成型技术:解决煤粉飞扬产尘问题。

3.2 SZ褐煤提质技术的特点

(1) FGX复合式干法选煤技术:选煤排矸不用水,在排矸降灰的同时不但不增加产品水分,还有部分降水作用,适合易泥化的褐煤的分选。

(2) SZ振动混流干燥技术:采用低温大风量的干燥技术路线,研发了洒落式振动混流干燥器,既能保证利用低温热介质(燃点和挥发分析出点以下)与挥发分大的褐煤接触安全可靠,又能实现块末煤同步去水,干燥器采用多层振动床按"之"字形布置的立式结构,占地面积小。

(3) 压块成型技术:可将生产环节中的煤粉压块成型,解决了煤粉对环境的二次污染。

(4) 三种技术联合配置后,脱水降灰达到了完美结合,干法提质不用水、工艺简单、投资少、生产成本低,形成了神州公司特有的褐煤提质工艺路线。

(5) 设备(图1)大型化、产能高,单系统产能可达500 t/h。

3.3 相关优惠政策

(1) 核心技术均通过权威鉴定,获国家煤炭工业科技进步奖,符合国家节能环保政策;列入国家"十

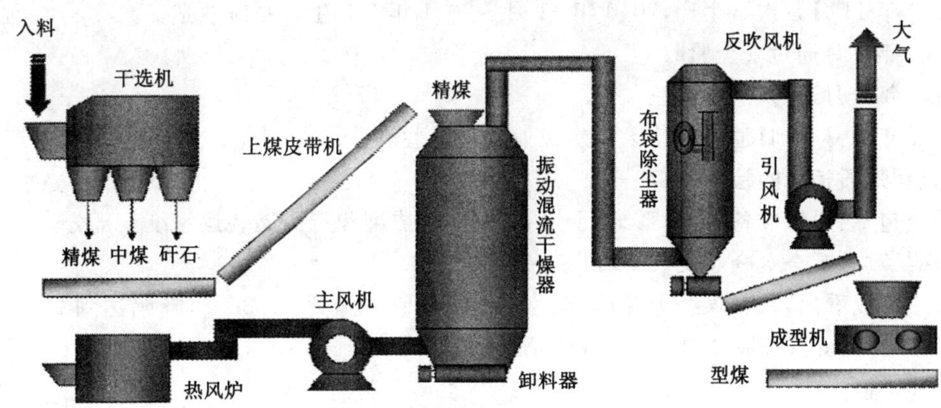

图1 SZ褐煤提质技术设备

二五”煤炭产业规划及低碳技术创新及产业化示范工程项目内容，有国家政策支持。

(2) 干燥提质技术，符合内蒙古自治区内政发[2009]50号文件规定的煤炭资源配置条件——对已获得国家批准的采矿权并已配置褐煤资源，上褐煤干燥项目，可视为转化项目。

(3) 复合式干法选煤技术，2009年被国家发改委、财政部、税务总局列入“环境保护节能节水项目企业所得税优惠目录”——应用FGX复合式干法选煤的项目企业，在企业所得税方面享受“免三减二”的优惠政策。

3.4 SZ提质技术的适用范围及领域

表1 SZ提质技术的适用范围及领域

序号	应用技术	适用范围及领域
1	SZ振动混流干燥技术	原煤中矸石少或没有矸石，但水分高影响热值： 1. 褐煤的干燥脱水，去水10%～25%，提高600～1 500 kcal/kg； 2. 洗精煤干燥脱水，去水8%～12%； 3. 煤泥干燥脱水，去水10%～15%； 4. 化工原料的备煤干燥，去水15%～25%，产品水分低于10%～15%
2	FGX复合式干法选煤技术	高含矸的劣质褐煤分选，可提高热值400～1 000 kcal/kg。 1. 混煤入选；2. 混块
3	干燥+干选联合工艺	对含矸高、水分大的煤炭脱水、排矸，提高热值： 1. 预干燥+干选工艺； 2. 干选排矸+精煤干燥工艺

4 SZ(神州)褐煤提质技术应用实例——西乌旗科达褐煤提质干燥成型一体化项目介绍

4.1 项目建设概况

(1) 项目坐落在内蒙古西乌珠穆沁旗白音华能源化工园区，白音华煤田褐煤探明储量100亿t，属侏罗纪褐煤，煤的平均水分在35%左右，最高可达42%。

(2) 2008年12月18日批准立项，采用SZ干燥技术建设30万t/年褐煤提质生产线。

(3) 2009年7月开工建设，总占地32 933.5 m^2。

(4) 2009 年 11 月首次试生产,2010 年 11 月～2011 年 2 月生产系统改造。

(5) 2011 年 3 月通过安全验收。

(6) 2011 年 5 月通过环保验收。

(7) 2011 年 9 月 20 日通过自治区煤炭工业局综合验收。

4.2 提质过程煤质指标的检测分析

生产系统包括:原煤准备、干选系统、干燥系统、煤粉成型和产品储装运系统五部分。

4.2.1 干燥提质前后全水分及发热量的变化关系

从图 2 中可以看出,入料煤经干燥后,全水从 36.61%下降到 16.36%,降幅达到 20.25%;低位发热量从 3 052 kcal/kg 升高到 4 493 kcal/kg,增幅达到 1 441 kcal/kg。

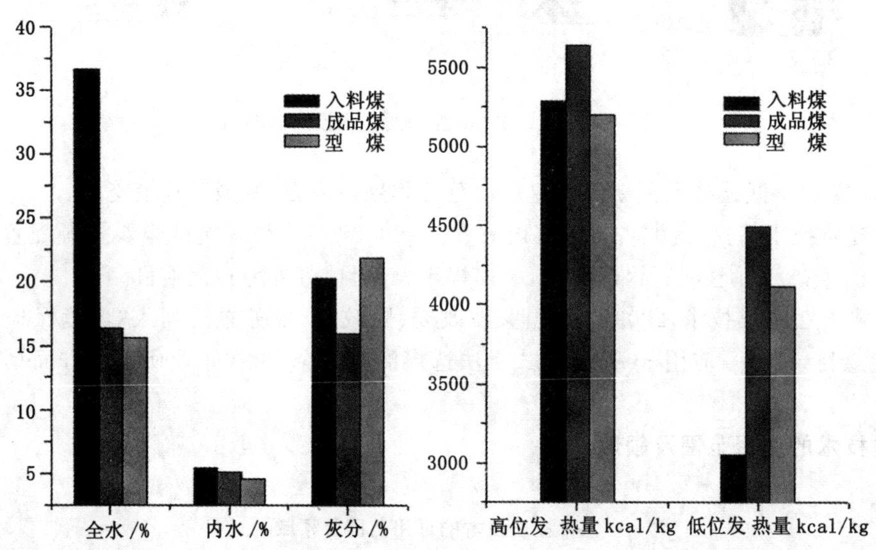

图 2 干燥提质前后全水分及热量的变化关系

4.2.2 干燥提质前后煤炭粒度组成的变化

从图 3 中可以看出,入料煤经干燥后,13～40 mm 粒度级物料的产率下降 7.39%,3～13 mm 、1～3 mm 和 0.5～1 mm 粒度级物料的产率分别增加 1.44%、3.96%和 2.91%,0.3～0.5 mm 和－3 mm 粒度级物料的产率分别下降 0.19%和 0.73%。

结论:振动混流干燥设备能较好地保持原料粒度,粉碎率低。

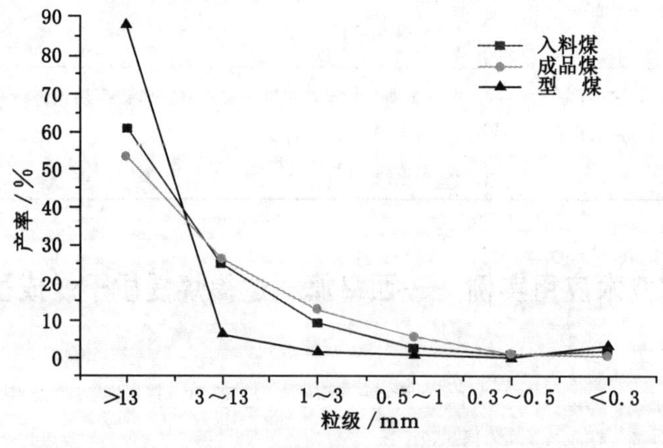

图 3

4.2.3 干燥提质煤炭的复吸状况

从图4中可以看出，从7日开始，随着时间的变化，成品煤的全水分越来越低，且降幅也趋于平缓。13日以后，成品煤的全水分基本上没有明显变化，始终在15%上下波动，这说明自13日以后，成品煤全水分已达到平衡状态。

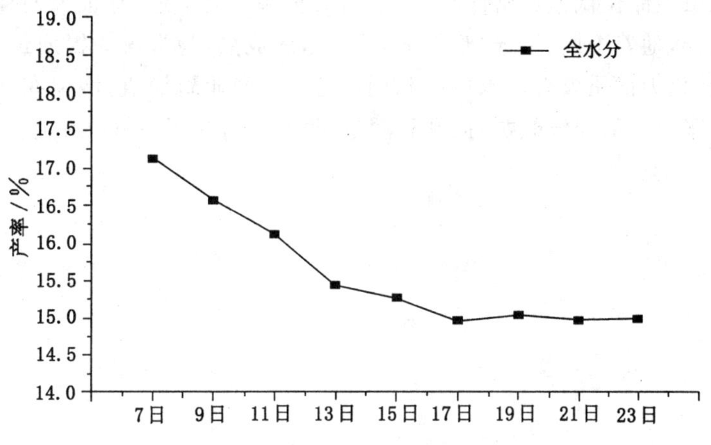

图4 干燥提质煤炭的复吸状况

结论：干燥煤的水分高于平衡点时，水分会继续散失，当降到平衡点以后，保持平衡，不会存在复吸问题。

4.2.4 低温干燥对煤性能指标的影响

低温干燥时(250 ℃以下)，不会对煤质产生很大影响。

从试验数据可知，挥发份、灰分等数据没有明显的变化，这说明，干燥并未造成煤的裂解或分解，或其他的热性质变化。对干燥过程中的干燥尾气用气象色谱分析(图5)也表明，干燥尾气中并无的甲烷、一氧化碳及二氧化碳等小分子裂解或气化产物。从尾气的色谱图还可得出这样的结论，即：低温干燥时(250 ℃以下)，干燥过程所排放的气体主要是含有一定量水蒸气的热空气，并无煤热裂解或热分解的有机产物或其他有害气体污染物，直接排入大气不会造成环境污染。

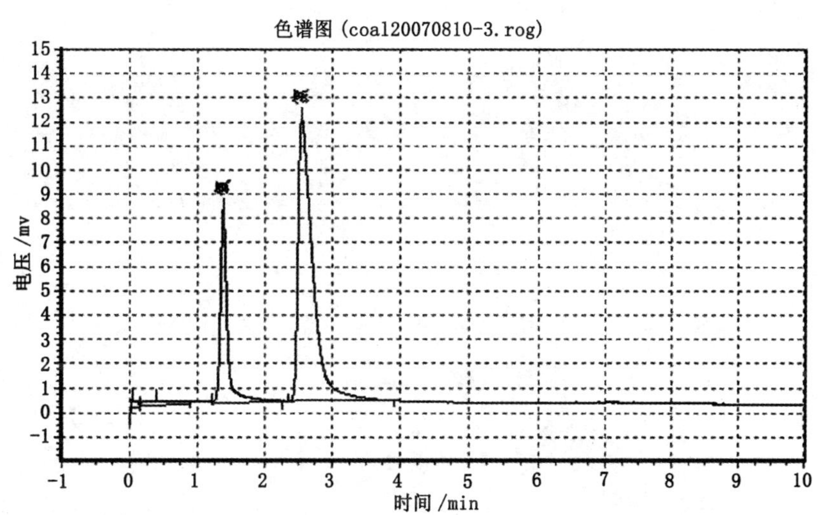

图5 煤干燥过程尾气成分色谱图

生产实践表明：白音华煤田的褐煤经提质技术加工后，低位发热量由2 800～3 700 kcal/kg提高至

4 000～5 000 kcal/kg，热值提高40.0%以上，将低质的褐煤变为幼稚的动力及化工原料，而且生产过程可以实现安全、环保。

5 结束语

蒙东地区的褐煤虽然品位低但价格低廉，与东北工业基地运距近，有很大的地域优势，随着振动混流干燥系统的日臻完善，随着干燥、干选“双干工艺”技术的成熟，为褐煤的提质加工开辟了一条新的路径，褐煤提质后可以转化为优质煤炭资源加以利用，提高了产业附加值，增强在市场的竞争能力，不仅能够为各煤炭企业带来很好的经济效益，提升利润空间，而且将为用户解决在生产使用上的若干技术性难题、获得良好的经济效益。

我国选煤技术装备的发展

程宏志　李山文

（中国煤炭科工集团唐山研究院　河北唐山　063012）

摘　要　简述了煤炭洗选对煤炭清洁利用、节能减排的重要作用，概述了我国选煤工业发展现状与大型选煤厂建设趋势，总结了近年来选煤工艺与大型装备取得的技术进步，分析了选煤装备可靠性、自动化水平等方面与发达国家的差距。针对我国煤炭工业规模化、集约化发展需求，提出了提高装备大型化、可靠性、自动化水平，开发和完善褐煤提质技术、稀缺煤种的深度精选技术是选煤领域的主攻方向，以满足选煤工业产业升级与发展的需要。

关键词　选煤；装备；大型化；可靠性；自动化

煤炭是我国的主要能源，为经济社会发展提供了重要保障。同时，大量燃用原煤也引起了严重环境问题。2010 年我国 SO_2、NO_x 排放总量分别为 2 267.8 万 t、2 273.6 万 t，烟粉尘排放量为 1 446.1万 t，均远超出环境承载能力。煤炭是我国最大的空气污染源，约 80％的 CO_2、85％的 SO_2、67％的 NO_x、70％的悬浮物排放来自于燃煤。我国动力煤平均灰分 28.6％，平均硫分 1.01％，洗后混配的优质动力煤平均灰分 15.5％，平均硫分 0.66％。每入选 1 亿 t 原煤，可排除矸石约 2 000 万 t，减少含硫量 35 万 t，减排 SO_2 49 万 t；如果 22 亿 $t \cdot a^{-1}$ 动力煤全部入选，每年可排除矸石 4.4 亿 t、节省运力 2 640 亿 t·km，减排 SO_2 1 078 万 t、减排 CO_2 3 亿 t，提高煤炭利用效率 10％～15％、节约煤炭 3 亿 t。加快选煤工业发展，促进煤炭清洁高效利用，是实现节能减排、建设资源节约型和环境友好型社会的有效途径。

“十一五”期间，我国原煤入选量和入选比例大幅提高。据统计，截至 2010 年末，全国拥有选煤厂 1800 座，入选能力 17.8 亿 t，入选原煤 16.5 亿 t，入选比例 50.9％；其中，国有大型企业选煤厂近 600 座，入选能力达 15.4 亿 t，单厂平均洗选能力达到了 2.60 $Mt \cdot a^{-1}$；建成年入选能力 10.00 Mt 及以上的特大型选煤厂 41 座、入选能力 5.95 亿 t，占总入选能力的 33.8％。选煤厂的大型化发展，对选煤工艺与装备提出了新的要求，促进了大型洗选装备技术的发展。

1　选煤工业发展现状

世界主要产煤国家在上世纪末原煤入选率就达到了 70％以上，发达国家入选率达到 85％～90％，德、英、美、澳等国家实现高灰高硫原煤 100％入洗。近 30 多年来，虽然我国原煤入选量由 1980 年的 1.1亿 t 增长到 2011 年的 18.7 亿 t，入选比例从 18％增加到 53％（图 1），但长期未能得到应有的发展。与发达国家 90％以上的洗选比例仍有较大差距，还不及美国 1995 年的入选水平（图 2）。

作者简介：程宏志（1963—），男，满族，河北三河人，博士，研究员，中国煤炭科工集团唐山研究院，副院长，煤炭工业技术委员会资源综合利用专家委员会委员，中国煤炭科工集团首席专家，主要从事选煤工艺及浮选设备的研究。通讯地址：河北省唐山市新华西道 21 号；邮政编码：063012；E-mail：chenghzh@126.com。

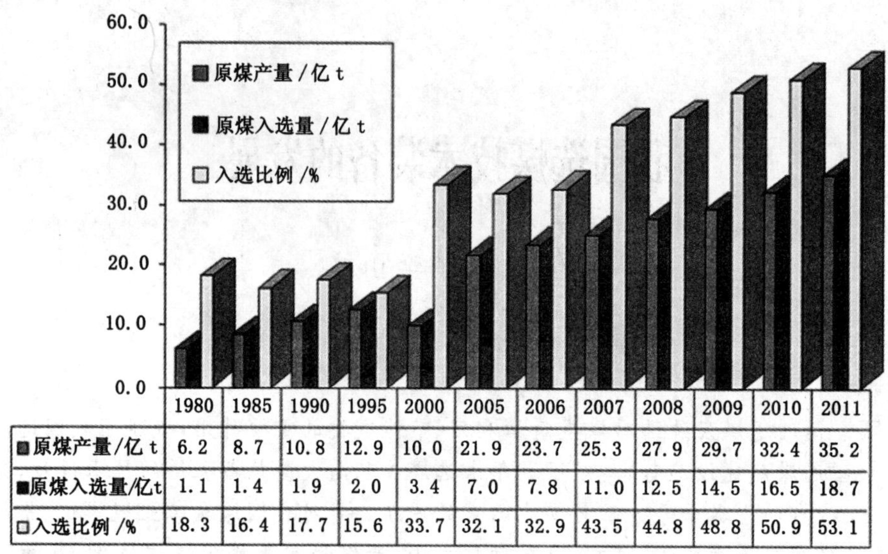

	1980	1985	1990	1995	2000	2005	2006	2007	2008	2009	2010	2011
原煤产量/亿 t	6.2	8.7	10.8	12.9	10.0	21.9	23.7	25.3	27.9	29.7	32.4	35.2
原煤入选量/亿t	1.1	1.4	1.9	2.0	3.4	7.0	7.8	11.0	12.5	14.5	16.5	18.7
入选比例/%	18.3	16.4	17.7	15.6	33.7	32.1	32.9	43.5	44.8	48.8	50.9	53.1

图 1　我国原煤入选量和入选比例发展情况

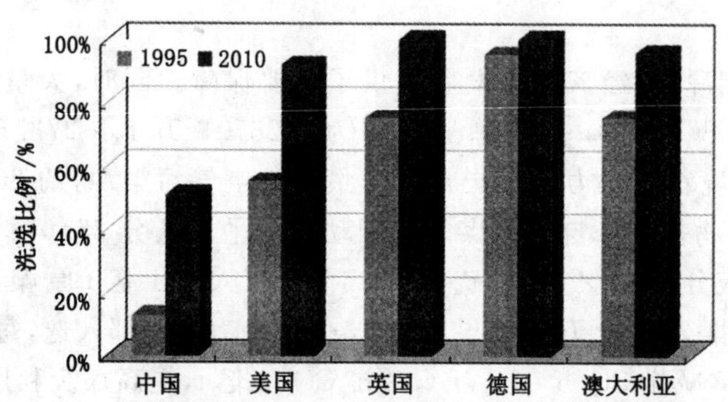

图 2　中国与典型发达国家 1995 年、2010 年煤炭洗选比例

2　选煤技术与装备发展现状

2.1　大型选煤厂建设成为明显发展趋势

美、英、德、澳等发达国家已经完成向大型化、集中化和高效化的转变，我国正在朝着大型化发展。1986 年美国的选煤厂达 507 座，平均处理能力为 486 $t \cdot h^{-1}$，而到 1996 年，选煤厂数量减至 340 座，平均处理能力增加至 716 $t \cdot h^{-1}$。随着科学技术的发展和进步，选煤厂建设的规模越来越大。近年来，美国新建厂处理能力为 800～1 500 $t \cdot h^{-1}$，德国和澳大利亚一般在 1 000 $t \cdot h^{-1}$ 以上，而且有的原设计能力较小的选煤厂也都采用现代化技术和大型装备进行改造，以提高资源回收率，简化工艺系统、节约运行成本，提高综合效益。如美国 Consol 能源公司 Bailey 中央选煤厂原设计能力为 900 $t \cdot h^{-1}$，经改造后 2001 年精煤产量就达 20.00 $Mt \cdot a^{-1}$；澳大利亚 Moranbah North 矿选煤厂原设计处理能力为 5.00 $Mt \cdot a^{-1}$，通过技术装备更新改造，提高到 10.00 $Mt \cdot a^{-1}$；加拿大 Fording River 选煤厂原设计能力为 3.00 $Mt \cdot a^{-1}$，经改扩建后达 9.20 $Mt \cdot a^{-1}$。

从 2005 年到 2010 年，我国选煤厂数量由 961 座增加到 1 800 座，年入选能力从 8.37 亿 t 增长到 17.6 亿 t，单厂平均规模由 0.87 Mt 提高到 0.98 Mt；其中，国有大型选煤厂 600 座，入选能力达 15.4 亿 t，单厂平均规模达 2.60 Mt；建设了 41 座 10.00 Mt 及以上的特大型选煤厂，入选能力 5.95 亿 $t \cdot a^{-1}$。“十一五”以来是我国选煤工业发展速度最快的时期。

2.2 选煤工艺技术达到了国际先进水平

我国煤炭资源丰富，煤种齐全，煤质差别大，因而跳汰、重介、浮选、风选等各种选煤方法均有应用。在选煤工艺和技术方面，目前我国基本和世界先进国家同步。重介质选煤技术以其对煤质适应能力强、入选粒度范围宽、分选效率高、易于实现自动控制、单机处理能力大等优点，近年来得到了大力推广应用，在我国各种选煤方法构成中，先进的重介质选煤方法所占比例从 2005 年的 39.5%上升到 2010 年的 54%，成为主导选煤方法(图 3)。目前，新建的大型选煤厂多采用重介质选煤工艺。例如：根据煤质差别和产品要求，采用块煤重介浅槽、末煤三产品重介旋流器或二产品重介旋流器主再选、粗煤泥干扰床或螺旋分选机、细煤泥浮选的联合分选工艺；采用我国独创的原煤不脱泥无压三产品重介旋流器配煤泥重介简化工艺；采用我国独创的脱泥分级重介旋流器分选工艺等。

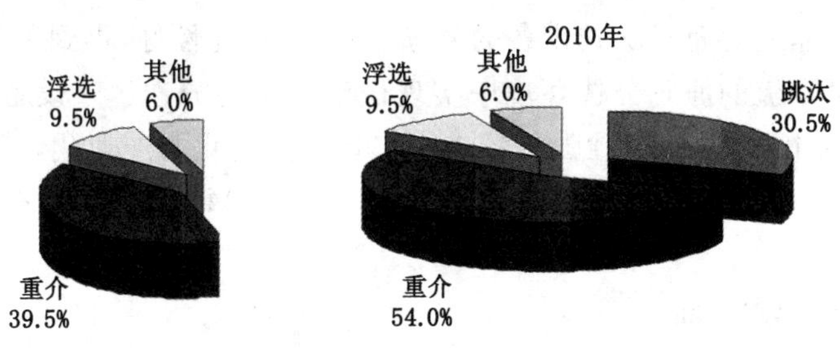

图 3 我国选煤方法构成及其变化

2.3 选煤装备技术取得了长足进步，大型化和可靠性明显提高

选煤设备在向大型化、机电一体化、自动化、智能化发展。大型选煤厂需要大型设备支撑，因此，各主要产煤国家普遍研究开发大型选煤设备。如德国生产的巴达克跳汰机，其最大跳汰面积 42 m^2，分选块煤时处理能力达 1 000 $t \cdot h^{-1}$，分选末煤时也可达 600 $t \cdot h^{-1}$；波兰研究开发的 IF 系列大型压气式机械搅拌浮选机，单槽容积达 30～100 m^3。此外，直径 1 500 mm 的卧式振动卸料离心脱水机、面积 30 m^2 以上的筛分机、处理能力 3 000 $t \cdot h^{-1}$的分级破碎机等均已成功应用于生产现场，并出口到我国。

“十一五”期间，我国年处理原煤 4.00 Mt 的选煤成套技术与装备实现了国产化。例如：研发成功具有自主知识产权的三产品重介质选煤工艺及主选设备、大型全自动快速隔膜压滤机、干法选煤成套技术等达到国际领先水平，已经得到大规模推广应用并开始出口；跳汰机、浮选机、浮选柱、加压过滤机，总体技术达到国际先进水平，成为我国选煤厂使用数量达到或超过 90%以上的国产设备，基本替代了进口；研发成功接近国际先进水平的各种离心脱水机、分级破碎机、振动筛、磁选机等设备得到应用，并迫使同类设备的进口价格大幅下降。

(1) 重介质选煤方面

自行开发的世界上最大的三产品重介质旋流器已应用于选煤工业，直径达到 1.5 m。3SNWX1500/1100—Ⅳ型重介质无压三产品重介质旋流器处理能力达到了 550～650 $t \cdot h^{-1}$，工作压力仅 0.2 MPa 时有效分选下限达到 0.5 mm，一段 $E_p = 0.02 \sim 0.05$ kg/L，二段 $E_p = 0.05 \sim 0.07$ kg/L；3DMC1500/1100AP 型有压三产品重介旋流器不脱泥分选 30～0 mm 原煤时，处理能力达 580～620 $t \cdot h^{-1}$，30～0.5 mm 的 $E_{pm} = 0.020 \sim 0.025$ kg/L，0.5～0.25 mm 的 $E_{pm} = 0.065$ kg/L，有效分选下限达 0.25 mm。旋流器的研究与制造单位不断开发和寻求新型耐磨材料解决大型旋流器磨损问题，如复合陶瓷比刚玉衬里的使用寿命提高了一倍。

(2) 跳汰选煤方面

自行研制的 SKT 型筛下空气室跳汰机一直是我国的主要选煤设备，近年来，研究采用了无背压软接触数控盖板风阀、多室共用风阀，高压风集中加油净化、U 型结构筛下空气室、单格室漏斗型组合式机体、仓式稳静排料道等多项新型专利技术，达到了国际先进水平。SKT 跳汰机最大面积达到 36 m^2，处理能力 500～650 $t \cdot h^{-1}$，不完善度 $I \leqslant 0.16$。

(3) 煤泥浮选方面

以机械搅拌式浮选机为主，约占 80%，其次为浮选柱约占 15%，喷射式浮选机约占 5%。机械搅拌式浮选机以具有国际先进水平的 XJM—S 系列浮选机为代表，约占全国选煤厂浮选设备总量的 70%。该浮选机采用假底下吸、周边串流入料方式，既能满足易浮选物料大处理能力的要求，又能满足难浮选物料回收率的要求。为了满足某些难浮煤泥二次精选工艺要求，开发出 XJM—S“3+2”型浮选机，通过灵活变换浮选工艺进一步增强了对煤泥可浮性的适应能力。XJM—S 型浮选机已形成单槽容积从 4 m^3～45 m^3 系列化产品，通常由 3～4 槽串联为一组。XJM—S28 型浮选机矿浆处理能力为 900～1 100 $m^3 \cdot h^{-1} \cdot$ 组$^{-1}$，XJM—S45 为 1 200～1 500 $m^3 \cdot h^{-1} \cdot$ 组$^{-1}$。

FCSMC 系列旋流—静态微泡柱分选设备的分选下限低、选择性好，得到了推广应用。采用逆流碰撞矿化的浮选原理，在低紊流的静态分选环境中实现微细物料的分选。该设备具有运行稳定、选择性好、效率高、处理能力大、电耗低、适应性强等特点。实现了系列化与产业化，开发了直径 1.2～4.5 m 的系列微泡浮选柱和 3 000×6 000、6 000×6 000 浮选床。FCSMC—6 000×6 000 浮选床矿浆处理能力达 800～1 000 $m^3 \cdot h^{-1}$。

(4) 煤炭破碎、筛分、脱水方面

大型分级破碎设备取得了长足进步，单机处理能力达到 500～3 000 $t \cdot h^{-1}$，基本可替代进口产品；大型振动筛的可靠性有了明显提高，宽度 3.6 m 的香蕉筛、筛篮直径 1.4～1.5 m 的卧式振动离心脱水机已研制成功，接近国际先进水平；转鼓直径 1.4 m 的沉降过滤式离心脱水机已进入工业化应用；加压过滤机在智能化控制方面取得一定进展，技术达到国际先进水平；快速隔膜压滤机处于国际领先水平。

2.4 在选煤自动化控制方面，技术落后于发达国家

发达国家选煤厂基本实现了自动化控制，美、加、澳、英等国对重介质分选密度自动调控装置和跳汰机自动控制装置的研发技术居于国际领先行列，各种工艺参数检测和工况变化感知元器件、多种测灰仪、测水仪等均已广泛应用，选煤厂生产系统完全由计算机控制，为提高全员效率发挥了重要的作用。

我国目前在自动化控制方面较为薄弱，检测和控制仪表、元件绝大部分源于进口。目前我国正逐步推广在线灰分检测、计量装置、重介质密度自动控制、浮选药剂及絮凝剂自动加药等自动化控制，虽有一定的进步，但是普及率及水平仍然较低。在选煤生产过程中，料位、液位、流体的流量、流速和压力，胶带输送机检测保护装置和皮带秤等工艺参数检测装置经过多年的发展已经趋向成熟，市场上也有大量的不同原理和规格的产品可供选择，而涉及煤质等工艺参数检测的一些智能化的洗选设备由于其工况复杂、检测难度大，一直没有理想的解决方案，因此成为选煤自动化发展的瓶颈。

3 我国选煤工业与发达国家相比存在的差距

(1) 原煤入选比例依然偏低。尽管我国原煤入选量快速增长到 2011 年的 18.7 亿 t，入选比例上升到 53%，而世界主要产煤国家的平均入选率在 80%以上。

(2) 选煤技术及管理水平发展不平衡。国有大型企业入选比例高，单厂规模大，地方煤矿尤其乡镇煤矿入选比例低，且单厂规模小；炼焦煤选煤厂发展快，技术先进、装备较好，而动力煤选煤厂发展比较慢。

(3) 大型设备可靠性差，自动化程度低。大型选煤设备可靠性仅有 70%，自动化程度不足 20%，选煤装备规格仅能满足建设处理能力 4.00 $Mt \cdot a^{-1}$ 的需要，尚不能满足千万吨级特大型选煤厂建设要求，是当前制约我国选煤工业发展的“瓶颈”；大型重介浅槽分选机、大型振动设备主要依赖进口；拥有自主知识产权的国产设备规格偏小。

(4) 选煤厂各种自动化监测技术及仪器仪表落后于先进国家，自动化选煤技术亟待提升。

4 选煤技术装备的发展趋势

我国是世界少数几个以煤为最主要能源的国家，原煤的生产和洗选规模处于世界第一位，按照节能减排和生态文明建设的要求，我国原煤入洗比例将逐年增加。根据国家《能源发展“十二五”规划》和《煤炭工业发展“十二五”规划》，到 2015 年，原煤入选率达到 65%以上，煤矸石综合利用率提高到 75%。选煤已经成为煤炭清洁高效利用的重要途径。

根据我国煤炭工业规模化、集约化发展要求，选煤厂规模化、装备大型化、生产自动化成为选煤工业的发展方向，大型、可靠、自动化选煤装备技术成为主要发展趋势。针对我国选煤工业发展和特大型选煤厂多采用块末煤分级入洗工艺特点，研究基于全厂最大精煤产率原则的各分选环节工艺参数匹配、产品质量与过程参数自动测控技术以及选煤厂智能化监控和信息化管理技术，研究开发构建千万吨级选煤厂分选系统单元化的块煤分选、末煤分选、细粒煤分选的大型高效成套技术和关键装备，研发与之配套的大型分级破碎、脱水、脱介等辅助设备，为建设千万吨级高效自动化选煤厂提供技术装备；针对褐煤水分高、热值低、燃点低、粉尘易爆等特性，研究适于褐煤提质的大型干选干燥成型技术与装备，提高褐煤利用效率；研究毛煤井下排矸特殊工艺和装备，矸石回填节省占地、减少无效运输和保护环境；针对我国优质炼焦煤资源稀缺现状，开展大型选煤厂优质稀缺煤炭资源二次分选关键技术研究，保障稀缺煤炭资源的高效、合理利用。

5 结语

选煤是节能、节运、提高煤炭利用效率、保护环境最经济、有效的技术途径。为实现“十二五”末原煤入选比例提高到 65%和“十三五”末入选比例达到 75%的规划目标，平均每年需增加原煤入选量 2 亿 t。针对我国选煤技术装备现状和工业发展需要，开展自主创新，研发具有我国自主知识产权的大型、高效选煤厂关键技术装备，实现国产化，替代进口，对处于快速发展时期的我国选煤产业提高综合效益、节能减排、实现煤炭高效分选和合理利用以及振兴民族制造产业都将发挥极其重要的作用。

参考文献

[1] 陈俊涛，康华，单志强. FCSMC—3000×6000 浮选床的特点及其应用分析[J]. 煤矿机械，2005，(3)：123-125.

[2] 程宏志. 我国选煤技术现状与发展趋势[J]. 选煤技术，2012(2)：79-83.

[3] 程宏志，韩丽萍. XJM—S 型浮选机研究进展与展望[J]. 选煤技术，2009(4)：83-87.

[4] 顾玉超，于汶加，马晓磊. 国内外煤炭洗选现状及政策对比研究[J]. 选煤技术，2012(4)：110-112.

[5] 郭淑芬，赵国浩，段金鑫. 基于选煤技术的国内外煤炭洗选业发展对比研究[J]. 煤炭经济研究，2010，30(1)：11-13.

[6] 刘炯天，王永田，曹亦俊，等. 浮选柱技术的研究现状及发展趋势[J]. 选煤技术，2006，(5)：25-29.

[7] 刘文欣. 中国选煤工业现状和未来的发展趋势[J]. 煤炭工程，2010(11)：16-18.

[8] 马剑. 我国煤炭洗选加工现状及十二五发展构想[J]. 煤炭加工与综合利用，2011，(4)：1-4.

[9] 齐正义. 3SNWX1500/1100—Ⅳ型四给介无压三产品重介质旋流器鉴定文件[R]. 唐山：煤科总院唐山研究院，2009.

[10] 宋晓. 全球规格和单机处理能力最大的 3DMC1500/1100AP 型有压给料三产品重介质旋流器通过技术鉴定[J]. 煤炭加工与综合利用，2010，(6)：56.

[11] 陶长林. 国外选煤动态分析[J]. 选煤技术，1999，(3)：44-48.

[12] 王显政. 发展煤炭洗选加工 促进煤炭清洁高效利用[C]. 全国大型现代化选煤厂建设现场会，银川：中国煤炭工业协会，2011.

[13] 吴式瑜,叶大武,马剑.中国选煤的发展[J].煤炭加工与综合利用,2006,(5):9-11.

[14] 吴式瑜.中国选煤迅速发展的25年[J].煤炭加工与综合利用,2007(5):3～4.

[15] 肖涌洪.煤炭洗选技术的现状与展望[J].科技情报开发与经济,2006,16(21).

[16] 谢冬梅,崇立芹.煤用浮选机的使用现状及技改措施探讨[J].煤炭加工与综合利用,2006,(3):16-19.

[17] 杨康.SKT跳汰选煤技术[J].选煤技术,2006(1):15-19.

[18] 张绍强.煤炭洗选节能减排作用巨大[EB/OL].http://www.sxcoal.com/jnjp/3191890/article-new.html.2013.5.9.

[19] 张绍强.我国原煤使用方式粗放 全洗选可节约3亿吨煤[EB/OL]. http://news.xinhuanet.com/energy/2013－02/20/c_124368977.htm. 2013.02.20.

原煤预先脱泥效果对重介选煤系统影响的研究

袁玉国　刘志华　王克雷

（山东能源新汶矿业集团万祥矿业有限公司选煤厂　山东莱芜　271107）

摘　要　在重介选煤厂中洗煤的介质消耗是影响材料消耗的重要因素，提高重介系统的介质回收效果对降低选煤厂的洗煤成本有很大的帮助。本文通过对万祥矿业有限公司选煤厂入洗原煤完全脱泥系统与不完全脱泥系统进行研究分析，研究结果表明预先完全脱泥系统比不完全脱泥系统能降低介耗 1.02 kg/t，月增加洗煤效益 200 余万元，更能改善重介洗煤工艺效果。

关键词　完全脱泥；不完全脱泥；介耗；处理能力

1　万祥矿业有限公司选煤厂工艺简介

万祥矿业有限公司选煤厂隶属新汶矿业集团有限责任公司万祥矿业有限公司，为矿井型炼焦煤选煤厂。万祥矿业有限公司选煤厂现有员工 135 人，设计年处理原煤能力 0.90 Mt/a。选煤厂车间内多数设备已经实现了自动化，保证了选煤系统的稳定生产，后经过洗煤工艺的不断完善，2012 年洗煤厂年处理能力已达 1.20 Mt/a。

目前万祥矿业有限公司选煤厂采用分选精度高、对煤质适应性强的重介选煤工艺，选煤厂采用一套选前不完全脱泥的无压三产品重介工艺系统，煤泥水系统采用直接浮选和煤泥压滤回收的联合工艺流程。不完全脱泥重介系统入洗原煤经过原煤脱泥筛（筛缝 0.5 mm）脱除原生细泥，筛上产品进入重介系统进行分选，筛下产品进入分级旋流器进行分级，分级旋流器底流进入粗煤泥弧形筛（筛缝 0.5 mm），筛上物与原煤脱泥筛筛上物一同进入重介旋流器分选，筛下水与分级旋流器溢流一同进入浮选系统进行分选。不完全脱泥重介系统中预先脱泥工艺流程图见图 1。

不完全脱泥重介系统利用分级旋流器处理煤泥，而分级旋流器底流粗煤泥经过弧形筛脱水后还是进入了三产品重介旋流器（WTMC900/650），造成原煤预先脱泥不完全。为了提高三产品重介旋流器分选精度就需要提高入料压力和合介磁性物含量，提高入料压力将导致旋流器磨损的加剧。同时，原煤预先脱泥不完全导致精煤产品脱水脱介效果差，重介质消耗量大。为了对比原煤预先完全脱泥系统对重介选煤系统的影响，现将分级旋流器底流和溢流同时给入浮选系统，以模拟完全脱泥系统。另外，经核定后续各作业处理能力不受改造的影响。

目前万祥矿业有限公司选煤厂生产工艺系统中共有 3 台天津奥瑞工业技术有限公司生产的 ABS3061/2473 型香蕉筛（以下简称香蕉筛）及 2 台天津奥瑞工业技术有限公司生产的 AVR1200/2200 型弧形筛，主要用于原煤预脱泥、产品脱介、脱水、粗煤泥脱水和精煤磁尾脱水。其中，ABS3061 型香蕉筛一台用作原煤脱泥筛，另一台用作中研双通道脱介脱水筛。

作者简介：袁玉国（1989—），男，山东枣庄人，选煤助理工程师，2012 年毕业于山东科技大学矿物加工工程专业，现就职于山东能源新汶矿业集团万祥矿业有限公司选煤厂，主要从事选煤技术管理工作，E-mail：yuanyuguo89@163.com。

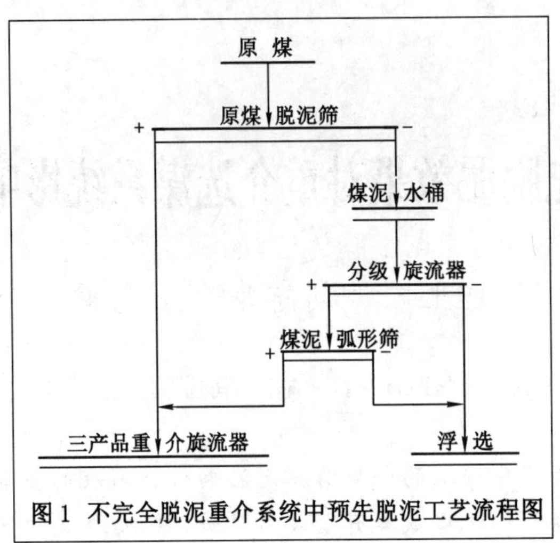

图1 不完全脱泥重介系统中预先脱泥工艺流程图

图 1 不完全脱泥重介系统中预先脱落工艺流程图

2 预先脱泥效果对脱介筛脱介效果以及系统介耗的影响

2.1 产品带介

通过对万祥矿业有限公司选煤厂预先完全脱泥和预先不完全脱泥重介系统中脱介筛的脱介效果进行对比，分析原煤预先脱泥效果对脱介筛脱介效果的影响。表 1 是原煤预先完全脱泥系统与不完全脱泥系统中脱介筛筛上产品带介及磁选尾矿带介检查结果。

表 1 两种脱泥系统脱介筛筛上产品带介及磁选尾矿带介检查结果

系统名称	项 目 名 称	样重/g	磁性物 质量/g	磁性物 含量/%	产品带介 /kg·t^{-1}
原煤预先完全脱泥重介系统	精煤脱介筛	500	1.20	0.240	2.40
	中煤脱介筛	500	0.25	0.050	0.50
	矸石脱介筛	500	0.04	0.008	0.08
	精煤磁选尾矿	500	6.38	1.276	12.76
	中矸磁选尾矿	500	4.25	0.850	8.50
原煤预先不完全脱泥重介系统	精煤脱介筛	500	2.30	0.46	4.60
	中煤脱介筛	500	0.30	0.06	0.60
	矸石脱介筛	500	0.05	0.01	0.10
	精煤磁选尾矿	500	10.25	2.05	20.50
	中矸磁选尾矿	500	4.45	0.89	8.90

试验条件：原煤预先完全脱泥系统入洗量 200 t/h，不完全脱泥系统入洗量 200 t/h，脱介筛筛缝合介段为 0.75 mm，稀介段为 0.5 mm，所有脱介筛筛板都使用不锈钢筛板。

从表 1 数据可以看出，实施原煤预先完全脱泥的系统中脱介筛筛上产品带介量明显降低，预先不完全脱泥重介系统中精煤脱介筛筛上产品带介量约是原煤预先完全脱泥重介系统的两倍，中矸脱介筛产品带介区别不大。同时在实际生产过程中，由于入洗原煤中末煤量过大，脱介筛透筛效果受影响，向前窜料严重，脱介效果不理想，而脱泥系统改造后，这一现象明显改善。

2.2 介耗对比

通过万祥矿业有限公司选煤厂 2012 年 11 月与 12 月的介耗对比可以看出预先完全脱泥在降低介耗方面的优势。

不完全脱泥重介系统 11 月份平均介耗:2.75 kg/t 原煤。

完全脱泥重介系统 12 月份平均介耗:1.73 kg/t 原煤。

由以上数据可知,原煤预先完全脱泥重介系统介耗比预先不完全脱泥重介系统平均低 1.02 kg/t。分析其原因,随着采煤机械化程度的提高,原煤中原生煤泥量不断升高。脱介筛筛上物中的颗粒粒度降低,物料的比表面积增大,黏附介质的可能性增大,使得脱除介质的难度增大。为了降低筛上产品带介量,不得不加大脱介筛的喷水,这样就造成了后续的磁选、浮选以及煤泥水处理系统水量加大,加大了其处理难度。同时由于原煤预先不完全脱泥系统对原煤中粗煤泥脱除不完全,直接导致了进入重介系统中的煤泥量加大,从而使系统介耗增加,而原煤预先完全脱泥系统使这一现状得以有效解决。所以万祥矿业有限公司选煤厂在目前入洗量不断提高、原生煤泥含量升高的现状下,入洗原煤预先脱泥系统改造已经势在必行。

3 预先脱泥效果对脱介筛喷水量的要求

由于精煤脱介筛上煤泥量较大,细泥黏滞性强易堵塞筛孔,而且细泥黏附在大颗粒上,使得脱介效果变差。当入筛物料含泥量大时,需要加大喷水来冲洗掉这些细泥,以达到较好的脱介效果。如果入洗原煤经过预先完全脱泥相比不完全脱泥可以使进入旋流器和脱介筛的粗煤泥量大大减少,不仅可以提高旋流器的分选精度,还能提高脱介筛脱介效果,降低脱介所需的喷水量。图 2 是万祥矿业有限公司选煤厂原煤预先完全脱泥重介系统与不完全脱泥重介系统中精煤脱介筛在入洗量相同的情况下筛上喷水量及筛上产品带介量的对比。

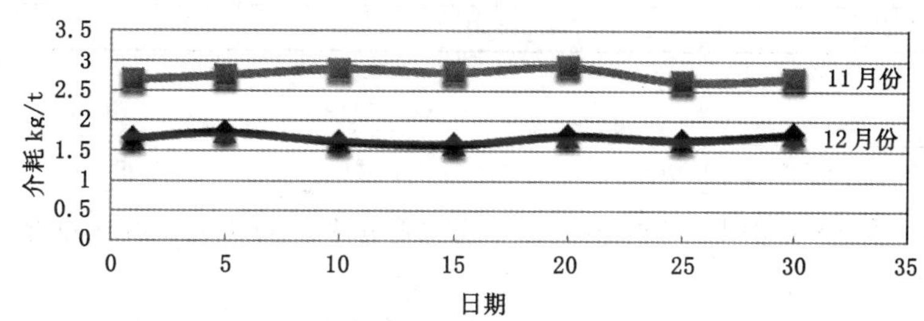

图 2 两种脱泥效果介耗对比图

由表 2 中数据可以看出,原煤预先完全脱泥重介系统中精煤脱介筛所需喷水量比预先不完全脱泥系统明显减少,同时脱介筛筛上产品带介量约是预先不完全脱泥工艺的一半。

表 2　两种脱泥效果对重介系统脱介喷水量对比结果

	喷水量/$m^3 \cdot h^{-1}$	筛上产品带介/kg·(t 产品)$^{-1}$
完全脱泥重介系统	55	2.4
不完全脱泥重介系统	65	4.6

4 预先脱泥效果对重介系统处理能力的影响

万祥矿业有限公司选煤厂脱泥重介系统由于采用了入洗原煤预先完全脱泥的工艺,原煤中的原生煤泥被脱出单独处理,使得进入重介系统中的末煤量大大减少,脱介筛透筛效果良好,系统处理能力明显增加。表 3 是原煤预先完全脱泥重介和不完全脱泥重介系统处理能力的对比结果。

表 3　两种脱泥效果对重介系统处理能力对比结果

系统	系统处理能力/t·h^{-1}	精煤脱介筛处理能力/t·h^{-1}
完全脱泥重介系统	230～240	100～120
不完全脱泥重介系统	200～210	80～100

通过表 3 原煤预先完全脱泥重介系统和不完全脱泥重介系统的处理能力相比较可以看出：入洗原煤经预先完全脱泥，由于减少了粗煤泥对旋流器分选及脱介过程的影响，使重介系统的处理能力大幅度提高。不完全脱泥重介系统脱介筛处理能力受细泥影响，导致脱介效果变差。为了保证脱介效果，不得不限制原煤入洗量。

5　两种预先脱泥效果的经济效益对比

原预先脱泥重介系统由于对原煤中的粗煤泥脱除不彻底，直接导致了重介系统中的介耗较高，达到了 2.75 kg/t。原煤预先脱泥系统改造后，原煤中的煤泥被彻底脱除，大大降低了煤泥对重介选煤系统的影响，系统小时处理能力提高了 15%，达到了 230 t/h；重介系统的介耗降低了 37%，达到了 1.73 kg/t。表 4 就是预先脱泥系统改造前后经济效益对比。

通过表 4 原煤预先完全脱泥重介系统和不完全脱泥重介系统的经济效益相比较可以看出：由于系统采用完全脱泥工艺后，原煤入洗能力提升了 30 t/h，每月多洗原煤 2 万吨，洗煤效益增加 203 万元，而介耗却大大降低，每月介质节约 8.49 万元。

表 4　两种脱泥效果对重介系统经济效益对比结果

	洗煤效益/万元	介耗/万元
完全脱泥重介系统	1 215	26.16
不完全脱泥重介系统	1 012	34.65

6　结论

通过对万祥矿业有限公司选煤厂原煤预先完全脱泥重介系统与不完全脱泥重介系统对重介选煤系统的影响进行对比，得出结论：

(1) 预先完全脱泥系统可以提高脱介筛的脱介效果，使重介系统的处理能力提高了 15%，达到了 230 t/h，月增加洗煤效益 200 余万元。

(2) 预先完全脱泥系统可以使脱介筛喷水量减少 10 m^3/h，减轻后续煤泥水处理环节的压力。

(3) 预先完全脱泥系统使重介选煤系统的介质消耗降低到 1.73 kg/t，在降低了洗煤成本的同时，避免了介质对精煤产品的污染，保证了精煤产品质量。

(4) 万祥矿业有限公司选煤厂在目前入洗量不断提高、原生煤泥含量升高的现状下，原煤预先脱泥系统改造已经势在必行。

(5) 应对万祥矿业有限公司所产原煤中的原生煤泥进行煤质分析，寻求一种合理的工艺系统对其进行单独处理，如 TBS 粗煤泥分选机、螺旋分选机、煤泥分选旋流器等。

参考文献

[1] 匡亚莉. 选煤厂设计[M]. 徐州：中国矿业大学出版社，2004.

[2] 谢广元. 选矿学[M]. 徐州：中国矿业大学出版社，2001.

配煤优化问题的模型及求解性质的探讨

屈国强

（河南理工大学经济管理学院　河南焦作　454000）

摘　要　针对由多种不同质量指标的单煤按比例掺配成订单要求的混煤且成本最低或利润最大的优化问题，建立了把多种单煤指派到混煤的配煤优化问题的数学模型。通过与三维易碎物品的多背包问题的对比与分析，表明此问题可以归结为一类特殊的三维易碎物品的多背包问题。因此，这一类配煤优化问题的求解性质是NP—难的。

关键词　配煤；优化；NP—难

0　引言

由于地理赋存条件以及采掘工艺的不同，各矿井开采出来的原煤以及经洗选加工后的洗精煤，含水分、灰分、硫分、挥发分以及发热量等技术指标差异较大，都影响着煤炭的燃烧性能。煤炭含水分过大，不利于加工和运输；含灰分过大，发热量不足；含硫分过大，则会引起设备腐蚀和环境污染。通过把质量指标各不相同的煤炭按不同的比例掺配起来即通过配煤，就可以扬长避短，充分利用劣质煤，节约优质煤，在降低成本的同时，为用户提供符合质量要求的煤炭产品。优化配煤，既具有保护环境、提高经济效益的实际意义，又具有促进配煤发展的理论价值。

目前，对于优化配煤的研究主要集中在动力配煤、炼焦配煤和选煤厂配煤三个方面。在动力配煤研究方面，文表明混煤与单煤的特性参数之间呈非线性关系而不是简单的加权和，采用神经网络方法描述混煤的综合特性，指出动力配煤是一个非线性规划问题。而文认为混煤和与各组成单煤的煤质指标存在线性还是非线性关系尚不明确，在煤质参数随机波动的不确定条件下，采用确定性动力配煤模型很难保证实际配煤的产品质量，因而采用区间规划与机会约束规划相结合，建立一个不确定性机会约束的非线性优化模型，转化为两个确定性子模型求解。文则回避混煤与组成单煤特性参数之间的关系，构建出安全性、经济性和环保性3个目标函数，以各指标偏差最小化为优化目标，采用带精英策略的非支配排序遗传算法求解。

在炼焦配煤研究方面，文认为配煤炼焦是一个复杂工业生产过程，很难用数学模型来描述单种煤质量、配煤比与配合煤之间的关系，提出由专家系统、基于知识的规则模型和解析的数学模型进行综合集成完成配煤比的定量计算，但配煤质量预测采用了单煤指标加权再加修正的方法。文指出配合煤质量预测是一个多元线性函数，而结焦过程呈现出一种非线性函数关系，采用神经网络预测焦炭的质量后采用遗传算法优化配煤。文认为从单种煤到配合煤的过程仅发生了物理变化，由单种煤质量指标与配比的加和性运算可预测配合煤质量，采用神经网络预测焦炭的质量后采用模拟退火优化配煤。除此以外，文也认为从单种煤到配合煤的过程仅发生了物理变化，由单种煤质量指标与配比的加和性运算可预测

作者简介：屈国强（1970—），男，博士，副教授。主要研究方向：煤炭物流与供应链管理、生产计划与调度、智能优化算法等。河南理工大学经济管理学院，博士，副教授。联系地址：河南焦作高新区世纪路2001号；邮编：454000；E-mail：quguoqiang@hpu.edu.cn.

配合煤质量，采用嵌入差分进化的粒子群算法求解。

在选煤厂配煤研究方面，文给出了一个混煤与单煤特性参数之间的线性关系函数。文考虑了运输工具到达时间、生产速度，以及精煤等的产率，提出库存原煤、库存洗精煤和实际生产的洗精煤三产品配煤模型，采用自适应遗传算法求解。随后，文在遗传算法中嵌入模拟退火求解类似问题。在进行参混的单煤品种方面，文指出实际生产中常选择3～4种单煤进行参混，过多则毫无意义。

综上所述，部分文献认为混煤与单煤特性参数之间呈现近似的线性关系，但简单、有效。本文从混煤与单煤特性参数之间呈线性关系出发，首先了建立了配煤优化问题的数学模型，然后把多订单配煤优化问题归结为三维易碎物品的多背包问题，表明其求解性质是NP－难的。

1 问题描述及其模型

为了便于描述模型，先进行符号和变量的定义。

(1) 索引

j：订单序号，$j=1,2,\cdots,n$；i：单煤序号，$i=1,2,\cdots,m$；

(2) 参数变量

q_j：订单 j 要求的商品煤重量；q_i：单煤 i 的重量；

a_j：订单 j 要求的最高灰分含量；a_i：单煤 i 的灰分含量；

s_j：订单 j 要求的最高硫分含量；s_i：单煤 i 的硫分含量；

h_j：订单 j 要求的最低发热量；h_i：单煤 i 的发热量；

p_j：订单 j 的价格；p_i：单煤 i 的成本；

b：掺配到订单 j 中的单煤种类限制，$b=3,4$。

(3) 决策变量

x_{ij}：$x_{ij}=1$，单煤掺配到订单 j 中；否则，0

y_{ij}：单煤 i 掺配到订单 j 的比例，$0\leqslant y_{ij}\leqslant 1$；

1.1 问题描述

某配煤场有 种单煤，其中单煤 $i(i=1,2,\cdots,m)$ 含硫分、灰分和发热量分别是 s_i、a_i 和 h_i，成本和重量分别是 c_i 和 q_i。现接到 $n(n\leqslant m)$ 份订单，其中订单 $j(j=1,2,\cdots,n)$ 要求的硫分、灰分和发热量分别是 s_j、a_j 和 h_j，价格和重量分别是 p_j 和 q_j。要求从 m 种单煤中，选择3种或4种单煤，确定这3种或4种单煤的掺配比例，使得掺配后的混煤满足订单 j 的要求，且掺配总成本最小或利润最大。

假设条件如下：(1) 每份订单仅包含一种商品煤；(2) 掺配的单煤及订单要求的煤质各不相同；(3) 掺配的单煤重量各不相同，但其总和远远超过订单的需求总量；(4) 掺配到订单 中的单煤种类限制。

1.2 数学模型

$$\text{Maximize}\sum_{j=1}^{n}p_jq_j-\sum_{i=1}^{m}\sum_{j=1}^{n}x_{ij}y_{ij}c_i \tag{1}$$

$$\text{Subject to}\sum_{j=1}^{m}x_{ij}\leqslant b,\ \forall j=1,2,\cdots,n\quad(3\leqslant b\leqslant 4) \tag{2}$$

$$\sum_{i=1}^{m}x_{ij}y_{ij}=1,\ \forall j=1,2,\cdots,n \tag{3}$$

$$\sum_{i=1}^{m}x_{ij}y_{ij}q_j=q_j,\ \forall j=1,2,\cdots,n \tag{4}$$

$$\sum_{j=1}^{n}x_{ij}y_{ij}\leqslant 1,\ \forall i=1,2,\cdots,m \tag{5}$$

$$\sum_{j=1}^{m}x_{ij}y_{ij}q_j=q_i,\ \forall i=1,2,\cdots,m \tag{6}$$

$$\sum_{i=1}^{m} a_i x_{ij} y_{ij} \leqslant a_j, \forall j = 1,2,\cdots,n \tag{7}$$

$$\sum_{i=1}^{m} s_i x_{ij} y_{ij} \leqslant s_j, \forall j = 1,2,\cdots,n \tag{8}$$

$$\sum_{i=1}^{m} h_i x_{ij} y_{ij} \geqslant h_j, \forall j = 1,2,\cdots,n \tag{9}$$

$$0 \leqslant y_{ij} \leqslant 1, \forall i = 1,2,\cdots,m, j = 1,2,\cdots,n \tag{10}$$

$$x_{ij} \in \{0,1\}, \forall i = 1,2,\cdots,m, j = 1,2,\cdots,n \tag{11}$$

目标函数(1)表示最小化配煤的成本。约束条件(2)表示掺配到订单 j 中的单煤种类限制,选择 3～4 种单煤进行参配;约束条件(3)表示比例约束,构成订单 j 的各种掺配煤的比例之和等于 1;约束条件(4)表示重量约束,订单 j 由各种单煤掺配而成;约束条件(5)表示比例约束,掺配到各订单的某一种单煤 i 的比例之和不超过 1;约束条件(6)也表示重量约束,掺配到各订单的某一种单煤 i 的消耗量不超过其库存量;约束条件(7)、(8)和(9)表示掺配煤的质量指标要求,其中条件(7)表示混煤的灰分含量不能超过订单 j 的要求,条件(8)表示混煤的硫分含量不能超过订单 j 的要求,条件(9)表示混煤的发热量不能低于订单 j 的要求;约束条件(10)表示单煤 掺配到订单 j 的比例限制;约束条件(11)表示决策变量 x_{ij} 的取值要求,$x_{ij}=1$ 表示单煤 i 掺配到订单 j 中;否则为 0。

2 易碎物品背包问题

0—1 背包问题(0—1 knapsack problem, 0—1KP)可以描述如下:有一个物品的集合,每一件物品具有一定的价值和重量。同时,有一个具有重量限制的背包。要从这些物品集合中选出部分物品装入背包,在不超过背包承重的前提下装满背包,使装入背包中物品的价值最大。0—1KP 计算性质是 NP—难的。文[13]指出 0—1KP 的一个限制条件是物品的重量和价值以及背包的容量都假设是整数。然而,许多抽象为背包问题的实际问题都涉及一些不精确的、模糊的数据,而不能够合理地假设为纯整数。文[14]、[15]和[16]都研究了一类易碎物品的背包问题(the crisp knapsack problem, CKP)。CKP 可以描述如下:有从 1 到 n 的 n 件物品,和一个二进制变量 $x_i(i=1,\cdots,n)$,具有如下含义。物品 i 的重量是 w_i,价值是 p_i,有一个容量为 M 的背包。如果物品 i 的重量的一个比例 x_i,$0\leqslant x_i\leqslant 1$,被放入背包中,那么就可以获得价值 $p_i x_i$。目标是找到这些物品的一个组合,然后放入背包里,使得所选择的物品价值最大。因为背包的容量是 M,因此选择的所有物品总重量最多是 M。不失一般性,假设所有的重量和价值都是正数。易碎物品的背包问题数学描述形式如下:

$$\text{Maximize} \sum_{i=1}^{n} p_i x_i \tag{12}$$

$$\text{Subject to} \sum_{i=1}^{n} w_i x_i \leqslant M \tag{13}$$

$$0 \leqslant x_i \leqslant 1, i = 1,\cdots,n \tag{14}$$

其中目标函数(12)表示所选择的装入背包里的物品价值最大,约束条件(13)表示所选择的装入背包里的物品总重量不超过背包的容量,约束条件(14)表示所选择的装入背包里的物品重量占该物品的重量比例取值范围,$x_i=0$ 表示物品 i 全部放入背包,$x_i=0$ 表示不选择该物品,$0<x_i<1$ 表示该物品部分放入背包。

在实际生产和实践中,许多问题都可以抽象为背包问题。因此,背包问题受到了很多学者和研究人员的广泛关注。

3 配煤优化问题与易碎物品背包问题的对比与分析

在前文提到的配煤优化问题中,可以把每一种单煤映射为一种易碎物品;单煤的重量和价值分别映射为易碎物品的重量和价值;一份订单映射为一个背包,订单的重量映射为这个背包的容量。这样,单一订单的配煤优化问题就可以映射为易碎物品背包问题。

在此基础上,还可以增加一些约束条件。单煤的硫分、灰分和发热量三个指标分别映射为易碎物品三个维度的约束,订单的硫分、灰分和发热量三个约束指标分别映射为装入背包后物品累积的三个维度的约束。此时,配煤优化问题就映射为三维易碎物品的背包问题。

此外,进一步假设订单不止一份,则多订单配煤优化问题就归结为三维易碎物品的多背包问题(three dimension crisp multiple knapsack problem, 3DCMKP)。

由于 0—1KP 计算性质是 NP—难的,而 CKP 在 0—1KP 基础上增加了许多约束条件,其计算性质也是 NP—难的,进而 3DCMKP 计算性质也必然是 NP—难的。所以,本文讨论的配煤优化问题的计算性质是 NP—难的。

4 结语

优化配煤既可以满足客户需求,又能够保护环境、提高经济效益,同时又可以促进配煤理论的发展,因而具有一定的实践价值和理论意义。本文首先了建立了配煤优化问题的数学模型,然后把多订单配煤优化问题归结为三维易碎物品的多背包问题,表明其求解性质是 NP－难的。因此,下一步将重点研究该问题的求解算法。

参考文献

[1] 汤龙华,周俊虎,曹道卿,等. 非线性最优化动力配煤技术的研究[J]. 煤炭学报,1997,22(5):455-459.

[2] 张晓萱,黄国和,席北斗,等. 电厂优化的不确定性机会约束非线性规划方法[J]. 中国机电工程学报,2009,29(5):11-15.

[3] 夏季,华志刚,彭鹏,等. 基于非支配排序遗传算法的无约束多目标优化配煤模型[J]. 中国机电工程学报,2011,31(2):85-90.

[4] 阳春华,沈得耀,吴敏,等. 焦炉配煤专家系统的定性定量综合设计方法[J]. 自动化学报,2000,26(2):226-232.

[5] 郭一楠,王凌,谭德健,等. 基于遗传算法和神经网络混合优化的配煤控制[J]. 中国矿业大学学报,2002,31(5):404-406.

[6] 邓俊,赖旭芝,吴敏,等. 基于神经网络和模拟退火算法的配煤智能优化方法[J]. 冶金自动化,2007,(3):19-23.

[7] 孙漾,张凌波,顾幸生. Texaco 水煤浆气化装置配煤模型及其优化[J]. 化工学报,2010,61(8):1965-1969.

[8] Shih J S, Frey H C. Coal blending optimization under uncertainty[J]. European Journal of Operational Research, 1995, 83: 452-465.

[9] 高莉,于洪珍,王艳芬. 基于多传感器信息融合的选煤厂配煤调度[J]. 中国矿业大学学报,2004,33(1):99-102.

[10] Xi J G, Ming C, Jia W W. Coal blending optimization of coal preparation production process based on improved GA[J]. Procedia Earth and Planetary Science, 2009, 1: 654-660.

[11] 王永保. 动力配煤优化方案的设计及其应用[J]. 中国煤炭,2003,29(1):45-48.

[12] Yoon T, Kim Y H, Moon B B. A theoretical and empirical investigation on the Lagrangian capacities of the 0-1 multidimensional knapsack problem[J]. European Journal of Operational Research, 2012, 218: 366-376.

[13] Damghani K K, Nojavan M, Tavana M. Solving fuzzy Multidimension Multiple-Choice Knapsack Problems: The multi-start Partial Bound Enumeration method versus the efficient epsilon-constraint method[J]. Applied Soft Computing, 2013, 13: 1627-1638.

[14] Lin F T, Yao J S. Using fuzzy numbers in knapsack problems[J]. European Journal of Operational Research, 2001, 135: 158-176.

[15] Lin F T. Solving the knapsack problem with imprecise weight coefficients using genetic algorithms[J]. European Journal of Operational Research, 2008, 185: 133-145.

[16] Chen S P. Analysis of maximum total return in the continuous knapsack problem with fuzzy object weights[J]. Applied Mathematical Modeling, 2009, 33: 2927-2933.

邢台矿选煤厂煤泥干燥系统及设备优化研究

任瑞峰　高　伟

(河北冀中能源股份有限公司邢台矿选煤厂　河北邢台　054026)

摘　要　根据邢台矿选煤厂煤泥干燥系统调试情况,在摸索中对系统内关键环节和设备进行了适应性优化,有效保障了干燥系统持续、稳定、大批量工业化生产,取得了可观的经济效益。

关键字　煤泥;煤泥干燥技术;滑架;布料螺旋;干燥机

1　概述

邢台矿选煤厂隶属冀中能源股份有限公司邢台煤矿,1973年12月投产,设计原煤处理能力0.6 Mt/a,后经多次改造,系统的生产能力提高至3.45 Mt/a,包括A、B两套重介系统,其中A系统生产能力为1.95 Mt/a ,B系统生产能力为1.5 Mt/a,其工艺为:50～1 mm脱泥无压三产品重介旋流器分选;1～0.25 mm粗煤泥分选机分选;0.25～0 mm浮选;尾煤压滤回收工艺。

随着原煤入洗量的增加,伴随着邢台煤矿矿井的延伸,煤泥的产量逐年增多,目前我厂每年采用压滤机回收的压滤煤泥约18万t,现全部地销民用,销售市场狭窄且受季节影响严重,尤其在销售淡季,由于受煤泥场地限制,直接制约了生产的正常进行,此外煤泥在雨水季遇水易流失,春秋季煤尘飞扬,严重影响了厂区环境。

为了充分开发利用尾煤泥资源,拓宽煤泥用途,经过深入、细致的市场调研,2012年一种国内首创的新型煤泥传导式间接干燥工艺和设备在邢台矿选煤厂投入运行。该系统于2012年1月份进行调试,系统内关键设备经过一系列适应性的优化改造后,系统最终实现持续稳定的运转,达到预期要求。

2　工艺流程介绍

邢台矿洗煤厂煤泥干燥系统主要由煤泥压滤系统、煤泥干化系统两个部分组成。工艺流程图如下图所示。

3　干燥系统调试运转期间相关设备出现的问题

由于本项目为全国首创,没有可借鉴的运行经验,调试过程中系统出现制约正常运转的关键问题,系统相关环节和设备也出现一些亟待解决的问题。

3.1　煤泥缓存、输送系统

煤泥缓存、输送系统主要指压滤脱水后煤泥饼经刮板机送入缓冲料仓由滑架搅拌破碎,搅拌破碎后的煤泥通过缓冲料仓下正压螺旋给料机将煤泥输送至干燥系统。

作者简介:任瑞峰(1971—),男,高级工程师,冀中能源集团邢台矿选煤厂机械厂长。

高伟(1988—),男,助理工程师,冀中能源集团邢台矿选煤厂生产技术员。

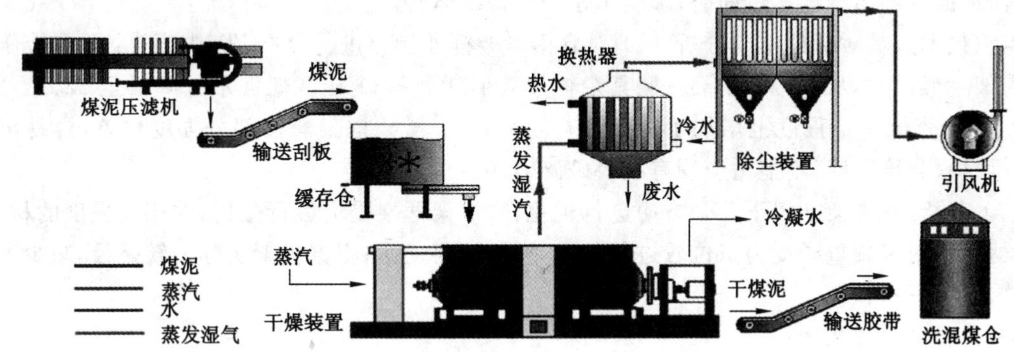

图 1　压滤煤泥传导式间接干燥工艺流程图

因对我厂压滤煤泥粘湿特性预计不足，造成在煤泥缓存、输送环节出现严重制约问题：

(1) 缓存仓滑架结构性断裂问题：缓冲仓在系统中不仅担负着储存缓冲物料的作用，同时担负着压滤滤饼的破碎搅拌，而滑架是缓冲仓内重要的搅拌破碎装置，起着至关重要的作用。但在运行当中，因煤泥具有水分大、黏度大的问题，造成滑架在运转中负荷大，滑架多次出现结构性断裂的问题。

(2) 正压给料机入料端堵塞问题：在压滤煤泥水分低时，煤泥下料不顺畅，容易出现“蓬料”现象造成缓存仓内下料端(正压给料机入料端)出现堵塞现象，造成正压给料机输送量不足问题。

(3) 正压给料机输送问题：经过摸索发现，只有在压滤煤泥水分达到 30%以上且经过搅拌仓搅拌成膏体后，正压给料机才能正常输送，但煤泥水分过高会造成干燥机处理能力降低，同时会带来正压给料机下料端下料不畅等问题。

3.2　干燥系统

煤泥输送系统将煤泥输送至干燥机箱体内的布料螺旋，通过调整布料螺旋下料口(12 个)，均匀地加入干燥机内，在干燥机内部 100～120 ℃的温度下将煤泥内部水分蒸发，干燥后的煤泥由出料口落入干煤泥输送机，通过转载送入洗混煤仓。

在调试运行干燥系统设备出现一系列问题，造成系统运转处于不稳定状态：

(1) 布料螺旋负荷过大问题：布料螺旋运转中出现驱动端挤压煤泥“漏料”现象，长期挤压会造成驱动端阻力增加，造成负荷过大问题；同时在日常检查当中发现布料螺旋内部螺旋运转中易磨损，造成内部堆料，螺旋运转阻力增大，严重时甚至无法运转。

(2) 干燥机负荷过大问题：干燥机运转中极易出现“缠轴”现象，体现在干燥机主轴电机电流一直上升，不能持续加载运转，这一问题除了与布料不均匀有关，也与干燥机构造和运转功率有一定关系。

(3) 干煤泥输送机内部衬板磨损问题：干煤泥输送机内部有聚乙烯耐磨衬板，但因煤泥灰分高，其组成中高灰物质较多，造成干煤泥输送机运转时耐磨衬板磨损较快，同时因设备缺陷，衬板极易脱落，造成事故。

4　系统相关环节和设备适应性改造

根据现场设备运转出现的问题，因设备属于首次接触，设备构造和工作性能与日常选煤厂选煤设备有所不同，因此我们在摸索中对设备的优化改造。

通过不断摸索，我们找到制约系统和设备正常运转的关键点，采取了一些行之有效的优化措施，从而使系统得到完善。

4.1　煤泥缓存、输送系统改造

4.1.1　缓冲仓滑架优化设计

在日常运行中出现滑架运转阻力过大，物料输送不畅，在液压推动系统中反映为运转负荷过大，温度较高，从而造成滑架出现结构性断裂，影响了系统正常的运转。

我们组织技术人员对滑架结构分析：(1) 对仓内滑架框架受力进行分析，发现断裂主要在液压推动杆所在的滑架主梁断裂，从而带动断裂一侧其余框架变形断裂；(2) 压滤煤泥水分降低至22%～27%，压滤煤泥水分的降低一定程度上增加了滑架运行阻力；(3) 滑架框架焊接部分强度较差，容易出现断裂，滑架主梁材料强度不够，不能适应现有物料破碎输送。

根据以上分析，对滑架从以下几个方向进行优化：对滑架框架受力进行分析，改用高强度的材料，增加滑架主梁强度；对滑架重要受力点位置进行加固，增加倾斜支撑；根据滑架实际运转路径，减少下料位置滑架支撑，保证下料顺畅。

4.1.2 正压给料机输送改造

(1) 关于正压给料机进料端堵塞的解决方案

如图2所示，去掉缓存仓下部液压闸板，将正压给料机进料端法兰面紧贴仓体底板平面(用20 mm厚的钢板钻孔攻丝并与正压给料机进料端法兰面配钻)，尽可能降低煤泥下料距离，解决正压给料机进料端堵塞问题。

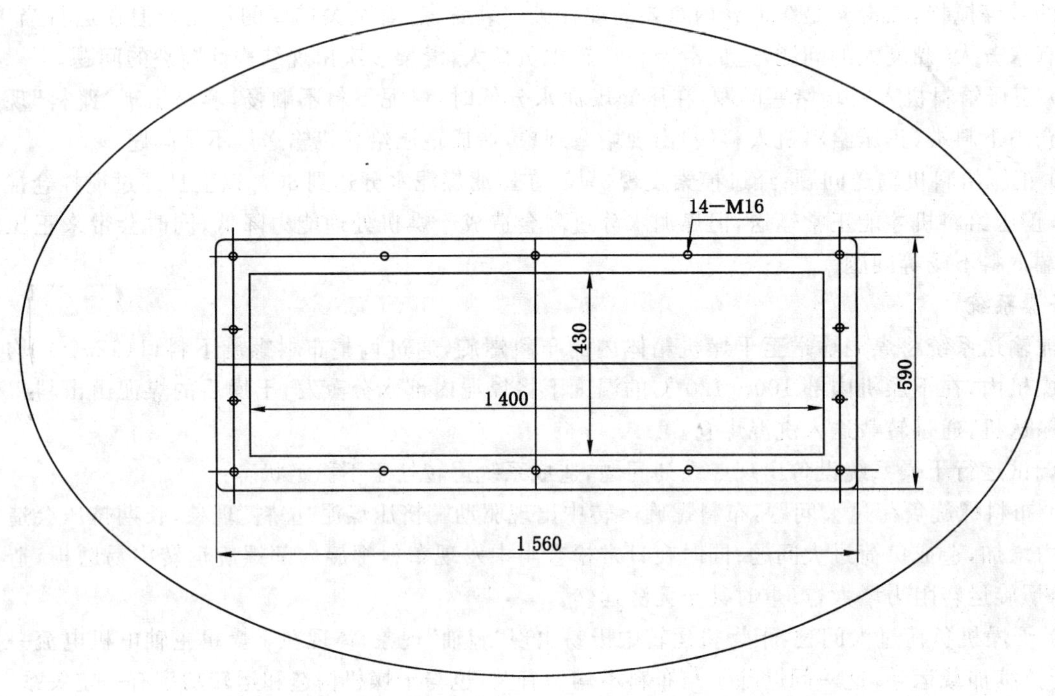

图2 缓存仓下料端通道改造图

(2) 关于正压给料机出料端改造的解决方案

按出料斗改造图(图3)中所示将原两边斜板做成直板，出料法兰做相应的改造，解决出料端堆积煤泥问题。

(3) 下料溜槽的改造方案

下料管上部按正压给料机出料端法兰配作，下部按无轴螺旋进料端法兰配作，整个下料溜槽设计成垂直或者喇叭状，整体制作，解决溜槽壁存留煤泥造成下料不畅问题。

(4) 正压给料机的改造

针对正压给料机调试中输送能力不足的问题，经过核算，更换了两台大直径正压给料机(图4)，同时将缓冲仓下料口扩大，以增加煤泥通过量，彻底解决输送量不足的问题。

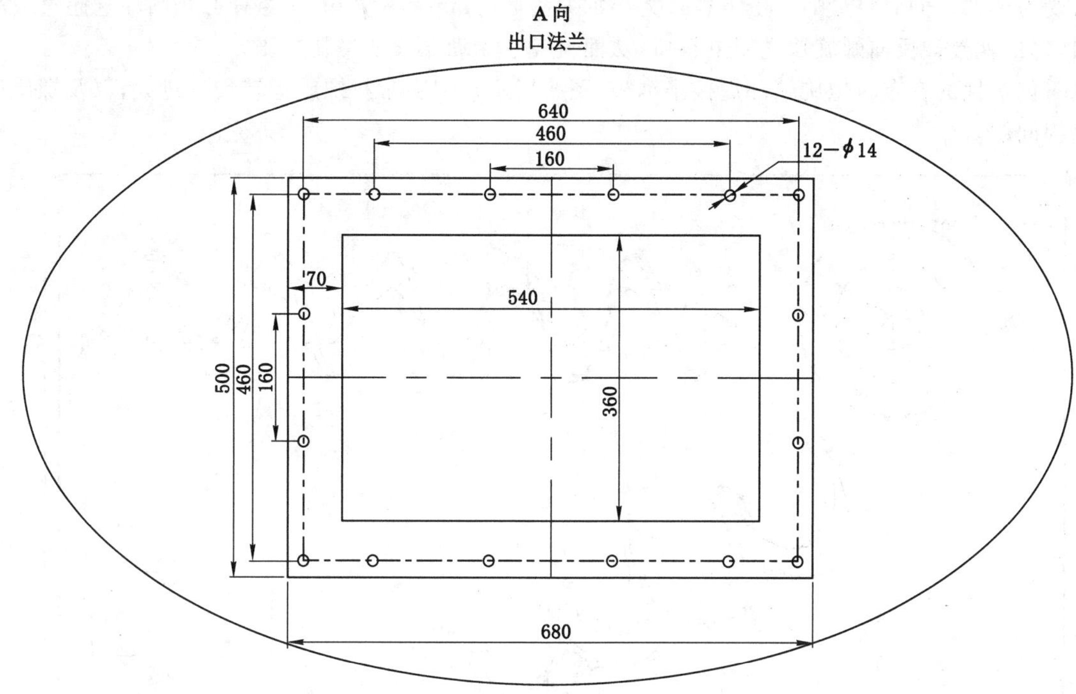

图 3　正压给料机下料端改造

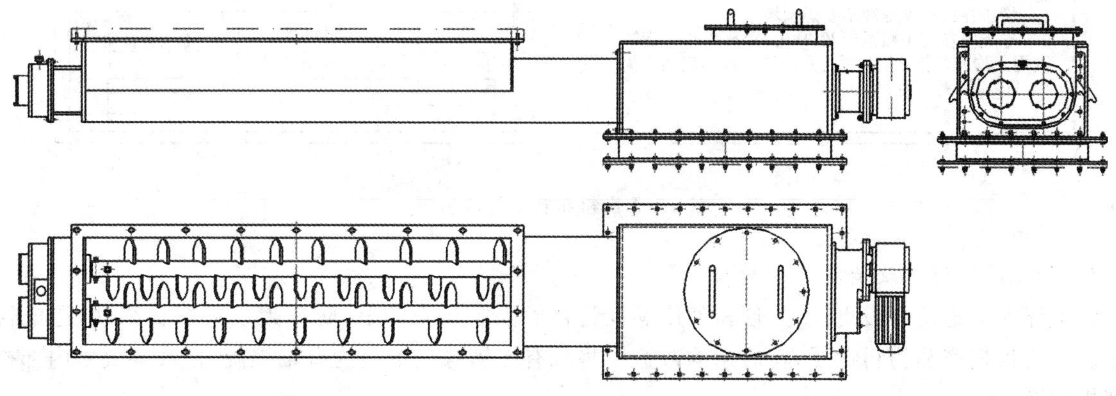

图 4　正压给料机改造图

4.2　干燥系统改造

4.2.1　干燥机改造

在调试中试验性的在干燥机腔内扇形叶片上加置小型刮刀，以便将干燥机转动时，“缠轴”物料能够被快速刮掉，降低“缠轴”的时间；现有干燥机主轴电机功率为 55 kW，但调试运转多次因干燥机电流偏高无法正常连续运转，通过加大电机功率，将干燥机 55 kW 电机更换为 75 kW 电机，从而延长持续给料时间，达到提高处理量的目的。

4.2.2　干燥机布料螺旋的改造

在系统调试中，布料螺旋已经出现驱动端挤压煤泥“漏料”现象，而长期挤压会造成驱动端阻力增加，负荷过大，影响了布料螺旋的正常运转。

此次改造尝试将驱动端部分螺旋去除，安装长度为 448 mm 的反向螺旋，反向螺旋的末端在最后下料口上方，两个不同方向的螺旋焊接在长度为 870 mm 的空心轴上，空心轴与传动机构相接，从而避免传动时受力不均。同时将最后一个下料口大小加大为200 mm×300 mm。这样当物料输送超过最后一个下料口时，就会被反向螺旋输送回下料口，从而避免了驱动端长期集料挤压。

同时创造性的在布料螺旋端部焊接小刮板(图5所示)，解决布料螺旋运转负荷过大，以及螺旋运转中易磨损问题。

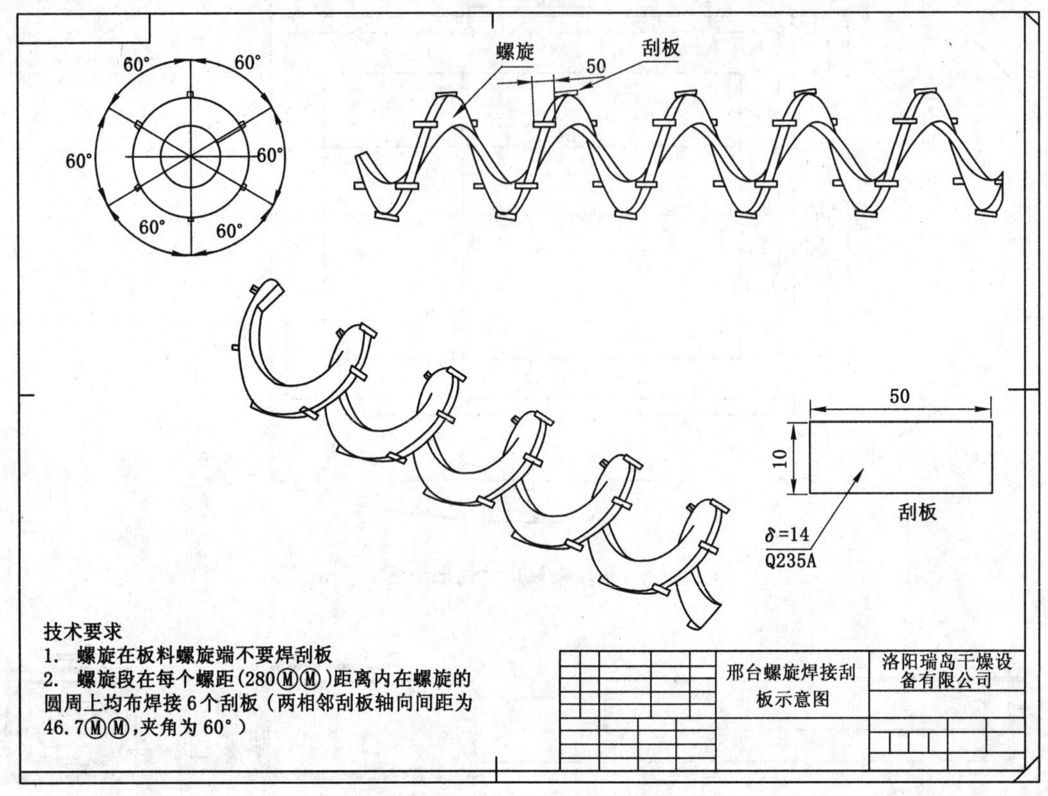

图5　干燥机布料螺旋改造图

4.2.3　干煤泥输送机改造

将干煤泥输送机衬板更换，并创新使用螺栓将衬板固定在壳体上，防止聚乙烯衬板移动，造成衬板损坏。同时根据产品物料性质，在后期的改造中将现有无轴螺旋更换为有轴螺旋，彻底解决对内部衬板的磨损问题。

5　系统优化改造后效果

经过在调试中，相关设备一系列的摸索性改造后，系统运行趋于稳定，干燥系统8月上旬对改造后系统进行了探索性生产，通过对系统工艺参数的不断优化，系统处理能力逐步上升。表1为改造前后系统运转情况汇总(注：改造前后随机抽取一天的运转参数进行对比)：

表1　　干燥系统运转参数统计对比

时间		蒸汽			处理煤泥量	单台干燥机	干燥产品水分
		压力/MPa	温度/℃	耗量/$m^3\cdot h^{-1}$	/t	处理量/$t\cdot h^{-1}$	/%
改造前	3月20日	0.78	174	513.45	50	2.27	6.68
	4月7日	0.89	179	456.18	80	2.50	7.85
	5月10日	0.79	174	696.40	100	3.10	8.74

续表 1

时间		蒸汽			处理煤泥量/t	单台干燥机处理量/t·h^{-1}	干燥产品水分/%
		压力/MPa	温度/℃	耗量/$m^3 \cdot h^{-1}$			
改造后	8月15日	1.07	185	627.14	120	7.14	9.17
	9月6日	0.84	177	591.67	200	7.56	12.14

从表1数据可以看出，随着系统适应性改造逐步完成，系统处理能力从调试前期的不足3t /h，提高至8 t/h以上，干燥产品水分现在已稳定在12%，基本达到设计要求。

6 优化后系统长期运转情况

系统自2011年2月份开始进行调试以来，对影响系统运行的关键环节和设备进行了适应性改造后，系统处理能力逐步上升，8月份后基本达到设计能力。

以下为2012年11月～2013年3月，系统运转记录如表2：

表2　系统数据统计一览表

时间	运转时间/h	干燥煤泥量/t	单台干燥机处理量/t·h^{-1}	干燥产品水分/%	蒸汽耗量/m^3
11月份	463	8 020	8.66	11.23	344 393
12月份	426	7 360	8.64	10.48	326 150
1月份	355	5 850	8.24	13.56	261 640
2月份	396	6 750	8.52	11.05	289 571
3月份	445	8 150	9.16	11.95	360 245
平均	417	7 226	8.64	11.65	316 400

从上表可看出：五个月干燥机单台处理量为8.64 t/h，干燥产品水分平均为11.65%，蒸汽耗量平均每月316 400 m^3，系统运转持续平稳，改造效果显著。

7 总结

7.1 系统优化改造总结

通过对系统相关设备和参数的针对性研究，对新型设备的结构的摸索，找到了相关设备优化改造的关键点，在优化中创新设备改造新思路，根据不完全统计，系统大小改造20余次，从而有效解决了制约系统的相关问题。

系统一系列的调试生产表明，适应性优化改造后的系统运行稳定，且能够实现工业化大批量的生产，项目取得圆满的成功。

7.2 经济效益总结

邢台矿选煤厂煤泥干燥系统煤泥经干燥后产品成细小颗粒散状，可实现连续、均匀掺入中煤，形成市场适用范围广、污染小、便于运输储存、利润高的新混煤，不仅能解决环境污染问题，而且能产生可观的经济效益。

据统计，煤泥干燥系统全年共实现干燥煤泥49 340 t，根据2012年四季度平均中煤不含税价格315元，煤泥不含税价格120元，吨煤泥加工费69.87元，实现利润约430.89万元。

根据该系统良好的运转情况，2013年煤泥干燥二期工程开始逐步实施，届时根据一期优化改造经验，二期系统设计将会更加完善，一旦一期二期同时投入运行，煤泥处理能力将大幅提升，预计2013年将实现干燥煤泥10万t左右，根据2013年一季度中煤不含税价格290元，煤泥不含税价格103元，吨煤泥加工费69.87元，实现利润约765.30万元。

参考文献

[1] 徐灏．机械设计手册[M]．北京：机械工业出版社，1991.

[2] 濮良贵，纪名刚．机械设计[M]．7版．北京：高等教育出版社，2001.

[3] 徐帮学．最新干燥技术工艺与干燥设备选型及标准规范实施手册[M]．合肥：安徽文化音像出版社，2003.

[4] 潘永康，王喜忠．现代干燥技术[M]．北京：化学工业出版社，1998.

充填工艺在煤矿开采沉陷治理中的研究与应用

王兴雨　高树磊　翟所宏

（兖州煤业股份有限公司北宿煤矿　山东邹城　273516）

摘　要　北宿煤矿为薄煤层矿井，主要可采煤层为$16_{上}$、17煤层，其中在“三下”压煤中村下压煤占“三下”压煤的66.0%，矿井生产接续紧张，严重制约煤炭生产，影响矿井经济效益和安全稳定。北宿煤矿作为薄煤层开采，半煤岩巷道多，矸石量特别大。北宿煤矿采用泵送矸石充填采空区技术进行村下采煤，用矸石置换煤，实现井下产生的矸石不上井，并从根本上控制了煤矿开采沉陷。

关键词　开采沉陷；充填工艺；三下压煤；矸石置换煤；村下采煤

1　工作面及地表情况

1.1　工作面情况

充填工作面地面位于东纪沟村最东头，为十六采区的首个村下开采工作面，地表投影位于矿区铁路以南700 m。充填工作面采用倾斜长壁仰斜开采布置，面长为120 m，推进长度为504 m，工作面倾角0°～12°，平均为6°，煤厚0.95 m。

1.2　压煤建筑物概况

充填工作面距地表垂深290～340 m，平均315 m，煤层埋深一般。地面标高为+40～+42 m之间。地表平坦开阔，无湖泊，大部分为东纪沟村民房，部分为平原农田。地表村庄根据建造年代的先后，采用建筑材料的不同，村庄房屋建筑的结构类型主要有以下两类：毛石基础、砖墙、机瓦屋面，约占总户数的70%，抗变形能力较好。砖镶窗、镶门、砖砌四个大角房屋占总户数的25%左右。

2　北宿煤矿采用充填工艺简要介绍

北宿煤矿采用似膏体矸石充填开采，利用矿井生产中产生的矸石，经破碎处理后，添加粉煤灰和水进行搅拌，搅拌配制的似膏体矸石充填料，由矸石泵经充填管路充填至采空区。

(1) 充填方式：泵送膏体矸石充填。(2) 矸石处理：由破碎机破碎成粒度适合的充填骨料。(3) 充填料配备：由搅拌机将水、粉煤灰、破碎的矸石按比例搅拌均匀。(4) 充填方法：由矸石泵加压将搅拌好的充填料，通过充填管路输送到工作面进行分段充填。(5) 充填步距：2.0 m。(6)分段充填进尺：12.5 m。

3　充填工作面两种开采工艺引起地表移动变形预测

3.1　计算方法及计算参数

3.1.1　煤层开采一般沉陷影响特征

评价地表塌陷移动变形程度的指标有：地表下沉值W(mm)、地表倾斜值i(mm/m)、地表水平移动

作者简介：王兴雨，男，汉族，山东省曹县人，高级工程师，现任北宿煤矿总工程师，主要从事煤矿采矿技术，薄煤层综采开采技术管理工作。

值 μ(mm)、地表水平变形值 ε(mm/m)、地表曲率值 K(mm/m/m)。

3.1.2 开采沉陷影响的预测方法

进行地表移动变形预计的方法很多，根据北宿煤矿实际条件，参考邻近矿井的经验，经分析，采用概率积分法数学模型进行地表移动变形的预测计算。

概率积分法是以正态分布函数为影响函数，用积分式表示地表下沉盆地剖面的方法，计算时以主断面为基础进行叠加分析，走向主断面上地表移动和变形的计算公式为：

$$\left.\begin{array}{ll}\text{下沉} & W(x)=\dfrac{W_{cm}}{\sqrt{\pi}}\displaystyle\int_{-\sqrt{\pi}\frac{x}{r}}^{\infty}e^{-\lambda^2}\,d\lambda \\ \text{倾斜} & i(x)=\pm\dfrac{W_{cm}}{r}e^{-\pi\left(\frac{x}{r}\right)^2} \\ \text{曲率} & K(x)=\pm\dfrac{2\pi}{r}W_{cm}\left(\dfrac{x}{r}\right)e^{-\pi\left(\frac{x}{r}\right)^2} \\ \text{水平移动} & U(x)=\pm bW_{cm}\cdot e^{-\pi\left(\frac{x}{r}\right)^2} \\ \text{水平变形} & \varepsilon(x)=-2\pi\dfrac{W_{cm}}{r}\left(\dfrac{x}{r}\right)\cdot e^{-\pi\left(\frac{x}{r}\right)^2}\end{array}\right\}$$

式中 x——计算点的坐标，m；坐标原点为计算边界(考虑拐点偏距)在地表的投影。

移动和变形的最大值及其位置：

$$\left.\begin{array}{ll}\text{最大下沉值} & W_{cm}=qm\cdot\cos\alpha,\text{mm；位置：}x=\infty \\ \text{最大倾斜值} & i_{cm}=\dfrac{W_{cm}}{r},\text{mm/m；位置：}x=0 \\ \text{最大曲率值} & K_{cm}=1.52\dfrac{W_{cm}}{r^2},10^{-3}/\text{m；位置：}x=\pm0.4r \\ \text{最大水平移动值} & U_{cm}=b\cdot W_{cm},\text{mm；}x=0 \\ \text{最大水平变形值} & \varepsilon_{cm}=1.52b\dfrac{W_{cm}}{r},\text{mm/m；位置：}x=\pm0.4r\end{array}\right\}$$

3.2 充填工艺岩移及地表变形计算

地质采矿条件、采煤方法、顶板管理方式等因素直接影响到地表移动变形预计参数的选取，同时直接关系到预计结果的可信度。采用类比法选取充填工作面充填开采下的地表移动变形计算主要参数见表1所示。

表1　岩移计算参数表

开采方案	采高/m	岩移参数					
		q	b	$\tan\beta$	S	θ
充填开采法	0.95	0.26	0.32	1.9	21.5	$90°-0.59\alpha$

其中：q——煤层开采下沉系数；b——水平移动系数；S——拐点平移距；$\tan\beta$——主要影响角正切；θ——最大下沉角。

充填工作面采用充填工艺开采后，影响区域内地表的下沉等值线、地表倾斜等值线、地表水平变形等值线(开采深度大曲率值较小)，其地表移动变形预计结果的最大值详见表2。

充填工作面按照全部充填开采后，最大下沉值为246.5 mm、最大倾斜为0.74 mm/m、最大水平变形为0.86 mm/m，最大曲率为0.02 mm/m。

表 2　　煤层充填开采后地表移动变形最大值

名称	采高/m	下沉系数	下沉/mm	倾斜/$mm \cdot m^{-1}$	曲率 /$mm \cdot m \cdot (m)^{-1}$	水平变形 /$mm \cdot m^{-1}$
符号	m	q	W_{max}	I_{max}	K_{max}	ε_{max}
最大值	0.95	0.26	246.5	±0.74	± 0.02	±0.86

3.3　全垮落管理顶板法岩移及地表变形计算

根据北宿煤矿在吴官庄村下采煤过程中对地表、建筑物及铁路移动变形规律的研究所取得的 $16_{上}$ 层煤开采全过程完整的测量成果(见表 3)。

表 3　　$16_{上}$ 层煤开采全过程完整的测量成果

开采方案	采高/m	岩移参数				
		q	b	$\tan\beta$	S	θ
充填开采法	0.95	0.8	0.33	1.8	22.5	89

充填工作面采用全垮落法管理顶板工艺开采后，影响区域内地表的下沉等值线、地表倾斜等值线、地表水平变形等值线(开采深度大曲率值较小)，其地表移动变形预计结果的最大值详见表 3。

表 4　　全垮落法管理顶板工艺地表移动变形最大值

名称	采高/m	下沉系数	下沉/mm	倾斜/$mm \cdot m^{-1}$	曲率 /$mm \cdot m \cdot (m)^{-1}$	水平变形 /$mm \cdot m^{-1}$
符号	m	q	W_{max}	I_{max}	K_{max}	ε_{max}
最大值	0.95	0.8	760	±4.3	±0.038	±2.18

4　充填工作面充填采空区顶板下沉监测

北宿煤矿充填工作面位于东纪沟村保护煤柱下，由于不方便进行地表沉降观测，不能确切掌握充填开采后地表沉降及地面建筑物破坏情况，为此进行井下采空区充填后的顶板下沉量和充填采场受力观测，并通过顶板下沉量和充填采场围岩应力反演地表沉降，从而了解地面建(构)筑物的破坏情况。

4.1　工作面充填采空区顶板下沉监测方法

由于采空区已经由矸石胶结充填，所以观测数据记录必须使用传感器自动进行，位移传感器由数字式顶板动态仪经过防水处理改装而成，应力监测使用数字式压力传感器。传感器记录的数据通过电缆传输到主通信站保存，通过 USB 接口用 U 盘到主站读取数据，取出的数据及时监测数据到地面计算机使用专用软件进行分析处理。U 盘取数可每周进行一次，取出的数据要及时传入到地面计算机保存。

4.2　工作面充填采空区顶板下沉观测情况

(1) 根据现场监测数据，随着工作面的推进，充填采空区的顶板下沉量开始增加得比较快，很快就趋于稳定，不再下沉，最大下沉量为 222.9 mm。

(2) 从监测的数据得到，随着工作面的推进，充填区的围岩应力和顶底板下沉量总体上是缓慢增加的，但是增加的速率在逐渐减小，最终均趋于稳定。充填区的受矿压影响产生的移动变形较小，基本达到了预期目标。

(3) 通过对同一测线上不同测点的数据分析，从安设的压力盒监测的充填体所受压力来看，充填采空区中部的压力比两侧的小，且开始阶段应力变化相对缓慢，从安设的下沉仪监测的顶板下沉量来看，充填采空区中部的下沉量要比两侧的大，其原因是充填体在顶板及上覆岩层作用下进一步压实，由于受两侧煤柱的支撑作用，充填采空区两端受集中应力的影响压力值较大，而充填采空区中部顶板垮落下沉较大，由于应力被破碎岩石吸收而相对较小。

5 北宿煤矿充填工作面地表下沉反演分析

5.1 充填工作面地表下沉反演分析采用方法

北宿煤矿充填工作面地表下沉反演分析采用有限差分法—FLAC（快速拉格朗日法原理与程序），三维连续体快速拉格朗日分析 FLAC3D(Fast Lagrangian Analysis of Continua in 3 Dimensions)。

5.2 工作面地表下沉计算分析

由于利用数值模拟的煤层顶板下沉情况与工作面实测煤层顶板下沉情况比较吻合，从而根据工作面开采及上方地质情况利用数值模拟的方法分析工作面回采充填后在推进到不同位置时地表倾向和走向的下沉情况，得到的下沉曲线如图 3 和图 4 所示。

从图 1、图 2 中可以看出，地表由于受工作面采动上覆岩层变形破坏的影响而发生缓慢下沉，地表走向下沉量随工作面的推进逐渐增大，地表下沉相对缓慢，下沉速度变化不大，自切眼前 400 m 处至充填采空区中部下沉量逐渐增加，下沉位移在充填采空区中部达到最大值，工作面开采至停采线时在工作面中部即距切眼 320 m 处达到最大下沉值 179.34 mm，可以看出地表的最大下沉值位于工作面的中心，在走向、倾向方向上下沉盆地呈非对称性，走向方向在停采线一侧的下沉盆地偏缓。

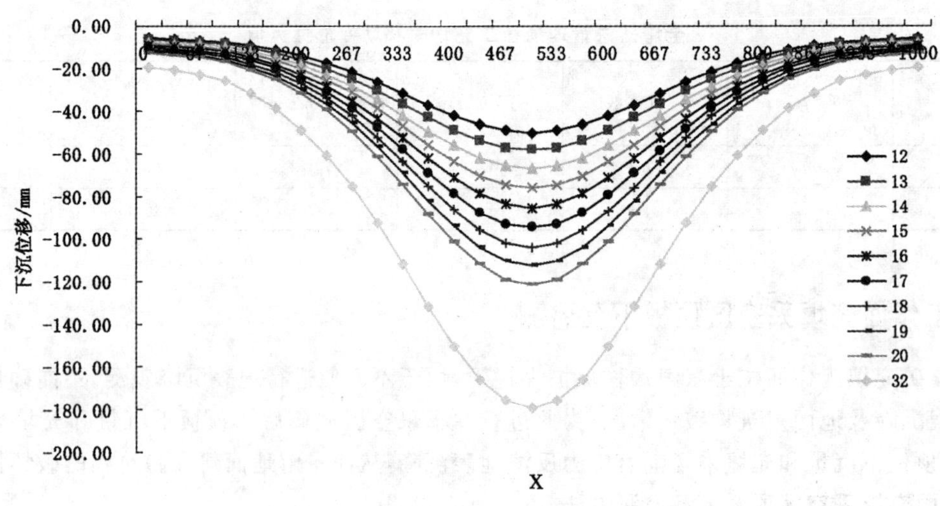

图 1 工作面推进不同位置时倾向地表下沉量

6 结论

(1) 充填工作面在充填开采过程中，随着工作面推进，对采空区进行及时充填，充填材料达到一定强度后支撑直接顶，上覆岩层直至地表有规律的移动下沉。通过充填开采上覆岩层移动变形，充填开采地表下沉速度随着工作面的推进十分缓慢，下沉量明显小于垮落法开采，关键层并未出现急剧变形，以缓慢弯曲下沉为主，有良好的完整性，没有出现垮落法开采时的突然急剧下沉，对地表建筑物的影响较小，同时地表下沉位移较小，表明矸石充填开采能够有效的控制上覆岩层及地表的移动变形，减少地表下沉量，缩小地表下沉盆地的范围。

(2) 充填工作面按照全部矸石充填开采，经预测地表最大下沉值为 246.5 mm、最大倾斜为 0.74 mm/m、最大水平变形为 0.86 mm/m，最大曲率为 0.02 mm/m/m，实际最大下沉量为 179.34 mm，地表

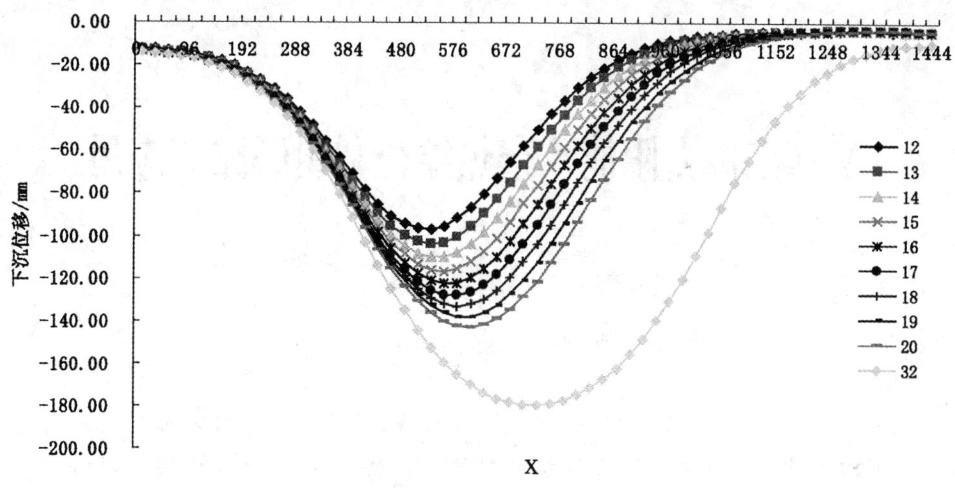

图 2　工作面推进不同位置时走向地表下沉量

沉陷及移动变形对地表村庄造成的影响很小，其影响程度均在原国家煤炭工业局于 2000 年 5 月颁发的《建筑物、水体、铁路及主要井巷煤柱留设与压煤开采规程》煤行管字[2000]第 81 号文规定的一般砖混结构建筑物的 I 级范围以内，正常情况下不需要维修或简单维修，达到了保护地表建筑物及生态环境的目的。

(3) 村庄下矸石充填采煤保护地表、提高采出率、实现不迁村采煤的绿色采矿理念，是缓解我国煤炭资源的紧张形势、实现可持续发展的有效途径。同时符合政府提出的资源节约、环境友好的新型工业化发展道路。

袁店二矿太阳能及余热综合利用研究和应用

丁金虎　刘立群　韩晓东

（淮北矿业集团机电处　安徽淮北　235000）

摘　要　为了节能降耗、降低成本，发展循环经济，通过对袁店二矿可利用热能的全面分析，确定了太阳能结合空气能以及压风机余热的综合利用方案，并付诸实施，解决了矿井春、秋、夏三季洗浴水用热及其他用热负荷，停运锅炉，达到了预期效果。

关键词　压风机余热；太阳能；空气能；节能环保

1　引言

能源是人类社会赖以生存和发展的基础。据 2010 年的统计，全世界能源消费结构中传统化石能源依然占据主导地位：原油消费占 34%，煤炭占 30%，天然气占 24%。这种不可持续的能源消费模式已经引发了人类社会的深刻反思和对新能源、可再生能源的强烈需求。当前，随着我国经济的快速发展，传统化石能源的使用导致环境污染问题也日益突出。因此如何减少能源消耗，提高能源利用率和减少污染排放是我国实现社会经济可持续发展所急需解决的问题。

淮北矿业集团一直把节能减排作为一项重点工作，为有效节约能源、降低成本，有效提高企业新技术水平及管理水平，针对各矿的特点对节能工作做出了合理规划。根据袁店二矿余热情况和现场条件，通过充分研究、论证，提出了利用太阳能结合空气能绿色能源以及空压机余热综合利用方案，以解决春、秋、夏三季洗浴水用热及矿井其他用热负荷，停运锅炉，同时冬季充分利用上述热能配合锅炉供热满足矿井热需求，实现最大化节能要求。

2　项目分析

2.1　矿井供、用热现状

袁店二矿现在采用 3 个 10 t/h 的燃煤链条锅炉生产蒸汽，春、秋、夏采用一台锅炉供汽，冬季采用两台锅炉供汽一台备用，满足全矿的用热。冬季供暖面积约 8 m^2，热负荷 5 600 kW；井口风量 10 129 m^3/min，最冷热负荷约 3 900 kW；洗浴 460 t/d，总热负荷约 850 kW；洗衣房烘干机热负荷 280 kW。春、秋、夏用热，洗浴 460 t/d，总热负荷约 650 kW；洗衣房烘干机热负荷 260 kW。

袁店二矿总人数 2 000 人，浴池每天用水 220 m^3，淋浴每天用水 240 m^3，洗浴用水通过蒸汽直冲两个淋浴蓄热水箱和 8 个浴池和 1 个来宾浴池的方法解决工人和来宾洗澡用水。全天四次用水，第一次为每天 6：00～8：00；第二次为每天 12：00～14：00；第三次为每天 16：30～18：30；第四次为每天 22：00～00：00。每天补汽 6～8 h；全矿每天洗衣约 1 000 套，每天 6 h。

2.2　矿井耗能现状及分析

现袁店二井燃料发热值约 5 000 大卡，全年用煤 8 210 t。冬季供暖期间，锅炉两用一备，24 h 运行；

作者简介：丁金虎，男，出生于 1977 年 8 月，学士学位，工程师，硕士研究生在读，现工作于安徽淮北矿业集团机电处，长期从事机电管理和技术工作。E-mail：yww_185@163.com。

非供暖期间，仍需要运行一台锅炉(10 t/h 相当于 7 000 kW)，远超过用热负荷(2 730 kW)，平均每天运行 7 h，平均每天用煤 12 t，非供暖期间：用煤量约 2 940 t(相当于 2 100 吨标煤)，用电量约 25.2 万度，浪费极大。

2.3 可利用能源分析

2.3.1 空压机余热提取技术

螺杆式空压机在长期、连续的运行过程中，把电能转换为机械能，机械能转换为高压压缩空气。在机械能转换为高压压缩空气过程中，空压机螺杆的调整旋转产生的大量热量，经润滑油带出机体外，最后以风冷或水冷的形式再把热量散发出去。空压机工作时机油温度通常在 80～100 ℃之间，热能转换系统充分利用工作时的余热，在机油管道未经散热器之前串联接入热能转换机油路；热能转换机水系统连接循环保温水箱进行循环加热。循环保温水箱内热水水温达到所设定温度(50～65 ℃可调)后，通过温控系统、输送系统到达热水使用点。空压机余热提取原理图如图 1 所示。

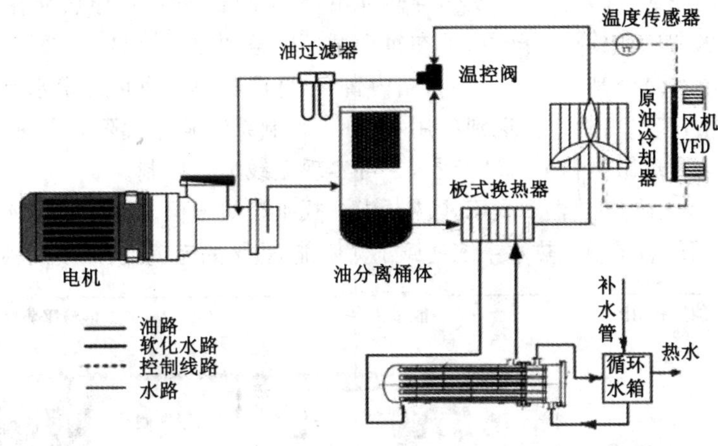

图 1 空压机余热提取原理图

2.3.2 空压机系统现状分析

空压机运行分析数据和空压机余热产热水量如表 1 所和表 2 所示。

表 1 空压机运行分析表

编号	品牌型号	额定功率	加载时间	卸载时间	加载比例	运行时间	运行天数
1	M250—2S	250 kW	7 389	8 853	83.46%	24 h	350
2	M250—2S	250 kW	7 832	11 037	70.96%	24 h	350
3	M250—2S	250 kW	6 929	10 212	67.85%	24 h	350
4	M250—2S	250 kW	7 611	9 712	78.37%	24 h	350
5	M250—2S	250 kW			100.00%	24 h	350

压风机房每天基本使用 3 台(偶开 4 台)机组综合加载率按照 80%计算(投入功率约 750 kW)，提取效率以 67%测，压风机余热提取 402 kW。

表 2 空压机余热产热水量表

季节	每小时收集热量/kcal	补水温度/℃	蓄水温度/℃	每小时可生产热水量/t	每天可产洗澡热水/t
冬 季	345 720	5	46	9.04	217
春秋季	345 720	10	44	11.524	250
夏 季	345 720	15	42	13.13	315

机组热回收改造后，因冷却风扇热负荷降低，如果风扇电机再改造为变频驱动，额外多节电能如表 3 所示：

表 3　　空压机节能量表

变频风扇节约基数/kW	运行台数	年运行时间/h	电费单价/元·度$^{-1}$	合计年节电/kW·h
10	3	8 400	0.68	171 360

2.4　S.A.P 太阳能热泵技术

2.4.1　S.A.P 太阳能热泵运行原理及说明

如图 2 所示，太阳能热泵(S.A.P)中央热水系统是通过独特的太阳能槽式集热器采集太阳能，将导热油加热，来驱动热泵热水主机工作产生热水的系统，它包括油系统、水系统和控制系统(图 3)。油系统：热能采集在油系统内完成，高效传热介质—导热油由循环泵强制循环，导热油在太阳能集热器内被加热升温，而在热泵热水主机内放热而降温，油在每个循环内被加热和放热；水系统：水在热泵热水主机内吸热成为高温热水，由水泵强制输送到储存水箱内暂存，低温的热水也可以由水泵输送到热泵热水主机被加热，再次回到水箱，热水由管道输送到各用水场所；控制系统确保太阳能集热器、热力补充设备及水系统正常有序的工作，实现微电脑全自动控制，并可实现无线远程控制。

太阳辐照充足时，由太阳能集热器＋太阳能热泵中央热水机组＋保温水箱及用水设备等组成的系统保证生活热水供应。太阳能热泵中央热水系统达到了太阳能、热泵的完美结合，使两种新能源浑然天成。

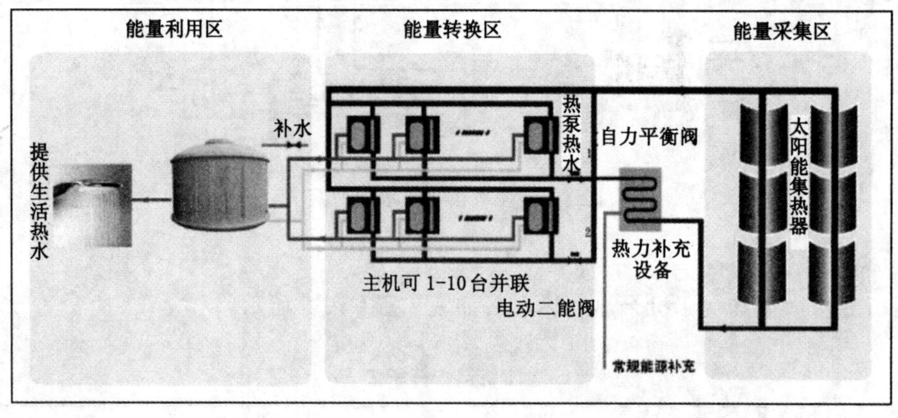

图 2　S.A.P 太阳能热泵运行原理图

2.4.2　太阳能产热水测算

安徽淮北全年平均日照时数为 2 323 h，太阳辐射总量约为 5 500 MJ/m^2，适合采用太阳能热泵(S.A.P)中央热水系统。

本方案设计由太阳能热泵(S.A.P)中央热水系统每天为用户提供 250 t 热水，以满足客户部分的生活热水需求。

设计原则本着充分利用太阳能资源、减少运行费用、节能环保的设计理念和基本准则，结合本工程项目实际状况。本设计将采用太阳能热泵(SAP)中央热水系统，系统采用强制循环加热的方式达到太阳能利用的最大化。采用太阳能集热器、智能控制系统(包括传感器)、氨机等主要设备来完成需求的各项功能。

系统消耗能量及功率设计(250 t 热水)：

以每年 4 月～10 月最低进水温度 8 ℃，每天产 250 t 热水计算，设定洗浴热水温度为 45 ℃，需要加热量为：

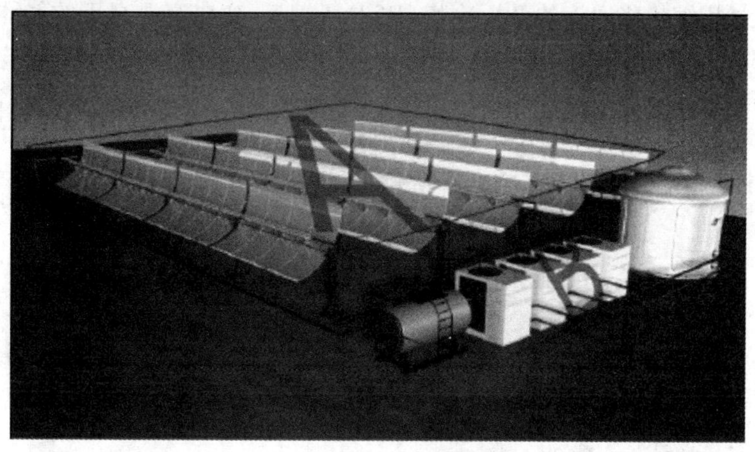

图 3　太阳能热泵安装效果图

换热量：$$Q=C\times M\times \Delta t$$

式中　Q——换热量；

C——物体的比热容（C=4 186 J/kg・℃）；

M——水的质量，kg；

Δt——流体的温差。

代入数据，$Q=CM\Delta T=4.186\times 250\ 000\times (45-8)=38\ 720\ 500$ kJ

即需热量 $Q=38\ 720\ 500/3\ 600=10\ 755.7$ kW・h

以每天 10 小时制取，即热负荷为：10 755.7 /10=1 076 kW

在冬季 11 月～3 月，太阳能热泵系统保守估计每天可产生 180 t 热水，节约热量为：

$$Q=1\ \text{kcal/kg}\times 180\ 000\ \text{kg}\times 37\ ℃\times 150\ 天=999\ 000\ 000\ \text{kcal}$$

太阳能热泵 11 月～3 月节约标煤为：

999 000 000/7 000/1 000=143 吨标煤

集热器选型计算：

为了全年最大化利用太阳能，集热器摆放形式为南北摆放东西跟踪，太阳能最大化保证春夏秋三季，冬季极寒天气（低于－20 ℃）不保证。

$$F=\frac{Q}{j\eta_L\eta_{cd}\eta_{gz}}$$

式中　Q——冷（热）负荷，单位 kW；

j——单位面积平均辐照度，单位 kW/m^2，取值 0.713 kW/m^2；

η_L——集热器综合转换效率，0.6；

η_{cd}——太阳能吸收式热泵机组的效率（cop），取 2.36；

η_{gz}跟踪方式修正系数，取值 1。

$$F=1\ 076/(0.713\times 0.6\times 2.36\times 1)=1\ 066\ \text{m}^2$$

集热器单组面积 15 m^2，选择 72 组集热器，总面积 1 080 m^2。

2.5　空气能技术

春、夏、秋三季阴雨天根据历年数据约 85 d，太阳能不能满足集热要求的时候，需用空气能热泵辅助加热。

2.5.1　空气能热泵工作原理

空气能热泵工作原理及工作流程（图 4）：空气源热泵利用逆卡诺原理，以极少的电能，吸收空气中大量的低温热能，通过压缩机将回流的低压冷媒(R22)压缩后，变成高温高压的气体排出，高温高压的冷媒气体流经缠绕在水箱外面的铜管，热量经铜管传导到水箱内，冷却下来的冷媒在压力的持续作用下变成液态，经膨胀阀后进入蒸发器，由于蒸发器的压力骤然降低，因此液态的冷媒再次迅速蒸发变成气态，并吸收大量的热量。所以它能耗低、效率高、速度快、安全性好、环保性强，源源不断地供应热水。其内部结构主要由四个核心部件：压缩机，冷凝器，膨胀阀，蒸发器组成。

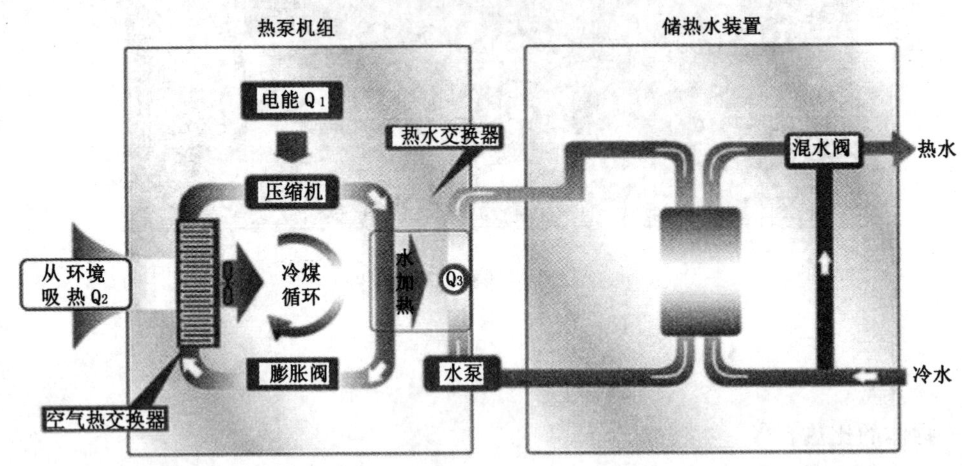

图4　空气能热泵工作原理

2.5.2　空气能热泵选择计算

阴雨天时需保证空气能产水量达250 t，以每天10 h制取，则每天需用热负荷仍为1 076 kw。

以空气能能效比为3.8测算：设备总负荷需1 076 kW/3.8=283.2 kW

按1.1富裕系数测需311 kW，则可选择36 kW空气能9台。

2.6　高温热泵机组烘干衣物技术

2.6.1　高温热泵烘干机组

高温热泵烘干机组主要由翅片式蒸发器(外机)、压缩机、翅片冷凝器(内机)和膨胀阀四部分组成，通过让工质不断完成蒸发(吸取室外环境中的热量)→压缩→冷凝(在室内烘干房中放出热量)→节流→再蒸发的热力循环过程，从而将外部低温环境里的热量转移到烘干房中，冷媒在压缩机的作用下在系统内循环流动。它在压缩机内完成气态的升压升温过程(温度高达100 ℃)，它进入内机释放出高温热量加热烘干房内空气，同时自己被冷却并转化为流液态，当它运行到外机后，液态迅速吸热蒸发再次转化为气态，同时温度可下降至−20～−30 ℃，这时吸热器周边的空气就会源源不断地将热量传递给冷媒。

如图5所示，干燥介质在风机的作用下将湿度大的空气带入热泵蒸发器，在蒸发器中空气被降温除湿，变为近似饱和，但湿含量极低的冷干空气进入热泵冷凝器，在冷凝器中冷干空气又被升温，变为温度高，湿含量低的热空气进入干燥器干燥物料。如此不断循环加热，可以把干燥介质加热至70～75 ℃。在这过程中，消耗了一份的能量(电能)，同时从环境空气中吸收转移了三份的能量(热量)到干燥介质中，相对于电热烘干机而言，可节约三分之二的电能。

2.6.2　高温热泵烘干机组设计方案

本项目提供一个工衣烘干房，烘房为50 m^2，一次性烘干800件工衣，每件烘干前按2 kg计，全部衣物1 600 kg，烘干除水率5%，即去水量640 kg，要求烘干时间为12 h，设计按分三次烘干，每次不超过4 h，即每小时需烘干水分为53.4 kg。

烘干系统配置计算：

高温热泵衣服干燥机组技术要求：成品重量：1 700 kg/h；脱水率40%；加热设备：热泵烘干机组。

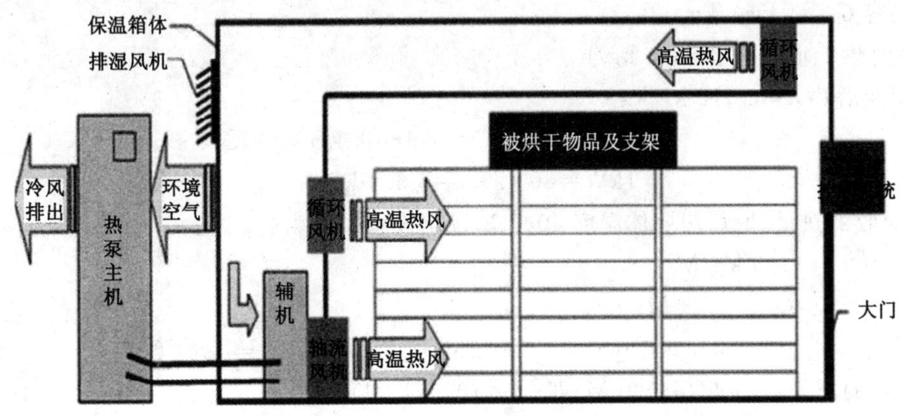

图 5　高温热泵烘干机组工作原理

2.6.3　热量恒算

(1) 基本设计参数

① 高温热泵正常工作的环境温度要求为≥5 ℃。

② 取平均环境温度为 15 ℃。60 ℃热风工况下,能效比 COP=2.5。

③ 烘干运行时间 $H=12$ h。

(2) 物料的含水率计算公式

$$P=\frac{M}{M+S}\times 100\%$$

其中:P——脱水率,M——水的质量,S——固体质量。

具体计算如表 4 所示:

表 4　　**脱水量计算表**

项目	脱水率 P	物料总重量	水的质量 M	固体质量 S	脱水量 ΔM
1	40%	1 600 kg	640 kg	960 kg	烘干过程脱水量:1 600－640=960

(3) 烘干消耗的热量主要满足四部分:

① 把物料加热所需要的热量 Q_1

② 水分汽化所消耗的热量 Q_2

③ 排湿过程中带走的热量 Q_3

④ 设备吸收的热量 Q_4

(4) 热量恒算(按一小时的参数计算)

① 加热物料所需要的热量 Q_1

$$Q_1=CS(t_2-t_1)=0.406\times 960\times(45-15)=11\ 692\ \text{kcal}=13.6\ \text{kW}$$

织物的比热容 $C=0.406$ kcal/kg · ℃

织物的固体质量 S:1 479 kg

$$1\ \text{kW}=860\ \text{kcal}=3\ 600\ \text{kJ}$$

② 水分汽化所消耗的热量

$$\begin{aligned}Q_2&=C_1M_1(t_2-t_1)+h\cdot M_1\\&=1\times 53.4\times(45-15)+2\ 512\times 53.4/4.187=1\ 602\ \text{kcal}+32\ 037\ \text{kcal}\\&=33\ 639\ \text{kcal}=39.1\ \text{kW}\end{aligned}$$

水的比热容 $C_1=1$ kcal/kg・℃

M_1：每小时烘干水的质量 53.4 kg/h

取水的相变潜热 $h=2\ 512$ kJ/kg・℃

$$1\ \text{kcal/kg}\cdot℃=4.186\ 8\ \text{kJ/kg}\cdot℃$$

$$1\text{kW}=860\ \text{kcal}=3\ 600\ \text{kJ}$$

③ 设备吸收的热量(取烤房墙体温度 40 ℃)，设定设备重量为

100 kg/M

$$Q_3=C\times M_3\times(t_2-t_1)$$

$$=0.6\times1\ 000\times(40-15)=15\ 000\ \text{kcal}=17.4\ \text{kW}$$

M_3：烘干室的质量：(按烘房长 10M)即 $10\times100=1\ 000$ kg

取铁的比热为 0.6 kcal/kg・℃

$$1\text{KH}=860\ \text{kcal}=3\ 600\ \text{kJ}$$

④ 排湿过程带走的热量 Q_4

$$Q_4=30\%Q_{总}$$

⑤ 有效热量 $Q_{总}$

$$Q_{总}=Q_1+Q_2+Q_3+Q_4=13.6+39.1+17.4+30\%Q_{总}$$

$$Q_{总}=100.1\ \text{kW}$$

热泵机组配置

取平均环境温度为 15 ℃。60 ℃热风工况下，能效比 COP=2.5。

烘干时间每房 $H=4$ h

因此热泵机组的配置功率为 Q 热泵：

$$Q_{热泵}=Q_{总}/\text{COP}=100.1/2.5=40\text{kW}=40\ \text{HP}$$

因此，选用 3 台 13HP 机组热泵机组配置。

3 系统方案

3.1 主要指导思想

利用太阳能绿色能源及矿井余热，解决春、秋、夏三季洗浴水用热及矿井其他用热，停运锅炉，实现节能最大化。

3.2 项目的系统方案

压风机房每天基本开 3 台机组，累计投入功率约 750 kW，加载率 80%，提取效率以 67%测，压风机余热提取 402 kW，春秋季每天可产生热水 250 t(夏季可产生 315 t)，其余 250 t 将由太阳能结合空气能供应，太阳能热水系统工程安置于浴池楼及北侧楼面等顶部总面积约 1 100 m^2，阴、雨天时启动热泵辅助加热系统解决太阳能的不足，热泵干燥机技术应用取代原蒸汽烘干机。

压风机余热加热系统水路闭合，太阳能结合空气能加热系统水路闭合，两路热水通过各自的循环水箱输送到容积 300 m^3 储热水池，通过储热水池向淋浴水池和各个池浴点通过热水泵输送，保压运行。整个工程现场采用 PLC 统一控制，采集终端将温度、流量、水位、压力等信号采集到 PLC 上，通过人机界面显示出来并通过通讯总线传到中控室计算机，实现无人化自动运行。

3.3 注意问题

由于袁店二矿地下水硬度极大，因为采用了地下水加热，为防止换热器长垢而需要去除原水中的钙、镁离子以及导致换热面长垢的其他元素。水处理设备采用电子除垢器或晶磷硅。电子除垢器是一种采用物理方法进行水处理的专用仪器，它能在保持原水化学成分的基础上，通过改变水分子的物理结构，达到防垢、除垢的效果。由于减免化学药剂的使用，大幅度降低对设备和管道的腐蚀。与使用化学

方法相比可节省投资60%～70%,节水80%,提高效率18%以上。并且安装简单,无需专人操作等特点。袁店二井热能综合改造系统图如图6所示。

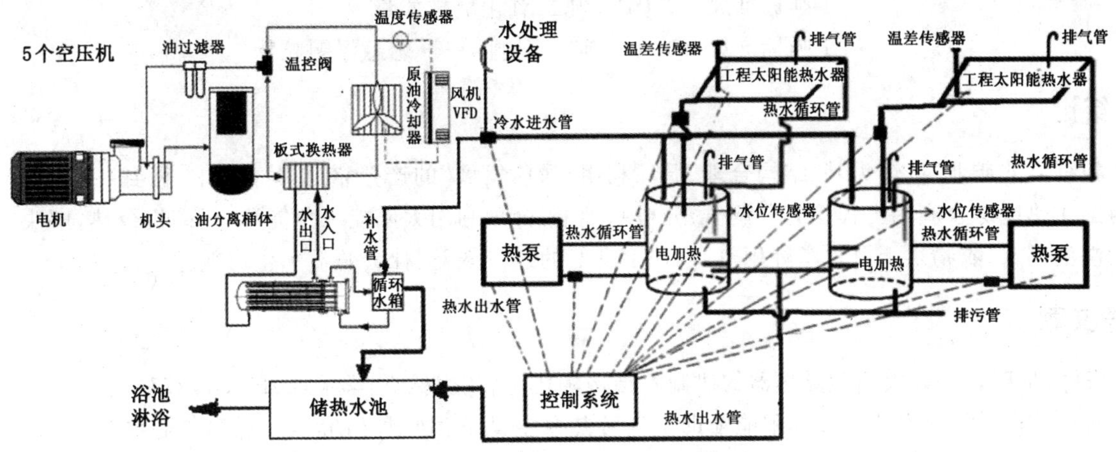

图6　袁店二井热能综合改造系统图

4　效益评估

4.1　改造前用能耗统计

2011年1月～2012年1月期间供热系统消费的能源品种为原煤,现袁店二井燃料发热值约5 000大卡,全年用煤8 210 t,折标煤5 864 tce。

4.2　改造后能耗测算

(1) 空压机余热利用

空压机每年用电量为4 kW×3台×80%×365 d×24=84 100 kW·h,折标煤9.5 tce。

(2) 太阳能结合空气能

太阳能用电量为:365 d×24 h×2/3×5 kW(主要为1套控制系统及11只循环泵、2只电磁阀功率)=29 184 kW·h,折标煤3.6 tce。

空气源热泵能耗:85天×10 h×36 kW×9台=27.54万kW·h,折标煤33.8 tce。

(3) 锅炉用煤成本:用煤量4 740 t(相当于标煤3 386 tce),用电量约17.15万kW·h,折标煤21 tce。

(4) 热泵

13 kW×3台×12 h×365=170 820 kW·h,折标煤21 tce。

(5) 改造后能耗总量为标煤3 475 tce。

4.3　节能效益汇总

总节约标煤=改造前-改造后=5 864 tce-3 475 tce=2 389 tce

总经济效益约为215万元(标煤以900元计)。

4.4　环境效益

节能改造后每年为全球的大气环境作出的贡献如表5所示。

表5　项目年节能减排量概算表

年节约标煤量/t	年减排二氧化碳量/t	年减排二氧化硫量/t	年减排TSP量/t
2 389	5 973	39.4	33.5

按照国家标准计算公式：

1吨标准煤＝2.5吨二氧化碳排放量

1吨标准煤＝0.0165吨二氧化硫排放量

1吨标准煤＝0.014吨TSP排放量(总悬浮颗粒物)

5 结论

根据淮北矿业“以煤为基、结构合理、循环利用、绿色发展”的产业格局模式要求，做到一矿一模式，袁店二矿热能综合利用工程是充分调研、分析基础上，合理利用太阳能绿色能源、压缩机余热，解决了矿井的洗浴用水、衣物烘干及食堂等用热，实现了良好的经济效益、社会效益和生态效益。

参考文献

[1] 班婷，朱明，王海.太阳能集热器的研制及结构优化[J].农业工程学报，2011，S1：277-281.

[2] 刘寅，周光辉，李安桂，等.太阳能辅助空气源热泵空调低温特性研究[J].低温与超导，2009，(10)，73-75.

[3] 张东峰，陈晓峰.高效太阳能集热器的研究[J].太阳能学报，2009，30(1)：61-63.

[4] 中华人民共和国国家质量监督检验检疫总局，中国国家标准化管理委员会.GB/T 4271－2007 太阳能集热器热性能试验方法[S].北京：中国标准出版社，2008.

兴隆庄煤矿矸石充填开采技术研究

于德亮　岳尊彩　刘　康　许文成

（兖州煤业股份有限公司兴隆庄煤矿　山东兖州　272102）

摘　要　兴隆庄煤矿采用巷采矸石充填开采技术解决“三下”压煤和煤矸石露天排放问题。同时，在进行矸石充填开采系统设计时，还结合本矿下组煤的开拓，矸石充填系统设计与解决下组煤的快速排矸问题相结合，使下组煤的排矸达到快速、简单、集中。

关键词　矸石充填；巷道充填；快速排矸

1　概述

煤矸石露天排放和地表塌陷破坏是煤矿生产最主要的环境问题根源，是影响矿区经济发展和社会安定的重要因素；同时，各类保安煤柱压占了大量的煤炭资源。据统计，全国“三下”压煤量达137亿t，兖州矿区“三下”压煤量高达11.3亿t，占总可采储量的60.1%，严重制约了煤炭资源的合理开发，是目前煤矿资源采出率较低的主要原因之一。

兴隆庄煤矿地处鲁西南平原，土地肥沃，人口稠密，工农业和交通发达，村庄密布，“三下”（建筑物、水体下、铁路下）压煤情况和煤矸石露天排放造成的环境污染问题非常严重。据统计，兴隆庄煤矿“三下”压煤量高达10 127.9万t，占其可采储量的43.6%。如何解决“三下”煤炭资源的合理开发和煤矸石减排问题，是兴隆庄煤矿实现可持续发展必须解决的关键难题之一。

近年来，随着矸石充填采煤技术的不断发展，通过矸石机械化充填开采控制地表沉陷和变形解决三下安全采煤问题已经可以实现。

目前，矸石充填采煤技术主要包括综采工作面矸石充填、普采工作面矸石充填和巷采矸石充填等三种工艺方式。其中，巷采矸石充填由于充填工艺相对简单，机械化程度较高，对地面影响较小，因此采用的较多，其缺点是充填矸石量较小，置换煤量少，煤炭资源浪费较多，不适用于综放工作面。其施工工艺主要是在各类保安煤柱内打设巷道，采用矸石带式输送机将矸石运至矸石充填输送机，然后抛射充填。其关键技术：一是充填矸石的物理力学特性研究，得出充填矸石的粒级分布、抗压强度、变形模量、泊松比等物理力学参数，为支护设计、矸石充填体变形分析、地表变形预计提供资料；二是井下矸石充填系统设计，合理选择矸石井下处理设备，优化巷采矸石充填生产系统设计，实现矸石安全、快速、方便充填；三是矸石充填巷矿压及矸石充填体变形规律研究，通过对矸石充填巷矿压及变形数值模拟研究、矸石充填体变形机理分析及数值模拟研究、矸石充填巷矿压及岩层移动实测研究和矸石充填体变形实测研究，确定合理的煤柱尺寸，保证安全开采和减少资源浪费。

我矿经过认真调研后，决定采用巷采矸石充填开采技术解决“三下”压煤和煤矸石露天排放问题。同时，在进行矸石充填开采系统设计时，不仅考虑如何简单、快速地将矿井的矸石运输至充填巷内，而且还结合本矿下组煤的开拓，将矸石充填系统设计与解决下组煤的快速排矸问题相结合，使下组煤的排矸

作者简介：于德亮（1975.3—），男，汉族，山东科技大学本科毕业，工程师，技术主管，兖州煤业股份有限公司兴隆庄煤矿地测中心，从事矿山测量工作。E-mail：ydlyzxl@163.co m。

达到快速、简单、集中，为下组煤的快速掘进奠定了坚实的基础。

2 充填开采区域采矿地质条件

2.1 充填开采区域位置及临近采区开采情况

如图 1 所示，充填开采区域位于四采区上部，其西南方向为已回采的 4312 综采工作面；北部与已回采的 4309 工作面相邻；东侧至铺子之二断层。本区域东南部位于工厂保护煤柱内。

该区域总体形状为一个倒梯形，宽 168 m，上边长 460 m，下边长 260 m，面积为 6.1 万 m^2，按照充填巷道宽度 5 m，高度 6.0 m，留设煤柱 5 m 计算，可布置总共 6 800 m 长的充填开采巷道，采出煤量约 27.3 万吨，按照 75%的充填率计算，总计可充填 15.3 万 m^3 矸石。

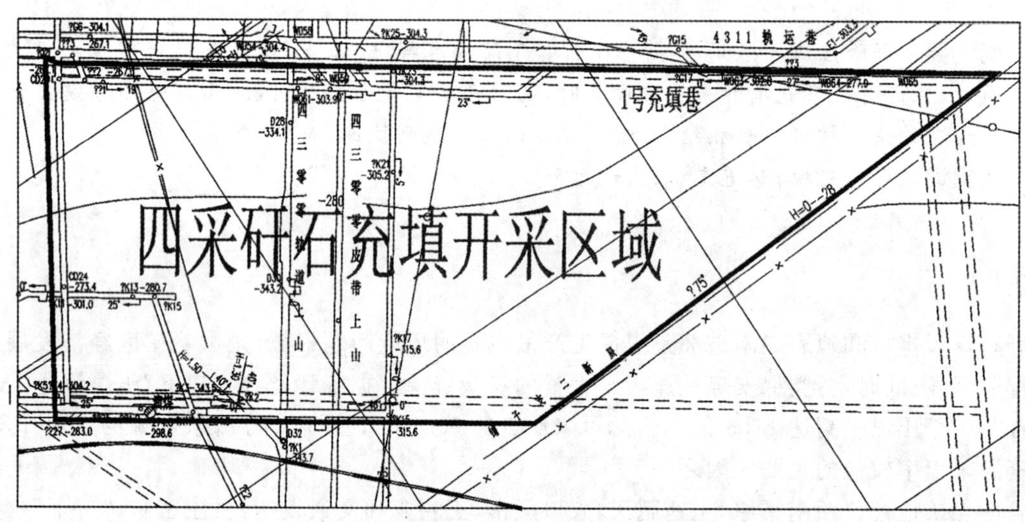

图 1 回采矸石充填开采区域

2.2 充填开采区域地质情况

煤层倾角 1°～8°，平均 3°。煤层厚度一般在 7.91～9.0 m，平均 8.1 m，普氏硬度 f=2.3。

本区域地质构造简单，煤层总体以单斜构造为主，并发育有次一级的波状起伏。煤层倾向 SE～SW。本区域内共发育两条断层，分别为落差 0～3 m 的四采区三号断层和落差 0～5 m 的铺子支二断层。充填开采区域 3 煤层顶底板情况如表 1 所示。

表 1　充填开采区域 3 煤层顶底板情况

顶底板名称	岩石名称	厚度/m	岩性特征及物理力学性质
基本顶	粉中砂岩互层	21.57～27.37 24.47	灰白色，以石英长石为主、钙泥质胶结，斜层理，裂隙发育
直接顶	粉砂岩	9.79～31.24 11.50	深灰至浅灰色，砂岩成分主要为石英，下部以细粒为主，硅质胶结，粉砂粒细，中层状微波状层理发育，中部以斜层理为主，小于 12°～15°，下部呈浑浊状层理，隐显少量缓波状层理
直接底	泥岩	0.10～0.40 0.30	灰～灰褐色，质细腻，有滑感，遇水变软呈糊状，含植物根化石；f=1.5～3
基本底	粉砂岩	5.78～8.60 7.30	灰～灰白色，层状，具斜层理，致密坚硬，成分以石英、长石为主，钙质胶结，顶部含根化石以下含细羊齿及苛达树化石；f=3～6

3 充填开采系统

3.1 巷道系统布置

为形成矸石充填系统，需新打设3条巷道，分别下组煤行人管子暗斜井延伸巷、四采充填运煤巷、四采充填运矸巷和四采1号充填巷为其中岩巷条，其中岩巷为290 m，煤巷为2 300 m，另外，还需打设2个深10 m的矸石仓和扩宽西轨道大巷200 m，总工程量共计2 800 m。

工艺流程：下组煤行人管子暗斜井和下组煤轨道暗斜井掘进期间，耙装机后方紧跟带式输送机，迎头矸石通过带式输送机运输至下组煤行人管子暗斜井延伸巷矸石仓，最后经运矸带式输送机运至充填巷迎头，经矸石充填输送机抛射充填。

矿井其他地点的矸石经矿车运至西翻笼，再经带式输送机运输至下组煤行人管子暗斜井延伸巷矸石仓，最后经运矸带式输送机运至充填巷迎头，经矸石充填输送机抛射充填。

迎头矸石在较干燥的情况下，需边充填、边洒水，以利于降尘和矸石堆积。

3.2 矸石运输路线

(1) 下组煤行人管子暗斜井

迎头矸石→下组煤行人管子暗斜井延伸巷→矸石仓→四采充填运矸巷→四采1号充填巷→矸石充填输送机→充填巷迎头。

(2) 下组煤轨道暗斜井

迎头矸石→运矸通道→西翻笼→下组煤行人管子暗斜井→下组煤行人管子暗斜井延伸巷→矸石仓→四采充填运矸巷→四采1号充填巷→矸石充填输送机→充填巷迎头。

矸石充填巷道布置系统示意图如图2所示。

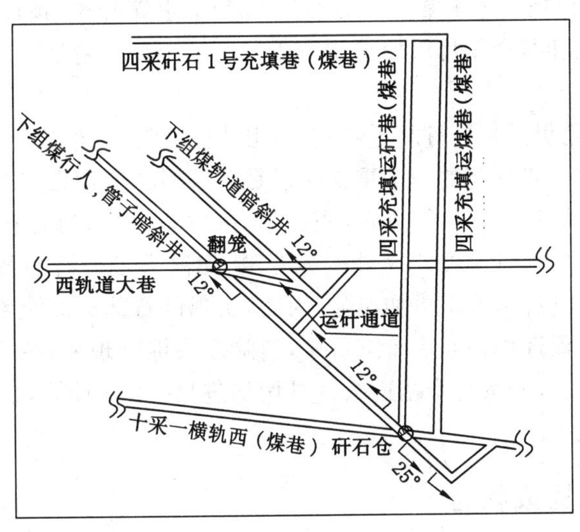

图2 矸石充填巷道布置系统示意图

(3) 矿井其他地点矸石

矸石矿车→西翻笼→下组煤行人管子暗斜井→下组煤行人管子暗斜井延伸巷→矸石仓→四采充填运矸巷→四采1号充填巷→矸石充填输送机→充填巷迎头。

4 充填巷两侧煤柱宽度设计及其稳定性分析

4.1 贮矸空间尺寸设计

通过对顶板岩梁所受的荷载、简支梁分析和固支梁计算，兴隆庄煤矿贮矸空间顶板的极限跨度为8 m左右。结合兴隆庄煤矿实际情况和顾及掘进巷道支护及矸石充填设备情况，该区域贮矸空间宽度设计为 5.0 m。

4.2 贮矸空间高度的确定

贮矸空间的高度一般以煤层厚度为准，考虑兴隆庄煤矿具体条件和抛矸设备等因素，设计贮矸空间的最大高度为 6.0 m。

4.3 充填巷与老巷间煤柱宽度设计

在保护煤柱开掘贮矸空间后，由于贮矸空间两侧的煤体中有应力集中，结果在贮矸空间两侧的煤柱中形成了两个区域：一个是在煤柱周边形成的塑性区，另一个是在煤柱中心部分被塑性区包围相对来说未受扰动的柱核区，通过公式计算，无充填时贮矸空间两侧煤柱的宽度为 14.42～15.42 m 时才能保证有一个稳定的柱核区的存在；当压力达到 11 MPa 以上时，压实度达到 0.75 左右，考虑全充填巷道变形量，相当于进行 1.45 m 高的巷采，塑性区的宽度将小于 2 m。

故充填巷与老巷间煤柱宽度设计为 15 m、掘进巷道宽度 5 m。

4.4 充填巷两侧煤柱设计及开掘顺序

第一步：贮矸空间两侧煤柱的宽度取 15 m，掘进巷道宽度 5 m。

第二步：早期的巷采贮矸空间完成充填后，在原留设的 15 m 煤柱中间再掘后期的贮矸空间，宽度仍为 5 m，则两侧剩余煤柱各为 5 m。

开掘顺序：经过理论计算，确定合理的临近充填巷的开掘应相距 35 m 的位置，以此间距交错开掘。

5 巷采充填的优势

兴隆庄煤矿目前共有 2 个普掘队、4 个掘进头，分别是掘进一队 411 小队和 412 小队、掘进二队 421 小队和 422 小队。07 年全矿岩巷掘进总进尺为 4 885 m，平均单头月进尺为 102 m，出矸量约 5.1 万 m^3。随着下组煤的开拓，为保证三煤正常生产的同时，加快下组煤开拓，预计今后几年需增加一个掘进队进行下组煤的开拓施工，届时，全年将增加进尺约 2 450 m，全矿岩巷掘进总进尺预计将达到 7 400 m 左右，出矸量将达到 7.8 万 m^3。

目前，我矿普掘施工工艺仍然采用打眼爆破破岩，耙装机耙装，矿车装矸，电机车或调度绞车调运的方式，其中，制约掘进速度进一步提高的一个重要因素是矿车周转速度慢，供应不及时，导致迎头堆矸，致使每次移耙装机时，需停头 1.5 天专门耙矸，按每 25 m 移机一次，每月移 4 次计算，影响进尺约 20 m。而矿车周转速度慢的重要原因为副井提升能力有限，无法满足矸石的及时外排，随着下组煤的开拓，掘进进尺的进一步提高，这种影响将更加明显，因此，实现矸石部分或全部井下充填，减少副井矸石提升量，加快车皮周转速度，保证掘进迎头车皮供应，消除迎头堆矸现象，减少耙装机移机时间，是一项快速有效提升掘进进尺的方法，若按每个掘进头每月增加进尺 20 m 计算，4 个掘进头每月将增加进尺 80 m，相当于再成立一个掘进小队。

6 矸石置换充填开采已完成状况

我矿矸石充填系统初期设计为满足下组煤轨道、行人、胶带暗斜井的快速排矸需要，主要充填下组煤三条暗斜井岩巷施工的矸石，因此今年矸石置换充填开采主要围绕下组煤的掘进来展开工作。其中轨道暗斜井掘进期间，迎头耙装机后方紧跟 80 运矸带式输送机，迎头矸石通过带式输送机运输至矸石一号仓，进入矸石充填系统；行人、胶带暗斜井排出的矸石通过侧卸式矿车运至矸石一号仓，进入矸石充填系统，实现了掘进快速排矸和矸石充填的有机结合。

2011 年 1～12 月，矸石置换充填系统共施工出 1#、2#、3#、4# 四条的矸充巷，充填巷道 2 条，分别为 1# 矸充巷和 2# 矸充巷。其中 1# 矸充巷长度 290 m，施工断面 22.5 m^2，置换煤炭 0.88 万 t，充填矸石 0.52 万 m^3，约 1.5 万 t。2# 矸充巷长度 650 m，掘进断面 16.1 m^2，置换煤炭 1.05 万 t，充填矸石 0.84 万 m^3，约 2.42 万 t，合计充填长度 290＋650＝940 m，置换煤炭 1.93 万 t，充填矸石 1.36 万 m^2，约 3.92

万 t。合计施工矸充巷 940 m，置换煤炭 1.93 万 t，充填矸石 1.36 m^3，充填矸石 5.42 万 t。充填速度较慢的主要原因是三条暗斜井探放水停头共计 9 个月。

7 经济和社会效益

矸石充填开采技术的应用，不仅每年可处理兴隆庄煤矿井下矸石约 2.75 万 t，多回收煤炭 1.75 万吨，按吨煤纯利润 270 元，获销售利润为 472.5 万元，而且使兴隆庄煤矿在进一步解决边角煤柱安全开采、生产矸石不出井、消除地面矸石堆积造成的环境污染与破坏、地表沉陷控制等问题具有重要的指导作用，具有显著的社会效益和环境效益。

参考文献

[1] 付振峰.岩石巷道矸石处理综合技术研究[J].山东煤炭科技，2002(5)：48.

[2] 郭爱国，张华兴.我国充填采矿现状及发展[J].矿山测量，2005(1)：60-61.

[3] 刘建功，赵庆彪，张文海，等.煤矿井下巷道矸石充填技术研究与实现[J].中国煤炭，2005，31(8)：36-38.

[4] 王有俊.矸石直接充填及其效益分析[J].辽宁工程技术大学学报，2003，22(增刊)：70-71.

[5] 张吉雄，缪协兴.煤矿矸石井下处理的研究[J].中国矿业大学学报，2003，35(2)：197-200.

铁法煤田煤层气地面立孔抽采技术

曹士滢

（铁法能源有限公司通风处　辽宁调兵山　112700）

摘　要　本文通过对铁法煤田煤层气赋存条件、煤炭开采的特点以及煤层气开发状况的分析研究，结合各矿井的煤炭生产情况及瓦斯地质条件，合理确定了原始煤层压裂井、采动卸压井、封闭采空区井抽采的煤层气地面抽采手段，形成煤层气地面钻井抽采模式，不仅解决了生产中的瓦斯问题，也为煤层气开发利用提供了丰富的气源，对铁法矿区，乃至全国的煤矿有较好的借鉴作用。

关键词　煤层气；抽采；地面钻井；煤田

1　概况

1.1　铁法煤田瓦斯地质概况

铁法煤田是一陆相沉积单侧断陷盆地，以前震旦系花岗片麻岩为基底，其上依次沉积了晚侏罗系、早白垩系及新生界第四系地层。具备瓦斯良好的生、储、盖条件。煤系地层发育于晚侏罗纪。受大地构造影响，区内断层较多、褶曲轻微。瓦斯在煤层中95%呈吸附状态，煤层透气性差，透气性系数为$1.10\times10^{-5}\sim3.49\times10^{-2}\,m^2\cdot MPa^{-2}\cdot d$，瓦斯自然解吸速度慢，渗透时间长。

铁法煤田由于是陆相山前小型盆地沉积，煤系地层东北部较浅，盆地边缘埋藏较浅，并有露头，部分煤层由于冲刷、风化、剥蚀而缺失。在盆地西南部埋藏较深，煤系地层上部覆盖层厚，由于接受沉积连续，上下两个含煤组发育齐全，煤层含气量较为丰富，是整个铁法煤田的富煤区。该区内建有三对矿井，大兴矿、大隆矿和晓南矿。该区发育可采煤层14层，多数为复合煤层，其中主采煤层10层，其中上煤组为2—3、4—2、7—2、8、9层，下煤组为12、13、14—1、15—2、16层，煤层沉积总厚度12～83 m。

在2009年末复核的铁法煤田保有的9.527 8亿t(吨)煤炭储量中，保有煤层气资源量为74.405 8亿m^3。

1.2　铁法煤田煤层气抽采状况分析

2012年铁法煤田抽采煤层气总量为8 541万m^3，其中利用量5 899万m^3，平均利用率69%。地面永久抽采系统完成瓦斯抽采量7 941万m^3，矿井平均抽采率51.97%；其中，抽采浓度达到30%以上的抽采量为5 515 041万m^3。井下移动抽采泵站完成瓦斯抽采600.55万m^3。1983年到2012年末，地面永久抽采系统瓦斯抽采量累计为119 765.7万m^3，井下移动抽采泵站抽采瓦斯量累计为12 785.53万m^3，瓦斯利用量累计为61 605.2万m^3。铁法煤田历年瓦斯抽采量统计结果见图1。

针对铁法煤田的低透气性煤层的特性和煤炭生产的实际条件，铁法煤业集团公司普遍应用了多种有效的低透气性煤田瓦斯抽采方法，目前主要的技术方法有：本煤层预抽钻孔、地面垂直钻井、井下高位

作者简介：曹士滢(1962,7—)，男，汉族，辽宁省铁岭人，1985年7月毕业于阜新煤炭工业学校，高级工程师，注册安全工程师，现任铁法煤业集团有限责任公司通风处通风科科长，从事煤矿“一通三防”技术和管理工作，曾获多项省、市级技术成果，发表论文多篇。

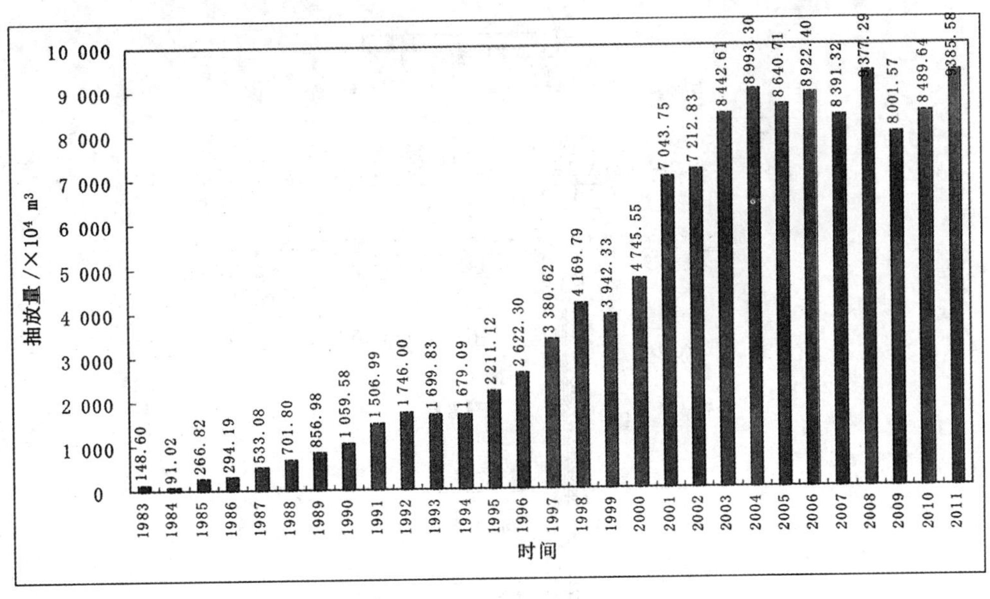

图 1　铁法煤田历年瓦斯抽采量统计

水平长钻孔、井下回顺斜交钻孔、顶板高位瓦斯抽采巷道、瓦斯富集区预抽、采空区密闭、上隅角埋管抽采等多种抽采瓦斯技术。

铁法煤田有 6 个主要气源矿井，有瓦斯抽采泵站 11 个，装备水环真空瓦斯抽采泵 51 台，额定抽采能力为 9 620 $m^3 \cdot min^{-1}$，井下瓦斯抽采管路 20.69 万 m，近年来平均每年施工抽采钻孔 32 万 m 以上。

2　煤层气地面抽采的思路

铁法矿区是 1958 年开始生产的，目前已有 8 对生产矿井，既有即将报废的老矿井，又有产量较高的年轻矿井，还有刚投产不久的新矿井。通过总结多年来瓦斯抽采经验，地面井抽采的煤层气浓度高，原始煤层水力压裂井的瓦斯浓度一般为 98%以上，采动卸压井和封闭采空区井的瓦斯浓度 50%以上。目前，在大兴井田建造完成了 34 口原始地层水力压裂井，平均日产气量超过 4.2 万 m^3，单井最高日产量达 14 000m^3，抽采瓦斯浓度达 98%以上。铁法煤田已有地面采动卸压井 97 口，封闭采空区井 7 口。在对煤层气资源赋存地质条件基本明了的基础上，结合目前铁法煤田的实际条件，因地制宜地选择适合铁法煤田的开发方式和抽采量，对煤层气资源进行合理地开发和利用，以提高资源的回收率。

为此，煤层气地面抽采思路是：一是在未采动区施工地面原始煤层水力压裂井煤层气抽采，保证有足够的抽采时间；二是伴随井下煤炭生产施工采动卸压井煤层气抽采，采动泄压后抽采和采后进行循环抽采，三是利用封闭采空区钻井对即将报废矿井残余煤层气的有效回收。

3　煤层气地面开采技术

3.1　原始煤层压裂井开采技术

由于铁法煤田的煤层透气性较差，必须进行人工增透方式进行煤层气地面开发，因此压裂井是铁法煤田重要的煤层气开发技术手段之一（图 2）。自 1995 年铁法煤田开始在大兴井田施工了原始煤层水力压裂井以来，到 2012 年末，铁法煤田已经完成了 34 口水力压裂井，日产气量在 4 万 m^3 以上，最早施工 DT3、DT4 水力压裂井平均日产气量稳定在 5 000 m^3 以上，最高日产气量达 14 000 m^3。作为一个已经开发建设 50 余年的矿区，能进行施工原始煤层压裂井的煤炭未采动区仅剩约 9 平方公里，进行煤层气地面水力压裂井开发就必然存在着煤炭开采与压裂抽采在时间上的矛盾，煤层气开发必须既能保证

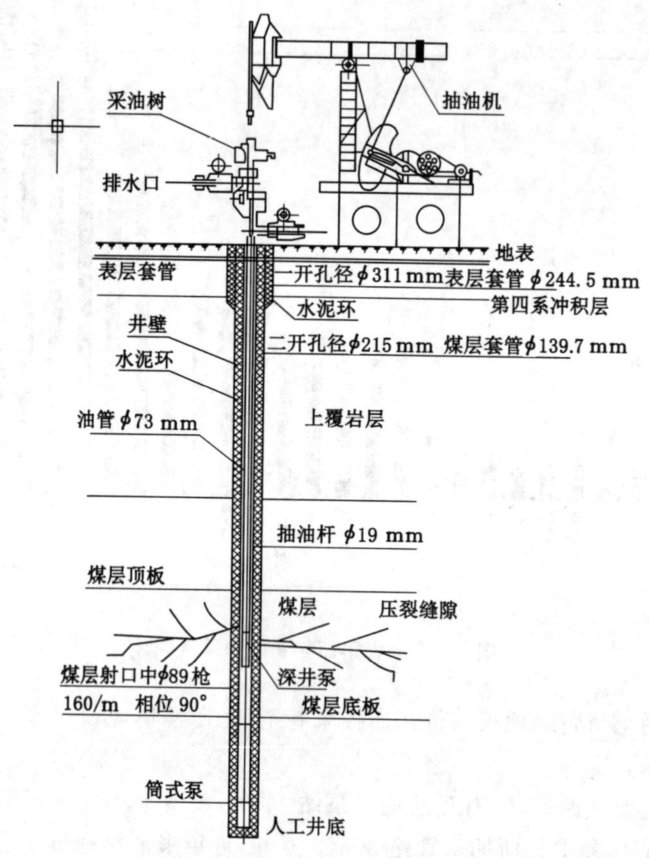

图 2 压裂、排采示意图

矿井煤炭开采的采掘接续，又能及时有效的抽采煤层气资源。

铁法煤田西南部埋藏较深，煤系地层上部覆盖层厚，由于接受沉积连续，上下两个含煤组发育齐全，煤层含气量较为丰富，是整个铁法煤田的富煤区，该区内的大兴矿为煤与瓦斯突出矿井，大兴井田发育可采煤层 14 层，多数为复合煤层，其中主采煤层 10 层，其中上煤组为 2—3、4—2、7—2、8、9 层，下煤组为 12、13、14—1、15—2、16 层，煤层沉积总厚度 12～83 m。区域内断层等构造发育，火成岩侵入面积较大，受其影响，煤的变质程度高，瓦斯含量大，浓度高，是区域性构造、多复合煤层水力压裂井建造的理想区域。

通过对大兴井田施工的几口煤层气井所取得的煤层气资料和大兴井田以往地质资料进行全面系统的分析研究，对大兴井田地质体的赋存和演化规律，特别是煤层气的赋存特征，煤储层的物性特征，控制煤层气含量的地质因素，煤层气资源量及其开发前景评价等进行了专门的研究。通过分析评价认为，大兴井田煤炭储量丰富，煤层厚度大，最大累计可采厚度可达 120 m。煤层气含量高，煤层气储量丰富，丰度值高，储层特性有利于煤层气的产出，具备煤层气勘探开发的必要性和可能性。

原始煤层压裂井瓦斯抽采量见表 1。

表 1　原始煤层压裂井瓦斯抽采量统计表　单位：万 m^3

年 度	2006	2007	2008	2009	2010	2011
抽采量	35.857 9	286.545 3	528.217 2	791.427 5	977.249 5	1 142.153

3.2 采动卸压井抽采技术

3.2.1 采动卸压抽采原理

在煤炭的采掘过程中，由于受地应力及采掘活动等扰动的影响，煤层、围岩的应力在不同时期都会发生变化,受其影响,赋存在煤层及围岩中的大量的吸附瓦斯就会解析出来,并在压力及扩散作用的影响下,向浓度低的区域渗透。同时受矿井通风的影响以及顶底板运移等因素的影响,会在采掘空间内形成不同的分布区域。采动卸压井抽采瓦斯就是通过钻井贯穿煤层的上覆岩体,在煤层纵向上连通所有的瓦斯流动通道,使瓦斯在抽采负压作用下,沿横向裂隙流入到瓦斯钻井内,形成瓦斯流。多年来,铁法煤田以采煤工作面卸压瓦斯为抽采目标,应用各种的井下瓦斯抽采技术进行抽采,取得了一定的效果,也基本上掌握了采空区卸压瓦斯的运移规律。

3.2.2 采动卸压井的应用

根据多年来铁法煤田采动卸压井应用的经验,采动卸压井的布置参数取决于采煤工作面的煤层地质条件和开采条件。采动卸压井抽采适用于各种煤厚的高瓦斯煤层。钻井设计参数的选择要根据工作面的条件合理确定。一是钻井间距取决于钻井的抽采半径,要考虑工作面是仰采或是俯采,从仰采到俯采钻井间距增大。开采层的煤层厚度大小,煤厚与钻井间距成正比,最佳的间距是使相邻的两个钻井可以在一定距离内同时抽采。同时要根据不同煤层及采煤工作面的瓦斯涌出量两确定布置采动卸压井的数量。二是要根据工作面通风状况进行布置。工作面上行通风的钻井布置在靠近回风侧,下行通风的工作面钻井布置在靠近入风顺槽,具体距离要同时考虑煤层倾角大小和邻近煤层的高度。三是距开切眼的钻井,距离开切眼的距离要大于老顶初次来压的距离。采动卸压井要根据具体采煤工作面的瓦斯地质以及煤炭生产条件进行部署,但必须结合矿井采掘接续、开采工艺以及上下邻近层的开采情况进行综合考虑。

经过多年的应用实践,目前铁法煤田已经施工采动卸压井 97 口,有 67 口井在用。采动卸压钻井抽采技术已经普及应用到铁法煤田的各类综采、综放和刨煤机开采煤工作面。近年来,由于各矿井开采薄煤层工作面越来越多,铁法煤田较多采用了从德国引进的全自动刨煤机进行生产。由于是薄煤层开采,全自动刨煤机采煤工艺具有推进速度快、煤层顶板冒落不明显等特点,井下抽采常用的回顺钻孔抽采技术效果较差,很难解决高强度刨煤机开采的瓦斯问题。经过探索实践,在薄煤层刨煤机开采工作面布置地面采动卸压井可以有效解决上述问题,工作面开采时,进行泄压后抽采,解决工作面瓦斯问题,工作面采完后,进行循环抽采,可以作为瓦斯利用的气源井,长期进行高效抽采。例如小青矿 W2712、W2713、W2718 等工作面为薄煤层刨煤机开采,针对薄煤层开采井下卸压瓦斯钻孔抽采效果较差的实际,在这三个工作面分别布置了 8、10、7 个采动卸压井,形成井网抽采,效果较好,见表 2。另外在采煤工作面采用俯斜开采时更适合应用该技术,采气效果更理想。晓明矿 N2410 俯采工作面采动卸压井单井最高日抽采量达到了 2.8 万 m^3,平均抽采浓度 84.6%。根据近年来的统计,每口采动卸压井的产气量从 45 万 m^3 到 309 万 m^3 不等,平均瓦斯抽采浓度为 57%。

表 2　　小青矿采动泄压井抽采数据统计表

工作面名称	立井数量	抽采天数	平均抽采量 /$m^3 \cdot min^{-1}$	最大抽采量 /$m^3 \cdot min^{-1}$	累计抽采量 /万 m^3	工作面封闭日期
W2—713	10	2 284	1.32	6.86	454.41	2009.5.24
W2—718	7	1 219	2.35	18.89	494.41	2010.12.13
W2—712	8	1 387	2.65	7.04	494.25	2011.12.10

表 3　　铁法煤田近年施工采动卸压井数量统计表

年　度	2005	2006	2007	2008	2009	2010	2011
施工钻井数量/口	8	10	15	19	9	18	12

由表 3 可知,近年来铁法煤田采动卸压井的布置数量平均为 13 口 · 年$^{-1}$,这是根据每年所开采的采煤工作面条件确定的。另外由于铁法煤田为煤层群开采,很多采动卸压井在以后继续开采下邻近层

时仍可以继续进行采动卸压抽采。预计在五年内，铁法煤田可以形成 100 口以上地面采动卸压井和封闭采空区井的抽采规模。

3.3 即将报废矿井的煤层气回收

3.3.1 封闭采空区井抽采技术

铁法煤田已经开采了 50 年，形成了大量的采空区，有很多采空区封闭后井下不具备抽采条件，利用现有的开采系统无法进行抽采。如何对已封闭区乃至报废矿井进行瓦斯抽采，是一个老矿区瓦斯利用挖潜必须解决的问题。

煤层开采后，受采动的影响，原生地层的应力平衡被破坏，顶底板及周围的岩层卸压，采空区内的顶板冒落后，其上部的顶板形成垂直方向的竖向裂隙带，随着冒落带冒落、裂隙带逐渐向上部的延伸，底板变形下部的岩层也形成了大量的纵向裂隙，煤岩层的瓦斯通道发育，透气性增强，由于甲烷比重较空气小，解析游离出的瓦斯将由采空区、冒落带，沿竖向发育的瓦斯通道向水平离层带运移，绝大多数的瓦斯储存在水平离层带下，受采动影响的卸压地层将下沉，采空区冒落带的竖向裂隙和水平离裂隙将逐渐闭合，采空区达到新的地应力平衡，在采空区内形成了瓦斯储存库。采空区内标高高的区域则可能是瓦斯储存的高集中区。

一般的封闭采空区抽采方法密闭内引管抽采，这种方法一是受井下条件限制，很多采空区已经被封在深部，井下已经没有办法做抽采的工作。二是即使有密闭可以抽采，但由于只是抽采密闭附近低位的瓦斯，很难抽取到高浓度的深部瓦斯。从抽采的空间上看，最佳的方法是在地面施工采空区立井，因为立井抽采具有密闭抽采不具备的优势，可以在采空区的任意位置抽取深部高位的高浓度瓦斯，对多煤层的采空区，可以穿层抽多层采空区，最大限度地挖掘了采空区的潜力。铁法煤田地面封闭采空区钻井及抽采情况如表 4 所示。

表 4　铁法煤田地面封闭采空区钻井及抽采情况一览表

序号	单位	孔号	开工日期	竣工日期	孔深/m	累计抽采量/万 m^3
1	晓明矿	N2—410—1#	2008.07.17	2008.08.16	577.79	211.06
2	晓明矿	S4—F1 采空区抽采孔	2007.07.21	2007.07.30	390.1	151.06
3	大隆矿	W2—705—1#	2006.08.18	2006.10.09	495.04	235.7
4	大隆矿	W2—707—1#	2007.06.11	2007.06.20	531.06	132.4
5	大隆矿	W2—705—2#	2007.08.15	2007.08.29	529.86	141.8
6	大隆矿	W2—701—1#	2008.10.07	2008.10.23	416.13	232.4
7	大明矿	一井南四段采空区抽采孔	2007.07.28	2007.08.22	180.2	8.3

3.3.2 封闭采空区井布置原则

一般封闭采空区井选择的采空区要具备良好的瓦斯生成、储存、封闭条件。一是采空区的瓦斯来源要充足，上下层有复合煤层、煤线或者采空区有大量的留煤。二是采空区空间内要有充足的瓦斯储存，最好是多个采空区相连通。三是采煤方法也对钻井效果有影响，放顶煤工作面的采空区比综采面和炮采面的效果好。四是停采时间长的，一定要具备瓦斯被封闭存储的地层条件。大明矿一井南四段采空区井是 2007 年施工的，其回采时间是 1985 年，尽管施工的地点在整个回采区域的最高点，当初回采时瓦斯涌出量大，但由于工作面开采的时间过长，煤层距地表又浅，钻井抽采时没有瓦斯。大隆矿西二、南一七层的采空区(2000 年以后封闭的)2007 年首次尝试了封闭采空区钻井，由于该区域煤层为复合层，采空区遗留大量未采出煤炭，因此采空区井抽采浓度高，抽采量稳定。大隆矿当年矿井抽采煤层气总量为 926 万 m^3，其中封闭采空区井抽采纯量 132.7 万 m^3，占矿井总抽采量的 14.3%。采空区井实现了连续抽采，成为主要气源。公司在大隆矿和晓明矿 5 年内封闭且开采时瓦斯量大的报废采空区共施工 7

口封闭采空区钻井都取得了较好的效果。

3.3.3 封闭采空区井结构设计和施工措施

封闭采空区井的结构上与其他采动井没有大的区别，钻井直径和套管直径都一致，表层套管直径 ϕ299，技术套管直径 ϕ177，产气套管直径 ϕ139。由于封闭采空区井是在已受采动影响的区域钻井，因此钻井的结构上要考虑减少岩层的变形对钻井的影响，表层套管和技术套管必须采用非常规的方法全孔高强度固封。技术套管要小于采动井的技术套管长度，技术套管底部的具体位置要在弯曲变形带上部，可以使钻井稳固，避免钻井变形套管挤压堵塞瓦斯流动通道，产气套管即产气花管要从弯曲变形带上部一直下到冒落区，保证瓦斯储存空间上每一层位的瓦斯抽采通道通畅。如果封闭采空区井的下邻近层将来还要回采，回采时封闭采空区井就可以转化成采动井再次充分利用，解决下邻近层回采的瓦斯涌出。这种情况的采空区井的结构就要作调整，产气套管要一直下到下邻近层的顶板。采空区地面瓦斯钻井结构如图 3 所示。

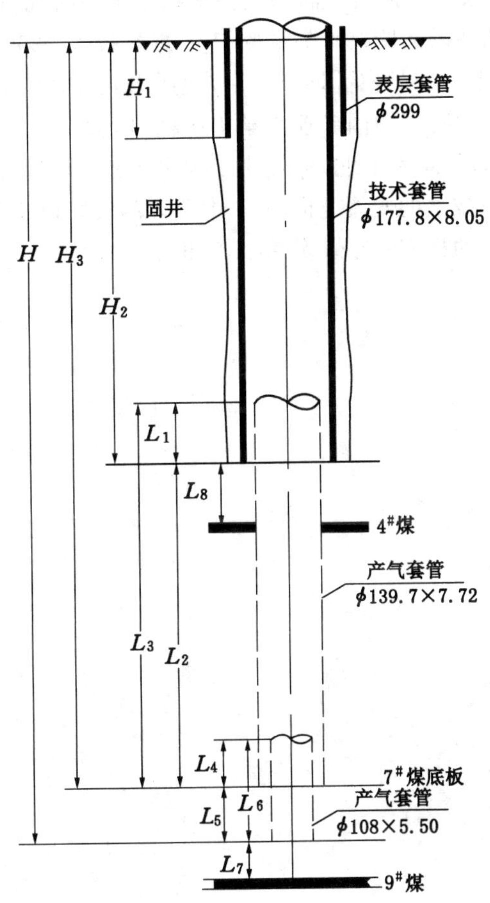

图 3 采空区地面瓦斯钻井结构示意图

铁法煤田的采空区面积约为 320 km^2，施工地面封闭采空区钻井可以进行有效抽采，且很多采空区在封闭多年后地层已经基本稳定，有利于钻井的施工和维护。具体钻井数量需要根据各个煤层及邻近采空区连通情况具体确定，同时还要考虑采空区遗煤及瓦斯含量等情况进行综合确定。

4 铁法煤田煤层气抽采实践及前景展望

铁法煤田作为辽宁省煤炭生产和煤层气开发的基地之一，已经进行了 50 余年的开发建设，煤田内大部分煤层已经揭露，形成了大面积的采空区，只有局部小面积区域尚处于未开采的原始煤层状态。作为低透气性煤层群开采的煤田，其煤层气开发不同于常规天然气及高透气性煤田开发，不能独立于煤炭生产单独进行。而仅依靠煤矿井下瓦斯抽采技术，很难扩大煤层气抽采规模，同时井下抽采产气浓度较低、产量波动性也较大。铁法煤田的原始煤层水力压裂井、采动卸压井以及封闭采空区井均已经取得较好的抽采效果。按照不同煤田区域和生产阶段的三种地面钻井的技术特点，建立适用于铁法煤田生产及地质条件的地面煤层气开发技术体系，适用于大部分区域已经形成采空区、煤层透气性差、复合煤层群开采的煤田，形成适合煤炭生产的不同特点及不同阶段的地面煤层气高效抽采技术，进行煤与瓦斯协调共采。因此，根据铁法煤田各区块煤层气资源量及各矿井采煤工作面的实际条件，要合理加大各类钻井的规模，改变过去以井下瓦斯抽采为主的低浓、低效煤层气抽采，实现地面煤层气开发为主的煤层气抽采新模式。

参考文献

[1] 胡千庭，梁运培，林府进.采空区瓦斯地面钻孔抽采技术试验研究[J]. 中国煤层气，2006,2：3-6.

[2] 井多胜，徐传田.地面钻孔抽采瓦斯技术的试验[J]. 煤炭技术，2006，6：84-86.

[3] 梁冰.煤和瓦斯突出固流耦合失稳理论[M].北京：地质出版社 2001.

[4] 俞启香.矿井瓦斯防治[M].徐州：中国矿业大学出版社，1992.

[5] 张铁岗.矿井瓦斯综合治理技术[M].北京：煤炭工业出版社 2002,10.

[6] 周德昶.地面钻井抽采瓦斯技术的发展方向[J]. 中国煤层气，2007，1：18-23.

[7] 周世宁.瓦斯在煤层中流动的机理[J].煤炭学报，1990(1).